YO,
AUGUSTO

YO,
AUGUSTO

YO, AUGUSTO

ERNESTO EKAIZER

AGUILAR

© Ernesto Ekaizer, 2003
© Santillana Ediciones Generales S.L. (Primera edición, 2003)
© De esta edición:
   Aguilar, Altea, Taurus, Alfaguara, S.A., 2003
   Beazley 3860, (1437) Buenos Aires
   www.alfaguara.com.ar

- Santillana Ediciones Generales S.L.
  Torrelaguna 60 28043, Madrid, España
- Aguilar, Altea, Taurus, Alfaguara, S.A. de C.V.
  Avda. Universidad 767, Col. del Valle, 03100, México
- Distribuidora y Editora Aguilar, Altea, Taurus, Alfaguara, S.A.
  Calle 80, 1023, Bogotá, Colombia
- Aguilar Chilena de Ediciones Ltda.
  Doctor Aníbal Ariztía 1444, Providencia, Santiago de Chile, Chile
- Ediciones Santillana S.A.
  Constitución 1889. 11800, Montevideo, Uruguay
- Santillana de Ediciones S.A.
  Avenida Arce 2333, Barrio de Salinas, La Paz, Bolivia
- Santillana S.A.
  Avda. Venezuela 276, Asunción, Paraguay
- Santillana S.A.
  Avda. San Felipe 731 - Jesús María, Lima, Perú

ISBN: 950-511-877-5
Hecho el depósito que indica la ley 11.723

Diseño de cubierta: Agustín Escudero

Impreso en la Argentina. *Printed in Argentina*
Primera edición: septiembre de 2003
Primera reimpresión: octubre de 2003

A Silvia, Lucía, María y Theo,
mis mejores capítulos.

Índice

Hotel Stakis, Blackpool, 29 de septiembre de 1998

A sus 64 años, cree que ya ha pagado cara la cuota de las grandes emociones. De pie, en la recepción del hotel situado en la parte norte del malecón, mientras echa cuentas sobre la cantidad de ministros y altos cargos del Gobierno británico por metro cuadrado que están a su alcance, el embajador piensa en voz alta. «Pinochet lleva una semana en Londres. ¿Qué hará el juez Garzón?». La sola presencia de un español a su lado le hace recordar ese vocablo francés, *garçon*, de uso tan común en las cafeterías y restaurantes de su Chile natal, que él encuentra hasta divertido al evocar el nombre del juez español. Durante el almuerzo, la charla con un diputado europeo, el socialista español Manuel Medina, ha reavivado su inquietud. Y, ahora, mientras esperan, el embajador no puede evitar obsesionarse. «¿Qué se traerá Garzón entre manos con Pinochet?». La combinación de esos dos nombres son sinónimo de un desasosiego que, a esta altura de su vida, quiere a toda costa ahorrarse.

El general Pinochet se cruzó en el camino del embajador Mario Artaza, militante de la izquierda cristiana primero y socialista después, hijo de un general de Carabineros, la policía uniformada de Chile, en 1973, como en el de todos los chilenos, cuando con 36 años acababa de conseguir uno de esos destinos diplomáticos de campanillas. Había pasado dos años y medio en Lima, Perú, y regresó en agosto a la capital chilena para salir hacia Washington el 2 de septiembre de 1973, donde sería el número dos de la misión diplomática. El embajador de Chile en Estados Unidos, Orlando Letelier, había dejado el cargo en el mes de mayo para hacerse cargo en Santiago del Ministerio de Relaciones Exteriores del gobierno de Salvador Allende. Al llegar a Washington, Artaza asumió la dirección de la embajada como encargado de negocios, a la espera de su nuevo jefe. Allí le sorprendió el golpe de Estado del 11 de septiembre. Llevaba nueve días en su puesto cuando, el día 13, debió entregar la embajada al agregado naval chileno. Pinochet fulminó a Artaza. Muchos de sus colegas y amigos cayeron asesinados; él, al menos, pudo seguir vivo. Más de veinte años después, ya como embajador en Londres del gobierno del presidente chileno Eduardo Frei Ruiz-Tagle, acudió, en 1996 y 1997, al aeropuerto de Heathrow a recibir a Augusto Pinochet cuando éste todavía era comandante en jefe del Ejército. Pero eso ya es historia. Pinochet era, desde marzo de 1998, senador vitalicio.

El embajador espera. Ahora, el 29 de septiembre de 1998, a las seis menos cuarto de la tarde, está en la recepción del hotel Stakis, en la ciudad de Blackpool, a unos trescientos kilómetros de Londres, junto a los miembros de la delegación de parlamentarios chilenos que asiste a la conferencia anual del Partido Laborista. Enfrente, las olas del mar de Irlanda bañan la playa del hotel y rompen contra el malecón. Por la recepción han pasado el viceprimer ministro John Prescott; el ministro a cargo del Foreign Office, Robin Cook; el de Interior, Jack Straw; el de Hacienda, Gordon Brown; y los demás. En suma, están casi todos los que son.

Tony Lloyd, el hombre del Foreign Office con rango de ministro de Estado responsable de América Latina, había pedido a los chilenos que permanecieran cerca de la entrada. Lloyd está en compañía del secretario internacional del Partido Laborista, Nick Sigler. Mario Artaza ha tratado con todos ellos. Esa noche, el discurso de Tony Blair cerraría la conferencia del partido. Pero, como cada año, le esperan aquí antes. Es el rito que organiza el Comité Ejecutivo Nacional del Partido Laborista y los partidos socialistas europeos. Blair vendrá a saludar a las delegaciones extranjeras, a decir unas breves palabras y a tomar una copa rodeado de unas trescientas personas.

—Isabel, el primer ministro no tardará en llegar. Me ha pedido que insista en retenerla a la entrada porque quiere conocerla —ruega Tony Lloyd.

La diputada socialista Isabel Allende había llegado al Reino Unido junto con sus colegas de otros partidos chilenos. Era la penúltima escala de una gira por varios países europeos que debía culminar días más tarde en Madrid. La socialdemocracia volvía al poder en todos los países visitados: Suecia, Alemania, Francia. Hace tan sólo dos días, el domingo 27, que el candidato socialdemócrata alemán Gerhard Schröder se alzaba con la victoria electoral ante Helmut Kohl.

El tema que obsesionaba a Mario Artaza comenzó a gestarse hacía cuatro meses. En mayo de 1998, Peter Schaad, un empresario residente en Londres, viajó a la capital chilena para asesorar a una firma británica, Mersey Dock and Harbour Co., accionista del puerto de Liverpool, en la privatización de puertos chilenos.

Schaad, nacido en Zúrich, Suiza, había vivido dos años en Chile, entre 1974 y 1976, cuando, a la edad de 27 años, la multinacional holandesa Holland Chemical International le trasladó desde Colombia, donde residía hasta entonces. En Santiago, el joven ejecutivo inició una carrera ascendente dentro de la compañía. Pinochet fue y siguió siendo su ídolo.

Schaad visitaba a Pinochet durante los viajes del general al Reino Unido. Le había visto en Santiago durante el desfile militar del 19 de septiembre de 1997, la última celebración del Día de las Glorias del Ejército a la que asistiría Pinochet como comandante en jefe y a la que Schaad, su esposa Sissi, de nacionalidad austríaca, y sus hijos fueron invitados especialmente. Y, días más tarde, en octubre, se puso en contacto con él cuando el general visitó la capital londinense por primera vez durante el mandato del gobierno laborista de Tony Blair, que acababa de arrebatar el poder a los conservadores en las elecciones generales del 2 de mayo de 1997.

Aquel mes de mayo de 1998, nada más llegar a Santiago, Schaad llamó al general Juan Carlos Salgado, enlace del general Pinochet con el Ejército, para decirle que iba a estar tres días en la capital. Salgado habló con Pinochet y llamó a Schaad al hotel Carrera, donde se alojaba. Le invitó a almorzar con Pinochet en el restaurante del hotel Hyatt, uno de los preferidos del general, en el barrio residencial de Las Condes.

Schaad, el empresario del puerto de Liverpool con el que había viajado y el general Salgado ya estaban tomando *pisco sauer*, el típico licor chileno, en el bar del hotel americano, cuando, alrededor de las dos menos cuarto, con bastante retraso, llegó Pinochet, a quien acompañaba su hijo Marco Antonio y su ayudante, el comandante Enrique Guedelhoefer. Los seis tomaron asiento en el restaurante de la planta baja, frente a la cristalera que da a un gran jardín con pequeñas lomas que imitan un campo de golf.

Mientras comían, Pinochet se dirigió a Schaad:
—La próxima vez que vaya a Europa, me gustaría visitar París, quiero ver la tumba de Napoleón y algunas tiendas de libros antiguos. Peter, ¿tú me podrías acompañar?
Schaad supuso que el general necesitaba ayuda para moverse en París. Sabía que Pinochet no hablaba francés.
—Mi general, usted será mi invitado. Iremos al hotel Ritz. ¿Qué le parece si cruzamos el canal de la Mancha en tren, por el Eurotúnel? En tres horas estamos en París. Podemos pasar la noche allí y regresar a Londres al día siguiente.
—Ah, muy bien, perfecto.
En la mesa de al lado, cuatro mujeres de mediana edad terminaban una larga sobremesa. Se levantaron, dieron unos pasos y se plantaron ante el general.
—Perdón, general Pinochet, pero nos da mucho gusto verle. ¿Cómo está usted?
—Por favor, me puede firmar aquí —señaló otra, extendiendo la parte de atrás de una chequera—. No tengo otro papel.
Pinochet estampó su firma. Las mujeres le agradecieron la deferencia y una a una le besaron.

Pinochet había viajado a Londres en seis ocasiones desde 1991; la última, en octubre de 1997, cuando el gobierno laborista de Tony Blair llevaba tan sólo cuatro meses en el poder. Siempre iba protegido con un pasaporte diplomático, aunque sus viajes fueran de carácter privado. En ninguno de esos seis viajes, cinco de los cuales habían tenido lugar con el conservador John Major en el Gobierno, fue recibido a su llegada por autoridades del Reino Unido.
Pinochet solía ponerse en contacto con Royal Ordnance, empresa privatizada en 1987 por el Gobierno de Margaret Thatcher, y controlada desde entonces por el grupo de defensa British Aerospace. La empresa Fábricas y Maestranzas del Ejército (FAMAE), dependiente del ejército chileno, se había asociado en 1988 con Rocket Motors Division, filial de Royal Ordnance, para desarrollar un cohete de artillería de bajo coste dirigido al mercado del Tercer Mundo. Hacía más de cuatrocientos años que Royal Ordnance fabricaba armamentos para el Ejército británico, desde su fundación en 1560. La marca simbolizaba la historia militar británica,

desde la batalla del general Wellington contra las tropas de Napoleón Bonaparte en Waterloo a la I y II Guerras Mundiales.

Cuando el general viajaba a Londres, sus colaboradores se ponían en contacto con FAMAE. Su director general se encargaba de hacer llegar a Londres información sobre el viaje de Pinochet. Royal Ordnance, a continuación, como solía hacer con sus principales clientes, enviaba una carta a Santiago, en la que le invitaba a visitar las instalaciones de sus fábricas.

El 17 de agosto de 1998, Pinochet tuvo necesidad de renovar su pasaporte vencido. Firmó la solicitud y dio instrucciones al oficial del Senado Juan Muñoz para que tramitara su pasaporte diplomático, al que le daba derecho su calidad de senador. En el formulario, Pinochet dejó en blanco todos los datos referidos a la comisión de servicio, el decreto supremo o resolución en la que se basaba, el cargo o funciones que desempeñaría en el exterior y el país de destino así como la fecha de viaje. El oficial habló con el jefe de la sección de pasaportes de la cancillería chilena, Francisco Elías Oyanader, un funcionario que llevaba más de veinte años en el Ministerio de Relaciones Exteriores.

El subsecretario de Relaciones Exteriores, Mariano Fernández, se encargó de supervisar el asunto del pasaporte diplomático con sigilo, en consulta con el ministro, José Miguel Insulza. Según el reglamento, el subsecretario era quien otorgaba y revalidaba este tipo de pasaportes; en su defecto, podían hacerlo el subdirector y director de Protocolo.

Nadie en el departamento jurídico del Ministerio se enteró de la tramitación. La abogada Carmen Hertz, directora jurídica de la cancillería, no tuvo noticia alguna del asunto.

Juan Pablo Lira, director de Protocolo del Ministerio de Relaciones Exteriores, firmó el pasaporte D-9421/98, y se lo hizo llegar a Pinochet el 19 de agosto. El pasaporte tenía una válidez de seis años.

Malcolm Lassan, director de ventas de Rocket Systems and Motor Division, se había ocupado, desde la primera visita del general al Reino Unido, en mayo de 1991, de organizar las actividades. Fue él quien le recogió en un avión charter en el aeropuerto de Oporto, en Portugal, la mañana del 18 de mayo de 1991 para trasladarle a Londres, donde aterrizaron en el aeródromo de British Aerospace en Hatfield. Lassan le acompañó ese día a la fábrica de Royal Ordnance en Wescott, en Buckinghamshire, cerca de

Londres, y por la noche viajó con Pinochet de regreso a Oporto. El director de FAMAE, Luis Iracabal Lobo, solía llamarle con anticipación y comunicarle los planes de Pinochet.

Mariano Fernández no ocultó que el viaje de Pinochet al exterior le parecía una temeridad. Tanto él como el ministro Insulza creían que, en esta oportunidad, había más riesgos que nunca de una acción legal contra el general. Pinochet ya no era comandante en jefe del Ejército, cargo que ostentaba cuando había realizado sus anteriores escapadas al Reino Unido, incluyendo la más reciente, en 1997. Insulza, por su parte, era uno de los pocos ministros que seguía con preocupación el procedimiento judicial abierto en España contra Pinochet y los generales de la dictadura. Iniciado a mediados de 1996, el proceso seguía su curso en el verano de 1998.

Fernández había estado pendiente de la salida de otras personalidades chilenas al extranjero. Y, sobre todo, tenía presente la experiencia de Patricio Aylwin. En mayo de 1997, el ex presidente tenía previsto viajar a España en visita privada, procedente de Portugal, un periplo que realizaba, como solía hacer, con pasaporte diplomático. Pero esta vez la cancillería decidió deprisa y corriendo asignar al ex jefe de Estado y ex senador chileno una misión especial. La razón: había trascendido que el juez español encargado de la causa chilena, Manuel García-Castellón, citaría a Aylwin para tomarle declaración en Madrid. La cancillería chilena quiso asegurar así la inmunidad de Aylwin frente a la justicia española.

El comandante en jefe del Ejército, Ricardo Izurieta, no menos inquieto que Insulza, insistió para que el Gobierno de Frei diera carácter de misión oficial al viaje de Pinochet, como en el caso de Aylwin. Eso requería un decreto gubernamental y una inscripción en su pasaporte diplomático. Debía constar que había sido designado embajador plenipotenciario en misión especial al Reino Unido.

La presencia en la capital británica tendría lugar al mismo tiempo que una misión de militares chilenos visitaba varias fábricas británicas para explorar la posible compra de armamento. Dicha misión también acudiría a las instalaciones de la empresa Royal Ordnance en la ciudad de Nottingham. Aunque Pinochet no formaba parte de esta delegación, la coincidencia permitía revestir de apariencia oficial su pretendida misión especial. En cierto modo, el general iba como polizón.

El agregado militar de la embajada de Chile en Londres, general Óscar Izurieta, se encargó de hablar con Lassan, en Royal Ordnance, para obtener la carta de invitación.

Pero el plan de cobertura era arriesgado. Lo que en buena Ley había sido posible para el ex presidente y ex senador Aylwin, no lo era para Pinochet. La Constitución Política del Estado establece que cualquier empleo o comisión de servicios retribuidos o gratuitos, así como las funciones de directores o de consejeros, aun cuando sean sin percibir honorarios, y toda otra actividad en gestiones o negociaciones, son incompatibles con el puesto de senador de la República en ejercicio. Y son causa para cesar en el cargo.

Pero aun así, la operación siguió adelante. El subsecretario Fernández y el ministro Insulza urgieron a los colaboradores de Pinochet a precisar las fechas de su salida para preparar la cobertura para una misión carente de contenido oficial.

Pinochet no fijaba el momento del viaje. El motivo de su retraso era el mismo que lo impulsaba a viajar. Sufría una hernia discal cuyos dolores le obligaban a visitar con mucha frecuencia los hospitales. Sus médicos del Hospital Militar, los doctores Henry Olivi y Andrés Marín, le habían recomendado operarse. Pero a sus 82 años cumplidos, Pinochet se venía resistiendo. Ya resignado a la operación, prefería explorar la posibilidad de someterse a ella en Londres.

A últimos de agosto, el Ejército informó al ministro Insulza que Pinochet pensaba viajar a mediados de septiembre. El ministro habló con el presidente Frei y se acordó otorgar cobertura al general a través de una misión oficial por decreto. Esto permitiría inscribir en el pasaporte de Pinochet «embajador extraordinario y plenipotenciario en misión especial». Pero como su legalidad era dudosa, por las incompatibilidades que regían para los senadores, era necesario evitar cualquier filtración o comentarios públicos sobre el viaje. Sólo se invocaría en caso extremo. Para justificar la misión se diría siempre que la participación del general era simbólica. En otros términos: que Pinochet no viajaba para gestionar ni negociar contratos —gestión explícitamente prohibida— con la empresa privada Royal Ordnance, sino para «conocer» proyectos. Insulza cruzaba los dedos para que no surgieran problemas, de modo que nadie conocería los detalles de la misión especial y el decreto fraguado detrás de los bastidores del poder.

La dirección General Administrativa del Ministerio de Relaciones Exteriores recibió instrucciones de preparar el pasaporte de Pinochet. Se dieron instrucciones «secretas» al calígrafo Alejandro González Durán para colocar, en la parte de «Observaciones», página 9, la leyenda: «Embajador en Misión Especial de Chile, en Londres, Inglaterra por 22 días desde el 14 de septiembre de 1998». La «misión» se terminaba, pues, el 5 de octubre. No había ninguna referencia a su contenido.

Pero Pinochet no salió el 14 de septiembre. Dos días más tarde, el día 16, el agregado militar de la embajada chilena en Londres, el general Óscar Izurieta, informó por vez primera al embajador Artaza de que Pinochet llegaría al Reino Unido el 22 de septiembre, por lo que era conveniente solicitar al Foreign Office una sala VIP para su llegada a Heathrow. Izurieta no le habló de misión especial alguna. El embajador tampoco recibió instrucciones de la cancillería. Funcionarios del Foreign Office, tras conocer la carta del embajador, informaron de manera extraoficial, a su vez, al Ministerio de Defensa británica, sobre la próxima visita privada de Pinochet.

Los pasos para concretar una misión especial estaban regulados por la Convención de Nueva York sobre Misiones Especiales. El gobierno militar de Pinochet había ratificado en 1979 dicho tratado, pero el Reino Unido después de firmarlo, en 1970, curiosamente, nunca lo ratificó.

Se trataba, según la Convención, de elaborar una nota verbal, dirigida en este caso al Foreign Office, en la que se debía dar cuenta de la composición de la misión; la llegada y salida definitiva de sus miembros, así como la terminación de sus funciones; la llegada o salida definitiva de toda persona que acompañe a un miembro de la misión, la situación de los locales ocupados por la misión especial y de los alojamientos particulares, que gozarían de inviolabilidad; los empleados administrativos y miembros de su familia, para los cuales estarían previstos privilegios e inmunidades. Y se debía, además, informar al país de destino de la fecha de llegada y salida definitiva con antelación «a menos que sea imposible».

Lo que se había preparado consistía en una simulación. Todo lo más, el decreto se podría usar como coartada en una situación de emergencia, en medio de la confusión general, si se hacía necesario invocarlo, con cautelas, ante Londres.

Unos días más tarde, Pinochet envió a la embajada del Reino Unido, con sede en el barrio residencial de Las Condes, a sus ayudantes para comunicar, de manera informal, que pensaba viajar a Londres. La embajadora Glynne Evans Castelblanco, nacida en Lima, de padre inglés y madre chilena, estaba de vacaciones en el Reino Unido durante aquellos días. David Roberts, encargado de negocios de la embajada, atendió a los enviados del general, quienes le informaron de que Pinochet haría un viaje privado a Londres en las próximas semanas. Roberts no encontró nada fuera de lo normal. Sin ir más lejos, recordaba que en octubre de 1997, antes de viajar, Pinochet también había enviado a la embajada a sus colaboradores para informar.

Los hombres de Pinochet sabían que no debían hablar de una misión oficial. En realidad, era la misión más clandestina que se hubiera podido imaginar.

Roberts envió un cable al Foreign Office para advertir de que el general Pinochet visitaría Londres. Decía, tal y como le habían informado, que se trataba de un viaje privado. No había misión oficial. Sugirió la adopción de medidas de seguridad personal previstas para ex jefes de Estado en Heathrow aun cuando no viajan en misión oficial. En Londres tanto Karen Miller, la joven responsable de Chile en el departamento de América Latina, como Henry Hogger, su jefe, tuvieron conocimiento del mensaje.

En Londres, Schaad tenía pendiente hacer una reserva en el hotel Ritz de París para realizar el viaje con Pinochet, al que, creía, se uniría Lucía Pinochet, la hija mayor del general. Pero no había tenido noticias de Santiago. El día 19, en Londres, hubo, como todos los años, una recepción el Día de las Glorias del Ejército chileno. El general Izurieta invitó a Schaad al cóctel, organizado en una sala de Canning House, un edificio en Belgrave Square. Acudieron también numerosos agregados militares de países amigos.

Izurieta se acercó a Schaad.

—El general va a venir. Y me han dicho que quiere hablar contigo —le susurró.

Anthony Joseph Lloyd, Tony, el ministro de Estado responsable de América Latina, de 48 años, tenía la responsabilidad, desde su llegada a la Cámara de los Comunes en 1983, sobre los temas de las libertades civiles, desarme, inmigración, relaciones raciales, política industrial, derechos humanos y ayuda al desarrollo. En 1997, al ser nombrado ministro, se le eligió para representar al Reino Unido en los trabajos de Naciones Unidas para crear la Corte Penal Internacional.

Lloyd fue informado el día 19 de que Pinochet llegaba el 22. El embajador Artaza, le transmitieron, pedía por carta un salón VIP en el aeropuerto de Heathrow para que el general pudiera utilizarlo a su llegada.

En Santiago, el general Pinochet envió a la cancillería chilena la mañana del día 21, antes de partir de viaje, su pasaporte para que modificaran la fecha de la inscripción original. La misión especial, según se registró, comenzaba el 21 de septiembre y su duración era de 19 días; por tanto, vencía el 10 de octubre.

Pinochet salió de Santiago el mismo lunes 21 rumbo a Europa en un vuelo de la compañía Lufthansa. Después de hacer escala técnica en Francfort, el avión reanudó el viaje hacia Londres. Pinochet viajaba acompañado por su ayudante, el comandante Enrique Guedelhoefer, dos militares encargados de su escolta y el doctor Andrés Marín. En la capital chilena, el periódico vespertino *La Segunda*, perteneciente la empresa editora de *El Mercurio*, daba cuenta de manera muy vaga de que el general «habría iniciado o estaría a punto de emprender su primer viaje al exterior» desde que dejara el cargo de comandante en jefe del Ejército.

Artaza, en función del carácter privado del viaje, decidió enviar al aeropuerto de Heathrow a su segundo hombre en la embajada, el ministro consejero José Luis Morales.

Como era previsible, ningún funcionario del Gobierno británico acudió a esperarle. El general fue atendido por un empleado de inmigración que selló el pasaporte con una autorización de seis meses, según las normas vigentes. Y, después, el general y el ministro consejero pasaron por la sala reservada, la *suite* Hounslow. La reserva de la sala VIP no implicaba ningún reconocimiento de misión oficial ni diplomática, algo que, por otra parte, no había sido propuesto por el gobierno chileno.

Pinochet se alojó en el hotel Intercontinental, en la avenida Park Lane, en el elegante barrio de Mayfair.

Al día siguiente, mandó llamar al despacho del médico que le habían recomendado en Chile para solicitar una entrevista. Se trataba del doctor de origen iraní Farhad Afshar, el cirujano principal de uno de los hospitales privados más prestigiosos del Reino

Unido, la London Clinic. Éste le dio cita para el viernes 2 de octubre a las cinco de la tarde.

Enfundado en una chaqueta de lana, pantalón de franela, y su abrigo verde oliva, Pinochet salió del hotel. Seguido por una escolta discreta, el general fue a la tienda Burberry, en Regent Street, para comprar una gabardina color beis.

El veterano jefe de ventas le reconoció.

—Usted, ¿no es el general Pinochet?

Víctor Pey leía el periódico *El Mercurio* en su pequeño apartamento, en Santiago, la mañana del 23 de septiembre. Pey acababa de cumplir 83 años. Huyó de Cataluña en febrero de 1939, tras la victoria del ejército franquista, y había logrado embarcar en Burdeos en el vapor *Winnipeg* hacia Santiago unos meses más tarde, junto con otros dos mil trescientos refugiados republicanos. En Chile trabó amistad con Salvador Allende y, muchos años después, adquirió la propiedad de uno de los periódicos populares chilenos, *Clarín*. Y, ahora, aquí estaba desayunándose con la prensa.

Después de detenerse en las páginas de la sección nacional, los ojos de Pey se clavaron en una noticia sepultada en la columna de información breve. Pinochet, decía, había viajado a Europa en un vuelo de Lufthansa. Y añadía que, según los rumores, el viaje podía estar relacionado con sus problemas de salud. También apuntaba que la estancia podría durar diez días y que —esto era importante— uno de sus destinos podría ser Londres.

Lo primero que le vino a la memoria a Pey fue la historia del viaje del ex presidente Aylwin a Lisboa y Madrid, en cuyos avatares él había tenido algo que ver, hacía algo más de un año. Si Pinochet estaba en Europa, pensó, quizá se le podría tomar declaración en los tribunales. Pey abrió su ordenador y envió las cinco líneas del periódico a Madrid.

Destino: un abogado llamado Joan Garcés.

Lucía, la hija mayor de Pinochet, llegó a Londres un día antes que su padre, el lunes 21. Llamó al periodista británico Jon Lee Anderson, que trabajaba en un largo reportaje sobre Pinochet para la revista norteamericana *New Yorker*. El periodista, a través de Lucía, había entrevistado al general durante el mes de agosto en Santiago. Allí acordaron que un fotógrafo lo retrataría, más adelante, en el Reino Unido. Así, pues, Lucía citó a Lee Anderson y al fotógrafo, Steve Pyke, la mañana del 25 de septiembre en una *suite* del hotel Dorchester.

Pinochet se colocó una camisa blanca y se vistió con un traje de franela gris con rayas finas, dos botones, una corbata a juego color amarillo ocre de motivos discretos, y se colocó su sempiterna perla en la corbata antes de partir hacia el Dorchester con su hija. El servicio del hotel había preparado una mesa cubierta con un mantel blanco, con copas de cristal y tazas de té, a modo de decorado.

El fotógrafo indicó al general que se colocara frente a la mesa, y que girase la cabeza suavemente para mirar al objetivo de medio perfil. Su mano izquierda caía, destacando unas venas muy gruesas que llegaban hasta el comienzo de los dedos. La mitad del dedo índice aparecía rebanada, y un anillo de oro destacaba en el anular. Los dedos de su mano derecha se apoyaban en la mesa.

Lucía hizo un aparte con Lee Anderson:

—Mi papá no se siente bien. Ha cancelado todas sus actividades. Ni ha llamado a Margaret Thatcher. Un médico va a examinar su hernia discal. Espero que puedan operarle. El problema es que, con su edad, la anestesia supone un gran riesgo.

Después de conversar durante unos instantes, el general propuso a Lee Anderson que fuera a verle al hotel Intercontinental al día siguiente por la mañana. Tomarían café y completarían la entrevista. Pinochet llevaba tres días en Londres, pero no había llamado a Royal Ordnance. Ni siquiera para comunicarles que estaba en la ciudad.

Ese mismo día 25, mientras el obturador de la cámara de Steve Pyke retrataba a un Pinochet travestido —de general con uniforme prusiano, dientes apretados y gafas oscuras, a senador vitalicio de la República—, la organización de derechos humanos Amnistía Internacional enviaba a las redacciones de los periódicos, las radios y las televisiones de las principales capitales europeas un comunicado con un título sugerente: «La responsabilidad de los gobiernos europeos ante la visita del general Pinochet a Europa».

Amnistía Internacional ignoraba que Pinochet estuviera en Londres, ya que los medios de comunicación de Santiago eran poco precisos al respecto. El comunicado decía que, según la prensa, el general Pinochet se aprestaba a visitar varios países europeos, incluyendo el Reino Unido. A los gobiernos, Amnistía simplemente les recordaba: «Cualquier Estado que haya firmado la Convención contra la Tortura y otros Tratos Crueles, Inhumanos o Degradantes de las Naciones Unidas, está obligado por el artículo 6 a arrestar o tomar otras medidas legales para asegurar la presencia de cualquier persona dentro de su territorio que haya sido acusada de cometer tortura o un acto que constituya complicidad o participación en torturas».

El informe era un arma de doble filo. Por un lado, alertaba a las autoridades; pero, al hacerlo, podía sonar la alarma. Pinochet y sus amigos, al mismo tiempo que la embajada chilena en Londres y el Gobierno de Frei, podrían cobrar consciencia de que se estaba gestando una movilización contra el general. Con todo, nadie le dio importancia.

A la mañana siguiente, mientras tomaba café con el general, Lee Anderson preguntó.

—Usted habla de reconciliación, ¿qué gesto espera de sus opositores?

—Un gesto —bramó Pinochet.

—Sí, pero ¿cuál? —insistió el periodista.

—¡Poner fin a las querellas! Hay más de ochocientas. Se cierran y se reabren. Siempre vuelven a la misma cosa, siempre a la misma cosa.

Antes de que se despidiera, Lucía le dijo al periodista:

—Espero que mi papá se sienta bien y pueda ir a París a visitar la tumba de Napoleón.

El lunes 28, Pinochet hizo llamar a Peter Schaad para que fuera a verle por la tarde. Schaad ya había hablado con el agregado militar, tras lo cual hizo reserva de cuatro habitaciones en el hotel Ritz de París para la noche del 30. Saldrían la mañana del 30 y volverían la tarde del 1 de octubre.

Pinochet le esperaba a las cinco de la tarde en el salón de té del hotel Intercontinental, en la avenida Park Lane. Cuando Schaad llegó, Pinochet ya estaba sentado a una de las mesas. Después de unos minutos de conversación, Pinochet dijo:

—Peter, mañana me entregan el pasaporte. Lo han llevado hoy a la embajada francesa para que pongan el visado. ¿Está todo listo?

—Sí, he hecho la reserva en el Ritz y he encargado los billetes de tren.

Pinochet estaba feliz.

Pero en otro lugar de la ciudad el ministro consejero Morales recibía un sobre de la embajada francesa en Londres. Era el pasaporte de Pinochet. Los franceses no habían concedido el visado.

—Mario, mira esto —dijo Morales al embajador Artaza—. Los franceses no le han dado el visado. No pueden poner una visa turística en un pasaporte diplomático. Dicen que, si quiere, puede entrar con un pasaporte normal, sin necesidad de visa, como todos los chilenos. Para entrar con pasaporte diplomático tiene que tramitar una misión especial.

Al día siguiente, el general Óscar Izurieta llamó a Schaad.

—Peter, el viaje no se puede hacer. Los franceses no otorgan la visa.

—Pero ¿ por qué?

—Han dicho que para entrar en Francia con un pasaporte normal no necesita visado. Pero no pueden poner visado turístico en un pasaporte diplomático.

—Óscar, me gustaría verle.

—No te preocupes, se ha ido a Gales.

Schaad se quedó sorprendido. No se creía que el general se hubiera ido a Gales.

—Óscar, quisiera ver al general. Ya que se ha frustrado el viaje a París, me gustaría mucho que viniera a almorzar a mi club. Es el White's, el club de caballeros más antiguo del mundo.

—Bueno, yo se lo diré.

—Pero nada de guardaespaldas, nada de *walkies talkies* ni teléfonos móviles. A ver si le parece bien el viernes 2, a la una.

Izurieta estaba atareado ese día 29. Había llegado a Londres la misión militar chilena. Los ingenieros militares tenían previsto visitar la fábrica de Royal Ordnance en Notthingham, en la región de East Midlands, y otras factorías en el Reino Unido para conocer los puentes mecano, sistemas para desactivar minas antipersonales y otros equipos militares.

En Blackpool, en la mole trilateral del Stakis, Mario Artaza, con la negativa de la embajada francesa en Londres a dar el visado para el pasaporte diplomático del general en mente, seguía a la espera, junto a Isabel Allende y los parlamentarios chilenos, de la llegada de Tony Blair. Los delegados del Partido Laborista y los invitados extranjeros se agolpaban en un enorme salón. Los comentarios de la jornada se centraban en el discurso que iba a pronunciar esa noche el primer ministro durante el acto de clausura de la conferencia anual del partido, en ese mismo hotel. En 1996, Blair había diseñado ante sus partidarios su estrategia electoral para las siguientes elecciones generales; en 1997, el ambiente era más relajado: se celebraba la reciente victoria, en el mes de mayo, sobre los conservadores. Ahora, en 1998, los militantes esperaban algo más.

Tony Blair cruzó la entrada y se dirigió hacia el grupo de chilenos que estaba junto a Lloyd y a Sigler, quienes hicieron las presentaciones.

Blair sonrió al estrechar la mano de Isabel.

—Mucho gusto en conocerla —dijo Blair—. Su padre fue un gran hombre, un héroe. Es para mí un gran honor tenerla hoy aquí con nosotros —añadió.

Blair sugirió a sus invitados que le acompañaran al salón. Le siguieron. El primer ministro había llegado con su jefe de gabinete, Jonathan Powell. Unos minutos después, subió a un estrado. Junto a él estaba su esposa, Cherie Booth. Agradeció a las delegaciones su presencia en la conferencia, mencionó el ascenso de la socialdemocracia en toda Europa e hizo un brindis:

—Quiero decir una vez más que la solidaridad es un valor permanente para nosotros. Una generación de laboristas ha expresado su preocupación por Chile y su admiración por Salvador Allende. Y hoy tenemos aquí, entre nosotros, a su hija, Isabel Allende.

Hubo fuertes aplausos. Blair y su esposa se abrieron paso hacia la salida. Allí seguían los delegados chilenos. Isabel se colocó junto a Cherie Booth y Blair, y volvieron a saludarse mientras caminaban hacia la recepción.

—Muchas gracias por la mención a mi padre —dijo Isabel—. Ha sido muy emocionante.

PRIMERA PARTE

Crónica de un golpe anunciado

«¡Así que va a haber golpe en Chile!» Casa Blanca, Washington D.C.

El sábado 8 de septiembre de 1973, el oficial de la Agencia Central de Inteligencia (CIA) en la embajada de Estados Unidos, en Santiago, encargado de enviar información a su cuartel general en Langley, Virginia, despacha un mensaje cifrado urgente. Son las ocho y media de la mañana. La Plaza de la Constitución está desierta. Si uno se sitúa en la sede de la misión diplomática norteamericana, las últimas tres plantas de un edificio que se levanta en el cruce de las calles Agustinas y Teatinos, puede ver, desde arriba, un palacio neoclásico de dos plantas concebido en 1783 por el ingeniero militar y arquitecto romano Joaquín Toesca. Es el Palacio de la Moneda, sede de la presidencia del Gobierno. Nathaniel Davis, el embajador norteamericano, lleva ya cuarenta y ocho horas fuera del país. Ha viajado a Washington, el jueves 6, para participar en una reunión con Henry Kissinger, quien se dispone a dejar el cargo de asesor de Seguridad Nacional: el 22 de septiembre de 1973 asumirá el puesto de secretario de Estado en la Administración del presidente republicano Richard Nixon. Kissinger tiene preparado para Davis, jefe de la misión en Santiago desde octubre de 1971, un nuevo trabajo en el Departamento de Estado. Lo quiere como director general del Servicio Exterior.

La sede de la cancillería norteamericana en Santiago vive, desde horas muy tempranas del sábado 8, un intenso ajetreo. El jefe de la delegación de la CIA, Raymond Alfred Warren, Ray para los amigos, ha recibido información fidedigna de carácter sensible.

El destinatario del mensaje urgente es la Dirección de Operaciones de la CIA, especializada en «actividades encubiertas» o, como se dice en la casa, «guerra sucia». El oficial teclea el mensaje que sale cifrado hacia Langley. Identifica en el punto número 1 a sus fuentes, y, a continuación, transmite el largo mensaje.

«2. La Armada tiene previsto iniciar un movimiento para derrocar al Gobierno de Salvador Allende en Valparaíso a las 8.30 a.m. del 10 de septiembre. La misma fuente dice que la Fuerza Aérea Chilena (FACH) apoyará esta iniciativa después de que la Armada dé un paso positivo, como el de ocupar la provincia de Valparaíso. La fuente ha advertido que el almirante José Merino, comandante de la Primera Zona Naval en Valparaíso, está intentando sin éxito posponer esta acción hasta el 12 de septiembre, fecha en la que espera ser nombrado comandante en jefe.

»3. Según la fuente, después de que la Armada adopte dicha acción positiva, la FACH tiene preparado establecer una cadena de radio nacional a través de las radios opositoras, como Balmaceda, Minería y Agricultura.

»4. La fuente agrega que el comandante en jefe de la FACH, Gustavo Leigh, ha tomado contacto con el comandante en jefe del Ejército. Augusto Pinochet ha dicho que el Ejército no se opondrá a la acción de la Armada. La fuente estima que unidades del Ejército se unirán al golpe de Estado después de que la FACH preste su respaldo a la Armada. Sin embargo, asegura no saber si los generales del Ejército apoyarán activamente el esfuerzo de la Armada y la FACH para derrocar a Allende. No obstante, el general Leigh tiene pensado continuar su contacto con Pinochet y otros generales del Ejército durante los días 8 y 10 de septiembre.

»5. Nuestro interlocutor añadió que el general Arturo Yovane, del cuerpo de Carabineros (policía nacional uniformada), ha prometido apoyar el golpe y ha garantizado el respaldo de la Escuela de Carabineros, del grupo de oficiales de enlace de las Fuerzas Armadas y de los guardias del Palacio de la Moneda. La fuente añadió que será difícil ocupar el palacio presidencial. Pero con el apoyo de los Carabineros, las Fuerzas Armadas deberían estar en condiciones de obtener el control de los puntos estratégicos.

»6. La fuente advirtió que un golpe tendrá lugar el 10 de septiembre o como mucho durante la semana del 10 de septiembre. Señaló que hay varios acontecimientos que podrían frenar un intento de golpe. Dijo que si Allende renuncia, llama a un plebiscito o anuncia la formación de un gabinete íntegramente militar, ello podría llevar a posponer los planes de la Armada. El almirante Merino, que goza de respeto entre los oficiales jóvenes de Valparaíso, podría estar en condiciones de convencer a los golpistas en Valparaíso para que dilaten sus planes durante algunos días.

»7. La fuente comentó: el presidente Allende se enfrenta, incuestionablemente, con la más seria amenaza de las Fuerzas Armadas a la continuación de su mandato desde su elección [tres años atrás]. Al mismo tiempo, se debe reconocer que el presidente aún tiene cierto margen de maniobra. Puede alterar el calendario de los golpistas o detenerlos completamente mediante una iniciativa que satisfaga las demandas de las Fuerzas Armadas y/o del partido Demócrata Cristiano. Para aventar la actual amenaza, el presidente debería adoptar algún tipo de medidas el 8 o 9 de septiembre. Ya ha tenido una reunión con líderes de su coalición (Unidad Popular) hoy y se espera que tenga otra a las 5.00 p.m. Según Radio Portales, en la primera reunión no se ha alcanzado ningún acuerdo sobre cómo atajar la presente crisis. Está por ver si los líderes de la Unidad Popular, especialmente el Partido Socialista, le darán al presidente Allende el apoyo necesario para alcanzar un pacto con los militares/oposición. Por tanto, el tiempo del presidente puede acabarse, especialmente si no está al corriente de que se enfrenta a un ultimátum el 10 de septiembre. Debe, asimismo, reconocerse que, hasta cierto punto, puede que el presidente ya no sea capaz de parar un movimiento de la Armada y carezcan de importancia las concesiones que haga pues todo dependerá del desarrollo que haya alcanzado el golpe en el momento en que Allende dé a conocer sus puntos de vista».

Davis se encuentra desde el mediodía del día 7 en Washington. Kissinger le ha citado para la mañana del sábado 8 en la Casa Blanca a las diez horas. El embajador se presenta antes, sobre las nueve de la mañana, en la sexta planta del Departamento de Estado. Quiere conocer las últimas noticias procedentes del servicio secreto en Santiago. Allí le está esperando Harry Shlauderman, adjunto al responsable para Asuntos Interamericanos, William D. Rogers.

Ambos leen el mensaje enviado desde la embajada de Santiago a la Dirección de Operaciones de la CIA y otros despachos, llegados escasos minutos antes. Shlauderman es el interlocutor ideal. Llevaba sólo tres meses en Washington, pero venía, precisamente, de Santiago, donde había actuado como asesor político del jefe de la delegación de la CIA desde 1971 y, lógicamente, había trabajado con Davis.

Uno de los últimos mensajes procede de un oficial del ejército norteamericano en Santiago y está dirigido a la Agencia de Inteligencia de la Defensa de Estados Unidos (DIA), con informaciones recogidas a última hora del viernes 7, y es coincidente con el mensaje de la CIA.

«Se dice que las tres Fuerzas Armadas han acordado actuar contra el Gobierno el 10 de septiembre, y grupos terroristas civiles y de extrema derecha darán presuntamente apoyo mediante una campaña de bloqueos de carreteras y desarticulación de posible resistencia gubernamental. La decisión final de los militares habría sido adoptada a raíz del rechazo del presidente Allende a aceptar la dimisión del comandante en jefe de la Armada, almirante Raúl Montero, aun cuando el almirante José Merino le ha presentado un ultimátum durante una reunión el 7 de septiembre. Hay indicaciones de que algunas unidades de las Fuerzas Armadas quieren actuar incluso el día 8, pero han sido disuadidas por altos oficiales que han subrayado la necesidad de un esfuerzo coordinado, que, dicen, no podrá ser ejecutado conjuntamente hasta el 10 de septiembre.

»El golpe parece tener el respaldo de todos los comandantes en jefe, una situación que Allende ha sido capaz de evitar durante el pasado año. El presidente, se dice, es consciente de que una resistencia de sus partidarios será inútil y de que cualquier esfuerzo por oponerse a los militares puede terminar en numerosas pérdidas humanas. La Policía Nacional, que también cree que un golpe es inminente, ha estado, se afirma, en contacto con los militares golpistas y ha acordado no resistir si se concreta el intento de golpe.

»Si no hay un golpe, empero, Allende aún se enfrenta con nuevos problemas políticos. A la luz de las manifestaciones y la violencia de esta semana, la oposición política ha endurecido su posición contra el Gobierno de Allende. La Democracia Cristiana ha formulado sus cargos contra el Gabinete y favorece la destitución del presidente a pesar de que éste ha declarado que un acto de tal naturaleza es ilegal. También ha conseguido apoyo a una huelga nacional y llama a los trabajadores actualmente en huelga a continuar sus movimientos. El derechista Partido Nacional ha ido un paso más lejos y exige la renuncia de Allende por incapacidad».

Davis lee ahora otro mensaje de esa misma mañana que lleva la firma del segundo hombre de la embajada norteamericana en Santiago, Herbert Thompson.

«Objeto: Continúa amenaza militar a Allende.

»Pasar al embajador Davis.

»Resumen: El fracaso del presidente en desactivar la crisis en la Armada en torno a la sustitución del comandante en jefe Montero e informes de inteligencia a lo largo del 7 de septiembre indican que las serias amenazas a Allende continúan.

»1. Los informes claves de inteligencia del día 7 son éstos:

»A) Allende se reunió con el almirante Merino al mediodía del 7 de septiembre e intentó posponer su nombramiento como comandante en jefe de la Armada hasta el miércoles [sic] 11 de septiembre. Los comandantes de la Armada han encontrado dicha propuesta inaceptable. Esto deja a la Armada, por supuesto, al borde del estallido. Fuentes muy fidedignas de la Armada informan que el día 8 de septiembre puede ser el *día D* para un movimiento militar contra el Gobierno. Información suplementaria señala que los almirantes de la Armada ya no debaten si van a actuar, sino sólo cuándo: el día 8 de septiembre, el 9 o el 10.

»B) Una fuente de la Fuerza Aérea Chilena (FACH) próxima al comandante en jefe Gustavo Leigh señala que las cosas todavía están por definir en la Armada y que "quizá tengamos que actuar para ayudarles". El Estado Mayor de la FACH y la base aérea de El Bosque se halla en estado de alerta.

»C) El general Sergio Arellano, golpista clave del Ejército, ha dicho, según informes, que está listo para actuar, sugiriendo que ha asegurado el apoyo de los comandantes de tropas de los regimientos más importantes.

»D) El almirante Carvajal, jefe del Estado Mayor de la Defensa Nacional, el comandante en jefe de la FACH, Leigh, y el comandante en jefe del Ejército, Augusto Pinochet, se reunieron en la tarde del viernes 7 y han acordado actuar contra el Gobierno a las 8.00 horas del lunes 10 de septiembre con independencia de lo que haga Allende.

»E) Tenemos un informe en el sentido de que grupos civiles que responden a instrucciones de la extrema derecha tienen planes de entrar en acción el lunes 10 para neutralizar el sistema de comunicaciones y organizar manifestaciones. Informaciones adicionales indican que instituciones gubernamentales han detectado el traslado de miembros de Patria y Libertad y de la brigada juvenil del Partido Nacional desde provincias hacia Santiago.

»2. Dado el volumen y la solidez del material de inteligencia que hemos recibido, debemos asumir que Allende también está al corriente de la amenaza de los militares y que usará el margen de maniobra que tenga para protegerse».

Mucho más inquieto que a su llegada a Washington, Davis se planta en la Casa Blanca, y ruega a Lawrence Eagleburger, el segundo de Kissinger, que éste le reciba inmediatamente porque, dice, puede haber un golpe de Estado en marcha en Chile. Eagleburger, solo, pasa a ver a su jefe, y le cuenta lo que acaba de escuchar. Davis lo ha conseguido. Una fecha repica en su mente cuando entra en el despacho del futuro secretario de Estado de la Administración Nixon: el golpe será el 10 de septiembre de 1973.

—¡Así que va a haber golpe en Chile! —exclama con su voz gangosa un sardónico Kissinger, en el momento que estrecha la mano de Davis.

Capítulo 1

Por la razón, no; por la fuerza

Debían de ser las cinco y cuarto de la tarde del 21 de agosto de 1973. El general Carlos Prats González, comandante en jefe titular del Ejército chileno, se había despertado esa mañana con fiebre, pero decidió acudir, como todos los días, al Ministerio de Defensa. Desde el 9 de agosto ejercía como ministro de Defensa en el gabinete cívico militar nombrado por el presidente Salvador Allende, del cual también formaban parte el comandante en jefe de la Fuerza Aérea Chilena, general César Ruiz Danyau, el director general de Carabineros, general José María Sepúlveda, y el comandante en jefe de la Armada, almirante Raúl Montero. Al mediodía, Prats tuvo que regresar enfermo a casa, comió en cama y se durmió. Poco después se despertaba sobresaltado al oír gritos muy fuertes. Su esposa, Sofía Cuthbert, entró excitada en el dormitorio.

«¡Maricón!», «¡Maricón!», gritaban voces femeninas.

—Carlos, hay unas trescientas mujeres allí abajo. Le han dicho al conserje que quieren entregarme una carta —dijo Sofía—. Pero al ver que están la Mary Menchaca, la mujer de Bonilla, la Quela de Arellano, la Choly de Nuño y muchas otras, les he dicho que le den la carta al portero —añadió. Estaba sorprendida por la presencia de sus amigas. Eran las esposas de generales de primera línea del Ejército.

«¡Gallina!», «¡Gallina!», vociferaban fuera. En la acera se oyó un repiqueteo seco. Como granizo. Eran perdigones de maíz que las mujeres arrojaban contra la casa.

Sofía le tendió el papel que había traído el conserje de la residencia. Prats leyó:

«Sofía:

»Como esposas de oficiales y madres ante todo, nos atrevemos a acercarnos hasta ti para que sirvas de portadora de un angustioso llamado que le hacemos a tu esposo.

»Nuestros maridos ya no pueden usar el uniforme que con tanto orgullo siempre lucieron, para evitar ser insultados.

»Nuestros hogares han visto llegar armas que se mantienen alertas ante un peligro y eso lo lloran nuestros hijos.

»Nuestros hombres salen a su trabajo y quedamos en muda plegaria rogando porque vuelvan.

»El desconcierto del futuro de un país que progresaba y hoy sufre el descalabro económico más desastroso del mundo no nos permite ofrecer seguridad a nuestros hijos.

»La angustia y rebeldía que sufren nuestros hombres al estar sometidos a una disciplina y ver que con ella juegan.

»Y por último en este tráfago de política deben permanecer al margen de ella por su doctrina, sin embargo ellos son el blanco de los ataques. Esto los ha llevado al límite de la desesperación.

»Te rogamos, Sofía, intercedas ante tu esposo y lleves este ruego de tantas mujeres que lloran calladas».

Al llegar al final, los ojos de Prats devoraron los nombres de las firmantes: Mireya, esposa del general Ernesto Baeza; Maruja, esposa del general Pedro Palacios; Mary, esposa del general Óscar Bonilla; Fedora, esposa del general Raúl Contreras; María Teresa, esposa del general Arturo Viveros; Choly, esposa del general Sergio Nuño; Carmen, esposa del general Eduardo Cano; Silvia, esposa del general Javier Palacios, y Quela, esposa del general Sergio Arellano. Eran, pues, las amigas de su mujer, Sofía, quienes ejercían de portavoces de sus maridos.

El general Prats llamó a Carabineros para que reforzaran la vigilancia de la residencia. El capitán Héctor Venegas, de la Prefectura de Santiago Oriente, acompañado de veinte miembros del cuerpo, se presentó poco después, lo que arrancó insultos entre los manifestantes y una lluvia de piedras.

Entre la muchedumbre, cuyas filas habían engrosado hasta llegar a un millar de personas, estaban todas las mujeres que firmaban la carta y algunas esposas de generales retirados, como el golpista Alfredo Canales. Pero también participaban en el acto algunos oficiales del Ejército. Prats reconoció al capitán Renán Ballas, yerno de Canales, y al mayor Francisco Ramírez Migliassi, miembro del Comando de Tropas del Ejército, bajo el mando del general

Sergio Arellano, *El Lobo*. También advirtió la presencia, en ropa de paisano, del mayor Luis Claudio Lobos, ex ayudante del general Augusto Pinochet, que ahora, después de haber participado en el frustrado golpe del 29 de junio de 1973, conocido como el *tancazo*, por la participación del Regimiento Blindado N° 2, prestaba servicio como asistente del general Arturo Viveros.

Ballas se colocó a la cabeza, frente a la entrada de la residencia, y solicitó un momento de silencio. Cuando las mujeres callaron, el capitán gritó: «El general Prats no representa al Ejército de Chile. Prats es un traidor». El grupo celebró la breve arenga del capitán con nuevos gritos. «¡Traidor!», «¡Prats traidor!», «¡Maricón!». Los carabineros, al observar que varios manifestantes intentaban abrirse paso a pedradas para penetrar en el porche de la residencia, lanzaron gases lacrimógenos. Mientras los gritos de histeria y desmayos de mujeres en plena acera se extendían, el capitán de Carabineros pidió tropas de refuerzo.

Sobre las siete de la tarde, el general Óscar Bonilla, director de Logística, miembro del Estado Mayor General del Ejército, atravesando la multitud, entre la cual se hallaba su esposa Mary Menchaca, se acercó a la residencia oficial del comandante en jefe del Ejército, en la avenida Presidente Errázuriz. Prats, con las mejillas rojas de fiebre, ya lucía su uniforme gris azulado.

—Carlos, quiero hablar con Sofía —dijo Bonilla, nada más ver a Prats.

Sofía se presentó y los tres tomaron asiento en el salón de la planta baja. El griterío de los manifestantes en la calle arreciaba.

—Por nuestra amistad, te debo una explicación de lo que está ocurriendo, Sofía —dijo Bonilla—. Siento mucho que Mary, sin mi conocimiento, haya tomado parte en esto…

Sofía se levantó y dejó a los dos hombres a solas.

Prats, erguido, miró a Bonilla, y le preguntó:

—¿Tienes algo que decirme?

—Carlos, tu imagen se ha deteriorado. Se dice que te has confabulado con Allende para botar a Ruiz Danyau y que después has amenazado a Leigh con echarle encima el Ejército si no resolvía la rebelión de Ruiz… —dijo Bonilla.

Hacía pocos días, el general César Ruiz Danyau había presentado a Allende su dimisión como ministro de Obras Públicas en momentos en que ya parecía ceder una huelga general de transportistas que había afectado seriamente al país. Allende le pidió que se mantuviera en su posición, pero ante la negativa del general le exigió que en ese caso renunciara como comandante en jefe de la Fuerza Aérea. Ruiz Danyau se resistió y se encerró en una base aérea. El general Gustavo Leigh, por orden de Allende, logró persuadirle para dar marcha atrás.

Prats, tras escuchar la acusación de Bonilla, fue cortante:

—Si mi imagen se ha deteriorado ha sido porque los generales no han querido respaldar al comandante en jefe. Si tú crees en las patrañas de mi intervención para expulsar a Ruiz Danyau y de mis amenazas a Leigh, no tenemos nada más que hablar... — E invitó a Bonilla a marcharse.

Poco después, Lucía Hiriart, esposa de Augusto Pinochet, acudía a la residencia del comandante en jefe del Ejército para consolar a Sofía Cuthbert. Traía un ramo de flores. Más tarde, era el propio Pinochet, que cumplía funciones de comandante en jefe del Ejército mientras que Prats permaneciera al frente del Ministerio de Defensa, quien se personaba. La multitud, que se había vuelto a concentrar después de ser dispersada por los carabineros, recibió a Pinochet con insultos y abucheos.

También se presentó el director general de Investigaciones, Alfredo Joignant. Ya de noche, el presidente Allende se acercó a la residencia junto con dos ministros del gabinete, Orlando Letelier y Fernando Flores. Los abucheos y los insultos no se hicieron esperar.

—Nunca pensé que generales a quienes conozco desde la infancia se ocultarían bajo las polleras de sus mujeres. Siento tristeza por Chile porque no sólo veo traición sino un tipo de cobardía que no creía posible —dijo Prats, abatido.

—¡Es intolerable! ¡Esto que están haciendo es indigno de hombres de armas! Es una sucia maniobra más, un recurso desesperado ante el fracaso de la intentona de Ruiz Danyau —dijo Allende.

La manifestación seguía en la calle, vibrante. La presencia de los carabineros no había hecho más que exaltar los ánimos. El subdirector de Carabineros, el general Jorge Urrutia, apareció en escena, para verificar el despliegue de fuerzas, ordenar refuerzos y dispersar a los manifestantes con contundencia. «¡Prats!», «¡Allende!», «¡Gallinas!», se escuchaba.

El general Guillermo Pickering, a cargo del estratégico Comando de Institutos Militares, también pasó por la residencia del general Prats para expresar su solidaridad. No le ocultó la desmoralización que sentía por el incidente. La manifestación de las «generalas» arrojaba luz sobre los sentimientos íntimos de los principales jefes militares en la delicada situación política por la que atravesaba el país, era una exhibición del odio acumulado contra el comandante en jefe. ¿Cuánto tiempo más aguantarían sus maridos antes de decidirse a actuar directamente?

En Washington, esa tarde, el «comité de los cuarenta» estudió la situación en Chile. El organismo, responsable político de operaciones encubiertas de Estados Unidos, estaba presidido por el Asesor de Seguridad Nacional, es decir, Kissinger, y lo integraban el director de la CIA, el presidente de la junta de jefes de Estado Mayor, el fiscal general del Estado y altos cargos de los departamentos de Estado y de Defensa. Después de examinar cuidadosamente el informe de la estación de la CIA en la capital chilena, aprobaba la petición de un millón de dólares «para apoyar a los partidos de la oposición y a organizaciones del sector privado».

Al día siguiente, miércoles 22, Prats explicó a Pinochet, a primera hora, en el Ministerio de Defensa, lo que había decidido la noche anterior, después de los incidentes frente a su domicilio.

—Augusto, estoy dispuesto a olvidar el triste episodio de ayer si los generales me expresan públicamente su solidaridad. Las circunstancias actuales son críticas. Lo que interesa, más allá de las reacciones de histeria femenina, es la actitud de los generales —dijo Prats.

—Siento mucho lo que pasó ayer, Carlos. Es intolerable que estas cosas puedan ocurrir en el Ejército. Te aseguro que voy a tratar de arreglar esto… —prometió, aparentemente dolido, Pinochet.

Tras su conversación con Prats, el general Pinochet convocó al cuerpo de generales en pleno, con excepción de aquellos con mando en las guarniciones de provincia o en el extranjero. En su despacho, en la comandancia general del Ejército, se presentaron veintiún generales.

Pinochet explicó que la manifestación de mujeres del día anterior ante la residencia de Prats, promovida por las esposas de los generales, había sido un hecho sin precedentes, un acto de insubordinación militar. No obstante, señaló, el general Prats estaba dispuesto a dejar atrás el incidente si el cuerpo de generales expresaba públicamente su solidaridad con él, lo que dejaría en claro que nada tenían que ver con los hechos. Varios generales cuyas esposas habían participado en la jornada de presión sobre Prats explicaron que los incidentes habían sido el resultado de la represión de Carabineros ya que sólo querían entregar una carta a la esposa del general Prats, Sofía, para que usara su influencia sobre su marido, ministro de Defensa Nacional, a fin de que éste interviniera en la crisis política y no se plegara a los designios del Gobierno de la Unidad Popular.

El general Mario Sepúlveda, jefe de la potente Guarnición de Santiago, se sentía tan vejado como su amigo Prats. A la vista del debate, anunció que presentaría su renuncia inmediata al Ejército, un gesto que fue secundado por el general Pickering. Varios generales, para añadir más confusión, manifestaron que también pedirían el retiro: Herman Brady, Gustavo Álvarez, Raúl César Benavides y Raúl Contreras.

Pinochet informó por teléfono, al filo del mediodía, a Prats.

—Carlos, no lo he conseguido. Sólo algunos están dispuestos a firmar la declaración de solidaridad. Yo creo que deberías explicarles la situación…

—Después de la humillación a la que me han sometido no sería digno hacerlo. Pero les puedes citar en mi despacho para hablar del asunto.

Pinochet citó a los generales en el Ministerio de Defensa para la una de la tarde. En la sala de consejos, Prats, cabizbajo y con un asomo de emoción en la voz, dijo:

—Señores, estoy dispuesto a olvidar el incidente promovido por las esposas de varios de ustedes y de otros oficiales si tienen el coraje de firmar una declaración de solidaridad para ser difundida al país. Le he dicho ayer al general Bonilla en mi casa que es falso que yo haya intervenido en el retiro del general Ruiz Danyau… Es igualmente falso que yo haya amenazado al general Leigh con echarle encima el Ejército si no dominaba el conato de rebelión de Ruiz Danyau. Lo que es efectivo es que le dejé en libertad de acción para que dominara el asunto, sin entrometerme en absoluto, pese a la gravedad de la situación que se vivía. Estoy, pues, dispuesto a esperar veinticuatro horas para que ustedes se pronuncien, después de lo cual tomaré una decisión… Ustedes verán lo que van a hacer.

Prats les ofreció la palabra. Nadie hizo uso de ella. El general los dejó a solas. Pinochet, entonces, volvió a criticar con dureza los actos frente a la residencia de Prats y destacó que algunos de los oficiales que habían tomado parte en la manifestación de mujeres habían hecho incluso declaraciones a emisoras de radio. Pinochet anunció que tales actos de insubordinación no iban a permanecer impunes; cuando desconvocaba la reunión, un general, que hasta entonces guardaba silencio, pidió la palabra. Era Arellano Stark, cuya esposa había participado en la movilización.

—El general Prats nos ha dado veinticuatro horas para resolver, de modo que es necesario intercambiar opiniones y puntos de vista... —dijo.

—En ese caso, celebraremos una reunión en la oficina del comandante en jefe del Ejército —señaló Pinochet, en referencia a su propio despacho.

El consejo del cuerpo de generales rechazó la tarde del miércoles 22, por una amplia mayoría, doce contra seis, la propuesta de Prats. Apoyaron la declaración de solidaridad los generales Augusto Pinochet, Orlando Urbina, Guillermo Pickering, Mario Sepúlveda, Herman Brady y Rolando González.

El general Pinochet, a continuación, pidió al general Pickering que convocara para el día siguiente, jueves 23, una reunión de oficiales, profesores y alumnos de la Academia de Guerra del Ejército y de la Academia Politécnica, y un encuentro después en la Escuela Militar. Pinochet también aprovechó para pedir a Pickering que reconsiderase su decisión de renunciar al Ejército. Pero Pickering le advirtió que no cambiaría de opinión. Había reflexionado mucho durante los últimos días sobre el paso que había resuelto dar.

El frente militar no era el único escenario de inquietantes acontecimientos ese día 22. La temperatura política subía por horas. El movimiento Patria y Libertad dirigido desde el extranjero por el abogado Pablo Rodríguez Grez inundó el centro y otros sectores de Santiago con millares de panfletos.

«Allende se encuentra en una encrucijada, o dimite o se suicida. Si hace caso omiso de la orden que le da Chile, el pueblo hará justicia exigiendo su vida y la de sus cómplices», decía el texto.

Mientras, la huelga de los transportistas, que ya entraba en la cuarta semana de duración, parecía a punto de terminar. El Gobierno, poco a poco, cedía a las reivindicaciones. Los agentes de la CIA en Santiago enviaron el 22 un cable a Washington vaticinando el final del movimiento.

«El Gobierno está garantizando virtualmente todas las demandas de la Confederación de Dueños de Camiones. Salvo conflictos imprevistos, se cree que la huelga estará terminada el 24 de agosto».

A las seis de la tarde, el presidente Allende convocó al Palacio de la Moneda a los ministros del Interior, Relaciones Exteriores, Hacienda y Defensa, así como a los comandantes en jefe en funciones de las Fuerzas Armadas, los generales Augusto Pinochet, Gustavo Leigh, el almirante José Toribio Merino, al general director de Carabineros, José María Sepúlveda, al jefe del Estado Mayor de la Defensa, almirante Patricio Carvajal, y a los subsecretarios de Guerra, Marina y Aviación. En esa reunión de urgencia, Allende, en la cabecera de la larga mesa de la sala de consejos del gabinete, analizó los últimos hechos.

—La humillación a la que han pretendido someter al ministro de Defensa con la manifestación de esposas de altos oficiales forma parte de un plan sedicioso de la ultraderecha. Es el objetivo intermedio de una inminente intentona de derrocamiento del Gobierno. Para los conjurados, el general Prats es un obstáculo que debe ser neutralizado previamente.

Al acabar la reunión, en un aparte, Allende sugirió al general Pinochet que escogiera a los diez generales del cuerpo más próximos a Prats para cenar esa noche en su residencia de la calle Tomás Moro.

Mientras tanto, la Cámara de Diputados aprobaba un acuerdo propuesto por la Democracia Cristiana y el Partido Nacional, integrantes de la Confederación Democrática (CODE) en la que se acusaba al Gobierno de violar la Constitución y la ley.

La resolución votada apuntaba con el dedo a los ministros militares. «En el caso de dichos señores ministros, de la naturaleza de las instituciones de que son altos miembros, y cuyo nombre se ha invocado para incorporarlos al ministerio, les corresponde poner inmediato término a todas las situaciones de hecho referidas que infringen la Constitución y las leyes a fin de encauzar la acción gubernativa por las vías del derecho y asegurar el orden constitucional de nuestra Patria y las bases esenciales de convivencia democrática de los chilenos». Tenía el carácter de un ultimátum. «Si así se hiciere, la presencia de dichos señores ministros en el Gobierno supondría un valioso servicio a la República. En caso contrario, comprometería gravemente el carácter nacional y profesional de las FF. AA. y del cuerpo de Carabineros». El acuerdo adoptado proclamaba ilegítimo al Gobierno de Salvador Allende, la contraseña para el golpe.

Prats, al conocer la noticia, pensó que, en efecto, era un cheque en blanco endosado a nombre de los militares golpistas.

Pinochet habló con Prats antes de partir hacia la residencia presidencial, sobre la cena propuesta por Allende. Había seleccionado a los generales Orlando Urbina, Rolando González, Guillermo Pickering, Mario Sepúlveda, Gustavo Álvarez, Herman Brady, Raúl César Benavides, Ricardo Valenzuela, Augusto Lutz y Eduardo Cano. Eran generales que estaban dispuestos a solidarizarse públicamente con Prats y que, también, habían expresado su deseo de renunciar al Ejército. Excluidos quedaron los más beligerantes: los generales Arellano, Bonilla y Palacios. Sin embargo, Pinochet había incorporado al general Cano, cuya esposa, Carmen, había firmado la carta dirigida a Sofía Cuthbert el día anterior.

Allende recibió en su casa a los generales en compañía del ministro de Interior, el ex embajador en Washington y ex ministro de Relaciones Exteriores, Orlando Letelier. El presidente expuso que la crisis política se agravaba, que existía el riesgo de una guerra civil y subrayó la responsabilidad que recaía sobre el Gobierno, las Fuerzas Armadas y, en especial, sobre el Ejército.

Pinochet tomó la palabra. Resaltó la personalidad de Prats, subrayó los esfuerzos de éste por hacer respetar la Constitución, y recordó que no sólo mantenía relaciones profesionales con él sino que su amistad personal con el ministro de Defensa venía de lejos. Pinochet reconoció que su labor en el Ejército había sido siempre ejemplar, un trabajo que ahora era necesario consolidar.

El general González señaló que Prats manifestaba síntomas inequívocos de cansancio y que en esas condiciones lo mejor era sustituirle como comandante en jefe del Ejército. Brady, por su parte, criticó tanto la manifestación de las esposas de generales y oficiales como la actitud posterior de los oficiales, pero sostuvo que la salida de Prats al frente del Ejército era ya una condición para mantener cohesionada al arma y restablecer la disciplina, todo ello para evitar la guerra civil. Brady anunció que presentaría al día siguiente su petición de retiro del Ejército.

Pero lo más relevante fue que esa noche cayeron las dos posiciones constitucionalistas clave del Ejército. Tanto los generales Sepúlveda como Pickering declararon que pedirían el retiro.

Sin la guarnición de Santiago, que dirigía Sepúlveda, y sin el apoyo de los institutos militares, a cargo de Pickering, era muy difícil ejecutar un golpe de Estado. Pero ambos generales dimitían de forma irrevocable. Tal era la gravedad de la situación que el general Pickering comenzó a sentirse fatal. Hubo que recostarle en un sofá hasta que pudiera abandonar la casa de Allende.

A primera hora del jueves 23, Pinochet llegaba a la Academia de Guerra del Ejército. Allí estaba su director, Brady, y también Pickering. El general Pinochet censuró sin ambages la manifestación de las mujeres ante la residencia de Prats. «En esta Academia hemos tenido por años admiración y respeto por jefes destacados de la institución en que todos nos mirábamos, como el general Otto, el general Mahn y especialmente el general Prats. Pero resulta que ahora, un grupo de señoras de jefes y oficiales se dirige frente a su domicilio y provoca una manifestación vergonzosa, gritando como verduleras», dijo. Pinochet añadió que varios oficiales habían participado en la manifestación y mencionó que uno de ellos era alumno de la Academia, en alusión al capitán Renán Ballas, que cursaba el segundo año. Pinochet no terminó su alocución sin antes advertir, con dureza, que adoptaría sanciones disciplinarias.

A las diez de la mañana del día siguiente, Pinochet fue al despacho de Prats en el Ministerio de Defensa, para darle cuenta del resultado de las deliberaciones de la víspera entre los generales.

—Carlos, la mayoría se niega a firmar una declaración de solidaridad contigo —informó Pinochet, antes de anunciarle lo más grave—. Y, además, Sepúlveda y Pickering me han presentado su renuncia indeclinable.

Prats sabía que sus dos amigos iban en serio. El retiro de los dos generales con mando de tropas, a quienes consideraba los más íntegros, honestos y profesionales por haberle acompañado durante los pasados ocho meses en momentos tan duros como cuando sofocaron el golpe militar del 29 de junio, el *tancazo* del Regimiento Blindado número 2, le dejaba sin intermediarios profesionales, alejados de posicionamientos políticos, con el resto del alto mando.

—Augusto, llama a Sepúlveda y Pickering, quiero hablar con ellos —dijo Prats.

Los dos se presentaron en el despacho del ministro de Defensa. Prats les dijo que los generales más profesionales del Ejército no podían abandonar la institución en un momento tan crítico. Tanto Sepúlveda como Pickering ya no podían más. ¿Qué sentido tenía seguir al frente de las dos unidades operativas más importantes del Ejército cuando sus propios colegas, generales sin mando de tropa, se dedicaban a soliviantar a los mandos medios y subalternos? Ya no podían mantener la disciplina de los cuerpos de tropa con una oficialidad media y subalterna conquistada por la guerra psicológica de la oposición al Gobierno.

—En ese caso, es preferible que yo renuncie. Al fin y al cabo, soy yo quien he jugado mis cartas. Ustedes, en cambio, constituyen una esperanza. Representan al militar profesional, al porvenir institucional... —dijo Prats.

—Nuestra renuncia te permite reorganizar el alto mando —objetó el general Sepúlveda—. Nadie podrá acusarte de tener gente tuya en unidades clave.

—Carlos, tendrás un arma para adoptar drásticas medidas disciplinarias con aquellos generales que con su actitud de rebeldía van a destruir el Ejército profesional —enfatizó Pickering.

Prats no podía dejar de reconocer que la razón estaba del lado de los dos generales. Lo que decían era sensato. Pero, a esas alturas, ya no tenía energía.

—Me han arrinconado entre la alternativa de solicitar el retiro con la esperanza de que sea Pinochet quien logre sustraer al Ejército de la aventura golpista inminente o llamar a retiro a doce o quince generales. Pero esta última opción desataría la guerra civil.

Prats despidió a sus colegas sin lograr convencerles. Habló con la secretaría privada del presidente. Tenía que entrevistarse urgentemente con Allende.

A la una y cuarto del jueves 23 de agosto, Allende y el ministro secretario general de la presidencia, Fernando Flores, recibieron a Prats. Durante dos horas y media, los tres analizaron la situación.

Prats explicó que el plazo de veinticuatro horas que había dado a los generales para que se definieran le había servido para reflexionar en calma. Y la conclusión a la que había llegado, después de sopesar las alternativas, era que debía renunciar, tanto al Ministerio de Defensa como al puesto de comandante en jefe del Ejército.

—Presidente, le pido que acepte mi renuncia —dijo Prats.

—General, hay aquí una campaña de intriga y maquinación política. Usted debe sentirse orgulloso. Tiene la conciencia limpia. Usted sabe mejor que nadie que jamás se ha plegado dócilmente a mis iniciativas. Ha sido leal, sí. Y ha aplicado criterios profesionales. En circunstancias como las que atraviesa nuestro país, a veces uno está obligado a sacrificar su orgullo personal...

—Presidente, si yo continúo como comandante en jefe tendría que pedirle que aplique su facultad presidencial contra doce o quince generales, y esa medida precipitaría la guerra civil —replicó el general, visiblemente emocionado, con la voz entrecortada—. Yo sería entonces el culpable de la sangre que se derramará entre hermanos y usted sería el principal cómplice. No, no estoy dispuesto a ensangrentarme las manos —añadió, con los ojos húmedos.

Allende comprendió en ese momento, al ver al general derrumbado en un sillón, que no podía seguir adelante. Aceptaba, pues, la situación. Prats estaba fuera de combate.

—Presidente, si usted nombra al general Pinochet, que me ha dado tantas pruebas de lealtad, queda todavía una posibilidad de que la situación se distienda. Esto le daría tiempo a usted para pactar con la Democracia Cristiana. Y Pinochet podría enviar al retiro a los dos o tres generales más conflictivos.

Prats dejó el despacho presidencial, se dirigió a la plaza Bulnes, a menos de doscientos metros, y subió a su despacho en el Ministerio de Defensa.

Mientras, Joan Garcés, asesor político de Allende, entraba al despacho presidencial. Garcés había nacido en Valencia, España, y tenía 29 años. Profesor de Ciencias Políticas por la Escuela Nacional de Ciencias Políticas de París, Allende le había contratado como asesor personal en 1970. La noticia de la renuncia de Prats ya corría por los pasillos del Palacio de la Moneda.

Garcés confirmó que Allende acababa de aceptar la dimisión de Prats. Le causó sorpresa e irritación. No podía estar más en desacuerdo con la aceptación de la renuncia, hasta el punto de que también él amagó con dimitir.

—Juan Enrique, Prats ya no manda a nadie. Un general que está quebrado, que rompe a llorar ahí, en el sillón en el que está usted sentado ahora mismo, no está en condiciones de continuar al frente del Ejército —dijo Allende.

Sobre las cuatro y media, el general Prats se reunió con el almirante Merino, el general Leigh, el almirante Carvajal y los subsecretarios de Guerra, Marina y Aviación, a quienes dio cuenta de que había elevado su renuncia a los cargos de ministro y de comandante en jefe.

El general Prats informó luego a Pinochet y al almirante Montero sobre su decisión, rellenó el formulario de su renuncia y estampó su firma debajo. Ya no había marcha atrás.

Allende respetó el orden jerárquico y la verticalidad de las Fuerzas Armadas cuando nombró al general Carlos Prats, en octubre de 1970, comandante en jefe del Ejército para cubrir el vacío dejado por el asesinato del general René Schneider a manos de grupos terroristas de ultraderecha armados, financiados por la Agencia Central de Inteligencia (CIA) y el Ejército norteamericano. Ahora, Prats, el general más leal al régimen democrático, aconsejaba respetar el orden jerárquico, y que le sustituyera el general Augusto Pinochet, quien ya era comandante en jefe del Ejército en funciones desde el 9 de agosto, al ocuparse él de la cartera de Defensa.

El presidente Allende había observado las constantes muestras de lealtad de Pinochet y su veneración a la figura de Prats. Los informes que otros miembros del Gobierno le habían dado a lo largo de los últimos años eran igualmente favorables. El ex ministro de Defensa, José Tohá, y su esposa Moy, habían hecho amistad con Pinochet y su mujer, Lucía.

El presidente citó a Pinochet en la Moneda la tarde del mismo jueves 23, tras formalizarse la dimisión de Prats. Le dijo que había decidido designarle para sustituir a Prats al frente del Ejército. Pinochet aceptó. El presidente le señaló que existían informaciones fidedignas sobre la participación de los generales Bonilla y Arellano en reuniones conspirativas, por lo que le urgía a tomar medidas.

El decreto del nombramiento de Pinochet fue cursado esa misma tarde. El nuevo comandante en jefe del Ejército nombró a su amigo, el general Orlando Urbina, uno de los hombres a quien, después de Prats, más se identificaba con Allende, jefe del Estado Mayor General. El hecho de que el general Urbina, hasta entonces Inspector General del Ejército, pasara a ser el número dos del arma fue bien recibido por Allende.

Pinochet reunió sin pérdida de tiempo al cuerpo de generales, informó de la renuncia del general Prats y con voz marcial hizo un llamamiento a la disciplina dentro del Ejército. El nuevo comandante en jefe del Ejército también anunció que pediría la baja del capitán Renán Ballas, tal como había insinuado esa misma mañana en la Academia de Guerra. Y en tono severo, admonitorio, dijo:

—La sangre de un general se lava con sangre de generales.

Antes de que terminara la reunión, Pinochet solicitó que cada uno de los generales pasara a su despacho. Allí les pidió, como era costumbre cuando se producían cambios en la cúpula, que aquellos con más de treinta años de servicio presentasen su renuncia, lo que afectaba a todos los que formaban la plana mayor del generalato. Los generales le solicitaron de forma verbal el expediente de retiro. Excepto tres: Arellano, Viveros y Palacios.

El Lobo Arellano puso las cartas sobre la mesa. Si Allende había pedido su cabeza, dijo, que fuera él en persona quien le cesara.

Esa misma noche del jueves 23, Arellano, de camino a su domicilio, en la comuna de Las Condes, se detuvo en casa del general Gustavo Leigh y le informó de la petición de retiro planteada por Pinochet a los generales. Leigh dijo que Allende pretendía depurar al Ejército y que era menester que él y los demás se resistieran con uñas y dientes.

El día 24, en la embajada norteamericana, el agregado militar envió a Washington una evaluación sobre el nombramiento de Pinochet:

«Pinochet carece del prestigio y la influencia que tenía Prats y es improbable que despliegue la autoridad de su predecesor sobre las fuerzas armadas. Si el control de los militares revierte hacia los oficiales contrarios a Allende, las esperanzas del Gobierno de hallar una solución razonable a la actual crisis pueden evaporarse rápidamente, aumentando de manera importante las posibilidades de un golpe exitoso».

En la mañana del viernes 24, el presidente volvió a plantear a Pinochet la situación de los generales Sepúlveda y Pickering. Sabía que con su salida se estaba jugando mucho. Pinochet le explicó que era necesario sustituirlos y propuso a los generales Herman Brady, para hacerse cargo de la guarnición de Santiago y de la Segunda División de Ejército, y a Raúl César Benavides, para la jefatura del Comando de Institutos Militares. Los dos habían acudido a la cena que ofreció Allende en su residencia la noche del miércoles 22. Uno de ellos, Brady, había criticado a los generales por su falta de solidaridad con Prats en el incidente de las mujeres, hasta el punto de anunciar su retiro por ello. Y, además, Brady tenía otra filiación que agradaba a Allende: era masón.

El 24 de agosto la subsecretaría de Guerra emitió el decreto 263, por el cual se tramitaban los retiros de los generales Sepúlveda y Pickering. El camino hacia el golpe parecía más despejado que nunca.

Pinochet explicó que comenzaría un plan de inspección de unidades militares en las principales guarniciones de Santiago, San Bernardo, San Felipe, Los Andes, Quillota y Valparaíso, a fin de conocer el estado de ánimo de los mandos medios y subalternos y afianzar la cohesión institucional del arma.

El gabinete formado el 9 de agosto, anunciado por Allende como «la última oportunidad de la democracia», había saltado por los aires. Prats estaba fuera de juego. Pero, más importante aún, los generales Sepúlveda y Pickering ya no estaban. El muro de contención al golpe —el control de la guarnición de Santiago y los institutos militares— había sido destruido. El único comandante en jefe que permanecía dentro del Gobierno era Raúl Montero, jefe de la Armada; y también seguía el director de Carabineros, José María Sepúlveda. Pero las noticias procedentes de Valparaíso sobre actividad golpista eran inquietantes. El 24, trascendía que las autoridades de la primera zona naval se aprestaban a solicitar la detención del dirigente del Movimiento de Izquierda Revolucionaria (MIR), Miguel Enríquez, y la suspensión de la inmunidad parlamentaria del senador socialista Carlos Altamirano y del diputado del Movimiento de Acción Popular Unitaria (MAPU) Óscar Guillermo Garretón por presunta responsabilidad intelectual de ambos en un movimiento de desobediencia de suboficiales en la base de Valparaíso.

El presidente Allende acordó con Montero, pues, que era más urgente recuperar el control de la Armada, ahora en manos del almirante Merino, en calidad de comandante en jefe de la Armada en funciones, que su permanencia en el gabinete. Montero, pues, presentó el 24 su dimisión al Ministerio de Hacienda.

El día 25, uno de los agregados militares destacados en la embajada norteamericana en Santiago envió a la Agencia de Inteligencia de la Defensa (DIA), organismo del Ministerio de Defensa de Estados Unidos, un mensaje sobre los cambios:

«La salida del general Prats del Gobierno y del Ejército ha removido el principal factor que paraliza un golpe. Los golpistas, empero, han decidido aquietar los sentimientos de los oficiales de menor rango en lugar de intentar un golpe inmediato y van a esperar, probablemente, hasta que la mayoría de los generales elaboren una posición, posiblemente en una reunión el 28 de agosto...».

Ese día, sábado 25, tras encomendar a su jefe de Estado Mayor General, Orlando Urbina, que hiciera algunas gestiones para obtener las renuncias de los tres generales renuentes, Pinochet visitó, durante la mañana, una de las unidades de la poderosa guarnición de Santiago. Al mediodía, Pinochet había citado en su domicilio, en la calle Laura de Noves, en la zona de Las Condes, al general Pickering, quien deseaba saludarle después de su pase a retiro. Pinochet llegó con cierto retraso y no ocultó el disgusto que traía por algo que le había ocurrido durante su inspección. Pickering le preguntó qué le pasaba.

—Fíjate que un coronel, comandante de unidad, mientras se golpeaba la palma de la mano izquierda con el puño cerrado de la derecha, me ha dicho: ¡Estamos listos, mi general! Estos señores son los que han estado escuchando a algunos amigos nuestros...

Esa noche, el embajador español en Santiago, Enrique Pérez-Hernández, coincidió en una cena privada con el ministro de Obras Públicas y Transportes, general de la Fuerza Aérea Humberto Magliochetti. Le preguntó por la posibilidad de poner fin a la huelga de los camioneros que ya llevaba casi un mes.

—La situación es mala. Cuando se soluciona un punto de las reivindicaciones, los dirigentes proponen tres nuevos. Embajador, le confieso que mi presencia en el Gobierno será, en todo caso, muy breve. No tengo aspiraciones políticas personales y mucho menos simpatizo con la Unidad Popular...

Pérez-Hernández informó sin pérdida de tiempo a Madrid sobre su conversación privada y resumió en un mensaje cifrado su impresión sobre la renuncia del general Prats.

«En definitiva, la oposición se apunta un tanto puesto que la dimisión del general Prats ha sido impuesta al presidente en minigolpe incruento que dada la situación —cuya gravedad es el único punto de coincidencia entre Gobierno y oposición— podría convertirse en golpe cruento, algo que empieza a ser admitido como única solución hasta por aquellos a quienes repugna la fuerza».

El lunes 27, Pinochet citó a los generales. Su actitud había cambiado. Lo que contó a Pickering el fin de semana no era una simple anécdota. Veía al·Ejército en un estado de insubordinación, agitado al punto de esperar una orden de golpe. Pinochet ya no era el comandante en jefe del Ejército en funciones, un mero delegado de Prats.

En la reunión, devolvió las cartas de renuncia, y manifestó que se sentía afectado en su confianza por aquellos que se habían resistido. Los expedientes de retiro, dijo, serían resueltos más adelante.

CAPÍTULO 2

El último tango

El 28 de agosto de 1973, juró un nuevo gabinete y como parte de él un nuevo ministro de Defensa: Orlando Letelier. En el acto, el flamante comandante en jefe del Ejército, Augusto Pinochet, se acercó a Isabel Margarita Morel, esposa del nuevo ministro, y le echó un piropo, «¿Por qué las esposas de los ministros de Defensa son tan hermosas? Estoy seguro que cuando mi mujer vuelva de viaje se hará muy amiga tuya».

Ese día, el general Pinochet había convocado al cuerpo de generales del Ejército para analizar la situación política y militar. La Dirección de Operaciones del Estado Mayor General del Ejército elaboró para esa reunión un memorándum.

El documento advertía: «Se ha agredido económicamente a la clase media por constituir un gran escollo para alcanzar la dictadura del proletariado [...] Se ha perdido el respeto por la vida humana, se mata sin temor ni escrúpulo. La propiedad privada tampoco es respetada. La clase obrera ha sido organizada políticamente, entrenada, armada, y ha tomado conciencia de ser fuerte [...] Se ha desarrollado una ola de atentados contra personas y servicios de utilidad pública. El terrorismo aumenta rápidamente y escapa al control de la autoridad. A lo cual se suma lo más grave: el Gobierno no muestra síntomas de desear un fin drástico al extremismo que se manifiesta en todas sus organizaciones; por el contrario, se ha empleado la técnica internacional de fomentar el odio entre las personas y las clases sociales, similar a las empleadas en Alemania, Corea y Vietnam. Súmese a lo anterior el fuerte apoyo exterior al extremismo, tanto en personal y material, como en armamento y fondos. La cantidad de extremistas extranjeros que actúan en Chile ha llegado a límites incalculables, con grave amenaza para el país, las personas y el orden constituido [...]». En cuanto a la universidad, decía que «los estudiantes están totalmente politizados y no dudan en usarlos profusamente con fines políticos. Se ha olvidado que su principal deber es el estudio».

En la descripción, se señalaba que «las Fuerzas Armadas cumplen actualmente su misión constitucional, pero se sienten íntimamente engañadas y frustradas al constatar que grupos extremistas adversos, que no vacilan en atacarlas y socavarlas, actúan con el beneplácito del partido del Gobierno [...]».

Las líneas que describen el golpe de Estado están apuntadas en dos condiciones:

«A) La integridad y acción conjunta de las Fuerzas Armadas y Carabineros son determinantes para el futuro de la Nación en este momento de crisis económica, institucional y de cohesión interna del país. Sólo una acción firme, unitaria y coordinada de las tres ramas de las Fuerzas Armadas y de Carabineros puede impedir un enfrentamiento.

»B) El deterioro del país es evidente. El Gobierno tiene dificultades para mantener el control de la nación. Como alternativa, la oposición propicia un golpe de Estado, lo cual significaría sólo una pausa momentánea, ya que al poco tiempo se verían los mismos hechos que hoy nos afectan. Estimamos que la acción militar que se realizará deberá mantener el poder durante un periodo prolongado hasta la recuperación integral del país».

Poco después, varios generales que habían tomado parte en la reunión informaron a un agente de la delegación de la CIA en Santiago sobre el alcance de las deliberaciones. El agente transmitió la información a su jefe, quien decidió enviar un cable a su cuartel general en Langley acerca de los «puntos de vista del comandante en jefe del Ejército chileno sobre una posible intervención militar en su país».

«La conversación del cuerpo de generales con Pinochet fue muy franca y abierta, y [la fuente] comentó que este último parece estar resignado a un eventual derrocamiento del Gobierno chileno por la fuerza, pero sólo cuando las otras alternativas para resolver la situación en el país se encuentren bloqueadas. Dijo que Pinochet parece estar asustado por el fantasma de una matanza de civiles y ha dicho que el Ejército como institución no se comprometerá en un golpe de Estado hasta que la abrumadora mayoría del pueblo clame por su intervención. Pinochet comentó, además, que los partidos políticos deben pedir a los militares que intervengan antes de que él personalmente dé su consentimiento para actuar contra el Gobierno».

Pinochet, pues, ya estaba en tránsito hacia el campo golpista.

El cuerpo de generales, con Pinochet a la cabeza, decidió enviar un memorándum al presidente Allende en el cual se expresaba la preocupación del Ejército por la crisis política. Los párrafos en los que se aludía a la hipótesis de la intervención militar fueron expurgados. Una nueva prueba de la complicidad de Pinochet. El cónclave fue aplazado hasta el día siguiente.

Esa misma noche, Pinochet visitó a Prats en la residencia oficial de Avenida Presidente Errázuriz. Prats estaba por mudarse para dejársela a su sucesor al frente del Ejército.

Pinochet le explicó que todo había empeorado después de su dimisión, el 23 de agosto.

—Carlos, la situación se ha puesto muy difícil. Fíjate que he pedido a los generales sus renuncias para que me dejen en libertad de acción. Todos menos tres la han entregado. Viveros, Palacios y Arellano se han negado. Cuando les dije que solicitaría al presidente el uso de su facultad para ordenar el retiro, el núcleo duro se solidarizó con los tres. Creo que lo mejor es dejar el asunto para octubre. Le he sugerido al presidente que ordene el retiro del capitán Ballas…

En una de las primeras visitas de Letelier y su esposa, Isabel Margarita Morel, al almirante Montero y su mujer, Nena, en su casa de la calle Sánchez Fontecilla, mientras tomaban el té, salió el tema de la intervención militar.

—El golpe lo va a dar la Marina, ya lo tienen completamente armado… —advirtió Nena ante su circunspecto y más flemático esposo.

Orlando Letelier no tuvo demasiado tiempo para pensar una estrategia frente a las Fuerzas Armadas. Dos días después de asumir el cargo, el ministro tenía que hacer frente a la renovada presión de los almirantes de la Armada para que Raúl Montero hiciera efectiva su dimisión como comandante en jefe de la Armada.

El jueves 30 de agosto, Montero se trasladó de Santiago a Valparaíso para reunirse con el consejo de almirantes, en el cual se le volvió a pedir la dimisión; el comandante en jefe de la Armada, como ya había hecho el 24 de agosto de 1973, dijo que elevaría al presidente Allende la renuncia. El consejo, asimismo, insistió en el nombramiento del almirante José Toribio Merino, el segundo en antigüedad dentro de la Armada, para sustituir a Montero.

Allende conoció la situación esa misma noche. El almirante Montero, ya en Santiago, le informó de que no le era posible continuar al frente de la Armada y le pidió el retiro. El presidente le solicitó tiempo para decidir.

El lunes 3 de septiembre, el ministro Letelier citó a Pinochet a su despacho. Le preguntó por la situación en el Ejército.

—Mire, ministro, aquí hay una tropa de locos, de desequilibrados que quieren un golpe. Dicen que es preferible que mueran cien mil personas antes que una guerra civil con un millón de muertos. Yo estoy haciendo lo posible. He visitado unidades, pero hay gente que está en actitud muy difícil.

—A esa gente hay que pasarla inmediatamente a retiro...

—Bueno, pero es que con eso vamos a violentar las cosas. ¿Por qué no me da un poco de tiempo, ministro, de acuerdo con lo que me ha planteado el propio presidente, para que yo vaya afianzando la situación? No hay que acelerar las cosas. A diferencia de lo que ocurrió el 29 de junio pasado una nueva intentona podría generar un levantamiento generalizado.

—Aquí hay actitudes que no se pueden tolerar. Lo que está pasando en la Armada...

—Ministro, duro con los traidores. Tiene el apoyo del Ejército...

Letelier transmitió a Allende lo que pensaba Pinochet y le recomendó que convocara una reunión de urgencia con los partidos del gobierno de la Unidad Popular. Al día siguiente no era posible: era el tercer aniversario del triunfo de Salvador Allende. Habían pasado, pues, tres años desde la victoria de aquel 4 de septiembre de 1970.

A primera hora de la tarde del día 4, los tres comandantes en jefe de las Fuerzas Armadas y el director general del cuerpo de Carabineros acudieron al Palacio de la Moneda a saludar al presidente. Victoria Eugenia Morales Etchebers, esposa de José Tohá, ex ministro de Defensa, llegó pasadas las tres de la tarde a la Galería de los Presidentes. Moy, como la llamaban todos, advirtió que Pinochet, enfundado en uniforme de trabajo, abandonaba el salón.

El comandante en jefe del Ejército, al pasar a su lado, se detuvo. La envolvió en su capa gris y la besó.

—Y tú por qué te vas, cuando el acto no ha comenzado… —dijo Moy.

—Yo vine a felicitar al presidente Allende, a presentarle mis respetos. Ahora que empieza el acto político me tengo que retirar —dijo el general.

Al caer la noche, unas ochocientas mil personas se manifestaban, en cuatro columnas, frente a la Moneda. La mayor parte de los cánticos hacían referencia a un fantasma que recorría la espina dorsal política de Chile: «¡A parar el golpe!», «¡Armas!», «¡Unidad y combate!», «¡Que le enyesen la muñeca al compañero presidente!», «¡La patria vencerá!», «¡No a la guerra civil!», «Incluso sin azúcar ni café, somos siempre de UP». Allende salió al balcón y saludó a la multitud. En un mensaje por televisión, Allende denunció «el terrorismo fascista» y advirtió que los trabajadores paralizarían el país para «impedir el golpe de Estado».

Todas las profesiones se habían movilizado. Entre ellas, los médicos, cuya cúpula dirigente mantenía desde hacía varios meses una huelga como parte de un prolongado pulso político con el Gobierno. Pero allí estaban los médicos leales a la Unidad Popular. Se les identificaba por sus batas blancas. Había delegaciones de diversos hospitales de la capital y de otras ciudades del país. En una de sus columnas, como integrante de la delegación de médicos del Hospital San Borja, estaba María Elena Laura González-Vera, de 41 años, pediatra.

Laura, militante del Partido Comunista chileno, estaba casada con el español Carmelo Soria, nieto del urbanista Arturo Soria. Había salido hacia Chile por pocas semanas a mediados de los años cuarenta, durante la dictadura de Franco, y no había podido regresar a España.

Entre el gentío, junto al grupo de médicos del Hospital del Salvador, un hospital-escuela para profesionales de la medicina, también se manifestaba un joven neurólogo. La huelga de los médicos contra el Gobierno en su hospital, que había comenzado en el mes de mayo, le había catapultado al puesto de jefe en funciones del departamento de Neurología. Se llamaba Luis Fornazzari.

Miembro del Partido Socialista de la comuna de Providencia, a cuyas reuniones solía acudir, junto con sus colegas, en bata blanca, Fornazzari venía del extremo norte de Chile, de Iquique. Su padre, Luis, nació en Chile, hijo de un emigrado italiano que se afincó en la pampa salitrera, en Iquique, a finales del siglo XIX, donde trabajó en el ramo de los almacenes. Tuvo un hijo de un primer matrimonio —Luis— y cuatro hijas de un segundo matrimonio —Ginetta, Marietta, Janinna y Rosanna— y un varón. Luis estudió primero en Iquique y marchó después a la Universidad de Concepción, donde hizo la carrera de medicina.

Joan Garcés salió de su despacho en la Oficina de Planificación Nacional (ODEPLAN), un departamento con rango ministerial donde tenía su oficina. Era el día 5 de septiembre. Se dirigió al Palacio de la Moneda a ver al presidente. Garcés pensaba que era urgente adoptar medidas contra los militares golpistas. Durante las últimas semanas, el joven asesor del presidente había visto cómo la situación evolucionaba hacia un escenario cada vez más desfavorable para el Gobierno.

El presidente le recibió en la «salita del doctor», como llamaban las secretarias a un salón situado entre el despacho del presidente y la secretaría privada, donde Allende solía atender a sus colaboradores más íntimos en un ambiente informal, a mayor distancia de los edecanes militares, siempre presentes.

Garcés hizo una larga exposición. Veía que la situación política empeoraba por horas y que si se quería frustrar el golpe militar era necesario adoptar medidas extremas de depuración de los conspiradores.

Allende le seguía, como era su costumbre, sin interrumpir ni dar pista alguna de lo que le pasaba en ese preciso momento por la cabeza. Garcés le urgía a actuar, en la confianza de que su opinión, aun cuando podía resultar incómoda, siempre era escuchada atentamente.

—Si queremos desmantelar la conspiración y que disminuya el riesgo de guerra civil, el Gobierno tiene que estar en una posición militar de neto predominio, lo que no puede lograrse, a estas alturas, más que armando a los trabajadores de Santiago, en coordinación con los mandos leales del Ejército —subrayó.

Allende le dejó explayarse.

—La derecha prepara un golpe para destruir las instituciones. El Gobierno sólo puede mantenerse ahora mediante una acción militar en defensa de la legalidad democrática… El Gobierno tiene que asegurarse el control militar de Santiago y adoptar de inmediato las medidas para desarticular al sector golpista de las Fuerzas Armadas —añadió Garcés.

El presidente Allende, un hombre que había cumplido 65 años en el mes de junio, más que dar una contestación, reflexionó en voz alta:

—Para llevar a cabo esa acción necesitaríamos un comandante en jefe del Ejército dispuesto a jugarse entero por ella.

Eso fue todo.

En la sede de la embajada de Estados Unidos, el jefe de la CIA, Ray Warren, recibía información sobre el contenido de una reunión de urgencia que Allende había convocado con los partidos de la Unidad Popular. A continuación, envió un mensaje a su cuartel general.

«Allende dijo que cree que existe un acuerdo entre las tres ramas de las Fuerzas Armadas para que cuando los ministros militares dejen el Gobierno, las Fuerzas Armadas le pidan su dimisión…

»Dijo que la actitud actual de las Fuerzas Armadas es incompatible con las políticas gubernamentales de la Unidad Popular. Allende siente que las Fuerzas Armadas consideran imposible cooperar con el Gobierno y cree que se enfrentarán al Gobierno con la fuerza. Dijo que según la información de que dispone la situación dentro de la Armada es muy delicada y los oficiales están presionando al almirante Raúl Montero para que renuncie. Preguntado por la manifestación masiva del 4 de septiembre, Allende dijo que sintió como si hubiese acudido al funeral de la nación. Señaló que la mayor parte de la gente que tomó parte en ella apoya al Gobierno, pero subrayó que no constituyen una fuerza armada para ser utilizada en una confrontación con los militares. Añadió que el poder popular es un término para usar en los discursos pero que la gente que le apoya no tiene armas […] Los partidos socialista y comunista, que participaron en la reunión, propusieron repartir armas entre militantes. Allende rechazó la idea con el argumento de que era muy peligroso porque las Fuerzas Armadas reaccionarían violentamente. Allende concluyó que la única salida a la crisis es una solución política».

Ya avanzada la tarde del día 5, el almirante Merino se presentó, acompañado por el almirante Huidobro, en el Ministerio de

Defensa para entrevistarse con su comandante en jefe. Pero la entrevista se hizo esperar, ya que Montero estaba reunido. Caía la noche cuando Montero les hizo pasar a su despacho. Merino explicó que los almirantes insistían en la posición que había mantenido el Consejo Naval el pasado día 30 de agosto. Como segundo en antigüedad del arma, el almirante Merino quería garantizar también que él mismo sería el sucesor. Montero decidió zanjar el asunto directamente con Allende. Llamó al presidente, que ya estaba en su casa de la calle Tomás Moro, en un barrio residencial de la capital.

—Mire, presidente, tengo aquí en mi oficina, frente a mí, a los almirantes Merino y Huidobro que han llegado de Valparaíso y me reiteran la petición de retiro en nombre del Consejo Naval.

Allende le pidió a Montero que se trasladara con los dos almirantes a su casa para analizar la situación. A los tres se sumó el almirante Hugo Cabezas, jefe del Estado Mayor General de la Armada, el hombre de confianza del almirante Montero.

El presidente les recordó que era él quien tenía la facultad para nombrar al comandante en jefe de la Armada y que la actitud del Consejo Naval al solicitar el retiro de Montero era un acto de insubordinación que no iba a tolerar. Allende preguntó cuáles eran las pretensiones que traían.

—Nosotros queremos paz y tranquilidad, nada más. La Armada le pide al señor almirante que presente su solicitud de retiro y a usted que la acepte.

—Quiere decir que estoy en guerra con la Armada...

—Sí, señor, estamos en guerra con usted.

La noche del jueves 6, Fernando Flores, ministro secretario general del Gobierno, amigo del general Prats, organizó una reunión en homenaje al ex comandante en jefe del Ejército en el local conocido, simplemente, como la Peña de los Parra, en la calle Carmen número 340. Era regentado por Ángel e Isabel, hijos de la célebre folclorista chilena Violeta Parra, que se había suicidado en 1967. Allí solían darse cita, desde 1965, cantantes como los Parra, Patricio Manns, Rolando Alarcón y Víctor Jara, o grupos como Inti Illimani y Quilapayún. Era el templo de la Nueva Canción Chilena.

Habían pasado ya casi quince días desde el 23 de agosto de 1973, fecha de la dimisión del general Prats. En la peña se fueron congregando a partir de las nueve de la noche algunos ministros y personal del Palacio de la Moneda. La anfitriona, Marta Orrego, esposa de Ángel Parra, ordenó preparar una mesa con piscolabis, empanadas chilenas y canapés.

El general Prats, de 58 años de edad, estaba vestido con ropa de civil. Se lo veía nervioso, melancólico y manifiestamente triste.

A poco de entrar, Moy de Tohá vio que el general la llamaba. Se le acercó. El general la invitó a sentarse a su lado.

Nada más sentarse, a quemarropa, Prats dijo:

—Moy, lo que viene es espantoso…

—¿Qué?—exclamó Moy—. ¿Qué viene, Carlos? ¿De qué estás hablando? —Moy pensó que quizá había ocurrido algo que ella ignoraba.

—Todo lo que viene es espantoso —insistió Prats—. Julio Durán se quedó corto cuando habló de que en Chile habría cuajarones de sangre… —dijo el general, en referencia a un político radical chileno.

—¡Estás loco! ¿Cómo puedes decir tú una cosa así? Los militares ya tienen conciencia de que hay organizaciones de trabajadores que no se pueden atropellar y de que hay gente que va a defender sus derechos —replicó Moy.

—Es espantoso —repitió el general—. Cuando los generales entran a la guerra, entran a la guerra.

—Pero mira, Carlos, yo siento que todo depende de la actitud que tenga el comandante en jefe. Así como el *tancazo* se paró por tu actitud, que fue ejemplar para los generales que estaban a tus órdenes, me imagino que ahora es una garantía tener a Pinochet a la cabeza, con tu amistad y con la amistad que tiene con todos nosotros —insistió Moy.

—¡Augusto! Hace fácilmente diez días que estoy tratando de hablar con él y no he podido —exclamó el general.

Moy sintió un escalofrío. Sabía que ambos generales eran como hermanos, íntimos amigos; Pinochet era más que su hombre de confianza. Los lazos entre sus familias eran muy intensos. Las hijas de Prats, Sofía, María Angélica y Cecilia, llamaban a Pinochet «tío Augusto». Por otra parte, quién sino Prats había recomendado a Allende el nombramiento de Pinochet como su sucesor. Ambos generales se conocían desde sus tiempos de cadetes en la Escuela Militar, a primeros de los años treinta.

—¿Cómo puede ser que una persona que fue comandante en jefe no tenga acceso a quien él dejó en el puesto? —inquirió Moy.

Lanzada no sin cierto candor, la pregunta obtuvo una respuesta inesperada para Moy.

—Le llamo al Ministerio de Defensa, le llamo a su casa y nada. Para mí, Carvajal le dio vuelta... —concluyó Prats.

La explicación no era una certeza. Si acaso, una intuición. Se refería el general Prats al que ya por entonces pasaba por ser, en la comidilla de las altas esferas del poder, el coordinador, desde el Estado Mayor de la Defensa Nacional, del golpe militar entre las Fuerzas Armadas. El último encuentro entre Prats y su sucesor al frente del Ejército, Pinochet, había tenido lugar el miércoles 29 de agosto, mientras Prats embalaba sus pertenencias para dejar la residencia oficial de comandante en jefe del Ejército en la avenida Presidente Errázuriz a su sucesor.

Moy se quedó pensativa.

—¿Qué podemos hacer? —preguntó ya obsesionada con la negra corazonada de Prats.

—¿Por qué tú, que fuiste tan acogedora y a quien Augusto quiere tanto, no lo invitas a comer a tu casa este fin de semana? —sugirió Prats.

—Sí, claro...

—Puedes decirle que estás preparando una despedida para mí, para revivir la vieja relación que existió mientras ustedes los Tohá estuvieron en el Ministerio de Defensa.

Al cabo de un rato, Moy dejó a Prats y se acercó a su esposo, José, que estaba junto a Letelier, en otra mesa del local.

—Carlos está muy nervioso, me ha dicho que el golpe militar es inminente... Estoy aterrada. ¿Por qué no habláis con él? —urgió Moy.

Ambos se pusieron de pie y se acercaron al general Prats. A ellos se unió Fernando Flores y Jaime Gazmuri, secretario general del partido MAPU Obrero Campesino. El conciliábulo entre los cinco hombres se prolongó durante quince minutos. Moy, ya ansiosa, les seguía con la mirada. Pero su observación se vio interrumpida. En medio de este ambiente, el *disc jockey* de la peña, donde se solía escuchar folclore, puso música de tango.

Una mujer a la que le gustase el tango, como era el caso de Isabel Margarita Morel, esposa de Letelier, sólo podía bailar con un hombre: el general Prats.

Quizá fuese esa mezcla de negros augurios, alcohol y melodía de tango que se agolpaban en su cerebro lo que en un momento del baile llevó a un general Prats nostálgico, apartado del poder, a susurrar a Isabel durante una pieza que parecía interminable:

—Amiga, éste es nuestro último tango... El golpe, me temo, será la próxima semana...

Además de melancólico, sonaba premonitorio.

El homenaje se prolongó durante varias horas. Ya avanzada la velada, la anfitriona, Marta Orrego, también bailó con el general Prats. Fue un bolero.

—Mi hijo tiene tres años pero cada vez que le ve a usted por televisión dice «ése es el general bueno»...

El general Prats forzó una sonrisa condescendiente.

—Dígale que no va a ser así por mucho tiempo.

Allende se dejó caer al final de la fiesta, para saludar a Prats.

Al día siguiente, viernes 7 de septiembre, Moy de Tohá marchó a su despacho, en el Centro Cultural Gabriela Mistral, donde se ocupaba de los nuevos proyectos de la Secretaría Nacional de la Mujer. Moy sólo tenía una idea fija. Nada más llegar, llamó al general Pinochet al Ministerio de Defensa, siguiendo la sugerencia de Prats la noche anterior, para invitarle a cenar. No le encontró, pero dejó recado en su secretaría. Y el general Pinochet le devolvió la llamada. Moy fue al grano.

—Augusto, anoche estuve en una despedida con Carlos Prats y quedé con complejo de culpa porque con la buena amistad que hicimos mientras José estuvo en el ministerio, no le hemos hecho una despedida —explicó—. Las condiciones no están para una gran manifestación social, pero ¿por qué no nos juntamos un grupito pequeño en casa el sábado? —propuso—. Vienes tú, la Lucía, la Sofía, Carlos, la Irma de Almeyda, que su marido está fuera, la Isabel Margarita, Orlando, José y yo —concluyó.

—Sería fantástico —dijo Pinochet—, pero fíjate, Moy, que la Lucía está tan nerviosa y me tiene tan nervioso a mí que no me deja trabajar con esta cuestión del paro de los camioneros y el desabastecimiento. Por eso, lo mejor que se me ocurrió hacer es pescarla con las chiquillas y mandarlas a la nieve. Pero te tomo la palabra y comemos el próximo sábado 15 en tu casa.

Las funestas intuiciones de Prats en la noche de la víspera, con todo lo que la habían inquietado, no la llevaron a interpretar las palabras de Pinochet como una huida. Al menos, pensó, ya había una cita para que Prats y Pinochet se viesen las caras. Lo importante era el encuentro, día más, día menos. Moy le había sacado una fecha. ¿No era acaso lo que quería Prats?

No exactamente. Prats le había sugerido que invitase a cenar a Pinochet «este fin de semana», el sábado 8 o domingo 9 de septiembre. En su cabeza, a partir de esas fechas, el golpe aparecía, como le había dicho a Isabel Margarita mientras bailaban, como una acción de la semana siguiente.

Pinochet, a su vez, había echado mano de una excusa. Lucía Hiriart, ¿había salido de Santiago? Moy no tenía razones para dudarlo. Es más, ni siquiera pensó en ello.

Y era falso. La razón para declinar la invitación era un embuste. La esposa de Pinochet había organizado para el domingo 9 en su casa, un chalé de dos plantas en la calle Laura de Noves número 128, pegado al Estadio Israelita, en la comuna de Las Condes, la fiesta de su hija menor. Jacqueline Pinochet cumplía 14 años.

Moy no lo sabía, pero su llamada telefónica y la respuesta de Pinochet no hacían sino confirmar los presagios del general Prats. A Pinochet algo le pasaba.

CAPÍTULO 3

El día y la hora señalados

El presidente Allende invitó a almorzar al Palacio de la Moneda al almirante Merino el viernes 7. El presidente acudió con el ministro de Defensa, Orlando Letelier. El mensaje fue claro: no pensaba nombrarle nuevo comandante en jefe de la Armada. Además, Allende estaba preocupado por otra cosa: el retraso de las maniobras navales bajo mando norteamericano que debía realizar la Armada chilena, el ejercicio anual conjunto número XIV, la llamada Operación Unitas. La escuadra norteamericana llevaba fondeada en Valparaíso desde el 5 de septiembre. Allende dio instrucciones para que, el lunes 10, los buques chilenos zarparan de puerto.

Antes de regresar a Valparaíso, el almirante Merino cruzó la Alameda O'Higgins y enfiló, ya en plaza Bulnes, hacia el edificio del Ministerio de Defensa. Desde el despacho del jefe de Estado Mayor de la Defensa Nacional, almirante Patricio Carvajal, ambos se pusieron en contacto con el general de brigada Sergio Arellano Stark, en la Academia de Guerra. El principal coordinador del golpe militar dentro del Ejército estaba al otro lado del teléfono.

Merino y Carvajal le dijeron que era necesario que se vieran con urgencia. El general Arellano partió de inmediato hacia el Ministerio de Defensa.

La fecha preferida por la Armada para desencadenar el golpe era el 10 de septiembre. La razón: ese día la flota chilena se veía obligada a zarpar de la rada de Valparaíso, habida cuenta de que Allende ya había cursado la orden. No había más pretextos para demorar las operaciones en alta mar.

La conspiración golpista en la Armada había llevado a Merino a retrasar, con excusas, la salida de la flota chilena. Estaba ganando tiempo. Con la cobertura de esos ejercicios, los golpistas de la Armada pretendían, ahora, justificar los movimientos de la flota, que en realidad estarían dirigidos a controlar y garantizar la ocupación de la provincia de Valparaíso y otros puntos del país.

Por su parte, la Fuerza Aérea apoyaba el plan. Y los principales conspiradores dentro del Ejército, encabezados por el general Arellano, golpista por cuenta propia, tenían, ese fin de semana del 8 de septiembre de 1973, todo preparado, en coordinación con la Armada y la Fuerza Aérea. Todo excepto una cosa: definir si Pinochet, a quien habían excluido durante la fase conspirativa, interpretaría algún papel en el golpe de Estado. Hasta entonces nadie había contado con él ni se le había reservado función alguna. Era el gran ausente. El problema, por tanto, era el desenlace de la situación dentro del Ejército.

La conspiración golpista tenía como cabeza a un general del Estado Mayor, pero sin mando en tropa: Arellano. Contaba con la anuencia política de otro general sin tropa, conocido por su abierta oposición al Gobierno: Óscar Bonilla. Ambos compartían experiencias coincidentes. A los dos les había tocado ser edecanes del ex presidente demócrata cristiano Eduardo Frei Montalva, entre 1964 y 1970. Seguían, además, en contacto directo con él. Arellano, asimismo, había sucedido a Bonilla como agregado militar de la embajada de Chile en España entre 1969 y 1970, donde fue condecorado con la Cruz de la Orden del Mérito Militar. Más tarde había sido director de Inteligencia del Ejército y comandante del Regimiento Maipo, en Valparaíso, donde, precisamente, había estrechado su relación personal con el almirante Merino y con el general Yovane, del Cuerpo de Carabineros. Y, Bonilla, a su vez, era director de Logística en el Estado Mayor General del Ejército.

A ellos se sumaban, entre otros, los generales con mando en tropa Herman Brady, que acababa de sustituir al general Mario Sepúlveda en la Segunda División de Ejército y la guarnición de Santiago; Washington Carrasco, jefe de la Tercera División, en Concepción; el general Héctor Bravo Muñoz, a cargo de la Cuarta División, en Valdivia; y el general Manuel Torres de la Cruz, jefe de la Quinta División, en Punta Arenas.

Pero mientras en la Fuerza Aérea y en la Armada estaba claro que Leigh y Merino, respectivamente, eran los jefes formal y de facto de ambas fuerzas, en el Ejército, los golpistas todavía desconfiaban de su comandante en jefe.

El general Arellano explicó a Merino y Carvajal que el lunes 10 presentaba inconvenientes. El principal motivo técnico era la necesidad de ordenar un acuartelamiento de tropas la noche previa al golpe militar. Para ello se necesitaba que los soldados volviesen de su descanso el fin de semana. El primer día hábil para poder acuartelar era, pues, la noche del lunes 10. Ese lunes existía una buena excusa para practicar el acuartelamiento sin excesivos riesgos: el martes 11 se ventilaba en Valparaíso el desafuero parlamentario de los dirigentes Carlos Altamirano, secretario general del Partido Socialista, y Óscar Guillermo Garretón, del MAPU, por sus contactos con los suboficiales de la Armada que habían denunciado, durante el mes de agosto, los movimientos golpistas del alto mando. Se podía justificar, por tanto, un acuartelamiento parcial en previsión de incidentes. El general Arellano, por otra parte, podría disponer de ese tiempo de descuento para zanjar el liderazgo en el Ejército. El golpe, pues, debía arrancar en la mañana del martes 11.

La Escuadra podría zarpar el 10 de Valparaíso con el pretexto de cumplir con las maniobras navales de la Operación Unitas, pero regresaría a las posiciones estratégicas para dar cobertura al golpe más tarde, con el plan de iniciar la asonada a las seis de la mañana en Valparaíso; en Santiago y en el resto del país, el golpe comenzaría una vez lanzada la acción en Valparaíso, a partir de las 7.30 horas. Esta diferencia en la entrada en acción buscaba distraer al Gobierno de Allende, haciéndole creer que, una vez más, se trataba de un pronunciamiento de la Armada. Merino, Carvajal y Arellano sellaron así el pacto del Once de Septiembre. Ahora había que afinar todos los detalles.

El general Arellano marchó, tras esa reunión, el viernes 7, a la sede de la Escuela Militar. Su director, el coronel Nilo Floody, había citado al principal conspirador del cuerpo de Carabineros, el general Arturo Yovane, a las siete de la tarde para analizar la situación. El coronel Floody recibió a Yovane en una sala. Pero Floody no estaba solo. Allí ya estaba esperando el Lobo Arellano. Traía la noticia del pacto del Once de Septiembre. Era una reunión de conspiradores en toda regla para decidir los detalles de la organización del golpe. En ella también tomaron parte el coronel Eduardo Fornet, por la Fuerza Aérea Chilena, y el capitán de navío Arturo Troncoso Daroch, por la Armada.

El coronel Floody indagó por la situación en el cuerpo de Carabineros. Era un hecho para los golpistas que la cúpula de dicho cuerpo debía ser marginada por ser, decían, proclive al gobierno. Yovane informó de que en las próximas horas estaría en condiciones de controlar la situación en su arma. Contaba con el general Mario Mackay Jaraquemada y con el coronel Rubén Schindler Contardo y otros oficiales subalternos, entre ellos el mayor Juan Ramírez, y pensaba sondear a los generales más antiguos esa misma noche del viernes, al finalizar el cónclave. Pero ya sabía quién podría ser la cabeza: el general César Mendoza. Precisamente, Mendoza y Yovane tenían algo en común: estaban en el punto de mira de Allende.

La reunión no finalizó sin antes abordar el tema central: la cúpula del Ejército. ¿Había que contemplar la participación del general Augusto Pinochet?

El Lobo Arellano explicó que todo el mecanismo golpista estaba expuesto a un riesgo: la fractura del Ejército. Según señaló, era necesario informar a Pinochet sobre la situación para darle la oportunidad de pronunciarse. Si no estaba de acuerdo, había que orquestar su separación. Pero esto debía hacerse una vez clarificada su posición.

El grupo, pues, solicitó al general Arellano que asumiera la tarea de reunirse con Pinochet para exponerle los hechos y hallar una salida, en el caso de que el comandante en jefe del Ejército decidiese mantenerse al margen del golpe de Estado.

No fue el Lobo el único encargado de hablar con Pinochet. El general Leigh también debía hacer el esfuerzo de ganar el apoyo del comandante en jefe del Ejército en las próximas horas.

Mientras tanto, Joan Garcés llegaba, poco antes de las nueve de la noche, al Palacio de la Moneda. Quería hablar con Allende, quien ya tenía el abrigo puesto para salir.

—Tengo que acudir a la cena de la Escuela de Carabineros, ¿quería decirme algo, Juan Enrique?

—Le he traído mis conclusiones sobre la política militar del Gobierno y las medidas que deberían adoptarse, presidente.

—Bien, démelo, me lo llevo.

El informe decía: «Se está ya en una situación de golpe de Estado». Y preguntaba: «¿Cuántos días le quedan, señor presidente?».

Poco después, Allende mantuvo un diálogo distendido con varios generales de Carabineros. Recordó que el general Mendoza, miembro del equipo ecuestre de las Fuerzas Armadas, le daba consejos oportunos cuando solía acudir a la Escuela para practicar equitación.

—Él es quien me ha enseñado a montar...

Los generales rieron la gracia.

—Presidente, cuente con nuestra solidaridad para superar la difícil situación del país —dijo Mendoza.

CAPÍTULO 4

«¡Yo no soy marxista, mierda!»

Orlando Letelier tenía una verdadera necesidad de hablar a solas con Prats, después de escucharle el jueves 6 en la fiesta de despedida. La noche del viernes 7, pues, se pasó por la avenida Presidente Errázuriz. El general ya tenía las maletas para abandonar la casa. Acababa de recibir una carta. Era del general Pinochet. Decía así:

«Mi querido general y amigo:

»Al sucederle en el mando de la Institución que Ud. comandara con tanta dignidad, es mi propósito manifestarle, junto con mi invariable respeto hacia su persona, mis sentimientos de sincera amistad, nacida no sólo a lo largo de nuestra profesión, sino que muy especialmente cimentada en las delicadas circunstancias que nos ha tocado enfrentar. Al escribirle estas líneas, lo hago con el firme conocimiento de que me dirijo no sólo al amigo, sino ante todo al Sr. General que en todos los cargos que le correspondió desempeñar lo hizo sólo guiado por un superior sentido de la responsabilidad tanto para el Ejército como para el país. Es, por lo tanto, para mí profundamente grato hacerle llegar, junto con mis saludos y mis mejores deseos para el futuro, en compañía de su distinguida esposa y familia, la seguridad de que quien lo ha sucedido en el mando del Ejército queda incondicionalmente a sus gratas órdenes, tanto en lo profesional como en lo privado y personal».

La carta halagó a Prats.

Apenas entró a su casa, Letelier preguntó a Prats qué se podía hacer para evitar el golpe.

—Orlando, las cosas han llegado a un punto que si el presidente no toma medidas para apartar a algunos generales antes del viernes próximo, creo que el jueves 13 o viernes 14 se produce un golpe de Estado —dijo Prats.

El ex comandante en jefe del Ejército alertó, sobre todo, de que Arellano, Bonilla, Bravo, Torres de la Cruz y Carrasco debían ser cesados.

—Si Pinochet es leal, a él también se le puede crear el problema de renunciar como te ocurrió a ti, Carlos. O si no, quiere decir que Pinochet está contando y que en un momento determinado se va a plegar al sector donde haya mayor número de generales o de fuerzas, que podría ser el sector que está por el golpe —especuló Letelier.

—En todo caso, Pinochet no estará en la cuota de traidores —aventuró Prats.

La mañana del sábado 8, el general Gustavo Leigh intentó dar con Pinochet. Ambos vivían a pocas calles de distancia, en el barrio de Las Condes. Sin embargo, cuando llegó a su chalé, en la calle Laura de Noves, Pinochet no estaba solo. Leigh saludó, se quedó unos instantes y al ver que era imposible hablar a solas con él, decidió marcharse.

El general Arellano, por su parte, abandonó su casa vestido de civil y marchó al Ministerio de Defensa. El jefe del Estado Mayor de la Defensa, Patricio Carvajal, ya estaba allí, rodeado de oficiales. El general Arellano, tras coordinar las acciones con el almirante Carvajal, salió rumbo al despacho de Leigh con el fin de confirmar si finalmente había tenido lugar el encuentro entre el comandante en jefe de la Fuerza Aérea y Pinochet, según se había acordado. Pero Leigh explicó al Lobo Arellano que el comandante en jefe del Ejército y su esposa, Lucía Hiriart, habían recibido la visita del general Orlando Urbina, hasta hacía poco Inspector General del Ejército y flamante jefe de Estado Mayor, y que no le había sido posible hablar, a solas, con Pinochet. El general Leigh pidió entonces a Arellano que localizase a Pinochet en su casa a fin de informarle que en cualquier caso el golpe tendría lugar el martes 11 y que le mantuviera al corriente en su casa, esa misma tarde, sobre los resultados. Se despidieron.

Leigh dejó su despacho y se dirigió a la Moneda para participar en una reunión con el presidente Allende a fin de analizar la situación en una fábrica textil, Munar, donde se habían producido enfrentamientos con disparos de armas de fuego entre la Fuerza Aérea y los trabajadores. En la reunión tomaron parte, también, el director de Investigaciones, Alfredo Joignant, y el general Pinochet, entre otros. De modo que era la segunda vez en el día que Leigh y Pinochet se veían las caras, sin poder hablar en privado.

Esa misma mañana, en paralelo a los movimientos de los golpistas, el general Prats no descansaba. Convencido de que la intervención militar era inminente, como había expuesto a Letelier la noche anterior, Prats se dirigió a ver a la única persona que en Chile podía, a sus ojos, parar *in extremis* el golpe de Estado: el ex presidente de Chile Eduardo Frei Montalva, presidente del Senado desde el 23 de mayo de 1973.

Frei, naturalmente, le recibió. Prats razonó que la situación política del Gobierno de Allende era terminal. El golpe militar era cuestión de días. Y ello implicaba un enfrentamiento fratricida con gravísimas consecuencias. El general le dijo que, tal como él lo veía, si alguien podía evitarlo, ése era él. Que sólo él, Eduardo Frei Montalva, podía disuadir a los golpistas.

No obtuvo Prats palabras por respuesta. El ex presidente Frei bajó la cabeza. Pero Prats insistió una segunda vez, como quien habla a alguien que no ha entendido.

Carlos Prats abandonó la casa de Frei con la convicción de que el ex presidente había llegado demasiado lejos como para enfrentarse al golpe de Estado que se fraguaba. Frei no cambiaría de caballo a mitad del río. Tras el encuentro, se puso en contacto con el Palacio de la Moneda. Quería hablar con Allende. Tenía necesidad de verle con urgencia.

Allende invitó a Prats a almorzar con él en Cañaveral, el nombre de la casa que su secretaria, Miria Contreras, *Payita*, poseía en la montaña, próxima a las pistas de esquí de Farellones, en la precordillera. Allende solía pasar los fines de semana allí. La *Payita* y el presidente mantenían una fuerte relación sentimental.

El presidente llamó a *Payita* y le avisó de que el general se dirigía a su casa. También le anunció que iría su amigo y ministro Fernando Flores. En la mayoría de los encuentros entre Prats y Allende, Flores ejercía de tercer hombre, la persona que hacía de enlace entre ambos.

Prats llegó con su propio coche. Miria Contreras le recibió y poco después llegó Flores.

—He visitado a Frei. Me temo que no hay nada que hacer —dijo Prats—. Fernando, los servicios de Inteligencia del Ejército controlan todas las comunicaciones entre los ministros y el presidente. Hay que tener cuidado.

Allende llegó acompañado por Víctor Pey sobre las tres de la tarde. La mesa estaba preparada para tres comensales. Allende, Flores y Prats tomaron asiento. La *Payita* y Pey comieron aparte.

Prats narró su encuentro con Frei.

—Le insistí en que él era la única persona que podía parar el golpe. Y en las dos oportunidades, pude ver cómo apartaba la vista y miraba hacia abajo.

Allende parecía agotado. Le preguntó a Prats si tenía nuevos indicios sobre la situación en el Ejército.

—Yo creo que algo va a ocurrir esta semana —respondió Prats.

—Tal como yo veo las cosas, la Democracia Cristiana anunciará públicamente mañana domingo que el Congreso debe inhabilitarme. Pero me voy a adelantar. El lunes, día 10, hablaré al país y anunciaré la convocatoria de un referéndum. Que el pueblo decida si este Gobierno debe seguir o no.

—Perdone, presidente, usted está nadando en un mar de ilusiones. ¿Cómo puede hablar de un referéndum, que puede demorar treinta o sesenta días en celebrarse, si tiene que afrontar un pronunciamiento militar dentro de diez días?

—¿No cree usted que habrá regimientos leales al Gobierno capaces de contener a los golpistas? ¿No cree entonces en la lealtad de Pinochet y de Leigh?

—Presidente, yo creo en la lealtad de Pinochet. Y también en la de Leigh. Pero serán sobrepasados por los generales golpistas como lo será Montero por parte de Merino en forma tan sorpresiva que no se producirá hacia abajo la quiebra de la verticalidad del mando, porque hasta los oficiales más constitucionalistas saben que la división de las Fuerzas Armadas es la guerra civil.

—¿Qué salida ve usted, entonces, al problema con que se enfrenta la Unidad Popular, partiendo de la base de que he intentado hasta el final un entendimiento con la Democracia Cristiana y de que no quiero la guerra civil?

—Que el lunes usted pida permiso constitucional por un año y abandone el país. Es la única fórmula que queda para preservar la estabilidad de su Gobierno, porque volverá en gloria y majestad a terminar su periodo —respondió Prats.

Allende irguió su cuerpo sin ponerse de pie y dirigió a Prats una mirada fulminante que anticipaba su respuesta.

No necesitó pronunciar la palabra obvia: «¡Jamás!».
Prats captó el mensaje y añadió:
—Olvídese, presidente. No he dicho nada.

Ese sábado 8, el general de Carabineros Arturo Yovane cenó con
el general César Mendoza en la residencia del empresario de la industria textil Juan Kassis, quien seguía todos los pasos del levantamiento contra Allende. Fue allí, al terminar la cena, cuando le
narró la operación que estaba en su recta final y le ofreció que se
pusiera al frente de Carabineros. El general Mendoza, que en la
víspera había reído las bromas de Allende en la Escuela de Carabineros, y a quien había expresado su respaldo, aceptó la oferta de
Yovane. Ambos acordaron neutralizar a los dos generales leales, José María Sepúlveda y Jorge Urrutia.
    Tras el infructuoso intento de Leigh de hablar con Pinochet
durante la mañana, Arellano decidió ir a casa del comandante en
jefe del Ejército la noche del sábado 8. Llegó cuando todavía
no habían dado las nueve. Augusto Pinochet le hizo pasar a una
pequeña habitación, a la derecha de la entrada, su estudio personal, quizá el único espacio del chalé a salvo del tapizado de ter-
ciopelo rojo que inundaba la vivienda. Pinochet invitó al Lobo a
sentarse y él mismo tomó asiento en un sillón. El Lobo habló, no
sin cierta solemnidad, sobre el momento crítico de Chile, y subrayó la necesidad de evitar que el marxismo siguiera sumiendo
al país en el caos. Agregó que todo estaba dispuesto en el Ejército para participar junto con la Fuerza Aérea y la Armada en un
golpe de Estado contra el Gobierno de Salvador Allende el martes
11 de septiembre.
    —Tenemos dos alternativas: o los generales con sus coman-
dantes en jefe a la cabeza asumimos —dijo, colocándose en el mismo plano que Pinochet— nuestra responsabilidad o nos desenten-
demos y la mayoría de los comandantes de unidades se plegarán
por su cuenta a las otras instituciones, ya que la acción se hará de
todas maneras el día 11. Esto sería funesto para nosotros, porque
el Alto Mando quedaría totalmente desprestigiado e inhibido para ejercer su influencia posteriormente…
    El general Pinochet parecía asentir. La situación le era visi-
blemente incómoda. Quien le estaba invitando a la acción era un
subordinado, un general de brigada.

—¡Yo no soy marxista, mierda! —bramó Pinochet al tiempo que golpeaba el brazo del sillón.

—Lo sé, mi general —dijo el Lobo, quien vio en esas palabras el gesto de entrada de Pinochet en la conspiración—. Es importante que lo ponga en contacto con el general Leigh, que espera en su casa el resultado de nuestra conversación...

El Lobo había franqueado el umbral y ya le estaba llevando por donde deseaba.

—No es necesario, ya lo llamaré más tarde...

El Lobo dejó la casa de Pinochet y marchó hacia el barrio de la Quinta Normal, para reunirse con el almirante Carvajal, que a su vez ya había regresado de Valparaíso ese mismo día. Arellano estaba convencido de que todo había ido bien. Arellano informó a Leigh de que Pinochet lo llamaría, según le había dicho, «más tarde».

Pero esa noche Pinochet no llamó a Leigh. El general Pinochet tenía previsto acudir, el mediodía del día siguiente, domingo 9 de septiembre, a una cita con el presidente Allende en la residencia de la calle Tomás Moro.

El general Arellano había cumplido. Acababa de ofrecer a Pinochet, caballerosamente, el mando de la insurrección después de urdirla con paciencia durante meses, sin haber contado de antemano con él en los trabajos preparatorios. El trabajo sucio, pues, lo habían hecho Arellano y una red de altos oficiales golpistas; de ahora en adelante, si Pinochet se ponía al frente, sería él quien tendría el control. Arellano, por tanto, había invitado a Pinochet a usurpar lo que se había preparado. Y Pinochet parecía disponerse a aceptar el papel de usurpador. Al menos desde las nueve de la noche del sábado 8 de septiembre, Pinochet era cómplice oficial de los golpistas. El argumento de Arellano tenía peso. Si el Ejército no se plegaba como institución «el Alto Mando quedaría totalmente desprestigiado e inhibido para poder ejercer su influencia posteriormente...». Es decir, durante y después del golpe militar.

Pero Pinochet no quería ningún contacto, ni con Leigh ni con Merino antes de ver al presidente Allende, al día siguiente, domingo 9 de septiembre, en la residencia de Tomás Moro.

Capítulo 5

El pacto de sangre

El mismo día 9, sobre las diez y media, Allende recibió en su residencia de Tomás Moro a la dirección política del Partido Comunista, encabezada por su secretario general, Luis Corvalán, y secundado por Orlando Millas y Víctor Díaz. El presidente expuso su idea de anticiparse en la crítica situación política y militar mediante la convocatoria de un referéndum para que el pueblo decidiera si debían continuar o no la política y los proyectos del Gobierno de la Unidad Popular.

Corvalán adelantó su apoyo pero prometió contestar formalmente al día siguiente, por escrito. Como el partido de Allende, el Partido Socialista, en cambio, se había opuesto a la propuesta, Corvalán sugirió al presidente que convocara el referéndum aun con la oposición de los socialistas. Allende dijo que intentaba conseguir su respaldo. Mientras hablaban llegaron a la residencia los generales Pinochet y Urbina. Les hicieron esperar.

Esa mañana, en el campo de fútbol del Estadio Chile de Santiago, el líder del Partido Socialista, el senador Carlos Altamirano, pronunciaba un vigoroso discurso. El almirante Merino, en su calidad de juez naval de Valparaíso, había solicitado la suspensión de su fuero parlamentario para iniciar una acusación penal contra él. La razón: participar en una reunión, hacía pocos días, con suboficiales de la flota, quienes le aportaron datos sobre la conspiración golpista en la Armada.

«Se me acusa de haber asistido a reuniones con marineros y suboficiales: la verdad es que concurrí a una reunión a la cual fui invitado para escuchar las denuncias de los suboficiales y algunos marineros en contra de actos subversivos perpetrados presuntamente por oficiales de esa institución armada», dijo Altamirano.

Vestido con un jersey negro de cuello alto, sin chaqueta, leyó una carta manuscrita enviada al presidente Allende por treinta y tres marineros que denunciaban el golpe en marcha. Los suboficiales narraban las torturas a las que habían sido sometidos por la oficialidad durante el mes de agosto de 1973, en los buques de la Armada, para que confesaran que eran ellos quienes participaban en un complot izquierdista de infiltración del Gobierno en las Fuerzas Armadas.

Altamirano desafió al alto mando de la Armada: «Y concurriré todas las veces que se me invite para denunciar cualquier acto en contra del Gobierno legítimo y constitucional del presidente Salvador Allende».

Muy lejos de Santiago, en el norte del país, en la empresa de mineral de cobre de Chuquicamata, situada a dieciséis kilómetros de la ciudad de Calama, algunos de sus principales directivos se habían reunido para escuchar la intervención de Altamirano por radio. Las casas de madera, construidas para el personal norteamericano de la mina de cobre a cielo abierto más grande del mundo, seguían alojando al personal tras la nacionalización de las explotaciones por una ley aprobada en el Congreso chileno en 1971. En la Casa de Huéspedes número 1.900 residía desde primeros de agosto un nuevo director de comunicación de la compañía Cobrechuqui, el abogado y periodista Carlos Berger, que también se había hecho cargo de la radio El Loa en la región. Berger, militante del Partido Comunista, había sido jefe de gabinete con los ministros de Economía Orlando Millas y José Cademártori. Su esposa, Carmen Hertz, de 27 años, era madre de un bebé de nueve meses. Todos seguían allí en silencio las palabras de Altamirano.

El secretario general de los socialistas centró su intervención en las expectativas golpistas. «Chile se transformará en un nuevo Vietnam heroico si la sedición pretende enseñorearse de nuestro país... A nuestro juicio, compañeros, el golpe reaccionario se ataja golpeando el golpe. No se ataja conciliando con los sediciosos. El golpe no se combate con diálogos, sino con la organización de la clase obrera, con los comandos industriales, con los consejos campesinos», advirtió, mientras desde las gradas se coreaba, como ya había ocurrido el martes 4, frente al Palacio de la Moneda: «Crear, crear, poder popular». Altamirano, al escuchar los gritos del público, se hizo eco. «Hemos oído aquí gritos de crear, crear, poder popular porque el pueblo así lo ha comprendido. La guerra civil en que se encuentra empeñada la reacción, estimulada, apoyada, por el imperialismo norteamericano, se ataja sólo creando un verdadero poder popular». El dirigente socialista, al terminar, aseguró: «El compañero Allende no traicionará, compañeros, dará su vida si es necesario en la defensa de este proceso».

En la Casa de Huéspedes de Chuquicamata, Carlos Berger se puso de pie, miró a David Silberman, el gerente general de la mina, y exclamó:

—El golpe es cuestión de horas...

La secretaria de prensa del presidente, Frida Modak, tras escuchar el discurso, llamó por teléfono a Allende a Tomás Moro. La telefonista le puso con el edecán de guardia, quien tenía orden de no interrumpir la reunión que Allende mantenía con los dirigentes comunistas. El edecán tomó nota y, tras colgar, le pasó a Allende un breve mensaje por escrito. El presidente no ocultó a sus invitados el mal momento en que caían las palabras de Altamirano.

Allende, tras despedir a la delegación del Partido Comunista, hizo pasar a Pinochet y Urbina, que ya llevaban un rato esperando. Los tres tomaron asiento en el salón.

Allende tenía la oportunidad que había buscado Prats a través de Moy de Tohá, el encuentro frustrado con Pinochet este fin de semana del 8 y 9 de septiembre. Si bien había visto a Pinochet la mañana del día anterior, en la Moneda, no habían estado a solas. El presidente solicitó, pues, a Pinochet y a Urbina un plan para coordinar la acción entre los regimientos del Ejército y los trabajadores a fin de frustrar cualquier intento de golpe militar. Y, lo más relevante, anticipó a los dos generales que pensaba convocar en las próximas horas un referéndum para que el pueblo decidiera el curso de su Gobierno.

Pinochet se sorprendió al escuchar la línea de batalla descrita por Allende, la de coordinar al Ejército con las organizaciones de trabajadores. Y el anuncio de que convocaría un referéndum colocaba toda la situación en un punto límite. Allende advirtió que Pinochet no podía disimular su asombro ante la noticia.

—Pero, presidente... ¿es una resolución definitiva y firme la de llamar al referéndum? —preguntó Pinochet.

—Sí, está resuelto.

—Eso cambia toda la situación, presidente. Ahora va a ser posible resolver el conflicto con el Parlamento —añadió Pinochet.

Pinochet describió a Allende un clima inquietante dentro del Ejército, pero señaló que se adoptarían las medidas necesarias para controlar la situación. Manifestó que sin la participación del Ejército, cualquier intentona de la Armada y de la Fuerza Aérea estaba condenada al fracaso. A esas alturas, el «tapado», el hombre oculto del golpe era él. Augusto Pinochet.

Durante la mañana del domingo 9, la trama golpista fue afianzándose. El discurso de Altamirano se convertía en la excusa perfecta para desencadenar el golpe de Estado.

El almirante Merino, en Valparaíso, ya sabía el domingo al mediodía que el general Arellano, en su encuentro de la víspera con Pinochet, le había invitado a subirse al carro del golpe militar. Pero Pinochet no había llamado a Leigh. Merino, según había acordado el día anterior, se reunió con su alto mando, tras participar en la misa dominical de la capilla naval de las Salinas, en casa del almirante Pablo Weber. La novedad de Santiago era la visita positiva del general Arellano a Pinochet. Pero no había, como tal, una formalización del pacto. Y el vacío creado por la falta de contacto de Pinochet con Leigh era llenado con rumores sobre la presunta «neutralidad» del Ejército en caso de golpe. Había, pues, que sellar el pacto al más alto nivel.

Los golpistas de la Armada, pues, decidieron enviar al almirante Sergio Huidobro, comandante del Cuerpo de Infantería de Marina, y al jefe de su Estado Mayor, capitán de navío Ángel González, a Santiago. Objetivo: formalizar en persona el acuerdo del golpe con los comandantes en jefe del Ejército y de la Fuerza Aérea, generales Pinochet y Leigh, respectivamente.

Merino redactó una breve misiva, de apenas diez líneas, en la que decía:

«9/Sept/73

»Gustavo y Augusto

»Bajo mi palabra de honor el día D será el 11 y la hora H 06.00

»Si Uds. no pueden cumplir esta fase con el total de las fuerzas que mandan en Santiago, explícalo al reverso.

»El alte. Huidobro está autorizado para traer y discutir cualquier tema con Uds. Los saluda con esperanzas y comprensión.

»Merino».

El almirante agregó en el reverso dos mensajes personales: «Gustavo: Es la última oportunidad. J.T.».

« Augusto: Si no pones toda la fuerza de Santiago desde el primer momento, no viviremos para ver el futuro. Pepe».

Merino daba así el empujón final: pedía la certificación de que ambos comandantes en jefe apoyaban formalmente el golpe de Estado del 11 de septiembre de 1973.

Una vez en la capital chilena, los dos enviados se dirigieron a la casa del almirante Carvajal, donde se estaba celebrando el bautizo de uno de sus nietos. Desde su casa, Carvajal llamó al general Leigh para anunciarle que Huidobro acababa de llegar desde Valparaíso y que tenía urgente necesidad de verle. Leigh le sugirió que le telefonease en media hora. Acto seguido, Carvajal llamó al general Pinochet, quien le dijo que fuera inmediatamente a su casa.

A esas horas, sobre las cinco de la tarde, el chalet de la calle Laura de Noves estaba lleno de niños, ya que Lucía Hiriart festejaba el cumpleaños de la hija menor, Jacqueline. Era evidente, pues, que Pinochet no las había enviado «a la nieve», como había dicho a Moy al excusarse para evitar la cena el sábado 8 con el general Prats.

Carvajal, tras convenir la cita, se comunicó de nuevo con el general Leigh y le informó de que había acordado con Pinochet reunirse con él en su casa. El general Leigh ya tenía listo el proyecto de declaración del golpe militar y el plan para formar una Junta de Gobierno. Leigh dijo que iría a casa de Pinochet cuanto antes.

Patricio Carvajal, el coordinador de la conspiración desde el Estado Mayor de la Defensa Nacional, acompañado por el almirante Huidobro y el capitán de navío González, por una parte, y el general Leigh, por la otra, se prepararon, por separado, para acudir a la residencia de Pinochet. En cierto modo, ya iban sobre seguro. Pinochet no había dado ningún paso contra los golpistas desde la visita de Arellano, la noche del sábado.

Los conspiradores ignoraban que ese mediodía el comandante en jefe del Ejército de Chile, y su jefe de Estado Mayor, general Urbina, habían acudido a la residencia de Tomás Moro, un encuentro en el cual el presidente había expuesto su plan para desarticular el golpe en marcha.

El general Leigh, vestido en atuendo deportivo, tocó el timbre de la casa de Pinochet hacia las cinco de la tarde. El general Pinochet le hizo pasar a su despacho, su estudio personal, como ya había hecho con Arellano la noche anterior.

—Varios generales de la Fuerza Aérea se han presentado en casa esta mañana. Quieren actuar ya. Les he prometido hablar con el general Pinochet para coordinar cualquier acción —dijo Leigh refiriéndose a Pinochet en tercera persona y, sin más preámbulos, le explicó las líneas de su proyecto de declaración, y habló de la necesidad de formar una Junta de Gobierno.

Pinochet lucía también ropa deportiva. Se lo veía cómodo. Parecía un observador ante el campo de batalla. Todos estaban obligados a rendir pleitesía al comandante en jefe del Ejército. Leigh quería escuchar de Pinochet cuál era, a fin de cuentas, su posición.

—Nosotros no aguantamos más. Creo que estamos en un punto en que, si no actuamos, el país va al caos… El discurso de Altamirano esta mañana confirma que esto no puede seguir. La Armada y la Fuerza Aérea vamos a actuar. No sé si tú lo harás, pero nosotros sí, aunque tengamos que hacerlo solos. La Armada está mucho más decidida todavía… —dijo Leigh.

—¿Tú sabes que esto nos puede costar la vida a nosotros y a muchos más? —replicó Pinochet sin definirse, dejando en ascuas a su interlocutor.

—Por supuesto… Lo sé, pero no nos queda alternativa. Tenemos que jugárnosla —repuso Leigh.

Pinochet dio algunos rodeos.

El timbre sonó. Lucía Hiriart, que se hallaba en el jardín con su hija Jacqueline y sus amigos, abrió la puerta. Los otros tres visitantes habían llegado: Carvajal, Huidobro y González. Lucía les acompañó hasta el despacho de Pinochet y les hizo pasar. El almirante Carvajal le indicó a Huidobro que expusiera la situación. Huidobro sacó un papel y lo tendió a ambos comandantes en jefe para que lo leyeran.

El almirante Huidobro les ofreció su pluma estilográfica. El general Leigh la cogió, firmó y escribió su nombre. Leigh estaba «conforme».

Pinochet pareció vacilar.

—¡Decídase, mi general! ¡Firme! —urgió Leigh.

Orgulloso, Pinochet despreció la pluma de Huidobro y buscó la suya. Pero todavía faltaba algo: su sello de comandante en jefe del Ejército.

Augusto Pinochet estampó el timbre en el trozo de papel enviado por Merino, ya rubricado por Leigh, y, acto seguido, lo firmó con gruesos trazos. El compromiso era una realidad. El Ejército entraba como fuerza institucional, con su comandante en jefe a la cabeza, en el golpe de Estado del 11 de septiembre.

El que ya tenía los planes en marcha era el Lobo Arellano. Esa tarde del domingo, después de diversos contactos realizados durante la mañana, Arellano se trasladó al Batallón de Telecomunicaciones de Peñalolén, una comuna de Santiago. Allí puso a punto todos los detalles, bandos militares para el 11 de septiembre incluidos; de allí marchó al Comando de Aviación del Ejército para verificar la situación de los helicópteros que serían utilizados en las operaciones previstas. El Lobo convocó para el día siguiente en Peñalolén una reunión de jefes y oficiales de los Comandos de Ingenieros, Aviación y Telecomunicaciones. Y regresó a su casa. Allí tenía convocada una reunión de carácter «cívico» para coordinar las acciones del golpe con tres personalidades: Jorge Fontaine Aldunate, presidente de la Confederación de la Producción y Fomento, es decir, la patronal chilena; el senador Juan de Dios Carmona, y el coronel retirado Alberto Labbé.

La prensa del lunes, día 10, como era previsible, dedicaba mucho espacio al discurso de Altamirano del día anterior en el Estadio Chile contra el alto mando de la Armada. El general Pinochet acudió a su despacho en el Ministerio de Defensa esa mañana cuando ya toda la actividad conspirativa de las tres Fuerzas Armadas y los Carabineros estaba en marcha. Llamó al general Arellano. El Lobo era, de hecho, el jefe en la sombra del golpe militar del 11 de septiembre. Ambos analizaron la situación de las fuerzas. La guarnición de Santiago estaría al mando de su comandante, el general Brady, comandante en jefe de la Segunda División de Ejército. Esta zona militar quedaba bajo control de la llamada Agrupación Santiago Centro, en manos del general Arellano. El general Raúl César Benavides se hacía cargo de la Agrupación Este; el coronel Felipe Geiger Stahr dirigía la Agrupación Norte, y la Agrupación Reserva, a cuyo cargo estaba el Regimiento Blindado número 2, fue confiada al general Javier Palacios.

Antes de despedirse, Pinochet informó a Arellano de que quería instalarse a última hora en la central de comunicaciones del Ejército, en Peñalolén. Allí estaría situado uno de los puestos de mando del golpe.

La actividad golpista en Valparaíso no iba a la zaga de la que se desarrollaba en el centro nervioso, en plaza Bulnes, en la sede del Ministerio de Defensa. El almirante Merino dispuso que se utilizara para desarrollar el golpe de Estado el llamado Plan Cochayuyo, un plan de emergencia antisubversivo elaborado por la Armada en julio de 1973 que ahora servía para subvertir el orden constitucional. Hizo venir a su despacho, a las once y diez minutos, al comandante en jefe de la Escuadra, el almirante Pablo Weber. Merino le dijo que los buques de la flotilla antisubmarina preparados para realizar la Operación Unitas con las unidades norteamericanas debían zarpar al mediodía. Asimismo, le entregó un sobre para él y uno para cada comandante de los buques. La instrucción era terminante: debían ser abiertos un minuto antes de la medianoche de ese mismo día 10 de septiembre. La Escuadra debía navegar rumbo al Oeste hasta las 23.59 horas.

En el sobre se ordenaba el regreso de la flota, al amanecer, para instalarse en diversos puertos, a fin de dar cobertura de apoyo del golpe militar, a las 5.30 de la madrugada del 11 de septiembre.

El ministro de Defensa, Orlando Letelier, recibió la mañana del lunes día 10 a Pinochet para hablar de la situación.

—Yo creo, ministro, que las cosas irán mejorando.

—Acabo de ver que ha ordenado usted realizar varios allanamientos en busca de armas...

—No, ministro, yo no he autorizado nada... Serán acciones al amparo de la ley de control de armas... No sé...

El general Pinochet asumió sobre las doce y media de la mañana del día 10 su papel estelar en la escena de los preparativos del golpe militar. Convocó a su despacho a los principales generales complotados: Sergio Arellano, Óscar Bonilla, Herman Brady, Javier Palacios, Raúl César Benavides y al coronel Felipe Geiger Stahr. Todos estos hombres, algunos más otros menos, ya estaban actuando en la trastienda del golpe militar o simplemente seguían los acontecimientos con simpatía pasiva. A ellos se unió el general Leigh.

El flamante jefe de la conspiración informó de que el día siguiente, martes 11, comenzaría la operación para derrocar al Gobierno marxista de Salvador Allende. Agregó que la Escuadra de la Armada había zarpado de Valparaíso para simular normalidad. Asimismo, confirmó que el cuerpo de Carabineros, a pesar de su comandante en jefe, leal a Allende, se uniría al golpe militar. La mayor parte del grupo de generales pasaron poco después a almorzar, a invitación del general Pinochet, quien, asimismo, sugirió a Leigh y al general Viveros, en representación de la Fuerza Aérea, que se unieran.

Leigh preguntó qué pasaría con el general Urbina, jefe del Estado Mayor General, un hombre leal al gobierno constitucional que, se decía, simpatizaba con Allende.

—Hay que enviarlo a Temuco con el fin de que investigue las actividades guerrilleras detectadas en la región —dijo Pinochet, quien tenía amistad con Urbina y quería apartarle del ojo de la tormenta.

Leigh, superado el escollo, estaba listo para el bombardeo del Palacio de la Moneda al día siguiente. Era el medio, explicó, para persuadir a los partidos políticos de que una eventual resistencia sería inútil.

En el cuerpo de Carabineros la mañana del lunes fue bien aprovechada por los generales Yovane y Mendoza, quienes, en el edificio Norambuena, a cuatro calles de la Moneda, habían establecido, en la planta décima, su cuartel general. Allí estaba la Central de Radio, desde donde se enlazaba a todas las unidades policiales y donde se estableció el nexo con las Fuerzas Armadas.

El presidente Allende había convocado, para después de la reunión de gabinete, un almuerzo con algunos de sus ministros y asesores personales. Joan Garcés fue llamado temprano en la mañana a su despacho, en las oficinas de ODEPLAN, para que acudiera sobre la una y media al Palacio de la Moneda a almorzar con Allende. Lo mismo había ocurrido con Augusto Olivares, asesor de prensa del presidente y director de Televisión Nacional. El presidente quería repasar en detalle la situación. Ya era bastante evidente para él que el referéndum nadaba contra la corriente golpista cuyas aguas se embravecían por horas.

El presidente Allende ordenó terminar, poco antes de la una y media, la reunión del Consejo de Ministros.

Garcés y el *Perro* Olivares esperaban en la antesala del comedor. Durante la espera, comentaron que la situación pintaba muy mal.

El ministro de Defensa, Orlando Letelier, salió de la reunión y pasó a la antesala del comedor. Le siguió el presidente Allende, acompañado por el ministro del Interior, Carlos Briones, y de los ex ministros de Defensa, José Tohá, y de Minería, Sergio Bitar.

El presidente, ya durante el almuerzo, comentó diversos hechos que mostraban algo más que una intuición por el desenlace.

Advirtió que los aviones DC-8 de la compañía aérea LAN Chile habían sido trasladados por la Fuerza Aérea a la base militar de Los Cerrillos, a raíz de lo cual, dijo, había pedido explicaciones al general Leigh. También señaló que había ordenado a Leigh dejar sin efecto tres allanamientos de empresas en Santiago, en busca de armas, previstos para esa misma tarde del lunes.

Todos enfatizaron la necesidad de coordinar mejor la actividad de los servicios de inteligencia de las Fuerzas Armadas, Carabineros e Investigaciones. El ministro del Interior, Carlos Briones, señaló que sería bueno que dicha coordinación fuera dirigida desde un departamento de nueva creación y que al frente del mismo se podría situar al ex ministro de Defensa, José Tohá, presente en el almuerzo.

Allende, por su parte, subrayó:

—Y si llega el caso, ¡aplicar el plan Hércules!

El ministro de Defensa Orlando Letelier sabía de qué hablaba Allende cuando escuchó la palabra «Hercules», pero sólo en términos muy vagos. José Tohá, bajo cuyo Ministerio de Defensa se elaboró el plan, conocía con mayor profundidad de qué se trataba.

Letelier había comentado con el general Pinochet durante esos días la necesidad de discutir con mayor detalle dicho plan, cuyo seguimiento era responsabilidad del jefe de Estado Mayor de la Defensa Nacional, almirante Patricio Carvajal. El coordinador, pues, de la conspiración.

Era un plan antisubversivo más o menos clásico para aplicar en situaciones de emergencia, un mecanismo que el Estado Mayor de la Defensa Nacional había elaborado y actualizado en los últimos años y que a partir de la tentativa frustrada del *tancazo*, el 29 de junio de 1973, estaba más a la orden del día.

Por tanto, si alguien estaba en condiciones para hacer uso del «Hércules», a estas alturas, eran los golpistas.

El presidente explicó a los comensales su principal duda en aquel momento.

Si bien se había resuelto que el anuncio del referéndum se haría el martes 11, en su discurso en la Universidad Técnica del Estado, el presidente había dado instrucciones para contar con la red oficial de radio y la televisión en cualquier momento, caso de anticipar la alocución, por ejemplo, a esa misma noche del 10.

«Este caucho no estira más», solía decir Allende aquellos días. Sabía que el tiempo se agotaba. Por ello, quería anunciar la convocatoria al referéndum cuanto antes.

Sin embargo, fue él mismo quien insistió en que todavía tenía que trabajar bastante en su discurso y que, en ese caso, lo más conveniente era hacerlo en la mañana del martes 11.

Lo que el cuerpo le pedía al presidente era salir cuanto antes; presentar batalla, anticiparse, más pronto que tarde; hoy mejor que mañana. Pero su mente exigía algo más de preparación.

—En cualquier caso, quiero hacerlo antes de que se reúna el Consejo Nacional de la Democracia Cristiana, mañana por la tarde. Los demócratas cristianos deben conocer mis planteamientos antes de que empiecen la reunión —dijo Allende.

A las tres y media, el general Herman Brady, comandante de la guarnición de Santiago, en sintonía con el general Arellano, situado en el sexto piso del Ministerio de Defensa, reunió a los jefes de unidades de tropa de acuerdo con el plan de seguridad antisubversivo y decretó el acuartelamiento. Brady comenzaba a aplicar el plan Hércules, que, como el plan Cochayuyo de la Armada, tenía el propósito de defender al Gobierno frente a un eventual golpe de Estado o una situación de emergencia nacional. Las armas y los planes que debían velar por la seguridad del Gobierno constitucional se habían vuelto contra él.

Tras la reunión con Pinochet, el Lobo Arellano convocó a quien había designado su jefe de Estado Mayor para el golpe, el coronel Sergio Arredondo, oficial del plantel de la Academia de Guerra. Hicieron un recuento de las unidades disponibles y acordaron las instrucciones para cada una de ellas. El asalto al Palacio de la Moneda quedó a cargo de la Escuela de Suboficiales y del Regimiento Tacna, mientras que la Escuela de Infantería se ocuparía del control del llamado Cordón Industrial Vicuña Mackenna, una organización que agrupaba fábricas y organizaciones populares. El Regimiento Maipo de Valparaíso se hacía cargo de la región de Maipú, próxima a Santiago, y del control del Cordón Industrial Cerrillos. La llamada Operación Silencio, dirigida a anular el funcionamiento de las emisoras de radio oficialistas, quedó a cargo del coronel Sergio Polloni. Para ello se contaba con el apoyo de los aviones de la Fuerza Aérea Chilena.

Sobre las seis y media de la tarde, poco antes de terminar su jornada, el general Pinochet convocó a su despacho a tres generales: Óscar Bonilla, Augusto Lutz y Ernesto Baeza. Pinochet escenificó la actividad de inteligencia y coordinación de operaciones a desarrollar en las próximas horas. Nombró a Bonilla jefe del Estado Mayor General, es decir, el «segundo» del comandante en jefe del Ejército, en sustitución de Urbina.

Pinochet confirmó a Lutz como director del Servicio de Inteligencia Militar (SIM) y confió a Baeza la jefatura de Operaciones. Tras repasar los focos de la acción, Pinochet explicó:

—Una de mis mayores inquietudes es la zona de Calama. Algunos de los grupos que trabajan en Chuquicamata están armados. Si logran aislar a la unidad del Ejército, puede dar tiempo a la llegada de refuerzos desde el exterior. Marxistas de otras partes se trasladarían allí para una resistencia de proyecciones incalculables.

Según se acordó, Pinochet llegaría a las 7.30 horas de la mañana del 11 de septiembre a la Central de Comunicaciones del Ejército, en Peñalolén, sede del Batallón de Telecomunicaciones, para coordinar los enlaces con todas las unidades de Chile. El general Pinochet enfatizó en tono dramático que si no llegaba a la hora señalada al puesto de mando del comandante en jefe, el general Bonilla debía conducir el golpe militar. Una vez definido su organigrama de poder, el general Pinochet impartió instrucciones para enviar a las provincias a través de radiogramas y mensajes cifrados a primera hora del día siguiente, martes 11.

Aquella tarde, Joan Garcés acudió a la sede de la Escuela Latinoamericana de Sociología (ELAS), institución de la Facultad Latinoamericana de Ciencias Sociales (FLACSO), en la calle José Miguel Infante número 52, adscrita a Naciones Unidas. Una veintena de académicos y profesores tenían previsto celebrar un examen de la situación política y social de Chile. Garcés pertenecía al cuerpo de Naciones Unidas, más concretamente a la Unesco, y desde esa posición, destinado en ODEPLAN, realizaba su trabajo de asesor del presidente Allende. Pero, además, era profesor de la Escuela Latinoamericana de Ciencias Políticas y Administración Pública.

El director de la Escuela, el sociólogo mallorquín Luis Ramallo, antiguo jesuita, había anunciado que uno de los profesores españoles que acababa de llegar de España, a primeros de julio, iba a realizar una exposición sobre sus primeras vivencias en Chile y sus experiencias en España.

El ponente era el urbanista catalán Jordi Borja. Entre otros, acudieron a la reunión, que se desarrolló en la sala de juntas de la Escuela de Sociología, el sociólogo francés Alain Touraine, el economista brasileño José Serra, exiliado en Chile, el subdirector de la Escuela de Sociología, Airton Fausto, y el demógrafo español Joaquín Leguina, contratado por el Centro Latinoamericano de Demografía (CELADE), de la ONU, en marzo de 1973.

Borja estaba obsesionado con el golpe y sus semejanzas con la guerra civil española. El fin de semana, había acompañado al aeropuerto al profesor Fernando Henrique Cardoso al aeropuerto para despedirse. Cardoso regresaba a su país, Brasil. No habían dejado de hablar del golpe. Y el día anterior, domingo 9, Borja había acudido con su esposa, Carmen Guinea, maestra de una escuela primaria para niños ciegos de Barcelona, al Estadio Chile al acto donde habló Carlos Altamirano.

La dinámica del levantamiento militar de julio de 1936 en España y de la guerra civil que le siguió fueron, pues, los asuntos que subrayó Borja. Señaló que la situación en Chile tenía toda la pinta de desembocar en una salida parecida. Estaba convencido, pese a llevar sólo dos meses en Santiago, según dijo, que la Unidad Popular no podría resistir un golpe de las Fuerzas Armadas. Tampoco veía por qué los militares chilenos, incluyendo al Ejército, se abstendrían de intervenir. A Borja no le encajaba la idea de la lealtad republicana del ejército chileno y su presunta abstención política.

Las palabras de Borja no fueron compartidas por la mayoría de los académicos. Todos admitían el riesgo de una intentona golpista. Pero allí se terminaban las coincidencias. En aquel momento, se daba por supuesto que el Ejército chileno no entraría en un golpe institucional de las Fuerzas Armadas. Garcés, que, lógicamente, solía ser cauteloso a la hora de expresarse, por su condición de asesor del presidente Allende, dijo que el Ejército chileno mantenía todavía una posición de subordinación al presidente y que si bien existían militares soliviantados, la posición institucional del Ejército era de respeto a la legalidad constitucional y a la Presidencia.

Garcés y Touraine salieron juntos de la escuela. Garcés tenía que hacer algo de tiempo. Ambos acordaron tomar algo en un bar cercano. Después de volver a los mismos temas del debate, Garcés miró el reloj.

—Alain, tengo que ir a Tomás Moro. El presidente Allende me ha citado...

El general Pinochet, por su parte, abandonó el despacho del Ministerio de Defensa pasadas las ocho de la tarde, para dirigirse a su domicilio, en la calle Laura de Noves. Ya en su casa, hizo los preparativos para lo que se avecinaba y envió a su esposa, Lucía Hiriart, y sus hijos pequeños a la Escuela de Alta Montaña del Ejército, en el Regimiento de Infantería Reforzada número 18 Guardia Vieja, en Río Blanco, en la ciudad de Los Andes, próxima a la frontera con Argentina. La escuela estaba a cargo del coronel Renato Cantuarias, amigo de Pinochet, pero al mismo tiempo un oficial constitucionalista.

La añagaza que había usado para aplazar la cena que Moy de Tohá le había propuesto el viernes 7 —la decisión de enviar a su esposa e hijos pequeños a la nieve— se convertiría en realidad... tres días más tarde, en vísperas del golpe militar.

Pinochet salió a dar un breve paseo con su perro *Dix* y regresó para recluirse en su estudio. Era el crepúsculo de un día agitado.

CAPÍTULO 6

Noche y niebla en Tomás Moro

Poco antes de las nueve de la noche, el presidente Allende dejó el Palacio de la Moneda para dirigirse a su residencia. Allí le esperaban ya Joan Garcés, Augusto *Perro* Olivares, Orlando Letelier y Carlos Briones.

El presidente invitó a todos a cenar en el comedor de la planta baja junto con su esposa, Tencha, y su hija Isabel, que habían regresado de México el día anterior.

A las nueve y media de la noche comenzaron a llegar al Palacio de la Moneda diversas informaciones sobre movimientos militares.

En la secretaría privada permanecían Víctor Pey, el periodista Carlos Jorquera, Arsenio Poupin, subsecretario general de Gobierno, y Enrique Ropert, hijo de Miria Contreras, *Payita*, secretaria de Allende. Tras recibir varias llamadas, *Payita* se decidió por fin a comunicarse con la residencia de Tomás Moro. Llamó a Olivares y le resumió la información disponible. Al cabo de una breve conversación, Olivares transmitió los datos al presidente:

—A la Moneda ha llegado la noticia de que dos camiones con tropas han salido de Los Andes en dirección a Santiago.

Los Andes, una ciudad situada a setenta y siete kilómetros al norte de Santiago, en el camino a Mendoza, ya en Argentina, era la sede de dos regimientos del Ejército. Noticias parecidas habían circulado en las últimas semanas.

Al término de la cena, la esposa e hija de Allende subieron a sus habitaciones en la segunda planta. El presidente invitó a sus colaboradores a acomodarse en el salón de estar, en la primera planta, que también utilizaba como estudio de trabajo.

El presidente comentó que finalmente la Escuadra había partido al mediodía para unirse a la Operación Unitas.

—El golpe no será de la totalidad de las Fuerzas Armadas —dijo.

La noche avanzaba. Y los movimientos con ella.

Pasadas las once, *Payita*, que seguía en la Moneda, acompañada entre otros por Pey, volvió a llamar al *Perro* Olivares a la residencia de Tomás Moro. Al cabo de unos segundos, Olivares informó de nuevo al presidente:

—Es Miria. Me ha repetido lo mismo de antes. Han llamado a la Moneda diciendo que dos camiones han salido de Los Andes a Santiago, y que el regimiento está acuartelado. Les llegan muchos rumores.

Sobre las doce de la noche fue Alfredo Joignant, director de Investigaciones, quien, esta vez, llamó desde la Moneda a Tomás Moro para hablar con el ministro del Interior, Carlos Briones.

—La guarnición de Santiago está acuartelada. No sabemos por qué razón —informó.

El ministro de Defensa, Orlando Letelier, no tenía ni la más remota idea sobre las razones del acuartelamiento.

El presidente le dijo:

—Orlando, por favor, llame al jefe de la guarnición de Santiago, al general Brady, y averigüe qué está pasando.

Letelier localizó al general Brady, aparentemente en su casa. Le explicó el rumor según el cual camiones procedentes de la ciudad de Los Andes, del Regimiento Guardia Vieja y de la guarnición de San Felipe, perteneciente al Regimiento de Infantería número 3 Yungay, se dirigían a Santiago. Letelier volvió enseguida a la reunión.

—Dice que no sabe nada, que va a informarse —explicó el ministro de Defensa.

Minutos antes de las doce, Letelier volvió a ponerse en contacto con Brady. Al instante, transmitió al presidente y sus colaboradores la versión que acababa de proporcionarle el jefe de la guarnición de Santiago.

—El general Brady dice que se hace cargo de la situación. No hay nada de camiones. Dice que se ha puesto en contacto con San Felipe y que todo está normal. Según ha averiguado, hay un acuartelamiento de tropas y se ha dispuesto algún refuerzo en Santiago en previsión de desórdenes que puedan tener lugar.

Pese a que Letelier y el general Prats habían manifestado su clara desconfianza hacia el general Brady, la luz de alarma no parecía encenderse del todo en Tomás Moro.

A las doce de la noche, Letelier recibió otra llamada. Era Carlos Altamirano, secretario general del Partido Socialista. Letelier resumió la información que le transmitía.

—Dice lo mismo. Dos camiones con tropas han salido de Los Andes. ¿Qué hago? ¿Llamo al comandante en jefe? —inquirió, refiriéndose al general Pinochet.

—No, no llame a Pinochet —respondió Allende—. No hace falta. Son tantos los rumores... Hace meses que no dormiría si tuviera que atender a cada rumor. Todos los días es lo mismo...

Desde el Palacio de la Moneda, una nueva llamada pedía la presencia del ministro del Interior, Carlos Briones. Era otra vez Joignant. La situación comenzaba a ser preocupante. El intendente de Los Andes quería hablar personalmente con el ministro. Briones se puso en contacto con Los Andes. Era ya un hecho: del Regimiento de Los Andes y de la próxima guarnición de San Felipe, a noventa y seis kilómetros al norte de la capital, habían salido camiones con tropas hacia Santiago. También se sabía que había amplios movimientos en la base aérea de Los Andes.

Allende decidió entonces averiguar qué estaba ocurriendo. Llamó al general de Carabineros Jorge Urrutia, quien dijo no tener conocimiento de movimientos militares. Allende le pidió que extremara las precauciones.

Poco después, llegaba a Tomás Moro un mayor de Carabineros, responsable de la zona de la residencia presidencial, enviado tras la conversación que había mantenido Allende con el general Urrutia. El presidente Allende salió a recibirle y poco después regresó a la reunión.

Serían alrededor de las dos de la madrugada cuando llegaban al Palacio de la Moneda nuevas informaciones sobre movimientos de tropas. Poco después, Allende, preocupado por la cargada agenda de esa jornada, decidió terminar la reunión.

—Vamos a reposar, es muy tarde ya. Augusto y Juan Enrique, nos vemos a las 8.30 de la mañana. Buenas noches.

Pero antes de que Allende abandonara el salón para entrar en su dormitorio, prácticamente contiguo, se recibía una nueva llamada desde el Palacio de la Moneda.

Era *Payita*.

—Presidente, como han continuado las llamadas avisando que había movilización de tropas desde Los Andes, llamé a Fernando Flores a su casa para que me lo confirmara. Le pedí que hablara hasta con el comandante en jefe si era necesario —enfatizó Payita—. Fernando —continuó— me dijo que iba a hablar con otras personas y que yo llamara al subsecretario de Guerra, coronel Rafael Valenzuela. Le llamé. Estaba durmiendo, le expliqué los rumores y le pedí que averiguara qué ocurría. Media hora después me llamó. Había hablado con el coronel Orlando Ibáñez, que está de guardia en el Estado Mayor, y me confirmó que era cierto lo del movimiento de tropas, pero que no se trataba del regimiento entero sino sólo de dos compañías que venían a reforzar la guarnición de Santiago porque mañana será un día crudo. Le pregunté qué quería decir con que sería un día crudo. Y me dijo que se conocerá la resolución de los tribunales sobre la petición de desafuero parlamentario del senador Altamirano, y que se esperan ocupaciones de caminos y fábricas. Dijo que había un acuartelamiento general hasta las seis de la mañana.

—Gracias, Paya —dijo Allende—. Deme el número de teléfono del general Brady.

Eran las dos y media de la madrugada.

Allende habló con el general Brady, quien otra vez le tranquilizó.

A continuación, el presidente llamó a la Moneda para que todos se marcharan a descansar. Allí continuaba *Payita*.

—He hablado con Brady... Váyanse a descansar. Es muy tarde y mañana será un día muy duro.

En Washington, la alarma roja encendida en la Dirección de Operaciones de la CIA por el mensaje cifrado del sábado 8, en el cual la delegación de la CIA en Santiago anticipaba la inminencia del golpe de Estado, brillaba con más fuerza en la mañana del lunes 10 de septiembre.

Desde la octava planta del edificio de la embajada de Estados Unidos el responsable de mensajes cifrados, tras informar al embajador Davis, ya de regreso desde la víspera en la ciudad, enviaba un nuevo mensaje.

Como de costumbre, después de dejar constancia de sus fuentes, el cifra norteamericano confirmaba:

«1. Que un intento de golpe comenzará el 11 de septiembre. Las tres Fuerzas Armadas y los Carabineros participan en esta acción. Una declaración será leída a las 7 a.m. del 11 de septiembre. Que los Carabineros tienen la responsabilidad de arrestar al presidente Salvador Allende».

CAPÍTULO 7

Vigilia de armas

Augusto Pinochet ordenó sobre las once y media de la noche del lunes 10 apagar las luces de la casa de Laura de Noves, situada en la comuna de Las Condes, la zona residencial favorita de los diplomáticos extranjeros, entre ellos del embajador de España en Chile, Enrique Pérez-Hernández, que vivía en la avenida Apoquindo 3.742. El general se quedó un largo rato en su estudio, allí donde la tarde del día anterior, domingo 9, había sellado el pacto con los enviados de la Armada y el comandante en jefe de la la Fuerza Aérea para dar el golpe de Estado a partir de las siete y media de la mañana del martes 11 de septiembre. Finalmente, decidió subir a acostarse en su dormitorio solitario. En la residencia le acompañaba solamente personal de servicio, que pertenecía, como era norma, a la institución militar. Era una noche larga, las horas avanzaban a cámara lenta. El comandante en jefe del Ejército chileno temía alguna filtración o un movimiento en falso de tropas que alertara al presidente Allende y provocara su reacción para intentar desbaratar la conspiración. «¿Y si fracasamos? —pensó—. Las matanzas, las traiciones, ¿qué no sucederá?».

En la base aérea de Concepción, serían las cinco menos diez de la mañana cuando en el camarote del capitán Libra, nombre de combate del capitán de escuadrilla de la Fuerza Aérea Chilena Mario López Tobar, de 43 años, sonó el despertador. Él era el comandante del llamado Grupo de Aviación número 7, que reunía a ocho pilotos, incluyendo a López Tobar. Todos saltaron de las literas. Se ducharon y afeitaron; a las cinco y quince, los oficiales ya desayunaban. Uno de esos pilotos, el capitán Gustavo Leigh Yates, era hijo de Gustavo Leigh Guzmán, comandante en jefe de la Fuerza Aérea Chilena.

Los cuatro bombarderos Hawker Hunter que entrarían primero en operaciones tenían como objetivo preciso seis emisoras de radio en Santiago, con la misión de permanecer media hora sobrevolando la capital de Chile «para el caso de que se dispusiese otro objetivo por parte del puesto de mando y control», esto es, desde la Academia de Guerra de la Fuerza Aérea, situada también en el barrio de Las Condes, al mando del general Gustavo Leigh. A esas horas, comenzaron a instalarse en cada avión treinta y dos cohetes Sura P-3, de ocho centímetros de diámetro. Aparte, había que incorporar a cada bombardero cohetes Sneb de seis centímetros de diámetro y cargar los proyectiles de 30 milímetros que disparaban los cuatro cañones Aden del avión. La cadencia de fuego de los Aden era de 1.400 tiros por minuto, lo que multiplicados por cuatro de cada Hawker Hunter arrojaba un ritmo de 5.600 proyectiles por minuto.

En Valparaíso, a las cinco de la mañana, el almirante Merino se ponía en marcha. Las operaciones dispuestas en el Plan Cochayuyo 060011 Menos Anti, código que aludía a la hora, seis de la mañana, y al día, el 11, ya estaban desde las seis de la tarde del día anterior en conocimiento de todas las unidades. El almirante Merino había utilizado la fórmula «Menos Anti». Era una alusión irónica a que era la Armada quien, esta vez, representando la subversión del orden establecido, ejecutaba el plan antisubversivo. A las cinco de la madrugada, pues, la actividad sediciosa echaba a rodar en las principales dependencias de la Armada: Escuela Naval, Escuela de Operaciones, Escuela de Artillería y Armamento, Abastecimientos, Ingenieros, el Regimiento Maipo y el de Coraceros, guarnición de Quintero y Regimiento de Caballería de Quillota.

A las cinco y media, la tropa ya estaba movilizada en los puntos previstos. El almirante Merino compartió un breve desayuno con su Estado Mayor, antes de pasar cada uno a sus respectivos puestos.

A esa misma hora, las cinco y media de la mañana, Pinochet, que tuvo dificultades para pegar ojo, consideró que ya no tenía objeto seguir en la cama. El general se levantó, entró en el cuarto de baño, tomó una ducha y terminó de acicalarse. Pero, a la vista de que era muy temprano, se volvió a acostar.

A las seis y media, ya estaba vestido, como todos los días, en uniforme militar ordinario. Desde luego, no podía lucir ropa de combate. Se trataba de un golpe de Estado. Debía observar cierta normalidad para llegar hasta su puesto de mando, el número 1, en el Batallón de Telecomunicaciones de Peñalolén.

En Valparaíso, la movilización de tropas de infantería de marina que, en camiones, se trasladaban hacia los puntos de ocupación y hacia Santiago fue rápidamente advertida. Hacia las seis menos cuarto, la llamada Operación Silencio, iniciada a las cinco de la mañana, era una realidad: catorce emisoras y tres canales de televisión de la región de Valparaíso eran controlados por los golpistas de la Armada. Todo el sistema de telecomunicaciones estaba ya cortado. No había teléfono, radio o televisión que funcionara, con alguna excepción. Era el caso del sistema de radioteléfono de los Carabineros de Valparaíso.

A las seis de la mañana, el almirante Merino se autoproclamó comandante en jefe de la Armada a través de un mensaje a todas las unidades. Merino, pues, había tenido que nombrarse a sí mismo, aun cuando formalmente el almirante Raúl Montero seguía siendo el comandante en jefe.

Minutos después de las seis de la mañana, el prefecto de Carabineros de Valparaíso, coronel Luis Gutiérrez Cerda, localizó al general Jorge Urrutia en Santiago. Tenía una noticia urgente.

El oficial informó de que los barcos de la Escuadra, que habían zarpado el día anterior, estaban de regreso y ya se hallaban desplegados entre los puertos de Quintero al norte de Valparaíso y San Antonio, al sur. La Armada había ocupado Valparaíso y sus alrededores y camiones de tropas se dirigían hacia Santiago.

Tras recibir la llamada del prefecto de Valparaíso, Urrutia informó sin pérdida de tiempo al presidente Allende. Llamó a la residencia de Tomás Moro para darle la noticia. A continuación, el presidente ordenó al general de Carabineros y ministro José María Sepúlveda que reforzara la guardia, concentrando más tropas en la Moneda.

A hora muy temprana, el general Arellano, que estaba en pie desde las cinco de la mañana, mantenía en la guarnición de Santiago, a cargo del general Brady, una reunión de unidades militares de la zona Centro de la ciudad.

A primera hora del día 11, los agentes de la CIA en Santiago transmitían a Langley la información sobre el contacto que habían mantenido la noche anterior con un alto oficial chileno. El destinatario del mensaje era David Atlee Phillips, responsable de la CIA para el Hemisferio Sur. El tema: «Posible solicitud de ayuda al

Gobierno de Estados Unidos de un oficial clave del grupo militar chileno que prepara el derrocamiento del presidente Allende». El informe decía:

«1. A última hora del 10 de septiembre [un alto oficial militar chileno] tomó contacto con un oficial [de Estados Unidos] e informó que una parte significativa de los militares chilenos preparaban un movimiento para derrocar al presidente Allende. [El oficial chileno] preguntó si el Gobierno de Estados Unidos prestaría ayuda a los militares chilenos en caso de surgir dificultades. No explicó exactamente qué deseaba del Gobierno de Estados Unidos.

»2. En respuesta a la pregunta, el oficial [de Estados Unidos] dijo que no podía hacer comentarios, que la acción planificada contra el presidente Allende era una operación chilena, y que sólo podía prometer que el asunto sería transmitido inmediatamente para su conocimiento en Washington».

Phillips, a su vez, ordenó en el cuartel general de la CIA preparar dos memorándums. Uno estaba dirigido al secretario de Estado adjunto para asuntos interamericanos, Jack Kubisch, oficina 6.263 del Departamento de Estado; el otro para William Jorden, funcionario del Consejo de Seguridad Nacional, despacho 380 del Edificio Ejecutivo, junto a la Casa Blanca. Jorden era miembro del círculo íntimo de Henry Kissinger.

El texto de ambos mensajes era idéntico: «Le anticipamos para su información el siguiente memorándum sobre una posible solicitud de ayuda al Gobierno de Estados Unidos por parte de un oficial clave del grupo militar chileno que prepara el derrocamiento del presidente Allende». Por separado, se incluía el mensaje enviado desde Santiago.

En otro despacho, cifrado muy temprano, los agentes de Santiago enviaron a la CIA la ficha personal del líder del levantamiento precedido por dos líneas: «Pinochet, Augusto. Comandante en Jefe del Ejército que dirigirá el golpe».

Ya eran las seis y media de la mañana. Allende pidió en Tomás Moro que se localizara a diversas personas con urgencia. La telefonista, Antonia, llamó a la residencia del general Pinochet. Fue el propio general quien atendió la llamada con voz somnolienta. Al escuchar que le llamaban de Tomás Moro, farfulló unas palabras incomprensibles, simuló estar adormecido y pidió que le llamaran algo más tarde. Cuando volvió a sonar el teléfono, Pinochet ya no atendió la llamada. Fue un miembro del personal de servicio quien cogió el teléfono esta vez, pero sólo para excusar al general. El comandante en jefe ya no estaba, dijo, en casa.

Todas las llamadas a personajes importantes rebotaban contra un muro de silencio.

El presidente Allende hizo llamar al general Orlando Urbina. Nadie contestó en su casa; Allende ignoraba que Urbina había sido enviado al sur del país el día anterior. Pensó en voz alta: «¿Estará detenido?». Intentó comunicarse con el almirante Patricio Carvajal. Tampoco tuvo éxito. El único general con el cual pudo mantener una nueva conversación fue con Brady, quien, una vez más, volvió a engañarle, como había hecho durante la noche anterior y ya entrada la madrugada. Brady mostraba sangre fría y una gran naturalidad a la hora de despistar a Allende.

El presidente habló entonces por teléfono con el ministro del Interior, Carlos Briones. Le advirtió de que la situación era grave, y le dijo que se estaba vistiendo para dirigirse inmediatamente al Palacio de la Moneda. El presidente pidió al *Perro* Olivares que llamase a Víctor Pey a su casa para convocarle.

—Víctor, se ha sublevado la Marina, el doctor quiere que vengas a Tomás Moro ahora mismo.

Pasadas las seis y media, Allende, de pie en el salón de Tomás Moro, ya no sabía qué alcance podía tener el levantamiento. Se preguntó, en voz alta, dónde mantendrían prisionero a Pinochet los sublevados.

Llamó al ministro de Defensa, Orlando Letelier. Atendió el teléfono Isabel Margarita Morel. «Orlando», le llamó, «es Salvador», y le pasó el auricular. El presidente resumió la información que había recogido hasta ese momento.

—La Armada se ha sublevado —concluyó Allende.

Joan Garcés, que había pasado la noche en Tomás Moro, también hizo algunas llamadas. Localizó a su hermano, el ingeniero agrónomo Vicente Garcés, funcionario de la Oficina de Política Agraria (ODEPA) del Ministerio de Agricultura. Garcés sabía que su hermano no estaba en la casa en la que ambos vivían, en la calle de Toledo, comuna de Providencia; hacía unos días había escogido un sitio más seguro. Poco antes de las siete de la mañana, dio con él en el apartamento de su compañera, la española Dolores Díaz, en la sexta planta de un edificio en la calle Miraflores.

—Vicente, soy Joan. La Marina se ha sublevado en Valparaíso, hay movimiento de tropas. Parece que el Ejército se mantiene leal... Estoy en Tomás Moro y me voy a ir a la Moneda con el presidente...

—Joan, si tienes necesidad, puedes acudir a Joaquín.

—Ah, sí, eh...

—Mira, toma nota de su dirección. Vive en la calle Santo Domingo número 534, quinta planta. Eso es por el Museo Nacional de Bellas Artes, justo enfrente.

Nada más colgar, Vicente llamó a casa de Joaquín Leguina. Le sacó de la cama:

—Joaquín... Soy Vicente.

—Sí... ¿qué hora es?, ¿qué pasa?

—Ha empezado el golpe en Valparaíso. La Armada se ha sublevado y hay movimientos de tropas. El presidente, Joan y la gente que está con él en Tomas Moro van a ir a la Moneda...

—¿Qué hacemos? —preguntó Leguina.

Vicente Garcés, Joaquín Leguina y su compañera sentimental, la valenciana Ana Amorós, militaban en el Partido Socialista chileno. Vicente Garcés era el responsable político del grupo.

—Nada, esperar, llámame más tarde a donde tú sabes. Joaquín, le acabo de dar tus datos, el número de tu casa y el teléfono... a un amigo. Igual te hace una visita.

Vicente Garcés se despidió de Leguina, se arregló en pocos minutos, y abandonó su apartamento.

El Fiat 125 blindado color azul noche del presidente, otros tres vehículos que formaban la flotilla de la escolta y dos camionetas del Grupo de Amigos del Presidente (GAP), encargado de proteger a Allende, calentaban motores en la puerta de Tomás Moro. Estaban cargadas de armas. El presidente Allende ordenó a las tanquetas color blanco del cuerpo de Carabineros, apostadas frente a la residencia, trasladarse al Palacio de la Moneda. Una guardia de Carabineros permaneció en su puesto de vigilancia.

Allende pidió al chófer, el capitán de Carabineros José Muñoz, que le condujera al palacio a toda velocidad. En los otros vehículos le siguieron Joan Garcés y el *Perro* Olivares. En Tomás Moro, en el dormitorio de la segunda planta, permanecía su esposa, Tencha, bajo la protección de miembros de la guardia de seguridad del presidente. Allende no la despertó, dejó que siguiera descansando. A poco de llegar a Tomás Moro, el Fiat 600 de Víctor Pey se cruzaba con la flotilla presidencial. Pey siguió las pocas calles que le quedaban y entró en la casa. La guardia personal le informó de que Tencha dormía en la planta alta.

A esas horas, las siete y media, Augusto Pinochet ya estaba también de camino.

Había esperado, con creciente ansiedad, sobre todo después de la llamada de la telefonista de la residencia presidencial de Tomás Moro, los vehículos militares que debían recogerle para dirigirse al Batallón de Telecomunicaciones del Ejército con el pretexto de una visita de inspección de la unidad. Le pasaron a buscar, tal como se había acordado, a las siete de la mañana. El general Pinochet tenía pensado un itinerario personal antes de encaminarse al puesto de Peñalolén, situado ocho kilómetros al sur de Santiago, en dirección a la Cordillera. Ordenó a su conductor que pasara primero por casa de su hija mayor, Lucía.

Al llegar, pocos minutos después, su hija le abrió la puerta. Se saludaron con un beso. Habló con ella y con su yerno apenas unos segundos. Les advirtió de que estuvieran preparados en la eventualidad de que las cosas no salieran bien para él, aunque no dio mayores detalles sobre la operación del golpe. Pinochet fue, entonces, al dormitorio de sus nietos, echó una mirada y volvió a salir, rumbo a su cuartel general, el puesto de mando número 1.

Cuando Allende y sus colaboradores llegaban a la Moneda, al general Pinochet aún le faltaban diez minutos para incorporarse a su puesto de mando. Pinochet llegaba tarde. Estaba tenso y nervioso. Esa madrugada, Pinochet apenas había podido dormitar a intervalos. ¡La llamada de la residencia de Tomás Moro! ¡Ya, desde temprano, lo buscaban! ¡Las informaciones sobre el golpe debían estar en manos del presidente Allende! ¿Cuánto sabrían el presidente y sus colaboradores? ¡Sería posible que ya conocieran detalles de la conspiración! Por eso, por eso mismo, por qué otra razón iba a ser, habían llamado a su puerta a través del teléfono. Llegaba, pues, con retraso a su puesto de mando, de la misma manera que había estado haciendo cálculos hasta última hora para decidirse por el golpe de Estado. Como bien había dicho Letelier a Prats el viernes 7. Entonces Pinochet está contando las fuerzas. Ahora, en los albores del 11 de septiembre, Augusto Pinochet avanzaba al encuentro de su propio personaje.

Capítulo 8

«¡También tú, Bruto, hijo mío!»

A las siete y diez minutos, en la base aérea de Concepción, 516 kilómetros al sur de Santiago, tras recibir instrucciones del general Leigh, el comandante del Grupo 7, capitán Mario López Tobar, alias Libra, dio orden de poner en marcha los motores de los cuatro aparatos Hawker Hunter previstos para el bombardeo de la Moneda. Mientras los principales protagonistas —Allende y Pinochet— iban camino a sus puestos, Leigh daba la orden de despegue para acometer el primer objetivo: silenciar las seis emisoras de la capital.

Letelier se despidió de su esposa y pidió al chófer, conchabado con los golpistas, que le llevara al Ministerio de Defensa. No tardó mucho en llegar a Plaza Bulnes. Allí, en la entrada, los soldados y oficiales apostados lucían ropas de combate. Cuando el ministro de Defensa intentaba trasponer la puerta, uno de los oficiales del Ejército le apuntó con su arma automática. No podía pasar. «Dejen entrar al ministro», se oyó. El grito venía del interior. Letelier entró, pero nada más dar unos pasos sintió el punzante cañón de un arma de fuego que le oprimía la espalda. El almirante Carvajal informó inmediatamente por teléfono al general Pinochet de la novedad. Letelier había sido arrestado.

Allí estaba, en el Ministerio de Defensa, el general Arellano Stark. Ese hombre, a quien Letelier había intentado separar del Ejército en las últimas semanas por ser uno de los principales conspiradores, le tenía ahora bajo su control. Arellano estaba contento. El ministro de Defensa era el primer pez gordo que había caído en la red.

Mientras Letelier era arrestado, el presidente Allende, Joan Garcés y el *Perro* Olivares, seguidos por veintitrés miembros armados de la guardia de seguridad presidencial, cruzaban el umbral de la Moneda, rodeada desde hacía un rato, según la orden del presidente, por miembros del cuerpo de Carabineros, unos trescientos, y varias tanquetas. Allende entró por la puerta principal del palacio, en la calle Moneda. Iba armado con un fusil ametralladora AK. Garcés llevaba un maletín de cuero con documentos e informes políticos. Y, entre ellos, una pistola Walther.

No habían pasado cinco minutos cuando el director general de Carabineros, José María Sepúlveda, entraba en el gabinete presidencial. Al tiempo que se quitaba el cinturón para colgarse la pistola, informaba a Allende sobre el contingente de fuerzas desplegadas en torno al palacio. Inmediatamente después se marchó a inspeccionar a sus subordinados. Allende siguió llamando a los jefes militares. A los pocos minutos, el presidente confirmaba sus peores impresiones:

—No responden, me temo que esta vez están comprometidos todos los comandantes en jefe —dijo a sus colaboradores.

Habían pasado doce minutos desde el despegue de los Hawker Hunter. Serían cerca de las siete y cincuenta minutos cuando los cuatro aviones se reunieron en formación de combate, a treinta y cinco mil pies de altura. López Tobar, alias Libra líder, llamó por radio al puesto de mando, Control Gato, para confirmar que todo marchaba de acuerdo con lo previsto.

Los cuatro aviones, ala con ala, bajaban sobre Santiago, dejando arriba una espesa capa de nubes. Al llegar a los cinco mil pies, según lo acordado previamente, los aviones se abrieron para dirigirse hacia las seis antenas de radio que debían ser bombardeadas para destruir las comunicaciones del Gobierno y de los partidos políticos de izquierda con los ciudadanos. Al líder Libra le tocaba acallar radio Corporación. Y no estaba muy lejos de la antena, situada en la comuna de Colina.

En el gabinete presidencial había tres teléfonos conectados con otras tantas radios para poder emitir directamente: Corporación, Magallanes y Portales. A las ocho menos diez de la mañana, Allende decidió salir al aire, aun cuando la información que había reunido distaba de ser completa. Cogió el receptor que le unía con radio Corporación, la emisora del Partido Socialista:

«Habla el presidente de la República desde el Palacio de la Moneda. Informaciones confirmadas señalan que un sector de la marinería habría aislado Valparaíso y que la ciudad estaría ocupada, lo cual significa un levantamiento en contra del Gobierno legítimamente constituido, del Gobierno que está amparado por la ley y la voluntad del ciudadano. En estas circunstancias llamo sobre todo a los trabajadores. Que ocupen sus puestos de trabajo, que concurran a sus fábricas, que mantengan la calma y la serenidad. Hasta este momento, en Santiago no se ha producido ningún movimiento extraordinario de tropas y, según me ha informado el jefe de la guarnición, Santiago está acuartelado y normal. En todo caso, yo estoy aquí, en el palacio del Gobierno, y me quedaré aquí defendiendo el Gobierno que represento por la voluntad del pueblo. Lo que deseo, esencialmente, es que los trabajadores estén atentos, vigilantes, y que eviten provocaciones. Como primera etapa, tenemos que ver la respuesta, que espero sea positiva, de los soldados de la patria, que han jurado defender el régimen establecido, que es la expresión de la voluntad ciudadana, y que cumplirán con la doctrina que prestigió a Chile y le prestigia por el profesionalismo de las Fuerzas Armadas...».

El discurso no había durado más de un minuto y medio. El líder Libra ya estaba frente a la antena de radio Corporación. A mil quinientos pies, el capitán López Tobar presionó el disparador, y volvió a subir.

—Libra líder a Control Gato, la Corporación ya está totalmente fuera de antena. Cambio.

—Recibido, Libra líder. Libra 2 también batió su blanco. Falta saber del 3 y 4. Deme su posición y altura, Libra líder. Cambio.

—Estoy orbitando sobre el centro a veinte mil pies. ¿Qué ha pasado? Cambio.

—La resistencia ha sido casi nula, pero el presidente todavía está en la Moneda. Hay gente disparando desde allí y también desde el techo del edificio del Banco de Estado y de algunos ministerios. Pero eso es un asunto de los militares que están en el lugar. Los helicópteros del grupo 10 se encargarán de los que están en los techos.

A las ocho y quince minutos, Allende volvió a empuñar el receptor que le conectaba con radio Corporación. Había sido reparada, después del bombardeo de Libra líder, y podía transmitir de nuevo.

«Trabajadores de Chile: les habla el presidente de la República. Las noticias que tenemos hasta estos instantes nos revelan la existencia de una insurrección de la Marina en la provincia de Valparaíso. He ordenado que las tropas del Ejército se dirijan a Valparaíso para sofocar este intento golpista. Deben esperar las instrucciones que emanan de la Presidencia. Tengan la seguridad de que el presidente permanecerá en el Palacio de la Moneda defendiendo el Gobierno de los trabajadores...»

Entre las ocho y veinte y las ocho y media, el general de Carabineros, José María Sepúlveda, regresó al gabinete del presidente. Cogió el teléfono y llamó al prefecto de Carabineros de Santiago, el general Fabián Parada.

—¿Qué información tiene?... Cómo que vamos a ver... ¡General, Carabineros ha estado siempre y está con el Gobierno...! —dijo Sepúlveda, en tono marcial—. ¡Estamos en la parada hasta el final, pase lo que pase... el director general de Carabineros soy yo!

El presidente Allende seguía la conversación, pero no hizo comentario alguno. Salió del gabinete. Desde una línea interior que le unía directamente a su residencia de Tomás Moro, llamó a Víctor Pey, que aguardaba en el despacho personal de Allende. Fue una larga conversación. El presidente le hizo varios encargos de orden personal.

Y, de pronto, le preguntó:

—Oye, Víctor, ¿y nuestro amigo?

Era consciente de que podían estar escuchando. Pey no necesitó más. Sabía de quién se trataba.

—Debe de estar en su sitio...

—¿Puedes buscarlo?

—Voy a intentar localizarle.

—Dile que venga a la Moneda.

El «amigo» era el general Carlos Prats.

Pey se había encargado la semana anterior de hallar un apartamento seguro para Prats en el centro de la ciudad con dos líneas telefónicas. Lo único que tenía que hacer, pues, era probar a llamar. Ninguno de los dos teléfonos contestaba. Seguiría intentándolo.

A las 8 y 28 minutos, ya estaba todo dispuesto en la quinta planta del Ministerio de Defensa para leer la proclama oficial de las Fuerzas Armadas, el edicto número 1 de la Junta Militar. Se dio orden de que la lectura fuera precedida por la música del himno nacional. Garcés había regresado al gabinete del presidente. Allende aún seguía en otras dependencias.

El teniente coronel Roberto Guillard, en el Ministerio de Defensa, empezó a leer el bando con voz grave. Garcés, solo, escuchaba la radio:

«Teniendo presente: 1) La gravísima crisis económica, social y moral que está destruyendo el país. 2) La incapacidad del Gobierno para adoptar las medidas que permitan detener el proceso y el desarrollo del caos. 3) El constante incremento de grupos armados paramilitares organizados y entrenados por los partidos políticos de la Unidad Popular que llevarán al pueblo de Chile a una inevitable guerra civil, las Fuerzas Armadas y Carabineros declaran:

»1) que el señor presidente de la República debe proceder a la inmediata entrega de su alto cargo a las Fuerzas Armadas y Carabineros de Chile;

»2) que las Fuerzas Armadas y Carabineros de Chile están unidos para iniciar la histórica y responsable misión de luchar por la liberación de la patria del yugo marxista y la restauración del orden y de la institucionalidad;

»3) los trabajadores de Chile pueden tener la seguridad de que las conquistas económicas y sociales que han alcanzado hasta la fecha no sufrirán modificaciones en lo fundamental;

»4) la prensa, radiodifusoras y canales de televisión adictos a la Unidad Popular deben suspender sus actividades informativas a partir de este instante, de lo contrario recibirán castigo aéreo y terrestre;

»5) el pueblo de Santiago debe permanecer en sus casas a fin de evitar víctimas inocentes.

»Firmado: Augusto Pinochet Ugarte, general de Ejército, Comandante en Jefe del Ejército. José Toribio Merino Castro, almirante, comandante en Jefe de la Armada. Gustavo Leigh Guzmán, general del Aire, comandante en Jefe de la Fuerza Aérea Chilena. César Mendoza Durán, director general de Carabineros de Chile».

Garcés, por instinto, miró a través de la ventana. Las fuerzas de Carabineros, unos trescientos hombres uniformados, seguían desplegadas en torno al palacio. La sorpresa, pues, era Pinochet. «¡El hombre que apenas hacía cuarenta y ocho horas había escuchado al presidente decir que iba a convocar un referéndum para resolver los principales dilemas del país, este hombre dirige el levantamiento!», se dijo. Al ver a Allende, que aparentemente no había escuchado la proclama, Garcés le dijo que ésta iba firmada por Pinochet, aparte de Leigh, Merino y Mendoza.

El nombre de Pinochet al pie del bando evocaba a Julio César. Aquellas últimas palabras, ciertas o no, qué más daba, en las que el César, al caer víctima de las puñaladas, exclamaba retóricamente, al ver la mano de Bruto, a quien consideraba como uno de sus hijos: «¡También tú, Bruto, hijo mío!».

Allende llamó por teléfono a la residencia de Tomás Moro y pidió que se pusiera Víctor Pey, que no terminaba de digerir la proclama que acababa, él también, de escuchar.

—Víctor, ¿le has localizado?

Allende sentía que el único que podía ayudarle era el general Carlos Prats. Era una ilusión, pero se aferraba a ella.

—Lo he intentado... pero ninguno de los dos teléfonos contesta.

Allende le confió una serie de asuntos personales.

—Sí... sí... doctor, me encargo de todo eso. Ahora salgo para *Clarín* y me ocupo...

«El doctor sabe que va a morir», se dijo Pey.

Allende cogió el teléfono y conectó una tercera vez con Radio Corporación. Serían las nueve menos cuarto de la mañana. Allende daba su respuesta a la proclama golpista:

«Compañeros que me escuchan: la situación es crítica, hacemos frente a un golpe de Estado en que participa la mayoría de las Fuerzas Armadas. En esta hora aciaga quiero recordarles algunas de mis palabras dichas el año 1971, se las repito con calma, con absoluta tranquilidad, yo no tengo pasta de apóstol ni de mesías. No tengo condiciones de mártir, soy un luchador social que cumple una tarea que el pueblo me ha dado. Pero que lo entiendan aquellos que quieren retrotraer la historia y desconocer la voluntad mayoritaria de Chile; sin tener carne de mártir, no daré un paso atrás. Que lo sepan, que lo oigan, que se les grabe profundamente: dejaré la Moneda cuando cumpla el mandato que el pueblo me diera, defenderé esta revolución chilena y defenderé el Gobierno porque es el mandato que el pueblo me ha entregado. No tengo otra alternativa. Sólo acribillándome a balazos podrán impedir la voluntad que es hacer cumplir el programa del pueblo. Si me asesinan, el pueblo seguirá su ruta, seguirá el camino con la diferencia quizás de que las cosas serán mucho más duras, mucho más violentas, porque será una lección objetiva muy clara para las masas de que esta gente no se detiene ante nada.

»Yo tenía contabilizada esta posibilidad, no la ofrezco ni la facilito.

»El proceso social no va a desaparecer porque desaparece un dirigente. Podrá demorarse, podrá prolongarse, pero a la postre no podrá detenerse.

»Compañeros, permanezcan atentos a las informaciones en sus sitios de trabajo, que el compañero presidente no abandonará a su pueblo ni su sitio de trabajo. Permaneceré aquí en la Moneda incluso a costa de mi propia vida».

Garcés observó a Allende. Al terminar su tercer discurso, siguió de pie en su despacho, la mano apoyada en la mesa de trabajo. Su mirada parecía perdida en la lejanía. No había tenido una pausa para elaborar internamente lo que estaba pasando. El golpe de Estado era un golpe institucional de las Fuerzas Armadas. Excepto el director de Carabineros, general Sepúlveda, todos los demás estaban en la conspiración. Garcés observó el escritorio. Los dedos de Allende repiqueteaban. Y, como si reflexionara en voz alta, murmuró:

—Tres traidores, tres traidores…

El ruido de motores fuera de la Moneda comenzó en los últimos segundos del discurso del presidente. Allende, al terminar de hablar, se acercó al gran ventanal de su gabinete. Echó una mirada y abrió la puerta para asomarse a derecha e izquierda. Había varios grupos de civiles. Al ver a Allende, se acercaron para saludar. El presidente devolvió el saludo y regresó a su despacho.

—Que venga el general Sepúlveda —ordenó.

El general, que se hallaba en la sala contigua, apareció inmediatamente.

—General, ¿por qué se retiran las tropas de Carabineros, los tanques y los buses?

El general Sepúlveda se asomó para ver.

—No sé qué pasa…Voy a informarme.

Era el comienzo de una lenta retirada. Sepúlveda llamó por teléfono al general Urrutia y le convocó a la Moneda. Minutos después, allí estaba. Le acompañaban dos generales. Urrutia, el segundo hombre en el mando, le explicó a Sepúlveda que nada se podía hacer. Los golpistas controlaban Carabineros.

Pocos minutos antes de las nueve de la mañana, las unidades de Carabineros que se habían retirado de la zona del Palacio de la Moneda comenzaron a ser sustituidas por tropas y tanques del Regimiento Blindado número 2, a cargo del general Javier Palacios.

Joan Garcés veía cómo las fuerzas sindicales y políticas eran impotentes para actuar. No había la capacidad de organización mínima para erigir dique alguno al golpe.

—¿No puede desautorizar a los generales que le piden que entregue el mando? —preguntó Garcés al presidente—. ¿No hay nadie capaz de reemplazarlos al frente de alguna guarnición leal, en Santiago o en las provincias? ¿No cuenta con un solo regimiento leal?

—Ni un solo regimiento, Juan Enrique.

En el Ministerio de Defensa, el almirante Patricio Carvajal, el hombre que jugaba como enlace de las diferentes armas, decidió que ya era hora, pasadas las nueve de la mañana, de hablar directamente con el presidente. Carvajal llamó por la línea interior que unía el Ministerio de Defensa con el Palacio de la Moneda. Uno de los detectives de la policía de Investigaciones atendió la llamada.

—Habla el almirante Patricio Carvajal, póngame con el presidente —ordenó con voz firme y grave.

Allende cogió el receptor. Escuchó. Debía rendirse y se le garantizaría la integridad física al tiempo que se le ofrecía salir del país, a él y a su familia, en un avión dispuesto para ello. De lo contrario, la Moneda sería bombardeada. Carvajal, pues, había dicho lo que tenía que decirle.

—¡Pero ustedes qué se han creído, traidores de mierda!... ¡Métanse su avión por el culo!... ¡Usted está hablando con el presidente de la República!... ¡Y el presidente elegido por el pueblo no se rinde! —tronó Allende. Y le colgó.

El presidente Allende se dio cuenta entonces de que quienes le rodeaban seguían en vilo la comunicación.

—No vuelvo a recibir llamados de este tipo. No me los pasen —concluyó.

Allende, jersey de rombos y chaqueta de mezclilla color gris, había cambiado esa mañana, después de llegar a la Moneda, el fusil ametrallador que traía por otro que llevaba una inscripción en bronce: «A Salvador, de su compañero de armas, Fidel Castro».

Tras la conversación con Carvajal, todo estaba decidido: había que resistir. Sus fuerzas eran, aproximadamente, 16 detectives, 26 guardias personales, 17 funcionarios del Gobierno, 14 periodistas y asesores, 8 médicos, 12 miembros de la secretaría de la Presidencia, entre ellas la doctora Beatriz Allende y la socióloga Isabel Allende, hijas del presidente. El armamento: varios fusiles, tres bazucas y unas cuantas granadas de mano. Allende llevaba un casco militar. Era su chófer, el capitán de Carabineros José Muñoz, quien se lo había ofrecido. Llevaba sus iniciales: JMF.

Allende bajó con un grupo a la planta baja. Recorrió las dependencias. Y regresó a su gabinete. Sabía que no tenía tiempo que perder.

Descolgó el teléfono y utilizó la conexión con radio Corporación. No era posible ya, estaba destruida. Intentó hacerlo a través de radio Portales. Bombardeada. Llamó entonces a la última emisora: radio Magallanes. Transmitía con alguna dificultad, pero lo hacía. Allí estaba el dirigente socialista Eric Schnacke, quien se había ocupado de reparar los daños. En el despacho del presidente se cerraron las ventanas. Alrededor de veinte personas fueron congregándose. El presidente, situado de pie, detrás de su mesa de trabajo, comenzó a hablar:

«Seguramente, ésta será la última oportunidad en que me pueda dirigir a ustedes. La Fuerza Aérea ha bombardeado las antenas de radio Magallanes. Mis palabras no tienen amargura, sino decepción. Que sean ellas un castigo moral para quienes han traicionado su juramento: soldados de Chile, comandantes en jefe titulares, el almirante Merino, que se ha autodesignado comandante de la Armada, más el señor Mendoza, general rastrero que sólo ayer manifestara su fidelidad y lealtad al Gobierno, y que también se ha autodenominado director general de Carabineros. Ante estos hechos sólo me cabe decir a los trabajadores: ¡no voy a renunciar!

»Colocado en un trance histórico, pagaré con mi vida la lealtad al pueblo. Y les digo que tengo la certeza de que la semilla que hemos entregado a la conciencia digna de miles y miles de chilenos, no podrá ser segada definitivamente. Tienen la fuerza, podrán avasallarnos, pero no se detienen los procesos sociales ni con el crimen ni con la fuerza. La historia es nuestra y la hacen los pueblos.

»Trabajadores de mi patria: quiero agradecerles la lealtad que siempre tuvieron, la confianza que depositaron en un hombre que sólo fue intérprete de grandes anhelos de justicia, que empeñó su palabra en que respetaría la Constitución, y así lo hizo. En este momento definitivo, el último en que yo pueda dirigirme a ustedes, quiero que aprovechen la lección: el capital foráneo, el imperialismo, unidos a la reacción crearon el clima para que las Fuerzas Armadas rompieran su tradición, la que les enseñara el general Schneider y reafirmara el comandante Araya, víctimas del mismo sector que hoy estará en sus casas esperando, con mano ajena, reconquistar el poder para seguir defendiendo sus granjerías y sus privilegios.

»Me dirijo a ustedes, sobre todo a la modesta mujer de nuestra tierra, a la campesina que creyó en nosotros, a la madre que supo de nuestra preocupación por los niños. Me dirijo a las profesionales de la patria, a los profesionales patriotas que siguieron trabajando contra la sedición auspiciada por los colegios profesionales, colegios clasistas que defendieron también las ventajas de una sociedad capitalista.

»Me dirijo a la juventud, a aquellos que cantaron y entregaron su alegría y su espíritu de lucha. Me dirijo al hombre de Chile, al obrero, al campesino, al intelectual, a aquellos que serán perseguidos, porque en nuestro país el fascismo ya estuvo hace muchas horas presente; en los atentados terroristas, volando los puentes, cortando las vías férreas, destruyendo los oleoductos y los gaseoductos, frente al silencio de quienes tenían la obligación de proceder.

»Estaban comprometidos. La historia los juzgará.

»Seguramente Radio Magallanes será acallada y el metal tranquilo de mi voz ya no llegará a ustedes. No importa. La seguirán oyendo. Siempre estaré junto a ustedes. Por lo menos mi recuerdo será el de un hombre digno que fue leal con la patria.

»El pueblo debe defenderse, pero no sacrificarse. El pueblo no debe dejarse arrasar ni acribillar, pero tampoco puede humillarse.

»Trabajadores de mi patria, tengo fe en Chile y en su destino. Superarán otros hombres este momento gris y amargo en el que la traición pretende imponerse. Sigan ustedes sabiendo que, mucho más temprano que tarde, de nuevo se abrirán las grandes alamedas por donde pase el hombre libre, para construir una sociedad mejor.

»¡Viva Chile! ¡Viva el pueblo! ¡Vivan los trabajadores!

»Éstas son mis últimas palabras y tengo la certeza de que mi sacrificio no será en vano, tengo la certeza de que, por lo menos, será una lección moral que castigará la felonía, la cobardía y la traición».

El presidente era consciente de que se trataba de su despedida final.

Afuera, los tanques del Blindado número 2 apuntaban a la Moneda. Los soldados de la Escuela de Infantería fueron desplegados en la calle Teatinos, mientras que tropas de la Escuela de Suboficiales ya copaban la calle Morandé. Las unidades del Regimiento Tacna ocuparon la Alameda O'Higgins. El palacio, pues, estaba rodeado por tropas al mando del general Javier Palacios.

En un despacho de la segunda planta, Joan Garcés cogió un teléfono y se agachó para cubrirse de posibles disparos. Marcó el número de Joaquín Leguina que le había proporcionado su hermano Vicente. Al otro lado, alguien descolgó el auricular.

—¡Joaquín…!

—Sí…

—Soy Joan…

—Joan… Pero ¿dónde estás?

—Te estoy hablando desde el Palacio de la Moneda. Estoy debajo de una mesa. Están amenazando con bombardear. Vamos a resistir. Si me pasa algo, díselo a mis padres… Adiós.

CAPÍTULO 9

El bombardeo

El almirante Patricio Carvajal estaba bajo el efecto de las palabras de Allende. «Métanse su avión por el culo». ¡Vaya respuesta! Llamó a Pinochet.

—Puesto Cinco. Ministerio de Defensa: Patricio necesita hablar con Augusto, adelante, cambio —dijo el almirante Patricio Carvajal.

—Puesto Uno. Ejército: Conforme. Augusto escuchando, Augusto escuchando —dijo casi en voz baja el general Pinochet, desde Peñalolén.

—He hablado personalmente con Allende —dijo Carvajal—. Le intimé [a la] rendición en nombre de los comandantes en jefe. Y contestó con una serie de garabatos [insultos] no más.

—O sea, que a las once, cuando lleguen los primeros pericos, vais a ver lo que va a pasar —bravuconeó Pinochet—. ¡A las once en punto se bombardea! —rugió.

—Cuando se evacúe la Moneda va a ser más fácil asaltarla —razonó Carvajal, sin referirse al ataque aéreo.

—Una vez bombardeada la asaltamos con el [Regimiento] Buin y con el... y con la Escuela de Infantería —gritó, atropelladamente, Pinochet—. Hay que decirle a Brady.

—Conforme. Vamos a esperar no más que evacúen los edecanes y los carabineros —intentó calmarlo Carvajal.

—O sea, carabineros que están en contacto son los leales —dedujo Pinochet.

—Los carabineros que rodean son leales... —dijo con ambigüedad Carvajal.

—... ¿¡A nosotros!? —preguntó Pinochet.

—... Se retiraron, pero todavía no sabemos adónde y si se han entregado a Mendoza o si acaso huyeron no más —dijo, inseguro, Carvajal.

—O sea, ¿está sola la Moneda ya? —gritó Pinochet—. Está sola la Moneda, o sea, no hay carabineros... ¿o todavía quedan adentro?

—[Hay] tropas del Ejército ahora. Voy a verificar qué fuerza hay, tanto de Carabineros como de las Fuerzas Armadas, alrededor de la Moneda, y te informo —prometió Carvajal.

—Conforme, porque cuando se efectúe el bombardeo no puede haber nadie —subrayó Pinochet.

—Correcto. Yo voy a dar el visto bueno, entonces, antes de que se efectúe el bombardeo —garantizó Carvajal.

—Yo tengo la impresión de que el señor SE [Su Excelencia, el presidente Allende] se arrancó [se fugó] en las tanquetas... —retó Pinochet, con un grito—. Las tanquetas hay que ubicarlas. Y Mendoza, pregúntale, ¿no tienes contacto con él?

—No, pero en las tanquetas no, no huyó —corrigió Carvajal—. Las tanquetas se habían ido antes y yo, posteriormente, en persona, he hablado por teléfono con él [con Allende].

—Conforme, conforme. Entonces hay que impedir la salida. Y si sale, hay que tomarlo preso. Hay que estar listo para actuar sobre él. Más vale matar la perra y se acaba la leva, viejo —bramó Pinochet.

Pinochet estaba al margen de la elaboración de los bandos militares. Se enteraba por la radio. Y consideró que eran demasiado blandos. Dictó un texto para incluir en los próximos comunicados. Se debía decir que las Fuerzas Armadas no intervenían contra el pueblo «sino contra la hambruna que estaba sembrando el gobierno marxista, contra las colas que rodean a todas las calles de Santiago».

—Augusto habla a Patricio, Augusto habla a Patricio. La radio que está transmitiendo, las radios tienen que transmitir nuestro programa y tienen que transmitir en cadena lo que estamos lanzando al aire, que no estamos atacando al pueblo. Estamos atacando ¡a los marxistas!, que tenían dominado al pueblo y lo tenían hambreado —protestó Pinochet.

—Correcto, sí... se está enviando esa información que tú mandaste. Ya se entregó a la radio —dijo Carvajal en alusión a la idea sugerida por Pinochet.

—¿Están atacando los tanques? ¿Está la Escuela de Infantería? ¿Llegó o no?... ¿Llegó la Escuela de Infantería? —indagó Pinochet.

—La Escuela de Suboficiales... con el comandante [Julio] Canessa... la artillería del [Regimiento] Tacna, más los Blindados. Los Carabineros se retiraron de la Moneda. Los vimos salir de la Moneda —informó Carvajal.

—Conforme. Otra cosa, Patricio. A las once de la mañana hay que atacar la Moneda, porque este gallo [Allende] no se va a entregar —dijo Pinochet.

—Se está atacando ya... Se está rodeando y atacando con... con... a ver... con bastante ímpetu. Así que yo creo que pronto van a poder tomarla —indicó Carvajal.

—Conforme. Enseguida sale al avión, viejo, y se despacha al tiro [de inmediato] —recordó Pinochet.

—Ne... negó la posibilidad del avión —desestimó Carvajal.

—¿La negó? —dijo Pinochet, sorprendido.

—Pidió al edecán militar [Ejército] que los comandantes en jefe concurrieran a la Moneda —matizó Carvajal.

—¡No!... que él concurra al Ministerio de Defensa —gritó, otra vez colérico.

—... concurrir aquí al Ministerio de Defensa. A lo mejor... —le siguió la corriente Carvajal.

—¿Va a concurrir él?... ¿Él va a concurrir? —interrumpió esperanzado Pinochet.

—No, se negó... —puntualizó Carvajal.

—... ¡Rendición incondicional!... —se desgañitó Pinochet—. ¡Rendición incondicional! —volvió a gritar fuera de sí.

—Bien, conforme. Rendición incondicional y se le toma preso, ofreciéndole nada más que respetarle la vida, digamos —propuso Carvajal.

—La vida y se le... su integridad física y enseguida se le va a despachar para otra parte —dijo Pinochet.

—Conforme. Ya... o sea que se mantiene el ofrecimiento de sacarlo del país —buscó confirmar Carvajal.

—Se mantiene el ofrecimiento de sacarlo del país... pero el avión se cae, viejo, cuando vaya volando —matizó Pinochet.

—Conforme... [risas de sus colaboradores]... conforme —celebró Carvajal.

El general Leigh, además de en los bandos, pensaba en las medidas de seguridad a adoptar, antes de que cayera la noche. Era necesario instaurar el toque de queda. Mandó por radio la comunicación.

—Puesto Dos. Fuerza Aérea: Estado de sitio, solicito estado de sitio. Y toque de queda, y toque de queda a las 18 horas local, a las 18 horas local. Firmado Golf Alcon Get, firmado Golf Alcon Get. Dígame si recibió. Cambio.

—Puesto Tres. Escuela Militar: Solicito estado de sitio, y toque de queda, y toque de queda, a las 18.00, a las 18.00 horas local, horas local. Lo firma Golf Alcon Get, comandante en jefe de la Fuerza Aérea.

—Patricio —llamó el general Pinochet—. Hay que hacer... conforme con toque de queda, conforme con el estado de sitio —dijo, condescendiente—. Pero hay que agregar algo. Se va a aplicar la ley marcial —vociferó, forzando su timbre agudo— a toda persona que se le sorprenda ¡con armas o explosivos, va a ser fusilado de inmediato!... Sin esperar juicios sumarios ni sumarísimos.

—Conforme. Ley marcial... es decir estado de sitio, toque de queda y a todo el que se le sorprenda con armas o explosivos será ejecutado de inmediato —ratificó Carvajal.

Mientras, los contactos entre el Ministerio de Defensa y los dirigentes en la Moneda hicieron retrasar el ataque aéreo.

—Puesto Cinco. Ministerio de Defensa: Para el general Leigh, general Díaz [Estrada] para el general Leigh. Cambio.

—Puesto Dos. Fuerza Aérea: Aquí general Leigh para general Díaz, cambio.

—Mi general, se trata de aguantar un poco el ataque a la Moneda porque se habló con el señor Tohá [José Tohá, ex ministro de Defensa] y van a mandar un parlamentario, van a mandar un parlamentario. Por lo tanto, que aguante un poquitito. Yo lo llamo por este mismo medio cuando tengamos clara la situación, cambio —dijo el general del aire Díaz Estrada.

—Ésa es una maniobra dilatoria. Ésa es una maniobra dilatoria —se quejó Leigh.

—Puesto Uno. Ejército: Puesto Tres de Puesto Uno —pidió entrada Pinochet al enlace, en la Escuela Militar.

—Patricio, te habla Augusto. ¡Patricio! Dime si me escuchas, Patricio.

—Sí, escucho bien. Adelante.

—Mira, este caballero [Allende] ¡está ganando tiempo! —refunfuñó Pinochet—. ¡Estamos demostrándonos débiles nosotros! ¡No, no aceptes ningún parlamento! —dijo, irritado, a voz en cuello, Pinochet—. ¡El parlamento es diálogo! ¡Rendición incondicional! —gruñó—. Es bien claro lo que te digo: ¡rendición incondicional!... Si quiere viene él, acompañado de Sepúlveda, al Ministerio, y se entrega. Si no, ¡vamos a bombardear cuanto antes! Dile...

—Conforme. Le estamos dando diez minutos de tiempo para que... ehhh... salgan de la Moneda —aplacó Carvajal—. Yo estoy en conversación con José Tohá. Me dice que están además allá Almeyda y Briones. Se le está comunicando que en diez minutos más se va a bombardear la Moneda. Así que tiene que... rendirse incondicionalmente y, si no, sufrir las consecuencias.

—Esos que me acabas de nombrar tú, arriba de un avión y se van de inmediato, viejo. A las doce están volando para otra parte —dijo Pinochet.

En ese instante, uno de los ayudantes de Carvajal indicó que Tohá le llamaba por teléfono.

—... Es José Tohá. Y él me dice que espere un momento para convencer al presidente —dijo Carvajal a Pinochet.

—¡Negativo! —gritó Pinochet.

—... Está en este momento en el teléfono. Voy a hablar con él —anunció Carvajal y dejó la comunicación.

—¡Negativo! —bramó Pinochet, sin darse cuenta de que Carvajal había dejado el teléfono.

—Conforme, mi general, conforme, mi general, quedamos en espera de su respuesta. Cambio —dijo otro oficial del Puesto Cinco, en el Ministerio de Defensa.

El presidente Allende convocó en el salón Toesca, segunda planta de la Moneda, a sus colaboradores. Debían de ser entre las diez y media y las once menos diez. Allí se fueron congregando médicos, ministros, ex ministros, guardias personales y asesores. Allende estaba sentado en una larga mesa. Explicó que la única alternativa que tenía era luchar hasta el final y que, al mismo tiempo, no debía haber víctimas inútiles. «Ésta es una lucha política, no un martirologio individual», dijo. Agradeció a todos los presentes la colaboración que le habían prestado. «A las compañeras, no les pido, sino que les ordeno que abandonen la Moneda», enfatizó. Y «a los compañeros que no tienen tareas que cumplir o no tienen o no saben usar armas, les pido que salgan ahora, que tienen la posibilidad de hacerlo».

El presidente Allende subrayó que habría jornadas en que muchos de los presentes serían necesarios. Enfatizó que algunos de ellos «deberán contar lo que ha ocurrido». Y explicó el papel que se reservaba: «Yo combatiré, porque tengo un mandato de los trabajadores y el pueblo, que, como a través de toda mi vida, cumpliré con lealtad». Tras su discurso de adiós a los chilenos, Allende se despedía, ahora, en la sala Toesca, de sus colaboradores y amigos.

Mientras cada uno regresaba a sus respectivas posiciones, Allende se dirigió a Joan Garcés:

—Alguien tiene que contar lo que aquí ha pasado, y sólo usted puede hacerlo... ¿No es cierto? —preguntó Allende, retóricamente, y miró a los que aún permanecían reunidos, entre los que estaba su hija, Isabel Allende. La mayoría de ellos asintió con la cabeza.

Garcés manifestó, como los demás, su deseo de permanecer. Pero Allende insistió. Garcés retiró del gabinete presidencial su maletín. Se detuvo en el Jardín de Invierno, un patio acristalado del palacio, a unos pasos de la sala Toesca, junto a la Galería de Presidentes. Allende se acercó y Garcés dejó el maletín en el suelo.

—¿Qué lleva allí? —preguntó Allende.

—El mensaje a la nación —dijo Garcés. Era un borrador del discurso con el que Allende pensaba convocar el referéndum.

—Déjelo aquí... Lo van a registrar —ordenó Allende.

El presidente dio, entonces, instrucciones a un miembro de su guardia personal para que siguiera a Garcés y le cubriera la salida. Ya caminaban hacia la escalera.

— Juan Enrique... —llamó el presidente.

Garcés regresó sobre sus pasos.

— ¿Va usted armado?

Garcés asintió. Tenía su pistola Walther.

— Déjela, déjela... —dijo Allende.

Joan Garcés entregó su arma a una de las personas que estaban junto al presidente. Bajó la escalera de mármol que conducía a la entrada principal, en la calle Moneda, sin reparar en que un GAP le cubría la espalda a él y a otros que salían. Allí estaban el periodista radiofónico René Largo Farías; un joven fotógrafo adscrito a la presidencia, *El Chico* Lagos, y algo más retrasado, el general José María Sepúlveda. El general abandonó el palacio por la calle Morandé, se subió a una tanqueta de carabineros que fue controlada, inmediatamente después, por una unidad del Ejército apostada en Alameda esquina a la calle Manuel Rodríguez.

La pesada puerta central del palacio que daba a la Plaza de la Constitución se entreabrió. El fotógrafo salió y dobló hacia la izquierda. Garcés esperó unos segundos. Calculó, por lo que había podido ver durante sus largas tres horas y media en la Moneda, que el mayor peligro estaba situado en el ala derecha. En aquella manzana estaba la sede del Ministerio de Obras Públicas, epicentro de una batalla incesante entre francotiradores leales a Allende y tropas del Ejército. También estaba allí la Intendencia de Santiago, sede del Gobierno Civil, así como Radio Corporación, ya bombardeada, el Banco del Estado y las oficinas del diario demócrata cristiano *La Prensa*. En la otra manzana, frente a la Plaza Constitución, encuadrada por las calles Moneda, Morandé, Agustinas y Bandera, había también edificios públicos, como la Seguridad Social y el Banco Central.

El guardia, un joven GAP, moreno, de baja estatura, se quedó pegado a la puerta, cubriendo con su rifle la salida. Joan Garcés levantó la mano derecha, apretó fuerte el puño que sostenía un pañuelo blanco y salió disparado hacia la izquierda. Las tropas del Ejército se habían retirado varias calles para cubrirse ante el inminente ataque aéreo. Garcés siguió por la calle Moneda, cruzó Teatinos, y continuó de frente. La primera bocacalle después de Teatinos era Ugalde. La atravesó con la vista puesta en la calle siguiente, Amunátegui. Ya sabía adónde ir. Siguió por Amunátegui. Tenía unas diez calles por delante, y caminó pendiente de que los aviones se presentaran en cualquier momento. Atravesó la calle Agustinas, pasó Huérfanos. Sin novedad. Dejó atrás, en el cruce de Amunátegui con Compañía, el Palacio de la Alhambra, y siguió de largo al pasar por Santo Domingo, la calle a la que se dirigía, para ir, en diagonal, hacia la vieja estación Mapocho. Hizo todavía un rodeo por el Parque Forestal para volver hacia Santo Domingo.

Los aviones no terminaban de aparecer.

—Puesto Tres. Escuela Militar: Ya, perfecto. Ataque aéreo a la Moneda tiene una pequeña demora, en quince minutos más se hará efecto a Tomás Moro y a la Moneda.

—Puesto Dos. Fuerza Aérea: Correcto.

—Puesto Tres. Escuela Militar: ¿Está mi general Pinochet?

—Puesto Uno. Ejército: Afirmativo.

—Puesto Tres. Escuela Militar: Comuníquele a mi general Pinochet de parte de mi general Leigh que ataque a la Moneda y Tomás Moro tiene un pequeño retraso y que en quince minutos más se hará efectivo.

—Puesto Uno. Ejército: Recibido. Interesa saber razón de la demora. Cambio.

—Puesto Tres. Escuela Militar: Comuníquele a mi general Pinochet que los aviones vienen de Concepción y tuvieron problemas de cargueo.

—Puesto Uno. Ejército: Recibido. Fuera.

La cadena de radio controlada por las Fuerzas Armadas dio a conocer el bando número 6, en el que se incluían algunas de las sugerencias de Pinochet.

«1) Las Fuerzas Armadas y el Cuerpo de Carabineros reiteran al pueblo de Chile la absoluta unidad de sus mandos y tropas y su decisión inquebrantada de luchar hasta las últimas consecuencias para derrocar al Gobierno marxista.

»2) Se reitera una vez más que la lucha no es contra el pueblo de Chile, sino que en defensa de ese pueblo que ama la libertad. En defensa de la mayoría absoluta que repudia el marxismo.

»3) Esta mayoría multitudinaria de obreros, empleados, profesionales, estudiantes y amas de casa a todo nivel están respaldando en forma total este movimiento militar de liberación nacional, contra el hambre, la pobreza, la miseria, el sectarismo y los mercenarios del marxismo que estaban asesinando a nuestro pueblo.

»4) La Junta de Gobierno Militar llama a la población a mantener la calma y exhorta a todos los ciudadanos a permanecer en sus casas y lugares de trabajo, sin salir a las calles para evitar desgracias lamentables».

El término «hambruna» y el veneno que Pinochet había destilado en la corrección del bando habían sido barnizados.

Aunque la acción estaba concentrada en Santiago, capital de Chile, el golpe militar se materializó con precisión en todo el país. Concepción, en el sur, segunda ciudad chilena, había sido controlada, antes de las nueve, por el general Washington Carrasco, quien ordenó desconectar mil ochocientos teléfonos de militantes y dirigentes de la Unidad Popular y del Movimiento de Izquierda Revolucionaria (MIR).

En el extremo norte, en Chuquicamata, al ver llegar a tropas del Ejército con artillería del Regimiento de Calama, el gerente general de la empresa minera Cobrechuqui, el ingeniero David Silberman, militante del Partido Comunista, y otros dirigentes, huyeron hacia Calama.

El mayor Fernando Reveco, al frente de una unidad militar, ordenó asaltar la oficina de la gerencia general. Según el informe del jefe de los Carabineros de Calama, allí debía haber un arsenal de armas automáticas. Las puertas de la oficina estaban cerradas sin llave, los documentos en sus archivadores, ningún indicio de desorden. Buscaron las armas en vano. El mayor transmitió a su regimiento la información: «Todo tranquilo, ni un arma».

La abogada Carmen Hertz acudió con su esposo, el periodista Carlos Berger, a la emisora de radio El Loa. Sobre las once de la mañana, tropas del Ejército allanaron la radio. Berger se resistió a interrumpir las transmisiones y fue detenido en el locutorio de la pequeña emisora. Desde allí, le trasladaron en un camión al Regimiento de Calama.

Carmen Hertz había dejado a su bebé temprano en la guardería de la mina. Cuando iba a salir en busca de su esposo, le asaltaron las dudas. Circulaban rumores sobre un posible allanamiento militar de la sala cuna. La abogada recogió a Germán y le dejó en lugar seguro. Sobre el mediodía, recorrió treinta kilómetros y llegó a Calama. En el regimiento, Carmen Hertz pudo confirmar sin dificultades que su marido Carlos Berger estaba detenido allí. Y regresó de inmediato a Chuquicamata.

El ataque de las tropas estaba por empezar. Desde el Ministerio de Defensa confirmaron a Peñalolén que todo estaba a punto.

—Puesto Cinco [Ministerio de Defensa]: Puesto Cinco, Puesto Uno… para comunicarle al señor general Pinochet que, en este momento, se va a iniciar el fuego desde Artillería con los cañones sin retroceso, los cañones de los tanques, para posteriormente avanzar con infantería. Cambio —informó el general Díaz Estrada.

—Puesto Uno. Peñalolén-Ejército: general, el comandante en jefe del Ejército, general Pinochet, indica que conforme, conforme.

—Que los Hawker Hunter deben estar sobre la Moneda un cuarto para las doce, o sea en aproximadamente... en siete minutos más.

—Puesto Uno. Ejército: Recibido, conforme.

Conforme, terminado —cerró el general Díaz Estrada.

La escuadrilla de cuatro aviones despegó de la base de Concepción poco antes de las once de la mañana. Minutos después, al pasar por la ciudad de Constitución, sobre el océano Pacífico, la Academia de Guerra Aérea, sede del Puesto Dos, tomó contacto. Control Gato pidió a Libra líder que se dieran prisa. Dos aparatos tenían que atacar la Moneda y los otros dos la residencia de Tomás Moro, casi al mismo tiempo.

Los dos Hawker Hunter hicieron una primera pasada de estabilización sobre la Moneda, viraron a la izquierda 180 grados y se alejaron tres kilómetros al norte para colocarse en el eje de ataque a tres mil pies sobre el objetivo. Los aparatos mantenían una distancia de un kilómetro entre sí, para llevar adelante, por separado, la operación.

El avión número 1 lanzó los cohetes en el momento de pasar por encima de la Estación Mapocho.

Tencha, la esposa de Allende, permanecía aún en la residencia de Tomás Moro, donde seguían los guardias personales y varios médicos de servicio. Víctor Pey se había marchado después de su conversación con Allende. Las fuerzas de Carabineros habían desaparecido.

El cielo estaba cubierto por nubes muy bajas. Los dos Hawker Hunter encargados de caer en picado sobre la residencia de la avenida Tomás Moro tenían dificultades para encontrar el blanco. El general Leigh ordenó al oficial Mario Ávila salir en helicóptero para conducir a los aviones hacia el blanco. Uno de los dos aparatos disparó, con escaso ángulo, cuatro cohetes contra otro edificio: el Hospital de la Fuerza Aérea. De ellos, dos hicieron blanco en la segunda planta del hospital.

En la Moneda, el avión número 2 no tardó ni un minuto en secundar la primera andanada de cohetes contra el palacio. El piloto tomó mayor ángulo para que los cohetes entraran por el techo del palacio. Las columnas de humo negro comenzaron a envolver el edificio, elevándose hacia el cielo. Habían sido sólo dos pasadas: a las 11.52 y 11.53 minutos. El orden era siempre el mismo: silbido, temblor del suelo, explosión, quiebra de cristales, golpe de las puertas y ventanas abiertas.

Los dos aparatos, de uno en uno, regresaron. El objetivo era el segundo cuerpo del edificio, la zona situada entre el patio de los Naranjos y el de los Cañones. Utilizaron, como en el último ataque, un mayor ángulo de tiro, y produjeron daños en la parte alta.

Zonas enteras del Palacio de la Moneda, en la primera y segunda planta, ya eran una cámara de gas negro. Asfixiante. Otros dos vuelos rasantes, a las 12.07, echaron más fuego al fuego.

En una cuarta pasada, los aparatos, de uno en uno, volvieron, a las 12.09, a emplear cohetes. Las llamas se extendieron y grandes nubes de humo negro envolvieron al palacio.

En Tomás Moro, el líder enfiló su Hawker Hunter hacia su objetivo y efectuó un vuelo rasante.

Disparó cuatro cohetes y dio en el blanco. Un automóvil aparcado en el terreno, en la parte sur, resultó destruido. El líder volvió una y otra vez sobre la residencia presidencial. En una pausa, uno de los médicos urgió a Tencha a abandonar la casa. Su chófer aparcó el coche ante la parte trasera de la casa. Tencha llegó allí a través de la casa colindante, la escuela de monjas del Convento de los Sagrados Corazones.

Sobre el Palacio de la Moneda, los dos aviones agotaron la carga de 18 cohetes Sura P-3 —ocho ataques en cuatro pasadas— y se dispusieron a la traca final. Los aparatos regresaron por separado a la Moneda para estrenar sus cañones Aden. Eran las 12.13.

Una vez que los Hawker Hunter terminaron su trabajo, varios helicópteros se estabilizaron sobre los boquetes abiertos en los tejados de la Moneda para lanzar por ellos bombas de gases lacrimógenos.

En el palacio, el agua comenzó a desbordarse hacia las escaleras, en medio de las llamas y el humo. Uno de los tanques del Regimiento Tacna intentó avanzar por la puerta central de la Moneda, destruida.

Pinochet estaba ya muy ansioso en Peñalolén. Había tomado varias tazas de té. Llamó a Carvajal.

—Habla Augusto a Patricio, habla Augusto a Patricio. Oye, dime cómo va el ataque a la Moneda porque me tiene muy preocupado.

—En la Moneda, han llamado por teléfono... ehhh... Flores, el ex ministro Flores y Puccio, el secretario del presidente, manifestando su intención de salir por la puerta de Morandé 80 para rendirse. Se les ha indicado que deben venir... deben salir enarbolando un trapo blanco para cesar el fuego. Esto se le ha comunicado al general Brady y al general Arellano. Ehhh... la idea es nada de parlamentar, sino que tomarlos presos inmediatamente.

—Conforme. Y otra cosa, Patricio, hay que tenerle listo el avión que dice Leigh. Esta gente llega y ahí ¡ni una cosa!... se toman, se suben arriba del avión y parten, viejo —agudizó el timbre de su voz Pinochet—. Con gran cantidad de escolta.

—La idea sería tomarlos presos no más por el momento, después se verá si se les da avión u otra cosa, pero... por el momento, la idea es tomarlos presos —intentó matizar Carvajal.

—... Pero es que si los juzgamos, les damos tiempo, pues. Y es conveniente... lo que creo... es motivo para que tengan una herramienta para alegar —insistió Pinochet—. Por último, se les pueden levantar hasta las pobladas para salvarlos... creo que lo mejor... consúltalo con Leigh... la opinión mía es que estos caballeros se toman y se man... mandan a dejar a cualquier parte. Por último, en el camino, los van tirando abajo —reiteró, temerario, Pinochet, sin una pizca de sorna.

—Bien, lo voy a consultar con Leigh —aceptó Carvajal.

—Consúltalo con Leigh. Mi opinión es que se vayan, oye, porque si no vamos a tener problemas después.

Patricio Carvajal se comunicó inmediatamente después con el Puesto Dos-Fuerza Aérea:

—Gustavo, aquí Patricio. Aquí Gustavo para Patricio. Cambio.

—Ehhh... Augusto me dice que a la gente que está procurando rendirse, que es Flores y el secretario este, Puccio, secretario de Allende, que traen un papel de Allende... de darles un avión para que salgan del país, me pidió que te consultara a ti. Yo creo, de acuerdo con los asesores que tengo acá, que no es conveniente sacarlos del país, sino sencillamente tomarlos presos y posteriormente se decidirá... si se les da avión o no —explicó Carvajal, reivindicando su posición inicial.

—Yo soy de [la] opinión de sacarlo del país [a Allende]. Yo prefiero sacarlo del país cuanto antes. Objeto: evitar problemas que pueden surgir posteriormente —precisó Leigh—. Yo tengo un DC-6 en Cerrillos, Grupo Diez, a las órdenes de él [Allende] siempre que no me salga del continente sudamericano. O a lo sumo podría llegar hasta México. Pero yo creo —razonó Leigh— que lo mejor es mandarlo cambiar afuera del país. Salvo que ustedes opinen lo contrario. Yo me someto a la posición de la mayoría. Cambio.

—No… ehh… Pinochet —vaciló Carvajal—, Augusto Pinochet, es de la misma opinión, ¿no?… Es de la misma opinión… de sacarlo del país. Así que entiendo que esto sería extensivo a la gente que está con él, vale decir a Flores, a Puccio y a algunos otros que puedan acompañar —se acomodó Carvajal tras ver que Leigh y Pinochet coincidían.

Era ya la una y diez minutos. El general Palacios dio órdenes a sus unidades de avanzar sobre el palacio, entre el fuego cruzado de los francotiradores. Debían de ser la una y media, cuando se precipitaron los acontecimientos.

El *Perro* Olivares se encerró en una pequeña habitación de la primera planta, tomó asiento en una silla, apuntó el cañón de una ametralladora Uzi sobre la sien y se disparó. Pasada la una y media, Alfredo Joignant, director de Investigaciones, la policía civil, entregaba el mando. Poco después, el prefecto inspector René Carrasco llamó desde el Cuartel General de Investigaciones al inspector Juan Seoane, que estaba en la Moneda. Le transmitió un mensaje del Ministerio de Defensa.

—Todo está perdido para ustedes. Dígale al presidente que la situación la dominan los militares y que hay que evitar un derramamiento de sangre inútil. Yo hablo con ellos [Ministerio de Defensa] y consigo una tregua.

Eduardo *Coco* Paredes, ex director de Investigaciones, presente en la Moneda, transmitió el contenido de la conversación al presidente. En esos momentos, el general Palacios montado en un tanque decidía iniciar el asalto final a la Moneda a través de la puerta de Morandé 80. Veinte soldados con pañuelo naranja al cuello irrumpieron en tromba y encañonaron a los colaboradores de Allende que estaban cerca de la planta baja. Los soldados, a la órdenes de un oficial, procedieron a sacarlos a culatazos y puntapiés. Les tumbaron boca abajo en la acera de Morandé. Mientras, en la calle seguía el intercambio de disparos.

Pinochet llamó al Puesto Cinco.

—¿Salió Allende? ¿Ya se fue? —preguntó.

—Están saliendo algunas personas. Mandé a… personal de Inteligencia a que me averiguara los nombres de las personas principales que están saliendo de allá —explicó Carvajal.

—¿Están saliendo presos?... ¿En calidad de detenidos? —indagó Pinochet.

—En calidad de detenidos están saliendo, sí —confirmó Carvajal.

—Oye, otra cosa, Patricio. Yo creo que tenemos que juntarnos los tres comandantes en jefe y el director general de Carabineros, junto con... para hacer una declaración en conjunto, oye... Una vez que salga el señor Allende fuera —propuso Pinochet.

—Sí... se va, se... estamos preparando la información tan... para darla tanto por telecomunicaciones militares como por una información radial, expresando que se ha rendido Allende y... las otras personas que se rindan, las personas principales que se rindan —matizó Carvajal.

—Conforme.

—Eh... Gustavo Leigh me dijo que iba a poner un helicóptero para traer a la familia de Allende hasta Cerrillos, para que ahí tomen el avión y salgan antes de las cuatro de la tarde —informó Carvajal.

—Conforme, conforme. Después de las cuatro, yo creo que tipo cinco, cinco y media, la reunión de los comandantes en jefe y el director general de Carabineros... Canal Trece [canal de televisión de la Universidad Católica de Santiago] viene para acá también.

El general Palacios subió las escaleras del palacio para llegar a la zona de despachos de la presidencia. Había miembros de la guardia personal de Allende que no se rendían. En las refriegas, una bala rozó la mano de Palacios. Ya en la segunda planta, un suboficial se le acercó.

—Mi general, en el salón Independencia está el presidente. Está muerto —dijo.

El general Palacios había dado la orden de entrar a la Moneda humeante poco antes de las dos de la tarde. Entre las unidades del general Palacios había hombres enviados por el Servicio de Inteligencia del Ejército con el objetivo de identificar a los prisioneros. Uno de ellos era el joven teniente Armando Fernández Larios. Más tarde, llegó a la Moneda el responsable de la Agrupación Santiago Centro, el general Sergio Arellano Stark.

Palacios entró a la sala. Un soldado apuntaba hacia un hombre con las manos en alto. El general clavó los ojos en el sillón rojo.

El rostro de Allende estaba destrozado, irreconocible. Seguía con su chaqueta de mezclilla, su jersey de grandes rombos grises, pantalón color marengo y zapatos negros. Sus manos estaban manchadas de pólvora y había restos de masa encefálica sobre el cuerpo. Detrás del sillón, en el gobelino que colgaba en la pared, se veían los impactos.

El general Palacios pidió que cubrieran el cuerpo de Allende con lo primero que vio a mano, un manto boliviano de colores. Minutos después, llamó desde un equipo de radio portátil al Cuartel General de la Comandancia de la Guarnición de Santiago. Le atendió el general Sergio Nuño.

—Misión cumplida. Moneda tomada. Presidente muerto.

La escueta noticia llevó al Puesto Cinco, en el Ministerio de Defensa, a requerir más información. El almirante Carvajal quería conocer los detalles. El general Palacios volvió a informar sobre el resultado de la misión. Desde el Puesto Cinco, Carvajal llamó al general Leigh y al general Pinochet.

—Gustavo y Augusto, de Patricio. Hay una comunicación, una información de personal de la Escuela de Infantería, que está ya dentro de la Moneda —informó Carvajal—. Por la posibilidad de interferencia, la voy a transmitir en inglés. *They say that Allende committed suicide and is dead now.* Eh... Díganme si entienden.

—Entendido —dijo Pinochet.

—Entendido perfectamente. Cambio —confirmó Leigh.

Carvajal volvió a llamar, poco después, a Pinochet.

—Habla Augusto.

—Respecto al avión para la familia, no tendría urgencia entonces esta medida. Entiendo que no tendría urgencia en salir la familia inmediatamente —dijo Carvajal.

—Que se... lo echen en un cajón y lo embarquen en un avión, viejo, junto con la familia —bramó Pinochet—. Que el entierro lo hagan en otra parte, en Cuba... vamos a tener una pelota para el entierro. ¡Si este gallo hasta para morir tuvo problemas!

—Conforme —dijo no sin asombro Carvajal—. La información esta... se va a mantener reservada, entonces...

—Conforme —interrumpió Pinochet.

—... se va a mantener reservada —continuó Carvajal.

—Vuelvo a decir, Patricio. El avión, échalo en un cajón, se embala y se manda a enterrar a Cuba. Allá lo van a enterrar —recalcó Pinochet.

El corazón de Allende dejó de latir a las dos y pocos segundos de la tarde del martes 11 de septiembre de 1973. Algo después de las tres, llegó al salón Independencia un equipo de peritos de la Brigada de Homicidios, Dirección de Investigaciones, incluyendo un fotógrafo forense. El periódico *El Mercurio* fue convocado para una sesión exclusiva de fotos. El subdirector del diario, Arturo Fontaine, que participaba en los avatares de la operación golpista, recibió una llamada del Palacio de la Moneda para organizar la misión, que fue asignada al jefe de fotografía, Juan Enrique Lira.

A las cuatro de la tarde, por fin, el general Palacios ordenó volver a cubrir el cadáver con el mantón para su traslado en ambulancia al Hospital Militar a fin de practicar la autopsia.

Varios ministros y ex ministros fueron detenidos en la puerta de la Moneda. Clodomiro Almeyda, Jaime y José Tohá, Carlos Jorquera, Carlos Briones y Aníbal Palma fueron llevados al Ministerio de Defensa, donde se unieron a Fernando Flores, Daniel Vergara, Osvaldo Puccio y su hijo Osvaldo. Los sótanos del Ministerio de Defensa ya empezaban a llenarse. Por orden del almirante Patricio Carvajal, horas después se los condujo a la Escuela Militar Bernardo O'Higgins.

En una de las puertas laterales de la Moneda, en la calle Morandé, 80, unas cincuenta personas, entre los cuales había dieciséis miembros de la Dirección de Investigaciones, asesores de Allende y miembros del equipo de su seguridad personal, fueron obligados a tenderse boca abajo en la acera con las manos en la nuca. Un tanque amenazaba con pasar por encima de ellos. La mayoría de los médicos de Allende, que estaban allí, fueron puestos en libertad. La *Payita*, secretaria del presidente, fue reconocida por un capitán de sanidad, el dentista Jaime Puccio, hermano de Osvaldo, secretario de Allende, quien ordenó a los enfermeros que la introdujeran en una ambulancia para trasladarla a la Posta Central. Los asesores de Allende, los miembros de la policía civil y los integrantes de su seguridad personal, el llamado Grupo de Amigos del Presidente, permanecieron en la calle Morandé hasta las seis de la tarde. Todos fueron trasladados en dos autobuses de la Armada al Regimiento de Artillería Motorizado número 1, el Tacna, situado a pocos minutos del palacio.

«¡Los vamos a fusilar de inmediato!», vociferó el coronel Joaquín Ramírez Pineda en el patio del antiguo regimiento de artillería fundado por el general Bernardo O'Higgins, cuyas paredes lindaban con la sede de la antigua Escuela Militar, en la calle Blanco Encalada. El coronel ordenó a uno de los suboficiales, subteniente Jorge Iván Herrera, instructor de la Batería de Plana Mayor, golpear a los asesores y guardias de Allende con gruesos cables de cobre forrados. Luego, fueron obligados a desplazarse de rodillas a un patio interior, donde se les recluyó en las plazas de garaje de los vehículos, las antiguas caballerizas, hasta nueva orden. Tanto el general Arellano como oficiales del Servicio de Inteligencia Militar estaban al corriente de esta operación.

CAPÍTULO 10

El hombre que no murió

Joan Garcés, por fin, concluía su recorrido. Había visitado alguna vez a Joaquín Leguina, que era más amigo de su hermano Vicente que de él, pero no recordaba el edificio de apartamentos. Leguina, asomado a la terraza, le vio venir casi a tientas. Jordi Borja y Carmen Guinea llegaron a la casa de Santo Domingo al poco rato. Habían llamado antes de la llegada de Garcés y Joaquín les había sugerido que se pasaran por allí. Convenía estar juntos, protegidos. Se detuvieron en la entrada del edificio. Carmen saludó al portero, un hombre que siempre que visitaban la casa se mostraba curioso. Eran extranjeros. Una vez en la quinta planta, tocaron el timbre del apartamento. Joaquín Leguina les abrió la puerta. Estaba tenso, rígido.

—Tenemos a Garcés con nosotros —dijo Leguina, mirando hacia el interior.

—Joan —dijo Jordi—, ¡cómo estás!

Borja y Carmen encontraron a Joan Garcés en un estado de *shock*. Para ambos siempre había sido algo así como un profesor distraído, un académico que en algún punto desconectaba con la realidad, de buen trato, culto y agradable. Ahora veían a un superviviente de la Moneda que no terminaba de creerse lo que ocurría.

Leguina deseaba que sus amigos permanecieran en el apartamento, pero con Joan en la casa eran ellos quienes debían decidir.

—¿Qué queréis hacer? —preguntó—. ¿Vais a quedaros aquí?

El ático de la calle Santo Domingo 534 tenía dos habitaciones amplias, cocina y una gran terraza. Desde allí, los ojos alcanzaban a ver el río Mapocho y los oídos podían escuchar su rumor. Joaquín Leguina alquiló el piso nada más llegar a Santiago, en marzo de 1973; en el invierno latinoamericano, en julio, se había ido a vivir allí Ana Amorós, al llegar de España.

A primera hora de la tarde Joan Garcés llamó por teléfono a amigos y contactos políticos y diplomáticos. Quería conocer en detalle lo que había ocurrido en el asalto al Palacio de la Moneda. Ya regía el toque de queda y seguía, afuera, el intercambio de disparos.

A esa hora comenzaron a escucharse los bandos con las listas de personas que debían presentarse ante las nuevas autoridades. En el piso había radio y también un aparato de televisión. El bando número 10, «Ultimátum a dirigentes», contenía dos puntos y una lista de personas buscadas. Eran 95. Decía así:

«1. Las personas más adelante nombradas deberán entregarse voluntariamente hasta las 16.30 horas de hoy 11 de septiembre de 1973 en el Ministerio de Defensa Nacional.

»2. La no presentación le significará que se ponen al margen de lo dispuesto por la Junta de Comandantes en Jefe con las consecuencias fáciles de prever».

Era obvio que Garcés estaría en el punto de mira. Pero oír su nombre por radio fue duro. Al llegar a la persona buscada número 37, la voz, que ya se había saltado la letra G, pronunció el nombre: Joan Garcés. El susodicho se quedó callado. Y con él Joaquín, Jordi y Carmen.

Garcés pensó en voz alta.

—¿Qué hago?

Ana Amorós conocía a Joan de la Universidad de Valencia. Fue ella quien, con aire angelical, rompió el silencio.

—Tú, Joan, te quedas aquí. No te preocupes, ya buscaremos algo.

Jordi Borja, a diferencia de Leguina, que ya acusaba la angustia del momento, parecía tranquilo, casi impasible, mientras pensaba en distintas alternativas para la seguridad de Garcés. Había que sacarlo de Chile cuanto antes. Borja llamó a Luis Ramallo, director de la Escuela Latinoamericana de Sociología. Le hizo saber que Joan Garcés había logrado escapar y que estaba con unos amigos. Le insinuó que era necesario encontrarle una solución.

La televisión pasó algunas imágenes de la puerta de la Moneda. Los bomberos sacaban una camilla de lona con un cuerpo cubierto por una manta de lana a rayas. Era el chamanto boliviano que las tropas del general Palacios habían hallado en el salón Independencia.

La Primera Fiscalía Militar dispuso que el Instituto Médico Legal determinara las circunstancias de la muerte de Salvador Allende.

El almirante Carvajal ordenó, después de hablar con el general Pinochet, que los responsables de sanidad de las Fuerzas Armadas y Carabineros estuvieran presentes en el examen del cuerpo. Los médicos del Instituto Médico Legal se trasladaron al pabellón de cirugía del departamento de Otorrinolaringología del Hospital Militar de Santiago. Dos peritos médicos legistas —José Luis Vásquez Fernández y Tomás Tóbar Pinochet— y un auxiliar especializado —Mario Cornejo Romo— fueron asignados a la misión. Estuvieron presentes, asimismo, los doctores José Rodríguez Véliz, del Ejército; Mario Bórquez, de la Fuerza Aérea; Miguel Versín, de la Armada; y Luis Veloso, de Carabineros.

La ambulancia llegó al Hospital Militar sobre las cinco y media de la tarde. El cuerpo de Allende fue bajado en una camilla de lona, que fue depositada en la mesa central del pabellón. Mientras, los peritos de la Dirección de Investigaciones estudiaban, en el Laboratorio de Policía Técnica, sección Química y Física, los datos recogidos horas antes en el salón Independencia del Palacio de la Moneda. Aun cuando señalaron que «la falta de algunos antecedentes importantes no permite enunciar conclusiones definitivas», he aquí el resultado del análisis:

«1. La muerte del señor Salvador Allende Gossens se produjo como consecuencia de una herida de bala que tiene su entrada en la región mentoniana, y su salida en la región parietal izquierda.

»No se descarta la posibilidad de que se trate de dos trayectorias correspondientes a dos disparos de rápida sucesión.

»2. El hecho acaecido, por las condiciones de la herida de entrada, de la trayectoria interna, herida de salida y otros antecedentes obtenidos en el sitio del suceso (manchas en las manos, posición del cuerpo y del arma), tiene las características de un suicidio. En consecuencia, se descarta la posibilidad de homicidio».

La embajada de Estados Unidos, en el escenario de los principales acontecimientos del día, en el cruce de las calles Teatinos y Agustinas, funcionó a pleno rendimiento desde primera hora de la mañana. Desde las ocho y media, el embajador Nathaniel Davis comenzó a recopilar información. Los agentes transmitieron a lo largo del día gran cantidad de mensajes cifrados al cuartel general de la CIA en Langley. La marcha del golpe era relatada paso a paso. Los agentes norteamericanos tenían fuentes privilegiadas dentro de las Fuerzas Armadas que les permitían conocer algunos detalles confidenciales.

Durante la jornada, un mensaje cifrado dirigido a la Dirección de Operaciones de la CIA anticipó las próximas medidas de la Junta Militar. Después de identificar a sus informantes, el agente decía:

«La nueva Junta Militar adoptará las siguientes medidas:

»A. La Presidencia de la Junta rotará periódicamente entre los representantes de las Fuerzas Armadas.

»B. El Congreso será clausurado.

»C. La Confederación Única de Trabajadores (CUT) será declarada ilegal.

»D. La ley de inamovilidad será abolida. La ley impide despedir a los empleados públicos.

»E. Se dictará una nueva Constitución que será aprobada mediante plebiscito.

»F. Se establecerá un Congreso bicameral bajo la nueva Constitución en el que el que tendrán representación las corporaciones.

»G. Se convocará elecciones para el Senado primero. Se promulgará una nueva ley electoral. Los militares harán un esfuerzo vigoroso para erradicar todos los grupos extremistas.

»H. Todos los terroristas extranjeros serán expulsados de Chile.

»I. Se romperán las relaciones con Cuba.

»J. El nuevo director del Departamento de Investigaciones será el general de Carabineros, retirado, Desiderio Herrera.

»K. La Junta seguirá el modelo brasileño».

El embajador Davis regresó a su residencia unos minutos antes de las seis de la tarde, hora a la que comenzaba el toque de queda. Todo el mundo quería saber qué había pasado con Salvador Allende. Ningún comunicado había dado cuenta de los hechos. La Junta Militar esperaba primero los informes de los peritos y el resultado de la autopsia. Nada se informaría hasta que Allende, según había convenido Pinochet con el almirante Carvajal, fuese enterrado en secreto. Margaret Davis, la hija del embajador, preguntó nada más llegar su padre a la residencia:

— ¿Qué le ha pasado a Allende?

—No tengo ni idea, hay muchos rumores. Unos dicen que se ha asilado en la embajada de México, otros que le han sacado de la Moneda con las manos atadas y también se dice que ha muerto...

Carmen Hertz mantuvo en Chuquicamata varias reuniones con ejecutivos de la mina de cobre, recogió a su bebé de la casa de unos amigos y no regresó a su residencia hasta la noche. Tenía que arreglárselas para volver a Calama el día siguiente, miércoles 12, para averiguar la situación de su marido.

Poco tiempo después de llegar a la casa, Carmen Hertz recibió una gran sorpresa. Su marido Carlos había sido puesto en libertad. Y allí estaba, de regreso. En el Regimiento de Calama habían tomado nota de su resistencia a interrumpir las transmisiones de Radio El Loa, pero, de momento, podía irse. No tenían más cargos contra él.

La sede de la Escuela Militar en Santiago, en la avenida Américo Vespucio, era una gran finca situada en el barrio de Las Condes. Allí había funcionado el Puesto Tres, el enlace de las comunicaciones. Ahora, poco antes de las siete de la tarde, se vestía de largo. Los comandantes en jefe del Ejército y de la Fuerza Aérea, y el director general de Carabineros, ya habían puesto su firma, más temprano, hacia las cuatro de la tarde, sobre el acta de constitución de la Junta de Gobierno. Por la Armada, en lugar del almirante Merino, que todavía estaba en Valparaíso, lo hizo el almirante Carvajal.

El general Augusto Pinochet llegó en helicóptero e inmediatamente se dirigió al despacho del director de la Escuela Militar, coronel Nilo Floody. Eran las seis de la tarde. En la entrada de la Escuela todavía no habían quitado la placa en la que figuraba el orden jerárquico militar del sistema constitucional que acababa de ser depuesto: el presidente de la República de Chile, Salvador Allende; el ministro de Defensa Nacional, Orlando Letelier; y el comandante en jefe del Ejército, general Augusto Pinochet.

Uno de los contados diplomáticos que acudió al acto desde temprano fue el embajador de Brasil, Antonio Castro da Cámara Canto, quien ofreció al comandante en jefe del Ejército el reconocimiento del Gobierno militar brasileño.

Los comandantes en jefe abordaron el asunto de Allende. Se decidió que el entierro sería al día siguiente, miércoles 12 de septiembre, en el secreto más absoluto.

La presidencia de la Junta fue el problema más relevante de la primera reunión de los comandantes en jefe. Los cuatro estuvieron de acuerdo en que debería implantarse un sistema de presidencia rotativa. Por antigüedad de las cuatro armas, correspondía al Ejército ocupar primero dicha presidencia. Pinochet sugirió que el tema de la rotación presidencial se mantuviera en secreto, como un acuerdo interno entre las cuatro fuerzas. Nada se dijo, oficialmente, sobre él. Era un pacto de caballeros.

Por tanto, el contenido más importante del primer acto oficial de la Junta fue el nombramiento de Pinochet como presidente de la Junta de Gobierno. Los comandantes en jefe decidieron celebrar una reunión al día siguiente, miércoles 12 de septiembre, para nombrar a los ministros del nuevo Gobierno. La ceremonia posterior fue precedida por la entonación del himno nacional. Al himno, siguieron los discursos. El general Pinochet comenzó la ronda: «Las Fuerzas Armadas y de Orden han actuado bajo la inspiración patriótica. Se está estudiando el nombramiento de los nuevos ministros militares, nombramiento de intendentes y gobernadores y los asesores civiles que actuarán en los diferentes ministerios. También debo manifestar que se mantendrán las relaciones diplomáticas con los diferentes países, con excepción de Cuba y otros que se estudiará. La Junta mantendrá el Poder Judicial y la asesoría de la Contraloría [equivalente al Tribunal de Cuentas]. Las Cámaras quedarán en receso, hasta nueva orden».

A continuación, el almirante Merino, comandante en jefe de la Armada, que ya había llegado en helicóptero desde Valparaíso, manifestó: «La Armada Nacional, que vive un poco alejada de estos ajetreos, no podía estar ajena al quehacer nacional. Y es por esto que sin buscar ni honores ni poder, por el contrario, cuando lo único que deseamos ya es el descanso, hemos entrado a dirigir los destinos de la Patria, porque de nada sirven las instituciones armadas si no hay pan. La Nación entera formó un Estado. Este Estado, constituido por tres poderes, se estaba derrumbando. Había un poder, el poder ejecutivo, para ser exacto, que se había olvidado de sus deberes. Como chilenos, haciendo honor al juramento que un día hicimos, tuvimos que asumir esta responsabilidad que no queremos. Y aunque sea triste que se haya quebrado una tradición democrática que en este continente era larga, cuando el Estado pierde sus calidades, aquellos que tienen el mandato de mantener su vigencia han de asumir su responsabilidad. Hoy lo hacemos, y estamos seguros de que Chile entero tiene que comprender que para nosotros, los marinos, es mucho más agradable estar junto al mar, estar junto a nuestros buques. Pero cuando la tarea es tan grande, los deseos de agrado se olvidan, se juntan los corazones, se juntan las instituciones, porque por sobre los deseos de cada uno está la Patria y a ella le dedicamos estos esfuerzos. No importa cuánto cueste. No importa cuál sea el sacrificio».

Tocó después el turno al general Gustavo Leigh, quien subrayó el carácter político del golpe militar. «Las instituciones armadas y de orden de Chile se habían colocado en un plano excepcional de prescindencia política. Pero después de tres años de soportar el cáncer marxista, que nos llevó a un descalabro económico, moral y social que no se podía seguir tolerando, por los sagrados intereses de la Patria nos hemos visto obligados a asumir la triste y dolorosa misión que hemos acometido», dijo. Y agregó con gran énfasis: «No tenemos miedo. Sabemos la responsabilidad enorme que cargará sobre nuestros hombros, pero tenemos la certeza, la seguridad de que la enorme mayoría del pueblo chileno está con nosotros, está dispuesto a luchar contra el marxismo, está dispuesto a extirparlo hasta las últimas consecuencias. Y gracias al apoyo de este noble pueblo chileno, con el que, a excepción del que sea marxista, llevaremos al país al resurgimiento económico, político, social y moral».

Fue el director general de Carabineros quien cerró los parlamentos. El general César Mendoza, que se había hecho con el control de la policía uniformada esa misma mañana, señaló: «En este momento supremo de decisión, Carabineros de Chile, al integrarse a la Junta que asumió el mando del país, ha tenido como meta restablecer el orden jurídico que últimamente estuvo seriamente quebrantado. No se trata de implantar tendencias, corrientes ideológicas o ejercer venganzas personales, sino, como dije, de restablecer el orden público, y volver al país por la senda del cumplimiento de la Constitución y las leyes de la República. Es pues, el espíritu de la Junta volver a la senda de la verdadera legalidad. Esperando de toda la ciudadanía sin excepción su colaboración para el mejor éxito y el mejor logro de este cometido».

Terminados los discursos, los comandantes en jefe de las Fuerzas Armadas y el director general de Carabineros prestaron juramento como miembros de la Junta. Y, acto seguido, se procedió a leer el decreto ley número 1:

«En Santiago, a 11 de septiembre de 1973, el Comandante en Jefe del Ejército, General Augusto Pinochet Ugarte; el Comandante en Jefe de la Armada, Almirante José Toribio Merino Castro; el Comandante en Jefe de la FACH, General del Aire Gustavo Leigh Guzmán, y el Director General de Carabineros, General César Mendoza Durán, reunidos en esta fecha, y Considerando:

»1) Que la Fuerza Pública, formada constitucionalmente por el Ejército, la Armada, la Fuerza Aérea y el Cuerpo de Carabineros, representa la organización que el Estado se ha dado para el resguardo y defensa de su integridad física y moral y de su identidad histórico-cultural;

»2) Que, por consiguiente, su misión suprema es la de asegurar, por sobre toda otra consideración, la supervivencia de dichas realidades y valores, que son los superiores y permanentes de la nacionalidad chilena, y

»3) Que Chile se encuentra en un proceso de destrucción sistemática e integral de estos elementos constitutivos de su ser, por efecto de la intromisión de una ideología dogmática y excluyente, inspirada en los principios foráneos del marxismo-leninismo;

»Han acordado, en cumplimiento del impostergable deber que tal misión impone a los defensores del Estado, dictar el siguiente decreto ley:

»1) Con esta fecha se constituyen en Junta de Gobierno y asumen el Mando Supremo de la Nación, con el patriótico compromiso de restaurar la chilenidad, la justicia y la institucionalidad quebrantadas, conscientes de que ésta es la única forma de ser fieles a las tradiciones nacionales, al legado de los Padres de la Patria y a la Historia de Chile, y de permitir que la evolución y el progreso del país se encaucen vigorosamente por los caminos que la dinámica de los tiempos actuales exigen a Chile, en el concierto de la comunidad internacional de que forma parte.

»2) Designan al General de Ejército don Augusto Pinochet Ugarte como presidentede la Junta, quien asume con esta fecha dicho cargo.

»3) Declaran que la Junta, en el ejercicio de su misión, garantizará la plena eficacia de las atribuciones del Poder Judicial y respetará la Constitución y las leyes de la República en la medida en que la actual situación del país lo permitan para el mejor cumplimiento de los postulados que ella se propone.

»Junta de Gobierno de la República de Chile.

»Augusto Pinochet Ugarte, General de Ejército, Comandante en Jefe del Ejército. José Toribio Merino Castro, Almirante, Comandante en Jefe de la Armada. Gustavo Leigh Guzmán, General del Aire, Comandante en Jefe de la Fuerza Aérea. César Mendoza Durán, General, Director General de Carabineros».

CAPÍTULO 11

El enemigo público

Durante la noche del 11 al 12 de septiembre, se advirtió en el Estadio Nacional, en la avenida Grecia, mucho movimiento. Terminaban los preparativos para su uso como campo de concentración de prisioneros. También lo hubo en el Estadio Chile. Los camiones, autobuses, ambulancias y vehículos militares comenzaron a llegar en la mañana del 12 de septiembre desde diferentes puntos de Santiago repletos de detenidos.

El primer interrogatorio de cada recluso corría a cargo de altos oficiales del Servicio de Inteligencia Militar (SIM), seguido de una sesión de tortura acometida por oficiales del Ejército.

Poco antes del alba del miércoles 12, en la zona de ejecutivos de la empresa Cobrechuqui, en Chuquicamata, frente a la Casa de Huéspedes número 1.900, un grupo de soldados bajaba de sus vehículos y entraba a patadas en la residencia de Carlos Berger y en varias más. Un oficial ordenó registrar todo hasta encontrar las armas que presuntamente se escondían allí.

El registro fue brutal. Carmen Hertz y su esposo habían tratado de dormir unas horas después de la tensa jornada anterior. El bebé estaba con ellos. La patrulla militar no halló las armas, tras buscar palmo a palmo y poner la casa patas arriba. Pero decidió llevarse a Berger al Regimiento de Calama. Por segunda vez en menos de veinticuatro horas.

Horas después Carmen Hertz salió hacia Calama acompañada por su cuñado, Eduardo Berger, médico del hospital Roy Glover de Chuquicamata. En el regimiento pudo confirmar que su esposo Carlos estaba allí, detenido, y que sería enviado a la cárcel de la ciudad.

El coronel de la Fuerza Aérea Roberto Sánchez, que había sido edecán de Allende hasta el día anterior, debía, según las instrucciones que le había transmitido el teniente coronel Sergio Badiola, la noche del martes 11, presentarse el miércoles 12 a primera hora en el Ministerio de Defensa. Su misión sería acompañar a la familia Allende. En el Ministerio de Defensa, el almirante Patricio Carvajal explicó a Sánchez que el cadáver de Allende se enviaría al aeropuerto de Los Cerrillos sobre las diez de la mañana para ser trasladado a la base aérea de Quintero.

En el Hospital Militar de Santiago, los soldados sacaron el féretro, lo subieron a una ambulancia y partieron hacia Los Cerrillos. Una tanqueta blanca del cuerpo de Carabineros custodiaba el vehículo sanitario. En el salón del aeropuerto esperaban la viuda, Hortensia Bussi, y Laura Allende, hermana del presidente muerto. Allí estaban Eduardo y Patricio Grove, hijos de Inés Allende Grove, la hermana mayor de Allende, y Jaime Grove, sobrino nieto, ahijado del presidente muerto. Ni Beatriz ni Isabel, las dos hijas que habían sido obligadas por su padre a abandonar la Moneda el día anterior, habían obtenido los salvoconductos necesarios para asistir al entierro.

El avión de la Fuerza Aérea llegó a Quintero en torno a la una de la tarde. Allí esperaba un carro fúnebre preparado por la Armada, seguido de dos coches. Cuando bajaron del avión el féretro envuelto en el mantón boliviano de colores, Tencha pidió que le dejaran ver a Allende, no podía consentir su sepultura sin verle. Pero Sánchez, un hombre al que Tencha apreciaba, se negó a permitirlo. Fueron al cementerio de Santa Inés, tras el coche funerario, en dos automóviles. Tencha, Roberto Sánchez y Eduardo Grove, el sobrino de Allende, iban en el primero.

—Coronel Sánchez, ¿cómo sé yo que los restos que vamos a enterrar son los de Salvador? —preguntó Tencha, mientras se acercaban.

—Señora Tencha, tenga confianza en mí —dijo Sánchez.

Al llegar al cementerio, Tencha insistió. Quería ver a su marido. El coronel Sánchez accedió a abrir el féretro para que Tencha pudiera mirar a través del cristal. La viuda sólo pudo atisbar el sudario que cubría el cuerpo.

En el panteón de la familia Grove ya se había preparado una tumba subterránea para recibir el cuerpo de Allende. Pero las instrucciones eran precisas: no habría inscripción en la lápida.

Sobre las dos de la tarde, la cadena de radio de las Fuerzas Armadas difundió, complacida, su primer comunicado sobre la muerte de Allende: «La Junta Militar de Gobierno de Chile se permite anunciar que el doctor Salvador Allende se suicidó ayer de un disparo, en el Palacio de la Moneda». La misma cadena confirmó también el entierro. No hizo referencia alguna al lugar en el que se había celebrado la ceremonia fúnebre. «Sólo asistieron sus familiares más cercanos», informó.

Ese mismo día Víctor Pey llamó al embajador de España, Enrique Pérez-Hernández, a quien había conocido a primeros de 1973. Pey era el número 37 de una nueva lista de personas buscadas por las autoridades a través del segundo bando de la Junta de Gobierno. Se exigía la presentación de cuarenta y nueve personas. Así pues, tenía que hallar una embajada en la que refugiarse cuanto antes. Y Pérez-Hernández era decisivo.

—Enrique, soy Víctor Pey.

—Hombre, Víctor, ¿qué me dices?

— ¿Puedo ir a la residencia?

—Mejor que no... Víctor.

—Tengo cierta urgencia...

—Vuelve a llamarme en un rato...

—Muy bien.

Pey no dudó de que Pérez-Hernández había captado el mensaje.

Después de un rato, le volvió a llamar.

—Enrique, ¿alguna novedad?

—Sí, mira, he hablado con el embajador de Venezuela, Orlando Tovar.

—Ah... le conozco.

—Bien, llámale a su residencia. Le hablas de parte de Enriquito... Él ya te dirá lo que tienes que hacer —dijo Pérez-Hernández y, antes de colgar, le dio el número personal del embajador venezolano.

Ese día 12, el general Pinochet envió al coronel Lorenzo Urrutia a una misión reservada: tomar contacto personal con el embajador norteamericano Nathaniel Davis. El mensaje: Pinochet quería ver al jefe del Grupo Militar Norteamericano (Milgroup) en Chile, capitán Ray Davis. Poco después, Ray Davis visitaba al nuevo presidente de la Junta Militar en su despacho del Ministerio de Defensa. Pinochet le explicó que entendía la cautela de la Administración Nixon a la hora de reconocer a la Junta. Era obvio, dijo, que Estados Unidos no debería ser el primer país en anunciar que reconocía al nuevo Gobierno chileno. Davis le dijo que tampoco era bueno que la Junta se identificara demasiado en público con Estados Unidos en esos momentos. Pinochet aceptó esta sugerencia.

Pinochet le informó de que permanecería un año por lo menos como presidente de la Junta Militar, y le anticipó que el nuevo Gobierno rompería relaciones diplomáticas con Cuba, la Unión Soviética, Vietnam del Norte y Corea del Norte y que se haría una limpieza de simpatizantes de la Unidad Popular en las embajadas de Chile en el extranjero.

Por la noche, los comandantes en jefe y los candidatos a ocupar las carteras ministeriales en el nuevo Gobierno fueron citados en la Escuela Militar. Las carteras fueron repartidas entre las cuatro armas: el general Óscar Bonilla, ministro del Interior; contraalmirante Ismael Huerta, Relaciones Exteriores; el almirante Patricio Carvajal, Defensa; el general Rolando González, Economía; el contraalmirante Lorenzo Gotuzzo, Hacienda; el civil Gonzalo Prieto, Justicia; el civil José Navarro, Educación; el general de aviación Sergio Figueroa, Obras Públicas; el coronel de aviación, retirado, Sergio Crespo, Agricultura; el general de Carabineros, retirado, Diego Barba, Tierras; el general de Carabineros Arturo Yovane, Minería; el general Arturo Viveros, Vivienda; el coronel de sanidad aérea, Alberto Spoerer, Salud, y el coronel Pedro Ewing, secretario general de Gobierno.

En el domicilio de Joaquín Leguina, Jordi Borja decidió ir a ver personalmente a Luis Ramallo a la sede de FLACSO, en Providencia. Borja le explicó, en catalán, la situación.

—Lluis, Joan está en peligro. Están revisando las casas bloque por bloque. Esto es muy serio.

Joan Garcés seguía siendo funcionario de Naciones Unidas. La responsable del Programa de Naciones Unidas para el Desarrollo (PNUD) en Santiago, una imponente y atractiva escocesa llamada Margaret Anstee, estaba esos días en Buenos Aires. Enrique Iglesias, secretario ejecutivo de la Comisón Económica para la América Latina (CEPAL), institución de Naciones Unidas, era quien asumía, en casos de crisis, la responsabilidad por la seguridad de todo el personal de Naciones Unidas.

Ramallo se puso en comunicación con él a través de una línea telefónica de la red especial que mantenían los altos ejecutivos de la ONU. Le dijo que tenía un problema muy serio entre manos. Quedaron en verse.

Enrique Iglesias había nacido en un pequeño pueblo de la provincia de Asturias, en España, y sus padres habían emigrado siendo pequeño a Uruguay, donde pasó la mayor parte de su vida. Para Iglesias, el mallorquín de nacionalidad paraguaya era, por su pasado jesuita, el «cura Ramallo». Cuando llegó a la sede de la CEPAL, Ramallo abordó el asunto sin pérdida de tiempo.

—Garcés está en peligro… Tenemos que encontrar una solución para garantizar su vida.

Iglesias conocía bien a Garcés. Se lo había presentado Allende en su casa de Tomás Moro. Y la renovación del contrato de Garcés con la ONU había pasado por sus manos hacía cuatro meses.

—Que Garcés venga a esta sede o a mi casa, yo encantado… —dijo Iglesias—. Ahora, Luis, no te hagas ilusiones. La inmunidad de la ONU, si quieren se la saltan… —advirtió Iglesias.

—Entonces, ¿qué hacemos? —preguntó, ansioso, Ramallo.

—Yo creo que quizá lo mejor sea encontrarle refugio en una embajada de un país de América Latina, que pueda invocar el convenio de asilo.

—¿Tú puedes hacer la gestión? —preguntó Ramallo.

—Yo puedo sondear al embajador de Venezuela… —se ofreció Iglesias—. Pero creo que lo mejor es hablar con el embajador de España para que él se ocupe del asunto —añadió.

—Y, ¿cómo se lo decimos?

—Es amigo mío. Yo le llamo ahora mismo, le digo que tú vas a verle y se lo explicas… ¿te parece bien? —propuso Iglesias.

—Muy bien —aceptó Ramallo.

Enrique Iglesias llamó a Pérez-Hernández, con quien mantenía una buena relación. Habían trabajado juntos en la preparación de la Primera Conferencia Iberoamericana de Ministros de Planificación en Madrid, en el mes de mayo de ese año, en la que el embajador hizo de enlace entre España y la CEPAL. Iglesias le adelantó que un compatriota, Luis Ramallo, de FLACSO, iría a verle para comentarle un problema. El embajador le sugirió que le visitase en su residencia.

Pérez-Hernández recibió a Ramallo poco después, acompañado de uno de sus colaboradores.

149

—Me ha dicho Enrique Iglesias que tienes algo que decirme...

—Te traigo un problema grave.

—A ver, a ver, de qué se trata.

—Joan Garcés...

— ¡Coño!

—Está en peligro.

— ¿Pero éste no es de la ONU?

—Enrique Iglesias piensa que es mejor conseguirle protección en una embajada latinoamericana.

—Mira, Ramallito... —dijo, con confianza—, el cuello de Garcés estará aquí tan seguro como el de este embajador... Pero si Naciones Unidas no es protección suficiente, España tampoco. Me lo traes a casa y le pido a algún país latinoamericano que lo saque de Chile. A ver si el embajador de Venezuela nos puede hacer este favor...

—Bueno, es urgente.

—Llámame en un par de horas. Nunca menciones el nombre de Joan Garcés. Le vamos a llamar como ese novillero... No sé si tú eres aficionado a los toros, pero es igual. Le llamas Antoñito Valencia. Así nos entenderemos.

Se refería al novillero venezolano José Antonio Valencia.

—Bien, yo te llamo.

—Sé algo de la mentalidad militar, Ramallito. Yo hice la guerra civil con Franco y te digo que los militares chilenos son más brutos que los nuestros. Lo mismo que te digo: si te queda algo de orgullo español, ahora es el momento de sacarlo...

De regreso en FLACSO, Ramallo utilizó la red de teléfonos más segura. Llamó a Enrique Iglesias.

—Enrique, soy Luis. Tal como hablamos, de momento descartamos a CEPAL... El embajador se está ocupando...

—Bien.

El jueves 13, poco antes de las doce, Víctor Pey llamó a Orlando Tovar. Le dijo que hablaba de parte de Enriquito.

—Mire, no puedo ir a buscarle ni mandar a recogerle. Pero si usted se atreve a venir por aquí yo mando dejar la puerta abierta. Desde fuera parecerá que está cerrada, pero no se pondrá el pestillo. Si la empuja, podrá entrar. En la acera hay soldados, de modo que tenga usted cuidado... ¿Cuándo piensa venir?

—Orlando, cuando se levante el toque de queda me voy para allá. Usted deje la puerta abierta. Yo me arreglo para entrar.

Horas después, Pey se vistió con traje y corbata. La dama que le alojaba aceptó llevarle en coche hasta calle y media de la sede diplomática. Pey caminó hacia la delegación diplomática, se detuvo y, al tiempo, apoyó la mano sobre la puerta. Sintió que ésta cedía. Ya estaba dentro. La cancillería estaba llena a rebosar. Preguntó por el embajador. Orlando Tovar no estaba. Le esperó largo rato. Su coche había tenido una avería y regresaba caminando.

Saludó a Pey y le hizo pasar a su despacho.

—Víctor, usted va a estar incómodo aquí… Ya ve cómo están las cosas. Y no tengo coche, ¿se atreve a venir conmigo a pie hasta mi residencia? Son unas cinco calles.

—Sí, cómo no —asintió Pey.

Ese jueves 13, en el Regimiento Tacna la ejecución de un grupo de detenidos procedentes de la Moneda, anunciada de viva voz el martes por el coronel Joaquín Ramírez Pineda, ya estaba en marcha. Desde su llegada al regimiento, la tarde del martes 11, se fue perfilando un grupo de veintiún detenidos. Diez eran asesores de Allende y funcionarios de la Moneda: Jaime Barrios, Sergio Contreras, Daniel Escobar, Enrique Huerta, Claudio Jimeno, Jorge Klein, Eduardo Paredes Barrientos, Enrique París, Héctor Ricardo Pincheira Núñez y Arsenio Poupin. Otros diez había sido miembros de la guardia presidencial: José Freire, Daniel Gutiérrez, Óscar Lagos, Juan Montiglio, Julio Hernán Moreno, Luis Rodríguez, Jaime Sotelo, Julio Tapia, Óscar Valladares y Juan Vargas. A ellos se sumaba el obrero Óscar Luis Avilés, quien había acudido a la Moneda en apoyo al gobierno. La noche del 11 al 12, los oficiales del Servicio de Inteligencia Militar (SIM) se ocuparon en la planta alta del regimiento de interrogarles bajo tortura. Se les informó de que serían fusilados ese mismo día, a medianoche; más tarde, les anunciaron que la ejecución tendría lugar a las tres de la madrugada, y poco después volvieron a decirles que sería a las seis de la mañana.

Finalmente, el coronel Joaquín Ramírez Pineda, en contacto con el mayor Pedro Espinoza, miembro del SIM, y el alto mando del Ejército a cargo de la ciudad de Santiago, ordenó sobre las doce del mediodía al subteniente Jorge Iván Herrera el traslado del grupo de los veintiún a un predio de campaña del Regimiento Tacna en Peldehue, situado en la comuna de Colina, a veinte kilómetros de Santiago. Uno a uno los prisioneros, amarrados de pies y manos con alambre galvanizado, eran identificados al subir a un camión militar Pegaso por un oficial en ropa de paisano. El coronel Ramírez Pineda ordenó al cabo primero Juan Riquelme llevar una caja de diez o quince granadas para ser utilizadas en la misión. El camión salió del regimiento entre dos jeeps, cada uno con una ametralladora desmontable. Poco después, un coche particular con tres oficiales vestidos de civil se unió al camión. Al cruzar el río Mapocho, otro automóvil, ocupado por una persona con ropa de civil y dos oficiales del Ejército con uniforme, sin grados, encabezó la caravana. Una vez en Peldehue, uno de los dos oficiales sin grado, el mayor Pedro Espinoza, se hizo cargo de la operación. Se desmontó una de las ametralladoras y se colocó sobre el terreno a poca distancia de un pozo que debía de tener unos quince metros de profundidad. Los detenidos fueron bajando uno a uno. Se los colocaba frente al pozo, de espaldas a la ametralladora. El subteniente Herrera se ocupó de efectuar los disparos. Antes de partir, los oficiales que supervisaron la operación lanzaron las granadas al interior del pozo. El oficial con uniforme sin grado formó a todos los efectivos del Tacna. «Lo que ustedes han visto y escuchado jamás ocurrió, recuérdenlo muy bien. Todo se hizo por la patria. Estos marxistas merecían morir. Ahora, todos ustedes regresarán a su unidad». El lenguaje evocaba los diálogos que el general Pinochet había mantenido con el almirante Patricio Carvajal y el general Leigh horas antes de los bombardeos del Palacio de la Moneda.

Ya en el regimiento, el coronel Ramírez Pineda reunió a los catorce integrantes de la misión y les dijo: «Esto era lo que había que hacer con esta gente, todos peligrosos marxistas. A ustedes no les pasará nada porque ellos fueron condenados en un juicio rápido por un tribunal militar. Quédense tranquilos».

Cuarenta y ocho horas después del golpe, el Partido Demócrata Cristiano por fin salía de su mutismo. El grupo de dirigentes crítico con cualquier intento de golpe militar había creído hasta últimas horas de la noche del lunes 10 que los golpistas no se atreverían a actuar. Ese grupo siguió la jornada del martes 11 desde la casa de Bernardo Leighton, ex vicepresidente de la República. Al día siguiente, dieciséis dirigentes intentaron sin éxito difundir una declaración de rechazo al golpe y de defensa del Gobierno constitucional de Salvador Allende. «Nos inclinamos respetuosos ante el sacrificio que hizo de su vida en defensa de la autoridad constitucional», decía el texto. Leighton había intentado presentar un recurso de amparo de los dirigentes y ministros de la Unidad Popular detenidos o desaparecidos. Los tribunales se lo rechazaron.

El jueves 13, pues, las discusiones internas habían dado paso al apoyo del Gobierno militar y a la justificación de la acción golpista. El presidente del Partido Demócrata Cristiano, Patricio Aylwin, el vicepresidente Osvaldo Olguin y el secretario general, Eduardo Cerda, emitieron la primera declaración oficial, que a diferencia de la del sector de oposición al golpe, tuvo gran eco.

«1. Los hechos que vive Chile son consecuencia del desastre económico, el caos institucional, la violencia armada y la crisis moral a que el Gobierno depuesto condujo al país y llevaron al pueblo a la desesperación.

»2. Los antecedentes demuestran que las Fuerzas Armadas y Carabineros no buscan el poder. Sus tradiciones institucionales y la historia republicana de nuestra patria inspiran la confianza de que tan pronto sean cumplidas las tareas que ellos han asumido para evitar los graves peligros de destrucción y totalitarismo que amenazaban a la nación chilena, devolverán el poder al pueblo soberano para que libre y democráticamente decida el destino de la patria.

»3. Los propósitos de restablecimiento de la normalidad institucional y de paz y de unidad entre los chilenos expresados por la Junta Militar de Gobierno interpretan el sentimiento general y merecen la cooperación de todos los sectores. Su logro requiere una acción justa y solidaria, respetuosa de los derechos de los trabajadores, sin odios ni persecuciones, que conjuguen el esfuerzo colectivo en la tarea nacional de construir el porvenir de Chile, ajeno a los afanes totalitarios de quienes buscaron modelos regresivos o reñidos con la vocación democrática de nuestro pueblo.

»4. La Democracia Cristiana lamenta lo ocurrido. Fiel a sus principios, concentró sus esfuerzos por alcanzar una solución por la vía político-institucional y no la rehuirá para conseguir tranquilizar a los espíritus y las manos, la pacificación, la reconstrucción de Chile y la vuelta a la normalidad institucional, posponiendo, como siempre, sus intereses partidistas al bien superior de la Patria».

En la mañana del viernes 14, el general Pinochet recibió una comunicación del Estado Mayor General del Ejército, en la que se apuntaba el deseo del general Prats de abandonar Chile. El general había enviado una carta al Congreso Nacional, según era preceptivo. Pero ese mismo día, el bando número 29 de la junta militar declaraba el receso parlamentario. El permiso que Prats había solicitado antes del 11 de septiembre, tenía ahora otro destinatario: Pinochet. El Estado Mayor examinó la situación del ex comandante en jefe del Ejército. En resumen sostenía:

«A) Se estima que debe permanecer en el país hasta que se aclaren varios aspectos referidos a su actuación en la Institución y en el Gobierno.

»B) Su salida del territorio nacional constituirá una situación de excepción que afectará al Ejército y a la ciudadanía, puesto que con los miembros del Gobierno marxista se ha observado otro temperamento...

»Se hace indispensable que el ex comandante en jefe del Ejército exponga sus puntos de vista sobre asuntos que tan directamente afectaban y amenazaban la esencia misma de la Institución que le prestaba obediencia legal y reglamentaria y a la cual él exigía una conducta intachable y ajustada a las normas legales vigentes, en circunstancias que los hechos parecen demostrar que la máxima autoridad del Ejército violaba los principios básicos de la institucionalidad».

A las diez, el general Pinochet hizo llamar a Prats.

—Aquí, la comandancia en jefe del Ejército...

—Al habla el general Prats...

—Se va a poner mi general Pinochet...

—Bien.

—Habla Augusto... Mira, Carlos, tenemos problemas que resolver en todas partes. Ahora corre el rumor de que tú estarías dirigiendo la resistencia en el sur...

—Tú sabes, Augusto, que eso no es verdad... No me he movido del apartamento...

—Yo sé que no es verdad... Pero te pido que aclares tu posición a través de la televisión. Si no lo haces, va a ser difícil que la Junta conceda el salvoconducto para salir del país.

—Bien, si no hay otra solución. ¿Cómo se hará?

—Enviaré una patrulla para que te traslades a la vicaría general castrense. Allí estará todo listo para filmar y grabar tu declaración...

Poco después del mediodía, vigilado por soldados y oficiales, el general Prats grabó en pocos minutos un breve mensaje. Iba vesti-

EL ENEMIGO PÚBLICO

do de paisano con chaqueta y pantalón *sport*, el cuello de la camisa abierto, y transmitía un aire de sordidez. Explicó que los rumores que circulaban sobre él eran falsos y que no apoyaba ningún movimiento de resistencia contra la Junta Militar. Recordó que ya había dado sus razones al solicitar su retiro del Ejército, en el mes de agosto, al entonces presidente Allende.

—Por conciencia de cristiano y formación de soldado, no deseo contribuir al derramamiento de sangre entre compatriotas —dijo—. No tengo intención de atentar contra la cohesión de las Fuerzas Armadas y la Junta de Gobierno.

Prats dijo que había adoptado la decisión de abandonar Chile antes de los sucesos del 11 de septiembre y que pensaba marcharse en las próximas horas, una vez que le concedieran un salvoconducto y las garantías necesarias.

Esa noche, el general Prats hizo varias llamadas. Una de ellas fue para Moy Tohá.

—Moy —dijo.

—Hola... ¿Sí?

—Moy, te habla Carlos.

—¡Carlos! Te he visto por televisión... Quedé desconcertada...

—Moy, no creas que es todo lo que quería decir... Tú comprenderás que dadas las circunstancias en que tuve que hacerlo... —se excusó Prats.

—Sí, claro —asintió Moy.

—Piensa en las circunstancias, Moy —insistió—. Mira, te llamo porque voy saliendo —señaló sin especificar que se iba al día siguiente—. Sé que es un privilegio poder irme, pero prefiero hacer esto... Si necesitas algo habla con el mayor Osvaldo Zabala... Ya nos veremos... Adiós, Moy.

—Adiós, Carlos.

Enrique Iglesias se presentó, en la mañana del viernes 14, en el Ministerio de Defensa. Solicitó hablar con el contraalmirante Huerta.

—Señor ministro, hay un tema delicado que he venido a plantearle. Tenemos un funcionario de la ONU... —dijo Iglesias.

—No me estará usted hablando de Garcés... —interrumpió Huerta.

—Sí, en efecto... se trata de Joan Garcés... —aprovechó Iglesias para ir directamente al asunto.

—La Junta Militar lo está buscando… Es el asesor de Allende y se le acusa de haber cometido graves delitos. Le vamos a juzgar… Su nombre aparece en los bandos. Allí se daba el plazo de ayer para la presentación de personas —enfatizó Huerta.

—Ustedes tienen el derecho de juzgar al señor Garcés, pero él está bajo la protección del secretario general de Naciones Unidas, que es el único que puede levantar su inmunidad… —dijo Iglesias.

—Bien, voy a elevar esto que usted me dice a la Junta Militar —dijo Huerta, con sequedad.

Iglesias no agregó más.

Salió del Ministerio de Defensa y decidió que había que actuar muy rápido. Enfiló hacia el barrio de Las Condes. Iba a la residencia del embajador español. Si no estaba, iría a la cancillería, en la avenida República, número 475.

Pero lo encontró todavía en casa.

—Ya he estado con Ramallo. ¿Qué pasa ahora? —preguntó el embajador.

—Enrique, vengo de ver al ministro de Relaciones Exteriores, el contralmirante Huerta. Le he mencionado el asunto de Garcés y tenías que ver cómo se ha puesto… Yo creo que no están dispuestos a respetar el estatuto de la ONU… Deberías acogerle aquí… Es la única garantía. Al fin y al cabo es un súbdito español… No puede haber mejor argumento… —dijo Iglesias.

—Mira, estoy haciendo algunas gestiones. Si es lo mejor, lo traemos aquí de inmediato —asintió el embajador.

El Volvo rojo con matrícula de la ONU de Luis Ramallo avanzó recto hasta empalmar con la calle Merced. Si todo iba bien, en quince minutos, como mucho, podrían estar en la avenida Apoquindo 3.742, en la residencia del embajador de España.

Llegaron sin problemas a la entrada del chalet. Estaba cerrada. Ramallo colocó el morro del coche pegando a la verja y tocó el claxon. Un par de segundos después salió de la residencia un camarero vestido con chaqueta blanca y pantalón negro. Miró el coche y abrió, al tiempo que les daba paso como si fuesen los invitados a un almuerzo en casa del embajador.

—Luis, te dejo la llave de casa… —dijo Joan—. Si pudieses recuperar unas cartas…

Ramallo cogió la llave y se la guardó.

En ese momento, apareció en la puerta de la residencia Josefina Ruiz-Falcó, Pepita, la esposa de Pérez-Hernández.

—Soy Luis Ramallo y él es Joan Garcés —dijo Ramallo.

—El embajador me ha avisado... —les hizo pasar—. ¿Queréis algo, una bebida, agua? O quizá le apetece una ducha —dijo dirigiéndose a Joan.

Ramallo explicó que tenía que marcharse.

—Ya volveré esta noche... Se lo dejo, Pepita.

Entró en el coche, dio marcha atrás y salió por la avenida Apoquindo rumbo a FLACSO.

Lo primero que hizo al llegar a su despacho fue llamar a la cancillería española.

—Póngame con el embajador.

—Hola, sí...

—Hola, Enrique, soy Luis... Ya está...

—Hombre... Ya me han llamado. Lo sé. Díselo a Enrique Iglesias, por favor. Iré ahora a la residencia.

Cuando Pérez-Hernández llegó, era la hora del almuerzo. Saludó a Joan. No se conocían. Joan había recibido invitaciones para distintos actos de la embajada. Recordaba, especialmente, alguna tarjeta con ocasión del 18 de julio, el día del levantamiento militar de Franco contra el Frente Popular, en 1936.

—Embajador, me ha invitado usted muchas veces a recepciones, y lamento llegar a su casa ahora, en esta situación —dijo Joan.

—España no tiene tratado de asilo con ningún país, y usted puede estar aquí todo el tiempo que dure Pinochet. Pero, descuide, vamos a tratar de sacarle antes... —ironizó el embajador.

—Se lo agradezco.

—Para mayor seguridad no le llamaremos por su nombre... Será don Luis...

Joan le explicó la situación de su hermano, Vicente Garcés, y le preguntó si no era posible enviar un coche de la embajada a recogerle lo antes posible para traerle a la residencia. Le aclaró que el nombre de Vicente Garcés no había aparecido en ninguno de los bandos. No constaba en aquel momento que lo estuviesen buscando, pero sólo el hecho de que fuera su hermano lo ponía en peligro. El embajador accedió sin pensárselo dos veces.

Joan llamó a Vicente y le dijo que todo estaba listo. Lo irían a buscar hasta la puerta de casa.

Pérez-Hernández ordenó al chófer que preparara su propio coche y le indicó las señas.

—Va usted hasta la puerta misma del edificio. Cuando le vea, este señor saldrá y se meterá en el coche. Lo trae a la residencia enseguida.

El chófer salió con el Mercedes 230, matrícula CD 485, color azul, hacia la calle Miraflores. Al llegar al edificio aparcó y esperó. Vicente Garcés salió de la casa y entró en el coche. Quince minutos más tarde, el Mercedes atravesaba la verja de Apoquindo.

Lo habían conseguido. Pepita ya había llevado a Joan a un dormitorio de la planta alta del chalet, junto a la escalera, y se deshacía en cuidados. Allí deberían pasar la mayor parte del tiempo. Les proporcionó el juego de cama, un tablero de ajedrez y unos libros, algo de prensa y un aparato de radio.

Esa tarde, Pérez-Hernández llamó a Madrid, a casa de Domingo Sánchez, primer secretario de la embajada española en Santiago y amigo personal. Sánchez había acumulado tres meses de vacaciones y se las había cogido a finales de junio. Pensaba regresar a Chile, pues, no antes de finales de septiembre. El 11, al conocer la noticia del golpe, se fue al palacio de Santa Cruz para hablar con el subsecretario de Asuntos Exteriores, Gabriel Fernández Valderrama. Pérez-Hernández logró localizarlo sin problemas.

—Domingo, tienes que venir. Aquí hay mucho jaleo. He pedido un avión para traer medicinas y alimentos. Vente tú con el avión y ocúpate de coordinar todo. Habla con la gente del ministerio y con la Cruz Roja...

—Muy bien, Enrique. Estoy a tu disposición, me pongo inmediatamente a ello.

Sánchez comenzó a organizar el viaje. Después de un par de consultas en el palacio de Santa Cruz, decidió que lo mejor sería alquilar un avión de la empresa Spantax, un DC-8, cuyo coste se pagaría con fondos especiales de varios ministerios. Los responsables de carga de la compañía aérea se encargarían de quitar los asientos y la Cruz Roja reuniría medicinas, mantas y alimentos. Todo debería estar preparado cuanto antes.

Pérez-Hernández recibió el sábado día 15 una nota verbal del Ministerio de Asuntos Exteriores de Madrid —el Gobierno de Franco— dirigida a la Junta de Gobierno de las Fuerzas Armadas y Carabineros. Cuarenta y ocho horas antes, el miércoles 12, una patrulla militar había entregado en mano una nota en la que pedía el mantenimiento de las relaciones diplomáticas.

El Ministerio de Asuntos Exteriores señalaba desde Madrid que «es práctica inveterada del Gobierno español en casos como el presente, de cambio de régimen, no formular reconocimiento explícito alguno por considerar que las relaciones no han quedado interrumpidas». No era la única señal que recibió de Madrid. Desde el Palacio de Santa Cruz le hicieron llegar, además, un mensaje de las máximas alturas, lo que, indudablemente, hizo a Enrique pensar en Franco. Tenía que hacer las gestiones para salvar a una persona joven. Era una cuestión de vida o muerte. Enrique no comentó el encargo de Madrid con nadie, aparte de su mujer.

El embajador salió de la embajada con la nota verbal procedente de Madrid y, sobre el mediodía, llegó al Ministerio de Defensa. Si de algo estaba seguro era de que no hablaría el asunto de Joan Garcés con el almirante Huerta. Sólo un día antes, el viernes 14, Enrique Iglesias le había informado de cómo se había irritado el ministro Huerta al hablar sobre Garcés. El embajador temía que la fórmula utilizada por el Palacio de Santa Cruz de Madrid causara malestar en la Junta Militar chilena. A sus ojos el argumento de que «las relaciones no han quedado interrumpidas» podía saber a poco para los militares chilenos, ávidos de algún apoyo internacional.

El ministro de Relaciones Exteriores, Ismael Huerta, le recibió en su despacho. Pérez-Hernández le explicó la decisión del Gobierno de Franco.

—La Junta de Gobierno considerará esta actitud un gesto de amistad del Gobierno español, que habremos de valorar —dijo Huerta.

Enrique Pérez-Hernández ocultó su sorpresa. No les importaba la fórmula en lo más mínimo. Entre otras cosas porque los países latinoamericanos que empezaban a reconocer a la Junta lo hacían en esos términos, aplicando la llamada doctrina Estrada. En esos momentos, sólo Brasil y Uruguay, dos dictaduras militares, habían reconocido a la Junta chilena. España era el tercer país en mantener relaciones.

Más animoso, Enrique añadió:

—Tengo que informarle también de que mi Gobierno enviará, en cuanto se reabra el aeropuerto, un avión con medicinas y alimentos —dijo.

—Nunca olvidaremos esto—agradeció Huerta.

En la Escuela Militar, el sábado 15, el nuevo ministro de Justicia, Gonzalo Prieto, visitaba a los ministros y dirigentes del Gobierno de la Unidad Popular allí confinados.

—Siento la muerte del presidente Salvador Allende... —dijo—. Les puedo asegurar que se va a respetar los derechos humanos. Creo que ustedes serán trasladados fuera del país —añadió.

—Nosotros no hemos cometido ningún delito, ¿por qué se nos va a sacar fuera de Chile? —dijo Orlando Letelier—. Tenemos derecho a un proceso justo —subrayó.

El día siguiente, domingo 16, cuando los prisioneros formaban cola en la Escuela Militar, al mediodía, para tomar su ración en el comedor, los soldados les dieron la orden de volver a sus habitaciones. Les empujaron hacia la segunda planta. Allí se les dijo que debían coger sus pertenencias y formar en fila para bajar. Los empujaron por las escaleras hasta abajo, y les subieron a patadas a un autobús.

—¡Mantengan la cabeza abajo! ¡El que levante la cabeza será fusilado inmediatamente! —bramó un oficial.

El autobús salió de la Escuela Militar rumbo a la base aérea El Bosque. Allí, los detenidos, unos cincuenta, tras someterse a una revisión, fueron introducidos en un avión DC-6.

Ese mismo día 16 había sido abandonado el cuerpo del cantautor chileno Víctor Jara en el Zanjón de la Aguada, en las inmediaciones del Cementerio Metropolitano. Unos pobladores lo encontraron junto con otros cinco cadáveres. Tenía heridas múltiples de bala: cuarenta y cuatro orificios de entrada; treinta y dos de salida. El rostro, desfigurado.

Antes de medianoche, después de ocho horas de vuelo, el avión con los casi cincuenta detenidos aterrizó en Punta Arenas, la ciudad más austral del país, a 2.140 kilómetros de Santiago. Bajaron de dos en dos, con los haces de potentes reflectores enfocados hacia los rostros, y se sometieron a una sesión de fotografías individuales para sus fichas personales. Había soldados por todos lados que lucían sus fusiles y afiladas bayonetas entre carros blindados, tanques y camiones de transporte.

Parecía llegar el final. Los soldados cogieron capuchas con cuerdas, las colocaron sobre la cabeza de cada uno de los detenidos y se las ataron en la nuca. Les ordenaron subir a los camiones. Antes de arrancar, un soldado disparó.

—Tengo una pistola en la mano. Al que haga el más mínimo movimiento lo dejo seco —dijo un oficial.

Hubo más tiros. Uno de ellos rebotó en el techo del camión y dio en el brazo de uno de los prisioneros.

—Me han alcanzado —gritó Daniel Vergara, ex subsecretario de Interior.

Uno de los oficiales preguntó qué ocurría. El soldado que había disparado estaba muy nervioso.

—¡Estoy herido! —gritó Vergara.

—¡Mierda! ¡Cierre la puerta! ¡En marcha!—ordenó el oficial.

Iniciaron un nuevo trayecto. Vergara fue desangrándose por el camino. Al cabo de una hora, los camiones se detuvieron, los detenidos fueron obligados a bajar y a subir atropelladamente a una embarcación, donde se les recluyó en la bodega.

Era una travesía por el agitado estrecho de Magallanes. Terminó a las seis de la mañana del lunes 17 de septiembre de 1973. El viaje había sido horrible. A la turbulencia natural provocada por vientos implacables, se unía la angustia acumulada por los cincuenta prisioneros en los últimos seis días.

Al desembarcar, los ministros, funcionarios y dirigentes de la Unidad Popular pudieron ver las claras del día y la nieve al mismo tiempo. Los más viejos subieron a antiguos camiones militares norteamericanos de la Segunda Guerra Mundial; el resto caminó por la playa, en medio de la nieve y de un viento feroz que hería las mejillas. Era imposible eludir con los pies el alambre de púa que habían colocado por todas partes.

—¡Ustedes son prisioneros de guerra! —vociferó el capitán de navío Jorge Fellay Fuenzalida, destinado en Punta Arenas—. ¡Tienen las obligaciones y derechos de la Convención de Ginebra! —precisó.

Era la bienvenida a la isla de Dawson, una base naval encerrada entre el estrecho de Magallanes y la Tierra del Fuego chilena, convertida en campo de concentración.

Pero aparte de ellos, prisioneros y verdugos, nadie más sabía que estaban allí.

Capítulo 12

Pacto con el Diablo

A Moy de Tohá se le había ocurrido la noche del domingo 16 una idea. ¿Por qué no ir a ver a Pinochet? Nadie quería decir dónde estaba su marido. Tampoco el de Isabel Margarita, la esposa de Orlando Letelier, y se desconocía el paradero de otros muchos dirigentes políticos y ministros del gobierno de Allende. Existía el rumor de que se los habían llevado a la isla de Dawson. Pero nadie quería confirmar la noticia. Isabel Margarita pensó que era una buena idea. No se perdía nada.

La mañana del lunes 17, ambas se presentaron a primera hora en el Ministerio de Defensa. Visitaron primero al general de la Fuerza Aérea Humberto Magliochetti, pero no sacaron en claro de qué se acusaba a sus maridos ni dónde estaban. Intentaron una entrevista con el general Óscar Bonilla, pero estaba ausente. Subieron una planta con la idea de ir al despacho de Pinochet. Antes de llegar, en el pasillo, había ajetreo. Un general caminaba rodeado de periodistas, fotógrafos y cámaras de televisión.

—Es Pinochet —dijo Isabel Margarita—. Viene hacia aquí. Moy, apártate, porque te va a besar... Si no te quitas, te va a besar —insistió.

Moy puso sus brazos por detrás, las uñas clavadas en las palmas de las manos. Pinochet se deshizo de los periodistas. Al llegar ante las dos mujeres, atrajo a Moy hacia sí, apretando el rostro contra su pecho. Ella resistió, echándose hacia atrás.

—Si no pasa nada, Moy —dijo, al ver su resistencia—. No pasa nada.

—¡Cómo que no pasa nada! —dijo Moy—. José está preso y se lo han llevado a la isla de Dawson. Yo necesito hablar contigo —añadió.

Pinochet no hizo comentarios.

—Habla con mi ayudante, que te dé la primera entrevista de mañana. Es el Día de la Independencia, pero yo vendré...

Enrique Pérez-Hernández recibió, esa mañana del lunes 17, una llamada desde el Ministerio de Defensa. Había solicitado una entrevista con Pinochet y podía tratarse de eso. En efecto, el general Pinochet le esperaba en su despacho después de la hora del almuerzo. ¡Habían llegado el día y la hora!

A Joan Garcés y su hermano Vicente, se habían unido, en los últimos días, otros dos huéspedes en la residencia de la calle Apoquindo. Ocupaban, sigilosamente, sendos dormitorios de la planta alta del chalet. Uno de los nuevos refugiados era el ingeniero Ernesto Torrealba, miembro del Partido Socialista. Torrealba había sido designado ministro de Agricultura en el Gabinete que Allende formó el 5 de julio de 1973; nueve días después, el 14 de julio, salía del Gobierno y era sustituido por Jaime Tohá.

Enrique conocía a Torrealba. Había tenido contactos con él a raíz de las conversaciones para recibir en Madrid a una misión económica enviada por Allende a España a finales de mayo. Torrealba era entonces reponsable del Servicio Ejecutivo de Relaciones Externas (SEREX), organismo chileno de comercio exterior. Y no dudó, pues, en acogerle en su residencia.

La cuarta persona era un español de unos 28 o 29 años de edad. El «cuarto pasajero», como le llamaba Enrique en sus despachos cifrados a Madrid, vivía confinado en su habitación, próxima a las demás, sin abandonarla jamás. Nunca comía con los otros. Enrique y Pepita guardaban celosamente el secreto de su identidad. Al parecer, el personaje estaba relacionado con aquella solicitud de intervención que el Ministerio de Asuntos Exteriores de Madrid atribuía «a las alturas», algo que Enrique siempre había asociado con una petición de Franco.

La táctica del embajador español era simple. Se trataba de cobrar con un gran favor el veloz anuncio, en sólo cuatro días, de mantenimiento de relaciones diplomáticas por parte de España, y la disposición del Gobierno de Franco a prestar la ayuda necesaria en las difíciles circunstancias por las que atravesaba Chile.

El embajador conocía a Pinochet. A su llegada a Santiago, en noviembre de 1971, se lo presentaron cuando Pinochet era jefe de la Guarnición de Santiago. Más tarde, ya como jefe del Estado Mayor General del Ejército, le siguió tratando. Enrique había seducido a Pinochet interesándose por los libros de geopolítica que éste había escrito. Le pidió que le explicara, además, algunas campañas militares chilenas, como la batalla entre las tropas de José de San Martín y los realistas del general Mariano Osorio, el 5 de abril de 1818, en los llanos de Maipo, lo que fue una señal del hundimiento del imperio español. Pinochet le explicó que los llanos estaban a sólo diez kilómetros de Santiago. Y un día le llevó al campo de la batalla para ilustrarle sobre el terreno sobre los movimientos de tropas.

Enrique almorzó el lunes 17 en su residencia, y ordenó al chófer, de nacionalidad chilena, que preparara el coche oficial. Salieron rumbo al Ministerio de Defensa, en la plaza Bulnes. Pinochet le recibió en su despacho.

—Quiero agradecerle especialmente el reconocimiento del Gobierno español y deseo haga llegar a las más altas autoridades de su país nuestro saludo cordial —dijo Pinochet—. Las cosas se van normalizando. La verdad es que bastante antes de lo que esperábamos —añadió—. ¿No lo cree así?

—Presidente, el Gobierno del generalísimo Francisco Franco desea colaborar en este momento difícil y por ello ha actuado sin pérdida de tiempo —dijo el embajador—. Existe, eso sí, alguna preocupación en el exterior por la evolución de los acontecimientos... Se habla de la situación del premio Nobel de Literatura, don Pablo Neruda. Cualquier conducta represiva hacia él podría hacer mucho daño a la Junta...

—La situación general está controlada... —dijo Pinochet—. Bastante antes de lo que creíamos, como le digo. Esperábamos más resistencia... Habrá algunos focos de guerrillas urbanas y rurales todavía —matizó—. La situación de Neruda, eso que se ha estado diciendo, que si ha sido detenido en un barco en Valparaíso o que está muerto, todo eso es falso. No es un secreto para nadie que está enfermo desde hace años. Ahora permanece en su residencia de Isla Negra. Pero tendré en cuenta lo que me ha dicho, embajador —agregó—. Ahora, hay otro punto que quisiera plantearle —propuso.

—Sí, cómo no, presidente —invitó el embajador.

—Hemos nombrado al general Francisco Gorigoitia, que está retirado, embajador en Madrid —dijo Pinochet—. Se trata de un amigo personal mío, que tiene parientes vascos, y quisiera obtener la autorización cuanto antes.

La Junta tenía interés en cubrir rápidamente las plazas principales. También acababa de nombrar al contraalmirante Luis Eberhard, agregado naval en Washington, como encargado de negocios al frente de la embajada de Chile.

Enrique reaccionó con diligencia.

—Presidente, hoy mismo pediré a Madrid que se tramite el plácet —prometió, obsequioso.

—Yo creo, embajador, que pronto hablaré con usted para pedirle alguna ayuda en materia de cooperación entre nuestros países... —adelantó Pinochet.

—Muy bien, puedo trasladar discretamente a Madrid que habrá alguna iniciativa... —dijo el embajador.

—Ya le diré más sobre esto —señaló Pinochet.

—Presidente, hay un asunto que quiero plantearle. He creído ver que quería usted mi opinión sobre la situación interna. Le he mencionado a Neruda. Creo que la moderación y la clemencia pueden ayudar a superar la crítica situación actual —profundizó—. En pocos días, un avión español traerá ayuda humanitaria, y lo que quiero decirle es que ese avión no se puede ir vacío...

—¿A qué se refiere, concretamente? —preguntó Pinochet.

—Tengo varios españoles. Uno de ellos es Joan Garcés... Necesito la autorización para que ellos puedan viajar en el avión y el salvoconducto para sacarles —se lanzó el embajador.

—Usted sabe que se está buscando a Garcés. Su nombre figura en los bandos. Tiene que presentarse. Le vamos a juzgar —dijo Pinochet—. Yo no puedo asumir la responsabilidad de resolver sobre el salvoconducto que usted me pide, embajador. Tendría que consultarlo con los otros miembros de la junta. Pero ¿cómo es posible que el embajador de Franco gestione un salvoconducto para el ideólogo de Allende?

—Presidente, las ideas del general Franco y las de Garcés son muy diferentes, como usted sabe. Pero Joan Garcés es español y está en territorio español. España no lo entregará. Es usted el comandante en jefe del Ejército y el presidente de la Junta de Gobierno. Tiene el poder para decidir. Se lo está pidiendo el representante del jefe del Estado español... Son súbditos españoles, deje que nosotros nos ocupemos de ellos.

Enrique Pérez-Hernández invocó el nombre de Franco varias veces más. Por fin, el general dijo:

—Embajador, vaya usted al despacho del almirante Huerta y
dígale que ha hablado conmigo y que yo he autorizado la salida
de Garcés y de los demás en el avión que vendrá de Madrid. En todo caso, si existe alguna dificultad que me hable —dijo Pinochet.

—Presidente, agradezco su decisión. El Gobierno español y
su jefe de Estado tendrán en cuenta este gesto, que le honra…

Enrique bajó al despacho del almirante Huerta. Intuía que
la historia no había terminado. Pidió ver al ministro de Relaciones Exteriores de forma urgente. Huerta le hizo pasar. Tomaron
asiento.

—Señor ministro, vengo de ver al presidente, el general Pinochet. Usted sabe que el Gobierno español se apresta a enviar un
avión con medicinas y alimentos… —dijo el embajador.

—Sí, claro, me lo ha anunciado usted el sábado… —recordó
el ministro.

—El general Pinochet me ha dado su autorización para poder
embarcar a un grupo de españoles… Me ha dicho que le pida a
usted los salvoconductos —dijo el embajador.

—¿De quién se trata? —preguntó el ministro.

—La única persona conocida es Joan Garcés… —se atrevió,
no sin temor, el embajador.

—¿Que le tengo que dar el salvoconducto para Joan Garcés?
¿Y dice usted que el general Pinochet lo ha autorizado? —exclamó,
ya con otro semblante, el ministro.

—¡Duda usted de la palabra del embajador de España! ¡Llame
usted mismo al general Pinochet!

Eso fue lo que hizo Huerta.

—Augusto, tengo aquí al embajador Pérez-Hernández. Me
dice que se le ha autorizado el salvoconducto para Joan Garcés
y otras personas…

Enrique observaba.

—Bien, bien… así lo haré… —dijo Huerta.

El ministro pidió que le trajeran varios salvoconductos, miró
al embajador victorioso, y preguntó:

—¿Cuántos son?

—Son cuatro personas, tres de nacionalidad española y un chileno —dijo el embajador, aumentando en uno el número de salvoconductos.

Huerta escribió, al dictado, los nombres y los datos que le fue
leyendo Enrique.

—Embajador, entiendo que ustedes se hacen responsables. El señor Garcés puede contribuir activamente a la campaña internacional que el comunismo lleva adelante contra la Junta de Gobierno. Esperamos que ustedes actúen para que ello no ocurra —advirtió Huerta.

—Señor ministro, voy a trasladar esto a nuestro ministro de Asuntos Exteriores y le aseguro desde ya que así habrá de ser. Nos haremos cargo.

A la misma hora en que Enrique comenzaba a ver la recta final de la salida de Joan Garcés, el periodista independiente norteamericano Charles Horman regresaba a su casa, en la popular avenida Vicuña Mackenna, en el número 4.126. Esa misma mañana Charles y su esposa Joyce, que se habían instalado en Santiago en 1972 para seguir de cerca la política de Salvador Allende, habían tomado la decisión de marcharse de Chile. Volvían a Nueva York.

Charles Horman regresó a su casa sobre las cinco de la tarde. Pocos minutos después, un vehículo militar descargó media docena de soldados y oficiales en la puerta de la casa. El oficial al mando ordenó rodear el edificio. Durante veinte minutos hicieron un registro tan minucioso como brutal. Sacaron a Charles. Dos soldados le seguían cargando una caja con libros y documentos. El vehículo dobló en la calle Ñuble y se dirigió al Estadio Nacional. Horman, como tantos otros en aquellos días, era sospechoso de ser militante de izquierdas. Cuando su mujer Joyce regresó a casa, comprobó que se lo había llevado un grupo de militares. Había desaparecido. *Missing*.

Moy de Tohá e Isabel Margarita, la esposa de Letelier, decidieron presentarse en el Ministerio de Defensa la mañana del martes 18 en compañía de Irma, la mujer del ex canciller y dirigente socialista Clodomiro Almeyda. Las tres llegaron temprano. Pinochet, les dijeron, estaba reunido. Tuvieron que esperar un rato. Por fin se abrió la puerta de la sala de visitas.

—Para su información, sus maridos están bien alimentados, bien cuidados y en un sitio seguro, con atención médica —gritó Pinochet, frente a las tres mujeres—. ¡Y usted qué hace aquí, quién la ha invitado! —bramó, furioso, al rostro de Irma Almeyda—. Sus maridos están bien, no como nosotros si hubiera sido al revés, si ustedes estuvieran en el poder —sacó la lengua, y se llevó una mano a la garganta, haciendo un movimiento seco de izquierda a derecha—. No hay nada más que hablar —chilló, enrojecido.

Moy se le encaró.

—Augusto, durante tres años fue a la inversa, y no recuerdo que tu mujer haya tenido que ir a la casa o a la oficina de mi marido a preguntar dónde estabas tú.

—Ellos están bien —repitió, ahora contenido, Pinochet.

—Nuestros maridos han desaparecido y queremos saber dónde están —dijo Moy—. ¿No podemos entrar a tu oficina para hablar en privado? —preguntó.

Pinochet las hizo pasar. Pero la furia volvió a asomar. Mencionó a Altamirano. Pero su obsesión era Allende:

—Porque a ese traidor, aunque está a muchos metros bajo el suelo, le vamos a perseguir siempre… —gruñó.

—En estos términos, no… Más respeto —dijo Irma.

Las tres estaban de pie. Pinochet se acercó a su escritorio.

—Nuestros hijos no han podido comunicarse con sus padres, y queremos que se les hagan llegar sus cartas —dijo Isabel Margarita.

—Bueno, bien —admitió Pinochet.

—Los míos también —dijo Irma.

—Bien.

Pinochet no terminaba de decir adónde los habían trasladado. Moy insistió.

—Están protegidos por las Fuerzas Armadas, mejor que en Santiago, si no la ciudadanía los hubiera linchado… Deberían estar agradecidas —gritó Pinochet.

La conversación había terminado.

Salieron del despacho. Irma e Isabel Margarita iban primero. Pinochet cogió a Moy por el codo, y le dijo:

—Prepara una maleta para tu marido, yo la voy a mandar a buscar para que se vaya en el avión de la FACH de mañana.

—¿Sólo para José? —preguntó Moy—. Él no lo aceptaría, así que es para todos o para ninguno.

—Bueno, que les manden a todos los maridos una maleta —aceptó Pinochet—. Pero tú —dijo a la cara de Moy—eres la responsable, a tu casa llegan las maletas y te responsabilizas de lo que vaya dentro.

Pinochet acudió, poco después, al acto religioso para celebrar el Día de la Independencia que el arzobispo de Santiago, monseñor

Raúl Silva Henríquez, oficiaría en la Iglesia de la Gratitud Nacional. Allí estaban los tres ex presidentes de Chile, Gabriel González Videla, Jorge Alessandri y Eduardo Frei Montalva. Los cuatro miembros de la Junta tomaron posición en primera fila. Pinochet, con grandes gafas de carey color negro y cristal oscuro, llevaba la gorra apretada entre el brazo izquierdo y el pecho. Tomó asiento, cogió la gorra y se la colocó sobre las rodillas. Mientras escuchaba la homilía, irguió el cuerpo, apretó los dientes y cruzó los brazos, dejando ver el reloj en su mano izquierda. El bigote corto, como un pegote, los labios arqueados por la tensión maxilar y la barbilla protuberante, transmitían una brutalidad que las gafas oscuras, al ocultar los ojos claros, convertían en una metáfora de lo siniestro, el símbolo de una dictadura satánica. Su edecán, el coronel Enrique Morel, estaba de pie, detrás de él, y a su alrededor se podía ver a otros coroneles y generales. La imagen, a la que Pinochet se prestó de buena gana, fue captada por la cámara de un fotógrafo chileno.

El jueves 20, Enrique Pérez-Hernández recibió un mensaje a través de la dirección de protocolo del Ministerio de Asuntos Exteriores de Madrid. El ministro Laureano López Rodó le informaba: «Concedido plácet general Francisco Gorigoitia Herrera». La celeridad solicitada por Pinochet para acreditar al nuevo embajador chileno era un hecho. No había tardado ni tres días. En otro mensaje de Madrid, Pérez-Hernández recibía poco después la noticia que anhelaba.

«Próxima madrugada saldrá avión vuelo especial Spantax transportando medicamentos y alimentos. En él viaja consejero señor Domingo Sánchez. Telegrafiaré oportunamente a Vuecencia salida y llegada aproximada».

La noche del viernes 21, Enrique dio la gran sorpresa. Llamó a Joan. Y le dijo:

—Mañana sale usted en el avión de Spantax. Llegará por la mañana y saldrá por la tarde hacia Palma de Mallorca...

Joan no lo podía creer.

Enrique le había dicho, por supuesto, que estaba haciendo gestiones para sacarlo de Chile, pero nunca le informó sobre la marcha de las mismas. Una semana después de entrar como Antoñito Valencia con Luis Ramallo, la operación estaba concluida.

PACTO CON EL DIABLO

—Es una buena noticia, muchas gracias, no puede imaginar cuánto se lo agradezco, sé que no ha debido de ser fácil —dijo Joan.

El avión de Spantax hizo un itinerario especial. Salió de Barajas en la madrugada del 22 de septiembre y se dirigió, por la selva del Amazonas, a la Guayana holandesa, donde hizo una escala para repostar combustible. Seguía lo que se llama un trazado ortodrómico: el camino más corto entre dos puntos de la esfera terrestre. Domingo Sánchez, único pasajero, aparte de la tripulación, durmió durante la mayor parte del viaje. Cuando el DC-8 se aproximaba al aeropuerto de la capital chilena, el comandante de la aeronave informó a la torre de control el número de la autorización de aterrizaje. Pero en la torre no había constancia del permiso. Desde la cabina del avión, se pidió a la torre que confirmara, en todo caso, con la embajada de España, en Santiago.

Después de una larga espera, el avión comenzó a descender. Por las ventanillas se podían ver soldados y oficiales de la Fuerza Aérea en la pista, armados hasta los dientes, metralleta en ristre. A las doce la tripulación y el único pasajero bajaron la escalerilla en medio de la vigilancia militar. Sánchez pudo reconocer, nada más salir de los controles, al chófer chileno que venía de la embajada española, quien enseguida le dijo que el embajador le estaba esperando en su residencia. Disponían de un tiempo preciso: el que los operarios tardarían en descargar el avión. Porque, según Enrique, había que despegar apenas se pudiera.

Enrique ya estaba en movimiento desde muy temprano el sábado 22. Esa misma mañana, había mantenido una comunicación con el ministro de Relaciones Exteriores, contraalmirante Huerta.

—Embajador, hemos dado instrucciones para suprimir el procedimiento de seguridad que habitualmente se sigue en Pudahuel en atención a que son asilados de la embajada de España —dijo Huerta.

—Ministro, transmitiré este gesto a las autoridades de mi país. Aprecio esta ayuda... —reconoció Enrique.

—Ahora, embajador, espero que recuerde lo que ya hemos hablado. Esta gente puede hacer campaña contra nuestro Gobierno. Para evitarlo necesitamos que las autoridades españolas se hagan cargo de neutralizarles... —solicitó Huerta.

—Señor ministro, ya lo he transmitido a las más altas instancias de España y se cumplirá lo que ha pedido... Volveré, señor ministro, a hacerlo hoy mismo. Tiene usted mi palabra —prometió.

171

Enrique solicitó que los carabineros enviaran a la residencia varios coches para custodiar la operación, cosa que le fue concedida. A su vez, llamó al agregado militar adjunto. Enrique tenía costumbre de presentarse en todos lados con su agregado militar, el capitán de fragata Francisco Gil de Sola, y el agregado adjunto, el teniente coronel José Luis Pérez Manchón. En esta ocasión, el embajador consideró que su presencia era vital.

—Comandante —dijo, dirigiéndose al teniente coronel Pérez Manchón—, quiero que venga con nosotros al aeropuerto. Es usted nuestra garantía. Y le quiero en misión oficial, con uniforme del Ejército español. Irá usted con la caravana en su propio vehículo. Saldremos de la residencia —le dijo.

Dos jeeps de Carabineros se presentaron en Apoquindo. El Mercedes que venía del aeropuerto llegó unos minutos antes de la una a la residencia. Sánchez se bajó, subió los escalones y tocó el timbre. Enrique y Sánchez se fundieron en un abrazo.

—Domingo, tenemos que salir ya, no quiero perder un minuto —dijo el embajador—. Mira, ésta es la gente que va a salir en el avión —añadió, y le indicó en el salón a los cuatro asilados.

Sánchez y los huéspedes se saludaron con un gesto.

—Tú, Domingo, te vas con estos dos —dijo Enrique, señalando a Ernesto Torrealba y al «cuarto pasajero»—. Los hermanos Garcés vienen conmigo —añadió.

Enrique subió en el Mercedes azul, e hizo señas para que Joan se sentara a su lado. Delante, junto al chófer, tomó asiento Vicente. Sánchez, al mismo tiempo, entró en el Mercedes color burdeos y junto a él, en el asiento trasero, se acomodó Ernesto Torrealba. Sánchez ya había tratado con él de temas comerciales. El «cuarto pasajero» abrió la puerta delantera y tomó asiento al lado del chófer. Sánchez no tenía ni idea de quién podía ser. Pensó que, por las prisas, el embajador se había olvidado de hacer las presentaciones. El agregado militar adjunto, enfundado en su uniforme, iba en otro coche. Abriendo el paso de la comitiva iba un jeep con una patrulla de Carabineros y cerrándola un segundo vehículo. La flotilla enfiló hacia el aeropuerto de Pudahuel. No había mucho tráfico, de modo que el trayecto se adivinaba fácil.

Ya en la zona del aeropuerto, una patrulla militar les hizo señales de que debían detenerse. Al acercarse el oficial al coche de Carabineros, el embajador advirtió que era un comando de la Fuer-

PACTO CON EL DIABLO

za Aérea. El oficial pidió a los policías uniformados que encabezaban la comitiva que hicieran bajar a los viajeros.

—Tenemos órdenes de llevar a estas personas al aeropuerto —dijo con firmeza el jefe de los carabineros.

—¿Los sacamos nosotros...? —desafió el oficial de la Fuerza Aérea.

Enrique comenzó a ser víctima de los nervios. Al frente había un descampado y una valla. Todo el esmero en conseguir los salvoconductos, el avión, el reconocimiento diplomático... podría irse al traste en unos segundos. Si bajaban a Garcés lo fusilarían, pensó. Lo harían contra la valla que se veía desde el Mercedes azul.

El jefe de los carabineros, que tenía una metralleta al hombro, hizo un movimiento con la correa y puso el arma en posición horizontal. No les cedería la pieza tan fácilmente. El oficial de la Fuerza Aérea se echó atrás y, finalmente, ordenó a sus hombres despejar la carretera.

La comitiva llegó al edificio del aeropuerto. En la zona de viajeros el embajador presentó los salvoconductos a los funcionarios de aduanas. Tal como había prometido el ministro Huerta, no hubo trámites de seguridad. Enrique y Sánchez acompañaron a los pasajeros hasta la escalerilla del avión. El avión Spantax había sido recibido hacía un par de horas por un oficial delegado del comandante en jefe de la Fuerza Aérea. Ahora estaba al pie del DC-8.

Enrique se despidió de los cuatro. Uno a uno les fue dando la mano. Joan se la estrechó y le saludó emocionadamente. Se dio la vuelta para subir, miró al oficial de la Fuerza Aérea Chilena y dijo:

—Hasta pronto.

Joan y Vicente se sentaron juntos en el DC-8, Ernesto Torrealba y el «cuarto pasajero» se acomodaron algo alejados. Tenían todo el avión a su disposición. La tripulación les atendió con especial cuidado y el comandante del vuelo anunció que el itinerario sería especial con una escala técnica imprescindible para repostar combustible en la Guayana holandesa, tal como había ocurrido en el viaje de ida.

El embajador y su primer secretario de embajada se quedaron en el aeropuerto hasta la hora de partida. Allí estaban las autoridades militares del aeropuerto y un representante de Cáritas, enviado por monseñor Raúl Silva Henríquez. El embajador entregó la mitad de la carga a las Fuerzas Armadas y la otra mitad a Cáritas, y retuvo una parte pequeña para instituciones benéficas españolas. Las cámaras de la televisión chilena filmaron la descarga de la ayuda enviada por el Gobierno español. El aparato despegó cuando faltaban quince minutos para las cuatro de la tarde.

—Ya podemos irnos tranquilos —dijo Enrique cuando el avión remontaba el vuelo—. Ven, vamos en mi coche —agregó, haciendo una señal a Sánchez.

Entraron en el Mercedes, se arrellanaron en el asiento trasero y Enrique comentó:

—Las papas, cuando queman, hay que soltarlas lo antes posible… ¡A avenida República!

Enrique escribió varios despachos y se los pasó a Sánchez, quien como primer secretario de embajada se ocupaba de utilizar la cifra para enviar los mensajes. Tomó asiento y transmitió a Madrid:

«A las 15.45 hora local despegó avión Spantax con las cuatro personas asiladas.

»Ministro de Relaciones Exteriores me ha comunicado que por ser asilados en Embajada de España se han suprimido todos los trámites de seguridad pero se ruega encarecidamente a las autoridades españolas sean "neutralizados", repito "neutralizados", ya que a efectos políticos podrían perjudicar al Gobierno de Chile.

»Le he prometido que así lo transmitiría a VE y que estaba seguro de que así se haría. Por mi parte, he obtenido de todos y cada uno de los asilados su palabra de honor de que su conducta en España será absolutamente correcta y la que corresponde a quienes han salvado la vida bajo la bandera española».

El DC-8 llegó a Palma de Mallorca al mediodía del domingo 23. Al pasar los controles, la policía les hizo saber que había instrucciones del Ministerio del Interior de protegerles y que les acompañarían durante su estancia en la isla, quizá en ejecución del plan para neutralizarles. Joan, Vicente y Torrealba se despidieron del «cuarto pasajero». Joan especulaba con la posibilidad de que fuera el hijo de una personalidad de la aristocracia o la banca y, para más precisiones, creía que era vasco.

Los hermanos Garcés y Torrealba viajaron en el primer avión, esa misma tarde, a Valencia para visitar a su familia, con la idea de seguir viaje, al día siguiente, hacia París.

El lunes 24, el embajador Davis se dirigió a ver al ministro Huerta. Tenía una buena noticia. Le habían pedido el reconocimiento urgente hacía seis días y aquí estaba. Davis presentó la nota verbal en la que Estados Unidos anunciaba su decisión de mantener las relaciones diplomáticas con la nueva Junta Militar, dos días después de que lo hiciera el Reino Unido. A estas alturas, eran veintidós los países que habían reconocido o reanudado sus relaciones con Chile.

La noche del día 24, Joan, Vicente y Ernesto Torrealba llegaban a París. La familia de Joan les había facilitado dinero a los tres para comprar los billetes. En París, Joan Garcés presentó su renuncia como experto en desarrollo social, título con el cual había asesorado a Allende, a René Maheu, director general de la Unesco. Deseaba contar con la independencia necesaria para denunciar la situación en Chile, y escribir libros.

A primeros de octubre, Joan escribió una carta a Enrique Pérez-Hernández, desde Helsinki, donde asistía a una reunión conjunta de partidos socialistas y comunistas, la primera en muchos años. He aquí su texto:

«Señor embajador y querido amigo:

»Ante todo, deseo reiterarle de nuevo mi profundo reconocimiento por su noble actitud para conmigo. Quebrado violentamente el Estado de derecho en Chile, en momentos en que la vida estaba a merced de cualquiera que quisiera usar un arma para cometer un crimen en absoluta impunidad, es gracias a su caballerosidad y espíritu humanitario que pude encontrar la protección de España. Personalmente, como español, siento orgullo propio por su gesto. Y estimo que él honra al servicio diplomático de nuestro país.

»Llegado a España, me puse de inmediato en contacto telefónico con los representantes de la Unesco ante el Ministerio de Asuntos Exteriores, solicitándoles que representaran ante las autoridades pertinentes mi agradecimiento por la actuación del embajador de España en Santiago. Hecho lo cual, tomé el primer avión en dirección a París, donde me encontraba en la noche del 24 de septiembre. Al día siguiente, me dirigí a la sede de la Unesco, para rendir cuenta del último periodo de estancia en Chile y poner mi cargo a disposición del director general, en mi calidad de experto en desarrollo social. Tras lo cual tuve la satisfacción de saludar a su hermano [Raimundo Pérez-Hernández, embajador ante la Unesco], encuentro que prácticamente tenía para mí el carácter de familiar.

»El día 27 sostuve una larga conversación con el señor director general de la Unesco, René Maheu, al término de la cual le reiteré por escrito que "cuando el 11 de septiembre el Gobierno democrático y legal de Chile fue derrocado por un golpe militar, ese día me consideré dimisionario de mi puesto en Chile". El día que pude regresar a París —el 24 de septiembre— puse mi cargo de experto en ciencias sociales a disposición de la Unesco. Hoy mismo he tenido la oportunidad de renovarle personalmente mi decisión de mantener mi libertad total de movimiento y de acción a fin de poder testimoniar lo que he vivido como ciudadano en Chile.

»El director general aceptó mi dimisión con efectos inmediatos.

»Usted me pidió que fuera prudente en los primeros días y semanas que siguieran a mi salida de Chile. Me comprometí ante usted, gracias a quien partía de Chile, a buscar la manera de serlo al tiempo que cumplía, igualmente, con mi compromiso moral con los millares de muertos inocentes que estaban cayendo en Chile y, en particular, con mi amigo el presidente de la República de Chile, doctor Salvador Allende: contar lo que yo había visto. Y así lo he hecho. La televisión francesa, las más importantes emisoras de radio, las revistas de más alto tiraje de París me ofrecieron de inmediato amplias entrevistas. Me negué a ello. No soy periodista y la tragedia de los chilenos me impide prestarme a los vedetismos de París. Sólo tras la aceptación de mi renuncia a la Unesco, concedí dos intervenciones muy breves a un periódico y a una revista militante de difusión muy restringida. Después, he guardado silencio.

»Pero mi prudencia y reserva actuales dejarán paso más pronto o más tarde al testimonio. Millones de chilenos se encuentran hoy silenciados. Su voz ahogada. Su verdad, negada y burdamente falsificada. Sobre ellos y sobre el resto del mundo, pesa el bombardeo psicológico de una Junta Militar que, sin otra representación ni legitimación que la fuerza de los cañones, intenta expiar su crimen contra esa noble nación creando groseros montajes de calumnia y falsedad. Es obligación de aquellos que pueden expresarse con fundamento decir en voz alta lo que saben sobre la realidad de Chile antes y después del 11 de septiembre. Guardar silencio es ser cómplice de este crimen contra los chilenos y los valores universales de la humanidad. Personalmente, aportaré mi voz a las muchas que ya se han levantado en todos los países.

»Espero tener pronto la oportunidad de verle de nuevo. Puede saber que, en cualquier circunstancia, usted y su familia encontrarán en mí y en la mía la más sincera amistad.

»Le ruego presente mis respetos a su señora esposa.

»Le saluda muy afectuosamente,

»Joan E. Garcés».

Enrique Pérez-Hernández, tras un serio desgaste personal, dejó la embajada de España en Chile y regresó a Madrid en noviembre de 1973 para asumir el cargo de director general de Iberoamérica. En el Ministerio de Asuntos Exteriores se encontró de todo. Algunos apoyaban su gestión en Chile, otros consideraban que se había excedido, especialmente en el caso de Joan Garcés.

Enrique quiso saber si el clima que había hallado al llegar significaba su caída en desgracia o era producto de rivalidades maliciosas de carácter personal. Se las arregló, pues, para ver a Franco ya que, entre otras cosas, había hecho una gestión por una persona —el «cuarto pasajero» del que hablaba en sus mensajes cifrados— por la cual el Jefe del Estado había manifestado, según le habían señalado, un gran interés.

Tras relatar la situación que había vivido en Chile, Enrique le expuso los antecedentes de Garcés. El Consejo de Ministros español, recordó, había eximido a Joan Garcés del servicio militar en 1970 a petición del presidente Salvador Allende, que le había nombrado su asesor personal, y, añadió, la amenaza de muerte que se cernía sobre él, caso de que hubiera caído en mano de las autoridades tras el golpe de Estado, era muy real. Le preguntó, pues, su opinión.

—Era un ciudadano español, estaba en territorio español, ha hecho usted lo que debía hacer —le dijo Franco.

CAPÍTULO 13

La «Caravana de la Muerte»

La primera fase del terror organizado en las provincias comenzó en la última semana de septiembre. Pinochet había designado a Sergio Arellano, de acuerdo con el reglamento militar, «oficial delegado» del presidente de la Junta de Gobierno y del comandante en jefe del Ejército. Ese título le permitía a Arellano asumir reglamentariamente el mando en sustitución de los comandantes en jefe de las divisiones de Ejército en las zonas que visitaba. El objetivo formal de la delegación de poderes era lograr «uniformar criterios» y «acelerar los procesos» de los detenidos políticos. A finales de septiembre, Arellano Stark viajó a la ciudad de Valdivia, en el sur, y pidió al general Héctor Bravo, comandante en jefe de la Cuarta División de Ejército, que acelerase los consejos de guerra. A su regreso a Santiago, Arellano Stark mantuvo comunicación permanente con Valdivia para vigilar el cumplimiento de sus órdenes. En repetidas ocasiones llamó al general Bravo para interesarse por los consejos de guerra. Siempre daba la misma consigna: acelerar.

El 30 de septiembre de 1973 la campaña en el sur de Chile sufrió un salto cualitativo. El general Arellano Stark partió en un helicóptero militar Puma, color verde oliva, acompañado de un equipo del que formaban parte entre otros el mayor Pedro Espinoza, oficial de Inteligencia del Ejército, y el teniente Armando Fernández Larios. Aterrizaron en la ciudad de Talca, a 258 kilómetros de Santiago. Lo primero que hizo Arellano Stark fue informar por teléfono al general Washington Carrasco, comandante en jefe de la Tercera División de Ejército, con sede en Concepción, de que había sido nombrado oficial delegado de la Junta de Gobierno para controlar la situación. Al mismo tiempo, le hizo saber que el teniente coronel Efraín Jaña, al mando del Regimiento de Montaña número 16 «Talca», debía ser relevado. Según Arellano Stark, en Santiago se recibían informaciones inquietantes. El comandante del regimiento, teniente coronel Jaña, no obraba con firmeza, pues mantenía a muchas personas afines al Gobierno anterior en sus puestos.

Arellano Stark no ocultó su enojo cuando los oficiales de la zona le aseguraron que la situación en Talca era normal. El teniente coronel Jaña le explicó que la ciudad estaba tranquila, pero Arellano Stark le habló del estado de guerra interno, y le preguntó por la cantidad de bajas que habían tenido y por los procesos. Jaña, que había sido profesor de inteligencia de Arellano Stark, y a quien éste solía escribir desde España, cuando era agregado militar de la embajada de Chile, llamándole «mi querido amigo», no se mordió la lengua. Le explicó que el único problema que habían tenido estaba resuelto. El depuesto intendente de la provincia, el socialista Germán Castro, por orden de Santiago en la misma mañana del 11 de septiembre, había sido procesado y fusilado. Jaña agregó que se trataba de un error y que, con investigaciones oportunas, se habría podido evitar, ya que, según pudo confirmar, Castro se ocultaba no del Ejército sino de un grupo paramilitar de la derechista organización Patria y Libertad. Arellano Stark insistió en que el país estaba en guerra y recriminó a Jaña por haber emitido un bando en el cual llamaba al pueblo a reconciliarse y unirse a las Fuerzas Armadas.

Se redactó un documento en el cual quedó constancia de que el general Arellano Stark, en su calidad de «oficial delegado de la Junta Militar de Gobierno y del comandante en jefe del Ejército», es decir, Pinochet, ordenaba relevar al teniente coronel Jaña como intendente de la provincia y comandante del regimiento, y le conminaba a presentarse ante el jefe del Estado Mayor General del Ejército, general Orlando Urbina, el 1 de octubre de 1973.

La cabeza de Jaña, pues, rodó. El día 2 de octubre su casa de Santiago fue allanada y cuando se presentó en el Regimiento Blindado N° 2, como le habían ordenado, fue arrestado. Ese mismo día, el ajuste de cuentas se trasladó al norte del país, al Regimiento de Calama, al mando del coronel Eugenio Rivera.

El objetivo de la «purificación» era el mayor Fernando Reveco. Había puesto bajo control militar, el 11 de septiembre, al personal de la mina de Chuquicamata y presidido todos los consejos de guerra de la zona, en los que se habían dictado sentencias para dieciséis presos, con penas que iban de sesenta días a veinte años de prisión. Ninguna condena a muerte. Entre los sometidos a consejo de guerra estaban Carlos Berger, condenado a sesenta días de arresto, y el gerente general de la mina, David Silberman, al que se le había impuesto una pena de trece años de cárcel, frente a la petición de veinticinco años por parte del fiscal militar.

Berger, en una carta a su esposa, Carmen Hertz, tras informarle de la levedad de la condena, escribía: «Bueno, me quedo una temporada aquí en Calama, disfrutando del sol, del deporte, del agua con arsénico. Espero que se respeten las normas en cuanto a que la pena empieza a contar desde que uno está en prisión, con lo que ya tendría casi quince días cumplidos. Espero que vengas hoy en la tarde. Te adoro. Carlos».

Al mayor Reveco, pues, se le reprochaba una actitud «blanda», y ello a pesar de que en las cortes marciales no habían existido garantías procesales mínimas. Los oficiales defensores tuvieron acceso a los cargos sólo un par de horas antes de celebrarse las vistas.

La orden llegó a Antofagasta, a la Tercera División de Ejército. Desde allí se transmitió a Calama: el mayor Reveco debía ser arrestado. Le llevaron a Santiago el 3 de octubre. El general Herman Brady le manifestó que sentía lo que le había ocurrido y le aconsejó que tuviese confianza. «Muchos han vuelto», le dijo. «¿Qué significa?, ¿qué pasa con los que no vuelven?», preguntó Reveco. El general Brady: «No puedo decirle más».

El 3 de octubre, el Puma bajó rumbo a la ciudad de Valdivia, a 839 kilómetros al sur de Santiago. El general Arellano Stark regresaba para verificar el cumplimiento de aquellas órdenes que había cursado durante su primera visita, unos diez días antes. El consejo de guerra, urgido desde Santiago, había dictado sentencias. Ya había doce condenados a muerte. El general Arellano Stark leyó el decreto que ordenaba cumplir las sentencias y a la firma del general Bravo agregó la suya. Uno de los condenados a muerte, José Gregorio Liendo, veintiocho años, conocido como «comandante Pepe», era dirigente del Movimiento Campesino Revolucionario; otro era Pedro Barría, lisiado, que dependía para moverse de su silla de ruedas. Liendo fue el único que fusilaron la misma noche del 3 de octubre. El general Arellano Stark debía partir y no quería hacerlo sin presenciar, junto con su equipo, la ejecución. Los otros once condenados fueron pasados por las armas al día siguiente. Sus cuerpos no fueron entregados a sus familiares.

El 4 de octubre, el general Arellano Stark subió hasta Cauquenes, ciudad de la provincia del Maule, en el sur. El comandante del Regimiento «Andalien» era el teniente coronel Rubén Castillo. El Puma se posó sobre el patio de honor del regimiento. El general Arellano Stark y su equipo, Pedro Espinoza, Armando Fernández Larios, Marcelo Moren Brito, y otros oficiales, bajaron. Iban vestidos con uniforme de combate y llevaban armas automáticas.

En la oficina de la comandancia, el general Arellano Stark urgió al coronel Castillo a revisar los procesos, a lo que el coronel dijo que las causas aún estaban abiertas y que no tenían sentencia del consejo de guerra. El general Arellano Stark le pidió el registro de detenidos.

Arellano Stark y su equipo verificaron los nombres. El general tenía un lápiz en la mano. Miró especialmente la columna en la que se describían los presuntos delitos de los que se acusaba a cada uno de los prisioneros e hizo una señal en varios nombres. A continuación ordenó a su equipo que fuera a la cárcel de Cauquenes a investigar los hechos e interrogar a los detenidos. El coronel Castillo indicó al teniente Jorge Acuña, del Regimiento «Andalien», que les acompañara.

Castillo invitó a Arellano Stark, mientras tanto, a almorzar en el Club Social de Cauquenes. Regresaron luego al cuartel. Y entonces llegó el equipo de oficiales. Según relató el mayor Espinoza al general Arellano Stark y al coronel Castillo, cuando trasladaban a cuatro detenidos para ser interrogados en el escenario en el que presuntamente se habían intentado organizar guerrillas el 11 de septiembre, dos de ellos habían atacado a uno de los centinelas y habían tratado de arrebatarle las armas. Los otros dos se habían dado a la fuga. Los cuatro fueron reducidos y, en aplicación del bando militar número 24, fusilados en el acto.

La destitución del mayor Reveco ya daba sus frutos en Calama. Ese mismo 4 de octubre, era detenidas tres personas que trabajaban en la Empresa Nacional de Explosivos (ENAEX), a las que se acusaba de querer volar la planta. Luis Busch, Andrés Rojas y Francisco Valdivia negaron los hechos. Su defensor fue nombrado por el comandante del regimiento, el coronel Rivera. Dos días después, el 6 de octubre, el consejo de guerra, integrado por aquellos oficiales que habían delatado al mayor Reveco como «blando», condenó a muerte a los tres detenidos. Y, sin pérdida de tiempo, fueron ejecutados ese mismo día. Diez días más tarde, Domingo Mamani, presidente del Sindicato de Empleados, fue condenado a ser confinado al sur del paralelo 38 por un periodo de veinticuatro años. Se sintió un privilegiado. «Debía estar muerto como ellos», dijo a su mujer, refiriéndose a sus amigos Busch y Valdivia, fusilados el 6 de octubre.

En la mañana del 16 de octubre de 1973 el Puma del general Sergio Arellano Stark llegaba al aeropuerto de la ciudad de La Serena, 473 kilómetros al norte de Santiago, donde les esperaba el comandante del Regimiento Motorizado «Arica», el teniente coronel Ariosto Lapostol. El general Arellano Stark descendió junto con su banda: el mayor Pedro Espinoza, el teniente coronel Sergio Arredondo, el mayor Marcelo Moren Brito y el teniente Armando Fernández Larios. Como ya era norma, el general Arellano Stark informó a Lapostol de que había sido nombrado oficial delegado de Pinochet y que venía a revisar la marcha de los consejos de guerra. Primero fueron a la oficina del fiscal militar, el mayor Manuel Cazanga Pereira, donde solicitaron el registro de los prisioneros. Y luego se encerraron en la oficina del teniente coronel Lapostol.

Allí se repitió la escena del 4 de octubre en Cauquenes. El general Arellano Stark leyó el registro y con un lápiz rojo hizo señales en la columna que consignaba los delitos que se imputaban a cada nombre. Lapostol seguía por encima del hombro de Arellano Stark las marcas. Al ver que el general visaba los delitos que correspondían al acusado Roberto Guzmán Santa Cruz, Lapostol preguntó:

—¿De qué se trata esto, mi general? Este caso ya fue juzgado.

El general Arellano Stark se dio la vuelta y clavó la mirada en Lapostol. Pero no dijo nada. Volvió a estudiar el registro de detenidos. Arellano seleccionó quince de ellos y dijo que debían ser sometidos a consejo de guerra. El mayor Moren Brito tomó nota de los nombres en una libreta.

Lapostol dijo que de los elegidos había tres que ya habían sido condenados por consejos de guerra y que, en esos momentos, estaban cumpliendo penas en la penitenciaría de La Serena. El general Arellano Stark replicó que los delitos que se les imputaban eran graves, y las penas, en cambio, muy leves. Era necesario, dijo, repetir el proceso.

Lapostol había presidido el consejo de guerra que dictó las mencionadas penas. Insistió varias veces en que las tres personas ya estaban cumpliendo condena. Y, ante la decisión irreversible de repetir el juicio, sugirió:

—General, en ese caso presida usted el consejo de guerra.

El general Arellano Stark se negó a ello. Y, entonces, Lapostol pidió permiso para retirarse, y salió al jardín.

No habían transcurrido veinte minutos. El general Arellano Stark se unió a Lapostol. Insistió: las penas eran mínimas, había que repetir el consejo de guerra.

En esos momentos se acercó a ambos el capitán Mario Vargas. Regresaba de una misión. Vargas pidió permiso al general Arellano Stark para dar cuenta del resultado. Lapostol y el capitán se apartaron para hablar. Al terminar de escuchar su informe, Lapostol le informó sobre la orden del general Arellano Stark de repetir el consejo de guerra. Lapostol estaba seguro de que se iniciaría de un momento a otro una vez que llegasen los abogados defensores. Le pidió al capitán Vargas que se quedara allí mismo, y caminó unos dos metros y volvió a unirse al general Arellano Stark.

Los dos retomaron su conversación, con el capitán Vargas situado a un par de metros. Y entonces sonaron unos disparos. Lapostol envió a Vargas a averiguar lo que ocurría. Unos minutos más tarde, el capitán Vargas regresaba:

—Hay quince personas muertas en la cancha de tiro de pistola —informó, al tiempo que se escuchaban más descargas.

Lapostol se dirigió al general Arellano Stark.

—General, ¿qué está sucediendo aquí?

—Esos disparos deben corresponder al resultado del consejo de guerra —dijo el general.

Media hora después, el teniente coronel Arredondo regresaba del polígono. El general Arellano Stark y el teniente coronel Lapostol seguían juntos. Arredondo informó al general Arellano Stark, delante de Lapostol, de que la misión había sido cumplida, que se había ejecutado a las quince personas de acuerdo con la sentencia del consejo de guerra.

Cinco minutos después, el general Arellano Stark y su banda emprendían el viaje al aeropuerto. El teniente coronel Lapostol les acompañó. En el jeep, Lapostol pidió al general Arellano Stark el acta del consejo de guerra para legalizar la muerte de los quince prisioneros. El general dijo que su ayudante, el capitán Juan

Chiminelli, que iba con ellos, le entregaría «una que trae en su maletín». Pero el capitán no se la dio.

Llegaron al aeropuerto sobre las seis de la tarde. Allí los pilotos del helicóptero mantuvieron una comunicación con la torre de control, a quienes informaron el plan de vuelo. La siguiente escala era Copiapó. Cuando se despedían, a pie del helicóptero en marcha, Lapostol gritó que le mandasen el acta desde Santiago.

Lapostol volvió al regimiento y examinó los cadáveres de los quince prisioneros ejecutados. Todos tenían heridas de bala en el pecho. Pidió al médico del regimiento que los revisara y que extendiera el certificado de defunción. Y, en lugar de entregar los cuerpos a los familiares, ordenó que los llevaran al cementerio para enterrarlos en una fosa común. A continuación redactó un comunicado dando cuenta de la ejecución. Y se lo pasó a su ayudante, el teniente Juan Emilio Cheyre, para que ordenase su publicación en el diario *El Día* de La Serena.

En el bando se informaba de que quince personas habían sido fusiladas. Algunos por haber «planificado para el 17 de septiembre apoderarse del cuartel de Carabineros de Salamanca, matar al personal y a los hijos mayores de 8 años, además de pretender eliminar físicamente a un grupo de la ciudad que alcanzaba el número de treinta, cuya nómina no es del caso dar a conocer por razones obvias», otros por sustracción de explosivos e incitar a la resistencia armada y haber participado en actividades contra las Fuerzas Armadas.

El Puma subió unos trescientos kilómetros hacia el norte. Le llevó una hora llegar hasta Copiapó, capital de Atacama. El comandante del Regimiento de Atacama, el teniente coronel Óscar Haag, envió a su ayudante, el teniente Enrique Vidal, a recibir al general. El helicóptero aterrizó ante la expectativa de un grupo de quince hombres del regimiento local. El primero en bajar fue el teniente Armando Fernández Larios. Iba en uniforme de campaña, con su metralleta, y como era su costumbre, llevaba granadas y un corvo a la vista.

El general Arellano Stark ordenó al teniente Vidal que buscase al teniente coronel Haag, que estaba en la comandancia. Ya cara a cara, al advertir que el teniente coronel llevaba uniforme de diario, el general Arellano Stark le reprochó por su forma de vestir.

—¡El país está en guerra! —exclamó, ordenándole que se pusiera ropa de campaña.

Una vez en uniforme de combate, Arellano Stark exigió a Haag todas las carpetas de los detenidos, tanto en el mismo regimiento como en la cárcel de Copiapó. El capitán Brito trajo el archivo. Durante varias horas, el general Arellano Stark y el mayor Espinoza estudiaron las fichas de unos setenta detenidos. En cierto momento, el teniente Fernández Larios salió del despacho del comandante. Vio al teniente Vidal y le preguntó:

—¿Dónde están los detenidos?

Vidal le acompañó. Fernández Larios llevaba un palo corto con una cadena de la que colgaba una bola de púas. Cuando llegaron, Fernández Larios comenzó a aporrear a los prisioneros. Uno de ellos, Leonello Vincenti, cayó muerto. Era, simplemente, un anticipo.

El general Arellano Stark y el mayor Pedro Espinoza tomaban notas. Durante la sesión de trabajo, el general Arellano Stark enviaba mensajes escritos a mano a los miembros de su equipo que permanecían fuera del despacho.

Antes de la medianoche, el general Arellano Stark devolvió la lista de los detenidos. Había seleccionado trece personas, y comunicó al teniente coronel Haag que debían ser fusiladas de forma inmediata. Al mismo tiempo, Arellano Stark urgió a ejecutar la pena de muerte de tres funcionarios de la mina El Salvador ya dictada por un consejo de guerra. El teniente coronel Haag, que había presidido dicho consejo, estaba revisando la pena. Pero Arellano Stark dijo que debía cumplirse la sentencia al día siguiente.

Al concluir la reunión, Arellano Stark informó al teniente coronel Haag que los trece detenidos debían ser «trasladados» sin demora a La Serena.

Haag hizo llamar al capitán Patricio Díaz Araneda. Cuando éste llegó a la comandancia, Haag le esperaba acompañado de su segundo, el mayor Carlos Enriotti, quien tenía una lista en la mano.

—Capitán —dijo el teniente coronel Haag, muy nervioso—. Tiene usted que cumplir la orden de ejecutar a trece detenidos.

—¿No hay manera de evitar el cumplimiento de esa orden, mi comandante?

—Es una orden superior, capitán. El general Arellano tiene la investidura de oficial delegado. Es imposible no cumplir la orden.

El mayor Enriotti dio al capitán Díaz Araneda las instrucciones para cumplir la misión y la lista de detenidos. Había que simular su traslado a La Serena en un camión militar y la ejecución debía quedar a cargo de oficiales. Díaz Araneda nombró a un capitán y dos subtenientes para cumplir la orden y les instruyó para que fueran a retirar a cuatro detenidos que estaban en el regimiento. Mientras, preparó los fusiles SIG 7.62 mm y la munición, sacó varios sacos de dormir de sus bolsas y se las llevó.

Los suboficiales ataron las manos por atrás a los cuatro prisioneros y les subieron al vehículo militar. El capitán Díaz Araneda se puso al volante. Condujo hasta la cárcel de Copiapó, sacó la lista y pidió al encargado la entrega de nueve presos. Se dejó constancia de la salida en el libro de guardia. Les sujetaron las manos por detrás y les hicieron subir al camión junto con los otros cuatro. Díaz Araneda enfiló hacia el sur. En el kilómetro 23, al advertir un terreno llano, salió de la carretera. Hizo unos doscientos metros y frenó. Abandonó la cabina del conductor y explicó a los subtenientes que la misión consistía en fusilar a los prisioneros.

Tras las ejecuciones, cargaron los trece cadáveres en el camión y los cubrieron con una lona. El capitán Díaz Araneda se puso al volante de nuevo. A pocos kilómetros de Copiapó, los alcanzó el vehículo del teniente coronel Haag, en el que viajaba también el teniente coronel Arredondo, el segundo del general Arellano Stark. Les hicieron parar.

Arredondo se subió al camión, levantó la lona y contó los cadáveres. Regresó al vehículo y le ordenó a Haag que fuera al hotel en el que se alojaba el general Arellano Stark.

Al llegar, el general les recibió en bata. El teniente coronel Arredondo, delante de Haag, dijo:

—Cumplida su orden, mi general, las trece personas han sido ejecutadas y lo he confirmado personalmente.

El teniente coronel Haag regresó, en la madrugada del 17, a su despacho. Y ordenó que se hiciera un comunicado:

«En la madrugada [miércoles 17 de octubre], un microbús de la Jefatura de Plaza de esta provincia trasladaba a un grupo de trece presos políticos hacia la cárcel de La Serena, por disposición de las autoridades militares. El vehículo sufrió una falla eléctrica, que obligó al personal a detenerse para arreglar el desperfecto. Esto ocurría a veintitrés kilómetros al sur de Copiapó. Los detenidos quisieron aprovechar esta circunstancia y se rebelaron contra el personal militar e intentaron huir, ante lo cual se hizo fuego contra los fugitivos, que pagaron cara su osadía».

Sobre las diez de la mañana, el general Arellano Stark llamó por teléfono a la intendencia de Antofagasta y preguntó por el general Joaquín Lagos, comandante en jefe de la Primera División de Ejército. Le informó de que estaba en Copiapó con un helicóptero y que por orden del comandante en jefe del Ejército viajaba para uniformar criterios sobre la administración de justicia. No entró en detalles sobre el carácter reglamentario de su misión. Le pidió permiso para entrar en su jurisdicción y dijo que llegaría al día siguiente, 18 de octubre, alrededor de las diez de la mañana. El general Lagos le sugirió que aterrizara en el Regimiento «Esmeralda» y le propuso que se alojase en su casa. Le preguntó quién más venía en la comitiva. El general Arellano Stark nombró a quienes la integraban. Cuando dijo que estaba el teniente coronel Arredondo, el general Lagos le sugirió que también él, al que conocía, fuera a su casa.

El general Arellano Stark se reunió, en la comandancia, con el teniente coronel Haag y con el abogado Daniel Rojas Hidalgo, auditor militar de Copiapó, quien le presentó el documento por el que se ordenaba el cumplimiento de la sentencia de pena de muerte para los tres prisioneros de la mina de El Salvador. El general Arellano Stark firmó en presencia de los oficiales reunidos.

Aquella tarde del 17, tuvo lugar la ejecución del economista de CEPAL Ricardo García Posada, gerente general de Cobresal, empresa de la minera estatal El Salvador, y la de otros dos empleados, Benito Tapia y Maguindo Castillo.

En Antofagasta, después de recibir la llamada de Arellano Stark, el general Lagos se puso al teléfono para atender al ministro del Interior, general Óscar Bonilla, que le llamaba desde Santiago. El ministro le dijo que estaba considerando la posibilidad, de momento sólo era eso, de que aquellas personas sometidas a consejos de guerra en su región pudiesen ser defendidas por el Colegio de Abogados de Antofagasta.

El general Lagos convocó, pues, una reunión con varios miembros del consejo directivo, entre los que acudieron el presidente, José Luis Gómez Angulo, y el vicepresidente, Luis Fernandois. Les dijo que se respetarían las normas procesales y que los acusados podrían ser defendidos por letrados de dicho colegio.

Más tarde, el general Lagos recibió a solas a Fernandois y al abogado Gastón Cruzat Paul, que había viajado desde Santiago para hacerse cargo de la defensa del ingeniero Eugenio Ruiz-Tagle, de 26 años, militante del MAPU y gerente de la Industria Nacional de Cemento (INACESA). Era uno de los catorce prisioneros políticos en la cárcel pública de Antofagasta. Ruiz-Tagle había visto su nombre en un bando el día 12 de septiembre y se había presentado voluntariamente ese mismo día a las autoridades. Cruzat se había hecho cargo del caso porque su hija era amiga de Mónica Espinoza, la esposa de Ruiz-Tagle, y le había pedido que ayudara. Tampoco era abogado penalista. Su especialidad era el derecho civil. Todo lo que intentaba era asegurarse de que la defensa de Ruiz-Tagle fuera asumida por su colega, el abogado Luis Fernandois. Cruzat pidió permiso al general Lagos para hablar con su cliente, que ya llevaba más de un mes incomunicado, a fin de organizar la defensa. El general Lagos dijo:

—Este señor es muy peligroso. Según la información de que disponemos, es el jefe del grupo terrorista, querían asesinar a altos mandos del Ejército...

—Pero los cargos contra él son a lo sumo por tentativa y son anteriores al golpe. Y, además, está el hecho de que se presentó voluntariamente —objetó Cruzat—. Un mes de incomunicación es mucho tiempo y para defenderle tengo que hablar con él —añadió.

El general les prometió que iba a levantar la incomunicación para que pudieran hablar con su cliente.

Ese mismo miércoles 17, pues, Fernandois y Cruzat fueron a hablar con el fiscal Vicente Castillo y con el auditor de guerra Marcos Herrera, para solicitar la entrevista con Ruiz-Tagle. Ambos se negaron a informar sobre los cargos que existían contra Ruiz-Tagle, y dijeron que seguía incomunicado. No pudieron verle. Sin embargo, Cruzat fue a la cárcel. Le dijeron lo mismo. Pero pudo saber algunas cosas más. El capellán de la cárcel, José Donoso Phillips, era un antiguo compañero de colegio. Fue él quien le aseguró que no era cierto que Ruiz-Tagle estuviera incomunicado, y que tanto a él como a varios detenidos los habían trasladado la noche anterior, es decir el 16, a la base aérea de Cerro Moreno, donde les torturaban. En los días siguientes al golpe se había formado en esa base un grupo de torturadores de élite, cuyo jefe era el jefe del Estado Mayor de la base, comandante Marcial Vargas. Entre ellos estaban los capitanes Hernán Gabrielli Rojas, León Duffey, Raúl Tapia Edole, el comandante de escuadrilla sanitario Silvio del Lago, y otros. Donoso, que también había sido guía espiritual de Cruzat, durante un breve paso de éste por los jesuitas, le advirtió.

—Se lo han llevado, no te dejarán verlo, Gastón... no te vas a creer lo que le han hecho. Lo van a matar.

Cruzat volvió a la cárcel una vez más. Y otra vez le dijeron que Ruiz-Tagle estaba incomunicado. Esta vez, no se quedó en silencio.

—Pero si me aseguran que los han trasladado...

—Sí, se los llevaron —dijo en voz baja el gendarme.

Cruzat regresó a Santiago en el último vuelo del día siguiente, jueves 18 de octubre, y dejó a su colega Fernandois a cargo del caso. Todo lo que le había contado Donoso lo puso en una carta, que, a través de un amigo, Raúl Troncoso, le hizo llegar al ministro de Justicia, Gonzalo Prieto.

En ella narraba las torturas a las que se sometía a los detenidos Ruiz-Tagle, Carlos Bau y Mario Silva: «Quemaduras producidas con cigarrillos encendidos, aplicación de corriente eléctrica, golpes en las partes más dolorosas del cuerpo, simulacros de fusilamientos y otras torturas se han estado aplicando en la pesquisa de los posibles delitos cometidos antes o después del pronunciamiento militar».

Esa noche del 18 llegó a Antofagasta Alicia Orrego, la madre de Eugenio Ruiz-Tagle, con la esperanza de visitar a su hijo el día siguiente, 19 de octubre.

Mientras tanto, los fusilamientos en La Serena habían producido un terremoto local. El 17, la portada del periódico local *El Día* llevaba el comunicado oficial. Entre los ejecutados estaban Jorge Peña, hijo ilustre de La Serena, director de la Orquesta Filarmónica y fundador de la Orquesta Sinfónica de Niños, y el profesor de la universidad, Mario Ramírez.

El teniente coronel Lapostol decidió justificar los crímenes en una entrevista con el mismo periódico. Según dijo, «las sentencias se dictaron después de estudios profundos». El diario subrayó que Lapostol «dejó en claro que un tribunal venido especialmente de la capital fue el que dictaminó en última instancia la sentencia».

Para Carmen Hertz el jueves 18 de octubre fue un día de buenas noticias. La esposa y abogada del detenido Carlos Berger lo visitó, como cada día, en la cárcel pública de Calama. Aunque había dejado a su hijo Germán en Santiago, los familiares de otros presos la reconocían por el *guagua*, como llaman a los pequeños. Era de fuera y su marido, un rubio de ojos azules, llamaba la atención en una región donde la población autóctona tiene rasgos indígenas.

Ese día Carmen fue a ver al fiscal militar, el teniente coronel Óscar Figueroa, a la sazón segundo comandante del Regimiento de Calama. De acuerdo con la pena de sesenta días que le había impuesto el consejo de guerra, a Berger sólo le quedaban por cumplir unos veinte días, hasta el 12 de noviembre, para recobrar su libertad. Carmen propuso al fiscal militar que esos veinte días de cárcel pendientes fueran sustituidos por el pago de una multa. El fiscal dijo que le parecía bien y le pidió que le trajera un escrito al día siguiente.

Carmen le contó a Carlos que, finalmente, el fiscal había aceptado la idea de pagar una multa y que prepararía el escrito para llevárselo al día siguiente. Compró los billetes para viajar, todos, en avión a Santiago y regresó a la Casa de Huéspedes número 1.900 para preparar las maletas. Por fin, se dijo, dejaría un sitio que nunca le había inspirado cariño y sobre el cual había tenido las más funestas premoniciones. Y con su marido en libertad.

El 18 de octubre, el Puma descendió en el Regimiento «Esmeralda» de Antofagasta, sobre las diez de la mañana. Allí estaba el general Lagos. Al bajar el general Arellano Stark y su equipo, Lagos quiso saber en qué podía ayudarle para cumplir su misión. Pinochet, dijo Arellano Stark, le había encargado uniformar criterios sobre la administración de justicia. No precisó más, ni habló del documento que lo acreditaba como «oficial delegado». El general Arellano Stark le pidió que reuniera a todo el personal de la guarnición para informarles sobre la conducta a seguir en momentos tan difíciles para el país. Después de mantener la reunión, el general Lagos llevó al general Arellano Stark y al teniente coronel Arredondo a almorzar a su casa. Los demás miembros de la comitiva se fueron al hotel Antofagasta.

Lagos dispuso que en la tarde el general Arellano Stark trabajaría en su propia oficina, en la comandancia del regimiento; él, por su parte, estaría en su despacho de la intendencia de la ciudad. Lagos habló con el auditor, el teniente coronel Marcos Herrera, para que preparara los registros de sumarios pendientes y ya cerrados.

El general Arellano Stark llegó a la comandancia y se reunió con Herrera, a quien mostró el documento firmado por el general Pinochet por el cual le designaba su «oficial delegado», y le explicó que pasaba a tener el mando en todos los procesos y consejos de guerra. Arellano Stark le dio el número del decreto donde se indicaba que era delegado del presidente de la Junta de Gobierno y comandante en jefe del Ejército.

A media tarde, el general Lagos fue informado de que el general Pinochet llegaría en avión a Antofagasta para hacer una escala técnica entre Santiago y su destino, Iquique. El general Lagos y los representantes de las otras fuerzas salieron poco después hacia el aeropuerto de Cerro Moreno. También lo hizo el general Arellano Stark y su equipo. Al bajar del avión, Lagos informó a Pinochet de que Antofagasta estaba en «la más absoluta calma». Junto al aeropuerto estaba la base aérea de Cerro Moreno, donde solían llevar a Eugenio Ruiz-Tagle y a sus compañeros desde la cárcel de Antofagasta para someterles a sesiones de tortura.

Pinochet tenía especial interés en hablar con al teniente coronel Arredondo. Quería aprovechar la escala para darle en persona una buena noticia: había sido nombrado director de la Escuela de Caballería de Quillota. Pinochet siguió viaje hacia Iquique, pero Lucía Hiriart, su esposa, se quedó en Antofagasta para visitar a sus nietos.

Lagos invitó al general Arellano Stark a regresar juntos en su coche. El teniente coronel Arredondo pidió a Lagos permiso para usar el coche que se le había reservado al general Arellano Stark. Ambos se despidieron de Arredondo hasta la hora de la cena.

Lagos, ya en la casa, preguntó a Arellano Stark por la revisión de los procesos que había realizado esa tarde en la comandancia, a lo que éste contestó que no había nada de importancia y que hablarían al día siguiente, 19, sobre algunos detalles que ya había comentado con el auditor Marcos Herrera. El teniente coronel Arredondo llamó por teléfono. Dijo que se había retrasado y que no llegaría a la hora de cenar.

¿Dónde estaban el teniente coronel Arredondo y los otros miembros del equipo? Arredondo había pasado por el hotel, estuvo con su gente y de allí marchó, con algunos de ellos, como el mayor Moren Brito y el teniente Fernández Larios, que interrumpieron su cena, a realizar una misión especial. Esa tarde, el mayor Pedro Espinoza, integrante del grupo, había estado reunido con el jefe del Servicio de Inteligencia de Antofagasta, mayor Patricio Ferrer, viendo papeles.

El coronel Adrián Ortiz, director de la Escuela de Unidades Mecanizadas del regimiento, fue requerido por la noche para que prestara un camión y varios vehículos, y para que acudiera a la cárcel de Antofagasta. El auditor militar Herrera, a su vez, fue convocado también, sobre las once y media de la noche, para certificar la entrega de catorce prisioneros. Se trataba de cumplir una orden del mayor Ferrer, el jefe de Inteligencia de la zona, quien explicó a Herrera que era necesario acabar con los procesos pendientes.

En la cárcel, pusieron a los prisioneros contra una pared, les cubrieron el rostro con capuchas y les ataron las manos a la espalda. Miembros del equipo del general Arellano Stark, vestidos en uniformes de combate, y oficiales locales se encargaron de sacar a los prisioneros y subirles a un camión militar.

Les llevaron a una zona llamada la Quebrada del Way y allí los fusilaron con ráfagas de metralleta. A algunos de ellos, como fue el caso del ingeniero Eduardo Ruiz-Tagle Orrego, le sacaron el ojo izquierdo con un corvo. A otros prisioneros les partieron las piernas y las mandíbulas. Cada cuerpo recibió decenas de impactos.

La mañana del día 19, Lagos acompañó al general Arellano Stark al regimiento, donde estaba dispuesto todo para partir a Calama. El general Arellano Stark le dijo a Lagos que ya hablarían sobre las incidencias detectadas en los procedimientos y los sumarios, ya que pasaría por Antofagasta de nuevo el día siguiente, 20 de octubre, en viaje hacia Iquique.

Antes de partir, en un momento en que ambos se quedaron solos, el teniente coronel Arredondo informó a Arellano Stark de que la noche anterior se había fusilado a catorce personas. La comitiva subió al helicóptero y el aparato levantó el vuelo.

El general Lagos regresó a su despacho en la intendencia de Antofagasta. Nada más llegar, el mayor Manuel Matta, responsable de relaciones públicas, le dijo:

—¿Qué vamos a hacer ahora, mi general?

Lagos le miró. No sabía de qué estaba hablando. El mayor insistió:

— ¿Acaso no sabe, mi general, lo que ocurrió anoche?

—No, no sé de qué me está hablando. ¡Dígalo de una vez por todas, mayor!

—Anoche, la comitiva del general Arellano sacó a catorce detenidos en proceso, los llevaron a la Quebrada del Way, les dispararon con ráfagas de metralleta y fusiles de repetición. Han trasladado los cadáveres a la morgue del hospital. Como no cabían, a algunos los han dejado fuera. Los cuerpos destrozados están a la vista.

El general Lagos, que hasta ese momento desconocía el carácter de «oficial delegado» reglamentario del general Arellano Stark, se vio a sí mismo como el responsable de catorce asesinatos. Enseguida dio instrucciones para que se hablara con los familiares y se les entregasen los cuerpos en féretros sellados.

Convocó, después, una reunión de todos los comandantes de la guarnición. Lo primero que hizo fue preguntar si sabían lo que había ocurrido. Nadie contestó. Luego indagó quién había facilitado los vehículos para trasladar a los detenidos. El coronel Ortiz admitió que había sido él, pero cuando el general Lagos preguntó quién se lo había ordenado, calló.

—Aquí ha habido una deslealtad total. No tomaré medidas porque mañana mismo pondré mi cargo a disposición del comandante en jefe del Ejército, que viene de Iquique rumbo a Santiago —anunció Lagos.

Esa mañana del 19, Alicia Orrego fue a la cárcel. Preguntó si podía ver, finalmente, a su hijo, puesto que habían prometido levantarle la incomunicación. Ya le habían fusilado, pero no se lo dijeron. Simplemente, le invitaron a volver al día siguiente.

El general Lagos volvió a su domicilio esa noche y le contó a su esposa lo que había ocurrido. Tenían de visita a su hija Margarita, que había llegado de Santiago, donde vivía. El general estaba desesperado. Creía que la comitiva podía hacer un nuevo montaje para justificar sus crímenes. Estaba convencido de que simularían un asalto a su domicilio particular y les matarían a los tres. Por eso, llevó armas a su dormitorio. Tuvo que darle pastillas para dormir a su esposa e hija. Los tres pasaron la noche acurrucados en la cama de matrimonio.

El día anterior, el general Lagos había avisado al teniente coronel Rivera de que el helicóptero del general Arellano Stark llegaría a Calama en la mañana del 19 de octubre y que prefería tomar tierra en el regimiento. Pero no se podía porque la pista estaba en obras, de modo que debía aterrizar en el aeropuerto local. El teniente coronel Rivera dispuso que una banda estuviera presente y tocase música militar.

El Puma se estacionó en la pista. El general Arellano Stark y su gente comenzaron a bajar. El teniente coronel Rivera se sorprendió. Llevaban cascos de acero, uniforme de combate, les colgaban los cargadores y lucían sus metralletas. Durante el saludo a los miembros del equipo que llegaba, uno de los oficiales de la comitiva, al presentar al teniente Fernández Larios, dijo a Rivera:

—Es un destacado combatiente del asalto a la Moneda.

Calama. La zona de Calama. Hacía ahora treinta y ocho días del golpe de Estado. En la mañana del día lunes 10 de septiembre, el general Pinochet había informado a los generales que preparaban los últimos detalles del golpe de Estado de que la zona de Calama era una de sus mayores inquietudes.

Y aquí, en el terreno, estaba la «Caravana de la Muerte». El general Arellano Stark, ya en la comandancia, le mostró a Rivera el documento que acreditaba su misión. Durante dos horas, entre las once y la una del mediodía, el general estudió los antecedentes de aquellos consejos de guerra que ya habían dictado sentencia y de los que estaban en trámite. El general, delante del teniente coronel Óscar Figueroa, visó con un lápiz una lista de personas, según los delitos que se les imputaban, y ordenó que se formara sin pérdida de tiempo el consejo de guerra.

Arellano Stark pronunció después ante un grupo de oficiales unas palabras. Recordó que las Fuerzas Armadas habían decidido intervenir para frenar el caos en el país. Y, poco después, acudió a un almuerzo en el casino de oficiales.

Después de comer, el teniente coronel Arredondo solicitó al «oficial delegado» autorización para interrogar a los detenidos en la cárcel de Calama. El general Arellano Stark le dio el permiso. Aquellos detenidos por los que se interesaba Arredondo eran los que previamente el general Arellano había visado con el lápiz. El teniente coronel Arredondo, pues, volvía a actuar como la noche anterior en Antofagasta.

Arellano Stark y Rivera subieron a la mina de cobre de Chuquicamata para recorrer las instalaciones. Mientras, en el Regimiento de Calama el mecanismo de la «Caravana de la Muerte» se ponía en marcha. El consejo de guerra comenzó la sesión en la sala de conferencias del regimiento sobre las dos y media de la tarde. A esa hora, el teniente Hernán Núñez recibió la orden de ir a la cárcel de Calama con una lista de veintiséis presos y de despacharlos en camiones de Carabineros hacia el cerro Topater, a trescientos metros del regimiento, más allá del río Loa, donde los soldados solían ir a practicar tiro.

Carmen Hertz llegó a la oficina del fiscal militar según éste le había sugerido el día anterior y le tendió el escrito en el que solicitaba el cambio de la pena de cárcel por la multa. Pero el teniente coronel Figueroa dijo que no podía acceder a la petición. Carmen, extrañada, trató de indagar qué había pasado. Hacía tan sólo veinticuatro horas que Figueroa había aceptado.

—Mire, no puedo... Ha llegado un grupo de oficiales desde Santiago al mando del general Arellano —dijo el fiscal.

Figueroa sabía bien lo que iba a ocurrir. Al mencionar al general Arellano Stark le daba la clave. Él mismo había estado reunido junto al general Arellano Stark con los sumarios y las fichas personales de cada prisionero. Pero Carmen no captó nada especial. Se fue de allí a la cárcel, y advirtió que en la calle había familiares. Era la hora de visita. Pero la gente solía entrar a la cárcel, no esperar fuera. Era extraño. Habían visto sacar a un grupo de presos en un camión. Carmen entró y logró ver a Carlos. Pero esta vez, en lugar de verle en el patio la condujeron a una sala especial. Carlos estaba tenso.

—Han hecho salir a la mitad de los detenidos, les ataron las manos por detrás y les cubrieron la cabeza con capuchas antes de llevárselos. Han estado brutales con Haroldo Cabrera —dijo en referencia al director financiero de Cobrechuqui.

—El fiscal militar ha cambiado —dijo Carmen, sin gravedad—. Dice que ha venido un grupo de oficiales de Santiago.

—Carmen, se enredó todo, pues —exclamó Carlos.

Serían ya las cinco de la tarde. Carmen besó a su esposo, abandonó la cárcel y se fue a su casa, en Chuquicamata.

Pasaron quince, quizá fueran veinte los minutos que transcurrieron hasta que llegó el camión a recoger al segundo grupo de presos.

Domingo Mamani, socialista, presidente del Sindicato de Empleados de la Empresa Nacional de Explosivos (ENAEX), había dicho que debería estar muerto como sus amigos fusilados cuando supo en la cárcel de Calama que el consejo de guerra le había condenado a un exilio interior de veinticuatro años en el sur de Chile. El viernes 19 de octubre, su hija Alicia, de 15 años, se presentó en la puerta del penal. Había ido a llevarle comida. Pero Mamani había salido en el primer camión militar. Alicia estaba en la puerta de la cárcel cuando llegó el segundo camión. Un oficial ordenó a los familiares despejar la puerta. Los soldados y oficiales del Regimiento de Calama, en uniforme de campaña, formaron dos hileras dejando un espacio de un metro entre ellos. Y, enseguida, sacaron a un grupo de detenidos con las manos en la nuca. Les empujaban a culatazos. Entre ellos estaba Carlos Berger. Mientras le golpeaban, volvió la cabeza. Clavó la mirada en una niña de 15 años. También ella lo miró a los ojos. Era el rubio de ojos azules a quien, según había observado en el patio de la cárcel, solían visitar una mujer y un bebé de nueve meses.

Los prisioneros fueron ejecutados en dos grupos por miembros del grupo especial del general Arellano Stark y por militares del Regimiento de Calama. El pelotón utilizó primero fusiles SIG de repetición y, después, un miembro de la unidad remató a los detenidos con una carabina Garand. Fue, como ya era la regla de oro de la Caravana, mucho más que una ejecución. Los cuerpos presentaban ensañamiento.

El mayor Moren Brito entró en la sala de conferencias del Regimiento de Calama, interrumpió la sesión del consejo de guerra y dijo:

—Para qué siguen revisando, si los fusilaron a todos.

Si hay alguien que se lo sabía muy bien, ése era él. El mayor acababa de llegar de la escena del crimen, el cerro Topater.

El consejo de guerra se suspendió. Un subteniente y un teniente fueron enviados al cerro Topater para custodiar los cadáveres. Al poco rato, el teniente coronel Figueroa, el fiscal militar, el mismo que ese mediodía le había dicho a Carmen Hertz que no podía aceptar la propuesta de sustituir los veinte días de prisión que le quedaban pendientes a su marido por una multa, comenzó a redactar las sentencias de muerte para dar soporte legal a los fusilamientos, entre ellas el del propio Carlos Berger.

El general Arellano Stark y el teniente coronel Rivera regresaron de Chuquicamata sobre las ocho de la noche. Fueron al casino para tomar parte en la cena de despedida. Antes de entrar, el teniente coronel Figueroa se acercó al general Arellano Stark, delante de Rivera.

—Está todo liquidado, mi general —dijo—. Es necesario que firme los documentos correspondientes.

El general Arellano Stark cogió los papeles. Eran las sentencias de muerte de veintiséis prisioneros redactadas con posterioridad a las ejecuciones consumadas trescientos metros más allá de la sala de conferencias del Regimiento de Calama. El general se sentó en una mesilla, en el vestíbulo del casino, verificó la lista y firmó.

El general Arellano Stark, a continuación, se dirigió a Rivera:

—Mañana dé cumplimiento a lo dispuesto —dijo.

—Ya está todo listo, mi general —remarcó Figueroa, queriendo decir que ya se habían llevado a cabo las ejecuciones.

—Bien —dijo Arellano Stark—. Hay que hacer público un bando.

A las once de la noche, el capitán Carlos Minoletti se hizo cargo del traslado para sepultar a las víctimas. Los cuerpos ya estaban cargados desde hacía rato en un camión. Dos jeeps fueron delante y otros dos atrás. Salieron en dirección hacia San Pedro de Atacama. Después de una hora de marcha salieron del camino y siguieron hacia el interior. Formaron un semicírculo con los vehículos y cavaron una gran fosa común. Tiraron los cuerpos dentro de ella y pasaron con los vehículos sobre la tierra para alisar el terreno.

Mientras tanto, después de la cena, el teniente coronel Rivera llevó al general Arellano Stark y a su grupo al aeropuerto. Esa noche, sobre las once y media, el helicóptero Puma partió rumbo a Antofagasta, donde habían dejado el equipaje.

Fue entonces cuando el teniente coronel Figueroa le dijo a Rivera:

—Mi comandante, ha ocurrido un hecho gravísimo. El consejo de guerra tuvo que ser suspendido porque cuando se requirió la presencia de los acusados se informó de que todos estaban ya fusilados por orden del teniente coronel Sergio Arredondo.

Ambos volvieron al regimiento. Allí esperaron el regreso del capitán Minoletti. Mientras, Rivera pidió a Figueroa un resumen de lo que había ocurrido.

—Al salir del consejo de guerra consideré que debía aclarar lo sucedido. Pude saber entonces que con la autorización concedida por el general Arellano, el teniente coronel Arredondo y su equipo, reforzado por oficiales y clases del regimiento, fue a la cárcel de Calama, retiró a veintiséis detenidos y los llevó al cerro Topater. Allí, el equipo del teniente coronel Arredondo interrogó a los prisioneros y procedió a ejecutarlos. Terminada la ejecución, el coronel Arredondo ordenó al capitán Minoletti que con personal de su unidad sepultaran los cadáveres en la pampa.

El teniente coronel Rivera convocó una reunión para la mañana siguiente, día 20 de octubre, en el regimiento. Se decidió emitir un bando en el que se informaba de que mientras los prisioneros eran trasladados a Antofagasta había habido un intento de fuga, como resultado del cual los prisioneros resultaron muertos.

Rivera llamó a su superior, el general Joaquín Lagos, y le dijo que a raíz de lo ocurrido en Calama pensaba difundir un comunicado a la prensa. Lagos le recomendó que el bando no fuera público, que sólo se informara a cada familia en forma reservada. El general le dijo que en Antofagasta había ocurrido algo muy parecido y que pensaba hablar con el general Pinochet, quien pasaría por allí, esa misma tarde, en escala técnica.

Rivera habló con el director del hospital de Calama, el médico militar Luis Rojas, para obtener los certificados de defunción.

—¿Qué ponemos? —preguntó el doctor.

—Fusilamiento —dijo Rivera.

CapÍtulo 14

«Carmen, ¡los fusilaron a todos!»

La secretaria del teniente coronel Rivera recibió a primera hora del día 20 a Carmen Hertz y su cuñado Eduardo Berger en la gobernación de Calama, y les informó de que habían fusilado a todos los prisioneros: «Fusilaron a Carlos, lo fusilaron ayer». Carmen no podía admitirlo. Carlos Berger estaba a punto de recuperar su libertad. El alcaide de la cárcel de Calama le había dicho que todos los detenidos habían sido llevados al regimiento para prestar declaración y que regresarían de un momento a otro. Ella hubiera querido trasladarse a la cárcel, pero había toque de queda. De modo que lo que ahora le decían no podía ser cierto.

Los dos fueron al regimiento, pero no quisieron recibirles. Esperaron. Eduardo Berger decidió hacer averiguaciones en otro sitio. Dejó a Carmen y fue al hospital de Calama. Un oficial, finalmente, atendió a Carmen. Y, con un papel en la mano, le aseguró que su marido había sido trasladado en helicóptero a Santiago con un grupo de presos para someterse a un nuevo consejo de guerra. Carmen le preguntó su nombre. Se lo dio. Ella quiso creer esa versión.

Pero Eduardo Berger, que regresó a buscarla poco después, ya conocía la verdad. Luis Rojas, el oficial médico de sanidad y director del hospital, le confirmó que habían asesinado a Carlos y a todos los detenidos que salieron de la cárcel en la víspera. Pero no se lo dijo a su cuñada. Tampoco quería creerlo.

Carmen y Eduardo volvieron a Chuquicamata. Por la noche, en casa de Eduardo sonó el teléfono.

—Aló, con Eduardo Berger... —dijo una voz.

—Sí, hola, él habla —dijo Eduardo.

—Salga de la casa y vaya a la esquina —ordenó la voz, y colgó.

Los dos salieron de la casa. Enfilaron hacia la esquina y vieron un jeep con dos militares y un capellán dentro. Eran el teniente Álvaro Romero, el suboficial Jerónimo Rojo y el capellán Luis Jorquera. Cuando llegaron junto al vehículo, el teniente Romero, que había sido secretario del consejo de guerra que encubría las veintiséis ejecuciones, se puso de pie, con un papel en la mano. Era el bando para familiares que le había sugerido el general Lagos al teniente coronel Rivera.

En la oscuridad, el oficial leyó: «Cuando los detenidos eran trasladados al regimiento para interrogatorios, se sublevaron, y fueron dados de baja a las 18.00 horas...».

Esa mañana del sábado 20, temprano, Lagos recibió de nuevo al consejo directivo del Colegio de Abogados. El motivo de la reunión era la información sobre torturas que había obtenido el abogado Cruzat. Nada sabían de las ejecuciones. Cuando terminó la reunión, el general Lagos pidió a Fernandois que se quedara.

—Mire, doctor, lo que ha ocurrido la noche del 18 al 19, han ejecutado a catorce detenidos, entre los que estaba Ruiz-Tagle. Sacaron a los detenidos de la cárcel y se los llevaron para matarles... ¡El general Arellano dio la orden y se ejecutó mientras él dormía en mi propia casa, sin decirme una palabra! Van, me los roban, los llevan y luego los matan... —dijo el general Lagos rabioso.

Fernandois le pidió que le entregaran el cadáver de Ruiz-Tagle. El general Lagos accedió en el acto. Fernandois llamó, entonces, a Santiago para informar a Cruzat.

—Me ha dicho el general Lagos que han fusilado a los detenidos a espaldas suyas. Ha sido un tal general Arellano.

Cruzat colgó y llamó al general Lagos.

—Ya le he dicho todo a Fernandois... He dado la orden para que le entreguen el cuerpo —dijo el general Lagos.

Cruzat intentó saber qué había ocurrido.

—Más no le puedo decir —se disculpó el general.

Sobre las nueve de la mañana, el general Arellano Stark llamó al general Lagos. El helicóptero Puma había llegado en la madrugada del sábado al Regimiento «Esmeralda», en Antofagasta, y se aprestaba a salir hacia Iquique. Arellano Stark quería agradecerle, según dijo, las atenciones que había tenido el jueves 18.

El general Lagos le recriminó la masacre que su comitiva había cometido.

—No intentes salir de mi jurisdicción —dijo Lagos, sin informarle de que había dado orden de que no se le dejara despegar—. Debes venir a Intendencia y darme una explicación sobre los crímenes que ha cometido tu gente.

El general Arellano Stark fue a Intendencia junto con su segundo, el teniente coronel Arredondo. Cuando el general Lagos vio a Arredondo se exasperó aún más y le prohibió la entrada. El teniente coronel Arredondo era el autor material de los asesinatos, aunque la responsabilidad en el mando correspondía al general Arellano Stark. El general Lagos, de mayor antigüedad que Arellano Stark, no se cortó cuando quedaron a solas.

—Estoy indignado. Eres un canalla y un asesino —gritó—. Han cometido ustedes crímenes a mis espaldas en mi propia jurisdicción. Todos ustedes deberían ser fusilados en la plaza pública. Son una vergüenza para el Ejército.

—Los dos tenemos nuestras responsabilidades por la actuación de nuestros subordinados —advirtió, calculador, Arellano Stark—. El teniente coronel Arredondo ha actuado por iniciativa propia —se justificó.

—Lo que han hecho ustedes es incalificable —enfatizó Lagos—. Han invadido mis atribuciones y responsabilidades, dando muerte a gente que aún estaba siendo procesada, con derecho a las instancias previstas por la justicia militar incluso en tiempo de guerra. ¡Es una conducta innoble y cobarde! —bramó.

—Yo respondo por lo que ha sucedido —añadió.

—Lo que has hecho es innoble para con el Ejército, para el país y para conmigo.

El general Arellano Stark sacó un papel y se lo plantó en la cara. El general Lagos cogió el documento y lo leyó. Era el documento firmado por el general Pinochet en el que se le acreditaba como su «oficial delegado».

Lagos se quedó helado. En su mente se agolpaban las preguntas. ¿Por qué no se lo había comunicado cuando llegó a Antofagasta la primera vez? Pinochet le había quitado, pues, la responsabilidad y la había depositado en el general Arellano Stark. Era el final.

El general Lagos dio orden de que dejaran despegar el helicóptero y le pidió a Arellano que se retirara con su banda de su jurisdicción inmediatamente.

Por la tarde, acudió al aeropuerto. Pinochet hacía escala de regreso de Iquique. Quería, pues, dejar las cosas en claro. Ya no tenía expectativas en Pinochet después de saber que el general Arellano Stark tenía patente de corso, al ser delegado del comandante en jefe del Ejército.

Lagos había pedido al responsable militar del aeropuerto una sala muy próxima a la zona de aterrizaje del avión. Cuando le propuso la audiencia, Pinochet le concedió cinco minutos, ya que, según dijo, tenía prisa por regresar a Santiago. Lagos le narró en detalle lo ocurrido en Antofagasta y Calama. Subrayó el hecho de que el general Arellano era su «oficial delegado», de acuerdo con el documento que había conocido esa mañana. Pinochet le aseguró que él no había dado instrucciones al general Arellano Stark para realizar los actos que estaba describiendo, y pidió un teléfono para hablar con Arellano Stark en Iquique. No le localizó, pero el general Lagos escuchó que le dejaba algo así como un recado:

—Dígale al general Arellano que no haga absolutamente nada y que regrese mañana a primera hora a Santiago y, llegando, que vaya a hablar conmigo.

Esta escenificación no tranquilizó al general Lagos, quien añadió que ya no podía seguir en el Ejército y pidió a Pinochet que cursara su expediente de retiro. El comandante en jefe replicó que por el momento debía permanecer en el puesto y que más adelante se le trasladaría a Santiago.

El general Arellano no regresó al día siguiente a Santiago. Los días 20 y 21, permaneció con su caravana en Iquique, donde visitó unidades militares en Pisagua y Arica. Después de su retorno, el día 22, mantuvo varias reuniones con Pinochet, quien ordenó disolver la Agrupación Santiago Centro, creada el mismo día del golpe de Estado del 11 de septiembre para supervisar la situación militar en la capital. Y, además, encomendó a Arellano una gestión en el exterior, con los presidentes de Perú y Bolivia, lo que permitía desplazarle del primer plano.

El 23 de octubre, el abogado Cruzat Paul escribió, en nombre de la familia de Eugenio Ruiz-Tagle, un memorándum sobre «las ejecuciones ocurridas en Antofagasta el 19 de octubre de 1973». Ese mismo día se presentó en el edificio Diego Portales para entregar una carta al presidente de la Junta de Gobierno, general Pinochet, y al ministro del Interior, general Óscar Bonilla. Le permitieron subir hasta la primera planta. Allí, apareció un oficial del despacho de Pinochet, quien le atendió. Cruzat le mostró la carta y le pidió que le firmase el acuse de recibo. El oficial cogió la carta, pero se negó a dejar constancia de su recepción. El abogado hizo llegar en ese mismo edificio el informe al ministro del Interior. También se lo envió al ministro de Justicia, Gonzalo Prieto.

A lo largo de catorce puntos, Cruzat Paul explicó los hechos que habían ocurrido en Antofagasta. «Existen antecedentes de que los prisioneros ajusticiados fueron salvajemente torturados. El capellán de la cárcel, sacerdote José Donoso Phillips, es testigo del estado en que se encontraban algunos de ellos y pudo conversar con un joven de apellido [Miguel] Manríquez, uno de los fusilados, quien le relató las torturas. La autopsia de los cadáveres podría revelar la verdad». El abogado agregaba que «se me ha informado de que los hechos mencionados anteriormente ocurrieron a raíz de la llegada a Antofagasta de una Comisión que venía de Santiago y que presidía un oficial de apellido Arellano. Hechos similares se produjeron en otros lugares del Norte, entre ellos en Calama, donde los fusilados son más de veinte».

Al referirse a su cliente, Cruzat Paul señaló: «Ignoro en absoluto los cargos que pesaban sobre Ruiz-Tagle. Cualesquiera que ellos fueran, debe tenerse presente que se entregó voluntariamente. A pesar de ello, no tuvo la posibilidad de defenderse y de ser juzgado de acuerdo con las normas de justicia conforme a los derechos humanos».

Los apellidos de Eugenio eran de aquellos que infundían respeto en Chile. Su madre, Alicia Orrego, era militante del Partido Nacional, y había participado en las marchas de las cacerolas contra el Gobierno de Allende. La denuncia del abogado Cruzat Paul fue apoyada por dos asesores de lujo de la Junta Militar, dos profesores de derecho constitucional: Jaime Guzmán y Sergio Díez. En aquellos días, Guzmán ya comenzaba a tener un gran predicamento en los miembros de la Junta Militar y trabajaba en la elaboración de un proyecto de reforma de la Constitución chilena de 1925 para abocar al país a «una nueva democracia».

Fue el presidente de la Corte Suprema, Enrique Urrutia Manzano, quien defendió con más fuerza al régimen militar. Urrutia estaba casado con Blanca Aninat, *Chicha*, prima hermana de la madre de Cruzat Paul. Cuando Gastón Cruzat Paul le solicitó una entrevista, Urrutia, que solía invitarlo a su finca, le recibió de inmediato. Cruzat Paul acudió al gran despacho de Urrutia en la Corte Suprema.

—Venía a denunciar lo que ha ocurrido en Antofagasta… —dijo Cruzat Paul.

Urrutia se enfureció.

—No te das cuenta… Loco, estúpido, los militares nos han salvado la vida, los comunistas querían matarnos a todos…

—No sé lo que querían hacer antes los comunistas, sé lo que están haciendo ahora los militares.

—Hazme el favor de retirarte ahora mismo antes de que llame a los guardias para que te saquen…

—Muy bien… ¿Con quién estoy hablando? ¿Hablo al presidente de la Corte Suprema o al marido de mi tía *Chicha?*

—Los dos están aquí…

—Presidente, me da usted vergüenza. Se supone que usted es el más alto juez y está para garantizar el cumplimiento de la ley…

Urrutia se le echó al cuello y forcejearon.

Alicia Orrego solicitó entrevistas para que la recibieran, por separado, los comandantes en jefe de las Fuerzas Armadas y el director general de Carabineros. La madre de Ruiz-Tagle denunciaba los hechos como creía que eran: un exceso cometido a espaldas de la Junta Militar por un grupo de asesinos. Era el planteamiento de alguien que había luchado por el golpe militar y que creía que actos como los asesinatos de Antofagasta iban en contra de las Fuerzas Armadas. Hasta el momento de la ejecución de su hijo, Alicia Orrego llegó, incluso, a creer que la cárcel podía tener algún aspecto positivo para Eugenio, que serviría para «quitarle los pajaritos» de la cabeza, esto es, sus ideas de izquierda. Nunca pudo imaginar, y todavía se resistía a creerlo, que los suyos podían hacerle esto, masacrar a su hijo. Ella y otros miembros de la familia escribieron cartas a varios miembros del Gobierno, en las que describían las torturas a las que había sido sometido Eugenio y cómo habían desfigurado su rostro.

El ministro de Justicia, Gonzalo Prieto, leyó la carta de Alicia Orrego en la última reunión de gabinete del mes de octubre, y envió una copia de la denuncia del abogado Cruzat Paul al ministro de Defensa Nacional, almirante Patricio Carvajal, con un oficio: «Teniendo presente la gravedad de los hechos que se relatan, he estimado mi deber ponerlos en conocimiento de US pues me parece indispensable que sobre el particular se adopten medidas muy enérgicas que impidan la repetición de situaciones similares y también se inicien las investigaciones pertinentes para sancionar a los culpables, si los hubiere». Varios comandantes en jefe recibieron a Alicia Orrego, pero ella quería ver a Pinochet y le hizo llegar varios mensajes para conseguirlo.

Capítulo 15

«Tarde o temprano, nos juzgarán por estos crímenes»

El 30 de octubre, el Comando de las Fuerzas Armadas solicitó por télex al general Joaquín Lagos un informe sobre el número de personas ejecutadas en su zona jurisdiccional. El general envió un oficio con un listado de las ejecuciones por región identificando la responsabilidad en cada zona. En otro oficio, introductorio, el general Lagos decía, en su primer punto: «Adjunto se remite para conocimiento de US, la relación de las personas que han sido ejecutadas en el Comando de Agrupación Jurisdiccional de Seguridad Interior (CAJSI), Primera División de Ejército, con indicación de las ejecuciones por resolución del suscrito [es decir, Lagos] y de las que fueron ordenadas por el Delegado del C.J.E. (Comandante en Jefe del Ejército), general de brigada Sergio Arellano Stark».

En el oficio, pues, se indicaba el nombre de cada uno de los sesenta y tres ejecutados de acuerdo con la siguiente distribución:
«I. Copiapó
»A. Por Resolución del Comando AJSI, 3
»B. Por Orden Delegado del C.J.E., 16

»II. Antofagasta
»A. Por Resolución del Comando AJSI, 4
»B. Por Orden Delegado del C.J.E., 7

»III. Tocopilla
»A. Por Resolución del Comando AJSI, 0
»B. Por Orden Delegado del C.J.E., 7

»IV. Calama
»A. Por Resolución del Comando AJSI, 3
»B. Por Orden Delegado del C.J.E., 26

»V. Resumen:
»A. Ejecutados por Resolución Comando AJSI: 10
»B. Ejecutados por orden C.J.E.: 53».

Incluyó Lagos, por error, las tres ejecuciones de Copiapó en la cuenta del comandante del regimiento, teniente coronel Óscar Haag, quien había presidido el consejo de guerra responsable de dictar pena de muerte, pero que tenía pendiente de revisión esa condena. Fue el general Arellano Stark quien la dio por buena y quien firmó la condena al paso de la «Caravana de la Muerte» por Copiapó, la noche del 16 de octubre.

Otro detalle: al hacer el resumen final, el general Lagos adjudicaba los cincuenta y tres fusilados directamente al C.J.E., es decir, a Pinochet, sin atribuirlos, como en el resto de la lista, al «Delegado del C.J.E.», es decir, al general Arellano Stark.

Pinochet citó al general Lagos en su despacho del edificio Diego Portales para el día siguiente, 1 de noviembre, con los sumarios de aquellas personas que habían sido ejecutadas en su zona. Era evidente que entre la presión de la familia Ruiz-Tagle y la actitud crítica del general Lagos el asunto era delicado. Al llegar a su despacho, Pinochet entregó al general Lagos la carta del abogado Gastón Cruzat Paul, defensor de la familia Ruiz-Tagle. Pinochet había oído algunos rumores que quería comentar con el general Lagos. Y, sin ambages, le preguntó:

— ¿Lloraste con la mamá de Ruiz-Tagle?

El general Lagos se sorprendió.

— ¿Quién te ha informado de eso?

Pinochet esperaba una respuesta, no una pregunta.

—Yo no conozco a la madre y si la hubiera conocido le habría pedido perdón por el crimen de su hijo —dijo el general Lagos—. Es lamentable que a este nivel en que estás te lleguen cuentos y no cuenta de los hechos.

El general Lagos le entregó el informe con las ejecuciones en su zona y le repitió que no podía avalar lo que había sucedido. Por ello, insistió en su petición de no volver a Antofagasta. Pinochet permaneció callado. Y, finalmente, le ordenó volver a Antofagasta.

El general Lagos bajó del despacho de Pinochet a ver al general Bonilla, ministro del Interior. Le hizo un resumen de los hechos y quiso conocer su opinión. Bonilla se paseó de un extremo a otro de su despacho. Hasta que dijo:

—Por causa de estos criminales, la ciudadanía nos va a calificar de asesinos.

Esa noche, el general Lagos permaneció en Santiago, en casa de su hija. El coronel Enrique Morel, ayudante del general Pinochet, le localizó y se presentó allí. Su oficio había dado en el blanco. Morel traía los documentos que el general Lagos había entregado a Pinochet horas antes. Aparecían en ellos anotaciones, según indicó Morel al general Lagos, de Pinochet.

—Mi general Pinochet me ha ordenado que le transmita sus instrucciones para rehacer el oficio —dijo Morel—. Tiene que hacer un oficio general sin mencionar por orden de quién fueron ejecutadas estas personas. Solo un listado general. No debe consignar si ha sido «por orden del CAJSI» o «por orden del delegado del Comandante en Jefe del Ejército».

Esta orden suponía borrar de un plumazo el papel del general Arellano Stark y de aquel que le había nombrado su «oficial delegado», es decir, Pinochet. Y suponía, en contrapartida, adjudicar todas las ejecuciones —es decir, las sesenta y tres— realizadas en la zona jurisdiccional de la Primera División de Ejército a su comandante en jefe, el general Lagos, que había asumido diez de ellas, incluyendo los tres fusilamientos de Copiapó, que debían ser imputados al general Arellano Stark.

El general Lagos, al ver su oficio original, advirtió que Pinochet había subrayado en rojo la separación entre unas y otras ejecuciones, y había escrito a mano junto a los fusilamientos del general Arellano Stark una frase con lápiz rojo: «No hubo proceso sumarísimo», al parecer con un signo de interrogación.

Pero lo que era sugerente es que para Pinochet no pasó inadvertido que Lagos le imputara directamente los cincuenta y tres fusilamientos bajo las iniciales C.J.E., es decir, comandante en jefe del Ejército. En el último folio, donde se hacía el resumen, Pinochet había hecho una cruz grande, anulando el documento. Y la frase "Ejecutados por Orden C.J.E., estaba subrayada y un círculo englobaba «Orden C.J.E.».

Morel insistió:

—En el oficio no se debe mencionar al comandante en jefe del Ejército ni al general Sergio Arellano.

El general Lagos se presentó a las ocho de la mañana del día 2 de noviembre en la oficina de Pinochet, en la planta 22 del edificio Diego Portales. Un funcionario se encargó de escribir a máquina el nuevo oficio. El general Lagos se quedó con el original y cuando ya tuvo la nueva versión entró al despacho de Pinochet. Le tendió el oficio tal cual le habían ordenado hacerlo. Seguía el mismo orden que el anterior, pero no adjudicaba responsabilidades.

—Con este oficio yo aparezco como el responsable de los crímenes cometidos por tu oficial delegado —dijo, casi resignado, el general Lagos—. Los hechos deben aclararse. Todos aquellos que hemos tenido conocimiento de lo ocurrido tenemos que comparecer —añadió.

—No te preocupes, yo arreglo este asunto —intentó tranquilizarle Pinochet.

— ¡Arreglar qué, si ya están todos muertos!

Pinochet permaneció en silencio.

—Tarde o temprano nos tendrán que juzgar por estos crímenes. Y especialmente a ti como comandante en jefe del Ejército.

No hubo respuesta.

—Te reitero que me releves de mis cargos y curses mi expediente de retiro. Yo siempre he servido a un Ejército de limpia trayectoria histórica.

—Tienes que volver a Antofagasta —ordenó el comandante en jefe del Ejército.

Pinochet la recibió en su despacho el miércoles 7 de noviembre de 1973, a las diez y cuarto de la mañana. Alicia Orrego lo había logrado. El general fue muy cordial. Le explicó que había recibido la carta del abogado Cruzat Paul y que por otros ministros del Gobierno conocía los hechos relacionados con su hijo Eugenio. Le explicó que la situación de Chile era difícil:

—Si usted supiera, señora, los excesos que se han cometido y las cosas que hemos tenido que arreglar, las barbaridades...

Alicia Orrego, aun cuando Pinochet había demostrado conocer los hechos, le recordó los detalles del asesinato de su hijo Eugenio.

—Actos como éstos van en contra de la Junta Militar. Por eso hay que aclararlos, yo no puedo creer que los militares hayan decidido intervenir para esto. Va en contra de la esencia de las Fuerzas Armadas.

—Señora, también tengo que decirle que su hijo no era ningún santo, existen pruebas...

—Pero para mí era un santo —replicó la madre.

El general Pinochet prometió, varias veces, que se iba a realizar una investigación. Era lo que la madre quería escuchar.

CAPÍTULO 16

Duros y blandos

El día 29 de octubre de 1973, el equipo de la CIA en Santiago elaboró un informe sobre tendencias internas en el Ejército. El oficial de inteligencia despachó desde la embajada el mensaje cifrado:

«Hay dos corrientes en el Ejército respecto a cómo enfrentarse a los extremistas. Los duros creen que los extremistas o activistas marxistas deben ser ejecutados sumariamente, mientras que los blandos creen que deben ser juzgados, sentenciados y que es necesario hacer un esfuerzo para reeducarles. Los duros están dirigidos por Augusto Pinochet, presidente de la Junta, y Sergio Arellano, jefe del Comando de Tropas del Ejército. Los blandos incluyen al general Óscar Bonilla, ministro del Interior; Joaquín Lagos, comandante de la Primera División de Ejército en Antofagasta; Héctor Bravo, comandante de la Cuarta División de Ejército, en Valdivia, y Washington Carrasco, comandante de la Tercera División, en Concepción.

»Aunque Carrasco favoreció el golpe, se ha negado a ejecutar extremistas e incluso ha mantenido conversaciones con simpatizantes del depuesto Gobierno de la Unidad Popular en la zona de Concepción. Lagos ha actuado de forma parecida en su región. A raíz de su actitud, Arellano se reunió con ambos generales y les advirtió que debían tomar en serio la campaña antisubversiva.

»A finales de octubre, el general Sergio Nuño, vicepresidente de la Corporación de Fomento (CORFO) se identificó a sí mismo como miembro de la línea blanda respecto a algunas de las medidas de mano dura adoptadas contra presuntos subversivos por el Gobierno militar desde el golpe del 11 de septiembre. Nuño situó al general Bonilla en esa misma categoría e identificó a Pinochet y al general de la Fuerza Aérea Gustavo Leigh, miembros de la junta, como duros [...]

»Nuño dijo que no se opone a la ejecución de personas como Carlos Altamirano, el secretario general del Partido Socialista, pero que está en contra de situaciones en las que obreros y dirigentes sindicales de una fábrica determinada han sido acusados y sumariamente ejecutados sin un juicio limpio. Nuño citó como ejemplo de estos excesos el caso de 11 trabajadores y un líder sindical en la fábrica de explosivos de Antofagasta, de la que Nuño fue director. Dijo que la gente fue ejecutada porque se les encontró un plano de la fábrica, algunos explosivos y documentos que les relacionaban con grupos extremistas. Nuño ha dicho que llevó el caso a la reunión del Consejo de Ministros como un ejemplo de represión innecesaria y pérdida de apoyos entre los trabajadores. Dijo que mientras su posición fue apoyada por Bonilla, los generales Pinochet y Leigh se pronunciaron con fuerza a favor de esa enérgica acción».

La CIA estaba en lo cierto. Sus fuentes dentro del Ejército habían situado a Pinochet en la línea dura. Días después, esa orientación se confirmaba con creces. El 12 de noviembre, Pinochet convocó al teniente coronel Manuel Contreras. En nombre de la Junta Militar, le encomendó la formación de un nuevo organismo de seguridad, la Dirección de Inteligencia Nacional (DINA), que dependería directamente del comandante en jefe del Ejército y presidente de la Junta de Gobierno.

La idea de afinar la puntería contra los opositores al nuevo régimen ya había sido considerada en los primeros días que siguieron al golpe de Estado a medida que las masivas detenciones y allanamientos permitían acceder a un importante volumen de información. Se necesitaba un equipo para procesarla y actuar en consecuencia. Un equipo científico.

Días antes de la entrevista entre Contreras y Pinochet, el general del aire Nicanor Díaz Estrada, subjefe del Estado Mayor de la Defensa Nacional, convocó varias reuniones en su despacho de la quinta planta del Ministerio de Defensa, en plaza Bulnes, en las que participaron las personas más destacadas en el montaje del dispositivo de seguridad del golpe de Estado, entre las que se contaban el coronel Julio Polloni, que se había ocupado de la llamada Operación Silencio para destruir las radios de la Unidad Popular el día 11, y el capitán de navío Ariel González, el teniente coronel de Carabineros Germán Campos, colaboradores de Díaz Estrada y otros altos oficiales.

Díaz Estrada les anunció, pues, que la junta militar había confiado a un oficial estudiar la creación de un nuevo servicio de seguridad y que éste, el teniente coronel Manuel Contreras, *Mamo*, como era conocido, les iba a exponer sus ideas. Contreras tenía 44 años, era director de la Escuela de Ingenieros Militares y profesor de las materias Estrategia e Inteligencia en la Academia de Guerra del Ejército. Contreras explicó que la creación de un nuevo organismo no tenía por qué suponer un menoscabo para los servicios de inteligencia de las Fuerzas Armadas y Carabineros. Según dijo, se trataría de un servicio que complementaría la actividad de los otros y tendría un carácter operativo. Pero, aclaró, de ningún modo se estaba proponiendo crear una organización paramilitar, paralela o independiente. Era un organismo militar, inspirado en una acción técnica y profesional, dependiente de la Junta.

En los primeros dos meses de dictadura, mucha sangre pasó por debajo de los puentes. La «Caravana de la Muerte» tenía sus enseñanzas positivas y negativas para el regimen. Su punto fuerte había consistido en sembrar el terror y permitir que ciertos hombres demostraran hasta dónde estaban dispuestos a llegar. Pero no era menos cierto que sería muy difícil mantener una política de exterminio de los adversarios tan abierta, como si se tratase de una guerra de un ejército contra otro ejército inexistente, y con «oficiales delegados» superpuestos a la estructura tradicional del Ejército de Chile.

Más allá de cuáles fueran los planes iniciales, la creación de un organismo especial conectado con los servicios de inteligencia de todas las fuerzas armadas pretendía continuar la misma política de la «Caravana de la Muerte» por otros medios.

El 12 de noviembre, pues, Contreras recibió el encargo formal de crear la Dirección de Inteligencia Nacional (DINA) y se hizo cargo de lo que Pinochet, con el apoyo de la Junta, llamó «Comisión DINA». Debía hacer el trabajo preparatorio para crear la organización. La idea original, al menos como la había presentado Pinochet a los otros miembros de la Junta, era que la DINA, una vez constituida como tal, sería confiada a un militar de mayor rango, un general del Ejército.

Si bien la decisión inicial situaba a la «Comisión DINA» en dependencia de la Junta de Gobierno, lo cual convertía a la Junta en superior directo de Contreras, se tomó una decisión simultánea que permitía, ya desde el comienzo, establecer una relación fluida, personal, entre Contreras y el comandante en jefe del Ejército. Pinochet entregó con fecha 13 de noviembre de 1973 a Manuel Contreras un importante documento, una patente de corso similar a la que había extendido a nombre del general Sergio Arellano Stark a finales de septiembre. Contreras poseía el acta fundacional, secreta, de la DINA. Y algo más: Pinochet le nombraba su «delegado», autorizándole a actuar en nombre del comandante en jefe del Ejército y presidente de la Junta de Gobierno.

Pinochet también prometió a Contreras que a partir del 1 de enero de 1974, una vez que se concretara su ascenso a coronel, pasaría a ser director de la Academia de Guerra del Ejército. Este puesto era relevante. Primero, porque se trataba de una institución del Ejército dentro del organigrama oficial; segundo, permitía dar cobertura a la relación con otras instituciones extranjeras, en particular la CIA norteamericana.

A finales de noviembre de 1973, en un campo de la Escuela de Ingenieros Militares, en Tejas Verdes, a 115 kilómetros de Santiago, seiscientos soldados y oficiales procedentes de regimientos de todo el país comenzaban un curso de entrenamiento para formar parte del plantel de la DINA. Allí, tras firmar un formulario de ingreso, el personal era enviado a las cabañas de Santo Domingo, en la playa, debajo de la ciudad de San Antonio.

Mientras, el caso de Eugenio Ruiz-Tagle y los asesinatos de Antofagasta seguía abierto. El ministro de Justicia, Gonzalo Prieto, pidió al general Orlando Urbina, jefe del Estado Mayor General, una investigación, y le envió los antecedentes. Urbina, a su vez, se los trasladó al general Osvaldo Salas, auditor general del Ejército, «para que los ponga en conocimiento de SE [Su Excelencia, Pinochet] como lo solicita el ministro de Justicia».

Salas dirigió una carta a Pinochet el 24 de noviembre. Los antecedentes, decía el auditor general, «inciden en una denuncia formulada por el abogado señor Gastón Cruzat Paul, referente a torturas y ejecuciones de detenidos ocurridas en Antofagasta el 19 de octubre último y cuyos detalles se consignan en memorándum adjunto, suscrito por el expresado profesional». El general Salas sostenía que «en atención a la gravedad de los hechos denunciados expuesta por el señor ministro de Justicia y que esta Auditoría General comparte, se estima procedente disponer la instrucción de una investigación sumaria administrativa con el objeto de esclarecer tales hechos y determinar la presunta responsabilidad consiguiente».

A los pocos días, Pinochet bajó el dedo pulgar hacia abajo.

El general devolvió el oficio que le había enviado el general Salas, aquel en el que proponía una «investigación sumaria administrativa» para esclarecer los hechos referidos a todos los torturados y asesinados en Antofagasta.

Pero en la parte inferior del texto mecanografiado, Pinochet escribió a mano cuatro líneas y media. El presidente de la junta de gobierno dictaba, así, su propio veredicto. Y éste era coincidente con la ejecución que había llevado adelante la «Caravana de la Muerte». Pinochet estaba de acuerdo, pues, con su «oficial delegado». Allí decía:

«Proponga respuesta: El señor Eugenio Ruiz-Tagle O. fue ejecutado en razón a los graves cargos que existían contra él. No hubo torturas, según información».

Y, debajo del texto, Pinochet puso su firma. A esto se había reducido su promesa a Alicia Orrego de que se investigarían los hechos.

A finales de noviembre, Pinochet perfiló los ascensos en el Ejército. El general Arellano Stark ascendía a general de división, al tiempo que se le nombraba comandante en jefe de la Segunda División de Ejército y quedaba a cargo de la Guarnición de Santiago. En adelante se responsabilizaría de la supervisión del estado de sitio en la capital. Sus actividad a la cabeza de la «Caravana de la Muerte» había sido, pues, reconocida. También el teniente coronel Manuel Contreras sería flamante coronel en unas semanas más. Era la nueva estrella ascendente en el firmamento de Pinochet.

El 1 de diciembre de 1973, en Tejas Verdes, el todavía teniente coronel Manuel Contreras, en uniforme de combate, inspeccionó la formación para inaugurar del curso de entrenamiento para el personal que prestaría actividad a sus órdenes.

—Ustedes han sido seleccionados para formar parte de la Dirección de Inteligencia Nacional, la DINA. Nuestra misión será exterminar el marxismo y sus ideologías afines, como si fueran plagas —sentenció Contreras.

El 5 de enero de 1974, cuatro días después del ascenso de Manuel Contreras a coronel y su nombramiento como director de la Academia de Guerra del Ejército, Pinochet envió un memorándum con el sello de secreto a todas las unidades del Ejército en un papel, escrito a máquina con el siguiente encabezamiento: «República de Chile, Junta de Gobierno». La circular, firmada por Pinochet, tenía un objetivo: «Solicita apoyo nuevo organismo nacional». Y la referencia: «Decreto creación DINA».

«Santiago, 5 de enero de 1974.

»*Del: Pdte. de la junta militar de gobierno*

»1. Pongo en conocimiento de Usía que se ha creado la Dirección de Inteligencia Nacional (DINA) con personal de las Instituciones Armadas y Policiales de la República, organismo que asesorará a la Junta Militar en todas las materias referidas a Seguridad Interior y Exterior del Estado, para lo cual dependerá exclusivamente de la Junta que me honro en presidir.

»2. Dadas las delicadas materias que el organismo asesor deberá tratar en las diferentes actividades del acontecer nacional, se solicita a Usía disponer que los medios de su dependencia presten la máxima colaboración a los miembros de la DINA cuando les sea requerido, a la vez que guarden el más absoluto secreto en las investigaciones que les corresponda participar.

»3. Por obvias razones de elemental seguridad, las personas de los servicios de la dependencia de Usía no podrán hacer comentarios o difundir lo obrado por los funcionarios de la DINA, e incluso les queda prohibido dar a conocer su existencia.

»4. Consecuentemente, mucho se agradecería a Usía, prestar la cooperación solicitada e impartir con la debida reserva las instrucciones que mantengan el máximo sigilo sobre las actividades a cumplir por el organismo recientemente creado».

Unos días más tarde, el 17 de enero de 1974, apareció en el *Diario Oficial* el decreto 517, con fecha 31 de diciembre de 1973, por el que se creaba la Secretaría Ejecutiva Nacional de Detenidos cuya finalidad era «coordinar con los diversos Ministerios las materias que tengan relación con las personas que hayan sido privadas de su libertad en virtud de las facultades que confiere el estado de sitio».

El punto central del decreto era el artículo 3 en el que se definían sus diferentes departamentos, sobre todo el punto d):

«*Departamento de inteligencia*

»Tendrá por objeto fijar las normas por las cuales se realizarán los interrogatorios o reinterrogatorios de los detenidos; determinar el grado de peligrosidad de éstos y mantener una coordinación permanente con los Servicios de Inteligencia de las Fuerzas Armadas, de Carabineros e Investigaciones con el fin de investigar y mantener al día las informaciones de que se dispongan».

El llamado «departamento de inteligencia», sumergido en la circular, era la primera e inicial cobertura legal de la DINA.

Pero, el mismo día 17, el Ministerio de Defensa Nacional difundía, por orden del gobierno, la circular número 2400-33-74, dirigida a los comandantes de todas las divisiones de ejército, de todas las zonas navales y de las brigadas aéreas, y también a sus servicios de inteligencia, al de Carabineros, así como al Ministerio del Interior, la dirección de Investigaciones, la DINA y el Centro de Contrainteligencia de las Fuerzas Armadas (CECIFA), en la que ampliaba las instrucciones para el tratamiento de los detenidos. A ella se añadía otra, la circular reservada 2400-34-74, en la que se transcribía «con carácter informativo» una apreciación jurídica sobre tratamiento de detenidos que el ministro Carvajal había recogido al consultar sobre los instrumentos legales de carácter internacional para el tratamiento de prisioneros en conflictos armados no internacionales. Uno de esos instrumentos era la Convención de Ginebra de 1949, que había sido firmada y ratificada por Chile, pasando a ser ley interna el 20 de abril de 1951.

Pinochet había explicado hasta entonces la represión por la existencia de una guerra interna que enfrentaba al Ejército chileno con un ejército irregular equivalente a varias divisiones del ejército chileno. Sin embargo, la nueva circular reservada señalaba que la «situación interna chilena es difícil de calificar como conflicto armado interno, pues fuera de la fuerza militar que depende de la Honorable Junta de Gobierno, no existe fuerza militar organizada, ni autoridad responsable de algún bando contrario que actúe en alguna porción de nuestro territorio». Era una confesión en regla sobre las patrañas que la Junta Militar había difundido para justificar el golpe militar. En su comentario, el ministro Carvajal sugería respetar algunos puntos de la Convención de Ginebra, relativos al trato de prisioneros y la posibilidad de que pudieran recibir visitas de sus familiares, para mejorar la imagen de la dictadura.

El 5 de febrero de 1974, los agregados militares de Estados Unidos en Santiago enviaron a la Agencia de Inteligencia de la Defensa (DIA) un informe sobre la situación de los servicios de inteligencia chilenos. Acababan de mantener contactos con altas fuentes militares:

221

«La fuente ofreció los siguientes comentarios y observaciones sobre la DINA, sus problemas y los que ha creado al Centro de Contrainteligencia de las Fuerzas Armadas (CECIFA) y otros servicios de inteligencia.

»La DINA, contrariamente a los planes originales, depende directamente al presidente de la Junta, general Pinochet. Cuando preguntó [el agente de la oficina del agregado de defensa norteamericano] por qué era así, la fuente respondió: "Esto es demasiado sensible para discutirlo, incluso contigo".

»Aunque no ha llegado a su proyectada fuerza de mil cien hombres, la DINA está alcanzando rápidamente su objetivo, con setecientas personas en la actualidad. El problema mayor para la DINA es que su personal, una mezcla de militares y civiles, no está adecuadamente entrenado para su trabajo. Le falta, especialmente, instrucción en inteligencia y técnicas para interrogatorios, y tiende a ser extremadamente hermético. Esto ha causado serios problemas a los otros servicios de inteligencia. Cuando los hombres de la DINA, muchos de los cuales trabajan clandestinamente, detienen a alguna persona o realizan una operación, le dicen a la gente que son de Inteligencia del Ejército, de la Armada u otros servicios. Las protestas por las detenciones y operaciones se dirigen entonces al Ministerio de Defensa o los servicios de las Fuerzas Armadas. Las averiguaciones revelan, inevitablemente, que la DINA ha participado. Esto provoca irritación en los servicios, puesto que deben dedicar considerable tiempo a verificar las reclamaciones, al tiempo que desprestigia el nombre de sus instituciones.

»Otro problema serio de la DINA son sus interrogatorios. La fuente dice que sus técnicas brutales proceden directamente de la Inquisición Española y a menudo dejan a la persona interrogada con daños visibles en el cuerpo. La Cecifa y los departamentos de inteligencia están irritados por esto, sienten que en esta época no hay excusa para utilizar tales técnicas primitivas. La fuente asegura que el Cecifa y los servicios de inteligencia habitualmente interrogan en presencia de un médico para no provocar daños físicos permanentes en la persona interrogada...

»El jefe del Cecifa, Raúl Monsalve, se ha opuesto con fuerza a los métodos empleados por la DINA y ha criticado su subordinación al general Pinochet en lugar de someterse al Ministerio de Defensa. Después de una reciente reunión en el ministerio, el general Nicanor Díaz Estrada, jefe interino del Estado Mayor de la

Defensa Nacional, le dijo que moderara sus objeciones a la DINA
o se enfrentará con la posibilidad de que el personal de la DINA mon-
tara un "incidente" que destruiría su carrera y le quitaría de su camino [...] Los servicios de inteligencia de las FF AA y el personal
del Cecifa se refieren a la DINA como un "monstruo", reflejando
sus reticencias respecto a su crecimiento y envergadura».

Lawrence A. Corcoran, teniente coronel de la Fuerza Aérea
norteamericana, miembro de la misión militar de Estados Unidos
en Chile, se reunió en Santiago, el 7 de febrero, con una relevante fuente de información. Al día siguiente, con la aprobación del
agregado de defensa, el coronel William M. Hon, envió a la DIA
un cable cifrado con un sugestivo título: «DINA, sus operaciones
y poder»:

«Este cable avanza comentarios sobre el estado actual de las
operaciones y el poder de la Dirección de Inteligencia Nacional
(DINA). La fuente no ha proporcionado voluntariamente esta información.

»Mientras se conversaba con la fuente sobre otro asunto, dijo: "Se puede hacer si consigue la aprobación de la DINA". Cuando se le preguntó qué quería decir, el interlocutor dijo que había
tres fuentes de poder en Chile: "Pinochet, Dios y la DINA". El tema original de la conversación versaba sobre la legalidad que supone un acto de jurisprudencia. La fuente sostuvo: "Ningún juez en
ningún juzgado, ni ningún ministro en el Gobierno va a seguir
investigando un asunto si la DINA dice que está llevando el tema"».

El comentario de los agregados militares norteamericanos, antes de concluir el cable, señalaba:

«Parece que la DINA ha llegado muy lejos en organización
y autoridad [...] El tema de conversación del cual salió la información no tenía nada que ver con inteligencia. Estaba referido a
posibles aspectos técnicos legales que podrían impedir a los juzgados actuar sobre un asunto [...] Si la DINA se ha desarrollado al
punto de que puede asumir un caso y sacarlo de los canales legales,
sin recurso por parte de los tribunales u otras instituciones, eso significa que se ha convertido en un poder a ser observado».

En los primeros días de marzo de 1974, Pinochet envió al flamante coronel Contreras, en su calidad de director de la Academia de
Guerra del Ejército, a Estados Unidos para participar en un se-

minario de la Organización de Estados Americanos (OEA) en el Centro de Convenciones de Airlie, próximo a Washington, al que estaban invitados los directores de las academias militares de todos los países americanos. El tema del seminario versaba sobre el crecimiento vegetativo de los países americanos hasta el año 2030. Pero el interés de este viaje no era académico. Contreras quería tender un puente hacia la CIA.

El coronel Contreras organizó el viaje con ayuda de la delegación de la CIA en Santiago y de su jefe, Ray Warren. El hombre que hacía el trabajo de enlace con los servicios de inteligencia de los países extranjeros era el general Vernon Walters, subdirector de la CIA.

Walters invitó a Contreras al cuartel general de la CIA en Langley. El coronel Contreras solicitó asistencia técnica de la CIA para consolidar la DINA. Según un memorándum interno de Walters, se le dijo que dada la situación de los derechos humanos, no era posible ayudar:

«La Agencia no puede proporcionar entrenamiento o apoyo a actividades que pueden calificarse como "represión política interna". En relación con esto, la Agencia ha recibido con mucho agrado la circular del Ministerio de Defensa del 17 de enero de 1974 en la que se dan instrucciones para el tratamiento de los prisioneros, las cuales siguen las normas de la Convención de Ginebra de 1949. Esperamos que su Gobierno continúe adhiriéndose a estas normas...».

El Gobierno militar utilizaba las normas sólo como fachada. Nunca la DINA las había aplicado, ni su función estaba concebida para guiarse por las disposiciones de la Convención de Ginebra, sino más bien todo lo contrario. Y quien mejor lo sabía, según revelaban sus comunicaciones internas, era la CIA.

La rivalidad entre los servicios de inteligencia de las Fuerzas Armadas y la ascendente DINA reflejaba una lucha por el poder. La DINA era identificada con la posición cada vez más dominante de Pinochet en la Junta Militar. Aunque, en realidad, no había discrepancia de fondo, durante aquellos días, sobre la represión.

El viernes 15 de marzo de 1974, el general Pinochet y su esposa Lucía Hiriart terminaron la visita que realizaban a la ciudad de Brasilia a propósito de la proclamación del nuevo presidente brasileño, el general Ernesto Geisel. Durante los actos oficiales, Pinochet se reencontró con el general Vernon Walters, quien formaba parte de la delegación del Gobierno norteamericano. Pinochet le había conocio en Ecuador, en 1959. Hablaron sobre la situación de Chile. Pinochet le adelantó que el proyecto de rotación de la presidencia de la Junta Militar chilena era cosa del pasado.

El viaje a Brasil fue para Pinochet una prueba de que ya controlaba el poder en Chile. La revista *Ercilla* ofrecía en su número del 19 de marzo una entrevista en la cual Pinochet comenzaba a reescribir la historia del golpe militar. Según confesaba, había llegado el 13 de abril de 1972, esto es, un año y cinco meses antes del golpe, a la conclusión de que «la materialización del conflicto insuperable entre los poderes ejecutivo y legislativo, será sin solución constitucional». Y, según narraba, «vino el 29 de junio de 1973, el *tancazo*, y como yo digo siempre, ahí estuvo la mano de Dios, aunque hay ateos que no creen. Dios me ayudó, me amplió la visión y el día 4 de julio de 1973 cambié mi planificación».

Vernon Walters regresó a Washington con cierto entusiasmo por la evolución de los acontecimientos en Chile. El general Walters puso por escrito sus impresiones, basándose en sus recientes conversaciones con Pinochet en Brasilia, y en el almuerzo que había ofrecido al coronel Manuel Contreras en la sede de la CIA, en su reciente visita a Langley. Estaba convencido de que Pinochet se perfilaba ya, definitivamente, como el hombre fuerte de Chile. El 21 de marzo de 1974, la CIA examinaba en un informe interno la situación en Chile a seis meses del golpe de Estado:

«La emergencia de Pinochet como el líder del Gobierno militar de hecho y de forma es probablemente el más importante aspecto de la primera mitad del año de la Junta Militar...

»La intención de rotar la Presidencia estaba implícita en las declaraciones de los miembros de la Junta, inmediatamente después del golpe. Se dijo entonces que habría un mandato de un año de duración. A finales del año pasado, empero, Pinochet rechazó una propuesta del almirante Merino, comandante en jefe de la Armada, en el sentido de anticipar al 1 de enero [de 1974] la primera rotación. Poco después, Pinochet hizo varias declaraciones sobre la Presidencia en las que parecía que no se produciría rotación alguna. Un reciente informe señala que parece haber un acuerdo formal de la Junta sobre este punto...

»Algunos de los altos oficiales [del Ejército] más activos en el golpe de Estado contra Allende ven a Pinochet como un rezagado, un hombre que llegó tarde a participar en esos esfuerzos y probablemente sienten que otros se merecen la presidencia. Pinochet parece determinado a prevenir la emergencia dentro de las filas militares de potenciales rivales. Su posición está lo suficientemente cimentada como para hacerles frente con dureza y es probable que tengan lugar cambios en el alto mando militar y en el Gabinete. El hecho de que Pinochet dejara Chile para asistir a la jura del presidente de Brasil, Ernesto Geisel, es un indicador de la creciente fuerza de Pinochet...»

CAPÍTULO 17

El dictador supremo

El mayor Pedro Espinoza era, con 42 años, uno de los principales oficiales de Inteligencia del Ejército chileno. Había sido destinado al Servicio de Inteligencia Militar (SIM) en 1971 y allí siguió, después de su colaboración en la «Caravana de la Muerte», cuando dicho servicio se convirtió en Dirección de Inteligencia del Ejército (DINE). A primeros de mayo de 1974 la legalización de la DINA mediante decreto ley era ya inminente. Fue entonces cuando se le encomendó hacerse cargo de la Escuela Nacional de Inteligencia para elevar el nivel rudimentario de los cursos que se impartían. Los oficiales de las Fuerzas Armadas que salieran de la escuela pasarían a formar parte del cuerpo de élite de la DINA.

Espinoza supo a través de algunos agentes captados por la DINA en el grupo Patria y Libertad y por los servicios de inteligencia que Michael Townley, el antiguo militante de Patria y Libertad, había regresado a Chile el 18 de octubre de 1973. Averiguó que Townley y su familia vivían en la calle Pío X, entre Fernando de Aguirre y Luis Thayer Ojeda. La propietaria de la casa que alquilaba Townley se llamaba Mónica García Reyes. Y Espinoza la conocía.

Espinoza recordaba a aquel joven que había montado en 1972 una emisora clandestina, Radio Liberación, en un coche Austin Mini Cooper, como parte de las actividades del grupo Patria y Libertad. Townley y su esposa, Mariana Inés Callejas, recorrían las calles de Providencia emitiendo mensajes intermitentes entre las ocho y las nueve y media de la noche contra el Gobierno de Salvador Allende. Y también sabía que Townley había tomado parte en la operación para acabar con las interferencias que realizaba en febrero y marzo de 1973 el Gobierno de la Unidad Popular en el pirata Canal 5 que animaba el padre Raúl Hasbún en Tulcaguano,

Concepción. Era aquel que había huido al exterior después de que se dictara contra él una orden de búsqueda y captura y su foto apareciese en algunos periódicos de la capital. Aquel, en fin, de quien los policías de investigaciones sospechaban, por su nacionalidad estadounidense, y sus conocimientos de electrónica, que podía ser un agente de la CIA, y sobre cuyos antecedentes hablaron el director de Investigaciones de la época Alfredo Joignant y el entonces ministro de Interior, general Carlos Prats.

Un día del mes de mayo, Mónica García Reyes explicó a Townley y a su esposa que un amigo de su familia quería conocerlos. Los Townley le invitaron, pues, a tomar *once* una tarde. *Once*, una palabra que los chilenos usan desde los tiempos coloniales, como los ingleses, para hablar de merienda, y que debe su nombre al aguardiente. A las cinco de la tarde, como los ingleses toman el té, los chilenos bebían aguardiente. Y esta palabra tiene once letras. El hecho es que la señora García Reyes y el mayor Espinoza fueron invitados a casa de los Townley.

Entre pisco y pisco, galletas *crackers* y canapés, Townley y Espinoza evocaron los tiempos de la Unidad Popular y la actividad que cada uno de ellos realizaba. Townley en el grupo Patria y Libertad y Espinoza en el Servicio de Inteligencia Militar. Y rememoraron los principales episodios que habían precedido al golpe de Estado del 11 de septiembre. Townley, que recibió la noticia del derrocamiento de Allende en Miami, explicó cómo los exiliados cubanos se habían lanzado a las calles al conocer la noticia del ataque al Palacio de la Moneda. Él y su esposa, dijo, compraron champán esa tarde para festejar el golpe. A fin de cuentas, le explicó, si él estaba ahora en Santiago era porque había un Gobierno militar ya que a raíz del incidente de Concepción, donde había muerto una persona, un pintor de brocha gorda, se había tenido que fugar. Espinoza sabía todo lo que necesitaba sobre Townley.

A la merienda en casa de los Townley siguieron otros encuentros. Espinoza invitó a toda la familia Townley, hijos incuidos, a cenar en su casa. Y los Townley invitaron después a los Espinoza. En pocas semanas, los lazos entre las dos familias se anudaron.

Lo que Espinoza advirtió es que Townley no era lo que a primera vista, sin información, podía parecer. No era un mercenario, una especie de Chacal, como aquel personaje de la primera novela de Frederick Forsyth publicada en 1971. Tanto él como Mariana Inés Callejas habían colaborado con Patria y Libertad por convicción. Creían, como el dirigente del grupo, Pablo Rodríguez Grez, que todos los medios, incluyendo el terrorismo y el sabotaje, eran válidos para acabar con el Gobierno de Allende. La Junta Militar, pues, era una bendición. Y por eso los Townley habían regresado a Chile. Pero, al mismo tiempo, no era un militante más. Era un aventurero con causa.

Espinoza le ofreció trabajar en electrónica y sistemas de radio para la DINA. Tendría que montar un taller, ocuparse de las compras y asesorar en la materia. En una primera fase podía trabajar en su propia casa. Su superior directo, en el día a día, según dispuso Espinoza, de acuerdo con su jefe, el coronel Manuel Contreras, sería el mayor Raúl Eduardo Iturriaga Neumann. Espinoza, pues, acababa de fichar a Michael Townley.

Por aquellas semanas del mes de mayo de 1974, Pinochet había invitado a Santiago a un personaje que residía en Madrid cuyas relaciones con Franco eran excelentes. Se trataba del príncipe Junio Valerio Borghese, marino italiano que se hizo famoso por dirigir un viejo submarino en 1941, durante la Segunda Guerra Mundial. Más tarde, fue comandante del ejército regular de la República de Saló, el régimen instaurado en septiembre de 1943 por Benito Mussolini en el noreste de Italia. Las milicias del *Príncipe Negro*, como también se le llamaba, se aplicaron, sobre todo, a acabar con la resistencia de los partisanos.

El comandante Borghese era un hombre de 69 años. Había preparado, el Día de la Inmaculada, del 7 al 8 de diciembre de 1970, un golpe de Estado para acabar con la República Italiana que presidía entonces el socialista Giuseppe Saragat, intentona fracasada que le obligó a huir de Italia e instalarse en España. El comandante Borghese formaba un tándem con otro personaje, Stefano delle Chiaie, fundador y jefe del movimiento terrorista neofascista Avanguardia Nazionale. Delle Chiaie, que se definía como «técnico de la agitación de masas y de la conspiración», mantenía antiguos vínculos con el grupo chileno Patria y Libertad.

Pinochet mandó enviar a Madrid dos billetes de la compañía aérea LAN Chile y cubrió los gastos de ambos en Santiago. El comandante Borghese fue recibido por Pinochet en su despacho del edificio Diego Portales. Allí, le presentó a Delle Chiaie.

Borghese narró ante Pinochet sus peripecias en Italia durante la Segunda Guerra Mundial y le sugirió la necesidad de crear un movimiento político de carácter cívico militar. En cierto modo, Pinochet había provocado en Chile el golpe que Borghese intentaba desde hacía cuatro años consumar en Italia.

Borghese y Delle Chiaie proporcionaron a Pinochet algunos documentos en los que se resumían sus ideas y manifestaron su deseo de mantener contactos regulares y una amplia colaboración. Pinochet sugirió a Delle Chaie que debía incrementar sus relaciones con Chile, para lo cual le puso en contacto con la persona que podía encargarle una serie de trabajos de información e inteligencia: el coronel Manuel Contreras.

El 14 de junio de 1974, la Junta Militar aprobó el decreto ley 521 que oficializó la existencia de la DINA, con las firmas de los cuatro miembros de la Junta Militar y del ministro del Interior, Óscar Bonilla.

La institución que dirigía Contreras, por delegación de Pinochet, era esencialmente un cuerpo militar que se nutría de oficiales de los cuatro institutos armados del país. Se trataba de un ejército de élite, algo así como un acorazado de bolsillo, un ejército privado al servicio de los planes de poder de Pinochet, tanto como las fuerzas de choque de las SS, las tropas de asalto, habían estado a disposición personal de Hitler en Alemania.

La idea original, en noviembre de 1973, había sido colocar a la cabeza de la DINA a un general del Ejército, cosa que Contreras había aceptado. Había incluso algo más que un candidato. El general Nilo Floody debía hacerse cargo de la DINA a primeros de 1974, pero Pinochet no siguió adelante con esa idea. En realidad, la DINA era un proyecto que llevaba nombre y apellido. Estaba indisolublemente ligado al coronel Contreras. Y Pinochet consideraba que necesitaba a Contreras exactamente en ese puesto. Pinochet lo había reconocido, sin ambigüedad, al nombrar a Contreras delegado suyo el 13 de noviembre de 1973 mediante un documento firmado de su puño y letra. Ese poder autorizaba a Contreras a actuar en su nombre.

La legalización de la DINA estaba asociada en la mente de Pinochet a otro proyecto en el que el comandante en jefe del Ejército depositaba todas sus esperanzas: el decreto ley que le convertía en jefe supremo de la nación y establecía las nuevas reglas de juego. Tres días después de aprobar el decreto ley 521, la Junta Militar analizaba, el día 17, el decreto ley 527, que proponía una división de responsabilidades entre el poder legislativo y el ejecutivo. La Junta Militar como tal debía asumir el poder legislativo. Y Pinochet, como presidente de la junta, en calidad de jefe supremo de la nación, ejercería el poder ejecutivo.

Pinochet consiguió sacar adelante el decreto. En él se disponía el orden de precedencia para cada comandante en jefe: Ejército, Armada, Fuerza Aérea y Carabineros. En caso de que el presidente de la Junta se ausentara del país, el cargo sería cubierto interinamente por el comandante en jefe de la Armada.

Pinochet no estaba dispuesto a dejar pasar la ocasión de autocoronarse jefe supremo de la nación por todo lo alto y con pompa. Después de ser aprobado el nuevo esquema de poder, el general Gustavo Leigh salió unos días fuera de Chile. El *Diario Oficial* publicó el decreto 527 el día 26 y Pinochet ordenó una ceremonia oficial para el 27 de junio. El mismo día 27, se comunicó al presidente de la Corte Suprema, Enrique Urrutia Manzano, que debía colocar la banda presidencial a Pinochet en el salón Azul del edificio Diego Portales. Los medios de comunicación fueron citados al acto. Pero aún quedaban algunos aspectos que cerrar. En la planta 22 de Diego Portales, la Junta, antes de la ceremonia, se reunió en torno a la mesa donde solía celebrar sus sesiones, y analizó los detalles del nuevo estatuto. El general Leigh, que no veía la propuesta con buenos ojos, estaba, además, irritado por la ceremonia, que había sido preparada en su ausencia. Acusó a Pinochet de actuar a espaldas de la Junta.

— ¡Te creés Dios! ¡Hasta cuándo! —gritó Leigh.

— ¡Aquí ya está bueno de joder! ¡Si hay tanto barullo se suspende todo y vemos cómo se arregla esto! ¡No voy a permitir que se juegue con el país! —se enfureció Pinochet, y dio un puñetazo al cristal de la mesa, que se partió.

Leigh, resignado, dijo:

—Has convocado a la prensa, a las autoridades, a medio mundo. ¡Qué vas a suspender!

Los cuatro miembros de la Junta Militar bajaron al salón. El presidente de la Corte Suprema colocó la banda tricolor sobre el uniforme de gala de Pinochet y consagró la investidura de Pinochet como nuevo jefe supremo de la nación.

Los agregados militares de Estados Unidos en Santiago enviaron un despacho a Washington el 2 de julio. Los hechos que estaban ocurriendo eran muy importantes. El mensaje cifrado fue aprobado por el agregado de defensa, el coronel William H. Hon, del Ejército norteamericano.

«Algunas autoridades dentro de los servicios de inteligencia naval y militar observan esta nueva ley 521 como los cimientos sobre los cuales será construida una policía tipo GESTAPO. El artículo 4, a juzgar por las apariencias, garantiza amplios poderes de investigación al director de la DINA. Además, e igualmente significativo, las operaciones de inteligencia que puede iniciar el director carecen, aparentemente, de cualquier tipo de restricción. En general, la ley bendice legal y oficialmente a una organización que ya desarrolla una gran actividad, y representa un golpe potencialmente amenazador a los esfuerzos de los organismos de inteligencia para consolidar y reforzar su posición».

Si la referencia a la policía secreta nazi, la GESTAPO, que evocaban los agregados militares tenía como base los ocho artículos conocidos, ¿qué se podía decir de los otros tres, considerados secreto de Estado, que no fueron publicados?

He aquí su contenido:

«Artículo 9. El Director de Inteligencia Nacional y los jefes de servicios de inteligencia, dependientes de las instituciones de la Defensa Nacional, podrán coordinar directamente sus actividades para el cumplimiento de misiones específicas. Sin perjuicio de lo anterior y cuando lo reclamare la necesidad imperiosa de la defensa del régimen institucional del Estado, la Junta de Gobierno podrá disponer la participación o coordinación de todos los organismos de inteligencia anteriormente mencionados en funciones propias de la DINA.

»Artículo 10. Para el ejercicio de las facultades de traslado y arresto de personas, que se conceden por la declaración del Estado de Sitio u otras que pueden otorgarse en las circunstancias de excepción previstas en la Constitución Política, la Junta Militar podrá disponer que las diligencias de allanamiento y aprehensión, si fueren necesarias, sean cumplidas también por la DINA.

»Artículo 11. La Dirección de Inteligencia Nacional será la continuadora legal de la comisión denominada DINA y organizada en el mes de noviembre de 1973».

El decreto proponía colocar al frente de la DINA al «oficial general o superior en servicio activo» mediante un decreto supremo. ¿Por qué nombrar un coronel si había generales capacitados para ejercer el cargo? Pinochet evadió este precepto y mantuvo a Contreras sin nombrarle por decreto supremo. Ahora de manera oficial, el coronel Contreras mantenía la rutina iniciada pocas semanas después del golpe de Estado del 11 de septiembre de 1973.

Cada día, un equipo de la DINA elaboraba a partir de las cinco y media de la mañana un informe confidencial sobre los hechos más relevantes ocurridos en el país. El documento era entregado al coronel Contreras en su domicilio. A las siete, Contreras se presentaba en la Avenida Errézuriz. Pinochet ya llevaba una hora y media en pie. Había hecho su sesión diaria de gimnasia y estaba a punto de desayunar.

Contreras llegaba con su informe confidencial en la mano. Y ambos comentaban los aspectos más importantes de la jornada.

El 6 de julio de 1974, aprovechando la inminente remodelación del Gabinete, el Ministerio de Defensa, siguiendo instrucciones de Pinochet, aprobó un decreto por el que se nombraba al coronel Manuel Contreras director ejecutivo de la Dirección Nacional de Inteligencia, un puesto que no estaba contemplado en el decreto de creación de la DINA. El argumento: Contreras era el oficial más antiguo de dicha organización. Al mismo tiempo, se le mantenía en su posición de director de la Academia de Guerra del Ejército. El mecanismo ideado por Pinochet, por más transitorio que pudiera ser, tenía su lógica. La DINA, por definición, no dependía del Ministerio de Defensa. En la práctica, la decisión suponía situar a la DINA bajo la tutela de la Junta de Gobierno. Y, más precisamente, a las órdenes de quien ejercía todos los poderes ejecutivos. Es decir, del presidente de la junta: Augusto Pinochet. El coronel Manuel Contreras se convertía, así, en el Heinrich Himmler chileno. Si Himmler dirigió la policía, las SS y la célebre GESTAPO, el acrónimo de Geheime Staats Polizei, que significaba Policía Secreta de Estado, el coronel Contreras tenía poderes semejantes al mando de una sola organización, la DINA.

Al tiempo que proyectaba su poder en el futuro inmediato, Pinochet seguía obsesionado por retocar las escenas del pasado reciente. El 7 de agosto, en un discurso en el Rotary Club de Santiago, Pinochet volvió sobre el tema de los orígenes del golpe de Estado. Avanzaba unos pasos más en la senda que empezó a recorrer en el mes de marzo después de su viaje a Brasil:

«Para ser más exacto y aprovechando que está aquí el general Benavides, el día 20 de marzo de 1973 firmó un documento que le mandé, en el que estaban estudiadas las posibilidades políticas por las que atravesaba el país, y llegamos a la conclusión en forma muy clara de que ya era imposible una solución de carácter constitucional. El Ejército planificó en ese momento la forma de actuar. Se mantuvo en secreto y, a Dios gracias, fue muy bien guardado, porque de otra forma hace rato que ya no estaría mirando la luz del sol».

El general Raúl César Benavides no era lo que se podría decir un fedatario público ni un testigo imparcial. Aparte de ministro del Interior era un incondicional de Pinochet. Esta vez, el general Leigh no parecía dispuesto a callar. Habló con el almirante Merino. Los dos sabían cómo se había gestado el golpe de Estado. Pinochet fue para ambos una verdadera incógnita hasta el fin de semana del 8 y 9 de septiembre de 1973. No sólo para los dos comandantes en jefe. También para el principal conspirador dentro del Ejército, el general Sergio Arellano Stark, que era la cabeza de los golpistas.

Leigh le dijo a Pinochet que sus declaraciones sobre los preparativos del golpe de Estado no se correspondían con la realidad y que ambos sabían lo que había pasado en los días previos. Le recordó la visita que le realizó la tarde del domingo 9 de septiembre a su casa de Laura de Noves. Pero Pinochet sabía cómo encajar las críticas de Leigh. No se inmutó.

Fue el mayor Pedro Espinoza quien introdujo el personaje del general Prats en las conversaciones con Townley, a primeros de agosto de 1974. Le explicó que se disponía de información sobre movimientos armados contra el Gobierno militar en el sur del país. Sólo un hombre, dijo, estaba en condiciones de unir a la subversión. Era el ex comandante en jefe del Ejército, Carlos Prats.

La vida de Prats en Buenos Aires estaba bajo control de los servicios de seguridad chilenos desde su llegada a territorio argentino, el 15 de septiembre de 1973. El agregado militar de la embajada de Chile en Buenos Aires, Carlos Ossandón, había organizado su seguimiento permanente, del que informaba con puntualidad al entonces jefe del Servicio de Inteligencia Militar, Augusto Lutz. Y otro personaje, el coronel Joaquín Ramírez Pineda, el responsable de las ejecuciones de los detenidos en el Regimiento Tacna, había sido nombrado en la embajada chilena en Buenos Aires.

Poco a poco, Espinoza, sin mencionar ninguna misión específica, fue persuadiendo a Townley de que Prats era el principal enemigo del ejército y del Gobierno chilenos, una amenaza para la supervivencia del proyecto del 11 de septiembre, la única personalidad capaz de representar a toda la oposición reagrupada tras un Gobierno en el exilio. La actividad actual de Prats, decía Espinoza, era una continuación de su actividad durante el Gobierno de Allende, donde había sido uno de sus principales apoyos dentro de las Fuerzas Armadas. Y, ahora, además, según sabía, Prats estaba escribiendo un libro en Buenos Aires que prometía desestabilizar a la Junta Militar. Algo había que hacer para impedirlo. Townley también sabía que un intento de asesinar a Prats por agentes chilenos en colaboración con los servicios de inteligencia argentinos y un grupo ultraderechista llamado Milicia había fracasado y que, incluso, se había perdido el dinero enviado para cometer el asesinato. Por fin, en uno de sus encuentros, tras evocar otra vez el asunto, el mayor le dijo que era necesario eliminar a Prats.

—¿Crees que lo puedes hacer? —preguntó Espinoza—. ¿Lo harás?

Townley sintió que era su bautismo de fuego. Que para Espinoza y su jefe, Manuel Contreras, era una gran operación. Prats había sido uno de los grandes protagonistas de la vida chilena en los últimos años. Lo que le pedía Espinoza era una especie de magnicidio. Todo un desafío.

—Sí, lo haré —se comprometió Townley.

Michael Townley salió de Santiago el 19 de agosto rumbo a Buenos Aires con un pasaporte falso a nombre de Kenneth Enyart. La misión de asesinar al general Prats estaba, pues, en marcha. En la capital porteña, Townley tomó contacto con el agente de la DINA Enrique Arancibia Clavel, alias Felipe Alemparte, que pasaba por ser empleado del Banco de Estado de Chile. Era una tapadera.

Townley husmeó el terreno, mantuvo diversos contactos para montar la operación y se familiarizó con el barrio de Palermo, donde vivían los Prats. Regresó a Santiago el 30 de agosto, después de estudiar la escena del crimen durante once días. Necesitaba hablar con el mayor Pedro Espinoza y el mayor Raúl Eduardo Iturriaga Neumann.

En los primeros días de septiembre, el general Prats entraba en la recta final de su libro de memorias. Tenía dos tareas pendientes: pasar el manuscrito a máquina y corregirlo. Había trabajado un largo año, desde su salida de Chile el 15 de septiembre de 1973, de manera sistemática y obsesiva. Nada más llegar de su oficina al apartamento de la calle Malabia, en el número 3.351, en el barrio de Palermo, zona residencial de Buenos Aires, el general Prats se encerraba a escribir hasta altas horas de la noche. Tenía una verdadera necesidad de terminar.

En Santiago, en el cuartel general de la Junta Militar chilena, el edificio Diego Portales, planta 22, el nombre de Prats sonaba en las más altas instancias. El coronel Pedro Ewing, ministro secretario general del Gobierno, salió, a primeros del mes de septiembre, del despacho del general Augusto Pinochet, y se dirigió a la oficina del secretario de prensa, Federico Willoughby. El coronel Ewing, que llevaba una carpeta en la mano, estaba conmocionado.

—Federico, se está creando un ambiente muy peligroso para el general Prats en Buenos Aires. Habría que advertirle...

—Pero, ¿qué pasa, coronel?

—Prats está sometido a vigilancia. Mi general Pinochet está enfurecido por las relaciones del general Prats con los militares argentinos. Y, además, dice que todavía tiene influencia en la oficialidad media y alta de Chile. Yo le tengo mucho afecto al general Prats y no deseo que le ocurra nada malo...

—Bueno, si usted cree que está en peligro, debería hacerle llegar algún aviso, coronel.

En los primeros días de septiembre, Prats recibió una llamada telefónica en su casa. Era la voz de un hombre que hacía esfuerzos por aparentar acento argentino.

—Mi general Prats —dijo en tono militar—, un comando croata piensa asesinarle. Esto no es una amenaza, yo no estoy de acuerdo con lo que están preparando. Le llamo para advertirle. Tiene que convocar una rueda de prensa y denunciar el plan. Esto hará que la operación no pueda llevarse a cabo.

Prats, pese al esforzado acento argentino, adivinó que al otro lado de la línea el que hablaba era un chileno. Y que quizá fuese un militar.

—Siga, le escucho. Hable como chileno... —dijo Prats.

—Mi general, yo no puedo decirle quién soy, pero insisto en que usted debe viajar, como tiene previsto, a Brasil. Pida urgentemente el pasaporte.

Prats no tenía previsto viajar a Brasil, sino a Madrid, por invitación de la Universidad Complutense. Al día siguiente, se reunió, como solía hacerlo frecuentemente, con un amigo suyo chileno, Javier Urrutia, funcionario del Banco Interamericano de Desarrollo (BID) que se había instalado en Buenos Aires después del golpe de Estado del 11 de septiembre. Prats le contó que la noche anterior le habían llamado.

—Estoy preocupado. Creo que debía de tratarse de algún oficial subalterno mío. No era una amenaza. Me quería avisar.

Unos días más tarde, Prats recibió una llamada más inquietante.

—General, che, te vamos a matar... tenés que declarar públicamente... que no estás conspirando, che, contra la Junta Militar de Chile... —dijo la voz, haciendo uso incorrecto del vocablo «che», que los argentinos usan en lugar de «tú».

—Mire, por qué no nos vemos y me lo explica... —dijo Prats.

El interlocutor colgó el auricular.

Prats envió a su esposa al consulado chileno a fin de insistir en los pasaportes. También le pidió a su amigo Ramón Huidobro, ex embajador del gobierno de Allende en Buenos Aires, que permanecía desde el golpe de Estado en Argentina, que hablara con el embajador chileno, René Rojas, para informarle de las amenazas y de la urgencia con que necesitaba los pasaportes. Huidobro fue a ver al embajador. Le dio cuenta de las amenazas de muerte. Pero Rojas le hizo ver que el asunto no estaba en sus manos. En Santiago, suponía Huidobro, la Junta Militar no quería perder de vista a Prats y lo mejor, pues, era mantenerle confinado en Buenos Aires, bajo estricto control.

CAPÍTULO 18

El soldado de Allende

Michael Townley, alias Kenneth Enyart, llegó el 10 de septiembre al aeropuerto de Ezeiza, Buenos Aires. Esta vez llegaba para irse después de cumplir su misión. Townley ya sabía cómo. Utilizaría una bomba activada por control remoto. El teniente coronel Espinoza le había procurado material. Townley fabricó la bomba y la probó en un campo. No era lo que necesitaba. Explosivo de mala calidad. Pidió otro tipo de material.

Ahora, a la capital argentina no viajaba solo. Su mujer, Mariana Inés Callejas, le acompañaba para ayudarle en la misión. También ella se preparaba para trabajar en la DINA. El objetivo de asesinar a Prats era el estreno espectacular de ambos. Se alojaron en el hotel Victory de Buenos Aires durante algunos días. Fue allí donde Townley construyó la bomba con dos cartuchos de explosivos C-4 y tres detonadores. Townley contaba con tres juegos de transmisores portátiles que le había conseguido Espinoza.

Pero no sólo su esposa secundaba a Townley. El mayor Raúl Eduardo Iturriaga Neumann le ayudaría en la aproximación logística. Townley comenzó a controlar los movimientos de Prats. El general ya iba con la muerte en sus talones.

El 20 de septiembre, Prats terminó de escribir la tercera pieza que formaba el prólogo de su libro de memorias. En la «Carta a mis compatriotas» explicaba que su objetivo inicial había sido escribir sobre la existencia del Ejército en la vida nacional, remontándose a la independencia de Chile.

«Mi objetivo literario era, obviamente, ambicioso, y —como nadie tiene la vida comprada— en Buenos Aires recapacité, considerando la eventualidad de que me sorprendiera la muerte, dejando inconcluso un trabajo de largo aliento». Prats señalaba que en la parte que se refería a los hechos que vivió y que habían desembocado en el golpe de Estado del 11 de septiembre se limitaba a reproducir su «pensamiento y visión coetánea de lo ocurrido». Prats prometía: «Declaro solemnemente que lo que he escrito es la versión más fidedigna de lo que vi, escuché y pensé, coetáneamente».

Mientras, Townley merodeaba a su alrededor. En las memorias cuyo punto final acababa de poner, Prats hacía una referencia a él a propósito de los incidentes ocurridos en Concepción en 1973.

Ahora, este Townley era su sombra asesina. Este «técnico norteamericano» había abandonado, pues, el paréntesis al cual le había confinado el general Prats en sus escritos.

En esos días, en uno de los parques próximos al edificio de la calle Malabia, Townley, armado con pistola, se cruzó cara a cara con Prats. Townley pensó durante una fracción de segundos, ante su presa, que quizá había llegado su gran oportunidad. ¿A qué esperar más? Era sacar el arma y disparar. Pero resolvió, instintivamente, que no había llegado la hora.

El viernes 29 de septiembre, Townley y su esposa Mariana siguieron desde su vehículo Renault, aparcado en la calle Malabia, lo que ocurría en el edificio donde vivían los Prats. Era ya de noche. Habían podido comprobar la llegada de Prats al volante de su coche Fiat 125 color gris y su entrada en el garaje. Townley esperaba la ocasión para colarse dentro.

Tras una tensa espera, Townley tuvo su oportunidad después de la entrada de otro vehículo. Dejó a su esposa en el Renault y se introdujo en el garaje. Observó los coches y logró identificar el Fiat. Pero, de pronto, advirtió pasos. Se tiró al suelo y se escondió detrás de una caldera. El portero echó una mirada y se marchó. Townley se puso entonces a trabajar. Dejó sus cosas personales —documentos y pistola— en un soporte, desenvolvió la bomba y se deslizó por debajo de la parte central del Fiat. Ató el explosivo a la cruceta de una barra, junto al sistema de transmisión del coche. La faena estaba lista. Pero, al marcharse, encontró la puerta del garaje cerrada. Townley debió permanecer oculto unas horas a la espera de que saliera alguien. Mientras, su esposa aguardaba fuera, en el Renault. Ya casi al alba, un grupo de amigos que habían acudido a una fiesta en uno de los apartamentos bajaron al garaje a recoger sus coches. Townley aprovechó. Salió y llegó hasta el Renault. Él y su mujer echaron un sueño. Ahora, todo consistía en esperar que el general Prats saliera de su casa, seguirle y activar la bomba.

La mañana del sábado 30 de septiembre de 1974, Eduardo Ormeño, ex cónsul general de Chile en Buenos Aires hasta el golpe militar, pasó a recoger a los Prats. Fue en su coche, aparcó y por el portero electrónico llamó al apartamento 3, en la planta tercera. La pareja bajó y se subió al coche de Ormeño. Habían acordado pasar el día en la casa de campo bonaerense de Bellavista, que pertenecía a un amigo común, Andrés Pedro Stevenin. En el trayecto, Prats observó que una camioneta venía detrás.

—Nos están siguiendo —dijo el general.

—No, es nuestro guardaespaldas —replicó, no sin sorna, Ormeño—. Es Aldo Verdugo. Olvidé decirte que también viene a pasar el día con nosotros —añadió.

Por la noche, los Prats habían quedado en ir al cine con Ramón Huidobro y su esposa Panchita. Al regresar a la capital, invitaron a Ormeño a sumarse. Irían a un pase temprano y luego cenarían. Pero Ormeño estaba cansado y prefirió regresar a su casa.

Los Prats subieron a su apartamento y, sobre las ocho de la noche, salieron en su Fiat 125. Se habían citado en un cine del centro en el que proyectaban la película italiana *Pan y chocolate*, con Ugo Tognazzi de protagonista.

A la salida, los Huidobro invitaron al matrimonio Prats a cenar en su apartamento. Las dos parejas vivían a pocas calles de distancia. El general Prats aparcó su coche en la avenida Figueroa Alcorta. Panchita preparó una carne a la plancha. Huidobro insistió en la urgencia de que los Prats abandonaran el país cuanto antes. Sabía, porque Prats se lo había dicho, que el Ejército argentino le había ofrecido un pasaporte, y según él Prats no tenía más alternativa que aceptarlo. Prats le dijo que esperaría los pasaportes chilenos para salir de Argentina. Como general chileno que era, dijo, no podía viajar con un pasaporte extranjero.

El general Prats estaba tranquilo. Quizá el hecho de haber terminado finalmente sus memorias le había permitido relajarse. Al día siguiente, lunes, le esperaba a Prats una jornada de trabajo. A las doce y cuarto de la noche, pues, los Prats se despidieron del matrimonio Huidobro.

En la avenida Figueroa Alcorta, los Prats subieron a su coche. El general condujo unas calles hasta entrar en Malabia. Aunque en las ventanas de los edificios había luz, las farolas de las dos aceras estaban apagadas, lo que no era normal. Había un apagón. Sólo en esa calle. A una distancia no mayor de cien metros estaba aparcado el Renault que conducía Townley. Él y su esposa Inés esperaban a su víctima. Llevaban todo el día al acecho. Vieron cómo el Fiat 125 color gris, matrícula C-949.958, se aproximaba. Inés ya estaba preparada: tenía entre sus piernas el transmisor para activar la bomba. Debía cambiar de posición un interruptor de seguridad y luego darle a otro para transmitir la señal al artefacto instalado debajo del coche.

Pasadas las doce y treinta minutos, Prats detuvo el coche ante el número 3.351. Bajó y dio unos pasos hasta el garaje. Introdujo la llave, abrió la puerta y regresó hacia el coche para subir. Inés, desde el Renault, accionó el transmisor sin darle previamente al interruptor de seguridad. No funcionó.

Mientras Prats se aprestaba a ponerse al volante, Townley arrebató el aparato de manos de su mujer, conmutó el interruptor de seguridad y activó el interruptor que transmitía la señal. La explosión fue apocalíptica.

Townley lo había conseguido. Sofía fue expulsada del asiento derecho y murió en el acto; el general Prats fue lanzado hacia la izquierda. Restos de sus cuerpos quedaron esparcidos en varios metros a la redonda.

Ese mismo domingo, día 30, Townley y su esposa regresaban a Santiago. Él lo hizo vía Montevideo, Uruguay; ella viajó directamente a Santiago. Una vez en la capital uruguaya, Townley llamó por teléfono a Santiago para informar a sus dos superiores: Pedro Espinoza y Raúl Eduardo Iturriaga Neumann. Misión cumplida. Sobre la medianoche del domingo, a las veinticuatro horas del crimen, Townley llegaba al aeropuerto de Pudahuel. Ya nada volvería a ser igual para él. Era el agente estrella de la policía secreta chilena.

Capítulo 19

Atentado en Vía Aurelia

En el mes de octubre, Pinochet dio el paso que faltaba para asumir el título de presidente de la República. Hizo redactar un breve decreto ley en el que se proponía sustituir el artículo 7 del decreto ley 527 del 17 de junio de 1974, introduciendo el título del presidente de la República. La maniobra era muy sencilla y, a la luz de ella, se podía advertir el alcance de la propuesta del estatuto de la Junta de Gobierno, aprobada hacía poco más de tres meses. Pero ni el almirante Merino ni el general Leigh parecían estar dispuestos, esta vez, a pasar por el aro. El título de presidente de la República les parecía demasiado. En realidad, suponía para ellos aceptar definitivamente, y ante sus propias instituciones, que Pinochet había ganado la batalla por el poder. Pero, como era habitual, sólo Leigh presentó combate. Dijo que él no aprobaba la propuesta porque suponía una concentración excesiva de poder y que ello originaría fuertes críticas dentro de las Fuerzas Armadas. Pinochet comprendió que no era el momento y desistió.

Antes de que terminara el mes de octubre, cuando todavía estaban presentes las imágenes del coche destrozado del matrimonio Prats en Buenos Aires, Pinochet citó al coronel Manuel Contreras para analizar la situación de la DINA, su posición al frente del organismo y los posibles destinos alternativos. Todas las sospechas por los crímenes de Buenos Aires apuntaban a Contreras y la DINA.

La primera alternativa era que Contreras siguiese en su puesto de director de la Academia de Guerra del Ejército, abandonando la DINA; la segunda, salir al extranjero por dos o tres años como agregado militar en un destino importante, y la tercera, permanecer en la DINA. En este caso, debería dejar la Academia y, además, seguiría sin un nombramiento por decreto supremo, en las mismas condiciones actuales.

Pinochet puso sus cartas sobre la mesa: prefería que siguiera en la DINA. Contreras aceptó seguir en la organización como director ejecutivo, esto es, sin obtener su nombramiento por decreto supremo, y dejar el cargo de director de la Academia de Guerra del Ejército. Pinochet le aseguró que mantendría su calidad de delegado del presidente.

En los primeros días de noviembre de 1974, la DINA transformó una de sus sedes, a la que se habían enviado algunos detenidos en los últimos meses, en su campo de concentración secreto más importante. Situado en la comuna de La Reina, Villa Grimaldi, como se llamaba, había sido un gran caserón lleno de estatuas y mármoles, con legítimas pretensiones de palacio. La DINA convirtió los salones y habitaciones en oficinas de Estado Mayor, celdas y salas especializadas, con aparatos de tortura.

A Villa Grimaldi se trasladó el cuartel general de la Brigada de Inteligencia Metropolitana (BIM) de la DINA. El flamante teniente coronel Pedro Espinoza fue designado, en su condición de oficial más antiguo, comandante de Villa Grimaldi. Estaba a cargo de «política interior» y a él reportaban dos jefes: el mayor Raúl Eduardo Iturriaga Neumann, responsable de la brigada Purén, y Marcelo Moren Brito, al mando de la brigada Caupolicán. Hasta entonces, la DINA había contado en la capital con los centros de detención de Tres Álamos, con su sección de prisioneros incomunicados llamada Cuatro Álamos; la calle Londres, 38; la calle José Domingo Cañas, 1.367 y 1.347, y la calle Irán esquina con Los Plátanos y las casas en la calle Belgrado con Avenida Vicuña Mackenna y la Rinconada de Maipo, una antigua finca agrícola universitaria.

Los detenidos que estaban en el centro de la calle José Domingo Cañas fueron trasladados a Villa Grimaldi, donde, en adelante, serían recluidos los opositores a la Junta. Las personas que eran confinadas en Villa Grimaldi, que en el lenguaje interno de la DINA se identificaba con el nombre de Cuartel Terranova, seguían un itinerario regular. Las entradas y las salidas eran registradas en un libro de guardia. En un fichero se anotaban los nombres y la filiación de los presos, y también aquellas personas sometidas a vigilancia y las que aparecían en el curso de los interrogatorios. Poco después, las personas eran sometidas a una tortura preliminar, sin interrogatorio previo. Los jefes de Villa Grimaldi, comandante y jefes de brigada, eran quienes decidían la suerte de los prisioneros tras analizar los resultados alcanzados en los interrogatorios. Si se optaba por la solución final, esto es, asesinar al detenido, éste era trasladado a una torre situada en los terrenos de Villa Grimaldi, donde se unía a otros recluidos. Los camiones llegaban por las noches, cargaban grupos de veinte personas y salían a su destino, especificado en un código. Si la clave era «Puerto Montt», nombre de una ciudad en el sur del país, los prisioneros eran ejecutados en algún lugar en tierra firme; si la palabra era «Moneda», la orden era lanzar a los prisioneros al mar, desde un avión. Después de la eliminación, se extraía la ficha de identidad individual de la persona de los archivos de la Brigada de Inteligencia Metropolitana y se informaba al cuartel general de la DINA.

Aquel mes de noviembre, la Organización de Naciones Unidas votó una resolución contra Chile por la sistemática violación de los derechos humanos, lo que originó cierta conmoción interna.

El general Arellano, que seguía a cargo de la Guarnición de Santiago, habló con Pinochet sobre la necesidad de coordinar mejor la represión. En una carta, dirigida al comandante en jefe del Ejército el 24 de noviembre de 1974, interpretó las posibles razones del voto en la ONU por parte de aquellos países que no eran marxistas.

«Otro aspecto que puede haber incidido en esta materia es la acción que ha realizado la DINA y, en menor escala, la Fiscalía de Aviación. Algo de esto te conversé en tu gira a la provincia de Coquimbo. Ninguno de estos dos organismos depende de mí, pero debiera trabajar en una estrecha colaboración y armonía con ellos, ya que como no proporcionan información a civiles, éstos recurren indefectible a la Comandancia de la Guarnición, al igual que instituciones y otras autoridades civiles, lo que me ha permitido orientarme de algunas técnicas y modalidades de trabajo que me hacen concluir que se han olvidado de lo que significa derechos humanos fundamentales y que vivimos en un Estado donde la legalidad tiene plena vigencia… Se puede buscar y encontrar dónde está la falla, y la vemos claramente en los procedimientos que emplea, los cuales nos han creado y nos seguirán creando problemas, salvo que pongamos drástico término a algunas tácticas y técnicas inaceptables, las cuales, muchas veces magnificadas, han llegado a conocimiento de importantes círculos civiles, religiosos y también uniformados…

245

»Debemos tener paciencia y preocuparnos fundamentalmente por mantener cohesionado nuestro frente interno. Y para ello es
necesario que se respire confianza en la más amplia extensión de la
palabra. Esto no sucede en la actualidad en la proporción que corresponde por algunas prácticas incorrectas de la DINA y de la Fiscalía de Aviación. Se ha maltratado y sometido a diversos apremios
físicos en forma innecesaria y torpe, a muchos detenidos...

No es posible que ya se esté hablando de una GESTAPO, con
todos los macabros recuerdos que esta palabra trae desde los tiempos de la Alemania Nazi, cuando se encerraba a los Jefes en una
torre de marfil y se les hacía navegar en una maraña de intrigas y
soplonaje, que significó el comienzo del fin del citado sistema de
gobierno...».

Si hasta el general Arellano mencionaba la palabra GESTA-
PO, eso sólo quería decir una cosa: temía que los poderes omnímodos de la DINA y de Contreras pusieran en peligro el futuro del
régimen militar.

A medida que se acercaban las Navidades y las fiestas de fin de año,
Pinochet se sentía cada vez más ansioso por sacar adelante la propuesta paralizada en octubre a causa del rechazo del general Leigh.
A mediados de diciembre, el decreto, con el número 806, volvía
a la mesa de la Junta Militar. Siendo evidente, decía el proyecto de
decreto, con fecha 16 de diciembre, que el poder del Estado se había entregado a órganos distintos, era «preciso mantener la tradición histórica nacional en cuanto a la denominación de quien
ejerce el Poder Ejecutivo, dentro de los marcos de acción orgánica que garantizan tanto la Constitución Política del Estado cuanto el Estatuto de la Junta Militar de Gobierno, especialmente por
el hecho de que en numerosas Leyes y Reglamentos preexistentes
aparece la denominación de presidente de la República». Por esta razón proponía:

«Artículo único: Reemplázase el inciso primero del artículo
ley 527 del 17 de junio de 1974 por el siguiente:

» [...] el poder ejecutivo ejercido por el presidente de la Junta
Militar de Gobierno, quien con el título de presidente de la República de Chile administra el Estado y es el Jefe Supremo de la
Nación con las facultades, atribuciones y prerrogativas que este
mismo Estatuto le otorga».

Leigh se resistió, pero, como solía hacer, al final aprobó a regañadientes en el decreto ley. El 17 de diciembre de 1974 fue publicado en el diario oficial. Pinochet ya era presidente de la República de Chile.

Ese fin de año, Orlando Letelier, que había obtenido su libertad el 9 de septiembre de 1974, ya llevaba tres meses en Venezuela. Fue el alcalde de Caracas, Diego Arria, un hombre muy cercano al presidente Carlos Andrés Pérez, quien tras mantener una entrevista con Pinochet en Santiago, logró sacar a Letelier el día 9 de septiembre de 1974 para llevárselo a la capital venezolana.

Arria era íntimo amigo de Orlando Letelier. Habían trabajado juntos en el Banco Interamericano de Desarrollo (BID) y Letelier era padrino de la única hija de Arria.

Pinochet recibió a Arria en su despacho. El político venezolano le explicó que estaba interesado en la situación de Letelier, a quien conocía desde hacía largo tiempo. Agregó que, según había escuchado, el Gobierno iba a liberar detenidos en las próximas horas.

Pinochet le dijo que estaba en lo cierto, que pensaba liberar a algunos prisioneros, pero que Letelier no figuraba entre ellos.

Arria insistió con toda clase de argumentos, hasta que Pinochet dijo:

—Se lo he dicho, no está en la lista. Por tanto, acabo de decidir que se irá mañana con usted.

El argumento para dejar libre a Letelier, detenido desde el 11 de septiembre de 1973, era que las normas del estado de sitio vigentes en el momento del arresto habían variado. Al mismo tiempo, la Junta Militar le expulsaba del país.

Letelier permanecía confinado desde julio de 1974 en Ritoque. En la medianoche del 9 al 10 de septiembre, fue trasladado a la embajada de Venezuela en Santiago en un vehículo del Ejército.

Dos guardias uniformados cogieron a Letelier por cada uno de sus brazos y lo hicieron bajar. Había otros dos. Uno le apuntaba con su metralleta mientras que el otro, con un papel en la mano, llamó al timbre de la embajada. Cuando el ministro consejero abrió la puerta, el hombre con el papel le plantó en la cara un recibí para que firmase: «Acepto la entrega de una persona, de metro ochenta y cinco de estatura, setenta y cinco kilos aproximadamente de peso, tez clara, cabello pelirrojo». Surrealista.

El hecho es que tres meses después de vivir en Caracas, Letelelier volvía a Washington.

Había vivido más de doce años en Estados Unidos. Se disponía ahora a ocupar un puesto en el consejo del Instituto de Estudios Políticos, una institución fundada por dos antiguos funcionarios de la Administración Kennedy con el objetivo de promover alternativas a la política exterior y militar de Estados Unidos. En 1973, el Instituto había ampliado sus actividades con la creación de una nueva entidad, el Instituto Transnacional, con filiales en Washington y Holanda, cuyo cometido era desarrollar estudios sobre la desigualdad entre los países pobres y ricos y proponer planes para mejorar la situación.

El abogado Peter Weiss, presidente del consejo de dirección del Instituto de Estudios Políticos, había sugerido la incorporación de Letelier para que promoviera el estudio de las relaciones entre Chile y Estados Unidos durante la época de Salvador Allende. Fue Saul Landau, periodista, cineasta e historiador, que había conocido a Letelier cuando éste era embajador de Chile en Estados Unidos, quien llamó a Caracas para ofrecerle el puesto.

Durante el mes de enero de 1975, el compromiso de Townley con la DINA siguió en aumento. La casa que alquilaba en la calle Pío X se había quedado pequeña para sus actividades de electrónica. Townley recibió, pues, el encargo de comprar algo más grande. Debía reunir todo lo necesario para albergar a la familia. Y espacio para instalar los talleres de electrónica y fotografía, un laboratorio de experimentación con elementos químicos y garaje para varios coches. Él y su esposa Mariana Inés visitaron un chalet con piscina en el sector de la Vía Naranja, 4.925, en la colina Lo Curro. Era la casa ideal situada en una zona residencial.

El coronel Manuel Contreras prestó su conformidad a la operación de compra. Y algo más: firmó un cheque por valor de ciento quince millones de escudos contra una cuenta del Banco de Crédito e Inversiones de Santiago.

En la notaría, comparecieron el dueño del chalet, Miguel Ángel Vidaurre, en nombre de una sociedad en formación; por los compradores acudieron, en nombre de la sociedad Prosin Limitada, Diego Castro Castañeda y Rodolfo Schmidt. El primero era el nombre que usaba el mayor Raúl Eduardo Iturriaga Neumann y el segundo correspondía al mayor jurídico del Ejército, Rolando Acuña, ambos de la DINA.

Mariana Inés Callejas contrató a una pareja de guardeses, Delia Rodríguez y José Eleazar Lagos, procedentes del sur de Chile, quienes se instalaron con su hija pequeña, de 4 años, en el chalet. La DINA asignó a Townley dos chóferes permanentes, un guardiamarina llamado Carlos Sáez Sanhueza, y un cabo segundo del Ejército, Ricardo Muñoz, que vivían en la casa y que se ocupaban, también, de las compras. Se les llamaba por otros nombres: Héctor y Esteban.

Y estaba *Hermes*, nombre que utilizaba el bioquímico Eugenio Berríos Sagredo. Trabajaba en el Instituto Bacteriológico de la Universidad de Chile, y había recibido el encargo de la DINA de instalar un laboratorio en la casa de Lo Curro. El coronel Contreras había confiado a Berríos y a Townley el proyecto de fabricar gas sarín, un veneno que habían desarrollado los alemanes durante la Segunda Guerra Mundial. Contreras decía que era un proyecto esencial para la defensa nacional y que en adelante había que estudiar la posibilidad de utilizarlo como arma de eliminación clandestina. El gas sarín provoca en las personas que lo inhalan una muerte fulminante que se asemeja a un ataque cardíaco.

A primeros de febrero, el coronel Contreras asignó a Townley una nueva misión: asesinar a varios líderes exiliados de los partidos socialista y comunista chilenos en México. Dos dirigentes cubanos anticastristas del Movimiento Nacionalista Cunbabo (MNC), que residían en Estados Unidos —Guillermo Novo y José Dionisio Suárez— y un tercer exiliado cubano, perteneciente a otra fracción —Orlando Bosch—, habían viajado a Santiago a primeros de diciembre de 1974 enviados por el líder ideológico anticastrista Felipe Rivero. El coronel Contreras estimó que era una oportunidad para que los cubanos ayudaran en la operación mexicana.

El día 6, Townley viajó a Miami con Mariana Inés Callejas para comprar nuevo material electrónico antes de visitar a los amigos cubanos con el objeto de montar la operación de asesinatos múltiples. En México DF, el Tribunal Internacional de Investigación de Crímenes de la Junta Militar Chilena, una iniciativa promovida por el Consejo Mundial de la Paz, tenía previsto reunirse a mediados de mes. Algunas de las personalidades que el coronel Contreras quería eliminar desde hacía año y medio acudirían a la reunión: Carlos Altamirano y Volodia Teiltelboim. Pero también estarían presentes dos ex ministros de la Unidad Popular liberados por la Junta Militar: Orlando Letelier y Clodomiro Almeyda.

En la lista, Townley llevaba también los nombres de Pedro Vus-
kovic y Hugo Vigorena.

Townley viajó a Nueva Jersey con el tiempo justo para reunirse con el grupo cubano a fin de explicar el objetivo de la operación
en México. Llevaba una recomendación para Vladimir Vlado Se-
cen, un antiguo militante croata al que llamaban *El Coronel* y, que,
según decían, había combatido, durante la Segunda Guerra Mundial,
contra las tropas irregulares de Josip Broz Tito.

Felipe Rivero fue su puerta de acceso a los dirigentes del Movimiento Nacionalista Cubano. Después de demostrar que era agente de la DINA, Townley consiguió que se le asignara a uno de sus
miembros, el cubano Virgilio Paz, para sumarse a la operación mexicana.

Sin embargo, los preparativos y la gestión de pasaportes falsos llevó más tiempo de lo que habían previsto. De modo que cuando pudieron llegar a México, la reunión de la oposición a Pinochet
había terminado.

Townley y Virgilio Paz recibieron entonces desde Santiago la
orden de viajar a Europa para hacer diferentes contactos con grupos terroristas de derecha y replantear los atentados fallidos de México. El objetivo era Carlos Altamirano.

A primeros de mayo de 1975, Townley esperaba a su presa
en el aeropuerto de Barajas, en Madrid. La información que poseía, muy precisa, daba cuenta de que el líder socialista Carlos Altamirano llegaría al aeropuerto de Barajas desde La Habana para
seguir desde allí hasta Alemania Oriental. Por fin, podría acometer lo que ya era una obsesión dentro de la DINA. El coronel Contreras consideraba el asesinato de Altamirano como la misión número uno del servicio.

Townley, ya pasado el control de pasaportes, vio de pronto a
un hombre delgado con gafas de pasta negra y cristales gruesos. Era
él. Con un maletín en la mano, comenzó a correr tras él.

—¡Carlos! —gritó una voz.

Altamirano se detuvo y se volvió bruscamente para ver quién
le llamaba. Townley no pudo frenar. Se dio de bruces con Altamirano.

Altamirano dijo:

—Discúlpeme…

Townley recogió su maletín, que se le había caído en el encon-
tronazo, y se evaporó.

Altamirano reconoció a la persona que le había llamado y se acercó.

—Rafael…

Era Rafael Tarud, el responsable del partido Acción Popular Independiente (API) de Chile. Hablaron un momento. Altamirano se dirigió inmediatamente a coger un vuelo de conexión con Berlín Oriental. Townley había perdido su oportunidad.

Townley regresó a Santiago. Por aquellos días, la DINA mantenía una estrecha colaboración con los servicios de inteligencia de Argentina y Paraguay, que habían colaborado en la detención del dirigente del Movimiento de Izquierda Revolucionaria (MIR) chileno Jorge Fuentes Alarcón. Los servicios paraguayos habían detenido al dirigente del MIR al cruzar la frontera procedente de Argentina y lo habían entregado a dos agentes de la DINA, el mayor Marcelo Moren Brito y el teniente Miguel Krassnoff, quienes lo trasladaron al campo de detención Villa Grimaldi.

Pero la DINA se traía entre manos una operación de mayor envergadura con los servicios de inteligencia de Argentina.

La DINA encomendó a Michael Townley fabricar documentos de identidad. Una noche, muy tarde, Mariana Inés Callejas bajó de la tercera planta del chalet de Lo Curro para ver por qué Townley se retrasaba en las oficinas. La puerta del despacho de la segunda planta estaba cerrada, pero había luz dentro. Mariana llamó. Alejandra Damiani, funcionaria de la DINA que trabajaba como secretaria de Townley, abrió la puerta.

—Alejandra, ¿sucede algo?

—Sí. Hay un trabajo enviado por el cuartel general y hay que terminarlo antes de mañana porque tiene que salir hacia Argentina.

Townley indicó a su mujer que entrase.

—Pasa. Tal vez puedas ayudar.

Sobre el escritorio de Townley había cédulas de identidad en blanco, timbres y una lista de nombres.

—Hay que confeccionar ciento diecinueve cédulas de identidad de la gente que está en las listas. Los argentinos las han pedido. Parece que tienen un superávit de muertos, así que, supongo, unos pocos chilenos habrán muerto en un enfrentamiento.

Era una operación cruzada. Los servicios de inteligencia simulaban que los muertos eran chilenos, con lo que encubrían el asesinato de ciudadanos argentinos. Y la DINA justificaba la desaparición de personas cuyo paradero exigían conocer los familiares, desacreditando, de paso, sus denuncias.

La desaparición de personas se había convertido poco a poco en el método favorito de eliminación de adversarios políticos. A la represión sangrienta de los primeros meses había seguido la fase de implantación del terror. Y este objetivo, a los ojos del coronel Contreras, sólo se podría consumar, si, como habían hecho los nazis, se borraban todos los rastros de las víctimas.

Los documentos se hicieron llegar a los servicios argentinos a través del agregado de la DINA en la embajada chilena en Buenos Aires, el coronel Víctor Barría.

El primero en aparecer, en Buenos Aires, fue un cadáver con el presunto documento de identidad de David Silberman. Era el gerente general de Cobrechuqui. Hasta entonces lo único que se sabía de él era que había sido secuestrado el 4 de octubre de 1974 por el teniente Armando Fernández Larios en la penitenciaría de Santiago, donde cumplía una condena de trece años de prisión dictada por un consejo de guerra de la ciudad de Calama. Le llevaron al centro de detención de la DINA en la calle José Domingo Cañas, donde fue torturado, y de allí a Cuatro Álamos, donde desapareció a finales de ese mes de octubre de 1974.

A primeros de julio, aparecieron dos cadáveres más. Presentaban disparos y los cuerpos estaban carbonizados. Los documentos de identidad estaban a nombre de los chilenos Luis Alberto Wendelman Wisnik y Jaime Eugenio Robotham Bravo, nombres, mal escritos, de dos desaparecidos: Luis Alberto Guendelman Wisniak y Jaime Eugenio Robotham. Las familias de ambos viajaron a Buenos Aires y advirtieron que los cadáveres no eran de sus parientes. La fotografía de Robotham era auténtica, pero de su época de adolescente. La familia, precisamente, había recibido meses antes la visita de policías de Investigaciones que aseguraban estar buscando a su hijo, para lo cual solicitaban una fotografía tamaño carnet. La madre les entregó una foto antigua. Ésa, precisamente, era la que aparecía en el carnet de identidad que acompañaba el cadáver. Un tercer cuerpo apareció en julio con un documento a nombre de otro desaparecido chileno llamado Juan Carlos Perelman, también falso. La estafa de las falsas identidades de los 119 resultó, finalmente, un fracaso al ser denunciada por los familiares de los desaparecidos y ya no se volvería a utilizar.

El 23 de agosto de 1975, el coronel Manuel Contreras se entrevistó en Washington con el coronel Enrique Morel, ex edecán de Pinochet, aquel hombre que permanecía de pie en la famosa foto tomada el 18 de septiembre de 1973 en la que Augusto Pinochet selló la imagen de su régimen.

Morel era ahora agregado militar en la embajada chilena en Washington. Contreras tenía previsto visitar el cuartel general de la CIA y mantener reuniones con el general Vernon Walters, subdirector de la agencia. Walters informó ese día al responsable interino de la CIA para América Latina que pensaba ofrecer un almuerzo a Contreras en la sede de la agencia en Langley.

Era al menos la segunda vez que Contreras visitaba Langley. El 25 de agosto, Walters invitó a Contreras a un almuerzo con varios responsables del Servicio de Inteligencia. Y, después, el subdirector de la CIA se reunió a solas con él.

De regreso a Santiago, Contreras pasó por Caracas, donde había concertado una reunión con Rafael Rivas Vásquez, subdirector de la Dirección de Servicios de Inteligencia y Prevención (DISIP). El 27 de agosto, Contreras le anunció a Rivas Vásquez que el Gobierno chileno pediría de manera oficial al de Venezuela información sobre las actividades de los exiliados chilenos. Dijo también que necesitaba datos sobre los viajes de exiliados residentes en Venezuela a otros países, a fin de mantenerlos bajo control. También le explicó que la DINA estaba creciendo como Servicio de Inteligencia y que todas las embajadas de Chile tendrían agregados de la organización. Contreras le explicó que estaba trabajando en la construcción de un servicio de información mundial, una especie de Interpol contra los grupos terroristas y marxistas y que ya mantenían contactos con otros países, y le anticipó que en la primavera tendría lugar el primer encuentro de inteligencia en Santiago. Le invitaba, pues, a él y, a su jefe, Orlando García, director de la DISIP, a la citada reunión. Antes de marcharse, Contreras le proporcionó cierto número de códigos y sistemas de cifra para canalizar en el futuro la comunicación entre ambos servicios, la DINA y la DISIP. Contreras dijo que en su reciente visita a la sede de la CIA se había reunido con su director, William Colby.

A finales de agosto, Michael Townley y Mariana, que venía de Nueva York, se encontraron en el aeropuerto de Luxemburgo y salieron hacia Francfort, donde se habían citado con Virgilio Paz. El cubano había viajado a Irlanda del Norte para tomar fotos en las prisiones a fin de utilizarlas en Chile para desactivar las críticas de las Naciones Unidas a las violaciones de derechos humanos bajo la dictadura de Pinochet. El mayor Raúl Eduardo Iturriaga Neumann le había trasmitido a Townley el nombre y apellido de su nuevo objetivo: el asesinato de Bernardo Leighton.

Bernardo Leighton, de 66 años de edad, era aquel hombre progresista de la Democracia Cristiana que en la mañana del 12 de septiembre de 1973 osó presentar un recurso de *hábeas corpus* para proteger la vida de los principales ministros de la Unidad Popular después de defender, en declaraciones a la prensa los días previos al golpe, el Gobierno constitucional de Salvador Allende. Había marchado fuera de Chile en febrero de 1974 por decisión propia, pero la Junta Militar le había declarado enemigo, prohibiéndole regresar al país. Por aquellos días de 1975, los contactos entre la Democracia Cristiana chilena y el Partido Socialista comenzaban a consolidarse en el exterior después de atravesar por una tensa etapa tras el apoyo de la cúpula dirigente, de Eduardo Frei Montalva y Patricio Aylwin, al golpe de Estado.

Los autores de la operación ya estaban escogidos desde Santiago. Townley debía tomar contacto en Roma con un hombre llamado Alfredo di Stefano, transmitir las órdenes y coordinar la operación. Alfredo era el nombre que usaba el terrorista italiano Stefano delle Chiaie, del grupo terrorista Avanguardia Nazionale. Era aquel que había visitado a Pinochet en mayo de 1974 junto con el comandante Junio Valerio Borghese.

La escala en Francfort formaba parte de los preparativos. Los tres, Townley, Mariana y Paz, se alojaron en un hotel. Townley habló con Alfredo, como llamaban a Delle Chiaie, por teléfono. Leighton, dijo Alfredo, no se encontraba en Roma. Townley llamó después a un colaborador de la DINA que vivía muy cerca de Francfort y que se hacía llamar Pedro Rojas. Se trataba de un sindicalista democratacristiano de Valparaíso cuyo nombre real era Guillermo Riveros Calderón. Tenía acceso directo a Leighton. Townley le explicó que necesitaba localizar al político chileno, sin informarle sobre su plan, y le dijo que según sus fuentes no se encontraba en Roma. Rojas fue al hotel a ver Townley y le aseguró que el dirigente democratacristiano estaba en la capital italiana. Desde allí mismo, llamó a Leighton y mantuvo con él una conversación.

A primeros de septiembre, Townley, Mariana y Virgilio Paz llegaban a Roma. Townley llamó a Alfredo, quien le invitó a cenar.

A ellos se unieron dos militantes del grupo italiano. Townley explicó con mayor detalle las razones por las que había que eliminar a Leighton. Se estaba convirtiendo en un punto de confluencia de la oposición al Gobierno militar entre democratacristianos y comunistas. Pero, además, tenía importantes relaciones con la Democracia Italiana y con el Vaticano. Si la alianza que propugnaba entre las fuerzas políticas chilenas salía adelante, ello también tendría efectos en Italia.

Leighton, pues, debía ser eliminado. Townley confirmó a Alfredo y los suyos el apoyo de la Dirección de Inteligencia Nacional (DINA). Chile les recibiría cuando quisieran. Debían considerar que estarían en su casa y que podrían seguir trabajando en otras actividades, debidamente remuneradas, al servicio del Gobierno militar.

Alfredo se encargaría de montar la operación. A uno de los militantes de confianza, Pierluigi Concutelli, le dijo:

—Pinochet se quiere quitar una piedra del zapato.

Una vez consumado el atentado, los militantes del Movimiento Nacionalista Cubano (MNC) lo reivindicarían a través de alguna de sus siglas para tender una cortina de humo sobre los verdaderos instigadores de la operación. Alfredo arregló todo para que Townley y su esposa se alojaran en un apartamento en la Vía Sartorio, en una de las colinas de Roma, no lejos de la Vía Apia.

Alfredo organizó la operación al más puro estilo mafioso. Dos hombres de su grupo, Pierluigi Concutelli y Salvatore Falabella, esperarían a Leighton frente a su casa y le dispararían a quemarropa.

Leighton, su esposa Anita Fresno, y un sobrino, Guillermo Canessa, que era como un hijo del matrimonio, vivían en la Vía Aurelia, 145, a pocas calles del Vaticano.

El lunes 6 de octubre de 1975, Bernardo Leighton y su esposa salieron por la tarde a hacer compras. Pasadas las ocho, bajaron de un autobús en la Vía Aurelia y caminaron hacia el edificio de apartamentos. La calle estaba a oscuras, y casi desierta. Dos hombres aguardaban frente a su casa. Luigi Concutelli, al ver al matrimonio, cruzó con paso rápido. Salvatore Falabella permaneció de guardia. Cuando Bernardo Leighton se aprestaba a abrir la puerta del edificio, Concutelli apuntó a la cabeza del dirigente democratacristiano y apretó el gatillo de su Beretta 9 milímetros. Mientras Bernardo Leighton se desplomaba, Concutelli le descerrajó un tiro a Anita Fresno, que cayó en la acera, boca abajo.

Anita Fresno, herida en el hombro, permanecía consciente. Comenzó a gritar. Los vecinos acudieron en su ayuda. Uno de ellos llamó a la policía. Poco después acudía el sobrino, Guillermo Canessa, quien se ocupó de conseguir una ambulancia y trasladarles al hospital. La bala había entrado por la parte trasera de la cabeza de Bernardo Leighton y había salido a la altura de su oreja izquierda, pero el disparo no fue mortal. Concutelli había fallado.

Townley fue esa noche del 6 de octubre al apartamento de Alfredo. El terrorista italiano estaba con una persona de su grupo, pero no los presentó. La información que le transmitió Alfredo era que Leighton estaba muerto. Townley, por olfato, intuyó que la otra persona había tenido algo que ver con el atentado. Ya muy tarde en la noche, Townley supo que Bernardo Leighton se había salvado.

Townley, Mariana y Virgilio Paz decidieron abandonar Italia. Viajaron el día 7 a Miami, mientras Alfredo partía a España, un país en el que se movía a sus anchas. En Miami, Townley y Paz se reunieron con el coordinador nacional del Movimiento Nacionalista Cubano, Ignacio Novo, para poner en marcha la segunda parte del plan. Había que despistar a todo el mundo con la autoría del atentado criminal.

El 13 de octubre, el diario *Las Américas*, de Miami, recibió un comunicado con fecha 10 de octubre firmado por una organización llamada Cero. En él se reivindicaba sin entrar en detalles el intento de asesinato de Leighton y de su esposa.

Townley regresó a Santiago el 16 de octubre. En la DINA informó sobre el atentado fallido contra los Leighton y describió la red de contactos que había establecido durante su periplo, algunos de los cuales, dijo, estaban en condiciones de viajar a Santiago cuando así se dispusiera. La tarea prioritaria era la cobertura del atentado de Roma. Había que contrarrestar toda la información que fluía y que, como cabía esperar, apuntaba a la dictadura chilena.

Capítulo 20

El poder de la DINA

Manuel Contreras, *Mamo*, quería reforzar de manera inequívoca el poderío de la DINA frente a otros servicios de inteligencia de las Fuerzas Armadas que habían desafiado su liderazgo. Solicitó a su jefe, el general Pinochet, una orden dirigida a consolidar su autoridad. Pinochet hizo una serie de consultas en el contexto de lo que se llamó una «investigación personal» y encargó a los ministros de Defensa e Interior, generales Brady y Benavides, respectivamente, la elaboración de un decreto secreto. Su destinatario: los jefes de todos los servicios de inteligencia de las Fuerzas Armadas.

El 30 de septiembre, la delegación de la CIA en Santiago analizó las consecuencias de la «investigación personal» de Pinochet y envió a Washington su informe:

«El decreto que lleva la fecha del 22 de septiembre, y está firmado por Brady y Benavides, establece que:

»A) Sólo la Dirección de Inteligencia Nacional (DINA) está autorizada a realizar detenciones de personas sospechosas de ser subversivas o de actuar políticamente en el país.

»B) En cualquier caso, en el área de Santiago, cuando las Fuerzas Armadas, Carabineros o la DI [Dirección de Investigaciones] detengan a individuos, en el curso de sus actividades de patrulla, los detenidos deben ser inmediatamente entregados a la DINA.

»C) En las provincias, los comandantes de zona, tanto con sus tropas uniformadas o con los centros de inteligencia regionales de las Fuerzas Armadas (CIRE), pueden detener a subversivos, pero deben entregarlos a la DINA en veinticuatro horas. En ningún caso se pondrá a los detenidos a disposición de la justicia militar, ni se emitirán decretos de detención, ya que esto último debe ser canalizado a través de la DINA.

»D) La DINA actuará como coordinadora central de todos los decretos de detención, los que serán presentados al Ministerio del Interior para su aprobación. El Ministerio del Interior será el responsable de informar a la familia sobre el paradero de un detenido dentro de las cuarenta y ocho horas siguientes a su arresto.

»E) Los servicios de inteligencia de las Fuerzas Armadas dedicarán su actividad exclusivamente en el terreno de la defensa nacional, y los Carabineros y la DI a los delincuentes comunes.

»F) Cuando cualquiera de los servicios detecten infiltración subversiva en sus filas, la DINA deberá ser convocada para practicar las detenciones necesarias y para conducir la investigación de los civiles implicados.

»G) La DINA será también responsable de la seguridad del presidente y de los miembros de la Junta, cuando alguno de ellos deba presidir un acto público. En tales ocasiones, los jefes de las Fuerzas Armadas y de las Fuerzas de Seguridad pondrán su personal a disposición de la DINA...».

Manuel Contreras, delegado de Pinochet, tenía ahora una nueva base legal para ejercer el monopolio de la represión en Chile.

La noche del 15 de octubre de 1975, el coronel Manuel Contreras cenó en el apartamento de las Torres de San Borja que ocupaban las ex militantes de izquierda Luz Arce, Alejandra Merino y María Alicia Uribe, detenidas, torturadas y convertidas paradójicamente en funcionarias de la DINA. Una llamada telefónica del cuartel general le puso al corriente de que se estaba llevando una vasta operación en una parcela, Santa Eugenia, del sector de Malloco, fuera de Santiago, contra la plana mayor del MIR. Contreras y las tres mujeres salieron hacia Malloco. Al ir hacia la parcela, encontraron el cuerpo sin vida de uno de los dirigentes izquierdistas, el sociólogo Dagoberto Pérez. Pero otros tres dirigentes y dos mujeres habían logrado escapar. Contreras ordenó que les persiguieran en helicóptero.

Dos de ellos, Nelson Gutiérrez, herido de bala en una pierna, y el número uno del MIR, Andrés Pascal Allende, y sus mujeres, lograron ocultarse en el convento Nôtre Dame, de religiosas norteamericanas. Allí se quedó Gutiérrez junto con su mujer, Mariella Bachman, y la compañera de Pascal Allende, Marie-Ann Beausire.

Unos días después, el 21 de octubre, el padre jesuita Fernando Salas, secretario ejecutivo del Comité Pro Paz, llamó por teléfono a una doctora británica, Sheila Cassidy, y fue a su casa. Le explicó que uno de los dirigentes estaba herido de bala como resultado de un enfrentamiento con un grupo de agentes de la DINA y que necesitaba urgentemente un médico.

Sheila Cassidy había hecho la carrera de medicina en el Reino Unido y tenía pendiente los exámenes de su especialidad, la cirugía. Residía en Santiago desde diciembre de 1971 y, ahora, trabajaba con los misioneros americanos e irlandeses católicos. La doctora, pues, aceptó ir al convento para examinar al herido, le curó la herida y operó su pierna. Pero no localizó la bala. Al regresar, dos días después, la situación de Gutiérrez había empeorado. Tenía mucha fiebre. Sheila intentó otra vez extraer la bala. Pero no lo consiguió. Entonces recomendó que pidiera asilo, porque corría el riesgo de sufrir una septicemia. El obispo Enrique Alvear trasladó a Gutiérrez y a su novia a la nunciatura, donde el español monseñor Sotero Sanz Villalba les cobijó. Alvear llamó a Sheila Cassidy para que fuera a examinar de nuevo a Gutiérrez. Pero cuando la médica británica llegó, le informaron de que un médico chileno ya se había ocupado de él.

El sábado 1 de noviembre, Sheila Cassidy visitaba la sede de los Padres Columbanos en Santiago, calle Larraín Gandarillas número 350, para prestar ayuda a la joven religiosa norteamericana Connie Kelly, que atravesaba una crisis nerviosa. Con ellas estaba el responsable de la organización, el padre William Halliden. De pronto sonaron disparos y la sede fue atacada. La señora que se ocupaba de la conserjería, Enriqueta Reyes, fue alcanzada por varios impactos y murió en el acto. Un grupo de hombres vestidos de civil y armados entraron en la sede. Vieron a Sheila Cassidy y le pidieron que se identificara.

—Me llamo Sheila —dijo la doctora.

—Es ella. Es la que estamos buscando —exclamó uno de los hombres armados.

Antes de ser sacada fuera de la casa, Sheila logró decirle al padre Halliden que llamara a la embajada británica.

La metieron en un coche particular y se la llevaron. Apenas arrancaron, los agentes le dieron un golpe en la cara y le colocaron una capucha en la cabeza. Mientras la conducían a Villa Grimaldi, uno de los agentes le dijo que sabían que ella había atendido a Nelson Gutiérrez.

La hicieron entrar en una celda. Había un grupo de cinco personas, entre ellas una mujer. La interrogaron sólo unos minutos. Enseguida tuvo que desnudarse, le ordenaron tumbarse sobre un catre metálico y la amarraron. Volvieron a preguntarle. Querían saber quién le había pedido que viera a Gutiérrez. Le aplicaron corriente eléctrica en varias partes del cuerpo. Sheila Cassidy inventó una historia para proteger a los curas. La hicieron vestirse para que les identificara la casa donde había operado a Gutiérrez. Tras descubrir que los datos que daba eran falsos, uno de los agentes gritó:

—A la parrilla otra vez.

Regresaron a Villa Grimaldi, a la celda en la cual Sheila Cassidy había sido torturada hacía muy poco. Ya desnuda sobre el catre, esta vez introdujeron un electrodo con pinza en su vagina. La descarga fue devastadora. Después de unos veinte minutos, Sheila Cassidy confesó que había tratado a Gutiérrez en un convento católico. Pero esta vez no le creyeron. Al cabo de una hora, decidieron averiguar si lo que decía era cierto. Salieron de Villa Grimaldi. Llegaron hasta el convento y, después de merodear, regresaron al campo de detención, donde continuaron la sesión de tortura. Ahora le preguntaban por el paradero de Andrés Pascal Allende.

En la madrugada del día 2, Sheila Cassidy dio la dirección de uno de los curas, Gerard Whelan, en el sector de Lo Barnechea. A la mañana siguiente, la DINA montó un operativo y logró detener a Martín Hernández, el tercer dirigente del MIR que había huido de Malloco y que, con la ayuda de otro cura, Rafael Maroto, había logrado ocultarse.

Sheila Cassidy fue trasladada el día 5 a Cuatro Álamos, una sección especial de quince celdas dentro del centro de detención de la DINA llamado Tres Álamos. Un médico se presentó la primera noche e intentó, en dos ocasiones, hipnotizarla. Quería borrar la tortura de su mente. Le explicó que no debía contar lo que le había ocurrido una vez que recobrase la libertad.

El 7 de noviembre, Sheila Cassidy fue advertida de que recibiría ese día la visita del cónsul del Reino Unido en Santiago y de que hablara todo el tiempo en español. El encuentro tuvo lugar en presencia del comandante del campo y de un médico. La DINA había perdido a Gutiérrez, primero; también acababa de perder a Pascal Allende, quien se había asilado con su mujer en la residencia del embajador de Costa Rica.

Las actividades de la DINA pocas veces se asomaban a las páginas de la prensa. Sin embargo, a mediados de noviembre, la DINA informó sobre Sheila Cassidy. El día 11, la joven y el cura

Rafael Maroto fueron llevados ante un tribunal militar para prestar declaración. Después de comparecer cuatro horas, el fiscal ordenó su ingreso en la Casa Correccional de mujeres. Sheila Cassidy tuvo que firmar un documento de la DINA, y escribir de su puño y letra que se encontraba en perfectas condiciones físicas. Y que mientras permaneció en el centro de Cuatro Álamos no había sufrido torturas ni malos tratos y que tampoco había tenido conocimiento de que allí se torturara, flagelara o maltratara a otros detenidos. La dejaron unos días en la Casa Correccional con otras cien mujeres y luego volvió a Tres Álamos. El periódico *El Mercurio* publicó la fotografía de Sheila Cassidy y del padre Maroto en la portada. Ambos salían de declarar ante el fiscal.

La embajada británica en Santiago presionó, en la última semana de diciembre, para conseguir la libertad de la doctora. El caso había provocado tensiones en las relaciones entre Chile y el Reino Unido. La DINA había filtrado, para desarmar las críticas al Gobierno militar por violar los derechos humanos, un juego de fotografías que mostraba a detenidos del Ejército Revolucionario Irlandés en las cárceles de Irlanda del Norte. Algunos periódicos, como *El Mercurio*, publicaron las imágenes. Pinochet denunció la hipocresía de las críticas del Reino Unido. Eran aquellas fotos que Virgilio Paz había tomado pocos meses antes en Europa.

El viernes 26 de diciembre de 1975, el cónsul británico informó a Sheila Cassidy, en la prisión de Tres Álamos, de que sería liberada con toda probabilidad el lunes siguiente. El día 29, lunes, después del recuento diario de los detenidos, el comandante del campo llamó a Sheila Cassidy y le dijo que tenía tres minutos para recoger sus cosas. Después de ser cacheada, partió con un funcionario de migraciones de Europa hacia el aeropuerto de Pudahuel donde la esperaban el cónsul y el embajador británico en Santiago. Veinte minutos después, subió al avión que la llevaba a Europa.

Capítulo 21

«*General, soy Stefano delle Chiaie*»

Francisco Franco moría a las cuatro y veinte de la madrugada del 20 de noviembre de 1975, antes, por tanto, de la medianoche hora chilena. El Gobierno militar chileno decretó tres días de luto oficial y se acordó que el nuncio apostólico, el español monseñor Sotero Sanz Villalba, oficiaría una misa en la Catedral de Santiago el martes 25 de noviembre. Era el día en que Pinochet cumplía 60 años.

Pinochet envió al príncipe Juan Carlos un telegrama de condolencias:

«A Su Alteza Real, Don Juan Carlos de Borbón, Madrid, en nombre del pueblo de Chile, del Gobierno y del mío propio, le hago llegar nuestras condolencias por el sensible fallecimiento del Excelentísimo señor Generalísimo, don Francisco Franco, jefe del Estado español.

»Al expresar estos sentimientos lo hago consciente de la pérdida que experimenta el mundo hispano. En Chile, la memoria del Generalísimo Franco perdurará como la figura señera del extraordinario militar, del estadista y la del político que condujo a España al sitial que hoy ocupa entre las naciones. Después de vencer a las fuerzas que propugnaban deshacer a su pueblo y alejarlo de su tradición histórica, España reconquistó su grandeza.

»Reciba Vuestra Alteza la solidaridad de todo Chile en esta hora de aflicción que vive el pueblo español. Augusto Pinochet Ugarte, general de Ejército. Presidente de la República».

Pinochet y su esposa Lucía enviaron otro telegrama a Carmen Polo, viuda de Franco, al palacio de El Pardo.

El presidente de Paraguay, Alfredo Stroessner, también envió largos telegramas al príncipe de España, don Juan Carlos, y a la viuda de Franco, Carmen Polo. Stroessner se presentó a primera hora de la mañana del día 20, en la residencia del embajador Carlos Fernández-Shaw con todos los miembros de su Gobierno. Explicó durante media hora su admiración por Franco como caudillo anticomunista y recordó su visita a Madrid en 1973. Sin embargo, Stroessner anunció, en esa misma reunión, que había decidido no encabezar la misión del Paraguay a los actos en Madrid, al parecer por razones de protocolo.

Quien coordinaba desde Madrid la asistencia era el ex embajador de España en Chile, Enrique Pérez-Hernández, quien seguía en el puesto de director de Iberoamérica en el Ministerio de Asuntos Exteriores. En un informe al ministro Pedro Cortina Mauri, destacaba el caso de Chile. «Expresivo y excepcionalmente amplio el telegrama oficial de pésame dirigido por el presidente Pinochet, quien también cursó otro a la viuda de S.E. el Generalísimo», escribió.

Ya había pasado el mediodía del jueves 20. En Madrid, el jefe del gobierno español, Carlos Arias Navarro, leyó por televisión el testamento político de Franco. «Pido perdón a todos, como de todo corazón perdono a cuantos se declararon mis enemigos sin que yo los tuviera como tales. Creo y deseo no haber tenido otros que aquellos que lo fueron de España... No olvidéis que los enemigos de España y de la civilización cristiana están alerta...». Franco pedía el respaldo a Juan Carlos. «Os pido que rodeéis al futuro Rey de España, don Juan Carlos de Borbón, del mismo afecto y lealtad que a mí me habéis brindado y le prestéis, en todo momento, el mismo apoyo de colaboración que de vosotros he tenido».

Pinochet y su esposa, Lucía Hiriart, habían decidido que era la oportunidad para viajar a España con sus hijos, donde podrían, de paso, celebrar el aniversario del general, que cumplía 60 años. El segundo miembro de la misión sería el ministro de Relaciones Exteriores, almirante Patricio Carvajal. Pero faltaba una tercera persona, en representación de las Fuerzas Armadas.

Contreras sugirió a Pinochet que durante su ausencia del país no era conveniente dejar en Santiago al general Sergio Arellano Stark, jefe del Estado Mayor de la Defensa Nacional. Ya avanzada la tarde del día 20, sobre las cinco y media, Pinochet hizo llamar al general Arellano, para que se preparase, junto a su esposa, para viajar. También viajaron el coronel Contreras y un equipo numeroso de agentes de seguridad; el coronel René Vidal, edecán de Pinochet por el Ejército; Federico Willoughby, secretario de prensa de la junta de gobierno, y su ayudante, Eduardo Ramírez.

Pinochet reunió a la junta de gobierno en la noche del jueves 20. Al término de la misma, el secretario de prensa de la presidencia, Federico Willoughby, difundió las palabras del general: «Deseo informar al país que, movido por un profundo sentimiento de afecto a nuestra Madre Patria, hoy dolida por la pérdida del Generalísimo Francisco Franco, e interpretando el sentir del pueblo de Chile, he decidido viajar a Madrid. España, durante mucho tiempo, ha sufrido como nosotros sufrimos hoy el intento perverso del marxismo, que siembra el odio y pretende cambiar los valores espirituales por un mundo materialista y ateo. El coraje y la fe que han engrandecido a España inspiran también nuestra lucha actual. Por esto, concurro en representación del pueblo y Gobierno chilenos a rendir homenaje a este guerrero que sorteó las más fuertes adversidades y, también, entregar nuestros mejores augurios y deseos para la España de hoy, de mañana y de siempre».

En Madrid, Enrique Pérez-Hernández, siguiendo instrucciones, había asignado para acompañar a Pinochet durante su estancia al diplomático que ya estaba designado para ser el nuevo embajador de España en Chile. Se trataba de Emilio Beladiez, un hombre que solía presentarse como marqués de la Conquista Real.

Al iniciarse el descenso sobre Barajas, poco antes de las ocho de la tarde, tuvo lugar a bordo del avión un incidente entre los agentes de Manuel Contreras y la escolta del general Arellano. Tanto Pinochet como Arellano y Carvajal se prepararon para bajar con uniforme. Los hombres de la DINA hicieron desaparecer del compartimento de Pinochet la gorra militar del general Arellano, lo que le impedía a éste descender del avión como estaba, vestido de uniforme, para saludar en regla a las autoridades españolas. Hubo una serie de forcejeos entre los agentes de seguridad hasta que finalmente Arellano se dio por vencido. Se cambió el uniforme por un traje de paisano.

En el aeropuerto de Barajas, esperaba a pie de la escalerilla del avión de LAN Chile el príncipe Juan Carlos. Pinochet y el príncipe pasaron al salón de honor con los invitados. Y se reunieron a solas, en otra sala, durante diez minutos.

Ambos abandonaron juntos el aeropuerto para dirigirse a Madrid. Mientras Pinochet y su esposa Lucía abordaban el coche del príncipe, un grupo de chilenos residentes mezclados con militantes de la organización Guerrilleros de Cristo Rey gritaron: «¡Viva España!», «¡Viva Chile!», «¡Pi-no-chet!», «¡Pi-no-chet!». El secretario de prensa, Federico Willoughby, reunió a los medios de comunicación y les transmitió, en nombre de Pinochet, el mensaje que había difundido la víspera en Santiago.

Ese mismo viernes habían llegado a Madrid además del rey Hussein de Jordania, los ministros de Asuntos Exteriores de Siria, el embajador de Luxemburgo en París y el embajador de Bolivia en la capital francesa, así como el jefe militar de la presidencia de Portugal. El príncipe Raniero de Mónaco también se encontraba en la capital española. El presidente de Filipinas, Ferdinand Marcos, había enviado su doble pésame al presidente del gobierno, Carlos Arias Navarro, y al príncipe Juan Carlos. «Franco gobernó España con sabiduría y fue el promotor de su prosperidad», decía, al tiempo que su esposa, Imelda Marcos, encabezaba la misión oficial. Según la información de que disponía el Ministerio de Asuntos Exteriores español, Pinochet sería, aparte del rey Hussein de Jordania, el único con categoría formal de jefe de Estado que había comprometido su presencia en Madrid. El presidente de Estados Unidos, Gerald Ford, enviaba a su vicepresidente, Nelson Rockefeller.

Beladiez siguió el coche en el que iban el príncipe Juan Carlos, Pinochet y su séquito, hasta el hotel Ritz, en la madrileña plaza de la Lealtad. Era una flotilla de varios automóviles oficiales con la bandera chilena, precedidos y escoltados por varios motoristas. Al llegar, Beladiez analizó con el responsable de protocolo chileno, el embajador Mario Silva, los detalles. El primer acto tendría lugar el día siguiente, sábado 22, a las 12.30 horas en el Palacio de las Cortes. Beladiez les acompañaría vestido de uniforme y al finalizar la ceremonia les conduciría de regreso al hotel Ritz; el segundo de los actos era la misa *córpore insepulto*, prevista para las 10 horas del domingo 23 en la plaza de Oriente y el traslado posterior de los restos mortales de Franco hasta el Arco de la Victoria, lugar donde se despedía el duelo oficial para seguir hasta el Valle de los Caídos, en cuya basílica serían inhumados.

El sábado 22 de noviembre, el periódico *El Mercurio* publicaba en la portada dos grandes fotografías de Pinochet y el príncipe Juan Carlos. El enviado especial Cristián Zegers transmitió una crónica que en Santiago fue titulada así: «Cordial acogida al general Pinochet. Lo recibió el príncipe Juan Carlos. Estrecho abrazo de ambos en el aeropuerto de Madrid».

El sábado día 22 Beladiez recogió a Pinochet, a su esposa Lucía, y a su edecán, coronel René Vidal, en el hotel Ritz. Pinochet, enfundado en uniforme de gala con insignias presidenciales y una banda con los colores de la bandera chilena, saludó en la puerta del hotel al almirante Carvajal y al general Arellano Stark, quienes por razones de espacio no podían acudir al palacio de las Cortes. Los dos automóviles y los escoltas recorrieron los cuatrocientos metros. Se vieron obligados a dar un rodeo por el paseo del Prado, las calles Lope de Vega y Duque de Medinaceli, para dejar los coches en el hotel Palace. Desde allí cruzaron a pie hasta la entrada del edificio de las Cortes. Beladiez iba junto a Pinochet, su esposa y Vidal, rodeados de un nutrido grupo de seguridad, cuyos miembros iban con las chaquetas abiertas y las manos en las pistolas. La escolta cargó con brutalidad contra los fotógrafos y empujó con energía a la gente que se acercó. Aquellos que reconocieron a Pinochet, en la puerta de las Cortes, vitorearon al presidente chileno.

Beladiez, una vez a solas con el jefe de la escolta, dijo:

—Creo que la escolta presidencial ha procedido con un exceso de energía contra los fotógrafos. Trate usted de que moderen sus ímpetus —dijo el diplomático.

Dentro del edificio de las Cortes, a Beladiez le costó localizar el sitio reservado para el general Pinochet y su esposa. Después de ir y venir varias veces, el servicio de protocolo halló finalmente los asientos. Los Pinochet fueron acomodados junto a Imelda Marcos, la esposa del dictador filipino Ferdinand Marcos. En el hemiciclo había desaparecido la mesa del presidente de las Cortes; en su lugar se había elevado un pequeño estrado cubierto de alfombras y flores. Había un conjunto de cinco sillones, para cada uno de los miembros de la familia real, y una pequeña mesa. Sobre ella se veía un cojín color granate en el que reposaban los atributos seculares: la corona y el cetro.

Juan Carlos se situó de pie ante el presidente del Consejo de Regencia, Alejandro Rodríguez de Valcárcel; colocó la mano derecha sobre los Evangelios, y juró «cumplir y hacer cumplir las leyes fundamentales del Reino y guardar lealtad a los principios que informan el Movimiento Nacional». Rodríguez de Valcárcel declaró proclamado como Rey de España a Juan Carlos, «que reinará como Juan Carlos I». Y añadió: «Señores procuradores, señores consejeros, desde la emoción en el recuerdo a Franco: ¡Viva el Rey! ¡Viva España!».

El Rey, en un discurso al pueblo español, anunció: «Hoy comienza una nueva etapa en la historia de España».

Pinochet advirtió que el Rey había obviado cualquier frase de reconocimiento para Franco o su familia y realizó entre su séquito un comentario crítico. Emilio Beladiez estaba a su lado.

—Ha sido un gesto ingrato —dijo Pinochet.

A la salida, los Reyes presenciaron el desfile de las tropas mientras los aviones sobrevolaban el palacio de las Cortes. Desde allí fueron en automóvil descubierto hacia la plaza de Oriente. El cadáver de Franco yacía expuesto sobre un catafalco en la sala de Columnas del Palacio Real.

En la puerta de las Cortes, Pinochet dijo que deseaba recorrer a pie las calles hasta el hotel Ritz. A Beladiez, la idea no le gustó. Numerosos procuradores de las Cortes comenzaron a gritar: «¡Pinochet!», «¡Pinochet!». Se acercaron al general y le estrecharon la mano. Beladiez, al ver los dos coches oficiales, introdujo a los Pinochet en uno de ellos, y bajaron hacia el paseo del Prado, dieron la vuelta a la plaza de Neptuno y rodearon la plaza de la Lealtad para dar a la explanada del Ritz. Beladiez les esperó un momento, subieron a su *suite*, en una torre de la segunda planta que daba a los jardines del Museo del Prado y minutos más tarde ya estaban otra vez en la recepción del hotel. Los coches oficiales llevaron a la comitiva, a la que se sumó una hija de Pinochet, al pueblo de Illescas, donde se sirvió un almuerzo antes de recorrer los pocos kilómetros que restaban hasta Toledo. Allí estaba prevista la visita al Alcázar de Toledo.

Pinochet visitó el lúgubre sótano donde había transcurrido el asedio, y el despacho del coronel José Moscardó, en la primera planta del Alcázar. El general Enrique Gastesi, que había defendido el Alcázar, y un grupo de ex combatientes acudieron al lugar para ilustrar a Pinochet con anécdotas y diversos objetos la dureza del sitio de casi tres meses en el comienzo de la guerra civil española.

El séquito partió después hacia el palacio de El Pardo, donde fue recibido por Carmen Polo, viuda de Franco, y su familia. Los Pinochet les dieron el pésame y presentaron a su hija. Poco después, los generales Fernando Fuertes de Villavicencio, jefe de la casa civil de Franco, y José Ramón Gavilán, segundo de la casa militar, acompañaron a la comitiva hasta el Palacio Real. Pinochet y su séquito oraron durante unos minutos ante el catafalco sobre el que descansaban los restos mortales de Franco.

Pinochet cenó esa noche con toda la comitiva chilena. Y recibió la visita de un amigo personal, el capitán retirado del Ejército español Juan Liaño, que había viajado con su esposa desde Bilbao para reencontrarse con Pinochet.

Al día siguiente, domingo 23, *El Mercurio* tituló en la portada: «Imponente ceremonia de juramento en las Cortes». En uno de los destacados, el diario decía: «Vítores al presidente de Chile, general Augusto Pinochet». El enviado especial, al terminar su crónica apuntaba: «En principio, la partida a Chile del presidente Pinochet está dispuesta para las diez de la noche de hoy, hora española».

Willoughby seguía desde Madrid la información publicada en Santiago. Durante la visita al Alcázar de Toledo, el coronel Contreras y sus agentes de la DINA se hicieron fotos. La prensa chilena publicó alguna de ellas. Willoughby manifestó a Contreras y su grupo que se suponía que la misión que desempeñaban en Madrid era secreta. Hubo gritos. Un miembro del equipo de la DINA sacó una pistola, se la colocó a Willoughby en la sien izquierda y preguntó a Contreras.

—¿Le doy de baja?

Contreras y su gente se las gastaban así.

Beladiez recogió a sus huéspedes a las nueve y media de la mañana de ese día, domingo 23.

El general Pinochet llevaba una capa color gris sobre su uniforme de gala oscuro. Le acompañaban su esposa Lucía, su edecán, el almirante Carvajal y el general Arellano Stark, ambos con sus respectivas esposas.

La comitiva subió a los coches oficiales, que enfilaron rumbo a la plaza de Oriente, donde tendría lugar el funeral. Al abandonar el coche y subir la rampa de acceso, Lucía Hiriart sufrió un leve desfallecimiento del que se recuperó en unos minutos, y finalmente se sentó en el sillón asignado. Junto a ella, a su izquierda, tomaba asiento una robusta y alta dama, de la estatura de Pinochet, con el pelo recogido en un moño a la italiana y en cuyo vestido de luto destacaba un gran collar de perlas blancas. Imelda Marcos exhibía su rostro compungido.

Al terminar la misa *córpore insepulto*, el féretro fue trasladado desde la plaza de Oriente hasta el Arco de la Victoria en una caravana motorizada en lugar de hacerlo a pie como estaba previsto, para evitar cualquier atentado terrorista. Desde allí partieron rumbo a la basílica subterránea del Valle de los Caídos, donde Franco sería enterrado.

Pinochet y su séquito fueron conducidos a los coches por Beladiez inmediatamente después de la salida del rey Juan Carlos. Durante el trayecto, que llevó cierto tiempo, el general fue reconocido por la muchedumbre de ex combatientes de la guerra civil que vitoreaba a Franco. Comenzaron, pues, a gritar el nombre de Pinochet, y siguieron haciéndolo una vez que el general se subió al coche y éste arrancó.

De regreso a Madrid, Beladiez dejó a una parte de la delegación en el hotel y llevó a Pinochet y su esposa al palacio de la Zarzuela, donde serían recibidos por el Rey y su familia.

Al partir el general Pinochet, en la puerta del hotel Ritz otro funcionario que les había acompañado al funeral invitó a Willoughby a subir a su vehículo. Le solicitó detalles sobre el regreso a Santiago. Willoughby dijo que no los conocía porque él era responsable de las relaciones con la prensa y que el ministro de Relaciones Exteriores, almirante Carvajal, debía de estar al corriente. El funcionario le dijo que ya había hablado con el canciller chileno, a quien le había manifestado que si bien España agradecía la visita del presidente de Chile, otros mandatarios y jefes de Estado esperaban la salida del general Pinochet para viajar a Madrid y asistir a a la ceremonia de proclamación de Juan Carlos.

El general Nicolás Cotoner, marqués de Mondéjar, que ya se perfilaba como jefe de la Casa del Rey, y el encargado de protocolo, Antonio Villacieros, recibieron a los visitantes. El rey, rodeado de la reina y sus hijos, ofreció champán. Pinochet manifestó que estaba muy emocionado por la acogida que había recibido durante los dos días que llevaba en Madrid.

—Majestad, he reflexionado sobre la visita que esta tarde hemos hecho al Alcázar de Toledo —dijo Pinochet—. Le aseguro a usted que si llegase a encontrarme en situación semejante a la del coronel Moscardó, daría las mismas instrucciones que el heroico defensor del Alcázar dio a su hijo… —añadió, alabando la resistencia de las tropas nacionales al asedio.

La reunión familiar duró unos cuarenta minutos. Pinochet y su esposa se marcharon, pero antes el general invitó al Rey a visitar Chile. Don Juan Carlos acogió la idea con simpatía, pero manifestó que de momento no podría salir al exterior. «Cuando usted pueda, fijaremos la fecha», dijo Pinochet. Ya en la puerta del palacio, mientras les despedía, el Rey dijo:

—Yo mismo les recogeré esta noche en el Ritz y les llevaré a Barajas.

Pasadas las siete de la tarde, Pinochet y su esposa llegaron al hotel Ritz. Subieron a su *suite*. El general se quitó su uniforme y su capa para vestirse con atuendo de civil. Federico Willoughby entró a la habitación. Pinochet comentaba algo con su esposa y sus hijos. Le dijo que tenía que decirle algo. Se apartaron.

—Presidente, uno de los funcionarios de Asuntos Exteriores que ha estado con nosotros me ha preguntado por el regreso a Santiago. Me ha dicho que hay jefes de Estado que esperan nuestra partida antes de viajar a Madrid para la ceremonia del jueves 27 en la iglesia de los Jerónimos, y que no sería recomendable que usted permanezca en España.

Pinochet escuchó el relato.

—Primera noticia que oigo de esto —dijo—. Nos vamos esta noche, quiero celebrar mi cumpleaños en Santiago —añadió.

El vestíbulo de la planta baja estaba lleno de gente. El coronel Manuel Contreras y los agentes de la DINA estaban al acecho. Pinochet, en chaqueta de lana sport y corbata, salió del ascensor. Una persona, que esperaba junto a los agentes, se le acercó.

—General Pinochet, soy Stefano delle Chiaie.

—Sí, claro. He sabido que el comandante Borghese ha fallecido. Lo siento mucho —dijo Pinochet, mientras le estrechaba la mano. El *Príncipe Negro* había muerto en Cádiz el 26 de agosto de 1974, pocos meses después de su viaje a Chile.

Mientras hablaban, un fotógrafo contratado especialmente captó la imagen.

—General, estoy con un grupo de italianos que quiere saludarle.

—¿Cuántas personas son?

—Es bastante numeroso. ¿Podríamos ir al aeropuerto?

—Sí, claro, cómo no.

Willoughby se llevó a Pinochet al salón en el que la prensa ya llevaba esperando largo rato.

—Señores periodistas, es muy grato estar aquí con ustedes el día de hoy… En pocos momentos más vamos a volar a Chile pero

creo que puedo aprovechar estos momentos para conversar con ustedes—dijo Pinochet, a modo de preámbulo—. Sé que en Europa
se ha distorsionado totalmente la situación de Chile... Se ha mentido y se ha desinformado a la opinión pública europea. Se ha hecho parecer que el Gobierno de Chile es un Gobierno que no respeta los derechos humanos, que es un Gobierno fascista, como lo
llaman, que es un Gobierno que no desea otra cosa que crear un
gobierno liberal donde se le dé facilidad no solamente a la clase alta, como lo llaman con tanta gracia... sino también producir el caos
en la pobreza. Es decir, aumentar la pobreza...

El general estaba pronunciando un discurso. Ahora, elevó el
volumen de su voz:

—El Gobierno del 11 de septiembre es un gobierno que tiene la característica de que busca una Nueva Democracia porque
lamentablemente la democracia normal o tradicional ha llegado,
señores, a quedar obsoleta. Empleando un término militar, está
infiltrada. Es una democracia que está carcomida por el marxismo-leninismo y se presta para que los enemigos de la libertad actúen contra la libertad. Esto lo saben los marxistas-leninistas...
por eso es que me atacan tanto. Por eso me hacen aparecer como
un hombre que trata de implantar una tiranía absoluta en mi país.
Yo creo que Chile tiene más libertades que muchos países de Europa. Y de la que tienen muchos países que se presumen de países
democráticos.

Pinochet fue más lejos.

—A lo mejor aquí tengo algunos marxistas... Es muy posible
porque ellos siempre están infiltrados y aparecen con una cara sonriente y son totalmente marxistas-leninistas... Pero yo tengo la obligación de hablar con franqueza y sin temor. Soy enemigo del comunismo. Lo digo sinceramente. Los ataco y donde puedo los
destruyo —advirtió—. El comunismo es una doctrina perversa destinada a destruir a la población en sus cimientos, destruir a los países, a los Estados —bramó, enfurecido—. Por eso que los... No
tengo ningún empacho en decirlo. Me han amenazado muchas veces de que me iban a matar. Aquí estoy, señores, sin problemas. Soy
soldado y en consecuencia no tengo ningún temor... —dijo, en tono bravucón.

Más que una conferencia de prensa, era un curso acelerado de
pinochetismo. Explicaba el abecé de su razón de ser y de sus com-
portamientos.

272

—Ahora, he venido a España en esta oportunidad... porque quería rendir un homenaje a alguien que luchó también contra el comunismo —subrayó—. Y este país que sufrió lo mismo que estamos sufriendo nosotros —rugió, dando voces—. La mentira, el embuste, el engaño hacia fuera, la desinformación hacia fuera. La traición de los periodistas... —vociferó—. Porque hay una prensa que está totalmente vendida al otro lado, que se preocupa solamente de engañar a la población, a la ciudadanía. Posiblemente porque ellos mismos están sirviendo al juego de los comunistas —razonó.

No parecía que el momento de ceder la palabra fuera a llegar alguna vez esa tarde.

—Éste es un pueblo de grandes... es un pueblo de coraje... es un pueblo cristiano como es mi país. En Chile también se viven los mismos momentos, sacrificándose todos por lograr los objetivos que se quieren lograr —dijo.

Y, entonces, cuando el discurso había agotado el mensaje y la amenaza, dijo:

—Yo sé que ustedes tienen muchos deseos de hacer preguntas. Estoy dispuesto a contestar lo que ustedes quieran preguntar.

Federico Willoughby coordinó las preguntas.

El periodista de Radio Televisión Española obtuvo el micrófono.

—¿Cómo ve usted la proyección futura de España?

—Señor, este país está caminando... está caminando en ruta ascendente. Si no hay problemas internos, si los comunistas, que siempre están actuando, acechando en la oscuridad para dar el golpe artero..., yo creo que España tal como va caminando, va a llegar a alcanzar sus grandes metas. Va a llegar a ser un país como bien se merece, como lo fue en el pasado, un país que marcó rumbos en el mundo. Un país que causó admiración en el mundo, un país al que todos tenían que referirse como una nación que se proyectaba con mucho futuro.

Otro periodista señaló que le habían aplaudido al ingresar en las Cortes.

—El pueblo español en ese aspecto es generoso... Me causó impresión que España vive en estos momentos su lucha contra el marxismo-leninismo. Y ve en mí a una persona que también está luchando por los mismos ideales. Por eso fue generoso en darme su aplauso cuando entré al Parlamento, porque vio en mí a un hombre que también está luchando por los mismos ideales que luchó el Caudillo durante tantos años.

Todo iba muy bien hasta entonces. De haber terminado la rueda de prensa en ese momento —habían pasado once minutos y cuarenta segundos desde el inicio—, Pinochet podía haber cambiado de opinión sobre los periodistas y su alma presuntamente vendida al marxismo.

Pero algo pasó.

El periodista de la agencia Reuters salió directamente al ruedo con esta pregunta:

—Diversos países y organizaciones dicen que en Chile hay varios millares de presos políticos, ¿nos puede decir si existen estos presos políticos?

—Mire, señor —dijo Pinochet, elevando el volumen de la voz—. Cuando se produjo el movimiento del 11 de septiembre, los embusteros y especializados en el embuste y en el engaño, como son los marxistas-leninistas, dijeron que teníamos quinientos mil presos o ciento cincuenta mil presos. Después dijeron que habíamos matado a… cien mil… de… lo cual… después… —gritó—. Bajaron la cantidad, dijeron que eran 50 [mil] y llegaron a la cantidad de diez mil…

No hemos mat… [se da cuenta de que va a conjugar el verbo matar]… No se ha muerto allá en Chile más… en combate… más de dos mil quinientas personas. No han muerto… Póngale tres mil, pues —precisó, visiblemente incómodo mientras intentaba deshacer, sin éxito, su propio enredo—. Comparativamente, ¿cuántos mataron los rusos en los bosques aquí en Polonia? Pregunte usted nomás cuántos mataron. Aproximadamente unos diez mil —dijo—. No tenemos presos políticos, tenemos… —dudó una fracción de segundos—. Trasladados políticos —gritó—. Porque no se emplean cárceles comunes y corrientes, dice la ley. Y hemos cumplido la ley que hace muchos años que se dictó. Los detenidos políticos y trasladados no alcanzan en estos momentos a ser quinientos y tantos, seiscientos, más o menos, quinientas ochenta personas que están detenidas.

Aunque no por esperada, la pregunta le había dejado de exasperar. Y no quería abandonar.

—Sin embargo, yo puedo tener cero presos políticos y estoy seguro de que los comunistas van a decir que tengo mil presos políticos. Pero le doy un mensaje ahora: no voy a ceder en nada a los comunistas a partir de estos momentos... Y tengo como le digo trasladados y detenidos aproximadamente de unas quinientas a quinientos ochenta personas... No hay más.

—Trasladados, ¿adónde? —preguntó otro periodista, sin identificarse.

—Trasladado significa, señor, que si un ciudadano está cometiendo algún problema de carácter político... que no cumple con la ley que está en estos momentos vigente en Chile, se toma y se le traslada a cualquier lugar que lo designe el juez, o la autoridad militar. Vale decir, puede ser trasladado a otro pueblo o a un lugar cualquiera de la zona. No significa que vaya a cárceles. Para los detenidos políticos no hay cárcel, dice la ley. Hay traslado...

Un periodista levantó la mano. Era Marcello Ongania, el corresponsal de la agencia italiana Ansa.

—¿Me puede decir por favor qué versión tiene sobre el atentado al señor Leighton?

Pinochet chilló:

—Señor, yo creo que usted está atrasado de noticias, pues...

—No, me refiero a la versión que tiene usted —le interrumpió el periodista.

—... Porque ha salido en el diario—prosiguió Pinochet—. Ha salido que el señor Leighton ha sido [víctima] atentado por un grupo de cubanos que se llama agrupación Cero. Salió en el diario hace poco tiempo atrás.

—¿Cuál es su versión? —insistió el periodista.

—Nosotros no tenemos nada que hacer con este problema, es un problema que le tocó al señor Leighton. Y nosotros nada tenemos que saber —dijo ya con fastidio—. Yo no tengo idea...

El periodista se deslizaba como por un tobogán. Pinochet estaba a la defensiva.

Marcello Ongania no soltó a su presa:

—¿Cuál es su versión? ¿Su versión? ¿Qué versión ha recogido?

— ¡Qué versión le puedo dar yo cuando le estoy diciendo que el señor Leighton estaba allá trasladado en Italia, se había ido él voluntariamente a Italia! El gobierno no tiene nada que hacer con una persona que está prácticamente metida allá. Lo atacaron, no sabemos quién. Posiblemente, hayan sido los mismos marxistas que lo atacaron. En Estados Unidos salió una agrupación Cero que lo atacó, según lo publicado en el diario. ¡Nosotros no tenemos nada que hacer! Es un problema… ¿Qué versión le puedo dar sobre un problema en el que no tenemos nada que hacer nosotros?

—Le pregunto si usted tiene algún conocimiento.

—Pero le vuelvo a decir, ¿qué conocimiento puedo tener, pues, señor?

—No tiene, ¿no?

—Ninguno, pues. Lamentable no más —añadió.

Y ya pasaban dieciséis minutos desde el comienzo de la rueda de prensa, cuando la adrenalina acumulada hizo a Pinochet dejarse llevar por sus instintos más brutales:

—Si a usted le pasa algo yo tengo que lamentarlo nomás…

El periodista de un medio de comunicación británico preguntó:

—La Junta, ¿cómo va a crear la Nueva Democracia?

—La Nueva Democracia, señor, considera… En primer lugar, está en estudio toda esta materia que le estoy anticipando yo. Pero considero lo siguiente. En primer lugar, un gobierno de autoridad. Porque los comunistas tienen gobiernos, gobiernos tiránicos. Nosotros no somos partidarios de los gobiernos tiránicos. En segundo lugar, los partidos políticos deben solamente ser meras fuentes de información. No pueden ser medios de alcanzar el poder. Si usted le quita esa parte de alcanzar el poder, usted tranquiliza a los partidos políticos. Se transforman en meros… medios de comunicación hacia el Estado.

Un periodista español, de la agencia de noticias Europa Press, pidió la palabra.

—He llegado tarde a la rueda de prensa, pero le he oído decir que era usted un gran amigo de España. ¿No le hubiera resultado a usted agradable quedarse también al acto del jueves de asunción del rey Juan Carlos? —preguntó, sin un asomo de ironía.

—Señor… Yo no solamente me hubiera quedado para el acto del jueves. Me hubiera quedado mucho tiempo en España. Pero he venido a cumplir con una obligación de chileno, de amigo de España y sobre todo de admirador del Caudillo. Mi pueblo se ha hecho representar en mi persona. No me quedo a los actos del jueves porque casualmente mañana a las ocho de la noche tengo una reunión con los ministros y tengo que estar allá. ¿Alguna otra pregunta? —indagó Pinochet.

—¿Ha tenido usted contactos con representantes de países que han venido aquí representados?

—No he tenido tiempo para tomar contacto con nadie aquí, pues. Si usted mira mi calendario, estoy hace mucho rato en pie y hace rato que estoy en lo mismo —bromeó—. Me hubiera gustado tener contacto pero no ha habido tiempo.

No había pasado media hora completa, pero la densidad que se respiraba en la sala del Ritz era tal que parecía haber transcurrido varias horas.

Willoughby dijo:

—Creo que no hay más preguntas. Vamos.

—Muchas gracias, señores. Ha sido muy grato estar con ustedes —dijo Pinochet.

A las once y veinticinco de la noche del domingo 23, el rey Juan Carlos se presentó en el *lobby* del hotel Ritz. Allí estaba haciendo guardia el embajador Beladiez, quien se ocupó de anunciar a Pinochet que le estaban esperando. Al bajar, el Rey invitó a Pinochet y a su esposa a subir a su automóvil y se puso él mismo al volante para conducir hasta el aeropuerto de Barajas.

En cierto momento, Willoughby deslizó al oído de Beladiez:

—Debo decirle que nos sorprende la designación de los jefes de la delegación de la agencia Efe en Santiago. Y, con franqueza, lo mismo ocurre con el personal chileno que suelen contratar…

El Rey dedicó algunos minutos, a solas, a Pinochet, quien insistió una vez más que regresaba a Chile muy satisfecho por todas las atenciones que le habían demostrado las autoridades españolas. Unos quince neofascistas italianos que residían en España acudieron a saludar a Pinochet, liderados por Stefano delle Chiaie, pero se encontraron con que los escoltas del Rey les impidieron la entrada. Sin embargo, consiguieron hacer llegar el mensaje a Pinochet, quien intercedió para que les dejaran pasar.

En Santiago, el martes 25, *El Mercurio* llevaba en la portada la información sobre el regreso de la misión a Santiago. «Favorable disposición del Rey de España hacia Chile», titulaba el periódico junto a una foto que mostraba a Lucía Hiriart y al general Pinochet sonriendo ante un comentario del rey Juan Carlos, durante la visita al palacio de la Zarzuela, la tarde del domingo 23.

El Rey hacía un gesto con su mano derecha, con el pulgar hacia arriba, que podía ser interpretado como un gesto de aprobación. «El Rey ha mostrado una buena predisposición para ayudarnos y colaborar con nosotros a fin de que el país supere sus dificultades», declaró Pinochet, quien informó de que había invitado al Rey a visitar Chile. «Ello fue aceptado, pero la fecha será fijada en el futuro».

CAPÍTULO 22

Acuerdo para matar

El coronel Manuel Contreras volvía a Santiago con el tiempo justo para dar el último repaso a los preparativos de la Primera Reunión de Inteligencia Nacional, un paso en el avance hacia la cooperación organizada de las dictaduras latinoamericanas para aniquilar la oposición en cada uno de los países. Según el preámbulo del documento elaborado el 25 de octubre de 1975, «la subversión, desde hace algunos años, se encuentra presente en nuestro continente, amparada por concepciones político-económicas que son fundamentalmente contrarias a la historia, la filosofía, la religión y las costumbres propias de los países de nuestro hemisferio. Esta situación no reconoce fronteras ni países, y la infiltración penetra todos los niveles de la vida nacional». El documento añadía que «los países que están siendo agredidos política, económica y militarmente (desde adentro y fuera de sus fronteras) están combatiendo solos o cuando más con entendimientos bilaterales o simples acuerdos de caballeros». Y explicaba así el objetivo: «Para enfrentarse a esta guerra psicopolítica, hemos estimado que debemos contar en el ámbito internacional no con un mando centralizado en su accionar interno sino con una coordinación eficaz que permita un intercambio oportuno de informaciones y experiencias».

Para acometer este plan, Contreras proponía trabajar sobre tres instrumentos: banco de datos, central de informaciones y reuniones periódicas, generales y bilaterales. Se trataba, ante todo, de «establecer en un país de los que aquí se encuentran representados un archivo centralizado de antecedentes de personas, organizaciones y otras actividades, conectados directa o indirectamente con la subversión». La Central de Informaciones requería «contar con un sistema de comunicaciones moderno y ágil, que permita cumplir con los principios de rapidez y oportunidad en la entrega de información».

¿Cuál sería la sede de este sistema y con qué personal contaría? Contreras, según el documento, se hacía cargo de la situación. «La Dirección de Inteligencia Nacional está en condiciones de ofrecer como sede del Sistema a Santiago de Chile, pero se somete a cualquier tipo de acuerdo que exista entre los países participantes». En cuanto al personal, el jefe de la DINA proponía: «El personal técnico tendrá inmunidad diplomática y estará agregado a su respectiva representación [diplomática] de acuerdo con las normas que le fije cada país». Y se convocaba el primer encuentro para el 26 de noviembre de 1975 en la capital chilena.

La reunión de Inteligencia Nacional terminó en Santiago el sábado 29 de noviembre. Antes de partir a Viña del Mar, donde los delegados pasarían el fin de semana, se aprobó un acta fundacional en la que se enunciaban los objetivos propuestos por la DINA en su documento de trabajo. Los delegados, en honor al ave rapaz que ilustraba el escudo nacional chileno, bautizaron a la recién nacida institución con el nombre de Cóndor.

El 30 de noviembre de 1975, Pinochet, en su condición de comandante en jefe del Ejército y superior directo, hizo constar en las «hojas de vida y calificaciones» del coronel Manuel Contreras su valoración sobre el comportamiento militar de su subordinado en el año transcurrido. Pinochet escribió: «Semanalmente y una vez al mes presenta al suscrito la situación de inteligencia en boletines y síntesis, lo que evidencia gran espíritu de dedicación e investigación en este servicio. Diariamente informa al jefe del Estado de las novedades nacionales, exposición que realiza con acuciosidad, claridad y con fundamento». Era así: ambos seguían todos los días la misma rutina, comenzaban juntos la jornada analizando en detalle los informes de la DINA.

En Washington los Letelier se habían ido convirtiendo poco a poco en un punto de referencia de la actividad contra la dictadura militar en el país que más interesaba al general Pinochet: Estados Unidos. Orlando Letelier era un hombre con facilidad para entrar en los círculos de poder en Washington. Se sentía seguro con una visa que muy pocos podían conseguir, una visa de ex diplomático. Su actividad en el Instituto de Estudios Políticos y su participación en la denuncia de la dictadura militar se confundían en una misma cosa. Su esposa, Isabel, había fundado el Comité Chileno de Derechos Humanos para informar a la opinión pública sobre la situación en Chile.

Todos los esfuerzos de la embajada chilena en Washington para mostrar que la situación chilena mejoraba chocaban contra la actividad de los representantes y senadores demócratas, en cuya agenda el tema Chile ocupaba un lugar especial. Letelier había trabado amistad con Mark Schneider, ayudante del senador Edward Kennedy, quien ya había definido la causa de Chile como uno de sus temas estelares en una etapa política muy dinámica, en la que los demócratas comenzaban a utilizar la bandera de los derechos humanos de cara a las elecciones presidenciales de 1976. Y Letelier, pues, se había convertido en una especie de embajador chileno en la sombra.

Tras su nombramiento, en octubre de 1975, como director del Instituto Transnacional, con sede en Amsterdam, su radio de acción se ampliaba inesperadamente. Ya no sólo tendría acceso al poder en Washington para explicar la situación de los derechos humanos en Chile. También había clavado una pica en Europa.

El 9 de diciembre, la Asamblea General de Naciones Unidas condenó a la Junta Militar chilena por violar sistemáticamente los derechos humanos. Chile, a juicio de la ONU, era un país donde la tortura era una «práctica institucionalizada». España votó en contra.

Y una semana después, el 18 de diciembre de 1975, el Comité Selecto del Senado creado para estudiar las actividades del Gobierno norteamericano en el terreno de la inteligencia, daba a conocer su informe sobre las actividades encubiertas de los Estados Unidos en Chile entre 1970 y 1973. El comité, presidido por el senador demócrata de Idaho Frank Church, reveló los esfuerzos desarrollados por el Gobierno Nixon para impedir que Salvador Allende pudiera asumir la presidencia en noviembre de 1970, y denunció el intento de promover un golpe de Estado cuya víctima principal fue el entonces comandante en jefe del Ejército chileno, general René Schneider. En los tres años de desestabilización del Gobierno de Salvador Allende, según el comité, la Administración Nixon se gastó de manera secreta ocho millones de dólares. De dicha suma, sólo en el año fiscal de 1972, previo al golpe militar, se destinaron tres millones de dólares a medios de comunicación, partidos políticos de oposición, y de manera más limitada, a organizaciones empresariales del sector privado.

El 2 de enero de 1976, la oficina de relaciones públicas del Ejército difundió el siguiente comunicado, anunciando el pase a retiro del general Sergio Arellano Stark: «El general Sergio Arellano Stark presentó recientemente su petición de retiro voluntario, la cual ha sido aceptada en el mediodía de hoy por el presidente y comandante en jefe del Ejército».

El mismo día, el embajador estadounidense en Santiago, David Popper, envió un mensaje sobre ese asunto al secretario de Estado y al Departamento de Defensa:

«El Ejército anunció el retiro del general Sergio Arellano Stark el 2 de enero. Arellano ha sido visto ampliamente como el único general con cualidades personales, carisma y apoyos para presentar una clara alternativa al presidente, general Pinochet. Contrariamente al anuncio del Ejército, su retiro es esencialmente involuntario y se entiende que es una sorpresa en el Ejército y hay preocupación en ciertos círculos sobre la renuncia de Arellano como una indicación más del creciente poder personal de Pinochet».

En los primeros meses de 1976, la actividad de Orlando Letelier siguió ganando influencia. En Washington, el abogado Waldo Fortín y el economista Juan Gabriel Valdés fueron incorporados al Instituto de Estudios Políticos como colaboradores. Valdés era el hijo del ex canciller chileno y dirigente del partido Demócrata Cristiano Gabriel Valdés, un hombre que seguía siendo funcionario de Naciones Unidas.

El 23 de febrero de 1976, el Comité Chileno de Holanda organizó, junto con la Federación del Transporte de Holanda y los representantes de la Central Única de Trabajadores chilenos en el exilio, una conferencia de prensa en La Haya cuyo propósito era conseguir que diversos sindicatos y partidos progresistas apoyaran un boicot contra la dictadura militar. Como director del Instituto Trasnacional, con sede en Amsterdam, Orlando Letelier, que viajó desde Washington, tuvo una participación estelar. «Un boicot por parte de un país puede ser efectivo. Incluso si no tiene consecuencias directas sobre la economía chilena, produce un efecto político», explicó Letelier. Habló con periódicos, revistas y radios. «Las acciones económicas en el exterior tienen una gran importancia, por la vulnerabilidad que tiene la Junta en su dependencia financiera de los países extranjeros. He oído a dirigentes de los sindicatos holandeses decir que un boicot sólo tiene sentido si casi todos los puertos del mundo participan. Pero un boicot en un puerto ya supone un paso adelante en la derrota de la dictadura fascista».

CAPÍTULO 23

La «cumbre» Pinochet-Kissinger

En las primeras semanas de marzo de 1976, el coronel Manuel Contreras decidió crear una nueva brigada dentro de la DINA que se ocuparía de la seguridad indirecta del comandante en jefe del Ejército, Augusto Pinochet, y otras autoridades del Gobierno. Sin embargo, ésta no sería su única tarea; los miembros, especializados en operaciones de comando, podrían participar en ciertas actividades especiales muy puntuales. Estaban, por así decir, a disposición de la superioridad.

En la DINA prestaba servicios, desde el mes de febrero o marzo, el capitán Guillermo Salinas Torres, conocido como *El Chico* Salinas, *Freddy Yáñez* o simplemente *Willy*. Procedente de la Escuela de Paracaidistas, había trabajado en la seguridad indirecta de Pinochet desde los primeros días de septiembre de 1973, cuando fue destinado a su casa de la calle Laura de Noves. Más tarde, había sido nombrado comandante de la compañía de guardia en la residencia oficial de Pinochet, en la avenida Presidente Errázuriz. Era el hombre.

Salinas, 31 años cumplidos, fue puesto al frente de un comando, la brigada Mulchén, cuya responsabilidad superior quedaba en manos del teniente coronel Eduardo Iturriaga Neumann. En el mes de abril, aproximadamente, la brigada Mulchén, nombre de un pequeño pueblo del sur de Chile, situado en la provincia de Bío Bío, comenzó a formarse con varios oficiales y suboficiales jóvenes. A ella fueron asignados el capitán Jaime Lepe Orellana, de 29 años, que trabajaba en el cuartel general de la DINA de la calle Belgrado, y el capitán Pablo Belmar Labbé, de 25 años. Algo más tarde, en mayo, llegaron el teniente René Patricio Quilhot Palma, de 24 años, y el teniente Manuel Antonio Pérez Santillán. Tanto uno como otro habían sido destinados a finales de 1975 a la comandancia en jefe del

Ejército para servir en «comisiones extrainstitucionales», como se llamaba la actividad en la DINA. Ambos realizaron, antes de pasar a la brigada Mulchén, un curso en la Escuela Nacional de Inteligencia, bajo dirección de la DINA. El sexto oficial era el teniente Juan Delmás, procedente del escalafón de Transporte. El primero de los suboficiales enviados a la brigada fue José Remigio Ríos San Martín, de 33 años, destinado en la DINA desde el mes de abril; procedía de la Escuela de Paracaidistas y había estado en el Regimiento Buin. En la DINA respondía al nombre de Alberto Arroyo.

El grupo, que solía funcionar con el nombre de Mulchén, y con las siglas de J-7, J-6 y J-5, códigos que cambiaban con mucha frecuencia para borrar cualquier pista, fue puesto en contacto con Michael Townley durante el mismo mes de abril de 1976. *El Chico* Salinas y el capitán Belmar Labbé fueron a la casa de Lo Curro. El encuentro tenía dos objetivos: establecer el sistema de colaboración e instalar un radiotransmisor en un coche. En adelante, el chalet sería la base para algunas operaciones de la brigada. Y Townley les prestaría todo el apoyo logístico necesario.

En el mes de abril había llegado a Santiago, para un periodo de tres meses, el cubano Virgilio Paz, alias Javier. Y no era el único visitante. Stefano delle Chiaie había aceptado la idea de que en Chile estaría en su propia casa tras el atentado en Roma contra Bernardo Leighton y su esposa Anita Fresno.

Una de las misiones encomendadas a la brigada Mulchén fue la de hacerse cargo de la operación Carmelo Soria, el funcionario del Centro Latinoamericano de Demografía (CELADE).

El capitán Salinas reunió a su unidad en un apartamento, en las Torres San Borja, a unos pasos del edificio Diego Portales, sede de la presidencia de la República y de la Junta Militar.

—Se nos ha encargado la misión de investigar las actividades del señor Carmelo Soria. Esta persona es comunista y tiene fuero diplomático. Existen sospechas de que entra dinero y armamento para organizar la resistencia. El director quiere conocer sus actividades.

La operación la llevarían a cabo la mayor parte de los integrantes de la brigada Mulchén, a excepción del teniente Pérez Santillán. El capitán Jaime Lepe, que acababa de ser destinado, el 16 de junio, a la Unidad de Seguridad Presidencial como oficial de escolta directa de Pinochet, también formaba parte del comando.

¿Por qué Carmelo Soria? Hacía unos meses que el historiador Fernando Ortiz, uno de los líderes del Partido Comunista de Chile, había estado trabajando en el proyecto de editar una revista universitaria clandestina que se llamaría *Dulce Patria*. La idea era distribuir la publicación en la Universidad de Chile y en algunas, más bien pocas, provincias. Según se había acordado dentro del partido, la revista debía abordar la política universitaria del Gobierno militar, la defensa de la autonomía, denunciar las detenciones. También incluiría artículos sobre la situación económica.

Ortiz había sugerido, en el mes de diciembre de 1975, a Emilia Arrieta, militante del partido que se ocupaba del proyecto, tomar contacto con Carmelo Soria, experto en temas de impresión y edición de publicaciones. Soria se había afiliado al Partido Comunista de España en los primeros años sesenta, con ocasión de una visita del poeta español Marcos Ana a Chile. La idea era que Soria colaborara tanto en el diseño gráfico como en la edición de la revista.

Emilia Arrieta llamó a Soria y se reunió con él. Soria empezó a trabajar en los primeros meses de 1976 en lo que era su pasión: una publicación clandestina. La España de los años cuarenta, los años de la Federación Universitaria Escolar, volvían a su vida en Chile.

El 6 de enero de 1976, un comando de la DINA se presentó en casa de Juan Enrique Pemjean, un hombre de 45 años de edad que estaba a cargo del sistema de distribución de CELADE, y que trabajaba a las órdenes de Carmelo Soria, el jefe de Publicaciones. Lo trasladaron a un edificio de la calle Bandera con Moneda. En la segunda planta, le interrogaron sobre sus actividades contrarias a la Junta Militar y las relaciones de algunos miembros de CELADE, como Carmen Miró, su directora, y Carmelo Soria, con el Partido Comunista. Pemjean había trabajado con Carmelo en la editorial Quimantú, durante la época de Allende, y estaba vinculado al Partido Comunista. Durante siete días, Pemjean fue llevado varias veces desde las oficinas de la calle Bandera a Cuatro Álamos.

Los agentes tenían una obsesión recurrente:

—Carmelo Soria, ¿es tu jefe?

—Sí, es el responsable de publicaciones.

—Sabemos que es comunista y que utiliza la valija diplomática para ingresar el oro de Moscú.

—Por lo que yo sé, don Carmelo Soria no es militante del Partido Comunista chileno. No creo que utilice su trabajo en la CELADE para lo que ustedes dicen.

—No te preocupes que a ése de todas maneras lo tumbamos.

El 24 de marzo de 1976, las Fuerzas Armadas argentinas seguían los pasos de las uruguayas y chilenas con un golpe de Estado mediante el cual derribaron el gobierno constitucional de la presidenta María Estela Martínez de Perón. La colaboración represiva entre los servicios de inteligencia ya había comenzado durante el régimen democrático, pero ahora entraba en una fase más intensa tanto con Chile como con Uruguay, Paraguay y Brasil. La dictadura argentina del general Jorge Rafael Videla todavía no cumplía un mes de vida cuando, el 10 de abril de 1976, el tercer hombre en importancia del Movimiento de Izquierda Revolucionaria (MIR), Edgardo Enríquez, era detenido en Buenos Aires por miembros de la Policía Federal argentina. Enríquez, que acababa de salir de una reunión, fue trasladado de Buenos Aires al campo de detención Villa Grimaldi, en Santiago.

Carmelo Soria viajó a Madrid, vía Portugal, el 11 de abril de 1976, con la idea de permanecer varias semanas en España ya que tenía que resolver algunos asuntos legales de la herencia familiar. Mientras, en Santiago, las redadas del llamado comando conjunto para desarticular al Partido Comunista se intensificaban. Uno de los dirigentes más buscados era Víctor Díaz, el hombre que, tras la detención de Luis Corvalán, se había hecho cargo del Partido Comunista de Chile. Díaz vivía clandestinamente en Las Condes. Estaba enfermo de asma y sufría de artritis. Jorge Ernesto Canto, un ingeniero civil de izquierdas, y su mujer, Sandra Vila, le habían acogido en su casa de la calle Belo Horizonte, número 979. Sandra era experta en informática. Hija de un republicano español radicado en Chile, amigo de Carmelo Soria, Sandra había trabajado en la editorial Quimantú. Cuando se produjo una vacante en el departamento informático de CELADE, Carmelo sugirió que la contratasen. Belo Horizonte estaba a unas diez calles de la vivienda que ocupaba la familia Soria, en Manuel Aldunate.

Carmelo, como era su costumbre, escribió desde Madrid varias cartas a su esposa Laura. En ellas, le describía los acuerdos a los que había llegado la familia sobre reparto de la herencia, los terrenos de Ciudad Lineal que les correspondían y otros detalles. Pero Laura no las recibió. Llamó por teléfono a Madrid para averiguar si había ocurrido algo. Carmelo le explicó que le había escrito cinco cartas. Decidieron no volver a hablar por teléfono. Si alguien estaba controlando la correspondencia, no era menos lógico que les estuviesen escuchando por teléfono en esos precisos momentos.

Laura pensó: «Esto es la DINA. Suponen que los funcionarios de Naciones Unidas y de las embajadas transmiten información y traen dinero para entregar a la oposición».

Carmelo visitó a sus viejos amigos en Madrid y algunos dirigentes del Partido Comunista de España. La situación política estaba cambiando rápidamente. La legalización del PCE era algo de lo que ya se hablaba en todos los ambientes. Carmelo estaba interesado en sacar adelante el proyecto de revista de denuncia en Chile y buscó nuevos apoyos para la resistencia en su país de adopción. Se entrevistó con Armando López Salinas, miembro del comité ejecutivo del Partido Comunista, a quien le preguntó, especialmente, por unos mimeógrafos portátiles llamados «vietnamitas». Tenía intención de ver si se podían introducir en Chile.

Laura hizo saber a Carmelo que sus cartas, por alguna razón, no habían llegado a sus manos. Carmelo tenía la impresión de que le seguían. Pidió a sus compañeros de partido que hicieran un contraseguimiento para verificar si sus sospechas eran veraces. Sus camaradas se lo confirmaron. Le seguían. La larga mano de la DINA exterior estaba al acecho.

A mediados de mayo, la DINA acometía una operación que había iniciado a comienzos de ese mismo mes. Mediante torturas salvajes practicadas a dos mujeres y un hombre en el campo Villa Grimaldi, se había conseguido saber que varios miembros del comité central del Partido Comunista se reunían en una casa situada en la calle Conferencia 1.587 de la capital. La DINA detuvo allí, en días diferentes, a cinco dirigentes comunistas.

En la madrugada del 12 de mayo de 1976, un grupo de agentes de la DINA llamó a la puerta en la calle Belo Horizonte 979 de Santiago. Jorge Canto abrió. Venían, dijeron, a revisar el domicilio. Al llegar a una de las habitaciones los agentes advirtieron que un hombre dormía. Preguntaron quién era.

—Está muy enfermo. Se llama José Santos Garrido Retamal —dijo Jorge Canto.

—A ver, viejo —intervino otro de los agentes—. A ver, párate. El hombre bajó de la cama.

—Camina, viejo —ordenó el agente.

Víctor Díaz, que tenía un carnet de identidad a nombre de José Santos Garrido, dio unos pasos. No podía disimular su cojera.

—Chino Díaz, por fin te pillamos, hijo de puta —dijo el agente.
El grupo cayó sobre Díaz y comenzó a golpearlo. El rostro de Díaz sangraba a borbotones.

Carmelo Soria regresó a Chile tres días más tarde, el 15 de mayo. Ya sabía que en la calle de Belo Horizonte había tenido lugar un allanamiento. Sandra Vila, su esposo Jorge y los niños se habían ocultado en casas de distintos familiares. También sabía que el Chino Díaz, igual que decenas de dirigentes comunistas, como Jorge Muñoz, esposo de Gladys Marín, y miembro de la comisión política del Partido Comunista, estaban cayendo en manos de las fuerzas de seguridad.

Una semana más tarde, el 21, Carmelo sufrió unos dolores que parecían configurar un cuadro de otitis en el oído derecho. Los dolores iban cada vez a más. La otitis, según el médico que le atendía, se convirtió en una neuralgia del trigémino. El médico le trató con antibióticos, lo que le provocó una reacción alérgica bucofaríngea. Carmelo no podía probar una gota de alcohol. A primeros del mes de junio, seguía en reposo.

En los primeros días de junio de 1976, Pinochet oficiaba de gran anfitrión en la reunión anual de la Organización de Estados Americanos (OEA), en Santiago. El secretario de Estado norteamericano, Henry Kissinger, era la gran estrella de la reunión. A través del presidente de la OEA, Alejandro Orfila, Kissinger había apoyado la idea de celebrar el encuentro en la capital chilena. Pero a primeros de junio, el secretario de Estado recibió informes preocupantes de las embajadas norteamericanas en el Cono Sur latinoamericano. El asesinato de refugiados políticos en Argentina iba en aumento. Hacía dos semanas, el 21 de mayo, habían aparecido los cuerpos de una pareja uruguaya y de dos hombres en un coche abandonado en Buenos Aires. Los dos hombres eran el ex senador uruguayo Zelmar Michelini y el ex presidente de la Cámara de Diputados del Uruguay, Hugo Gutiérrez. Ambos exiliados en Argentina habían sido secuestrados días antes. Y el 2 de junio, desapareció el ex presidente boliviano Juan José Torres. Horas más tarde su cuerpo sin vida fue encontrado en San Andrés de Giles, a 120 kilómetros de la capital.

El 4 de junio, bajo la firma de Kissinger, el departamento de Estado envió un cable urgente a los embajadores del Cono Sur. Se les preguntaba «si tenían pruebas para sostener o negar las afirmaciones sobre la existencia de acuerdos internacionales entre gobiernos para acometer tales asesinatos o ejecuciones». La respuesta debía ser enviada el lunes 7 de junio. Kissinger tenía previsto hablar ante la asamblea de la OEA el martes, día 8, y no quería verse pillado.

El embajador norteamericano en Santiago, David Popper contestó en la fecha solicitada que «no excluiría una cooperación [entre gobiernos] en esas muertes». Y agregaba: «No tenemos pruebas para apoyar o negar la existencia de acuerdos internacionales. Creemos que estos pactos son posibles, y que es posible, también, que agentes chilenos se hayan implicado en asesinatos en el exterior, en colaboración con gobiernos extranjeros».

En aquellos mismos días, casi solapándose con la reunión de la OEA, el coronel Contreras había organizado en Santiago un nuevo encuentro, más discreto, entre representantes de la «Operación Cóndor» de Bolivia, Chile, Paraguay y Uruguay. Esta vez estuvieron presentes en calidad de «observadores» miembros de los servicios de inteligencia de Brasil.

El presidente de la República abrió la asamblea el día 4, en la sala de conferencias del edificio Diego Portales. Pinochet explicó que Chile venía de frenar la amenaza comunista y que el Gobierno militar estaba construyendo «una nueva democracia». Anticipó que se estaba elaborando una serie de disposiciones sobre derechos humanos que convertiría la constitución chilena en «una de las más avanzadas del mundo».

El día 7 de junio, Henry Kissinger llegaba a Santiago. Ese día, el Gobierno, tras conocer un informe sobre las actividades internacionales de Orlando Letelier de denuncia contra la Junta Militar, aprobó un decreto, que no se hizo público, por el que se le privaba de su nacionalidad.

El decreto señalaba en su segundo punto «que el Ministerio de Relaciones Exteriores ha puesto en conocimiento del Supremo Gobierno que Orlando Letelier del Solar, quien ocupó durante la pasada administración los cargos de ministro en las carteras de Relaciones Exteriores y de Defensa Nacional, realiza en el extranjero una campaña publicitaria destinada a lograr el aislamiento político, económico y cultural de Chile». Agregaba en su punto tercero que «en el caso concreto de sus actuaciones en Holanda ha incitado a los trabajadores portuarios y transportistas de ese país a declarar un boicot sobre las mercaderías con destino o procedencia chilenas y ha inducido a su Gobierno a que entorpezca o impida la inversión de capitales holandeses en Chile». Dicha conducta, según decía en el punto cuarto, «constituye un grave atentado en contra de los intereses esenciales del Estado chileno por cuanto ha tenido y tiene por objeto paralizar el desarrollo de las actividades económicas nacionales, provocando el consiguiente desabastecimiento de la población toda con las dolorosas y graves consecuencias que son fáciles de prever». Y el último punto, el quinto, concluía: «Que tan innoble y desleal actitud desvinculan al nacional de su patria y del Estado haciéndolo acreedor de la máxima y vergonzante sanción moral que contempla nuestro ordenamiento jurídico al respecto, cual es la pérdida de la nacionalidad chilena».

Al día siguiente, la mañana del 8 de junio, Kissinger debía pronunciar su discurso ante la asamblea de la OEA, pero solicitó un aplazamiento hasta la tarde. Sobre las doce del mediodía, tras la sesión matinal de la asamblea, Pinochet, según se había acordado, recibiría al secretario de Estado norteamericano.

Pinochet concedía a esta entrevista un gran importancia. A su juicio, la opinión pública norteamericana estaba dominada por sus enemigos, por aquellos que habían sido desalojados del poder el 11 de septiembre de 1973. La DINA le informaba regularmente de los movimientos de los opositores al régimen en Washington.

Kissinger abrió el diálogo:

—Debo decir que su portavoz [Sergio Díez, miembro de la delegación de Chile] ha sido muy eficaz en la sesión de la asamblea general al explicar su posición esta mañana. En los Estados Unidos, como sabe, simpatizamos con lo que usted está tratando de hacer aquí —tranquilizó al general—. Le deseamos a su Gobierno todo el bien. Al mismo tiempo, nos enfrentamos con problemas internos, especialmente en el Congreso, pero también en el Ejecutivo, por el asunto de los derechos humanos. Como sabe, el Congreso está debatiendo ahora nuevas restricciones de la ayuda a Chile. Nos oponemos a ellas. Pero, básicamente, no queremos intervenir en sus asuntos internos. No podemos ser precisos en nuestras propuestas sobre lo que debería usted hacer. Pero éste es un problema que complica nuestras relaciones y los esfuerzos de aquellos que son amigos de Chile. Voy a hablar esta tarde en la Asamblea General sobre los derechos humanos. He retrasado mi declaración hasta poder hablar con usted. Quiero que entienda mi posición. Queremos tratar con persuasión moral, no mediante sanciones legales. Por ello, nos oponemos a la enmienda Kennedy. En mi discurso, voy a hablar de derechos humanos en términos generales, y derechos humanos en un contexto mundial —precisó, conciliador—. Voy a referirme en dos párrafos al informe de la Comisión de Derechos Humanos de la OEA sobre Chile. Diré que la cuestión de los derechos humanos ha afectado las relaciones entre Estados Unidos y Chile. Esto es en parte el resultado de acciones del Congreso. Voy a agregar que espero que usted removerá en breve estos obstáculos. Mi declaración no está dirigida a Chile. Mi evaluación es que usted es víctima de los grupos de izquierda de todo el mundo y que su mayor pecado es que usted ha derrocado un Gobierno que estaba llevando el país al comunismo.

—Estamos retornando a la institucionalización paso a paso. Pero somos atacados constantemente por los democratacristianos. Tienen una voz muy fuerte en Washington. No entre la gente del Pentágono, pero sí tienen entrada en el Congreso. Gabriel Valdés tiene acceso a él. También Letelier —argumentó Pinochet.

—No he visto a un democratacristiano en años…

—También Tomic, y otros. Letelier tiene acceso al Congreso —subrayó por segunda vez Pinochet—. Sabemos que están dando información falsa. En pocos días, vamos a hacer público un decreto sobre derechos humanos y otro que creará un Consejo de Estado. Hay varios esfuerzos que estamos haciendo para orientarnos hacia la institucionalización. En el área económica, hemos pagado nuestras deudas, después de una renegociación. Hemos hecho una reforma en el campo. Estamos adoptando otras medidas constitucionales. Hemos puesto en libertad a la mayoría de los detenidos.

Pinochet había dejado caer tres nombres de políticos que le preocupaban por su capacidad de influir en la opinión pública en Estados Unidos: el funcionario de Naciones Unidas Gabriel Valdés; el dirigente democratacristiano Radomiro Tomic y el ex canciller Orlando Letelier.

Kissinger pronunció esa tarde el discurso cuyas líneas había anticipado a Pinochet. El día 10 de junio, antes de abandonar Chile hacia México, el secretario de Estado recibió en un desayuno de trabajo al almirante César Guzzetti, ministro de Relaciones Exteriores de la dictadura argentina del general Videla.

Durante la reunión, en la que participó también William D. Rogers, Kissinger se abstuvo de introducir el tema de los derechos humanos.

—Estamos tratando de resolver el problema de la subversión…
—dijo Guzzetti, al ver que el tema no salía.

—¿Cuánto tiempo les va a llevar despejar este asunto? —preguntó Kissinger.

—Yo creo que puede estar controlado para finales de año.

Al día siguiente, 11 de junio, en Buenos Aires, veinticinco refugiados chilenos fueron detenidos por un grupo de cincuenta militares vestidos de civil. Después de ser torturados, se les puso en libertad, el 12 de junio.

En la última semana de junio, el teniente coronel Pedro Espinoza, nuevo director de Operaciones de la DINA, hizo llamar a Michael Townley a través del teniente Armando Fernández Larios, quien le citó en el camino de subida del cerro Manquehue la mañana siguiente. Cuando Townley llegó al lugar acordado, vio el coche del teniente coronel aparcado. Espinoza, vestido de paisano, salió del coche al tiempo que Townley iba a su encuentro. Espinoza no tardó en ir al grano.

—¿Estás dispuesto para hacer una nueva operación fuera de Chile?

—Haré lo que se me ordene.

Unas semanas después del enigmático encuentro en el cerro Manquehue, Espinoza volvió a pedir a Fernández Larios que citara a Townley. El punto de encuentro esta vez no estaba lejos del chalet donde vivía Townley. Los coches subieron la colina de Lo Curro. Espinoza y Fernández Larios se bajaron. Townley se les unió. Y caminaron un rato. De pronto, Espinoza solicitó a Fernández Larios que volviera al coche. Y se dirigió a Townley.

—El objetivo de la misión es eliminar al ex embajador Orlando Letelier. Y es en Estados Unidos.

—¿En Estados Unidos?

—Letelier reside en Washington.

—Está el FBI. No es fácil.

—Ésa es la orden. La documentación la aportará otro país de la red Cóndor. Los paraguayos van a proporcionar pasaportes oficiales y visas para entrar en Estados Unidos. Para ello, ustedes dos viajarán a Asunción. —Espinoza se refería al teniente Fernández Larios.

— ¿Quiénes más van a participar?

—Puedes usar a los cubanos como apoyo. El método deberás decidirlo tú. El Gobierno de Chile lo quiere muerto.

Capítulo 24

El asesinato de Carmelo Soria

En el allanamiento de las calles Conferencia 1.587 y Belo Horizonte 979, a mediados de mayo de 1976, los principales miembros de la comisión política del Partido Comunista habían caído en manos de la DINA. Fernando Ortiz tuvo que dejar el proyecto de la revista *Dulce Patria* para asumir la dirección del partido. Carmelo Soria se hizo cargo, por tanto, de coordinar el trabajo. Había elaborado varios proyectos de portada y se disponía a publicar la revista.

El seguimiento de Carmelo no proporcionó al capitán Salinas y su banda, en los primeros días del mes de julio de 1976, ningún descubrimiento importante. Carmelo iba todos los días de su casa al trabajo y del trabajo a su casa. Si acaso, hacía alguna visita a sus amigos, los republicanos españoles exiliados en Chile que trabajaban en CEPAL, pero poco más. Salinas, después de consultarlo con sus superiores, decidió pasar a la acción. Obtuvo dos uniformes de Carabineros y se los pasó al capitán Lepe y al suboficial Ríos.

El martes día 13 de julio, Carmelo, un hombre pulcro que cuidaba obsesivamente su automóvil, advirtió que éste tenía un golpe en uno de los guardabarros. La calle Huelén, donde solía aparcar todos los días, era muy tranquila. El hecho le llamó la atención. Después de salir de CELADE, visitó a su amigo, el español Gonzalo García. Su mujer, Nydia, acababa de ser operada. Soria llegó a casa de Gonzalo sobre las cinco y media y se retiró dos horas después. Ya volvería con Laura, dijo, al día siguiente, 14 de julio.

La mañana del miércoles 14, Carmelo salió rumbo a su oficina. Laura, tal como habían acordado, se presentó en su despacho poco antes de la una de la tarde para regresar juntos a casa, donde almorzarían con una amiga, la profesora Amanda Flores.

Carmelo, como ya era habitual, no se sentía bien. Le dolía otra vez la cabeza. A las dos menos diez en punto, se levantó de la mesa, le pidió a Laura que llamara al doctor que le atendía en CEPAL para pedir hora y se despidió. Laura le siguió con la vista por uno de los ventanales del salón, y vio cómo Carmelo cruzaba la verja y ya en la calle se subía a su Volkswagen color blanco y partía. Las dos amigas, Amanda Flores y Laura, permanecieron de sobremesa un rato más. Pasadas las tres y media, Laura salió rumbo a una clínica donde pasaba consulta tres veces por semana, en la calle José Luis Coo, en Puente Alto.

Sobre las cuatro, Carmelo decidió que le iba a resultar imposible, por la cefalea, mantener la reunión prevista con Eugenia Arrieta, su colaboradora, para revisar el número cero de la revista clandestina. La llamó por teléfono y le explicó que sentía un fuerte dolor de cabeza y que se marchaba a su casa. Le sugirió que se vieran al día siguiente, que él se llevaría todo el material, maqueta incluida, para ver algunos detalles. Y también llamó a su casa. Habló con la empleada que vivía con la familia y le pidió que preparara algo para cenar ya que pensaba volver pronto.

Carmelo permaneció en su despacho todavía algo más de una hora. Sobre las cinco y cuarto, su horario habitual de salida, se despidió de María Enriqueta Ortiz, la empleada administrativa que trabajaba con él, y de los otros compañeros en el departamento de publicaciones.

Soria hizo en coche su recorrido cotidiano. Dos Fiat 125 llevaban más de media hora esperando cuando vieron llegar el Volkswagen blanco. Desde uno de los coches, el capitán Guillermo Salinas Torres, *El Chico*, responsable de la brigada Mulchén, hizo avisar por radio al capitán Jaime Lepe Orellana y al suboficial José Remigio Ríos San Martín, enfundados, a cincuenta metros de allí, en sus uniformes de Carabineros, de que el objetivo estaba llegando. Ríos San Martín abandonó la acera, se plantó en el medio de la calle y ordenó al vehículo que frenara. El Volkswagen se detuvo. Ríos San Martín abrió la puerta trasera y entró. Lepe subió y se colocó detrás de Carmelo. El teniente Juan Delmás, de civil, apareció junto a la puerta del conductor, la abrió, ordenó a Carmelo que se moviese hacia la derecha y ocupó su lugar al volante.

Salinas se comunicó con el teniente coronel Raúl Eduardo Iturriaga Neumann. Le informó de que tenían a Carmelo en su poder. Iturriaga Neumann, en contacto con Pedro Espinoza, les dijo que le llevaran al chalet del barrio residencial de Lo Curro, en la vía Naranja 4.925. Era la casa que ocupaba Michael Townley y su familia.

Iturriaga llamó por teléfono a Lo Curro, y le dijo a Townley que la brigada iba con Carmelo Soria hacia su casa. Townley dio instrucciones a uno de sus chóferes, Héctor, para que avisara al fontanero que trabajaba en la casa de que suspendiera lo que estaba haciendo y se fuera. A su vez, le pidió a su secretaria, Alejandra Damiani, que se marchara inmediatamente ya que iba a caer la gente de la brigada de un momento a otro.

Delmás dio algunas vueltas por la zona de Macul. Los capitanes Salinas Torres, Pablo Belmar Labbé y el teniente Quilhot Palma, todos vestidos de paisano, se distribuyeron en los dos Fiat 125 y les siguieron. Sabían que la gente que trabajaba en la casa a la que se dirigían solía irse sobre las seis de la tarde. Enfilaron hacia la zona residencial de Lo Curro. Los tres coches aparcaron en el amplio porche del chalet.

Michael Townley, que estaba pendiente en su despacho, en la segunda planta, se precipitó hacia la escalera. Con él estaban el cubano Virgilio Paz, el experto en gas sarín, Eugenio Berríos, *Hermes*, y los chóferes, Héctor y Esteban.

A Carmelo le vendaron los ojos con un pañuelo y lo sacaron del Volkswagen. Nada más descender, a la entrada del garaje, le ataron las manos y comenzaron a golpearle. El teniente Quilhot salió de uno de los dos Fiat 125 y entró en el garaje. Fueron Quilhot y Ríos quienes se encargaron de interrogar a Carmelo. Le preguntaron por su relación con miembros del Partido Comunista de Chile. Cuáles eran sus contactos, cómo ingresaba el dinero y el presunto armamento.

—Pobre Chile —respondió Carmelo.

Quilhot y Ríos, alternativamente, lo insultaban y amenazaban.

—Te tenemos controlado. El dinero entra por valija diplomática, ¿no es así?

—Pobre Chile —repitió Carmelo.

—No intentes ocultarlo. No mientas. Te seguimos desde hace tiempo. Para que veas, sabemos que tu mujer te engaña.

El interrogatorio estaba en un punto muerto. Algunos miembros de la brigada Mulchén entraban y salían.

Sobre las diez de la noche, el capitán Salinas pidió al teniente Quilhot que subiera a la casa. Tenía que escribir un breve texto a máquina y poner en un sobre el nombre de Carmelo Soria. Townley estaba en la casa junto a Virgilio Paz. El teniente subió y pidió la máquina de escribir. Se sentó frente a la Olimpya de Townley, escribió un texto de cuatro líneas en un folio, introdujo un sobre en la máquina y puso el nombre Carmelo Soria. Bajó y se lo entregó al capitán Salinas.

Unos diez minutos antes de la medianoche, Salinas encomendó otra misión al suboficial Ríos y al teniente Quilhot. Debían dirigirse en coche inmediatamente al sector llamado La Pirámide. Monte abajo corría el agua de un canal de regadío llamado El Carmen. Debían montar guardia y asegurar que nadie entrara en la zona.

—A Soria se le prepara un accidente a medianoche —dijo el capitán Salinas.

Carmelo fue trasladado con los ojos vendados y las manos atadas a una habitación en la planta baja, junto al garaje. Allí dormían los dos chóferes. Había dos camas y una litera. Carmelo fue colocado en la litera.

Sus torturadores abrieron una botella de pisco y le hicieron tragar gran cantidad de alcohol.

En la habitación había un generador eléctrico y cables. Debajo de la litera, un recipiente con agua y unos sacos de harina vacíos empapados en agua se utilizaban para disimular las marcas de la picana eléctrica en el cuerpo de las víctimas.

Comenzó una nueva sesión de golpes en la que participaban todos. Carmelo sangraba profusamente. Los oficiales estaban fuera de sí. Soria no pronunciaba palabra. En el porche había mucho trasiego, golpes y gritos. Townley bajó y advirtió que debían bajar la voz, ya que la gente del vecindario podía darse cuenta de lo que estaba ocurriendo. Mientras hablaba, vio a Carmelo tirado en el suelo. Estaba destrozado. Pero le seguían golpeando.

El capitán Salinas comenzó a arrastrar el cuerpo de Carmelo hacia una pequeña escalera de cuatro peldaños por la que se llegaba al laboratorio. Dos de los tres oficiales lo sujetaban. Salinas apoyó la cabeza de Soria contra un escalón y le hizo una palanca, con un golpe seco de karateka profesional. La columna vertebral crujió. Carmelo sucumbió. Ya no respiraba.

Salinas ordenó llevar el cadáver a la habitación de los chóferes. Le tumbaron sobre la litera. Revisaron la billetera de cuero. Tenía una chequera en dólares. Eran 300 dólares. Un billete de 100 dólares, cuatro billetes de 10 y uno de 5. Se quedaron con la chequera y el billete de cien. Le quitaron una pluma y un portaminas Parker. En su mano izquierda llevaba un reloj pulsera marca Longines. También se lo quedaron. Los oficiales volvieron a salir. Cogieron una botella de pisco. Rociaron el interior del Volkswagen y dejaron la botella vacía en el interior.

El capitán Salinas explicó que era necesario subir a Carmelo al coche de inmediato, trasladarle a La Pirámide y hundirlo en el canal, simulando el accidente. Recogieron una bufanda y el pasaporte de Naciones Unidas.

Luego acondicionaron el vehículo. Quitaron el asiento delantero, junto al conductor, y embutieron allí el cuerpo de Soria. El teniente Delmás se colocó al volante y emprendió el viaje hacia La Pirámide, una zona despoblada próxima al Regimiento Buin. Detrás, le seguía el Fiat 125 color mostaza en el que iban el capitan Salinas y los capitanes Lepe y Belmar Labbé.

Era entre la una y media y las dos de la madrugada. El toque de queda comenzaba a las dos y terminaba a las cinco. El teniente Quilhot llamó por radio al suboficial Ríos desde la zona donde se encontraba y le confirmó que los dos vehículos llegaban.

Una vez en el terreno, el capitán Salinas reunió al grupo y ordenó sacar a Carmelo y extraer el asiento trasero del Volkswagen. Los tres oficiales ayudaron a empujar el coche por el monte abajo hacia el canal para simular el desbarrancamiento. El coche zigzagueó por una pendiente abrupta y hundió el morro en el canal. Alguien del grupo se hizo cargo de arrojar la bufanda y varios documentos de Carmelo por la ladera. Otro de los oficiales cogió la botella de pisco y la colocó en el terreno cerca de donde se hundía el coche.

Después, cargaron el asiento trasero del Volkswagen con el cuerpo, se alejaron del lugar donde se había hundido el coche y lo lanzaron al agua. El capitán Salinas hizo que se llevaran la chaqueta de Carmelo. Mandó colocar en el bolsillo la carta y el sobre que había ordenado escribir en casa de Townley. Había que dejar la chaqueta no lejos de donde quedaba el cadáver de Carmelo.

El grupo de Salinas regresó inmediatamente al chalet de Townley; unos minutos después, llegaban Ríos y Quilhot. La mayor parte de la brigada se reunió en la segunda planta, la zona de oficinas.

—Avisé al *Mamo* de que se hizo la operación —dijo el capitán Salinas.

Había hablado con el coronel Manuel Contreras, *Mamo* para el círculo íntimo.

Uno de los oficiales comentó que habían cometido un error al desbarrancar el Volkswagen sin que hubiera nadie en el interior. El coche, dijo, había caído de punta, lo cual no podría ser utilizado para justificar las lesiones que presentaba el cadáver. Fruto del ensañamiento con el que le habían golpeado, Carmelo tenía el pecho destrozado. Los oficiales se distribuyeron para dormir en varias dependencias de la casa.

—He pasado miedo conduciendo con el cadáver a mi lado —bromeó Delmás.

Ríos se retiró al laboratorio.

Esa noche, Laura ya presentía lo peor. Cuando regresó del consultorio, sobre las siete y cuarto de la tarde, y vio que Carmelo no había llegado, pensó que algo ocurría. La empleada le informó de que Carmelo había llamado desde CELADE para anunciar que regresaría temprano.

A las nueve de la noche, Laura y su hija Carmen comenzaron a llamar a los servicios de urgencia de varios hospitales de Santiago. Laura habló después con una vecina que era empleada de CELADE, Angelina Aybar, quien se puso en contacto con Enriqueta Ortiz, que trabajaba como secretaria en la sección de Carmelo. Le explicó que la esposa de Carmelo Soria la había llamado y que estaba muy preocupada por que éste no había vuelto a su casa. La secretaria le dijo que Carmelo había salido de la oficina de la calle Huelén como todos los días, en torno a las cinco y cuarto de la tarde. Laura y sus hijos se durmieron con la idea de empezar la búsqueda por la mañana temprano.

Laura llamó al día siguiente a Fernando Puig, concuñado de Carmelo, por si existía la remota posibilidad de que hubiese ido a dormir a su casa. La respuesta fue negativa. Se fue a la Posta Central, el principal servicio médico de la capital, y confirmó que no tenían noticias de Soria. Informó al consulado español de la desaparición y dio cuenta de lo que ocurría al responsable en funciones de la Comisión Económica para América Latina (CEPAL). El secretario ejecutivo, Enrique Iglesias, estaba en París, donde fue localizado. Iglesias anticipó rápidamente su regreso a Santiago.

El jefe de seguridad de CEPAL, Agustín Vaz, acompañó a Laura a la comisaría de Carabineros del barrio de Vitacura para poner una denuncia. Dijeron que había que esperar un día más antes de hacerlo. La presencia del representante de la CEPAL logró que dejaran constancia de los hechos. Una denuncia «por presunta desgracia».

El capitán Salinas fue a la zona del canal El Carmen esa mañana del día 15. Allí, según estaba convenido, un grupo especial de la DINA, la llamada Brigada Lautaro, tenía la misión de reconocer el terreno y borrar, eventualmente, todo vestigio que pudiera permitir a la policía saber qué había ocurrido. El capitán Juan Morales Salgado, a cargo de la brigada, se ocupó personalmente de dirigir los trabajos.

A las tres y cuarto de la tarde de ese jueves 15, en casa de los Soria sonó el teléfono. Era el cabo de guardia de la comisaría de Carabineros de la zona de El Salto. Según dijo, habían encontrado un coche en el canal El Carmen y documentos a nombre de Carmelo Soria. Preguntaron cómo podían llegar hasta allí. El cabo dijo que tuvieran como referencia el Regimiento Buin, que no quedaba lejos de La Pirámide.

Laura Soria, la hija mayor del matrimonio, su primo Álvaro Puig, y dos funcionarios de CELADE, acudieron a la comisaría. A ellos se unieron después Carmen, la hija menor, y un vecino del barrio.

El cabo Pérez les informó de que habían encontrado el coche hundido en el canal El Carmen y que tenían varios documentos de su padre y una bufanda de color gris.

Las dos hermanas, Carmen y Laura, intentaron bajar a ver el Volkswagen, pero la policía se resistió. En aquellos momentos varios coches de la policía estaban acercándose al lugar. Poco después, la policía les dejó pasar. Habían amarrado el coche con cordeles junto a la ladera del río. Sus cuatro puertas estaban cerradas con seguro. Vaz y varios miembros del servicio de Carabineros presenciaban los movimientos. Ni la Central de Investigaciones de Accidentes de Tráfico (CIAT), ni agentes de la Brigada de Homicidios habían pasado por allí.

La policía les dijo que como el coche estaba semicubierto de agua habían resuelto secar el canal, una operación que llevaría varias horas. Debían, pues, volver al día siguiente.

Las dos hermanas fueron a la calle Huelén, a las oficinas de CELADE, donde, según habían acordado por la mañana, debía estar su madre. Le informaron de que habían visto el Volkswagen, pero que debían volver al otro día.

Laura salió hacia el consulado general de España en la capital. Por su propia cuenta, una amiga se presentó ante Emilio Beladiez, el embajador español. María Gloria Morales, viuda de un oficial republicano español muerto en la guerra civil, tenía una estrecha relación con los Soria. Le explicó a Beladiez que se trataba de un crimen político.

Laura, ahora, intentaba explicar al cónsul, José-Francisco de Castro, lo que se imaginaba. Mantuvieron una larga entrevista.

—Estoy segura de que lo han secuestrado las fuerzas de seguridad. Mi marido trabajó durante el Gobierno de Allende en la editorial Quimantú —dijo Laura.

El cónsul decidió enviar al día siguiente, viernes 16, a un oficial del consulado para que estuviera presente durante el dragado del canal El Carmen.

Esa mañana, Laura envió a sus dos hijas hacia CELADE mientras ella hacía otras gestiones. Varios directivos de CELADE y CEPAL salieron, con las hijas, rumbo a La Pirámide. Cuando llegaron, el suboficial Díaz, de Carabineros, y un grupo de policías ya estaban en la zona. Y había alguien más. La DINA había enviado a varios oficiales bajo el mando del teniente de Ejército Leonardo Bonetti Ossa.

Pasó cierto tiempo. Dos miembros de Carabineros se acercaron a un oficial. El oficial dijo a Guillermo Reyes y Sergio Olivares, funcionarios de CELADE:

—Se ha encontrado el cuerpo del señor Soria.

Los policías condujeron a Laura y a Carmen, las hijas de Soria, por la ladera del monte hacia el coche. Los Carabineros llamaron a la segunda subcomisaría de la Brigada de Homicidios de Santiago para solicitar su presencia. El subcomisario Hernán Moreno Poblete, oficial de turno, salió hacia el sector de La Pirámide con el detective Hugo Céspedes, el médico criminalista Manuel Torres y dos peritos fotógrafos del departamento de criminalística.

Cuando Poblete y sus colaboradores llegaron, el cadáver de Carmelo se hallaba en una orilla del canal. Había un clima de nerviosismo entre la gente que rodeaba el cuerpo. No lejos del cuerpo estaba la chaqueta de Carmelo. Los Carabineros entregaron a Poblete y a Céspedes la nota que los agentes de la DINA habían guardado en el bolsillo de la chaqueta de Carmelo. Después de leerla, la devolvieron, para remitirla al tercer juzgado del crimen de Santiago.

El cadáver yacía a unos ochocientos metros del lugar donde seguía amarrado el Volkswagen blanco. El jefe de seguridad de CEPAL, Agustín Vaz, y los otros miembros de CELADE estaban junto al cuerpo de Carmelo. El cadáver estaba totalmente rígido, con el rostro desfigurado por múltiples lesiones y cortes. Sobresalía la posición de sus brazos, que parecían rodear la cabeza en posición defensiva. Los puños permanecían cerrados.

Manuel Torres, médico criminalista de la Brigada de Homicidios, observó el cuerpo y escribió: «Presencia de livideces a nivel de toda la cara. Presenta una herida contusa de 4 centímetros de largo por 1,5 centímetros de ancho, profunda, ubicada en la región frontoparietal temporal derecha. Una herida contusa en el párpado superior derecho de un centímetro de largo. No hay presencia de espuma en boca ni nariz. A la palpación se aprecia fractura en la cuarta, quinta y sexta costilla izquierda. Livideces fijadas en la cara anterior de los muslos. Data de la muerte al examen finalizado a las 14.15 horas, se estimó en más de trece horas, y su causa probable será determinada por la necropsia correspondiente».

La referencia a la espuma era relevante porque significaba que Carmelo no había respirado dentro del agua, es decir, que ya estaba muerto al caer al canal. Según la inspección ocular del lugar del suceso, el canal «tiene más o menos 2,5 metros de ancho por un metro de profundidad». Aun cuando fuera «caudaloso», según dijeron los vecinos de la zona, era difícil que alguien pudiera ahogarse en El Carmen.

El suboficial Díaz redactó un parte ese día 16, el número 188, en el que hacía referencia a los objetos hallados en el lugar. Entre ellos, un sobre con la leyenda «Carmelo Soria», y una hoja escrita a máquina, que textualmente decía:

«Carmelo:

»Lamentablemente he logrado comprobar la infidelidad de tu mujer, lo que conversamos, desgraciadamente lo confirme.

»Tu amigo de siempre».

Vaz leyó el papel, corrió rápidamente hacia el coche donde estaban Laura y Carmen, y las disuadió de ver el cuerpo. Olivares las acompañó al bajar del cerro. Se fueron a CELADE y llamaron a su casa para dejar un mensaje a su madre. Mientras, el cadáver de Carmelo era trasladado al Instituto Médico Legal para realizar la autopsia.

Horas después, el director interino de CELADE, Juan Carlos Elizaga, recibió a Agustín Vaz en su despacho. Vaz le explicó lo que habían visto en el canal El Carmen. Y, acto seguido, le habló de la nota que los Carabineros habían hallado en la chaqueta de Carmelo. Los altos directivos, que no terminaban de digerir lo ocurrido, estaban ahora más confundidos. Las cuatro líneas introducían un factor imprevisto en la historia.

A primera hora de la tarde del viernes 16, el cónsul español, Pepe Castro, comenzó a redactar su primer despacho a Madrid, el número 274, sobre la desaparición de Soria. Explicaba que Carmelo Soria se hallaba inscrito con el número 6.859 en el registro de matrículas de españoles y que ni su matrimonio ni sus hijos estaban anotados. Daba cuenta de su entrevista con Laura y del temor, según le había expresado, de que su marido hubiera sido secuestrado por fuerzas de seguridad. Pero advertía sobre la falta de información: «Por los escuetos antecedentes de que se dispone, este consulado cree —salvo mejor interpretación de VE— que la última apreciación carece de base sólida ya que también podría tratarse de un accidente o de una venganza con los más variados móviles o también de un acto delictivo común».

Entrada la tarde, el oficial del consulado que acudió al canal El Carmen informó al cónsul de que se había hallado el cuerpo. Pepe Castro añadió a su despacho: «Al término de redactar este despacho se recibió información complementaria confirmando la aparición del cadáver del señor Soria en el canal a varios metros de donde había caído el automóvil».

Los Schweitzer eran algo más que un poderoso clan familiar en Chile. Procedentes de Ucrania, habían recalado en la primera década del siglo veinte en Argentina para trasladarse después a Chile. Toda una institución. De origen judío, varios miembros eran abogados de renombre. Y, desde los años veinte, mantenían una gran amistad con el escritor José Santos González-Vera, el padre de Laura. También habían conocido a los Soria. Primero a Arturo, emigrado de la guerra civil española, y más tarde a Carmelo, en la etapa del franquismo.

Laura llamó por teléfono el viernes 16 de julio por la mañana a Daniel Schweitzer, un hombre que ya pasaba de los 70 años. El célebre abogado, influyente en los Gobiernos de Arturo Alessandri y Jorge Alessandri, no ocupaba ahora ninguna función pública. Pero su hermano, Miguel Schweitzer Speisky, era ministro de Justicia del Gobierno de Pinochet.

Laura le contó por teléfono los detalles de la aparición del coche y del cadáver. Y, enseguida, concluyó:

—Daniel, quiero decirle que la DINA ha asesinado a Carmelo.

—Laura, tú no puedes afirmar eso.

—Yo lo digo porque tengo todos los antecedentes. Daniel, lo estoy llamando porque quiero que usted hable con Miguel para que me conceda una entrevista.

—Ya, y después tú te vienes a hablar conmigo.

Daniel Schweitzer llamó a su hermano y éste le dijo que Laura fuera a verlo a su casa al día siguiente.

Laura dejó las oficinas de CELADE y se fue a casa de Gonzalo García. Allí, sobre la marcha, se decidió a ir al Instituto Médico Legal para preguntar por la autopsia. La mayoría de los médicos habían sido profesores suyos en la universidad. Cuando Laura y Gonzalo llegaron al Instituto, antes de las dos de la tarde, los responsables estaban realizando la autopsia de Carmelo. En la recepción, se le acercó un abogado. Según dijo, le enviaba el ministro de Justicia, Miguel Schweitzer, para conocer la situación.

Fue el doctor Tomás Tobar, jefe del departamento de Tanatología del Instituto Médico Legal, quien atendió a Laura, y le expresó su pesar. Le dijo que, en ese momento, José Luis Vásquez Fernández estaba haciendo la autopsia. Tanto Tobar como Vásquez Fernández habían hecho, entrada la tarde del 11 de septiembre de 1973, una autopsia importante: la de Salvador Allende.

Cuando Vásquez, un hombre alto, delgado, de pelo castaño, terminó su trabajo ya sabía por Tobar que Laura deseaba conocer los resultados. Fue a su despacho y la vio. Según le explicó, la causa de la muerte había sido un traumatismo cervical, con una sección medular de la cuarta vertebra y una fractura de la sexta.

El sábado por la tarde Laura visitó al ministro de Justicia, Miguel Schweitzer. Le contó su conversación con el doctor Vásquez, y el hecho de que ni el juez ni la Brigada de Homicidios habían aparecido el primer día, el 15.

—Es posible que no hayan estado presentes por tratarse de una zona suburbana.

—La prensa ha publicado muy poco. Dejémenos de farsas. Este asesinato, don Miguel, ha sido obra de la DINA.

—Laura, ¿tú sabes lo que estas diciendo?

—Mire, don Miguel, yo no le tengo que examinar a usted sobre lo que ha hecho la DINA. No es el único caso. Porque ya sabemos lo que pasó con David Silberman, que lo secuestraron de una cárcel y luego lo mataron. Usted debería renunciar por un hecho como éste. Usted conocía bien a Carmelo.

—Pero ¡qué dices! Cómo puedes decir eso.

Laura se levantó. Schweitzer hizo lo mismo. Ella se fue hacia la puerta. El ministro la acompañó. Salieron al porche.

—Laura, ¿cuándo son los funerales?

—No va a haber funerales. Primero hay que hacer una segunda autopsia.

Laura había puesto una excusa frente al gesto formal de Schweitzer. No estaba previsto hacer una segunda autopsia.

El teléfono de la casa de los Soria estaba intervenido. En el cuartel general de la DINA, en la calle Belgrado, en la planta tercera, en la oficina de Operaciones Clandestinas, el capitán Guillermo Salinas, el mayor Juan Morales, que también era jefe de la escolta del coronel Contreras, el suboficial Juan Barría y el suboficial José Remigio Ríos San Martín escuchaban con avidez tanto las noticias de la radio como las conversaciones de Laura y de sus hijos.

En una reunión de los miembros de la brigada Mulchén en un apartamento de las Torres de San Borja, el capitán Salinas informó a los oficiales y suboficiales de que el director de la DINA, Manuel Contreras, enviaba felicitaciones a la brigada por la operación Soria. *El Chico* Salinas ordenó a todos los miembros guardar el secreto más absoluto.

El lunes 19 de julio, el periódico *El Mercurio* informó por primera vez sobre el asunto. La noticia decía que «un ciudadano español nacionalizado chileno, funcionario de las Naciones Unidas, pereció ahogado al caer con su vehículo a las aguas del canal El Carmen». Agregaba que «según las primeras averiguaciones, Carmelo Soria se habría precipitado a las aguas cerca de las dos de la madrugada del viernes cuando descendía por el camino del Alba, después de haber pasado algunas horas en el casino del Parque Metropolitano. Su cadáver no presentaba lesiones atribuibles a terceras personas y fue remitido al Instituto Médico Legal para la autopsia de rigor». La falsa visita al casino y la versión del accidente formaban parte de la campaña para disfrazar el crimen.

Esa tarde, Townley se embarcó en el vuelo vespertino para Buenos Aires, donde le esperaba Fernández Larios. La mañana siguiente debían coger el avión a Asunción. La operación Letelier estaba en marcha. En la capital paraguaya debían recoger dos pasaportes a nombres falsos.

Laura volvió al Instituto Médico Legal el martes, día 20. Fue en compañía de su hermano Álvaro a recoger el cadáver para enterrarlo. Había conseguido que una de las secretarias de CELADE le cediese un nicho en el panteón familiar del cementerio de Santiago para enterrar a Carmelo. Era una sepultura provisional hasta poder cremar el cadáver.

El cónsul general de España en Santiago, tras enviar su primer despacho a Madrid, el viernes 16, escribió el martes 20 un segundo informe, el número 279. Señalaba que Soria no había ejercido su nacionalidad española durante los «últimos veintinueve años» y reiteraba su «posición expectante, aunque tangencial en el asunto». El cónsul recordaba que la principal actuación en este caso correspondía a las Naciones Unidas, «la cual, a no dudar, recibirá de las autoridades chilenas las máximas facilidades en su trabajo por estar éstas empeñadas en mejorar la imagen internacional de Chile».

Arturo Soria, hermano de Carmelo, se había puesto en marcha en Madrid la mañana del viernes 16, tras hablar la noche anterior con Laura por teléfono. Se puso en contacto con el diplomático Emilio Casinello, que tenía buenas relaciones familiares con los Soria. La prensa española publicó el martes 20 de julio la noticia. El periódico *El País* informaba de la desaparición de Carmelo el miércoles 14 y del hallazgo del cadáver. El título: «Asesinato de un exiliado español».

El historiador Nicolás Sánchez Albornoz y su esposa estaban en su casa de campo, en Ávila, cuando leyeron el periódico. El historiador cogió un tren a Madrid y fue al Palacio de Santa Cruz, donde se entrevistó con el diplomático Fernando Morán. Mucha gente comenzó a moverse. La rotundidad de la información publicada en España, que contrastaba con las versiones de la prensa chilena y la cautela de la embajada española en Santiago, preocupó en el Palacio de Santa Cruz.

El número de llamadas telefónicas al Palacio de Santa Cruz fue aumentando con el correr de la tarde del martes 20, al hilo de la noticia publicada por la prensa. El ministro de Asuntos Exteriores, Marcelino Oreja, decidió enviar un nuevo mensaje a las cinco y media: «Complementando mi 63 [en el que solicitaba información sobre el caso], agradecería a VE gestionara de esas autoridades protección especial para la familia del señor Soria».

El 21 de julio, el caso Soria seguía dando dolores de cabeza al embajador español en Santiago, Emilio Beladiez. La prensa quería saber qué había ocurrido realmente. Desde la redacción de Madrid, la revista *Cambio 16* llamó al embajador en Santiago. Esa misma noche, Beladiez envió un mensaje cifrado a Madrid: «Me han telefoneado de *Cambio 16* de Madrid para decirme que estaban "muy preocupados por asesinato Sr. Soria". Les contesté diciendo que la palabra "asesinato" la ponían ellos, pues hasta el momento no hay veredicto. Les hice asimismo saber, pues lo ignoraban, que la víctima se nacionalizó chileno y chilena es su viuda e hijas. También les dije que ya informé a VE el viernes pasado y que familia Soria está en contacto conmigo. Mi interlocutor me dijo que llamaría a CEPAL por si podían ampliarle información».

Días después de la aparición del cadáver de Carmelo Soria, Laura recibió en su casa al secretario ejecutivo de la CEPAL, Enrique Iglesias, al director interino de CELADE, José Luis Elizaga, y al abogado Ramón Prieto Parga, enviado desde Nueva York por el secretario general de la ONU, Kurt Waldheim, para analizar la situación. Todos, menos Laura, estaban al corriente de la nota que había entregado Carabineros al jefe de Seguridad, Agustín Vaz.

Laura les hizo pasar al salón. En una mesa baja, había una fotografía de Carmelo. Pero nadie reparó en ella. Laura hizo un informe de las circunstancias de la muerte, la simulación del accidente y sus conversaciones con los médicos del Instituto Médico Legal. Fue una reunión bastante fría. Laura advirtió cierta cautela en todos los presentes. Enrique Iglesias, que había anticipado su regreso de París, se había puesto en marcha y había hablado con el ministro de Relaciones Exteriores, Patricio Carvajal, y el de Interior, Raúl César Benavides, para exigir una investigación.

Una de las secretarias del director interino de CELADE, José Luis Elizaga, habló con su mejor amiga sobre el caso. Le confió que Elizaga le había mostrado una nota que habían encontrado en la chaqueta de Carmelo según la cual Laura le era infiel. Ambas conocían bien a Laura de la Escuela de Medicina y la historia no les encajaba. Debía haber algo raro. Una de ellas decidió llamar a Laura, y se encontró con ella.

—Laura, no sé si tú lo sabes pero en la chaqueta de Carmelo encontraron un papel.

— ¿Qué papel?

—Elizaga lo tiene. Un amigo escribió a Carmelo diciendo que había confirmado tu infidelidad.

—¡Ahora entiendo! Todos se comportaban con cautela, sin saber qué decir. Esto es una mentira burda. Esto lo han fabricado en la DINA para justificar que Carmelo bebía y que por eso tuvo el accidente.

Laura pidió una entrevista con el ecuatoriano Jorge Viteri, director de la secretaría ejecutiva de CEPAL, puesto que el secretario ejecutivo, Enrique Iglesias, había vuelto a salir de Chile. Estaba furiosa. Gonzalo García la acompañaba. Llegaron a la sede y entraron al despacho. Laura le pidió a Gonzalo que los dejara a solas. No quería dar a entender que llevaba un testigo.

—Me he enterado de que hay un papel en el que se me acusa de adulterio. ¿A qué estamos jugando aquí? Ustedes no me dicen nada de ese papel y yo estoy viendo a mucha gente sin saberlo. Esto forma parte de la operación de la DINA. ¿No ven que es un crimen político? Ustedes tienen que saber que esa nota forma parte de la simulación del accidente.

El funcionario, a la defensiva, se disculpó.

—Señora, yo la entiendo. Vamos a hacer todo lo posible para esclarecer los hechos.

El caso Soria daba el 28 de julio un salto cualitativo. El doctor José Luis Vásquez Fernández envió a la juez Carmen Canales el contenido de la autopsia en tres folios.

Cuando Laura consultó la autopsia oficial con un médico privado, éste señaló que la fractura del hueso hioides, de la que dejaba constancia la autopsia, también era conocida como lesión de Núremberg, y que sin fractura de ningún otro hueso del cráneo ni de la cara, era típica en las muertes por estrangulación, por garrote vil o golpe de kárate o incluso en la muerte por ahorcamiento judicial. Le habían, según una expresión típica chilena aplicada al sacrificio de animales, *desestuzado*.

La Vicaría de la Solidaridad era desde finales de 1975 la estación término de los familiares de víctimas de secuestros, asesinatos y desapariciones en Chile. Laura conocía a un cura que trabajaba allí. Le solicitó una entrevista con el cardenal Raúl Silva Henríquez, quien la recibió.

—Han asesinado a mi esposo, y sé que ha sido la DINA. Usted sabe que Carmelo era funcionario internacional. Yo quiero que ustedes me apoyen.

—Señora, ¿qué militancia tenía su marido?

—Era comunista español.

—Bien, usted sabe que no podemos actuar directamente, pero vamos a intentar ayudarle.

El mismo día, 28 de julio, la Dirección de Investigaciones «dio su veredicto», según tituló al día siguiente el diario *El Mercurio*. «Carmelo Soria murió por el accidente. La autopsia reveló índice de alcoholemia». El director de Investigaciones, el general Ernesto Baeza, explicó en una rueda de prensa las conclusiones: «Se trata de un lamentable accidente. Todas las investigaciones que hemos practicado en el servicio conducen a ello. Se sabe que Carmelo Soria sufrió presiones de orden emocional. Un verdadero *shock*. Estuvo bebiendo esa tarde y manejó mal». Baeza agregó que Soria había «sufrido una penosa situación que afectó su trabajo y su estabilidad».

De su propia cosecha, el periódico agregaba: «A los policías no les cabe duda de que en la tarde del día 14 de julio, Soria se encontraba bebido. Es por ello que como última fase de esta investigación se desean establecer las causas que motivaron al diplomático beber de forma exagerada. En la oficina de CELADE se reunieron las pruebas delatoras: Soria fue objeto de un chantaje emocional. Llamadas anónimas y misivas le decían que alguien se había inmiscuido en su felicidad conyugal. Eso desesperó al español, que comenzó a cambiar de actitud».

Laura pasó el 28 por el consulado. Pepe Castro estaba en cama, pero le atendió otro oficial, a quien le narró su encuentro con el cardenal Silva Henríquez. El oficial preguntó por la actitud de monseñor Silva. Laura dijo:

—Lógicamente no puede intervenir directamente. Pero también dice que se trata de un crimen. Me ha aconsejado abandonar el país mientras se aclara el caso.

CAPÍTULO 25

«Operación Cóndor»

Paraguay no era una plaza fácil. Y pronto, Michael Townley y Armando Fernández Larios, que llevaban tan sólo dos días en Asunción, podrían comprobarlo. La gestión de los pasaportes no sería un asunto de rutina. Hacía tan sólo dos semanas, sobre el 12 de julio de 1976, el general Vernon Walters, subdirector de la CIA, había aterrizado en Asunción, llamado urgentemente por el jefe de la delegación local de la Agencia. La policía paraguaya había detenido al jefe del Partido Comunista paraguayo. Y el responsable de la CIA había salido en su defensa, solicitando su libertad. El embajador George Landau gestionó su liberación. Pero los paraguayos no veían razones para concederla. Que la CIA se empeñara en la defensa de un dirigente comunista no resultaba cosa frecuente. El secreto: se trataba de uno de los más valiosos agentes con que contaba la CIA en Paraguay. Pero el responsable de la CIA no reveló este hecho ni a las autoridades ni al embajador. Finalmente, como último recurso, llamó al general Walters para que intercediera. Walters viajó, pues, a Asunción en una misión especial. Las autoridades paraguayas pusieron en libertad al prisionero. Landau, enterado de la situación, logró que la CIA cesase a su jefe en Asunción por haberle ocultado la realidad.

Ahora, en los últimos días de julio, la jefatura de la delegación de la CIA seguía sin cubrirse. Townley y Fernández Larios llamaron a la oficina del coronel Benito Guanes, jefe del Servicio de Inteligencia Militar paraguayo, siguiendo las instrucciones que el coronel Contreras había impartido en Santiago. Pero Guanes, al parecer, se encontraba fuera de Paraguay por unos días. Mientras tanto, el general Alejandro Freites, jefe del Estado Mayor del Ejército, quiso conocer el carácter de la misión y metió la nariz en el asunto. Según le explicó Fernández Larios, estaban investigando movimientos de dinero realizados por empleados del grupo minero estatal Codelco, una patraña.

Cuando Guanes regresó, decidió hablar del asunto con Conrado Pappalardo, jefe de protocolo del Ministerio de Relaciones Exteriores, diplomático y asesor del presidente Alfredo Stroessner. Pappalardo, después de escuchar a Guanes, dijo que hablaría con el embajador de Estados Unidos en Asunción, George Landau.

Guanes pidió a sus huéspedes el viernes 23 de julio que llenaran los formularios para solicitar los pasaportes paraguayos y les aseguró que acto seguido se tramitarían las visas. Townley y Fernández Larios escribieron los nombres falsos Juan Williams Rose y Alejandro Romeral Jara, respectivamente.

El lunes 26, Pappalardo solicitó a Guanes que enviara a su despacho a los dos chilenos para hablar sobre los pasaportes. Al llegar, les informó de que todo estaba en orden y que lo único que faltaba eran los visados, para lo cual esperaba ponerse en contacto esa misma mañana con el embajador norteamericano. Pero anticipó que no veía razón alguna para preocuparse. Pappalardo, a quien se le había dicho que los dos enviados se pondrían en contacto con la CIA, dijo:

—Si necesitan ayuda en Estados Unidos llamen al teniente general del Ejército norteamericano Vernon Walters. Él es quien de verdad dirige la CIA. Les puedo facilitar su teléfono —dijo Pappalardo.

Buscó en la agenda y les dio el número de teléfono de Walters en Langley. Antes de marcharse, un oficial les tendió los pasaportes paraguayos para que pusieran su firma a fin de enviarlos a la embajada de Estados Unidos.

Pappalardo llamó al embajador Landau para explicarle el asunto. Le dijo que se habían otorgado dos pasaportes paraguayos a dos oficiales chilenos que cumplirían una misión en Estados Unidos y le dijo, quizá para reforzar la petición, que irían a ver al general Walters al cuartel general de la CIA.

—Si usted me dice que son chilenos no puedo conceder el visado en pasaportes paraguayos porque eso es una falsedad.

—Embajador, tengo un mensaje para el general Walters. Ya me pondré en contacto con usted en unos días. Necesitamos esos visados.

—Bien, envíeme los pasaportes.

Al día siguiente, los visados estaban en regla. El embajador Landau pidió que se hiciera una fotocopia de ambos pasaportes y la guardó.

Más tarde, el Ministerio de Relaciones Exteriores tomó contacto con Townley y Fernández Larios y les informó de que podían recoger sus pasaportes. Ambos salieron en un avión hacia Buenos Aires, donde pasaron la noche, y regresaron a Santiago al día siguiente, 28 de julio. Tenían que informar al coronel Manuel Contreras y abordar los pasos siguientes.

Mientras, a primera hora del miércoles 28, Landau enviaba un mensaje al general Walters, al cuartel general de la CIA, en el que le narraba los hechos y le preguntaba con cierta ansiedad si, en efecto, estaba al corriente de la misión que dos chilenos con pasaportes paraguayos llevarían a cabo en Estados Unidos. Landau, asimismo, le señalaba que deseaba informar de todo el asunto a su superior, Harry Shlauderman, el principal asesor de Kissinger para asuntos de América Latina. También envió una fotocopia de los pasaportes y de las fotografías de Williams y Romeral. Y él mismo se quedó con una copia.

Pero el general Walters estaba, en esos días, de vacaciones en Florida. El mensaje, según se le informó a Landau por cable, fue recibido por el director de la CIA, George Bush.

Ni Walters ni Bush contestaron a Landau con la urgencia que éste había solicitado desde Asunción. Pappalardo fue a ver a Landau para transmitirle el mensaje prometido para el general Walters. Según le explicó, el presidente Stroessner había recibido una llamada telefónica urgente del presidente Pinochet solicitándole una favor. Quería enviar a dos oficiales de carrera del Ejército a Estados Unidos para investigar el desvío de dinero a empresas creadas para canalizar las ventas de cobre del Gobierno chileno en la época de Allende. Para ello, Pinochet necesitaba dos pasaportes paraguayos a fin de disimular la presencia de los oficiales en Estados Unidos. Y Stroessner, según dijo, estaba de acuerdo.

—Yo mismo les di el teléfono de la oficina del general Walters —dijo Pappalardo.

—Le habría agradecido que hubiera consultado antes con el general y conmigo —protestó Landau.

—El Gobierno del Paraguay ha asumido todo el riesgo por los viajeros al otorgarles pasaportes especiales y nunca admitirá que no son paraguayos.

El 30 de julio, en Washington, en su reunión semanal, el subdirector de la CIA, Vernon Walters, y los funcionarios del Intelligence and Research (INR), el Servicio de Inteligencia del Departamento de Estado, con la presencia de Harry Shlauderman, adjunto al reponsable de Asuntos Interamericanos, hablaron sobre la «Operación Cóndor».

Tras analizar los datos, el INR y la CIA dejaron constancia del punto en que se hallaba el plan Cóndor:

«Se ha hablado del crecimiento de esta organización de servicios de seguridad de los países del Cono Sur y de los elementos perturbadores que acompañan sus operaciones. Diseñada originalmente como un sistema de comunicaciones y banco de datos para facilitar la defensa contra la Junta Coordinadora Revolucionaria de las guerrillas, la organización ha asumido un papel mucho más activista, incluyendo las tareas de identificar, localizar y "golpear" a los líderes guerrilleros. Ésta es una reacción comprensible ante las crecientes actividades extra nacionales, extremistas y eficaces de la [citada] Junta».

Shlauderman, en base a la información proporcionada por la CIA en la reunión, escribió ese mismo día su informe mensual a Kissinger sobre la situación en América Latina. Eran catorce folios, titulados *La Tercera Guerra Mundial y America del Sur*. Shlauderman sostenía que en el Cono Sur la «cooperación de las fuerzas de seguridad es un hecho». Añadía: «Los servicios de inteligencia mantienen reuniones periódicas para planificar la "Operación Cóndor". Incluye intercambio de información tipo FBI. Existen planes para establecer un sistema de comunicación. Pero los detalles son secretos... El problema empieza con la definición de "subversión", un término que nunca ha sido muy preciso».

Shlauderman reconocía que Estados Unidos era el «beneficiario fortuito» de la situación y que ello planteaba crecientes dificultades. «Los generales latinoamericanos son vistos, internacionalmente, como si fueran de los nuestros. Estamos especialmente identificados con Chile. No nos puede hacer nada bien. Los europeos, ciertamente, odian a Pinochet & Co con una pasión que nos restregan a nosotros». El informe vaticinaba que podían presentarse en el horizonte serios problemas. «Con los terroristas forzados a salir de Argentina, su concentración en Europa (y posiblemente en Estados Unidos) se va a incrementar. Los regímenes sudamericanos saben esto. Están planificando sus operaciones de contraterrorismo en Europa. Argentina, Chile y Uruguay han tomado la delantera; Brasil es más reticente, pero presta apoyo logístico».

El día 4 de agosto, el general Walters hizo enviar a la CIA una respuesta al mensaje urgente del embajador Landau en Asunción. Decía que estaba a punto de jubilarse, que no tenía ninguna reunión prevista con oficiales chilenos y que le autorizaba a informar al Departamento de Estado. Las premoniciones de Landau se cumplían. El día 5 envió un mensaje secreto a su superior, Harry Shlauderman, dándole cuenta de los hechos y anunciándole que, según le había informado Pappalardo, Williams y Romeral habían regresado a Chile el 27 de julio con la idea de viajar a Estados Unidos aproximadamente en diez días. «Si la decisión es que estos viajeros no deben entrar a Estados Unidos, la mejor manera sería impedirlo en el puerto de entrada», sugería.

El mismo día, Shlauderman contestaba: «Si aún hay tiempo, y si hay alguna posibilidad de anular este esquema descabellado, estás autorizado de urgir a Pappalardo para que los chilenos sean persuadidos de no, repito, no viajar».

Landau se reunió con Pappalardo el día 6.

—Este asunto es altamente explosivo y puede traer serios problemas en Estados Unidos. Los chilenos no deben viajar.

—El presidente Stroessner no está contento con la petición, pero le era difícil rechazar lo que le pedía Pinochet. Voy a hablar con la presidencia de Chile para que den orden de no usar los pasaportes.

Landau informó el mismo 6 de agosto a Shlauderman de que aconsejaba impedir la entrada de los dos chilenos en Estados Unidos en el mismo aeropuerto. Ese mismo día, la CIA envió al Departamento de Estado las fotocopias de los pasaportes y negativos de las fotos que Landau había despachado el 28 de julio.

El día 7 se envió la nota al Servicio de Inmigración y Naturalización y la fotocopia de todas las páginas de ambos pasaportes y de las fotografías. El servicio debía interrogar a los falsos Williams y Romeral si se presentaban en algún aeropuerto o puerto de entrada de Estados Unidos. El día 9, Julio J. Arias, director de la Oficina de Visas, por delegación del secretario de Estado, revocaba las visas.

Landau informó en Asunción que se habían anulado las visas al tiempo que se había puesto fotografías de los falsos Williams y Romeral en todos los puertos de entrada. Si llegaban, serían detenidos.

En Santiago, el coronel Contreras conocía ya todos los detalles. El coronel Benito Guanes llamó a Contreras. Lo mejor era que le devolviera los pasaportes ya que el embajador Landau exigía los documentos visados. Contreras le aseguró que los pasaportes ya no se usarían y que se los enviaba. Antes, rompió las fotografías.

A pesar de todo, la operación Letelier seguía adelante. El coronel Contreras y el teniente coronel Espinoza introdujeron un gambito en el diseño original del plan a partir del incidente paraguayo. Una misión paralela secundaría al equipo Townley-Fernández Larios. Espinoza informó a los capitanes Rolando Mosqueira y René Riveros de que salían en una misión a Washington. Allí tenían que tomar contacto con el general Vernon Walters, en el cuartel general de la CIA. Viajarían con pasaportes oficiales y visas extendidas por el consulado de Estados Unidos en Santiago a nombre de Juan Williams y Alejandro Romeral, nombres que habían sido utilizados en los pasaportes paraguayos. Partirían de Santiago hacia Miami el día 21 de agosto para trasladarse a Washington y regresar a Chile el 12 de septiembre.

La «Operación Cóndor» era objeto de cables diarios entre las delegaciones latinoamericanas y el cuartel de la CIA en Langley. El 13 de agosto de 1976 el Servicio de Inteligencia del Departamento de Estado abordaba algunos aspectos de la misma.

«Se ha llamado la atención sobre un programa conjunto contraterrorista de los países del Cono Sur [de América Latina] llamado Cóndor, que incluye el asesinato de izquierdistas que residen en Europa occidental. El personal argentino, chileno y uruguayo tendrá que ser responsable por las actividades en Europa, pero [una fuente] indica que estos países han decidido no proceder hasta que Brasil diga si va a unirse a las operaciones europeas».

Mosqueira y Riveros entraron en Estados Unidos con sus pasaportes a nombre de los falsos Williams y Romeral sin problemas, se presentaron ante el jefe de la misión militar chilena en Washington, el general Nilo Floody, y le solicitaron ayuda para llegar hasta el general Walters. La secretaria de Floody llamó a Langley, Virginia. Explicó que dos oficiales de la DINA chilena necesitaban reunirse con el general Walters. Lástima: ya no trabajaba en la CIA.

El 23 de agosto, Shlauderman, después de conseguir la aprobación de Kissinger, envió a través de la línea secreta y urgente de comunicaciones, el llamado Roger Channel, una circular a los embajadores de Buenos Aires, Montevideo, Santiago, La Paz, Brasilia y Asunción. El cable, según se decía, había sido «aprobado por el secretario», esto es, Kissinger:

«Objeto: "Operación Cóndor".

»1) Usted ya está al corriente de una serie de informes sobre la "Operación Cóndor". La coordinación de informes de seguridad e inteligencia quizá se puede entender. No obstante, los asesinatos directos planificados por los Gobiernos dentro y fuera del territorio de los países miembros de [la Operación] Cóndor tiene muy serias implicancias a las que debemos hacer frente directa y rápidamente».

Y recomendaba para Buenos Aires, Montevideo y Santiago:

«Debe concertar una cita lo más pronto posible con el más alto funcionario oficial adecuado, preferentemente el jefe del Estado, para expresar sus posiciones sobre los siguientes puntos:

»El Gobierno de Estados Unidos está al corriente por varias fuentes, incluyendo altos funcionarios de Gobierno, de que entre varios Gobiernos del Cono Sur hay un grado de información, intercambio y coordinación en relación con las actividades subversivas dentro de la región. Consideramos que esto es útil.

»Hay, además, rumores de que esta cooperación puede ir más allá del intercambio de información para incluir planes para el asesinato de subversivos, políticos y figuras importantes, tanto dentro de las fronteras de ciertos países del Cono Sur como fuera de ellas.

»Mientras no podamos confirmar los rumores sobre planes de asesinato, nos sentimos obligados a llamar su atención y manifestar nuestra profunda preocupación. Si estos rumores tienen algo de verdad, crearán el más serio problema político y moral.

»Una actividad antiterrorista de este tipo exacerbará aún más la crítica mundial a los Gobiernos implicados».

Pero al desarrollar el caso de Uruguay, el memorándum sugería que en este país era mejor hablar con el jefe de inteligencia. Y recomendaba «una aproximación parecida» en el caso de Chile.

El embajador de Estados Unidos en la capital chilena, David Popper, se reunió con su segundo, Thomas Boyatt, y el jefe de la CIA, Stewart Burton. La idea de plantear el asunto directamente a Pinochet no era una buena idea. Por otra parte, el propio cable de Kissinger mencionaba la alternativa de mantener contactos con el jefe de inteligencia.

Popper respondió al día siguiente, 24 de agosto, directamente a Kissinger.

«Objeto: "Operación Cóndor".

»1) Si bien aprecio la importancia del objetivo perseguido en su referido telegrama, dudo seriamente de que dirigirse al presidente Pinochet sea la mejor manera de conseguirlo.

»2) En mi opinión, dada la sensibilidad de Pinochet respecto a las presiones del Gobierno de Estados Unidos bien puede tomar como un insulto cualquier inferencia de que está relacionado con esta planificación de asesinatos. Más aún, la cooperación entre los organismos nacionales de inteligencia del Cono Sur está en manos de la Dirección de Inteligencia Nacional (DINA), aparentemente sin mucha relación con nadie más. Sería muy posible, e incluso probable, que Pinochet no sepa nada de la "Operación Cóndor". Particularmente, sobre sus aspectos más reprobables.

»3) El objetivo de la orden recibida sería mejor alcanzado si él [jefe de la delegación de la CIA en Santiago] plantea el tema a Manuel Contreras [director de la DINA]. Puede hacerlo en el contexto de que ha oído un rumor que no puede creer, pero que si fuese cierto sería desastroso para sus autores. [El jefe de la CIA] cree que ésta sería la forma más efectiva de hacer llegar el mensaje sin complicaciones indeseables.

»4) He advertido que las instrucciones han sido enviadas con carácter urgente. ¿Ha recibido el Departamento [de Estado] alguna prueba que indicaría que las actividades de asesinato son inminentes? La única información sobre el tema que hemos visto es un informe de […] sin confirmación por otras fuentes.

»5) Por favor, díganos qué hacer».

El 27 de agosto, en la reunión semanal entre la CIA y el el Servicio de Inteligencia del Departamento de Estado, el INR, se volvió al tema Cóndor. Shlauderman informó de las objeciones del embajador Popper.

—Está muy preocupado sobre la forma de canalizar nuestro punto de vista en relación con la «Operación Cóndor», cuyo conocimiento está bastante extendido en el Cono Sur. No vamos a presentar el tema a Pinochet ya que sería inútil hacerlo. Podemos hacer una combinación, exponer nuestro punto de vista tanto en Santiago como en Washington.

Pero Shlauderman dejó sin respuesta la petición del embajador Popper.

Capítulo 26

A por Letelier

El 25 de agosto de 1976, Contreras y Espinoza despacharon al teniente Armando Fernández Larios y a Mónica Luisa Lagos, una joven agente de la DINA que pasaba por ser la más bella y atractiva del servicio, bajo los nombres ficticios de Armando Fáundez Lyon y de Liliana Walker, con la misión de localizar la vivienda y el lugar de trabajo de Orlando Letelier, y seguir sus pasos para recoger información. Poco antes del mediodía del día 26, la pareja estaba en la capital norteamericana, donde se registró en un hotel de la calle 15 con la Avenida Pennsylvania, el Washington Hotel.

Era finales de agosto. La familia Letelier pasaba sus últimos días de vacaciones en la playa. Orlando Letelier saboreaba esa semana la publicación de su largo artículo en la revista semanal de izquierda *The Nation*. En la portada iba con el siguiente título: «Chile. "Libertad" económica y represión política», y el nombre de su autor. El profesor Milton Friedman estaba en el centro de la polémica.

¿Podía ser legítimo asesorar a la Junta chilena? «A pesar de mi profundo desacuerdo con el sistema político autoritario de Chile, no veo que sea un mal prestar asesoramiento técnico económico al Gobierno chileno, del mismo modo que no lo vería como un mal que un médico prestase asesoramiento técnico médico al Gobierno chileno para ayudar a eliminar una plaga», acababa de escribir Friedman en su columna de la revista *Newsweek*.

La historia se remontaba al año 1975. Friedman, su esposa Rose y el profesor Arnold Harberger, del Departamento de Economía de la Universidad de Chicago, habían viajado a Santiago en el mes de marzo de 1975. Alito, como llamaban a Harberger, había organizado el viaje por iniciativa de los antiguos alumnos chilenos de la Universidad de Chicago, quienes buscaban reforzar sus posiciones en el gobierno en un momento en que se debatía el plan económico. Milton Friedman cobraba 30.000 dólares y gastos pagados para él y su mujer por una estadía de seis días en Santiago, que comprendía reuniones con el Gobierno y empresarios, y conferencias en dos universidades.

El 21 de marzo de 1975, Pinochet recibió en su despacho del edificio Diego Portales a Friedman.

El general planteó claramente lo que le preocupaba:

—La imagen de Chile en el extranjero no es buena. Hay una campaña permanente de los comunistas contra nosotros. Usted ha tenido algunos contactos aquí, ¿cuál es su opinión?

—Yo creo que la economía chilena tiene dos problemas importantes: la inflación y la necesidad de crear una sólida economía social de mercado. En estos momentos, tienen aquí una tasa de inflación que es entre el 10 por ciento y el 20 por ciento mensual. La causa de la inflación no es un secreto: el gasto público. Actualmente, representa el 40 por ciento de la renta nacional. Para cubrir el déficit, ustedes imprimen dinero. Y ello provoca inflación. Necesitan adoptar medidas urgentes y drásticas para terminar con la inflación. Sólo entonces podrán promover una economía de mercado.

—¿Qué recomendaría usted?

Friedman sabía que hablaba con un general, y con destreza tocó el tema de la guerra.

—El canciller alemán de la posguerra, Ludwig Erhard, decía algo que es muy apropiado para la situación actual de Chile. «Si hay que cortar la cola al perro es mejor cortársela entera, de una vez». Usted tiene que elegir entre dos males: un breve periodo de desempleo o una tasa alta de desempleo a largo plazo. Mi opinión es que un plan gradual para terminar con la inflación será muy doloroso durante mucho tiempo. Me temo que el paciente no sobrevivirá. Lo mejor es un tratamiento de shock.

—Sí, le entiendo y me parece interesante. Pero si el desempleo sube mucho tendremos problemas.

—Mire, presidente, no hay manera de acabar con la inflación sin un periodo de serias dificultades, incluyendo el desempleo. Le repito: desempleo durante un breve lapso o altas tasas durante periodos largos de tiempo. Si se adopta un tratamiento de shock, debería anunciarse con mucho detalle y procurar que las medidas entren en vigor con gran rapidez.

—¿Usted cree que el efecto de este programa se notaría enseguida?

—Un plan de este tipo puede terminar con la inflación en
algunos meses.

Pinochet no dio pista alguna acerca de qué pensaba hacer ni
lo que la Junta o el Gobierno podrían hacer, pero solicitó a Friedman que expusiera en los mismos términos sus ideas ante los generales y almirantes que habían sido convocados a una reunión, poco
después, para escuchar su conferencia.

Antes de despedirse, Pinochet dijo:

—Cuando haya completado su visita, escriba usted sus impresiones definitivas y por favor enviémelas.

—Así lo haré.

Ese día y los siguientes, Friedman disertó sobre «Gradualis-
mo o tratamiento de shock» ante un grupo de oficiales de las Fuerzas Armadas. Y también habló en la Universidad Católica y en la
Universidad de Chile sobre la situación más general, lo que él llamaba entonces la fragilidad de la libertad.

Friedman explicó a los líderes chilenos que habían sustituido a los partidos políticos, que el régimen vigente había limitado
las libertades, subrayó las dificultades existentes para mantener
la vigencia de una sociedad libre, y el papel que debían desempeñar los mercados y la libre empresa para conseguir ese objetivo.
Destacó la urgencia de establecer estas precondiciones de la libertad.

Alito Harberger, que siguió a Friedman como la sombra durante esos seis días, dijo que ambos creían «que la restauración de
la libertad política es imposible sin el restablecimiento de la salud
económica». Había, según ellos, dos tiempos. El económico y el
político. La teoría iba como un anillo al dedo a los planes de Pinochet de perpetuarse en el poder.

Friedman y su esposa Rose abandonaron Chile rumbo a Sid-
ney, Australia. Una vez que estuviera de regreso en Estados Unidos,
Friedman se proponía resumir su diagnóstico y sus propuestas y
enviar la carta que le había solicitado Pinochet.

En los primeros días de abril, Pinochet deshojaba la margarita, con una clara inclinación a favor del tratamiento de shock. El
9 de abril de 1975, todos los ministros dejaron en libertad a Pinochet para que pudiera adoptar un plan económico y elegir un gabinete acorde con la nueva orientación. Jorge Cauas, hasta enton-

ces ministro de Hacienda, se convirtió en superministro y se puso bajo su control todas aquellas carteras que tuvieran relación con la economía, trabajo y el gasto presupuestario. Pese a las objeciones del ministro de Coordinación Económica Raúl Sáez, el Programa de Recuperación Económica salió adelante. El 14 de abril de 1975, por fin, Sergio de Castro sustituyó a Fernando Léniz en el Ministerio de Economía.

Letelier sostenía ahora, a finales de agosto de 1976, un año y meses después de la visita de Friedman: «Es curioso que el hombre que ha escrito el libro *Capitalismo y libertad*, en el que mantiene que sólo el liberalismo económico clásico puede sostener la democracia política, se desmarque ahora tan fácilmente de la política cuando las teorías económicas que defiende coinciden con una restricción absoluta de cualquier tipo de libertad democrática. Uno lógicamente esperaría que si los que reducen las posiciones de las empresas privadas son responsables por los efectos de sus medidas en la esfera política, aquellos que imponen una "libertad económica" irrestricta también serán hallados responsables cuando la imposición de esta política va acompañada inevitablemente por la represión masiva, el hambre, el desempleo y la actuación de una policía de estado brutal».

El martes, día 7 de septiembre, Espinoza comunicó a Townley que debía salir rumbo a Estados Unidos en el vuelo del día siguiente para cruzarse en el aeropuerto Kennedy con Fernández Larios. Townley regresó a su casa en Lo Curro. Allí estaba, como de costumbre, su secretaria Alejandra Damiani, trabajando. Townley le informó de que al día siguiente viajaba a Estados Unidos.

Townley utilizó un frasco de medicinas para guardar dos gramos de trinitrato de plomo y cogió de su propio arsenal casero diez cápsulas fulminantes o cerillas eléctricas, un componente que se suele usar en algunos detonadores eléctricos.

El día 8, Townley fue al cuartel general de la DINA y retiró un pasaporte oficial chileno a nombre de Hans Petersen Silva con visado del consulado de Estados Unidos, el billete y el dinero para los gastos. Regresó a su casa, en Lo Curro. Allí se despidió de su esposa Mariana. Ya la llamaría al llegar.

En el aeropuerto Kennedy, el día 9, el control de pasaportes resultó más lento de lo habitual. Los oficiales de aduana, a raíz de los datos referidos a los pasaportes paraguayos, habían extremado las medidas. Pero el pasaporte a nombre de Hans Petersen Silva, y Townley con él, logró pasar airoso el examen. Townley localizó a Fernández Larios, quien le indicó en un pequeño plano la casa de Letelier en Bethesda, en Maryland, y la oficina, en Washington, y le proporcionó los datos que había recopilado. Direcciones, coches, trayectos.

Desde el aeropuerto, Townley llamó al cubano Virgilio Paz, quien había regresado a Estados Unidos después de pasar varios meses en Santiago. Le invitó a cenar en el pueblo de Union City, una colonia cubana en Nueva Jersey. Townley se alojó en un motel de las afueras y fue al encuentro de Paz. Antes de terminar la cena, Townley dijo:

—Tengo que hablar con Guillermo Novo. Que me busque en el motel, ya sabes.

Al día siguiente, Townley recibió una cita para el mediodía. Los dos máximos dirigentes del Movimiento Nacionalista Cubano, Guillermo Novo y José Dionisio Suárez, le esperaban para almorzar en un restaurante de Union City.

—Vengo con la misión de matar a Orlando Letelier. La DINA quiere que el Movimiento Nacionalista Cubano colabore en esta operación.

La tarde del día 10 de septiembre de 1976, Letelier y su mujer, Isabel, se trasladaron a Nueva York, desde Washington, en su Chevrolet Chevelle Malibu Classic color azul, cuatro puertas, año 1975. Esa noche, se celebraba un recital en el estadio de Madison Square Garden para condenar el golpe militar del 11 de septiembre. Durante la tarde, el nombre Letelier era objeto de múltiples comentarios en Santiago. El diario oficial le había convertido en noticia.

El embajador Popper, desde la sede de la embajada de Estados Unidos, en la plaza de la Constitución, envió un mensaje urgente a Kissinger en Washington:

«Objeto: Gobierno de Chile priva a Orlando Letelier de su nacionalidad.

»1. El Diario Oficial del 10 de septiembre publica el decreto supremo N°588 [de fecha 7 de junio de 1976, que no se había hecho público], en el que se priva al ex embajador ante los Estados Unidos y ex ministro de Relaciones Exteriores durante la Unidad Popular Orlando Letelier del Solar de su nacionalidad chilena [...]. El decreto supremo lleva la firma del presidente Pinochet y todos los ministros de su gabinete.

»2. El decreto acusa a Letelier de llevar adelante una campaña de publicidad que busca "el aislamiento político, económico y cultural de Chile". El decreto, concretamente, sostiene que Letelier ha "incitado a los trabajadores portuarios y a los camioneros de Holanda a declarar un boicot a los productos que van y vienen de Chile y ha inducido al Gobierno holandés a impedir una inversión de capital holandés en Chile". (Comentario: Radio Moscú comentó de forma destacada el 28 de agosto la decisión de la empresa holandesa de cancelar un proyecto de inversión de 62,5 millones de dólares en Chile)».

Letelier conoció la noticia en el hotel Algonquin. Un periodista de la agencia United Press International que llamaba para pedirle su opinión le dio la primera información.

Desde allí llamó por teléfono a Washington. Habló con su amigo el periodista Saul Landau para revisar el discurso de esa noche. Sobre la marcha, pasaron al inglés un párrafo que Letelier había escrito en español para introducir en su mensaje a raíz de la privación de su nacionalidad. Eran menos de diez líneas.

Esa noche, Letelier dijo: «En el nombre de nuestros muertos; en el nombre de más de 100.000 chilenos que han sido enviados a las cárceles y a los campos de concentración de la dictadura militar; de los miles y miles que han sufrido torturas brutales; de las familias de aquellos que han desaparecido, muertos por la policía secreta; de los más de 200.000 chilenos que han sido expulsados de su país y ahora viven en el exilio; de los millones de chilenos que no tienen trabajo y que están muriendo de hambre bajo la criminal política económica de la Junta fascista; en el nombre de aquellos que en Chile y en el exterior resisten el fascismo y luchan por el restablecimiento de la democracia en nuestro país, traigo aquí un mensaje de gratitud a todos ustedes.

»Desde el primer momento en que un grupo de generales, sirviendo los intereses de los grupos económicos más reaccionarios, decidieron tres años atrás declarar la guerra al pueblo chileno y ocuparon nuestro país, ha surgido un impresionante movimiento mundial de solidaridad con el pueblo chileno. Este vasto movimiento de solidaridad ha expresado desde sus más diversas posiciones ideológicas y políticas la repulsión del mundo civilizado ante la bárbara y brutal violación de los derechos humanos por parte de la Junta Militar. Durante los pasados tres años, el apoyo internacional al pueblo de Chile de Gobiernos, partidos políticos, iglesias, organizaciones internacionales, instituciones humanitarias, y personas de buena fe, ha salvado un incontable número de vidas y ha liberado cientos de prisioneros políticos de las manos del régimen más represivo que el mundo ha conocido desde la destrucción del fascismo y el nazismo en Europa [...]

»En el día de hoy, Pinochet ha hecho público un decreto en el que se dice que he sido privado de mi nacionalidad. Éste es un día importante para mí. Un día dramático en mi vida en el que la acción de los generales fascistas contra mí me hace sentir más chileno que nunca. Porque nosotros somos los verdaderos chilenos, en la tradición de O'Higgins, Balmaceda, Allende, Neruda, Gabriela Mistral, Claudio Arrau y Víctor Jara, y ellos, los fascistas, son los enemigos de Chile, los traidores que están vendiendo el país a la inversión extranjera. Yo he nacido chileno, soy chileno y moriré chileno. Ellos han nacido traidores, viven como traidores y serán conocidos para siempre como traidores fascistas [...]

»Tres años atrás, Salvador Allende murió defendiendo la democracia, nuestra Constitución y las conquistas del pueblo chileno en su lucha por la dignidad, libertad y el socialismo. No estamos hoy aquí sólo para conmemorar la muerte de un gran héroe de nuestro país, sino también para proyectar su mensaje hacia el futuro.

»La Junta Militar está totalmente aislada internamente y casi completamente aislada desde un punto de vista internacional. Al menos un 80 por ciento de la población chilena está en contra de la Junta y surgen cada día diferentes formas de resistencia a pesar del terror y la represión. Los partidos políticos, los sindicatos, las iglesias, el movimiento estudiantil, los organizaciones vecinales, están desarrollando diferentes tipos de lucha contra la dictadura. El número de periódicos clandestinos va en constante aumento [...]

»El aislamiento internacional de la dictadura chilena se ha podido ver en la última asamblea general de las Naciones Unidas, en la que 95 países condenaron a la Junta por sus permanentes violaciones de los derechos humanos. En su desesperada reacción ante la condena universal, los fascistas chilenos han diseñado un nuevo método para prevenir la presión del exterior para la liberación de los prisioneros políticos. Ahora la gente es detenida y desaparece sin dejar huella para evadir las responsabilidades y frustrar la preocupación internacional. Más de dos mil chilenos han desaparecido a manos de la DINA, la policía secreta privada de Pinochet, y piedra angular de su régimen. Ésta puede no ser la cifra real porque la DINA detiene cada día un número de gente superior al que deja en libertad...

»La solidaridad del pueblo norteamericano a favor de la restauración de los derechos humanos y la democracia en Chile debe continuar aumentando. Esta solidaridad es de gran importancia para nosotros. Nunca descansaremos hasta conseguir el derrocamiento del régimen fascista en Chile. En ese momento, cuando construyamos una nueva democracia, contaremos con su apoyo para consolidar las conquistas duramente conseguidas por el pueblo chileno y para frenar de una vez y para siempre a las fuerzas reaccionarias que desde Chile y desde el exterior destruyeron nuestra democracia.

»Las palabras de Salvador Allende tienen un significado más fuerte hoy que nunca antes. En los momentos finales de su épica lucha, dijo: "Tengo fe en Chile y en su destino. Superarán otros hombres este momento gris y amargo en el que la traición pretende imponerse. Sigan ustedes sabiendo que, mucho más temprano que tarde, de nuevo se abrirán las grandes alamedas por donde pase el hombre libre, para construir una sociedad mejor"».

Esa noche, Guillermo Novo y José Dionisio Suárez, junto con otros miembros del grupo cubano, visitaron a Townley en su motel, donde volvieron a discutir la propuesta. A pesar de las reticencias de algunos, Novo y Suárez apoyaron la operación.

Los cubanos dejaron en claro una cosa: Townley tenía que participar directamente en el atentado. El grupo quedó configurado por tres hombres: Virgilio Paz, José Dionisio Suárez y el propio Townley.

El método a utilizar sería el mismo que Townley había seguido para asesinar al general Carlos Prats en la calle Malabia del barrio bonaerense de Palermo hacía ahora casi dos años, el 30 de septiembre de 1974. En sus conversaciones con el cuartel general de la DINA, a través de Mariana, en Santiago, Townley informó de que él participaría directamente en la operación.

La noche del 15, Virgilio Paz y Townley se prepararon para partir hacia Washington. Paz aportó un detonador por control remoto. Townley lo conocía bien. Él mismo lo había construido en Chile. Era un transmisor Fanon-Courier A.M de un solo canal, cinco vatios, y como receptor utilizaba un dispositivo de llamada de la misma marca modificado. Se lo había enviado a los cubanos para sus propias necesidades. Antes de dejar Nueva Jersey, José Dionisio Suárez y Guillermo Novo se acercaron al coche de los dos viajeros y les entregaron una bolsa. Tenía tres kilogramos de TNT, 225 gramos de explosivos plásticos C-4 y algo más de un metro de cordón detonante. Para Townley, era la repetición de la jugada, un *remake*. No estaba Mariana, como en Buenos Aires. Pero era igual. Una operación se parecía a la otra como dos gotas de agua.

Paz y Townley llegaron entrada la madrugada a Washington. Y enfilaron hacia las afueras, hacia Maryland. Al llegar a Bethesda, se dirigieron a la casa de Letelier, situada en Ogden Court, una pequeña calle sin salida. Townley vio a la luz de las primeras horas de la mañana los dos coches que le había mencionado Armando Fernández Larios aparcados en esa calle.

Después de alojarse en un hotel, en Washington D.C., Paz y Townley volvieron, a primera hora del día siguiente, viernes 17, a los alrededores de la casa de Letelier. Cuando le vieron salir al volante de su Chevrolet Chevelle, le siguieron. Antes de llegar al Instituto de Estudios Políticos, en la calle 19, le perdieron de vista. Después de vigilar los movimientos en el edificio, marcharon a un gran almacén para adquirir los elementos que faltaban para construir la bomba. Allí compraron dos recipientes de aluminio, dos o tres rollos de cinta aislante negra de 1,9 centímetros, un par de guantes de goma, baterías, un juego de herramientas y varios interruptores.

Townley seguía informando a la DINA en Santiago a través de su esposa. Mariana transmitía las novedades al cuartel general, donde solía hablar con el mayor Christoph Willike, a quien ya había conocido durante su viaje a Francfort, poco antes del atentado contra Bernardo Leighton.

José Dionisio Suárez llegó a Washington el 18 desde Nueva Jersey. No estaba solo. Una mujer le acompañaba. Se alojó en un motel cercano al de sus colegas. Esa noche, después de cenar, Townley, Paz y Suárez se pusieron a trabajar. Suárez había traído uno de los componentes de la bomba: la cápsula para detonar el explosivo.

Armaron durante varias horas la bomba. Nada más terminar el trabajo, resolvieron ir a colocarla, sin pérdida de tiempo. Mientras se dirigían a Bethesda, los cubanos plantearon las reglas de juego:

—Tú colocarás el artefacto en el coche. Ésta es una operación de la DINA, ¿no es así?

Townley asintió. En contrapartida, se pactó que, cuando el artefacto explotara, él ya no estaría en Washington.

Serían las tres de la mañana cuando llegaron a la calle de la casa de Letelier. El Chevrolet Chevelle estaba en la entrada de la calle. Townley se agachó a la altura del asiento del conductor, dejó las herramientas, sacó la bomba y se colocó boca arriba, la espalda contra el suelo. Una vez debajo del coche se desplazó hacia el centro, cogió la cinta aislante y adhirió la bomba al eje situado debajo del asiento del conductor, ligeramente hacia atrás. Dio cinco vueltas de cinta y cubrió, sin advertirlo, el cuadro con dos interruptores, que quedó tapado. Uno de ellos era un seguro que mantenía los detonadores en corto circuito hasta que el receptor estuviera encendido; el otro permitía encender el receptor.

La cinta se le terminó. Townley no estaba seguro de que el dispositivo ya estuviera pegado con firmeza. Llevó parte de la cinta hasta el cable del velocímetro, justo debajo del sitio en el cual dicho cable estaba adherido a los bajos del coche con una grapa. Y en ese momento reparó en el interruptor de seguridad. No lo había cambiado de la posición de cerrado a abierto. Y ahora estaba cubierto por la cinta. Con los dedos intentó desplazar la cinta para permitir que aflorase un poco el interruptor, y lo puso en posición de abierto. Ya. Aunque no las tenía todas consigo. La cinta aislante, elástica, podía presionarlo y empujarlo otra vez hacia la posición de cerrado. Pero decidió dejar las cosas como estaban.

Poco después, en el hotel, repasó el plan: la bomba debía ser activada al día siguiente domingo o a más tardar en la mañana del lunes 20, en el trayecto que recorría Letelier desde su casa hacia la oficina.

En la mañana del día 19, después de dormir algunas horas, Townley cogió un avión al aeropuerto de Newark para pasar el día en Nueva Jersey. Antes de partir, como ya había hecho en varias ocasiones, llamó a su mujer:

—Mariana, todo listo y marchando.

Mariana Inés Callejas transmitió el mensaje a la DINA.

Townley pasó el día domingo 19 entre Union City y Manhattan. Por la tarde, visitó a su hermana en el condado de Wetchester, donde cenó temprano. Volvió a Union City, pasó por el aeropuerto de Kennedy, y en la noche, tarde, Guillermo Novo le acompañó al aeropuerto de Newark, donde cogió un vuelo para Miami, Florida. Allí tenía previsto, al día siguiente 20, oír la noticia del atentado y hacer una visita a sus padres en Boca Ratón, antes de regresar a Santiago.

El domingo 19, Orlando Letelier permaneció todo el día en casa. Por la noche, los Letelier recibieron a Saul Landau y su esposa, Rebecca Switzer. Cuando terminó la cena, salieron a la calle para dar un paseo. En Ogden Court estaban aparcados los coches de Isabel y de Orlando.

Townley durmió esa noche en Miami después de verificar por radio que no había noticia de una bomba en Washington. Sería, pues, de un momento a otro. La bomba ya llevaba debajo del Chevrolet Chevelle unas veinticuatro horas. Y, según se había acordado, debía ser activada, a más tardar, el lunes 20. En la mañana del lunes, Letelier hizo su recorrido habitual. Sea porque los cubanos se despistaron al seguirle o porque el dispositivo de la bomba presentaba problemas, no pasó nada. El periódico *The Wall Street Journal* publicaba, ese día, un artículo editorial sobre Chile, en el cual atacaba el largo comentario de Letelier en *The Nation*. La economía chilena, decía, había experimentado una gran recuperación a partir de la aplicación del tratamiento de shock recomendado por Milton Friedman.

Saul Landau se despidió sobre las seis de la tarde de Ronni Karpen Moffit, una joven de 25 años coordinadora de finanzas del Instituto de Estudios Políticos. Ronni le dijo que ella y su marido, el economista Michael Moffit, que trabajaba en el Instituto, iban a una cena de trabajo a casa de los Letelier.

—Ten cuidado, porque Orlando es muy peligroso en la cocina —bromeó Landau.

Los tres, Letelier, Michael y Ronni, salieron de la oficina juntos, al terminar la jornada. Pero el coche de los Mofflit no arrancaba, se había averiado. Letelier les llevó a casa en su propio coche, el Chevrolet Chevelle. Les propuso que al término de la cena se lo llevaran para regresar a su casa y pasaran, al día siguiente, martes 21, a recogerle para ir juntos a la oficina.

Letelier seguía muy afectado por la decisión de la Junta Militar de anular su nacionalidad. Había recibido una carta de su familia en la cual le decían que el sector «blando» de la Junta Militar logró imponerse, de momento, al «duro», esto es, a la DINA. Ese día 20 de septiembre, Letelier había recibido una copia del decreto 588 publicado en el Diario Oficial el día 10 de septiembre.

Una vez en la casa, ya sentados a la mesa, Orlando exhibió el decreto. Y dijo:

—Voy a ponerlo en un marco.

—Orlando, este pedazo de papel va a la basura —dijo Michael.

—Este documento me salva la vida.

— ¿Por qué dices eso?

—Michael, la DINA quería matarnos. Los blandos de la Junta me han quitado la nacionalidad para silenciarlos. Estoy salvado.

Orlando Letelier, quizá creyendo esta argumentación, quería que el decreto tuviera la mayor repercusión posible. Deseaba escribir un artículo de fondo sobre el tema en el periódico *The New York Times*. Había esbozado varias ideas con sus dos colaboradores en el Instituto de Estudios Políticos, Waldo Fortín y Juan Gabriel Valdés, y les había pedido que hicieran un borrador. Antes de que Michael y su esposa abandonaran la casa, sobre las diez de la noche, Orlando Letelier marcó el teléfono de la casa de Valdés.

—Juan Gabriel.

—Orlando, ¿cómo estás?

—Oye, ¿está terminado el artículo? Esto hay que publicarlo cuanto antes.

—Sí, está casi listo. Hay que pasarlo a máquina.

—Bien, entonces, mira, te recogemos con el coche sobre las ocho por la mañana y lo hablamos en el camino a la oficina. Allí corregimos lo que haga falta y lo mandamos. Esto tiene que salir.

—Orlando, a primera hora no va a poder ser. Antonia ha quedado en hacer las compras y yo me tengo que ocupar de los niños. Ya tiene la cosa organizada. Pero no te preocupes. Yo voy a estar en la oficina a las diez de la mañana con el artículo.

Valdés advirtió que a Letelier no le había gustado la respuesta. Quizá pensase que era un pretexto y que en realidad el artículo no estaba listo. Era evidente que Orlando Letelier estaba ansioso por cerrar el tema cuanto antes.

—Bueno, pero hay que darse prisa. Nos vemos a las diez.

Townley ya estaba muy nervioso. Esperaba la noticia en algún momento del día 20, durante la jornada de trabajo de Letelier. Los únicos que podían contestar a la pregunta de si había ocurrido algún contratiempo eran sus compañeros de equipo. Sobre las siete y cuarto de la mañana del día siguiente, martes 21, Townley llamó a casa de Virgilio Paz, en Nueva Jersey. Fue el mismo Paz quien descolgó. Acababa, dijo no sin sequedad, de llegar unos momentos antes. Townley le encontró extremadamente lacónico. Le preguntó qué pasaba, ¿no iba a ser a más tardar en el día de ayer? Paz le explicó que el dispositivo no había funcionado, por lo que se tuvo que quitar la bomba, revisarla, corregir el desperfecto y volver a instalarla en el automóvil de Letelier.

Townley no sabía qué pensar. Podía ser. ¿No se había quedado él mismo con la sensación, en la madrugada del domingo 19, debajo del Chevrolet Chevelle, de que la presión de la cinta aislante bien podía volver a cerrar el interruptor? ¿Había sido eso? ¿O simplemente que sus amigos habían perdido la pista de Letelier al seguirle? ¿Tendría que ser él mismo quien, como en el atentado contra el general Prats, se ocupara también de detonar la bomba? Si Paz ya estaba en Nueva Jersey, después de haber corregido el desperfecto, según sus propias palabras, ¿quién había quedado al frente de la operación? La única respuesta: José Dionisio Suárez y su amiga. O quizá otros miembros secundarios del grupo cubano.

Ese mismo día, 20 de septiembre, Harry Shlauderman instruía a uno de sus colaboradores, William Luers, para que informara a los embajadores del Cono Sur latinoamericano que las recomendaciones enviadas el 23 de agosto quedaban sin efecto ya que, según razonaba, «no se habían recibido nuevos informes sobre la intención de activar el esquema Cóndor».

Al día siguiente, el martes 21 de septiembre de 1976, Michael Moffitt aparcó, a las nueve menos cinco, frente a la casa de los Letelier, el Chevrolet Chevelle que le había prestado Orlando la noche anterior, después de cenar. Él y Ronni se bajaron y entraron en la casa. Tomaron café con Isabel mientras Letelier terminaba de hablar por teléfono. Serían las nueve y cuarto cuando volvieron a salir. Letelier se puso al volante, Ronni se sentó junto a él y Michael ocupó el asiento trasero. Minutos más tarde, cuando el Chevrolet Chevelle enfilaba River Road abajo, rumbo al distrito de Columbia, un coche se les aproximó por detrás.

José Dionisio Suárez y su grupo finalmente se aprestaban a culminar su misión. Letelier cogió la calle 46, ya en las afueras de Washington, y en el cruce con la Avenida Massachusetts dobló hacia la izquierda, para recorrer el paseo flanqueado por residencias diplomáticas. Letelier dejó a su izquierda la sede de la embajada de Chile. Suárez movió el interruptor de seguridad en el aparato de activación. El coche de Letelier se deslizaba ahora hacia la rotonda de Sheridan Circle.

Suárez activó el segundo interruptor. Fue apenas una fracción de segundos. La señal produjo dentro del Chevrolet Chevelle un zumbido y acto seguido un fogonazo. El coche explotó violentamente, pero siguió rodando. Zigzagueó hasta chocar con un Volkswagen aparcado en segunda fila frente a una embajada. Michael Moffit fue expulsado al exterior. Milagrosamente sólo tenía heridas leves. Se abalanzó sobre Ronni, que también había salido del vehículo. Miró después hacia el Chevrolet. Entonces vio a Orlando Letelier. Estaba destrozado.

Una ambulancia trasladó a Letelier al hospital George Washington, a unos ochocientos metros de allí. Orlando Letelier sólo resistió unos minutos. Nada más llegar, murió.

Otra ambulancia traía ya a Ronni Moffitt. Los médicos la estabilizaron y le quitaron un trozo de metal incrustado en el pecho, pero la arteria carótida estaba seriamente dañada. Los médicos intentaban salvarla desesperadamente. Mientras, Michael Moffitt esperaba a solas en una habitación. Sólo transcurrieron unos minutos. Un médico entró a ver a Michael y le dijo que su esposa acababa de morir.

A la hora en la cual se desarrollaban estos acontecimientos, el embajador de Estados Unidos en Buenos Aires, Robert Hill, era recibido en la Casa Rosada, sede del gobierno argentino en Buenos Aires, por el presidente, el general Jorge Rafael Videla. Hacía apenas un mes, el 20 de agosto de 1976, que habían aparecido treinta cuerpos en un basurero de las afueras de Pilar, 79 kilómetros al norte de la capital. La mayor parte de los cadáveres estaban dinamitados. Los cuerpos de otras dieciséis víctimas fueron encontrados en otros lugares de Buenos Aires. Todo el mundo sabía que se trataba de la ejecución de prisioneros políticos. En el mes de julio, por otra parte, se habían hallado los cuerpos de cuatro sacerdotes y un obispo había muerto en extrañas circunstancias a primeros de agosto.

El embajador Hill, que acababa de regresar de Washington, dijo:

—Presidente, he hallado gran preocupación por la cuestión de los derechos humanos. Existe una gran simpatía por su gobierno, que ha tenido que asumir en tan difíciles circunstancias. Pero cosas como el asesinato de los curas y los asesinatos masivos en Pilar están dañando seriamente la imagen de Argentina en Estados Unidos.

Hill explicó que, de momento, la Administración Ford había cursado órdenes para que se votara, en el Banco Interamericano de Desarrollo (BID), a favor de conceder un crédito a Argentina, cuando debería haber hecho todo lo contrario, según una enmienda del Congreso norteamericano.

—No creo que podamos evitar, la próxima vez, votar en contra, a menos que el Gobierno de Argentina pueda controlar los excesos en materia de derechos humanos —dijo Hill.

—Le agradezco su franqueza y también el apoyo en el BID. Tengo que decirle que me ha agradado que el ministro de Relaciones Exteriores, almirante Guzzetti, me informase de que el secretario de Estado, señor Kissinger, entendía nuestra situación y de que esperaba que pudiéramos controlar el terrorismo lo más rápido posible.

Juan Gabriel Valdés, durante los preparativos del funeral de Letelier, llamó a la sección opinión del *New York Times* y envió el artículo que tenía preparado. El lunes 27 de septiembre, un día después del funeral, celebrado en Washington, el periódico publicó el artículo titulado con una sola palabra: «Testamento». La columna, firmada por Orlando Letelier, iba acompañada de una imagen que le había tomado el famoso fotógrafo Richard Avedon. Letelier estaba de pie, enfundado en un abrigo cruzado de lana con un estampado príncipe de gales, mientras se abrochaba los botones. Debajo de la foto se informaba de que Letelier, ex ministro de Salvador Allende y líder de los exiliados chilenos en Estados Unidos, había muerto en Washington el martes 21 al estallar una bomba en su coche y que había escrito el artículo pocos días antes de su asesinato:

«El 10 de septiembre el dictador chileno Augusto Pinochet publicó el decreto 588, que me despoja de mi nacionalidad "por amenazar gravemente los intereses del Estado". Esta medida es sólo una más que se agrega a la vergonzosa historia de la violación de derechos humanos por parte de la Junta Militar [...] En razón de mi posición como ministro de Estado y embajador del Gobierno constitucional de Chile, fui encarcelado en el campo de concentración de la isla Dawson hasta que fui expulsado del país sin ningún cargo formal contra mí. No se me ha garantizado ninguno de los derechos básicos de la Constitución o de las leyes de mi país. Entre otras violaciones, he sido privado de mi pasaporte y, así, de mi condición de chileno fuera del país. Muchos de mis compatriotas han sido sometidos a las mismas medidas arbitrarias.

»Podría parecer, por tanto, que este decreto es completamente absurdo. Pero detrás de ello, uno puede ver la lógica de una mentalidad totalitaria, proyectada desde un sistema basado en el terror y la venganza. Su propósito es intimidar a aquellos que luchan en el exterior por el restablecimiento de los derechos humanos, la libertad y la democracia en Chile. Trata de borrar a todo un sector de chilenos de la historia de nuestro país y de eliminar a los protagonistas de ideario político y social con profundas raíces en nuestra historia, que han sobrevivido la persecución y que es hoy un emblema de la lucha contra la tiranía [...] Según Pinochet, nada de esto tiene sitio dentro de la nacionalidad chilena, y la ideología fascista que Pinochet profesa puede advertirse en esta expresión más delirante de su fanatismo. La obligación patriótica de todos los chilenos es contribuir al fin de la dictadura. Hacemos esto como miembros de una nación y como herederos de una tradición de libertad a la cual los pinochetistas no pertenecen.

»Las cosas que destruyen nuestra nacionalidad son los campos de concentración, la tortura, la represión y el hambre. Lo que nos hace vulnerables como nación es la utilización de las Fuerzas Armadas contra el pueblo chileno. Es esta conducta brutal y no las acciones de aquellos que quieren poner fin a ella lo que nos aísla de la comunidad de naciones civilizadas.

»La imagen de Chile retornará a lo que una vez fue cuando la democracia se restablezca junto con los derechos humanos que han sido usurpados por los dictadores. En ese momento nadie tendrá ninguna duda sobre la nacionalidad de los chilenos que hoy están en el poder. Por el contrario, tendrán que responder como tales ante los tribunales chilenos de acuerdo con el sistema judicial chileno por crímenes cometidos contra su país».

CAPÍTULO 27

La caída de Contreras

El 21 de septiembre de 1976, el mismo día del asesinato de Letelier y su colaboradora, Ronni, el Servicio de Inteligencia del Departamento de Estado analizó en Washington la situación latinoamericana y la iniciativa de Chile en relación con la «Operación Cóndor». En el acta de la reunión se recogieron los comentarios:

«Argentina, Bolivia, Chile, Paraguay y Uruguay han alcanzado un principio de acuerdo para mantener posiciones comunes en asuntos políticos internacionales. El plan propone que cada país mantenga una fachada de independencia aunque con posiciones comunes acordadas en negociaciones secretas [...]

»La iniciativa de Chile es lógica dado el hecho de que todo el Cono Sur está dominado por Gobiernos militares conservadores compatibles. Tiene también credibilidad a la luz de otros acontecimientos recientes:

»El comienzo de la "Operación Cóndor", la red antiterrorista del Cono Sur inspirada por Chile para promover intercambios de informaciones y la eliminación encubierta de subversivos; y

»El progresivo retiro de Chile del Pacto Andino (Chile, Perú, Ecuador, Colombia, Venezuela y Bolivia) con el argumento de que los acuerdos bajo dicho pacto frustran el desarrollo económico interior y de que el comercio con Argentina y el Cono Sur es potencialmente más lucrativo».

El 24, en la reunión del Servicio de Inteligencia e Investigación del Departamento de Estado, en Washington, se volvieron a analizar las últimas novedades en la «Operación Cóndor»:

«La "Operación Cóndor" sigue adelante. [Nuestra fuente informa] que Brasil ha acordado participar solamente en la fase latinoamericana de la "Operación Cóndor", el plan antiterrorista secreto para facilitar el intercambio de información y el asesinato de opositores subversivos de los Gobiernos que cooperan (Argentina, Bolivia, Brasil, Chile, Paraguay y Uruguay). Los planes de Cóndor se han mantenido a la espera mientras Brasil se decidía a colaborar en ataques a personas residentes en Europa occidental. Con la decisión brasileña de confinar sus actividades a los límites territoriales de las naciones de Cóndor, ha comenzado el entrenamiento en Buenos Aires de agentes argentinos, chilenos y uruguayos que actuarán en las operaciones de Europa occidental».

Hasta entonces, Harry Shlauderman, que tenía todos los datos en la mano, jamás había puesto en relación la operación Cóndor con la planificación del asesinato de Orlando Letelier. Era algo obvio, pero nadie quería enterarse.

El 28 de septiembre, Robert Scherrer, agente del FBI en Buenos Aires, envió a Washington el siguiente cable, en el que por primera vez se refería a ello.

«"Operación Cóndor" es el nombre en código para la recolección y archivo de datos de inteligencia sobre izquierdistas, comunistas y marxistas que ha sido creada recientemente entre los servicios de inteligencia que colaboran en Sudamérica con el objetivo de eliminar las actividades de los marxistas terroristas en la región. Además, la "Operación Cóndor" proporciona objetivos para realizar operaciones conjuntas contra los terroristas en los países miembros. Chile es el centro de la "Operación Cóndor", e incluye, además, a Argentina, Bolivia, Paraguay y Uruguay. Brasil ha acordado en principio aportar material de inteligencia a la "Operación Cóndor". Los miembros que más entusiasmo muestran hasta la fecha han sido Argentina, Uruguay y Chile. Los últimos tres han llevado adelante operaciones conjuntas, sobre todo en Argentina, contra objetivos terroristas. Una tercera y más secreta fase de la "Operación Cóndor" incluye la formación de grupos especiales de los países miembros para viajar a cualquier parte del mundo, entre ellos a países que no son miembros, para castigar, llegando incluso hasta el asesinato, a los terroristas de los países integrantes de la "Operación Cóndor" o a quienes les apoyan. Por ejemplo, si un terrorista o una persona que apoya a una organización terrorista en un país miembro de la "Operación Cóndor" es localizado en un país de Europa, un equipo especial de la "Operación Cóndor" será despachado para localizar y vigilar al objetivo. Cuando termine la localización y vigilancia, un segundo equipo de la "Operación Cóndor" será enviado para ejecutar la sanción contra el objetivo. Los equipos especiales obtendrán documentación falsa en los países miembros. Dichos equipos pueden estar formados por personas provenientes de un país miembro o por personas de diversos países miembros de la "Operación Cóndor". Dos países europeos concretamente mencionados para posibles operaciones en la tercera etapa de la "Operación Cóndor" son Francia y Portugal. Un equipo especial ha sido organizado […] para estar preparado en una futura acción de la tercera fase de la "Operación Cóndor".

»Es necesario destacar que no se ha desarrollado ninguna información según la cual las sanciones de la tercera fase de la "Operación Cóndor" deberían acometerse en Estados Unidos; no obstante, no está más allá de lo posible que el reciente asesinato de Orlando Letelier en Washington D.C. puede haber sido ejecutado como una tercera fase de la "Operación Cóndor" […] Esta delegación permanecerá alerta ante cualquier indicación de que el asesinato de Letelier puede ser parte de la "Operación Cóndor"».

Las evidencias sobre la «Operación Cóndor» no habían dejado de llegar, pues, al cuartel general de la CIA y al Departamento de Estado. Sin embargo, durante la recopilación de los informes, nadie había movido un dedo. Nadie se había molestado en hacer una simple gestión.

El 4 de octubre de 1976, cuarenta y un días después de haber recibido aquel mensaje urgente desde Santiago, y trece días después del asesinato de Orlando Letelier, Harry Shlauderman respondía al embajador Popper en Santiago. Con la aprobación del comité conjunto del Servicio de Inteligencia del Departamento de Estado y de la CIA, el secretario de Estado adjunto enviaba con la firma de Henry Kissinger el mensaje.

«Del Secretario Estado Wash. D.C.

»Al embajador/embajada Santiago.

»Objeto: "Operación Cóndor".

»Estamos de acuerdo con que nuestro propósito puede alcanzarse mejor a través de una aproximación [del jefe de la delegación de la CIA] a Contreras y de que el asunto no, repito, no debe ser suscitado con Pinochet. [El jefe de la delegación de la CIA] está recibiendo instrucciones para consultar con usted el modo y el momento para realizar el contacto».

Estados Unidos, pues, había dejado hacer. Una actitud decidida del Gobierno norteamericano ante Pinochet hubiera tenido, como mínimo, un efecto: las cosas hubieran sido más difíciles.

Pocos días más tarde, el 6 de octubre de 1976, el tema de Chile afloró en el debate de los candidatos a las elecciones presidenciales. Jimmy Carter atacó a Gerald Ford por su irrelevante papel en la política exterior de Estados Unidos. «En política exterior, Kissinger ha sido el presidente de este país», dijo. Y tocó el tema de Chile: «Hemos visto en el pasado la destrucción de Gobiernos elegidos democráticamente, como en Chile, y el fuerte apoyo a la dictadura militar». Ford no recogió el guante. Max Frankel, uno de los subdirectores del *New York Times*, preguntó dos veces a Ford si se podía esperar algún cambio «para terminar con el baño de sangre en Chile o en la cárceles chilenas». Ford tampoco se dio por aludido. Era evidente que el tema le disgustaba. Carter, pues, contraatacó. «Tomo nota de que no quiere hablar sobre las cárceles de Chile. Esto es un ejemplo típico, quizá uno entre varios, de cómo esta Administración derrocó a un Gobierno elegido democráticamente y ayudó a instalar una dictadura militar. Esto no es historia antigua. El pasado año, de todo nuestro programa Alimentos para la Paz para Sudamérica el 85 por ciento fue destinado a la dictadura militar de Chile».

En aquellas semanas, el ministro de Relaciones Exteriores argentino, almirante Guzzetti, fue recibido en Washington por Henry Kissinger y por el vicepresidente de Estados Unidos, Nelson Rockefeller. El 14 de octubre, a su regreso a Buenos Aires, el ministro citó al embajador Hill, que acudió a esperarle al aeropuerto, para el día siguiente. El ministro estaba, según Hill, eufórico.

—El vicepresidente señor Rockefeller me pidió que aconsejara al presidente Videla resolver rápidamente el problema terrorista. Me dijo que Estados Unidos quiere una Argentina fuerte y desea cooperar con el Gobierno argentino. El secretario Kissinger me dijo que tenemos que ser cuidadosos y que si el problema terrorista se terminaba en diciembre o enero él creía que se podrían evitar serios problemas. Estados Unidos quiere ayudar a Argentina —dijo Guzzeti.

El 2 de noviembre de 1976, Jimmy Carter vencía a Gerald Ford. Los demócratas recuperaban la presidencia de los Estados Unidos después de las dos victorias, en 1968 y 1972, de Richard Nixon.

En Santiago, donde la pérdida de los republicanos en las elecciones del 2 de noviembre fue sentida por el régimen de los generales como una derrota propia, el general Pinochet dijo el 4 de noviembre algo que fue interpretado como una alusión a Estados Unidos:

«Ante la variada constelación de actores que directa o indirectamente se pliegan a la agresión en contra nuestra, reafirmo solemnemente y como presidente de Chile que nuestra patria no aceptará transar nuestro 11 de septiembre y que no se doblegará jamás ante ningún tipo de presión. Quienes crean que pueden aprovechar nuestras dificultades para alterar en cualquier forma nuestra soberanía deben saber que es precisamente en los momentos de adversidad cuando los chilenos se agigantan y que ante cualquier intento de torcer el rumbo que nos hemos trazado, Chile sabrá unirse como un solo hombre para resistir y triunfar aunque sea en la soledad en que fuimos capaces de hacerlo un 11 de septiembre de 1973».

El 11 de noviembre el senador Daniel K. Inouye, presidente del Comité Selecto de Inteligencia del Senado, a la vista de la información disponible sobre el asesinato de Orlando Letelier y la «Operación Cóndor», escribió una carta a la Administración. Su pregunta era muy simple: «Si el FBI y la CIA estaban al corriente de estas actividades, ¿por qué estas autorizadas agencias no las han frenado?».

En Santiago, el día 12 de noviembre la DINA cumplía tres años desde su creación como organización secreta. Era, en cierto modo, una fecha íntima. Siete días más tarde, el día 19, el general Pinochet quiso dejar constancia de que no la había olvidado. Y felicitó, por escrito, en ese tercer aniversario, al coronel Manuel Contreras.

La vida, pues, continuaba. Era finales de noviembre de 1976. Ya habían pasado dos meses desde el asesinato de Orlando Letelier. Y Michael Townley y Mariana Callejas se encontraban otra vez en el campo de batalla. Habían vuelto a Francfort. La DINA quería liquidar a varios dirigentes del MIR en el exilio a través de un equipo de la «Operación Cóndor», formado por argentinos y chilenos. El lugar del atentado: París. Sin embargo, algunos datos se filtraron a través de los agentes argentinos. Los servicios de inteligencia franceses ordenaron ciertas medidas de seguridad y dieron una señal a los servicios argentinos de que sabían lo que se tramaba. El atentado tuvo que ser cancelado.

Pero Townley no regresó a Santiago. Los jefes de la DINA le informaron de que ahora sí era posible matar a Carlos Altamirano. Estaba confirmada la participación de Altamirano en el XXVII Congreso del Partido Socialista Obrero Español (PSOE), a primeros de diciembre de 1976.

El Gobierno de Adolfo Suárez había denegado a primeros de noviembre la autorización para realizar el congreso, pero una hábil campaña del PSOE terminó por arrancar el permiso. El PSOE seguía siendo una organización ilegal pero se aprestaba a celebrar su congreso por todo lo alto en suelo español. Los grandes líderes de la socialdemocracia internacional estaban invitados: Willy Brandt, Olof Palme, François Mitterrand, Pietro Nenni, Michael Foot y Carlos Altamirano. La historia le había dado al coronel Contreras la ocasión que buscaba.

Townley y Mariana se trasladaron a Madrid. Allí se alojaron en el hotel Valencia, un hostal de tres estrellas en las plantas quinta y sexta de la Gran Vía madrileña. Una tercera persona ya había llegado: Stefano delle Chiaie. Alfredo, como le seguían llamando, se movía como pez en el agua en España. No habían pasado seis meses todavía desde el 9 de mayo de 1976, fecha en la que Delle Chiaie había montado, con el apoyo de la Guardia Civil española, la provocación de Montejurra, Navarra, en la cual resultaron muertos dos jóvenes durante la reunión anual del partido de Carlos Hugo de Borbón Parma.

Los tres examinaron las posibilidades de montar el atentado. El congreso tenía sus sesiones en el hotel Meliá Castilla, en la calle del Capitán Haya. Finalmente, llegaron a la conclusión de que era un atentado suicida. Una cosa era la vieja y paciente obsesión del coronel Contreras y otra las posibilidades de éxito. El escenario en Madrid nada tenía que ver con el intento de asesinar a Bernardo Leighton en octubre de 1975.

Mientras abandonaban el plan, Stefano, un intrigante, dijo que tenía que revelarles un secreto.

—Escucha, aquí en Madrid, en los funerales de Franco, nos reunimos el general Pinochet, Contreras y yo.

El 28 de diciembre de 1976 se produjo un viraje estratégico importante en la configuración del poder en Chile. Sergio de Castro, hasta entonces ministro de Economía, pasó a ser ministro de Hacienda, en sustitución de Jorge Cauas. El nuevo superministro, en la esfera económica, y los asesores de Pinochet procedentes del Movimiento Gremial, entre los que destacaba Jaime Guzmán, en la esfera política, comenzaron a trabajar en una nueva dirección. La idea era que la recuperación de la economía, cuyos primeros síntomas, reducción de la tasa de inflación y un mayor crecimiento, comenzaba a crear las condiciones para abordar el futuro político con otro talante. Milton Friedman, con su teoría de la fragilidad de la democracia, había señalado el camino: primero la economía de mercado; después la democracia. Y aun cuando el camino distaba de estar despejado, una cosa estaba clara: había que soldar las relaciones con Estados Unidos.

El coronel Manuel Contreras, que mantenía reuniones frecuentes con empresarios, entre quienes recogía una especie de impuesto contrarrevolucionario, intentó dinamitar a primeros de enero de 1977 la nueva alianza que, según creía, comenzaba a secuestrar la voluntad de Pinochet. Para ello, la división de investigaciones económicas de la DINA, atenta a la crisis de varias sociedades que habían proliferado con la burbuja financiera de 1976, con tipos de interés del 20 por ciento mensual, filtró información a la prensa sobre un escándalo financiero protagonizado por la Cooperativa de Ahorro y Crédito La Familia, sociedad privada en cuyo consejo de administración había miembros del Movimiento Gremial. En la misma sede de La Familia desarrollaba sus actividades la Fundación Azul, en la que participaba activamente Guzmán. El hecho es que La Familia canalizaba depósitos a corto plazo de la Universidad Católica —procedentes de matrículas y otros pagos— para prestar a los alumnos a tipos del 24 por ciento. Faltó dinero. Los perjudicados presentaron una querella y hubo varias órdenes de arresto. Una de ellas afectó a Jaime Guzmán, aunque éste rápidamente pudo demostrar que no tenía relación alguna con La Familia. Contreras, que iba por la cabeza de Guzmán, fracasó. Pero su voluntad de actuar más allá de la represión política e influir en la política nacional era evidente.

El coronel Contreras, pues, era un creciente peligro, pero operaba en un contexto de aparente endurecimiento del régimen. El 11 de marzo de 1977, en reacción a las críticas procedentes de la reunión de la Comisión de Derechos Humanos, en Ginebra, Pinochet decidía dar otra vuelta de tuerca represiva. Precisamente cuando se esperaba la anulación del estado de sitio, el Gobierno dictó el decreto 1.697 por el cual los partidos políticos, en suspensión desde el 11 de septiembre de 1973, eran disueltos. El estado de sitio fue prorrogado por seis meses más y Chile retiró sus representantes en las organizaciones internacionales relacionadas con derechos humanos.

Los asesores del presidente de Estados Unidos, James Carter, estimaban a mediados de marzo que había llegado la hora de aplicar la nueva política exterior de derechos humanos a Chile. El 23 de marzo presentaba sus credenciales como nuevo embajador en Estados Unidos el ex ministro de Hacienda, Jorge Cauas. Los asesores de Carter sostenían que las últimas medidas adoptadas por Pinochet aislaban a su régimen de la sociedad chilena más que nunca antes.

«Algunos funcionarios del Departamento de Estado temen que, débil y aislado, Pinochet puede ser más peligroso y paranoico. Mucha gente y grupos en Chile, incluyendo al partido Demócrata Cristiano y la Iglesia católica, han pasado mensajes a funcionarios del Gobierno norteamericano expresando su satisfacción por la nueva política de derechos humanos de la Administración, manifestando la esperanza de que Estados Unidos siga comprometiéndose», decía un informe elevado a Carter. Los asesores del presidente sugerían que en el breve encuentro con el embajador Cauas, el presidente debía apuntar cuatro cosas: la recuperación económica de la economía chilena, resultado de los esfuerzos de Cauas; la larga tradición constitucional de Chile; la preocupación por los derechos humanos como regla de la nueva Administración; la esperanza de que el Gobierno chileno se comprometiese a dialogar con las organizaciones internacionales.

Carter siguió el 23 de marzo al pie de la letra a sus asesores durante un encuentro posterior al acto de presentación de credenciales, que fue cordial, pero no superó los cinco minutos. Al final, Carter señaló:

—Debe quedar claro que tanto yo como el pueblo norteamericano sentimos profundamente la causa de los derechos humanos. Pero este interés no debe ser visto como una interferencia.

El 12 de abril Pinochet formó un nuevo Gobierno. Por primera vez desde el golpe militar, un civil, Sergio Fernández, fue nombrado ministro del Interior, el puesto número dos del Gobierno. Mónica Madariaga, prima de Pinochet, asumió la cartera de justicia.

Dos meses después, en mayo, un incidente que tuvo gran repercusión pública mostró hasta qué punto la DINA era un obstáculo para cualquier intento de mejorar la imagen del régimen.

Una brigada secuestró el 2 de mayo a Carlos Veloso, de 16 años, hijo de un sindicalista de la Democracia Cristiana que trabajaba como empleado en la Fundación Cardijn, vinculada a la Iglesia, al que la DINA estaba siguiendo. Llevaron al adolescente a una casa y lo torturaron de forma salvaje: le aplicaron corriente eléctrica, le quemaron la piel con cigarrillos y le suministraron droga. Acto seguido lo cargaron en un coche y lo dejaron en la calle de un barrio de Santiago. La revista semanal *Ercilla* publicó un reportaje sobre el asunto; *Qué Pasa*, el semanario que le hacía competencia, amplió más tarde la información.

Para poder culpar a alguien de los hechos, la DINA secuestró a cuatro amigos de la familia, algunos de ellos miembros de la Democracia Cristiana. Los torturaron y les acusaron de tenencia de armas y explosivos. La DINA volvió a presentarse en casa de Veloso esta vez para llevarse al hijo y al padre, Carlos Héctor Veloso, con la excusa de que sabían quién había organizado el secuestro y querían interrogarles sobre ello. Carlos tenía que afirmar que los cuatro compañeros de su padre habían sido sus secuestradores. Durante la sesión de ablandamiento en el centro de detención, los agentes colocaron al padre ante una ventana y le apuntaron a la sien con una pistola. Al otro lado, su hijo advirtió que quien encañonaba a su padre era uno de los agentes de la DINA que le había detenido la primera vez.

Los agentes llevaron a ambos de vuelta a su casa. El 25 de mayo, tuvo lugar el gran montaje. La DINA convocó a los medios de comunicación para mostrar cómo Carlos reconocía en público las fotografías de sus secuestradores. Otro comando de la DINA, asimismo, preparó una operación contra el director de *Qué Pasa*. Se introdujo en su automóvil, cerca de su despacho, para esperarle. El periodista se dio cuenta de la maniobra, pudo reaccionar y escapó. La DINA dejó trascender después que no tenía intención de secuestrarlo. Había sido un aviso a navegantes.

Ese 25 de mayo, el vicepresidente norteamericano, Walter Mondale, recibía en Washington, junto con el asesor de Seguridad Nacional, Zbigniew Brzezinski, al ex presidente Eduardo Frei, en su despacho.

Frei dijo que Chile estaba en un momento crucial y que la nueva política de derechos humanos de la Administración Carter podía desempeñar un papel clave.

—Pero se necesitan hechos, más que palabras. La conducta del embajador en Santiago es muy importante. Tienen que ser coherentes. El general Leigh, por ejemplo, acaba de estar en Argentina, donde dijo que lo que piense la Casa Blanca carece de importancia. Lo que importa, afirmó, es el Pentágono, y éste apoya a la Junta Militar.

—Bien dicho —ironizó Mondale—. Tengo que confesarle que cuando fui miembro del Comité Church [sobre actividades encubiertas de EEUU], sentí vergüenza al conocer cómo nos habíamos comportado en Chile —añadió.

—La posición del presidente Carter sobre los derechos humanos no es una postura cínica. Es sincera, pero también le digo que no es una cruzada. Nosotros podemos crear un ambiente moral, pero no podemos determinar las condiciones internas en los países. Si hubiera que imponer la democracia en Chile, sería un fracaso. Buscamos el consenso. Y esperamos que las Fuerzas Armadas se incorporen a ese consenso —explicó Brzezinski.

El subsecretario de Estado, Warren Christopher, concedió el 27 una entrevista a Clodomiro Almeyda, ex ministro de Relaciones Exteriores de Salvador Allende y ex prisionero de la Junta militar, pero un día antes, el 26, llamó al embajador Cauas y le solicitó que fuera a verle.

Christopher expresó el deseo de la Administración Carter de mejorar las relaciones con el Gobierno chileno y subrayó que ello exigía abordar el asunto de los derechos humanos, el tema central de la nueva política exterior norteamericana. Le dijo que el vicepresidente Mondale había recibido a Frei y que él mismo había concedido una entrevista para el día siguiente, 27, a Clodomiro Almeyda, como parte de los contactos que toda nueva Administración suele mantener. Señaló que en Chile, el estado de sitio permitía detener a la gente sin las más elementales garantías.

Según Cauas, el estado de sitio debía ser renovado cada seis meses y esperaba que pudiera ser abolido en el mes de septiembre de 1977, aunque sería reemplazado por un «estado de defensa», en el que el presidente mantendría poderes para la restricción de las libertades. Admitió que el tema de los desaparecidos era el más relevante, pero enseguida intentó restarle envergadura. Dijo que había personas con doble identidad, otras que se habían marchado de Chile y finalmente aquellas que habían muerto poco después del golpe.

Al hablar de la DINA, Cauas señaló:

—Cualquier país tiene necesidad de un Servicio de Inteligencia. Pinochet ha prohibido públicamente las acciones ilegales. Muchos prisioneros condenados bajo el estado de sitio han sido amnistiados. En estos momentos, sólo tenemos un prisionero sin cargos.

Al día siguiente, Christopher recibió a Clodomiro Almeyda, Luis Maira y Jaime Barros. El subsecretario propuso mejorar la situación de derechos humanos en Chile. Almeyda enfatizó el problema de los desaparecidos.

—Ése es el punto débil de la dictadura —dijo.

Almeyda urgió a la Administración para que siguiera presionando a Pinochet.

Christopher envió a la embajada de Estados Unidos en Santiago una síntesis de los comentarios de Cauas. El encargado de negocios de la embajada de Estados Unidos en Santiago, Thomas Boyatt, hizo llegar, el 5 de junio, su comentario a Washington:

«Cauas por supuesto dice una perogrullada cuando señala que todos los países necesitan un Servicio de Inteligencia. Pero evade el problema: la DINA tiene una función normal de inteligencia, pero también posee amplios poderes de policía, de los que abusa ampliamente. Más aún: sólo tiene que responder ante el presidente. La DINA es tan visualizada como el instrumento de represión del jefe del gobierno chileno y está tan vinculada por su entrenamiento y operaciones a la práctica de acciones abusivas que el único remedio es su eliminación o una transformación completa».

El 14 de junio, el secretario de Estado norteamericano, Cyrus Vance, hizo un alegato en la asamblea general de la OEA a favor de los derechos humanos, evocó el luto por el asesinato de Orlando Letelier en Washington en septiembre de 1976, y advirtió sobre las terribles consecuencias de combatir el terrorismo en América Latina con los métodos del contraterrorismo. «Si el terrorismo se enfrenta de forma que se destruye la dignidad humana puede conducir a más terrorismo», dijo.

Vance invitó al canciller chileno, almirante Patricio Carvajal, y a sus colaboradores a mantener una reunión en su *suite*. Fue el día 15. Sentados frente a frente, Vance le explicó que la preocupación de Estados Unidos trascendía el concepto de soberanía, ya que el tema de los derechos humanos era universal. Le mencionó por orden los siguientes temas: estado de sitio, la actividad de los servicios de inteligencia, la falta de garantías jurídicas y los desaparecidos. Carvajal estuvo grosero. Le dijo que Estados Unidos no entendía lo que ocurría en Chile, y le recordó que él era un admirador de EEUU, país en el que, a pesar del Gobierno, había racismo y mafia.

Pero lo cierto es que Carvajal regresó a Chile con una idea clara: en un año, entre la visita de Henry Kissinger a Santiago en junio de 1976 y este encuentro con Cyrus Vance, las cosas habían cambiado mucho en Estados Unidos.

Durante aquellos días, el presidente de la Corte Suprema de Chile, José María Eyzaguirre, hizo una visita a un campo de prisioneros de la DINA, donde advirtió los abusos que se cometían contra los detenidos y las evidencias de tortura. Eyzaguirre elevó un informe a Pinochet y envió copia al almirante Merino y al general Leigh. Según decía, daría instrucciones a la Corte Suprema para que investigara las actividades de la DINA.

La delegación de la CIA en Santiago informó a Washington el 7 de julio de que Pinochet se orientaba a quitar poderes a la DINA.

«Pinochet ha ordenado a la DINA preparar un estudio sobre la conversión de la organización en una estricta organización de inteligencia. Pinochet especificó que la DINA no tendrá poder para detener personas y tendrá una estrecha relación con las agencias de inteligencia de las Fuerzas Armadas. La reorganización deberá estar completada el 30 de julio».

En la tarde de ese jueves 7 de julio, Jorge Cauas, embajador de Chile en Estados Unidos, tenía por fin una buena noticia. Llamó desde su despacho al secretario de Estado adjunto para Asuntos Interamericanos, Terence Todman.

—Me permito llamarle porque el presidente Pinochet se va a dirigir al país, el sábado 9 de julio, para dar a conocer los pasos fundamentales que dará el Gobierno para desarrollar el proceso institucional, las etapas y los plazos. Estoy autorizado a enviarle el texto. Le pido que se trate de manera confidencial —dijo Cauas.

El plan tenía tres fases. La etapa de recuperación, en la que se derogaría la Constitución de 1925 y se completarían las actas constitucionales del régimen, duraría hasta el 31 de diciembre de 1980 y en ella los civiles sólo colaborarían con el Gobierno militar.

En 1981, durante la fase de transición, habría una cámara legislativa mixta, sin partidos. Un tercio de los delegados serían elegidos por el presidente y dos tercios por las regiones, con visto bueno del Gobierno. En 1985, la normalidad estaría consagrada por la vuelta del régimen civil. La asamblea legislativa sería formada por representantes elegidos por sufragio popular directo y un tercio por el Gobierno. Esta asamblea elegiría al presidente por seis años.

Pinochet aprovechó el 9 de julio, Día de la Juventud, para pronunciar el discurso en el cerro Chacarillas, en las afueras de Santiago. Como sugería Jaime Guzmán, asesor de Pinochet, contra el que había maniobrado Contreras, el general Pinochet propuso una «nueva democracia autoritaria, protegida, integradora, tecnificada y de auténtica participación social». El proceso sería lento: «Estamos frente a una tarea que por su naturaleza y envergadura debe ser gradual». El plan ofrecía, pues, elecciones en 1985. Era, a contar desde 1977, un horizonte de ocho años.

El 14 de julio, el informe confidencial de la CIA, en Langley, Virgina, «América Latina, análisis político y regional» ofrecía algunas claves sobre la nueva orientación:

«El consejo de generales recomendó en junio que Pinochet aprobase amplios cambios de política. La razón estriba en un fuerte deseo de que Chile mejore sus relaciones con Estados Unidos. Con toda probabilidad, el ostracismo diplomático de Chile y las dificultades en conseguir armas han convencido a los líderes de las Fuerzas Armadas de que las políticas internas deben ser cambiadas si Chile quiere mejorar su mala imagen en el exterior».

Al día siguiente, la delegación de la CIA anticipaba a Washington:

«Dentro de dos o cuatro semanas, la DINA tendrá sus poderes y tamaño reducidos considerablemente. Bajo la dirección del presidente Augusto Pinochet, la ministra de Justicia, Mónica Madariaga, prepara una nueva ley para poner en marcha estos cambios».

Pinochet volvía el 31 de julio a calificar la conducta profesional del coronel Manuel Contreras durante el periodo comprendido entre el 1 de agosto de 1976 y el 31 de julio de 1977 como director ejecutivo ejecutivo de la DINA. Era la etapa en la cual había que incluir, entre otros actos de servicio, el asesinato de Orlando Letelier el 21 de septiembre de 1976 en Washington.

Pinochet escribió: «Jefe que se destaca por sus extraordinarias condiciones de planificador y amplios conocimientos de sus funciones. Leal y abnegado en todo momento. Muy idóneo. Jefe de selección».

Pero en la mañana del 12 de agosto, cuando el secretario de Estado adjunto para Asuntos Interamericanos, Terence Todman, llegaba a Santiago en una visita de tres días, tuvo lugar un hecho relevante. El Gobierno anunció que la Junta Militar había resuelto hacía casi una semana, el 6 de agosto, derogar el decreto 521 de 1974 de creación de la DINA, «ya que ha cumplido las funciones previstas por el decreto». También informó de que se creaba la Central Nacional de Informaciones (CNI) «como organización especializada para reunir información a nivel nacional y la adopción de las medidas necesarias para salvaguardar la seguridad interna de la sociedad».

El coronel Contreras seguiría de momento al frente de la DINA durante la fase de transición a la CNI, pero se le nombró como segundo a alguien ajeno a su círculo, al coronel Jerónimo Pantoja. El poder de *Mamo* ya estaba casi visto para sentencia.

El 3 de noviembre de 1977, el ministro de Relaciones Exteriores, Patricio Carvajal, llamó al encargado de negocios de la embajada norteamericana, Thomas Boyatt.

—Thomas, llamo para anticiparle una noticia. Dentro de un rato se va a anunciar que el presidente Pinochet ha nombrado al general retirado Odlanier Mena director de la CNI. Quiero que sepa que el general Mena es una excelente persona y que a su nombramiento seguirán más cambios en la CNI.

Poco después, se hacía público un comunicado con la noticia, al tiempo que se informaba de que el coronel Manuel Contreras y otros siete coroneles del ejército eran ascendidos a generales de brigada. Contreras recibía de Pinochet la condecoración Presidente de la República en el grado de gran oficial y la Estrella Militar de las Fuerzas Armadas del Ministerio de Defensa.

George Landau dejó la embajada en Paraguay y fue nombrado embajador en Santiago.

Designar a Landau suponía enviar a Santiago a un testigo de cargo de la falsificación de pasaportes que se había organizado en Paraguay durante el mes de julio de 1976.

A primeros de noviembre de 1977, el grupo de trabajo de Naciones Unidas elaboró un proyecto de informe para someter a la votación de la Asamblea General de Naciones Unidas a primeros de diciembre. El documento criticaba la continuación del estado de sitio, el funcionamiento de los tribunales militares, la inutilidad del recurso de amparo, los arrestos sin órdenes judiciales «según el capricho de los organismos de seguridad», la «tortura física y psicológica» y la incapacidad de informar sobre los numerosos desaparecidos, la privación de la nacionalidad chilena a varias personas, la falta de libertad de expresión, la supresión del pluralismo ideológico, y de la libertad sindical, y la puesta en práctica de políticas económicas cuyo esfuerzo principal recae en los pobres. Al analizar la abolición de la DINA, el informe expresaba sus deseos de que la CNI «no repetirá las aberrantes prácticas de la DINA y que toda su actividad sea objeto de control judicial», instando a perseguir a todas aquellos funcionarios responsables de «la tortura de miles de chilenos».

El 9 de noviembre, Pinochet escribió una carta al presidente Carter. Aunque no pedía nada en concreto, el propósito era lograr que el Gobierno norteamericano influyera en Naciones Unidas para que la asamblea general adoptara una resolución más benigna sobre Chile. Pinochet sostenía que se había «llegado a una situación límite inaceptable». Según decía, «se ha violado en términos casi absolutos el principio de no intervención en los asuntos internos de un país soberano, mediante el abuso de la jurisdicción que en materia de investigaciones sobre presuntas violaciones de los derechos humanos compete a las Naciones Unidas».

La carta fue entregada por el embajador Cauas el 6 de diciembre. El día 7, el grupo de trabajo de la ONU aprobó el proyecto y el 16 se votó en la Asamblea General, donde quedó aprobado por 96 votos a favor, 14 en contra y 25 abstenciones.

Pinochet, entonces, convocó, el 21 de diciembre, un referéndum para el 4 de enero de 1978, a fin de responder a la «injerencia extranjera». Él se estaba acomodando a las exigencias de Estados Unidos y lo único que había logrado era otra resolución dura de las Naciones Unidas. Y, además, en el camino de adaptación a las presiones norteamericanas, había aceptado cortarle la cabeza a Contreras.

La delegación de la CIA en Santiago informó a Washington sobre la caída del jefe de la DINA:

«Contreras se ha sentido totalmente conmocionado por su destitución, pese a la creencia generalizada de que su posición ya era vulnerable cuando la DINA fue sustituida por la CNI en agosto. La actitud de Contreras ha sido análoga al marido cornudo que es el último en enterarse de que su mujer le ha traicionado con otro».

Pinochet, como Pilatos, lavó sus manos del terrible crimen de Orlando Letelier, entre otros. La bestia de carga de todos sus asuntos, el exterminador de todos sus potenciales adversarios, debía caer. Y cayó.

El 21 de marzo de 1978, el vicecomandante en jefe del Ejército, Carlos Forestier, solicitó al general Contreras su renuncia al Ejército a raíz de los hechos relacionados con el caso Letelier.

Los días 13 y 14 de marzo de 1978, una semana antes de que se le solicitara su retiro al general Contreras, el hombre clave, Michael Townley, decidió escribir con su puño y letra cuatro documentos sobre sus relaciones con la DINA. Su idea era protegerse ante los tiempos que venían. Hizo guardar los textos bajo secreto, pero autorizó a abrir los sobres en caso de muerte. «Si ha habido causa suficiente para abrir este sobre acuso al Gobierno de Chile de mi muerte. Específicamente, como autor intelectual, al general Manuel Contreras», decía uno de los documentos.

La investigación del asesinato de Orlando Letelier en Estados Unidos llevó a la Administración Carter a ejercer una fuerte presión sobre Pinochet en abril de 1978 para que el ciudadano norteamericano Michael Townley, agente de la DINA, se sometiera a un interrogatorio del fiscal Eugene Propper y los agentes del Federal Bureau of Investigation (FBI), Robert Scherrer y Carter Cornick, quienes habían viajado a Santiago sin éxito. Propper regresó a Washington mientras los dos agentes permanecieron en la capital chilena.

El 7 de abril, el subsecretario del Interior, general Enrique Montero Marx, y un abogado externo contratado para asesorar en el caso, Miguel Álex Schweitzer, hijo del ex ministro de Justicia, viajaron a Washington. Allí negociaron con el fiscal encargado del caso, Eugene Propper, y su adjunto, Larry Barcella, los términos de un pacto para expulsar a Townley de Chile.

En paralelo, en Santiago, el número dos de la Central Nacional de Informaciones (CNI), general Jerónimo Pantoja, convocaba a una reunión a Scherrer y Cornick. Les exhibió un documento: era un decreto de expulsión de Townley firmado por el ministro del Interior. Según les informó, Townley estaba citado en la Dirección de Investigaciones, donde se enteraría. No sabía lo que le esperaba. Pero, aclaró, todo dependía del pacto de Washington.

A las diez de la noche, después de negociar todo el día, se firmó el acuerdo en la embajada chilena de la capital norteamericana. El Gobierno de Estados Unidos se comprometía a usar la información disponible solamente para el juicio del asesinato de Letelier. En ningún caso se podría utilizar a Townley para hacer una expedición de pesca en las negras aguas de la policía secreta chilena. Chile entregaría a Townley y le autorizaría a aportar información sobre el caso Letelier. Pero ninguno de estos dos puntos figuraba en el acta firmada. El subsecretario Montero llamó a Santiago y dio cuenta de que el pacto era una realidad. Podían proceder. El Gobierno chileno expulsaba a Townley de Chile al día siguiente, el sábado 8 de abril de 1978.

La policía y el FBI detuvieron el 14 de abril a Guillermo Novo, Alvin Ross e Ignacio Novo en Miami. Los otros dos miembros del grupo —Virgilio Paz y José Dionisio Suárez— lograron escapar a la acción de la justicia.

En aquellas fechas, la justicia militar chilena comenzó a investigar, por presión de la Administración Carter, la falsificación de los pasaportes paraguayos. El fiscal militar chileno, el general Héctor Orozco, viajó a Estados Unidos. El 18 de abril de 1978 interrogó a Townley en la base militar de Quántico, en Washington, y le autorizó formalmente a proporcionar información sobre el caso Letelier a las autoridades judiciales norteamericanas.

Ese día, la ministra de Justicia, Mónica Madariaga, tenía lista una ley de amnistía. Pinochet tenía necesidad de dar seguridades a los oficiales de las Fuerzas Armadas que habían servido a la DINA durante los últimos cinco años. Existía la idea de que por presión de los Estados Unidos, el régimen podía sacrificar a aquellos que habían participado activamente en la represión, las desapariciones y los asesinatos. El caso Letelier era la gran amenaza. Pero Pinochet quiso que éste casi fuera una isla, una excepción, y por ello, el decreto ley de amnistía n.º 2191 debía contemplarlo.

El cinismo que emanaba del documento no tenía precedentes. «El imperativo ético que ordena llevar a cabo todos los esfuerzos conducentes a fortalecer los vínculos que unen a la nación chilena,

349

dejando atrás odiosidades hoy carentes de sentido, y fomentando todas las iniciativas que consoliden la reunificación de los chilenos», decía uno de los considerandos.

La Junta de Gobierno, en apoyo de la «nueva institucionalidad» concedía, en primer lugar, «amnistía a todas las personas que, en calidad de autores, cómplices o encubridores hayan incurrido en hechos delictuosos, durante la vigencia de la situación de Estado de Sitio, comprendida entre el 11 de septiembre de 1973 y el 10 de marzo de 1978, siempre que no se encuentren actualmente sometidas a proceso o condenadas».

En segundo lugar, se amnistiaba, asimismo, «a las personas que a la fecha de vigencia del presente decreto ley se encuentren condenadas por tribunales militares, con posterioridad al 11 de septiembre de 1973». Y, sin nombrarle, hacía referencia a la excepción del caso Letelier: «Tampoco serán favorecidas con la aplicación del artículo 1.°, las personas que aparecieren responsables, sea en calidad de autores, cómplices o encubridores, de los hechos que se investigan en proceso rol n.° 192-78 del Juzgado Militar de Santiago, Fiscalía Ad Hoc».

El 24 de abril, de regreso a Chile, ordenó la detención del general Contreras, los coroneles Pedro Espinoza, Vianel Valdivieso y el capitán Armando Fernández Larios, y los citó a declarar en el asunto de los pasaportes falsos.

Townley confesó a los fiscales Propper y Barcella su participación en la conspiración para asesinar a Orlando Letelier en el marco del acuerdo con las autoridades judiciales a cambio de una sentencia no superior a diez años de prisión por su testimonio contra sus antiguos colaboradores en la operación.

El embajador Landau creía que los días de Pinochet estaban contados. «Es sólo cuestión de tiempo: hasta que el Ejército se dé cuenta de que el único camino para que Chile mejore sus relaciones con el mundo es la sustitución de Pinochet», dijo Landau a un funcionario, Robert Pastor, del Consejo Nacional de Seguridad en Washington, donde había sido llamado a consultas. Y al referirse concretamente al asesinato de Letelier, el embajador explicó: «Los generales saben que si tenemos suficientes pruebas contra Contreras, no hay manera de que él hubiera podido hacerlo sin informar a Pinochet, con quien desayunaba cada día».

Aunque el vaticinio de Landau sobre la sustitución de Pinochet era exagerado, la Junta Militar sufrió una seria crisis a mediados de julio. El general Gustavo Leigh, en una entrevista concedida al periódico italiano *Corriere della Sera*, publicada el día 18, desarrollaba las líneas de todo un programa de normalización política sin hacer referencia alguna a los planes ya expuestos por Pinochet en su discurso de Chacarillas. Leigh estimaba que el proceso constitucional debía restablecerse en cinco años, apoyaba una nueva ley electoral, un estatuto de partidos políticos, y una nueva Constitución. En un pasaje de la entrevista, Leigh dijo, al ser preguntado por el caso Letelier, que si afloraban pruebas de alguna participación oficial en el asesinato, él reconsideraría su situación dentro de la Junta Militar.

Pinochet encontró el argumento que necesitaba para deshacerse de Leigh. Durante seis días intentó conseguir la dimisión del comandante en jefe de la Fuerza Aérea Chilena. El 24 de julio, hizo rodear con tropas el Ministerio de Defensa y el edificio Diego Portales, y convocó una reunión de la Junta. Tenía preparado un decreto ley por el cual el general Leigh dejaba de ser comandante en jefe de la Fuerza Aérea Chilena. Pinochet le proponía un *hara kiri* en toda regla, porque pretendía que él también, junto con todos los miembros de la Junta, lo firmase. Leigh, claro, se resistió.

—No voy a presentar ninguna renuncia —aseguró Leigh.

—Entonces te voy a destituir —anunció Pinochet.

Leigh, después de pensárselo dos veces y hablar con los generales de la Fuerza Aérea, decidió irse a casa. La Junta declaró que Leigh no estaba en condiciones de seguir ejerciendo sus funciones. El general Fernando Matthei, ministro de Salud, sustituyó a Leigh como comandante en jefe de la Fuerza Aérea y miembro de la Junta Militar.

El 1 de agosto de 1978, un gran jurado federal de Estados Unidos aprobó el procesamiento de siete personas por el delito de conspiración para asesinar a un diplomático extranjero: Manuel Contreras, Pedro Espinoza y Armando Fernández Larios, Guillermo Novo, Alvin Ross, José Dionisio Suárez y Virgilio Paz. El octavo, Ignacio Novo, fue procesado por mentir a las autoridades y encubrir datos sobre el crimen. Townley, a su vez, no fue procesado ya que se declaró culpable de conspiración para asesinar, y colaboró con las autoridades.

Mientras se preparaba el juicio, Townley y su esposa Mariana entregaron al fiscal norteamericano Eric Marcy el original de los cuatro documentos redactados de puño y letra por Townley en el mes de marzo de 1978.

Durante el mes de agosto de 1978, la Corte Suprema de Chile ordenó que Contreras, Espinoza y Fernández Larios ingresaran en régimen de arresto al Hospital Militar de Santiago. El 20 de septiembre, Estados Unidos solicitó la extradición de los tres, sin éxito.

El juicio comenzó en Washington el 9 de enero de 1979, pero sólo comparecieron Guillermo Novo, Alvin Ross e Ignacio Novo. Tanto Suárez como Paz decidieron huir. El 14 de febrero, el jurado declaró a los tres culpables. El 23 de marzo de 1979, el juez Barrington Parker sentenció a Guillermo Novo y a Alvin Ross a varias condenas sucesivas de cadena perpetua, aunque con posibilidad de obtener la libertad condicional en 1999. Ignacio Novo fue condenado por perjurio y ocultamientos graves a la justicia a ocho años pero con la opción de obtener la libertad condicional tras pasar 32 meses en prisión. Con todo, los tres apelaron la sentencia, que fue anulada por presuntos errores procesales. Un nuevo juicio absolvió a Ross, mientras que Guillermo Novo fue hallado culpable de mentir al gran jurado, pero como había pasado más de un año en prisión quedó en libertad.

Y el 11 de mayo, finalmente, el juez, según el acuerdo pactado, dictó sentencia para Townley: diez años de prisión. En realidad, la condena se reducía a tres años y cuatro meses ya que estaba en condiciones de obtener la libertad condicional en octubre de 1981.

José Dionisio Suárez y Virgilio Paz fueron detenidos más tarde, se declararon culpables de un delito de conspiración para asesinar a un diplomático extranjero, por lo que fueron condenados a cumplir 12 años de cárcel, con la posibilidad de conseguir la libertad condicional en 1998.

CAPÍTULO 28

¿Todo atado y bien atado?

El 7 de septiembre de 1986, Pinochet salió ileso de un atentado terrorista con proyectiles antitanques realizado por la organización armada Frente Patriótico Manuel Rodríguez, en el que murieron cinco escoltas y doce resultaron heridos. Pero el general y su nieto Rodrigo, que iba en el mismo coche blindado, de regreso de la residencia El Melocotón, salvaron la vida. La reacción no se hizo esperar esa misma noche. Un comando se encargó de organizar la venganza. Seis militantes del Partido Comunista chileno fueron secuestrados y ajusticiados. Pero, a pesar de declarar el estado de sitio y ordenar el toque de queda, Pinochet, al mismo tiempo, sintió fuerzas para seguir adelante con sus planes de institucionalización.

El general envió el proyecto de ley de partidos políticos al Tribunal Constitucional, en aplicación de la Constitución Política aprobada por plebiscito el 11 de agosto de 1980. El plan por el que intentaba perpetuarse en el poder avanzaba lento, pero seguro.

El artículo 27 de la nueva Constitución disponía que en una fecha no posterior al 11 de diciembre de 1988, los comandantes en jefe de las Fuerzas Armadas y el director de Carabineros deberían proponer al país, por unanimidad, un candidato para el cargo del presidente de la República para el periodo comprendido entre el 11 de marzo de 1989 y el 11 de marzo de 1997. Esta propuesta debía someterse a la ciudadanía mediante un plebiscito a celebrarse en los sesenta días posteriores al acuerdo de los comandantes en jefe.

Otro artículo, el 45, preveía 9 senadores designados que se sumaban a los 26, dos por cada región, electos. Y, por fin, los artículos 65 y 68 conferían al Gobierno que se estableciera en 1990 la posibilidad de aprobar toda la legislación ordinaria con mayoría absoluta en una cámara y un tercio en la otra. Todo, pues, estaba atado y bien atado. Tanto con el sistema binominal como con los senadores designados, la derecha esperaba conseguir la mayoría absoluta en el senado y un tercio en la cámara de diputados. Pinochet, pues, proyectaba el control total del poder. Después de seguir como presidente durante ocho años, tras la aprobación de la nueva constitución de 1980, Pinochet se presentaría al siguiente plebiscito como el único candidato a presidente.

Lejos de Santiago, en Bruselas, la capital de Bélgica, se desarrollaba el 27 de marzo de 1987 un coloquio convocado por el Centro de Derecho Internacional del Instituto de Sociología de la Universidad Libre de Bruselas. El profesor de Derecho Eric David terminaba una larga exposición sobre las consecuencias y la actualidad de los juicios de Núremberg celebrados después del final de la Segunda Guerra Mundial.

El profesor afirmó: «No. No estamos desvalidos ante las más graves violaciones del derecho internacional. El instrumento de una represión legal existe y si bien no es más que una pura virtualidad, puede ser "reactivado" y aplicado a cualquiera que cometa actos que formen parte de sus disposiciones, como lo vamos a ver».

David, entonces, propuso: «Hagamos un poco de "derecho penal-ficción" e imaginemos que Augusto Pinochet, autor del golpe de Estado que derrocó a Allende en Chile, en septiembre de 1973, viaja a un Estado como Bélgica. ¿Podríamos perseguirle, juzgarle y condenarle por hechos como las desapariciones, las ejecuciones extrajudiciales, la tortura, la detención ilegal, todos cometidos después de su llegada al poder en 1973?».

Y se respondió: «En tanto que actos inhumanos cometidos por motivos políticos en nombre de un Estado, estos hechos son crímenes contra la humanidad. Poco importa que no estén conectados con crímenes contra la paz ni a crímenes de guerra. La competencia no es otra que la competencia universal implicada en el derecho de Núremberg y consagrada implícitamente por ciertas resoluciones de la Asamblea General de Naciones Unidas y explícitamente por ciertas decisiones judiciales. Los derechos cuya violación queremos impedir están enunciados y protegidos por convenciones que, como el Pacto de Naciones Unidas de 1966 relativo a los derechos civiles y políticos, vinculan a Bélgica con Chile. ¿Podemos imputar a Pinochet los hechos en cuestión? Aquí se plantea un problema de prueba, pero aun cuando no podamos demostrar que Pinochet efectivamente ha perpetrado u ordenado los hechos que se le imputan, tiene la responsabilidad de no haber adoptado medidas adecuadas para prevenirlos. Es una responsabilidad por omisión consagrada implícitamente en Núremberg y explícitamente en Tokio. ¿Pinochet podría beneficiarse de la inmunidad de jurisdicción? Ésta ha sido descartada en Núremberg, en Tokio, por la ley número 10 del Consejo de Control Aliado de 1945 y en diversos proyectos de la Comisión de Derecho Internacional. Cuando el titular es inculpado por crímenes contra la humanidad, la inmunidad de jurisdicción puede, de buena ley, serle rechazada».

Al llegar a la conclusión de su informe, el profesor David se preguntó qué quedaba de Núremberg: «¿Espada de Damocles suspendida sobe la cabeza de cada dictador y cada torturador o bien producto congelado enterrado en el refrigerador del aparato legislativo de los Estados? El derecho de Núremberg es sin duda un poco las dos cosas, aunque la realidad nos lleve más hacia el congelador que a la espada. No está tan mal porque el producto existe y no hay más que hacerle salir de su letargo o de su hibernación para insuflarle vida. Desgraciadamente, hoy sabemos que hasta llegar a la acción propiamente dicha, la distancia sigue siendo considerable. El derecho de Núremberg es un fantasma. Si bien forma parte del patrimonio jurídico común de la humanidad, ésta no se siente presionada para recurrir a él aun cuando desgraciadamente no falten las ocasiones. Ningún estado puede permanecer indiferente a la impunidad del autor de un crimen contra la paz, de un crimen de guerra o de un crímen contra la humanidad. Todo tribunal que tenga la posibilidad material de hacer arrestar a tal personaje debe perseguirle y llevarle ante la justicia; es una exigencia del derecho y la moral. A aquellos que tengan dudas jurídicas sobre esto que recuerden una vez más que en el momento del proceso de Núremberg, existían obstáculos también difíciles para intentar la persecución y que se encontraron los razonamientos jurídicos aptos para superar las dificultades. Que recuerden que esos razonamientos así como sus conclusiones fueron enseguida confirmados universalmente por la práctica, la jurisprudencia y que hoy constituyen precedentes a invocar en todo hecho similar».

David sostenía, por tanto, que la doctrina de los juicios posteriores a la Segunda Guerra Mundial no estaba muerta. Si bien admitía que el derecho de Núremberg podía estar dormido, su existencia podría manifestarse cuando fuera necesario.

El 30 de agosto de 1988, Pinochet fue nominado candidato a presidente de la República en un plebiscito convocado para el 5 de octubre de 1988, según un acuerdo unánime de los comandantes en jefe de las tres armas y el director de Carabineros. Las elecciones parlamentarias, en caso de triunfar el «no» a Pinochet, se celebrarían el 14 de diciembre de 1989.

El embajador de Estados Unidos en Santiago, Harry Barnes, informó el domingo 2 de octubre al Departamento de Estado en Washington de que las Fuerzas Armadas no estaban completamente dispuestas a aceptar un eventual fracaso. Un día más tarde, el 3, la Casa Blanca apuntaba en una declaración la posibilidad de una suspensión del plebiscito.

La noche del 5 de octubre, tras conocer que los datos habían dado el triunfo al «no», por un 54,7 por ciento contra un 43 por ciento, Pinochet convocó a los tres comandantes en jefe y al director de Carabineros a la Moneda para celebrar una reunión en la madrugada del miércoles 6. Él y su ministro del Interior, Sergio Fernández, pidieron a los miembros de la Junta que firmaran un decreto que delegaba en el presidente facultades extraordinarias para hacer frente a la nueva situación política. Los tres miembros de la Junta se negaron. Pinochet amagó entonces con sacar las tropas a la calle. Ninguno de sus camaradas de armas le apoyó. Sólo a las dos y media de la mañana del 6 de octubre, el ministro Fernández admitió ante los medios de comunicación la derrota de Pinochet.

El sistema diseñado por la derecha y por Pinochet para asegurarse el control total se convertía ahora, tras la derrota en el plebiscito y ante la perspectiva de una victoria de la Concertación de Partidos por la Democracia en las próximas elecciones, en un bumerán.

Pero hecha la ley, había que hacer la trampa. En mayo de 1989, la Concertación, después de una fuerte discusión entre Patricio Aylwin, del Partido Demócrata Cristiano, y Ricardo Lagos, del Partido Por la Democracia, pactó con la derecha, la Unión Demócrata Independiente (UDI) y el Gobierno militar, una reforma de la Constitución de 1980 para someter a un plebiscito en julio de 1989.

El artículo 65 exigía, en su nueva versión, que para aprobar una ley ordinaria se debían reunir en la cámara los dos tercios de los miembros presentes. El artículo 68 se adaptaba también a la norma de los dos tercios.

La Concertación, pues, había entregado uno de los principales resortes del poder, el mecanismo de la mayoría parlamentaria diseñado por Pinochet y sus asesores para perpetuar su dominación. A cambio, se reformó el artículo 45. Ahora, al incrementarse las circunscripciones, los senadores electos pasaban de 26 a 38, pero siempre bajo el sistema binominal, favorable a la minoría.

El 14 de diciembre de 1989, el demócrata cristiano Patricio Aylwin ganaba las elecciones presidenciales como candidato del frente llamado Concertación de Partidos Políticos por la Democracia, que incluía principalmente a la DC y al Partido Socialista, con un 55 por ciento de los votos. Tres meses después, el 11 de marzo de 1990, un helicóptero recogió a Pinochet en la Escuela Militar y lo trasladó a Valparaíso, a la sede del Congreso Nacional. A las 13.14 horas, Pinochet se quitó la banda tricolor y se la entregó al presidente del Senado, Gabriel Valdés. Aylwin juró respetar la Constitución y las leyes durante su mandato de cuatro años, hasta 1994. Valdés ciñó la banda al nuevo presidente.

El 25 de abril de 1990, un decreto supremo del Gobierno de Patricio Aylwin creó en Chile la Comisión Nacional de Verdad y Reconciliación para informar sobre las violaciones de derechos humanos en el periodo comprendido entre el golpe de Estado del 11 de septiembre de 1973 y la entrega del poder el 11 de marzo de 1990. El 8 de febrero de 1991, la Comisión, presidida por el abogado y ex senador radical Raúl Rettig, entregó su informe, según el cual después de examinar un total de 2.920 casos se estimaba que 2.115 personas habían sido víctimas de violaciones de derechos humanos y 164 víctimas de la violencia política, al tiempo que sobre otros 641 casos no pudo formarse convicción. Los muertos, según un estudio pormenorizado, ascendían a 1.068 y los detenidos desaparecidos a 957.

Una cárcel para Mamo

La justicia militar archivó la causa de los falsos pasaportes relacionados con el asesinato de Letelier. La familia solicitó a la Corte Suprema de Chile, en base a nuevos datos, la reapertura del procedimiento. Tras examinar las pruebas acumuladas, el ministro de la Corte Suprema Adolfo Bañados dictó el 17 de septiembre de 1991 los autos de procesamiento del general Manuel Contreras y del coronel Pedro Espinoza, y ordenó el arresto de ambos. Faltaban cuatro días para que el delito cumpliera los quince años. Y, con ello, según la ley, su prescripción. Bañados continuó instruyendo la causa para, llegado el caso, dictar sentencia. La investigación del crimen de Carmelo Soria, sobreseído de forma temporal por la Corte de Apelaciones de Santiago en 1979, fue reabierta en los primeros meses de 1991, tras ser enviados a la justicia los antecedentes de la Comisión Nacional de Verdad y Reconciliación. Sin embargo, el empujón más importante procedió del sumario que instruía el ministro Bañados: el asesinato de Orlando Letelier.

En septiembre de 1991, a petición de Bañados, el fiscal Eric Marcy envió material probatorio relacionado con el asesinato de Orlando Letelier. Y entre la documentación, también incluyó los cuatro escritos de Townley, quien implicó a la brigada Mulchén en el asesinato de Soria. Según declaró, el coronel Jaime Lepe, que ocupaba ahora la secretaría del comandante en jefe del Ejército, Agusto Pinochet, había participado en la operación.

El Gobierno español, a través de su embajador en Santiago, Pedro Bermejo Marín, hizo una intensa presión sobre el Gobierno chileno en los primeros meses de 1992.

El 12 de noviembre de 1993, tras una instrucción que había durado casi dos años, Bañados anunciaba su veredicto. El general

Manuel Contreras y el coronel Pedro Espinoza eran culpables como autores intelectuales del asesinato de Orlando Letelier. El primero era condenado a siete años de prisión y el segundo a seis años.

En octubre de 1994, mientras se veían en la Corte Suprema los recursos de Contreras y Espinoza contra la sentencia del caso Letelier, el Gobierno de Eduardo Frei Ruiz-Tagle iniciaba los pasos para construir una cárcel de alta seguridad en previsión del ingreso de Contreras y Espinoza una vez que la Corte Suprema se pronunciara sobre los recursos. Una prisión de lujo en Punta Peuco. En los primeros días de abril de 1995, las obras para construir la prisión del general Contreras avanzaban a buen ritmo. La cárcel de Punta Peuco ya tenía muros. El 24 de mayo de 1995 la Corte Suprema resolvió procesar al coronel retirado Guillermo Salinas y al suboficial José Remigio Ríos San Martín, quien confesó su participación y la de los miembros de la brigada Mulchén, de la DINA, en el asesinato de Soria.

La Corte Suprema confirmó el 30 de mayo de 1995 la sentencia del ministro Bañados en el caso Letelier. El general Contreras ingresó el 12 de junio en el Hospital Naval de Talcahuano. Un día más tarde, el 13, el ministro Bañados emitió una orden de detención para arrestar a Contreras, la que le fue entregada en el hospital el día 14. El 18 de junio, el periódico *La Tercera* daba a conocer el punto de vista de Pinochet sobre la sentencia. El comandante en jefe del Ejército declaró a la periodista María Eugenia Oyarzún que la sentencia había sido dictada por un tribunal especial, nombrado como el de Núremberg.

Ese día, 18 de junio, Espinoza entraba en la nueva cárcel de máxima seguridad. El general Contreras permaneció varios meses bajo arresto en el Hospital Naval de Talcahuano. El sábado 21 de octubre de 1995 ingresaba a la cárcel que habían construido especialmente para él en Punta Peuco. Eran la una y veinte de la madrugada.

SEGUNDA PARTE

El proceso

Veinte años no es nada

Algunos aniversarios son como un *bulldozer*. Remueven a fondo. A veces, incluso son capaces de liberar efluvios mágicos.

En octubre de 1995, el abogado laboralista Carlos Slepoy, un porteño que vivía desde hacía tiempo en España, trabajaba activamente con sus compañeros de la Asociación Argentina Pro Derechos Humanos, de la que era presidente, en el diseño de un plan de actividades a propósito del vigésimo aniversario del golpe militar del 24 de marzo de 1976.

Diecinueve años atrás, el 11 de marzo de 1976, Slepoy había sido detenido por un grupo de marinos de la Escuela Mecánica de la Armada (ESMA). Con 27 años, él y otros once colegas, todos abogados jóvenes, asesoraban a representantes sindicales de empresas radicadas en la provincia de Buenos Aires. Faltaban entonces trece días para el golpe militar del 24 de marzo. Pero los militares ya mandaban. La presidenta María Estela Martínez de Perón, *Isabelita*, una antigua dama de alterne a la que el general Juan Domingo Perón conoció en Panamá, había aceptado hacía tiempo representar el papel de marioneta en manos de las Fuerzas Armadas.

El comando detuvo a Slepoy en una cafetería y lo trasladó al cuartel de la ESMA, en la elegante avenida porteña del Libertador; se trataba de un cuartel cuya leyenda por su importante participación en los secuestros de opositores, tortura, desapariciones y vuelos de la muerte todavía estaba por forjar. El oficial que lo metió en una celda, le puso la pistola en la cabeza.

—Si sos un subversivo, vas a aparecer en el río; si no tenés nada que ver, te vamos a pedir disculpas —le advirtió.

Tras una sesión de golpes, le pusieron una capucha y lo trasladaron a un descampado. Allí fue sometido a un simulacro de fusilamiento. Durante dos meses estuvo detenido en el Departamento Central de Policía y, tras ser puesto a disposición del Poder Ejecutivo, fue encarcelado. En enero de 1977, mientras él y otros detenidos jugaban al fútbol en el patio, sacaron a dos presos del recinto conocido como «pabellón de la muerte». Aparecieron muertos.

Mientras cinco de sus colegas y muchos de sus amigos desaparecían, Slepoy tuvo la posibilidad de abandonar el país en octubre de 1977. Y se instaló en España.

Una tarde de enero de 1982, cuando se dirigía por la madrileña plaza de Olavide hacia la casa de un amigo, vio que un policía nacional golpeaba a culatazos a cuatro jóvenes cuyas edades no sobrepasarían los 14 o 15 años. Slepoy se acercó y se presentó como abogado. El policía estaba manifiestamente ebrio e insultaba a los muchachos. Slepoy se interpuso y le exhortó a dejarles. Mientras discutían, los cuatro jóvenes huyeron. El policía pidió a Slepoy que le mostrara su carné de abogado, pero éste, en aquel momento, no lo llevaba consigo. El agente le dijo que, entonces, debía acompañarle a la comisaría.

Ambos, pues, avanzaron por la acera, a la misma altura, uno junto a otro. El policía sacó su pistola y disparó a quemarropa, oblicuamente y por la espalda, a Slepoy, quien cayó al suelo. El policía profería frases inconexas delante de su víctima con el arma en la mano. Unos transeúntes se aproximaron. El policía apuntó alternativamente al suelo, donde yacía Slepoy, y al frente, a los curiosos. Llegó una persona, presentó su placa de policía, desarmó al policía nacional y se lo llevó a la comisaría.

Slepoy había sobrevivido al simulacro de fusilamiento, a la ESMA y a la cárcel en Argentina. Pero acababa de ser víctima de una trágica jugada del azar. La bala le afectó la médula y quedó paralítico. Al cabo de varios años en silla de ruedas, consiguió recuperar cierta movilidad, mediante los aparatos y el bastón que usa para caminar. Slepoy demandó al policía, expedientado inmediatamente, que fue condenado en primera instancia a seis años de prisión ya que su embriaguez se consideró una circunstancia atenuante. El abogado recurrió. En 1991, casi diez años después de los hechos, el Tribunal Supremo aumentó la pena a diecisiete años de prisión.

En octubre de 1995, la Agrupación Argentina Pro Derechos Humanos de Madrid y otras dos entidades publicaron en varios diarios argentinos un anuncio pagado para lanzar la campaña «Justicia, no venganza». La idea consistía en denunciar que el restablecimiento de la democracia, a finales de 1983, no había significado justicia para las víctimas de la dictadura y sus familiares sino impunidad para los que cometieron aquellos crímenes. El Gobierno de Raúl Alfonsín había creado la Comisión Nacional sobre la Desaparición de Personas (CONADEP), a la cual solicitó la investigación de los hechos. En su informe, *Nunca más*, elaborado durante nueve meses de trabajo, la Comisión ofreció detalles sobre la situación de nueve mil desaparecidos.

Los nueve generales, almirantes y comodoros, integrantes de las tres juntas militares que habían gobernado entre 1976 y 1983, fueron enjuiciados y condenados por detenciones ilegales y homicidios. Ante la presión militar, el Gobierno de Raúl Alfonsín dictó, en 1986 y 1987, las Leyes de Punto Final y Obediencia Debida, respectivamente. La responsabilidad de los oficiales que siguieron instrucciones superiores para secuestrar, torturar y asesinar quedó exonerada. Durante el mandato del presidente Carlos Menem, en los años noventa, hubo varias intentonas golpistas; Menem indultó a cada uno de los miembros de las juntas militares.

Slepoy y sus amigos, pues, denunciaban las Leyes de Punto Final, Obediencia Debida y los indultos, al tiempo que pedían el procesamiento de los responsables de violaciones de derechos humanos.

Las actividades por el vigésimo aniversario del golpe militar de marzo de 1976 comenzaron a intensificarse en los primeros meses de 1996. Los días 14 y 15 de febrero, la sección española de Amnistía Internacional, la Asociación Argentina Pro Derechos Humanos, la organización española Jueces para la Democracia y otras entidades organizaron en la sede del Parlamento Europeo, en Madrid, el Primer Congreso contra la Impunidad en América Latina. El argentino Adolfo Pérez Esquivel, que se salvó, por una contraorden, de ser arrojado desde un avión al Río de la Plata, y más tarde, en 1980, obtuvo el Premio Nobel de la Paz, presidía el seminario.

Juan Zurita, director de la Oficina de Derechos Humanos del Ministerio de Asuntos Exteriores español durante el gobierno del Partido Socialista Obrero Español (PSOE), que participaba como uno de los patrocinadores del seminario, advirtió en su discurso que si bien las Naciones Unidas habían colaborado en el reconocimiento universal de los derechos humanos, las «actuaciones declarativas siguen chocando con la realidad». Zurita invocaba el Pacto de Derechos Civiles y Políticos de Nueva York de 1966 y los instrumentos jurídicos, como la Convención contra la Tortura, el convenio sobre protección contra las desapariciones forzadas y los principios para la prevención e investigación de las ejecuciones extralegales, arbitrarias o sumarias. Según decía, la ONU había impartido «reglas de aplicación jurisdiccional, que son también extensivas a los responsables de violaciones de derechos humanos».

En las conclusiones del seminario, se solicitaba al Gobierno español, el 16 de febrero, el apoyo para «esclarecer las circunstancias en las cuales desaparecieron ciudadanos españoles en Argentina, tomando las medidas judiciales y diplomáticas útiles para impedir la impunidad de los responsables de tales delitos».

En España, la campaña en la prensa, los festivales de música, las exposiciones de pintura, los reportajes en los diarios y la televisión se ocupaban de recordar aquellos días de marzo de 1976 en Argentina y sus consecuencias. Por otro lado, las crónicas periodísticas resaltaban que uno de los destacados militares de la dictadura, el general retirado Domingo Bussi, había resultado elegido gobernador de la provincia norteña de Tucumán en los comicios del mes de julio de 1995.

En los primeros días de noviembre de ese año, el general Bussi asumió su cargo en la misma capital de la provincia donde había ordenado secuestros, torturas y ejecuciones, hechos por los cuales se le llegaron a abrir 630 causas judiciales. Se supo enseguida que en su nuevo puesto de gobernador recibía a sus visitas con la pistola enfundada sobre su mesa de despacho.

CAPÍTULO 29

Castresana salta al ruedo

En aquella época, el portavoz de la Unión Progresista de Fiscales (UPF), entidad surgida en una escisión de la Asociación de Fiscales en 1985, era un madrileño de 39 años llamado Carlos Castresana. La UPF, una asociación de defensa de intereses profesionales, representaba a unos 1.600 fiscales.

Castresana había ejercido como abogado, magistrado suplente, juez de distrito y de instrucción. Una vez orientado hacia la carrera fiscal, se trasladó primero a Barcelona; regresó luego a Madrid, a los juzgados de Plaza de Castilla, y, después, pasó tres años en la Fiscalía Antidroga. Y, ahora, acababa de incorporarse a la Fiscalía Anticorrupción.

El fiscal Castresana seguía con atención las noticias sobre la actividad de las madres y las abuelas de la Plaza de Mayo, las denuncias sobre la impunidad y los actos de los que informaban los periódicos y los telediarios. Las víctimas y familiares aseguraban que los tribunales argentinos estaban prácticamente cerrados a la investigación. Pensó que quizá España pudiera ofrecer una justicia alternativa. Vicente González Mota, miembro de la Fiscalía Anticorrupción, acogió la idea con interés.

A final de marzo, a medida que se acercaba la fecha del aniversario golpista, ambos se pusieron a trabajar con la información de los periódicos. Sabían, por los recortes, que había víctimas de nacionalidad española. La comisión de investigación creada por el Senado español en 1982 mencionaba a 35 españoles. Pero no podían entretenerse en reunir los datos y la información. El 24 de marzo empezarían a prescribir en España algunos de los hechos, aquellos que tuvieron lugar inmediatamente después del golpe militar. Había, pues, que parar el reloj, interrumpir el plazo de veinte años.

Castresana elaboró la denuncia y propuso que la reunión del Secretariado Permanente de la UPF tuviera lugar el 28 de marzo. En lugar de Madrid, le pareció más adecuado celebrarla en Barcelona, una ciudad en la que se sentía más respaldado. Si bien los estatutos de la UPF definían entre sus actividades «promover la defensa y plena realización de los principios, derechos y libertades consagrados en la Constitución», así como el de «promover la satisfacción de interés social y la defensa de los derechos sociales y económicos de los ciudadanos, y la protección de los sectores marginados de nuestra sociedad», los asociados de Barcelona solían ser menos críticos respecto a actividades de la UPF que algunos miembros consideraban alejadas de sus intereses corporativos.

Antes de viajar a Barcelona, Castresana dejó el ejemplar de la denuncia en manos de la fiscal Lola Delgado, que actuaba en la Fiscalía Antidroga.

El día 28 de marzo, después de exponer ante el Secretariado los argumentos para presentar la denuncia, Castresana lograba el apoyo unánime. Llamó al filo del mediodía a Madrid y pidió que se presentara la denuncia, firmada por él, en la Audiencia Nacional. Lola Delgado salió hacia allí. Esa semana, la guardia le correspondía al Juzgado Central de Instrucción número 5. Estaba a cargo de un juez de 40 años cumplidos. Y se llamaba Baltasar Garzón.

En Barcelona, Castresana y los miembros del Secretariado de la UPF habían convocado una rueda de prensa en el salón de actos de la Fiscalía del Tribunal Superior de Justicia de Cataluña para exponer los argumentos.

Mientras, en Madrid, el juez Garzón enviaba la denuncia, como era habitual, al juzgado decano, el número 4, a cargo del juez Carlos Dívar, para su reparto posterior. La denuncia fue asignada al juzgado de Garzón, quien, a su vez, inició las diligencias previas. Al día siguiente, la prensa informaba sobre estos hechos de forma muy breve.

La denuncia desafiaba toda la lógica legal imperante y nadie parecía dispuesto a apostar por ella.

Para empezar, estimaba que los hechos ocurridos en Argentina debían calificarse de genocidio, un término creado en 1943 por el abogado polaco de origen judío Raphael Lemkin, quien, junto con su hermano, logró sobrevivir al exterminio de todos los miembros de su familia a manos de los nazis.

368

Lemkin emigró a Estados Unidos y participó en los juicios de Núremberg como miembro del grupo director del Consejo para la Persecución de la Criminalidad. Fue él quien, tras oír a Winston Churchill decir en una emisión de radio, en 1941, que la barbarie nazi era un crimen que «no tenía nombre», acuñó el término «genocidio». Lemkin trabajó con la antigua palabra griega *genos*, raza o clan, y el sufijo latino *cidium* (de *caedere*), matar. «Genocidio es el crimen de la destrucción de grupos nacionales, raciales o religiosos», escribió más tarde, al proponer que las Naciones Unidas lo declarara crimen internacional. «Sería poco práctico tratar el genocidio como un crimen nacional, dado que su naturaleza misma está determinada por el Estado o por grupos de poder que tienen el respaldo del Estado. El Estado nunca perseguirá un crimen instigado o respaldado por él mismo», concluyó.

La Organización de Naciones Unidas aprobó en Nueva York, en 1948, la Convención para la Prevención y Sanción del Genocidio, término que entendía como aquellos actos «perpetrados con la intención de destruir, total o parcialmente, a un grupo nacional, étnico, racial o religioso, como tal».

España ratificó la Convención pero, al reproducir la definición, en 1971, modificó la palabra *racial* y en su lugar puso *social*. En 1983, se introdujo un cambio, sustituyéndose la palabra «social» por la vigente en la Convención, esto es, «racial».

Pero aun cuando entre los años 1971 y 1983 estuviera vigente la palabra «social» —un periodo importante, ya que abarcaba todos los años de la dictadura militar en Argentina (1976-1983)—, la definición que regía para todos aquellos países que habían ratificado la Convención contra el Genocidio era, lógicamente, la que ésta había consagrado. Y tanto Argentina como España eran parte de la misma.

Otro de los desafíos se refería a encuadrar los hechos acaecidos en Argentina como un delito de terrorismo. Hasta 1995, la definición del delito de terrorismo era más bien difusa en la ley española, que hablaba de actos de colaboración con «elementos terroristas», sin explicar exactamente el acto de terrorismo como tal. Y en el Código Penal de 1995 se definía como una acción perpetrada con la «finalidad de subvertir el orden constitucional o alterar gravemente la paz pública».

Esa definición del Código Penal de 1995, aun cuando suponía aplicar retroactivamente la ley a los hechos acaecidos en Argentina, tampoco era una horma fácil para encajarlos.

Pero la denuncia sacó provecho de las leyes y trató de llenar de nuevo contenido el delito de terrorismo, al señalar que las detenciones ilegales, violaciones, torturas y asesinatos de miles de ciudadanos por parte de sus gobernantes eran una manifestación del terrorismo de Estado. Según decía, cada uno de esos delitos no podía considerarse individualmente.

Lo cierto era que España tampoco tenía jurisdicción para los delitos de detención ilegal, asesinato y sustracción de menores en otros países. Y, aun en el caso de que las víctimas fueran de nacionalidad española, la ley española no contempla el principio de «personalidad pasiva», es decir, el ejercicio de jurisdicción en atención a la nacionalidad española de la víctima.

El principio de «personalidad pasiva» sí se planteaba en la Convención contra la Tortura de Naciones Unidas. Ésta llamaba a los países que la adoptaron a «disponer lo que sea necesario para instituir su jurisdicción», entre otros casos, cuando la víctima fuera un nacional. España había ratificado la Convención en 1987 y había actualizado el delito de tortura en el Código Penal 1995. Pero, a diferencia de otros países, como el Reino Unido, por ejemplo, con su ley de Justicia Criminal de 1988, no había establecido explícitamente la persecución extraterritorial de los delitos de tortura.

Y, por último, con el andamiaje jurídico vigente, era difícil la aplicación de la Ley Orgánica del Poder Judicial de 1985 para ejercer la jurisdicción española sobre unos hechos ocurridos con anterioridad. El artículo 23.4 de la Ley Orgánica del Poder Judicial autoriza la persecución del delito de genocidio cualquiera sea el país donde se haya cometido. Pero al tratarse de una ley de 1985, es decir, posterior a los crímenes cometidos en Argentina, suponía una aplicación retroactiva, algo prohibido por el artículo 9.3 de la Constitución española.

Si bien era cierto que la ley de 1985 era una ley procesal, esto es, que no imponía penas o no sancionaba a los presuntos responsables, era evidente que su aplicación retroactiva suponía un perjuicio para el reo al tener para él un resultado sancionador.

Pero, además, la Convención contra el Genocidio estipulaba que los tribunales competentes eran los del Estado en el que se había cometido el delito o un Tribunal Penal Internacional reconocido por los países que eran parte de la misma.

Esa opción era inexistente. Como decía Lemkin, «el Estado nunca perseguirá un crimen instigado o respaldado por él mismo». Y, además, no existía el mencionado Tribunal Penal Internacional.

Castresana, de regreso a Madrid, ratificó la denuncia el 29 de marzo en el Juzgado número 5 ante el juez Garzón.

Se mostraba especialmente fascinado con el párrafo que describía el comienzo del golpe militar: «En la madrugada del 24 de marzo de 1976, unidades del Ejército de la República Argentina, comandadas por el entonces general Jorge Rafael Videla, en ejecución de un plan preconcebido, saliendo de su acuartelamiento, ocuparon mediante la violencia el Palacio presidencial, así como otros edificios públicos y privados; destituyeron por las armas al Gobierno de la Nación e instauraron un régimen político dirigido por juntas militares integradas por los sucesivos jefes de las tres armas de tierra, mar y aire, no consintiendo el restablecimiento de un régimen democrático hasta 1983».

Si bien, según el escrito, «los denunciantes no hacen distinción entre las víctimas en razón de su nacionalidad, constituye una exigencia indeclinable de la soberanía nacional la persecución penal del asesinato de ciudadanos españoles víctimas del terror desatado». Castresana apuntaba que «entre las personas desaparecidas se encontraban al menos 35 ciudadanos españoles».

Pero no los identificaba ni citaba sus nombres. Para cubrir cualquier acusación de que la UPF incurría en una acción política, Castresana quería ampliar cuanto antes la denuncia con el mayor número de víctimas de nacionalidad española y su identificación, caso por caso.

Una llamada al padre de un compañero de colegio de su hijo lo condujo hasta la Asociación Argentina Pro Derechos Humanos.

Fue así como Slepoy llamó, finalmente, a Castresana a su despacho de la madrileña calle de Recoletos. Tres días después de haber presentado la denuncia, ambos se sentaban a tomar café en un bar de mala muerte, frente a la plaza de Antón Martín. Slepoy estaba intrigado y le preguntó qué le había llevado a presentar la denuncia.

—He visto las grandes manifestaciones en Argentina, he leído la prensa y he seguido el asunto. Cuando vi que las madres y las abuelas de Plaza de Mayo decían que no conseguían justicia en Argentina, me dije que debíamos intentarlo aquí. Ahora, yo necesito los casos de españoles que han sido víctimas de la dictadura.

—Hay que mirar el informe de la Comisión Nacional sobre Desaparición de Personas. Nosotros tenemos una lista de unos 36 ciudadanos españoles, pero también están aquellos hijos y nietos de españoles...

—Me gustaría ampliar la denuncia esta misma semana.

Slepoy volvió a ver a Castresana en su despacho de la avenida de Recoletos. Trabajaron sobre 38 casos de españoles desaparecidos.

Castresana amplió su denuncia el 9 de abril. Hizo una síntesis del informe de la CONADEP y enumeró 38 casos de españoles desaparecidos y asesinados. Entre ellos, mencionaba el caso de la familia Labrador. Pero la historia de esta familia sobrepasaba ampliamente los tres breves párrafos del escrito aportado el 9 de abril.

Víctor Labrador y su esposa Esperanza Pérez, oriundos de la provincia de Salamanca, habían emigrado a Argentina. Se instalaron en Rosario, provincia de Santa Fe, donde levantaron una fábrica de calzado y artículos de cuero. Tenían tres hijos: Miguel Ángel, Palmiro y Manuela.

Miguel Ángel desapareció el 13 de septiembre de 1976, casi seis meses después del golpe militar del 24 de marzo, sin dejar rastros. Su padre, Víctor, averiguó que su hijo había sido detenido por un «grupo de tareas», como se llamaba a los comandos militares encargados del secuestro y la desaparición de personas. El máximo responsable de la zona era el general Leopoldo Fortunato Galtieri.

Víctor Labrador presentó un recurso de *hábeas corpus* (amparo) ante un juzgado federal, sin éxito. Decidió entonces denunciar los hechos. A primeros de octubre de 1976, envió telegramas al ministro del Interior, el general Albano Harguindeguy, al que le solicitaba datos sobre la situación de su hijo, y al arzobispo de Santa Fe.

El 10 de noviembre, un «grupo de tareas», integrado por unas diez personas, se presentó en el domicilio de los Labrador. Iban con vestimenta civil, encapuchados, y portaban armas largas. Era evidente que se trataba de personal militar. Golpearon con sus escopetas a Víctor Labrador y a su esposa Esperanza. Mientras destrozaban la casa, gritaban: «¡Venimos a matar a Palmiro!». Intentaron conseguir la dirección de Palmiro, pero los padres se negaron a dársela. El grupo salió rumbo al domicilio de la hija del matrimonio, Manuela. A ella la golpearon y a su marido, Óscar Ruben Rivero, lo apartaron en la cocina. Le obligaron a firmar varios talones en blanco y amenazaron con volver si no había fondos, y se marcharon.

Mientras tanto, Víctor Labrador y su esposa decidieron ir a casa de sus hijos. Víctor se encaminó al domicilio de Palmiro y Esperanza fue al domicilio de su hija Manuela. Pero ya era tarde. El grupo había asesinado a Palmiro y a su esposa Edith Graciela Koatz. Esperanza, su hija Manuela y su esposo, al ver que Víctor no regresaba, se dirigieron a casa de Palmiro. Mientras tanto, el Ejército había rodeado el domicilio de la calle Aménabar, número 1.200, la casa de Palmiro. Al llegar, una vecina les informó: «Hay tres muertos». Víctor Labrador estaba muerto y presentaba el hombro desencajado.

Al día siguiente, la prensa de Rosario publicó un comunicado del comando del Segundo Cuerpo de Ejército, a cargo de la llamada Zona 2, en el cual se informaba de un enfrentamiento entre las Fuerzas de Seguridad y «elementos terroristas» en el que habían resultado muertos Palmiro, Edith y Víctor. A Víctor Labrador le llamaban *el Vasco*. El cónsul de España en Rosario, Vicente Ramírez-Montesinos, ayudó a los sobrevivientes de la familia a abandonar Argentina, desde donde partieron, clandestinamente, a España.

Carlos Castresana quería, tras esta ampliación de urgencia del 9 de abril, aportar nuevos datos. Slepoy estaba en contacto con el abogado Juan Carlos Galán, miembro de la Asociación Libre de Abogados (ALA), quien empezó a trabajar en el texto de una querella para ejercer la acusación popular. La Asociación Argentina Pro Derechos Humanos presentaría, a su vez, otra querella. Y el abogado Ángel García Castillejo, de la coalición Izquierda Unida, una tercera.

En medio del trabajo de recopilación de datos, Castresana recibió la llamada telefónica de un abogado. Se trataba de Joan Garcés. Sabía de la existencia de la denuncia y sugirió que, tal vez, podría aportar algún dato interesante.

Slepoy ya tenía la lista completa: 266 víctimas, los 38 ciudadanos españoles y aquellos hijos y nietos de españoles que habían desaparecido. Entre todos, había un caso de gran importancia. Se trataba de *Sacha*, Matilde Artés. Era una de las abuelas de la Plaza de Mayo. Nacida en España, había emigrado a América Latina, instalándose primero en Bolivia y después en Cuba. Su hija Graciela había sido detenida en Bolivia en 1976, y desde allí la trasladaron, con un bebé de nueve meses, a Argentina. Graciela fue asesinada más tarde en uno de los centros de detención de la dictadura argentina. Y a su hija Carla, la secuestraron. En 1985, al cabo de nueve años de búsqueda, *Sacha*, que vivía desde 1977 en España, había logrado recuperar, milagrosamente, a su nieta Carla.

Mientras Slepoy y Castresana afinaban los detalles en su despacho, una de las secretarias de la Fiscalía Anticorrupción avisó al fiscal. Tenía una visita.

—Es Joan Garcés —dijo Castresana.

Al salir Slepoy se presentó. Él y Garcés se intercambiaron sus números de teléfono.

Ya en el despacho, Garcés tomó asiento, y dijo:

—Llevo veintitrés años esperando que alguien haga con Chile lo que ustedes acaban de hacer con Argentina.

—Usted dijo por teléfono que podía aportar cosas interesantes —recordó Castresana.

—Sí, soy presidente de la Fundación Presidente Allende. Yo fui asesor personal del presidente Salvador Allende y estuve con él en el Palacio de la Moneda hasta poco antes del bombardeo el 11 de septiembre de 1973. Como le dije, soy abogado y vengo a proponerle que interpongan ustedes otra denuncia. Esta vez, contra el general Pinochet.

—Lo tengo en agenda —admitió el fiscal—. Pero estamos esperando a que haya una resolución en Chile sobre el asesinato de Carmelo Soria. He pensado ponerme en contacto con la familia pero con todo esto... aún no lo he hecho. Y también nos interesa conocer qué va a pasar con la denuncia sobre Argentina, si se va o no a admitir a trámite. Es fundamental.

—Carmelo Soria fue secuestrado el 14 de julio de 1976. De modo que todavía faltan varios meses hasta que se cumpla el plazo de prescripción, que son veinte años.

—De modo que tenemos tiempo.

—Si ustedes presentan la denuncia, me persono inmediatamente como Fundación Presidente Allende para ejercer la acción popular —sugirió Garcés.

—Me parece muy bien. Mire, vamos a hacer una cosa. Tráigame usted toda la documentación que tenga y empiece, por su cuenta, a trabajar en un borrador de la querella.

CAPÍTULO 30

Sacha

El 11 de abril de 1996, José Aranda, fiscal jefe de la Audiencia Nacional, pidió a la Fiscalía General del Estado instrucciones en relación con la posición que se debía mantener en el caso de Argentina. El fiscal general del Estado, Carlos Granados, encargó un informe al jefe de la Secretaría Técnica, José Aparicio.

El día 18, el informe estaba listo. Según los técnicos, el delito de genocidio podía perseguirse en España, pero los crímenes cometidos en Argentina no podían catalogarse como tales. Los hechos, decía el informe, reflejaron un «propósito de eliminación de un colectivo de personas pero no en atención a su nacionalidad, sino a su ideología». Ello era delito, decía, y merecía la respuesta del derecho penal. «Pero no a través del tipo de genocidio, que tiene una finalidad diversa», señalaba. Apuntaba también que «durante la discusión del Convenio de Ginebra de 1948 se rechazó expresamente la inclusión de "grupos políticos", limitándose la protección especial a los grupos nacionales, étnicos, sociales o religiosos». Respecto al delito de terrorismo, señalaba que, si bien no era descartable que las actividades delictivas que se relataban en la denuncia de la Unión Progresista de Fiscales (UPF) pudieran calificarse en la actualidad como terrorismo, la ley vigente en el momento de los hechos, 1976 y años posteriores, previos a la reforma del Código Penal de 1981, hacía difícil encajarlos en esa categoría. Y, además, objetaba que se pudiera aplicar el artículo 23.4 de la Ley Orgánica del Poder Judicial de 1985. «Es posterior a la comisión de los hechos y no es posible su aplicación retroactiva. Hay que estar al derecho vigente en el momento de la perpetración de los hechos».

Ese derecho vigente, añadía, era la antigua Ley Provisional Orgánica del Poder Judicial, que «no contemplaba la competencia de la jurisdicción española para los delitos de terrorismo no perpetrados en territorio español». Agregaba que, tratándose de un tema de carácter procesal y no de penas, quizá no cabría hablar de aplicación retroactiva. Pero rechazaba esta idea. «Las normas que atribuyen competencia a la jurisdicción española por hechos sucedidos fuera del territorio nacional, en la medida en que suponen una obligatoriedad de la legislación nacional, no pueden ser nunca retroactivas, quedando amparadas por el principio de irretroactividad de las leyes penales». Y, en todo caso, la aplicación del artículo 23.5 de la Ley Orgánica del Poder Judicial de 1985 exigía, para que la jurisdicción española fuera competente, que el delincuente no hubiera sido absuelto, indultado o penado en el extranjero o, en su caso, que no hubiera cumplido condena. «Con los datos de que se dispone, no es fácil afirmar si concurre aquí o no esa limitación y sería preciso conocer las sentencias que hayan podido dictarse por la jurisdicción argentina o de otros países». El informe nada decía del delito de tortura.

Castresana compareció ante el juez Baltasar Garzón ese mismo día, 18 de abril, para completar su denuncia con una lista de 38 ciudadanos españoles desaparecidos y asesinados, y añadía 121 hijos de españoles y 107 nietos. En el número 125 se resumía el caso de Graciela Antonia Rutilo Artés, hija de Matilde Artés, *Sacha*:

«Graciela Antonia Rutilo Artés, hija de la española Matilde Artés. Estaba casada con un boliviano. Su caso es una de las más claras manifestaciones de la "internacional del terror". Fue secuestrada el 2 de abril de 1976 en Oruro, Bolivia, junto con su hija, Carla, que tenía nueve meses de edad. Conducidas al Ministerio del Interior boliviano, en La Paz, la madre fue torturada en presencia de la hija, a la que, desnuda, ponían cabeza abajo cogida de los pies para forzar la confesión de la madre. Luego, la niña fue internada en el Orfanato de Villa Fátima, en La Paz, de donde fue sacada por agentes bolivianos que seguían órdenes del coronel Ernesto Cadina Valdivia. En agosto, Graciela Antonia fue torturada por agentes argentinos desplazados a Bolivia; finalmente, madre e hija fueron entregadas de manera clandestina a las Fuerzas de Seguridad argentinas en la frontera Villazón-La Quiaca, el 29 de agosto. Nunca más se supo de Graciela. Sin embargo, Carla sería encontrada diez años más tarde por las Abuelas de Plaza de Mayo y recuperada, pasando a vivir con su abuela Matilde».

El fiscal general del Estado, Carlos Granados, envió el documento el día 19 al fiscal jefe de la Audiencia Nacional, José Aranda, con una breve nota. «Compartiéndose íntegramente los razonamientos desplegados en tal informe, el fiscal deberá interesar que se dicte auto declarando la incompetencia de la jurisdicción nacional para conocer de los hechos objeto de denuncia y el consiguiente archivo de las actuaciones».

Dicho y hecho. Al día siguiente, 20 de abril, el fiscal Pedro Rubira, adscrito al Juzgado número 5, elevó al juez Garzón un escrito en el que informaba sobre la competencia. El fiscal reproducía literalmente las conclusiones del informe de la Secretaría Técnica. Sostenía que España carecía de jurisdicción para investigar los crímenes de la dictadura militar argentina y pedía el archivo de las diligencias.

El 23 de abril, el Secretariado Permanente de la Unión Progresista de Fiscales (UPF) debatió el tema. Decidió mantener su posición favorable a la jurisdicción española. Carlos Castresana solicitó a la catedrática de Derecho Penal de la Universidad Autónoma de Barcelona, Mercedes García Arán, un informe sobre los puntos en cuestión. Castresana pidió una entrevista con Granados.

El procedimiento judicial estaba amenazado. Carlos Slepoy, después de hablar con Castresana, informó de ello a Matilde Artés. *Sacha*, tras escuchar a Slepoy, decidió ponerse en movimiento. Averiguó el número de teléfono de la Fiscalía General del Estado en la madrileña calle de Fortuny. Llamó y narró su historia a la telefonista. Quería, dijo, una entrevista con Carlos Granados. La telefonista, sorprendida, le explicó que eso no era fácil.

—Si no puede ser con él, que sea con otro de los fiscales.

—Bien. Deme un número de teléfono donde la pueda llamar.

El 23 de abril, *Sacha* recibió una sorprendente llamada. Era la telefonista de la Fiscalía General del Estado.

—El señor Granados no puede atenderla, pero le voy a pasar con otro fiscal.

Antonio del Moral, miembro de la Secretaría Técnica, se puso al teléfono.

—Sí, me han dicho que usted desea ver al señor fiscal general.

—Mire, me llamo Matilde Artés y soy una de las abuelas de Plaza de Mayo. Yo he recuperado a mi nieta, pero ha sido un caso excepcional. Y quisiera explicarle la terrible situación por la que están pasando miles de abuelas como yo.

—Es poco lo que él puede hacer... —se excusó Del Moral.

—Sólo le pido que me reciba como acto de humanidad.

—Bien, se lo diré.

Del Moral y Granados eran amigos. Solían participar en actividades comunitarias de carácter social.

El 24 de abril, Castresana acudió al despacho de Granados. Según le explicó, la denuncia de los crímenes de la Junta Militar argentina había sido redactada con gran celeridad para evitar que se cumpliera el plazo de veinte años por el cual los hechos quedarían prescritos, y le presentó argumentos para reforzar su posición. Granados se mostró muy interesado y expresó sus dudas sobre el tema. Le informó de que convocaría una Junta de Fiscales de Sala, el órgano que reunía a los fiscales más importantes de la carrera, para el día 29 de abril y le solicitó un nuevo informe con sus argumentos jurídicos, ya que pensaba incluir el punto en la agenda.

Castresana abandonó el despacho de la madrileña calle de Fortuny con una idea fija. Granados, se dijo, tenía ganas de seguir adelante con la causa. Había que presentar un buen informe.

Esa misma tarde, Antonio del Moral llamó a *Sacha*.

—Señora Artés, el señor Granados la recibirá mañana. Tiene muy poco tiempo. ¿Puede venir sobre las doce?

Aunque, por motivos familiares, no era un buen momento para *Sacha*, hizo de tripas corazón y se presentó con Slepoy en la calle Fortuny. Antonio del Moral bajó para recoger a *Sacha*.

—Soy el fiscal que ha hablado con usted.

—Me he tomado la libertad de venir con el señor Carlos Slepoy, que es abogado. Él hará los planteamientos jurídicos.

El fiscal no ocultó su sorpresa. Los tres subieron a la primera planta. Mientras, el fiscal y el abogado comenzaron a hablar sobre la irretroactividad de la Ley Orgánica del Poder Judicial de 1985. Antonio del Moral había participado en la elaboración del informe de la Secretaría Técnica que desestimaba la jurisdicción española.

El despacho de Granados era una sala muy grande. Cerca de su mesa de trabajo había unos sillones. El fiscal general les hizo sentar a los tres.

—Yo me llamo Matilde Artés Company. Soy española. Mi hija Graciela fue secuestrada en Bolivia con su bebé de nueve meses. La torturaban mientras ponían al bebé cabeza abajo para obligarla a hablar. Luego entregaron a ambas a las Fuerzas de Seguridad de Argentina. Mi hija murió en un campo de detención. Después de nueve años de búsqueda, logré recuperar, en 1985, a mi nieta Carla. He venido porque mi caso es uno entre los 30.000 desaparecidos. Y si se decide cerrar la investigación, ya no habrá más esperanza.

—Señora, lo siento mucho. Pero creo que este procedimiento no tiene futuro. Hemos intentado buscar la vía dentro de la ley, pero es imposible. Por esa razón se ha pedido el archivo —dijo Granados.

—Ustedes han hecho lo contrario —replicó Slepoy con dureza—. Han buscado los obstáculos para cerrar el caso. No nos apoyen, está bien. Lo que les pedimos es que no recurran una eventual decisión a favor de la investigación. Que dejen abierto el caso, que el tiempo decida.

Antonio del Moral abandonó la reunión. Granados insistió en que no era posible defender la jurisdicción española. *Sacha* se fue alejando de la discusión. Pensaba en Carla. De pronto, rompió a llorar.

—Usted es nuestra única esperanza. Haga algo —rogó, entre sollozos.

El fiscal general quedó tocado. Sus ojos vivaces estaban húmedos.

—Yo le prometo... —titubeó—. Le doy mi palabra de que no pondré ningún obstáculo para que el procedimiento siga adelante.

Sacha sintió que Granados era sincero. La calidez de la despedida posterior arraigó en ella esa sensación.

Castresana, por su parte, habló con el fiscal de sala Jesús Vicente Chamorro, de posiciones progresistas. Le había conocido hacía pocas semanas en la cafetería de la Fiscalía General del Estado. Y, ahora, quería que Chamorro estuviera al tanto y confirmó que el fiscal tenía intención de redactar un informe a propósito de la competencia española.

El 28 de abril, Castresana envió a Granados la contestación a la respuesta de la Secretaría Técnica. La firmaba junto con el fiscal Vicente González Mota, miembro de la UPF. El documento rebatía los argumentos de la Secretaría y aportaba información sobre los procedimientos en Argentina y otros países. Concluía con el argumento de que no se trataba de volver a juzgar por los mismos hechos a quienes ya se había enjuiciado. «Sólo unos pocos de los denunciados fueron juzgados, y sólo por algunos de los hechos. Todo lo demás permanece impune».

Los fiscales de sala del Tribunal Supremo se reunieron, por fin, el día 29. En la carpeta correspondiente para cada uno de ellos se incluía una copia del informe de Castresana.

Granados presentó el tema e hizo alusión a los distintos informes, sin entrar en el fondo del debate.

El fiscal jefe de la Audiencia Nacional, José Aranda, explicó que, después de recibir la nota de la Secretaría Técnica, el fiscal Rubira había informado al juez Garzón de que España carecía de jurisdicción y proponía archivar el caso. Al mismo tiempo, preguntó qué diligencias había que solicitar en caso de que el juez admitiera la denuncia y recordó que algunos de los hechos pudieron haberse juzgado en Argentina. Tanto los fiscales Carlos Jiménez Villarejo como Jesús Vicente Chamorro sostenían que una cosa era la irretroactividad de la ley penal y otra la de una ley procesal. Según explicaron, la ley de 1985, al no contemplar penas, podía aplicarse al procedimiento.

Hubo un intercambio de puntos de vista sobre algunos aspectos de los informes. Aranda subrayó la dimensión política del tema, e insistió:

—Si el juez admite a trámite la denuncia, ¿recurrimos el auto?

El fiscal José María Luzón expresó su apoyo al informe de la Secretaría Técnica, pero añadió:

—Estoy en la sensibilidad del problema denunciado. Quizá no proceda recurrir el auto. Aunque la denuncia tiene sólo valor testimonial. Pueden plantearse problemas internacionales.

El fiscal Emilio Vez compartía la opinión de Luzón. El fiscal a cargo de la Secretaría Técnica, José Aparicio, recordó que en el Convenio de Naciones Unidas de Represión del Genocidio de 1948 se había incluido al comienzo la protección de los grupos políticos. En los trabajos de la comisión creada para el tema, señaló, se rechazó el principio de persecución universal de este delito con el argumento de que contravenía el principio del derecho internacional al permitir a los tribunales de un Estado enjuiciar delitos cometidos en el extranjero por extranjeros.

—Se ataca así la soberanía del otro Estado —subrayó Aparicio—. Los tribunales nacionales se convierten en jueces de la conducta de gobiernos extranjeros. Por eso la comisión advirtió que ello conduciría a tensiones internacionales peligrosas. Yo también, como vosotros, comparto la sensibilidad ante los gravísimos hechos y por ello coincido en que si se decide tramitar la denuncia no habría que recurrir.

Aparicio reflejaba, pues, aquella promesa que había hecho Granados ante el llanto de *Sacha* en su despacho hacía tan sólo cuatro días.

Pero la sesión no había concluido. El fiscal Rogelio Gómez Guillamón fue explícito.

—La continuación de las diligencias no puede conducir a parte alguna. Yo creo que conviene atajarlo desde el principio. La ley procesal condiciona la persecución penal.

Tanto los fiscales José Julián Hernández Guijarro como Jiménez Villarejo se apoyaron en Luzón. Ambos estaban a favor de mantener abierta la causa.

Aranda solicitó la palabra.

—Los procesos en otros países se plantearon a su debido tiempo. Coincido con lo que ha propuesto Gómez Guillamón. Estas diligencias no conducen a ninguna parte —dijo.

El último en hablar, el fiscal Jesús Alvarado, apoyó lo que había sugerido Luzón.

La mayoría, por tanto, estaba a favor de no recurrir en caso de que se decidiera continuar con las actuaciones. Granados, que no se pronunció, había cumplido su palabra. Si se admitía a trámite la denuncia, el fiscal no recurriría. Dejaría hacer al juez.

Aranda y Gómez Guillamón abandonaron juntos la sala.

—Éstos son unos castrados —dijo Gómez Guillamón.

—Pues sí, Rogelio —asintió Aranda.

El 3 de mayo de 1996, José María Aznar, tras ganar las elecciones legislativas, formalizó su primer Gobierno. La ministra de Justicia, Margarita Mariscal de Gante, llamó, pocos días después, a Carlos Granados, con quien mantenía buenas relaciones. Le pedía que permaneciera en su puesto algún tiempo, hasta el nombramiento de su sucesor. Granados no puso reparos.

En los últimos días de mayo, mientras Joan Garcés y Carlos Castresana preparaban la acción penal por las víctimas de la dictadura del general Pinochet, el embajador chileno en Madrid, Álvaro Briones, miembro del Partido Socialista, impulsaba un acercamiento de los socialistas chilenos a aquellos oficiales de las Fuerzas Armadas que estaban llamados a sustituir a la vieja guardia pinochetista.

Al hilo de una visita del ministro de Obras Públicas, Ricardo Lagos, a Barcelona, se organizó en El Escorial un seminario sobre la transición. Lagos fue una de las estrellas del seminario, pero también participaron el secretario general de los socialistas chilenos, Camilo Escalona, y el senador Jaime Gazmuri. Por los militares, intervinieron el general Juan Emilio Cheyre, agregado militar en la embajada española, y los coroneles Jaime García Covarrubias y Carlos Molina Johnson. Pero también el general Pinochet estuvo presente de algún modo. Su asesor personal, el ex oficial de la Fuerza Aérea Chilena y abogado Sergio Rillón, participó en el debate. La idea de Briones parecía abrirse camino. No tenía sentido, pensaba el embajador chileno, profundizar en las heridas del pasado. Los pactos sellados durante la transición, creía, habían garantizado la impunidad y, como tales, debían respetarse. El seminario había permitido el acercamiento entre Lagos y el general Cheyre.

En Santiago, una semana después del seminario, el 4 de junio de 1996, el ministro de la Corte Suprema de Justicia de Chile, Eleodoro Ortiz, dictó, finalmente, su resolución sobre el secuestro y asesinato de Carmelo Soria. El ministro aplicaba, como ya había intentado hacerlo en 1995, en línea con la resolución del ministro Marcos Libedinsky tres años antes, la Ley de Amnistía de 1978, y decretaba el sobreseimiento total y definitivo de la causa por extinción de la responsabilidad penal.

Tanto al narrar los hechos como en sus razonamientos jurídicos, la resolución estaba por detrás de algunas decisiones adoptadas por la propia Corte Suprema al ordenar, en 1995, el procesamiento del oficial del Ejército Guillermo Salinas Torres y del suboficial Remigio Ríos San Martín.

Según decía, «la muerte del señor Soria se produjo el 14 o 15 de julio de 1976 y parece estar fuera de toda duda que ella fue causada por el actuar doloso de terceros. Así las cosas, se trata de un delito de homicidio cometido durante el periodo comprendido por el artículo 1 del Decreto Ley número 2.191 de abril de 1978». No había referencia alguna al secuestro y asesinato de Soria por agentes de la Dirección de Inteligencia Nacional (DINA), aunque precisamente esos crímenes habían conducido al procesamiento de dos de sus miembros y a decretar su prisión, independientemente de que el ministro Ortiz accediera a ponerles en libertad sólo nueve días después de que ambos ingresaran en distintos establecimientos militares.

Ortiz sostenía que no se había acreditado que Soria fuera un «funcionario de planta» o jefe del Centro Latinoamericano de Demografía (CELADE) por lo cual no gozaba de inmunidad diplomática. Pero, advertía de que aun en el caso de que lo hubiera sido, se había realizado una investigación de los hechos —aunque no se hubiera llegado a imponer una pena—, lo que, a su juicio, cumplía con las exigencias respecto al tratado de personas internacionalmente protegidas, del que Chile formaba parte. También señalaba, erróneamente, que, al aplicarse la amnistía, no se estaba vulnerando el citado convenio internacional, porque éste había entrado en vigor con posterioridad al Decreto Ley de Amnistía. Era al revés: Chile había firmado el convenio en 1973 y lo había ratificado en febrero de 1977. Eso era, pues, catorce meses antes de la vigencia, a partir de abril de 1978, del Decreto Ley de Amnistía.

El abogado Alfonso Insunza apeló la resolución. También lo hizo el fiscal, Enrique Paillás. Tanto uno como otro recordaban que la cancillería chilena había reconocido, en sus oficios al ministro Ortiz, la calidad de funcionario internacional de Carmelo Soria e insistían en que la Ley de Amnistía no podía aplicarse por la presencia de un tratado internacional.

Insunza proponía dejar sin efecto el sobreseimiento y elevar la causa a plenario para que se dictara un auto motivado de acusación contra los procesados, el coronel retirado Guillermo Salinas Torres y el sargento retirado José Remigio Ríos San Martín. El fiscal iba en la misma dirección. Los abogados de los dos procesados presentaron escritos en los que solicitaban la ratificación del sobreseimiento. También los abogados de aquellos oficiales inculpados que no habían sido procesados —René Patricio Quihlot Palma, Rolf Wenderoth, Pablo Belmar Labbé y Jaime Lepe Orellana— se personaron en la apelación y solicitaron el sobreseimiento de la causa.

El recurso de apelación definitiva era crucial: si fallaba, el caso Carmelo Soria sería cerrado. Ya no había posibilidad de presentar más recursos.

De toda la información que había recibido en el juzgado, Baltasar Garzón seguía a primeros de junio impresionado por el caso de la familia española afincada en Rosario, provincia de Santa Fe, Argentina: el caso de los Labrador.

El juez Garzón podía contar con el testimonio de los familiares. Pero hacían falta más pruebas. Las había. El cónsul de España en Rosario, Vicente Ramírez-Montesinos, era una de las claves.

Hacía unos días, el antiguo cónsul español en Rosario había narrado en Jávea (Alicante), a los periodistas de *La Vanguardia* Eduardo Martín de Pozuelo y Santiago Tarín la gestión que había realizado ante el general Galtieri para averiguar el paradero de Miguel Ángel Labrador y los hechos que condujeron al asesinato de su padre, hermano y nuera. La entrevista con Ramírez-Montesinos, un hombre de 66 años, fue publicada el 30 de mayo de 1996.

Garzón tomó declaración el 4 de junio a Esperanza Pérez, la viuda de Víctor Labrador, y a su hija Manuela, quienes narraron los hechos.

La importancia del testimonio, entre otros elementos, quedaría patente menos de una semana más tarde. El 10 de junio, el juez Garzón admitió a trámite las querellas formuladas por la Asociación Libre de Abogados (ALA), la Asociación Pro Derechos Humanos-Madrid y la coalición Izquierda Unida, exigiéndoles que actuaran a través de una única representación procesal. Ahora que la denuncia de Castresana había descerrajado el proceso, la UPF, que según sus estatutos no podía seguir los casos en los tribunales, se apartó. La acusación quedó en manos de las otras entidades.

Esta decisión todavía dejaba pendiente el asunto de la jurisdicción española, pero daba alguna pista sobre las intenciones del juez. En su auto, Garzón daba traslado a las acusaciones del escrito del fiscal Pedro Rubira, en el que se cuestionaba la jurisdicción española. Una vez recibida la respuesta, el juez se pronunciaría.

Poco después de admitir a trámite las querellas, Slepoy y *Sacha*, junto con los abogados Galán y García Castillejo, visitaron al juez Garzón en su despacho. *Sacha* le explicó su peripecia: la pérdida de la pista de su hija en el campo de detención Automotores Orletti, donde, según los relatos, había sido asesinada, y la aventura de siete años para recuperar a su nieta Carla.

El juez citó a declarar, el 17 de junio, al premio Nobel de la Paz, el argentino Adolfo Pérez Esquivel. Transcurrieron once días y, finalmente, el juez Garzón dictó, el 28 de junio de 1996, su auto. Declaraba la jurisdicción española para investigar los hechos. El juez subrayaba una idea de Castresana: «Sólo la mente humana es capaz de imaginar, diseñar y ejecutar los horrores que en estas causas se describen. No son los únicos en la Historia del hombre, si es posible distinguir la abyección que determinan la muerte de una persona, su secuestro o desaparición, en definitiva, su no ser, su inexistencia como seres humanos libres, pero, sin duda, son los más próximos a nosotros y los que ahora corresponde investigar a la jurisdicción española con la losa que representa el tiempo transcurrido», decía la resolución.

El juez estimaba que «ha de accederse a una investigación de unos hechos que jamás prescribirán en la mente y los corazones de los que los sufrieron, y, hacerlo desde la legalidad que desde luego choca, tanto desde el punto de vista de la normativa internacional como nacional con las llamadas leyes de punto final o de obediencia debida. La ley es razón y lógica y nunca puede amparar ni el asesinato ni el secuestro».

Según sostenía, «la única limitación que impediría la actuación de la jurisdicción española consistiría en que los delitos que se persiguen no fueran delitos antes de la entrada en vigor de la Ley Orgánica del Poder Judicial de 1985», es decir, que dicha ley no podía aplicarse de manera retroactiva, según el artículo 25 de la Constitución española. «Si no es así», concluía, «se impone la aplicación de esta norma procesal». Y, según explicaba, «los delitos de genocidio y terrorismo están tipificados en el Derecho español con anterioridad a las masacres denunciadas, que comenzaron en 1976 y concluyeron en 1983».

La decisión del juez Garzón abría el camino, ahora, para presentar la denuncia por los crímenes de la dictadura de Pinochet en Chile.

CAPÍTULO 31

Las campanas doblan por Chile

Castresana había trabajado con Garcés a lo largo de los últimos meses, sobre la base del informe de la Comisión Nacional de la Verdad y la Reconciliación, el llamado «Informe Rettig».

La denuncia de la UPF contra Pinochet estaba más o menos lista a mediados de junio de 1996. Castresana facilitó a Garcés una copia de la misma. Garcés, a su vez, había hablado con Víctor Pey, vicepresidente de la Fundación Presidente Allende, sobre la acción en marcha, pero no habían precisado si finalmente la Fundación presentaría su propia querella. Pey estimaba que existían ciertos riesgos, pues, como él, varios miembros de la Fundación residían en Chile. Una vez que tuvo copia de la denuncia de la UPF, Garcés se la envió para intentar su difusión en medios de comunicación chilenos en el momento de su presentación en Madrid.

Al redactar su denuncia, Castresana había mantenido algunas diferencias con Garcés. Se referían, sobre todo, a la manera de presentar algunos hechos. Garcés deseaba que la denuncia imputara la muerte de Salvador Allende a Pinochet; lo mismo planteaba sobre el ex ministro José Tohá, que apareció colgado en su habitación del Hospital de la Fuerza Aérea, en Santiago, después de haber sido torturado.

Castresana explicó que era público y notorio que, al finalizar el bombardeo de la Moneda, Allende se había suicidado. En el caso de Tohá, dijo, existían muchos testimonios en el sentido de que, si bien había sido sometido a terribles presiones, la causa de su muerte había sido, aparentemente, inanición.

El 1 de julio, Castresana y González Mota se decidían a presentar la denuncia. Castresana se lo pensó. ¿Dónde presentarla? ¿En la Audiencia Nacional? Era lo lógico. Pero había un problema.

La denuncia de Argentina había ido a parar al juez Garzón y éste acababa de declarar la jurisdicción española: ¿no era abrir un flanco débil para aquellos que, dentro del ámbito de la judicatura y de la política, pretendieran organizar una campaña? Decidió, por tanto, presentarla fuera de la Audiencia Nacional. ¿Debía presentarla él mismo? Castresana ya había desempeñado un papel activo en la denuncia de Argentina. Era mejor que otro miembro de la UPF la firmara y se encargara de presentarla. Habló con el presidente de la UPF, Miguel Miravet, quien estuvo de acuerdo en hacerse cargo de la denuncia por los hechos de Chile. Miravet era, desde los años ochenta, teniente fiscal del Tribunal Superior de Justicia de Valencia, es decir, el número dos de la Fiscalía. Castresana le envió la denuncia. Al mismo tiempo, informó a Garcés.

El texto calificaba los hechos ocurridos en Chile a partir del 11 de septiembre de 1973 como genocidio. Según razonaba, la interpretación del enunciado de la Convención Contra el Genocidio —«destruir total o parcialmente a un grupo nacional» como la eliminación de personas en atención a su nacionalidad— no era la única posible. «También es genocidio la destrucción de una parte de los individuos de una nación si se comete en atención a una serie determinada de características que los agrupa y distingue del resto», señalaba.

A juicio de los autores de la denuncia, la Ley protege a los ciudadanos en la medida en que éstos puedan ser víctimas de una eliminación colectiva. «Es decir, que la violencia ejercida contra ellos sea consecuencia, no de sus circunstancias personales e individuales, sino en virtud de aquellas características que las incardinan, por su voluntad o no, en un grupo», advertía.

La denuncia recordaba que el delito de genocidio castigaba, según el Código Penal español de 1971, la eliminación de un «grupo social» y que, al modificarse en 1983, sustituyéndose «grupo social» por «grupo racial», la protección brindada expresamente al «grupo social» seguía vigente dentro del llamado «grupo nacional».

También calificaba los hechos como delitos de terrorismo y defendía la calificación de los hechos de acuerdo con los tipos penales vigentes en España. «El concepto de terrorismo —decía— no está unido en nuestra legislación al uso de explosivos, sino al de utilización de la violencia política como medio de actuación política». Y, también, subrayaba que «el concepto legal de terrorismo se vincula en nuestro país a la existencia de una banda o grupo organizado o armado, y ello en las distintas legislaciones antiterroristas promulgadas antes de 1973».

Si bien la denuncia no diferenciaba entre las víctimas por razón de su nacionalidad, destacaba que la Constitución española proclama su voluntad de «proteger a todos los españoles y pueblos de España en el ejercicio de los derechos humanos». Por ello, la amnistía chilena de 1978, decía, no podía vincular a la jurisdicción penal española. En el relato de hechos, precisamente, se mencionaban los casos españoles: el de los sacerdotes Joan Alsina, asesinado, y Antoni Llidó, desaparecido; el de Michelle Peña Herreros, que dio a luz en cautiverio, desaparecida ella y su hijo; el de Antonio Elizondo y su esposa, desaparecidos; el de Carmelo Soria, secuestrado, torturado y asesinado en 1976; y el de Enrique López Olmedo, asesinado.

También abordaba dos problemas que eran objeto de polémica. Uno era la aplicación del artículo 23.4 de la Ley Orgánica del Poder Judicial de 1985. Según sostenía, no se trataba de aplicar irretroactivamente una ley penal, ya que lo prohíbe la Constitución española. La ley de 1985 era una ley procesal, no imponía penas, pero tampoco se trataba de aplicarla de manera retroactiva a las conductas punibles ocurridas en Chile entre 1973 y 1990. La denuncia citaba a los grandes procesalistas españoles Emilio Gómez Orbaneja y Vicente Herce Quemada. «Nada es tan ilógico como afirmar el carácter retroactivo de las normas del proceso. Serían retroactivas si pudiesen aplicarse a hechos anteriores e invalidar efectos ya producidos. Pero la ley procesal no se aplica al hecho anterior que constituye la conducta punible, sino a los hechos y actos actuales que constituyen el contenido del proceso», decían ambos en su obra clásica sobre Derecho Procesal.

Y, por otra parte, la denuncia justificaba la acción penal en España. «Es el cierre procesal operado en Chile el que abre paso a la jurisdicción española. No se extiende la jurisdicción. Se ofrece una jurisdicción alternativa a la que en primer lugar debiera haber conocido de los hechos», señalaba.

El día 4 de julio, Miravet presentó la denuncia en el Juzgado de guardia, que, a su vez, la envió al Juzgado de Instrucción número 8 de Valencia.

Por su parte, Garcés presentó al día siguiente, 5 de julio, un escrito de querella en el Juzgado de guardia de la Audiencia Na cional. El texto señalaba que, «habiendo tenido conocimiento de la denuncia interpuesta en escrito de fecha 1 de julio de 1996 en el Juzgado de guardia de Valencia por Miguel Miravet, en nombre de la Unión Progresista de Fiscales contra Augusto Pinochet Ugarte, José Toribio Merino, Gustavo Leigh, César Mendoza, Fernando Matthei, Rodolfo Stange y otros, por medio del presente escrito y en ejercicio de la acción popular formulo querella criminal contra las mismas personas y por los mismos hechos denunciados». Les acusaba de genocidio y terrorismo internacional.

El escrito relataba que Pinochet y los miembros de la Junta militar habían ordenado atacar el Palacio de la Moneda y señalaba que «forzaron en su interior la muerte violenta del jefe de Estado constitucional, Salvador Allende, mientras el palacio ardía por todos sus lados». En relación con José Tohá, hijo de españoles, el escrito denunciaba sus sufrimientos en el campo de concentración de la isla de Dawson, en el Hospital Militar, así como en la Academia de Guerra Aérea, y recordaba que «el 14 de marzo de 1974 sus verdugos le colgaron de un armario hasta que murió».

Garcés relataba los acuerdos entre la Junta militar chilena y argentina. «La concertación para delinquir entre los aquí querellados y los integrantes de la Junta militar de Argentina recibió el nombre de "Operación Cóndor". El centro inspirador y organizativo estuvo en Santiago de Chile, bajo el mando de los aquí querellados».

La parte más débil de la querella, que reflejaba la dependencia de Garcés respecto de la denuncia de Castresana, estaba en los fundamentos de Derecho. El escrito se limitaba a reproducir extractos de diversos tratados internacionales, pero no razonaba la relación entre ellos y las leyes españolas. Eso se lo dejaba a la UPF. En el reparto de causas, el Juzgado decano asignó la querella al Juzgado de Instrucción número 6, a cargo de Manuel García-Castellón.

En Valencia, el fiscal a cargo redactó un dictamen de forma manuscrita y lo elevó al Juzgado de Instrucción número 8 de Valencia. Era el 6 de julio. «El fiscal —decía el texto—, habida cuenta de la naturaleza de los hechos objeto de la denuncia que inicia las presentes diligencias, estima, al amparo de lo dispuesto en el artículo 23.4 de la Ley Orgánica del Poder Judicial, la competencia de la jurisdicción española para conocer tales hechos, correspondiendo a la Audiencia Nacional el conocimiento y fallo sobre éstos, según se establece en el artículo 14.4 de la Ley de Enjuiciamiento Criminal, por lo que solicita la remisión de las presentes diligencias previas en los términos referidos».

La juez Isabel Rodríguez Guerola, a cargo del Juzgado número 8, dictó ese mismo día un auto en el que seguía la argumentación del fiscal para declarar competente a la jurisdicción española en el conocimiento de los hechos. Al mismo tiempo, se inhibía y enviaba las diligencias a la Audiencia Nacional.

Si bien Garcés siempre consideró que la UPF estaba en mejores condiciones de iniciar el procedimiento por el antecedente de Argentina, el azar —el retraso en la llegada de los papeles desde Valencia— quiso que su querella iniciara el caso en la Audiencia Nacional.

El día 8, el juez García-Castellón, tras ver el escrito de Garcés, abrió diligencias previas, un trámite de rutina cuando se trata de una querella que relata hechos presumiblemente delictivos, pero no se pronunció sobre su admisión. Dejó constancia de que no estaban determinadas la naturaleza y circunstancias de los hechos y pasó las actuaciones al fiscal «a fin de que informe sobre la competencia de este Juzgado».

CAPÍTULO 32

Un fiscal catalán

Javier Balaguer, el fiscal adscrito al Juzgado del juez García-Castellón, tenía 43 años y había hecho las carreras de Ciencias Económicas y Derecho en la Universidad Autónoma de Barcelona.

Balaguer conoció, mientras cursaba Derecho, al abogado chileno Juan Bustos, que era catedrático de Derecho Penal de la Universidad Autónoma de Barcelona.

Bustos había sido asesor jurídico del ministro del Interior José Tohá y, después del golpe del 11 de septiembre de 1973, se refugió en la embajada de Honduras en Santiago, desde donde salió hacia Tegucigalpa. De allí se trasladó a Buenos Aires. En 1976 fue una de las víctimas de la «Operación Cóndor», al ser detenido poco después del asesinato del ex presidente boliviano Juan José Torres, a quien veía con cierta frecuencia. Las gestiones de la embajada alemana en la capital argentina consiguieron su libertad. Salió rumbo a Alemania y, más tarde, en 1977, se trasladó a España.

Aunque Balaguer tuvo idea de preparar su tesis bajo la dirección de Bustos, terminó por abandonar el proyecto. Se especializó más tarde en Derecho comunitario europeo. Luego inició su carrera de fiscal en el Tribunal Superior de Justicia de Cataluña, donde conoció a los fiscales Carlos Jiménez Villarejo y José María Mena. Ya en Madrid, fue destinado a la Secretaría Técnica de la Fiscalía General del Estado, para pasar a los juzgados de Madrid y recalar, hacia 1995, en la Audiencia Nacional.

Mientras Balaguer leía el texto de la querella presentada por Garcés, sintió que estaba ante un personaje de leyenda. Conocía el libro *Allende y la experiencia chilena*, donde Garcés narraba su peripecia junto a Salvador Allende.

Un día de mediados de julio, Joan Garcés se presentó en la tercera planta del edificio de la Audiencia Nacional, en la madrileña calle de Génova, y solicitó, a través de un oficial, hablar con Balaguer.

El fiscal salió al vestíbulo. Se saludaron en catalán, lengua materna de ambos, y así siguieron hablando. Garcés le explicó que aquélla era una etapa oportuna para investigar los hechos porque, aseguraba, el Gobierno norteamericano e incluso los organismos de inteligencia, como la Agencia Central de Inteligencia (CIA), podían aportar material clasificado sobre la violación de derechos humanos en Chile. Balaguer no estaba muy convencido de ello. Pero consideraba que el juez Garzón había obrado correctamente al declarar la jurisdicción española hacía tan sólo unas semanas, a finales del mes de junio, en el caso de Argentina.

El 16 de julio llegaron al juzgado las diligencias de Valencia. Balaguer, que era miembro de la Unión Progresista de Fiscales (UPF), conocía, lógicamente, a Miguel Miravet y a Carlos Castresana. Pero ninguno de ellos le llamó para advertirle.

El fiscal jefe de la Audiencia Nacional, José Aranda, entregó a Balaguer el informe de la Secretaría Técnica de la Fiscalía General del Estado, y el acta del debate en la Junta de Fiscales de Sala del 29 de abril. El juez García-Castellón le convocó para intercambiar opiniones y expresó sus dudas. Pensaba que todo aquello acarrearía demasiados problemas.

Balaguer estudió la denuncia de la UPF y la querella de Garcés. Leyó el auto del juez Garzón del 28 de junio. A mediados de julio anticipó a Aranda que ya había llegado a una conclusión y que su dictamen sería favorable a la jurisdicción. También comunicó su decisión al juez García-Castellón, quien, una vez más, expresó sus temores. García-Castellón se tomaba vacaciones el 15 de julio.

El 16 de julio, llegó al Juzgado número 6 la denuncia y el auto procedente de la jueza Rodríguez Guerola. Y el día 19, Garcés presentó una nueva querella en nombre de Josefina Llidó por la desaparición de su hermano, el padre Llidó.

Balaguer comenzó a elaborar en el ordenador de su casa un texto sobre la jurisdicción. Mientras trabajaba, se preguntó: ¿para qué hacer aspavientos? ¿No sería mejor pasar desapercibido? Optó por abandonar su sesudo informe. El 23 de julio, escribió al fiscal jefe José Aranda medio folio: «De conformidad con lo ordenado por V. E., acompaño copia de la querella interpuesta por la

Fundación Presidente Allende contra Augusto Pinochet y otros por delitos de genocidio y terrorismo internacional, que, por turno de reparto, conoce el Juzgado Central de Instrucción número 6 de esta Audiencia Nacional en méritos de diligencias previas número 242 de 1996. Se ha acumulado a las citadas diligencias [la] denuncia por los mismos hechos formulada por Miguel Miravet en nombre y representación del Secretariado Permanente de la Unión Progresista de Fiscales (UPF) que acompaño con el presente escrito. Visto el contenido de ambos escritos y su fundamentación jurídica, informo a V. E. que el criterio del fiscal informante es el de informar favorablemente sobre la competencia del Juzgado Central número 6 en términos parecidos a la resolución del titular del Juzgado Central de Instrucción número 5 en las diligencias seguidas contra Rafael Videla por hechos análogos».

Esa mañana, la ministra de Justicia, Margarita Mariscal de Gante, comunicó a Carlos Granados que sería cesado en su puesto a primeros de septiembre, al cabo de las vacaciones. Aranda había quedado ese día con Granados para despachar asuntos pendientes.

—Javier Balaguer informa a favor de la competencia en Chile —dijo Aranda.

—Está bien, que haga lo que crea conveniente, Pepe —admitió Granados.

Dos días más tarde, el 25 de julio, Balaguer entregó su informe al oficial del juzgado y los dos escritos, la denuncia de la UPF y la querella de Garcés. El texto señalaba: «El fiscal, despachando el traslado conferido en las reseñadas diligencias previas, dice: que procede aceptar la competencia para el conocimiento de las presentes actuaciones». Explicó que debía incorporarse a los asuntos pendientes de firma del juez. Balaguer podía hablar con el juez Miguel Moreiras, sustituto de Manuel García-Castellón, pero prefirió no dar especial importancia al asunto.

El día 29, el juez Moreiras dictó un auto en el cual declaraba la competencia del Juzgado número 6 «para conocer de los hechos que motivan las presentes actuaciones como constitutivas de un presunto delito de genocidio contra Augusto Pinochet Ugarte y otros».

El único fundamento jurídico que citaba contenía un error. Habituado a trabajar con los delitos monetarios, el juez invocaba como fundamento jurídico el artículo 65.1° b, que, decía, confiere a la sala de lo Penal de la Audiencia Nacional el conocimiento del delito de genocidio. El citado precepto daba a la sala de lo Penal la potestad para investigar la falsificación de moneda, los delitos monetarios, y aquellos relativos al control de cambios. Pero no el de genocidio, que se confería por el artículo 23.4º a.

El juez remitió a Balaguer la querella sobre la desaparición del padre Llidó para que emitiera un informe sobre si se debían unir a las actuaciones y solicitara diligencias que se debían practicar para iniciar la investigación. El 1 de agosto, Balaguer recomendó unir la querella de la familia Llidó.

De regreso al juzgado, el juez Manuel García-Castellón dictó, el 8 de agosto, una providencia en la cual remitía las actuaciones al fiscal para que dictaminara si procedía que el Juzgado se inhibiera a favor de que el juez Baltasar Garzón pudiera tramitar la causa de Chile junto con la de Argentina.

El 23 de agosto de 1996, un hecho venía a ratificar que la investigación de los crímenes de la dictadura chilena en España era la única alternativa para evitar su impunidad. La segunda Sala de lo Penal de la Corte Suprema de Justicia de Chile, integrada por los ministros Enrique Zurita, Hernán Álvarez y Guillermo Navas, más dos abogados integrantes de la misma, decidió rechazar los recursos de apelación de la familia Soria y del fiscal contra el sobreseimiento de la causa del asesinato de Carmelo Soria.

La resolución se limitaba a reproducir los argumentos del ministro Eleodoro Ortiz. Según decía, la aplicación de ley de Amnistía de 1978 «resulta manifiesta en esta causa».

El ministro español de Asuntos Exteriores, Abel Matutes, y el director de la Oficina de Información Diplomática (OID), Inocencio Arias, recibieron información del embajador en Santiago, Nabor García, sobre la decisión adoptada. El Gobierno chileno, según comunicó el embajador, deseaba abrir negociaciones para una reparación del crimen.

El ministro seguía de cerca el asunto, entre otras razones, porque en el mes de noviembre se celebraba la VI Cumbre Iberoamericana de jefes de Gobierno y de Estado. Y este año, se celebraría en Viña del Mar, Chile. El Gobierno español, como era habitual, ya estaba haciendo los preparativos.

Al día siguiente, 24 de agosto, la OID dio a conocer un comunicado: «El Gobierno español desea manifestar su profunda decepción por una decisión judicial que determina la impunidad para los autores identificados en el proceso, coronel (retirado) Guillermo Salinas Torres y sargento (retirado) José Ríos San Martín, del asesinato del ciudadano español, don Carmelo Soria Espinosa», decía. Tras reconocer el apoyo del Gobierno chileno para reactivar el caso anticipaban «la disposición del Gobierno español en promover la justa reparación de este crimen, acompañando a la familia de don Carmelo Soria Espinosa en las instancias y gestiones que procedan».

La Comisión Económica para América Latina (CEPAL), difundió, ante la resolución de la Corte Suprema, un comunicado, en el que, una vez más, sostenía que Carmelo Soria «gozaba en el momento de su muerte de las inmunidades establecidas en el artículo VII del Convenio suscrito entre la CEPAL y el Gobierno de Chile en octubre de 1954».

En los días posteriores a la decisión de la Corte Suprema, el abogado Alfonso Insunza se encontraba en su bufete de la calle Catedral, muy cerca del palacio de los Tribunales. Alguien, según le dijeron, preguntaba por él en la puerta.

Una persona de estatura alta y con barba esperaba en el pasillo, en la semipenumbra. Llevaba una cruz con un Cristo. Insunza se le aproximó.

—Soy el sargento Ríos San Martín.

—Ah, sí, ¿cómo está usted?

—Mire, estoy en peligro, me están vigilando y, si quieren, me pueden matar. Estoy arrepentido de lo que hice y quería decirle que todo lo que dije en el proceso fue cierto.

Capítulo 33

La oferta para no rechazar

Aquel mes de agosto de 1996, el presidente del Gobierno, José María Aznar, había dispuesto un cambio en las embajadas de España en América Latina.

Nabor García, un diplomático que había estado en la embajada española en Chile ocupando otros cargos, durante los años setenta, ahora era el embajador. A primeros de agosto, el Gobierno español solicitó el plácet para sustituirle aun cuando se avecinaba, en el mes de noviembre, la VI Cumbre Iberoamericana.

El 28 de agosto, Laura González Vera, viuda de Soria, visitó en el Palacio de Santa Cruz, sede del Ministerio de Asuntos Exteriores en Madrid, a Eduardo Gutiérrez Sáenz de Buruaga, el nuevo director para Iberoamérica, y al secretario de Cooperación Iberoamericana, Fernando Villalonga, para saludarles y comentar la situación creada tras el archivo del «caso Soria» en Chile. Laura deseaba que el nuevo Gobierno español la apoyara con una eventual demanda ante el Tribunal Internacional de Justicia de La Haya, donde sólo los Estados pueden actuar.

El embajador Nabor García visitó al ministro de Relaciones Exteriores chileno, José Miguel Insulza, para intercambiar opiniones después del fallo de la Corte Suprema de Justicia que acababa de archivar el «caso Soria». Era el 30 de agosto.

Insulza seguía con especial atención la marcha de los procedimientos judiciales iniciados en España. El ministro chileno expresó sus dudas y sus temores, y dejó sentado que los procesos españoles podrían acarrear graves consecuencias para las relaciones entre ambos países. Nabor García comentó que, por lo que él sabía, no eran más que actuaciones testimoniales.

—Embajador —concluyó el ministro Insulza—, somos conscientes de que los asesinos de Carmelo Soria han sido agentes de la DINA y por ello el Gobierno está dispuesto a ofrecer una reparación económica a la familia, así como un reconocimiento de lo que ocurrió. No sé si ustedes pueden hacer algo. Desde luego, si nos ayudan, todo sería más fácil.

Nabor García transmitió a la Dirección General de Iberoamérica, a cargo de Eduardo Gutiérrez Sáenz de Buruaga, la idea de colaborar con el Gobierno chileno y de iniciar una negociación con la familia Soria. Tanto el secretario de Cooperación Iberoamericana, Fernando Villalonga, como el ministro de Asuntos Exteriores, Abel Matutes, consideraron que era una excelente propuesta. El Gobierno español estaba interesado en resolver el asunto antes de la celebración de la Cumbre Iberoamericana. Y podía, incluso, sufragar una parte de la reparación económica.

Eduardo Gutiérrez Sáenz de Buruaga debía viajar en la primera quincena de septiembre a Chile para preparar la cumbre iberoamericana. Llegó el día 9 a Santiago. Llevaba una nota para el Gobierno chileno. Un día más tarde, el 10, hizo entrega de la misma. El Gobierno español expresaba su disposición de promover «la justa reparación de ese crimen, acompañando a la familia de don Carmelo Soria Espinosa en las instancias y gestiones que procedan».

El día 11 de septiembre, Nabor García convocó en la embajada a Carmen Soria, hija de Carmelo, y a su abogado, Alfonso Insunza, para analizar la situación. Eduardo Gutiérrez esbozó la idea del Gobierno chileno de reparar a la familia a través de una compensación moral y económica. Tanto Carmen Soria como su abogado dijeron que estaban dispuestos a mantener conversaciones y que esperaban a conocer la propuesta.

Gutiérrez pensó que tenía el acuerdo al alcance de la mano. Llamó a Madrid, a Fernando Villalonga, y le comunicó que se había llegado a un principio de acuerdo; no se habían precisado los detalles pero era un avance. Villalonga llamó al ministro Abel Matutes —de viaje oficial con los Reyes en Budapest—, y por medio de Inocencio Arias le hizo saber que todo estaba arreglado. Pasadas las diez de la noche, Matutes decidió hacer declaraciones a la prensa.

—Deseo informarles de una cosa agradable —dijo el ministro, satisfecho—. Se ha llegado a un principio de acuerdo entre el

Gobierno chileno, el español y la familia Soria por el que se compensará moral y materialmente a esta familia. Este acuerdo supone abandonar la vía judicial —añadió.

A las diez y media de la noche, las agencias de noticias difundieron las declaraciones de Matutes. Carmen Soria, al conocer la información, llamó a su madre. En Santiago eran las cuatro y media de la tarde.

—Mamá, Abel Matutes ha declarado en Budapest que se llegó a un acuerdo. No hay tal cosa. Nos reunimos yo y Alfonso con Eduardo Gutiérrez y dijimos que estamos dispuestos a negociar. No han presentado ninguna propuesta. Voy a desmentirlo.

Carmen llamó al embajador español, que estaba tan atónito como ella. Le explicó que estaba obligada a desmentir al ministro. Llamó a la agencia Efe en Santiago. Según dijo, el Estado español se ofrecía como interlocutor y mediador ante el Estado chileno. «No tenemos una propuesta. Yo no he visto ni un borrador ni nada».

Laura, a su vez, llamó a la misma agencia en Madrid. «Lamento afirmar que no hay ningún acuerdo», subrayó.

En la mañana del día 12 de septiembre, el secretario de Estado de Cooperación Latinoamericana, Fernando Villalonga, llamó por teléfono a Laura.

—Esto hay que arreglarlo —dijo Villalonga.

Laura marchó al Palacio de Santa Cruz. Laura le dijo que no había ningún acuerdo, pero que estaba dispuesta a hablar. Villalonga le proponía, cara a cara, firmar un documento para que el Gobierno español pudiera hacer las gestiones.

Villalonga redactó un breve documento en el cual se dejaba constancia de que existía un principio de acuerdo para negociar. Laura lo firmó. Antes de marcharse, dijo:

—Yo voy a presentar una propuesta.

En Santiago, Nabor García informó a Insulza de que era mejor mantener las negociaciones con Laura González-Vera en Madrid.

Insulza siempre había creído que negociar con Carmen Soria, por su intransigencia y firmeza, sería una pesadilla. Cuando el embajador le sugirió el cambio de interlocutor, pensó que era lo mejor que podía ocurrir.

«Peor que la Carmen no puede ser», dijo a sus colaboradores, al dar su aprobación.

El 23 de septiembre, el ministro Matutes declaró que «el Gobierno español no va a imponer nada a la familia Soria, que es la que tendrá que darse por satisfecha». Laura presentó su propuesta días más tarde.

En un comunicado de fecha 26 de septiembre, planteó tres puntos: que Chile reconociera que Carmelo Soria era, en el momento de su tortura y muerte, funcionario internacional de Naciones Unidas; que se admitiera que los agentes de la DINA le torturaron y le dieron muerte; y que cesaran en todo cargo público los presuntos responsables.

Esa misma tarde, en Valparaíso, Chile, el subsecretario de Relaciones Exteriores, Mariano Fernández, en funciones de ministro, prestaba declaración ante la Comisión Especial de la Cámara de Diputados que debatía una acusación constitucional patrocinada por once diputados contra los ministros de la Corte Suprema que habían archivado el «caso Soria».

Cuando se le preguntó por el estatus oficial de Soria en 1976, señaló que «de la información disponible se puede colegir la calidad de funcionario de Carmelo Soria». Ante la pregunta de si el término «colegir» significaba coincidencia o duda respecto a las informaciones proporcionadas por la CEPAL, aclaró: «Sólo implica que en virtud de los antecedentes con que contaba este Ministerio se podía colegir, vale decir, deducir, en la acepción que la Real Academia Española le otorga a este término, que dicha persona se encontraba reconocida como funcionario superior permanente en la CEPAL en el año 1976». Al día siguiente, la prensa informaba de que la Comisión rechazó la acusación por cuatro votos contra uno. «El canciller en funciones no certificó en forma fehaciente la calidad de funcionario internacional superior de Carmelo Soria», explicó en titulares el diario *El Mercurio*. Todavía quedaba la posibilidad de someterla al pleno.

En Madrid, Eduardo Gutiérrez se reunió con el embajador chileno en Madrid, Álvaro Briones, quien había sustituido hacía dos años a Juan Gabriel Valdés al frente de la representación diplomática española. Laura le había visitado, como antes a Valdés, para saludarle al hacerse cargo, pero pese a que Briones dijo conocerla a través de amigos de sus hijos, no pareció demostrar interés en el caso. El 27 de septiembre de 1996, Briones le entregó a Gutiérrez una primera propuesta.

El Gobierno chileno sugería erigir una «obra recordatoria» en honor de Carmelo Soria que se instalaría en Santiago. Asimismo, Chile entregaría un dinero que aún no se había precisado, y veía con agrado una aportación de España, para que la familia Soria creara una fundación con los fines que considerase oportunos.

—La familia no va a aceptar, Eduardo —advirtió Briones, que conocía muy bien la trayectoria de madre e hija.

Gutiérrez le sugirió que hablaran de cantidades.

—El Gobierno chileno me ha dado la cifra de 500.000 dólares —apuntó Briones.

El 2 de octubre, Gutiérrez convocó a Laura a su despacho para empezar a conversar con él, con su subdirector, Enrique Iranzo, y con Enrique Jimeno, jefe de área de América Latina, quien había sido agregado laboral en la embajada española en Madrid en la época del golpe militar de Pinochet.

—Laura, he recibido del Gobierno chileno un primer documento —dijo Gutiérrez, mostrando el papel—. Prefiero no entregárselo. Me parece que no es plenamente satisfactorio. Vamos a intentar pulirlo y se lo mostraremos para hacer una contrapropuesta. Bueno, si usted quiere verlo...

—No, no es necesario. Si usted dice que no es satisfactorio... —renunció Laura.

—Hombre, algún punto positivo tiene, como, por ejemplo, el ofrecimiento de una obra recordatoria así como la donación de una cantidad de dinero a determinar para crear una fundación. El Gobierno chileno vería con agrado una aportación del Gobierno español. Nosotros estamos de acuerdo —precisó Gutiérrez—. Bien, en cualquier caso, vamos a redactar una contrapropuesta y le avisaremos. Os pido a todos discreción.

Pero ese 2 de octubre, la Cámara de Diputados de Chile volvía a considerar, esta vez en pleno, la acusación constitucional presentada por once diputados contra los magistrados que habían archivado en la Corte Suprema chilena el «caso Soria». La acusación fue derrotada: 74 diputados votaron en contra; 31, a favor.

Laura escribió una carta a Gutiérrez en la que denunció la actitud del Gobierno chileno. «Cualquier reparación justa del daño criminalmente causado debe fundarse de modo irrenunciable en el reconocimiento del Estado de Chile de la condición de funcionario internacional de Carmelo Soria y en la remoción de sus cargos oficiales de los responsables de su tortura y muerte, que han sido identificados por las propias autoridades judiciales chilenas más allá de toda duda razonable», advertía.

Gutiérrez intentaba redondear una oferta que la familia Soria no pudiera rechazar. Volvió a hablar con Briones.

—Están los puntos referidos al reconocimiento de los hechos. Nosotros redactaríamos un texto. Pero ¿hasta cuánto dinero podría dar el Gobierno chileno?

—Tengo que consultar —dijo Briones.

Eduardo Gutiérrez le sugirió la cifra de un millón de dólares. Si Chile ponía 800.000 dólares, España podía aportar los 200.000 dólares restantes. En eso quedaron. Si los chilenos daban su acuerdo, pensaba Eduardo Gutiérrez, sería una oferta que la familia Soria no podía rechazar.

El fiscal Balaguer, de regreso de sus vacaciones, comenzó a estudiar el tema de la posible inhibición del juez Manuel García-Castellón. El juez volvió a la carga con la idea de vincular los dos procedimientos y que Baltasar Garzón se ocupara de ambos. Sin embargo, Balaguer consideraba que se trataba de casos distintos con acusados distintos. García-Castellón habló de ello con Garzón, quien se mostró dispuesto a asumir las dos causas.

Balaguer intentó encontrar alguna base para esa unión. Solicitó al juez que pidiera a Garzón testimonio de las actuaciones seguidas en la querella por los crímenes cometidos en Argentina. El juez lo hizo. Ahora, había que esperar que llegara la documentación.

A mediados de octubre de 1996, el presidente Eduardo Frei realizó una visita oficial al Reino Unido. En las mismas fechas, el comandante en jefe del Ejército chileno, Augusto Pinochet, se encontraba en Londres. Se alojó en el hotel Hilton, en la zona de Mayfair. Llamó a su amigo, el empresario suizo radicado en Londres, Peter Schaad, y le invitó a tomar café. Schaad tenía una invitación para asistir, el 15 de octubre, a una recepción que el presidente Frei ofrecía en el elegante Park Lane Hotel, en Piccadilly. Pero el general Pinochet no había sido invitado. Si bien el embajador Mario Artaza le había recibido en el aeropuerto, su presencia en Londres se mantenía en reserva.

El 16 de octubre, mientras el presidente chileno todavía se encontraba en la capital británica, la Cámara de los Comunes celebraba, por noveno año consecutivo, su sesión anual para examinar las relaciones entre el Reino Unido y América Latina.

Aquella sesión se había convertido, con los años, en un acto ritual. El diputado laborista, Jeremy Corbyn, a quienes todos, para bien o para mal, reconocían su larga y paciente denuncia de la violación de los derechos humanos en Chile y en otros países de América Latina, solía mantener un duro enfrentamiento dialéctico con los diputados conservadores. Este debate empezaba avanzada la tarde y se extendía hasta altas horas de la madrugada.

Sin embargo, esta vez la sesión tuvo lugar por la mañana. Después de que el portavoz conservador elogiara los convenios que el Gobierno de John Major había firmado hacía algunas horas con el presidente Frei, solicitó la palabra Corbyn.

—Es bueno que debatamos la situación en América Latina. Éste es el noveno año que lo hacemos. Y es normal que tenga lugar a las tres de la madrugada, de modo que esto es un gran progreso. Debemos tener en cuenta que el presidente Frei visita el Reino Unido esta semana. Su visita, en la medida que él representa a la democracia de Chile y el final de la dictadura, es bienvenida —dijo el diputado—. Menos bienvenidos son los fuertes rumores de que el general Pinochet también está en el Reino Unido. Él está asociado con el reino del terror en Chile y la destrucción de los derechos humanos así como de muchos sindicatos y otras organizaciones. Está aquí, presumiblemente, para una nueva compra de armas. Su sola existencia nos sirve como memoria del peligro del poder de los militares para cualquier movimiento democrático en América Latina. Por supuesto, los gobiernos británicos del pasado vendieron tranquilamente armas a este dictador.

La bomba que acababa de lanzar Corbyn llevó a los diputados conservadores a exigir que terminara su discurso, aun cuando no había agotado su tiempo. El diputado *tory* Ray Whitney replicó que durante nueve años Corbyn había descrito la misma situación, la de los años setenta e incluso de los sesenta, para advertir sobre la amenaza horrible, dijo, de las compañías multinacionales.

—Esto demuestra su incapacidad para entender los beneficios de la economía de libre mercado que casi todos en el mundo entienden salvo el último reducto del Partido Laborista británico. Sus afirmaciones nos confortan porque nos podemos sentir otra vez en casa. Espero que el representante de Stretford, Tony Lloyd, intente llevar a su partido un poco más adelante. Si no puede hacerlo hasta 1996, quizá pueda llegar hasta los años ochenta desde los sesenta, donde nos ha dejado su honorable amigo.

Tony Lloyd, encargado del seguimiento de la política latinoamericana dentro del Partido Laborista, anticipó que no deseaba arbitrar en la discusión, pero apuntó el tema de los derechos humanos.

—Deberíamos apoyar activamente a mucha gente en América Latina que quiere una democracia fuerte y que desean construir sociedades en las que los derechos humanos estén garantizados, que no sean algo extraordinario. América Latina no conocerá la democracia ni mejorará la calidad de los derechos humanos como resultado de la agresividad del Reino Unido u otros países. No lo ha hecho en el pasado y no lo hará ahora —dijo Lloyd—. Un gobierno laborista trabajaría con los gobiernos latinoamericanos y los ciudadanos para cimentar las instituciones, en particular los sistemas legales y judiciales, y ello permitiría contar con los recursos adecuados contra aquellos que cometen abusos contra la población civil. Hay muchos países en los que la existencia de un presidente democráticamente electo no garantiza la libertad individual y, ciertamente, no garantiza que otras instituciones, especialmente las militares, estén apartadas del sistema político. Debemos decir, como lo dirá un Gobierno laborista, que queremos trabajar con las fuerzas democráticas de América Latina y que perseveraremos en una política de apoyo activo de los demócratas y rechazando a los perpetradores de abusos contra la población civil.

La VI Cumbre Iberoamericana se acercaba. El 24 de octubre de 1996, después de analizar un proyecto de texto de Eduardo Gutiérrez, el embajador chileno entregó la propuesta definitiva para resolver el contencioso referido a Carmelo Soria. Eran seis puntos. El Gobierno chileno lamentaba el homicidio de Carmelo Soria, pero en el documento sobresalía el deseo de las autoridades de Chile de realzar que se habían hecho todos los esfuerzos para esclarecer el crimen.

Tampoco se admitía con toda claridad que Soria hubiera sido, como sostenía la CEPAL, funcionario internacional y que, por tanto, gozara de un estatuto de inmunidad. Insistía en que el caso constituía «cosa juzgada» y que, de aceptarse la propuesta, el Gobierno chileno «da por superada toda controversia sobre este doloroso episodio».

Ofrecía, pues, «levantar una obra recordatoria y donar un millón de dólares, que serán entregados a doña Laura González-Vera, viuda de Soria, con objeto de poner en marcha una fundación».

Gutiérrez entregó el papel, sin membrete, fecha o firma, a Laura. Antes de salir de su despacho, quizá para calmar la ansiedad del director, ella dijo:

—Voy a entregar una respuesta que dejará contentos a todos.

Laura viajó a Santiago a primeros de noviembre para analizar la oferta con su hija Carmen y su abogado.

En ello estaban cuando tuvo lugar la VI Cumbre Iberoamericana de 23 jefes de Estado y de Gobierno. El día 9, José Miguel Insulza dijo que el «"caso Soria" está en proceso de negociación y, por lo tanto, no corresponde que lo vean ahora los presidentes».

Un día después, el domingo 10, en una rueda de prensa, José María Aznar expresó su satisfacción por los resultados de la cumbre. Los periodistas preguntaron cuál era su valoración sobre el archivo del «caso Soria» en la Corte Suprema chilena.

—No voy a decir nada sobre esto. Espero que se llegue a conclusiones positivas —dijo Aznar.

A mediados de diciembre, Laura llamó a Gutiérrez para informarle que tenía la respuesta. Acordaron que se verían a lo largo de la tarde del 12 de diciembre. Para esa misma tarde, Carmen Soria convocó a una rueda de prensa. Madre e hija anunciarían en Madrid y en Santiago la respuesta. Carmen debía esperar la llamada de Laura, quien le confirmaría que la reunión en el Ministerio de Asuntos Exteriores había concluido.

Gutiérrez decidió, por su cuenta, citar en el Palacio de Santa Cruz al embajador Álvaro Briones. Le hizo esperar en una sala próxima a su despacho.

Laura llegó con varios juegos de copias de su respuesta, y cartas dirigidas al ministro de Asuntos Exteriores, Abel Matutes, al rey Juan Carlos, y a los presidentes de la Cámara de Diputados y del Senado. En ellas agradecía el apoyo que se le había dado.

Gutiérrez, rodeado de sus colaboradores, preguntó:

—Laura, ¿le parece que haga pasar al embajador de Chile, a quien hemos citado?

—Claro que sí, por supuesto.

Le hicieron pasar. Álvaro Briones saludó a Laura. Tomaron asiento.

—Hemos estudiado la propuesta con mi abogado, el señor Insunza, y la respuesta es que no la podemos aceptar —dijo Laura.

La carta señalaba que el Gobierno de Chile no reconocía de manera clara y categórica a Carmelo Soria como funcionario internacional, en tanto que la ONU lo había hecho a lo largo de varios años. En relación con la oferta de donar un millón de dólares para crear una fundación, señalaba que el Gobierno chileno hacía caso omiso de su lugar de residencia desde hacía 20 años. «Debí exiliarme a consecuencia del asesinato de Carmelo Soria por la dictadura militar del general Augusto Pinochet y debido a la persecución a que fue sometida la familia, incluido el cuasi secuestro de mi hija Carmen Soria a manos de la DINA», decía. Agregaba que la idea de la fundación era inviable cuando los poderes judicial, legislativo y ejecutivo de Chile, todos, habían contribuido a la denegación de justicia.

Y en cuanto a la «obra recordatoria», decía: «El nombre de Carmelo Soria seguirá por mucho tiempo en el ámbito jurídico de Chile, por la riqueza y complejidad de su proceso; la amnistía que convierte al Gobierno en responsable internacional da la condición de caso no resuelto jurídicamente en esa esfera y el que se zanje esta condición dependerá del desarrollo democrático de Chile. El nombre de Carmelo Soria figura en la Muralla de la Memoria del cementerio general de Santiago de Chile, entre los detenidos desaparecidos, los ejecutados políticos y demás víctimas del terrorismo de Estado que ejerció la dictadura militar del general Augusto Pinochet. Carmelo Soria inició a los 19 años la lucha por la libertad en la España de Franco y murió asesinado por la DINA en el mismo empeño, a los 54 años, en Santiago de Chile».

En el despacho de Gutiérrez no volaba una mosca. Álvaro Briones confirmaba su presunción.

—Laura, lo siento mucho. Hemos intentado llegar a un acuerdo satisfactorio —dijo Gutiérrez—. Pero aquí... aquí falta un folio —añadió, hojeando la carta.

Las ruedas de prensa en Madrid y en Santiago tuvieron que aplazarse, por este detalle y por la necesidad de comunicar la decisión a los gobiernos de España y de Chile, hasta el día 18. Antes de despedirse de Laura, Gutiérrez preguntó:

—¿No habrá alguna forma de arreglar esto?

—Ya hablaremos cuando venga con la respuesta completa.

Baltasar Garzón envió al juez García-Castellón el testimonio de los hechos que estaba investigando en Argentina. Los vínculos de ambas causas a través de la «Operación Cóndor» llevaron a García-Castellón a reiterar, ante el fiscal Balaguer, su posición.

—Es mejor que él lleve los dos casos —dijo.

Balaguer consideró que, aun tratándose de los mismos delitos, eran causas diferentes. No había un genocidio sino dos, los procedimientos eran diferentes. Las víctimas y los acusados también lo eran.

El 3 de febrero de 1997, el fiscal emitió su dictamen. «Examinadas las diligencias previas del Juzgado Central de Instrucción número 5, no concurre ninguno de los supuestos de conexidad del artículo 17 de la Ley de Enjuiciamiento Criminal. Por ello, no procede acordar la inhibición por acumulación». El fiscal también apoyaba la práctica de las diligencias solicitadas en el escrito de querella para iniciar la investigación.

Manuel García-Castellón dictó el 6 de febrero de 1997 un auto por el que admitía la querella de la Fundación Presidente Allende del 5 de julio de 1996 y ordenaba enviar un oficio a los Ministerios de Justicia y Asuntos Exteriores para que remitieran al Juzgado un informe sobre los ciudadanos, españoles y de otras nacionalidades, asesinados o desaparecidos en Chile entre el 11 de septiembre de 1973 y el mes de marzo de 1990, así como de los procedimientos judiciales seguidos por esos hechos, personas procesadas, juzgadas, condenadas o absueltas. Asimismo, daba instrucciones para librar una comisión rogatoria internacional a Estados Unidos con el fin de que las agencias gubernamentales aportaran información sobre violaciones de derechos humanos.

La causa, pues, comenzaba a andar siete meses después de presentada la denuncia de la UPF en Valencia y la querella de Joan Garcés en la Audiencia Nacional.

Por aquellas fechas, la Audiencia Nacional atravesaba una situación de crisis. El teniente fiscal, el número dos, Eduardo Fungairiño, y un grupo de fiscales habían conseguido minar la autoridad del fiscal jefe, José Aranda, por múltiples razones, desde las marcadamente personales hasta profesionales. El fiscal general del Estado, Juan Cesáreo Ortiz Úrculo, le estaba buscando sustituto.

El teniente fiscal, Eduardo Fungairiño, llamó al fiscal Balaguer.

—Javier, la jueza Teresa Palacios me ha sugerido que vayas al Juzgado Central de Instrucción número 3, a trabajar con ella. ¿Qué te parece?

Balaguer estaba cansado de trabajar en el Juzgado número 6. La fiscal adscrita a la jueza Palacios había solicitado la baja. A Balaguer le gustaba la idea y aceptó el traslado.

Ignacio Peláez, que acababa de llegar de los juzgados de Plaza de Castilla, sustituyó en el Juzgado número 6 a Balaguer, quien pasó al número 3. Al hacer el resumen de actividades relevantes de la Fiscalía de la Audiencia Nacional para destacar en la memoria de la Fiscalía General del Estado correspondiente a 1996, Balaguer, sin mucha confianza, dejó constancia de que las investigaciones de Chile se habían iniciado con el informe favorable del fiscal. Por si colaba.

CAPÍTULO 34

El aldabonazo de Galtieri

El juez Garzón tomó declaración a Vicente Ramírez-Montesinos, antiguo cónsul general de España en la ciudad de Rosario, provincia de Santa Fe, Argentina, el 17 de febrero de 1997. Su testimonio era relevante, ya que, en su intento por averiguar la situación de la familia Labrador, se había entrevistado con el general Leopoldo Fortunato Galtieri, a cargo de la citada provincia entre los años 1976 y 1978. La entrevista se había producido unos días después de que aparecieran muertos Palmiro, su esposa Edith, y Víctor Labrador.

Según declaró, el general Galtieri le recibió en el cuartel del comando del Segundo Cuerpo de Ejército acantonado en Rosario. Su despacho, al que se llegaba después de atravesar varias líneas de alambradas y·vehículos blindados, tenía ventanas tapiadas con ladrillos. Ramírez-Montesinos le expuso el caso de los Labrador y la muerte del padre, Víctor Labrador. El general Galtieri dijo que esa muerte había sido un error. Entre sus manos, recordó el cónsul, tenía un folio de color amarillo con nombres escritos a máquina. Ramírez-Montesinos vio que junto a cada nombre, en muchos casos, aparecía una cruz marcada con lápiz color rojo. Mientras Galtieri explicaba que en Argentina se estaba desarrollando una guerra contra la subversión, el cónsul intentaba leer al revés los nombres de la lista. Vio que el nombre de Palmiro Labrador tenía la cruz. Su hermano Miguel Ángel, no. Durante la entrevista, recordó el cónsul, entró en el despacho un coronel con un portafolios. Galtieri le pidió que se acercara y le dijo que le harían un regalo al cónsul. El general cogió la cartera de cuero, la abrió, y mostró al cónsul que el forro estaba sin coser para utilizarlo como doble fondo, lo que permitía a los delincuentes subversivos, dijo Galtieri, alojar papeles sin que se advirtiera al abrirla. «¿Ve? Esto es lo que hacía la familia Labrador», enfatizó Galtieri.

El cónsul salió del despacho del general con la idea de que Miguel Ángel Labrador podía, en ausencia de la cruz, estar vivo. Aconsejó a Esperanza Pérez, la viuda de Víctor, a su hija Manuela y a su esposo abandonar inmediatamente el país y les proporcionó los medios para trasladarles a España. En 1978, dos años después de su desaparición, Esperanza Pérez recibía una carta en la que un juzgado federal le informaba de que su hijo Miguel Ángel no se encontraba detenido.

Tras escuchar el testimonio de Ramírez-Montesinos, las acusaciones particulares y populares solicitaron al juez, de acuerdo con las declaraciones de los familiares y, ahora, la del cónsul, la prisión provisional incondicional de Galtieri. El fiscal Pedro Rubira se opuso. El juez Garzón ya sabía lo que quería. Estaba decidido a dar el primer aldabonazo en la instrucción de la causa de los crímenes de la dictadura.

El 25 de marzo de 1997, el juez dictó un auto en el que narraba los hechos vividos por la familia Labrador, decretaba la prisión provisional por los delitos de genocidio, terrorismo, cuatro delitos de asesinato y detención ilegal, y cursaba una orden de detención internacional contra el general Galtieri. La decisión tuvo un gran impacto en Argentina y en todo el mundo. Fue una señal de que Garzón estaba decidido a apostar fuerte.

El ex presidente chileno Patricio Aylwin recibió el 28 de marzo de 1997 a Jorge Uribe, corresponsal del periódico mexicano *Excelsior*, en su casa de la calle Amapolas, en la comuna de Providencia. El ex presidente chileno reflexionó en voz alta sobre los hechos que ocurrieron en Chile antes y después del golpe de Estado del 11 de septiembre de 1973. Aylwin dijo que se había equivocado «de medio a medio» al avalar a los militares chilenos. «Todos tuvimos la culpa, todos tenemos responsabilidades de lo ocurrido a partir de 1973. ¡Es que tuvimos una visión errónea de lo que eran los militares chilenos», dijo. El ex presidente recordó la tarde del día 4 de marzo de de 1991 en la cual anunció por radio y televisión los datos y conclusiones del informe de la Comisión Nacional de la Verdad y la Reconciliación, presidida por el ex senador Raúl Rettig. «Nos reunimos después con los comandantes en jefe de las Fuerzas Armadas y el general director de Carabineros y ellos dieron explicaciones. No negaron los hechos; en ese estudio se comprobó la existencia de más de 3.000 personas desaparecidas y muertas, que fueron asesinadas por agentes del Estado dictatorial».

El periodista preguntó:

—Si hiciéramos un juego de imaginación y lográramos retornar a la época de los tribunales de Núremberg, ¿Pinochet recibiría el castigo que merece?

—Quien dirige un gobierno con poderes omnímodos, en los que se cometen todos los crímenes, hasta los más impredecibles, como ocurrió en la época de Pinochet, no podría evitar que su responsabilidad fuera dilucidada sino por los tribunales, necesariamente ante la Historia...

Al día siguiente, el periódico publicó la entrevista bajo un título sugestivo. «Aylwin: "Pinochet merece un juicio como el de Núremberg"».

Las declaraciones tuvieron amplia repercusión en la prensa chilena. El cuerpo de generales del Ejército y las restantes fuerzas militares criticaron duramente a Aylwin, y presionaron para que rectificara la entrevista. Sin embargo, el ex presidente no se echó atrás.

Unos días más tarde, el 10 de abril, la organización del Consejo de Europa «Centro Norte-Sur», con sede en Lisboa, falló su premio anual Norte-Sur otorgado a personalidades por su labor de protección de los derechos humanos y la democracia. El galardón recayó, por el Sur, en el ex presidente chileno, Patricio Aylwin, y, por el Norte, en la presidenta de Irlanda, Mary Robinson. Los premios se entregarían en la capital lusa, el 16 de mayo.

Al conocer la noticia, Joan Garcés pensó que era una oportunidad para que Aylwin prestara declaración ante el juez García-Castellón y ratificara su entrevista con el diario mexicano *Excelsior.* No sentía ningún aprecio por Aylwin, pero creía que su participación sería beneficiosa en la instrucción del caso. Sugirió a Víctor Pey que le hiciera llegar un mensaje a Alwyn. El juez podía trasladarse a Lisboa o bien el propio Aylwin tenía posibilidad de declarar en Madrid. Pey sugirió a la periodista Patricia Verdugo, autora de un libro titulado *Los zarpazos del puma,* donde se relataba por primera vez de cabo a rabo la operación «Caravana de la Muerte», que hablara con Aylwin.

Garcés redactó una carta con fecha de 14 de abril de 1997. Estaba dirigida a Aylwin. Describía el estado de los procedimientos y narraba que se habían incorporado las declaraciones de Aylwin al periódico *Excelsior*. Finalmente, le preguntaba si prefería declarar en Madrid o que el juez se desplazara a Santiago con ese fin.

Víctor Pey decidió que, si se quería conseguir algo, lo mejor era sugerir a Aylwin que prestara declaración ante el juez García-Castellón. Sin más. Consultó a Garcés y decidió no hacer llegar a Aylwin la carta que se había redactado. Tanteó al ex presidente por medio de la periodista Patricia Verdugo, sin éxito. Y, finalmente, él mismo fue a visitarlo.

El ex presidente le recibió en su despacho de la calle Amapolas.

Pey le recordó sus declaraciones al diario mexicano y le sugirió que durante su estancia en Lisboa podía comparecer ante el juez García-Castellón para ratificar su punto de vista.

Aylwin agitó el recorte de prensa.

—Ya sabe usted lo que pasó con estas declaraciones —se horrorizó el ex presidente. Y añadió—: me dejaron a las patas de los caballos. Yo pienso estar en Madrid en las próximas semanas, pero no tengo ninguna declaración que hacer.

Pey registró lo del viaje. Era sin duda interesante.

—Don Patricio —sugirió Pey—, siento que es mi obligación advertirle de que en Madrid podría encontrarse con una citación judicial...

— ¡Pero cómo se le ocurre!

—Yo cumplo en decírselo.

Pey llamó a Madrid y aseguró a Garcés que Aylwin no tenía ningún interés en declarar ante el juez.

Y añadió:

—Me ha dicho que desde Lisboa irá a Madrid.

El 12 de mayo, Joan Garcés, como letrado de la acusación particular, solicitó al juez García-Castellón la citación de Aylwin. El juez acordó oírle, en calidad de testigo, y al día siguiente envió a un oficial del juzgado a la sede de la embajada chilena, en la madrileña calle de Lagasca, con un oficio dirigido al embajador, «a fin de que se cite a declarar a dicho testigo entre los días 20 y 22 de mayo actual, durante las horas de audiencia».

El embajador chileno, Álvaro Briones, que estaba en su despacho, dio instrucciones para que el oficial del Juzgado número 6 de la Audiencia Nacional esperara en el vestíbulo de la embajada.

El embajador consideró la situación, consultó con los abogados y llamó a Santiago. Estos trámites llevaron su tiempo. Al cabo de una hora y media se informó al agente judicial, que seguía esperando. No se aceptaba la citación. Nada de esto trascendió a la prensa.

En Santiago, el subsecretario, Mariano Fernández, se ocupó personalmente del asunto. Por aquellos días, la ministra de Justicia, Soledad Alvear, también se aprestaba a viajar a Madrid en la última semana de mayo.

El embajador Briones sugirió a Fernández que, además del pasaporte diplomático, el Ministerio de Relaciones Exteriores debería acreditar a Aylwin como embajador en misión especial. Fernández tramitó, pues, el citado decreto. El embajador presentó, a continuación, la nota verbal en Madrid ante el Ministerio de Asuntos Exteriores.

La idea era sencilla: mediante ese procedimiento se evitaba que Aylwin, protegido por la inmunidad diplomática, estuviera obligado a declarar ante el juez Manuel García-Castellón. El subsecretario Fernández quería poner al Gobierno chileno a salvo de cualquier veleidad del ex presidente.

Óscar Soto, el que fuera médico de Salvador Allende, llevaba años instalado con su mujer Alicia y su familia en Madrid. Era un buen amigo del embajador Briones, con quien solía debatir sobre la jurisdicción de España para investigar los crímenes de la dictadura chilena. El embajador, economista de profesión y miembro del Partido Socialista, había sido subsecretario de Economía del Gobierno de Patricio Aylwin. Se oponía tajantemente a la investigación emprendida en España y defendía los pactos alcanzados durante la transición política entre los partidos políticos chilenos y las Fuerzas Armadas por los cuales el poder civil se había comprometido, de hecho, a no juzgar a los militares.

Soto había prestado declaración ante el juez García-Castellón el 16 de abril de 1997 sobre las circunstancias del asalto al Palacio de la Moneda el 11 de septiembre de 1973, que él había vivido hasta minutos antes del suicidio de Salvador Allende.

El embajador Briones no conocía a Joan Garcés. En varias ocasiones Soto le había sugerido que quizá fuera bueno que tuvieran algún contacto. Pero lo cierto es que nunca habían coincidido.

Briones llamó por teléfono la mañana del jueves 15 a Soto a Segovia, al hospital en el que trabajaba, y le dijo que Aylwin viajaría de Lisboa a Madrid el 19 para permanecer tres días en la capital española hasta el día 22. Hablaron acerca de la posibilidad de que el ex presidente pudiera prestar declaración ante el juez. Aylwin, dijo Briones, estaba en disposición de declarar. La mañana del día siguiente, 16 de mayo, Soto llamó por teléfono a Garcés y le comunicó que tenía un mensaje del embajador.

—Es un mensaje informal. Me ha dicho que si se le pide confirmación está obligado a desmentirlo.

—Bien...

—Me dice que te diga que Patricio Aylwin quiere declarar ante el juez. Llega a Madrid el 19 a mediodía en un avión de la TAP —Transportes Aéreos Portugueses— y se alojará en el hotel Plaza hasta el 22 de mayo. La citación formulada en la embajada se hizo como se debía, aunque fuera rechazada.

El ex presidente chileno había sido invitado, por iniciativa del abogado Óscar Alzaga, a pronunciar el día 21 una conferencia en el Instituto Ortega y Gasset sobre la transición democrática en América Latina.

Poco después de hablar con Soto, el abogado Garcés salió hacia la Audiencia Nacional para ver al juez García-Castellón. Pero no estaba. Informó al oficial del juzgado de que Aylwin se alojaría en el hotel Crowne Plaza, en la Plaza de España, y de que era necesario enviarle una citación el día 20 para declarar ante el juez el 21.

Una hora más tarde, el oficial del juzgado llamó a Garcés. El juez quería verle inmediatamente.

Joan llamó por teléfono a Carlos Castresana, le explicó que Aylwin llegaría el 19 y que era necesario que declarara ante el juez. Le explicó que estaba a punto de salir hacia la Audiencia Nacional y le sugirió que también se pasara por el despacho del juez. Castresana confirmó su presencia.

Garcés, además, dio instrucciones a sus colaboradores para difundir un comunicado entre los periodistas presentes en la Audiencia Nacional. En la nota se daba cuenta de que el juez citaba a declarar al ex presidente chileno.

CAPÍTULO 35

Aylwin: dualidad florentina

Cuando Joan llegó a la Audiencia Nacional, el juez García-Castellón estaba reunido con la secretaria del juzgado. Le hizo pasar. Delante de ella, el juez dijo:

—Joan, acabo de recibir una llamada telefónica que me ha dejado de piedra.

—Yo también quería informarle sobre otra llamada telefónica. El ex presidente Patricio Aylwin está dispuesto a declarar...

—Pues agárrese fuerte para escuchar esto. Me ha llamado por teléfono un miembro del Consejo General del Poder Judicial. Me pide que no cite a Patricio Aylwin. Me ha dicho que, si lo hago, Chile suspende la visita a España de la delegación que viene a firmar un acuerdo de compras de armas. Ha dicho que están en juego 20.000 puestos de trabajo en Cádiz y que habrá otros perjuicios económicos.

Algunos días antes, el 1 de abril 1997, el ministro chileno de Defensa, Edmundo Pérez Yoma, había firmado en Madrid con el ministro de Defensa español, Eduardo Serra, un protocolo de cooperación en materia de defensa por la cual se creaba una comisión mixta entre España y Chile. En la rueda de prensa, el ministro Pérez Yoma anunció que estaban «muy avanzadas» las conversaciones para la compra de dos submarinos Scorpène a un consorcio franco-español por un valor de 438 millones de dólares (unos 60.000 millones de pesetas).

Mientras, llegó Castresana. El juez le invitó a entrar y le resumió la situación.

—Pinochet está moviendo sus piezas. El programa de venta de armas es, en realidad, un programa franco-español para construir submarinos. Resulta difícil creer que vayan a cancelarlo como represalia por citar a Aylwin. Por otra parte, si Aylwin está dispuesto a declarar, como me dicen, eso significa que las presiones no han tenido efecto —dijo Garcés.

—Me parece que aquí tratan de repetir las presiones que ya han intentado con el juez Garzón —recordó Castresana.

—Joan, ¿por qué no va usted a ver a Aylwin al hotel y le invita a declarar? —sugirió el juez.

— Es arriesgado. Tal vez me sugiera que no lo moleste más. Sería una situación violenta para usted —repuso Garcés.

—En ese caso, comparezca usted y haga constar los datos para preparar la citación —concluyó el juez.

La secretaria del juzgado hizo el trámite. Joan Garcés puso en conocimiento del juzgado la información. La secretaria llevó personalmente al hotel Crowne Plaza un sobre con la citación. Aylwin podría presentarse entre los días 20 y 22, según su preferencia, en horas de audiencia.

Esa tarde, las agencias de noticias transmitían la noticia de que Aylwin sería citado a declarar. En Santiago, el subsecretario Mariano Fernández, en ausencia del canciller José Miguel Insulza, ejercía de ministro en funciones. Declaró, tras conocer la noticia, que Aylwin tenía rango de embajador en misión especial y que, en todo caso, sólo después de recibir un exhorto en Chile podría decidir qué hacer. Al mismo tiempo, desde la embajada, llamaron al hotel Crowne Plaza para cancelar la reserva de habitación a partir del lunes 19.

Al día siguiente, sábado 17, la prensa española y chilena informaba de que el juez García-Castellón había citado a declarar al ex presidente.

A primera hora de la tarde de ese sábado, Óscar Soto, pasadas las dos y media, llamó a Garcés.

—Joan, me ha vuelto a llamar Briones. Me dice que Aylwin quiere declarar. Llega a Barajas el lunes a las 14 horas y entrará por el salón de autoridades. En Santiago no quieren que declare y le han dado rango de embajador en misión especial. Me ha dicho también que no irá al hotel. Se va a alojar en su residencia, en la calle de Jenner. Es aquí donde debe llegar la citación. Me asegura que no será rechazada.

Garcés envió la mañana del lunes 19 un sobre con una fotocopia de un artículo sobre el tema de la jurisdicción universal que había publicado la revista *Jueces para la Democracia*, y pensaba solicitar al juzgado que enviaran la citación a la madrileña calle de Jenner.

El lunes 19, poco después de llegar al aeropuerto de Barajas, Aylwin habló con la prensa. Todas las preguntas apuntaban al mismo asunto: ¿acudiría a la Audiencia Nacional ante el juez García-Castellón?

—La verdad es que sabía de este sumario, pero ignoraba que hubiera el propósito de citarme a declarar.

— ¿No le ha llegado la citación todavía?

—Yo no he recibido ninguna citación —confirmó Aylwin.

—Y si le llega, ¿acudirá usted?

—Yo vengo a España con el carácter de embajador en misión especial. Y no creo que se me pueda obligar a comparecer, porque los embajadores tenemos inmunidad diplomática.

—Usted no acudirá entonces a la Audiencia Nacional.

—A mí me pilla muy de sorpresa todo esto. Si se quiere obtener un testimonio mío, es cuestión de que envíen una comisión rogatoria para que yo declare en mi país.

— ¿Qué opina usted de la investigación en marcha sobre el periodo de la dictadura?

—Mire, es probable que yo esté un poco anticuado en mi visión de jurista. Yo creo en la territorialidad de la jurisdicción penal. Creo que puede haber delitos que trasciendan el territorio de un país y, en esos casos, parece lógico que haya jurisdicciones internacionales y, en materia de derechos humanos, soy partidario de que las haya. Pero, para serle franco, yo no lo he estudiado. Cuando yo estudié Derecho Penal y Derecho Procesal, existía el principio de territorialidad de la jurisdicción.

Más tarde, ya acomodado en Madrid, Aylwin se reunió con el abogado y ex político democristiano Óscar Alzaga.

—Me han dicho que el juez García-Castellón tiene intención de citarme a declarar. ¿Qué crees que debo hacer? En Santiago no quieren.

—Como bien sabes, yo sostengo que España carece de jurisdicción.

Esa mañana, Soto volvió a llamar a Garcés.

—Briones dice que Aylwin ya tiene el sobre pero que no recibirán la citación judicial porque Aylwin tiene estatuto de inmunidad. Aylwin, según me ha dicho Briones, quiere conversar con el juez pero no a través de una citación.

Joan pidió el número de la residencia de Briones y le llamó por la noche. El embajador le explicó que Aylwin había salido a cenar, pero que podía hablar con él al día siguiente, martes 20, por la mañana.

Garcés llamó sobre las nueve y media de la mañana. Briones le pasó con Aylwin.

—Señor presidente, le saludo y le deseo feliz estancia en España—dijo, con cierta afectación, Garcés.

—Muchas gracias. He recibido un artículo suyo que voy a leer, pero todavía no me ha dado tiempo.

—Desearía tener una reunión al respecto con usted.

— Le recibiré en reunión privada, a solas los dos. Déjeme ver mi agenda... Mañana, a las diez, aquí, en la residencia del embajador.

—Allí estaré. También le quiero decir que en el hotel Plaza, donde pensábamos que se alojaba, tiene usted desde el viernes un sobre a su nombre. En él verá que el día que usted quiera, durante su estancia en Madrid, a la hora que prefiera, siempre que sea en horas de audiencia, le recibe el magistrado instructor en los términos que ya le comentamos días atrás.

—¿Se refiere a la conversación con el señor Pey?

—Sí. La prensa está publicando una información incorrecta. El día que usted quiera, a la hora que prefiera, siempre que sea en horas de audiencia, le recibe el magistrado.

—Voy a mandar a recoger la citación —contestó el ex presidente chileno.

Poco después, Garcés informó al juez.

—¿Todavía están así las cosas? —preguntó incómodo el magistrado—. Increíble. Yo he estado recibiendo el mismo tipo de llamadas que el pasado viernes, del mismo lugar. Las estoy capeando con educación. Mañana, cuando termine su reunión, me informa. Le diré a la secretaria que llame al hotel para autorizar la entrega de la citación a un mensajero.

El embajador chileno envió esa tarde a un funcionario, Enrique Saffin, al hotel, para recoger la citación de Aylwin.

Garcés puso a Castresana al corriente de los hechos y le preguntó qué le parecía.

—Puede hacer una comparecencia voluntaria, aunque sólo vale como prueba la declaración bajo juramento —dijo Castresana.

Los mensajes del «mismo lugar» que había mencionado el juez aludían al Consejo General del Poder Judicial (CGPJ), pero no era la única fuente desde la cual se le había expresado preocupación.

El juez Manuel García-Castellón había conocido a José María Aznar hacía dos años, cuando el entonces candidato del Partido Popular a la Presidencia del Gobierno español sufrió, el 19 de abril de 1995, un atentado de la banda terrorista ETA. Aznar había acudido discretamente días después al despacho del juez, encargado del caso. Aznar, tras declarar, le agradeció al juez lo que estaba haciendo. Y tuvo un detalle: elogió la investigación que el juez dirigía desde noviembre de 1994 en un asunto de gran repercusión pública y política, el del Banco Español de Crédito, el llamado «caso Banesto».

Ahora, en estos días de mayo de 1997, la citación de Patricio Aylwin causaba cierta inquietud en el Palacio de la Moncloa. El juez sabía, pues, que la compra de los submarinos podía estar en la cuerda floja y que existía temor ante una posible ruptura de las relaciones diplomáticas entre Chile y España.

Al día siguiente, miércoles 21, Garcés fue a la residencia de la calle de Jenner. El embajador Briones le recibió y enseguida le condujo ante Aylwin. Se estrecharon la mano. Nunca habían tenido un encuentro cara a cara.

—He leído sus escritos y le quiero decir que yo no impulsé el golpe militar —dijo Aylwin.

—Mire, quisiera aclararle algo. Después de su última conversación con el presidente Allende, en agosto de 1973, para negociar un pacto legislativo con la Democracia Cristiana y el Ejército, usted dijo que él le había presentado una carpeta cuyo contenido usted decidió no leer porque Allende, según usted, sólo buscaba ganar tiempo. Han pasado muchos años. Le voy a decir lo que había dentro de la carpeta. Era un informe que yo elaboré. Se enumeraban los doce o catorce puntos de una propuesta de la DC. Al lado de cada punto había una conclusión. Las respuesta era sí a todas las propuestas. El presidente Allende las había aceptado.

Aylwin sostenía la mirada sin decir palabra, pero sus labios marcaron un rictus de contrariedad. Como quien dice que lo lamenta.

—Bueno, ¿qué puedo decir yo ante el juez? —preguntó Aylwin.

—Don Patricio, usted puede ratificar lo que ha declarado al periódico *Excelsior* el 29 de marzo de este año.

—Yo dije en Santiago que esas declaraciones reflejaban fielmente mis palabras. Los militares me atacaron por ello.

—Bien, pero desde el punto de vista procesal, es importante su comparecencia ante el juez. Puede decir lo que ha hecho Pinochet.

—Pero si yo no sé nada. Ahí está el informe de la Comisión Rettig. No puedo agregar nada más —dijo Aylwin—. Además, tengo mis dudas sobre la jurisdicción. He leído atentamente lo que usted escribió y se lo he enviado a Alfredo Etcheberry, el abogado del Ministerio de Relaciones Exteriores de Chile, porque quiero conocer su opinión. No tengo claro que España tenga jurisdicción. Por el momento, estoy en contra. Si cambio de parecer, podría prestar declaración en otro viaje. En todo caso, quiero que sepa que el Gobierno chileno me ha conferido el estatus de embajador en misión especial y creo que debo acogerme a él para no declarar o hacerlo en otra oportunidad o por exhorto a Chile.

La reunión duró alrededor de una hora. Aylwin invitó a Garcés a escuchar su conferencia en el Instituto Ortega y Gasset.

En la sala estaba el abogado Óscar Alzaga. También había acudido el historiador Nicolás Sánchez Albornoz. Joan Garcés acudió finalmente y escuchó desde las últimas filas.

Aylwin narró algunas circunstancias sobre la transición chilena, como, por ejemplo, la investigación de los crímenes de la dictadura. Explicó que, con ocasión de formar la Comisión Nacional de la Verdad y la Reconciliación para establecer los hechos, sufrió presiones del entonces comandante en jefe del Ejército, Augusto Pinochet.

Al término de su disertación, el ex presidente chileno aceptó que se le formularan preguntas. Otra vez surgió el tema de la citación del juez García-Castellón. ¿Iría a declarar?

—No me parece que en las circunstancias en que estoy de visita en España resulte adecuado que yo declare. Mal que mal, soy un ex presidente de la República. Si se me quiere pedir un testimonio, lo lógico es que se envíe a Chile un exhorto y yo resolveré si declaro o no. Tengo dudas de que un país pueda juzgar crímenes de lesa humanidad cometidos en otra nación. No tengo claro si se puede aceptar una jurisdicción respecto de la cual tengo legítimas dudas, más allá del respeto que me merece.

El historiador Sánchez Albornoz preguntó por el caso de Carmelo Soria. Recordó que había sido archivado en aplicación de la Ley de Amnistía.

—Ha sido una decisión de los tribunales de Justicia. No puedo decir nada más.

Pocas semanas después, en el mes de junio, Carlos Parker, asesor del Ministerio de Relaciones Exteriores en Santiago, recaló en Madrid de regreso de Argel, donde había cumplido una misión de observador. Antes de regresar a la capital chilena, Parker participó en una reunión en la embajada chilena, donde se mencionó que el agregado aéreo, Héctor Barrientos, se encargaría de llevar su maleta al avión de la Fuerza Aérea Chilena que le trasladaría a Santiago.

Parker, que era amigo del embajador Briones, se descompuso al oír el nombre. Pocos meses después del golpe militar de 1973, mientras cursaba, con 17 años, el último año de la escuela secundaria en Punta Arenas, había sido detenido y torturado. Era entonces un militante de izquierdas. El actual coronel Barrientos era el teniente Barrientos, la persona, según constató a bocajarro, que hacía veinticuatro años se había encargado de su detención en la base de la Fuerza Aérea Chilena en Bahía Catalina, en el estrecho de Magallanes, y el mismo que lo había sometido a varias sesiones de tortura.

Parker informó a Briones de lo que le ocurría. El embajador, que a su vez también mantenía amistad con Barrientos, habló con él. El agregado aéreo le dijo que había revivido aquellos hechos de 1973, cuando tenía 21 años. Briones informó a la cancillería en Santiago. El asunto quedó, aparentemente, sepultado.

El 30 de junio de 1997, el Gobierno de Eduardo Frei, en la mitad de su mandato, procedió a cambiar varios embajadores. Briones, que llevaba tres años en Madrid, sería sustituido en otoño por Sergio Pizarro, un diplomático de carrera, ex diputado y dirigente de la Democracia Cristiana. Briones, mientras tanto, quedó a la espera de otro destino europeo.

Briones reflexionó sobre los hechos de junio. Se consideraba un amigo tanto de Parker como de Barrientos. El 3 de agosto, escribió un artículo en el diario chileno *La Época* en el que intentaba, sin hacer referencia alguna a los hechos de junio, sacar una conclusión sobre el proceso de transición y sobre las relaciones entre víctimas y victimarios. De un modo provocador, buscaba cuestionar la idea de una transición infinita y advertía de la incapacidad de un sector de los chilenos para hacer borrón y cuenta nueva. La columna, titulada «No vindicar el pasado», sostenía que «debe buscarse conscientemente una suerte de amnesia pública».

Sólo nueve días más tarde, en Galicia, España, saltó la noticia. El día 12, el periódico *La Voz de Galicia* informaba de que un funcionario del Ministerio de Relaciones Exteriores chileno de paso por Madrid reconoció al agregado aéreo, coronel Héctor Barrientos, como el hombre que le había torturado en los meses que siguieron al golpe de Estado del 11 de septiembre de 1973.

Las noticias sobre el sumario que instruía el juez García-Castellón se seguían puntualmente en Chile. Tanto el embajador Briones como el agregado de defensa y militar, el general Hugo Eduardo Arias, informaban al Gobierno y al Ejército, respectivamente, sobre los testigos que prestaban declaración y las diligencias autorizadas por el juez. En sus informes transmitían la impresión de que la acción judicial era una operación política impulsada por el abogado Joan Garcés. Estimaban que era un viaje a ninguna parte.

En aquellos días de septiembre, el fiscal general del Estado, Jesús Cardenal, presentó al presidente del Gobierno, José María Aznar, la memoria anual sobre los hechos de 1996. A la luz de la nueva orientación del fiscal jefe de la Audiencia Nacional, Eduardo Fungairiño, en las causas de Argentina y Chile, resultaba curiosa una referencia, entre «los asuntos penales que merecen destacarse»: «También, tras dictamen favorable de la Fiscalía, se inició la instrucción de las diligencias previas 142 de 1996 contra el general Augusto Pinochet y otros por la desaparición de ciudadanos españoles durante la dictadura habida en Chile desde 1973». La reseña del fiscal Javier Balaguer, pues, había colado.

Víctor Pey, después de conseguir que varias personalidades de Chile viajaran a Madrid y prestaran declaración ante el juez García-Castellón, habló con el abogado Roberto Carretón para que él también ofreciera su testimonio. Eso ocurría en la primera quincena de septiembre de 1997. Garretón había sido responsable de la división judicial de la Vicaría de la Solidaridad del arzobispado de Santiago en tiempos de la dictadura. Durante la presidencia de Aylwin, fue nombrado embajador de Chile ante los organismos de derechos humanos de las Naciones Unidas y de la Organización de Estados Americanos (OEA).

Garretón aceptó declarar a condición de que la noticia se mantuviera en secreto hasta que tuviera lugar su comparecencia.

Isabel Allende, la hija de Salvador Allende, se presentó en Madrid para declarar ante el juez García-Castellón el 17 de septiembre, y su comparecencia tuvo repercusión en la prensa chilena.

Una semana más tarde, el 22 de septiembre, prestó declaración el abogado Garretón.

Al día siguiente, Sola Sierra compareció ante el juez; era la presidenta de la Asociación de Familiares de Detenidos y Desaparecidos, cuyo marido seguía desaparecido. Y, también se presentó Carmen Gloria Quintana.

El 2 de julio de 1986, con 18 años, ella y otro joven llamado Rodrigo Rojas Denegri, de 19 años, participaban en una jornada de huelga nacional contra la Junta Militar. Una patrulla militar les detuvo en una redada. Ambos fueron rociados con bencina y quemados vivos. La patrulla les trasladó después a un camino despoblado, en el barrio de Quilicura. Rojas Denegri murió cuatro días más tarde, pero la joven Quintana logró sobrevivir. El papa Juan Pablo II, durante su visita a Chile, en abril de 1987, la recibió con un abrazo. El «caso Quemados», como se conoció en Chile y en todo el mundo, fue cerrado por la justicia militar con una condena del teniente del Ejército Pedro Fernández Dittus, en 1991, a trescientos días de prisión, una pena que la Corte Suprema aumentó, en 1994, a seiscientos días.

CAPÍTULO 36

Un general en la Audiencia Nacional

El presidente Eduardo Frei barajaba distintos nombres para suceder al general Pinochet al frente del Ejército, hecho que debía consumarse, como estaba pactado, el 11 de marzo de 1998, como muy tarde. Aunque aún faltaban siete meses para que se produjera el relevo, Frei pensaba en ello. Pinochet, por su parte, preparaba su viaje anual al exterior. Había recibido una invitación oficial del Gobierno de la República Popular China para visitar varias ciudades y, también, de paso, haría una escala en Londres, donde tenía previsto participar en una reunión con los ejecutivos de la empresa Royal Ordnance.

Pinochet tenía en aquella época un equipo de asesores entre los cuales destacaban Pedro Félix de Aguirre Lamas, un hombre que había trabajado junto a Sergio Onofre Jarpa, jefe del Partido Nacional, y que mantenía amistad con Lucía, la hija mayor del general. El otro personaje era el general Fernando Torres Silva, auditor general del Ejército chileno, el hombre que, primero como fiscal y más tarde como auditor general, había sido el encubridor de varios casos de torturas y asesinatos durante la dictadura militar, entre ellos, el sonado crimen del líder sindical Tucapel Jiménez en 1982. Ya en la etapa democrática, Torres Silva mantuvo a raya durante varios años a los magistrados de la Corte Suprema, cuyas salas solía controlar en calidad de miembro adjunto, para resolver las apelaciones en algunas de las causas que él mismo había instruido con anterioridad como fiscal militar. Era el perro guardián de la Ley de Amnistía de 1978.

La relación de amistad entre Pedro Félix de Aguirre Lamas y Torres Silva se había estrechado desde primeros de 1997. Ambos habían coincidido, en abril de 1996, en una negociación entre la hija de Pinochet, Lucía, y César Hidalgo, el experto en publicidad que había trabajado para ella como «negro» en la redacción del libro sobre su padre, *Pionero del mañana*. Hidalgo pretendía cobrar los 93.000 dólares pactados por su trabajo. El acuerdo, una negociación entre particulares, se selló en el despacho de Torres Silva, con la presencia de Aguirre Lamas.

Fue Aguirre Lamas quien comenzó a hacer el seguimiento, en Santiago, de las actuaciones del juez Manuel García-Castellón. Solía llamar, de parte de Pinochet, al ministro de Relaciones Exteriores, José Miguel Insulza, quien le recibió en varias ocasiones. Insulza, que conocía a Aguirre desde hacía largo tiempo, le llamaba «el gestor de Pinochet». En todo caso, este hombre, que pasaba por haber incrementado su fortuna durante la dictadura en la industria vitivinícola, las armas y los barcos, era el «asesor de asuntos reservados» de Pinochet.

Aguirre Lamas tenía una excelente relación con el dirigente de la Democracia Cristiana, el senador Adolfo Zaldívar, vicepresidente del partido, y hermano, a su vez, del presidente del Senado, Andrés Zaldívar. *El Colorín*, como todos llamaban a Adolfo Zaldívar por ser pelirrojo, había defendido a capa y espada, durante años, la aplicación estricta de la Ley de Amnistía.

Aguirre Lamas, Torres Silva y Zaldívar estimaban que el sumario español estaba en manos de los enemigos de Chile y que era necesario hacer algo. Zaldívar, por sus contactos con el Partido Popular, sabía que el Gobierno de José María Aznar era contrario a los procesos abiertos en los casos de Argentina y Chile.

Los informes enviados por la embajada de Madrid al Ministerio de Relaciones Exteriores y por la agregaduría militar al Ejército subrayaban que tanto el fiscal jefe de la Audiencia Nacional, Eduardo Fungairiño, como el fiscal que llevaba el asunto, Ignacio Peláez, querían que se archivaran las actuaciones. Algunos de esos informes estimaban que el juez García-Castellón, a quien calificaban como un hombre honesto, de ideas conservadoras, mantenía sus reticencias, y se hacían eco de que la Fiscalía de la Audiencia Nacional vería con buenos ojos la aportación de documentos que contrarrestaran las declaraciones de los que habían comparecido hasta entonces ante el juez.

Al frente de la embajada chilena en Madrid se concretaba por aquellos días el cambio de embajador. Sergio Pizarro esperaba el plácet para asumir su puesto. Ex diputado democristiano por la región de Copiapó, Pizarro había sido expulsado del cuerpo diplomático chileno después del golpe de 1973. Conocía a José María Aznar, con quien había colaborado para lograr el ingreso del Partido Popular en la internacional democristiana, de la cual había sido presidente. A finales de septiembre, Pizarro estaba a la espera de la presentación de sus cartas credenciales ante el rey Juan Carlos.

La idea que germinó en el equipo de asesores de Pinochet fue simple: ¿por qué no colaborar con los fiscales españoles aportando esa documentación? Se trataba de mostrar, además, que en Chile ya se habían investigado ciertos casos. Ello podría dar pie a que los fiscales solicitaran al juez enviar una comisión rogatoria a Chile. El objetivo era crear una bruma a través de la cual se viera que en España se pretendía investigar hechos que ya eran objeto de actuaciones en Chile.

Torres Silva y Aguirre Lamas expusieron a Pinochet que era necesario conseguir una entrevista con el juez Manuel García-Castellón y viajar a Madrid con la documentación. Los datos que manejaban, señalaron, indicaban que el juez podía entender tanto las razones políticas como jurídicas para no seguir adelante.

Pinochet consideró que, si ello podía servir para enterrar el caso, era bueno intentarlo. Se acordó que Torres Silva usaría sus días de permiso administrativo para viajar a Madrid.

El juez García-Castellón tenía, por su trabajo, relaciones excelentes con algunos miembros el Centro Superior de Información de la Defensa (CESID), el Servicio de Inteligencia Español. Uno de ellos le informó de que un general en activo del Ejército chileno, el auditor general, deseaba verle en privado. El agente añadió que, dadas las buenas relaciones con los servicios chilenos, sería aconsejable que se respondiera a dicha petición.

—Yo le recibo, pero, eso sí, tiene que ser en mi despacho. No tengo ningún problema en hablar con él —dijo el juez.

Los agentes transmitieron a Chile la información. Torres Silva respondió que se disponía a viajar en los primeros días de octubre. Era el primer militar chileno en activo que asomaba la cabeza en el procedimiento.

El ministro de Defensa, Edmundo Pérez Yoma, supo lo que se tramaba. Uno de sus hombres, el subsecretario de Guerra, Mario Fernández, fue informado puntualmente por el Ejército del proyectado viaje del general Torres Silva. En la cancillería, el subsecretario de Relaciones Exteriores, Mariano Fernández, cuando se le consultó la posibilidad de proteger al general con un decreto de misión oficial, respondió negativamente. Sin embargo, la cancillería no podía negarle, si viajaba, un pasaporte diplomático.

El auditor general del Ejército ordenó preparar una ingente cantidad de fotocopias: artículos de prensa; resoluciones parlamentarias anteriores al golpe de Estado de 1973; procedimientos de la justicia militar; varias sentencias de la Corte Suprema, entre ellas las relacionadas con el atentado contra Pinochet, en septiembre de 1986; un libro titulado *De la vía chilena a la vía insurreccional,* del político democristiano Genaro Arriagada, con prólogo de Eduardo Frei Montalva; la Constitución Política de 1980; y otros. Pinochet había insistido especialmente en que se explicase al juez que Frei Montalva, según el prólogo, justificaba el golpe militar.

El general Torres Silva redactó un memorándum con sus argumentos para el juez.

En los últimos días de septiembre, Pinochet anunció a la periodista Mónica Comandari, directora de la revista *Cosas,* que, al dejar de ser comandante en jefe del Ejército, en los próximos meses, ocuparía en la Cámara Alta el puesto de senador vitalicio. El general solía expresarse a través de la periodista, quien le regaló un prendedor de perla que el general lucía, ufano, en sus corbatas.

El puesto de senador vitalicio estaba reservado para aquellos presidentes que hubieran ejercido el cargo durante seis años, según rezaba la Constitución de 1980. Si bien se establecía que, para ser presidente, había que ser elegido en votación directa y por mayoría absoluta, requisitos que Pinochet no cumplía, para subsanar la situación se había adoptado una disposición transitoria que consagraba al general como antiguo presidente de la República.

El general Pinochet, después de lanzar aquella noticia al mundo político, salía de viaje, el lunes 28 de septiembre, para realizar «una gira institucional que incluye países de Asia y Europa». En realidad, viajaba a China y aprovechaba para pasar unos días en Londres, su rito anual.

Por su parte, Torres Silva también preparaba su viaje a Madrid. Él, Pedro Félix de Aguirre Lamas, y su hijo, el abogado Pedro Félix de Aguirre Etcheberry, y varias personas más, se disponían a viajar.

El martes 30 de septiembre, en los comienzos de la campaña de las elecciones parlamentarias chilenas de finales de 1997, el canal

Megavisión convocó un debate entre el candidato a senador, el ex diputado socialista José Antonio Viera-Gallo, y la ex ministra Mónica Madariaga, prima de Pinochet, candidata independiente. El programa se grabaría y se emitiría horas más tarde, esa misma noche.

Viera-Gallo había dado sobradas pruebas, desde su puesto de presidente de la Cámara de Diputados, como para que no se le pudiera considerar «antipinochetista». En uno de los casos más críticos para Pinochet —la investigación de los llamados «pinocheques» o la compra, a finales de 1989, de la fábrica de rifles SIG Valmoval al Ejército chileno por dos millones de libras esterlinas operación en la que participó su hijo Augusto Pinochet Hiriart—, Viera-Gallo trabajó para que aquellos diputados que querían llevar al banquillo al mismo comandante en jefe del Ejército olvidaran el asunto.

Pero, además, había cultivado una buena relación con el general y con los demás comandantes en jefe de las Fuerzas Armadas.

A medida que avanzaba el debate aquella noche, afloró la palabra «corrupción», siempre vinculada a los políticos. Viera-Gallo atacó. Acaso porque precisamente él había protegido hasta entonces a Pinochet frente a las acusaciones más o menos veladas de que el general y su familia se habían enriquecido aprovechando su posición oficial. Su chalet en el barrio de La Dehesa, su casa de vacaciones en Iquique...

—Los chilenos tenemos esa sensación de que los corruptos terminan exculpados porque el que metió las manos, que fue el general Pinochet, está como comandante en jefe del Ejército y puede llegar a ser presidente del Senado.

Al terminar el programa, Mónica Madariaga llamó al vicecomandante en jefe del Ejército, Guillermo Garín, en ausencia de Pinochet. Todos los esfuerzos se encaminaron a frenar la emisión. Pero resultaron vanos.

El Ejército reaccionaba al día siguiente. Después de comunicarse con Pinochet, el general Garín envió una queja formal al Ministerio de Defensa. Unos días más tarde, el general Pinochet, con la asesoría de la Auditoría General del Ejército, enviaba por fax desde China el borrador de una querella por injurias.

El lunes 6 de octubre, Santiago seguía pendiente de la polémica creada por el diputado Viera-Gallo. El ministro de Defensa, Edmundo Pérez Yoma, convenció a Viera-Gallo de que era mejor echar marcha atrás. Al día siguiente, después que Pinochet bendijera el pacto desde China, Viera-Gallo presentaba un texto al general Rafael Villaroel, jefe del Estado Mayor del Ejército.

Luego, el diputado, el general y el ministro comparecieron ante la prensa para hacerse la foto. Viera-Gallo quitó hierro a sus palabras situándolas en el contexto de un debate acalorado, sin disculparse formalmente.

Villaroel llamó a las cosas por su nombre:

—En nombre del comandante en jefe y del Ejército, acepto estas excusas que se han dado...

La prensa, para sorpresa de ambos, pidió que se dieran la mano para hacer la foto. Y ambos se la estrecharon.

El fiscal jefe de la Audiencia Nacional, Eduardo Fungairiño, trabajaba, en las últimas semanas, en una nota con la que deseaba iniciar su ofensiva para conseguir el archivo de las causas de Argentina y Chile. Hasta entonces, seguía vigente la orientación pragmática adoptada por la Junta de Fiscales de Sala de finales de abril. Esto es: no obstruir la instrucción de la causa de los crímenes de la dictadura argentina por parte del juez Baltasar Garzón. Y, en el caso de Chile, se mantenía la posición inicial de respaldo a la juridicción española propuesta por el fiscal Javier Balaguer.

Fungairiño estimaba que era necesario dejarse de rodeos y embestir abiertamente contra la jurisdicción. Por ello, según explicó a Peláez, era necesario unificar los criterios. El jueves 2 de octubre, frente a su ordenador, puso el punto final al documento.

Según decía, los hechos ocurridos en Argentina y Chile durante las dictaduras militares tuvieron lugar en el territorio de dichos países sobre los que la ley española no tenía juridicción extraterritorial. Añadía que los crímenes —«asesinatos, secuestros, torturas en dependencias militares y desapariciones de las víctimas en fosas comunes o por lanzamiento de los cadáveres al mar»— habían sido provocados por ciudadanos argentinos y chilenos —los miembros de las juntas militares— por lo que tampoco se podía aplicar el principio de personalidad activa de persecución de aquellos españoles que hubieren cometido delitos en el extranjero. Fungairiño sostenía que los hechos de Argentina y Chile no encajaban en los delitos de genocidio y terrorismo. Según razonaba, «la motivación de la criminal actuación de las juntas militares fue la venganza frente a los atentados terroristas de los "montoneros" —en el primer caso— y la creencia de que el régimen de Salvador Allende acabaría con las estructuras tradicionales chilenas —en el segundo— lo que conllevaba, desde el particular punto de vista de los militares sublevados, la necesidad de eliminación física de todo rasgo de disidencia política, sin que la raza, religión, nacionalidad o etnia de los miles de muertos y desaparecidos fuese determinante de su actitud; los españoles muertos no lo fueron por su condición de españoles sino por encontrarse en el punto de mira de la disidencia política que los exterminadores quisieron eliminar; no fue la nacionalidad española la única objeto de victimización, junto a la propia argentina, chilena, francesa, norteamericana y otras».

Al señalar que era discutible considerar a las Fuerzas Armadas argentinas o chilenas como una banda armada, el escrito señalaba: «No cabe olvidar que las juntas militares no pretendían sino la sustitución temporal del orden constitucional establecido, mediante acta institucional que tenía por objeto, precisamente, subsanar las insuficiencias de que ese orden constitucional adolecía para mantener la paz pública». Estos razonamientos, aun cuando ponían de relieve las atrocidades cometidas, parecían ser una justificación de la conducta de los militares. Hablar del «régimen» de Allende, cuando el presidente socialista había sido elegido en las urnas, y dar por hecho el objetivo de «subsanar las insuficiencias del orden constitucional» chileno era asumir el pretexto de los militares chilenos.

Había, finalmente, otro punto en el escrito que tenía relevancia. Fungairiño reconocía que, entre los delitos que según los tratados internacionales debían perseguirse en España, estaba el establecido por el Convenio sobre Prevención y Castigo de Delitos contra Personas Internacionalmente Protegidas. España era parte del mismo desde el 14 de diciembre de 1973. Sin embargo, despachaba el asunto con una frase. «Huelga decir que Argentina y Chile no han acusado a ninguno de sus militares de delitos contra personas internacionalmente protegidas ni de delitos de toma de rehenes», decía.

¿Qué importancia tenía este asunto? Carmelo Soria, en su calidad de miembro del Centro Latinoamericano de Demografía (CELADE), organización integrada en la Comisión Económica para la América Latina (CEPAL) de Naciones Unidas, era, precisamente, una de esas personas «internacionalmente protegidas». Aun cuando el Gobierno chileno lo desconoció, su defensa en Chile siempre alegó esa condición y Naciones Unidas lo reconoció como tal.

Fungairiño sostenía, por otra parte, sin aludir en concreto al caso, que si existía indulto, absolución o amnistía, no había nada que hacer. «Revisar por parte de un juez español la legislación adoptada supone una fase de judicialización internacional del control de las violaciones de los derechos humanos para la que la comunidad internacional no ha puesto todavía las bases jurídicas», concluía.

El fiscal jefe de la Audiencia Nacional llamó al documento «Nota sobre la jurisdicción de los tribunales españoles» y lo mantuvo en reserva, sin siquiera poner su firma al pie del mismo. Su propósito era promover, en próximas fechas, el debate entre los fiscales, antes de pasar a la acción de pedir el archivo de las causas.

El general Torres Silva y su séquito viajaron a Madrid el martes 30 de septiembre. El juez García-Castellón confirmó que lo recibiría en su despacho fuera de horas de audiencia. Sería a las cinco de la tarde del viernes, día 3 de noviembre de 1997. El juez llamó al fiscal:

—Ignacio, unos amigos me han recomendado que reciba al general Torres Silva. Es importante: es el auditor general del Ejército chileno. Un militar en activo. Ya te contaré.

El general chileno Torres Silva, en la mañana del día 3 de octubre, como se había acordado, llegó de civil al juzgado con varias cajas de documentos. El oficial avisó al juez, quien le hizo pasar a su despacho, y le invitó a sentarse en el sofá. Se quedaron a solas.

—Señor juez, yo le agradezco esta deferencia. La razón de mi visita es que usted debe conocer la realidad de lo que ocurrió en Chile. Yo soy auditor general del Ejército de Chile, he instruido como fiscal muchas causas de derechos humanos y he formado parte de la Corte Suprema como miembro adscrito para resolver muchos asuntos.

—Si usted quiere hacer una declaración, yo tendré que llamar al fiscal y a las partes.

—No, mi deseo es explicarle a usted y aportar documentos que son fundamentales para entender lo que ocurrió. Porque aquí se están distorsionando los hechos...

Torres Silva le expuso que el Gobierno chileno no aceptaba la jurisdicción española, pero que, a la vista de las declaraciones que habían sido aireadas por la prensa, él se sentía en la obligación de exponer la realidad.

—Han declarado estos días algunos testigos como es el caso de la señora Carmen Gloria Quintana. Es el denominado «caso Quemados», señor juez. Yo le he traído la sentencia donde se afirma que las quemaduras se las causaron a sí mismos los dos jóvenes. La patrulla militar implicada fue condenada como autor de un cuasi delito, por no haberles prestado auxilio. Verá usted el testimonio del ex presidente de la República, Eduardo Frei Montalva, que ha escrito el prólogo de un libro cuya fotocopia he traído.

El juez García-Castellón le explicó el procedimiento.

—Se han presentado dos querellas criminales y hemos abierto diligencias previas. Se ha solicitado una comisión rogatoria internacional a Estados Unidos y hemos tomado declaración a testigos. Es decir, estamos en la fase de investigación de los hechos.

—Entiendo, señor juez. Le he traído también un escrito con antecedentes.

—General, además de aportar los documentos, ¿por qué no hace usted una comparecencia ante el juzgado?

—Bien, como usted diga. Señor juez, si nosotros en Chile estamos como en España... No tenemos problemas de indios o negros...

El juez se quedó helado. Llamó al oficial quien se colocó frente al ordenador. El juez dictó el texto:

«Fernando Torres Silva, abogado, auditor general del Ejército de Chile [...], dado que la competencia de Vuestra Señoría es la investigación de presuntos hechos de ámbito penal, es jurídicamente factible para V. S. recibir antecedentes e información destinadas a esclarecer los hechos denunciados. Sólo con dicho propósito, me permito acompañar a este escrito los antecedentes de que se dará cuenta...».

El general Torres Silva salió satisfecho del juzgado. El juez García-Castellón le había tratado de manera exquisita. Lo que le habían contado de él era verdad.

Antes de regresar a Santiago el miércoles 14, Torres Silva mantuvo varios contactos en Madrid para conseguir el archivo de la causa.

El día 15, el periódico *El Mercurio* publicó unas declaraciones de Torres Silva. Se le preguntaba si había tenido acceso al sumario durante su viaje a Madrid:

—Estuve en España, pero no he tenido acceso a ningún proceso. No he tenido antecedentes, salvo lo que sale aquí en la prensa, que es bastante poco.

Ese día, el juez García-Castellón dictó una providencia por la cual pedía a las partes que presentaran en cinco días sus alegaciones sobre los documentos aportados por Torres Silva.

El abogado Joan Garcés averiguó el día 16, tras conocer la resolución del juez, que la Fiscalía de la Audiencia Nacional había tenido los documentos en su poder hasta el día 14, un día antes de que García-Castellón dictara su providencia para que se presentaran alegaciones. En otros términos, la Fiscalía estaba más al corriente de lo que se podía llegar a suponer acerca de la documentación aportada por Torres Silva y de su llegada a la Audiencia Nacional. Los fiscales estaban movilizándose contra los procedimientos de Argentina y Chile.

El juez Baltasar Garzón envió aquella semana a prisión en España al capitán de corbeta argentino Adolfo Scilingo, quien se había trasladado a Madrid para declarar sobre «los vuelos de la muerte» —arrojaban a los detenidos al mar, desde los aviones, después de drogarlos y tras una conversación con un capellán— organizados por la Escuela Mecánica de la Armada durante la dictadura militar. Al mismo tiempo, el juez dictó una orden de arresto internacional contra el almirante Emilio Massera y otros nueve jefes de la Armada argentina por los delitos de genocidio y terrorismo. El juez dejaba constancia en el auto de que quinientos recién nacidos fueron sustraídos a sus madres. El fiscal Pedro Rubira presentó un recurso contra la orden de prisión. Según afirmaba, España carecía de jurisdicción.

El sábado 18 de octubre, el periodista Francesc Relea informó en *El País* que el juez García-Castellón había recibido al general Torres Silva el 3 de octubre. La «liebre» tardó quince días en saltar.

El general Pinochet pasó doce días en China visitando las ciudades de Pekín, Shangai, Yan Tsu y, más tarde, Hong Kong. Acababa de llegar a Londres para pasar sus últimos días de vacaciones.

En Santiago, Torres Silva analizó la visita a Madrid con Pedro Félix de Aguirre Lamas, y ambos consultaron por teléfono con el general. Lo mejor era admitir que, en efecto, el juez García-Castellón le había recibido, sin dar demasiados detalles. En todo caso, Torres Silva debía destacar que era un viaje personal bajo permiso administrativo.

El domingo, Torres Silva hizo declaraciones al periódico *La Segunda*. La entrevista apareció el lunes 20. Explicaba que había decidido viajar a España y que, aprovechando esa circunstancia, solicitó ver al juez.

—Si voy a España, lo menos que puedo hacer es conversar con el juez que lleva el caso, que nosotros no reconocemos como tal. Cualquier abogado, aun conociendo la incompetencia de los tribunales españoles, si ve que hay una parte que está actuando, no puede quedar impasible...

A la pregunta de si Pinochet sabía de su viaje, Torres Silva dijo:

—El comandante en jefe sabía que iría a España.

—¿También de su intención de entrevistarse con el juez?

—Eso, concretamente, lo desconozco. Sabía de mi viaje porque, como general, estoy obligado a solicitar autorización para salir del país.

Al hilo de todo este ruido, el abogado Raúl Sanhueza, tercer secretario de la embajada chilena en Madrid, llamó al fiscal Peláez, para manifestarle que la visita de Torres Silva se había realizado al margen de la embajada. El Gobierno chileno, dijo, estaba muy disgustado con esa operación.

El embajador Sergio Pizarro regresó a Madrid para hacerse cargo de la embajada chilena como nuevo titular; en Santiago, había declarado abiertamente que no creía en la jurisdicción española para juzgar lo acaecido en Chile. Tenía previsto reunirse con el ministro de Defensa, Eduardo Serra, el día 23 de octubre. Serra quería fijar la fecha de una visita a Chile, que había sido acordada en abril, cuando el ministro de Defensa chileno, Edmundo Pérez Yoma, anunció la compra de dos submarinos Scorpène a un consorcio hispano-francés. El jefe del Estado Mayor del Ejército español, José Faura, por su parte, había aplazado en el mes de septiembre un viaje previsto a Santiago. El procedimiento judicial español no sólo había dejado en el aire la compra de los submarinos sino también la adquisición de tres aviones de transporte para el Ejército por valor de 25 millones de dólares a la empresa Construcciones Aeronáuticas (CASA), así como material de artillería.

El día 21, Eduardo Fungairiño recibió a la periodista Alejandra Sepúlveda, corresponsal del diario *El Mercurio* en Madrid, para hablar sobre el procedimiento judicial. Según explicaba el fiscal jefe en la entrevista, publicada el miércoles 22, la Fiscalía no había rechazado, hasta ese momento, las actuaciones del Juzgado número 6 sobre el caso de Chile. Sin embargo, sostenía que España carecía de jurisdicción y rechazaba la calificación de genocidio y terrorismo para los crímenes cometidos durante la dictadura chilena. El fiscal intentaba amortiguar el golpe —la línea oficial establecida por la Fiscalía General del Estado no cuestionaba aún el procedimiento de Chile— y señalaba: «La investigación, de todas formas, no es desafortunada porque cabe que en ella aparezcan autores españoles».

Era un disparate. La acusación estaba dirigida contra Pinochet, los miembros de la Junta, y altos oficiales de las Fuerzas Armadas. No se trataba de buscar presuntos autores españoles.

Otro aspecto relevante de las declaraciones de Fungairiño se refería a la comparecencia del general Torres Silva. La periodista preguntó:

—¿Conoce los documentos que el auditor Fernando Torres Silva le entregó al magistrado?

—Él hizo una comparecencia formal ante el juzgado para aportar certificaciones de documentos. Éstos componen un legajo muy voluminoso que está siendo examinado por la Fiscalía...

—¿Qué valoración puede hacer de esa comparecencia?

—Es una visita enteramente formal, correcta y no tiene nada de inoportuno. Al contrario, le da al juez unos datos que posiblemente, sin esa visita, no podría conocer.

El día 24, un día después de recibir al embajador Pizarro, el ministro de Defensa, Eduardo Serra, anunció que viajaría a Chile a mediados del mes de diciembre.

El embajador Pizarro, aprovechando su reciente designación, solicitó al fiscal jefe de la Audiencia Nacional una entrevista. Pizarro, acompañado por el abogado Raúl Sanhueza, acudió al despacho de Fungairiño.

Joan Garcés reaccionó con dureza ante la comparecencia del general Torres Silva. El 27 de octubre, al elevar sus alegaciones al juez, advertía de que existían «indicios de algo oculto en torno a esta comparecencia. Por un lado, el general compareciente la negaba al diario *El Mercurio* y sólo reconoció su presencia al día siguiente de que el diario español *El País* la hubiese destapado». Garcés también subrayaba las declaraciones de Fungairiño a *El Mercurio* en las

cuales calificaba la visita de Torres Silva como una visita «enteramente formal». Según decía, «la probabilidad de que estemos asistiendo a una operación encubierta contra la independencia de la
Justicia española aumenta si se suma que el fiscal jefe de la Audiencia Nacional negaba también en el citado diario la competencia y
jurisdicción de este juzgado».

Pocos días más tarde, el fiscal Peláez solicitaba al juez el envío de una comisión rogatoria a Chile a raíz de los documentos y
las afirmaciones del general Torres Silva, lo que fue acordado enseguida. El fiscal intentaba demostrar que se pretendía enjuiciar
en España unos hechos presuntamente juzgados en Chile.

Según lo pactado con el ministro de Defensa chileno, Edmundo
Pérez Yoma, el general Pinochet convocó al cuerpo de generales
del Ejército el 30 de octubre para decidir los ascensos y retiros.

Pérez Yoma había resuelto con Frei hacía largos meses el
nombre del nuevo comandante en jefe del Ejército. Se trataba del
general Ricardo Izurieta.

Izurieta pertenecía a una familia militar. Su padre, Pelayo, había sido general; su tío, Óscar Izurieta Molina, había ocupado el
puesto de comandante en jefe del Ejército.

El general Ricardo Izurieta tenía 30 años cumplidos el 11 de
septiembre de 1973 y llevaba tres años como capitán. En 1989, después de ser agregado militar en Israel durante dos años, fue nombrado subsecretario de Guerra, hasta 1990, fecha en la que Pinochet dejó la Presidencia en manos de Patricio Aylwin. A finales de
1990, cuando ejercía como director de la Academia de Guerra, fue
ascendido a general, con destino al puesto de comandante en jefe
de la Primera División de Ejército, en Antofagasta.

Por aquellas fechas, el primer Juzgado del Crimen de Copiapó llevaba varios meses, desde el 25 de junio de 1990, investigando una denuncia de inhumación ilegal de 15 de los 16 fusilados por
la «Caravana de la Muerte». La justicia militar pedía el caso para su
jurisdicción.

El 24 de enero de 1991, en su calidad de juez militar de Antofagasta, el general Izurieta exigió a la juez Gabriela Soto, mediante
un oficio, que se inhibiera de seguir con la causa. La misma, decía
Izurieta, «se instruye para perseguir la eventual responsabilidad penal de personal adscrito al fuero militar».

Pero la juez rechazó la inhibición y planteó un conflicto de competencia. El 4 de abril de 1991, la Corte Suprema decidió a favor de la justicia militar. Entre los votos de la mayoría se contó el del auditor general del Ejército, Fernando Torres Silva.

Dos meses después, el 5 de junio de 1991, el Tribunal militar dictó el sobreseimiento total y definitivo de la causa «por encontrarse extinguida la responsabilidad penal de las personas que hubieren actuado, ya sea como autores, cómplices o encubridores en la comisión de delito, por aplicación de amnistía, en conformidad a lo prevenido en el Decreto Ley 2.191 de 1978».

Más tarde, Izurieta asumió el Comando de Institutos Militares y, un año después, fue designado jefe de la misión militar en Washington.

Fue allí, en 1994, donde Pérez Yoma lo conoció. El embajador chileno de entonces, John Biehl, hizo las presentaciones.

En 1996, Izurieta regresó a Santiago. El ministro de Defensa recomendó a Pinochet su designación en el puesto de jefe de Estado Mayor de la Defensa Nacional.

Hacia mediados de 1996, Izurieta ya era uno de los favoritos de Pérez Yoma. El ministro pidió a Pinochet una lista de posibles candidatos a sucederle. El general dijo que había tres generales en condiciones de hacerlo. El primero era su vicecomandante en jefe, general Guillermo Garín; el segundo, el general Ricardo Izurieta; y, en tercer lugar, Juan Emilio Cheyre.

De modo que la sucesión estaba cantada. El presidente Eduardo Frei tenía previsto hacer público el anuncio el 2 de diciembre de 1997.

De regreso de su viaje, en los últimos días de septiembre, Pinochet recibió el 29 de octubre a otra de sus periodistas favoritas, María Eugenia Oyarzun. Al día siguiente, el diario *La Tercera* publicaba una entrevista dedicada en su mayor parte al procedimiento judicial español. La pregunta obligada: el viaje del general Torres Silva a Madrid.

Pinochet golpeó la mesa con un dedo y remarcó:

—El auditor general del Ejército fue a España de vacaciones administrativas. Él pidió permiso y se le autorizó. Me parece, no estoy seguro, que él llevó algunos documentos importantes que avalan la realidad de lo que ocurrió en Chile. Me contaron que el auditor llevó el prólogo del libro del «cientista» político Genaro Arriagada, escrito por el presidente don Eduardo Frei Montalva y que es un documento muy revelador de lo que vivió Chile en ese periodo.

440

—¿Usted autorizó al general Fernando Torres Silva para que fuera al tribunal español?

—Mi autorización fue para que él viajara a España, en uso de su permiso administrativo...

La periodista también le preguntó por el incidente del diputado Viera-Gallo.

—¿Le molesta que digan que usted se enriqueció en el poder?

—¿Cómo no me va a molestar? He ahorrado toda mi vida: siempre he tenido plata en el banco porque soy ahorrativo: no fumo, no bebo y tengo gustos sencillos.

El general Torres Silva, por su parte, informó a Pinochet de que su viaje a Madrid había sido un éxito. El juez, vaticinó, no tardaría mucho en cerrar el asunto. Pinochet se lo contó después a su prima, la ex ministra de Justicia de la dictadura, Mónica Madariaga, y elogió especialmente la misión de Torres Silva y de Aguirre Lamas, así como el apoyo de Adolfo Zaldívar. El general Torres Silva, dijo Pinochet, había hecho un buen trabajo.

El ministro José Miguel Insulza consideró, al conocer más tarde la «misión» Torres Silva, que había sido un error. Al verle, en un acto protocolario, Torres Silva le dijo:

—Ministro, este asunto no da para más. Mi reunión con el juez fue muy franca. Yo creo que él quiere archivar el caso.

CAPÍTULO 37

Aznar y Fungairiño pasan al frente

El 30 de octubre de 1997, la junta de generales resolvió en el Club Militar de lo Curro la lista de ascensos y retiros. Pinochet, mientras los generales le esperaban para celebrar el almuerzo, se trasladó al despacho del ministro de Defensa, en el edificio Diego Portales, para darle cuenta.

Todo estaba en orden. Sólo había un cambio: Pinochet debía hacer público el nombre del nuevo comandante en jefe del Ejército ante los generales en lugar de esperar a diciembre. Pérez Yoma explicó al general que el presidente Frei, que se encontraba en aquel momento de viaje, así lo había resuelto para evitar un proceso de tensiones durante las próximas semanas.

Pinochet, pues, regresó con sus camaradas, y anunció que el presidente de la República había decidido designar al general Ricardo Izurieta comandante en jefe del Ejército. Ello suponía pasar a retiro a cuatro generales con mayor antigüedad. Por la tarde, Pinochet e Izurieta se unieron al ministro y los tres recibieron a la prensa.

En la lista de ascensos, aceptada por Pérez Yoma, figuraba el coronel Jaime Lepe Orellana, secretario general del Ejército, que pasaba a ser general.

Se trataba de aquel capitán que la tarde del 14 de julio de 1976, hacía veintiún años, se había disfrazado con uniforme de Carabineros para detener, junto con los otros miembros de la brigada Mulchén, de la Dirección Nacional de Inteligencia (DINA), el Volkswagen blanco que conducía Carmelo Soria de regreso a su domicilio. Era, pues, aquel que, junto con sus compañeros, había secuestrado y torturado a Carmelo Soria hasta matarle. Y quien, como parte de un plan para simular un accidente, había ayudado a arrojar el coche, con el cuerpo de Soria dentro, al Canal del Carmen.

La hija de Carmelo Soria, Carmen, decidió actuar sin pérdida de tiempo. El sábado 1 de noviembre, urgió por carta a Frei a que vetase la propuesta de ascenso del coronel Lepe. «Hoy yo le exijo al presidente de la República que haga uso de este poder que le otorga la Constitución y que expulse a un asesino como es Jaime Lepe. Es un mínimo gesto que puede hacer el Gobierno de la Concertación. Ya se han amparado bastante en la Ley de Amnistía; ésta es la mínima decencia que pueden tener», escribía. Los partidos de la Concertación expresaron sus críticas al ministro de Defensa y pidieron el veto presidencial.

La situación de Lepe fue un catalizador. Carlos Parker, el asesor del Ministerio de Relaciones Exteriores, se decidió a hablar públicamente sobre el agregado aéreo de la embajada chilena en Madrid, el coronel Héctor Barrientos Parra. El domingo, día 3, el periódico *La Tercera* incluía una amplia entrevista.

—Yo había optado por olvidar. Hasta que me pasó lo de Madrid. Ante la evidencia, no se puede hacer como si las cosas no hubieran ocurrido. Los torturados somos miles en todo Chile y nunca se nos ha reconocido nuestro dolor, como si tuviéramos que dar gracias por estar vivos. He pensado mucho en el teniente Barrientos; él conoce mi circunstancia, pero no conozco la suya. Si la supiera, quizás podría entenderlo y perdonarlo.

El diario siguió al día siguiente, el lunes 4, con la saga de Lepe. El ministro Pérez Yoma señalaba que «el coronel Jaime Lepe no ha estado y no está sometido a proceso por casos de derechos humanos y en el Ministerio de Defensa no consta una denuncia formal en ese sentido. Siendo así, nos parece una incongruencia afectar la carrera profesional de un oficial por un cuestionamiento impreciso».

Frei analizó con Pérez Yoma y con el canciller Insulza la situación. Insulza estimó que si era necesario defender el ascenso de Lepe para garantizar los acuerdos alcanzados con Pinochet, era posible hacerlo. Sin embargo, se consideró que el desgaste político sería muy alto. El presidente y sus dos ministros concluyeron que había que ejercer el veto.

Pérez Yoma informó a Pinochet de que no era posible mantener el compromiso. El día miércoles 5, el ministro leyó un comunicado en el cual se justificaba el veto en la «existencia de situaciones públicas y notorias que involucren a la persona, de índole tal como para afectar negativamente tanto su imagen ante el país o ante sectores importantes de la ciudadanía, así como a las armoniosas relaciones que deben existir entre ésta y las Fuerzas Armadas». El ministro añadió elogios para Lepe, quien seguiría en el Ejército, por ser un oficial «siempre calificado en lista uno».

El general Pinochet, poco después, daba a conocer un comunicado del Ejército, según el cual la Junta de Generales había considerado todos los aspectos que se debían analizar al proponer el ascenso, «circunstancia que queda debidamente avalada en el momento en que el Ejecutivo acepta la proposición del comandante en jefe, la que después de la información oficial emanada del Ministerio de Defensa se hace pública». El Ejército expresaba su preocupación por el veto del presidente Frei, fundado en razones «exógenas al proceso mismo y manifestaciones subjetivas».

En la primera semana de noviembre de 1997 tuvo lugar la VII Cumbre Iberoamericana de jefes de Estado y de Gobierno en la Isla Margarita, Venezuela. El presidente del Gobierno español, José María Aznar, concedió el día 8 una entrevista al periodista de *El Mercurio*, Rodrigo Barria, que se publicó al día siguiente, domingo 9. El periodista preguntó:

—El fiscal jefe de la Audiencia Nacional, Eduardo Fungairiño, ha negado la competencia de los jueces españoles. Presidente, ¿le corresponde o no a la Justicia española someter a juicio la actuación de los gobiernos militares de Chile y Argentina?

Aznar dijo:

—En primer lugar, España respeta celosamente los procesos políticos de transición democrática que han adoptado los países de América Latina. España también tuvo un modelo de transición y lo importante es que fue *su* modelo. Como Gobierno, no nos corresponde enjuiciar ni evaluar ningún tipo de transición. Sin embargo, el sistema judicial opera en España de manera independiente, por lo que le resulta imposible al Gobierno interferir en las acciones de los jueces, como los que llevan adelante los procesos contra militares chilenos y argentinos. Ahora, la posición del fiscal es una cuestión distinta y se puede interpretar ya no como una postura individual, sino como una visión que lleva implícita la posición del Gobierno.

Esta admisión era una confesión en toda regla. La propuesta de Fungairiño en el sentido de archivar las causas, pues, «llevaba implícita», según Aznar, «la posición del Gobierno». Es decir, la Justicia española carecía de jurisdicción para investigar los crímenes de las dictaduras argentina y chilena.

El periodista dio un paso más.

—Presidente, ¿cuál es su opinión personal del general Pinochet y del Gobierno que él encabezó?

—Me parece que es un personaje que pertenece a la Historia de Chile y a su modelo de transición democrática. En todo caso, por cierto, nunca he apoyado ni apoyaré a los regímenes autoritarios.

El cambio de posición de la Fiscalía General del Estado y de la Fiscalía de la Audiencia Nacional avanzaba a paso seguro. Sólo faltaba su oficialización.

A últimos de noviembre de 1997, el general Pinochet preparaba un nuevo viaje, esta vez a Ecuador, para participar en la Conferencia de los Ejércitos Americanos, su última cita en ese organismo.

El ministro José Miguel Insulza se refirió al procedimiento judicial español. En una entrevista con el periódico *La Época*, el canciller subrayaba, el 21 de noviembre, que el intento de enjuiciar los crímenes cometidos durante la dictadura del general Pinochet suponía un juicio político por parte de otro país. «Lo que cuestiono es que situaciones políticas producidas en el Estado de Chile se puedan juzgar por el tribunal de otro país», decía.

Y agregaba: «Yo no conozco querellas contra el general Augusto Pinochet, ni contra otros miembros de la Junta Militar chilena. La única que existe fue presentada en España. La pregunta es si no sería razonable desde el punto de vista estrictamente jurídico presentar esas querellas en Chile. Y aquí vamos a la cosa política: ¿por qué no se presentan esas querellas en Chile? Porque todo el mundo sabe que eso pondría en grave riesgo el proceso de transición».

Pocos días más tarde, el día 26, el pintor ecuatoriano Oswaldo Guayasamín, a la cabeza de un grupo de veintidós personalidades, presentó una denuncia penal ante la Corte Suprema de Justicia de Ecuador contra Augusto Pinochet, por los delitos de desaparición forzada de los ciudadanos ecuatorianos José Félix García Franco y torturas y homicidio calificado de Felipe Porfirio Campos Carrillo, Freddy Jimmy Torres Villalba y Sócrates Pacheco.

Los cuatro habían sido víctimas de la dictadura en los primeros días de septiembre de 1973, según el informe de la Comisión Nacional de la Verdad y Reconciliación Chilena. La denuncia invocaba el artículo 5 del Código Penal del Ecuador que extendía la jurisdicción del país a aquellos delitos «contra el derecho internacional» y solicitaba a la Corte pedir copia del proceso de la Audiencia Nacional de España contra Pinochet, la colaboración de las autoridades norteamericanas, recibir declaraciones de los familiares de las víctimas, disponer la comparecencia de Pinochet y ordenar la detención en caso de que ésta procediera y de acuerdo con la forma prescrita por la ley, de todas las personas que tuvieran responsabilidad penal.

Pinochet, después de participar en la Conferencia de Ejércitos Americanos, se reunió en Quito, el día 3 de diciembre, con varios periodistas locales y chilenos en el hotel Oro Verde, donde se hospedaba. Los periodistas estaban interesados en lo que sucedía en España.

—¿Qué opinión le merece el proceso que se sigue en Madrid por los desaparecidos en Chile?

—El que está detrás de todo eso es Joan Garcés. Él es el impulsor. El 11 de septiembre de 1973 él se encontraba en Chile como asesor de Salvador Allende. En esa época fue tomado preso e iba a ser juzgado y posiblemente fusilado, porque el hombre tenía muchas cosas malas. Además impulsó a Allende para que actuara mal. Sin embargo, yo, cuando llegó la petición de juzgamiento, llamé al embajador de España y le dije que sacara a este caballero.

Aun cuando falseaba los hechos, no dejaba de ser interesante que Pinochet revelara lo que él y sus colegas tenían pensado hacer con Joan Garcés.

Era, pues, evidente que, veinticuatro años después de los hechos, la figura de Joan Garcés obsesionaba a Pinochet.

El general añadió: «La justicia española no tiene nada que investigar en Chile». Había sido el mensaje del general Torres Silva al juez García-Castellón.

Y agregó: «Yo me pregunto a quiénes protegen los derechos humanos. A los marxistas, a los comunistas».

—Pero el 20 de septiembre de 1973 murió un joven ecuatoriano. Hay desaparecidos, ¿qué puede decir usted? —inquirió un periodista.

—Ese joven del que usted me habla posiblemente estaba en algo, no sé. Pero aquellos que se perdieron... se entregó todo a la justicia ordinaria para que se estudiaran los problemas. Puede haber sido inocente, conforme; peor, lamentablemente, en estos casos caen justos por pecadores y pecadores por justos. Es imposible que yo pueda dar una explicación a las familias de los muertos. Uno estaba ahí en la cumbre, viendo todo el panorama, y ésos fueron hechos aislados. ¿Qué explicación quiere que le dé? ¿Que le pida perdón, como dicen algunos?

Joan Garcés, por su parte, en Madrid, seguía acumulando pruebas. Algunas muy importantes acababan de llegar desde Santiago. Eran dos documentos autentificados del general Joaquín Lagos Osorio, el que fuera comandante de la Primera División de Ejército, en Antofagasta, durante el paso de la «Caravana de la Muerte». Entre los papeles estaba su declaración ante el primer Juzgado del Crimen de Antofagasta el 3 de julio de 1986; también había una declaración jurada ante notario fechada el 8 de octubre de 1991. El general narraba en ambos documentos los hechos acaecidos en octubre de 1973 y revelaba que, después de los asesinatos, Pinochet le había solicitado información sobre el número y la lista de los ejecutados en su jurisdicción. El general Lagos, según constaba en los escritos, entregó en mano a Pinochet, el 1 de noviembre de 1973, una lista, un oficio y los sumarios de los ejecutados. Esa misma noche, el coronel Enrique Morel, ayudante de Pinochet, según el relato, se presentó en la casa de su hija, donde Lagos se alojaba en Santiago, con un mensaje verbal de Pinochet. Debía rehacer la lista de personas ejecutadas sin especificar en qué regiones habían ocurrido los hechos y debía eliminar toda mención a la actuación del general Sergio Arellano Stark. Para ello, Morel le llevaba los listados originales con las marcas y comentarios hechos en forma manuscrita por el general Pinochet para su reformulación. Lagos hizo, pues, el nuevo listado general y lo llevó para pasar a limpio a la oficina de Pinochet, y se quedó con el documento original en el que constaban las anotaciones de Pinochet.

El general Lagos Osorio se había convertido, pues, en un testigo excepcional de los crímenes y de su encubrimiento. Era todo un testigo de cargo. Quizá el único dispuesto a hablar y a probar.

Garcés llevó al juzgado los documentos recibidos, el día 26 de noviembre. El 2 de diciembre, el diario *El País* informaba de que la declaración del general Lagos Osorio había sido aportada al sumario que instruía el juez Manuel García-Castellón, y comentaba el contenido de la misma.

Por aquellos días el nombre del general Pinochet sonó también en Londres. El diputado laborista Jeremy Corbyn pedía información en la Cámara de los Comunes. En uno de sus escritos, dirigido al ministro del Interior, Jack Straw, el diputado preguntaba:

—¿Cuántas visitas al Reino Unido ha realizado el general Pinochet a lo largo de los últimos tres años? ¿Qué protección de seguridad se le ha proporcionado?

Corbyn se había hartado de formular las mismas preguntas a los gobiernos conservadores. El primer ministro, John Major, siempre respondía, según constaba en el Diario de Sesiones de la Cámara de los Comunes, entre 1991 y 1996, exactamente lo mismo. Aun cuando era comandante en jefe del Ejército, Major y sus ministros conferían a la visita carácter privado.

Esta vez tocaba a Straw:

—El general Pinochet ha visitado el Reino Unido en tres ocasiones en los últimos tres años. En cada ocasión, fue admitido en el Reino Unido como un visitante de acuerdo con las leyes de inmigración. No se le facilitó ninguna protección de seguridad.

La abogada Fabiola Letelier, hermana del asesinado Orlando Letelier, prestó declaración ante el juez García-Castellón el día 4 de diciembre, y, acto seguido, otorgó poderes a Joan Garcés para que la representara. Era la presidenta de la Corporación de Promoción y Defensa de los Derechos del Pueblo (CODEPU), una organización veterana en la lucha por la justicia en Chile. Fabiola había visto con escepticismo el procedimiento abierto en España. Su personación era un reflejo del terreno que empezaba a conquistar el caso.

Jesús Cardenal y Eduardo Fungairiño ya llevaban seis meses en sus puestos respectivos. Los sumarios sobre Chile y Argentina habían llegado más lejos de lo que nadie había imaginado. Después de los incidentes procesales provocados por la citación de Patricio Aylwin en el mes de mayo y la visita reciente del auditor del Ejército, el general Fernando Torres Silva, hechos a los que se sumaban las relaciones diplomáticas y comerciales entre los gobiernos español y chileno, se había creado una poderosa coalición de fuerzas que presionaban para archivar ambas causas.

Cardenal sabía que contaba con mayoría si decidía someter el asunto a la Junta de Fiscales de Sala del Tribunal Supremo. A los viejos informes de la Secretaría Técnica de la Fiscalía General del Estado se unía ahora la nota que había elaborado Fungairiño, de la que nada había trascendido.

El fiscal general del Estado, pues, decidió llevar el asunto a una junta convocada para el 10 de diciembre. El fiscal Carlos Castresana preparó, como en abril de 1996, un informe de la Unión Progresista de Fiscales (UPF) para contrarrestar las ideas de la Fiscalía de la Audiencia Nacional. Dicho texto fue incorporado a la carpeta preparada por la Secretaría Técnica para cada fiscal de sala.

Entre los informes con que contaba cada asistente había una nota sin firma pero con el membrete de la Administración de Justicia. Cuando el fiscal Carlos Jiménez Villarejo y otros preguntaron por dicho informe, Cardenal explicó que se trataba de un informe de la Fiscalía de la Audiencia Nacional. Era el informe del 2 de octubre elaborado por Fungairiño. Aclaró que no deseaba un debate sobre los documentos sino un análisis general de la cuestión.

Fungairiño expresó su protesta por la distribución del documento elaborado por el fiscal Castresana en el cual se explicaban los puntos de vista de la UPF favorables a la jurisdicción española.

—Cualquier día nos van a dar un escrito de la Cofradía de Pescadores de Málaga —ironizó.

Rogelio Gómez Guillamón, fiscal de la Sala de lo Contencioso Administrativo del Tribunal Supremo, que solía hablar de «la coña de los derechos humanos», cuestionó, como ya lo había hecho en marzo de 1996, la jurisdicción española para enjuiciar los delitos y urgió al plenario a definir la posición oficial. Fungairiño, sin aludir a la nota elaborada por él mismo, explicó su posición contraria a la jurisdicción española y señaló que era necesario solicitar el archivo de las causas en curso.

El fiscal Jiménez Villarejo recordó el secuestro del barco de bandera italiana *Achille Lauro* en alta mar, en 1985, un caso en el que la Audiencia Nacional defendió la jurisdicción española para enjuiciar a un grupo terrorista árabe en una operación en la que había muerto un anciano norteamericano. Dicho grupo contaba con armas que aparentemente le había vendido el traficante sirio residente en España Monzer Al Kassar.

Fungairiño, a cargo de dicho caso, solicitó la prisión provisional al juez Garzón, quien dictó un auto acusando a Al Kassar como responsable de delitos de terrorismo internacional, tenencia de armas y otros. En el Reino Unido ya había sido condenado por tráfico de drogas.

El caso encerraba una extraña coincidencia. El 3 de junio de 1992, Al Kassar llegó a Barajas en compañía de dos personas, Nabil Olabi Dasuki, sirio con nacionalidad española, y de su primo Yamal Edgardo Bathich, ciudadano chileno. Bathich, de familia siria, era amigo de la familia Pinochet y tenía negocios con Marco Antonio, el hijo menor del general Pinochet. Los tres fueron arrestados por orden de Garzón. Bathich fue puesto en libertad después de que la policía le quitara dos pasaportes sirios. Eran falsos.

Jiménez Villarejo subrayó, sobre todo, el párrafo de la nota de Fungairiño según el cual las juntas militares pretendieron «una sustitución temporal del orden constitucional que tenía por objeto subsanar las insuficiencias de que ese orden constitucional adolecía para mantener la paz pública». Señaló que el enfoque del documento presentado por la Fiscalía de la Audiencia Nacional era desafortunado.

—Se desprende de aquí una cobertura implícita de los golpes militares —dijo.

El fiscal Jesús Vicente Chamorro criticó las declaraciones de Fungairiño al periódico *El Mercurio*, del 22 de octubre, y recomendó seguir adelante con las actuaciones. También el fiscal Juan José Martínez Zato fue muy crítico.

—Yo quiero que conste mi protesta por el hecho de que el fiscal jefe de la Audiencia Nacional haya recibido al señor embajador de Chile en su despacho —dijo.

—Fue un encuentro de cortesía, ya que acababa de asumir su puesto —se justificó Fungairiño—. No hemos hablado sobre la Junta Militar o acerca de la causa.

—Si el señor embajador hubiera querido hacer una visita de cortesía, debería haberla hecho al fiscal general del Estado y no en la jurisdicción en la que se ventilan asuntos de su país —repuso Martínez Zato.

Una mayoría de seis fiscales —Eduardo Torres-Dulce, Juan Cesáreo Ortíz Úrculo, Rogelio Martínez, José María Iscar, José María Luzón y Rogelio Gómez Guillamón— se expresaron contra la jurisdicción española. Uno de ellos, Torres-Dulce, a cargo de la Secretaría Técnica de la Fiscalía General del Estado, matizó:

—Yo creo que el caso de Chile es diferente. Me parece que habría base para ejercer la jurisdicción a partir de 1985. Aunque sería sólo para delitos de terrorismo. Y, aun así, encuentro difícil calificarlos como tales de acuerdo con la ley española.

Tres fiscales —Jiménez Villarejo, Martínez Zato y Chamorro— apoyaron la jurisdicción. Y otros cuatro —José Aranda, Enrique Abad, José Alvarado y José Aparicio— se abstuvieron.

El fiscal general del Estado, Jesús Cardenal, no se pronunció. La Junta tampoco adoptó una decisión formal respecto a la orientación futura.

La prensa española de ese día publicaba una noticia procedente de Santiago. Según se informaba, el día anterior, 9 de diciembre, el Consejo Naval, el alto mando de la Armada chilena, había aprobado la compra de dos submarinos Scorpène al consorcio franco-español por valor de 60.000 millones de pesetas.

Pero la mayor atención se la llevaba el informe elaborado por Eduardo Fungairiño, y, sobre todo, los párrafos polémicos. Nada había trascendido hasta entonces sobre dicho documento. A excepción del Partido Popular, la mayoría de los partidos políticos, grupos parlamentarios y asociaciones de jueces y fiscales progresistas reaccionaron contra el fiscal jefe de la Audiencia Nacional.

Cardenal defendió enseguida el informe de Fungairiño. «El informe de Fungairiño está muy bien confeccionado y es ajustado al ordenamiento jurídico español», dijo. Señaló que las críticas habían sacado algunos párrafos fuera de su contexto. «Fungairiño es un fiscal magnífico, un funcionario extraordinario y muy trabajador».

El secretario general del Partido Socialista, Joaquín Almunia, solicitó el día 15 la destitución de Fungairiño. Y si Cardenal apoyaba sus posiciones, dijo, también él debía cesar. El magistrado del Tribunal Supremo Carlos Granados, ex fiscal general del Estado, recordó que la Junta de Fiscales de Sala reunida el 29 de abril de 1996 había resuelto no recurrir una eventual decisión del juez Baltasar Garzón, favorable a investigar los crímenes de la dictadura argentina.

El día 16 de diciembre, Cardenal envió al Congreso de los Diputados un informe en el que resumía y explicaba los principales puntos del informe cuestionado.

El remedio resultaba peor que la enfermedad. Al justificar el párrafo en cuestión, el nuevo informe sostenía que «todos los sistemas democráticos prevén situaciones excepcionales en las que, para restaurar la normalidad, es preciso limitar o suspender la plena efectividad del régimen constitucional de derechos y libertades [...]. Como se ve, por tanto, nada hay de antidemocrático en la adopción de medidas de suspensión de derechos cuando ello sea imprescindible, en situaciones excepcionales, para mantener la paz pública, incluyendo en los casos más graves, la intervención directa de las Fuerzas Armadas, siempre que la adopción de estas medidas se produzca dentro del marco constitucional [...]. Se constata, simplemente, que ése fue el origen de la actuación de los militares para excluir la finalidad de dicha actuación fuera subvertir el orden constitucional, a los puros efectos de excluir la calificación de delito de terrorismo».

En otros términos, Cardenal interpretaba, más explícitamente que Fungairiño, que los golpes militares se habían desarrollado, en Argentina y Chile, dentro de las previsiones de la Constitución.

¡Era increíble hasta qué extremo estaba dispuesto a llegar a los «puros efectos de excluir la calificación de terrorismo»!

El maremoto político llevó a Cardenal a intentar pacificar los ánimos. Solicitó a Eduardo Torres-Dulce que la Secretaría Técnica elaborara un nuevo informe. A las conclusiones de abril de 1996 debía añadir aquello que fuera de interés del informe de Fungairiño.

Una nueva época comenzaba a asomar. El general Pinochet se aprestaba a dejar el mando del Ejército. Y el procedimiento judicial en España avanzaba.

Pinochet había prometido, el 25 de diciembre de 1997, anticipar la entrega del mando al general Ricardo Izurieta al 26 de enero de 1998. Al día siguiente, juraría su cargo de senador. En la primera semana de enero de 1998, varios diputados democristianos anunciaron que estaban dispuestos a presentar una acusación constitucional para impedir que Pinochet asumiera su puesto de senador. El gobierno de Frei no ocultó su irritación. Pero las direcciones del Partido Socialista y del Partido por la Democracia (PPD) adelantaron su apoyo a la acusación. En la Cámara de Diputados triunfó una moción en la que se cuestionaba la legalidad de la designación de Pinochet. El movimiento político y judicial contra los crímenes chilenos ganaba día a día terrenos inesperados.

CAPÍTULO 38

Un juez por encima de toda sospecha

El 12 de enero de 1998, el abogado Eduardo Contreras y otros tres letrados rompían el cuadro descrito por el ministro José Miguel Insulza según el cual en Chile la presentación de una querella contra el general Pinochet suponía poner en riesgo la transición. Ese día, los abogados presentaron en nombre de Gladys Marín, secretaria general del Partido Comunista de Chile, una querella por el delito de genocidio, secuestros, asociación ilícita e inhumación ilegal contra el general Pinochet. Su marido, Jorge Muñoz, había sido detenido en 1976, fecha en la que desapareció.

La Corte de Apelaciones de Santiago designó ese mismo día, por sorteo, a uno de sus miembros, el juez Juan Guzmán, para ocuparse de instruir la querella.

El único antecedente conocido de Guzmán era muy reciente. Había participado en la sala de la Corte de Apelaciones en la que él y sus otros dos colegas votaron a favor de prohibir la exhibición de la película *La última tentación de Cristo*, del director Martin Scorsese.

Guzmán era hijo del poeta Juan Guzmán Cruchaga, Premio Nacional de Literatura en el año 1962. Obtuvo el título de abogado en la Escuela de Derecho de la Universidad Católica de Chile y comenzó su carrera judicial en Panguipulli, en el sur del país, en 1970. Por aquella época, él y su esposa, Inés Watine, de nacionalidad francesa, se presentaron a un *casting* para interpretar el papel de extras en la película *Estado de sitio* que el director Constantin Costa-Gavras filmaba en Santiago durante el Gobierno de Salvador Allende. Guzmán aparecía fugazmente interpretando el papel de un periodista.

Tres años después, Guzmán, que seguía en provincias, apoyó el golpe militar del 11 de septiembre de 1973. A partir de 1974 actuó como juez de lo penal en Santiago y más tarde pasó a la Corte de Apelaciones de Talca. De allí regresó a la capital, en 1989, para ocupar el puesto de ministro (juez) de la Corte de Apelaciones de Santiago.

El general Pinochet no tardó en hablar con Frei. Le informó de que el anuncio de una acusación constitucional por parte de varios diputados democristianos para frustrar su designación como senador vitalicio le obligaba a cancelar su disposición a anticipar el retiro al 26 de enero; todo se haría conforme al calendario inicial. Dejaría el mando el 10 de marzo de 1998.

El 19 de enero, el grupo socialista en el Parlamento Europeo se ocupó de la situación de Pinochet. Sometió a votación una moción en Estrasburgo en que se repudiaba la designación del general como senador vitalicio. El Partido Popular Europeo y Jean Marie Le Pen, un gran admirador de Pinochet, votaron en contra.

El juez Guzmán admitió a trámite el 20 de enero la querella de Gladys Marín contra Pinochet por la desaparición de su esposo y la citó al día siguiente para tomarle declaración.

Fue todo un acontecimiento. El ministro del Interior, Carlos Figueroa, admitió que la querella introducía «un elemento de pequeñas turbulencias adicionales, pero no va a impedir que el país siga caminando en la senda correcta». Antes de finales de enero, la viuda de Mario Silva Iriarte presentaba la segunda querella. Acusaba a Pinochet de homicidio calificado de su esposo y violación de la Convención de Ginebra en la operación de la «Caravana de la Muerte».

El presidente Frei tenía previsto viajar a Suiza, en la última semana de enero, para participar en la cumbre económica de Davos. Desde allí, en compañía del ministro Insulza y de otros ministros volaría hacia España. Antes de viajar, Insulza expresó su deseo de que el problema suscitado con el agregado aéreo en la embajada chilena en Madrid, el coronel Héctor Barrientos, se resolviera con rapidez. «¡Hubo tantos Barrientos a finales de 1973! No creo que se trate de perseguirlos uno a uno. Yo quisiera, como pide la gente, que a aquellos que sufrieron torturas o malos tratos por parte de él, les diga: "Miren, yo tenía 21 años, eran otros tiempos y lo siento mucho". Creo que todo el mundo se sentiría conforme con eso. Pero, desgraciadamente, en este país no ocurre así».

La Fuerza Aérea Chilena ordenó el regreso de Barrientos a Chile. El coronel se incorporó al equipo de la Dirección General de Aeronáutica Civil, dependiente de la FACH. Allí actuó bajo la dirección del general Mario Ávila.

Ambos tenían su cuenta pendiente con el pasado. Si Barrientos había torturado en una base aérea, en el estrecho de Magallanes, el oficial Ávila, siguiendo instrucciones del comandante en jefe de la Fuerza Aérea Chilena, el general Gustavo Leigh, pilotó la mañana del 11 de septiembre de 1973 aquel helicóptero enviado de urgencia para guiar a dos aviones de la escuadrilla de Hawker Hunter hacia la residencia del presidente Allende en la calle de Tomás Moro, adonde se dirigían para bombardearla.

El fiscal general del Estado, Jesús Cardenal, envió a los fiscales, con fecha 13 de enero de 1998, el nuevo informe elaborado por la Secretaría Técnica. El documento insistía en que España carecía de jurisdicción en el caso de Argentina y dejaba una rendija para ejercer la jurisdicción en Chile.

La nota sugería que los fiscales debían actuar con celeridad:

«Conviene provocar el correspondiente pronunciamiento del órgano judicial que tendrá la última palabra para ajustarse a ese criterio. Si la decisión es favorable a la competencia de la jurisdicción española, el fiscal debería, en congruencia con tal decisión, coadyuvar a la investigación».

Al mismo tiempo, sostenía que el hecho de que las denuncias y querellas no se hubieran recurrido en su día «no es obstáculo para plantear la cuestión, dado el principio general de improrrogabilidad de la jurisdicción penal».

El juez Manuel García-Castellón había viajado por aquellas fechas a Washington. En compañía del fiscal Ignacio Peláez y el abogado Joan Garcés, realizó interrogatorios a algunos de los asesinos de Letelier, en prisión, y solicitó a las autoridades judiciales documentos clasificados relacionados con Chile. Sin embargo, el interrogatorio del organizador del asesinato, Michael Townley, quedó pendiente.

En uno de los vestíbulos del hotel Latham, en el tramo de la avenida Pennsylvania que pasa por el barrio residencial de Georgetown, el juez se reunió con Joyce Horman, la viuda del periodista norteamericano Charles Horman, asesinado a mediados de septiembre de 1973, cuya historia llevó al cine el director Constantin Costa-Gavras en la película *Missing*, en 1982. Joyce, que llegó a hablar muy bien el español, se explicó, empero, en inglés. Ella y su abogado, Peter Weiss, recordaron los hechos. Joan Garcés hizo de intérprete.

Al regresar de Estados Unidos, la noticia no era tanto el indiscutible éxito de la misión sino los planes personales del juez García-Castellón. El día 23, el juez rellenó la solicitud dirigida al Consejo General del Poder Judicial (CGPJ) para cubrir la vacante de la Presidencia del Tribunal Superior de Castilla y León. El resultado del concurso se conocería hacia la primera quincena de marzo.

El juez, pues, estaba decidido a abandonar la Audiencia Nacional. Para ello, necesitaba apoyos en el CGPJ, cuyos miembros se eligen con apoyo de los partidos políticos.

La Fiscalía de la Audiencia Nacional inició la ofensiva final para liquidar ambos casos, el de Argentina y Chile, el 20 de enero de 1998. El fiscal Pedro Rubira presentó un escrito al juez Garzón. Solicitaba el archivo de la causa por falta de jurisdicción y cuestionaba los autos de detención internacional ya dictados y la imputación de los militares argentinos. El juez Garzón desestimó la petición y ratificó cada una de sus decisiones. La investigación seguía adelante.

El 24 de enero de 1998, el fiscal Peláez solicitó al juez García-Castellón transformar las diligencias previas en curso en sumario, el paso necesario, en la estrategia oficial, para plantear su cierre con el argumento de falta de jurisdicción. Dos días más tarde, el día 26, el juez dictó un auto por el cual accedía a la petición del fiscal. El abogado Joan Garcés presentó un recurso contra la decisión, al que, a su vez, se opuso el fiscal.

El presidente del Senado chileno, Sergio Romero, del partido derechista Renovación Nacional, encabezó en los primeros días de febrero una misión de varios senadores, entre ellos el vicepresidente de la Democracia Cristiana, Adolfo Zaldívar. Tras detenerse en Madrid, seguirían su viaje hacia París y Tel Aviv. Los parlamentarios chilenos se reunieron con los presidentes del Senado y del Congreso de Diputados, Juan Ignacio Barrero y Federico Trillo, respectivamente. El tema de la investigación del juez Manuel García-Castellón fue uno de los asuntos tratados. El lunes 2, el periódico *Abc* publicó una entrevista con Romero, en la cual sostenía que la investigación del juez García-Castellón estaba afectada por «una enorme desinformación» y violaba «todos los principios de territorialidad». Decía que Pinochet había «sido un factor de moderación en Chile durante estos últimos ocho años». Según creía, «el sumario contra él no tiene futuro en España ni tampoco la querella presentada por la secretaria general del Partido Comunista en Chile». Romero no podía ser más tajante: «El respeto que tienen las Fuerzas Armadas a Pinochet se va a mantener inalterable probablemente hasta que él fallezca».

El presidente Frei y sus ministros de Relaciones Exteriores, José Miguel Insulza, y de Economía, Álvaro García, llegaban a Madrid ese mismo lunes 2 de febrero de 1998, procedentes de Suiza.

Frei recibió en el hotel Villamagna al secretario general del PSOE, Joaquín Almunia. El presidente chileno estaba interesado en conocer la posición de los socialistas, ya que éstos habían pedido la renuncia del fiscal general del Estado, Jesús Cardenal, y del fiscal jefe de la Audiencia Nacional, Eduardo Fungairiño, en el mes de diciembre.

Los socialistas, dijo Almunia, no se habían pronunciado sobre la investigación judicial respecto a los crímenes en Argentina y Chile y su punto de vista era que se debían «respetar las leyes del país sobre el que se producen esas investigaciones, que es Chile». Sin embargo, agregó, había solicitado el cese de los fiscales por expresar «juicios impropios de demócratas». Almunia mencionó el caso de Carmelo Soria y expresó su deseo de que se alcanzara una solución que «ofrezca una reparación suficiente a algo tan irreparrable como un asesinato». Frei también recibió a Felipe González. Su posición en el caso no le era ajena. González le dijo que España no podía pretender investigar unos hechos que se habían producido en Chile. No creía en la jurisdicción española. Pero, sobre todo, España, subrayó, con todas las dificultades de su transición, no podía dar lecciones a los políticos argentinos y chilenos sobre cómo se debía hacer una transición democrática. González le animó a solicitar públicamente respeto por su proceso político.

Frei y su esposa, Marta Larraechea, almorzaron con los Reyes y, por la tarde, el presidente chileno se reunió con el presidente José María Aznar en el Palacio de la Moncloa, antes de la cena de gala organizada en su honor.

Aznar le confirmó que tenía previsto viajar a Bolivia, Uruguay y Chile a mediados del mes de marzo. Frei, a su vez, le informó de que el ministro de Defensa, Raúl Troncoso, firmaría la autorización para la compra, por parte de la Armada chilena, de los dos submarinos Scorpène pendientes y que también se contemplaba la posible adquisición de dos aviones para transporte y vigilancia a la empresa española CASA. Ambos analizaron también las circunstancias de la Cumbre Iberoamericana de 1998, prevista para el 17 y 18 de octubre de 1998 en Oporto, Portugal, un tema que ya habían tratado el canciller Insulza y el ministro de Asuntos Exteriores español, Abel Matutes, en un encuentro ese mismo día.

Al día siguiente, martes 3 de febrero, Frei se trasladó a Vitoria, el motivo de su viaje a España, donde el *lehendakari* (presidente de la Comunidad Autónoma del País Vasco) José Antonio Ardanza le había invitado para otorgarle la condecoración *Lagun Onari* («Buen amigo»). En su discurso, en el Palacio de Ajuria Enea, tras recibir la condecoración, Frei se abstuvo de hacer referencia a los procedimientos judiciales, pero dijo que Chile «no juzga las transiciones del resto de países ni da lecciones de democracia a nadie», y exigió «respeto a la transición chilena, que ha tenido la complejidad de todos los procesos de transición, pero que hoy día avanza hacia el futuro».

Frei regresó a Chile enseguida. Pero en España, el tema de la investigación de los crímenes de Chile y Argentina seguía en la primera página de los periódicos. El 5 de febrero, el fiscal general del Estado, Jesús Cardenal, comparecía ante la Comisión de Justicia e Interior del Congreso de los Diputados para despejar, según dijo, las dudas que había podido generar el informe de Fungairiño. Hizo una profesión de fe democrática y dijo que los golpes militares de Argentina y Chile habían constituido «injustificables ataques al orden constitucional».

—Creo que ninguno de los informes cuya explicación motiva esta comparecencia contiene frases o expresiones que contradigan lo que acabo de exponer. No obstante, si algunos pasajes pudieran entenderse en sentido distinto al que acabo de manifestar entiéndanlos sus señorías rectificados —precisó.

El obispo luterano Helmuth Frenz declaró el 10 de febrero de 1998 durante dos horas ante el juez García-Castellón. El juez le escuchó atónito. En cierto momento, el sacerdote recordó la entrevista que él y otros obispos habían mantenido con Pinochet cuando les recibió en el edificio Diego Portales junto a otros obispos, durante la dictadura.

460

—Él nos dijo que justificaba las torturas de marxistas y comunistas: «Hay que torturarlos, porque, de otra manera, no cantan», dijo. Pinochet afirmó que era un soldado, y que, como jefe de Estado, tenía la responsabilidad de todo el pueblo chileno, invadido por el bacilo del comunismo, al que debía exterminar —relató el obispo.

El sumario, pues, tenía aún largo recorrido. Sin embargo, el juez dictó ese día, 10 de febrero, un auto por el que desestimaba el recurso de Garcés y confirmaba su resolución de convertir las diligencias previas en sumario. El juez estaba aceptando las sugerencias de círculos políticos y judiciales. Era necesario poner fin a la instrucción sumarial. ¿Por qué? Porque dado ese paso se pasaría a tratar la cuestión de la jurisdicción española.

En paralelo, el fiscal jefe de la Audiencia Nacional, Eduardo Fungairiño, envió por su cuenta un oficio al embajador de Chile, Sergio Pizarro. Le pedía varios documentos, entre ellos la situación de los procedimientos sobre el asesinato de los ciudadanos españoles Carmelo Soria y las detenciones y desapariciones de Michelle Peña Herreros y Antoni Llidó, así como la legislación constitucional de Chile entre los años 1973 y 1980.

El 24 de febrero de 1998, el periódico *El País* informaba del contenido del recurso de revisión que el ex director de la DINA, Manuel Contreras, había presentado ante la Corte de Suprema chilena en relación con la sentencia que le había condenado a siete años de prisión por el asesinato de Orlando Letelier. Contreras llevaba en su prisión de lujo desde la madrugada del sábado 21 de octubre de 1995. Ya habían pasado, pues, dos años y dos meses.

El escrito se extendía a lo largo de 310 páginas. Su contenido no había trascendido. La prensa chilena se limitó a informar de que Contreras pedía nuevas diligencias, entre ellas, la de citar a declarar al general Pinochet. Pero eso era todo.

Pocas semanas después de que el general Contreras presentara el recurso de revisión, Fabiola Letelier solicitó una copia y se la envió a Garcés, quien aportó, el día 13 de febrero, una síntesis del testimonio al juzgado.

Por supuesto, Contreras negaba su autoría en el crimen de Letelier. Pero lo sugerente era otra cosa: definía su trabajo en la DINA como «delegado del presidente» Pinochet. Los datos relevantes aparecían subrayados por el propio recurrente: «Siempre cumplí estrictamente lo que el Decreto Ley 521 disponía para la Dirección de Inteligencia Nacional y conforme las órdenes que el señor presidente de la República me daba. Solamente él, como autoridad superior de la DINA, podía disponer y ordenar las misiones que se ejecutaran y siempre, en mi calidad de delegado del presidente y director ejecutivo de la DINA, cumplí estrictamente siempre lo que se me ordenó», decía.

El escrito recordaba que Pinochet le había nombrado dos meses después del golpe militar, el 13 de noviembre de 1973, su «delegado» y aportaba el documento de su designación. Asimismo, incluía sus hojas de servicios anuales, donde constaba, bajo la firma de Pinochet, la calificación. Contreras, según la descripción, «diariamente informa al jefe de Estado de las novedades nacionales, exposición que realiza con acuciosidad, claridad y con fundamento».

En otro de los párrafos subrayados por él mismo, Contreras afirmaba: «Yo expuse diariamente a primera hora de la mañana, durante cuatro años, desde 1973 a 1977, todas las informaciones que el presidente debía conocer y al mismo tiempo conversaba con él [respecto a] cualquier problema sobre la marcha de la DINA, ya que era mi superior directo, y solo él podía ordenar lo que fuere necesario en cualquier caso».

Pinochet no se libraba de las diligencias que solicitaba Contreras a la Corte Suprema. La número 18 rezaba: «Se sirva declarar al señor comandante en jefe del Ejército, capitán general don Augusto Pinochet Ugarte».

A continuación, se le formulaban trece preguntas. En una de ellas se le preguntaba «si en su calidad de superior directo de la Dirección de Inteligencia Nacional tuvo alguna vez informaciones fehacientes en el sentido de que el coronel Manuel Contreras, sin informarle de nada y por su cuenta y riesgo, había dispuesto la inteligencia preoperativa, la planificación y la ejecución del asesinato de Orlando Letelier en los Estados Unidos, el año 1976, en razón a que usted siempre declaró públicamente que estaba en conocimiento permanente de todo lo que acontecía en el país».

¿Qué quería decir? Contreras explotaba una frase célebre de Pinochet. Estaba recordando aquella respuesta a un semanario, *Ercilla*, publicada el 13 de octubre de 1981:

—No se mueve una hoja en este país si no la estoy moviendo yo, que quede claro.

El 10 de marzo de 1998 se conoció en Madrid el resultado del concurso para la presidencia del Tribunal de Justicia de Castilla y León. El juez saliente había vuelto a conquistar la plaza. El juez García-Castellón había perdido la batalla, pero su deseo de abandonar la Audiencia Nacional seguía tan firme como antes.

Ese mismo día, dictó una providencia por la cual solicitaba al fiscal que emitiera opinión sobre las actuaciones en la causa de Chile «o en su caso se proceda a la conclusión del sumario». El juez, pues, abría la puerta para terminar el caso. Joan Garcés, al conocer el texto, confirmaba lo que se temía. Las sugerencias y mensajes que el juez recibía día tras día para liquidar la causa conocían un punto límite. Si no se equivocaba, García-Castellón podía concluir el sumario de un momento a otro. Lo peor es que apoyaba al fiscal y le daba la espalda a la acusación particular y popular, es decir, a los familiares de las víctimas, ya que no les pedía, como correspondía, su opinión. Solicitó al juez una aclaración. ¿Por qué se omitía trasladar a la acusación particular y popular la misma pregunta que se había formulado al fiscal? El juez rectificó. Su omisión, según dijo, había sido involuntaria. Recabó a las acusaciones su opinión.

En Chile, en la mañana del 10 de marzo, tenía lugar el gran acontecimiento. En la Escuela Militar, el general Pinochet fue sustituido por Ricardo Izurieta, que ascendía de general a teniente general.

Al día siguiente, Pinochet juró como senador vitalicio, en la sede del Congreso Nacional, en Valparaíso, según lo previsto en la Constitución que sus colaboradores habían diseñado en 1980. La acusación constitucional había sido aplazada para después de su designación, lo que ya anticipaba su desenlace. Miles de manifestantes salieron a las calles de Santiago. En Valparaíso, la multitud se apostó en las puertas del Congreso Nacional para protestar mientras se desarrollaba la ceremonia; muchos ciudadanos acudieron con carteles en los que destacaban las fotografías y los nombres de las personas detenidas y desaparecidas.

La acusación constitucional contra Pinochet fracasó por la acción del Gobierno de Frei y gracias a la colaboración del ex presidente Patricio Aylwin. Era curioso: Aylwin volvía a mantener la misma ambigüedad que había observado ante la citación del juez García-Castellón. El día anterior a la votación, Aylwin había declarado de oficio ante la Cámara de Diputados que la conducta de Pinochet y el Ejército, durante sus gobiernos, incurrieron en «manifestaciones de poder que sobrepasaban la legalidad o abusaban de ella», en referencia a las amenazas de Pinochet con usar al Ejército si proseguía la investigación de los pagos a su hijo Augusto Pinochet Hiriart en el caso de los llamados «pinocheques». Pero la misma mañana que se votaba la acusación, el 9 de abril de 1998, cuando los periodistas de un programa radiofónico le preguntaron qué haría si fuese diputado, Aylwin declaró que votaría en contra.

Garcés expuso el 13 de marzo, en un escrito al juez García-Castellón, sus conclusiones sobre la investigación. Recordaba los casos de los españoles desaparecidos y asesinados en Chile, en particular los secuestros de los sacerdotes Antonio Llidó y Joan Alsina, y los de Carmelo Soria y Michelle Peña Herreros. Según advertía, al aplicar la amnistía a los asesinos de Soria, la Corte Suprema chilena había pasado por alto el hecho de que se trataba de una persona internacionalmente protegida y que la amnistía, por haber firmado Chile un tratado internacional, carecía de validez.

El abogado pedía el procesamiento de Pinochet y otras treinta y ocho personas, la mayoría de ellas oficiales del Ejército, por los delitos de genocidio, terrorismo y torturas. En la lista figuraba el auditor general del Ejército, el general Fernando Torres Silva. También solicitaba algo más: una orden internacional de detención.

La causa española se cruzaba todos los días con los acontecimientos en Chile. En aquellos días de marzo ocurrió un hecho conmovedor. Nelson Bañados, ex conscripto del Ejército, confesó en 1989 al sacerdote español Miquel Jordà que había fusilado al padre Joan Alsina en 1973. El caso se había cerrado con la Ley de Amnistía. Ahora, el 16 de marzo de 1998, Bañados, en una entrevista con la televisión catalana TV3, admitía haber ejecutado el 19 de septiembre de 1973 al padre Joan Alsina en el puente de Bulnes, sobre el río Mapocho.

Bañados se había alistado en el servicio militar con apenas 16 años. Pocos meses después, en la madrugada del martes 11 de septiembre, el Regimiento Yungay, situado en San Felipe, recibió instrucciones para tomar posiciones en Santiago. Bañados, que formaba parte del destacamento militar, debía participar en las ejecuciones de opositores, que se llevarían a cabo en el puente de Bulnes.

El conscripto participó en centenares de ejecuciones, entre ellas, la de Enrique Ropert, el hijo de Miria Contreras, *Payita*, la secretaria privada de Salvador Allende. Le consideraron, erróneamente, miembro del Grupo de Amigos del Presidente (GAP). Bañados solía retirar a los ejecutados su carné de identidad o, en caso de que no dispusieran de él, les tomaba sus huellas dactilares. Durante años mantuvo guardados en su casa más de cien carnés de identidad.

Tras confesar ante la cámara su participación en los asesinatos, dijo:

—Lo lamento. Que me perdonen, que uno era un mandado.

El mismo día que se difundía en Cataluña la confesión de Bañados, el presidente del Gobierno español, José María Aznar, se hallaba de gira oficial por América Latina. Había empezado por Bolivia y ahora se encontraba en Uruguay. Su última escala era Chile.

En Montevideo, Aznar tenía previsto leer un discurso ante los miembros de la Corte Suprema de Justicia. Por aquellas fechas, el tema de la Justicia y la política estaba en la primera plana de los periódicos. El Tribunal Supremo español había enviado al Senado un suplicatorio pidiendo el levantamiento del fuero parlamentario a un senador del Partido Popular, Francisco Tomey, que a su vez era presidente de la Diputación de Guadalajara. La repercusión del asunto en la prensa preocupaba al Gobierno.

Aznar dijo en Montevideo que sería absurdo pensar que los medios de comunicación influían en gobiernos, parlamentos y relaciones internacionales y no en la Justicia. Y se refirió a los llamados «jueces estrella», un tema que el ex presidente de Gobierno, Felipe González, acababa de sacar a relucir.

—Pueden existir miembros de los tribunales que tengan una razonable aspiración al estrellato social a costa, naturalmente, de la utilización indebida de los medios —dijo Aznar—. Todo esto puede crear inseguridad en la sociedad —advirtió.

El 19 de marzo, Aznar llegó a Santiago y desde allí se trasladó a Valparaíso para pronunciar un discurso en la Cámara de Diputados de Chile. El presidente del Gobierno español dio a entender que su posición nada tenía que ver con la de los jueces que investigaban los crímenes de Argentina y Chile.

—Las transiciones son graduales. No hay dos iguales —dijo, razón por la que cosechó fuertes aplausos.

Esa noche, en la cena de gala que el presidente Frei ofreció a Aznar en el Palacio de la Moneda, se hicieron votos por las buenas relaciones entre España y Chile. La investigación que se seguía en España por los crímenes de la dictadura chilena flotaba en el ambiente. Frei levantó su copa para hacer un brindis.

—España tuvo que superar dificultades iniciales al restaurar la democracia. La clase política española tuvo que postergar aspiraciones legítimas en aras del consenso nacional. Chile recuperó la democracia hace tan sólo ocho años.

Aznar y Frei acordaron que, al día siguiente, viernes 20 de marzo, sólo comparecería ante la prensa el presidente del Gobierno español. La razón: los periodistas preguntarían por la investigación española. Y, según explicó Frei, la prensa intentaría arrancarle algún pronunciamiento concreto. Sería más fácil si comparecía solamente Aznar.

Los medios chilenos preguntaron de manera insistente por la investigación española. Aznar no se había equivocado en Uruguay. En Santiago, la estrella del juez Manuel García-Castellón, muy a su pesar, producía fuertes destellos. Aznar rehusó pronunciarse.

—Respeto la independencia de los jueces españoles y respeto el proceso de transición chileno.

La prensa insistió.

—Si quiere se lo digo en francés o en inglés o en verso, pero le voy a decir lo mismo —sonrió el presidente.

Cuando un periodista preguntó por los «jueces estrella» y sus expresiones de días pasados, explicó:

—Espero que se entienda que fue una reflexión en el contexto de Uruguay.

«Y no supo salir de ahí, tal vez porque las palabras que pronunció en la Corte Suprema de Uruguay fueron tan claras y contundentes que hablaban por sí mismas», escribió en su crónica José Miguel Larraya, enviado especial de *El País*.

CAPÍTULO 39

A horcajadas del cóndor

El fiscal Peláez esperó los documentos que había solicitado Fungairiño al embajador Pizarro antes de redactar su escrito y, el viernes 20 de marzo, lo presentó al juez. Pedía lisa y llanamente la conclusión del sumario y se oponía tanto al procesamiento de Pinochet y sus colaboradores como a la solicitud de una orden de arresto internacional para ellos, según solicitaba Garcés.

España, señalaba el escrito, carecía de jurisdicción para enjuiciar los delitos; además, se cuestionaba su calificación como genocidio y terrorismo, y, al abordar el delito de tortura, sostenía que debían juzgarse en el país donde se habían cometido. Y que, en todo caso, España no había establecido su jurisdicción para ello.

Según el informe de Peláez, se pretendía enjuiciar tres casos —los de Antonio Llidó, Michelle Peña Herreros y Carmelo Soria— que ya eran cosa juzgada en Chile. Y respecto al caso de Soria, el fiscal sostenía que la Corte Suprema chilena rechazaba su condición de persona internacionalmente protegida. Por último, recordaba que en Chile se estaban tramitando dos querellas criminales contra Pinochet.

El juez dictó un auto el 23 de marzo de 1998. Resumía extensamente los argumentos de la fiscalía para archivar el caso y acordaba la conclusión del sumario sin pronunciarse sobre la petición de procesamientos que había elevado la acusación. El juez decidía «elevar las actuaciones a la Sala de lo Penal para que se pronuncie sobre la cuestión planteada de falta de jurisdicción de esta Audiencia Nacional y sobre el sobreseimiento libre de la causa».

En otros términos, García-Castellón le pasaba la pelota a la sección primera de la Sala de lo Penal. Entre los tres magistrados de esa sección se contaba el presidente de todas las salas de lo Penal, Siro García Pérez.

Garcés siguió adelante con la propuesta de testigos. En Santiago, Víctor Pey había propuesto a la ex militante socialista y ex agente de la DINA Luz Arce la aportación de una versión manuscrita sobre los hechos que había vivido en cautiverio y durante su etapa de colaboración con altos jefes de la policía secreta de Pinochet.

Finalmente, la persuadió para prestar declaración en Madrid. Se hizo una colecta para pagar su billete en avión.

El 25 de marzo, Luz Arce declaró ante el juez García-Castellón.

Dos días más tarde, Garcés presentó un escrito en el que denunciaba que la conclusión del sumario era una maniobra procesal y pidió la nulidad del auto dictado por el juez el 23 de marzo.

La conclusión técnica del sumario, explicó, sólo podía ser resuelta una vez que se terminaran las actuaciones. La petición de procesamiento y las órdenes de detención de Pinochet y sus colaboradores era, pues, un tema que debía ser resuelto por el juez, antes de dictar la conclusión.

Lo que estaba ocurriendo —el intento de cerrar el caso— era bastante evidente.

Joan Garcés decidió, entonces, hacer un movimiento estratégico.

El juez Garzón, dentro de la investigación de los hechos ocurridos en Argentina, había reunido material probatorio sobre la «Operación Cóndor».

El 30 de marzo, pues, Garcés, presentó ante el Juzgado Central de Instrucción número 5 de la Audiencia Nacional, a cargo del juez Garzón, una nueva querella criminal contra el general Pinochet, el general Gustavo Leigh, el general Manuel Contreras, el general Pedro Espinoza y el mayor Raúl Eduardo Iturriaga Neumann y otros.

La querella se centraba en las acciones emprendidas por las dictaduras militares de Chile, Argentina, Paraguay y Uruguay, bajo el nombre de «Operación Cóndor».

Entre los casos citados estaba el del secuestro en Argentina, en abril de 1976, de Edgardo Enríquez, quien, después de ser torturado en centros de detención clandestinos, fue trasladado a Chile, donde fue visto por última vez en el campo de concentración Villa Grimaldi.

Entre las medidas que Garcés proponía al juez estaba la de librar una orden internacional de detención de Pinochet y los demás acusados, aquello que García-Castellón había evitado.

El juez Garzón, a la vista de que su colega Manuel García-Castellón había elevado la causa a la Sala de lo Penal, decidió esperar el resultado de los recursos antes de admitir a trámite la nueva querella presentada por Garcés. No había prisa. Era más prudente esperar el resultado de los recursos en la Sala de lo Penal y decidir después.

Mientras tanto, el juez Garzón también movió una pieza con vistas al futuro. El 27 de abril de 1998, abría en el caso de Argentina una pieza separada, la número 3, para investigar uno de los aspectos que también formaban parte de las actuaciones del Juzgado número 6. Su nombre: «Operación Cóndor».

El 8 de mayo, la sección primera de lo Penal de la Audiencia Nacional concedió diez días al fiscal Peláez para exponer sus argumentos. El fiscal insistió en solicitar a la sala que confirmara la conclusión del caso y el sobreseimiento. Las acusaciones, a su vez, pidieron la revocación del auto del juez García-Castellón y el procesamiento de los militares chilenos.

Mientras, el ministro de Defensa, Eduardo Serra, llegó a Santiago en la madrugada del 19 de mayo, en compañía del jefe del Estado Mayor del Ejército español, José Faura. Esa mañana, Serra explicó a la prensa que, en materia judicial, el Gobierno español «respetaba la independencia» de los jueces. Faura, tras visitar al comandante en jefe del Ejército, el general Ricardo Izurieta, también recibió a los periodistas.

Cuando le preguntaron por la posición del Ejército español ante el procedimiento judicial que llevaba el juez García-Castellón, el general Faura dijo:

—Creemos que es completamente inoportuno. Porque, como español y militar, creo que la Justicia actúa con sus propios dictámenes, sin tener en cuenta otros valores a los que yo le doy más importancia, como la hermandad con el pueblo chileno y el respeto que se debe tener un país a otro.

La franqueza de Faura provocó la respuesta en Madrid de los abogados de la acusación particular y popular. El día 20 de mayo, el ministro Serra se reunió con el ministro de Defensa chileno, Raúl Troncoso, en el edificio Diego Portales. La prensa estaba convocada desde el día anterior, pero se decidió celebrar el encuentro por la tarde, en la residencia del embajador español, José Manuel Egea. Serra también se reunió con el presidente Frei.

Esa tarde, aclaró:

—Las declaraciones del jefe de Estado Mayor del Ejército fueron de tipo personal y no reflejan el sentir de los militares españoles. En nombre del Ejército sólo habla el ministro de Defensa.

A finales de junio de 1998, el abogado Hugo Gutiérrez presentó ante el juez Guzmán una querella contra el general Pinochet y los responsables de los asesinatos de veintiséis personas ejecutadas en Calama, en el norte de Chile, durante las operaciones de la «Caravana de la Muerte». Era aquella causa iniciada en 1990 para la denuncia de inhumación ilegal. La misma que había exigido por la justicia militar el entonces juez militar de Antofagasta, el general Izurieta, actual comandante en jefe del Ejército.

El juez Juan Guzmán admitió la querella a trámite el 3 de julio y ordenó una serie de diligencias. Entre ellas, citó a declarar al general en retiro Sergio Arellano Stark, uno de los responsables, según la querella, de las ejecuciones en Calama.

En Madrid, la sección primera de lo Penal de la Audiencia Nacional resolvió el 9 de julio de 1998, después de escuchar la ponencia del magistrado Siro García Pérez, rechazar por unanimidad el auto por el cual el juez Manuel García-Castellón proponía concluir el sumario. Los tres magistrados consideraban que el juez había pretendido lavarse las manos.

La sección aprobó una resolución tan dura como escueta.

Según afirmaba, «el juez se pronunció en su día en orden a la admisión de la querella, lo que implicaba hacerlo también respecto a la idoneidad de los órganos jurisdiccionales españoles; y ello ilustra suficientemente cómo no debe ser descartado que el juzgado tenga facultades para pronunciarse, en primera instancia, sobre la jurisdicción».

La sección primera había advertido la jugada y no la dejaría pasar. El auto añadía: «En consecuencia, debe ser revocado el auto de conclusión del sumario para que el juzgado resuelva en primera instancia sobre si le falta o no jurisdicción y, caso de que repute cumplido ese requisito subjetivo del órgano judicial, decida también sobre los procesamientos y demás diligencias interesadas por los querellantes, sin perjuicio de que, en vía de recurso, inicialmente, o dentro de los trámites de las fases intermedias y de enjuiciamiento a las que eventualmente se llegue de nuevo, este tribunal tome las decisiones oportunas». La sección primera envió acto seguido al Juzgado Central de Instrucción número 6 los tomos de la causa.

El Partido Socialista Obrero Español, que no se había pronunciado todavía sobre la investigación, comenzaba a apoyar la acción de los jueces españoles. Joaquín Almunia viajó a Chile en la última quincena de julio. Después de entrevistarse con el presidente Frei, declaró, el 21 de julio, que la Justicia española tenía competencia para investigar las querellas criminales contra el general Pinochet y destacó el caso de las víctimas españolas.

El juez García-Castellón seguía recibiendo mensajes de círculos políticos del poder judicial para cerrar la causa y pensó que quizá podía poner en práctica aquella idea del verano de 1996, cuando intentó unir las causas de Argentina y Chile, y dejar el asunto en manos del titular del Juzgado Central de Instrucción número 5, Baltasar Garzón.

El 26 de agosto de 1998, el juez libró un oficio al Juzgado número 5 para que informara si los hechos a que se refería la llamada «Operación Cóndor» podían tener relación a su vez con los hechos que se investigaban en la causa de Chile.

En su respuesta, del 3 de septiembre, el juez Garzón recordaba que el origen de esta pieza había sido una querella criminal de la Asociación Argentina Pro Derechos Humanos y la coalición Izquierda Unida; envió documentación sobre las comisiones rogatorias cursadas a Paraguay y Uruguay para averiguar detalles sobre dicha operación, y varias declaraciones prestadas en el juzgado, entre ellas la de Gladys Marín, secretaria general del Partido Comunista chileno. El juez señaló que entre los denunciados por esos hechos estaba el general Augusto Pinochet.

Mientras tanto, el juez García-Castellón solicitó al fiscal Peláez su informe sobre la jurisdicción, ya que, como le había ordenado la Sala de lo Penal, tenía que dictar su auto. Garcés, por su parte, presentó una nueva querella criminal, esta vez por el asesinato del padre Joan Alsina, y propuso que se tomara declaración al padre Miquel Jordà. El juez lo convocó para el 22 de septiembre.

Mientras, la Justicia chilena dictó una resolución histórica el día 10 de septiembre. La Corte Suprema de Justicia acogía un recurso de casación en el caso de un detenido desaparecido, Pedro

Poblete Córdoba, a manos de la DINA. El caso se había «amnistiado». En el recurso, ahora admitido, se invocaba que, al haber declarado el estado de guerra, la Junta Militar de Pinochet había violado las normas por las cuales la Convención de Ginebra aseguraba en tiempo de guerra la vida e integridad física de los prisioneros. Ese mismo día, aparecían unas declaraciones de Pinochet.

—No me nombre los derechos humanos. No tengo por qué pedir perdón a las madres cuyos hijos desaparecieron. ¿Pero por qué voy a pedir perdón? Por enésima vez, no hay nadie que sepa dónde están. Yo no sé dónde están.

El juez García-Castellón, por su parte, dictó el 15 de septiembre el auto en el que se definía respecto a las propuestas del fiscal Peláez. Mantenía la jurisdicción en los delitos de genocidio, terrorismo y torturas. Y para confirmar la documentación aportada por la embajada de Chile en Madrid, ordenaba enviar una comisión rogatoria internacional a Santiago. El fiscal Peláez presentó un recurso ante el juez. Solicitaba un nuevo auto en el cual se debía, según decía, rechazar la jurisdicción española.

El padre Miquel Jordà narró, el 22 de septiembre, al juez García-Castellón la peripecia de sus indagaciones para dar con los asesinos de Joan Alsina.

José Alsina y su esposa Genoveva, los padres de Joan, le habían encargado que buscara a los asesinos y les entregara una carta escrita por ellos, en la que les perdonaban. Jordà recordó ante el juez su encuentro con el conscripto Nelson Bañados, quien, al ver la foto de Joan Alsina y leer la carta de sus padres, le confesó las circunstancias de la ejecución.

Con todo, el fiscal Peláez presentó el 29 de septiembre un informe en el que se oponía a la admisión a trámite de la querella presentada por Joan Garcés en nombre de la familia Alsina.

Esa tarde del 29 de septiembre de 1998, mientras el juez García-Castellón seguía intentando pasar su caso a Baltasar Garzón, el embajador Mario Artaza, sin saberlo, seguía absorto en el hotel Stakis, en Blackpool, frente al malecón, en sus reflexiones.

«Pinochet lleva una semana en Londres. ¿Qué hará el juez Garzón?», pensaba.

TERCERA PARTE

Noticia de un arresto

«Me encanta Londres»

El White's, un exclusivo club londinense, está en el número 37 de St. James's Street, la calle que une Picadilly con el palacio de St. James. Fue fundado en 1693, en una cafetería que llevaba el mismo nombre, y pronto se convirtió en el símbolo de la aristocracia y del partido *tory*, algo que salta a la vista en las pinturas y retratos que cuelgan de sus paredes. Cuenta con biblioteca y salas de billar, *bridge* y *backgammon*, y pasa por tener la mejor bodega de vinos del Reino Unido. El comedor está en la planta alta, a la que se accede por una escalera de caracol.

Peter Schaad, un hombre que sabe esperar, había tenido paciencia durante ocho años hasta ser finalmente admitido como miembro selecto del club. La mañana del viernes 2 de octubre de 1998, Schaad telefoneó al White's y consiguió que le hicieran el favor, inusual, de reservarle una mesa para el almuerzo. Tenía previsto comer allí con tres personas más. Sus invitados eran Augusto Pinochet, su ayudante, Enrique Guedelhoefer, y el agregado militar chileno, el general Óscar Izurieta, primo del comandante en jefe del Ejército, Ricardo Izurieta.

Todos llegaron algo después de la una de la tarde. Pinochet, que se movía con dificultad, tuvo que subir al restaurante en un pequeño ascensor individual. Durante la comida, el general habló poco, y, como era habitual, se mostró reservado. Sólo bebió medio vaso de vino. Schaad lo advirtió.

—Mi general, ¿no le gusta este vino?

—Sí, no es eso. Tengo un exámen médico a las cinco y prefiero beber poco.

Schaad sabía que padecía de una hernia discal. Pero no quiso ser indiscreto.

Cuando estaban a punto de dejar la mesa, un hombre de baja estatura se acercó. Miró a Pinochet y se aproximó aún más.

—Usted debe de ser el general Pinochet —dijo, en inglés.

Schaad se asombró. Las normas no escritas del club prohibían las conversaciones entre las mesas. Finalmente, aquel hombre se presentó: era el ex ministro conservador Malcolm Forsyth y estaba interesado en algo muy concreto.

—¿Ha visto usted a lady Thatcher, general?—preguntó.

Schaad, actuando de intérprete, respondió que tal encuentro no se había producido pero se le había enviado un ramo de flores. Schaad lo sabía muy bien, pues él mismo se había encargado de hacérselas llegar. Ya en la calle, Forsyth insistió en hacer todo lo posible para que aquella entrevista entre Augusto Pinochet y Margaret Thatcher se produjera, y añadió: «Ella estará encantada de verle».

Pinochet regresó al hotel Intercontinental. Todavía disponía de algún tiempo para descansar, antes de visitar al médico que le habían recomendado.

Antes de salir de Santiago, Pinochet y sus médicos acordaron que la operación se llevaría a cabo, en cualquier caso, al regresar del viaje, el lunes 5 de octubre. El médico internista Henry Olivi, jefe del equipo que atendía al general en Chile, lo dispuso todo en el Hospital Militar. Pero el general quería consultar antes con el renombrado especialista de Londres y considerar la posibilidad de someterse a una operación en el Reino Unido. Los dolores habían aumentado y sus dificultades para caminar eran crecientes.

El doctor escogido era Farhad Afshar, un cirujano de origen iraní formado en el Reino Unido. Había adquirido prestigio internacional por sus operaciones de cerebro y columna vertebral. Tiempo atrás trabajó en el Departamento de Neurocirugía del hospital St. Bartholomew y en el Royal London Hospital. Ahora era el cirujano principal de la London Clinic, un hospital de lujo bajo la fórmula de una fundación privada que reinvierte todos sus beneficios en equipos y personal. Afshar poseía una virtud que los médicos de Pinochet estimaban: era un experto en las operaciones de hernia discal.

Unas horas después, el doctor Afshar escucha en su consulta el relato de Pinochet y de su médico. Las radiografías e informes que le han llevado muestran una hernia discal. Afshar pide a su paciente que se aligere de ropa y le sugiere que se tumbe en la camilla. Le revisa cuidadosamente la zona lumbar y la columna. El doctor confirma entonces todos los pronósticos:

—La hendidura es grande y presiona sobre uno de los nervios de la columna, provocando dolor intenso tanto en la zona afectada por el nervio como en la espalda —explica Afshar—. Toca una parte del nervio ciático. Por eso el dolor se extiende hacia las piernas. Llegará un momento en que ningún calmante, por más eficaz que sea, le aliviará. Si no se opera, puede quedarse inválido.

Su hija y el médico chileno resumieron en español el diagnóstico.

Las preguntas fueron entonces más concretas. El doctor Afshar aseguraba que no existía otra alternativa para evitar el dolor y las consecuencias posteriores. También precisó que los riesgos eran escasos. Era, dijo, una operación sencilla.

—Nosotros hacemos muchas operaciones de hernia discal cada día. Yo diría que tiene el 80 por ciento de posibilidades de volver a caminar tras un periodo de rehabilitación con un fisioterapeuta. Después de la operación no sentirá dolor alguno. La primera semana le costará sentarse o estar de pie. Pero en diez días estará caminando.

Pinochet quiso saber si el propio doctor Afshar podría hacerse cargo de la intervención y, finalmente, decidió ponerse en sus manos. Se operaría en Londres. Su médico personal, Andrés Marín, estaba de acuerdo. La intervención quirúrgica podía tener lugar, dijo Afshar, el viernes 9 de octubre.

El general llamó por teléfono a Santiago, habló con su familia, con el doctor Olivi, a quien solicitó que viajara de inmediato a Londres para seguir la operación, y con sus camaradas de armas. Ni su esposa Lucía vio con buenos ojos la decisión de operarse en Londres, ni el comandante en jefe del Ejército, Ricardo Izurieta, consideró que fuera una buena idea.

—Mi general, le enviamos un avión, y que el médico que le va a operar allí se venga a Chile. Nosotros nos hacemos cargo. No se quede en Londres —dijo Izurieta.

El ex ministro británico Malcolm Forsyth insistía en que el general Pinochet se reuniese con Margaret Thatcher. Volvió a llamar a Schaad y le confirmó que Mark Worthington, secretario de prensa de lady

Thatcher, como todos se referían a ella, le llamaría. Al cabo de unos minutos, Worthington llamó. Había reservado una hora, entre las seis y las siete de la tarde del lunes 5, para que tal encuentro tuviera lugar.

El sábado 3, varias agencias de noticias informaron de que Francia había denegado una visa a Pinochet para viajar a dicho país. En Santiago, la noticia cayó como una bomba. El ministro de Relaciones Exteriores, José Miguel Insulza, explicó que Pinochet había comunicado a su ministerio el viaje al Reino Unido, y que se le había extendido un pasaporte diplomático y «la inmunidad correspondiente», sin hacer referencia a la presunta misión especial. El ministro quitó hierro a la decisión francesa y explicó que se trataba de un problema administrativo. Al negociarse el convenio de pasaportes con Francia, explicó, se habían dejado fuera los pasaportes diplomáticos. Si Pinochet quería viajar a Francia, podía hacerlo con su pasaporte normal sin necesidad de visado.

Schaad informó a Óscar Izurieta de la iniciativa de Forsyth sin mucha convicción, ya que el lunes 5, según le había dicho, Pinochet regresaba a Santiago. Pero Izurieta le dijo que el general no volvería a la capital chilena como estaba previsto. De modo, pues, que podía acudir a casa de Margaret Thatcher.

Al encuentro asistieron también Enrique Guedelhoefer, el mayor Humberto Oviedo y el médico, Andrés Marín; Schaad ejercería de intérprete. Denis, el esposo de lady Thatcher, le sirvió un whisky escocés. Los invitados pidieron agua mineral.

—General —suspiró ella—, cuénteme, ¿cómo está su país?

—Bueno, verá usted, la economía se ha debilitado. Hay una recesión. Y estamos en el último año de la presidencia de Frei. Las elecciones presidenciales tendrán lugar en diciembre de 1999. Los sondeos señalan que vamos a tener el primer presidente socialista desde 1973 —explicó Pinochet con naturalidad. Schaad, a su vez, hizo la traducción.

—¡Oh! ¡Vaya desastre! —exclamó la baronesa—. General, ¿no podemos hacer algo para evitarlo? ¿Ya no contamos con radio, televisión y medios de comunicación?

—Los medios, señora, son todos privados. El Estado ya no puede influir. Todo depende de los dueños de las cadenas de televisión.

—¿Va usted frecuentemente al Senado?

—Trato de estar presente, pero la sede está en Valparaíso, a noventa kilómetros de Santiago. Me gusta más viajar por el país. Y usted, ¿acude mucho a a la Cámara de los Lores?

—Mire, general, mi experiencia me dice que un ex jefe de Gobierno no es bien acogido en la Cámara alta. Bueno, dígame, ¿cuánto piensa quedarse en nuestro país?

—Me quedaré algún tiempo más. Voy a operarme el viernes próximo de una hernia discal.

Schaad aguzó el oído. Era la primera noticia que tenía sobre la operación. Pinochet, antes de despedirse, quiso hacerse una foto con *Torture*, como la llamaba el escritor Salman Rushdie en sus *Versos satánicos*, y su esposo Denis.

De regreso al hotel, el automóvil en el que viajaba la comitiva chilena cruzó por King's Road. Se encontraban en medio de un atasco londinense, bajo la lluvia y en la oscuridad. El limpiaparabrisas golpeaba la luna sincopadamente y apartaba chorros de agua. El general dijo que su esposa Lucía llegaría a Londres a mediados de semana. Sentado, con la cabeza ligeramente hacia abajo, embutido en su gabardina Burberry's, Pinochet se volvió hacia Schaad y musitó:

—Me encanta Londres.

A esas horas, el embajador Mario Artaza ofrecía un cóctel en el acto del día de la amistad chileno-británica. El general, cuya presencia en Londres seguía siendo desconocida, no acudió.

El martes 6, la prensa británica informó de que Francia había denegado el visado a Pinochet. Pero, como ya había ocurrido con las agencias el sábado 3, no daba cuenta del hecho relevante: ¿dónde se había denegado el visado?

Pinochet, todavía bien abrigado, telefoneó a Santiago para informar al Senado de que su estancia en el Reino Unido se prolongaría, al menos, durante un mes. También comunicó el motivo de la ausencia: su operación y el inevitable periodo de recuperación. La Cámara alta le concedió el permiso reglamentario. En Londres, un teniente coronel del cuerpo de Royal Engineers, miembro de la Defense Export Services Organisation (DESO), que acompañaba a la misión militar chilena en el Reino Unido, se enteró, por diversos comentarios, de que Pinochet estaba en la capital británica.

Un día después, el miércoles 7, Pinochet comenzó a sentir fuertes dolores. Le pidió al doctor Andrés Marín que llamara a la London Clinic para preguntar si se podía anticipar la operación. El doctor Afshar señaló que necesitaba un día para someter al paciente a una serie de exámenes rutinarios, y que también necesitaba practicarle una resonancia magnética. El general, pues, debía ingresar en el centro al día siguiente, jueves 8. Y la operación tendría lugar el día previsto, el viernes 9.

La historia de la visa francesa seguía en el ambiente. El periódico *La Tercera* interrogó, después de que el ministro Insulza hablara del viaje de Pinochet a Londres, al embajador Mario Artaza. «Si Pinochet está aquí es a título exclusivamente privado y no ha tenido presencia oficial alguna. Tampoco estuvo presente en los actos conmemorativos de la amistado chileno-británica por el aniversario del 5 de octubre», explicó Artaza.

El doctor Afshar llevaba ya, al caer la noche del viernes 9, casi dos horas en el quirófano, operando a Pinochet. En Santiago, durante la tarde, corrieron inquietantes noticias procedentes de Europa según las cuales Pinochet acababa de morir en una clínica londinense. Tanto en el Palacio de la Moneda como en la sede de la embajada británica de la capital chilena, hasta donde llegaron los ecos, comenzó la carrera para saber qué había de cierto.

La embajadora del Reino Unido en Santiago, Glynne Evans, hizo llamar al Foreign Office. Por su parte, en Londres, el ministro secretario general de la presidencia, John Biehl, trató de dar con el embajador, Mario Artaza, quien ignoraba, incluso, que Pinochet tuviera previsto operarse. El embajador localizó al agregado militar, quien le confirmó que Pinochet estaba en el quirófano desde hacía dos horas y que la operación iba bien. Artaza llamó a Santiago y habló con el ministro del Interior, Raúl Troncoso, a quien transmitió lo que le había informado el agregado militar. Todo iba bien.

Alrededor de las once de la noche, hora de Londres, mientras Pinochet comenzaba su recuperación, la cadena de noticias CNN difundía, desde la capital británica, la noticia de que Pinochet había muerto en la mesa de operaciones de un hospital londinense. En Santiago, la Fundación Pinochet reaccionó con rapidez. La operación del senador, decía, había concluido y se recuperaba satisfactoriamente. Un portavoz de prensa de Pinochet informó de que la operación tenía como fin «extraer una hernia al núcleo pulposo». Añadía que «fue evaluada como exitosa, y, en la actualidad, el senador Pinochet se encuentra recuperándose en forma satisfactoria en reposo posoperatorio». El portavoz agradecía «las muestras de preocupación y deseos de recuperación que han exteriorizado cientos de compatriotas». El nombre del hospital donde se recuperaba, la London Clinic, se mantenía en secreto.

La prensa de Santiago informó ampliamente sobre la operación al día siguiente, 10 de octubre. En Londres, el periódico *The Guardian* tituló una diminuta noticia: «Operado el ex dictador de Chile». Decía: «Según se informó anoche, el ex dictador chileno general Augusto Pinochet se está recuperando en un hospital de Londres, después de ser operado. El Foreign Office confirmó que el general, de 82 años, llegó a Londres en visita privada».

El portavoz de Pinochet en Santiago, Fernando Martínez Collins, tras hablar con la familia, declaró: «Pinochet despertó muy temprano, tomó un desayuno ligero —té puro y galletas de agua— junto a su esposa y sus hijas Lucía y Verónica. Está muy bien, consciente, conversando, incluso se comunicó con sus hijos que se encuentran aquí en Santiago». El presidente del Senado, Andrés Zaldívar, declaró que esperaba el pronto restablecimiento del senador Augusto Pinochet.

CAPÍTULO 40

El sabueso escocés

En Vicente Alegría luchaban dos ideas contradictorias. Militante de la juventud socialista chilena, llegó a Londres en 1975: tenía 18 años y ya era refugiado político. Por un lado, deseaba presionar a las autoridades británicas para que hicieran algo contra Pinochet; por otro, sabía que todos los esfuerzos realizados en ese sentido durante los viajes del general en los últimos años habían sido infructuosos.

Alegría propuso a la Comisión de Derechos Humanos y Libertades Civiles, un organismo muy poco conocido, dirigir una carta a Tony Blair protestando por la presencia de Pinochet en Londres. Alegría y sus amigos llevaron la carta en mano a Downing Street, la residencia del primer ministro, el sábado 10 de octubre de 1998. La carta hablaba de su propia experiencia. «En los años setenta, el Partido Laborista dio la bienvenida a los refugiados de Chile que escapaban de la dictadura. ¿Por qué autoriza un Gobierno laborista la entrada de Pinochet en este país? Creemos que el Gobierno laborista necesita adoptar una posición al respecto para dejar claro que no perdona sus acciones ni las de otros criminales como él», decía. Pero, además, ese mismo sábado 10, Alegría acudió a un amigo suyo, un sabueso que desde los años ochenta perseguía a Pinochet. Se trataba de Andy McEntee, un abogado escocés de 42 años. Era el presidente de Amnistía Internacional, sección Reino Unido.

McEntee estaba vinculado a las actividades de denuncia de las violaciones de derechos humanos en Chile desde 1986, fecha en la que comenzó trabajar en Londres para el Comité Chileno de Derechos Humanos. En marzo de 1988 se trasladó a Ginebra para hablar con los miembros de la Comisión de Derechos Humanos de Naciones Unidas. Fue allí donde conoció a Carmen Hertz, la viuda de Carlos Berger, y a Viviana Díaz, hija de Chino Díaz, el dirigente comunista detenido y desaparecido en 1976. Meses después McEntee viajó, en octubre de 1988, a Chile como uno de los centenares de delegados supervisores internacionales del plebiscito de 1988, en el que Pinochet se postulaba para el cargo de presidente de la República.

En el Reino Unido, McEntee había intentado persuadir a la policía de la necesidad de investigar los asesinatos de ciudadanos británicos en Chile —William Beausire y Michael Woodward— y las torturas practicadas por la DINA a la doctora Sheila Cassidy.

La organización mundial Amnistía Internacional (AI) seguía, por otra parte, la marcha de los procesos españoles contra las dictaduras argentina y chilena. El 20 de abril de 1998, el nuevo director de AI, Pierre Sané, viajó a Madrid. Habló con funcionarios del Ministerio de Asuntos Exteriores y junto a Esteban Beltrán, director de la sección española, visitó al juez Manuel García-Castellón en su despacho de la Audiencia Nacional. Ambos cenaron después con el juez Baltasar Garzón. Ya en el mes de mayo, dos miembros de AI, Federico Andreu y Virgina Schoope, visitaron Madrid y tomaron contacto, por separado, con los abogados Carlos Slepoy, de la causa argentina, y Joan Garcés, de la chilena.

Finalmente, en mayo de 1998, Andy McEntee asumió la presidencia de Amnistía Internacional, sección británica.

Vicente Alegría, pues, pensó que era necesario actuar con mayor sagacidad que en las visitas anteriores, en las cuales Pinochet había abandonado sin problemas el Reino Unido. Si había algún modo de hacer algo serio, ello pasaba por Andy McEntee. De nada serviría convocar a los chilenos exiliados a manifestarse. Sólo Andy, pensó, puede hablar con Madrid y explicar en términos legales qué se puede hacer. Alegría, pues, habló con él.

Tras la conversación con Alegría, Andy llamó a Joan Garcés, de quien tenía idea muy vaga a través de algunos exiliados chilenos. Le recordó que Pinochet había visitado Londres en otras seis ocasiones, pero que la policía había considerado insuficientes las pruebas aportadas para detenerle.

Joan Garcés preguntó:

—Un juez británico, ¿puede ordenar a la policía su arresto por el delito de genocidio?

—El magistrado inglés no es un juez de instrucción. Esa función la cumple aquí la policía. Un ciudadano puede, si la policía no actúa, acudir al juez y solicitar una investigación. Pero es muy difícil que si la policía ha considerado insuficientes nuestras pruebas, el juez vaya a admitir la denuncia de un ciudadano privado —explicó McEntee.

—Pero ¿podrían arrestarle por genocidio? —insistió Garcés.

—No, el delito de genocidio en Chile no sería un delito perseguido extraterritorialmente en el Reino Unido. Yo creo que la figura delictiva es la tortura. La sección 134 del Acto de Justicia Criminal de 1988 consagra la jurisdicción universal para el delito de tortura. Es decir, en el Reino Unido se puede perseguir a un responsable de torturas en Chile o en cualquier otro país —aseguró, tajante, McEntee.

—¿Cuál sería la manera de conseguir que un juez británico dictase una orden de arresto? —inquirió Garcés.

—Yo sé que en España es diferente al Reino Unido. El juez Garzón dictó el año pasado una orden de detención internacional contra el general argentino Galtieri. En este caso, tendrá que ser un juez español quien vuelva a tomar la iniciativa. Si un juez ha podido cursar la orden en el caso de Galtieri, puede hacer lo mismo con Pinochet. Si es así, la policía británica acudirá ante un magistrado para solicitar una orden de arresto.

Joan Garcés concedió que estudiaría las posibilidades de una actuación en Madrid.

—Andy, voy a hablar con mis colegas. Son muy malas fechas. El lunes 12 de octubre es día de fiesta, no hay tribunales. Hasta el martes no podremos hacer nada.

Al día siguiente, el 11 de octubre, domingo, por la tarde, Joan Garcés le devolvió la llamada a McEntee. Insistió en el delito de genocidio. Pero el presidente de AI le dijo que había vuelto a consultar con expertos británicos en derecho internacional.

—El genocidio en Chile, caso de que los hechos pudieran ser calificados así, no es un delito que pueda juzgarse en el Reino Unido. Debes descartarlo.

Siguieron dando vueltas. Garcés, por fin, se despidió con un comentario prometedor:

—Andy, vamos a hacer algo. Estamos trabajando en ello.

Capítulo 41

«Los dictadores nunca terminan bien»

Los portavoces de Pinochet seguían difundiendo partes diarios sobre la recuperación del general en un hospital británico, aunque sin hacer mención expresa de la London Clinic. En Santiago, la cancillería, a la vista de la amplia repercusión de las noticias sobre la operación de Pinochet y de los rumores que circulaban sobre una petición de arresto por parte de Amnistía Internacional, envió al Contralor General de la República, Arturo Aylwin, el decreto 1.505 que había conferido la misión especial al general. Era mejor estar preparados.

El lunes 12 de octubre apareció en Estados Unidos la revista *New Yorker* con el reportaje de Jon Lee Anderson anunciado en la solapa de portada: «El otoño del dictador». El primer párrafo era una profecía. «Yo sólo fui un aspirante a dictador. La Historia te enseña que los dictadores nunca terminan bien», declaraba Pinochet.

El trabajo de Anderson se abría con el retrato del general: un rostro recién afeitado y bigotes blancos recortados pulcramente. La carne flácida del rostro cae como grandes bolsas de viejo perro bóxer y redondea el mentón, limando su agresividad de antaño. Sus ojos claros proyectan una mirada inanimada, fría. Siete páginas más adelante se desplegaba la famosa foto del 18 de septiembre de 1973, en la que el flamante presidente de la Junta Militar aparecía embutido en su uniforme grisáceo, sentado, con los brazos cruzados, la gorra sobre las rodillas y mirando a través de sus grandes gafas oscuras, los labios apretados y la barbilla amenazante.

Pinochet ofreció, pues, el rostro de hombre civilizado en la suite del Dorchester, pero Anderson, a la hora de elaborar el reportaje, no le ahorró el recuerdo de esa otra imagen, reflejo intemporal de la noche y la niebla de la dictadura militar: la imagen oficial que el mundo tenía de él. Las agencias de noticias transmitieron extractos del reportaje. «La reconciliación debe venir de las dos partes», decía Pinochet. «La otra parte debe hacer un gesto, hay que poner fin a las querellas». También parecía, ahora, respetar a Fidel Castro, por ser un «nacionalista» y luchar con firmeza por sus ideas. Varios medios de comunicación en Santiago reprodujeron algunas frases del reportaje.

En Madrid, la maquinaria ya estaba en marcha. El abogado Federico Andreu, de AI, llamó a Garcés para ofrecerle el apoyo a cualquier acción que se emprendiera en España.

Garcés, a su vez, anticipó por teléfono al juez Manuel García-Castellón, el martes 13, que Pinochet estaba en Londres, y que, por tanto, se presentaba una oportunidad para tomarle declaración, por lo que le llevaría al día siguiente, miércoles 14, un escrito, en el que se pediría una comisión rogatoria.

Garcés llamó al abogado Enrique de Santiago, que representaba a la coalición Izquierda Unida en el caso de la dictadura argentina, a cargo del juez Garzón, y le citó en su despacho. Cuando De Santiago llegó, Garcés analizaba la situación con Gregorio Dionis, un activista de derechos humanos, que trabajaba con el equipo de Izquierda Unida.

Garcés les informó de que lo mejor era presentar dos solicitudes, en los juzgados de García-Castellón y de Garzón, para así tomar declaración a Pinochet en la causa de Chile y en relación con la «Operación Cóndor». Barajaron los pasos siguientes: solicitar una orden de arresto. Lo lógico: pedírsela a García-Castellón. Pero ¿y si no quería cursarla? La alternativa era Garzón. Inconveniente: en una orden de arresto sólo podría invocar los hechos de la «Operación Cóndor», un asunto que había sido iniciado en el mes de de marzo. Era evidente que se había investigado poco o nada durante la instrucción sumarial del caso de Argentina.

Había una solución. Pedir la ampliación de la querella original, es decir, de aquella que en 1996 había abierto la investigación de los crímenes de la dictadura argentina. Para ello se incluiría a Pinochet por el asunto de la «Operación Cóndor» específicamente y se aportaría una lista de personas ejecutadas durante dicha operación. Se podía hacer, aunque lo más sensato era que el propio juez a cargo de la investigación de Chile cursara la orden de arresto.

De momento, concluyeron, se presentarían dos escritos parecidos. En ambos se solicitaría que se tomase declaración a Pinochet en Londres.

La noticia de que los jueces españoles podían intentar que Pinochet declarase corrió como reguero de pólvora antes incluso de que se hubiera enviado solicitud alguna.

El corresponsal del periódico británico *The Guardian*, John Hooper, firmaba en la edición del miércoles, día 14, una información sobre las actuaciones judiciales titulada así: «Movimiento para interrogar a Pinochet en el Reino Unido». Según decía, dos jueces españoles querían interrogar a Pinochet «por su papel en las atrocidades y actos de genocidio». Agregaba que «el juez Garzón investiga la desaparición de centenares de ciudadanos españoles desaparecidos en Argentina durante la dictadura militar de 1976 a 1983. El general Pinochet está implicado en el caso por su participación en la "Operación Cóndor"». La información citaba al juez. «Si decido solicitar la comisión rogatoria» —decía Garzón, según el periódico— «serán los británicos quienes tendrán que decidir si acceden a mi petición. Si dicen sí, seguirá adelante; si responden no, no podrá materializarse». El abogado Garcés, decía la crónica, había confirmado al diario que se solicitaría al juez García-Castellón el envío de una comisión rogatoria a Londres.

Las noticias de prensa daban por hecho que los dos jueces procederían a enviar su petición para interrogar a Pinochet, atribuyendo ventaja al juez García-Castellón. Sin embargo, ninguno de los dos había cursado todavía solicitud alguna.

Joan Garcés presentó ese miércoles 14 su escrito en el registro del juzgado número 6, y habló con el juez García-Castellón. El abogado dijo que era una situación de urgencia y le informó de que otra demanda semejante se presentaría ante el juez Garzón por los hechos de la «Operación Cóndor».

En la petición se decía que era «de conocimiento público que se encuentra en el Reino Unido, al parecer en Londres, el principal acusado en la presente causa, Augusto Pinochet Ugarte» y que «los testimonios le señalan como primer y principal responsable de los crímenes cometidos entre 1973 y 1990 que han sido concretados en la causa». Se indicaban los antecedentes, en particular los del sacerdote español Antoni Llidó, de la estudiante española de ingeniería Michelle Peña Herreros y el secuestro y asesinato de Carmelo Soria, así como de otras trece personas de nacionalidad española o hijos de españoles. Por los delitos investigados de genocidio, terrorismo, torturas y crímenes contra la Humanidad, se le pedía al juez que «con urgencia se dirija, vía Interpol, una petición a las autoridades del Reino Unido, comunicándoles la necesidad de que por este juzgado se tome declaración en persona a Augusto Pinochet en cuanto se reponga de su intervención quirúrgica y, mientras tanto, adopten las medidas necesarias para asegurar que no abandona el Reino Unido antes de que haya sido practicada la diligencia que se pide».

Garcés se presentó después en la tercera planta de la Audiencia Nacional, donde Enrique de Santiago presentaba su escrito. Ambos solicitaron hablar, después, con el juez Garzón, a quien explicaron la situación y anticiparon que se estaban pensando la posibilidad de solicitar el arresto de Pinochet.

—Para pedir el arresto se necesitan pruebas —dijo, algo distante, Garzón.

El juez García-Castellón no puso ningún impedimento a la propuesta de cursar una comisión rogatoria en los términos planteados, y ya tenía un proyecto de texto cuando Garcés volvió a pasar por el juzgado número 6, después de la entrevista con Garzón. Dijo que pensaba enviarla al día siguiente, jueves 15.

Garcés quiso medir su actitud.

—Creo que yo debería pedir la detención —dijo Garcés—. Sería la única forma de garantizar que se le tomara declaración. Este asunto está en la calle. Se puede marchar en cualquier momento...

—Yo no voy a dictar una orden de arresto antes de tomarle declaración —replicó García-Castellón.

Era la pescadilla que se muerde la cola. Sin orden de arresto quizá nunca se le podría tomar declaración. Pero la negativa del juez García-Castellón era terminante. Él no lo haría.

El miércoles día 14, el juez Baltasar Garzón enviaba una comunicación urgente a Interpol Madrid para trasladar de inmediato a Interpol Londres. En ella expresaba su deseo de interrogar a Pinochet y pedía, además, que se le contestara a cinco puntos: «Si Pinochet está en territorio británico; caso positivo, se indique el lugar donde se encuentra; caso de estar hospitalizado, si se halla en condiciones de prestar declaración sobre su presunta implicación en actividades delictivas que se investigan en este juzgado: por la "Operación Cóndor" entre los años 1976 y 1983, y por los delitos de genocidio, terrorismo y torturas; si el mencionado Augusto Pinochet Ugarte se halla en territorio británico, se informe sobre el periodo de estancia con el fin de cursar comisión rogatoria inmediatamente para que durante el mismo y con asistencia de las partes que lo deseen y del juez instructor se proceda a recibirle declaración en el día y hora que se señale y conforme al interrogatorio que se confeccione; por último, se garantice por las autoridades competentes británicas la permanencia del Sr. Pinochet en suelo británico hasta el momento de su declaración».

El inspector Pedro Lafuente, miembro del grupo de busca y captura para extradición en Interpol Madrid, llamó a Londres para subrayar la importancia del asunto ante el oficial europeo de contacto, Giovanni *Joe* Ceccarelli. Poco después, Ceccarelli recibía otra llamada desde Madrid: era el responsable de cooperación judicial internacional de Interpol Madrid, el inspector jefe Casimiro García Barroso.

Interpol Londres envió el fax español a la Sección de Extradición del Grupo de Crimen Organizado de la Policía Metropolitana, a cargo del detective inspector Andrew Hewett, quien sometió el asunto enseguida su jefe, David Veness, comisario adjunto a cargo de operaciones especializadas. Luego, informó a la sección de extradición del Ministerio del Interior y al Foreign Office.

Hewett, un·hombre de 44 años, no ocultó cierta perplejidad cuando terminó de leer la traducción del fax de Madrid. No se anduvo con rodeos al comentar el asunto con su colaborador, el detective sargento David Jones.

—No parecen tener claro lo que quieren. Si desean detenerle deberían enviar una orden con los cargos. ¿Cómo vamos a garantizar que una persona no se vaya? Esto es muy raro. Vamos a pedirles que se aclaren.

Hewett preparó en la tarde del miércoles una respuesta al fax de Madrid y la envió.

El mensaje decía: «Acusamos recibo de su fax de hoy en relación con la persona mencionada. Estamos tratando de localizar urgentemente a la citada persona como nos han solicitado y volveremos a ponernos en contacto con ustedes tan pronto tengamos información adicional. Sin embargo, no podemos cumplir el punto 5 de la petición del juez de instrucción a falta de una orden para proceder a su arresto provisional».

Por su parte, el agregado militar en la embajada chilena en Madrid, Hernán Núñez, seguía atento a los rumores. Llamó a Londres y transmitió la versión de que uno de los dos jueces podría viajar a Londres. No tenía ningún fundamento. Pero iba ganando terreno la idea de que era necesario sacar a Pinochet del Reino Unido cuanto antes.

El agregado militar Óscar Izurieta, después de intercambiar ideas con el embajador Artaza, preguntó al doctor Afshar si el general Pinochet estaba en condiciones de viajar en avión.

—No puede hacerlo antes del martes 20 de octubre.

Izurieta intentó hacer reservas para ese día. No había plazas en los vuelos Londres-Santiago.

En Santiago, el ministro José Miguel Insulza, al escuchar la noticia de un posible interrogatorio de Pinochet, afirmó: «Pinochet viaja con pasaporte diplomático que le da inmunidad en todo el planeta».

CAPÍTULO 42

Un asesino anda suelto

El jueves 15, *The Guardian* publicaba una breve información, según la cual «la sección de crimen organizado de Scotland Yard ha sido requerida para que localice al ex dictador de Chile, Augusto Pinochet, que se encuentra en un hospital de Londres. Un juez español que investiga violaciones de derechos humanos ha pedido que se localice a Pinochet y que no se le deje abandonar el país».

Pero la bomba estaba alojada en las páginas de opinión. En un artículo titulado «Un asesino entre nosotros», el periodista Hugh O'Shaugnessy, entre otras cosas, decía: «Hay un terrorista extranjero que se esconde en algún lugar de Londres. Es el responsable de la salvaje tortura de una doctora británica. También es un asesino. Si este hombre escapa del Reino Unido una vez más, mucha gente de aquí y del exterior querrá saber por qué. Comentaristas irresponsables sembrarán dudas sobre la idea de una política exterior ética, el ministro del Interior estará bajo sospecha y la ya difícil posición de sir Paul Condon, comisario de la Policía Metropolitana, resultará insostenible. Pero puede que esta vez no se escape. Tenga los ojos en guardia, particularmente si usted va de compras en el día de hoy al West End o hace una visita al Museo del Ejército Nacional. Si es usted un paciente en la London Clinic, manténgase especialmente alerta. Hay quien dice que se esconde allí para seguir un tratamiento. Escucharé hoy las noticias de la radio y la televisión, con la esperanza de que arresten al ex dictador de Chile, general Augusto Pinochet Ugarte».

Peter Schaad no era lector de *The Guardian*, pero alguien le envió por fax una copia del artículo. Y fue él quien alertó al agregado militar, Óscar Izurieta.

Steve Glynn, el detective sargento a cargo del asunto en Interpol Londres, estaba sobre ascuas. Era jueves 15. Madrid seguía sin contestar. Hewett no entendía por qué la justicia española tardaba en reaccionar. A la una y trece minutos, hora española, se recibía en Interpol Madrid un nuevo mensaje de Glynn sobre Pinochet, que pasó a manos del inspector jefe Andrés Martorell, a cargo del grupo de extradición en Interpol Madrid. Una hora más tarde llegaba al juez Garzón. La comunicación decía: «Les requerimos urgentemente para saber si existe en España una orden de arresto de la persona citada».

Los policías británicos apremiaban al magistrado español por segunda vez en las últimas cuarenta y ocho horas: señor juez, si usted quiere retener a Pinochet sólo hay una manera de hacerlo, cursarse una orden de arresto. Y cuanto antes, mejor.

El inspector jefe Casimiro García Barroso llamó por teléfono a Joe Ceccarelli, quien le explicó que las autoridades españolas debían aclarar ese punto cuanto antes.

En Madrid, el juez Manuel García-Castellón seguía con una idea fija en la cabeza: pasar a su colega Baltasar Garzón el sumario de Chile con el argumento de la «Operación Cóndor». La traducción al inglés de la solicitud de interrogar a Pinochet quedó lista ese día 15. Pero García-Castellón no la envió a Interpol Madrid.

El juez recibió a Garcés.

—Joan, he estado reflexionando. Me parece que el hombre indicado es Baltasar. Él es quien tiene más medios y más capacidad para asumir este asunto. Creo que deberías hablar con él.

La tarde del jueves 15 Andrew Hewett ya había reunido los datos que interesaban al juez Garzón. Llamó al Ministerio del Interior. Habló con Simon Watkin, jefe adjunto de la Autoridad Central del Reino Unido para Asistencia Mutua Legal en Asuntos Penales (UKCA). Le dijo que habían localizado a Pinochet y que iba a enviarle un fax con los datos. Watkin, por su parte, informó al jefe de la Unidad de Cooperación Judicial del Ministerio del Interior, Godfrey Nicholas Stadlen.

A continuación, Hewett se puso en contacto con el departamento de América Latina en el Foreign and Commonwealth Office (FOC). Allí habló con Karen Miller, responsable de la sección Chile, una joven delgada que chapurreaba malamente algo de español. Era la de menor rango en el departamento, una *junior* muy diligente. El inspector le anticipó los datos que le haría llegar por fax. Enseguida, Karen informó a su jefe, Henry Hogger, responsable del departamento de América Latina.

El embajador Mario Artaza decidió, sin saberlo, meterse en la boca del lobo. A primera hora de la tarde, llamó al Foreign Office y solicitó hablar con Henry Hogger. Le preguntó si tenía alguna información sobre el presunto viaje de un juez español a Londres en relación con el interrogatorio de Pinochet.

—Hemos escuchado los mismos rumores —dijo Hogger.

—Henry, estamos intentando conseguir billetes de avión. Pinochet puede obtener el alta el martes 20. Me gustaría saber si puede presentarse algún inconveniente para salir ese día de Londres... —indagó Artaza.

—Voy a averiguar... —prometió Hogger.

A las cinco y veinte de la tarde, hora británica, Andrew Hewett envió desde la policía metropolitana un fax a Steve Glynn, en Interpol Londres, referido al asunto Pinochet. Andy resumía los datos que había pedido Garzón el miércoles 14. La información se transcribió en papel con membrete de la Policía Metropolitana, con su escudo de dos leones y el símbolo de la corona británica sobre un yelmo recortado sobre un rectángulo negro.

En la parte derecha decía: «Grupo Crimen Organizado, Operaciones Especializadas, departamento 469, New Scotland Yard». Y se especificaba: «De Andrew Hewett, detective inspector, a Steve Glynn, en Interpol Londres». El detective sargento Glynn lo despachó a las cinco y veinticuatro de la tarde, hora británica, a Interpol Madrid. El mensaje urgente tenía arriba el número de clave de la operación y una palabra: «Pinochet».

«Con referencia a la petición recibida de Interpol Madrid, envíen las siguientes respuestas: 1) Sí, esta persona se encuentra actualmente en el Reino Unido. 2) Está en un hospital, cuya dirección exacta es conocida por las autoridades. 3) No. Ha sido sometido a una seria operación de la columna vertebral hace unos días y se encuentra muy débil. Según la opinión médica, no se le puede hablar. 4) Se espera que salga del hospital durante el transcurso del próximo fin de semana y en cualquier caso como más tarde el lunes 19 de octubre. 5) Las autoridades del Reino Unido no pueden dar esa clase de garantías».

Hewett dejó constancia de que enviaba dos copias. Hubo un error en el nombre de pila de Karen y escribió Carol Miller, al FOC, y otra para Simon Watkin, en el UKCA.

Artaza encontró dificultades para conseguir los billetes de avión. Volvió a llamar a Hogger. Le sugirió si podía hacer algo para ayudarle con la compañía aérea British Airways.

—Es mejor y más fácil que el Gobierno chileno haga las gestiones en las oficinas de la compañía en Santiago —dijo Hogger.

Artaza llamó a la cancillería en Santiago y al mismo tiempo se puso en contacto con el presidente del consejo de administración de British Airways, lord Colin Marshall. Le explicó que Pinochet debía salir el martes 20 de Londres y le arrancó la promesa de que haría una gestión.

El sargento detective Glynn había hecho enviar de inmediato el mensaje de Hewett. Eran las seis y venticuatro minutos de la tarde, hora de España, cuando Interpol Madrid recibía el mensaje. Joe Ceccarelli, asimismo, avisó por teléfono a Madrid. Incluso cuando terminaba su jornada, telefoneaba desde su casa o recibía allí las llamadas.

Los policías de Interpol Madrid informaron de inmediato a Garzón: Pinochet podía abandonar el hospital en cualquier momento durante el fin de semana o, a más tardar, el lunes 19, una información que difería de los planes del embajador Artaza, quien trabajaba con la fecha del martes 20 de octubre. Pero el hecho era que la policía británica no podía garantizar la presencia en Londres del general sin una orden de arresto.

Garzón se lo estaba pensando. Llamó desde su despacho a la embajada británica en Madrid y pidió que le pusieran con el encargado de negocios, John Dew. El embajador David Brighty había dejado su cargo en Madrid a finales de septiembre de 1998 y su sustituto tardaría varios meses en llegar. Dew era ministro consejero, el segundo funcionario en el escalafón. Había asumido las responsabilidades de embajador en funciones.

El juez fue al grano:

—John, te llamo por un asunto delicado.

—Sí, ¿en qué te puedo ayudar?

—Mira, se trata de Pinochet. Sabrás que está en Londres.

—Bueno, sé lo que dice la prensa —admitió Dew—. Vaya lío que se está armando.

—He solicitado una comisión rogatoria para poder interrogarle. Pero esto tiene que hacerse muy rápido. Interpol Londres me dice que podría irse el próximo fin de semana y, como muy tarde, el lunes.

—Entiendo. Puedo enterarme. ¿Qué necesitas?

—Mira, la policía inglesa me está preguntando desde ayer si voy a enviar una orden de arresto. Estoy pensando en ello. Pero me gustaría saber si el Ministerio del Interior va a colaborar de verdad. Te puedes imaginar que es una decisión importante. Esto de hacer una orden y que no pase nada… Me la estoy jugando.

—Me hago cargo. Haré lo que esté en mi mano, puedes estar seguro. Te lo prometo.

Eran las nueve y nueve minutos de la noche cuando entraba en el fax del juzgado número 5 el mensaje de Hewett, en el que la policía metropolitana advertía, en su punto cuarto: «Se espera que salga del hospital durante el transcurso del próximo fin de semana y, en cualquier caso, como más tarde, el lunes 19 de octubre».

El juzgado estaba a oscuras. A esa hora ya no quedaba nadie. Pero el juez ya sabía por los sabuesos de Interpol Madrid lo que decía el mensaje.

CAPÍTULO 43

Nuestro hombre en el Foreign Office

¿Quién es John Dew? ¿De qué lo conoce Garzón?

Dew, un hombre de 46 años, alto, delgado, nariz aguileña y mentón afilado, era por aquella época el número dos de la embajada. El juez Garzón lo había conocido con ocasión de una recepción en la sede diplomática, en la madrileña calle de Fernando el Santo.

Poco antes del verano de 1998, con ocasión de una conferencia sobre blanqueo de dinero, el juez criticó la escasa colaboración judicial de las autoridades británicas en los casos de narcotráfico y blanqueo de dinero en Gibraltar. Dew tuvo conocimiento de ello y escribió una carta al juez, en la que se excusaba por las dificultades que existían en la cooperación judicial entre el Reino Unido y España y señalaba que haría todo lo posible por interesar a Londres en el asunto. Luego, le llamó por teléfono al juzgado.

Fue el comienzo de una buena amistad. Comieron juntos tres veces. Dew, que habla español, se ofrecía al juez para enseñarle inglés. Ahora, Dew era el embajador interino en Madrid.

Tras la llamada de Garzón, Dew no perdió el tiempo. La tarde del mismo jueves 15, redactó un informe y envió un mensaje reservado al Foreign Office. Según decía, «el juez Garzón desea que la comisión rogatoria sea ejecutada con celeridad». Pero lo más importante venía a continuación: «Lo que tiene en mente es dictar una orden de arresto internacional».

El informe llegó a manos de Tony Lloyd, ministro de Estado a cargo de América Latina.

En Santiago, el ministro de Relaciones Exteriores, José Miguel Insulza, a raíz del rumor sobre el posible interrogatorio de Pinochet por la justicia española, declaró: «Es necesario evitar ponernos en situaciones que, aunque sean perfectamente explicables desde nuestro punto de vista, en el mundo son controvertidas». Insulza dijo que había que cuidar el desgaste de la imagen de Chile. «No niego que una persona tenga que salir del país por problemas de salud, pero deberíamos tener cuidado y saber que estas cosas repercuten internacionalmente», explicó.

En otros términos, el ministro que había tramitado la falsa misión especial para encubrir el viaje confesaba la verdadera razón personal de éste: los problemas de salud, la operación de hernia discal en Londres. Pinochet, pues, había salido del país para someterse a una intervención quirúrgica. «Porque aquí lo que menos importa es de qué fue operado el general. Lo más probable es que ni le interroguen, ni que ocurra nada, pero, desde el punto de vista de la prensa internacional, es malo», se lamentó Insulza. Y destacó que Pinochet viajaba con pasaporte diplomático. «Ello le confiere inmunidad en todo el planeta, pues es senador de la República». Insulza seguía fiel a su plan. De momento, mientras no fuera imprescindible, ni mentar la misión especial.

¿Dónde estaba Pinochet? La policía ya lo sabía. Pero los medios de comunicación seguían sin confirmación de este dato. El diario *Clarín*, de Buenos Aires, había informado, el miércoles 14, de que el general estaba hospitalizado en la London Clinic. El jueves 15, Hugh O'Shaugnessy mencionaba también la misma clínica. Al final de una reunión de informativos de *Channel Four News*, el jueves 15, el equipo de periodistas decidió movilizarse para verificar dónde estaba el general.

A primera hora de la tarde, Alexander Thomson, corresponsal jefe del servicio de noticias, decidió «ir de pesca». Salió con su equipo y las cámaras de televisión y se dirigió a la clínica. Cuando llegaron, se dieron cuenta de que, muy cerca de allí, estaba la sede de la embajada chilena. Thomson preguntó en la London Clinic si Pinochet estaba ingresado. Le dijeron que no podían informarle. Entonces, él y el cámara se acercaron a la embajada. En la recepción inquirieron si el general Pinochet se encontrara en la London Clinic. No obtuvieron dato alguno.

Volvieron a la puerta de la London Clinic. De pronto, vieron llegar a dos hombres con gafas oscuras y a un tercero con aspecto de funcionario. Parecían escoltas. Llevaban un gran ramo de flores. Thomson pensó que podían saber algo. Les preguntó a quién venían a visitar. Le miraron con cara de decir «es obvio», pero no pronunciaron palabra.

Thomson tuvo la corazonada de que los hombres tenían algo que ver con Pinochet. El periodista y sus cámaras permanecieron durante largo tiempo a la espera, y dieron un par de vueltas por la calle. En el edificio de la clínica había obras para instalar un nuevo equipo de resonancia magnética en la planta sexta. Vieron a alguien que merodeaba por allí. Los periodistas le preguntaron si trabajaba en la nueva instalación. El hombre, con acento irlandés, dijo que era uno de los capataces del equipo de prevención del edificio.

Thomson le mostró una fotografía de Pinochet, de esas que circulaban profusamente por la ciudad en aquellos días.

—¡Pero si es el general Pinochet! —dijo el capataz.

—Entonces, ¿está aquí? —preguntó Thomson, esperanzado.

—No lo sé.

—¿Pero no dice que le ha visto?

—Es un criminal. Es el dictador chileno. Ha sido responsable de torturas y asesinatos en Chile. Soy un socialista irlandés de toda la vida. Si me deja un teléfono y lo veo por aquí le prometo que le llamaré.

Thomson le dio, sin muchas expectativas, su número de teléfono móvil.

El equipo de periodistas dejó la puerta de la London Clinic. Ya no tenía sentido seguir allí.

La hora corría. Thomson había descartado la posibilidad de elaborar una información para el telediario de las siete de la tarde. Tres horas después de abandonar la London Clinic seguía haciendo llamadas. Su móvil sonó.

—Soy la persona que habló con usted en la puerta de la clínica. ¿Me recuerda?

—Sí, claro.

—Lo tenemos.

— ¿Está seguro?

—Definitivamente. Está en la habitación 801 de la octava planta, arriba de todo. Se lo aseguro. Lo hemos pillado.

Thomson reunió a su equipo, marchó a Devonshire Place y se apostó en la puerta de la London Clinic. El cámara preparó el material de grabación. Thomson cogió el micrófono, se colocó de espaldas a la puerta de entrada y empezó su crónica.

«El general Augusto Pinochet, ex dictador de Chile, está recuperándose aquí, en The London Clinic, de la operación a la que fue sometido el viernes 9 de octubre...».

El embajador Artaza llamó a Santiago a primera hora de la tarde. La «operación salida» para trasladar a Pinochet a Chile estaba en marcha, pero, según dijo, quizá el martes 20 fuese demasiado tarde.

Germán Guerrero, jefe de gabinete del subsecretario, se hizo cargo de atender a Artaza, que llamaba, desesperado, una y otra vez. El subsecretario Mariano Fernández había viajado a Oporto, junto con el presidente Eduardo Frei, para participar en la Octava Conferencia Iberoamericana.

—A este viejo hay que sacarlo a más tardar el martes —dijo Artaza.

Guerrero entraba y salía de su despacho. Carmen Hertz, directora jurídica de la cancillería, estaba trabajando. Desde la noticia del rechazo del visado francés, seguía el asunto con verdadera curiosidad. Mientras Artaza insistía una y otra vez, los informes procedentes del agregado militar chileno en Madrid, general Núñez, eran optimistas. Ya no había peligro, decían.

Esa noche, Amnistía Internacional difundía en Londres un comunicado: «La presencia del general Augusto Pinochet en el Reino Unido ofrece a las autoridades británicas una oportunidad excepcional para cooperar en la lucha contra la impunidad de las violaciones de derechos humanos cometidas en Chile durante su Gobierno. La comisión rogatoria cursada por la justicia española debe ser atendida por las autoridades británicas».

En la mañana del viernes 16 de octubre, el periódico *El País* proporcionaba una pista interesante. El periodista Ramón Lobo había llamado por teléfono el día anterior al juez Manuel García-Castellón, quien, ante la pregunta a bocajarro acerca de si tenía previsto ordenar la detención de Pinochet, respondió espontáneamente, quizá sin reparar en que sus palabras podrían ser reproducidas:

—Sé que sería una acción muy espectacular, pero yo no soy así. Tengo que tener una evidencia muy sólida y aún no la poseo.

García-Castellón era sincero. No se trataba de ninguna maniobra de despiste. Si bien era lógico pensar que ningún juez anticiparía su decisión de arrestar a un sospechoso, lo cierto es que quienes conocían el perfil de García-Castellón sabían que decía la verdad.

El hecho es que el periódico reprodujo, en su información, dichas palabras, aunque sin destacarlas especialmente. En la embajada chilena y en la agregaduría militar de Chile en Madrid fueron un bálsamo. Si el juez de la causa no ordenaba el arresto, ¿quién entonces lo haría?

El juez Garzón tenía una cita a las nueve horas con el ministro del Interior, Jaime Mayor Oreja. El ministro avisó que llegaría tarde a la reunión del Consejo de Ministros de todos los viernes a consecuencia de su entrevista con el juez. En aquellos días, ETA había anunciado una tregua en sus atentados terroristas. El juez Garzón iba a informar al ministro sobre la situación del entorno político de la banda terrorista. Después de hablar con Garzón y el secretario de Estado de Seguridad, Ricardo Martín Fluxá, durante media hora, el ministro salió hacia la Moncloa. Martín Fluxá y Garzón se quedaron unos minutos. Ni antes con Mayor Oreja ni más tarde con Martín Fluxá, el juez hizo mención alguna al asunto de Pinochet.

En Londres, el presidente de British Airways, lord Marshall, llamó al embajador Artaza y le informó de que había conseguido las reservas para el vuelo del martes 20 a Santiago. La operación salida, pues, estaba en marcha.

Sobre las once de ese viernes 16, hora de Londres, el ministro Robin Cook, responsable del Foreign Office, llegaba al Westminster Central Hall, en la plaza del Parlamento, para pronunciar un discurso ante el Festival de Derechos Humanos organizado por Amnistía Internacional. Cook recordó que, desde su llegada al Gobierno, los laboristas «hemos dado una prioridad a los derechos humanos en nuestra política exterior», y anunció que Harriet Ware-Austin, dirigente de dicha organización, se unía al Foreign Office a título personal como asesora de derechos humanos y proyectos. El ministro subrayó que «nadie ha luchado más que Amnistía Internacional por esos derechos» y agradeció su trabajo en «mantener la cuestión de los derechos humanos en la agenda del público y en la política».

El ministro aprovechó para «lanzar hoy una gran iniciativa dirigida a aumentar nuestros esfuerzos en la lucha contra la tortura en cualquier parte del mundo. Vamos a asegurar que el Reino Unido habla claramente y actúa efectivamente contra la tortura y en nombre de las víctimas, allí donde se encuentren. Hoy comenzamos nuestra campaña en todo el mundo para alentar a nuestros socios a ratificar la Convención contra la Tortura de Naciones Unidas. Sólo 105 países lo han hecho, el menor número de naciones que han ratificado los seis tratados básicos de los derechos humanos». Cook agregó: «Estamos lejos de tener un mundo perfecto. No me imagino que alguna vez lo vaya a ser. Pero me indigna que la gente use esta certeza como una excusa para no tratar de mejorarlo. Podemos marcar la diferencia. Hablando alto, podemos frenar los peores excesos de algunos regímenes. Alentando reformas, ayudaremos a algunos países a mejorar su propia situación. Poniéndonos firmes, habremos de estimular a quienes luchan por sus propios derechos. No conseguiremos un mundo perfecto. Pero no por ello vale menos la pena».

CAPÍTULO 44

Dos caballeros españoles

Hewett, que no conocía los vericuetos del procedimiento judicial español, seguía sin comprender por qué no llegaba la orden de arresto contra Pinochet. Tras consultar con su superior, el comisario adjunto Veness, decidió mover una pieza valiosa. Hizo llamar, a través de la oficina de contacto de la Policía Metropolitana, a los enlaces permanentes de la embajada española en Londres, los policías destacados en cada país por la Unidad de Coordinación y Cooperación Internacional de la Dirección General de la Policía. El comisario Ángel Fernández Cobos, agregado de Interior, y el enlace, el inspector Francisco López de Arenosa, se trasladaron enseguida a New Scotland Yard. Serían las once y media, hora de Londres, cuando ambos llegaron al despacho de Hewett. Allí estaban, entrando y saliendo, los detectives David Jones y Chris Monroe.

Hewett no conocía a ninguno de los dos policías españoles. A López de Arenosa, de 41 años, Pinochet le evocaba una imagen de su adolescencia. A los 18 años, el 22 de noviembre de 1975, él y su novia se acercaron a las Cortes para seguir la proclamación del rey Juan Carlos, y advirtieron la llegada de Pinochet, envuelto en su capa gris azulada y su cuello rojo —colores del Ejército chileno—, y que su escolta cargaba contra los curiosos.

Ahora, Hewett necesitaba ayuda. López de Arenosa era el policía que llevaba más tiempo en Londres, el que dominaba el inglés.

—El comisario adjunto de operaciones especializadas y el Ministerio del Interior quieren que se proceda con la petición del juez español y por eso os he hecho venir de urgencia.

— ¿Qué necesitáis?

—Tenemos algunos informes de que Pinochet podría ser dado de alta en la clínica durante la tarde de hoy. En ese caso estaría en libertad de abandonar el Reino Unido. El juez español nos planteó cinco puntos. Aquí está el fax.

El comisario Fernández Cobos y el inspector López de Arenosa leyeron el documento. Era la petición enviada por el juez Garzón el miércoles día 14 de octubre.

Hewett prosiguió.

—Hemos enviado la respuesta ayer. Pero no sabemos nada de Madrid. Hemos solicitado que el juez aclare sus próximos pasos. Queremos saber si piensa dictar una orden internacional de arresto para que podamos proceder aquí. Necesitamos que un juez británico dicte a su vez, en base a la petición española, otra orden. ¿Pueden ustedes llamar a Madrid y explicar la situación?

López de Arenosa, sin salir del despacho de Hewett, llamó a la oficina de Interpol Madrid y pidió hablar con el responsable, el comisario Mariano Rayón. Eran buenos amigos. Rayón había estado con anterioridad destinado en Londres. La policía británica, le explicó el inspector, estaba dispuesta a colaborar, pero necesitaba saber si el juez español iba a dictar una orden de arresto.

Mientras hablaban, Hewett pidió a López de Arenosa que transmitiera de viva voz las respuestas ya enviadas anteriormente: que, efectivamente, Pinochet se encontraba en Londres; que las autoridades conocían el paradero exacto del general; que no podía declarar, puesto que había sido sometido a una operación quirúrgica; que podría salir el lunes día 19 y que las autoridades no estaban en condiciones de garantizar la permanencia de Augusto Pinochet en suelo británico.

Hewett insistió: el juez español, ¿pedirá el arresto?

—Mariano, necesitan saber si se les va a enviar una orden de arresto.

—Bien, Paco. Voy a averiguarlo. Con lo que sepa, os llamo allí.

En Interpol Londres, Steve Glynn transmitió ese viernes 16 un mensaje «muy urgente» sobre Pinochet a Interpol Madrid. El inspector jefe Martorell lo recibió a las doce treinta y siete minutos, hora peninsular española. Se hizo la traducción y el inspector jefe García Barroso se la envió al juez Garzón en torno a la una y cuarto.

El mensaje decía: «En relación con la persona mencionada, sepan ustedes que el Ministerio del Interior está revisando su solicitud transmitida por fax el 14 de octubre de 1998 y nuestra respuesta por fax del 15 de octubre de 1998. No obstante, necesitamos conocer urgentemente las intenciones del juez de instrucción respecto a los próximos pasos en la investigación en este caso». Era el mensaje que ansiosamente Hewett había anticipado a través de los oficiales de enlace españoles.

El inspector jefe García Barroso llamó al juez Garzón.

—En Londres insisten en saber si se va a dictar una orden de arresto.

—Casimiro, ¿tú crees que le van a detener?

—No lo sé. Desde luego, se están tomando mucho interés. Ya llevamos varios días...

—Pero, ¿y si mando la orden y no pasa nada?

—Mi sensación es que esperan la orden para proceder. Mirarán los delitos y verán lo que hacen. No sé. Lo único que está claro es que, si no la enviamos, nunca sabremos lo que van a hacer. Ellos podían haber ignorado este asunto. Y, sin embargo, están insistiendo.

—Sí, es verdad. Me lo tengo que pensar. Ya os avisaré.

El juez Garzón, como ya había hecho con las anteriores comunicaciones de Interpol Londres, dio instrucciones al oficial del juzgado para que el último mensaje pidiendo aclaración de sus planes se incorporara al sumario.

El juez ya tenía todos los elementos de juicio para decidir. En el fax de la tarde del jueves, la policía británica informaba de que Pinochet podía abandonar el hospital durante el fin de semana o, a más tardar, el lunes 19. Ahora se le pedía de manera verbal y por escrito que concretara sus próximos pasos. Todas las apariencias eran concluyentes: la colaboración británica podía dar sus frutos.

Joan Garcés y el abogado Enrique de Santiago habían trabajado en la ampliación de la querella de Argentina para incluir a las víctimas de la «Operación Cóndor» y pedir el arresto de Pinochet.

Garcés había solicitado dicha medida y la detención de otros militares chilenos en aquella querella que presentó estratégicamente ante el juez Garzón a finales del mes de marzo, ante el fundado temor de que el juez García-Castellón diera carpetazo a la causa de Chile. Pero el juez Garzón la había aparcado. Técnicamente, podía admitirla ahora a trámite y dictar la orden de arresto. Pero era consciente de que para dictar una medida como el arresto de Pinochet tenía más fuerza una nueva petición que un escrito presentado hacía ya seis meses y medio. El problema era la información. Porque el material estaba en el sumario del juzgado número 6 que llevaba el asunto de Chile, y no se podía contar con él.

Dionis, a petición de Garcés y de De Santiago, rastreó los datos sobre víctimas en el informe de la Comisión Rettig. En el sumario del juzgado número 5, la dirigente comunista chilena Gladys Marín, que prestó declaración en Madrid, había aportado un libro titulado *119. La gran mentira*, editado hacía algunos años por la Comisión de Derechos del Pueblo (CODEPU). En él se enumeraba a los chilenos desaparecidos, entre los que se encontraba el marido de la dirigente comunista, cuyos carnés de identidad aparecieron en cuerpos de otras personas halladas en Buenos Aires. Otro libro semejante, *Más allá de las fronteras*, aportado a la causa de Chile, narraba 106 casos de desaparecidos y ejecutados fuera de Chile. El abogado De Santiago tenía un ejemplar de cada uno de ellos.

El viernes 16, pues, Garcés y De Santiago llegaron poco después de la una de la tarde al juzgado número 5 de la Audiencia Nacional. Registraron el escrito de ampliación de querella contra Pinochet, en nombre de la coalición Izquierda Unida, por crímenes contra la humanidad, genocidio, torturas y terrorismo. Mencionaban dos casos de víctimas, como el secuestro del dirigente del MIR Edgardo Enríquez en Argentina, en abril de 1976, y su traslado a Chile, al campo de concentración Villa Grimaldi, así como el de Jorge Fuentes Alarcón, detenido en Paraguay en 1975 y entregado a los agentes de la DINA, quienes lo llevaron a Chile. Ambos seguían desaparecidos.

En el punto decimocuarto de la solicitud de ampliación de querella se solicitaban al juez varias actuaciones. Entre ellas: «Se acuerde orden de prisión provisional contra el querellado Augusto Pinochet Ugarte; se libren órdenes internacionales de detención para la puesta a disposición de la autoridad judicial española de Augusto Pinochet Ugarte; que se solicite la extradición y entrega a España».

El juez Garzón quiso saber hasta qué punto los casos de las víctimas de la «Operación Cóndor» podían ser un punto de partida. Los abogados pudieron ver el reciente fax de Londres en el que se pedía una aclaración urgente de los pasos siguientes previstos en relación con Pinochet.

El juez leyó el texto de la querella y observó que había dos casos concretos. No era lo ideal, pero servía para empezar. El juez ya pensaba en el paso siguiente. Enviaría una primera orden de urgencia. Y ampliaría rápidamente, a través de una nueva orden, más razonada, la lista de víctimas y los fundamentos jurídicos.

Hizo esperar a los abogados. Lo primero fue tramitar la querella que le había presentado el abogado Joan Garcés en el mes de marzo; y admitió, en la misma resolución, la ampliación por la «Operación Cóndor» que le acababan de llevar Enrique de Santiago y el propio Garcés.

En el punto cuarto de su resolución, Garzón justificaba la medida de arresto: «Teniendo en cuenta la gravedad de los hechos y que uno de los imputados —el señor Pinochet Ugarte— se encuentra, según informan las autoridades británicas, en su jurisdicción, es preciso adoptar unas cautelas mínimas para garantizar la permanencia del mismo en dicho territorio con el fin de viabilizar la tramitación de la correspondiente comisión rogatoria, así como las medidas cautelares de la ley de Enjuiciamiento Criminal para posibilitar su enjuiciamiento en España por estos hechos».

Y, de acuerdo con la nueva resolución, el juez dictó un auto más, en el que decretaba la prisión provisional incondicional para Pinochet. Con el mismo texto hizo una orden internacional de detención para su extradición.

«D. Baltasar Garzón Real, magistrado juez del juzgado central de instrucción número 5 de la Audiencia Nacional, con sede en Madrid,

»Por el presente, que se expide en méritos del Sumario 1/97-L seguidas en este juzgado por presunto delito de terrorismo y genocidio, en el día de la fecha se ha dictado auto de prisión provisional incondicional contra la persona que se dirá, y es por lo que se interesa se curse orden internacional de detención de: Augusto Pinochet Ugarte, de nacionalidad chilena, comandante en jefe del Ejército chileno entre el 11-9-83 y 10-3-98, miembro de la Junta Militar de Chile entre el 11-9-73 y marzo de 1990.

»De lo actuado se desprende que en Chile, desde septiembre de 1973, y al igual que en la República Argentina a partir de 1976 se producen toda una serie de acontecimientos y actividades delictivas cometidas bajo el manto de la más feroz represión ideológica contra los ciudadanos y residentes de estos países. Para el desarrollo de las mismas se siguen planes y consignas preestablecidas desde las estructuras de poder, que tienen como fin la eliminación física, la desaparición, el secuestro, previa la práctica generalizada de torturas de miles de personas, tal como se relata en el "Informe Rettig".

»En el ámbito internacional se constata una coordinación que recibirá el nombre de "Operativo Cóndor", en el que intervendrán diferentes países, entre ellos Chile y Argentina, y que tiene por objeto coordinar la acción represiva entre ellos.

»En este sentido, Augusto Pinochet Ugarte, a la sazón Jefe de las Fuerzas Armadas y del Estado chileno, desarrolla actividades delictivas en coordinación con las autoridades militares de Argentina entre los años 1976-1983 (periodo al que se extiende la investigación de esta causa) impartiendo órdenes para la eliminación física de personas, torturas y secuestro y desaparición de otras de Chile y de diferentes nacionalidades y en distintos países a través de las actuaciones de los Servicios Secretos (DINA) y dentro del precitado "Plan Cóndor".

»Entre estos casos se enumeran un total de setenta y nueve supuestos y, en concreto, sin perjuicio de ampliar los hechos, el secuestro en Chile de Edgardo Henríquez Espinosa el 10 de abril de 1976. Desde este país es trasladado hasta los campos de concentración de "El Olimpo", "Campo de Mayo", y Escuela Mecánica de la Armada (ESMA) en Argentina, sin que posteriormente se hayan vuelto a tener noticias del mismo.

»En todo caso, y a falta de esa ulterior concreción, puede afirmarse que los hechos descritos integran los tipos delictivos —sucintamente enumerados y que se enmarcan en el contexto más general que se ampliará en resoluciones posteriores— de un presunto delito de genocidio del artículo 697 del Código Penal vigente en relación con el artículo 137 bis del Código Penal vigente en 1976, y de un delito de terrorismo de los artículos 515, 571 y 577 del Código Penal vigente en relación con el artículo 250 y siguientes del Código Penal en vigor en 1976.

»Tal como consta acreditado, se crea una organización armada, aprovechando la estructura militar y la usurpación del poder para, con impunidad, institucionalizar un régimen terrorista que subvirtió en sí mismo el orden constitucional para desarrollar con eficacia el plan de desaparición y eliminación sistemática de miembros de grupos nacionales, imponiéndoles desplazamientos forzosos, secuestros, torturas, asesinatos y desapariciones, aprovechando la ayuda y coordinación con otros países, en particular Argentina.

»De acuerdo con lo dispuesto en el artículo 23.4 de la Ley Orgánica del Poder Judicial, la jurisdicción española es competente para tramitar el procedimiento, tal como está establecido en los autos de 28 de junio de 1996, 25 de marzo y 11 de mayo de 1998 y en el del 16 de octubre de admisión de querella. Por ello, y en atención a la gravedad de los hechos que se imputan y la situación del querellado, que se encuentra fuera del alcance de la jurisdicción española, procede acordar la prisión provisional incondicional de Augusto Pinochet Ugarte, al amparo de lo dispuesto en los artículos 503, 504 y 539 de la Ley de Enjuiciamiento Criminal, en relación con los preceptos penales citados, por lo que se librarán las correspondientes órdenes de busca y captura internacionales para proceder a su detención a efectos de extradición.

»La detención preventiva se interesa a efectos de extradición, que se solicitará por vía diplomática, conforme a las prescripciones y convenios vigentes».

A falta de los datos de filiación, sólo se mencionó el nombre del acusado. Había varios errores y datos incompletos. Nada serio. Pinochet había sido nombrado comandante en jefe en 1973, el 23 de agosto, y no sólo era miembro de la Junta sino, primero, su presidente y, más tarde, en 1974, jefe supremo del Estado y presidente de la República. Y, respecto a una de las dos víctimas que mencionaba el escrito, el dirigente del MIR chileno Edgardo Enríquez, se afirmaba que había sido secuestrado en Chile y llevado a Argentina, cuando, según se expresaba en la ampliación de la querella, había ocurrido lo contrario.

El juez firmó los dos autos, el de admisión a trámite y el de prisión, les dio traslado inmediatamente a las acusaciones, que representaban los abogados Garcés y De Santiago, y llamó a los intérpretes para avisar de que debían preparar la traducción oficial de la orden de detención internacional. Joan Garcés y Enrique de Santiago guardaron un ejemplar de cada uno de los dos autos y se marcharon. Aún no eran las dos y media cuando los abogados salieron de la Audiencia Nacional.

Mariano Rayón telefoneó al juez Garzón.

—Me llaman nuestros enlaces desde Londres. La Policía Metropolitana les ha pedido ayuda. Tienen información de que a Pinochet se le podría dar de alta hoy y temen que abandone el país. Pueden proceder siempre que se les mande una orden de arresto internacional.

—Parece que quieren arrestarle, ¿no? —advirtió el juez.

—Lo que me transmiten los enlaces es que están dispuestos a detenerle a condición de que se les transmita la orden.

—Bien, ya os avisaré, estoy pensando en ello.

Mariano Rayón llamó de inmediato a Londres. El comisario Fernández Cobos y el inspector López de Arenosa seguían al pie del cañón en New Scotland Yard.

—Paco, el juez se lo está pensando. Diles que esperen, que les daremos una respuesta.

López de Arenosa informó a Hewett de que se estaba tratando de aclarar el tema de la orden.

García Barroso abandonó su despacho en Madrid para ir a comer. Pero antes de marcharse, hizo una lista de teléfonos con las personas a quienes se debía llamar por el asunto de Pinochet y la dejó en el expediente. Estaban los números del jefe de Interpol Madrid, Mariano Rayón; el juez Garzón; el comisario Fernández Cobos y el inspector López de Arenosa en Londres y, finalmente, el de Joe Ceccarelli, con su teléfono particular en caso de emergencia.

El juez llamó a Interpol Madrid antes de las tres de la tarde. Informó que se aprestaba a enviar la orden de arresto; pidió que se avisara a Interpol Londres para que tuvieran la seguridad de que efectivamente iba a cursarse la orden de arresto y para que estuvieran preparados.

Mariano Rayón pidió de inmediato una comunicación con el comisario Cobos y el inspector López de Arenosa, que seguían en New Scotland Yard.

—Paco, vamos a recibir la orden de arresto. Puedes informar de que la enviamos enseguida a Interpol Londres para que la recojan.

Los dos enlaces advirtieron a Hewett de que, finalmente, podría contar con la orden de arresto. El detective inspector estaba satisfecho. No sabía cómo agradecer la ayuda de aquellos a quienes había definido como dos «caballeros españoles». Ambos se quedaron todavía unos minutos en el despacho de Hewett y luego, antes de que llegara la orden de arresto, se marcharon a la embajada. Tenían intención de informar cuanto antes al embajador español Alberto Aza.

El inspector Martorell terminaba su turno en las oficinas de Interpol Madrid a las tres de la tarde. Antes de irse, escribió una nota con rotulador rojo y la palabra «urgente» para su compañero, el inspector Pedro Lafuente, quien debía relevarle. «El juez Garzón va a enviar esta tarde la orden de detención. Quiere que cuando se reciba se le llame al móvil para confirmarle que ha llegado. Hay que hablar con Ceccarelli».

A las tres en punto de la tarde, salía del fax del juzgado número 5 la primera página de la orden de arresto con destino urgente al Centro de Comunicaciones Internacionales o lo que, en Interpol Madrid, llaman la «ventanilla única», donde se registran todas las órdenes. Dos minutos y ocho segundos más tarde llegaba el «conforme».

El inspector Pedro Lafuente, tras recibir la orden, llamó al juez.

—¿Habéis recibido la orden de detención? —preguntó Garzón.

—Sí, en este momento, don Baltasar. Vamos a enviarla ahora mismo.

—Es conveniente que, además, llaméis para que estén sobre aviso.

Lafuente llamó a Ceccarelli. Le anunció que enviaba por fax la orden firmada por el propio juez Garzón. Después, volvió a ponerse en contacto con el juez —que viajaba en esos momentos hacia Andalucía— para informarle de que, efectivamente, en Interpol Londres estaban pendientes de recibir la orden.

El jefe de Interpol, Mariano Rayón, tras llegar la orden, llamó al comisario Jesús Espigares, jefe de la Comisaría General de Policía Judicial, y le puso al corriente de que se cursaría a Londres. Poco después, Espigares habló con el subdirector operativo, el número dos de la policía española, Pedro Díaz Pintado. Le informó de los detalles y quedaron en mantenerse en contacto durante la tarde. Díaz Pintado, a su vez, pasó la información al director general, Juan Cotino.

El chófer del coche oficial en el que viajaba el juez Garzón conducía por la carretera de Andalucía rumbo a Jaén. El juez recibía otra llamada. Era John Dew.

—¿Has hecho algo? —preguntó Garzón.

—Puedo confirmarte que el Ministerio del Interior va a colaborar. Como te prometí, he hecho las gestiones. Pero dicen, como tú ya sabes, que necesitan una orden de arresto. ¿Qué piensas hacer?

—John, la he enviado. Ahora mismo está en camino a Londres.

—¿Sí? ¿Así que ya está enviada, eh?

—Es que este hombre se puede ir del hospital y entonces se nos escapa. No había alternativa. John, trata de averiguar qué van a hacer en Londres y me llamas. Yo voy hacia Jaén, pero me puedes localizar por el móvil.

John Dew redactó poco después de hablar con Garzón un nuevo mensaje y lo envió urgente al Foreign Office. Insistía sobre aquello que había anticipado la víspera. «La intención del juez es, posiblemente, la de dictar una orden de arresto mientras Pinochet se encuentre en el Reino Unido».

Tony Lloyd recibió en su despacho del Foreign Office la comunicación. Ya era la segunda vez en dos días que Dew informaba sobre el asunto. Decidió, pues, enviar una copia de ambos mensajes al Ministerio del Interior.

La diputada laborista Ann Clywd, presidenta de la comisión del Grupo Interparlamentario de Derechos Humanos, escribía ese viernes una carta a Cook, en la que llamaba al Gobierno británico a prestar su colaboración con la investigación de la justicia española sobre las violaciones de derechos humanos cometidas durante el régimen militar dirigido por el general Pinochet.

Al mismo tiempo, los diputados laboristas anunciaban que a primera hora del lunes 19 firmarían en la Cámara de los Comunes una propuesta en la que se condenaba la presencia de Pinochet en el Reino Unido y se urgiría al Gobierno a actuar con energía.

En la sede de la embajada chilena, en Devonshire, el embajador Artaza pensó que no estaría de más tomar contacto otra vez con el Foreign Office para asegurarse de que no habría problemas con la salida de Pinochet el martes 20. A primera hora de la tarde llamó a su interlocutor, el jefe de América Latina Henry Hogger.

—A propósito de lo que hablamos ayer, quiero confirmarte que lord Marshall nos ha conseguido los billetes para el vuelo de British Airways el martes próximo. Te insisto, Henry, en lo que te pregunté ayer. ¿Puede haber algún problema?

—No tengo ninguna información diferente.

—Ahora es más urgente. Quiero asegurarme que nada va a ocurrir al llegar al aeropuerto…

—Bien, déjame preguntar. Hablemos el lunes.

La orden de arresto internacional llegó a Interpol Londres poco antes de las tres de la tarde hora británica. Steve Glynn informó a Hewett.

Mientras esperaba la orden, Hewett transmitió la noticia a su jefe el comisario adjunto David Veness. Desde el comienzo, Hewett se había sentido respaldado por Veness. Las cosas, hasta el momento, habían salido bien. Fue Veness quien dio cuenta al Ministerio del Interior. Sin pérdida de tiempo, también se transmitió la noticia al Foreign Office y al gabinete del primer ministro Tony Blair.

En el Foreign Office, Tony Lloyd se reunió durante la tarde con el ministro Robin Cook. El *dossier* de Lloyd contenía los dos informes enviados por John Dew desde Madrid, y dos informaciones adicionales: una sobre la petición inicial de la comisión rogatoria y otra relacionada con la orden de arresto que acababa de llegar. Ambos analizaron en detalle la situación.

Hewett, pendiente de la orden, no quería perder un minuto. Se puso en contacto con Steve Glynn, de Interpol Londres:

—Nosotros podemos proceder al arresto si se completan algunos datos y sin esperar la traducción completa de la orden —dijo Hewett, y le enumeró lo que necesitaba.

Giovanni Ceccarelli llamó, pues, a Interpol Madrid. Pedro Lafuente se puso al teléfono. No era necesario, le dijo, contar con una traducción oficial y completa de la orden. Pero, eso sí, Londres necesitaba los datos personales de Pinochet.

Lafuente admitió que no contaba con los datos, pero que trataría de localizar al juez para obtenerlos. A las cuatro y ocho minutos de la tarde, hora de Madrid, llegaba el fax desde Londres adelantado por Ceccarelli. El detective sargento Steve Glynn calificaba el mensaje como «muy urgente». Y añadía: «Como alternativa a traducir su reciente mensaje podemos proceder si ustedes contestan las siguientes preguntas». Sonaba muy bien. Aquella comunicación significaba, de hecho, que podían arrestar a Pinochet.

Las preguntas concretas se referían a los datos de filiación completos; los delitos que se le imputaban y la participación de la persona en ellos y datos de las personas afectadas; los artículos del código penal que había violado en España; si los delitos se castigaban con doce meses o más de prisión; si todos los delitos habían sido cometidos en España; si existía orden de arresto, su número, fecha y lugar de expedición, nombre del juez y contenido; descripción de los delitos por los cuales se iba a solicitar la extradición; la aclaración de que la extradición se pediría por canales diplomáticos; la descripción de los crímenes cometidos según los artículos de las leyes españolas; pruebas de identidad, huellas dactilares, fotos; la descripción de elementos probatorios que deberían ser intervenidos; y el nombre del funcionario de policía o juez de instrucción a cargo y número de teléfono de contacto.

Lafuente llamó al teléfono móvil del juez Garzón.
—Me acaban de llamar de Interpol Londres. Dicen que si les mandamos los datos personales y de filiación, le van a arrestar sin esperar la traducción oficial al inglés. ¿Usted nos puede facilitar la información para enviarla?
—No tenemos esos datos —admitió el juez—. Diles que los enviaré el fin de semana.
Lafuente dijo que se pondría en contacto inmediatamente con Londres. «¿Pero cómo van a dejar de arrestar a Pinochet por no saber la fecha de su nacimiento?», pensó el inspector. «Los norteamericanos puede que lo hicieran, pero son británicos. Los británicos, no», se dijo, mientras llamaba a Ceccarelli.
—Giovanni, el juez va a mandar los datos el fin de semana. Pero ahora no puede ser. Tienen que actuar sin esos datos. Toda la información disponible está en la orden.
—Bien, haré que traduzcan la orden.
El inspector Lafuente envió el fax con todas las preguntas al juzgado número 5 de la Audiencia Nacional. La operación ya estaba en marcha.

Jack Straw y su secretaria privada, Mara Goldstein, estaban a esas horas en Aviñón, en el sur de Francia. En la tarde del día anterior, jueves 15, se habían embarcado en el aeropuerto de Gatwick en un avión rumbo a Marsella. La ministra de Justicia francesa, Elisabeth Guigou, organizaba un coloquio sobre cooperación judicial europea el viernes 16 de octubre. Entre los ministros y jueces invitados estaban la española Margarita Mariscal de Gante y el juez Baltasar Garzón. Ambos habían excusado su asistencia. Jack Straw era uno de los ponentes.
Straw leyó en el vuelo los periódicos de la mañana. El único que informaba ese día sobre Pinochet era *The Guardian*. Ofrecía una breve información en la cual se daba cuenta de la petición de las autoridades judiciales españolas a Scotland Yard para tomar declaración al general. Y, claro, estaba el artículo de Hugh O'Shaugnessy,

en el que decía que si Pinochet se escapaba, el ministro del Interior, Jack Straw, «estaría bajo sospecha».

En Aviñón, el día 16, después de la comida de los ponentes con la ministra Elisabeth Guigou, empezó el coloquio en dos mesas redondas en el auditorio del Palacio de los Papas. Straw, según el programa previsto, debía cerrar la mesa redonda sobre las seis de la tarde. En esa mesa también estaba, entre otros ponentes, el secretario general de Interpol, el británico Raymond Kendall.

El ministro recibió una llamada del Ministerio del Interior de Londres. Los acontecimientos en relación con Pinochet se precipitaban. Su secretaria le mostró una pequeña noticia publicada esa misma mañana en *The Guardian*, en la que se informaba de que Amnistía Internacional solicitaba a las autoridades británicas que permitieran a los jueces españoles tomar declaración a Pinochet.

Straw decidió asegurarse de contar con el tiempo necesario para confirmar su regreso a Londres a primera hora de la tarde. El ministro habló con el periodista que coordinaba la mesa redonda, Bernard de La Villardière, y le explicó que tenía prisa. Debía ir hasta el aeropuerto de Marsella y coger el avión a Londres. En lugar de cerrar el coloquio, como estaba anunciado, prefería ser el primero en hablar para salir de inmediato. El periodista informó al público que sería Straw quien abriría la mesa redonda y que después le seguirían Gerhardo Colombo, fiscal sustituto del Tribunal de Milán, y los demás ponentes.

«Señora ministra, usted es ministra de Justicia. Pero yo soy ministro de Justicia y ministro del Interior, dos en uno» explicó Straw, quien abogó por simplificar el procedimiento de extradición entre los países europeos y reaccionar con eficacia y rapidez a las demandas. Straw subrayó: «El Estado que recibe una demanda de extradición reconoce y ejecuta la decisión adoptada por el tribunal del Estado demandante. Pienso que hay que considerar la posibilidad de aplicar este mismo principio de reconocimiento mutuo a las etapas más precoces del procedimiento penal. El Gobierno del Reino Unido está siempre abierto a reflexionar sobre la manera de hacerlo y vamos a hacer propuestas. El reconocimiento mutuo de todas las decisiones de los tribunales no será posible enseguida. Pero nuestro objetivo debería ser poner en pie un nuevo programa de trabajo que se desarrolle en ese sentido».

Straw permaneció en la sala unos minutos y, después, partió.

CAPÍTULO 45

La profecía autocumplida

El detective sargento Steve Glynn, una vez traducida la orden de arresto en Interpol Londres, la llevó personalmente al despacho de Hewett. El equipo de extradición comenzó a preparar en New Scotland Yard la operación.

Hewett sabía que a las cinco de la tarde de un viernes el Foreign Office se quedaba vacío. Para proceder al arresto tenía que confirmar lo que ya había averiguado de forma preliminar: Pinochet no estaba protegido por la inmunidad diplomática. Y ese dato era el más relevante de toda la operación. Había consultado ya con el Diplomatic Protection Group, una sección de la Policía Metropolitana que se ocupa de la custodia de embajadas y personal diplomático extranjero. Según le dijeron, Pinochet carecía de inmunidad diplomática. Pero no era suficiente.

Llamó entonces al Foreign Office. Habló, como el día anterior, con Karen Miller, responsable de Chile en el departamento encargado de América Latina. Hasta entonces, sus consultas habían girado en torno a la petición del juez Garzón de viajar a Londres para tomar declaración a Pinochet. Ahora se trataba de otra cosa: de ejecutar o no la orden de arresto. Informó que tenía una orden de arresto internacional para detener a Pinochet.

—¿Goza Pinochet del estatuto de inmunidad diplomática que le protege frente a una orden de detención? ¿Me podéis aclarar esto?

Karen Miller informó a sus superiores. Henry Hogger, jefe del departamento, y Peter Westmacott, director para las Américas, hablaron con Tony Lloyd. La maquinaria se puso en marcha. El director del departamento de Protocolo, Philip Sinton Astley, hizo verificar las listas de misiones especiales y la sección de visitas de personalidades VIP.

Reunidos los datos, Astley pidió a su secretaria, Jean Wyeth, que redactara un informe. Pinochet, según decía, no tenía acreditada misión especial alguna en Londres. Los datos disponibles confirmaban, precisamente, la inexistencia de esa misión. Uno de ellos era la carta del embajador Artaza en la que solicitaba al Foreign Office el salón VIP en Heathrow para Pinochet invocando su calidad de ex presidente y ex comandante en jefe del Ejército. Ninguna referencia a la misión. La otra, la comunicación de David Roberts, el número dos de la embajada británica en Santiago, según la cual se anticipaba, a primeros de septiembre, que el general haría un viaje privado. Por esa razón, decía el informe, ninguna persona del Foreign Office había acudido a recibirle al aeropuerto ni se había reunido con él más tarde. Ni hubo recepción de hospitalidad ni reuniones posteriores.

Mientras esperaba respuesta, Hewett llamó a la sección de extradición del Ministerio del Interior para conocer los datos disponibles sobre la entrada de Pinochet en el Reino Unido. La sección de inmigración informó que se le selló en su pasaporte un permiso para permanecer, de acuerdo con las normas laborales, sesenta días. Eso era todo.

Hewett recibió, poco después, la respuesta de un alto cargo del Foreign Office.

—La inmunidad no es una barrera para proceder con la orden provisional de arresto. El senador Pinochet no ha venido en misión especial al Reino Unido y, por tanto, carece de inmunidad diplomática.

Era lo que Hewett esperaba. Pero la respuesta verbal no le resultaba suficiente. Pensaba que no había escudo lo bastante ancho para cubrirse las espaldas frente a lo que se disponía a llevar a cabo. Hewett fue directo:

—Muy bien, necesito un memorándum por escrito en el que se deje constancia de lo que me acaba de decir, que Pinochet no goza de inmunidad. Me basta con un folio. Estaré esperando.

El funcionario aseguró que redactaría el texto inmediatamente. En efecto, casi al instante, Hewett recibió por fax el informe que había solicitado. Iba firmado por un funcionario de alto rango del Foreign Office. Para el detective inspector era una garantía. Ahora sí podía actuar sobre seguro.

Mientras, en la embajada de Chile en Londres reinaba cierta tranquilidad, por primera vez en los últimos tres días. El general

Núñez, agregado militar en Madrid, llamó a su colega Óscar Izurieta a Londres y le comunicó que no había razón para preocuparse durante el fin de semana. Desde Madrid se le había asegurado que la iniciativa del juez Garzón estaba paralizada.

Andy Hewett informó a su superior, el comisario adjunto Veness, quien le dijo que siguiera adelante con la operación. El detective inspector se encerró en su despacho acristalado, en la cuarta planta del edificio de New Scotland Yard, en la calle Broadway, en el barrio de Victoria. Andy Hewett permanecía sentado frente a su mesa en el departamento 469, donde trabaja el equipo de extradición o *Extradition Squad*. Tenía a la vista la orden de arresto de Pinochet enviada por el juez Garzón, la traducción de los servicios de Interpol Londres, el memorándum del Foreign Office donde se aseguraba que Pinochet no tenía inmunidad diplomática y otras informaciones. El Ministerio del Interior estaba al corriente. ¿A qué esperar entonces? Sabía por Steve Glynn que los datos requeridos sobre filiación personal y otros detalles no iban a llegar ese mismo día. Esos datos son importantes. Toda orden de busca y captura debe acreditar la identificación del sospechoso. Y aunque la ausencia de dicha información pudiera ser un argumento para no proceder inmediatamente al arresto, ni Hewett ni sus superiores estaban dispuestos a correr el riesgo de que Pinochet escapara. El inspector Lafuente estaba en lo cierto: la falta de la fecha de nacimiento del general no paralizaría la detención.

El detective sargento David Jones esperaba a Hewett. Dave, como le llamaban, tenía 45 años, y llevaba en la policía desde los veinte. Era fornido, aunque no muy alto. Experto en robos, crímenes, terrorismo y grandes investigaciones. En New Scotland Yard, como miembro del equipo de extradición, había protagonizado un caso sonado que le hizo famoso. Fue en 1992. Norbert Schmidt, un ciudadano alemán acusado de 58 delitos por tráfico de drogas —cannabis—, había viajado a Irlanda. Las autoridades alemanas ordenaron su arresto con la intención de solicitar después su extradición, pero la justicia irlandesa halló errores en la orden y no la ejecutó. Jones, tiempo después, llamó por teléfono a Schmidt y a su abogado, que seguían en Irlanda. Les explicó que investigaba un delito de falsedad de cheques en el cual aparecía Schmidt, pero las pruebas contra él eran tan endebles que deseaba quitarle del caso. Jones invitó a Schmidt a viajar a Londres con el fin de hacerle algunas preguntas y sacarlo de su lista de sospechosos. Una vez en territorio británico, Jones detuvo al alemán. La defensa de Schmidt cuestionó los métodos, pero los miembros del comité judicial de la Cámara de los Lores, en calidad de Tribunal Supremo, dijeron: «En el peor de los casos, Schmidt fue engañado para que viniera a Inglaterra, pero no sufrió coerción alguna».

—Dave, llama a Bow Street y avisa que vamos hacia allí —ordenó Andy Hewett—. Necesitamos que el magistrado de turno nos haga la orden.

Jones llamó al filo de las cinco al Tribunal Penal de Bow Street, situado frente a la Royal Opera House y a Covent Garden, junto a los grandes teatros de Londres.

—Póngame con el funcionario a cargo, soy el sargento detective Jones.

La oficial jefe del tribunal era Gaynor Houghton-Jones, pero ya había abandonado el edificio. Peter Branning, el oficial adjunto más antiguo, estaba de vacaciones. La telefonista le puso en contacto con la oficial adjunta que estaba de guardia. Se llamaba Elizabeth Helen Franey.

—Hola, detective Jones, soy Liz Franey.

— ¡Ah, hola Liz! Necesitamos una orden de arresto. ¿Quién es el magistrado de turno hoy?

—Nicholas Evans. Ya se ha ido. ¿Tiene que ser hoy?

—Me temo que sí.

— Habrá que ir a su casa —sugirió la oficial.

—Bien, te recogeré en quince minutos.

Jones fue en busca de Liz Franey para volver a recoger a Hewett. Los tres irían juntos a casa del magistrado. Mientras Dave se dirigía a los tribunales, Andy se ocupó de los preliminares. El detective inspector ordenó un dispositivo discreto de seguridad en la London Clinic para evitar una eventual salida urgente del paciente Pinochet. Envió a dos detectives de paisano y llamó al inspector jefe de la comisaría de policía del barrio de Marylebone, donde está la London Clinic, para avisar que se presentaría más tarde y le informaría acerca de una operación especial que tendría lugar esa misma noche. También le pidió que enviara varios policías a la puerta de la London Clinic para evitar posibles desórdenes.

A las cinco de la tarde, hora de Londres, llamó al despacho del comisario Fernández Cobos y el inspector López de Arenosa. Ambos esperaban al embajador Alberto Aza, que estaba fuera de la ciudad. López de Arenosa cogió el teléfono.

—Vamos a ver al magistrado —dijo Hewett— para pedir la orden de arresto. Mientras tanto, se ha ordenado un dispositivo de vigilancia en la puerta de la clínica para evitar cualquier intento de salida. Les mantendremos informados.

El inspector español llamó a continuación a Mariano Rayón a Madrid y le puso al corriente.

Tanto García Barroso desde Madrid como el comisario Fernández Cobos, desde Londres, informaron a Jesús Espigares, comisario general de la policía judicial, quien dio cuenta a sus superiores.

Era una noticia confidencial del ámbito judicial, pero su proyección policial y política, entendían los máximos responsables policiales, estaba fuera de toda duda.

El sargento detective Jones, por su parte, llevaba la orden del juez Garzón, la versión en inglés y varias comunicaciones intercambiadas entre Londres y Madrid.

Salió con su coche rumbo a Bow Street, dejó atrás Buckingham Palace, bordeó el St. James's Park y enfiló hacia Covent Garden, donde está Bow Street.

Entró en el tribunal por el aparcamiento y subió a la planta baja. Le atendió una empleada de color vestida de uniforme azul. Le llevó a través de un pequeño pasillo hasta uno de los despachos.

Liz Franey, *Lizzie*, tenía unos 40 años, era menuda y su pelo largo color zanahoria caía sobre un rostro victoriano de piel blanquísima, en la que resaltaban sus ojos verdes muy claros. Su figura, la afición a vestir de negro y la gargantilla antigua ceñida al cuello evocaban una obra romántica de Jane Austen.

—Tenemos una orden de arresto de España —explicó Jones.

Jones extendió la orden, traducida al inglés y varios faxes.

Liz clavó los ojos en el nombre del general.

—¡Ajá! Necesitamos los datos personales.

—Los hemos pedido, y están de camino. Liz, tenemos mucha prisa. Este hombre puede obtener el alta y salir del hospital en las próximas horas. Estos documentos son suficientes para nosotros. Podemos proceder.

Ambos se sentaron para ver la orden de detención y otros datos. En las comunicaciones entre Madrid y Londres se había comentado en varias ocasiones que durante la dictadura militar en Chile habían sido asesinados ciudadanos españoles. Jones insistió en que el principal punto de la orden era el delito de asesinato. Explicó que había cierto número de españoles que habían muerto por la represión.

—Yo creo que ése sería el delito para proceder en el arresto provisional. Después se concretarán todas las conductas y delitos en la solicitud de extradición.

—Bien, voy a avisar al magistrado.

Liz Franey llamó al magistrado de guardia y le comunicó que tenía una orden de arresto procedente de España y que salía hacia su casa ya que se trataba de un asunto urgente. Jones pasó con Liz por New Scotland Yard, recogió a Hewett y regresó al coche.

Había que llegar hasta Hampstead, donde vivía el juez Nicholas Evans. El pueblo, construido en la ladera de una verde colina, está a siete kilómetros al norte de Londres, allí donde la carretera empalma con la autopista A-41. A esa hora del viernes, tardaron casi media hora en llegar hasta el domicilio del juez.

El magistrado les abrió la puerta de casa. Evans, de más de 60 años, pelo blanco muy fino, ojos castaños y un cutis tan rosado que parece calcinado por el sol, lleva unas gafas graduadas de metal, con patillas de plástico.

Sus labios formaron una línea y dejaron salir una voz sonora, muy clara:

—Bueno, así que es importante.

—Sí —dijo Liz—. El detective inspector Hewett y el detective sargento Jones llevan la operación.

Evans y los detectives de la sección de extradición de la Policía Metropolitana se conocían muy bien. En el Tribunal Penal de Bow Street hay sólo tres juzgados, es decir, tres magistrados y sus suplentes, y allí comienzan todos los casos de extradición.

El magistrado había llevado a comienzos de 1998 un caso relevante, al autorizar en el mes de enero la extradición a Alemania de Roisin McAliskey, la hija de la antigua diputada nacionalista irlandesa Bernardette Devlin. Roisin, que tenía entonces 26 años, era sospechosa de un atentado cometido en junio de 1996 por el Ejército Repúblicano Irlandés (IRA) contra la mayor base militar británica en la ciudada alemana de Osnabruck.

Meses después, en marzo, el ministro Jack Straw usó su autoridad para interrumpir la extradición alegando que, según los dictámenes de los médicos forenses sería «injusto o cruel» su entrega a las autoridades alemanas. La oposición conservadora acusó a Straw de actuar políticamente para calmar al Sinn Fein, el brazo político del IRA, y para salvaguardar las negociaciones de paz, en lugar de permitir que la presunta terrorista compareciera ante la justicia alemana.

En el despacho del magistrado, situado en la planta alta de la vivienda, Jones dijo:

—Señor, aquí está la orden de arresto. Se trata del general Pinochet, ex jefe de Estado de Chile. Se le acusa en España de cometer crímenes contra ciudadanos de varias nacionalidades en Chile. Los delitos caen dentro de la jurisdicción española. Torturas, desapariciones forzadas y asesinatos. La versión oficial en inglés está de camino.

Evans miró a Jones, a Hewett y a Liz.

—¿Se le acusa de conductas que son delitos en el Reino Unido? —preguntó.

Liz y el magistrado se enfrascaron en una serie de consideraciones jurídicas, al margen de los detectives.

Liz dijo:

—Tenemos la obligación de actuar de acuerdo con la Criminal Justice Act de 1988, por lo que atañe a la tortura. Ellos invocan también genocidio y toma de rehenes. Hay ciudadanos españoles que han sido asesinados.

Hewett urgió:

—Necesitamos la orden lo más rápido posible. El Foreign Office nos ha confirmado por escrito esta misma tarde que el acusado no tiene inmunidad diplomática, de modo que podemos arrestarle. Es una situación de emergencia. Este hombre está en una clínica y tenemos información de que puede coger un avión para abandonar el país. Se cumplen los requisitos de la Ley de extradición de 1989 para la orden de arresto.

—Entiendo —dijo Evans—. Liz, tome el juramento —añadió.

Jones sacó una pequeña Biblia del bolsillo. Solía llevarla para casos como éste. La cogió con su mano derecha. Liz le tendió una tarjeta en la que había escritas unas líneas.

—¿Puede decir estas palabras?

Jones leyó.

—Juro por Dios todopoderoso que, hasta dónde yo sé, la información que he aportado es la verdad.

Liz se sentó y extendió un formulario escrito a máquina con espacios en blanco, una versión de la orden de arresto de los países firmantes del Convenio Europeo de Extradición y de la Ley británica de Extradición de 1989. Leyó la orden de arresto española y la versión abreviada de Interpol Londres. Cogió su pluma y rellenó el documento con trazos gruesos de tinta. Al terminar, el magistrado firmó el documento.

«En el área interior de Londres, Tribunal Penal de Bow Street.

»A cada uno y a todos los agentes de la Fuerza de Policía Metropolitana.

»Habiendo prueba de que Augusto Pinochet Ugarte es acusado del delito de asesinato de ciudadanos españoles en Chile entre el 11 de septiembre de 1973 y el 31 de diciembre de 1983 dentro de la jurisdicción del Quinto Juzgado Central de Instrucción de la Audiencia Nacional de Madrid.

»Y habiendo información de que el acusado está o se cree que está en el Reino Unido: y pareciéndome que la presunta conducta constituiría un delito de extradición: y dado que se me ha aportado tal información que justificaría, en mi opinión, dictar una orden de arresto de una persona acusada de un delito dentro de la región interior de Londres: se le requiere por la presente a arrestar al acusado y llevarle ante un magistrado metropolitano con sede en el Tribunal Penal de Bow Street.

»Fecha: 16 de octubre 1998

»Nicholas Evans

»Magistrado Metropolitano».

Liz añadió al pie del documento sus iniciales: EF, Elizabeth Franey. La oficial, siguiendo los argumentos de Jones, había llevado al magistrado a imputar un delito que la orden española no especificaba. El juez Garzón no invocaba el asesinato de ciudadanos españoles en Chile. Al hablar de Chile y Argentina, la orden decía que los crímenes habían sido cometidos «contra los ciudadanos y residentes de ambos países».

En el amplio intercambio de información entre los policías de Interpol Londres y Madrid, durante los días previos, se había mencionado el tema de los ciudadanos españoles. La orden de arresto hacía alusión a «grupos nacionales», en referencia al delito de genocidio, sin explicar el concepto. La prensa británica sostenía todos los días que el procedimiento judicial en la Audiencia Nacional investigaba el asesinato de «ciudadanos españoles».

Pero no era lo que Garzón esgrimía. Y aquí había un problema. En el Reino Unido no se reconoce, como tampoco en España, el principio de personalidad pasiva, es decir, la capacidad de ejercer la jurisdicción si la víctima es nacional de un Estado, en este caso, británica. El asesinato de un británico en otro país no estaba contemplado en la antigua ley de delitos contra las personas de 1861 como un delito suceptible de ser perseguido en el Reino Unido. Hay una excepción: que el autor sea británico. No es la nacionalidad de la víctima sino la del autor la que da pie a extender la jurisdicción nacional.

Había, además, otro escollo. En la orden de arresto inglesa, siguiendo a la española, no se tipificaba el delito de torturas. Y la tortura sí era, al menos desde 1988, un delito internacional que el Reino Unido, tras ratificar la Convención contra la Tortura de Naciones Unidas, perseguía aun cuando se hubiera producido fuera del territorio británico. Era aquello que, precisamente, Andy McEntee había explicado a Joan Garcés en sus conversaciones telefónicas del fin de semana del 9 y 10 de octubre.

Cuando Jack Straw, de regreso de Marsella, llegó a su despacho-*suite* en la séptima planta del Ministerio del Interior, en el número 50 de Queen Anne's Gate, Godfrey Nicholas Stadlen, el jefe de la Unidad de Cooperación Judicial le puso al tanto de la situación: la orden de detención internacional canalizada a través de Interpol, los informes enviados en las últimas cuarenta y ocho horas por el embajador interino John Dew en Madrid y el asesoramiento prestado por el Foreign Office a la policía en el sentido de que Pinochet carecía de inmunidad.

Straw estimó que se trataba de cumplir con una petición de cooperación judicial.

Los dados, pues, estaban echados. Tal y como había anunciado a primera hora de la tarde en la mesa redonda de Aviñón, la justicia británica debía cooperar con las autoridades judiciales, en este caso, españolas.

La maquinaria judicial y política que había arrancado hacía cuarenta y ocho horas recorría sus últimos pasos hacia la detención de Pinochet.

Los policías ya lo decían en su última comunicación a Madrid. «Podemos proceder...».

Ya eran más de las nueve de la noche cuando Liz Franey, Hewett y Jones abandonaron la casa del magistrado Evans con la tinta aún secándose en la orden de arresto.

Los policías se dirigieron a la calle Broadway, a las oficinas de la New Scotland Yard. En Interpol Londres se había recibido un documento de dos páginas procedente de Madrid: *International Warrant of Arrest*. Era la orden internacional de arresto en inglés traducida por Interpol Madrid.

Apenas llegó a su despacho, Andy Hewett informó a su jefe, el comisario adjunto Veness, de que ya tenía la orden del magistrado Evans.

Por su parte, Veness comunicó al Foreign Office y al Ministerio del Interior de que el magistrado británico había dictado una orden de arresto contra Pinochet.

Hewett marcó el número de la intérprete que les acompañaba en las operaciones cuando había necesidad de traducir del inglés al español.

El inspector le preguntó si podía contar con ella, aunque se resistió a anticiparle la razón.

—Pero ¿qué pasa? ¿de qué se trata?

—Jean, tendrás que venir para saberlo. No te lo puedo decir por teléfono.

El embajador español en Londres, Alberto Aza, estaba fuera de la ciudad, y regresaba por la noche. Los dos enlaces continuaban, alrededor de las nueve, esperándole en la embajada, en Chesham Place, en el barrio de Belgravia.

Aza llegó a su residencia, contigua a la embajada, por detrás, pasadas las nueve. Poco después, Fernández Cobos pasó a verle al despacho personal.

—Don Alberto, el juez Garzón ha cursado esta tarde a través de Interpol una orden de arresto de Pinochet con intención de pedir su extradición.

Mientras el agregado de Interior resumía toda la información, el inspector López de Arenosa entró al despacho. Tenía noticias frescas.

—Acaban de llamar de la policía metropolitana. Ya tienen la orden del juez británico. Le van a detener en el hospital a las doce menos cuarto de la noche. La zona de la clínica está bajo custodia policial.

Los policías habían esperado no sin cierta ansiedad al embajador durante toda la tarde. Aza, un hombre afable, con barba y ojos azules, les invitó a tomar un vino. Comentaron las peripecias de aquella mañana. López de Arenosa señaló que Pinochet estaba prácticamente detenido ya que, insistió, la policía metropolitana controlaba las inmediaciones de la clínica. Poco después, los dos enlaces se despidieron del embajador.

El comisario Fernández Cobos llamó después a Jesús Espigares.

—Jesús, hay novedades. La policía metropolitana va a detener a Pinochet a las doce menos cuarto de la noche. Ya tienen la orden de arresto de un magistrado británico.

Espigares dio cuenta a Díaz Pintado. El subdirector operativo, de hecho el director general adjunto, llamó al jefe máximo, Juan Cotino. Esa noche cenaba en casa.

—Los enlaces de Londres acaban de llamar a Jesús Espigares. La policía británica les ha informado de que van a detener a Pinochet de un momento a otro. La clínica donde se encuentra está bajo custodia policial.

Cotino intentó, acto seguido, localizar al ministro Jaime Mayor Oreja.

El ministro, después de la reunión del Consejo, había salido con el presidente del Gobierno hacia el norte. Se trasladaron a La Guardia primero y a Vitoria más tarde, donde tuvo lugar el tercer acto público de la campaña de las elecciones autonómicas del País Vasco previstas para el domingo 25 de octubre. Mayor Oreja había sido el orador principal en el Pabellón Europeo de Álava; después, Aznar y Mayor Oreja se separaron. El presidente regresó a Madrid y el ministro partió hacia San Sebastián. Pasaría la noche en el palacio de La Cumbre, sede del Gobierno Civil de Guipúzcoa.

Cuando Cotino llamó al gabinete telegráfico del Ministerio, le dijeron que el ministro se encontraba en el País Vasco. Cotino insistió. Mayor Oreja fue localizado, por fin, en su coche.

—Ministro, van a arrestar a Pinochet en Londres.

—Pero, ¿qué me dices?

—Sí, me lo anticiparon en la tarde, pero ha sido ahora cuando lo han confirmado. El juez Garzón cursó a primera hora de la tarde una orden internacional de arresto. Parece que iban a dar el alta a Pinochet en el hospital donde se recupera. Acaban de llamar a los enlaces y dicen que ya le han puesto bajo custodia policial.

Mayor Oreja no podía creerlo. Había estado esa misma mañana con el juez Garzón y no le había dicho una palabra.

—Gracias, Juan. ¿Algún otro detalle?

—No, es todo lo que sé.

Baltasar Garzón pasaba esa noche en Jaén. Su reloj marcaba las diez y media, una hora menos que en Londres, cuando recibió una llamada en su teléfono móvil. Oyó una voz que le resultaba cada vez más familiar.

—Soy John Dew.

— ¿Qué noticias tienes? —preguntó, ansioso, el juez.

—El magistrado británico ya ha firmado la orden de detención. La policía va a detener a Pinochet en la clínica de un momento a otro.

—Si puedes confirmar la detención, por favor, llámame. Aunque sea muy tarde, John.

Jean abandonó su piso, subió a su Jaguar y condujo hasta la sede de la New Scotland Yard. Recorrió unas pocas calles hasta llegar a la calle Broadway. Subió a la cuarta planta y entró en el despacho de Hewett.

—Bueno, aquí estoy. Andy, ¿qué pasa?

—Es una operación importante. Tenemos una orden para detener al general Pinochet.

— ¡Pinochet! ¿Es cierto?

—Sí. El general está en una clínica de Londres, recuperándose de una operación.

— ¿Y le vamos a detener?

—Ahora mismo. No puedes hablar con nadie. Coge tu coche y te vas a la comisaría de Marylebone, en la calle Seymour. Aparcas el coche por allí y nos esperas. Vete ya mismo.

Jean Pateras había nacido en Costa Rica, de padre argentino, hijo de ingleses, y madre chilena. Tenía 51 años y llevaba trabajando para la policía, siempre como independiente, la mitad de su vida. Sus padres, instalados en San José, la habían enviado a estudiar al Reino Unido al cumplir 13 años y allí se había establecido. Aunque su madre no había vuelto a Chile después de casarse, solía justificar al general Pinochet a raíz de los problemas económicos que su familia había experimentado durante los años de Salvador Allende.

La intérprete salió hacia Marylebone, el barrio antesala del Regent's Park, la zona de los museos de Sherlock Holmes y de Madame Tussaud. Mientras dejaba atrás Hyde Park, Jean se sentía como si estuviera participando en una película. Sólo unos minutos después de llegar a la comisaría, se presentaron también los cuatro oficiales de New Scotland Yard: Andrew Hewett, David Jones, Chris Monroe y John Lowden.

Hewett sabía que Pinochet se recuperaba de una operación, pero creía que era posible practicar el arresto y trasladarle a la comisaría. Dentro del recinto policial, convocó a un grupo de ocho *bobbies*, policías uniformados.

—Señores agentes, vamos a detener al senador Pinochet, ex jefe de Estado de Chile. Está acusado de cometer graves delitos en Chile. La justicia española ha cursado una orden internacional de arresto. Se trata de una operación muy importante. El senador está internado en la London Clinic, a pocas calles de aquí, en Devonshire con Harley —explicó Hewett.

Antes de salir, el detective inspector se acercó al inspector jefe uniformado.

—Usted, venga con nosotros.

Se ordenó a un grupo de policías que se dirigieran a la London Clinic.

Con el coche de Jones ya en marcha, Hewett explicó al inspector jefe de la comisaría de Marylebone cuál era su papel.

—Necesitamos a alguien con uniforme entre nosotros para que el senador Pinochet y su escolta no crean que somos un escuadrón de la muerte o un grupo que pretende secuestrarle o atentar contra él. El sargento detective Jones será el responsable de practicar el arresto.

—Esto parece muy interesante —dijo, divertido, el policía uniformado.

—Después de comunicarle la orden de arresto —añadió Hewett— habrá que traerlo a la comisaría. Pasará la noche en una celda y por la mañana le llevaremos a Bow Street para que comparezca ante el magistrado.

Siguieron hasta Harley Street, donde las casas, de mediados del siglo XIX, están construidas con ladrillo y se elevan tres peldaños sobre la acera. Lo que destaca en casi todas ellas es que lucen en la fachada una placa de metal con el nombre de un médico.

En la oficina de prensa del Foreign Office los teléfonos no dejaban de sonar. Pero no había filtración alguna. Los periodistas seguían pendientes del episodio anterior. Querían saber qué pasaba con la solicitud del juez español para interrogar a Pinochet. Un portavoz del Foreign Office dijo: «La petición española es un asunto de la policía y del Ministerio del Interior». Era estrictamente cierto. Sólo faltaba añadir: el Foreign Office ya ha hecho su trabajo.

Capítulo 46

«Detrás de todo está ese comunista de Garcés»

Cuando llegaron a la clínica, Hewett, Jones, Monroe, Lowden, Jean y el inspector jefe de la comisaría de Marylebone se presentaron en la recepción. Más tarde, llegaron varios policías uniformados. Dos se apostaron en la entrada, bajo el frontispicio, entre dos columnas, donde está grabado el nombre The Clinic. Los otros siguieron los pasos de sus colegas de New Scotland Yard dentro de la clínica. Hewett solicitó hablar con el director general de la clínica. Mostró su credencial y le exhibió la orden de arresto de uno de sus pacientes, el general Pinochet. El hombre mandó llamar a la enfermera-jefe encargada de la planta octava. Pinochet estaba en la habitación 801, en el sector de Harley Street.

La enfermera responsable, una mujer corpulenta de unos 50 años, llegó a la recepción. Al saber que se trataba de Pinochet les informó, con marcado acento irlandés, de que el paciente estaba dormido.

Hewett preguntó si Pinochet podía ser trasladado a la comisaría. La respuesta fue negativa. Pidió, entonces, hablar con el médico que le atendía. Llamaron desde la recepción a casa del doctor Farhad Afshar. Hewett le dijo que tenía una orden de arresto y preguntó si su paciente estaba en condiciones de ser trasladado a la comisaría.

El médico, muy tranquilo, dijo:

—Mi opinión, señor, es que no se le puede mover. Lleva una semana recuperándose pero, tratándose de una persona mayor, su cuadro clínico se puede complicar. Es mi obligación decirle que no debe moverse de la clínica.

Hewett dio crédito al doctor, cuyo tono le resultó encantador. No insistió.

Jones pidió a la enfermera que llamara a la octava planta para avisar a la escolta de Pinochet de que los detectives se aprestaban a subir en ascensor hasta la octava planta. Al cruzar la puerta, se toparon con el escolta, el capitán del Ejército Juan Gana.

Jones se dirigió a Jean:

—Dile que el senador Pinochet queda bajo custodia de la policía metropolitana. Tiene que salir del hospital ahora mismo.

La intérprete se lo dijo en español.

—Yo no dejo a mi general —se resistió el capitán.

Jean le explicó a Jones que el escolta no quería irse.

Los nervios iban en aumento. Sonó un teléfono móvil. El capitán Gana se llevó la mano derecha a la chaqueta. Los detectives y el policía uniformado lo rodearon.

—Es un teléfono móvil, necesito hablar con el embajador de Chile para informarle —explicó el capitán.

Jones insistió.

—Jean, dile que tiene que irse.

Jean Pateras intentó calmar el ambiente de histeria que se había creado.

—Desgraciadamente —le dijo, tratando de tranquilizarlo—, usted tiene que salir de la clínica. Por favor, el senador queda bajo la protección de la policía metropolitana. Llame al embajador desde fuera.

El capitán Gana aceptó. El sargento detective Chris Monroe bajó con él y le acompañó hasta la puerta de la clínica.

En la planta octava, superada la situación, la enfermera dijo:

—Voy a entrar para despertarle.

Entró en la habitación y encendió la luz. Era una *suite* más bien pequeña. Había una mesilla de luz con teléfono, un televisor, radio y nevera.

La enfermera despertó al general por la parte derecha de la cama. Pinochet se incorporó y quedó casi sentado, apoyando su cabeza en el respaldo, como cuando alguien se dispone a leer. La enfermera se quedó a su lado y le apoyó la mano izquierda sobre el hombro, en actitud protectora.

Jean se aproximó a la enfermera, muy cerca de Pinochet; Jones se situó a los pies de la cama. Hewett y el inspector uniformado permanecieron junto a la puerta, dentro de la habitación, dejándose ver.

—Senador Pinochet, ¿usted habla o entiende inglés? —preguntó Jones.

—Casi nada, puedo decir que me duele la pierna, poco más.

534

Jones extendió la mano y exhibió su credencial ante Pinochet. Jean les presentó.

—Yo soy intérprete, me llamo Jean Pateras, y éste es el detective sargento Jones, y allí, junto a la puerta, están el detective inspector Hewett y el inspector jefe de la comisaría de Marylebone. ¿Me ha entendido, senador?

—Sí —dijo Pinochet.

—Por favor, escuche lo que van a decirle.

Jones le explicó que estaba bajo arresto y recitó el párrafo usual, aunque con algunos cambios recientemente adoptados por la policía. Jean, con voz amigable, lo repitió en español, con suave acento centroamericano:

—Senador, usted está bajo arresto. No tiene que decir nada, pero si se le pregunta y usted no menciona algo con lo que quiera contar en el tribunal, ello puede perjudicar su defensa. Lo que diga puede ser utilizado como prueba en su contra.

Cuando Jones se disponía a informar sobre la orden de arresto, Pinochet, furioso, interrumpió:

— ¡Ustedes no tienen derecho a hacer esto, no pueden arrestarme! ¡Yo estoy aquí en una misión secreta!

Jean miró a Jones y le informó. El policía preguntó en qué consistía esa misión.

—¿Cuál es esa misión, senador? —preguntó Jean.

Pinochet insistió:

—Yo he venido aquí en una misión secreta, tengo un pasaporte diplomático y derecho a la inmunidad. ¡No me pueden arrestar! ¡Esto es humillante! ¡Es una vergüenza que en este país me hagan esto!

Jones sólo leyó, sintetizando, las líneas escritas a mano de la orden de arresto.

—«... habiendo pruebas de que entre el 11 de septiembre de 1973 y el 31 de diciembre de 1983 usted cometió el asesinato de ciudadanos españoles en Chile...».

Jean se lo dijo en español.

—¡Esto es absolutamente ilegal! —respondió Pinochet.

De su propia cosecha, Jean trató de apaciguarle.

—Quédese tranquilo. Me imagino que pronto va a venir su embajador. Creo que lo están llamando y llegará enseguida.

Pero el general no admitía la situación.

—Yo sé quién está detrás de todo esto, ¡es el comunista ese de Garcés!

Jones preguntó qué estaba diciendo. El general, dijo la intérprete, se había referido a una persona que supuestamente estaba detrás de su arresto.

— ¡Esto es algo increíble, no lo puedo creer! —insistió Pinochet.

—Usted está bajo la protección de la policía metropolitana, senador —dijo Jean.

Hewett tomó nota de todo. Antes de salir de la habitación, Jean se acercó a Pinochet.

—Buenos noches, senador. Hasta mañana. Trate de dormir —dijo, tranquilizadora.

—Buenas noches, muchas gracias —asintió Pinochet.

Los cuatro abandonaron la habitación y dejaron a dos policías uniformados en la puerta. Un sargento se quedó al mando.

Cuando salieron a la calle, Jones, Jean, Andy y el inspector uniformado se encontraron con el escolta, el capitán Gana, y un enfermero. El escolta estaba hablando por su teléfono móvil. Llovía sin piedad. Jones se dirigió hacia la comisaría de Marylebone bajo el diluvio y Jean caminó un trecho hasta encontrar su Jaguar. Lo único que deseaba era llegar a casa y meterse en la cama.

El juez Garzón seguía en Jaén. Poco después de la medianoche en España alguien llamaba a su móvil. Estaba seguro de que sería alguien de Interpol Madrid.

—Hola, soy Dew. Acaban de detener a Pinochet.

—¿Cuándo ha sido? —preguntó el juez.

—Hace unos minutos.

—Muy bien, ¿hay algo más?

—No, que yo sepa —admitió Dew.

—Muchas gracias por todo, John. Ya hablaremos.

Garzón marcó, a continuación, el número de teléfono particular del presidente de la Audiencia Nacional, Clemente Auger, en Madrid. Sonó tres veces. Colgó y volvió a marcar el número. Otras tres veces.

Nadie respondía. Garzón estaba liberado. Había cumplido con lo que podía considerarse una cortesía y, al mismo tiempo, se quedó más tranquilo. A solas con el secreto, desconectó su móvil.

El capitán Gana llamó desde la puerta de la London Clinic al jefe de la escolta de Pinochet, el mayor Humberto Oviedo, y le comunicó que habían arrestado al general en su habitación. Oviedo se puso en contacto con el agregado militar, Óscar Izurieta. Los dos acordaron ir inmediatamente a la clínica. El agregado militar llamó al embajador.

—Mario, la policía se presentó en la clínica, hizo salir al escolta y procedió a arrestar al senador Pinochet en su habitación. Voy hacia allá en este momento.

—Bien, me visto y salgo hacía allá.

Artaza llamó a Santiago y logró que le pusieran con José Miguel Insulza.

—José Miguel, han arrestado a Pinochet.

Insulza no se alteró.

— ¿Cómo ha sido?

—Sólo sé lo que me ha contado el agregado militar. La policía entró en su habitación y le detuvo. Me voy a la clínica.

—Mario, llámame con lo que tengas. Ahora informo al ministro del Interior. Ponte en comunicación con Mariano Fernández que está en Oporto, con Frei. Es importante que él conozca todos los detalles.

A esa hora, entre las siete y media y las ocho de la tarde en Santiago, todavía no era medianoche en Londres. Insulza podía llamar inmediatamente al responsable del Foreign Office, Robin Cook, y enterarse de cuál era la situación. Pero la vulnerabilidad de la posición chilena no le era ajena. Aun cuando era un negociador hábil, Insulza sabía que si invocaba la falsa misión especial, Cook la desmentiría en el acto. Por tanto, era mejor esperar. Hablaría con el ministro del Interior, Raúl Troncoso, se comunicarían con el presidente Frei, y esperaría más información del embajador en Londres. Al mismo tiempo, consultaría con sus asesores en la cancillería. Había otro asunto que sí le preocupaba. Tenía una entrevista en un programa de televisión que se grabaría ese mismo viernes para ser emitido sobre la medianoche.

Artaza salió hacia la clínica. Allí, en la puerta de Devonshire Place, se encontró con los dos escoltas de Pinochet, el médico personal, Andrés Marín, su ayudante, Enrique Guedelhoefer, y los agregados militar y naval. Eran una multitud bajo la lluvia. La policía tenía orden de impedir la entrada a cualquier persona relacionada con Pinochet.

El embajador intentó acceder a la clínica, pero recibió la misma respuesta que sus compatriotas. Artaza se refugió bajo unos andamios, instalados allí con motivo de las obras de ampliación de la clínica, y llamó al Foreign Office. Le atendió el oficial de guardia. Artaza le explicó que tenía un problema urgente y solicitó el número de teléfono particular del jefe de América Latina, Henry Hogger. El funcionario dijo que él llamaría a Hogger y preguntó si podía darle un número de teléfono al cual llamar. El embajador le dio el número de su móvil. A los pocos minutos, Hogger le llamaba. Artaza le explicó la situación. Hogger quiso saber quién estaba al mando en aquel momento y si podía proporcionarle el número de teléfono del policía, para llamarle. Artaza le preguntó el número al sargento, quien se lo anotó en un papel. Hogger se comunicó con el policía y le ordenó que dejara pasar al embajador. Pero sólo a él. Los otros cinco debían permanecer fuera.

Artaza subió en ascensor, escoltado por un policía. Ya en la octava planta, la enfermera-jefe entró con el embajador en la habitación 801. Había una luz tenue. Pinochet estaba acostado boca arriba. La enfermera se acercó.

—Está dormido, dejémosle descansar —susurró.

—No, tengo que hablar con él —dijo Artaza, y avanzó por el lado izquierdo de la cama hasta llegar a la cabecera.

Le tocó el hombro.

—Senador, ¿me reconoce?

Pinochet abrió los ojos.

—Senador, soy el embajador Artaza.

—Sí, embajador.

— ¿Sabe lo que está ocurriendo?

Pinochet no respondió.

—Usted está detenido por orden de un juez español. ¿Entiende usted?

—Embajador, yo he venido a este país con pasaporte diplomático, como muchas veces antes. No he entrado como un bandido.

—Senador, voy a comunicarme con mi Gobierno. No permiten que nadie le vea, senador, pero voy a intentar que dejen pasar a su médico.

—Gracias, embajador.

Artaza habló con el sargento al mando y consiguió que dejaran entrar al médico. Entonces, el embajador abandonó la London Clinic.

CAPÍTULO 47

Matutes es una tumba

En Oporto se celebraba, a partir del sábado 17 de octubre, la VIII Cumbre Iberoamericana. La noche del 16 de octubre, el ministro de Asuntos Exteriores de Portugal, Jaime Gama, ofrecía a los cancilleres una cena en el restaurante Beim Arranjadinho, que en portugués significa «bien arregladito». Este local está situado en los alrededores de Oporto, en la localidad de Leça da Palmeira, junto al mar.

El ministro español, Abel Matutes, llegó por la noche al aeropuerto Francisco Sá Carneiro, junto con su jefe de gabinete, Santiago Cabanas, y el director de la Oficina de Información Diplomática (OID), Joaquín Pérez Villanueva, pero no lo hizo a tiempo para cenar con los ministros. Por España, acudieron a la cena el secretario de Estado de Cooperación Internacional para Iberoamérica, Fernando Villalonga, y el director general para Iberoamérica, Eduardo Gutiérrez Sáenz de Buruaga. Los diplomáticos fueron distribuidos en mesas redondas de ocho personas.

Villalonga tomó asiento junto a la ministra de Relaciones Exteriores de México, Rosario Green. La ministra había llegado de Londres un par de horas antes, donde había tomado parte con el presidente Ernesto Zedillo en una visita oficial. Frente a ella se sentó Eduardo Gutiérrez.

Tenía Villalonga una buena relación con Rosario Green. Mujer de sonrisa franca, divertida e interesante, la ministra le regaló esa noche una *mascada*, como llaman en México a las bufandas. Los dos charlaron por los codos, muy entretenidos, durante toda la cena. Rosario Green le narró las peripecias de la intensa visita oficial a Londres, donde habían visto a Jack Straw, Tony Blair y otros miembros del Gobierno. Gutiérrez, al otro lado de la mesa, se comunicaba con ellos de vez en cuando, pero estaba demasiado lejos.

En Londres, el embajador Aza había esperado atento hasta las doce menos cuarto, la hora en que, según le había informado el inspector López de Arenosa, detendrían a Pinochet. Era la misma hora que en Oporto. Aza no había recibido ninguna llamada después de despedirse de los enlaces. Lo que sí sabía era que, según ellos, la policía metropolitana había montado un dispositivo de vigilancia en la puerta de la clínica. Es decir, el general ya estaba, desde hacía horas, bajo control policial. Aza pensó que lo único que faltaba era la formalidad: la notificación del arresto.

Lo que ignoraba era que la detención de Pinochet se había adelantado. Los policías practicaron el arresto en la London Clinic pasadas las once de la noche hora de Londres. Hewett y sus chicos estaban demasiado ocupados en la clínica para avisar a los enlaces españoles y no pudieron comunicarles cómo había terminado la operación que les habían anticipado hacía seis horas.

Aza respetó la hora original fijada y a las doce menos cuarto decidió localizar al ministro Matutes. Llamó desde su casa al gabinete telegráfico del Ministerio de Asuntos Exteriores. Dijo que necesitaba hablar urgentemente con el ministro. Pero no fue posible dar con él. Desde el gabinete llamaron a otro teléfono móvil. Era el de Fernando Villalonga. Le pusieron con el embajador.

—Soy Alberto Aza. ¿Me puedes pasar con el ministro?

—No está aquí —respondió el secretario de Estado.

—La policía británica va a detener a Pinochet. Díselo. Yo le sigo buscando.

Villalonga miró a Rosario Green.

—Se lo diré. Adiós.

La ministra le clavaba sus grandes ojos.

Villalonga, un hombre jovial, mantuvo la complicidad con la ministra mexicana.

—Menuda la que nos va a caer.

—¿Qué ha pasado?

—Van a detener a Pinochet.

Rosario Green, con una dilatada carrera diplomática en su país y en Naciones Unidas, autora de diez libros y profesora de la Universidad Autónoma de México, acababa de participar en un almuerzo, el jueves 15, en el que el anfitrión había sido el mismísimo Tony Blair. La noticia que le daba Villalonga la paralizó. Supo que una bomba había estallado en vísperas de la VIII Conferencia Iberoamericana.

Otro grupo de diplomáticos y funcionarios cenaba esa noche en Don Tonho, un restaurante antiguo rehabilitado situado en Vila Nova de Gaia, junto al puente de hierro Don Luis I, construido por el ingeniero Gustavo Eiffel sobre el río Duero. Allí estaban Cabanas y Pérez Villanueva.

Alguien llamaba al teléfono móvil de Santiago Cabanas. Desde el gabinete telegráfico del Ministerio le comunicaron que el embajador en Londres, Alberto Aza, estaba al aparato. Cabanas, en medio del ruido de platos y vasos, apenas podía oír a su interlocutor; se puso de pie y buscó un sitio más tranquilo:

—Han arrestado a Pinochet —advirtió el embajador—. Se va a saber de un momento a otro. ¿Puedes ponerme con el ministro?

—Está en otra cena. Yo le llamo para advertirle que le vas a llamar. Que te pongan con su móvil.

Abel Matutes y su esposa Nieves habían llegado muy tarde al restaurante Beim Arranjadinho. La cena ya había terminado. Villalonga se le acercó y le dijo que el embajador trataba de ponerse en contacto con él: habían detenido a Pinochet.

Poco después, por el teléfono del ministro entraba la llamada de Cabanas, quien le comunicó que Alberto Aza se pondría en contacto con él inmediatamente. Apenas un instante después, sonó el teléfono móvil de Abel Matutes.

—Ministro, ¡por fin! —exclamó el embajador al otro lado del auricular—. Te he estado buscando. Han detenido a Pinochet en un hospital de Londres.

—Pero, ¿qué ha pasado?

—El juez Garzón cursó una orden de arresto con fines de extradición esta tarde. Al parecer, se le iba a dar el alta y podía abandonar el Reino Unido. La policía informó hace unas horas a nuestros enlaces de que se disponían a detenerle esta noche.

Los ministros, secretarios de Estado y subsecretarios salieron del restaurante hacia los coches y autobuses para regresar al hotel. Las reuniones de grupo de la Conferencia Iberoamericana comenzaban al día siguiente, el sábado 17 de octubre. Matutes y su esposa regresaron al hotel Porto Palacio en el coche oficial. Rosario Green, ya en la calle, se acercó a Mariano Fernández, el subsecretario de Relaciones Exteriores de Chile.

—Mariano, ¿ya sabes lo que ocurre en Londres?

—No —dijo Fernández.

—Van a detener a Pinochet.

—Pero ¿cómo lo sabes?

—Yo no te he dicho nada.

Mariano Fernández se quedó paralizado. ¿Quién podía ser la fuente de Rosario Green? Quizá lo supiera porque esa misma tarde acababa de llegar de Londres junto con el presidente Ernesto Zedillo; quizá se lo había dicho Fernando Villalonga, con quien, según había podido ver, había compartido mesa durante la cena.

Fernández subió al autobús para volver con los demás diplomáticos al centro de Oporto. Allí estaba sentado Villalonga. Era una magnífica oportunidad para aclarar la noticia. Pero, acaso para no comprometer a Rosario Green, Fernández no lo hizo. Al llegar al hotel Méridien, sede de la delegación chilena, se puso en contacto con la habitación de Cristián Barros, director general del Ministerio de Relaciones Exteriores de Chile. Le dijo que llamara a Santiago para pedir el número del embajador Artaza en Londres. Mientras Barros lo intentaba, la operadora del hotel llamaba a Fernández. Tenía una comunicación de Londres.

—Soy Mario Artaza, Mariano.

—Mario...

—Han arrestado a Pinochet.

— ¡Diablos, es verdad!

—Llamé a José Miguel Insulza hace una hora, pero a ti no pude localizarte, porque fui a la clínica. No te imaginas lo que ha sido esto.

—Se lo voy a contar al presidente —dijo Fernández.

—Yo estoy al habla con José Miguel.

—El caso es que la ministra de Asuntos Exteriores de México, Rosario Green, me dijo, al término de la cena, que le iban a detener. Si hay alguna novedad, llámame. Intentaré hablar con José Miguel. Tengo que ver al presidente cuanto antes.

Mariano Fernández llamó a su país y habló con Insulza. Luego se puso en contacto con Sergio Pizarro, embajador chileno en Madrid, a quien despertó con la noticia en su residencia de la calle de Jenner. Él y Cristián Barros fueron a la *suite* de Frei, en el mismo hotel Méridien.

—Presidente, han detenido a Pinochet en Londres. Me ha llamado el embajador Artaza. Sobre las once, la policía se presentó en la clínica y procedió a arrestarlo con una orden del juez Garzón. Hablé un minuto con José Miguel Insulza —dijo Fernández.

Frei no podía creerlo.

—No hay precedentes de algo así. Pinochet tiene inmunidad diplomática.

Fernández le explicó que, al término de la cena, la ministra mexicana Rosario Green ya conocía la noticia. Si ella lo sabía, los españoles tenían que estar informados. Y no habían dicho nada.

El presidente pidió que le pusieran con el ministro de Relaciones Exteriores, José Miguel Insulza, en Santiago. Los dos, Frei y Fernández, hablaron con el canciller. Como el presidente del Gobierno español, José María Aznar, llegaba a Oporto al día siguiente, sábado 17, resolvieron esperar a primera hora para solicitar una reunión urgente.

Abel Matutes regresó a su hotel y pensó que quizá debía llamar a Aznar a la Moncloa. Pero ya era más de la una de la madrugada. Decidió que era mejor hablar del asunto a la mañana siguiente. Intentó localizar a su subsecretario, José de Carvajal, en Madrid, pero no lo encontró. La mejor opción era llamarlo por la mañana temprano y pedirle un informe de los servicios jurídicos; después, ya con más información, iría al aeropuerto para esperar a Aznar. El arresto de Pinochet no le quitaría el sueño. Al menos, esa primera noche.

En Santiago, el ministro Insulza estaba envuelto en una actividad frenética. Consultó con abogados y juristas. El director económico de la cancillería, Juan Gabriel Valdés, fue al despacho de Insulza para seguir el asunto. Los funcionarios iban y venían. Valdés estuvo un rato intentando hacerse una idea de lo que podía estar ocurriendo. Al cabo de unos instantes, dijo:

—José Miguel, me voy a casa, creo que aquí no tengo nada que hacer.

—Sí, es mejor que te vayas. Este tema te va a tocar más tarde.

Valdés se quedó sorprendido con la extraña frase y se marchó. Insulza estaba invitado al programa de la Televisión Nacional *Medianoche*; decidió que, a pesar del arresto de Pinochet —todavía era un secreto—, debía conceder la entrevista. Al aludir a una pregunta sobre el viaje de Pinochet al Reino Unido y su posible interrogatorio por el juez español, dijo que el general había viajado con pasaporte diplomático y con una misión especial. Según explicó, el general estaba protegido por una especie de doble inmunidad.

Pero no sólo el Gobierno chileno conocía los hechos. El agregado militar chileno en Londres, Óscar Izurieta, llamó tras conocer la noticia del arresto a Santiago, donde informó al comandante José Miguel Latorre, que ejercía como contacto entre Pinochet y el aparato de seguridad del general en Santiago. Latorre a su vez informó a uno de los directores de la Fundación Pinochet, el general retirado Luis Cortés Villa, quien llamó de inmediato a Hernán Guiloff, vicepresidente de la Fundación Pinochet.

La periodista política de *El Mercurio*, Jenny del Río, que mantenía excelentes relaciones con los militares, estaba cenando cuando la llamaron por teléfono. Pinochet, le dijeron, había sido detenido en Londres. Las fuentes, militares, eran de fiar.

El periódico chileno llevó la noticia a la portada de su edición del sábado 17 de octubre, pero no utilizó ninguna de las dos palabras que definían la situación del general —arresto o detención— y, dada la confusión reinante, prefirió usar un verbo respetuoso con el general, y a la vez más ambiguo: «Retenido Pinochet en clínica de Londres».

Capítulo 48

«Presidente, han detenido a Pinochet»

El subsecretario chileno Mariano Fernández llamó por teléfono al ministro Abel Matutes a primera hora del sábado 17 al hotel Porto Palacio. Le pusieron con la habitación 1821. Fernández se despachó con el arresto de Pinochet y le urgió, en nombre de Frei, a celebrar una reunión inmediata entre su presidente y José María Aznar. Matutes le dijo que iba a recoger al presidente y que más tarde se verían.

Matutes se reunió luego con su jefe de gabinete, Santiago Cabanas. Llamaron a Madrid al subsecretario, José de Carvajal, para que pidiera un informe sobre el aspecto jurídico del caso.

—Santiago, encárgate de ello. Antes de nada, yo me voy al aeropuerto a esperar al presidente. No quiero que tenga ninguna sorpresa desagradable con esta noticia.

Esa mañana, mientras Matutes esperaba a Aznar en el aeropuerto, Fernando Villalonga y Eduardo Gutiérrez se reunieron con el subsecretario Fernández, quien les reprochó que no le hubieran avisado de la detención cuando, según le constaba, lo habían sabido la noche anterior. Gutiérrez no tenía la menor idea del asunto.

En el barrio de Chelsea, en Londres, un telefonazo había despertado temprano a Peter Schaad en su casa. El capitán Gana, miembro del séquito del general, le comunicó que Pinochet había sido arrestado por orden de un juez español. Schaad se ofreció para buscar un buen abogado y el capitán dejó esas negociaciones en sus manos.

Schaad tenía un amigo llamado Dorian Lovell-Pank. Era un Queen Counsel (QC), o abogado de la Reina, como llaman a los letrados nombrados a propuesta del lord Chancellor, el dignatario de justicia más importante en el Reino Unido y miembro del

Gobierno. Estos abogados, llamados *barristers*, están asociados en varios colegios que gozan de una habilitación exclusiva para presentar los casos ante los tribunales. Los bufetes tienen, pues, que acudir a los *barristers*.

Dorian Lovell-Pank le recomendó que llamara al abogado Michael Caplan, del bufete Kingsley & Napley, y le dio su teléfono. Schaad llamó a Óscar Izurieta y le sugirió que se pusieran en contacto con el abogado. Más tarde, el agregado militar le dijo que el Ejército chileno había sugerido desde Santiago el mismo bufete. Kingsley & Napley ya había sido consultado en octubre de 1994 por el agregado militar de la época, el general Juan Carlos Salgado. Aquel año, Amnistía Internacional había solicitado a la policía británica el arresto de Pinochet durante una de sus visitas. El general, alertado por el embajador chileno, Hernán Errázuriz Talavera, evitó cualquier riesgo y se marchó precipitadamente del Reino Unido en la madrugada del 14 de junio de 1994.

En Madrid, Joan Garcés acudió la mañana del sábado a su despacho de la madrileña calle de Alfonso XII, encendió el ordenador y conectó con Internet. Ni la prensa española ni la británica recogían noticia alguna sobre la detención de Pinochet. Tecleó enseguida la dirección de la edición electrónica del periódico *El Mercurio*. El titular decía: «Retenido Pinochet en clínica de Londres». Según la información, «éste se encuentra retenido en una clínica privada en Londres por decisión de un juez de esa ciudad». La noticia tenía su origen, decía, en fuentes cercanas a Pinochet. Y añadía: «Unas dos o tres personas se presentaron en el recinto médico donde está internado el ex comandante en jefe, tras haber sido operado de una hernia lumbar la semana pasada, para entregar la notificación correspondiente». A medida que leía la noticia, Garcés no pudo contener su alegría.

En las primeras declaraciones posteriores al arresto, el ministro de Relaciones Exteriores, José Miguel Insulza, dijo que Pinochet había viajado con pasaporte diplomático y que tenía inmunidad. Uno de los periodistas del grupo que le esperaba en el Ministerio insistió:

—Señor ministro, ¿qué saben ustedes de la misión especial del senador Pinochet?

Insulza tenía la respuesta.

—Mire, por favor, si lo que nosotros sabemos es que él se iba a operar de la columna, eso es lo que sabemos. —Y apuntilló—: ¿Usted quiere que le invente una misión especial? No se la voy a inventar.

En esa línea, el ministro secretario general de la Presidencia chilena, John Biehl, también habló de la salud: «Lo ha declarado ya nuestro canciller. El senador Pinochet viaja con pasaporte diplomático, tiene inmunidad y no puede ser detenido. En lo que a mí respecta, es un ciudadano chileno que se fue a operar en el exterior y que está pasando por un momento complicado. Se trata de un asunto personal. Dejémoslo tranquilo».

Garcés, tras leer la noticia de la «retención» de Pinochet, sintió el deseo de hablar inmediatamente con Isabel Allende para comentar la noticia. Pero, claro, era muy temprano en Chile. Lo dejó para más tarde. Poco después, esa misma mañana, supo que el juez Garzón preparaba su regreso a Madrid. Había mucho trabajo por delante. Garzón ya tenía en la cabeza la idea de ampliar la orden de arresto para completar los hechos y profundizar los razonamientos jurídicos.

Garcés marcó un número de teléfono. Su interlocutor todavía estaba en la cama.

—Sí, diga.

—Carlos, soy Joan. Joan Garcés.

—Hola.

— ¡Le han detenido!

— ¿A quién han detenido?

— ¡A Pinochet, hombre!

—No puede ser.

—Sí, sí. Ha sido anoche. Ayer solicitamos la orden de detención. El juez Garzón la mandó a primera hora de la tarde.

—Es increíble, Joan. Estás hablando en serio, ¿no?

—Sí, sí. Carlos, es necesario cumplir una serie de pasos. El juez está fuera de Madrid pero va a regresar. ¿Puedes venir a mi despacho?

Era el fiscal Carlos Castresana. Se vistió sin pérdida de tiempo y se presentó en el bufete de Garcés.

Joan llamó a Enrique de Santiago, que había escuchado la noticia en Radio 5, y le pidió que fuera a su despacho. A una hora todavía temprana, pero algo más razonable, llamó a Isabel Allende y le contó los detalles de lo sucedido.

Poco antes de las once de la mañana, José María Aznar y su esposa, Ana Botella, salieron en helicóptero del Palacio de la Moncloa. Mientras recorrían el trayecto hacia Barajas, el corresponsal de Radio Nacional de España en el Reino Unido, Marcelino Blanes, entró en el boletín informativo de Radio 5 y dio, a las once y cinco, la noticia del arresto. Blanes estaba en el aeropuerto de Belfast, Irlanda del Norte, esperando un avión cuando recibió una llamada de su colega Juan Carlos Gumucio, corresponsal de *El País* en Londres, quien le advirtió de que la BBC acababa de informar sobre la detención.

Pero ni Aznar ni su comitiva escucharon la noticia. Con Aznar viajaban su jefe de gabinete, Carlos Aragonés, el secretario general de la Presidencia, Javier Zarzalejos, el director del departamento de internacional y seguridad de Presidencia, Ramón Gil Casares, el secretario de Estado de Comunicación, Pedro Antonio Martín Marín y el ayudante del presidente, el diplomático Rafael Reig.

El fiscal jefe de la Audiencia Nacional, Eduardo Fungairiño, estaba en casa cuando conoció la noticia. Necesitaba confirmarla y llamó al fiscal general del Estado, Jesús Cardenal, pero no pudo dar con él. Entonces se comunicó con la ministra de Justicia, Margarita Mariscal de Gante, que tampoco había escuchado la radio. Fungairiño le contó lo poco que sabía y le dijo que la telefonearía más tarde, después de hacer algunas llamadas.

La ministra, por su parte, llamó a Clemente Auger, presidente de la Audiencia Nacional, a su domicilio particular. El magistrado no tenía, reglamentariamente hablando, por qué saberlo, pero solía estar bien informado.

—Clemente, parece que han arrestado a Pinochet en Londres. ¿Sabes algo?

—Es la primera noticia que tengo. Me sorprende. No sé nada. Pero voy a ver si localizo a Garzón.

Auger llamó al juez a su teléfono móvil. Estaba desconectado. Insistió. Dejó pasar unos minutos. Pero no le contestaban. Volvió a llamar a la ministra. Lo único que había conseguido averiguar era que el juez estaba fuera de Madrid. Su teléfono móvil estaba desconectado. Prometió llamar más tarde.

En Interpol Madrid, todavía no había noticias de Londres. El comisario Fernández Cobos y el inspector López de Arenosa recibieron en la embajada española en Londres una confirmación de la policía metropolitana sobre las once de la mañana. Eran las doce en Madrid. Hablaron con Madrid. Pusieron al corriente a Interpol y también al comisario Jesús Espigares. El inspector Casimiro García Barroso intentó localizar al juez Garzón, pero su teléfono móvil seguía desconectado.

Eduardo Fungairiño confirmó la información en Interpol Madrid. Colgó y llamó a Margarita Mariscal de Gante.

—Ministra, ya lo he confirmado. Garzón envió la orden de arresto con vistas a la extradición de Pinochet vía urgente a Interpol Londres. La detención se produjo anoche en un hospital. Quiero que sepas que la fiscalía va a presentar hoy mismo un recurso contra la orden de arresto.

Ya eran más de las doce y cuarto cuando la ministra decidió llamar al presidente del Gobierno. No sabía si alguien se lo había comunicado, pero, en todo caso, debía asegurarse. Desde su casa, pidió al Ministerio de Justicia que llamaran al gabinete telegráfico del Palacio de la Moncloa.

—El presidente está volando hacia Oporto.

—Necesito que se le envíe un mensaje. Tengo que informarle de un asunto muy importante. Que no hable con nadie antes de llamarme.

La ministra llamó al portavoz del Gobierno, Josep Piqué que estaba en Barcelona.

—Han detenido a Pinochet —le dijo.

—No me jodas —reaccionó Piqué.

En Londres, la escueta noticia inicial de la BBC generó una aluvión de rumores. En un salón de la London School of Economics, donde se desarrollaba la segunda sesión del Festival de Derechos Humanos de Amnistía Internacional, Michael O'Brien, ministro de Estado para refugiados en el Ministerio del Interior se dirigía al público. En la segunda fila, Andy McEntee sintió una vibración en su cinturón. El busca le avisaba de que había llegado un mensaje. Era de Vicente Alegría. Sólo decía: «The gentleman has been arrested».

McEntee sabía que no podía ser una broma. ¿Qué hacer? El ministro estaba hablando. No podía abandonar la sala. Decidió acercarse a la puerta con disimulo. Una vez fuera del salón de conferencias, buscó un teléfono. Hizo varias llamadas. Enfrente se hallaba la sede de la BBC. Cruzó y preguntó si sabían algo.

Todos sus interlocutores habían escuchado la noticia, pero nadie conocía los detalles. Regresó al festival y se quedó junto con los tres responsables de prensa. Allí, finalmente, localizó a Alegría. Nos vamos, dijo Alegría, a la London Clinic para hacer guardia en la puerta.

Abel Matutes, Raúl Morodo, embajador español en Portugal, y José Lello, ministro para las Comunidades Portuguesas, esperaban en el aeropuerto Sá Carneiro el avión de Madrid en el que llegaba Aznar. Cuando aterrizó, eran las once y veinte minutos, hora de Oporto.

Los tres se acercaron hasta la escalerilla del avión. Matutes quería informar a Aznar del arresto. Ignoraba si la prensa ya conocía los hechos. Pero no le comentó la noticia al embajador Morodo.

El ministro luso, a cargo del protocolo, subió, dio la bienvenida y bajó con el presidente y su esposa.

Matutes, junto al rostro de ambos, dijo:

—Presidente, han detenido a Pinochet.

Aznar, frío, pudo disimular mal su asombro. Le miró con cara de preguntar que más sabía. Matutes prosiguió:

—Lo supe anoche, muy tarde. El juez Garzón cursó ayer por la tarde una orden de arresto a Londres con intención de solicitar su extradición: lo detuvieron en un hospital. No te quise llamar porque ya poco se podía hacer. Quería tener un informe. Mi gente ha hablado en Madrid con la abogada del Estado. Si el juez solicita la extradición, nuestro margen de maniobra es nulo. No podemos negarnos. Creo que la actitud ante la prensa debería ser muy prudente. La orden de arresto ha sido cursada por un juez.

Aznar reflexionaba. Estaba pendiente de la llegada del avión que traía a los Reyes.

—Abel, el avión del Rey llega ahora. Vamos a decírselo.

A las once y media aterrizaba el avión en el que viajaban los Reyes. Aznar y Matutes, después de los saludos de rigor, aprovecharon un momento para informarle. Aznar dijo:

—Han detenido a Pinochet en Londres, majestad.

El Rey se quedó helado. Aznar y Matutes precisaron que Pinochet estaba en un hospital y que el juez Garzón había cursado una orden de arresto la tarde anterior con vistas a su extradición.

—Hay que hablar con los chilenos y explicarles abiertamente lo que pasa, darles toda la información.

Clemente Auger logró por fin hablar con Garzón. La ministra de Justicia, le explicó, intentaba desde hacía horas confirmar la detención de Pinochet. Todos estaban tratando de averiguar qué ocurría.

Garzón le interrumpió.

—Escucha Clemente...

Auger siguió hablando.

—La ministra quiere confirmar la noticia porque tiene que hablar con Aznar. Te he llamado al móvil pero está desconectado...

—Clemente, escúchame un momento.

—Sí, dime.

—Te llamé anoche a casa después de las doce para avisarte. Pero nadie contestaba.

—Anoche salimos, sí.

—Por eso. Decidí cursar la orden ayer por la tarde al recibir un fax desde Londres. Me pedían que les aclarara urgentemente lo que pensaba hacer tras solicitar la comisión rogatoria para tomar declaración a Pinochet. Un magistrado británico ordenó después el arresto. Según la ley, hay cuarenta días para solicitar la extradición.

El ministro del Interior, Jaime Mayor Oreja, acudía aquella mañana a El Ciego, en Álava, donde estaba invitado a participar en un acto electoral previsto en una bodega. Si bien estaba al corriente desde la noche anterior, por el aldabonazo del director general de la Policía, Juan Cotino, escuchó la noticia por la radio. Llamó al secretario de Estado de Seguridad, Ricardo Martín Fluxá, a Madrid.

—Ricardo, han arrestado a Pinochet.

— ¿Ah, sí? No sabía nada.

—Oye, ayer en el desayuno el juez no dijo absolutamente nada... Tú te quedaste un rato más con él...

—Ni palabra.

Pocos minutos después, uno de los escoltas del ministro atendió el teléfono móvil. Telepatía pura. El escolta avisó al ministro: era el juez Baltasar Garzón. Mayor Oreja se apartó de sus anfitriones y cogió el teléfono.

—Jaime —dijo el juez—, quería decirte que se me olvidó contarte ayer, en el desayuno, que iba a cursar la orden de detención de Pinochet. Todavía no estaba hecha. Me informaron más tarde de que este hombre podía abandonar el Reino Unido de modo que cursé la orden a primera hora de la tarde.

Mayor Oreja sonrío para sí mismo. Era un olvido muy significativo.

—No sabes cuánto te agradezco que me llames.

—Oye, he oído que el presidente está en Oporto. Me parece que nadie sabe por dónde van los tiros. Si quieres, coméntaselo.

—Bien; gracias, Baltasar.

Aznar y su esposa llegaron en el coche oficial al hotel Porto Palacio, donde se alojaba la delegación española. También allí se hospedaban los Reyes y Fidel Castro.

La primera actividad del presidente del Gobierno español era una reunión —acordada dos días antes— con el presidente cubano para repasar la relación bilateral entre ambos países.

Ya en el hotel, Aznar y Ramón Gil Casares esperaban la llegada de Fidel Castro y de su ministro de Relaciones Exteriores, Felipe Pérez Roque, que estaban retrasados.

El teléfono de Rafael Reig, ayudante del presidente, sonó. Era el gabinete de la Moncloa. La ministra Margarita Mariscal de Gante estaba en línea. Necesitaba hablar urgentemente con el presidente. Reig pasó la llamada de la ministra al presidente.

—Sí, dime, Margarita.

—Presidente, anoche detuvieron a Pinochet en Londres. Llamé esta mañana a Moncloa, pero me dijeron que ya estabas en vuelo.

—Ajá. Bueno, ya hablaremos. Muchas gracias.

La ministra se quedó algo cortada. Tuvo la sensación de ser la primera en darle la noticia. Un par de minutos después la llamaban por teléfono. Era Aznar.

—Margarita, has dicho que arrestaron a Pinochet.

—Sí, presidente.

—¿Tienes detalles?

—El juez Garzón cursó a través de Interpol una orden de arresto. La policía británica ejecutó la orden anoche en una clínica donde Pinochet se recuperaba de una operación. Hablé con Clemente

Auger para que intentara hablar con Garzón, pero no está en Madrid. Eduardo Fungairiño me acaba de decir que va a recurrir la orden de arresto por falta de jurisdicción.

Aznar esperó a Fidel Castro en el rellano del ascensor. Y, enseguida, cara a cara, ya sentados en un salón, Aznar informó a Castro de que Pinochet había sido detenido en Londres y explicó que el juez Garzón había cursado una orden de arresto en el marco del procedimiento de la Audiencia Nacional.

—Hay quien todavía cree en una revolución internacionalista —dijo con aire pragmático Castro.

Tras la entrevista, Castro y Aznar salieron y se acercaron a una gran sala. Había periodistas, fotógrafos, embajadores y funcionarios. Todos esperaban alguna declaración. Un periodista recibió en su teléfono móvil una llamada y pronunció la palabra Pinochet. La noticia del arresto de Pinochet comenzó a ser la comidilla. El embajador español en Portugal, Raúl Morodo, se enteró en ese momento.

Castro, y Aznar se colocaron ante la prensa. Tenían prisa. Cada uno debía acudir a un almuerzo de trabajo con un grupo diferente de países. Castro se hizo el distraído.

—¿Es cierto que han retenido legalmente a Pinochet en Londres? —preguntó el presidente cubano—. ¿Quién tomó la decisión?

Un periodista gritó:

—Un juez...

Castro interrumpió:

—Un juez...

—Un juez español —dijo otro periodista.

—¡Ah! Los jueces españoles. Pero ellos no pueden tomar la decisión allá en el Reino Unido. Me interesa mucho esto —subrayó.

Y cuando ya parecía marcharse, se detuvo.

—Pero yo tengo entendido que Pinochet ha colaborado con Gran Bretaña en la guerra de las Malvinas —dijo, sin disimular su desconcierto.

Aznar, a su lado, siguió mudo el desarrollo de la escena. Los periodistas le formularon una pregunta sobre el arresto de Pinochet, pero el presidente del Gobierno español la ignoró.

Matutes se reunió, después, con Mariano Fernández. Le explicó que el juez Garzón había cursado la orden de arresto y que el Gobierno era completamente ajeno al procedimiento judicial. Acordaron que, durante la tarde, a caballo entre las reuniones bilaterales previstas, Aznar y Frei celebrarían un encuentro.

A esas alturas, en Londres, una mujer, portavoz de New Scotland Yard, declaró: «Puedo confirmar que un hombre de 82 años ha sido arrestado avanzada la noche del 16 de octubre de acuerdo con una orden de arresto para extradición. Ésta alega que entre el 11 de septiembre de 1973 y el 31 de diciembre de 1983, dentro de la jurisdicción del juzgado número 5 de la Audiencia Nacional, el detenido asesinó a ciudadanos españoles en Chile dentro de la jurisidicción del Gobierno de España. El arresto ha tenido lugar a petición de las autoridades españolas».

Al conocer la noticia, el fiscal Ignacio Peláez llamó al juez García-Castellón.

—¡Vaya bomba! —exclamó el fiscal—. Acabo de enterarme.

—Ha sido Garzón. Envió ayer una orden de detención internacional.

—Sí, vamos a recurrirla. Y tú, ¿qué vas a hacer con la comisión rogatoria que pensabas cursar?

—Nada, no se ha enviado.

—Ah, ¿pero qué harás?

—Que se quede con todo el sumario de Chile Baltasar. Es lo que quiere, ¿no? Me inhibo y ya está.

—Entiendo. ¿Y cuando piensas hacerlo? —preguntó el fiscal.

—El lunes mismo. Hablaré antes con Clemente.

El tono de García-Castellón no era de resentimiento. Ya desde comienzos de semana, el juez consideraba que, si alguien podía hacerse cargo del asunto, esa persona no era él sino Garzón. Ahora, después de la detención, volvía a pensar que él nunca habría cursado esa orden de arresto. Y repasaba los fundamentos que utilizaría en su auto de inhibición a favor del juzgado número 5.

Aznar y Frei, finalmente, se vieron las caras. Matutes y Fernández hicieron de escuderos.

Aznar se explicó:

—Eduardo, me he enterado de la detención esta mañana.

Frei pensó, erróneamente, que Aznar le mentía. Tragó quina, y no hizo preguntas. Quería que le resolvieran el problema.

El presidente chileno puso de manifiesto que la situación desembocaría en una crisis entre ambos países. Lo importante era buscar una solución. José María Aznar le explicó que la orden de arresto había sido una decisión judicial y que, ante eso, poco podía hacerse. De todos modos, subrayó:

—Dentro de nuestra competencia, estamos dispuestos a ayudaros.

Eduardo Frei le recordó al presidente español que su país estaba atravesando un periodo de transición y que España no era quién para dar lecciones sobre torturadores y asesinos.

—Vamos a tener que decirlo así —amenazó el presidente chileno.

—Eduardo, yo lo comprendo y me hago cargo. Pero nosotros tenemos que respetar las decisiones judiciales. La fiscalía va a recurrir la orden de detención del juez. Pero vosotros podéis expresar vuestra posición. Y que sepáis una cosa: si criticáis a la Justicia o a España, ni yo ni mis ministros vamos a responder. Lo entenderé.

Aznar se resistió a hacer una valoración del arresto. Sólo al día siguiente, el domingo, cuando compareció para dar cuenta de los trabajos de la Conferencia, aludió al asunto. Y no ocultó su esfuerzo por ser conciliador con Frei.

—Espero el respeto por parte de todos. Estamos ante un asunto que no sólo afecta a personas, sino a sensibilidades diferentes y que afecta también a países distintos que tienen derecho a decir lo que opinan, e incluso a decir cosas de España —señaló Aznar.

Matutes, al hablar con los medios de comunicación, declaró: «En estos momentos es mejor no hacer ninguna valoración sobre el arresto». La prensa preguntó si el Gobierno cursaría una previsible solicitud de extradición de Pinochet: «Eso es una hipótesis. El Gobierno es respetuoso con las actuaciones de los órganos judiciales y obraremos siempre en consecuencia», respondió. Y se apresuró a precisar: «El fiscal solicita que se anule la orden de detención».

Frei, pendiente de hablar con Insulza en Santiago, decidió postergar una comparecencia ante los medios de comunicación. Tenía que ganar tiempo hasta conocer, por ejemplo, cuál era la actitud del Reino Unido. El subsecretario Mariano Fernández preparó un comunicado oficial con la posición chilena. Una portavoz informó, sólo a los medios chilenos, de que el Gobierno de Frei haría llegar una protesta al Gobierno del Reino Unido. «El senador Pinochet tenía pasaporte diplomático», señaló. Enfatizó también que existía un acuerdo con el resto de países latinoamericanos y España «contra la aplicación extraterritorial de las leyes».

En su despacho, Joan Garcés repartía su tiempo: atendía las preguntas de la prensa y la televisión extranjera y elaboraba un nuevo escrito para incluir una lista más amplia de víctimas de la «Operación Cóndor» en la querella. Su esposa, Franchesca Durán, chilena, le ayudaba con los medios de comunicación. Un grupo de traductoras comenzó a redactar en inglés los casos de las víctimas para enviar, vía el juzgado número 5, a Londres.
Castresana llegó enseguida. Garcés consultó con él las características del nuevo escrito.
—Se necesitan los datos de filiación —dijo Castresana.
—Sí, he preguntado en Chile, pero no he podido conseguirlos.
Garcés recordó que en su despacho había una fotocopia del libro de Pinochet *El día decisivo*, de la Editorial Andrés Bello, y una copia del *Libro Blanco* editado por la Junta Militar tras el golpe del 11 de septiembre de 1973, en los cuales había una ficha con las señas de identidad del general, elaborada presuntamente por un Servicio de Inteligencia en época de Salvador Allende. Buscó allí los datos que precisaba.
En el índice del libro firmado por Pinochet, en los anexos, página 171, decía: «Tarjeta de identidad personal del adversario». ¡Bingo! Con los datos de filiación y noventa y cuatro casos de personas que habían sido víctimas de la represión de la «Operación Cóndor», detenidos desaparecidos y asesinados, Garcés y De Santiago elaboraron una nuevo escrito de ampliación de la querella admitida a trámite por el juez el día anterior.
Esa tarde del sábado 17 de octubre de 1998, los dos abogados firmaron conjuntamente el documento y se despidieron hasta el día siguiente. Era la primera vez que las firmas de ambos aparecían en un escrito. A las dos de la tarde del domingo 18 volverían al juzgado número 5.
En Londres, el Festival de Derechos Humanos de Amnistía Internacional reunía a todos los participantes en una recepción convocada en la Royal Commonwealth Society. El brindis fue un acto de celebración del arresto de Pinochet. Andy McEntee, que había dedicado la tarde a explicar a la prensa la posición de Amnistía

Internacional ante el caso, aprovechó después para llamar a Madrid. Felicitó a Joan Garcés. El abogado español le señaló que la repercusión de los hechos era excepcional.

—He atendido llamadas de periódicos y televisión durante todo el día. Hay que asegurar este gran triunfo en los tribunales.

McEntee afirmó que el revuelo se mantendría durante todo el fin de semana ya que los tribunales permanecían cerrados a cal y canto. Joan Garcés le preguntó si Amnistía Internacional contaba con un equipo de traductores.

—No tenemos un equipo fijo —contestó Andy—, pero podemos contar con gente que, por solidaridad, nos ayuda. Puedo informarme.

—Bien, necesitamos traducir gran cantidad de material. Hay muchos datos en el informe Rettig. En cualquier caso, podríamos empezar a enviar documentación el lunes.

CAPÍTULO 49

La falsa misión especial

José Miguel Insulza había dejado pasar el golpe de la detención de Pinochet y no habló con Cook la noche del viernes 16. Perro viejo, el canciller necesitaba pensar y organizar alguna estrategia. Alguien debía salir inmediatamente hacia Londres para reforzar los contactos del embajador Artaza. La decisión, después de una reunión con sus asesores jurídicos de la cancillería a primera hora del sábado 17, recayó en el abogado y miembro del cuerpo diplomático Santiago Benadava. Viajaría al Reino Unido en calidad de asesor.

Insulza llamó finalmente a Cook. Le dijo que Pinochet había ingresado en el Reino Unido con pasaporte diplomático y que ello le daba derecho a inmunidad frente a cualquier procedimiento penal. Cook, que había revisado el asunto en la tarde del viernes con Tony Lloyd, antes del arresto, replicó que no existía ninguna base para que se pudiera hablar de inmunidad. El señor Pinochet, dijo Cook, es un ciudadano privado que no está protegido frente a la acción de la policía en el Reino Unido. Si bien como senador vitalicio había viajado con pasaporte diplomático, ello no le otorgaba inmunidad diplomática. Para ello, le recordó, se debía acreditar una misión especial en el Reino Unido.

Sería difícil, eso lo sabía muy bien el canciller chileno, enredar a Cook.

Insistió en que el pasaporte con el cual Pinochet había entrado en el Reino Unido era un documento diplomático y que, además, un decreto oficial le confería el *status* de embajador plenipotenciario en misión especial. Cook dijo que podía ser así, y que ése no era el punto en discusión. Lo que contaba para Londres, subrayó, era la debida acreditación de esa misión, como correspondía. Y en el departamento de Protocolo del Foreign Office no constaba que el Gobierno chileno hubiera formalizado dicha acreditación.

El canciller chileno intentó transitar otro camino. Ambos ministros pertenecían a dos partidos afiliados a la misma organización, la Internacional Socialista. Insulza, pues, explicó a Cook que el arresto implicaba reabrir tensiones internas con las Fuerzas Armadas en un momento en que Pinochet estaba en retirada total y que las consecuencias eran muy negativas para el proceso político chileno, ya que la derecha reagruparía sus fuerzas contra el Gobierno de la concertación. Cook, como si oyera llover, a lo que sin duda estaba muy acostumbrado, apuntó que el tema estaba en la esfera del Ministerio del Interior. No obstante, Insulza le anticipó que enviaría a Londres un asesor de la cancillería con el decreto sobre la misión especial y otros documentos más recientes de la Contraloría General de la República.

Insulza pudo saber, pues, que los británicos no se tomarían en serio la añagaza de la misión especial. Tendría, por tanto, que andarse con cautela. Una cosa era fingir un enfado, y otra desencadenar una virulenta guerra de declaraciones con el Reino Unido. Por otra parte, Insulza sabía que el alcance de su posición tenía límites. Tanto la convención de Viena como la de misiones especiales de Nueva York estipulan que, en caso de conflicto, las partes deben dirimir sus diferencias en el Tribunal Internacional de Justicia de La Haya. Si el Gobierno chileno quería, podía presentar una demanda en dicho tribunal.

Insulza convocó por la tarde, en Santiago, a la embajadora del Reino Unido, Glynne Evans, para entregarle la nota de protesta. Después de su conversación con Cook, era su segundo contacto con los británicos. Pero la embajadora Evans no le podía servir de ayuda. Más bien era un testigo de cargo de la falsa misión especial. Su segundo, David Roberts, le había informado acerca de la visita de los colaboradores de Pinochet a la embajada, en los primeros días de septiembre de 1998, para anunciar su próximo viaje de carácter privado mientras ella se encontraba de vacaciones. Insulza, pues, no tenía ningún margen de maniobra con la señora Evans.

Veinte minutos después de entrar al despacho del ministro, la embajadora salía sin pronunciar palabra. La cancillería, a su vez, difundía un comunicado. Carecía de cualquier atisbo de agresividad y casi se limitaba a traducir al español la versión de la policía británica: «El magistrado metropolitano del área de Londres, señor Nicholas Evans, ha emitido una orden de arresto preventivo contra el senador Augusto Pinochet Ugarte por petición del quinto juzgado central de la Audiencia Nacional de Madrid, el cual sostiene que el senador ha cometido delitos extraditables de acuerdo a la jurisdicción española. El Gobierno de Chile está presentando una protesta formal ante el Gobierno británico por lo que se considera una violación de la inmunidad diplomática, de la cual goza el senador Pinochet, exigiendo que se adopten los pasos que permitan poner pronto término a esta situación». Ni atisbo acerca de la falsa misión especial.

Augusto Pinochet Hiriart, hijo del general, convocó una manifestación ante la embajada británica para expresar el rechazo al arresto. Un grupo de cuatrocientas personas se reunieron, lanzaron huevos contra la fachada de la embajada y se trasladaron después a la sede diplomática española, a tres calles de allí, en el barrio de Las Condes, donde rompieron cristales y dañaron las rejas que rodean el edificio.

El hijo de Pinochet explicó a los manifestantes que el subsecretario Mariano Fernández le había llamado desde Oporto para informarle de las gestiones que realizaba el Gobierno. Y añadió algo más. Su padre, dijo, había viajado a Europa por propia voluntad, en un viaje de placer.

El Ejército chileno difundió ese mismo día un comunicado. Según decía, «el Estado de Chile se ha pronunciado oficialmente en el sentido de que los tribunales españoles carecen de competencia y jurisdicción para conocer los hechos ocurridos en otros Estados». Al mismo tiempo, recordaba que «el ex presidente de la República se encuentra acreditado como embajador extraordinario y plenipotenciario en misión especial del Gobierno de Chile en el Reino Unido, según consta en su pasaporte diplomático». Y señalaba que «el Ejército de Chile ha manifestado la gravedad de estos hechos por los conductos correspondientes a las autoridades del Gobierno a fin de que se adopten las medidas destinadas a superar la injusta e insólita situación a la que ha sido sometido su ex comandante en jefe».

El Partido Socialista chileno expresó su satisfacción por el arresto. El senador Ricardo Núñez, presidente del partido, advirtió que Chile debía respetar las actuaciones de los tribunales europeos, y la diputada Isabel Allende apoyó claramente la detención.

Ricardo Lagos, cuyas declaraciones se esperaban con mucho interés, dijo que el arresto era un «hecho netamente jurídico» y expresó su confianza en que no afectara a las relaciones de Chile con el Reino Unido y España. «La situación creada por la detención de Pinochet en Inglaterra es consecuencia de la indignación que crearon en Chile y en el mundo las violaciones de los derechos humanos durante su régimen. El principal responsable de la situación que lo afecta es el propio senador Pinochet». El presidente del Partido por la Democracia (PPD), Sergio Bitar, sostuvo que el arresto no debía involucrar o afectar al país ni a sus instituciones. «El hijo del general, Augusto Pinochet Hiriart, echó por tierra los argumentos de la cancillería, al decir que su padre viajó por su propia voluntad», subrayó. Los diputados de la Democracia Cristiana Andrés Palma, Tomás Jocelyn-Holt, Edgardo Riveros, Patricio Walker y Gabriel Ascencio señalaron que la justicia internacional podía «castigar el genocidio y los crímenes contra la Humanidad en cualquier parte del mundo». Pablo Longueira, presidente de la Unión Demócrata Independiente (UDI), el partido de la derecha, declaró antes de salir hacia Londres, que el arresto era una «ofensa a todos los chilenos». Ya en el Reino Unido, dijo que Pinochet «está bajo la protección de la inmunidad que se confiere a un ex presidente de la República».

Insulza, al hablar el sábado con los medios de comunicación sobre su conversación con Cook, explicó: «Creo que tenemos una discrepancia respecto al tema de la inmunidad diplomática, básicamente en el sentido de la necesaria acreditación de los diplomáticos en Londres a efectos de tener esa inmunidad. Es un asunto que vamos a ventilar con el Foreign Office y con el tribunal respectivo». Pero cuando se le preguntó si Londres había aceptado la presunta misión especial, admitió: «Nosotros no tenemos una respuesta del Gobierno británico que acoja esa misión especial». No era fácil entender cómo el Foreign Office podía admitir una acreditación que nunca había sido solicitada.

Frei habló con Insulza. Según el canciller, era mejor no enredarse públicamente en el asunto de la misión especial. Insulza prefería poner sordina sobre el asunto y enviar el documento a Londres, momento en que se podría decidir cómo afrontar el tema. En todo caso, era más adecuado hablar de la inmunidad diplomática de los parlamentarios.

Esa noche, el presidente chileno no se apartó en Oporto del libreto, y sin proponérselo, desveló a la prensa chilena, por simple omisión, hasta qué punto, la misión oficial de Pinochet era una impostura. «Nosotros hemos presentado formalmente una protesta contra el Gobierno de Inglaterra porque creemos que se está violando la inmunidad diplomática de que gozan todos los parlamentarios en Chile desde siempre y porque también hay otro principio fundamental en el derecho internacional que hemos sostenido siempre, cual es la no extraterritorialidad de la justicia. Esta situación de inmunidad diplomática protege a todos los parlamentarios. Es una ley muy antigua y creo que tiene que ser respetada», dijo.

También las misiones especiales estaban reguladas por una ley internacional, y Chile la había ratificado. Pero Frei no dijo nada de ella.

En Santiago, los abogados Miguel Álex Schweitzer y Hernán Felipe Errázuriz fueron consultados por la Fundación Pinochet. Los dos habían sido ministros de Relaciones Exteriores y embajadores durante la dictadura militar. Ambos, pues, se prepararon para viajar a Londres, al día siguiente, para iniciar la defensa legal del general arrestado.

CAPÍTULO 50

La náusea

A las siete y media de la mañana del domingo 18, en Londres, el periodista David Frost entrevistaba en su programa a Peter Mandelson, el *enfant terrible* del Gobierno laborista. El ministro de Comercio e Industria había sido uno de los grandes artífices, junto con Tony Blair, del triunfo electoral laborista de mayo de 1997. El periodista sacó a colación el tema Pinochet y recordó que el Gobierno chileno invocaba la inmunidad diplomática. Mandelson no se calló.

—La idea de que un dictador tan brutal como Pinochet pueda alegar inmunidad diplomática es algo que revuelve el estómago de la mayoría de la gente de este país —dijo.

La prensa británica había encontrado un gran filón. Alun Michael, alto cargo del Ministerio del Interior, admitió que Pinochet había entrado en el Reino Unido con pasaporte diplomático. Pero agregó: «Eso no le confiere necesariamente inmunidad diplomática». A esas alturas del drama, todos conocían su papel, grande o pequeño, en la obra.

El juez Garzón adelantó su regreso a Madrid. Citó el domingo a los oficiales de su juzgado y a los intérpretes. Un poco antes de las dos de la tarde, Joan Garcés dejó a un grupo de traductoras en su despacho. Él y Enrique de Santiago se presentaron en el juzgado número 5 con el escrito común, que proponía ampliar la querella contra Pinochet por la «Operación Cóndor».

Con aquel material, el juez elaboró un nuevo auto de detención que ampliaba el del viernes 16 de octubre, rectificaba el error deslizado al narrar la detención de Edgardo Enríquez y daba los datos de filiación de Pinochet. Según decía, la «Operación Cóndor» «concibió, desarrolló, y ejecutó un plan sistemático de detenciones ilegales (secuestros), torturas, desplazamientos forzosos de personas, asesinatos y/o desaparición de numerosas personas, incluyendo ciudadanos de Argentina, España, Reino Unido, Estados Unidos, Chile y otros Estados».

A lo largo de dieciocho folios, el escrito describía con detalle el caso de veinticinco personas, en su mayoría de nacionalidad chilena, y de forma más concisa el de otras sesenta y seis. La mayor parte de las noventa y una víctimas eran jóvenes chilenos, hombres y mujeres, que seguían desaparecidos.

En el nuevo escrito, se definía el delito de genocidio: «una serie de detenciones ilegales, seguidos en unos casos de asesinato o desapariciones de las noventa y una personas víctimas que se relacionan y que, según los testimonios y datos obrantes en la causa, fueron precedidos de torturas en cada uno de los casos y secuestro, terrorismo y torturas». El juez calificaba los hechos con los tipos penales de asesinato, detención ilegal y secuestro, terrorismo y torturas. Entre los nueve tratados internacionales invocados se citaban el Estatuto del Tribunal de Núremberg de 1945, suscrito por el Reino Unido, y la Convención contra la Tortura de Naciones Unidas de 1984. «Según tales disposiciones, aplicables en el Reino Unido, los crímenes de esta naturaleza son imprescriptibles, sus responsables no disfrutan de inmunidad diplomática ni pueden obtener estatuto de refugiado o asilo y todos los Estados del mundo están obligados a perseguirles y a colaborar en la persecución que de tales crímenes hagan otros Estados», concluía.

El material para Interpol Madrid quedó listo quince minutos después de la medianoche del 18 de octubre. Eran cuarenta y tres páginas: la orden oficial de detención del viernes 16 de octubre en inglés; la segunda orden de detención, de ese mismo día 18; un informe de ampliación de información y listados de personas desaparecidas asesinadas. Además, se incluía una foto de Pinochet, con corbata a rayas, publicada por el diario chileno *La Tercera* el 10 de octubre al informar sobre su operación en Londres. El fax del juzgado número 5 empezó a transmitir veintidós minutos después de las doce de la noche y, tras alguna interrupción, acabó, con la foto de Pinochet, a las doce y cuarenta y ocho.

A la mañana siguiente, el lunes, el inspector jefe Andrés Martorell recogió el material y avisó a Joe Ceccarelli. Al filo de las diez de la mañana, envió la nueva orden de detención aportando toda la documentación necesaria.

En el torrente de informaciones que ese día fluyó en Santiago, hubo una que la prensa registró en pocas líneas. Era toda una parábola. Carmen Soria, hija del funcionario español de Naciones Unidas Carmelo Soria, informó que desde la madrugada del domingo habían comenzado a llamar a su casa por teléfono amenazándola de muerte. Soria, secuestrado, torturado y asesinado en julio de 1976, se consideraba, entre los pinochetistas, como uno de los responsables del arresto de Pinochet. Al fin y al cabo, la orden, ¿no la había cursado un juez español?

En Oporto se clausuraba la atormentada VIII Conferencia Iberoamericana. Los jefes de Estado firmaron la llamada «Declaración de Oporto». El punto noveno decía: «Reconocemos la importancia del desarrollo progresivo de la normativa internacional sobre la responsabilidad penal del individuo por la comisión de ciertos crímenes de trascendencia internacional. En ese sentido, señalamos con interés la aprobación reciente del estatuto constitutivo del Tribunal Penal Internacional».

Dicho texto, redactado la tarde del viernes 16 de octubre de 1998, era retórica pura. Ninguno de los coordinadores de la Cumbre de Oporto, y principalmente el subsecretario de Relaciones Exteriores de Chile, Mariano Fernández, que era uno de ellos, pudo sospechar que «el desarrollo progresivo de la normativa internacional sobre la responsabilidad penal del individuo por la comisión de ciertos crímenes de trascendencia internacional» pasaba, a esas mismas horas, por el arresto de Pinochet en Londres. Una jugarreta del destino.

El lunes, día 19, Aznar era anfitrión en Bayona, provincia de Pontevedra, de una reunión de líderes de la Internacional Demócrata Cristiana. Frei se dirigió a la asamblea en tono agrio. Aznar, sentado junto a Frei con los brazos cruzados y el rostro serio, no apartó su mirada del presidente chileno. El presidente chileno se refirió a la mala memoria de España, al régimen de Franco y aludió, también, a la guerra sucia contra los terroristas de ETA.

Aznar tenía el firme propósito, como había anticipado al presidente Frei en Oporto, de no entrar al trapo. Es más, le apoyó. «Los presidentes de Argentina y Chile están marcando hitos en la consolidación de la democracia con transiciones que, naturalmente, tienen y tuvieron las singularidades propias de cada país, como nosotros las tuvimos al hacer la nuestra», dijo.

El presidente del Gobierno español volvió a reunirse en Bayona con Frei y Fernández. Les explicó una vez más que él nada había conocido sobre los antecedentes de la detención de Pinochet y que se trataba del resultado de la cooperación judicial entre las autoridades españolas y británicas.

Ante los medios de comunicación, Frei resumió lo que había dicho en la reunión de la IDC a puerta cerrada: «Los delitos que se cometen en Chile deben ser juzgados en Chile, que es un Estado de derecho. No aceptamos que se juzguen por tribunales de otros países. Éste es un juicio que se ha iniciado acá y normalmente en estos procesos tenemos mala memoria. Aquí un Gobierno duró cuarenta años, la institucionalidad actual española nace de ese Gobierno que duró cuarenta años, y no conoció los procesos sobre derechos humanos que tanto nos exigen a los países iberoamericanos». Frei no se limitó a evocar el regimen de Franco. También aludió, de manera enrevesada, a épocas más recientes. «En España existen otros procesos, como los terroristas, en los que también hay inmunidades y otras situaciones».

Frei tenía previsto trasladarse en viaje semiprivado a Madrid, donde el alcalde, José María Álvarez del Manzano, organizaba, el martes 20, un acto para inaugurar un monumento al libertador Bernardo O'Higgins. Frei aprovecharía también para visitar a una de sus hijas, residente en Madrid. Pero, en un gesto contra el Gobierno español, regresó el lunes a Oporto para volar hacia Chile al día siguiente.

Liz Franey envió la mañana del lunes 19 una carta al Ministerio del Interior en la que informaba, de conformidad con la ley de Extradición, sobre la detención de Pinochet. Según la ley, el ministro tiene la facultad de intervenir al comienzo del procedimiento si así lo considera oportuno, para anular la orden de arresto provisional.

«Escribo formalmente para informar de que un magistrado metropolitano ha dictado una orden de arresto con fecha 16 de octubre de 1998 de acuerdo con la ley de Extradición de 1989 para la detención de Augusto Pinochet Ugarte que es acusado del delito de asesinato dentro de la jurisdicción del Gobierno de España. Incluyo una copia certificada de la información en la que se ha basado la orden de arresto. El acusado fue arrestado el 16 de octubre y se calcula que la solicitud de extradición debería recibirse, en primera instancia, hacia el 1 de noviembre de 1998, el día número 18 desde su arresto».

El ministro del Interior, Jack Straw, hizo después su primera aparición en la escena del arresto. «La historia de Pinochet es bien conocida. Pero en lo que atañe a mi posición, voy a tratar esta petición de extradición por parte de España del mismo modo que trato cualquier otra solicitud de extradición», explicó. Cuando se le dijo que el arresto violaba la inmunidad diplomática, el ministro repitió lo que había dicho el día anterior su colaborador, Alun Michael: «Alguien puede tener un pasaporte diplomático sin estar acreditado como diplomático ante un país».

Artaza visitó esa mañana a Peter Westmacott, director para las Américas en el Foreign Office. Le llevó la nota de protesta que Insulza ya había entregado a la embajadora Evans el sábado 17, y trató de conocer más detalles.

—Mire, Peter, ustedes han cometido un terrible error. Han enjaulado a un tigre y han soltado a mil en nuestra sociedad. Es un flaco servicio el que nos han hecho.

—Para nosotros no se trata de un tema político. Es un asunto judicial.

—¿Ustedes han estudiado esto? —preguntó Artaza.

—Sí.

—Pero ¿qué sección ha visto el asunto?

—El departamento de Protocolo hizo el informe.

—Ajá, ¿miraron en la lista de diplomáticos y no encontraron a Pinochet?

La ironía no alteró a Westmacott, que guardó silencio. Artaza insistió:

—Es un error muy grande.

—El departamento de Protocolo tenía toda la información. Ésa es nuestra posición.

Artaza le informó de que la cancillería enviaba ese mismo día a un embajador especial que traería documentos para entregar al Foreign Office.

Hewett había informado al Servicio de Fiscalía de la Corona (CPS) del arresto el lunes a primera hora. El Servicio actúa como abogado del país que solicita una extradición, no en calidad de fiscal.

El abogado de plantilla del CPS, Brian Gibbins, se hizo cargo del tema. Pidió a Hewett que tendiera un puente con el juez en Madrid para ver si podía viajar una vez que contratara a los abogados. Hewett pidió a Jean Pateras que llamara a Madrid.

—Jean, tenemos un problema. Hemos llamado varias veces al juez. Suena el teléfono, atienden y, cuando nos oyen, cuelgan el auricular. ¿Puedes hablar con él?

—¿Cómo se llama?

—Garzón.

El nombre le sonaba. ¿No sería aquella persona que Pinochet había acusado de estar detrás de su arresto la noche del viernes? Garzón y Garcés, que para ella eran sólo dos nombres, se confundieron en uno solo.

—Andy, ¿qué tengo que decirle al juez?

—El Servicio de Fiscalía de la Corona ha sido informado del arresto y están buscando abogado para defender los intereses de España. Necesitan viajar a Madrid. A ver si puede ser el jueves.

Jean llamó al juez. Éste podría recibir a los abogados el jueves 22, a primera hora de la tarde.

En la sección de extradición del Ministerio del Interior británico se advertía cierta tensión. Comenzaba a ser evidente que el delito que el magistrado había imputado a Pinochet —asesinato de ciudadanos españoles en Chile— difícilmente resistiría un recurso ante los tribunales. Andy Hewett participó en una reunión convocada por Clare Checksfield, funcionaria del Ministerio del Interior, para analizar la situación. Hewett advirtió, por ciertas preguntas e ironías, que había muchas dudas. Pensó: «Están insinuando que metí la pata». Pero él tenía su carta de garantía.

—El Foreign Office nos ha asegurado por escrito que Pinochet no tiene inmunidad.

Andy McEntee, por su parte, intentaba ese día cumplir con lo que le había solicitado Joan Garcés: reunir un grupo de traductores. Habló con Fiona MacKay, dirigente de la fundación para reparación de víctimas de torturas, Redress Trust, y elaboraron una lista de seis personas. Supo por una de las intérpretes que trabajaba en la Universidad de Nôtre Dame, en Estados Unidos, que allí habían editado una versión completa del informe Rettig en inglés. Llamó después a Joan Garcés.

—Mira, podemos seguir adelante. He podido reunir a seis personas. ¡Ah!, la Universidad de Nôtre Dame ha publicado el Rettig en inglés.

—Estupendo, Andy. Si lo mandas rápido nos ahorrará trabajo. Calculo que voy a enviarte varios miles de folios. Esto tiene que estar listo para el jueves.

McEntee reaccionó con sorpresa. No podía ser.

—Es imposible, Joan. Voy a ver lo que puedo hacer, pero no creo que sea necesario.

McEntee llamó a un abogado amigo, quien le sugirió que hablara con dos abogados expertos en extradición. Eran hermanos gemelos. Uno de ellos, Colin Nicholls (QC), era miembro de Amnistía Internacional. Él y Clive, su hermano, habían participado no hacía mucho en un seminario de AI sobre crímenes de guerra y jurisdicción universal.

—Colin, soy Andy McEntee, necesito tu ayuda. Habrás leído que han detenido a Pinochet.

—Sí, claro. Hemos oído el rumor de que el bufete Kingsley & Napley llamará para ofrecernos la defensa.

—Bueno, yo necesitaba tu consejo.

—Si es confidencial, lo que quieras.

—En Madrid preparan una documentación ingente. ¿Qué se necesita?

—España es parte de la Convención Europea de Extradición. Yo creo que con diez folios de fundamentos jurídicos estaría bien. Antes era diferente. Se exigía una gran cantidad de papeles.

McEntee habló después con Joan y le explicó lo que acababa de averiguar. Garcés dudaba. No creía que diez folios fueran suficientes.

—Andy, sería muy útil si podemos contar con un informe legal donde se especificaran los detalles que la ley británica exige para proceder en la extradición de Pinochet.

Andy consultó con su amigo Colin Nicholls de nuevo, quien le prometió esa información bajo estricta confidencialidad. Al día siguiente, el martes 20, la tendría en su despacho.

La defensa de Pinochet no terminaba de arrancar. Había dejado pasar el fin de semana sin presentar un recurso de amparo contra el arresto ante el Alto Tribunal de Justicia. Aun cuando hubiera sido difícil que el tribunal oyera en fin de semana la petición, al menos, como suele ocurrir, se habría convocado una audiencia para este lunes 19 a primera hora. Pero Michael Caplan, del bufete Kingsley & Napley, quedó a merced de los abogados chilenos de Pinochet que salieron de Santiago el domingo. El lunes, cuando lo que se requería era una acción urgente contra la orden de arresto original del magistrado Evans, Caplan y los abogados Schweitzer y Errázuriz aún carecían de un *barrister*. Sólo atinaron a convocar a la prensa.

Caplan, un hombre delgado y pálido, leyó un breve comunicado. Pinochet, decía, ingresó en el Reino Unido con el conocimiento del Gobierno de Su Majestad y con la aprobación del Foreign Office. Y añadió: «En su pasaporte diplomático se le selló el permiso para entrar y permanecer en el país. En los últimos años, el general Pinochet ha viajado sin peligro en varias ocasiones al Reino Unido con la aprobación del Gobierno de Su Majestad. Cualquier intento de extraditarlo desde el Reino Unido será combatido con determinación. Tanto el general como su familia confían en su éxito».

Los partidarios de Pinochet parecían más activos que sus abogados. Pablo Longueira, presidente del partido de la derecha chilena, la Unión Demócrata Independiente (UDI), que estaba en Londres, declaró que el arresto de Pinochet había sido el resultado «de una concertación del socialismo internacional». Según explicó, «el juez español es socialista, el Gobierno inglés es socialista y las principales personas que en Chile han aplaudido esta detención son los socialistas encabezados por Ricardo Lagos».

Los supervivientes de la dictadura, testigos de cargo de la represión, levantaron cabeza. La doctora británica Sheila Cassidy, 23 años después de haber sido torturada en Santiago, trabajaba ahora en un hospital de Plymouth, en el sur del Reino Unido. El lunes 19, recordó ante los medios de comunicación que había sido secuestrada por las fuerzas de seguridad de la DINA y sometida a salvajes torturas durante tres semanas por haber atendido a un dirigente de izquierda chileno. «Es importante que Pinochet sea juzgado, en particular para las familias de quienes murieron o fueron torturados. Sé que es un anciano y que su condición física es delicada, pero también era el caso de las mujeres embarazadas que fueron violadas y torturadas. Pinochet debería permanecer detenido en condiciones humanas hasta el fin de sus días», dijo.

Carmen Hertz estaba en Nueva York desde la noche del viernes 16 para acudir a las sesiones de la comisión de seguimiento de Naciones Unidas sobre los trabajos del Tribunal Penal Internacional. Llegó el lunes 19 a la sede de la misión permanente de Chile ante la ONU después de haber pasado un fin de semana pegada al teléfono. Se había enterado del arresto de Pinochet por la televisión a primera hora de la tarde del sábado 17. Llamó a su hijo Germán, a Barcelona, y se puso en contacto con abogados amigos en Santiago. Ahora, se decía, debía volver a Chile. Llamó al ministro Insulza.

—José Miguel, hay un lío tremendo. Me vuelvo.

—No, Carmen. Tú sigue los trabajos en la comisión.

—Pero la directora jurídica de la cancillería no puede estar fuera mientras ocurre todo esto.

—Este tema no va a pasar por la dirección jurídica. Tú te quedas allí. Estaremos en contacto.

Los colaboradores de Insulza prepararon esa mañana la documentación que Santiago Benadava se llevaría esa misma tarde a Londres. El decreto del 2 de septiembre por el que se había concedido la misión especial debía ser legalizado. Se sometió al oficial de legalizaciones, Miguel Reyes Vargas, quien lo firmó y estampó el sello con fecha del 19 de octubre.

Insulza recibió después al senador Gabriel Valdés, quien le preguntó por la secuencia de los hechos. El canciller le explicó que, antes de viajar al Reino Unido, Pinochet había solicitado deprisa y corriendo una misión diplomática con rango de embajador para asegurarse la inmunidad. Valdés le apuntó que, como senador, Pinochet estaba sujeto a las incompatibilidades establecidas en la Constitución. Y la función de embajador o agente diplomático, según dijo, era incompatible con la de senador. No podía intervenir en ningún acto de negociación ni militar ni comercial con una empresa privada como era el caso de la británica Royal Ordnance. Insulza le explicó que, en realidad, se trataba de una cobertura de urgencia que había solicitado el Ejército.

La prensa acosaba a Insulza. Al salir de la cancillería, poco después, para dirigirse al Palacio de la Moneda, los periodistas le preguntaron por el viaje de Pinochet al Reino Unido y su presunta misión especial. Su irritación era visible: «No tengo obligación de dar ninguna explicación pública sobre este punto. Viajaba con un pasaporte en el cual consta la existencia de una...», vaciló. «Digamos en su calidad de embajador en misión especial... Yo no voy a informar públicamente sobre ese tema», zanjó.

El líder socialista Ricardo Lagos, presidente de la Fundación Chile 21, apoyó la posición del Gobierno de Frei. «El Gobierno está haciendo lo que le corresponde hacer un margen de maniobra mínimo». Lagos esperaba el martes 20 la llegada del ex presidente Felipe González a Santiago, donde debía pronunciar una conferencia antes de salir hacia Buenos Aires. González, ante la nueva situación, consultó a Lagos. La derecha chilena ya hablaba del arresto de Pinochet como resultado de una confabulación socialista internacional. Ambos, pues, decidieron que era mejor aplazar la visita.

González decidió saltarse la visita a Santiago y viajó la misma semana a Buenos Aires. Aunque él estaba decididamente en contra de lo que entendía era inmiscuirse en el proceso de transición chileno, el Partido Socialista Obrero Español (PSOE) apoyó la detención de Pinochet. «El Gobierno no debe poner dificultad alguna a la extradición de Pinochet, a fin de que el dictador responda de sus crímenes ante un tribunal de justicia», señalaba un comunicado del partido. El secretario general, Joaquín Almunia, a su vez, declaró: «Esperamos que el Ejecutivo no haga filibusterismo gubernamental retrasando la petición de tal manera que las autoridades británicas no tengan más remedio que poner en libertad a Pinochet si pasan los cuarenta días preceptivos». Jordi Pujol, socio del Gobierno de Aznar en el Parlamento, también apoyó el arresto. «Es bueno y positivo que una persona como Pinochet vea que no puede ir por el mundo con impunidad», dijo.

La búsqueda de abogados por ambas partes duró un par de días, decisivos para el desenlace del caso.

El CPS, el Servicio de Fiscalía de la Corona, representante de España, fichó el martes 20 por la mañana a James Lewis, un joven abogado con experiencia en casos de extradición, para defender la solicitud del juez Garzón en los tribunales. Cuando vio la orden del juez Evans, se quedó atónito. Los hechos que describía no suponían un delito de extradición, esto es, una conducta por la cual el Reino Unido podía entregar a un acusado a otro país. Pero el abogado Gibbins, de la Fiscalía británica, le tranquilizó. Había llegado una segunda orden desde Madrid.

Lewis, era miembro del mismo colegio, el Gray's Inn, que Clive Nicholls (QC) y su hermano gemelo Colin. Le dijo a Clive Nicholls, con quien solía trabajar, que le habían contratado y le preguntó si él, a su vez, podría hacerse cargo como primer espada. Nicholls, que tenía predilección por Lewis, dijo que aceptaría la primera oferta en firme que le llegara.

Le llegó sobre la una de la tarde del martes. Pero no era del CPS, sino del bufete Kingsley & Napley. Michael Caplan visitó a Clive Nicholls y le ofreció el caso. Nicholls vio los documentos del arresto. Y, como Lewis, advirtió el error.

—Aquí hay un error muy serio. Esta conducta no es delito en el Reino Unido. La orden de arresto es nula a primera vista.

Nicholls escogió como ayudante a una abogada de su mismo colegio, Clare Montgomery.

El martes 20, el acto para inaugurar el monumento de Bernardo O'Higgins en Madrid se convirtió en una ceremonia privada de la embajada chilena. Llamaron al secretario de Estado de Seguridad, Ricardo Martín Fluxá, que había confirmado su asistencia, para informarle de que no debía acudir.

Ya en Madrid, de regreso de Bayona, Aznar habló con Mayor Oreja. Estaba molesto por no contar con antecedentes en el arresto de Pinochet. El ministro le recordó que había desayunado con el juez Garzón el viernes 16 antes de la reunión del Consejo de Ministros, y que no le había dicho palabra.

Mayor Oreja llamó, después, a su secretario de Estado. Martín Fluxá atendió la llamada y, mientras oía la voz del ministro, sus ojos no se apartaban de la invitación fallida del alcalde para inaugurar el monumento a O'Higgins. Aún seguía sobre su mesa. El ministro le contó que Aznar estaba muy disgustado por haberse enterado del arresto de Pinochet en Oporto la mañana del sábado 17, cuando el hecho había tenido lugar la noche anterior.

En la Audiencia Nacional, el juez Manuel García-Castellón dictó un auto por el cual se inhibía en el procedimiento de Chile para acumular las diligencias llevadas adelante durante dos años al sumario que instruía el juez Garzón en relación con la «Operación Cóndor». En la resolución señalaba que «procede asimismo dejar sin efecto la práctica de la comisión rogatoria internacional acordada para expedir a la autoridad competente del Reino Uni-

do y que tenía por objeto interrogar al imputado Augusto Pinochet». La solicitud no había sido cursada.

Fidel Castro, por su parte, viajó a España. Juan Carlos Rodríguez Ibarra, presidente de la comunidad autónoma de Extremadu-
ra, lo había invitado a visitar la región. Castro advirtió el martes 20, en
un diálogo con la prensa, celebrado en el Teatro Romano de Mé-
rida, que el arresto podía convertir a Pinochet en un mártir de la
derecha y las Fuerzas Armadas. El presidente cubano, según comentó, decidió «no dejarse llevar por un natural arranque de entusiasmo y de alegría al conocer simplemente la noticia del arresto
de Pinochet en la cama de un hospital de Londres».

Castro explicó que la detención de Pinochet presentaba tres
aspectos. «Desde el punto de vista moral, el arresto y el castigo son
justos. Hay un segundo aspecto, el legal. Yo estudié derecho y creo
que la acción es discutible. Tercero, está el tema político. El Ejército es una institución muy fuerte. El arresto puede convertir a
un hombre del pasado en un mártir de las Fuerzas Armadas», razonó. Castro dijo que había visto muy preocupado al presidente
Frei en Oporto. ¿Temía el presidente cubano pasar por la misma
situación que Pinochet? «No somos cosas iguales. Yo he viajado a
todo el mundo durante décadas mientras el Gobierno de Estados
Unidos trataba de asesinarme. Pertenezco a una estirpe que difícilmente pueda ser detenida y no sólo por la moral que tengo».

Durante la tarde, trascendió que la Sala de lo Penal de la Audiencia
Nacional convocaría una reunión plenaria el 29 de octubre para debatir los recursos interpuestos por la fiscalía contra la jurisdicción
española en los crímenes de las dictaduras argentina y chilena. Según ciertos rumores, varios jueces disentían respecto a la capacidad
de España para enjuiciar los delitos imputados a Pinochet.

Aznar aprovechó una rueda de prensa con el presidente de Panamá, Ernesto Pérez Balladares, de visita oficial en España, para
someterse a las preguntas de los periodistas. Al salir el tema del
arresto de Pinochet, Aznar dijo que el Gobierno actuará «con es-
crupuloso respeto a las decisiones judiciales, al Estado de derecho
y al cumplimiento de la ley».

Y como quien desea zanjar un asunto, añadió:

—En función del final de los recursos, hasta es posible que esto pueda no llegar al Gobierno. A lo mejor el Gobierno ni se tiene

que pronunciar... —dejó escapar y, al darse cuenta, recogió velas—. Ni espero una cosa ni espero la otra.

El presidente agregó que era necesario respetar a Chile y la democracia chilena. E, incluso, fue más lejos:

—La democracia española no tiene cuentas con el pasado. A la hora de pedir cuentas hay que buscar el bien mejor. Con el afán de que actúe la Justicia con los dictadores por abusos de poder, se pueden poner en riesgo vidas humanas en aquellos otros países donde perviven dictaduras.

Colin Nicholls hizo llegar ese mismo día 20 de octubre un escrito de dos folios a Andy McEntee, según había prometido.

En lo que se refería a la cantidad del material, el escrito decía: «En algunos casos, se envía simplemente la orden de arresto que resume los cargos, la ley relevante y una descripción del acusado. En otros casos, la orden va acompañada de escritos y declaraciones juradas. Lo importante es que la información sea suficiente para satisfacer al ministro en el sentido de que los delitos imputados son delitos de extradición».

El abogado daba una pista muy sugestiva. «Entiendo que la orden de arresto británica imputa delitos de asesinato. Los periódicos agregan genocidio y tortura. Todo esto plantea problemas de jurisdicción. Por ejemplo, la jurisdicción para los casos de asesinato han sido ampliados por las secciones 4-8 de la ley del Terrorismo de 1978, pero quizá no lo suficiente como para cubrir este caso. Es improbable que el Reino Unido tenga jurisdicción respecto a un delito de genocidio cometido fuera del Reino Unido, incluso en el caso de un ciudadano británico. Si esto es correcto, el hecho de que España ejerza su jurisdicción respecto al asesinato de sus ciudadanos en el exterior podría satisfacer la ley española, pero sería insuficiente para cubrir los requerimientos de la ley de extradición británica, según la cual la jurisdicción extraterritorial en la que el Estado requirente basa su solicitud debe también ser reconocida por el Estado requerido». Esto es: no se daba el requisito de la doble incriminación. Un delito en España debía serlo también en el Reino Unido.

McEntee envió los dos folios a Madrid. Joan Garcés, después de leerlo, le llamó. Estaba contento.

—Muchas gracias, Andy. He leído el dictamen. Está muy bien, es muy claro. Lo pasaré. Supone un gran alivio de trabajo.

Ese mismo martes, la prensa británica ofrecía amplia información sobre la nueva orden de arresto del juez Garzón, donde se describían los nuevos delitos. Los abogados de Pinochet deberían haber sabido que, ahora, las acusaciones, sobre todo el delito de tortura, encajaban en la ley británica y que, de convertirse en una segunda orden de un magistrado británico, permitía superar la debilidad de la primera.

Pero se les pasó. El martes 20, Clive Nicholls comenzó a preparar un recurso de amparo. Antes de presentarlo, pensaba solicitar al ministro Straw que anulara de oficio la orden de arresto por no describir conductas extraditables. Para ello se le daría cierto margen de tiempo.

CAPÍTULO 51

El abogado y primer ministro

Tony Blair recibió el martes 20, en el número 10 de Downing Street, a un grupo de periódicos europeos. Era la víspera de la cumbre europea de Viena. La primera pregunta: Pinochet.

«Todos condenamos lo que hizo en su época. Cuando yo era estudiante, todos le condenamos. Pero quiero subrayar, al mismo tiempo, que en el Reino Unido tenemos una clara separación de poderes. El arresto de Pinochet ha sido el resultado de un procedimiento judicial iniciado por un juez español que cursó su petición a nuestra policía metropolitana a través de Interpol. No ha sido y no es una decisión gubernamental». A la afirmación de que al general se le había autorizado la entrada en el Reino Unido, respondió: «Se aplicaron ciertas reglas, eso es todo. Cada cual es libre de sacar sus conclusiones. Insisto, se trata de un procedimiento judicial. No podría ser una decisión gubernamental porque ello supondría intervenir en nuestro sistema judicial, cosa que no podemos hacer. Es, simplemente, el resultado de dos sistemas judiciales, el español y el británico, vinculados por un tratado de extradición». Respecto a las funciones del ministro Straw, el primer ministro dijo: «Nuestro ministro del Interior asume un papel cuasi judicial. Tendrá que actuar no como un político sino como un magistrado, juzgando nada más que los hechos». La afirmación de que, según la derecha chilena, el arresto era producto de una conspiración socialista, hizo reír a Blair: «Me gustaría ver lo que dice José María Aznar cuando le acusen de formar parte de una conspiración socialista internacional».

La preocupación de Blair por imponer una orientación estrictamente judicial se plasmó tras el ruido causado por el ministro Peter Mandelson el domingo 18. Alastair Campbell, asesor de pren-

sa del primer ministro, explicó a Mandelson que había metido la
pata. Más tarde, Blair recibió a un grupo de diputados del partido
laborista, sin cargos en el Gobierno. Se disculpó por la ausencia de
Mandelson.

—Peter no ha podido venir porque es el orador principal en
un acto del Partido Socialista Obrero —dijo, no sin humor, refiriéndose a un partido marxista británico.

El canciller Insulza estaba en contacto con el comandante en jefe
del Ejército, el general Ricardo Izurieta. Tras el duro fin de semana, Insulza le dijo:

—Mire, general, sé que mi posición le parecerá poco creíble.
Yo estoy de duelo, pero en mi casa están de fiesta. Yo sé que dentro
de mi partido están todos de fiesta por la detención de Pinochet.
Yo le ruego que me crea. Estoy convencido de que esto es negativo
para mi país y voy a tratar de resolverlo.

Izurieta le pidió un favor.

—Ministro, cuanto menos se hable sobre el viaje de mi general Pinochet a Londres y sobre la invitación de la empresa británica, mejor.

Ese martes 20, a la luz de las declaraciones del hijo mayor de
Pinochet y otras informaciones, el tema de la misión especial estaba a la orden del día. La abogada Julia Urquieta, dirigente de
la Agrupación de Familiares de Ejecutados Políticos, y otros dirigentes de organizaciones de derechos humanos presentaban una
denuncia criminal «en contra de todos los que resulten responsables en calidad de autores, cómplices y encubridores de la comisión
de un delito de falsedad ideológica en instrumento público, tipificado en el artículo 193, número 4 del Código Penal, en el otorgamiento de pasaporte diplomático al actual senador vitalicio, Augusto Pinochet Ugarte».

La denuncia instaba a investigar un presunto delito de falsedad
en la acreditación del pasaporte. Según el escrito, «era necesario
que hubiera una misión de Estado a Estado, es decir, que el viaje
tuviera por fin tratar temas oficiales y de interés nacional, en circunstancias que es palmario que hubo un viaje privado de salud y
placer a Inglaterra por el general Pinochet, y que este viaje se dis-
frazó de misión especial mediante el otorgamiento del pasaporte
propio de misiones especiales. Es decir, se mintió, se faltó a la ver-

dad, suponiendo hechos que justificaban el otorgamiento de un pasaporte oficial asociado a un *status* determinado (el de diplomático) cuando estos hechos no existían».

La denuncia pedía una serie de diligencias, entre ellas la de instar al canciller Insulza para que informara «quién requirió el pasaporte oficial y qué curso siguió esta tramitación».

Cuando ese día la prensa volvió a preguntar sobre la presunta misión de Pinochet, Insulza cumplió con la petición de Izurieta: «No voy a hablar sobre el contenido de la misión». Y añadió: «Es muy evidente que el general Pinochet enfermó en Londres, por lo tanto no estuvo en condiciones de cumplir esa misión. Ni ésa ni ninguna otra cosa que ingresar en un hospital y operarse». Insulza enredaba la verdad.

El canciller admitió por primera vez, empero, que el viaje fue el resultado de un cálculo equivocado. «Fue un error que Pinochet viajara a Londres, existiendo un riesgo de arresto y extradición, como ha ocurrido. Había que haber calculado mejor los riesgos».

La ex ministra de Justicia de la dictadura militar, Mónica Madariaga, prima de Pinochet, también declaró a la televisión que el viaje a Londres había sido un error.

—Los asesores de Pinochet no le advirtieron sobre los peligros. En ese grupo debe haber uno o dos traidores. El auditor general del Ejército, general Fernando Torres Silva, viajó a España el año pasado y llevó antecedentes al juez español cuando el Gobierno chileno no ha reconocido nunca la jurisdicción de los tribunales españoles. Él fue quien le dijo a Pinochet que no le pasaría nada si viajaba a Europa.

Pero la trama que anudaba Insulza no resistía. Arturo Aylwin, contralor general de la República, organismo de control de los actos del Gobierno, explicó ese mismo día su versión a los medios de comunicación. «La Contraloría tomó razón del decreto del Ministerio de Relaciones Exteriores que designó al senador vitalicio Augusto Pinochet Ugarte como agente diplomático veintiún días después de su viaje a Inglaterra. Se dictó este decreto por orden del presidente, a través del canciller, en el que se disponía una comisión de servicio para el senador Pinochet a fin de realizar funciones en Inglaterra. No se especificaba a qué concurría. Es una misión que está planteada en forma genérica. Pero es plenamente legal». Hasta allí no había problema. Pero al ser preguntado por la figura de «agente diplomático», Aylwin dijo: «Se supone que puede realizar operaciones de investigación, de negociación, o de relación que el Gobierno estime pertinente. Tener mandato plenipotenciario es ser un agente diplomático extraordinario. Se le otorga una misión especial durante un periodo determinado».

Aylwin, pues, había dicho lo que precisamente Insulza intentaba evitar. La versión del contralor suponía una violación flagrante de las incompatibilidades establecidas por la Constitución para los senadores.

Insulza obtuvo, al menos, una satisfacción. Ese día, Ricardo Lagos apoyó su posición. «El Gobierno está haciendo lo que le corresponde hacer en un margen de maniobra mínimo. Será un tribunal británico el que en definitiva resolverá la inmunidad diplomática y la extraterritorialidad».

El enviado especial de Insulza, Santiago Benadava, llegó la tarde del martes a Londres con el decreto en el cual se confería la misión oficial a Pinochet, la carta enviada por Royal Ordnance y la documentación cursada por el contralor general de la República al tramitar el decreto, el día 14 de octubre.

Benadava traía, junto con los papeles, una idea sencilla. El artículo 39 de la Convención de Viena de 1961 dice: «Toda persona que tenga derecho a privilegios e inmunidades gozará de ellos desde que penetre en el territorio del Estado receptor para tomar posesión de su cargo o, si se encuentra ya en ese territorio, desde que su nombramiento haya sido comunicado al Ministerio de Asuntos Exteriores o al Ministerio que se haya convenido». Por tanto, se intentaba, en el peor de los casos, acreditar la misión y conseguir la inmunidad retroactiva al momento en que Pinochet había pisado el Reino Unido. Sin embargo, esta línea de acción siempre se topaba con la misma piedra: ¿cuál era esa misión? La visita a una fábrica de Royal Ordnance era un asunto privado. A falta de clarificar este punto, la petición chilena no tenía credibilidad. A ojos de los británicos, se presentaba como lo que en realidad era: un ardid para que Pinochet pudiera salvar su pellejo frente a la acción judicial.

Lucía Hiriart y su familia decidieron explicar a Pinochet que, en rigor, no estaba sometido a un arresto, tratando de mitigar la realidad humillante de los hechos. Los policías del Diplomatic Protection Group (DPG) relevaron a los agentes enviados la noche del arresto. Se instalaron en un pequeño cuarto próximo a la habitación 801. Lucían chalecos antibalas y portaban armas. Instalaron teléfonos y un aparato de radiocomunicaciones. La primera vez que Pinochet, al dar unos pasos por el pasillo, vio a un DPG, preguntó a su mujer:

—¿Qué hace el policía aquí?

—Es por razones de seguridad. Estamos bajo la protección de la policía metropolitana.

El martes por la tarde 20, Peter Schaad se presentó en la London Clinic. Lucía Hiriart le esperaba a la salida del ascensor.

—Mira, Peter, sea lo que sea, no hables con mi general sobre la detención. Él no sabe que está detenido. Se lo estamos ocultando. Le hemos dicho que hay un malentendido y que está a punto de ser resuelto.

—Ok, entiendo.

Entraron en la habitación y se colocaron, de pie, a ambos lados de la cama.

Pinochet le reconoció.

—Peter…

—¿Cómo se siente mi general?

—Hay algunas complicaciones, no me siento bien todavía. He tenido una infección urinaria. Es un problema.

—No se preocupe, mi general. Lo vamos a sacar de aquí. Vamos a…

Lucía Hiriart comenzó a gesticular con ambas manos, intentando frenar a Schaad. Temía que le dijera algo en relación con el arresto.

—Mi general, tiene que recuperarse —tranquilizó Peter.

El miércoles 21, las declaraciones de Aznar de la víspera tuvieron eco en la prensa española. *El Periódico de Cataluña* tituló la noticia: «Aznar confía en no tener que pedir la extradición de Pinochet». Quizá lo más interesante es que dicho diario publicaba, con la información, una gran fotografía de la manifestación contra Pinochet que había congregado el 14 de septiembre de 1986 a más de 300.000 personas en Madrid bajo la consigna «Libertad para Chile». A un lado, al frente de la concentración, estaban el entonces vicepresidente del Gobierno, Alfonso Guerra; el político democristiano Óscar Alzaga; el flamante secretario general de Alianza Popular, Alberto Ruiz-Gallardón; y el presidente de la Comunidad de Madrid,

Joaquín Leguina. En el otro extremo, también en primera fila, se veía a Aznar, secretario general adjunto de AP. Debajo de la foto aparecía un titular: «Aznar participó en una manifestación contra el dictador en 1986».

Ese mismo día, un portavoz de Moncloa, tras mantener una conversación sobre varios asuntos con un subdirector de *El País*, deslizó:

—Oye, por cierto, ¿has visto la foto que *El Periódico* publica hoy de una manifestación contra Pinochet en la que se ve al presidente del Gobierno? La verdad es que no me importaría si vosotros también la publicáis.

Mario Artaza y el enviado de la cancillería visitaron a Peter Westmacott en el Foreign Office. Benadava mostró los documentos que traía de Chile y dijo que con ellos se probaba la misión especial. El diplomático preguntó:

—Pero ¿hicieron ustedes estudios para determinar si tenía o no inmunidad?

—Se hizo un estudio somero. Le he explicado al embajador Artaza que el departamento de Protocolo hizo un informe —dijo Westmacott.

—El ministro de Relaciones Exteriores chileno firmó un decreto en nombre del presidente, que tiene la prerrogativa para conceder una misión especial, en el que se nombra al senador Pinochet embajador plenipotenciario en misión especial. Eso está inscrito en su pasaporte. La detención, por tanto, quiebra el protocolo diplomático. Se trata de un ex jefe de Estado. Él ha viajado otras veces al Reino Unido por invitación de la misma empresa. El embajador les informó por escrito el 16 de septiembre que el senador Pinochet llegaría a Londres el día 22. Su pasaporte diplomático fue sellado a la entrada. Y en él se dice que venía como embajador plenipotenciario en misión especial —insistió Benadava.

Westmacott advirtió enseguida que los chilenos jugaban aquella partida de póquer con cartas marcadas. Para él, el juego había terminado al caer la noche el viernes, cuando el Foreign Office confirmó a la policía metropolitana que Pinochet carecía de protección.

—No es el pasaporte diplomático lo que confiere la inmunidad —dijo—. La comisión especial debía estar debidamente acreditada ante nuestro Gobierno, y no lo ha sido —añadió.

Benadava intentó que, con los documentos aportados, se le concediera a Pinochet el rango de embajador en misión especial de manera retroactiva a partir de su llegada a Londres. Pero Westmacott dijo que no era posible. El asunto, según explicó, ya estaba en otra fase. Era dominio de la policía y del Ministerio del Interior.

La reunión terminó sin progreso alguno. Un portavoz del Foreign Office explicó a la prensa que el caso de Pinochet había sido tratado «solamente en base a la ley». Es decir: el pasaporte diplomático no le daba derecho a la inmunidad.

Tanto Santiago Benadava como el embajador Mario Artaza subrayaron ante los medios de comunicación que las «discrepancias eran graves». En realidad, las dos partes estaban de acuerdo en una cosa básica: la misión oficial no se había acreditado. Pero, siguiendo la orientación aprobada en Santiago, Benadava señaló que Pinochet cumplía en el Reino Unido, en el momento de su arresto, una «misión secreta y simbólica». Artaza también sostuvo la misma posición. Ninguno de los dos, dijeron, podían revelar el contenido de la misión. La palabra «simbólica» no era casual. Intentaba diluir las afirmaciones del contralor general, Arturo Aylwin, que habían irritado al canciller, al aceptar que Pinochet, en su calidad de senador, podía actuar en negociaciones con una empresa privada, cosa manifiestamente ilegal.

En la mañana del miércoles 21, el Servicio de Fiscalía de la Corona, finalmente, contrató al *barrister* Alun Jones, miembro, como los otros colegas contratados en el caso, del colegio Gray's Inn. Al estudiar la documentación, Jones advirtió el talón de Aquiles. La orden de arresto británica podía ser fácilmente cancelada por ilegal. La razón: el cargo de asesinato por el cual se había arrestado a Pinochet no era un delito de extradición en el Reino Unido. Después de estudiar la segunda orden enviada por el juez Garzón, el abogado sabía que tenía la solución en la mano: solicitar al Tribunal Penal de Bow Street una nueva orden de arresto. Mientras la defensa de Pinochet parecía estar paralizada, él se dispuso a actuar sin pérdida de tiempo.

Los abogados de Pinochet iniciaban por fin las acciones cerca del mediodía de ese miércoles. Pero, conforme a su estrategia, el recurso ante los tribunales se retrasaba, todavía, unas horas más. El bufete Kingsley & Napley envió el miércoles una carta por fax y en mano al ministro del Interior. Según decía, el delito por el cual se había arrestado a Pinochet «no describe un delito de extradición», porque, apuntaban, «el delito de asesinato cometido fuera del Reino Unido por un ciudadano no británico no es delito, incluso en el caso de que las víctimas de los crímenes sean ciudadanos británicos». Asimismo, subrayaban que la conducta descrita en la orden de arresto «cubre un periodo en el cual el general Pinochet fue jefe de Estado de Chile». Por tanto, la imputación penal en España «está relacionada con actuaciones del general Pinochet en ejercicio de sus funciones de jefe de Estado. El general Pinochet continúa siendo titular de los privilegios y las inmunidades frente a un arresto en virtud de la sección 20 de la ley británica de Inmunidad del Estado de 1978 considerada junto con el artículo 39.2 de la Convención de Viena. Planteamos este punto sin perjuicio de que el general Pinochet pueda gozar de otras inmunidades o privilegios». Los abogados invitaban a Straw a «ejercer su poder», esto es, dejar sin efecto el arresto «a las cinco de la tarde de hoy, a falta de lo cual consideraremos la presentación de un recurso de amparo».

Straw consultó a sus asesores sobre la posibilidad de intervenir y se decidió pedir el consejo de un abogado, cosa que no tendría lugar hasta esa noche. La funcionaria Clare Checksfield contestó por fax a la defensa de Pinochet poco después. «Estamos buscando asesoramiento legal urgente, pero no podremos consultar a nuestro abogado antes de esta noche. Por tanto, no estamos en condiciones de cumplir con su plazo de las cinco de la tarde de hoy. Ofreceremos una respuesta tan pronto como sea posible».

El bufete envió un nuevo plazo: las seis de la tarde. La respuesta del ministro fue la misma. No se podría dar respuesta hasta consultar con un abogado. «Atenderemos su petición tan pronto como sea posible», insistió el Ministerio del Interior.

La defensa de Pinochet cerró el intercambio epistolar: «En nuestra opinión le hemos dado el tiempo suficiente para consultar con el abogado y responder a nuestra carta. Por tanto, le avisamos de que, a menos que recibamos una respuesta satisfactoria, proponemos solicitar al Alto Tribunal de Justicia un recurso de amparo con una audiencia a celebrar mañana. Le informamos para que pueda enviar un representante en caso de que lo desee».

El abogado consultado por el Ministerio del Interior, James Turner (QC), era un hombre de confianza de Straw. Informó de que el único antecedente de una intervención del ministro del Interior para anular una orden de arresto en la fase inicial de un procedimiento de extradición se remontaba a 1911. Por tanto, recomendó no anular la orden de arresto.

El miércoles 21, el Parlamento Europeo debatió, a propuesta de varios grupos, entre ellos el Partido Socialista Europeo y los Verdes, las consecuencias del arresto del general Pinochet. El Parlamento ya había adoptado, a lo largo de cinco años, resoluciones sobre los desaparecidos y, en particular, había condenado en junio de 1996 la decisión de la Corte Suprema de Justicia de Chile por la cual se amnistiaba a los presuntos responsables de la Dirección de Inteligencia Nacional (DINA) en el secuestro y asesinato de Carmelo Soria. Al analizar la detención de Pinochet, los diputados aprobaron una resolución en la que felicitaban a las autoridades judiciales españolas y británicas por su eficaz colaboración, reafirmaban su compromiso con el principio de justicia universal e instaba «al Gobierno español a que, en caso de que las autoridades judiciales lo requieran, solicite con la mayor rapidez la extradición del general Pinochet al objeto de que pueda comparecer en las diferentes causas abiertas en España sobre los delitos que se le imputan».

En Washington, por otra parte, un grupo de treinta y seis congresistas dirigía una carta al presidente Bill Clinton, en la cual solicitaban su atención «para asegurar que el Gobierno de Estados Unidos provea al juez Baltasar Garzón la documentación relacionada con el papel de Pinochet en el terrorismo internacional mediante documentos que el Gobierno ha retenido hasta ahora».

CAPÍTULO 52

La «dama de hierro»

Margaret Thatcher, después de hablar ese miércoles 21 con Charles Powell, ex jefe de gabinete para asuntos internacionales durante su gobierno, hermano de Jonathan Powell, jefe de gabinete de Tony Blair, y con Patrick Robertson, que ya coordinaba la campaña de relaciones públicas a favor de Pinochet, envió desde Nueva York una carta a *The Times* sobre el arresto de Pinochet. El periódico conservador la publicó en su portada el jueves 22. Los tres párrafos de la misiva tuvieron gran eco en el Reino Unido.

«Tengo mayores razones que los demás para recordar que Chile, dirigido en aquel tiempo por el general Pinochet, ha sido un buen amigo de este país durante la guerra de las Falklands [Islas Malvinas]. Por sus acciones, se pudo abreviar la guerra y se pudieron salvar muchas vidas.

»Ha habido, por supuesto, abusos en materia de derechos humanos en Chile y actos de violencia por ambas partes del espectro político. No obstante, el pueblo de Chile a través de la elección sucesiva de gobiernos democráticos, ha determinado cómo debe asumir su pasado. Un aspecto esencial de este proceso ha sido acordar la posición del general Pinochet y no corresponde a España, al Reino Unido o a cualquier otro país interferir en lo que es un asunto interno de Chile. En la transición chilena a la democracia se han respetado delicados equilibrios, que ahora interferimos por nuestra cuenta y riesgo.

»El general Pinochet debe ser autorizado a regresar a su país de inmediato. La próxima semana, el Reino Unido recibirá la visita del líder demócráticamente elegido de un país que invadió ilegalmente el territorio británico, provocando la muerte de más 250 británicos. Sería desgraciado predicar la reconciliación, manteniendo bajo a arresto a alguien que durante ese mismo conflicto hizo tanto por el Reino Unido».

La carta causó cierta sorpresa en Santiago. El canciller Insulza declaró que el Gobierno no tenía información sobre el asunto de las Malvinas y que era, en todo caso, algo que había implicado a la dictadura militar. Uno de los hombres responsables de la colaboración con la Royal Air Force (RAF) británica durante la guerra de las Malvinas, el ex comandante en jefe de la Fuerza Aérea Chilena (FACH) Fernando Matthei, había guardado silencio durante dieciséis años sobre la ayuda que el Gobierno chileno había prestado al Gobierno de Margaret Thatcher.

La mañana del día 22, el arzobispo de Canterbury, George Carey, se refirió a Pinochet en unas declaraciones por radio. Dijo que tenía la esperanza de que el Gobierno «prestará atención a los aspectos personales y a la cuestión humanitaria, y a actuar con compasión en esta situación. Hay factores que les han llevado a adoptar la acción que han tomado, y, por supuesto, estoy seguro que prestarán atención a la baronesa Thatcher, como todos se la prestamos».

La defensa de Pinochet presentó ese día el recurso de amparo contra la orden de arresto del magistrado Nicholas Evans y un segundo recurso, de revisión judicial, ante la negativa del ministro del Interior de anularla, ante el Alto Tribunal de Justicia. El tribunal convocó a las dos partes para celebrar una audiencia ante dos jueces a las dos y media de la tarde del mismo día 22.

El Ministerio del Interior envió al abogado (QC) James Turner, quien enseguida recibió instrucciones de ponerse en contacto con el Foreign Office, para conocer su posición sobre el asunto de la inmunidad diplomática. Le explicaron que Pinochet carecía de inmunidad ya que se encontraba de visita privada en el Reino Unido.

La abogada Clare Montgomery llamó por teléfono a Turner, y le informó de los recursos presentados por la defensa. Turner le explicó por qué Straw no había anulado la orden: si lo hubiera hecho, habría actuado como tribunal de apelación, cuando existen otros recursos legales antes de llegar a ese extremo. Además, no podía anular una orden sin oír las alegaciones de la parte que había cursado la orden de arresto.

Mientras, los abogados Brian Gibbins, del CPS, James Lewis y la intérprete Jean Pateras, viajaron a Madrid. Apenas llegaron al aeropuerto de Barajas, sonó el teléfono móvil de la intérprete. Era Andy Hewett:

—Necesito hablar con Gibbins y con Lewis. La primera orden de arresto puede ser anulada en cualquier momento. Alun Jones va a acudir hoy a Bow Street para pedir una nueva.

Hewett explicó a los abogados la situación y comentó que Alun Jones tenía serias dudas sobre el delito de genocidio.

La delegación británica se pasó por la embajada británica. John Dew, el embajador en funciones, les recibió y alardeó de conocer bien a Garzón.

—Le doy clases de inglés —dijo.

Ya en la Audiencia Nacional, se reunieron con los abogados de la acusación: Joan Garcés, Enrique de Santiago, Carlos Slepoy y Virginia Díaz.

Gibbins y Lewis intentaron conocer el alcance del delito de genocidio, una figura que, dijeron, no tenía el mismo tratamiento en la ley británica. Después de un intercambio de información jurídica, Garcés invitó a los abogados británicos a pasar por su despacho a la mañana siguiente. Jean Pateras, antes de abandonar el despacho del juez, hizo referencia al enfado de Pinochet la noche del arresto.

Al repetir las palabras de Pinochet la noche del viernes 16, Jean se hizo un lío.

—«Yo sé quién está detrás de todo esto, es el comunista ese de Garzón», dijo el general —explicó Jean.

Ese jueves 22, la Sala de lo Penal de la Audiencia Nacional convocó oficialmente para el miércoles 29 de octubre, a las cuatro de la tarde, al pleno de las cuatro secciones que formaban la sala de lo Penal —doce magistrados menos uno, ausente por enfermedad— para resolver en audiencia pública los recursos de la fiscalía de la Audiencia Nacional contra la jurisdicción española en los casos de Argentina y Chile. El ponente, según la providencia, sería el magistrado Carlos Cezón, presidente de la sección cuarta.

Alberto Aza dio instrucciones el jueves 22 al asesor jurídico honorario de la embajada, el abogado Balasi Abando, para que estuviera presente en Bow Street, a fin de que le informara sobre la marcha del procedimiento. Ese día, Alun Jones había pedido audiencia al magistrado Ronald Bartle para solicitar la nueva orden de arresto.

Jones se puso en contacto con su rival, el letrado Clive Nicholls, y le informó de que a última hora de la mañana pedirían una segunda orden de arresto. Fue una estocada que rozó el corazón de la defensa. Nicholls no la esperaba, aun cuando la prensa británica había difundido la nueva orden de arresto procedente de Madrid. En tal caso, dijo, el magistrado debía escuchar sus argumentos en una audiencia previa de las dos partes.

La defensa de Pinochet escribió, pues, una carta al Servicio de Fiscalía de la Corona, con copias al tribunal penal de Bow Street y al ministro del Interior. Sólo era posible, decía, utilizar el procedimiento de arresto provisional una sola vez. Insistía en que la primera orden era ilegal, y recordaba que Pinochet tenía inmunidad en su calidad de ex jefe de Estado. Y algo más: «Dados los problemas legales que se plantean, desearíamos estar presentes y alegar en cualquier audiencia prevista para pedir una nueva orden de arresto. Debemos insistir en que se llame la atención del juzgado ante el cual se solicita la nueva orden sobre esta carta».

Alun Jones, Jim England, miembro del Servicio de Fiscalía de la Corona, Hewett, y Balasi Abando, acudieron a Bow Street poco antes de las dos de la tarde.

El magistrado Bartle, de 69 años, había sido candidato por el partido conservador a las elecciones parlamentarias de 1959, y era miembro de la Royal Society of St. George, un círculo político que tenía a Margaret Thatcher como vicepresidenta.

Bartle recibió antes de la audiencia una petición de la defensa de Pinochet para estar presente. Pero el magistrado estimó que la práctica habitual consistía en atender a una de las partes y desestimó la propuesta.

El abogado Jones explicó los fundamentos de la nueva orden de arresto y narró los cargos contra Pinochet, enfatizando los casos de los desaparecidos. También agregó una nueva acusación incluida en la información suplementaria enviada el lunes 19: la de conspirar para asesinar en un país miembro de la Convención Europea de Extradición. El magistrado Bartle, pues, firmó ese mismo día 22 una segunda orden. En ella se contempaban cinco delitos: torturas, conspiración para torturar, toma de rehenes, conspiración para tomar rehenes y conspiración para asesinar en un país firmante de la Convención Europea de Extradición. En este último caso, se refería, sin mencionarlo, al intento fallido del agente de la DINA Michael Townley y del terrorista fascista italiano Stefano delle Chiaie de acabar con la vida del dirigente socialista Carlos Altamirano en Madrid, en diciembre de 1976.

Las tres partes se vieron las caras en el Alto Tribunal de Justicia a las dos y media. Alun Jones llegó victorioso. Cuando sus rivales empezaban a cuestionar la primera orden de arresto, él ya tenía la segunda, que subsanaba las deficiencias de la primera. Informó a Clive Nicholls de que la nueva orden de arresto era una realidad. También dio cuenta al abogado del Ministerio del Interior.

El tribunal convocó una audiencia para esa misma tarde y, por acuerdo de las partes, aplazó su sesión hasta el lunes 26. Un panel de tres jueces se haría cargo del caso. El presidente de la nueva sala sería lord Thomas Bingham, jefe del Alto Tribunal de Justicia de Inglaterra y Gales. Un primer espada del sistema legal.

La defensa de Pinochet solicitó a Hewett que la notificación de la segunda orden de arresto tuviera lugar al día siguiente e informó de ello a la familia del general. Los abogados tenían que estudiar la orden dictada por el magistrado Bartle para presentar recursos contra dicha medida y con la intención de que se vieran todas las alegaciones el lunes 26.

Ahora, había que deshacer el engaño con que habían rodeado a Pinochet. Lucía Hiriart pidió al agregado militar, Óscar Izurieta, que hablara esa misma noche con el general.

Peter Schaad vio esa tarde a Izurieta y le encontró cabizbajo.

—Tengo que explicarle a mi general que está detenido —explicó.

Izurieta tenía un encargo para Schaad.

—Peter, tengo la carta de invitación que Royal Ordnance envió a mi general Pinochet. Sería interesante que se diera a conocer, ahora que entramos en la batalla judicial. ¿Tú podrías dársela a algún medio importante de prensa?

—Sí, claro.

Schaad hizo su trabajo.

Blair reunió a su gabinete el jueves 22 bajo el impacto de la carta de Margaret Thatcher. El primer ministro puso en marcha la estrategia que ya había insinuado en los días previos. Se informó sobre el arresto de Pinochet en términos generales. Blair, a continuación, explicó que el ministro del Interior, Jack Straw, tendría que tratar de un modo casi judicial el asunto, por lo que el tema no debía ser objeto de debate en el seno del gabinete. A la politización extrema planteada por lady Thatcher, el Gobierno laborista oponía un planteamiento estrictamente judicial.

Straw respondió por escrito, durante la tarde, a las preguntas planteadas sobre el caso en la Cámara de los Comunes:

«La solicitud de extradición del senador Pinochet, que debe ser presentada por las autoridades españolas en los siguientes cuarenta días a partir de su arresto, describirá los delitos de los que se le acusa bajo la ley española. Éstos se trasladarán a sus equivalentes en la ley inglesa.

»La orden de arresto provisional dictada por el magistrado de Bow Street el 16 de octubre para llevar a cabo el arresto cita el delito de asesinato; voy a reexaminar esto a la luz de la solicitud formal de extradición según los requerimientos de la ley de Extradición de 1989. Tengo que decidir si dicto una autorización para proceder, ejerciendo mi discreción conforme a la ley. Voy a estudiar, entre otras cuestiones, si los delitos son delitos de extradición; si la petición está autentificada en regla; si los delitos son de carácter político; y si debería tenerse en cuenta circunstancias de compasión. No será una decisión política; estoy ejerciendo mis obligaciones legales. Si decido dictar una autorización para proceder, la solicitud española de extradición pasará a los tribunales británicos, donde será considerada, en primera instancia, por el tribunal penal de Bow Street, en un juicio de extradición, con posibilidades de apelación ante el Alto Tribunal de Justicia y la Cámara de los Lores. Si la solicitud pasa la fase de los tribunales, vuelve a mí para adoptar la decisión sobre la entrega, que está regulada por la ley de Extradición de 1989. Si decido no dictar una autoridad para proceder, el senador Pinochet será puesto en libertad.

»La defensa ha presentado un recurso de amparo contra el arresto. La audiencia ha sido aplazada hasta el lunes 26 de octubre».

Straw, pues, estudiaría las «circunstancias de compasión» en el caso como parte de sus «obligaciones legales», ya que la decisión no sería «política».

Había sido un día de movimiento de piezas. Esa noche, el responsable del Foreign Office, Robin Cook, contestó desde Hungría a lady Thatcher. «Debe dejar que los tribunales decidan si extraditan a Pinochet. Estoy seguro de que, cuando reflexione sobre esto, lady Thatcher se dará cuenta de la importancia que tiene para la Constitución británica contar con tribunales que son libres de la intervención política», dijo.

En Santiago, la actividad no hacía más que empezar. Sobre las cuatro de la tarde, el comandante en jefe del Ejército, Ricardo Izurieta, se reunía con 1.500 oficiales. El general Izurieta convocó a la prensa en la Escuela Militar, y la recibió en un salón junto al aula magna, repleta de militares y simbolismo histórico. Allí se había presentado la Junta Militar ante el país el 11 de septiembre de 1973.

«El Ejército y el comandante en jefe están sumamente preocupados por la situación que le acontece al capitán general Augusto Pinochet en Londres», dijo. «Las palabras del presidente Frei han interpretado el sentimiento de la gran mayoría del país y, particularmente, del Ejército», añadió.

Al caer la noche, en la habitación 801 de la London Clinic, el otro Izurieta, el agregado militar chileno, cumplía su misión de informar a Pinochet. Recapituló los hechos. Y le informó de que, al día siguiente, la policía se presentaría en la clínica para notificar una segunda orden de arresto y que su abogado británico estaría presente. Le explicó que el lunes 26 tendría lugar una audiencia en el Alto Tribunal de Justicia y que la defensa insistiría en su inmunidad.

—No me pueden quitar mi inmunidad. Yo entré con un pasaporte diplomático. Tienen que mostrarles el pasaporte —sugirió Pinochet.

El viernes 23, *The Times* dio cuenta de que Royal Ordnance había invitado a Pinochet por carta del 3 de septiembre a visitar una de sus fábricas y reprodujo en portada una copia de la carta. Peter Schaad, pues, había sido eficaz con el encargo del agregado militar chileno. Lo curioso fue que un portavoz de British Aerospace (BA), la empresa a la que pertenece Royal Ordnance, explicó que se trataba de una «invitación permanente» para representantes del Gobierno chileno y militares. El portavoz precisó que no existía una invitación personal y agregó que, de todos modos, el general Pinochet nunca se puso en contacto con la compañía para explicar sus planes. El periódico insistió en que tenía una carta firmada por Malcolm Lassan. Al cabo de unas horas, el portavoz de la empresa se volvió a comunicar con el *Times* y explicó que había cometido un error y que, en efecto, Royal Ordnance había invitado a Pinochet a principios de septiembre. Las contradicciones sugerían que la presunta invitación había sido redactada de urgencia para cubrirle las espaldas a Pinochet y al Gobierno Chileno.

Esa tarde, la prensa intentó conocer la nueva versión de Insulza. El ministro, excelente actor, dijo:

—Ahora que este asunto ha sido dado a conocer, solamente puedo declarar que esa carta coincide exactamente, de manera literal, con los antecedentes que la cancillería tuvo a la vista al conceder la misión especial del general Pinochet.

Tenía el papel estudiado. Y añadió:

—No di a conocer antes esta misión porque se nos pidió reserva sobre el tema. Quienes solicitaron esa reserva son quienes conocen las razones de ella. La invitación era conocida por el Ejército, que solicitó el decreto de misión especial a la cancillería. Por eso consideramos oportuno emitir el documento. La Royal Ordnance invitó al general Pinochet en otras ocasiones. Ahora, si me preguntan qué fue a hacer allí, no estoy en condiciones de responder a eso.

En Londres, Caplan llegaba a la London Clinic para conocer a su cliente y estar junto a él ante la visita de la policía metropolitana.

En la habitación 801 había mucha gente. Estaban los dos médicos del general, los escoltas y un intérprete chileno. Caplan explicó a Pinochet que la batalla legal decisiva tendría lugar a partir del lunes 26. Poco después, Hewett, Jones y una intérprete suplente, la española Marisol del Alcázar, se dirigían a la clínica para notificar a Pinochet la nueva orden de arresto. Hewett explicó a la intérprete que se trataba de arrestar por segunda vez a Pinochet. Al llegar a la octava planta, se encerraron en el cuarto de control de los policías del DPG y repasaron documentos. Tenían la versión en inglés de la ampliación de la primera orden de detención española y la que había dictado el magistrado Bartle el día anterior.

—Se trata de una ampliación de la orden original. Basta con leer los tres primeros cargos —dijo Jones.

Marisol del Alcázar repasó un texto escrito a máquina donde se reproducían los cinco delitos. Al cabo de un cuarto de hora, entraron en la habitación del paciente.

Pinochet estaba acostado con la cabeza sobre la almohada. Tenía, como era lógico, cara de pocos amigos. Marisol, Jones y Hewett se colocaron los tres a los pies de la cama, exhibieron sus credenciales y se presentaron con sus nombres y cargos. El abogado Caplan dijo que había un intérprete chileno.

El detective sargento Jones explicó a Pinochet que había una segunda orden de arresto, y leyó los tres primeros delitos que el magistrado Bartle imputaba a Pinochet. Caplan tomó notas. Jones pasó la palabra a la traductora, quien informó, algo nerviosa, de los cargos. «Se le acusa de conspirar para infligir intencionalmente severo dolor o sufrimiento en otra persona en el desempeño o supuesto desempeño de sus funciones oficiales; se le acusa de conspirar con otras personas para infligir intencionalmente severo dolor o sufrimiento en otra persona en el desempeño o supuesto desempeño de sus funciones oficiales; se le acusa de haber detenido a otras personas, los rehenes, y para obligar a esas personas a hacer o abstenerse de hacer cualquier acto, se les amenazó con matarles, herirles o mantenerles detenidos».

El intérprete chileno apuntó a Caplan la versión que daba su colega española. Al terminar, Marisol se dirigió a Pinochet.

— ¿Ha entendido lo que le acabo de informar?

Pinochet, seco, dijo:

—Sí.

Los detectives le dejaron a Caplan una copia de la orden y abandonaron la clínica.

Por la noche, Felipe González, que se hallaba de visita en Buenos Aires, salía de su mutismo público. «Si lo que quiere saber es si me da alegría que le dieran un susto a Pinochet, digo que sí, me da alegría, pero el problema es más serio», dijo a un periodista. Aun cuando su partido apoyaba el arresto y acababa de proponer iniciativas parlamentarias para asegurar que el Gobierno español cursaría la solicitud de extradición, González no ocultó su posición y defendió el principio de territorialidad de la ley: «No quiero confundir mi satisfacción personal con el análisis político. Creo en la territorialidad y fui uno de sus impulsores en el momento de la creación del Tribunal Penal Internacional y éste es el ámbito para juzgar y, si no lo es, entonces no hay ninguno».

Era evidente que el citado tribunal no era, para utilizar la fórmula de González, «el ámbito» para juzgar a Pinochet. Primero, sólo estaba en gestación; segundo, nunca podría juzgar crímenes cometidos con anterioridad a su creación.

El subsecretario Mariano Fernández, que se había trasladado a Madrid después de la reunión de la Internacional Demócrata Cristiana, conocía la posición de Felipe González. No era el único que pensaba así. El presidente de la Junta de Galicia, Manuel Fraga, también se había desmarcado, con el argumento de que «cada país debe resolver sus problemas».

Pero para Fernández y el Gobierno chileno, lo importante era la actitud de González. Mantenían con él un contacto permanente. Frei tenía mejores relaciones personales con González que con Aznar. Y, además, González se había convertido a lo largo de los años en un punto de referencia para la política latinoamericana.

En Madrid, Fernández y el embajador chileno, Sergio Pizarro, visitaron al ministro Matutes, quien, según se había acordado en Oporto, les recibió discretamente en su domicilio particular, en el paseo de la Castellana. Allí acudieron también Fernando Villalonga, Eduardo Gutiérrez y Joaquín Pérez Villanueva.

Fernández y Pizarro empezaron a recibir también más información jurídica. Ambos llamaron al abogado Óscar Alzaga, un hombre que por sus antiguos vínculos con la Democracia Cristiana mantenía relaciones fluidas con el ex presidente Patricio Aylwin y el presidente Frei. Asimismo, consultaron con el penalista Luis Rodríguez Ramos, que ya había sido contratado con anterioridad por otros asuntos. Alzaga se ocuparía, según se acordó, de canalizar los informes legales que elaboraría Rodríguez Ramos. La idea ahora era volver a contar con su asesoramiento legal. Alzaga se prestó a aconsejar a la embajada a título personal y a canalizar los informes que se encargaran a Rodríguez Ramos.

La embajada chilena obtuvo en la Audiencia Nacional, a través de los contactos que mantenía con la Fiscalía, una copia de algunas de las comunicaciones que habían mantenido Interpol Madrid e Interpol Londres durante los tres días que desembocaron en el arresto de Pinochet.

El subsecretario Mariano Fernández prestó especial atención a uno de ellos: el enviado por la Policía Metropolitana londinense en la tarde del jueves 15 de octubre, donde se afirmaba que Pinochet podía abandonar la clínica en el transcurso del fin de semana del 17 y 18 de octubre o, a más tardar, el lunes 19, comunicación que, según se dejaba constancia en la misma, había sido enviada esa misma tarde del 15 tanto al Foreign Office como al Ministerio del Interior.

Fernández viajó a Londres con una copia de esos documentos. El embajador Artaza informó a la secretaría del Foreign Office que el subsecretario quería ver al ministro. Cook le invitó a almorzar el sábado 24 en su residencia.

Cook estaba con Peter Westmacott. Fernández insistió en el tema de la inmunidad diplomática. Mostró al ministro algunas de las comunicaciones de la Policía Metropolitana, Interpol Londres y Madrid, en las que desde el primer momento, el miércoles 14, se solicitaba aclaración sobre las intenciones del juez Garzón, si pensaba, en concreto, ordenar el arresto de Pinochet. Y, sobre todo, llamó la atención sobre el fax en el que se daba cuenta que el general podía abandonar la clínica a más tardar el 19 de octubre. Fernández insinuaba que las autoridades británicas habían colaborado activamente en la detención de Pinochet.

Cook miró los papeles.

—Yo no tengo ni idea de esto. Se trata de un asunto policial —dijo.

Fernández pensó que la actitud de Cook era típica de lo que para él era el estilo de la pérfida Albión: la doblez. El subsecretario insistió. Pinochet, dijo, había ingresado en el Reino Unido con un pasaporte diplomático. Por tanto, explicó, la intervención del Gobierno británico evitando la detención hubiera sido legítima. Y pidió a Cook sus buenos oficios para resolver el problema, si fuera posible, por razones humanitarias, en atención a edad y salud de Pinochet.

—Nuestros servicios han informado de que, aun cuando Pinochet llevaba pasaporte diplomático, ello no le confería inmunidad. No creo que sea apropiado intervenir en un tema que ahora está en manos de los tribunales —dijo Cook.

El día 25 de octubre, Aznar y Blair acordaban en Poertschach, un balneario del sur de Austria donde se celebraba la reunión informal del Consejo Europeo, la línea estratégica a seguir cuando surgieran preguntas sobre el general Pinochet: se trataba de un tema judicial. «He tenido ocasión de hablar con Tony Blair sobre este tema, pero les voy a decir muy poco: los dos estamos de acuerdo en que éste es un asunto que compete a las autoridades judiciales. Nosotros respetaremos las decisiones de los tribunales. No se debe cometer el disparate de convertir este caso en un asunto político. Sería una estupidez». Blair dijo más o menos lo mismo: «Aznar y yo estamos de acuerdo en que el caso Pinochet no es una cuestión que se deba tratar entre los dos Gobiernos. Hay un proceso judicial en marcha en España y en el Reino Unido, y yo he tenido mucho cuidado en evitar comentar este asunto judicial».

Ese domingo, *El Mercurio* de Chile publicaba un artículo del ex ministro español Rodolfo Martín Villa, presidente de la empresa eléctrica española Endesa, sobre el arresto de Pinochet.

«Creo que las empresas que hemos invertido en Chile lo hemos hecho atraídas, entre otros factores, por su estabilidad democrática y por la convicción de que Chile constituye un impecable estado de derecho... En España vivimos una transición democrática, dirigida por Adolfo Suárez, presidida por el Rey y que bien conozco como consecuencia de haber sido durante ella ministro del Interior, que tuvo sus diferencias respecto a la chilena, pero que también tuvo similitudes con ella. Creo que ambas se basaron, en una gran medida, en la recíproca voluntad de una inmensa mayoría de ciudadanos de cancelar definitivamente el pasado en aras de un consenso nacional que reconstruyera una convivencia estable y que posibilitara el desarrollo político, social y económico del país... Si alguien, desde el exterior de España, hubiera introducido en el proceso de nuestra transición un factor como el que ahora pesa sobre Chile, nuestra andadura hacia la democracia no habría tenido el éxito del que ahora nos felicitamos y se hubiera visto gravemente perturbada... Tal vez los jueces puedan y deban actuar según el famoso aforismo latino que dice que se haga justicia aunque perezca el mundo. Pero otros tienen la facultad, y tal vez el deber, de evitar que el mundo perezca. Naturalmente, yo estoy porque el mundo se salve. Al margen de iniciativas e interferencias bienintencionadas, de las que suele decirse que el infierno está empedrado, déjese que los chilenos organicen su propia convivencia como juzguen conveniente y que administren su e capacidad para la reconciliación como estimen más oportuno».

Dios salve a la Reina... y a Pinochet

El domingo 25 por la noche, un moderno avión Gulfstream de la Fuerza Aérea Chilena, con equipo médico, aterrizó en la base aérea de Brize Norton, en Oxfordshire. La imagen, captada por la televisión y los periódicos, anticipó la idea de que Pinochet podía ganar la batalla legal que empezaba la mañana del lunes 26 en el Alto Tribunal de Justicia.

El material de que disponía la sala de tres jueces que presidía lord Bingham eran la primera y segunda orden de arresto de los magistrados Evans y Bartle, respectivamente, y los recursos presentados. Ni las órdenes de arresto internacional, en español e inglés, enviadas por el juez Garzón ni el material informativo fueron incorporados al *dossier*.

Clive Nicholls alegó que Pinochet, de acuerdo con la ley internacional, era inmune. Recordó que la Convención de Viena de 1961, incorporada a la ley británica, establece en su artículo 39 que, si bien la inmunidad cesa cuando se terminan las funciones oficiales de una persona, siguen subsistiendo en relación con aquellos actos realizados durante el ejercicio de las mismas. El abogado atacó, asimismo, la validez legal de las órdenes de detención por no contener delitos, dijo, que se reflejaran en las leyes vigentes en el Reino Unido.

«Los tribunales del Reino Unido no tienen autoridad para ejercer su jurisdicción sobre el senador Pinochet ya que es un ex jefe de estado», explicó. «Cualquier intento de negar la inmunidad del senador abrirá el camino para que la Reina sea extraditada, por poner un ejemplo, de Estados Unidos a Argentina a raíz de la muerte de ciudadanos de nacionalidad argentina en las Falklands o a Irlanda por el asesinato de ciudadanos irlandeses en Gibraltar», dijo.

Nicholls había decidido jugársela, pues, con un golpe directo: la defensa de la inmunidad soberana según la ley de Inmunidad de Actos de Estado, de 1978.

Según dijo, dejar en libertad al general Pinochet no supone «crear el espectro de un futuro Hitler que se va impunemente», y añadió: «Los tribunales de un país no pueden juzgar los actos de un Gobierno de otro país realizados dentro de su jurisdicción». Sugirió que el ámbito adecuado para juzgar este tipo de crímenes era un tribunal penal internacional.

Nicholls advirtió que «no sólo fue un grave error admitir la primera orden de detención, sino que el ministro del Interior debió haber intervenido tan pronto como supo de ella. Él tenía el poder para cancelar la petición española».

El abogado aclaró que, «incluso si Pinochet fuera culpable, gozaría de inmunidad porque los hechos denunciados se habrían cometido mientras era Jefe de Estado; por tanto, eran actos de Estado. Por esa razón, puede alegar el privilegio de inmunidad de Estado. La inmunidad persiste en los actos de Estado después que se ha dejado de ser Jefe de Estado».

Al abordar los delitos que se imputaban, señaló que el asesinato de ciudadanos españoles en Chile «no es un delito de extradición» porque no se cumplía la regla de la doble criminalidad: la persecución de un delito en ambos países, Reino Unido y España. «El asesinato de un ciudadano británico por un no británico en otro país no es un delito respecto del cual el Reino Unido puede ejercer su juridicción extraterritorial. La nacionalidad de la víctima no es la que determina la jurisdicción».

Nicholls dijo que la segunda orden de arresto provisional también era ilegal «porque los tribunales no tienen poder para dictar una segunda orden en un mismo y único caso». Agregó: «Es contrario a ley, en la práctica y por principio. En mi larga experiencia nunca he visto nada semejante». En relación con la segunda orden, que contenía los delitos de torturas, desapariciones forzadas y conspiración para asesinar, Nicholls explicó que algunos de los delitos imputados no eran tales en la ley inglesa de la época en que fueron cometidos. «Por tanto, no es posible aplicar retroactivamente la ley», señaló.

Alun Jones explicó, en nombre del Reino de España, que Pinochet estaba implicado «en la muerte de cuatro mil personas como mínimo» y aseguró que «puede ser sometido a juicio en cualquier parte del mundo». Citó, al describir los crímenes, el Estatuto del Tribunal de Núremberg de 1945 y la Convención de Naciones Unidas contra el Genocidio de 1948. «Pinochet envió agentes de la DINA a España para buscar y asesinar a opositores políticos. Estos actos de terrorismo se extendieron a otros países como Argentina, Italia y Estados Unidos»; y recordó los asesinatos del general Carlos Prats, del ex canciller Orlando Letelier y el intento frustrado en la persona del dirigente democristiano Bernardo Leighton.

Jones añadió: «La protección a un soberano extranjero conviene solamente en relación con su función como Jefe de Estado, pero no respecto de las conductas que se imputan a Pinochet. Siendo crímenes tan profundamente repulsivos a toda idea de moralidad, al punto de configurar crímenes contra la Humanidad, como el genocidio, la tortura, y la toma de rehenes, no pueden quedar amparados por la inmunidad. Un ex Jefe de Estado puede ser juzgado por estos actos como cualquier otra persona».

Jones citó el artículo 4 de la Convención contra el Genocidio. «Las personas que cometan genocidio u otros actos enumerados en el artículo III deberán ser castigados, ya sean dirigentes constitucionales, funcionarios públicos o individuos privados».

Al analizar la primera y segunda orden de arresto, dijo que la Policía Metropolitana tuvo que actuar «con prisa, porque estimó que el general se disponía a abandonar el país». Admitió, tácitamente, que la conducta descrita en la primera orden inglesa no constituía un delito susceptible de extradición.

Jones no dijo en ningún momento que la orden dictada por el magistrado Evans aludía a un delito —el asesinato de ciudadanos españoles en Chile— que no se correspondía con la orden enviada por el juez Garzón. Tampoco aludió al contenido de ésta: genocidio, terrorismo y desaparición de personas. Por una razón: tanto él como sus rivales desconocían que la orden del magistrado Evans acusaba a Pinochet de un delito que no constaba en la del juez Garzón.

El Alto Tribunal de Justicia entró en receso hasta la mañana del día siguiente.

El rey Juan Carlos, la reina Sofía y el secretario de Estado de Cooperación Iberoamericana, Fernando Villalonga, en representación del ministro Abel Matutes, viajaron a la capital de Brasil, el domingo, en un Boeing 707 de la Fuerza Aérea española para ser testigos en la ceremonia de paz que pondría fin a un pleito de fronteras que enfrentaba desde hacía cincuenta años a Ecuador y Perú. Don Juan Carlos mantuvo reuniones con varios presidentes latinoamericanos. Frei fue uno de ellos.

Habían pasado diez días desde el arresto de Pinochet y algo más de una semana desde el encuentro en Oporto. Frei explicó al Rey las dificultades que había provocado el arresto del general y las tensiones políticas en su país. Asimismo, dijo que aun cuando sabía que el Gobierno español tramitaría la solicitud de extradición de Pinochet, los asesores jurídicos españoles del Gobierno chileno aseguraban que el Ejecutivo español podía, en función de su política exterior, no cursar la petición. Frei le informó de que ese mismo día la cancillería chilena había enviado una nota verbal al Ministerio de Asuntos Exteriores en Madrid exponiendo su punto de vista. En todo caso, necesitaba tiempo para preparar el ambiente en su país a fin de que se pudiese digerir una eventual solicitud de extradición. El Rey apaciguó los ánimos y dijo que transmitiría el mensaje.

La nota verbal del Gobierno chileno destacaba el «grave daño que causa al proceso de transición democrática y reconciliación nacional el intento de juzgar a Pinochet. El Gobierno de Chile estima que cualesquiera sean las intenciones de quienes promovieron el proceso, éste no ayuda a ninguno de estos fines y, por el contrario, ahondará por muchos años las diferencias que existen entre los chilenos». Al mismo tiempo, pedía al Gobierno español el rechazo de la petición de extradición, y que intercediera ante las autoridades judiciales.

Ese mismo día 26, el Ministerio de Relaciones Exteriores chileno aportaba a la Policía de Investigaciones su testimonio escrito y los documentos relacionados con el pasaporte de Pinochet a raíz de una investigación judicial. En un escrito firmado por Insulza se decía: «Según el decreto supremo Nº 1.505, de fecha 2 de septiembre de 1998, tomado razón por la Contraloría General de la República el 14 de octubre de 1998, el senador Augusto Pinochet Ugarte viajó al Reino Unido como embajador extraordinario y plenipotenciario en misión especial del Gobierno de Chile. La misión era reservada y obedecía a una invitación efectuada formalmente por la empresa Royal Ordnance, de propiedad de British Aerospace, con el objeto de visitar algunos de sus proyectos en el ámbito de la defensa del próximo siglo». El decreto tenía tres puntos: comisionaba a Pinochet por el término de 46 días, entre el 21 de septiembre y el 5 de noviembre de 1998, a fin de que se viajara al Reino Unido, «como embajador extraordinario y plenipotenciario en misión especial del Gobierno de Chile»; establecía que «el señor Pinochet Ugarte no hará uso de viáticos ni pasajes con cargo al Ministerio de Relaciones Exteriores» y advertía que Pinochet «dará cumplimiento a su comisión sin esperar la total tramitación del presente decreto».

El martes 27 de octubre por la mañana se reanudó la sesión en el Alto Tribunal de Justicia, en Londres. El abogado James Turner, el último en hablar, explicó que había una circunstancia legal en la que el ministro podía cancelar una orden de arresto provisional. Eso era sólo posible cuando el ministro, a juzgar por todos los datos disponibles, llegaba a la conclusión de que nunca dictaría una autorización para que el procedimiento de extradición siguiera su curso. Explicó que, para adoptar una posición semejante, los asesores jurídicos del ministro necesitaban información relevante tanto sobre la cuestión de la inmunidad como acerca de los delitos imputados. Según dijo, en esas condiciones, aceptar a ciegas la petición de la defensa de Pinochet para que se cancelara inmediatamente la orden de arresto hubiera sido un acto contrario a la ley de Extradición. El momento procesal oportuno para que el ministro decidiera cancelar esa orden llegaría, insistió, cuando tocara dictar una autorización para proceder. Anularla antes suponía, dijo, erigirse en tribunal de apelación de los recursos contra los magistrados. Y, tanto más grave, sin escuchar a la acusación. Es decir, a aquellos que solicitaban la extradición.

La defensa de Straw señaló, además, que no existía en la ley ninguna limitación para dictar una segunda orden de arresto provisional. «Es un asunto de sentido común advertir que una primera orden, dictada en circunstancias de urgencia, no necesariamente abarca todos los asuntos relevantes y si se ve que la legitimidad de una primera orden puede ser cuestionada, por sabia precaución se obtiene, de urgencia, una orden posterior especificando otros asuntos de importancia. Esto en sí mismo no supone un abuso de poder, sino el uso correcto y legítimo de los procedimientos disponibles», dijo. También defendió al magistrado Bartle, que decidió dictar la segunda orden sin convocar una audiencia previa con las dos partes. «La situación que existía en ese momento no era usual, porque aun cuando el acusado estaba bajo arresto, existía el riesgo de que fuera puesto en libertad, lo que subrayaba la urgencia de la situación», señaló.

El día 28, a las tres de la tarde, hora de Londres, lord Bingham comenzó a leer la sentencia del Alto Tribunal Superior de Justicia sobre el recurso de Pinochet.

Lord Bingham, un hombre de frente redonda enorme, escaso pelo rubio y prominente nariz, narró las peripecias del caso. Abordó primero el contenido de las órdenes de arresto y dejó para el final el argumento de la inmunidad.

Al relatar los hechos, dejó constancia de que el tribunal nunca había visto la primera orden de detención cursada por el juez Garzón. Recordó que la defensa de Pinochet cuestionaba la orden del magistrado Evans, la primera, por dos razones: los crímenes fueron cometidos en Chile, no en España, y el asesinato de un ciudadano británico por un no británico fuera del Reino Unido no era un delito respecto del cual la justicia británica pudiera ejercer su jurisdicción extraterritorial. La defensa sostenía, pues, que España no basaba su exigencia de jurisdicción en la nacionalidad del autor sino de la víctima, lo que no tenía su equivalente en el Reino Unido. Por tanto, no era un delito por el cual el Reino Unido podía extraditar a una persona.

Lord Bingham dijo: «A mi juicio, este argumento es correcto. La orden de arresto dictada el 16 de octubre estuvo mal hecha. No hago crítica alguna al magistrado que se vio obligado a actuar en una situación de gran urgencia y con muy poco tiempo para reflexionar. Es clarísimo que la conducta descrita no es un delito de extradición y que la primera orden es totalmente incorrecta».

A continuación, defendió la posición del ministro Straw: «Se ha dicho que debió ser obvio para él que no existía un delito de extradición y que el acusado gozaba de inmunidad como ex jefe de Estado. Rechazo sin dudarlo este argumento. No es función del ministro revisar la validez legal de un arresto provisional. Si se plantean objeciones legales a una orden, el ministro está perfectamente facultado para estimar que corresponde al tribunal y no a él resolver los que podrían ser controvertidos puntos de ley. Cualquier otro enfoque conduciría a enturbiar las funciones. A mi juicio, no hay nada en los hechos para sugerir que el ministro adoptó una decisión perversa o incurrió en algún error».

Lord Bingham pasó a estudiar la segunda orden de detención, expedida por el juez Bartle. «La defensa arguye que la segunda orden está mal hecha porque el tribunal no tiene poder para dictar una segunda orden provisional en una sola petición de extradición. No tengo duda de que el asunto de que exista más de una orden provisional es inusual y que no sería, en general, deseable. Pero en el presente caso debe tenerse en cuenta que hay dos órdenes españolas. No plantean los mismos delitos. Más aún, no hay en la ley nada en el sentido de que no deba haber dos órdenes provisionales de arresto». Lord Bingham dijo, además, que el magistrado Bartle no había incurrido en un error al rechazar una audiencia con presencia de las dos partes antes de dictar la segunda orden.

Por último, antes de entrar en el tema de la inmunidad, dijo que tampoco compartía la objeción del abogado Nicholls basada en la retroactividad para cuatro de los cinco delitos enumerados en la segunda orden de arresto.

Y aprovechó el punto para pronunciarse sobre un hecho muy relevante. «Añadiré sobre el punto de la retroactividad que la conducta imputada contra el acusado en una extradición no necesita, en mi opinión, haber sido criminal aquí cuando el presunto delito fue cometido en el exterior. Lo que es necesario es que en el momento de la solicitud de extradición el delito sea un delito aquí, castigado con doce meses de prisión o más».

Era muy relevante. Porque la mayoría de los crímenes que se imputaban a Pinochet habían ocurrido en Chile antes de que entraran en vigor en el Reino Unido las leyes que permitían su persecución extraterritorial. Era el caso de las torturas cometidas en otros países, que sólo a partir de diciembre de 1988 pasaron a ser perseguibles en el Reino Unido como si se hubieran llevado a cabo allí mismo.

Lord Bingham se ocupó entonces de la cuestión central: la inmunidad soberana. «Tenemos una declaración jurada de que el peticionante fue jefe de Estado de la República de Chile entre septiembre de 1973 y marzo de 1990. Esta evidencia no ha sido cuestionada», explicó.

La declaración jurada de la embajada chilena que citaba Bingham era poco respetuosa con la realidad. Pinochet había sido presidente de la Junta Militar a partir del 11 de septiembre de 1973 y sólo fue nombrado jefe de Estado chileno el 26 de junio de 1974.

Explicó Bingham que «el argumento de la defensa es que, dicho sencillamente, un tribunal en el Reino Unido no puede ejercer su jurisdicción civil o penal sobre un ex jefe de Estado de un país extranjero en relación con cualquier acto realizado en el ejercicio del poder soberano». Y, aludiendo a las leyes internacionales esgrimidas por los letrados, añadió «Sostienen que cuando un jefe de Estado deja de ser tal, cesa su inmunidad respecto a actos personales y privados, pero continúa gozando de inmunidad respecto a actos públicos que ha realizado como jefe de Estado».

Pinochet, dijo, «no está acusado personalmente de torturar, asesinar o causar la desaparición de sus víctimas, sino de usar el poder del Estado del que era jefe para esos fines. Es importante enfatizar que, al menos en lo que concierne a este tribunal, no se está pronunciando sobre la verdad o falsedad de estas acusaciones».

Lord Bingham recordó que, según el abogado Jones, «la protección acordada a un soberano extranjero sólo es viable en relación con sus funciones como jefe de Estado y tales funciones, alega, no pueden incluir conductas como las que se imputa al acusado».

Fue entonces cuando el juez se pronunció con brutal claridad.

Primero, la zanahoria. «Éste es un argumento que tiene algún atractivo. Pero un ex jefe de Estado tiene claramente derecho a gozar de inmunidad en relación con actos criminales realizados en el curso del ejercicio de sus funciones públicas. Por tanto, uno no puede sostener que cualquier desviación de la buena práctica democrática está fuera de la línea de la inmunidad. Si el soberano extranjero es inmune ante el procesamiento respecto a algunos crímenes, ¿dónde se pone la frontera? El señor Jones contesta que algunos crímenes son tan repugnantes a cualquier idea de moralidad al punto que son crímenes contra la Humanidad y que no puede haber inmunidad ante ellos. Por eso, alega que un ex jefe de Estado, o presumiblemente un jefe de Estado, puede ser penalmente responsable como cualquier otra persona. En esa categoría, coloca delitos como el de genocidio, tortura, toma de rehenes y otros similares. En apoyo de su argumento, el señor Jones cita el artículo 4 de la Convención contra el Genocidio adoptado por la Asamblea General de Naciones Unidas en diciembre de 1948».

Lord Bingham entró, ahora, a enjuiciar. «La dificultad para el señor Jones es que cuando se dio efecto parcial en el Reino Unido a dicha convención en 1969, el artículo 4 no fue incorporado a la ley. En cualquier caso, el genocidio no es uno de los delitos mencionados en la segunda orden».

El caso es que el juez Garzón sí lo invocaba; el juez británico no.

Lord Bingham se refirió después al estatuto del Tribunal Militar Internacional de Núremberg de 1945 y a los de Tribunal Internacional de la ex Yugoslavia de 1993 y de Ruanda en 1994, citados por Jones en apoyo de su posición. Y dijo: «Primero, son tribunales internacionales, creados por acuerdo internacional. No violan, pues, el principio de que un Estado soberano no acusará a otro en relación con sus actos soberanos. Segundo, se ha creído necesario asegurar que no habrá objeción al ejercicio de la jurisdicción del tribunal sobre soberanos extranjeros». Su conclusión fue el palo que sujetaba la zanahoria: «La referencia a estas convenciones no hace avanzar el razonamiento del señor Jones; si acaso, lo hace retroceder».

Lord Bingham concluyó que Pinochet «goza de inmunidad como ex soberano ante el proceso civil y penal de los tribunales ingleses. Ésta es una objeción concluyente ante la segunda orden provisional de arresto. También, si hiciera falta una segunda objeción, lo es para la primera. Habida cuenta de que se trata de un cuestionamiento de la jurisdicción de los tribunales ingleses, ha sido totalmente correcto someter el asunto, en esta fase, ante el Alto Tribunal de Justicia. Considero que el remedio es dejar sin efecto ambas órdenes de arresto. En relación con la solicitud de permiso de la defensa de Pinochet para recurrir contra el ministro, rechazo la petición».

Pero si bien lord Bingham daba la victoria a Pinochet, todavía no había terminado.

—En relación con la segunda orden provisional de arresto, agregaría dos cosas importantes. Primero, debemos escuchar cualquier petición de permiso para apelar y considerar sus términos. Segundo, si se solicita este permiso y se concede, se suspendería el efecto de anular la segunda orden provisional de arresto hasta que se resuelva dicha apelación. Es mi intención, dicho brevemente, que el peticionante siga bajo arresto hasta la resolución final de cualquier recurso contra esta decisión.

Podía parecer, pues, un mero gesto de cortesía para atenuar la victoria de Pinochet. Los otros dos miembros del tribunal, los jueces Collins y Richards, apoyaron a lord Bingham.

Alun Jones, que ya tenía instrucciones del juez Garzón para apelar, dijo:

—Señoría, vamos a apelar, de modo que el tribunal puede dar la orden.

Lord Bingham estaba preparado.

—Hemos pensado en ello y nos parece que la razón para permitir la apelación sería: «Se certifica que la decisión del tribunal supone un punto de ley de interés público general, a saber, la correcta interpretación y amplitud de la inmunidad de que goza un ex jefe de Estado respecto a actos cometidos cuando era jefe de Estado».

Al subrayar la importancia del asunto, parecía evidente que la decisión era algo más que una deferencia.

—Si mi distinguido amigo está de acuerdo —dijo Jones, aludiendo a Nicholls—, invitaremos al Tribunal a dar el permiso. Tengo instrucciones de la autoridad española y del Servicio de Fiscalía de la Corona para decir que vamos a apelar.

Jones señaló, también, que era mejor que fuera el Alto Tribunal de Justicia, en su resolución, quien diera permiso para recurrir ante el Comité de Apelación de la Cámara de los Lores, los llamados jueces lores, que cumplen la función de Tribunal Supremo en Gran Bretaña, antes que solicitarlo a la propia Cámara, aun cuando estaba seguro de que ésta lo daría.

La defensa de Pinochet se opuso:

—Sus señorías no han encontrado en su sentencia ningún apoyo a los argumentos contrarios a la inmunidad. En tal caso, deben rechazar el permiso —señaló Nicholls.

Lord Bingham ya había resuelto.

—La anulación de la orden de arresto no tendrá efecto hasta que se resuelva la apelación. Damos permiso a la Fiscalía de la Corona para recurrir nuestra decisión ante la Cámara de los Lores. Hacemos esto por la importancia pública e internacional del caso. No queremos que se piense que damos la autorización porque tenemos duda sobre el desenlace.

CAPÍTULO 54

La jurisdicción española

La tarde de ese miércoles 28, el presidente Frei hizo llamar desde Santiago al embajador chileno en España, Sergio Pizarro, que se encontraba de camino a Madrid, de regreso de un viaje. La secretaria del presidente, Angélica Castro, localizó a Pizarro en su coche. Le dijo que era urgente y que devolviera la llamada por un teléfono fijo. Pizarro pidió al chófer que se detuviese en la primera gasolinera. El embajador llamó al Palacio de la Moneda desde una cabina.

—Embajador, hay que hablar con el ministro Matutes y conseguir que retrasen la solicitud de extradición. Necesitamos que nos den tiempo para preparar las cosas y explicar lo que está ocurriendo. Mariano Fernández está en Londres pero se va trasladar inmediatamente a Madrid para apoyar las gestiones.

Abel Matutes citó al embajador para la mañana del día siguiente, jueves 29 de octubre de 1998.

Los periódicos del día daban cuenta de la resolución del Alto Tribunal de Justicia británico de la víspera favorable a Pinochet. Esa misma tarde, el pleno de la Sala de lo Penal de la Audiencia Nacional debatía, a su vez, los recursos de la fiscalía contra la jurisdicción española en los casos de Argentina y Chile. Si esos recursos eran admitidos, todo el caso se venía abajo, solicitud de extradición incluida.

Tras comentar que el desenlace de los recursos sería decisivo para la supervivencia del caso, el embajador Pizarro expuso la petición de Frei.

—Ministro, el presidente me ha pedido que insista en que hagan ustedes todo lo posible para retrasar la solicitud de extradición una vez que ésta se eleve al Gobierno. Eso permitiría al Gobierno chileno contar con tiempo para preparar el ambiente.

—Sergio, en este tema no podemos arrastrar los pies —dijo Matutes—. Si lo hacemos, la opinión pública nos pasará por encima —añadió.

—Pero ministro, el presidente sólo está pidiendo que retrasen ustedes la solicitud. Un poco de tiempo. Eso es todo —rogó Pizarro.

—El Consejo de Ministros de mañana no va a despachar el asunto. De modo que ya podéis saber que, al menos hasta la semana próxima, no habrá nada. Pero si la solicitud llega antes del viernes 6, y hay tiempo suficiente, tendremos que cursarla. Podéis estar seguros de que no vamos a acelerar las cosas. Ahora, si todo está en regla, tampoco podemos retrasarlas —explicó Matutes—. De todos modos, entre la aprobación y la solicitud diplomática transcurren algunos días —añadió, no sin picardía.

Pero Pizarro no tenía un pelo de tonto.

—Si mañana no hay solicitud de extradición, el Consejo de Ministros no puede resolver. Por tanto, aquí no se nos hace favor alguno. Pero ¿qué pasa si en lugar de ir al Consejo del día 6 se deja para el siguiente? Eso es todo lo que te está pidiendo el presidente Frei —insistió Pizarro.

—La opinión pública y los jueces se nos echarían encima. Algunos con mala idea ya nos acusan por adelantado de querer dilatar el trámite para que se cumplan los plazos de modo que Pinochet quede en libertad para marcharse —señaló Matutes, en referencia al secretario general del partido Socialista, Joaquín Almunia—. Si el juez eleva la solicitud y todo está en regla, el Consejo de Ministros la despachará el próximo viernes. Pero, insisto, los papeles tardan un tiempo en salir.

En una sala de la planta baja de la Audiencia Nacional, en la madrileña calle Génova, comenzó la reunión plenaria para debatir los recursos de la fiscalía contra la jurisdicción española en los casos de Argentina y Chile.

Eran poco más de las cuatro de la tarde. El fiscal Pedro Rubira y el abogado del excapitán de corbeta argentino Adolfo Scilingo se enfrentaron a nueve abogados de la acusación en la causa de Argentina; el fiscal Ignacio Peláez, por su parte, tuvo frente a sí a Joan Garcés, que intervino en nombre de las familias de los sacerdotes Antoni Llidó y Joan Alsina y de la Asociación de Familiares de Detenidos Desaparecidos.

El fiscal jefe de la Audiencia Nacional, Eduardo Fungairiño, tomó asiento junto a sus dos fiscales. El juez Garzón no podía perderse el debate. Poco después de empezar, el juez entró en la pequeña sala desde donde se controlan la grabación y los micrófonos. A través de uno de esos cristales que permiten ver sin ser visto, Garzón siguió el desarrollo de las exposiciones.

Tanto Rubira, primero, como Peláez, más tarde, enfatizaron la gravedad de los crímenes e ilustraron con detalle las conductas aberrantes de las dictaduras argentina y chilena. Esa línea de intervención era comprensible. La posición de la fiscalía de la Audiencia Nacional contra la jurisdicción española se identificaba, después de conocerse el documento de Fungairiño del 2 de octubre de 1997, con la justificación de las dictaduras militares.

Descritas las atrocidades, los fiscales señalaron que a pesar de lo monstruoso de los hechos, se debía hacer una calificación de acuerdo con la ley española, por lo cual rechazaban la tipificación de genocidio y terrorismo, consideraban errónea la aplicación de la Convención de Naciones Unidas contra la Tortura, y ponían de relieve que ya existían causas abiertas en Chile por los mismos hechos. España, concluían, carecía de jurisdicción para enjuiciarlos.

Los abogados querellantes de la causa de Argentina, empezando por Carlos Slepoy, y el letrado que hablaba por las víctimas de Chile, Joan Garcés, respectivamente, se extendieron durante varias horas sobre los hechos: los campos de concentración, las torturas, el secuestro de niños, la técnica de la desaparición forzada, el terrorismo de Estado. Y sobre los convenios internacionales. Garcés hizo una amplia exposición sobre el derecho desde Núremberg y evitó aludir, siquiera una sola vez, al innombrable. No pronunció la palabra Pinochet. Sí hizo mención a Fungairiño. Tras recordar que el procedimiento de Chile se había iniciado con el apoyo del fiscal —se refería, sin decir su nombre, a Javier Balaguer— en julio de 1996, apuntó que Fungairiño había descalificado más tarde ante la prensa chilena las actuaciones del juez Manuel García-Castellón.

El fiscal jefe interrumpió a Garcés y solicitó al presidente del Tribunal permiso para replicar, cosa a la que fue autorizado después de que el letrado finalizara. Fungairiño, entonces, se limitó a decir: «Jamás en la vida he descalificado a un juez de la Audiencia Nacional».

El pleno terminó cuatro horas después, a las nueve menos veinte. El presidente convocó al Tribunal para el día siguiente, día

30 de octubre, a las nueve de la mañana, en la sala de juntas semicircular de la séptima planta de la Audiencia Nacional, para deliberar.

A la mañana siguiente, los magistrados advirtieron que en la sala había termos de café, leche, té, galletas y botellas de agua mineral. La señal era obvia: la deliberación, llevara el tiempo que llevara, debía concluir con el fallo.

Siro García, presidente de la Sala de lo Penal de la Audiencia Nacional, dio la palabra al ponente, Carlos Cezón, quien hizo un análisis de los hechos en Argentina y Chile, razonó la posición de la fiscalía y la tipificación penal de los crímenes.

El ponente era favorable a calificar los hechos como genocidio y terrorismo, e incluyó las torturas dentro de ambos delitos mayores. Según explicó, si España tenía jurisdicción para la persecución del delito de genocidio cometido en el extranjero, la investigación alcanzaba a los delitos de tortura «integrados en el genocidio». Y no sólo, dijo, en el caso de las víctimas de nacionalidad española.

Cezón analizó la situación de cuatro casos de víctimas españolas: los sacerdotes Antoni Llidó y Joan Alsina, Michelle Peña, embarazada, y Carmelo Soria. En los cuatro casos, los tribunales de Chile decretaron el sobreseimiento definitivo por aplicación de la ley de Amnistía dictada por la Junta Militar. Si bien la ley orgánica del Poder Judicial invocada para aplicar la jurisdicción española excluía aquellos casos en que hubiere indulto o absolución en el extranjero, Cezón señaló que la ley de Amnistía de la dictadura chilena no debía tenerse por verdadero indulto sino «por norma despenalizadora por razones de conveniencia política» y, en consecuencia, «no pueden considerarse juzgados o indultados en Chile y justifican el sostenimiento de la jurisdicción española».

El presidente, pues, concedió una primera vuelta de intervenciones sobre ambas causas por orden de antigüedad en la Audiencia Nacional. Los magistrados más veteranos hablarían al final.

Abrió el turno Luis Martínez de Salinas, quien expresó su posición contraria a la jurisdicción española. Le siguió en el orden Antonio Díaz Delgado, quien también manifestó su oposición. El magistrado José Ricardo de Prada, por el contrario, hizo un alegato a favor de la jurisdicción española para juzgar los crímenes en ambas causas. Pero, a continuación, Manuela Fernández de Prado, *Nela*, reabrió el camino de obstáculos a la jurisdicción de España. Tanto Díaz Delgado como *Nela*, eran miembros de la sección primera, que también presidía Siro García.

Sin embargo, el magistrado Carlos Ollero, miembro de la sección cuarta, apoyó a su colega Cezón y retomó los argumentos de De Prada. La sesión presentaba un panorama muy poco definido. Tocó el turno a Juan José López Ortega, que insistió en las calificaciones de genocidio y terrorismo. Al analizar los hechos de Argentina, enfatizó el secuestro de niños como un aspecto del genocidio practicado. La magistrada Ángela Murillo, a continuación, se mostró favorable a la jurisdicción española, lo mismo que el siguiente en el turno, Jorge Campos. Sin embargo, las tornas volvieron a cambiar cuando tuvo que hablar Francisco Castro Meije, presidente de la sección tercera, quien argumentó claramente contra la jurisdicción española. Era, sin duda, la posición más tajante de todos aquellos que se habían manifestado en contra.

Siro García, el último en hablar, explicó que los fiscales Rubira y Peláez habían descrito unos delitos que se enmarcaban perfectamente en el tipo de terrorismo. Apoyó su argumento en el manual de derecho internacional del penalista español Antonio Quintano Ripollés, que uno de los magistrados, Juan José López Ortega, por indicación del presidente, había hecho traer a la sala.

El magistrado, pues, abrió uno de los dos tomos de la obra y leyó: «Una forma de terrorismo que parece haber tenido una lamentable tendencia a proliferar en nuestro tiempo, tan propicio a todos los monopolios estatales, es la del terrorismo desde arriba, esto es, el practicado por el Estado abierta o encubiertamente a través de sus órganos oficiales u oficiosos, es claro que desborda obviamente el campo propio del derecho penal interno, aunque pueda importar al internacional penal en la dimensión de los llamados crímenes contra la humanidad o los genocidas. Es, sin duda, el aspecto más vil del terrorismo, dado que elimina todo riesgo y se prevale del aparato de autoridad para perpetrar sus crímenes bajo el ropaje de la autoridad y aun del patriotismo».

Siro García defendió la jurisdicción española pero no trató de convencer a quienes opinaban lo contrario.

A las once de la mañana el presidente acordó un receso.

Al comenzar la segunda vuelta de la votación en la Sala de lo Penal de la Audiencia Nacional, resultó evidente que las palabras de Siro García habían hecho mella. Martínez de Salinas se pronunció a favor de la jurisdicción, lo mismo que Díaz Delgado y *Nela*, compañeros de sección del presidente. La unanimidad parecía abrirse camino, hasta que llegó el turno de Castro Meije, quien se pronunció claramente, como que ya lo había hecho antes, en contra. Por último, Siro García volvió a expresar su apoyo. Eran pues, diez contra uno.

En ese instante, Castro Meije intervino:

—Si la unanimidad se va a romper por un solo voto, y lo aceptáis, permitidme que cambie el mío y me sume a vosotros.

El presidente y todos los miembros aceptaron la iniciativa. Les parecía un gesto de gran generosidad. Se acordó, también, que dadas las expectativas públicas del caso, el ponente anunciara el resultado de la votación al término de la sesión. Los argumentos jurídicos se darían a conocer en un auto durante los próximos días.

A las dos de la tarde de ese día, 30 de octubre, el ponente, Carlos Cezón, se presentó ante los medios de comunicación. En la misma sala en la que se había desarrollado el debate el día de la víspera, Cezón dijo: «La sala de lo Penal de la Audiencia Nacional ha acordado por unanimidad desestimar los recursos de la fiscalía y confirmar la jurisdicción de España para el conocimiento de estos procedimientos». Entre periodistas, cámaras de televisión y familiares de las víctimas había algunos magistrados. Y un fiscal a título personal. Era Carlos Castresana. Él esperaba una decisión favorable, aunque no por unanimidad.

Minutos después de difundirse la noticia por la radio, cuando la mayor parte de los magistrados de la Sala de lo Penal abandonaba la Audiencia Nacional, empezaron a sonar cláxones. Los automovilistas que transitaban la calle Génova saludaban al pasar por el edificio la decisión adoptada.

El presidente de la Audiencia Nacional, Clemente Auger, habló con Castresana.

—Carlos, se ha conseguido: once a cero —dijo, eufórico. Y sin perder su ironía, añadió—: ¡Tú y Baltasar nos habéis metido en este lío! Oye, no vaya a ser ahora que a los ingleses se les ocurra mandarnos a Pinochet. ¿Tú sabes el follón que sería juzgarlo aquí?

El subsecretario de Relaciones Exteriores de Chile estaba en Madrid el viernes 30, para entrevistarse con el ministro Abel Matutes.

Mariano Fernández recibió con alborozo el 28 de octubre en Londres el fallo del Alto Tribunal de Justicia. Al día siguiente, se movilizó para que el general Pinochet —en medio de rumores sobre su posible encarcelamiento— fuera trasladado a otra clínica privada, el Grovelands Priory Hospital, en Southgate, al norte de Londres. Le habían dado el alta en la London Clinic y le invitaron a abandonar el centro.

Antes de entrevistarse con Matutes, que se hallaba en la reunión del Consejo de Ministros, y de conocer el resultado de la votación de los magistrados de la Audiencia Nacional, Fernández declaró a la prensa que la aplicación de la jurisdicción universal «abre caminos inesperados e insospechados que puedan dar lugar a abusos». Añadió que su país no defendía al senador Pinochet «sino el respeto a la soberanía de los países y las decisiones políticas internas».

El subsecretario parecía estar en una montaña rusa. Había abandonado Londres con la victoria de Pinochet en el Alto Tribunal de Justicia. A continuación, en Madrid, había tenido ocasión de realizar sus contactos con las autoridades al tiempo que se difundía el fallo de la Audiencia Nacional favorable a la jurisdicción española. Ahora, viajaba a Roma.

Él y Javier Luis Egaña, embajador de Chile ante la Santa Sede, tenían cita, el domingo 1, con el secretario de Estado vaticano, Angelo Sodano, en el Palacio de Castelgandolfo, la residencia veraniega del Papa.

Fernández conocía bien los entresijos del Vaticano. Aparte de ser miembro de la Democracia Cristiana chilena, había sido embajador de Chile en Italia entre 1992 y 1994. Fernández y el embajador Egaña explicaron a Sodano que el Gobierno chileno veía necesaria una gestión del Vaticano ante el Gobierno de Tony Blair para que Pinochet pudiese regresar a Chile. El cardenal dijo que podían contar con ello.

CAPÍTULO 55

'Lenny'

Jeremy Corbyn, diputado laborista y miembro de la Comisión de Derechos Humanos de la Cámara de los Comunes, esperaba la llegada a Londres de Isabel Allende, hija del ex presidente Salvador Allende, y una delegación de parlamentarios el lunes 2 de noviembre de 1998. La nómina de invitados reunía nombres relevantes que podrían ilustrar la historia del golpe militar de 1973 y la represión posterior. Isabel tenía previsto pasar algunos días en Londres y en Madrid. Junto a ella habían salido la víspera, el domingo 1 de noviembre, Juan Pablo Letelier, hijo del ex ministro de Relaciones Exteriores y de Defensa Orlando Letelier, asesinado en Washington por agentes de la DINA en 1976; el abogado Juan Bustos, detenido en Buenos Aires por los servicios de seguridad de Argentina y más tarde exiliado en España; la diputada socialista Fanny Pollarolo; la entonces alcaldesa Sofía Prats, hija del ex comandante en jefe del Ejército chileno, Carlos Prats; Sola Sierra, presidenta de la Agrupación de Familiares de Detenidos Desaparecidos; y los abogados Hernán Montealegre y Pamela Pereira.

Hacía más de veinticinco años, desde el mismo momento del golpe militar, que Corbyn se ocupaba de los derechos humanos en Chile En el contexto de aquella actividad, Corbyn conoció en las reuniones del Partido Laborista británico a una joven chilena que solía exponer la situación en su país: Claudia.

Claudia era hija de Marisol Téllez, endocrinóloga chilena. Ella y sus hijos habían salido de Chile en noviembre de 1973 rumbo al Reino Unido. Ya instalada en Londres, se había especializado en medicina nuclear y ahora trabajaba en el Nortwick Park Hospital. Se daba la circunstancia de que Marisol era hermana de Alicia Téllez, esposa de Óscar Soto, uno de los médicos personales de Salvador Allende.

Jeremy Corbyn y Claudia se casaron en 1988. Y, ahora, con el arresto de Pinochet, él se sentía recompensado con creces por tantos años de trabajo en la causa de los derechos humanos. Según se había acordado con Isabel Allende, el martes 3 de noviembre de 1998 se celebraría una sesión para recordar los hechos del golpe de 1973. El lugar: una pequeña sala de la Cámara de los Comunes.

En Londres ya se encontraban María Maluenda, ex presidenta de la Comisión de Derechos Humanos de la Cámara de Diputados de Chile, y madre del profesor comunista secuestrado y asesinado José Manuel Parada; y Joyce Horman, viuda del periodista norteamericano Charles Horman.

También José María Aznar estaba en Londres el lunes 2 de noviembre. Él, Tony Blair y el flamante canciller alemán, Gerhard Schröder, estaban invitados a la reunión anual de la Confederación de la Industria Británica en Birmingham. En una entrevista que mantuvieron en Downing Street, Aznar y Blair acordaron no hablar del caso Pinochet. Al terminar su reunión, se sometieron a las preguntas de la prensa.

Un periodista preguntó a Aznar sobre la extradición del general.

—Si el Gobierno español recibe la petición, la tramitará —dijo Aznar contrariado—. Y no tengo nada más que decir sobre este tema, que no ha ocupado ni treinta segundos de mi conversación con el primer ministro —añadió.

Blair siguió el guión.

—Hay un proceso judicial y no hemos interferido en él ni lo haremos —señaló.

A su llegada a Londres, Isabel Allende declaró: «Hemos decidido venir porque queremos dar nuestro testimonio. Estamos luchando por la justicia y pensamos que el mayor daño para nuestra democracia es la impunidad».

La mesa redonda informal tuvo lugar, el martes 3, en la Cámara de los Comunes, bajo la presidencia de Jeremy Corbyn.

«La mañana del 11 de septiembre de 1973 fue la última vez que vi con vida a mi padre, minutos antes de que comenzaran los bombardeos. Desde el primer momento, los militares tenían intención de matar, que nadie sobreviviera», dijo Isabel Allende, emocionada, intentando contener el llanto. Mientras se secaba las lágrimas con la mano derecha, explicó: «Mi padre decidió morir antes que rendirse y ése es el acto de mayor dignidad». Sofía Prats relató el asesinato de su padre, el ex comandante en jefe del Ejército Carlos Prats, en Buenos Aires y acusó a Pinochet de traicionar la amistad con sus padres.

El impacto fue inmediato. Las agencias de noticias y los principales periódicos dedicaron espacio a las palabras de Isabel Allende y publicaron su fotografía.

Los coordinadores de la campaña de prensa de Pinochet fueron superados. Patrick Robertson consultó con su equipo. Algo había que hacer, sin pérdida de tiempo. Él se puso a trabajar en una declaración de Pinochet para contrarrestar a Isabel Allende.

El juez Garzón firmó ese mismo día 3 de noviembre el auto de extradición. A lo largo de doscientas setenta páginas formulaba los cargos, con una enumeración de los hechos y de las víctimas, y presentaba los razonamientos jurídicos.

El escrito trazaba una breve historia del delito de genocidio y defendía una interpretación más amplia que la de un delito que destruye pueblos enteros, una nación extranjera o una raza distinta. El juez señalaba: «La doctrina, cuando habla del genocidio nazi, indica que fue el resultado no de una guerra internacional, sino una política de destrucción calculada de muerte colectiva por un Estado que supuso, según Irving Horowitz, la destrucción estructural y sistemática de personas inocentes por el aparato burocrático de ese Estado. Algo muy aproximado puede decirse del genocidio que aquí se juzga. En Chile como en Argentina, los responsables militares imponen en septiembre de 1973 y marzo de 1976, con golpes de Estado, un régimen de terror basado en la eliminación calculada y sistemática desde el Estado, a lo largo de varios años, y disfrazada bajo la denominación de guerra contra la subversión, de miles de personas en forma violenta».

El juez se apoyaba en la opinión del catedrático de Derecho Penal de la Universidad Carlos III de Madrid, José Manuel Gómez Benítez, según la cual «la realidad ha ido imponiendo una forma distinta de interpretar la Convención contra el Genocidio de 1948. Los exterminios de grupos de personas por razones políticas han sido tan evidentes y atroces que cada vez ha sido más injustificable mantener que no caben en la definición jurídica del genocidio porque no coinciden con ninguno de los grupos aludidos en el texto de la Convención».

El debate sobre el alcance del delito de genocidio no era nuevo. La filósofa alemana de origen judío Hannah Arendt había reflexionado con ocasión de sus crónicas para la revista norteamericana *New Yorker* sobre el juicio del antiguo jefe nazi Adolf Eichmann, en Jerusalén, en 1960, sobre el delito de genocidio.

«El concepto de genocidio», escribió, «acuñado con el explícito propósito de tipificar un delito anteriormente desconocido, aun cuando es aplicable al caso de Eichmann, no es suficiente para abarcarlo en su totalidad, debido a la simple razón de que el asesinato masivo de pueblos enteros no carece de precedentes. La expresión "matanzas administrativas" parece más conveniente. Esta expresión tiene la ventaja de deshacer el prejuicio según el cual actos tan monstruosos solamente pueden cometerse contra una nación extranjera o una raza distinta». Y subrayaba: «Es notorio que Hitler comenzó sus matanzas colectivas concediendo la "muerte piadosa" a los "enfermos incurables", y que tenía la intención de continuar su programa de exterminio desembarazándose de los alemanes "genéticamente lesionados" (con enfermedades en los pulmones y el corazón). Pero prescindiendo de este hecho, resulta evidente que este tipo de matanzas puede dirigirse contra cualquier grupo, es decir, el criterio selectivo depende únicamente de ciertos factores circunstanciales»

Pero, además de genocidio, el auto del juez calificaba los delitos como terrorismo y torturas. Contenía una lista con los nombres de alrededor de 3.000 víctimas, entre ejecutados y desaparecidos. Si bien la inmensa mayoría de los casos habían tenido lugar hasta octubre de 1988, fecha del plebiscito convocado por Pinochet, se mencionaban algunos casos de asesinatos posteriores. Y en lo que se refiere a tortura, el auto narraba el caso de Marcos Quesada Yáñez, un joven de 17 años detenido por carabineros el 29 de junio de 1989 y muerto, según la autopsia, a causa de un «shock por probable corriente eléctrica».

El juez mencionaba en otro capítulo a ciudadanos españoles y descendientes de españoles, entre los que destacaba a siete: Carmelo Soria, Antoni Llidó, Michelle Peña, Enrique López Olmedo, Juan Alsina, Antonio Elizondo y José Tohá. Y citaba como ejemplo de tormentos, sufrimientos y vejaciones, entre otros, el del sacerdote católico de nacionalidad chilena y británica, Michael Woodward, a quien la Armada chilena detuvo en septiembre de 1973, confinándole en el buque escuela *Esmeralda*, en Valparaíso. Ese barco de la Armada y otros, como el carguero *Lebu*, incautado a la Compañía Sudamericana de Vapores días después del golpe militar, donde llegó a reunirse a 324 prisioneros, servían como centros de detención y tortura. A Woodward, miembro del grupo Cristianos por el Socialismo, le rompieron los brazos con un martillo, lo apalearon y lo dejaron morir al cabo de varios días.

El auto narraba el caso de otro ciudadano anglochileno, Guillermo Beausire, empleado de la Bolsa de Comercio chilena, que fue detenido en noviembre de 1974 durante una escala de su avión en el aeropuerto de Ezeiza, en Buenos Aires, y trasladado al campo de concentración de Villa Grimaldi, donde desapareció.

La «Operación Cóndor», según el auto, fue «un plan diseñado para la eliminación física de adversarios políticos en cualquier país miembro de la Operación (Chile, Argentina, Paraguay y Uruguay), o en cualquier otro en el que se hallaren, como, por ejemplo, España, Estados Unidos, Portugal, Francia, Italia, México, mediante la acción clandestina o abierta, según el país, de miembros de los servicios de inteligencia chilenos (DINA) o argentinos (SIDE) o militares especialmente desplazados a tal fin». Y, asimismo, describía la posición personal de Pinochet: «Como establece la Comisión Nacional de la Verdad y Reconciliación en su informe sobre la Represión en Chile, la Dirección de Inteligencia Nacional es "un organismo con facultades prácticamente omnímodas" que dependía formalmente de la Junta de Gobierno aunque "en la práctica respondió solamente ante la presidencia de la Junta de Gobierno —desempeñada por Augusto Pinochet Ugarte— y más tarde de la presidencia de la República" también desempeñada por Augusto Pinochet».

Por todo ello, disponía «proponer al Gobierno de España que solicite de las autoridades británicas competentes (Ministerio del Interior) la extradición de Augusto Pinochet Ugarte» por los delitos de terrorismo, genocidio y torturas. El presidente de la Audiencia Nacional, Clemente Auger, dio traslado de la petición sin pérdida de tiempo al Ministerio de Justicia.

Al día siguiente, miércoles 4, en Madrid las cosas avanzaban con celeridad. La comisión de subsecretarios, integrada por representantes de los ministerios, celebraba su sesión semanal para preparar los temas del Consejo de Ministros. La comisión recibió el informe favorable del Ministerio de Justicia para llevar la solicitud de extradición del general a la reunión del Consejo de Ministros del viernes, día 6 de noviembre, y le dio el visto bueno.

En Londres, toda la atención estaba puesta en el Comité de Apelación de la Cámara de los Lores. Aun cuando funciona en la Cámara de los Lores, el comité es la institución judicial que actúa como Tribunal Supremo británico. Está integrado por doce jueces en activo, a quienes se les llama «jueces lores», y otros ya retirados que actúan como suplentes. En su caso, el título de «lores» es puramente honorífico.

Alun Jones había presentado el lunes 2 el recurso contra la sentencia del Alto Tribunal de Justicia favorable a Pinochet. lord Nicholas Browne-Wilkinson, presidente del comité, y el oficial de turno, estudiaron las listas de casos pendientes y jueces asignados. A la vista de la importancia y la urgencia del caso Pinochet, resolvieron aplazar un recurso de asilo y designaron al panel de cinco jueces ya seleccionado para que oyera el recurso contra la inmunidad del general.

Entre esos cinco jueces figuraba Leonard Hoffmann. *Lenny*, como se le conocía popularmente, tenía 64 años, y era el más joven de los jueces lores. Había nacido en 1934, en una familia judía de Muizenberg, un pueblo próximo a Ciudad del Cabo, Sudáfrica, en cuya universidad, siguiendo los pasos de su padre, estudió leyes. Se casó más tarde con Gillian Steiner y, con una beca Rhodes, marchó al Reino Unido para estudiar en el Queen's College de Oxford. Y allí se dedicó, terminado el posgrado, a la enseñanza del derecho.

En 1977, Gillian, una mujer de izquierdas comprometida con la causa de los derechos humanos, entró en el secretariado internacional de Amnistía Internacional para trabajar en un puesto administrativo remunerado.

Unos años más tarde, en 1982, Amnistía Internacional intentó convertir su organización en una entidad de beneficencia —*charity*— para conseguir ventajas fiscales. La comisión encargada de vigilar a este tipo de empresas denegó la solicitud con el argumento de que sus objetivos eran de carácter político.

Amnistía Internacional solicitó entonces a Hoffmann que dirigiera la apelación al Alto Tribunal de Justicia, cosa que el abogado aceptó. El juez que vio el caso rechazó el recurso. Sostuvo que el propósito de los administradores de la entidad era propiciar cambios en las leyes en el Reino Unido y en el resto del mundo, lo que era un objetivo político, ajeno a las entidades de beneficencia. Señaló que si bien entre los objetivos de la nueva compañía figuraban la investigación y el respeto de los derechos humanos, y que era una actividad en beneficio del público, no reunía las condiciones porque sólo era un instrumento dentro de los objetivos políticos de las otras empresas vinculadas a AI.

Lenny inició después su carrera como juez, llegó al Alto Tribunal de Justicia y al Tribunal de Apelaciones, donde se resolvían los casos civiles y penales más importantes del país.

En 1986, Amnistía Internacional Reino Unido decidió, finalmente, crear una entidad llamada Amnistía Internacional Charity Limited (AICL) «para promover la investigación, respeto y observancia de los derechos humanos y publicar los resultados; promover la ayuda a las víctimas necesitadas por las violaciones a derechos humanos; procurar la abolición de la tortura, las ejecuciones extrajudiciales y las desapariciones de personas». Todos los que formaban parte de la entidad eran miembros electos del Comité Ejecutivo Internacional de Amnistía Internacional.

El 8 de diciembre de 1990 lord Hoffmann y el abogado Peter Duffy, *barrister* (QC), fueron nombrados directores de Amnistía Internacional Charity Limited.

Duffy, graduado en leyes por el Wimbledon College, Gonville y Caius College, en Cambridge, se especializó a partir de 1975 en derecho internacional y público en el Instituto de Asuntos Europeos, en la Universidad de Bruselas. Tras casi diez años de trabajo, en 1989 fue nombrado presidente de la organización mundial Amnistía Internacional, cargo que ejerció hasta 1991.

A diferencia de Duffy, lord Hoffmann no pertenecía a Amnistía Internacional. Ninguno de los dos cobraban por el desempeño de sus funciones en AICL.

En el informe de actividades de AICL del año 1993, Hoffmann y Duffy, en su calidad de directores, daban cuenta de varios estudios publicados por la entidad, entre ellos una investigación relacionada con Chile. A través de ella se analizaba la situación general de los derechos humanos en Chile y la evolución de los casos contra presuntos autores de torturas y otras violaciones de derechos humanos. Según se decía, «nadie ha sido condenado durante el año por las pasadas violaciones de derechos humanos». Y agregaba: «Los tribunales militares siguen reclamando la jurisdicción sobre los casos de derechos humanos a los tribunales civiles y continúan cerrando las causas mediante la ley de Amnistía de 1978. Amnistía Internacional continúa exigiendo una completa investigación de las violaciones de derechos humanos para que los responsables sean llevados ante la Justicia».

Lord Hoffmann fue seleccionado en 1995, cuando era miembro del Tribunal de Apelaciones, para ser uno de los doce miembros en activo del Comité de Apelación de la Cámara de los Lores, un puesto vitalicio hasta su jubilación, a los 75 años. Siguió siendo director y, más tarde, presidente de AICL. No existía incompatibilidad alguna entre dichas actividades. A finales de 1997, Derry Irvine of Lairg, el lord Chancellor, el más alto dignatario judicial del Reino Unido, miembro del gabinete de Tony Blair, llegó a un acuerdo con las autoridades judiciales de Hong Kong, tras la retirada británica, para nombrar dos jueces en la Corte de Apelaciones de la isla. Lord Irvine propuso los nombres de lord Leonard Hoffmann y lord Donald Nicholls. Ambos tenían una excelente relación personal.

Por aquellas fechas, Amnistía Internacional lanzó una suscripción de fondos para adquirir una nueva sede en Londres, y confió la actividad a AICL. Lord Hoffman consiguió el apoyo de lord Thomas Bingham, el juez más importante del Alto Tribunal de Justicia, para firmar una carta dirigida a diversas instituciones solicitando su ayuda. Una de esas cartas llegó al bufete Kingsley & Napley, que aportó 1.000 libras esterlinas. La historia de lord Bingham era interesante. Él, pese a colaborar en la recogida de fondos para AI, acababa de fallar, hacía tan sólo una semana, a favor de Pinochet.

Capítulo 56

El fantasma de Hitler

Todo sucedió muy rápido.

La primera vista para tratar el recurso contra la inmunidad de Pinochet fue convocada para la mañana del 4 de noviembre de 1998.

A diferencia de lo que había ocurrido en el Alto Tribunal de Justicia, en el que sólo participaron dos partes, la defensa de Pinochet y la Fiscalía de la Corona, varias organizaciones de derechos humanos decidieron en esta nueva oportunidad solicitar permiso para participar en calidad de «intervinientes».

La más importante, Amnistía Internacional Reino Unido, estimó que la derrota española en el Alto Tribunal de Justicia se debía, al menos en parte, a la poca preparación del caso, tanto por la falta de tiempo como por la debilidad de los argumentos.

El Tribunal delegó en tres de sus cinco miembros la tarea de escuchar los argumentos y resolver la petición.

El presidente del tribunal, el juez lord Gordon Slynn of Hadley, y sus colegas, lord Donald Nicholls y lord Johan Steyn, citaron a las organizaciones Amnistía Internacional, Redress Trust, y la Fundación Médica para la Asistencia de las Víctimas de la Tortura, así como a los abogados de la doctora Sheila Cassidy y de la familia de William Beausire para escuchar sus razones durante la mañana del miércoles 4, antes de comenzar la audiencia formal.

Tras escuchar a primera hora los argumentos de Amnistía Internacional y de otras organizaciones, los tres jueces lores aceptaron, en una decisión inusual, la intervención de organizaciones y víctimas, a condición de que las dos partes del caso, la defensa de

Pinochet y la Fiscalía de la Corona, aceptaran. Al iniciarse la sesión, lord Slynn of Hadley sometió el tema a las partes. No hubo objeción. Tanto Amnistía Internacional como las otras organizaciones y víctimas asumieron el carácter de «intervinientes». Human Rights Watch, de Nueva York, cuyo director de campañas, el abogado Reed Brody, viajó a Londres, obtuvo permiso para presentar alegaciones por escrito.

Lord Slynn explicó que el Tribunal contaba con dos sesiones y media —los días 4 y 5 de noviembre y la mañana del lunes 9— para oír los argumentos y luego resolver. AI destacó tres *barristers* para la tarea y encomendó a Ian Brownlie, *barrister* (QC), la presentación del caso ante el Tribunal. Era un conocido profesor de derecho público internacional de la Universidad de Oxford, una gran autoridad en el mundo jurídico, cuyos textos, paradójicamente, habían sido invocados hacía pocos días por lord Bingham para conceder la inmunidad a Pinochet.

La pequeña sala estaba a rebosar. Unas cien personas, entre abogados, diplomáticos, exiliados y familiares de las víctimas, se apretaban para seguir la audiencia. Los diputados socialistas Juan Bustos, Isabel Allende, Juan Pablo Letelier, entre otros, y Sofía Prats, estaban entre el público.

Alun Jones, en su calidad de recurrente, fue el primero en hablar. Abrió de forma solemne:

—La posición del Reino de España es que el Alto Tribunal de Justicia se equivocó al sostener que el acusado goza de inmunidad frente al procedimiento en su contra. El argumento del Reino de España es que los salvajes y bárbaros crímenes cometidos en Chile y en otros Estados, incluyendo Estados Unidos, España, Italia y Argentina, no están entre las funciones de un jefe de Estado. Se está invocando la inmunidad bajo la Convención de Viena de 1961 y la ley de Inmunidad de Actos de Estado de 1978 sobre la base de que los presuntos crímenes, de ser probados, fueron cometidos en el curso de las funciones de jefe de Estado del acusado. Vamos a invitar a sus señorías a rechazar tal repugnante idea, que es una ofensa a todas las ideas de los derechos humanos y al principio de la responsabilidad individual por crímenes contra la Humanidad, una doctrina desarrollada dolorosamente en la ley nacional e internacional durante el siglo XX, la repugnante idea de que una persona goza de inmunidad frente a estos crímenes con la excusa de que han sido cometidos en el curso de sus funciones oficiales de jefe de Estado.

Jones cuestionó que Pinochet hubiese sido formalmente jefe de Estado desde el 11 de septiembre de 1973 y advirtió que había adquirido dicha condición después de que ya se hubieran producido ejecuciones y desapariciones de personas en Chile. Recordó que dichos actos caían también fuera de las funciones y la autoridad conferida por la Constitución chilena de 1925. Al repasar la legislación internacional, advirtió que, después de ser ratificada la Convención contra la Tortura de Naciones Unidas en el Reino Unido, el 8 de diciembre de 1988, había numerosos ejemplos de personas torturadas en Chile.

Al día siguiente, la prensa incluía perfiles de cada uno de los miembros del Tribunal. *The Guardian*, al llegar a lord Hoffmann, decía: «Probablemente es el más inteligente de los jueces lores; hace preguntas que van al corazón del problema. Es impaciente con los abogados charlatanes. Originalmente se le consideraba liberal, pero actualmente es bastante conservador». La revista especializada *Legal Business* le definía de este modo: «Lenny Hoffmann es, de largo, la personalidad dominante entre los jueces lores; supera significativamente a los otros en el número de sentencias influyentes que ha dictado. Tiene tendencia a arrastrar al resto del tribunal hacia sus posiciones».

En la sesión del segundo día, 5 de noviembre, Jones continuó su exposición y fue secundado por Christopher Greenwood, profesor de la Universidad de Cambridge, contratado por la Fiscalía, quien desmenuzó los antecedentes del derecho internacional desde el Tribunal Militar Internacional de Núremberg.

—Sus señorías deben tener en cuenta —dijo el profesor— que los crímenes contra la Humanidad, incluyendo tortura y desapariciones, por los que se acusa al general Pinochet han sido reconocidos como delitos por el derecho internacional mucho antes de que los militares tomaran el poder en Chile. Frente a estos delitos no se puede invocar la inmunidad soberana.

Greenwood era un gran orador. Con su respetuosa actitud y un timbre de voz especialmente agradable, intentaba con un tono bajo, casi confidencial, persuadir, sin exagerar un punto la elocuencia, a los jueces. Este hombre les invitaba a pasear por las principales fuentes del derecho y de las obligaciones internacionales del Reino Unido. Con su toga negra y la peluca de crin de caballo obligatoria para los *barristers*, Greenwood era también un excelente actor. El público que veía sus gestos y escuchaba su tersa alocución tenía la sensación de estar asistiendo a una película.

—Sostener que la inmunidad de un ex jefe de Estado no se extiende hasta el procedimiento de extradición respecto a conductas que son delictivas bajo la ley internacional, así como para las leyes española y británica, es adoptar una interpretación que permite al Reino Unido cumplir con sus obligaciones internacionales hacia España, mientras que no supone violación alguna de una obligación hacia Chile.

Ian Brownlie, en nombre de Amnistía Internacional, y los grupos de derechos humanos y víctimas, inició más tarde su alegato.

A diferencia de Greenwood, su tono era casi inaudible, y parecía reflexionar en voz alta con extrema lentitud.

Sus palabras caían como plomo.

Dijo que el procedimiento en curso era el más importante «asalto sobre el muro de la impunidad que ha protegido» al ex dictador chileno, y subrayó que «una significativa oportunidad» para sus clientes, que buscaban la justicia, habida cuenta de que en Chile, subrayó, no era posible. «La política pública inglesa está claramente en contra de reconocer inmunidad para la tortura y el asesinato» dijo, en lo que fue su personal ajuste de cuentas con la sentencia del Alto Tribunal de Justicia. Y añadió: «En este caso se trata de cumplir con una petición de extradición. Existen convenios internacionales suscritos para castigar estos crímenes».

Al término de la sesión, el presidente del tribunal, lord Slynn, convocó a una nueva audiencia para el lunes día 9.

El Consejo de Ministros español celebrado el viernes 6 de noviembre resolvió cursar, como había anticipado Matutes al embajador Pizarro, la solicitud de extradición del general Augusto Pinochet al Reino Unido. El plazo de cuarenta días para enviar la petición vencía en la última semana de noviembre; sin embargo, la ministra de Justicia, Margarita Mariscal de Gante, no quería retener la solicitud. Ya había enviado su informe favorable a la comisión de subsecretarios, lo que permitió llevar el asunto a esa reunión del Consejo de Ministros del viernes 6.

Los ministros escucharon las explicaciones de Abel Matutes y los comentarios de la ministra de Justicia. Era lo único, dijeron ambos, que se podía hacer con la ley en la mano, ya que el Gobierno actuaba como correa de transmisión de las peticiones de los jueces. Algunos miembros del Gobierno no compartían este criterio. Tampoco entendían la celeridad con que se proponía cursar la solicitud cuando aún existía plazo sobrado para cumplimentarla. Pero nadie fue más allá de formular alguna pregunta. Era normal, estas cosas no se debaten en la reunión del consejo. La ministra de Justicia supo que no existía unanimidad. Más tarde, en los corrillos, varios ministros comentaron, con discreción, sus reticencias.

—Han explicado que es necesario cursar la petición sin pérdida de tiempo, pero no nos han dicho por qué. ¿Acaso no hay también un tema de política de Estado de España en América Latina? —susurró uno de ellos.

Ese mismo día, antes de comparecer ante la prensa, el ministro Matutes llamó a Santiago para hablar con José Miguel Insulza.

—José Miguel, quiero que lo sepas directamente por mí. El Consejo de Ministros ha resuelto cursar la solicitud de extradición de Pinochet al Reino Unido.

—Te agradezco que me llames, Abel. La verdad, francamente, sigo sin entender: ¿por qué tenía que ser tan urgente, si ustedes tenían cuarenta días?

—Créeme, José Miguel, no teníamos alternativa. El juez Garzón envió esta semana la solicitud. Voy a dar una entrevista este fin de semana valorando nuestra relación con Chile.

—Abel, vamos a tener que hacer algún gesto. Supongo que ustedes lo van a entender. Te anticipo que llamaré inmediatamente a consultas al embajador Pizarro.

—Lo entiendo —concedió el ministro—. Ahora, no te oculto la preocupación por nuestra gente de la embajada en Santiago. A ver si es posible reforzar la protección.

—Nosotros vamos a hacer todo lo que esté en nuestras manos para evitar desórdenes o agresiones —aseguró el canciller chileno.

Sergio Pizarro, por su parte, habló con Insulza. El canciller chileno lo convocó formalmente a Santiago. Poco después, informó en una rueda de prensa que el Gobierno chileno sentía un gran malestar por la decisión española y que había llamado a consultas al embajador en Madrid. Era, en términos diplomáticos, una medida de protesta muy limitada.

—Se han confirmado nuestras peores expectativas. El Consejo de Ministros de España es sólo un buzón del juez Garzón —declaró, socarrón, Insulza.

En Madrid, el ministro portavoz, Josep Piqué, y el ministro Matutes comparecieron ante la prensa. «Tenemos que respetar la ley y las decisiones de nuestros jueces, le complazca o no al Gobierno» dijo el titular de Asuntos Exteriores. La Oficina de Información Diplomática (OID) difundió más tarde un comunicado, en el que se hacía eco de la llamada a consulta del embajador chileno y expresaba su intención de «seguir obrando con la mayor prudencia y delicadeza, para preservar las excelentes relaciones que España mantiene y espera seguir manteniendo con la República de Chile al margen de decisiones e iniciativas que están más allá del ámbito de su competencia, dentro de las normas de un Estado de derecho».

A medida que avanzaba el día, la tensión crecía entre los militares chilenos. El comandante en jefe del Ejército, Ricardo Izurieta, convocó, el viernes 6 por la tarde, una reunión urgente de 24 generales del alto mando al tiempo que ordenó un reforzamiento de medidas de seguridad en la institución. El Ejército debió desmentir que se trataba de un acuartelamiento de tropas.

El sábado, día 7 de noviembre, Joaquín Lavín, virtual candidato presidencial de la derecha chilena, visitó junto con varios dirigentes de la Unión Demócrata Independiente (UDI) al general Pinochet en el Grovelands Priory Hospital. Lavín, alcalde de la zona residencial de Las Condes, entregó a Pinochet un fajo de cartas de apoyo. Al explicarles su situación, el general no reprimió su obsesión por Joan Garcés. Él era el responsable de su arresto, dijo. Durante la visita, en presencia de algunos de sus hijos, entre ellos Marco Antonio, Pinochet ocultó a Lavín y a sus colegas algo que se terminaba de cocinar a esas horas.

Patrick Robertson, el responsable de las relaciones públicas del general, daba los últimos retoques a su más importante operación de prensa desde el arresto de Pinochet. Había anticipado el día anterior al periodista Michael Prescott que reservara espacio el domingo 8 en la edición del *Sunday Times* para una declaración de Pinochet.

Robertson preparó el texto después de hablar con sus colegas británicos y lo sometió a Marco Antonio, el hijo menor del general, quien consultó con su padre.

El texto, a pesar de alterar la verdad, tanto en lo que se refería al viaje de Pinochet a Londres, a las circunstancias en que conoció su arresto, y a los acontecimientos históricos de Chile, revelaba la habilidad y perspicacia política de Robertson.

«Mi esposa fue quien me explicó por qué fui arrestado, mientras descansaba en una cama del hospital después de una operación. Le saltaban las lágrimas al hablar. Me sentí herido y perplejo.

»He venido a Gran Bretaña como embajador especial de mi país, quizá no de manera específica como huésped del Foreign Office, pero con su total conocimiento y cooperación. He viajado muchas veces a Gran Bretaña por razones oficiales. Este año, como en ocasiones previas, fui saludado formalmente por representante del Gobierno británico en el aeropuerto de Heathrow.

»Siempre me ha gustado visitar Gran Bretaña. La amistad entre nuestros dos países es histórica y precede de lejos a mi propio mandato de Gobierno. Debemos mucho de nuestra estabilidad y prosperidad a los fuertes lazos que han existido con el pueblo de Gran Bretaña. Esa amistad ha resistido la prueba del tiempo.

»Cuando las fuerzas de Argentina ocuparon las islas Falkland en 1982, di instrucciones a mi Gobierno para ofrecer, dentro del contexto de nuestra neutralidad, la asistencia que se pudiera a nuestro viejo amigo y aliado. Considero esto una cuestión del honor nacional de Chile.

»Hoy día, mientras estoy en este país bajo arresto, rindo homenaje al sentido del honor y valor de todos aquellos que en este país que me han dado su apoyo, especialmente a Margaret Thatcher, cuyas palabras me han conmovido.

»Me entristece que la experiencia de mi arresto haya debilitado mi confianza en Gran Bretaña. Previamente, nunca dudé de que Gran Bretaña era un país en el que la gente podía moverse libremente. No creía que podría ser objeto de espurios intentos de fiscales extranjeros por condenarme por hechos no probados.

»Virtualmente, toda una generación ha pasado desde los dolorosos acontecimientos de 1973. Hoy día, entendemos que la reconciliación es esencial para la paz. Aceptamos la reconciliación que ha tenido lugar en Irlanda del Norte y en Sudáfrica.

»Hay pocos países que no tengan que lamentar nada de su pasado. Al desafiar la reconciliación chilena, España ignora su propio pasado. España dejó atrás los años de Franco sin recriminaciones. Esto fue posible porque el pueblo español estaba determinado a reconciliarse con su pasado, a pesar de los estragos de la guerra civil. ¿Por qué quieren ahora forzarnos a hacer algo diferente?

»He vivido con mi conciencia y mis propias memorias durante más de un cuarto de siglo desde los hechos de 1973. Desearía que las cosas pudieran haber sido diferentes. Hubiera deseado que Allende se hubiera marchado con las garantías de seguridad que yo le ofrecí. En cambio, eligió el suicidio. Éstas no son reflexiones fáciles para mí. Pero estoy en paz conmigo mismo, y con el pueblo chileno, sobre lo que ocurrió.

»Tengo la idea clara de que el retorno de la verdadera democracia a Chile y de la verdadera libertad a la que tienen derecho todas las personas no hubieran sido posibles sin derrocar al Gobierno marxista.

»Bajo mi Gobierno organizamos en 1980 el referéndum que restableció la Constitución democrática. Por ella, el pueblo eligió en 1988 no elegirme por un nuevo mandato en el Gobierno. Acepté esa voluntad del pueblo y me marché. Esta misma Constitución ha asegurado una transición pacífica a las administraciones de mis dos sucesores, Patricio Aylwin y Eduardo Frei. Este proceso es una realidad, y está sufriendo por la acción emprendida contra mí. En Chile, como en todas partes, la recriminación es el enemigo de la reconciliación.

»Un juicio amañado en una tierra extranjera no es justicia. No es ciertamente la justicia británica. Mis conciudadanos han aceptado el pasado de nuestra nación. Ellos son mis auténticos jueces. Por esta razón, combatiré esa solicitud de extradición con todo mi espíritu y, si Dios quiere, regresaré a casa, a Chile, con mi familia, donde espero vivir los últimos años de mi vida en paz».

Isabel Allende y Juan Pablo Letelier viajaron a Madrid y, después, volaron respectivamente a Santiago y a Londres. Al leer la mañana del domingo el periódico, Juan Pablo Letelier reaccionó ante varios medios de comunicación.

«Pinochet miente al decir que le ofreció garantías al ex presidente Salvador Allende y que le hubiera gustado que no tomase la decisión de suicidarse», señaló. Y también recordó: «La grabación de lo que Pinochet dijo el 11 de septiembre lo confirma. Fue él mismo quien aludió varias veces a que el avión en el que ofrecían sacar a Allende del país despegaba y luego se caía».

El periódico *Abc*, mientras, publicaba en Madrid unas declaraciones de Matutes sobre el caso Pinochet y la posibilidad de que hubiera más querellas contra jefes de Estado. Según decía: «El objetivo es que se haga justicia siempre, pero nos preocupa también que Chile pueda ver en la actitud española un deseo de dar lecciones a un país amigo, que los chilenos puedan creer que nos consideramos en condiciones de darles consejos y de rectificarles en sus decisiones soberanas. No podemos convertirnos en justicieros del mundo».

Matutes llamó a Insulza a su domicilio particular en Santiago y le informó sobre algunos detalles de la entrevista.

—Yo creo, José Miguel, que nuestra posición ha quedado muy clara.

—Me parece que es una declaración muy oportuna, Abel. Haré una referencia pública a lo que has dicho.

En la mañana del lunes 9 de noviembre se reanudaba la sesión del Comité de Apelación en la cámara de los Lores. La sala volvió a llenarse. Entre el público estaba Lucía Santa Cruz, hija de Víctor Santa Cruz Serrano, ex embajador de Chile en Londres en las épocas del presidente Jorge Alessandri y Eduardo Frei Montalva. Historiadora y amiga íntima del príncipe Carlos, a quien la prensa británica se refería como su primera novia, Lucía fue quien le presentó, en junio de 1970, a una amiga suya, la futura amante del príncipe de Gales. Se trataba de Camilla Shand y tenía 24 años. Más tarde, sería Camilla Parker Bowles.

Lucía había sido editorialista del diario *El Mercurio*, y en la actualidad colaboraba con *La Segunda* y era consejera del Instituto Libertad y Desarrollo, una institución que elaboraba proyectos e ideas en los que abrevaban los partidos de la derecha. Simpatizaba con la obra de Pinochet.

Al llegar a Londres, cuando se reencontró con Camilla, ésta le dijo que los ingleses estaban locos. Le recordó algo que su amiga ya sabía: que incluso uno de sus amigos en el Gobierno laborista, Peter Mandelson, ministro de Comercio e Industria, había declarado que sentía náuseas al escuchar que Pinochet invocaba su inmunidad. «Lucía», le había dicho Camilla, «lo que el Reino Unido está haciendo a tu país es una vergüenza».

Lucía Santa Cruz tenía una sensación de irrealidad. Había vivido quince años en el Reino Unido, aquí había estudiado. Los cinco jueces lores que tenía a pocos metros, se decía, lo ignoraban todo sobre Chile, y al mismo tiempo, tenían en sus manos una bomba atómica.

El lunes 9, pues, Lucía Santa Cruz tomó asiento y se dispuso a escuchar a los abogados. La sala estaba atestada de antiguos exiliados, familiares de víctimas de Pinochet y periodistas.

El profesor Brownlie continuó su exposición, iniciada la semana anterior. Tras insistir en que el Reino Unido debía cumplir el Convenio Europeo de Extradición, dio en un punto sensible:

—Una eventual inmunidad sería aplicable sólo a los jefes de Estado en ejercicio, lo cual no es el caso del general Pinochet —enfatizó.

La abogada Clare Montgomery presentó los argumentos de la defensa de Pinochet. La idea central de su razonamiento estaba inspirada en el fallo de lord Bingham en el Alto Tribunal de Justicia, quien había rechazado la idea de que se podía trazar una frontera entre las funciones legítimas de un jefe de Estado y las ilegítimas o delictivas, como el ejercicio de la tortura, el genocidio y las desapariciones. Se remontó al siglo XVIII, al rey de Hannover y al duque de Brunswick.

Montgomery subrayó: «Pinochet era jefe de Estado cuando ocurrieron los hechos de que se le acusa y por ello está protegido por la inmunidad soberana. Las desapariciones, torturas y asesinatos que se le imputan fueron actos oficiales. Fueron actos soberanos, llevados a cabo por los militares o la policía, y por los servicios de inteligencia».

Según dijo, «dos principios compiten en la ley internacional: por un lado, la inmunidad de Estado y de sus agentes; por la otra, la responsabilidad penal que se deriva de las leyes internacionales que estamos obligados a observar. Este tribunal tiene capacidad para considerar asuntos políticos bajo la doctrina de actos de Estado. Llevar adelante una acción penal contra Pinochet en el Reino Unido por asuntos ocurridos en Chile supone favorecer la injerencia en un Estado individual. Sus Señorías deben negarse a interferir en la estabilidad política de Chile, enjuiciando la manera en que ha alcanzado su vida democrática».

La abogada recordó que Pinochet había viajado a Londres invitado por el Reino Unido en varias ocasiones y que así había ocurrido «en la última ocasión».

El presidente del tribunal, lord Slynn, preguntó:

—La última ocasión, ¿a cuál se refiere?

—A la actual, a esta ocasión.

—¿Quiere usted decir que fue invitado por el Gobierno de Su Majestad?

La abogada, con la boca pequeña, dijo:

—Fue invitado por una agencia gubernamental.

Era falso. En todo caso, Royal Ordnance era una empresa. Y era una compañía privada.

Lord Steyn preguntó por la Convención contra la Tortura.

—El Reino Unido ha ratificado este tratado que castiga la tortura allí donde ocurra. Ello lleva, pues, a examinar o intervenir en otros Estados.

—Exacto, pero la doctrina es flexible. Hay un delicado equilibrio entre las responsabilidades del individuo frente a los crímenes y la necesidad de la estabilidad política y social. Sus Señorías deben analizar las relaciones entre Chile y el Reino Unido, teniendo en cuenta los pactos políticos que en Chile aseguran una transición pacífica.

La abogada tocó un punto sensible, habida cuenta de la presencia de dos jueces —lord Steyn y lord Hoffmann— nacidos en Sudáfrica.

—En Sudáfrica, la Comisión de la Verdad y la Reconciliación ha sido formada para equilibrar la necesidad de justicia con la reconciliación. Este delicado equilibrio sería vulnerado si Frederik de Klerk, el ex presidente, fuera arrestado en Gran Bretaña para su extradición a un tercer país por crímenes cometidos durante la época del *apartheid*.

Clare Montgomery insistió otra vez en que los delitos, como la tortura, fueron actos oficiales.

—No fueron ejercidas por sadismo, hay actos oficiales y privados.

—Entonces, si se tortura para obtener información de un detenido, sería un acto oficial. Y si, en cambio, se tortura a una persona por mero placer, sería un acto de sadismo —razonó lord Steyn.

A continuación, lord Hoffmann cambió de tema.

—En la solicitud de extradición del juez Garzón se afirma que Pinochet dio órdenes a la DINA para que se secuestraran personas, que fueron torturadas y asesinadas más tarde.

—Todavía no existe una petición formal de extradición —replicó, esquivando la pregunta, la abogada.

—Tenemos una declaración jurada en la que se resume el contenido de dicha solicitud. La DINA, ¿dependía del general Pinochet? —insistió Hoffmann.

—Sí —asintió la abogada.

—Entonces, el general Pinochet le daba órdenes a la DINA? —profundizó Hoffmann.

—Sí, se trataba del ejercicio de la función pública de jefe de Estado. La policía en todos los países es soberana —justificó la abogada.

Lucía Santa Cruz abandonó la sesión impresionada por lord Hoffmann: ¿quién era este personaje con cara de simio y cuyos ojos bailaban de un lado a otro de sus órbitas mientras preguntaba? ¿A qué venía ese excesivo interés por la DINA? ¿Por qué era tan irónico al escuchar las respuestas de la abogada?

Fue, pues, Clare Montgomery, una mujer de gran agudeza oratoria, ayudante del abogado principal, Clive Nicholls, quien había delineado el camino de la defensa: la teoría del acto de Estado. El principio jurídico clásico *par in parem non habet jurisdictionem*, establecía que ningún Estado soberano puede ser juzgado por otro Estado.

Según ya había escrito en 1960 Hannah Arendt, desde Israel, «este argumento quedó invalidado en Núremberg y, desde un principio, carecía de posibilidades de éxito, por cuanto caso de ser aceptado, ni siquiera a Hitler, la única persona que fue plenamente responsable en sentido estricto, podía pedírsele cuentas, lo cual hubiera sido contrario al más elemental sentido de la justicia». Pero la filósofa, convertida en cronista judicial de la revista *New Yorker*, advertía: «Sin embargo, muchos argumentos que en la práctica carecen de valor siguen en pie en el mundo de la teoría».

Era verdad. En su solicitud de extradición, el juez Garzón recordaba que el general Pinochet había autorizado un régimen deleznable de tortura. Según señalaba, «la forma más habitual de tortura era "la parrilla", consistente en una mesa metálica sobre la que se tumba a la víctima desnuda y atada por las extremidades y se le comienzan a aplicar descargas eléctricas en labios, genitales, heridas o prótesis metálicas; también se situaban a dos personas, parientes o amigos, en dos cajones metálicos superpuestos de modo que, cuando se torturaba al de arriba, el otro percibía el impacto psicológico; otras veces se colgaba a la víctima de una barra por las muñecas y/o las rodillas, y, durante el prolongado tiempo en que se mantenía así, se le aplicaba corriente eléctrica, se le hacían heridas cortantes o se le golpeaba; otras veces se les hundía la cabeza en agua sucia u otros líquidos; o se les practicaba el método del "submarino seco", es decir, colocación de una bolsa en la cabeza hasta el punto cercano a la asfixia; también se utilizaron drogas, o se arrojaba agua hirviendo a varios detenidos para castigarlos y como anticipo de la muerte que luego les proporcionaban».

El razonamiento de la abogada Montgomery era que un régimen como éste tenía derecho a que los otros Estados le trataran como a uno de sus iguales.

Hannah Arendt, precisamente, al hablar de la represión hitleriana, había formulado cinco preguntas que constituían un ataque demoledor a la razón de Estado y la teoría de los actos de Estado. «¿Qué naturaleza tiene la soberanía de un Estado de este género? Y además: ¿acaso no se ha situado este Estado fuera del principio de paridad *(par in parem non habet jurisdictionem)* que le otorga el derecho internacional? ¿Acaso por *par in parem* entendemos solamente los atributos externos de carácter protocolario anejos a la soberanía? ¿O significa también una igualdad o equivalencia sustantiva? ¿Cabe aplicar a un Estado en el que el delito es norma legalizada el mismo principio que aplicamos a aquel otro en el que la violencia y el delito son la excepción, y se dan únicamente en casos extremos?».

Lord Thomas Bingham, que había conferido a Pinochet la inmunidad en el Alto Tribunal de Justicia basándose en la doctrina extrema de los actos de Estado, seguía con interés las noticias de la vista en la Cámara de los Lores. Temía que lord Hoffmann y lord Steyn, con los que no tenía buena relación, tumbaran su fallo inicial. Un amigo personal del juez era depositario de sus confidencias. Llamó al periodista Taki Theodorocopulos, quien ayudaba a Patrick Robertson en la campaña para liberar a Pinochet. Tenía un cotilleo que le podía interesar.

—Lord Bingham está muy tenso. Como te puedes imaginar, tiene una relación muy dura con los jueces lores y teme que le tumben su fallo. La presencia de lord Hoffmann y lord Steyn en el tribunal le da mala espina.

El día 10 de noviembre, en la sala de audiencia, Clare Montgomery insistió en su línea.

«El Gobierno británico no rompió en su día sus relaciones diplomáticas con Pinochet y respaldó a su Gobierno. Más tarde dio su apoyo al pacto para restablecer la democracia en 1990. Ahora existe la posibilidad de socavar lo que es en el presente una democracia pacífica y estable removiendo viejos odios y resentimientos», advirtió.

Lord Slynn la interrumpió.

—Usted ya dijo el lunes que si no se le reconoce la inmunidad eso afectará de manera adversa las relaciones entre el Reino Unido y Chile y que tendría efectos negativos sobre la situación interna chilena.

—Sí, así es.

—¿Por qué nos interesa esto a nosotros? ¿Cómo nos afecta? ¿No tendríamos que decidir sin tener en cuenta estas cosas, que son las que precisamente deberá analizar el ministro del Interior?

—Muchos Estados realizan acciones que entienden son necesarias para mantener el orden y la justicia —contestó la letrada—, pero al hacerlo incurren en actuaciones que violan aspectos fundamentales del código internacional de conducta. Si se envía a Pinochet a España será un precedente negativo para el resto de países europeos. Cualquier diplomático que visite el Reino Unido podrá ser detenido o humillado como le sucedió al general Pinochet.

—Yo no creo que los efectos adversos deban ser tomados en cuenta.

Lord Hoffmann seguía la partida de ping-pong. Con el rabillo del ojo siempre orientado hacia el público, dijo:

—El general no puede ser extraditado sin una decisión del ministro del Interior. Él pudo haber anulado la orden de arresto y no lo hizo. La política es algo que está en manos del ministro —subrayó, apoyando a lord Slynn—. Tampoco tenemos que estudiar o pronunciarnos sobre los cargos que se formulan contra Pinochet —añadió.

—El fundamento del recurso de apelación es que Pinochet carece de inmunidad habida cuenta de que los crímenes que se produjeron durante su Gobierno no pueden ser considerados dentro de la función de un Gobierno o de un jefe de Estado—matizó Clare Montgomery.

—Creía que sólo teníamos que determinar si tiene o no inmunidad —replicó Hoffmann.

Y volvió a salir a relucir el asunto de la «Operación Cóndor».

—Ni siquiera debéis entrar a considerar esta operación porque se trata de un acuerdo entre autoridades gubernamentales. Es como si se examinan las operaciones del servicio secreto MI 5 en el Reino Unido —dijo la abogada.

Lord Hoffmann preguntó por la Convención contra la Tortura y los compromisos asumidos por el Reino Unido. La abogada reconoció que el Reino Unido debía cumplir sus obligaciones internacionales, pero insistió en los efectos políticos negativos sobre la situación interna chilena.

—Su señoría, la tortura se puede justificar con malas y con buenas razones. Pero, en todo caso, en Chile ha sido un acto gubernamental.

Lord Hoffmann resumió.

—Entonces usted pide que declinemos la jurisdicción sobre la tortura no porque se trate de un tema no justiciable sino porque tiene efectos políticos inconvenientes.

Clare Montgomery, ya agotada, rogó:

—Si hay un caso en el que debería imponerse la contención de los tribunales, es en éste.

Una mujer chilena de tez morena, estatura baja, rasgos indígenas y pelo blanco, estaba presente en la sala. Los chilenos residentes en Londres, víctimas o familiares de desaparecidos durante la dictadura militar, la trataban con especial deferencia.

Era Sola Sierra, presidenta de la Agrupación de Familiares de Detenidos Desaparecidos, que ya había prestado declaración en Madrid ante el juez Manuel García-Castellón. El día 10 de noviembre, Sola fue acompañada por Vicente Alegría y otros chilenos a la residencia del primer ministro Tony Blair para entregar una carta.

El día 11, la prensa británica reproducía algunos de sus párrafos. Se explicaban las dificultades que durante veinticinco años habían impedido llevar a Pinochet ante la justicia chilena y acusaba al general por la muerte de cuatro mil personas durante sus diecisiete años de poder.

«Estos crímenes, que la comunidad internacional ha definido como crímenes contra la Humanidad, no pueden ser protegidos por la inmunidad diplomática, que ha sido utilizada como un medio para justificar atrocidades cometidas contra miles de compatriotas», decía el texto. Los documentos remitidos por el juez Garzón a la Fiscalía de la Corona y aportados a los jueces lores también subrayaban el concepto de «crímenes contra la Humanidad».

Clare Montgomery tenía previsto terminar el miércoles, día 11, sus alegaciones. A la vista de la difusión del concepto de «crímenes contra la Humanidad», la abogada decidió abordar el asunto directamente.

—Las acusaciones de genocidio, crímenes contra la Humanidad y torturas que plantea el Gobierno español contra el general Pinochet no son válidas en términos de la ley internacional. No es genocidio porque la misma solicitud de extradición dice que las acciones fueron motivadas por razones políticas. Y la definición de genocidio no cubre el asesinato de opositores políticos. Tampoco se le puede acusar de crímenes contra la Humanidad porque este concepto está asociado a un conflicto armado, o preparación para dicho conflicto, y no en tiempos de paz. Y tampoco puede ser enjuiciado aquí por tortura. La ley que ha incorporado la Convención contra la Tortura de Naciones Unidas sólo entró en vigor en septiembre de 1988, lo que excluye todos los cargos contra el general Pinochet excepto uno.

Lord Steyn intervino:

—Usted sostiene que los crímenes contra la Humanidad sólo se dan en un contexto de guerra, ¿no es así?

—En los casos de conflictos armados o preparación para ellos.

—Si Hitler no hubiera entrado en guerra, según sostiene usted, no habría cometido crímenes contra la Humanidad.

—No, hubiera sido genocidio. Los crímenes contra la Humanidad sólo se pueden producir en tiempos de guerra. El genocidio es el equivalente del crimen contra la Humanidad en tiempos de paz.

Clive Nicholls, el jefe de la defensa de Pinochet, intentó reforzar los argumentos de su colega. «El principio de inmunidad soberana es crucial y esencial. Y, si se socava, las consecuencias podrían ser horribles», dijo. «Los ex primeros ministros británicos lord James Callaghan y sir Edward Heath podrían ser arrestados en el exterior por acusaciones de tortura en Irlanda del Norte, si se remueve dicho principio. El jefe o ex jefe de Estado no puede ser perseguido penalmente por actuaciones realizadas en su calidad de funcionario público», agregó.

—La tortura, ¿es un acto público? —preguntó lord Slynn.

—Sí, si se desarrolla en nombre del Gobierno, se trata de un acto oficial —asintió el letrado.

Nicholls advirtió que una posible persecución penal en el exterior inhibiría a los líderes políticos en el ejercicio del poder.

—Si, como jefe de Estado, uno tuviera temor a futuras represalias al salir al exterior, tendría obstáculos para ejercer su autoridad soberana —dijo. Y añadió—: Es el caso de Margaret Thatcher durante la guerra de las Falklands. No hubiera podido dirigir Gran Bretaña adecuadamente ante la posibilidad de su extradición a Argentina para ser juzgada allí por el presunto asesinato de seiscientos marineros del crucero *Belgrano*, hundido por un submarino británico.

Según Nicholls, «cuando una persona está identificada con el Estado, la única posibilidad de juzgarle es a través de un tribunal internacional».

Fue el propio abogado quien introdujo esta vez el caso de la Alemania nazi.

—Si Hitler no se hubiese suicidado al final de la Segunda Guerra Mundial, seguramente se le habría conducido ante el tribunal de Núremberg. Pero no ante los tribunales internos alemanes.

Nicholls insistió en que la inmunidad prevista en la ley británica es absoluta.

—Entonces, el Holocausto, la «solución final» del problema judío, sería un acto oficial, ¿está de acuerdo? —preguntó lord Steyn.

—Señoría, no hay limitaciones para la inmunidad. Es absoluta.

—Si no hay limitaciones, Hitler habría sido protegido por la inmunidad. ¿Cuál es su posición? —insistió Steyn.

—Hitler habría obtenido la protección de la ley británica, sí. Puede ser un asunto muy lamentable desde el punto de vista moral. Pero es un tema para el Parlamento. Es él quien debería estimar si ya no debe mantenerse la inmunidad absoluta.

Mientras el debate avanzaba en el Comité de Apelación de la cámara de los Lores, el embajador español en Londres, Alberto Aza, instruía a uno de los diplomáticos, Agustín Gervás, para entregar la nota verbal del Ministerio de Asuntos Exteriores español y la solicitud de extradición a las autoridades británicas. La noticia se filtró.

Las cámaras de televisión y la prensa estaba al acecho cuando Gervás llegó a la sede del Ministerio del Interior. Preguntó por un funcionario de la Unidad de Extradición, quien recibió los documentos. Algo después, el embajador suizo en Londres enviaba al Ministerio del Interior la solicitud de extradición de Pinochet por la detención, secuestro y asesinato del periodista Alexis Jaccard, desaparecido en Buenos Aires en 1977.

Al día siguiente, al tiempo que la ministra de Justicia del Gobierno francés, Elisabeth Guigou, anunciaba en París la solicitud de extradición del general Pinochet por el secuestro de varios ciudadanos de nacionalidad francesa, los abogados resumieron sus posiciones. Ya eran, pues, tres las solicitudes de extradición. Pero la primera, la de España, tenía prioridad.

Alun Jones señaló que en el momento de la vista en el Alto Tribunal de Justicia no se contaba con el material documental que más tarde se aportó a los jueces lores, y les recomendó especialmente que leyeran el auto de la Sala de lo Penal de la Audiencia Nacional del 5 de noviembre de 1998 por el cual se proclamaba la jurisdicción española en el caso de Chile. Jones informó que ya había llegado a Londres la solicitud de extradición del Gobierno español. Los jueces lores se interesaron por ella.

—Quiero recordarles a sus señorías que con esta solicitud —levantó el sobre con la petición del juez Garzón— no se trata de interferir en la soberanía de otro Estado sino de ejercer la competencia internacional para juzgar al responsable de las muertes o la desaparición de ciudadanos españoles. Los crímenes de los que se acusa a Pinochet han sido cometidos en varios países.

Lord Slynn, atento, precisó:

—Pero no en Madrid.

Jones podía ilustrar dos ejemplos de conspiración para asesinar. El encuentro entre el terrorista fascista italiano Stefano delle Chiaie y Pinochet en noviembre de 1975 en el hotel Ritz de Madrid, después del atentado contra el dirigente demócrata cristiano Bernardo Leighton y su esposa en Roma, y el intento de asesinato frustrado en Madrid del dirigente socialista Carlos Altamirano, cuyo último episodio había tenido lugar a finales de 1976.

Pero Jones asintió:

—En efecto, no se cometieron crímenes en Madrid.

El abogado Clive Nicholls, por su parte, señaló que «actos de coordinación a nivel internacional como la "Operación Cóndor" requirieron apoyo oficial de los Gobiernos de Chile, Argentina, Uruguay y Paraguay. Sus señorías no deben entrar en este asunto. La inmunidad cubre los actos internos y externos».

Fue el profesor Greenwood quien terminó los alegatos.

—Éste no es un caso en el que les propongamos romper la continuidad de una tradición legal que viene del siglo pasado. Es todavía menos un caso en el que invoquemos la ley internacional para saltar por encima de la ley interna. Sus señorías, nuestra ley no otorga la inmunidad para los delitos internacionales de los que estamos hablando.

Lord Slynn agradeció a los abogados su trabajo durante las seis sesiones, anunció que la sentencia se daría a conocer «a su debido tiempo», y reconoció que habría problemas.

—Éste es un caso importante y difícil —dijo.

Al día siguiente, el periódico *The Guardian*, al informar sobre el final de las audiencias, señaló: «Muchos expertos sugieren que es muy pronto para dar por hecho el resultado. Al menos dos de los jueces lores, los sudafricanos lord Hoffmann y lord Steyn, parecen inclinarse a favor de anular la decisión del Alto Tribunal de Justicia que le dio inmunidad a Pinochet».

CAPÍTULO 57

La celestina en acción

El viernes 13 de noviembre, el Salón de Baile del Palacio de Buckingham ofreció un *buffet* frío a 850 personas en la recepción más informal que la reina Isabel y el príncipe Carlos habían organizado jamás. Pero Camilla Parker Bowles, la amante cuasi oficial, no fue invitada. Su noche sería la del día siguiente, la fecha en la cual el príncipe Carlos cumplía 50 años. Camilla llegó temprano el sábado 14 a la mansión de Highgrove House, la residencia neoclásica del príncipe Carlos en Gloucestershire, para rematar los últimos detalles de la fiesta. Había cursado invitación a unas trescientas personas. De las monarquías europeas acudían el rey Harald y la reina Sonia de Noruega, Sofía de España, Beatriz de Holanda, y Margarita II de Dinamarca. Si el día anterior, en el Palacio de Buckingham, habían sido invitados tanto el primer ministro, Tony Blair, como el ministro del Tesoro, Gordon Brown, en Highgrove no se esperaba más que a un solo miembro del gabinete, Peter Mandelson, con quien Camilla y el príncipe Carlos mantenían una relación de amistad personal. Ambos contaban, por supuesto, con la presencia de su celestina particular, su amiga del alma, Lucía Santa Cruz.

Lucía recibió de sus amigos y nuevos conocidos disculpas por la situación creada a raíz del arresto de Pinochet. Ella tenía una respuesta esa noche para aquellos que abominaban de Pinochet, como el joven ministro Peter Mandelson, que se encontraba en la misma mansión que Lucía.

—Puedo entender que Pinochet sea el símbolo del mal para los europeos. Y no me sorprende que algunos sufran «náuseas» por el hecho de que alguien tan «brutal» como Pinochet pueda invocar la inmunidad, pero con la misma lógica había chilenos a quienes los comunistas les producían «náuseas» porque se les negaba el derecho a un proceso legal justo al que cualquier persona, incluso Pinochet y aquellos que nos disgustan, tienen derecho.

Lucía intentó averiguar qué ambiente había entre los jueces lores.

—Es humillante ser examinados por unos jueces que no necesitan ni señalar a Chile en el mapa. He estado en la Cámara de los Lores. Uno de los jueces, lord Hoffmann, parece estar claramente definido contra Pinochet. Lleva la iniciativa...

Uno de sus interlocutores dijo:

—Es uno de los jueces más brillantes del Reino Unido y no perderá la oportunidad si puede sentar un precedente internacional.

—Ya lo he visto.

—Y debes saber una cosa: su mujer, Gillian Steiner, trabaja en el secretariado de Amnistía Internacional...

—¿Es verdad?

—Lleva muchos años allí, es una mujer de fuertes convicciones. Es izquierdista...

Lucía Santa Cruz supo enseguida que tenía un dato valioso. Transmitió sin pérdida de tiempo la información a Hernán Felipe Errázuriz y Miguel Álex Schweitzer. Ella y Errázuriz compartían la actividad de consejeros en el Instituto Libertad y Desarrollo. Los dos abogados hablaron con Michael Caplan.

James Cameron, uno de los abogados del equipo, tras oír la versión, fue sincero:

—Lo sabíamos. Pero no hemos hecho ninguna averiguación.

Los abogados chilenos creían que quizá se pudiera hacer algo.

—¿No se le puede recusar?

—No existe un solo antecedente para plantear una recusación por alguna razón que no sea un interés económico en la causa.

En todo caso, aún había tiempo para una recusación. ¿Por qué no esperar al resultado? ¿No era mejor utilizar la baza de Hoffmann si la votación era desfavorable? Si el fallo era contrario a sus intereses, aquella noticia podría suponer una segunda oportunidad.

El día 18 de noviembre, Mary Morgan, responsable de la oficina de información de la Cámara de los Lores, informó de que el fallo sería anunciado el miércoles 25 a las dos de la tarde en el salón de plenos de la Cámara. La repercusión del caso era cada vez mayor.

El 21 de noviembre, la secretaria de Estado de Estados Unidos, Madeleine Albright, llamó a Robin Cook. Según le explicó, su

Gobierno estaba preocupado. En aquellos momentos se estaba revisando qué documentos de la época del golpe militar del 11 de septiembre de 1973 podían desclasificarse en Estados Unidos. Dentro de la Administración Clinton había quienes apoyaban la idea de que el general Pinochet se enfrentase a la justicia, pero también estaban los más conservadores: ¿no había un riesgo de desestabilizar la situación política en Chile y poner en peligro la reconciliación?

Madeleine Albright le expresó su temor. Cook le informó de que todo estaba pendiente del fallo de los jueces lores sobre la inmunidad de un ex jefe de Estado. Sólo después tocaría al ministro del Interior británico pronunciarse.

Pinochet cumplía 83 años este 25 de noviembre de 1998. Era el día número 41 de su arresto. Pero todo estaba dispuesto en el Grovelands Priory Hospital para celebrar una victoria judicial y, con ella, volar a Chile. En la puerta de la clínica privada, situada en Southgate, al norte de Londres, estaban las cámaras de la televisión, muchos periodistas y el piquete de manifestantes chilenos.

Había policías y un grupo de oficiales con motocicletas, cuyo cometido era, en caso de un veredicto favorable al general, escoltarle hacia la base de la Royal Air Force (RAF) de Brize Norton, en Oxfordshire, donde aguardaba un Boeing 707 de la Fuerza Aérea Chilena.

Ginetta Formazzari, la mujer del agregado militar Óscar Izurieta, preparó una tarta de hojaldre. Al final del almuerzo familiar, Pinochet soplaría las velas. Lucía Hiriart estaba preparada y feliz. Parecía, por fin, ver la luz al final del túnel. Llevaba botas y preparó abrigos para ella y su marido. En las últimas semanas, había aprovechado para hacer compras y acumulaba gran cantidad de regalos de Navidad. Cuando Peter Schaad llegó al hospital, cerca del mediodía, el vehículo en el que tenían previsto marcharse ya estaba cargado con maletas y paquetes.

Jean Pateras tenía que informar oficialmente a Pinochet sobre el resultado del veredicto. Ella, el detective sargento Chris Monroe y el médico forense Peter Dean acudieron juntos al hospital. Allí estaban también el general Juan Carlos Salgado y el agregado militar Izurieta.

Pinochet lucía un bastón antiguo con el mango encastrado en oro.

—Voy a salir del hospital caminando con el bastón y me ayudan a subir a la furgoneta —dijo Pinochet.

—No, Augusto, ¡pero cómo se te ocurre! Vas a salir en la silla de ruedas —descartó Lucía.

En el hospital, Pinochet estaba en compañía también de sus hijas Lucía y Verónica, su hijo Marco Antonio y uno de sus nietos. Tanto el general Salgado como el agregado militar Izurieta recibirían la noticia desde el exterior. En el hospital no había posibilidad de ver el canal parlamentario por el que se retransmitiría la audiencia.

En Madrid, la expectación era grande. El Gobierno, el Parlamento y la Audiencia Nacional estaban pendientes de la resolución. Poco antes de las dos de la tarde, hora de peninsular española, José Enrique Serrano, miembro del equipo de Joaquín Almunia, se hallaba en el Palacio de la Moncloa con Carlos Aragonés, jefe de gabinete de José María Aznar, para pasar revista a una serie de temas pendientes. Serrano, como era lógico, tenía interés en saber si el Gobierno poseía alguna información sobre lo que podían fallar los jueces lores.

—Nos han dicho que va a ser tres a favor de Pinochet y dos en contra. De modo que parece que este hombre se vuelve a Chile —dijo Aragonés.

Cuando faltaban minutos para las dos de la tarde, hora de Londres, los abogados británicos de Pinochet, los de la Fiscalía de la Corona y de Amnistía Internacional, togados y con peluca, fueron invitados a pasar a una de las entreplantas de entrada a la Cámara de los Lores para tomar asiento. Allí se podía ver a Clive Nicholls y a Clare Montgomery. Y Alun Jones, que estaba de vacaciones en Bahamas, envió a James Lewis. Los invitados fueron conducidos hasta otra entrada para poder presenciar la vista. Entre ellos, estaba Andy McEntee, presidente de Amnistía Internacional Reino Unido, y Geoffrey Bindman, el abogado que llevaba el caso para dicha organización y varios familiares de víctimas. También estaban presentes los abogados chilenos Hernán Felipe Errázuriz y Miguel Álex Schweitzer, así como el enviado de la embajada de Chile, Jorge Tagle. Además, varios miembros del Parlamento británico se dieron cita allí. El diputado laborista Jeremy Corbyn destacaba entre un grupo de diputados conservadores. Pocos minutos después, llegó el turno a los medios de comunicación. Un ujier les condujo a la segunda planta y les dejó esperando en fila. Y, luego, el público, entre quienes destacaban la dirigente Sola Sierra y Vicente Alegría; éstos fueron conducidos hasta una galería en la planta alta. Abajo, en el centro de la escena, sobresalían unos sillones estilo Chesterfield de cuero rojo brillante.

Mientras, en la puerta del hospital, unos cuarenta policías se desplegaron en abanico cinco minutos antes de las dos de la tarde. Los miembros de la escolta revisaron sus motocicletas. Un oficial dijo en voz alta:

—¡Prepárense...! Nos han dicho que la puesta en libertad puede ser inminente...

Los manifestantes comenzaron a correr la voz. El piquete, que llevaba casi cinco horas en la puerta, pareció desfallecer, profiriendo gritos y golpes de tambor.

—¡Los cinco jueces lores entran en la Cámara de los Lores! —vociferó alguien.

Se hizo silencio.

Una vez que los cinco jueces tomaron asiento, el oficial, togado y con peluca, se dirigió al presidente, y le dio la palabra. Lord Slynn se caló las gafas de lectura, se puso de pie y abrió una carpeta de color rojo.

—Por las razones que doy en mi fallo, sostengo que el acusado goza de inmunidad frente al arresto en su calidad de ex jefe de Estado.

Desde la galería se oyeron protestas.

Lord Lloyd, el siguiente, con una gran cabeza de abundante pelo blanco, se levantó.

—En mi opinión, el Estado de Chile tiene derecho a invocar la inmunidad del senador Pinochet bajo la ley de Inmunidad de Actos de Estado de 1978. Por lo tanto, desestimo el recurso.

Pinochet ganaba dos a cero.

En el grupo de diputados, Corbyn sintió la mano de su colega *tory*, quien dijo:

—¡Has perdido! ¡Está libre!

—Nunca se sabe dónde puede saltar la liebre...—replicó Corbyn.

En la puerta del hospital, los cámaras dieron instrucciones para mover los equipos. Había que grabar la salida de Pinochet y su séquito. El piquete comenzó a protestar. Los gritos subían de tono.

Ahora le correspondía el turno a lord Nicholls, un hombre de rostro afable y pelo blanco. Se elevó con su carpeta:

—Bajo la correcta interpretación de la ley, el general Pinochet no tiene en ningún caso inmunidad —sentenció.

En la puerta del hospital, nadie se percató, y todo era bullicio.

Lord Steyn se levantó del sillón como impelido por un muelle. Ya estaba listo.

—El senador Pinochet no es inmune ante el procedimiento criminal en este país del que la extradición forma parte.

Todo dependía del último juez.

Lord Hoffmann se puso de pie. Llevaba un traje oscuro de rayas tiza, camisa sport y una corbata salpicada de flores. Miró ligeramente hacia arriba y frunció el ceño. La frente se encogió y aparecieron unas arrugas profundas. Los abogados, la prensa y el público, todos, contuvieron el aliento.

—He tenido la ventaja de leer el borrador del discurso de mi noble y distinguido amigo lord Nicholls of Birkenhead y, por las razones que él da, yo también admito el recurso.

Era frecuente que un juez apoyara el escrito de otro. Pero no lord Hoffmann. Resultaba raro que un personaje como él no tuviera posición propia en un caso tan importante. En aquel momento, nadie iba a detenerse a reflexionar sobre ello.

El resultado era tres a favor del recurso y dos en contra. Pinochet, pues, era despojado de la inmunidad que le había conferido el Alto Tribunal de Justicia.

Pero, por el silencio de la sala, que duró un par de segundos, que todos necesitaban calibrar lo que ocurría. Y, de pronto, al percatarse de la realidad, la gente de la galería del público, en la segunda planta, se puso de pie y liberó un suspiro que hasta entonces permanecía contenido en el diafragma de cada uno. La exhalación de alivio cruzó la dorada Cámara de los Lores de un extremo a otro. Abajo, se le unió una suave ovación.

—¡No me lo puedo creer, no puede ser! ¡ Habéis ganado! ¡Es increíble! —dijo el diputado conservador a Corbyn.

En la puerta del Priory Grovelands Hospital, el piquete comenzó a cantar. La gente abrió varias botellas de champán.

—Lo han entendido mal —dijo un oficial de policía—. Pero si este hombre se va…

Dentro, Pinochet y su grupo de amigos no conocía todavía el desenlace. Jean Pateras, que esperaba la llamada del detective inspector Andrew Hewett, tampoco sabía nada. El champán estaba listo junto a la tarta de cumpleaños. Eran las dos y cuarto cuando Jean Pateras advirtió que el agregado militar, Óscar Izurieta, recibía una llamada en su teléfono móvil. Su hija, que estaba frente a un televisor, le informaba de que el fallo había sido contrario a Pinochet.

Mientras Izurieta se lo transmitía al general Salgado, en el cuarto contiguo al de la familia, Chris Monroe recibió la llamada de Hewett.

—Chris, se queda aquí. Le han quitado la inmunidad.

Monroe se lo explicó a Jean.

—Hay que decírselo —urgió Monroe.

—Espera, Chris, están reunidos. Dejemos que lo digiera. Esta gente tenía todo listo para marcharse —sugirió Jean.

Dentro de la habitación, Pinochet estaba con su esposa y los generales Salgado e Izurieta. Ya lo sabía cuando Jean y Monroe se le acercaron. Jean advirtió que Pinochet tenía los ojos húmedos.

Monroe informó en inglés, Jean tradujo:

—Senador, le tengo que informar de que los lores han fallado en contra suya y tiene que quedar arrestado. ¿Me ha entendido?

Mientras el general articulaba la respuesta, una lágrima se deslizó por su mejilla. Apretó los dientes:

—Perfectamente —dijo.

Ese día, miércoles 25 de noviembre, Ricardo Lagos se encontraba en la residencia del embajador de Chile en México, Luis Maira, cuando recibió la noticia del fallo. De inmediato, redactó un comunicado. Según decía, «Pinochet y su régimen han sido condenados no por una campaña de desinformación de la izquierda o de sus víctimas, sino por sus propios hechos». Al mismo tiempo, solicitaba al Gobierno británico, por primera vez desde el arresto del general, que permitiera el regreso de Pinochet para que fuese juzgado por los tribunales de justicia chilenos.

En Chile, la noticia, inesperada, provocó un movimiento sísmico. En el despacho del director económico de la cancillería, Juan Gabriel Valdés, él y sus colaboradores estaban viendo la retransmisión del fallo. La ayudante del responsable de prensa de la dirección tenía un hermano desaparecido. Al conocerse el resultado, Valdés se puso de pie y abrazó a su colaboradora. El veredicto sería inapropiado para la situación política, pensó Valdés, pero era justo. La emoción contenida se liberó. Todo eran abrazos y felicitaciones.

El presidente, Eduardo Frei, por su parte, anunció por televisión que el ministro de Relaciones Exteriores, José Miguel Insulza, salía de inmediato rumbo a Londres y que el Gobierno entregaría un escrito al Ministerio del Interior británico en el que expresaría su rechazo.

Nada dijo de convocar al Consejo de Seguridad Nacional (COSENA), organismo en el que participan las FF.AA., un rumor que ya circulaba por Santiago.

El 11 de noviembre, en una reunión de dicho organismo, Ricardo Izurieta había exigido al Gobierno de Frei mayor beligerancia, tanto en Madrid como en Londres, respecto a lo que consideraba las inaceptables condiciones en las que se encontraba el general Pinochet.

Por la tarde, conocido el fallo, el general Izurieta se reunió con el cuerpo de generales de la guarnición de Santiago, y la institución difundió un comunicado oficial.

«La resolución —decía— ha causado en la institución y en toda la familia militar una profunda frustración, indignación e inquietud, por cuanto se trata de una situación abiertamente injusta y vejatoria hacia la persona del ex presidente de la República, ex comandante en jefe del Ejército, y por su condición de senador y embajador plenipotenciario ante el Reino Unido, que ofende de manera gravísima la soberanía y la dignidad de nuestra patria». También señalaba lo que esperaba del Gobierno: «Manifiesta la absoluta necesidad de que las gestiones que se realicen tengan la oportunidad y significación que el caso requiere. El Ejército y su comandante en jefe continuarán haciendo todos los esfuerzos en los ámbitos que fija la Constitución Política, para lograr el retorno a Chile de Augusto Pinochet».

Finalmente, el Palacio de la Moneda informó que el presidente Frei había convocado una reunión del COSENA aquel mismo día.

Insulza llamó a Robin Cook para anticiparle que pensaba viajar a Londres de inmediato, el día 27. Fue una breve conversación, pero cordial.

A esas horas, en Santiago, la senadora Evelyn Matthei, del partido de la derecha, la UDI, se preparaba para participar en *Newsnight*, el popular programa diario de televisión de la BBC que dirigía el periodista Jeremy Paxman. Una de las principales noticias sería el veredicto sobre la inmunidad de Pinochet.

Paxman, que ya había entrevistado a la senadora el 28 de octubre, con ocasión del fallo favorable a Pinochet en el Alto Tribunal de Justicia, presentó el tema y dejó paso a la conexión con Santiago.

La senadora Matthei, hija del general Fernando Matthei, ex comandante en jefe de la Fuerza Aérea Chilena en tiempos de la dictadura militar, denunció que el fallo suponía una violación de la inmunidad diplomática, una intervención en los asuntos de Chile y un riesgo para la transición política. Pero fue un paso más adelante:

—Quiero decir también que la esposa de lord Hoffmann, uno de los miembros del tribunal que votó contra el senador Pinochet, trabaja desde hace muchos años en Amnistía Internacional...

—Y eso, ¿qué importa? —cortó Paxman, creyendo que la senadora desviaba la atención del veredicto.

—Si es así, el fallo no ha sido imparcial. Amnistía Internacional ha intervenido en la Cámara de los Lores durante las audiencias.

La operación para anular el fallo estaba en marcha. Los abogados de Kingsley & Napley tenían que darse prisa. Ese día 26, el bufete envió una carta al despacho de abogados Bindman & Partners, que representaba a Amnistía Internacional, para preguntar por la situación de lady Hoffmann. En la carta, citaban la información transmitida por Evelyn Matthei en *Newsnight* y varios documentos en los que lady Hoffmann aparecía como empleada de AI, por lo que solicitaban una urgente confirmación.

El día 26, los tres comandantes en jefe de las Fuerzas Armadas chilenas se reunieron con el ministro de Defensa, Florencio Guzmán, y más tarde, el general Izurieta convocó a los oficiales, suboficiales y cuadro permanente de la guarnición de militar de Santiago en el aula magna de la Escuela Militar. Era un colectivo de mil quinientos militares.

Fue Margaret Thatcher quien exhibió más criterio práctico en aquellas horas. «El veredicto de los jueces lores coloca la suerte del senador Pinochet en manos del Gobierno. El senador está débil y enfermo, y se le debe autorizar a volver a Chile por compasión». Y se dirigió al ministro Jack Straw: «Sigo estando convencida de que es interés tanto de Chile como de Gran Bretaña permitirle regresar a Chile, y la decisión le corresponde al ministro del Interior».

Y Jack Straw, en un movimiento que los medios de comunicación interpretaron como una forma de ganar tiempo, solicitó al Tribunal Penal de Bow Street una semana adicional de plazo, del 2 al 9 de diciembre, para revisar el caso y adoptar una decisión.

El jueves 26, antes de viajar a Londres, Insulza se reunió con el presidente Frei y varios ministros en el Palacio la Moneda para evaluar la situación. Frei le entregó una carta para el primer ministro Tony Blair. Ese mismo día, asimismo, se pasaron a limpio las alegaciones y se enviaron a Londres a la atención de Jack Straw.

En Madrid, José María Aznar no pudo ocultar su decepción ante el veredicto contrario a Pinochet cuando compareció ante la prensa en el Palacio de la Moncloa junto a su huésped, el presidente del Gobierno italiano Massimo d'Alema. Se apoyó en su muletilla habitual al decir que respetaba la independencia judicial. Pero añadió: «Nadie entendería que ningún país tomara la decisión de convertirse en Tribunal Penal Internacional». Esto es, nadie entendería que España se convirtiera en ese tribunal como parecían pretender el juez Baltasar Garzón y los once magistrados de la Sala de lo Penal de la Audiencia Nacional, encabezados por su presidente, Siro García.

En el Palacio de la Moncloa, se empezó a trabajar con distintos escenarios. Si Pinochet llegaba a Madrid, ¿qué haría el juez Garzón? Si el juez ordenaba su ingreso en prisión, ¿cuál era el mejor sitio?, ¿podía ser el hospital Gómez Ulla, por ejemplo?

El ministro del Interior, Jaime Mayor Oreja, tras conocer el fallo, llamó a Clemente Auger, presidente de la Audiencia Nacional.

—Oye, Clemente, que los ingleses nos lo mandan para aquí. ¿Te das cuenta la que nos va a caer?

—Tranquilo, Jaime. Hacemos como los lores en Londres. Cerramos la calle Génova con vallas...

—Bueno, bueno...

CAPÍTULO 58

La hora del Vaticano

El avión de José Miguel Insulza llegó con retraso a Heathrow el viernes 27. El ministro chileno llamó a Robin Cook y se dirigió inmediatamente hacia su despacho. Los servicios de prensa de la embajada chilena aconsejaron a los periodistas no acudir al Foreign Office. No estaba previsto hacer declaraciones. Mientras Insulza se dirigía a ver a Cook, el magistrado Graham Parkinson, a cargo del Tribunal Penal Central de Bow Street, daba de plazo hasta el 11 de diciembre al ministro del Interior para comunicar su posición ante el procedimiento de extradición. Pinochet, por su parte, debía comparecer ante el tribunal el día 11.

Insulza, ya en el Foreign Office, explicó a Cook que la reciente decisión de los jueces lores había aumentado la tensión interna. Añadió que el Gobierno chileno estaba dispuesto a hacer lo que estuviera en su mano para apoyar los procesos judiciales en curso y que las alegaciones que había enviado deberían entenderse como el equivalente de una solicitud de extradición. El Gobierno no defiende, dijo, al general Pinochet, sino su soberanía y su derecho, en todo caso, a juzgarle en Chile. Insulza le explicó que deseaba, a ser posible, entregar una carta a Tony Blair.

—El primer ministro ha tenido que viajar a Irlanda del Norte. Pero déjeme decirle, señor Insulza, que le hemos pasado al ministro del Interior las alegaciones que nos envió la embajada chilena. Y quiero aclararle un punto. El ministro Straw tomará la decisión conforme a su responsabilidad legal, sin someter el caso al Consejo de Ministros —dijo Cook.

—Usted y yo sabemos que todo asunto judicial tiene un componente político... Y hemos visto papeles —dudó Insulza.

Cook lo tenía presente. Era lo que Mariano Fernández le había planteado una semana después del arresto. Aquellos faxes de New Scotland Yard.

—Le aseguro que ni el arresto ni los pasos siguientes han sido el resultado de una motivación política. Dicho esto, no existe la menor intención de debilitar el sistema democrático en Chile. Nos interesa preservar nuestras relaciones.

—Mire, lo que me interesa es saber si ahora que el asunto está en manos de Jack Straw ha llegado el momento para exponer argumentos de carácter político. En su resolución los jueces lores dicen que estos temas son de la competencia del ministro.

Insulza indagó si el Gobierno chileno al enfatizar la necesidad de juzgar a Pinochet en Chile podía influir en la decisión final de Straw; buscaba, de hecho, la complicidad para el caso de que Pinochet aceptase retirarse de toda actividad pública.

—Yo creo que todo eso es bueno —admitió Cook—. Pero el ministro del Interior actúa, según la ley, en función de sus obligaciones legales. Más adelante, una vez que los tribunales se pronuncien, él tendrá que tener en cuenta todas las circunstancias. Aunque en esta etapa no tiene, por ley, la obligación de considerar alegaciones de las partes, las va a tener en cuenta. Ha pedido más tiempo para poder estudiarlas.

Insulza no dejó de plantear el tema de la avanzada edad de Pinochet.

—Tenemos un informe completo sobre su estado de salud, los problemas de espalda y la enfermedad de diabetes que padece.

—Las razones humanitarias se tendrán en cuenta a la hora de adoptar la decisión final, cuando se termine la fase de recursos. Pero aquí la clave es si Pinochet está o no en condiciones de salud para afrontar un juicio.

El canciller chileno dejó a Cook y partió hacia el número 10 de Downing Street, para entregar la carta de Frei. Los manifestantes chilenos siguieron su coche al grito: «¡Insulza, traidor, defiende al dictador!». Allí, uno de los secretarios de Blair le atendió.

Durante la tarde, Insulza visitó al ministro de Industria y Comercio, Peter Mandelson. Ya no era el mismo Mandelson que había sentido náuseas ante el argumento de la inmunidad de Pinochet. Al término de la entrevista, ante la prensa, Mandelson recordó que «la decisión sobre si debe continuar el proceso de extradición corresponde solamente al ministro del Interior. Y ningún ministro puede intervenir». Pero ahora, quizá por la influencia de Camilla Parker Bowles y de su amiga Lucía Santa Cruz, o por las recriminaciones de Alastair Campbell, el asesor de prensa de Tony Blair, entendía que el pueblo de Chile se sintiera ofendido si se entregaba al general para ser juzgado en España. «Sea lo que sea lo que sientan por Pinochet, quieren resolverlo a su manera», señaló.

Ese día 27, en el más riguroso secreto, la embajada del Reino Unido en la Santa Sede recibía una carta de la Secretaría de Estado del Vaticano para dos destinatarios: el primer ministro Tony Blair y el ministro del Interior, Jack Straw. La misiva fue enviada a Londres, al Foreign Office, quien la hizo llegar a ambos destinatarios.

El cardenal Angelo Sodano señalaba en ella el interés humanitario que movía a la Santa Sede para interesarse por el general Pinochet, pero sus argumentos iban más lejos. El cardenal expresaba la preocupación del Vaticano, como Estado, por la decisión de los jueces lores que acababa de anular la inmunidad de un ex jefe de Estado. «El Gobierno chileno, formado por demócrata cristianos y socialistas, considera que es una ofensa a la soberanía territorial de Chile como nación el hecho de ser privados del poder para juzgar a sus propios ciudadanos», advertía. «El Vaticano tiene relaciones con todos los Estados. Por ello, queremos que se respete el orden jurídico internacional», añadía. Ni la existencia de la carta ni su contenido se hicieron públicos.

Insulza, en Londres, insistió el sábado 28, ante los medios de comunicación, en que Pinochet debía ser juzgado en Chile. El canciller subrayó que había catorce causas abiertas contra Pinochet en su país. «Aunque no puedo garantizar que Pinochet será llevado ante la justicia o que sea declarado culpable, tengo confianza en que los casos serán investigados en profundidad», añadió. Insulza coqueteó con la posibilidad de solicitar la extradición como último recurso, y anticipó, de su propia cosecha, sin consultar con Santiago, que el Gobierno de Frei estudiaba personarse en los procedimientos que el juez Juan Guzmán instruía contra Pinochet.

Cuando se le planteó el asunto relativo a lord Hoffmann y la relación de su esposa Gillian con Amnistía Internacional, Insulza dijo:

—Yo no me voy a pronunciar. Nosotros no estamos buscando cosas raras en la vida privada de los jueces —dijo. Sin embargo—:

yo no sé cómo funciona el sistema legal aquí en materia de inhibiciones. En Chile, los jueces, si hay algún conflicto de intereses, se inhiben.

El único tema que seguía siendo objeto de comentarios era que Gillian Steiner trabajaba en Amnistía Internacional. Ese mismo día 28, el corresponsal de asuntos legales del *Daily Telegraph*, Terence Shaw, logró hablar con lord Hoffmann y le preguntó si no consideró la posibilidad de inhibirse a raíz de la vinculación de su esposa con AI.

—Nunca se me ocurrió pensar que debía apartarme. El hecho es que no soy parcial. Soy un abogado. Y hago cosas como juez. El hecho de que mi mujer trabaje como secretaria en Amnistía Internacional es algo que, en lo que a mí respecta, no viene al caso.

Nada dijo sobre el hecho de que él también estaba involucrado, de que era presidente de una institución, Amnistía Internacional Charity Limited.

La senadora Matthei, por su parte, escribió una carta al *Sunday Times* que el periódico publicó el domingo 29 de noviembre. La senadora, que había sacado a luz el asunto de lord Hoffmann, se ocupaba ahora de tocar la fibra británica con otro tema. El periódico tituló «Nuestra deuda con Pinochet», y reprodujo el texto; en él, la senadora recordaba que su padre había sido comandante en jefe de la Fuerza Aérea chilena durante la guerra de las Falklands.

«La Fuerza Aérea informaba al instante al comandante de escuadrilla de la Royal Air Force, quien, a través de una conexión directa por satélite, alertaba a la flota británica en el Atlántico Sur. Esto les puso en guardia sobre cualquier ataque inminente, permitiéndoles adoptar las medidas defensivas necesarias [...].

»El día en que el radar chileno de largo alcance se puso fuera de servicio por razones de mantenimiento técnico, la flota británica fue atacada por aviones argentinos, lo que provocó el desastre del hundimiento de tres buques de guerra anfibios, el Sir Galahad, el Sir Tristam y el Sir Lancelot.

»Pinochet era entonces presidente de Chile. El Gobierno británico ha permitido recientemente que Pinochet, de 83 años, fuera arrestado. Esta intervención en nuestros asuntos internos ha provocado una seria tensión en nuestra transición. ¿Es ésta la forma en que el Gobierno británico se muestra agradecido a una persona y a un país? Hay una última oportunidad para corregir un grave error y una injusticia. Estamos esperando».

La última oportunidad a la que aludía era la decisión que el ministro Straw debía adoptar en los próximos días.

Esa mañana, Insulza era uno de los invitados en el programa de televisión del periodista David Frost, en la BBC, aquel en el que Mandelson había dicho que la inmunidad diplomática de Pinochet le provocaba náuseas hacía mes y medio.

—La única posibilidad real de obtener algo de justicia y algo de verdad pasa por los tribunales de Chile, donde ocurrieron los hechos —dijo.

La defensa de Pinochet tenía, como las demás partes, hasta el lunes 30 de noviembre de 1998 para presentar alegaciones ante el ministro del Interior. Los abogados de AI no habían respondido a la carta en la que se les pedía confirmación sobre el empleo de lady Hoffmann.

Con todo, el equipo de Kingsley & Napley no se iba a quedar de brazos cruzados. Ya tenían la confirmación, por la sencilla razón de que el trabajo de Gillian Hoffmann era un hecho público, que figuraba en documentos oficiales de AI. En un escrito a Straw, fechado ese día 30, la defensa de Pinochet, después de plantear que la esposa de lord Hoffmann trabajaba en AI, sostenía:

«Alegamos, pues, que el ministro del Interior no tiene que tomar en cuenta el voto de lord Hoffmann. La jurisprudencia es clara en el sentido de que ésta es la consideración apropiada para una decisión afectada por una parcialidad. Habida cuenta de que la conducta parcial ha tenido lugar en la Cámara de los Lores, el ministro representa la única protección interna británica para el senador Pinochet. Fuera de esta protección, el senador tendrá que invocar la jurisdicción del Tribunal Europeo de Derechos Humanos».

La estrategia era audaz. La defensa de Pinochet cuestionaba el voto de lord Hoffmann señalando que había sido parcial, ya que su esposa trabajaba en AI. En otros términos, en lugar de plantear la duda sobre su imparcialidad, consideraba un hecho probado que lo había sido. Si el ministro del Interior aceptaba el argumento, el veredicto de los lores quedaba empatado dos contra dos. Pinochet, pues, seguiría gozando de la inmunidad que le había reconocido el Alto Tribunal de Justicia y, por tanto, podría quedar de inmediato en libertad para regresar a Chile. Si Straw, razonaba la defensa, quería desembarazarse de Pinochet, esta petición le entreabría la puerta.

En el caso de que el ministro del Interior no acogiera la propuesta, siempre quedaba otra oportunidad: dirigirse al Comité de Apelación de la Cámara de los Lores y plantear la situación.

José Miguel Insulza llegó la tarde del día lunes 30 a Madrid. Aznar, que le recibiría el día siguiente, el martes día 1 de diciembre, declaró en Portugal, al término de una cumbre hispano-portuguesa, que «si el Gobierno británico decide no conceder la extradición de Pinochet, el Gobierno español lo aceptará». La frase sonó bien a oídos de Insulza. Pero Insulza estaba bajo el fuego amigo. El presidente del Partido Socialista chileno, Ricardo Nuñez, de paso por Barcelona, dijo que en Chile «no se dan aún las condiciones para un verdadero, justo y riguroso proceso al general Pinochet». En Santiago, varios diputados del Partido Socialista escribieron al ministro del Interior británico en los mismos términos.

El embajador chileno en Madrid, Sergio Pizarro, escribió el mismo día 30 una carta al ministro Abel Matutes. Le recordaba que la Cumbre Iberoamericana de Oporto había vuelto a rechazar la aplicación extraterritorial de las leyes, cosa que ahora España pretendía, decía, al solicitar la extradición de Pinochet. Según concluía, proclamar la jurisdicción española para juzgar crímenes ocurridos en Chile desconocía «normas de derecho internacional generalmente aceptadas». El embajador apuntaba también, sin precisar, que Chile estudiaba alguna fórmula de solución de controversias de derecho internacional.

Esa noche, Pizarro e Insulza cenaron discretamente con Felipe González en un restaurante madrileño. Insulza conocía la posición de Felipe González sobre el caso. Pero ahora tenía la posibilidad de analizar las circunstancias políticas cara a cara. El canciller preguntó ante todo si era verdad que Aznar no tenía otra alternativa que cursar la solicitud de extradición e indagó por qué había actuado con tanta celeridad.

—No tengo ninguna duda, José Miguel, de por qué actúan como actúan. Han visto una oportunidad de lavar su imagen franquista y de derechas. Todo lo demás les importa poco. No vayas a hablarles de las relaciones de Estado entre España y América Latina. Eso no existe. Tú preguntas si podían retrasar la solicitud. Pues claro que podían. Nosotros lo hemos hecho con miembros de ETA; y ellos podían hacerlo, pero no quisieron —dijo, enfático, González.

—Quizá temían al juez Garzón —apuntó Insulza.

—Mira, lo de Garzón es un tema personal. Es un caso patológico. Él necesita sentirse el ombligo del mundo. Y lo está consiguiendo. No le importa lo más mínimo qué consecuencias tienen sus actos. Yo creo, francamente, que en este caso carece de toda base jurídica. Y Aznar, bueno, me parece que lo único que le interesa son los votos... —insistió González.

—Hoy mismo le he escrito a Matutes una carta donde precisamente cuestionamos la aplicación extraterritorial de la ley —señaló Pizarro.

González anticipó a ambos que mantenía buenas relaciones con Matutes y que, aun cuando no tenía esperanzas, intentaría acercar las posiciones entre ambos Gobiernos.

Esa misma noche, Jaume Barberà, director del programa semanal *Paralell* de la televisión catalana (TV3), decidió abrir su emisión con el caso Pinochet. Su equipo en Santiago había acordado con Augusto Pinochet Hiriart, el hijo del general, una entrevista en un estudio de televisión. Barberà hizo la conexión con Santiago.

El periodista dijo:

—Usted ha dicho que el juez Garzón es un eslabón de una conspiración socialista contra su padre. ¿La Fiscalía británica, el Parlamento Europeo y el resto de los jueces de los países europeos también están contaminados por los socialistas?

Pinochet Hiriart, cuyo parecido físico con su padre era notable, vestía traje y una corbata color gris.

—Yo diría que sí, fuertemente —dijo—. De partida, uno de los jueces lores que juzgó a mi padre estuvo en Chile y tuvo fuerte amistad con Allende. Por lo tanto, debía ser descalificado, pero se le mantuvo en el tribunal.

Lord Hoffmann, pues, ya no sólo tenía vinculaciones con Amnistía Internacional a través de su mujer Gillian. ¡Había estado en Chile y hasta tuvo amistad con Allende! Sin duda, la bola de nieve había crecido desde que la senadora Matthei la lanzó el miércoles 25.

Barberà le preguntó por los desaparecidos.

—Hay cosas que no se pueden contar. Son secretos de Estado y existe una razón de Estado.

El periodista preguntó acerca de los centros de detención clandestinos y la tortura.

Pinochet Hiriart, sin perder la calma, explicó:

—Hubo centros de detención, y no eran clandestinos. ¿Centros de tortura? Los métodos utilizados por la policía civil, antes de que nosotros fuéramos Gobierno, eran métodos establecidos por Estados Unidos, métodos de interrogación. Eso lo consideran hoy día tortura. Bueno, posiblemente. Los métodos que utilizaban ustedes en tiempos..., digamos, cuando hicieron algunas cositas en el pasado, eran también bastante crueles...

—¿Qué pasado?

—¿Se le olvida la Inquisición en España? —replicó con tono socarrón y un mohín de satisfacción, y prosiguió—: A mí no se me olvida, es parte de la historia. Ahí sí que se hicieron crueldades absolutas. Pero nadie ha juzgado a España por eso ni tampoco después, por cosas que los españoles hicieron cuando entraron en América, cosas atroces. Y sin embargo, nosotros no reclamamos por eso. Las cosas pasadas, pasadas están.

—Señor Pinochet, tienen ustedes alguna pesadilla, después del golpe de Estado del 11 de septiembre de 1973 y la represión posterior, ya que han debido presenciar algunos actos desagradables?

El hijo del ex dictador mantuvo la sangre fría.

—Pesadillas antes del golpe de Estado sí, después nunca. Los fusilamientos fueron justos porque se fusiló a gente que estaba combatiendo, era gente extremadamente mala que tenía unos prontuarios impresionantes. Era como para cáersele a uno el pelo. Cuando se leen los prontuarios de esa gente se da uno cuenta de que eran bestias. No eran seres humanos.

Barberà mantuvo el tipo y siguió adelante.

—Ricardo Lagos ha propuesto que Pinochet vuelva a Chile con el compromiso de que se le juzgue. ¿Acepta esto?

—Yo no he escuchado la propuesta de Lagos... Es tan errático... —sonrío, y agregó—: pero en Chile hay catorce querellas en contra de mi padre y eso va a seguir. Si hay alguna cosa que probarle y se actúa en justicia, e indudablemente así va a ser, si hay alguna sanción, si es racional, mi padre no tiene inconveniente en aceptarla...

El mismo día lunes 30, la secretaria de Estado norteamericana, Madeleine Albright, hizo sus primeras declaraciones sobre el caso desde el arresto de Pinochet, después de mantener varias conversaciones con Robin Cook. «En Chile, los ciudadanos de un Estado democrático están luchando con un problema muy difícil: cómo equilibrar la necesidad de justicia con las necesidades de reconciliación. Creo que sus conclusiones merecen un significativo respeto», dijo. A su vez, su portavoz, James Rubin, aseguró: «Desclasificaremos y haremos pública la mayor cantidad de información posible».

El martes 1 de diciembre, el abogado Óscar Alzaga se preguntaba en un artículo en el diario *Abc* si España era «un buen juez de la transición chilena». Según advertía, «hemos puesto a nuestros hermanos chilenos al borde de un acantilado, bajo el cual se vislumbra el enfrentamiento cívico, la crisis del clima de convivencia». Recordaba que la transición política española se había convertido en un modelo para América Latina y que la fórmula había consistido en «perdón y olvido en la hora de la recuperación de las libertades y de instaurar la democracia». También evocaba su pasado de luchador contra el franquismo «y el haber sido uno de los pocos españoles que combatió sistemáticamente en España y en Chile al regimen autoritario del general Pinochet». Alzaga concluía que los españoles no podían permitirse el lujo de ser contradictorios en Iberoamérica «hasta representar una obra del mejor esperpento valleinclanesco».

Esa mañana, antes de visitar al ministro de Asuntos Exteriores español, Abel Matutes, el canciller chileno, José Miguel Insulza, se reunió con la prensa. Insistió en que el juez Guzmán, en Chile, estaba instruyendo las querellas contra Pinochet, y se refirió a la posibilidad de solicitar la extradición. «Será el juez quien, cuando lo estime conveniente, decida su procesamiento. Y, en ese caso, si así lo decide, y si la situación actual de Pinochet se mantiene, podrá plantear la extradición», dijo Insulza. «Si Chile cursa la solicitud, seguramente tendría prioridad ante las demás peticiones», añadió.

Matutes explicó a Insulza que, como ya le había anticipado por teléfono, el Gobierno español no tenía margen ni para rechazar la solicitud de extradición ni para retrasarla como le había pedido el embajador Pizarro en nombre del presidente Frei. Matutes no quiso discutir los términos de la carta enviada por el embajador chileno el día anterior.

—José Miguel, tienes que creerme, el Gobierno español siente mucho que esto afecte a vuestra transición democrática. No se nos oculta que será malo para la relación de nuestros dos países. Pero también tengo que decirte que no podíamos hacer otra cosa —dijo Matutes.

Después, ambos se presentaron ante la prensa. Al canciller chileno se le preguntó si existía algún peligro para los intereses económicos españoles en Chile; dio a entender que podía tener consecuencias. «Yo creo que parte de la estabilidad de las relaciones entre los países se refieren a su densidad; es decir, son relaciones en distintos planos, políticos, diplomáticos, culturales, entre partidos y fuerzas económicas y empresariales. Yo no puedo responder por todas esas relaciones».

En el palacio de la Moncloa, Aznar volvió a asegurar a Insulza que no había otra persona que comprendiera mejor que él mismo el proceso de transición chileno y que no existía el menor deseo de interferir.

—He dicho varias veces que sería un grave error que España pretenda dar lecciones de democracia a Chile. Y lo dije cuando empezó este asunto, delante del presidente Frei. La semana pasada declaré que no se entendería que España pueda convertirse en un tribunal penal internacional. Espero que esto se resuelva rápido por el bien de todos —dijo Aznar.

Insulza cogió esa noche el avión a Santiago. Volvía a su país más contento de lo que había salido hacía menos de una semana. «Antes de salir de Santiago, dije que no esperaba ningún resultado optimista, pero me voy optimista, bastante más de lo que llegué», declaró.

CAPÍTULO 59

'Cherchez la femme...'

David Cole, director del Grovelands Priory Hospital, llevaba quince días, desde mediados de noviembre, intentando persuadir a los abogados y a la familia del general Pinochet para que abandonaran la clínica. La presencia de la policía en la puerta y las protestas del piquete de familiares de las víctimas llevaron a la dirección del hospital a sugerir que el general debía irse cuanto antes. El psiquiatra Geoffrey Lloyd, después de entrevistarle, concluyó que su cuadro psicológico era normal y que no se justificaba su permanencia en la clínica. La dirección informó al Servicio de Fiscalía de la Corona que Pinochet estaba en condiciones para comparecer ante un tribunal. Los colaboradores de Pinochet y la policía habían examinado diferentes posibilidades de trasladarle a una casa que reuniera las condiciones de seguridad adecuadas. En la tarde del viernes 27, por fin, la policía autorizó su traslado a la zona residencial de Wentworth Estate, en Virginia Water, condado de Surrey, próxima al aeropuerto de Heathrow. Por la autopista M-25 se tardaba una hora en llegar desde Londres, y tenía la ventaja de estar situada muy cerca de la base militar de la Royal Air Force (RAF) en Brize Norton, donde aún esperaba el avión de la Fuerza Aérea Chilena.

El lunes 30 de noviembre, sin saber que Pinochet ya se disponía a abandonar el hospital, David Cole decidió darle un ultimátum, e informó a los colaboradores del general de que se había quedado más de lo debido y que otros pacientes necesitaban su cama. Por la tarde, la dirección difundió un comunicado en el cual estudiaba la posibilidad de iniciar acciones legales contra la familia de Pinochet si se negaba a abandonar la clínica. «Después de haber otorgado varios plazos perentorios a la familia Pinochet, ahora estamos dispuestos a tomar las medidas necesarias», dijo una portavoz.

El traslado tuvo lugar al día siguiente, el martes 1 de diciembre. La residencia alquilada por Pinochet estaba rodeada por un jardín de unos mil metros cuadrados. Era parte del magnífico parque natural de Windsor Great Park y Wentworth.

La historia de estas tierras no dejaba de tener interés. La principal mansión de la zona, construida en 1805 sobre el casco de una gran extensión de tierra virgen, se llamaba Wentworth. En 1854, la mansión y sus terrenos fueron adquiridas por el conde de Morella, el general Ramón Cabrera, y su esposa, Marianne Vaughan Richards. El general Cabrera era el famoso «Tigre del Maestrazgo», exiliado en 1849 tras la derrota de las guerras carlistas. La tumba del «Tigre», «el más brillante jefe guerrillero de su época», según el duque de Wellington, se encuentra en la iglesia de Cristo de Virginia Water.

La casa alquilada era ideal desde el punto de vista de la seguridad. Estaba al final de una calle sin salida, Lindale Close. El acuerdo con el propietario, un norteamericano, fue una renta mensual de 10.000 libras esterlinas y gastos (2,5 millones de pesetas).

Esa tarde, los abogados de Amnistía Internacional confirmaron, en carta a la defensa de Pinochet, que lady Hoffmann había trabajado, en efecto, para el secretariado internacional de la organización desde 1977.

La respuesta de AI decía: «Siempre ha estado empleada en puestos administrativos, especialmente en el departamento de prensa y publicaciones, y pasó a su puesto actual de ayudante de programa del director de Medios y Programas Audiovisuales cuando éste se creó en 1994. Lady Hoffmann desarrolló labores administrativas, incluyendo trabajos de recepcionista. Nunca ha sido consultada o se ha visto implicada en debates de contenido o decisiones adoptadas por Amnistía Internacional, como podría ser el caso Pinochet».

La defensa de Pinochet lanzó entonces una amplia ofensiva en todos los frentes. Era una carrera contrarreloj. Se dirigió por carta al Comité de Apelación de la Cámara de los Lores para recabar información sobre lord Hoffmann y lady Hoffmann, ya que, según decía, estaba considerando la posibilidad de plantear un recurso de parcialidad real o aparente en la elaboración del veredicto del 25 de noviembre de 1998.

El día 2, la defensa volvió a escribir a los abogados de AI, solicitando más información sobre lord Hoffmann, carta que fue rechazada al día siguiente por «impertinente y ofensiva». Al mismo tiempo, volvió a dirigirse al Comité de Apelación el 4 de diciembre.

El bombardeo dio resultados. Durante el fin de semana del 5 y 6 de diciembre, Amnistía Internacional y lord Hoffmann analizaron la situación creada. Llegaron a la única conclusión posible. Había que informar a la defensa de Pinochet sobre la trayectoria de lord Hoffmann y su relación con la organización, a través de Amnistía Internacional Charity Limited.

El día 7, el presidente del Senado chileno, Andrés Zaldívar, informó de que había enviado con esa fecha una larga carta al primer ministro Tony Blair en la que ponía de relieve el carácter político del arresto de Pinochet, su impacto negativo sobre la transición democrática y en la que le solicitaba sus buenos oficios para que el general pudiera regresar a Chile.

En Londres, la historia de Hoffmann estaba al cabo de la calle. El mismo día 7, los periódicos *The Guardian* y *The Times* se pusieron en contacto con los abogados de AI. Según dijeron, tenían informes de que lord Hoffmann era director de Amnistía Internacional Charity Limited. Los abogados lo confirmaron. En su edición del día siguiente, ambos periódicos publicaron la noticia. «Aunque la organización insistió en que el trabajo de lord Hoffmann en la entidad de beneficencia es completamente independiente de la campaña de extradición a España de Pinochet, este hecho no ha podido caer en peor momento. El ministro del Interior, Jack Straw, decidirá, de aquí al viernes, si autoriza iniciar el procedimiento de extradición o le deja en libertad para que pueda regresar a Chile», decía *The Guardian*. En la mañana del día 8,.la defensa de Pinochet recibía una carta con fecha del día anterior, 7 de diciembre, en la que Geoffrey Bindman explicaba que lord Hoffmann era director de Amnistía Internacional Charity Limited desde 1986, al tiempo que recordaba que Kingsley & Napley, el bufete que defendía a Pinochet, había contribuido en febrero de 1997 con mil libras esterlinas a una campaña de fondos dirigida por lord Hoffmann y lord Bingham para AICL. La carta también señalaba que lord Hoffmann no fue consultado, ni participó, ni apoyó campaña alguna contra Pinochet.

No había tiempo que perder. Ese mismo día, la defensa de Pinochet se dirigió, ya pasado el plazo de alegaciones, al ministro del Interior, informándole de la carta de los abogados de AI. Aparte del trabajo de Gillian Hoffmann, resultaba que lord Hoffmann era director de una institución vinculada directamente a AI.

El fuego de artillería era tarea para los políticos conservadores. El día 8, lord Norman Lamont escribió a Derry Irvine of Lairg, el lord Chancellor, una carta en la cual decía que era «seguramente inaceptable para un magistrado juzgar un caso en el que tiene conexión con una organización, por más admirable que sea, cuyo papel es importante y activo en el mismo». Lamont admitía que Hoffmann no tenía lazos directos con la campaña de AI para juzgar a Pinochet. «Pero ésta no es la clave. Como usted sabe, mejor que yo, la gente debe ver que se imparte justicia», aludiendo a un célebre aforismo. Lord Gerald Howarth, diputado conservador, solicitó a lord Hoffmann que se disculpara públicamente. Al actuar como juez, tuvo que oír los argumentos de la misma organización con la cual está asociado y cometió el error de no declarar que estaba relacionado con ellas.

Owen Davies, *barrister* del equipo de abogados que actuó en nombre de AI en la Cámara de los Lores, escribió una carta a *The Guardian*, intentando ampliar el contexto de la polémica actuación de lord Hoffmann. Según decía, era «pública y notoria su integridad, en el sentido de que no permite que sus puntos de vista personales interfieran en sus sentencias». Y recordaba un caso en el que Amnistía Internacional pedía revocar una pena de muerte para un ciudadano de Bahamas, país miembro de la Commonwealth británica, y en el que lord Hoffmann miembro del tribunal, votó a favor de la ejecución, que se llevó adelante.

Jack Straw inició el estudio del caso la tarde del lunes 7. Ya desde la decisión de los jueces lores, la prensa insistía en que Straw se enfrentaba a uno de los dilemas más serios de su carrera. Si permitía iniciar el procedimiento de extradición, se abría un interminable proceso. Y si, finalmente, Pinochet podía ser técnicamente extraditado a España y la acusación se abría paso airosamente en la maraña de recursos legales, el caso volvería al ministro del Interior para resolver ya más concretamente si el ex dictador debía ser entregado a España, una decisión que también podía ser recurrida ante los tribunales.

Si, por el contrario, Straw rechazaba la autorización para iniciar el procedimiento, se ahorraba el coste político de varios años de pleitos, aunque su partido se lo reprocharía. Los abogados de la acusación y el juez Garzón, por otra parte, intentarían acudir a los tribunales antes de que Pinochet pudiera regresar a Chile.

Straw recibió un amplio informe de la Unidad de Extradición del Ministerio del Interior cuya elaboración fue coordinada por Clare Checkesfield. Y consultó los temas legales con James Turner, el *barrister* que le había representado ante el Alto Tribunal de Justicia. Turner era experto en la ley de extradición y ejercía la abogacía privada. Cuando Straw le pidió ayuda, delegó sus casos en un colega y pasó a asesorarle. El ministro también se apoyó en Ken Sutton, su primer secretario privado, y en David Omand, el viceministro permanente.

Según se estipulaba en la sección 7, punto 4 de la ley de 1989, «el ministro puede emitir una autorización para proceder a menos que le parezca que una orden de entrega de la persona no se ajuste a la ley». En otras palabras, si el ministro estimaba que al final del proceso la entrega podía ser ilegal, no tenía objeto dictar la autorización para comenzar el proceso. Esto confería a la decisión un margen de maniobra muy limitado. Pero, según Turner, la situación tenía otros matices. Si el ministro llegaba a la conclusión de que extraditar a Pinochet —en el momento procesal oportuno— no era legal, debía abstenerse, por tanto, de autorizar la apertura del procedimiento, lo que dejaría en libertad a Pinochet. Pero si, en cambio, consideraba que se reunían las condiciones legales, tenía la discreción de elegir. En aplicación de la sección 12 de la ley, que regulaba la fase de la entrega, una vez terminado el procedimiento, el ministro podía dictar la autorización. Pero también podía no hacerlo.

Pinochet carecía de inmunidad, según el veredicto de los lores, y los delitos que se le imputaban estaban castigados en ambos países, el Reino Unido y España. Por otra parte, la solicitud española respondía a las exigencias legales. Desde el punto de vista formal, todo estaba en orden para autorizar el procedimiento.

Pero Straw también analizó si podía haber razones de compasión, es decir, si por su estado de salud Pinochet estaba impedido para someterse a juicio, y hasta qué punto se podía considerar el argumento de que Pinochet podía ser juzgado en Chile. También examinó las consecuencias sobre la transición chilena.

Tanto Straw como Turner leyeron las alegaciones de todas las partes.

El Gobierno chileno defendía la inmunidad del ex dictador con argumentos idénticos a los utilizados por los abogados de Pinochet en el reciente debate ante los jueces lores. Se preguntaba, por ejemplo, cuál sería la reacción del Reino Unido si los tribunales chilenos iniciaran un proceso de extradición en contra de la señora Thatcher por supuestos crímenes de guerra cometidos durante la guerra del Atlántico Sur.

Pero el tema de la inmunidad era algo que a Straw no le competía. Precisamente por anularse la inmunidad, el ministro se veía obligado a pronunciarse sobre la apertura del procedimiento de extradición. Tampoco los argumentos sobre la transición chilena añadían mucho a lo que ya se conocía.

En las alegaciones se apuntaba que una extradición perturbaría la convivencia interna en Chile y que también afectaría a la relación bilateral entre el país sudamericano y el Reino Unido.

Al sugerir las razones de compasión, ni el Gobierno chileno ni la defensa de Pinochet aportaban elementos relevantes. «El Gobierno de Chile apela además al espíritu humanitario del ministro del Interior, con el fin de que se sirva considerar la avanzada edad del senador Pinochet, su delicado estado de salud y la operación quirúrgica a la que fue sometido recientemente», decía el escrito, y subrayaba: «A su vez, es necesario hacer presente que la legislación española que se invoca para solicitar su extradición establece que una persona de la edad del senador Pinochet, aun si es condenada, se encuentra liberada de la obligación de cumplir una pena privativa de libertad, lo que otorga mayor base a la aplicación de la excepción de razones humanitarias para considerar este caso».

En la enumeración de argumentos jurídicos del Gobierno chileno había uno que tenía gran interés, aquel que reconocía como aplicable al caso uno de los tratados internacionales invocados: la Convención contra la Tortura de Naciones Unidas.

Según decía, «cabe mencionar que el único tratado o convenio internacional que podría ser aplicable a esta situación es la Convención contra la Tortura». Recordaba que España había ratificado el convenio el 21 de octubre de 1987; Chile el 26 de noviembre de 1988 y el Reino Unido el 8 de diciembre de 1988. Pero advertía: «Los tratados no tienen efecto retroactivo. Por tanto, cualquiera que sea la fecha en que se considere que la Convención contra la Tortura se encontraba vigente para España, Chile o el Reino Unido, no regiría respecto a los hechos que se imputan al senador Pinochet». Pero el hecho es que admitía la aplicación del tratado al caso Pinochet.

Aunque correspondía a Straw adoptar la decisión y el tema no sería debatido en el gabinete de ministros, Tony Blair tenía sus ideas.

Ambos, él y Straw, habían acordado una férrea división del trabajo en la cual lo máximo que Blair llegaría a admitir en público es que Straw le había comentado sus intenciones.

Pero no era difícil darse cuenta de que el primer ministro tenía algo que decir. Blair estaba embarcado por aquellos días en una alianza con el presidente de Estados Unidos, Bill Clinton, para deshacerse de Sadam Husein, el dictador iraquí. Ambos sostenían que era necesario atacar Irak para promover un golpe de Estado. Y estaban preparando el momento para iniciar los bombardeos. En ese ambiente, una decisión de liberar a Pinochet sería considerada una actitud cínica por la opinión pública británica a la hora de justificar los ataques contra Irak.

El asunto de la parcialidad de lord Hoffmann, que la defensa de Pinochet volvió a plantear a Straw el día 8 de diciembre, podía ser relevante, pero presentaba un problema: el ministro carecía de potestad para resolver, como sugerían los abogados del general, que aquella sentencia judicial estaba viciada.

Los abogados de Pinochet hubieran podido solicitar a Straw una prórroga de su decisión hasta que los jueces lores estudiaran los argumentos sobre la presunta parcialidad del voto de lord Hoffmann. Pero para ello era necesario presentar antes un recurso ante los jueces lores. ¿Por qué no lo hicieron? Porque preferían que, simple y llanamente, el ministro desconociera el fallo. Era una apuesta ambiciosa, pero no arriesgada. Siempre se podía acudir, si la petición era desoída, a los jueces lores. Tenían, así, dos posibilidades.

Los abogados de AI y de otras organizaciones de derechos humanos habían solicitado al Ministerio del Interior que se les informara con anticipación del fallo para tener la oportunidad de presentar un recurso mientras Pinochet todavía estuviera en Londres. Sin embargo, Straw comunicó a las partes que no anticiparía el fallo antes de hacerlo público. Aunque no hubo confirmación, los rumores apuntaban que el ministro daría a conocer su posición el miércoles día 9, aprovechando la sesión de preguntas en la Cámara de los Comunes.

En la tarde del martes 8, Andy McEntee y Geoffrey Bindman trabajaban en un recurso de emergencia para evitar la salida del general Pinochet en caso de que el ministro Straw denegara la autorización para proceder, lo que equivaldría a anular la orden de arresto. McEntee quería tener una posibilidad de pelear legalmente en los tribunales, pero con Pinochet en Londres.

Llamó a Joan Garcés, a Madrid.

—Joan, tenemos que considerar todas las posibilidades. Si Straw deniega la autorización para proceder, su decisión se puede recurrir. Ahora bien, si lo hace, se anulará el arresto y Pinochet podrá irse. En este caso, cualquier recurso contra Straw será puramente teórico. Estamos preparando un recurso de urgencia para que el Alto Tribunal de Justicia dicte preventivamente una orden por la cual Pinochet no pueda marcharse hasta que se vea el recurso contra la decisión.

—Me parece muy bien.

—Necesitamos saber si el juez Garzón está de acuerdo. Si hay alguna objeción, no presentaremos el recurso —añadió McEntee.

La preocupación también llegaba al otro lado del Atlántico. La secretaria de Estado norteamericana Madeleine Albright llamó ese día a Robin Cook para conocer de primera mano lo que estaba sucediendo. La decisión, le dijo el responsable del Foreign Office, sería dada a conocer por Jack Straw en las próximas horas.

Al día siguiente, Joan Garcés transmitió a Londres que siguieran adelantando con el recurso. A las dos y media, Peter Duffy, por AI, hizo la presentación ante el juez Simon Brown y otros dos jueces del Alto Tribunal de Justicia. Estaban presentes todas las partes, incluyendo un abogado del Ministerio del Interior. Allí acudieron Alun Jones, por la Fiscalía de la Corona, y Clive Nicholls, por la defensa de Pinochet.

Duffy expuso el argumento de que si el ministro del Interior interrumpía el procedimiento de extradición, existían bases para recurrir su decisión ante los tribunales. Y si su decisión era ésa, ello supondría cancelar el arresto, lo que dejaría en libertad a Pinochet. Por tanto, el recurso sería visto por un tribunal sin el general en el Reino Unido. El abogado solicitaba dos cosas: permiso para recurrir la hipotética decisión negativa del ministro y una orden preventiva para impedir la salida del general durante el tiempo en que se resolviera dicho recurso.

Poco antes de las tres y media, el juez Brown dijo:

—Como se sabe, el ministro del Interior va a anunciar si autoriza o no iniciar el procedimiento de extradición del senador Pinochet. Este recurso que tenemos ante nosotros es novedoso. Su consecuencia provisional, de ser admitido, es restringir la libertad de una persona en previsión de una decisión que va a ser adoptada. El senador Pinochet está arrestado de acuerdo con una orden de detención provisional y goza de libertad bajo fianza. AI está pidiendo que sea confinado de manera anticipada en la eventualidad de que una decisión del ministro pueda cancelar la orden de arresto, una decisión que puede ser recurrida en los tribunales. Yo rechazo la petición de permiso y la medida cautelar solicitada porque hay que tener en cuenta que el ministro del Interior tiene, bajo la sección 7 punto 4 de la ley de Extradición de 1989, la más amplia discreción para denegar una autorización. No hay bases para cuestionar una potencial decisión negativa del ministro. Lo que sabemos es que en este mismo momento el ministro puede estar dando su autorización. No es ni correcto ni justo admitir este recurso.

McEntee había perdido, pero lo que el juez Brown, uno de los más prestigiosos expertos en derecho público británico, había dicho también valía para la parte contraria, es decir, para los recursos que la defensa de Pinochet presentaría contra la decisión de Straw. El juez había sostenido en su sentencia que el ministro tenía «la más amplia discreción».

Mientras los abogados salían del Alto Tribunal de Justicia, la sesión de control del Gobierno en la Cámara de los Comunes avanzaba. Cuando dieron las cuatro de la tarde, tocó a Straw responder a una pregunta. El parlamentario Vernon Coaker quería saber cuándo daría a conocer su decisión respecto a la extradición de Pinochet. El ministro se puso de pie.

—He firmado hoy una autorización para proceder respecto al senador Pinochet. La solicitud española de su extradición será ahora considerada por los tribunales. Las razones de mi decisión han sido enviadas a todas las partes implicadas en una carta de uno de mis funcionarios —dijo.

Mientras la oficina de prensa del Ministerio del Interior distribuía el texto con las razones de Straw, la baronesa Margaret Thatcher atacó al ministro: «Tenía amplios poderes para poner un final a este vergonzoso y perjudicial episodio. Ha elegido prolongarlo. Ni él ni el Gobierno pueden ocultarse detrás de argucias legales. Ésta era una decisión política y representa un fracaso de liderazgo político».

En su escrito, Straw autorizaba la apertura del procedimiento de extradición por los delitos descritos en la solicitud española que tenían su equivalencia en los delitos castigados en el Reino Unido: intento de asesinato, conspiración para asesinar, tortura, conspiración para torturar, secuestro de personas y conspiración para secuestrar personas. El ministro excluyó el delito de genocidio y el asesinato, incluidos en la solicitud española, por considerar que no «satisfacen la definición de delito de extradición». El delito de genocidio, según la ley británica, sólo se puede perseguir si ocurre en el Reino Unido.

Una vez aceptados los delitos, el ministro descartó la premisa mayor: la inmunidad soberana o diplomática.

Según señalaba, había procedido «teniendo en cuenta que el senador Pinochet no goza de ninguna inmunidad frente a los delitos imputados». Agregaba: «Tampoco tiene el senador Pinochet derecho a la inmunidad diplomática o a la protección como jefe de una misión especial».

En el texto, el problema de lord Hoffmann se encaraba así: «Tampoco ha aceptado una alegación en nombre del senador Pinochet de que debería desconocer la sentencia de la Cámara de los Lores por la presunta parcialidad de uno de los jueces lores».

El ministro rechazaba a continuación que Pinochet fuera perseguido por «sus opiniones políticas», y desestimó el argumento de que había pasado mucho tiempo desde los hechos. Ni los delitos estaban prescritos ni el paso del tiempo convertía en injusto o cruel dictar una autorización para proceder. «No parece que el senador Pinochet esté impedido para enfrentarse a un juicio. Los delitos que se le imputan son serios y pertenecen a aquellos cuya naturaleza no debería impedir la investigación».

Según el ministro, la petición de España estaba «bien fundamentada» desde el punto de vista de la ley española y no había bases para sostener que la solicitud de extradición había sido expedida por otras razones que no fueran la buena fe en el interés de la justicia».

El escrito razonaba que, si bien el ministro se podía limitar a considerar solamente la legalidad o ilegalidad estricta de la eventual extradición de Pinochet, había adoptado su decisión teniendo en cuenta que su discreción era muy amplia y que podía considerar todas las circunstancias del caso.

Cuatro asuntos fueron objeto de estudio: las consideraciones humanitarias; la marcha de los procesos legales y las querellas contra Pinochet en Chile; el efecto del procedimiento de extradición en la estabilidad de Chile, y su futura democracia; y el posible impacto del procedimiento de extradición en los intereses nacionales del Reino Unido.

El ministro estimó, respectivamente, «que no parece que el senador esté incapacitado para someterse a juicio y que, según todas las circunstancias, no sería injusto o cruel para él enfrentarse a un juicio en relación con los delitos que se le imputan»; que no existía una solicitud de extradición del Gobierno chileno; que no consideraba que la posibilidad de un juicio en Chile fuera un factor de mayor peso que la obligación del Reino Unido de extraditar a Pinochet a España bajo el Convenio Europeo de Extradición; que las razones aportadas en relación a los efectos de desestabilización de la democracia chilena y los perjuicios económicos que podía ocasionar la extradición en los intereses del Reino Unido eran insuficientes. Y en su «conclusión», advertía de que, si al final del procedimiento Pinochet era técnicamente extraditable, «el ministro considerará la solicitud de extradición nuevamente de acuerdo con la sección 12 de la ley. En ese momento podrá tener en cuenta cualquier hecho del juicio de extradición o del recurso de amparo así como también en las posteriores alegaciones que el senador Pinochet quiera presentar contra su entrega».

Straw envió inmediatamente una orden al magistrado Graham Parkinson, en Bow Street, en la que daba cuenta de que habiendo el embajador español Alberto Aza elevado en nombre del Gobierno español una solicitud para la entrega del general Pinochet le autorizaba a seguir el procedimiento de extradición.

El presidente Frei y su canciller José Miguel Insulza se encontraban en Brasil, en la reunión de los presidentes del Mercado Común del Sur (MERCOSUR), integrado por Brasil, Argentina, Paraguay y Uruguay. Chile y Bolivia participaban como países asociados. El Gobierno chileno intentó que los demás países apoyaran sus argumentos en el caso Pinochet a través de un comunicado oficial. Pero Brasil se opuso. El presidente Fernando Henrique Cardoso explicó el martes 8 la posición de su Gobierno. «Tengo que estar con los esfuerzos europeos para llevar a juicio a un notorio dictador». También recordó, sin aludir directamente a ello, sus días de Chile en los años setenta, cuando gobernaba Salvador

677

Allende. «Yo también sufrí días de exilio y persecución a manos de los militares brasileños», dijo.

El miércoles día 9, Cardoso almorzaba en privado con Frei en el Palacio de Guanabara, en Río de Janeiro, para limar asperezas. De pronto, ambos mandatarios fueron interrumpidos por una noticia urgente: Straw autorizaba el procedimiento de extradición. Al término del encuentro, Frei no pudo ser más expresivo ante los medios de comunicación: «Sólo puedo expresar mi total conmoción y consternación ante la decisión del señor Straw».

Frei e Insulza estudiaron los pasos a seguir. Frei solicitó al ministro del Interior, Raúl Troncoso, que explicara al país la posición oficial y anunciara la convocatoria del Consejo de Seguridad Nacional (COSENA) para el viernes día 11. De inmediato, se habló con el embajador Mario Artaza para que esa misma noche viajara a Santiago.

Mientras, en la capital chilena, la noticia desencadenaba la mayor presión del Ejército desde el arresto de Pinochet. El comandante en jefe del Ejército, Ricardo Izurieta, llamó a Pinochet. Habló con Lucía Hiriart, que al día siguiente cumplía 77 años.

—Nos han humillado. Después del horroroso cumpleaños que le hicieron pasar a Augusto, ahora me ha tocado a mí —dijo. Y, casi implorando, añadió—: ¿Es que nadie va a ayudarle? ¿Es que ya se han olvidado de lo que él ha hecho por Chile?

—Nosotros vamos a hablar claro ahora. Yo hubiera deseado estar junto a ustedes, pero no ha sido posible. El presidente ha convocado el COSENA para el viernes. Pero Beatriz viaja mañana mismo hacia allá para estar con ustedes —dijo Izurieta.

—Van a conseguir lo que han soñado siempre, humillar a Augusto y llevarle el viernes ante un tribunal.

Izurieta saludó al general, y le aseguró que estaban dando los pasos para lograr que el Gobierno de Frei se pusiera firme.

El general Izurieta había acariciado la posibilidad de viajar inmediatamente a Londres. El tema fue considerado en una reunión de los comandantes en jefe con el canciller Insulza y el ministro de Defensa, Juan Florencio Guzmán, el 4 de diciembre. Según aclaró el ministro, el viaje de Izurieta dependía de la estrategia del presidente Frei.

—Yo no concibo viajes que no formen parte de una decisión del presidente de la República, quien tiene el poder sobre las relaciones internacionales. Un viaje del comandante en jefe requeriría la autorización específica —dijo el ministro Guzmán a los medios de comunicación.

La tarde del 9 de diciembre, el Ejército difundía un comunicado con su posición. «El Ejército se encuentra profundamente conmocionado con la noticia ante la certeza de que se trata de una medida abusiva, humillante, incongruente con principios fundamentales e inconsecuente con su calidad de ex jefe de Estado, ex comandante en jefe del Ejército y senador de la República», señalaba. Pero, como había anticipado Izurieta, levantaba el dedo hacia el Gobierno: «Las gestiones realizadas por el Gobierno hasta la fecha no han logrado los objetivos propuestos, contribuyendo a ello la actitud de personas que, a través de numerosos actos, dentro y fuera de Chile, han perjudicado en forma reiterada las gestiones realizadas. Consecuentemente, se encuentra inconclusa la tarea de defender lo que Su Excelencia, el presidente de la República, ha calificado como un asunto de principios». El Ejército apuntaba al Partido Socialista.

También había una respuesta para la pregunta que Lucía Hiriart había hecho por teléfono sobre si su país ya había olvidado a Pinochet. El comunicado reiteraba el apoyo del Ejército a su ex comandante en jefe y su compromiso con los valores del Gobierno militar y el golpe del 11 de septiembre de 1973.

Fue Ricardo Lagos quien justificó, sin apoyarla, la decisión de Straw. En una rueda de prensa, Lagos recordó la debilidad del presidente Frei ante el estamento militar y dijo que el mundo no podía comprender un sistema democrático «en el que la mayoría es la minoría del Senado»; advirtió que la decisión de Straw era una llamada de atención: en Chile no se había hecho justicia. Pero Lagos estimaba, al mismo tiempo, que ningún país podía enjuiciar la transición chilena. Y además, exigió a los militares que se abstuvieran de hacer declaraciones políticas.

El mismo día 9, tras anunciarse que el presidente Frei había citado al COSENA, el general Ricardo Izurieta recibió una copia de una carta que había llegado la víspera a Chile: la «Carta a los chilenos» del general Pinochet. El texto había sido elaborado en Londres por un equipo formado por los hijos de Pinochet, los abogados Errázuriz y Schweitzer y el presidente de la UDI, Pablo Longueira, que se encontraba en la capital británica. Luis Cordero, asesor de dicho partido, y Alberto Espina, presidente de Renovación Nacional, trabajaron en el texto desde Chile. El general Izurieta tuvo información directa de la elaboración a través de otro de los participantes: el general Juan Carlos Salgado, enlace en Londres del comandante en jefe del Ejército y Pinochet.

La carta, que los iniciados llamaban el «testamento político» de Pinochet, sería leída el viernes 11 a las once de la mañana en la Fundación Pinochet. A esa misma hora, el general debía presentarse por primera vez ante un tribunal en las afueras de Londres. La lectura de la carta trataba de neutralizar en Chile los efectos de esa comparecencia.

Capítulo 60

El general en su banquillo

El jueves día 10 de diciembre, el día del 50 aniversario de la Declaración de los Derechos Humanos de París, era una fecha simbólicamente irresistible. El juez Garzón no podía dejarla pasar. Este día, pues, tenía previsto firmar el auto de procesamiento del general Pinochet. Ya había caído bajo la seducción de la fecha el ministro Jack Straw, cuya decisión favorable a iniciar el procedimiento de extradición, anunciada el 9 de diciembre, copó los titulares de prensa el día 10. La idea subyacente era que, por fin, esa declaración aprobada en 1948, que no imponía obligaciones legales, se llevaba a la práctica. Garzón dio a conocer el auto, pero su contenido no era una novedad. Buena parte de los argumentos se había reflejado en la solicitud de extradición. En las listas de víctimas de nacionalidad española o con ascendencia española, figuraban dieciséis personas, nueve más que en la solicitud de extradición.

La defensa de Pinochet actuó con rapidez, y presentó el día 10, ante el Comité de Apelación de la Cámara de los Lores, una petición para que se anulara la decisión de los jueces lores del 25 de noviembre por la cuál se había despojado a Pinochet de la inmunidad, se declarara sin efecto la posición adoptada por lord Hoffmann o se adoptaran otras medidas para solucionar la situación. El comité analizó la petición. No había ningún antecedente parecido en toda la historia de los jueces lores. Se decidió que el martes 15 cinco jueces lores escucharían los argumentos para determinar si podían intervenir.

En Londres, en la abadía de Westminster, Amnistía Internacional Reino Unido y la Asociación de las Naciones Unidas, una entidad de voluntarios británicos en apoyo de la ONU, se celebraba al mediodía un acto ecuménico para conmemorar el 50 aniversario de la Declaración Universal de los Derechos Humanos, en el que la princesa Ana de Inglaterra era la invitada de honor. El Gobierno de Su Majestad había confiado su representación oficial a lord Derry Irvine of Lairg. En la nave central de la abadía se reunían unas doscientas personas, familiares de desaparecidos chilenos y argentinos. Y, entre los políticos, destacaba un personaje: el ministro Robin Cook. El principal orador, el escritor nigeriano Wole Soyinka, Nobel de Literatura, dijo que durante el régimen de Pinochet «se asesinó gente, hubo desaparición de personas y se torturó». El arresto del general «ha sido un regalo para este aniversario», señaló.

Al terminar el acto, una parte del público, al que se unieron unas trescientas personas en la calle, marchó hacia el Ministerio del Interior. Allí, frente a la sede del ministro Jack Straw, depositaron 3.197 claveles blancos en homenaje a las víctimas de Pinochet.

El general Pinochet debía comparecer a las dos de la tarde del 11 de diciembre de 1998 ante el magistrado Graham Parkinson. El miércoles 9, Parkinson dispuso, por razones de seguridad, que el general debía presentarse en el tribunal penal de Belmarsh, en Woolwich, un suburbio industrial al sureste de la capital, en lugar de hacerlo en Bow Street, en el centro. El tribunal estaba conectado a través de un túnel con la prisión de alta seguridad de Belmarsh, que albergaba a presos peligrosos, especialmente terroristas. Treinta y ocho periodistas y treinta personas del público fueron seleccionados para asistir.

La vista iba a ser muy breve. Al anunciar su decisión de recurrir tanto la decisión del ministro Straw ante los tribunales, como la de pedir la anulación del fallo de los jueces lores, la defensa de Pinochet conseguía, como era norma, reducir el acto a una comparecencia en la cual el acusado pronunciaba su nombre y el magistrado leía los cargos que se le imputaban. A continuación, la vista se interrumpía hasta que se fallaran los recursos pendientes.

Pinochet analizó con sus abogados chilenos, Miguel Schweitzer y Hernán Felipe Errázuriz, la situación. Como ya ocurriera el 25 de noviembre en el Grovelands Priory Hospital, cuando creía poder abandonar el Reino Unido, el general tenía su propia idea sobre cómo ir al tribunal.

—Voy a entrar caminando, como soldado.

Los abogados le explicaron que no era necesario correr riesgos, ya que la comparecencia podía prolongarse y que, en tal caso, tendría que permanecer de pie.

—Van a ver cómo aguanto —insistió el general.

En la mañana del día 11, el Diplomatic Protection Group (DPG) de Nueva Scotland Yard envió un escuadrón a Wentworth Estate para organizar el traslado a Belmarsh. Los abogados chilenos, después de analizar todas las circunstancias con sus colegas británicos, tenían una misión importante. Como cualquier reo, Pinochet debía ocupar el banquillo de los acusados. La imagen del general en el banquillo, aun cuando no estaban autorizadas las fotografías ni las filmaciones, debía evitarse a toda costa.

Por la mañana, en Wentworth Estate, Pinochet estaba con su esposa, Lucía, y su hijo Marco Antonio. Los abogados se lo explicaron.

—General, ¿sabe por qué tiene que ir en silla de ruedas?

—¿Por qué?

—Porque la silla de ruedas no cabe en el cubículo de los acusados, y así no tendrá que instalarse allí.

Pinochet, pragmático, asintió.

La comparecencia era un acto ritual. El magistrado informa al acusado de los hechos por los cuales se solicita su extradición y el acusado debe decir cómo se llama. Pinochet quería aprovechar la ocasión para hacer un breve discurso. El abogado Michael Caplan dijo que se le pediría autorización al magistrado y, según creía, no tendría por qué haber problemas.

El detective inspector Andrew Hewett, el sargento detective Chris Monroe y Jean Pateras se presentaron en la casa de Wentworth Estate para ir desde allí hasta Woolwich. Cuando llegaron, Pinochet y sus abogados chilenos estaban poniéndose de acuerdo en un texto. Era una versión abreviada de su carta a los chilenos.

Al parecer, aun cuando se había hecho un esfuerzo por resumir el texto en un par de frases, había quedado largo. Pinochet y sus abogados tenían alguna duda con las palabras adecuadas. Jean Pateras no haría de intérprete oficial en el tribunal, sólo estaba allí como recurso de emergencia, en caso de algún problema con la persona designada. Pero los abogados preguntaron a Jean qué palabras españolas traducidas al inglés podían ser las adecuadas. Y ella les dio varias alternativas.

Después de pulir el texto, que se redujo a un párrafo, alrededor de las doce y media la policía ordenó introducir la silla de ruedas en uno de los coches. Hewett, que nunca le había visto usar silla de ruedas, pensó que el general querría transmitir la imagen de que no podía caminar.

Pinochet se despidió de Lucía Hiriart, que esperaba la llegada de Beatriz Linzmayer, la esposa del general Ricardo Izurieta, de un momento a otro.

Pinochet vestía con un traje de lana de raya diplomática color habano, una camisa color crema y una corbata de seda tornasolada de tono verde limón. Tenía a mano su bastón con empuñadura de oro. Ya estaba listo. Le ayudaron a subir a una camioneta Ford Galaxy color verde oscuro. Los policías cubrieron con esmero el lado de la ventana en el que viajaría, sirviéndose de un impermeable color blanco, el forro hacia fuera, para que no se le pudiera ver. Su hijo Marco Antonio subió con él. Ambos fueron acompañados por el general Juan Carlos Salgado.

La policía había autorizado desde primera hora de la mañana la presencia de manifestantes y de partidarios del general en una explanada próxima al edificio del tribunal de Belmarsh, a la que se llegaba después de abandonar una autopista. Ya desde las siete y media de la mañana el piquete de las víctimas fue ocupando su sitio.

El Ford Galaxy salió de la autopista hacia la derecha quince minutos antes de las dos de la tarde. En la primera línea, detrás de las vallas, estaban los manifestantes, menos de cien personas, que defendían al general. Al paso de los vehículos, gritaron: «¡Pinochet! ¡Libertad!». Enseguida, el piquete de las víctimas, unas doscientas personas, replicó: «¡Asesino! ¡Asesino!». Había un centenar de policías. Un pequeño grupo iba a caballo. El cielo estaba surcado, a baja altura, por helicópteros Squewel de color negro que sobrevolaban en círculo toda la zona.

La caravana continuó hacia la parte de atrás del edificio, y entró en un garaje. Se bajó la silla de ruedas, y el general tomó asiento. La policía indicó a la prensa que entrara por la puerta principal. Los treinta y ocho periodistas, después de pasar por rigurosos controles de seguridad, subieron a la primera planta, donde pudieron distribuirse en dos filas de asientos a cada lado de una amplia sala.

En el centro de la sala se sentaron los abogados de la defensa de Pinochet, del Servicio de Fiscalía de la Corona y de Amnistía Internacional Reino Unido. Allí estaba Andy McEntee, en una de las últimas filas, casi al fondo.

Finalmente, el público fue conducido a la segunda planta, a una galería acristalada. A un lado, los familiares de las víctimas; al otro, los simpatizantes del general. Se abrió un compás de espera. Cuatro policías con chalecos antibala y aparatos de radio iban de un lado a otro, entraban y salían de la sala.

Mientras, en la sede de la Fundación Pinochet, el ex ministro de Hacienda y de Interior de la dictadura militar, Carlos Cáceres, se disponía a leer la carta del general. Cáceres, presidente de la empresa Tabacos de Chile, había visitado a Pinochet en Londres. Su empresa aportaba fondos para alquilar la residencia de Wentworth Estate.

En la sala de conferencias de la Fundación Pinochet había unos treinta periodistas extranjeros. Cáceres explicó que si bien la carta no estaba escrita de puño y letra por el general, manifestaba su pensamiento «auténtico». Y comenzó a leer el texto.

«Impedido de regresar a mi país, y viviendo la experiencia más dura e injusta de mi vida, quiero agradecer a mis compatriotas. Mi gratitud quisiera expresarla con algunas reflexiones venidas a mi mente en estos penosos días, que pueden ayudar a descubrir la verdad y la justicia de la historia que se juzga. He sido objeto de una maquinación político-judicial, artera y cobarde, que no tiene ningún valor moral. Soy absolutamente inocente de todos los crímenes y de los hechos que irracionalmente se me imputan».

En la sala del tribunal de Belmarsh estaba todo dispuesto. A las dos y ocho de minutos de la tarde, se abrieron las puertas por donde habían entrado los abogados. La silla de ruedas avanzó. El general llevaba el bastón sobre las rodillas, sujetándolo con ambas manos. Su hijo Marco Antonio y Jean Pateras iban detrás.

El general apretaba los dientes. El mentón, firme, no era el del rictus crispado de la fotografía de antaño. Los rastros de aquella imagen se advertían en el gesto de fastidio. Sus ojos claros, suspendidos en el vacío, desafiaban fríamente, sin desviarse, las miradas que más de medio centenar de personas habían clavado sobre él desde todos los puntos de la sala.

La silla de ruedas, pues, hizo el recorrido por la parte trasera de la sala, se detuvo debajo del reloj del tribunal, y dio media vuelta hacia el frente, de espaldas al banquillo. No era un cubículo, sino una amplia grada. Ahora la ocupaban militares chilenos, abogados y diputados chilenos de la derecha. El abogado Miguel Schweitzer se puso a su lado. Varios policías cubrían ambos lados. El público de la segunda planta no podía ver al general, ya que la galería estaba situada exactamente sobre él, a la misma altura del pasillo en el que esperaba.

Transcurrió un minuto en blanco. El general miraba con ojos de hielo siempre al frente. Andy McEntee, que le tenía a sus espaldas, apenas a un metro y medio de distancia, se dio la vuelta. El general tenía unas orejeras imaginarias. McEntee miró a los policías que le custodiaban, y se dirigió al abogado de AI.

—Geoffrey, debe de ser la primera vez que los policías que están a su lado no están para obedecer sus órdenes sino para vigilarle a él.

El intérprete, el español Santiago Varela, se acercó a Pinochet, quien le dio la mano y le enseñó un papel. Al pasar el segundo minuto, eterno, hizo su entrada un hombre bajito, regordete, calvo y con aspecto bonachón. Toda la sala se puso en pie. Pinochet no se movió. El abogado Clive Nicholls, desde las primeras filas, dijo:

—Su señoría, quisiéramos preguntarle si el senador Pinochet puede seguir sentado, si por razones humanitarias autoriza usted que el senador no tenga que comparecer de pie.

El magistrado accedió.

El juez Graham Parkinson tenía 61 años, y se decía que amaba la ópera y tocaba el piano. Tuvo un breve intercambio de palabras con la secretaria del tribunal.

La secretaria pidió a Pinochet que se identificara con sus nombres completos.

—Soy Augusto Pinochet Ugarte —dijo el general, con la mirada gélida, arrastrando la última sílaba de su primer apellido—. Soy comandante en jefe del Ejército chileno... —vaciló—. Fui —rectificó— comandante en jefe del Ejército chileno, presidente de la República, benémerito del Ejército y soy senador de la República —añadió.

El intérprete, confundido por la larga enumeración de cargos, intentó traducir sin éxito lo que acababa de escuchar. La secretaria del tribunal pidió al general que volviera a decir su nombre.

Pinochet repitió su nombre, y enumeró sus cargos, lentamente, para dejar tiempo al intérprete. El general aprovechó para sustituir el título de benemérito del Ejército por el de «Capitán General de Chile», que se le había olvidado en la primera versión.

El magistrado dijo con voz suave:

—Gracias. Antes de escuchar a los abogados, quiero decir que he recibido la autorización del ministro del Interior para proceder respecto de varios delitos, que incluyen tortura, conspiración para torturar, intento de asesinato, conspiración para asesinar, toma de rehenes, y conspiración para tomar rehenes. —Y añadió, justificándose—: Según la ley de Extradición se requiere que la persona comparezca en el tribunal. El objetivo de esta sesión es que tenga lugar esta comparecencia y también fijar la fecha de audiencia en el juicio de extradición.

El general se volvió hacia sus intérpretes para saber lo que había dicho el magistrado. Schweitzer se inclinó y susurró unas palabras al oído.

El abogado James Lewis, por el Servicio de Fiscalía de la Corona, se levantó.

—Es difícil fijar ahora una fecha para comenzar el procedimiento judicial. La defensa del senador Pinochet ha pedido anular la decisión de los jueces lores y, además, ha anunciado que recurrirá la decisión del ministro del Interior. Si el senador ganase, todo el caso debería ser replanteado. Lo más adecuado ahora sería fijar una nueva fecha para considerar el inicio del procedimiento. No sé que pensara el señor Nicholls...

—Estoy de acuerdo, es una situación inusual —asintió Nicholls—. Habría que dejar el inicio del procedimiento a la espera del resultado de los recursos. Yo quería preguntar si no se podían cambiar las condiciones de la libertad bajo fianza del senador de modo que él pudiera hacer ejercicios en el jardín y salir de su casa.

—No tengo objeción a que el senador pueda hacer ejercicios en el jardín —dijo Lewis.

—Sería inhumano impedir al senador que pueda caminar por el jardín. Es sólo un cambio menor de su situación de libertad bajo fianza —dijo el magistrado.

Parkinson abrió su agenda, buscó alguna fecha para convocar la audiencia y propuso el día 6 de enero. Dada la importancia del caso, explicó, no quería delegar en otro magistrado. Las partes sugirieron una fecha dos semanas más tarde.

—Bien, la audiencia tendrá lugar el próximo 18 de enero a las 10.30 horas —dijo el magistrado—. Puede explicar al senador —miró a Nicholls— que a la vista del día 18 de enero en Bow Street no necesita venir. Esa audiencia tendrá lugar si continúa el procedimiento de extradición y su propósito es acordar los detalles para llevar a cabo el juicio de extradición. Se le exime de acudir al tribunal el día 18. Se modifican las condiciones de la libertad bajo fianza para que pueda hacer ejercicios en el jardín y será vigilado en todo momento por la Policía Metropolitana. Podrá hacer ejercicios en el jardín de su casa periódicamente con permiso y en presencia de un alto oficial y se le podrá retirar la autorización por razones de seguridad u operativas. Muchas gracias.

El rostro de Pinochet insinuó, mientras movía la cabeza, una vaga sonrisa.

Eran las dos y treinta y cinco minutos. El trámite había concluido. Clive Nicholls, que estaba en las primeras filas, se levantó.

—Su señoría, ésta es la primera vez que el senador comparece ante un tribunal inglés y querría decir unas palabras, si usted lo autoriza.

La secretaria y el magistrado se cruzaron las miradas. No era normal, en este trámite, que el acusado fuera más allá de identificarse.

—Sí, puede hacerlo —dijo el magistrado.

Pinochet tenía el pequeño papel blanco escrito con letras de grandes caracteres.

Se aclaró la voz, y leyó lentamente, con pausas, para dar tiempo al intérprete:

—Con el debido respeto a su señoría, yo no reconozco jurisdicción de ningún otro tribunal que no sea el de mi país para que pueda juzgarme de todos los embustes que han dicho los señores de España.

El general había aumentado el párrafo en una línea. Según estaba escrito, se negaba a que se le juzgara en otra jurisdicción distinta a la Chile, pero al terminar había agregado la referencia a los embustes. En Chile, él siempre solía hablar de los políticos como los «señores políticos». Aquí, en el tribunal, utilizó la fórmula, adaptándola.

El intérprete se quedó en blanco al escuchar la palabra «embustes». No sabía traducirla. Schweitzer echó una mano y dijo la palabra equivalente a «mentira» en inglés.

—¿Eso es todo? —preguntó el magistrado.

Se lo tradujeron a Pinochet.

—Es todo lo que quería decir —dijo.

Nicholls se puso de pie.

—Quisiera aclarar que el senador no ha querido decir nada irrespetuoso... —subrayó.

—No lo he entendido así —dijo el magistrado.

—El senador reconoce la jurisdicción de este tribunal —dijo Nicholls.

—He oído lo que dijo. Mi deber es llevar adelante este procedimiento conforme a la ley de Extradición vigente en Inglaterra. Seguro que él lo entiende —volvió a justificarse.

Al salir por la puerta trasera, los manifestantes del piquete de familiares de las víctimas y opositores al general volvieron a proferir gritos: «¡Asesino!, ¡asesino!».

Mientras el Ford Galaxy huía a toda velocidad, Jeremy Corbyn, que no había conseguido un pase para estar en la sala, dijo:

—Cuando yo era pequeño me impactaban las imágenes de televisión de los asesinos y violadores. Todos salían de los juzgados cubriéndose la cara con una manta o un abrigo, para que no se les viera el rostro. Traer a Pinochet a este tribunal marca un precedente. Y que hayan cubierto su ventanilla con un impermeable para que no le podamos ver es, en cierto modo, una forma de justicia.

Capítulo 61

La pesadilla de los jueces lores

El auto de procesamiento de Pinochet llevaba ya cuatro días en la mesa de Eduardo Fungairiño. En un encuentro con la prensa, el fiscal jefe de la Audiencia Nacional explicó el 14 de diciembre de 1998 que la resolución no sería recurrida «por razones de estrategia».

—Seguimos pensando que España no tiene jurisdicción, pero no vamos a estar todo el día diciendo que no a cada una de las cosas que dice el juzgado. Si Pinochet es entregado a España podría ser juzgado, como mucho, por el delito de torturas —dijo.

El Fiscal General del Estado, Jesús Cardenal, había recomendado a Fungairiño que no actuara.

Los fiscales de la Audiencia Nacional en los casos de Argentina y Chile ya habían sufrido un revolcón considerable a finales de octubre, cuando la Sala de lo Penal convalidó la jurisdicción española.

No tenía sentido sufrir derrota tras derrota en la sala. El Gobierno, a quien públicamente se atribuía la paternidad de los recursos, no quería sufrir más desgaste. Hasta nueva orden, no más apelaciones.

El 14 de diciembre, Andrés Zaldívar, presidente del Senado chileno y dirigente de la Democracia Cristiana que disputaba a Ricardo Lagos la candidatura a presidente por la Concertación, llegaba a Estrasburgo para hacer gestiones a favor de la liberación de Pinochet. Zaldívar llamó por teléfono al general a Londres y le informó sobre los pasos que iba a dar. Tenía previsto viajar a Madrid el 16, donde mantendría diversas entrevistas. Sería recibido el 17 por José María Aznar en el Palacio de la Moncloa.

En Santiago, el ministro de Relaciones Exteriores, José Miguel Insulza, informó de que el Gobierno había enviado una nota al Foreign Office en la que se expresaba la preocupación por la relación entre lord Hoffmann y Amnistía Internacional, conflicto de intereses que en Chile, decía, hubiera llevado a una autoinhibición o recusación del juez. Pero Insulza anticipó algo más: si se anulaba el fallo del 25 de noviembre y se repetía la apelación, el Gobierno chileno solicitaría ser parte en la Cámara de los Lores. De modo que el Gobierno de Frei, que no se había personado, según había anticipado Insulza, a través del Consejo de Defensa del Estado en las causas abiertas contra Pinochet en Chile, ahora estaba dispuesta a intervenir en Londres.

Esa tarde, Felipe González cogió en Madrid el último vuelo a Londres de la compañía Iberia. El ex presidente del Gobierno español pronunciaba al día siguiente una conferencia en la London School of Economics y aprovechaba el viaje para ver al primer ministro Tony Blair, con quien desayunaría la mañana del día 15.

González conocía el argumento británico de que el arresto de Pinochet era un asunto judicial, pero en el contexto de una amplia conversación sobre la política europea, el ex presidente de Gobierno español expuso a Blair las consecuencias negativas que podía tener el caso para la transición chilena y le transmitió la opinión del Gobierno chileno.

Cinco jueces lores del Comité de Apelación iniciaron la vista para escuchar los argumentos de la defensa de Pinochet, de Amnistía Internacional y la Fiscalía de la Corona sobre el voto de lord Hoffmann. El tribunal estaba presidido por lord Nicholas Browne-Wilkinson y lo integraron lord Goff, lord Nolan, lord Hutton y lord Hope.

La abogada Clare Montgomery, al exponer el caso, sostuvo que tanto la presencia de lord Hoffmann en Amnistía Internacional Charity Limited como el hecho de que su esposa fuera empleada de AI eran suficientes como para plantear una sospecha de parcialidad por su parte y que dicho vínculo a una de las partes del caso era suficiente para plantear una duda respecto a su imparcialidad. Subrayó especialmente el artículo 6.1 de la Convención Europea de Derechos Humanos, el cual señala que «cualquiera tiene el derecho a un juicio justo y público dentro de un plazo razonable por parte de un tribunal independiente e imparcial establecido por ley». La defensa estaba diciendo que, en caso de perder, recurriría al tribunal de Estrasburgo.

A diferencia de lo que había sostenido en el escrito dirigido a Straw, donde se acusaba a Hoffmann de ser parcial, la defensa de Pinochet sostenía, ahora, que el juez había dado lugar a una «apariencia» de parcialidad.

La abogada explicó:

—Es un hecho, y si es necesario se pueden pedir las cintas grabadas, que lord Hoffmann fue un interrogador activo y hostil de los abogados del senador Pinochet —dijo, refiriéndose a sí misma con una seguridad escalofriante—. Con frecuencia, ofreció apoyo a los intervinentes y la Fiscalía. Incluso, en ciertos momentos contestó a preguntas planteadas por otros jueces lores ocupando el lugar o sustituyendo a los abogados de la Fiscalía.

Clare Montgomery estaba decidida a ganar.

—La conexión entre lord Hoffmann y Amnistía Internacional puede plantear una apariencia de parcialidad. Lo de menos es la relación entre Gillian Hoffmann y AI. Ella ha trabajado casi toda su vida, desde 1977, en funciones de secretaria. Pero el caso de lord Hoffmann es que las cuentas y los balances anuales de la fundación que preside se presentaban de manera conjunta con AI —enfatizó y disparó la flecha—: en 1993, por ejemplo, la fundación AICL condenó en un folleto informativo al general Pinochet por asesinatos, desaparición de personas y tortura.

El discurso fue hábil. Y continuó:

—En otras palabras, no hubo garantías de imparcialidad exigidas por el artículo 6 de la Convención Europea de Derechos Humanos. Y es fundamental no sólo que se haga justicia sino hacer ver que se ha hecho justicia manifiesta e indudablemente.

La abogada expuso sus argumentos durante cuatro horas y media. Casi al terminar, lord Browne-Wilkinson la interrumpió:

— ¿Puedo preguntarle cuál es su propuesta? ¿Propone usted restituir el fallo del Alto Tribunal de Justicia o volver a ver el caso?

—Yo soy optimista, y espero conseguir que se restituya el fallo favorable al senador en el Alto Tribunal de Justicia. Pero mi jefe dice que tengo demasiadas esperanzas y que sería mejor pedir que los jueces lores vuelvan a ver el caso —dijo, volviéndose a Clive Nicholls.

—Su jefe es muy listo —dijo lord Browne-Wilkinson—. La sesión continuará mañana.

Esa noche, tras pronunciar su conferencia, Felipe González ofreció una rueda de prensa y, lógicamente, se le preguntó por el caso Pinochet. «La justicia es un poder del Estado desde siempre. No digo que no sea un problema judicial; lo que no se puede seguir diciendo es que no es un tema político», señaló. Y, entrando al asunto, explicó: «Hay una gran voluntad del pueblo chileno de vivir en paz. Es sorprendente que los sondeos de opinión muestren que un porcentaje muy amplio de los chilenos crea que Pinochet es culpable de violar los derechos humanos y un porcentaje parecido estima que, siendo culpable, no debe ser juzgado fuera de Chile. Yo no creo que exista margen de maniobra para juzgarle allí. Ahora bien, no estoy menospreciando la capacidad de la democracia chilena. En España no teníamos margen de maniobra para juzgar a todos los que participaron el golpe de Estado del 23 de febrero casi diez años después de la muerte de Franco». Pero González también precisó que el caso tenía consecuencias negativas: «Hay una fractura social en el seno de la sociedad chilena y, para llevar a buen término la transición, se requiere el arte de la superación del rencor. La solución no es convertir la Justicia en una ONG. La justicia internacional no puede estar en manos de un Tarzán o un Rambo». ¿En quién, sino en el juez Garzón, estaría pensando González al hacer esa analogía?

La mañana del día 16 de enero, la sesión de los jueces lores se abrió con la respuesta de la Fiscalía de la Corona a los argumentos de la defensa de Pinochet.

Alun Jones explicó que los abogados de Pinochet habían solicitado al ministro Straw el día 30 que no tuviera en cuenta el fallo por la vinculación de lady Hoffmann y AI. Unos días más tarde, prosiguió, la mañana del 9 de diciembre, ya tenían elaborado el borrador de la petición a los jueces lores para que consideraran el asunto de lord Hoffmann.

—La defensa podía, pues, invitar al ministro del Interior a diferir su resolución a tenor de la petición que iban a presentar. Pero escogieron tácticamente no hacerlo. Prefirieron esperar la decisión del ministro —dijo, no sin sorna—. Y cuando perdieron, decidieron venir enseguida a esta jurisdicción para volver a intentarlo.

Yo sostengo que, al actuar así, renunciaron a esta jurisdicción, y perdieron su oportunidad. Lo que ahora pretenden es un abuso del proceso en esta Cámara —enfatizó.

Lord Goff indicó los puntos débiles de Jones y expresó su opinión.

—El juez que está sujeto a un peligro potencial de parcialidad tiene la obligación de revelar su situación, bien para seguir en el tribunal, si las partes no lo cuestionan, o para autoinhibirse.

A la hora del receso para almorzar, la abogada Clare Montgomery salió de la sala sonriente y se acercó a un abogado de su equipo.

—Hemos ganado —dijo.

Amnistía Internacional confió la defensa a Peter Duffy, quien, como Leonard Hoffmann, era director de la fundación AICL. Duffy estaba ya muy enfermo de cáncer, pero no había abandonado su trabajo. Después del receso, le tocó el turno de exponer. AICL, explicó, era una entidad diferente a AI y subrayó que lord Hoffmann no era miembro de AI ni había participado en sus campañas. Los jueces lores preguntaron por qué razón AI, después de ser admitida como interviniente, se había callado.

—La decisión era un asunto de lord Hoffmann. Si él no consideró que debía inhibirse, era un poco embarazoso que AI lo planteara...

Lord Browne-Wilkinson intervino:

—Me parece bien que los jueces pertenezcan a otras instituciones. Yo mismo soy miembro del Comité Británico de Derechos Humanos, pero la cuestión es si uno puede participar o juzgar un caso sin advertir de ese vínculo a todas las partes.

Duffy echó balones fuera.

—Lord Hoffmann aprueba la pena de muerte, lo que va contra los postulados de AI.

Los jueces lores le volvieron a interrumpir.

—El tema es si lord Hoffmann debió o no informar sobre sus relaciones con AI a las partes al juzgar la cuestión de la inmunidad del senador Pinochet.

Al terminar la sesión, lord Browne-Wilkinson dijo:

—Vamos a intentar adoptar una decisión mañana a las 10.30 horas, pero si tenemos dificultades ya no podremos resolver hasta después de Navidad. Vamos a intentarlo mañana. Si decidimos repetir todo el procedimiento, ¿estarían ustedes de acuerdo en hacerlo después del 10 de enero?

Los abogados dijeron que estaban en condiciones de hacerlo.

—Si así se decide, ¿creen ustedes que sería necesario repetir todo o sería posible resumir las posiciones y preparar intervenciones por escrito? Amnistía Internacional, ¿querrá intervenir? —preguntó lord Browne-Wilkinson.

—Sí, señoría, AI desea intervenir —dijo Duffy.

—Si bien no puedo confirmarlo, el Gobierno de Chile querrá intervenir —dijo Clare Montgomery..

—No sería adecuado permitirle participar, porque, en ese caso, países como Francia y Suiza, que piden la extradición de Pinochet, también desearían estar presentes —sugirió Alun Jones.

—Pero, señor Jones, si no estamos decidiendo sobre personaciones. Era una pregunta, nada más —ironizó lord Browne-Wilkinson. —Y añadió—: ustedes saben que cuantas más intervenciones, más tiempo llevará. En todo caso, muchas gracias, y les pido que asuman el riesgo de venir mañana a las 10.30 horas. Aunque vamos a intentarlo, no sé si lo conseguiremos. Trataremos de resolver, aunque no podamos entregar los razonamientos del fallo hasta primeros de enero.

Aunque era necesario esperar hasta el día siguiente para saberlo de manera oficial, la defensa de Pinochet había conseguido tumbar el fallo.

Andrés Zaldívar llegó a Madrid el día 16. El embajador Pizarro invitó al abogado Óscar Alzaga a visitar a Zaldívar en su residencia de la calle Jenner. El presidente del Senado chileno preguntó a Alzaga si creía posible abrir una negociación política con el Gobierno español.

—El gobierno de Aznar se embarcó alegremente en este viaje pensando que los ingleses iban a resolver el asunto. Pero al ver que podían enviarles a Pinochet, le ha entrado el pánico.

Alzaga sugirió que el gobierno chileno se personara en el procedimiento español para dar la batalla jurídica en la Audiencia Nacional. Más tarde, se podría llevar el asunto de la jurisdicción española al Tribunal Supremo y al Tribunal Constitucional. Le recordó lo que, según los periódicos de la mañana, había dicho Felipe González en Londres, al insinuar que el juez Garzón era un Rambo justiciero.

Zaldívar supo en Madrid que Tony Blair envió con fecha del día 16 su respuesta a la carta que él le había remitido hacía algunas semanas en la que le solicitaba la intervención del Gobierno laborista para permitir el regreso de Pinochet a Chile. El primer ministro británico aseguraba que la decisión adoptada por el ministro del Interior el 9 de diciembre había sido estrictamente judicial y que no había interferencias políticas en el caso. «El ministro actuó de forma independiente y su resolución no fue un asunto de discusión ministerial colectiva», decía Blair.

Esa medianoche, el presidente norteamericano Bill Clinton ordenó atacar a Irak y Tony Blair, en Londres, anunció minutos después que había decidido sumarse a la operación contra Sadam Husein.

Ésa era la gran noticia en la mañana del día 17, cuando José María Aznar recibió a Zaldívar en el Palacio de la Moncloa. El veredicto de los jueces lores había sido desplazado completamente de la atención general.

El presidente del Senado chileno señaló a Aznar que en su país se habían reabierto unas tensiones ya superadas y que los simpatizantes de Pinochet habían levantado cabeza.

—Nosotros, con todos los problemas, hemos logrado salir adelante con la transición. Ha sido muy difícil. Como sabes, yo he estado exiliado en Madrid varios años y tuve serias dificultades cuando intenté regresar. Nosotros somos los únicos competentes para juzgarle.

—Sabes, porque lo he dicho muchas veces, que no intento dar lecciones de democracia a nadie, y menos a los chilenos...

—Pero, José María, permíteme decirte que tú tienes viviendo aquí al ex dictador venezolano Marcos Pérez Jiménez y si los delitos contra la Humanidad son imprescriptibles, como dice el juez Garzón, ¿por qué no le juzgan?

—Yo te entiendo, Andrés. Y no dudo de lo que me dices. Pero el problema es que el juez y la Audiencia Nacional creen lo contrario, estiman que tienen competencia.

—La actitud de Garzón es inaceptable, porque trata de ser el *cowboy* de la justicia en el mundo.

—Nosotros no podemos hacer nada —replicó Aznar.

—Pero si el Tribunal Supremo español no se ha pronunciado. ¿Hay alguna manera de conseguir que lo haga?

—Podemos estudiarlo, no te digo que no.

—¿Y si sometiéramos el asunto a un tribunal internacional, el de La Haya, por ejemplo? —preguntó Zaldívar.

—Me parece interesante. Voy a transmitir todo esto. Lo voy a consultar.

Mientras hablaban, los jueces lores, reunidos en la Cámara de los Lores, en el mismo escenario del 25 de noviembre, dieron su veredicto.

Lord Browne-Wilkinson resumió el caso y declaró, finalmente, que lord Hoffmann, que no reveló su relación, estaba descalificado para formar parte del Comité de Apelación.

Y concluyó:

—Propongo que quede sin efecto el fallo del 25 de noviembre, que la apelación se vuelva a ver en audiencia pública tan pronto como se pueda ante un nuevo y diferente Comité de Apelación.

Sus cuatro colegas se pusieron de pie por orden. Todos expresaron su acuerdo. El 18 de enero fue convocada la vista para comenzar otra vez la apelación contra el fallo del Alto Tribunal de Justicia del 28 de octubre de 1998.

CAPÍTULO 62

Cena para cuatro en Lur Maitea

En Madrid, Aznar y Zaldívar seguían reunidos cuando los servicios de la Moncloa les dieron la noticia. El procedimiento volvía a su punto de partida.

Zaldívar salió de la Moncloa y dijo a la prensa que acababa de sugerir a Aznar la posibilidad de someter el tema de la competencia para juzgar a Pinochet al Tribunal Internacional de Justicia de La Haya. «El presidente se mostró en todo momento abierto a que se estudie cualquier tipo de salida», dijo. Más tarde, en el Palacio de Santa Cruz, Zaldívar y el ministro Matutes analizaron la nueva resolución de los jueces lores.

—Quizá todo pueda resolverse —dijo el ministro.

Ambos comparecieron después ante los medios de comunicación. Zaldívar insistió en su idea de dirimir la competencia ante un tribunal internacional, y admitió que la decisión de anular el fallo en Londres por el voto de lord Hoffmann podía dar lugar a una salida, aunque no quiso echar las campanas al vuelo.

Esa tarde, Zaldívar recibió una llamada de Chile. Los senadores de la derecha le sugerían que viajara a Londres para hacer gestiones ante las autoridades del Gobierno laborista. Zaldívar descartó la propuesta, ya que no había nada preparado. Por otra parte, Blair ya le había escrito. Estaba claro que nada se podía hacer en Londres.

El embajador Pizarro había hecho una reserva en el restaurante vasco Lur Maitea, en la madrileña calle de Fernando el Santo, número 4, para esa noche. Situado a pocas calles de su residencia particular, era uno de sus locales preferidos. Pizarro había citado a Felipe González y a su colaboradora en asuntos internacionales, Trinidad Jiménez.

Zaldívar agradeció a González sus declaraciones sobre Garzón.

—La verdad es que aquí nadie se atreve a discrepar. He estado con Aznar en la Moncloa —dijo el presidente del Senado chileno—. Me dice que sí, que él comprende, pero que Garzón y la Audiencia Nacional creen tener competencia. Le he explicado que es un ataque a nuestra transición, por más imperfecta que sea, y que los únicos que podemos hacer justicia somos nosotros. Nadie debe interferir.

—Voy a decirte cómo yo veo el asunto —replicó el ex presidente español—. Si se hubiera podido recuperar la democracia en España en 1964, cuando yo era estudiante, y me hubieran dicho que Franco iba a ser senador vitalicio, ¡bienvenido! Yo le hubiera nombrado senador vitalicio si ése hubiera sido el precio para recuperar la democracia. ¿Cómo os vamos a dar lecciones a vosotros, si nosotros no hemos hecho un solo juicio, si se han dictado dos leyes de amnistía, si no hemos podido juzgar a todos los responsables del golpe del 23 de febrero diez años después de los hechos?

—Me han informado en Chile que Tony Blair contestó una carta que yo le envié a primeros de mes. Dice que el arresto de Pinochet es un tema judicial y que Straw actúa en el ejercicio de sus responsabilidades y que el tema no se trata en el gabinete.

—Sí, es el argumento que utilizan. Yo no me lo creo y así lo he hecho saber. Es un tema eminentemente político, vamos.

González y Zaldívar se despidieron. El ex presidente le aseguró que seguiría haciendo gestiones a favor del Gobierno chileno.

El 18 de diciembre, el ministro Abel Matutes contestó la carta enviada por el embajador Pizarro a finales de noviembre en la que cuestionaba la jurisdicción española. El director de la asesoría jurídica del Ministerio de Asuntos Exteriores, Aurelio Pérez Giralda, elaboró el borrador. Matutes decía que una cosa era la aplicación de la extraterritorialidad de una ley interna y otra el cumplimiento de convenios internacionales. Según explicaba, la justicia española estaba invocando tratados como la Convención contra la Tortura, que habían sido ratificados por España, Chile y Reino Unido, para ejercer su jurisdicción.

En Londres, el caso había entrado en receso. Los bombardeos a Irak y la convocatoria de la vista para el 18 de enero de 1999 habían desplazado las noticias sobre Pinochet a las páginas interiores de los periódicos.

Lord Hoffmann se encontraba por aquellos días en Hong Kong. El Comité Chileno contra la Impunidad, más conocido como el Piquete de Londres, le había enviado una carta. En ella le agradecía por su posición en el fallo del 25 de noviembre, lo que permitía, decía, someter al general Augusto Pinochet a la acción de la justicia.

Lord Hoffman respondió el 21 de diciembre de puño y letra:

«Muchas gracias por su amable carta. Siento mucho que el fallo sobre Pinochet tenga que ser revisado y confío en que el resultado no sea una decisión diferente de la que consideré era conforme a la ley.

»Sinceramente, Leonard Hoffmann».

Alun Jones estaba preocupado por el desenlace de la nueva apelación, cuya vista empezaba el 18 de enero de 1999. Al comenzar a estudiar el material, Jones comprendió que esta segunda vez sería todavía más difícil ganar la batalla. En cualquier caso, todo dependía de los jueces que formaran el nuevo tribunal.

Jones sugirió a Brian Gibbins hacer un nuevo viaje a Madrid para mantener una entrevista con su cliente, el juez Garzón, el 23 de diciembre. Antes, volvió a leer la solicitud de extradición y elaboró unas recomendaciones. Gibbins se las envió al juez.

«Debemos repetir y desarrollar nuestros argumentos en la próxima vista de la apelación en el sentido de que no existe la inmunidad que alega la defensa. Pero hay que contar con la posibilidad de que el nuevo Comité de Apelación asuma el punto de vista de la minoría en el último fallo y sostenga que Pinochet goza de inmunidad de jefe de Estado por actos realizados en el curso de sus funciones oficiales como jefe de Estado».

A Jones le seducía un nuevo enfoque. El abogado explicaba: «Debemos, por tanto, ampliar nuestro argumento para mostrar que, en cualquier caso, hubo una conspiración entre Pinochet y otros miembros antes de tomar el Gobierno de Chile para cometer tortura, provocar desapariciones y tomar rehenes. En la ley inglesa, una conspiración es un acuerdo entre dos o más personas para cometer determinado delito. Conspirar para torturar es un delito, por ejemplo, aun en caso de que las torturas no se produjeran. En la página 2 de la solicitud de extradición se deja en claro que había un plan para torturar y secuestrar concebido y acordado antes del 11 de septiembre. Desearíamos defender el punto de vista de que el plan, según se alega, pretendía adueñarse de los órganos del Estado y utilizar la tortura y el secuestro para conseguir lo que se proponían; de que ninguna inmunidad puede cubrir este delito de conspiración antes del 11 de septiembre porque Pinochet no era jefe de Estado en ese momento; y argumentar que los delitos de tortura, secuestro y desapariciones posteriores son evidencias que prueban el argumento previo, completado antes del 11 de septiembre, aun en el caso de que el acusado no fuera juzgado, según la ley inglesa, por los delitos concretos posteriores. El artículo 13 del Convenio Europeo de Extradición nos permite añadir información suplementaria».

Esta idea mostraba hasta qué punto el tema central de la inmunidad era el más difícil de todos. La sentencia del 25 de noviembre había abierto una nueva senda en el derecho internacional. Por primera vez, un tribunal nacional rechazaba conceder inmunidad a un ex jefe de Estado por ciertos delitos internacionales. Existía en Jones el temor latente, algo así como una intuición, de que sería difícil repetir el mismo sueño. No quería que le robasen el triunfo.

En Madrid, el juez Garzón recibía el día 23 en su despacho a los abogados británicos. La idea de defender la existencia de una conspiración anterior al golpe militar del 11 de septiembre le pareció acertada desde el momento en que leyó las recomendaciones de Jones. En realidad, pensaba, él mismo había planteado en la causa y en las órdenes de arresto del general esa posición. Garzón explicó a Jones que el delito de conspiración tenía su equivalente en el código penal español: el delito de asociación ilícita.

El juez ya había enviado a Londres el 18 de diciembre, a petición de la Fiscalía de la Corona, una síntesis de los delitos según la legislación española, donde mencionaba, al calificar los hechos como terrorismo, genocidio y torturas, el artículo 515 del Código Penal, el referido a asociación ilícita.

El abogado Joan Garcés, por su parte, advirtió a Jones que en la causa había elementos probatorios para sostener el argumento de la conspiración, habida cuenta de que el propio Pinochet siempre había alardeado de ello en su libro autobiográfico y en declaraciones públicas. Todo ello serviría a Jones para ilustrar a los jueces lores. Pero, sobre todo, existían hechos objetivos: la detención y tortura de los suboficiales de la Armada en Valparaíso, en agosto de 1973, era un prólogo a los métodos utilizados después del 11 de septiembre.

Antes de regresar a Londres, Alun Jones acordó con Garzón que el juez estaría presente en las primeras dos sesiones de la nueva apelación, los días 18 y 19 de enero, cuando él iniciaba la exposición el caso. El juez podría opinar sobre las preguntas del tribunal y hacer comentarios a Jones. El abogado Gibbins redactó con fecha del día 23 una petición formal al Consejo General del Poder Judicial (CGPJ), en la que solicitaba la presencia del juez en el Reino Unido.

En los primeros días de enero, la soledad del general en los tribunales británicos tocaba a su fin. Durante la apelación que acababa de ser anulada, se defendió aislado, frente a los abogados de la Fiscalía de la Corona, que representaban a España, y a los letrados de Amnistía Internacional y otras organizaciones de derechos humanos. Ahora, el Gobierno de Frei, comprometido con los militares a tomar parte en los nuevos procedimientos judiciales, daba un paso concreto. El día 6 de enero de 1999, los abogados Lawrence Collins y Campbell McLachlan, del bufete Herbert Smith, uno de los grandes de la City, presentaron una petición en la Cámara de los Lores para participar en la nueva apelación, el 18 de enero 1999. Aunque el Gobierno sostenía en público que no pretendía defender al general sino los principios de inmunidad diplomática, la soberanía de jurisdicción y la territorialidad de la ley penal, no era menos cierto que dichos puntos eran la base de la defensa de Pinochet.

El 11 de enero, el Comité de Apelación quedó integrado por siete jueces lores. La defensa de Pinochet había objetado la presencia de lord Woolf por sus vínculos con AI. El juez, pues, decidió inhibirse.

Cuatro de los miembros del panel habían formado parte del comité que resolvió anular el fallo del 25 de noviembre: Nicholas Browne-Wilkinson, Robert Goff, James Hope y James Hutton. A ellos se unían otros tres: Mark Saville, Peter Millet y Nicholas Phillips. Al día siguiente, el comité autorizó la participación del Gobierno de Chile en calidad de «interviniente» así como la de Amnistía Internacional y cinco organizaciones de derechos humanos. También autorizó a intervenir por escrito a la organización Human Rights Watch de Nueva York.

Jones y su equipo, en el que destacaba el profesor Christopher Greenwood, presentaron el 14 de enero el escrito de argumentos. Jones apostaba por la tesis de la conspiración. Sostenía que ésta había comenzado antes del golpe de Estado, cuya expresión fue el 11 de septiembre de 1973 y que continuó más tarde tanto con la represión en el interior de Chile como en la cadena de atentados terroristas en países como Argentina, Italia, España y Estados Unidos, mediante acciones de la «Operación Cóndor». Sostenía que la tortura, el asesinato y las desapariciones, delitos contra la Humanidad perseguidos por el derecho internacional, no podían formar parte de las funciones de un jefe de Estado.

Pero también desarrollaba ampliamente el concepto del «delito de extradición» en la ley británica para insistir en que el hecho de que la Convención contra la Tortura y otras hubiesen sido incorporadas en el Reino Unido después de los hechos que se imputaban a Pinochet era irrelevante. Un «delito de extradición» es aquella conducta, decía, que se considera delito en el momento en que se solicita una extradición, no cuando se cometieron los hechos. Jones aprovechaba los argumentos, a favor de esa interpretación, que ya habían expresado lord Bingham en el Alto Tribunal de Justicia y lord Lloyd en el anterior fallo de noviembre de los jueces lores. Ambos jueces, por separado, en tribunales diferentes, habían votado a favor de la inmunidad de Pinochet, aún cuando estimaran que los delitos imputados al general fueran delitos de extradición.

Jones añadió a los documentos de la apelación una lista de 32 cargos en la que se ilustraban veinticuatro casos, entre los que destacaban asesinatos, desapariciones y, sobre todo, torturas. Entre las víctimas se incluía a los suboficiales de la Armada, torturados en agosto de 1973, y aquellos más conocidos desde golpe militar, como Antoni Llidó, el padre Miguel Woodward, de nacionalidad chilena y británica, torturado en el buque escuela *Esmeralda*, o el intento de asesinato en Roma de Bernardo Leighton y su esposa Anita Fresno, y la operación frustrada para matar al dirigente socialista Carlos Altamirano en Madrid. También se incluyó aquel caso de 1989, el del joven de 17 años Marcos Quezada Yáñez, que había fallecido después de ser sometido a torturas con corriente eléctrica.

Este borrador estaba dirigido, originalmente, según se podía advertir en el encabezado, al magistrado de extradición para la presentación de evidencias en el Tribunal Penal de Bow Street cuando se celebrase el juicio de extradición. Llamaba la atención el corto número de casos. Y, sobre todo, la inclusión de una víctima en el año 1989, cuando existían decenas de casos —incluso ocho en la solicitud inicial de extradición— durante el último año y medio de la presidencia de Pinochet. Era, por tanto, una síntesis representativa.

La defensa de Pinochet insistió en sus puntos de vista, a saber: que los delitos que se imputaban al general habían sido cometidos en el cumplimiento de sus funciones oficiales, lo que le hacía inmune a la extradición tanto por la ley internacional como por la Ley británica de Inmunidad de Estado de 1978. Pero también preparó argumentos alternativos, por si se perdía, otra vez, la batalla de la inmunidad.

Ni la Convención contra la Tortura ni la de Toma de Rehenes, según señalaban, regían en la época en que tuvieron lugar los hechos que se imputaban al general. Y, agregaban, dichos tratados no podían ser aplicados de manera retroactiva. «La defensa sostiene que, incluso si estas convenciones tuvieran el efecto de recortar la inmunidad soberana, lo cual no se acepta, sólo lo harían, como muy pronto, desde las fechas en que las convenciones entraron en vigor», decía en su escrito. Recordaban que en su valoración jurídica, favorable a la inmunidad, lord Slynn, había señalado en su fallo de noviembre que la fecha de referencia sería la fecha de entrada en vigencia de la ley de Justicia Criminal, esto es, el 29 de septiembre de 1988, cuando el Reino Unido incorporó a su cuerpo legislativo la persecución extraterritorial del delito de tortura. Si bien esto se había alegado en la vista de noviembre, no fue un punto central. Esta alternativa asumía que, de ser derrotada la posición de la inmunidad absoluta, Pinochet sólo podía ser acusado de delitos posteriores a 1988, lo que recortaba drásticamente el caso.

Los abogados de Chile, por su parte, destacaban que su propósito no era «defender las acciones del senador Pinochet cuando era jefe de Estado». Tampoco, decían, se trataba «de evitar que fuera investigado y juzgado por los delitos que se le imputaban mientras actuó en el Gobierno, siempre que cualquier investigación y juicio tenga lugar en los tribunales apropiados, esto es, los de Chile». Sostenía que «la defensa de la inmunidad de Estado no pretende ser un escudo para el senador Pinochet, sino un intento de defender la soberanía nacional chilena, de acuerdo con principios generalmente aceptados de la ley internacional. Su posición, por tanto, no absuelve al senador Pinochet de responsabilidad si los actos que se le imputan son probados».

CAPÍTULO 63

La caja de Pandora

El juez Garzón llegó el domingo 17 de enero al aeropuerto de Heathrow. Los medios de comunicación sólo querían una cosa: la foto del juez. Y la obtuvieron al día siguiente en una de las entradas de la Cámara de los Lores. En la pequeña sala donde se celebraba la vista, Garzón se sentó entre Jean Pateras y Alun Jones. Detrás estaban los abogados chilenos, Hernán Felipe Errázuriz y Miguel Álex Schweitzer. No se habían previsto audífonos para el juez. De modo que, cuando Jones comenzó a exponer el caso, Jean tradujo al oído de Garzón, sin apartar su cabeza de la del juez.

Pero, en paralelo al debate jurídico, comenzaba la campaña oficial contra el ministro Jack Straw. El día 18, lord Norman Lamont presentó una pregunta escrita en la Cámara de los Lores. Lamont indagaba de manera deliberadamente ambigua «si el actual ministro del Interior visitó Chile durante la presidencia de Salvador Allende o de Augusto Pinochet; y, si es el caso, si podría dar los detalles».

El ministro de Estado, Gareth Williams of Mostyn, contestó en nombre de Straw:

—No. La única visita del ministro del Interior a Chile tuvo lugar en los meses de julio y agosto de 1966. Él era estudiante cuando viajó en el marco de una visita organizada por el Fondo de Cooperación Internacional de Estudiantes, cuyo objetivo era promover las relaciones entre estudiantes británicos y chilenos. El ministro ayudó en los trabajos de construcción de un centro juvenil cerca de Valparaíso.

Las preguntas de lord Lamont eran un capítulo complementario en una campaña de 200.000 libras esterlinas (unos 50 millones de pesetas de entonces, más de 300.000 euros) que la empresa de relaciones públicas Bell Pottinger había concebido para presentar ante la opinión pública al «verdadero general Pinochet». La operación había sido ideada por Patrick Robertson, quien contaba con el apoyo moral y financiero de personas como Patti Palmer-Tompkinson, amiga del príncipe Carlos, el empresario Robin Birley, el periodista Taki Theodoracopulos, lord Londonderry y otras personalidades del mundo social conservador. El principal socio de la citada empresa de relaciones públicas, sir Tim Bell, había sido el asesor privado de Margaret Thatcher. La baronesa, por su parte, había promocionado en aquellos días, al comenzar las nuevas audiencias, el lanzamiento de un folleto escrito por su colaborador Robert Harris, ex director del Departamento de Investigación Conservador, bajo el título: *Historia de dos chilenos: Pinochet y Allende*. La «tesis» del librito animaba la campaña: identificar el comienzo de la tortura, los asesinatos y la corrupción en Chile con el Gobierno de la Unidad Popular. En un acto público, Harris explicó que Pinochet y las Fuerzas Armadas estaban moralmente y constitucionalmente justificados al arrebatar el poder al «corrupto, caótico y revolucionario Gobierno marxista de Salvador Allende». Harris advirtió: «No puede ser que Allende emprenda ahora, de manera póstuma, esta revancha contra el hombre que impidió a Chile ser otra Cuba y que permitió que Chile se convirtiera en la más exitosa economía capitalista de América Latina».

El juez Garzón participó en las primeras dos jornadas completas del juicio y solicitó una extensión hasta la mañana siguiente. Durante las sesiones, ya con audífonos, recibía la información. En el receso del mediodía, almorzaba con Jones en la propia cámara. También visitó la sede del Servicio de Fiscalía de la Corona, donde le recibió la fiscal jefe.

A lo largo de doce sesiones, entre el 18 de enero y el 4 de febrero de 1999, los jueces lores ampliaron el debate inicial sobre la inmunidad a todas las aristas del caso. Los dos grandes temas fueron la ley de extradición y la Convención contra la Tortura.

Cuando Jones formuló su versión, según la cual Pinochet participó en una conspiración anterior al golpe del 11 de septiembre, lord Browne-Wilkinson captó el mensaje:

—Usted intenta escapar del punto muerto. Hasta ahora se acusaba al senador Pinochet por delitos que habría cometido cuando era jefe de Estado. Ahora usted dice: «Nada de eso». Nos está diciendo que también se le acusa de delitos cometidos en una etapa anterior a ser jefe de Estado, y que, por tanto, no puede invocarse ninguna cuestión de inmunidad.

—Sí, Señoría.

Al examinarse los primeros tres puntos de la lista de cargos referidos a la fase preparatoria del golpe, lord Browne-Wilkinson dijo:

—De modo que estas imputaciones, la número uno, dos y tres, y posiblemente algunas más, son cargos para los cuales no se plantea ninguna cuestión de inmunidad.

—Precisamente.

—Si éstas son acusaciones conforme a derecho y si son delitos extraditables, ¿podemos irnos a casa y olvidarnos de la inmunidad?

—Decimos que puede olvidarse de la inmunidad tal cual está prevista en la ley. Pero la defensa ha argumentado...

—Por supuesto, ¡no estoy diciendo que usted esté en lo cierto!

El debate sobre los aspectos más recónditos del caso, más allá de la inmunidad, dio lugar a nuevos escritos. La abogada Clare Montgomery preparó un texto en el que rechazaba que los delitos imputados a Pinochet fueran «delitos de extradición» porque los hechos no suponían una conducta delictiva en el Reino Unido cuando tuvieron lugar. Lord Browne-Wilkinson, según dijo, creía que este asunto había «muerto» en el Alto Tribunal de Justicia, donde se había establecido que el delito de extradición era aquel que regía en el momento en que un país, en este caso España, solicitaba la extradición de una persona, no cuando el delito se había cometido. El tema, pues, se reabrió.

Lord Browne-Wilkinson preguntó a la abogada Montgomery:

—Si su opinión es correcta, ¿tendremos que decir que el Alto Tribunal de Justicia y que lord Lloyd estaban equivocados?

—Sí.

La caja de Pandora se había abierto.

Alun Jones intentó, ante el curso de los debates, alertar a los jueces lores.

—Lo que se está haciendo aquí es argumentar sobre materias que pertenecen a la jurisdicción del magistrado de extradición. Señoría, no sólo no forman parte de lo que se les ha encomendado sino que no tienen que ver con la inmunidad, ni siquiera estaban en el escrito de la defensa que se nos ha entregado esta misma mañana. Nos preocupa el hecho de que Sus Señorías no oigan nuestros argumentos sobre la cuestión de la retroactividad.

Ya era tarde. Lord Browne-Wilkinson dijo:

—Comprendo lo que me dice. Sólo que me pregunto si no ha sido usted quien sacó a colación este asunto al plantear por primera vez en esta apelación la posibilidad de que este caso, al menos en parte, no tenga nada que ver con la inmunidad cuando nos habló de los delitos extraditables anteriores al golpe del 11 de septiembre de 1973.

Jones dijo, sobre el delito de extradición, que las definiciones del juez Thomas Bingham y de lord Lloyd eran correctas. Según explicó, a modo de ejemplo, algunos países han decidido que el blanqueo de dinero sea un delito antes que en el Reino Unido. Si uno de esos países pide la extradición de una persona acusada de blanquear dinero que ha huido al Reino Unido, sería inapropiado que el Reino Unido rechazara la solicitud de extradición porque en el momento en el que se produjeron los hechos la conducta no era delito en el Reino Unido. Sería suficiente, dijo, con que fuera delito en el momento de la solicitud. De otra manera, enfatizó, el Reino Unido sería un paraíso seguro para ciertos delitos. Jones quería decir algo evidente: aun cuando el Reino Unido no tuviera hasta 1988 jurisdicción sobre la tortura cometida en otros países, la tortura estaba prohibida durante toda la etapa de Pinochet en Chile, España y el Reino Unido.

—La lógica que hay en el argumento es que nosotros no extraditamos personas por conductas que son ajenas a nuestras leyes. Ésta [la tortura] no es ajena a nuestras leyes. El blanqueo de dinero no es una conducta ajena a nuestra ley.

El debate en el Comité de Apelación no versó sobre la ley española, es decir, cómo se definía cada uno de los delitos imputados a Pinochet en la ley española. Bastaba, según el sistema británico, con la afirmación de que estaban castigados con más de doce meses de prisión.

Poco antes de finalizar las doce sesiones, el 4 de febrero, lord Browne-Wilkinson explicó que el tema central para dirimir el caso era la aplicación de la Convención contra la tortura. Todos los demás cargos, a juzgar por las preguntas y los comentarios de la mayoría del comité, parecían haber quedado sepultados. La defensa de Pinochet presentó un nuevo calendario, con los delitos subsistentes de la lista si se aplicaba la Convención contra la Tortura a partir de 1988. De los 32 cargos había sobrevivido, según el escrito, uno, el número 30. El de la tortura y posterior muerte del joven Marcos Quesada Yáñez.

El mismo día 4, lord Lamont seguía detrás de su presa, Jack Straw, y preguntó a la Cámara de los Lores «si el ministro, en relación con su visita a Chile en 1966, ha pedido asesoramiento legal sobre si aquel viaje tendría alguna influencia en su capacidad para adoptar decisiones respecto de la solicitud de extradición del general Pinochet».

Lord Williams of Mostyn respondió:

—Sí. Cuando quedó claro que el ministro tendría que adoptar una decisión en el caso Pinochet, él fue consciente, por supuesto, de que debía aproximarse al asunto sin la menor parcialidad y eso hizo. También solicitó opinión al asesor legal del Ministerio del Interior y a los abogados y se convenció de que aquella visita no era relevante para la decisión sobre la extradición. El ministro cree que fue apropiado adoptar dicha decisión.

El domingo 31 de enero, comenzó una nueva fase de la campaña a favor de la imagen de Pinochet, ante el inminente final de las audiencias en la Cámara de los Lores. Era el turno de la prensa.

El periódico *The Sunday Telegraph* publicaba unas declaraciones de Lucía Santa Cruz, bajo un sugerente titular: «"Dejen que Pinochet se vaya", dice la ex novia del Príncipe». Lucía Santa Cruz que, según el periódico, había sido novia de Carlos de Inglaterra, explicaba que «la tortura era una práctica común en el Chile de Allende».

Lord Lamont hacía el papel de Sherlock Holmes tras el rastro del joven Straw en Chile. Ahora, el 17 de febrero preguntaba al Ministerio del Interior si su titular «se implicó en alguna actividad política y, dado el caso, si podría ofrecer detalles».

El número dos de Interior volvió a responder:

—El ministro me ha dicho que durante su visita se reunió con algunos estudiantes en la Federación de Estudiantes Chilenos y habló de política y otros asuntos. Pero después de treinta y dos años, no podría considerar esos comentarios como una «actividad política». En octubre de 1966, el ministro publicó un artículo en el periódico *Tribune* sobre las perspectivas de reforma del Gobierno del presidente Frei. Una copia del artículo está en la biblioteca.

Un día más tarde, asomaba otra pata de la campaña de prensa. Lord Lamont preguntaba al Gobierno, el 18 de febrero, «si ha recibido alguna alegación del Vaticano acerca del arresto del senador Pinochet». La respuesta de la baronesa Symons of Vernham Dean, por el Gobierno, fue breve: sí.

La pregunta se refería a la única carta que el cardenal Angelo Sodano había enviado al Gobierno británico. Aquella del 27 de noviembre de 1998, unos días antes de que Straw tomara su primera decisión. Era, en teoría, agua pasada.

Sin embargo, al día siguiente, el 19 de febrero, el *Daily Telegraph* informó de que el Papa en persona «había escrito al Gobierno británico solicitando indulgencia por razones humanitarias y en interés de la reconciliación en Chile». También citaba a lord Lamont, el responsable de la pregunta. «Sería significativo si ha sido el Papa quien ha intervenido en persona», decía. Pero ese mismo día, un portavoz del Vaticano dijo: «La carta no ha sido enviada por el Papa». Al mismo tiempo, de manera extraoficial, se informaba que la misiva había sido firmada por Angelo Sodano.

La marea comenzó a crecer. El sábado 20, en el periódico italiano *La Repubblica*, el cardenal Sodano, sin aclarar que la carta ya había sido enviada hacía dos meses, señalaba que «el Gobierno chileno, compuesto por democristianos y socialistas, considera que es una ofensa a la soberanía territorial nacional el hecho de ser privados de poder juzgar a sus propios ciudadanos». Y añadía: «El Vaticano en estas circunstancias se movió sólo por motivos humanitarios y para reiterar al mundo que en ningún caso se puede ofender la soberanía, no sólo de Chile, sino de cualquier otro Estado». El domingo 21, *The Sunday Times* daba amplio espacio al asunto. «El secretario de Estado del Vaticano», decía, «es el segundo hombre más poderoso de la Iglesia Católica».

Lord Nicholas Browne-Wilkinson, *Nico*, el más antiguo entre los jueces lores, era el presidente del Comité Judicial de la Cámara de los Lores y por la misma razón había presidido el Comité de Apelación del caso Pinochet.

El derecho internacional, según había dejado caer, no era su campo, y durante la vista se había atrevido a preguntar sin complejos, aprovechando la presencia de afamados profesores de derecho internacional, cuestiones que denotaban su desconocimiento de la materia. Ignoraba, por ejemplo, la definición de un «delito internacional», y aun cuando tenía la información a la vista, había llegado a preguntar, avanzado el caso, si había ciudadanos británicos entre las víctimas.

712

Los avatares de esta historia, además, le habían provocado algunos problemas con una pareja de amigos con los cuales, tanto él como su esposa, mantenían una relación muy cordial: lord Hoffmann y su esposa Lillian. Y, ahora, después del duro trago de anular por primera vez en ciento cincuenta años un fallo por un tema de parcialidad aparente y potencial, asumía que la nueva decisión pondría a prueba la credibilidad de la institución de los jueces lores.

Lord Browne-Wilkinson había llegado a la conclusión de que la Convención contra la Tortura no podía ser papel mojado. Si el Reino Unido la había incorporado a la ley interna y con ello había contraído la obligación de perseguir la tortura allí donde ésta se produjera, la sentencia no podía ignorar la ley.

Pensaba que, si bien Pinochet era un ex jefe de Estado, gozaba de la inmunidad derivada del principio de la inmunidad de Estado, principio que la ley británica de 1978 concedía a los jefes de Estado en ejercicio basándose en la Convención de Relaciones Diplomáticas de Viena, del año 1961. Pero, también, creía que dicha inmunidad no le cubría frente a «delitos internacionales» como la tortura.

Sin embargo, al analizar los asesinatos, concluyó que si bien podían ser «delitos de extradición» —castigados en el Reino Unido y en España— no reunían las condiciones necesarias para anular la inmunidad, esto es, las condiciones de «delito internacional». Tampoco las desapariciones forzadas podían, según creía, anular la inmunidad, porque no encajaban en la conducta delictiva prevista por la Convención de Toma de Rehenes. El secuestro de una persona, según este tratado, pretendía lograr que, por coacción, un tercero obrara según las pretensiones el secuestrador.

Lord Browne-Wilkinson contempló todas las alternativas. Podía apoyar la aplicación retroactiva de la Convención contra la Tortura, lo que hubiera convertido en válidos todos los cargos contra Pinochet, incluyendo aquellos perpetrados antes del 11 de septiembre de 1973.

Jones había argumentado que la Convención no introducía en el Reino Unido un delito estrictamente nuevo. También sostuvo que no era una ley sancionadora sino de procedimiento —no preveía el castigo con penas sino sólo la obligación de los Estados firmantes de perseguir el delito—, pero lord Browne-Wilkinson estimaba que no era posible su aplicación retroactiva. Era evidente que perjudicaba al reo.

713

Existía la posibilidad de decir, sencillamente, que la Convención contra la Tortura no podía aplicarse de manera retroactiva y dejar que el magistrado de Bow Street decidiera cuáles eran los «delitos de extradición».

El asunto de la retroactividad llamó la atención tanto del Gobierno como de los medios de comunicación siete días después de finalizada la vista de la apelación.

Amnistía Internacional se empeñaba desde el mes de octubre de 1998 en que el abogado del Estado, John Morris, iniciara por su cuenta otro procedimiento contra Pinochet por delitos de tortura y detención ilegal. Una primera petición fue denegada sin demasiadas explicaciones. AI insistió.

El 11 de febrero, pues, Morris volvió a rechazar la solicitud. Según decía en su carta a Geoffrey Bindman, abogado de William Beausire y otras víctimas británicas en Chile, sus asesores le habían informado de que la Convención contra la Tortura había entrado en vigor después del 29 de septiembre de 1988 y, añadía, dicha ley no tiene efectos retroactivos.

Lord Browne-Wilkinson prefería una sentencia clara. Si el punto de partida era septiembre de 1988, cuando el Reino Unido aprobó la ley de Justicia Criminal que perseguía extraterritorialmente la tortura, o diciembre de 1988, cuando había ratificado la Convención contra la Tortura, sobrevivía sólo un caso de tortura. Pero esto no era asunto suyo, sino, creía, del ministro del Interior, quien debería decidir si seguir adelante con el caso o no. Lord Browne-Wilkinson estaba más interesado en el precedente de la ley sobre el tema de la inmunidad que en el caso Pinochet.

El delito de extradición exige que la conducta delictiva sea castigada en ambos países, en el que pide la entrega de una persona y en el que es requerido para ello. Si la tortura no era delito de persecución extraterritorial, como sostenía la defensa de Pinochet, hasta 1988, se incumplía hasta entonces la norma según la cual el delito debía ser de «doble incriminación», esto es, castigado en el Reino Unido y en España. Ese requisito sólo se daba a partir de 1988.

Lord Browne-Wilkinson revisó otra vez la Ley de Extradición de 1870 y los cambios posteriores, estudió los tiempos de los verbos y concluyó que la exigencia de que la conducta debía ser delictiva en el momento de la solicitud de una extradición no era muy clara. Y, resolvió, contra los criterios de lord Bingham y lord Lloyd, que las conductas debían ser delictivas cuando ocurrieron.

Escribió un primer borrador con sus conclusiones y se lo entregó a los miembros del Comité de Apelación. Lord Browne-Wilkinson, asimismo, solicitó a lord Hope que hiciera un examen minucioso de la lista de cargos.

Lord Hope analizó cargo por cargo. Concluyó que sobrevivirían, a la luz del planteamiento de la «doble incriminación» un cargo de conspiración para torturar y uno de tortura (referidos a Marcos Quesada Yáñez), y otro de conspiración para cometer asesinato en España. Aquí se cumplía la regla de la «doble incriminación» —la conspiración para asesinar era delito en el Reino Unido y en España—, pero paradójicamente, no era, según los jueces lores, un «delito internacional», requisito para anular la inmunidad de Pinochet. Lord Hope estaba de acuerdo con lord Browne-Wilkinson: la extradición sólo debía prosperar para los delitos de conspiración para torturar y tortura a partir del 8 de diciembre de 1988, fecha en la cual el Reino Unido había ratificado la Convención contra la Tortura.

Lord Browne-Wilkinson buscó con esos mimbres legales la unanimidad, pero tropezó desde el comienzo con las mismas piedras. Tenía a favor a lord Hope, a lord Hutton y a lord Saville. Pero lord Goff era partidario de la inmunidad absoluta, sin concesiones. Por tanto, lord Browne-Wilkinson ya sabía una cosa: nunca habría unanimidad. Lord Millet y lord Phillips, quienes estaban de acuerdo con su planteamiento general, tenías posiciones favorables a una extradición más amplia. No parecían partidarios de recortar fechas ni cargos.

CAPÍTULO 64

La traca final contra el ministro

En la última semana de febrero, comenzaron a circular rumores sobre el fallo. El ministro portavoz del Gobierno español, Josep Piqué, dijo en una comida con periodistas en Madrid que el fallo podría ser de cinco a favor de Pinochet y dos en contra. Pero el domingo 28 de febrero, *The Sunday Times* informó de que «Pinochet podría perder la apelación». Señalaba que, si bien no había todavía una decisión, la mayoría por cinco contra dos estaba inclinada contra el general. Sin embargo, el periódico carecía de detalles sobre el curso de las deliberaciones.

El Gobierno chileno contaba a primeros de marzo con una información más precisa sobre el posible fallo de los jueces lores que en noviembre de 1998, cuando las deliberaciones se mantuvieron bajo un hermetismo total. Al equipo de abogados del bufete Herbert Smith se unió un abogado con muchos contactos y experiencia en Londres, el *barrister* David Pannick. El 1 de marzo, el subsecretario de Relaciones Exteriores, Mariano Fernández, convocó en su despacho a varios miembros de su equipo. Allí, junto a Jaime Lagos, Santiago Benadava y Edmundo Vargas, embajador de Chile en Costa Rica, se analizaron varios escenarios, entre los cuales ya asomaba la idea de un fallo en el que se reconocería la posibilidad de juzgar a Pinochet sólo por una parte de los delitos imputados. Era lo que comenzó a llamarse el «fallo mixto».

Mientras, el juez Garzón continuaba su investigación. A primeros de marzo, la abogada Carmen Hertz viajó a España, donde participó en un seminario organizado por la Universidad de Salamanca sobre derechos humanos y jurisdicción universal. Pero eso no fue todo. El viernes día 12 prestó declaración ante el juez Garzón. La abogada hizo una amplia narración del caso de la «Caravana de la Muerte». Y, además, entregó un poder a Joan Garcés para que la representara en el procedimiento.

El ministro José Miguel Insulza también estaba en Europa. Había viajado a París para acompañar al presidente Frei y aceptó recibir al periódico *El País* en el hotel Crillon. Sus declaraciones aparecieron el lunes 15 de marzo. El canciller analizaba las posibilidades del próximo veredicto y la repercusión en Chile.

—No es un asunto fácil para nuestro Gobierno —declaró—. Y no creo que el enjuiciamiento de Pinochet sea el resultado exclusivo de una presión internacional, que la habrá. Sobre todo habrá una presión interna muy fuerte. Chile nunca será el mismo país después de estos cinco meses en los que han pasado tantas cosas. Hay que reconocer esto.

Aparte de alguna entrevista en medios de comunicación, el Gobierno chileno había decidido paralizar cualquier campaña para mejorar su imagen en Europa. El presidente Frei había despachado a su asesor personal Cristián Toloza, director de la secretaría de Comunicación y Cultura (SECOCU), hacia Madrid y Londres el domingo 31 de enero. La idea era pulsar los ambientes para decidir si era pertinente lanzar una campaña institucional del Gobierno chileno con la intención de contrarrestar los efectos del caso Pinochet.

Toloza se entrevistó en Madrid con Pilar del Castillo, directora del Centro de Investigaciones Sociológicas (CIS) y con José María Michavila, secretario de Estado de Relaciones con las Cortes. También visitó a empresarios, dirigentes del Partido Popular y del PSOE, y dos agencias de sondeos. Le acompañó en sus gestiones el abogado Raúl Sanhueza, de la embajada chilena.

Después viajó a Londres, en plena campaña de imagen de Pinochet. Toloza se reunió con empresarios, consultoras y agencias de publicidad. Encargó sondeos de opinión, y regresó a Santiago el lunes 8 de febrero. Su informe al presidente Frei fue contundente: no había nada que hacer. Pretender neutralizar los efectos devastadores del caso Pinochet sobre la imagen del país, decía, era una ilusión. Mejor, le explicó, esperar y ver.

En cambio, la campaña de Pinochet seguía adelante. La intervención del Vaticano a través de la carta del cardenal Sodano se volvió a plantear en la Cámara de los Comunes. El martes 16 de marzo de 1999, el responsable del Foreign Office, Robin Cook, respondía a una pregunta por escrito del diputado conservador Bernard Jenkin referida a la citada carta.

—La carta no ha sido hecha pública por el Vaticano, y no es nuestra costumbre dar a conocer cartas que conciernen a las relaciones exteriores. Sin embargo, plantea cuestiones de compasión y éstas figurarán ciertamente en el transcurso de nuestra decisión en el momento adecuado. Mientras tanto, el Gobierno se mantiene firmemente en el principio de que cualquier solicitud de extradición ha de ser resuelta por los tribunales a través del procedimiento legal. No tenemos intención de interferir —dijo Cook.

El canciller británico siempre había señalado, tanto en público como en privado, que la decisión sobre Pinochet no era un tema de decisión colectiva del gabinete sino un asunto de la jurisdicción del ministro del Interior. Fue la primera vez que Cook utilizaba un tono político. La compasión invocada en la carta del cardenal Angelo Sodano del 27 de noviembre, pues, figuraría «ciertamente en el transcurso de *nuestra* decisión en el momento adecuado».

El miércoles día 17 de marzo, el Comité de Apelación de los siete jueces, bajo la presidencia de lord Nicholas Browne-Wilkinson, se reunió por primera vez en sesión plenaria, en sus oficinas de la Cámara de los Lores. Después de deliberar, un portavoz informó a las partes que la fumata blanca tendría lugar una semana más tarde, el miércoles 24 de marzo, a las dos de la tarde, hora de Londres. Es decir, 47 días después de finalizar el debate de la apelación, el 4 de febrero. El abogado Michael Caplan informó a los abogados chilenos, quienes le transmitieron la noticia al general. Los partidarios de Pinochet en Santiago se anticiparon al Gobierno al difundir la información.

El presidente Frei y su canciller, José Miguel Insulza, que se encontraban en viaje oficial en Praga, República Checa, procedentes de París, confirmaron allí la noticia. El viernes 19, el Gobierno chileno ya no ocultaba en Santiago que esperaba un fallo «mixto» y que Pinochet se vería obligado a permanecer en Londres.

La campaña de la defensa de Pinochet contra Straw, empero, ganaba en agresividad y llegó a su clímax el domingo 21 de marzo, a cuatro días del veredicto de los jueces lores. Ese día, la ofensiva final de Patrick Robertson cubrió dos frentes: *The Sunday Times*, para el público culto, y el tabloide de gran tirada popular *The Mail on Sunday*.

La idea de Robertson no era descabellada. Si los vínculos de lord Hoffmann con Amnistía Internacional habían permitido anular el primer fallo de los jueces lores, ¿por qué las relaciones de Straw con Salvador Allende no podían conseguir un efecto parecido? Si ello no influía en la decisión de los jueces lores, al menos serviría para seguir presionando al ministro, quien después del fallo de lores o en la fase final del procedimiento debería volver a pronunciarse.

El trabajo sucio fue encomendado al tabloide popular, que envió a un periodista a Viña del Mar.

En su crónica, Paul Henderson, decía: «La sentencia de Pinochet ha sido ya anulada después que se reveló que uno de los jueces, lord Hoffmann, no declaró sus vinculaciones con Amnistía Internacional. Ahora *The Mail on Sunday* ha descubierto otro vínculo igualmente curioso que se retrotrae a más de tres décadas, cuando Jack Straw, entonces un estudiante de izquierdas, visitó Chile durante tres semanas, donde se reunió y simpatizó con los más duros enemigos de Pinochet. Y que uno de ellos no era otro que Salvador Allende, con quien, según uno de sus más cercanos confidentes políticos de la época, el joven de 19 años Jack Straw habló de política durante el té de la tarde en la ciudad portuaria de Valparaíso, escuchando atentamente sus planes para hacer de Chile un modelo de sociedad socialista». Según aseguraba, el joven Straw había protagonizado un idilio en Chile. A pesar de los esfuerzos, el periodista no pudo arrancar una declaración de la joven chilena, que, ahora, superaba los 40 años de edad.

El periodista Julio Rojas Gallardo y el político democristiano Gino Peirano, que habían sido anfitriones de la delegación de jóvenes británicos en Chile, negaron, en declaraciones públicas, cualquier contacto entre Straw y el entonces presidente del Senado, Salvador Allende. También desmintieron la noticia del romance.

El domingo 21, lord Norman Lamont preguntaba, por escrito, a la Cámara de los Lores «si, como se dice en una información del *Mail on Sunday* del 21 de marzo, el actual ministro del Interior se reunió con Salvador Allende en Chile en 1966», y si «el actual ministro del Interior participó en Londres en marchas de protesta contra el general Pinochet».

Un portavoz del Ministerio salió al cruce desmintiendo aquellas informaciones y, después, lord Williams respondió en la Cámara de los Lores:

—Por lo que recuerda, el ministro no se reunió con Salvador Allende en Chile en 1966; y no le consta haber participado en ninguna manifestación de protesta contra el senador Pinochet.

El periódico dominical *The Observer*, al margen de la campaña, informaba, el mismo 21, que los jueces lores anularían la inmunidad de Pinochet para los delitos de tortura a partir de 1988.

La información, la más afinada a pocos días del fallo, coincidía con los datos que tenían tanto el Gobierno chileno como la defensa de Pinochet. Según el diario, «la sentencia puede incluir un viraje que reducirá las posibilidades de juzgar al general. Los abogados consultados creen que los jueces lores pueden establecer que Pinochet no puede ser enjuiciado por delitos cometidos en Chile antes de septiembre de 1988, la fecha en que la tortura se convirtió en un delito extraterritorial bajo la ley británica». Y también denunciaba la campaña del general. «Hay algunas señales de que los partidarios británicos de Pinochet están urdiendo un ataque preventivo contra Straw. Las fotografías del ministro cuando era un joven de 19 años y estaba de vacaciones en Chile han aparecido hoy en dos periódicos conservadores, insinuando que tiene vínculos con la izquierda chilena».

El 23 de marzo, los abogados Schweitzer y Errázuriz explicaron a Pinochet que había varios escenarios posibles. Los jueces lores podían dictar al día siguiente una sentencia mixta. En parte se le reconocería su inmunidad y en parte se declararía que podía ser enjuiciado por determinados delitos de tortura. Si era así, debería permanecer en Londres. Los pasos siguientes serían la decisión del ministro del Interior, Jack Straw, y la batalla en los tribunales.

Ese mismo día, la prensa chilena se hacía eco de una noticia publicada por la prensa mexicana que afectaba al pasado privado del general, en la cual se cuestionaba la versión de que Pinochet y su familia nunca se habían interesado por acumular dinero. Según decía *El Universal*, uno de los más influyentes diarios de México, ejecutivos del Banco Riggs, de Estados Unidos, confirmaron la autenticidad de la copia de un documento que mostraba que Augusto Pinochet y su esposa Lucía Hiriart habían retirado un millón de dólares (450 millones de pesos de Chile) de una cuenta bancaria a nombre de ambos, la 16-750-393, en una sucursal de Washington D.C. La operación se produjo el 27 de marzo de 1997.

El extracto de la cuenta, reproducido por el diario, registraba las operaciones realizadas entre el 1 de enero de 1997 y el 31 de marzo de 1997. El saldo inicial era de 1.169.308,23 dólares, al que se añadía el 27 de marzo de dicho año un depósito de 12.465,75 dólares, lo cual, junto con intereses abonados de 3.907 dólares, elevaba el total a 1.185.660,98 dólares. Sobre ella, los Pinochet habían girado un cheque de un millón de dólares, dejando el saldo restante en cuenta. Si bien los ejecutivos del banco confirmaban extraoficialmente la autenticidad del documento, se negaron a informar si la cuenta seguía operativa.

La institución bancaria era muy conocida, pero además encerraba una pista sugerente. En los años setenta, el coronel Manuel Contreras, jefe de la Dirección de Inteligencia Nacional (DINA), solía trabajar con el Banco Riggs. Algunos fondos transferidos para operaciones de la DINA por Contreras, según el agente Michael Townley, se habían hecho con cargo a una cuenta en el Riggs.

CAPÍTULO 65

El pasteleo

El avión de la Fuerza Aérea Chilena, un Boeing 707 llamado *Águila* llegó a Brize Norton, en Oxfordshire, al norte de Londres, el miércoles día 24.

A las dos de la tarde, hora de Londres, se reponía en la Cámara de los Lores una obra similar a la del 25 de noviembre de 1998. Pero, esta vez, Pinochet, a diferencia de aquélla, tenía la posibilidad de seguir la audiencia a través de la televisión en el salón de su casa de Wentworth Estate. Le acompañaban su esposa, tres de sus hijos, su asesor Sergio Rillón y el general Juan Carlos Salgado.

En Santiago eran las once de la mañana. El presidente Frei, su asesor Cristián Toloza, el canciller Insulza y el ministro del Interior, Raúl Troncoso, entre otros, se reunieron en su despacho, en la primera planta del Palacio de la Moneda, para ver el veredicto por televisión.

El oficial dio la palabra al presidente del Tribunal.

LORD BROWNE-WILKINSON: —Señorías, sostengo que el senador Pinochet no goza de inmunidad como ex jefe de Estado ante delitos de extradición. Por tanto, admito en parte la apelación.

LORD GOFF: —Señorías, desestimo la apelación.

LORD HOPE: —Señorías, soy de la opinión de que la mayoría de los cargos imputados al senador Pinochet suponen delitos por los cuales no puede ser legalmente extraditado de este país a España incluso en el caso de que no tuviera inmunidad. Sobre la cuestión de la inmunidad, sostengo que el senador Pinochet no tiene inmunidad ante los cargos de tortura y conspiración para torturar que le son imputados, pero solamente en lo referido al periodo posterior al 8 de diciembre de 1988. En estas condiciones, admito la apelación.

LORD HUTTON: —Señorías, soy de la opinión de que el senador Pinochet no puede ser extraditado por los cargos de tortura y conspiración para torturar que se alega han sido cometidos antes del 29 de septiembre de 1988. Sin embargo, sostengo que el senador Pinochet no goza de inmunidad respecto de los cargos de tortura y conspiración para torturar que se alega han sido cometidos después de esa fecha, y, en esas condiciones, admito la apelación.

LORD SAVILLE: —Señorías, admito el recurso en las condiciones propuestas por mi noble y distinguido lord Browne-Wilkinson.

LORD MILLET: —Señorías, soy de la opinión de que el senador Pinochet puede ser extraditado a España para responder ante cargos que son delitos en España y los de tortura y conspiración para torturar dondequiera y cuando fueran llevados a cabo. Admito, por consiguiente, la apelación.

LORD PHILLIPS: —Señorías, admito la apelación respecto a las conductas imputadas al senador Pinochet que constituyan delitos de extradición.

El resultado, pues, era seis a uno. Seis a favor de anular parcialmente la inmunidad y uno por la inmunidad absoluta. Pero la posición de los seis no era homogénea. Cuatro de ellos —lord Browne-Wilkinson, lord Hope, lord Hutton y lord Saville— sostenían que, aun cuando Pinochet carecía de inmunidad frente al delito de tortura, sólo podía ser enjuiciado a partir de la entrada en vigor de la Convención contra la Tortura en el Reino Unido, esto es, a partir del 29 de septiembre de 1988, según unos, o desde el 8 de diciembre de 1988 según otros.

Lord Millet y lord Phillips tenían puntos de vista diferentes. Millet era el juez que más se acercaba a las posiciones de los jueces que habían fallado el 25 de noviembre de 1998. Según entendía, al no ser Pinochet jefe de Estado, carecía de inmunidad y podía ser extraditado a España por los delitos de conspiración para torturar y torturar sin limitación de tiempo y por aquellos otros delitos de los que se le acusaba. Lord Phillips estaba a favor de una extradición por conspiración para torturar y tortura, y los otros «delitos de extradición».

Habían transcurrido diez minutos desde que se expresaran las opiniones. Mientras los murmullos se esparcían por toda la Cámara, entre abogados, *barristers*, familiares de las víctimas y políticos, lord Browne-Wilkinson se puso de pie.

—Hay aquí, tras la exposición, una oscuridad que procuraré aclarar. Señorías, cuando esta apelación se planteó por primera vez aquí, sólo había un tema principal: ¿tenía derecho el senador Pinochet a la inmunidad de Estado frente a la extradición? Se sostuvo que no gozaba de inmunidad y que, en consecuencia, podía ser legalmente extraditado a España si el ministro del Interior así lo disponía.

»Esa primera decisión fue anulada, lo que llevó a repetir la apelación ante un comité diferente de siete jueces lores. En la segunda apelación, los argumentos tomaron un curso diferente al de la primera. En particular, se debatió sobre dos cuestiones principales: primera, cuáles de los delitos imputados al senador Pinochet constituían "delitos de extradición" dentro de la ley de Extradición de 1989; y segunda, ¿gozaba el senador Pinochet de inmunidad en relación con esos delitos?

»Nadie puede ser extraditado a un país extranjero a menos que la conducta alegada contra él constituya un delito por la ley de ambos países, el extranjero y el Reino Unido. Esto es lo que se denomina el principio de doble incriminación. Las acusaciones contra el senador Pinochet son principalmente acusaciones de tortura y conspiración para torturar fuera del Reino Unido. La tortura cometida fuera del Reino Unido no era un delito en la ley británica de Justicia Criminal de 1988, sección 134, que fue adoptada el 29 de septiembre de 1988. En la sentencia de hoy, seis miembros del comité sostienen que, según la ley de extradición, el senador Pinochet no puede ser extraditado para afrontar acusaciones de torturas cometidas antes del 29 de septiembre de 1988 porque hasta esa fecha no se cumplía el principio de doble incriminación.

»El resultado de esta decisión es eliminar la mayor parte de los cargos dirigidos contra el senador Pinochet por el Gobierno de España y que constituían la base de su extradición. Gran parte de las acusaciones se refieren al periodo del golpe de 1973 en Chile y los años inmediatamente posteriores. Los únicos cargos pendientes que constituyen delitos de extradición comprenden un caso aislado de tortura después del 29 de septiembre de 1988, ciertas conspiraciones para torturar del periodo que va del 29 de septiembre de 1988 hasta enero de 1990 y ciertos cargos de conspiración para cometer asesinato en España. En relación con estos muy limitados casos, la cuestión de la inmunidad sigue siendo relevante.

»Señorías, por una mayoría de seis a uno, el comité recomienda que, si bien el senador Pinochet goza de inmunidad frente a la conspiración para asesinar, no tiene derecho a inmunidad de Estado frente a los cargos pendientes. El ministro del Interior puede, por tanto, si piensa que es adecuado, permitir que continúe el procedimiento de extradición contra el senador Pinochet en relación con los cargos que han experimentado una drástica reducción.

»Si bien seis miembros del Comité de Apelación sostienen que no tiene derecho a inmunidad frente a los cargos de tortura, nuestras razones son algo diferentes. Tres de nosotros (mis nobles y distinguidos amigos lord Hope y lord Saville, y yo mismo) consideramos que el senador Pinochet sólo perdió su inmunidad cuando la Convención contra la Tortura se convirtió en norma obligatoria en España, el Reino Unido y Chile. Esto ocurrió el 8 de diciembre de 1988, cuando el Reino Unido ratificó la Convención. Lord Hutton estima que la inmunidad del senador Pinochet acabó el 29 de septiembre de 1988, cuando se firmó la Ley de Justicia Criminal de 1988, sección 134. Lord Millet y lord Phillips mantienen que el senador Pinochet nunca, en ninguna etapa, tuvo derecho a la inmunidad. Aunque los razonamientos difieren en algunos detalles, la propuesta básica común a todos, excepto lord Goff, es que la tortura es un delito internacional sobre el cual la ley internacional y las partes que han suscrito la Convención contra la Tortura han dado jurisdicción universal a todos los tribunales donde el delito de tortura tenga lugar. Un ex jefe de Estado no puede demostrar que cometer un delito internacional es cumplir una función que la ley internacional protege a través de la inmunidad. Lord Goff opina que el senador Pinochet no ha sido privado del beneficio de la inmunidad en su calidad de ex jefe de Estado ni por la ley internacional ni por la Convención contra la Tortura.

»La mayoría, por tanto, estima que el senador Pinochet puede ser extraditado por los delitos de tortura y conspiración para torturar que presuntamente se han cometido después del 8 de diciembre de 1988.

»Las opiniones enfatizan que nuestra función es sólo decidir estos dos puntos legales. No nos atañen los argumentos políticos de las partes ni la conveniencia o no de la extradición del senador Pinochet a España. Hemos decidido que el procedimiento de extradición del senador Pinochet a España puede seguir adelante si el ministro del Interior lo considera apropiado. También hemos dicho que, a la vista de la muy sustancial reducción del número de cargos extraditables, el asunto requiere ser reconsiderado por el ministro del Interior».

Era evidente, pues, que los jueces lores estimaban concluido su trabajo: crear un precedente en la ley internacional.

La doctrina de la inmunidad de Estado como protección absoluta de los actos gubernamentales de los jefes de Estado había sufrido su primera grieta importante: los jueces lores anulaban, en este caso, la de un ex jefe de Estado.

«La naturaleza oficial gubernamental del acto [de tortura], que forma la base de la inmunidad, es un ingrediente esencial del delito. Ningún sistema racional de justicia penal puede tolerar una inmunidad que se extiende también al delito», estimó lord Millet.

Mientras se desarrollaba el acto, Pinochet intentaba comprender, en Wentworth Estate, lo que había ocurrido. Tras oír el resumen de lord Browne-Wilkinson, el general Salgado hizo de intérprete.

—Mi general, los jueces han reducido drásticamente el caso a unos pocos delitos de tortura a partir de diciembre de 1988. Los jueces dicen que, a la luz de esta fuerte reducción, el ministro del Interior tiene que reconsiderar de nuevo el caso.

Pinochet farfulló:

—Pero ¡qué va a reconsiderar! ¡Si esto es político!

Los tres hijos de Pinochet —Augusto, Marco Antonio y Verónica— intentaron ver el aspecto positivo del fallo. Marco Antonio salió a hablar con la prensa reunida en las proximidades de la residencia.

—A mi padre no le ha gustado el fallo, pero yo creo que ha sido menos malo de lo que cabía esperar —dijo.

Los abogados Schweitzer, Errázuriz y Caplan llegaron a la residencia a las cuatro de la tarde. Según explicaron a Pinochet, el fallo había vaciado gran parte del contenido de la demanda española y, además, los jueces lores llamaban al ministro del Interior a reconsiderar el proceso de extradición. Ahora, dijeron, era la hora del Gobierno chileno, que debía presionar a Straw.

El 24 de marzo, un par de horas después de conocerse el fallo, la defensa de Pinochet presentó dos recursos ante el Alto Tribunal de Justicia. Uno de ellos solicitaba el amparo contra la detención del general; el otro insistía en la revisión judicial de la decisión del ministro Straw del 9 de diciembre de 1998. Esta última era una medida más de presión sobre el ministro. La autorización anterior para proceder a la extradición se había quedado anticuada. Ahora el ministro tenía que pensar qué hacer a la vista de la nueva sentencia de los jueces lores.

Straw ya había tomado contacto en los últimos días con a un nuevo abogado externo con vistas a encarar, si hiciera falta, la nueva etapa del caso.

Se trataba de Jonathan Sumption, de 50 años, uno de los diez abogados estrella británicos. Era un hombre delgado de ojos azules, pelo gris descuidado a manera de genio, con una sombra color cobalto en el rostro, secuela de su dura barba. Sus servicios costaban 900 libras a la hora y su facturación anual superaba holgadamente el millón de libras. Sumption no era un experto en derecho penal, pero había destacado en banca, seguros y derecho internacional. Y solía trabajar para instituciones gubernamentales.

A las cuatro de la tarde, Jonathan Sumption, Alun Jones y Clive Nicholls acudieron, respectivamente, ante el Alto Tribunal de Justicia. El juez Laws dio la palabra a la defensa de Pinochet. Clive Nicholls explicó que solicitaba permiso para recurrir en revisión judicial a fin de revocar la decisión del ministro del Interior del 9 de diciembre.

Sumption le interrumpió:

—No siga usted... Yo tengo que decir algo en nombre del ministro del Interior. El ministro no ha podido leer todavía el fallo que los jueces lores han dado a conocer hace tan sólo dos horas. Cuando lo haga, fijará su posición. Le pido, Señoría, que aplace esta vista.

El juez pospuso la audiencia hasta el martes 29 de marzo. El Ministerio del Interior difundió después un comunicado: «El ministro reconsiderará el asunto, y lo hará a la luz del fallo de los jueces lores, que cubre asuntos legales extremadamente complejos. El ministro decidirá tan pronto como sea posible».

En Santiago, la noche del día 23 se había previsto que, después del fallo, el ministro del Interior, Raúl Troncoso, dirigiría un mensaje al país analizando las consecuencias. Sin embargo, el Ejército, tras conocer el contenido de la resolución, hizo llegar sus puntos de vista al Palacio de la Moneda. La institución castrense sostenía que, una vez más, la posición del Gobierno chileno había sufrido un desaire y que el único camino posible era la presión política sobre las autoridades británicas. También se sugería que debía ser el presidente Frei quien hablara al país, y finalmente lo hizo, desde la Moneda, a las seis de la tarde.

El presidente explicó que la resolución dejaba ahora en manos del ministro del Interior, Jack Straw, la decisión respecto a continuar el proceso de extradición «frente a un número de cargos drásticamente disminuido» y dijo que el fallo «reconoce la soberanía jurisdiccional del Estado de Chile», un concepto que en absoluto reflejaba las opiniones vertidas unas horas antes en la Cámara de los Lores, donde, precisamente, había quedado sentado que tanto Chile, como España y el Reino Unido, habían cedido esa soberanía al ratificar la Convención contra la Tortura.

El comandante en jefe del Ejército, general Ricardo Izurieta, hizo llegar después a Frei su opinión negativa sobre la interpretación del fallo que había ofrecido a los chilenos. Ni la soberanía jurisdiccional, ni la inmunidad diplomática ni la aplicación territorial de la ley penal que los abogados del Gobierno chileno habían expresado durante casi dos meses de audiencias habían sido tenidas en cuenta.

El presidente Frei convocó una reunión de gabinete para la una y media de la tarde del día viernes 26 y citó después, por la tarde, a los miembros del Consejo Nacional de Seguridad (COSENA) para examinar la situación.

En paralelo, varios miembros del Consejo de Defensa del Estado se reunieron de forma discreta con el juez Juan Guzmán. Los abogados deseaban conocer detalles sobre las querellas que tramitaba el juez contra Pinochet. La pregunta era sencilla: ¿en qué causas existían más evidencias sobre la participación directa del general? El juez les explicó que, si había un caso donde había pruebas y testimonios contra el general, ése era el de la «Caravana de la Muerte». El juez también les dijo que ya había sondeado a la Corte Suprema para viajar a Londres, con el fin de tomar declaración a Pinochet sobre la «Caravana de la Muerte» y que el ambiente no era propicio para obtener la autorización.

El 25 de marzo, Brian Gibbins solicitó al juez Garzón, por escrito, todos los casos de torturas posteriores al 8 de diciembre de 1988, fecha en la que Pinochet había perdido su inmunidad.

Tras resumir en dos párrafos la decisión de los jueces lores, decía: «Proponemos presentar alegaciones por escrito mañana, como muy tarde, al ministro del Interior. Necesitamos urgentemente datos precisos de todos los casos de tortura posteriores 8 de diciembre de 1988. Usted puede proporcionar dicho material bajo el artículo 13 del Convenio Europeo de Extradición de 1957. Necesitamos demostrar la existencia de personas sometidas a tortura y también que esa tortura ha sido el resultado de una política continuada, generalizada y sistemática de represión utilizada por Pinochet y sus seguidores para mantenerse en el poder hasta 1990».

El abogado Joan Garcés, en nombre de la acusación particular, presentó el día 25 ante el juzgado español una solicitud de ampliación de la querella contra Pinochet para incluir 85 casos de tortura, a partir del 29 de septiembre de 1988.

El juez Garzón dictó un auto horas después, con fecha 25 de marzo, en el que admitía 33 de los 85 casos propuestos por Garcés; recordaba que, de la solicitud inicial, quedaban ocho víctimas de tortura por hechos posteriores a septiembre de 1988 y dejaba constancia de que los 1.198 desaparecidos constituían, según varias resoluciones del Comité de Derechos Humanos de Naciones Unidas, una forma de tortura. El juez envió el escrito por fax al Servicio de Fiscalía de la Corona e inmediatamente después lo despachó por los canales diplomáticos.

La tortura, pues, se había convertido en la piedra angular del caso.

El jueves 25, el ex senador democristiano Arturo Frei Bolívar, primo de Eduardo Frei, y su esposa, visitaron al general en Wentworth Estate. Allí esaban el asesor personal del general, Sergio Rillón, y sus hijos Verónica y Marco Antonio.

—Es increíble que se haya utilizado la Convención contra la Tortura. Recuerdo que yo mismo mandé ratificar este tratado días después del plebiscito del 5 de octubre de 1988 —protestó Pinochet.

Capítulo 66

La baronesa y el general

La mañana del día 26, los periodistas comenzaron a concentrarse en la residencia de Wentworth Estate. El día anterior, Margaret Thatcher había confirmado que pensaba visitar a las once de la mañana al general Pinochet.

Patrick Robertson organizó toda la operación con la cadena Sky World News. Se grabaría la llegada de la baronesa a la casona, los saludos en la puerta y el encuentro en el salón, y, finalmente, la despedida. Todo duraría no más de diez minutos y sería retransmitido en directo. La cadena Sky distribuiría gratuitamente el material a los demás canales. Un solo periódico, *The Daily Telegraph*, estaba autorizado para fotografiar el encuentro.

A las once en punto, el general Pinochet y su esposa esperaban en la puerta. Margaret Thatcher llegó con su asesor, Robin Harris. Después de estrecharle la mano, el general la cogió por el brazo y la acompañó, apoyándose en su bastón, hasta el salón.

—Señora baronesa, es un honor tenerla en esta modesta casa para agradecerle en pequeña proporción el cariño que usted ha demostrado con la ayuda que nos ha prestado —dijo Pinochet.

—Gracias. Soy muy consciente de que fue usted quien trajo la democracia a Chile. Me alegro de que se encuentre cómodo aquí —dijo la baronesa, quizá sin reparar en que, dadas las circunstancias, no era la fórmula más afortunada—. Sé lo mucho que le debemos por su ayuda durante la campaña de las Falklands, por la información que nos dio, por las comunicaciones y también por el refugio para nuestras fuerzas —y giró el rostro, mirando hacia otra cámara, en busca de instrucciones.

Fernando Barros, asesor de prensa de Pinochet, estaba pegado al oído izquierdo, el bueno, del general, y le traducía al español.

Margaret Thatcher, ante la mirada atenta de Harris, sentado en el mismo sillón, cogió aire.

. —¡Cinco meses confinado en una casa! ¡Es mucho tiempo! —exclamó, corrigiendo su alusión anterior a la comodidad del general.

La baronesa tomó una taza de café y explicó al general que el fallo de los jueces lores era muy positivo para él.

—Seis jueces lores han solicitado al ministro que reconsidere su decisión. Ya no caben dudas de que esto tiene que terminar. La demanda española se reduce a unos pocos casos. ¿Los conocía usted? —preguntó.

Pinochet dijo que ignoraba todo sobre esos asuntos. Él y sus colaboradores entregaron a la baronesa una copia de tres documentos: instrucciones del año 1973 según las cuales los detenidos debían ser sometidos a exámenes médicos al ser arrestados y al recuperar su libertad; la resolución del Ministerio de Defensa de enero de 1974 según la cual debían aplicarse a los detenidos las normas internacionales de la Convención de Ginebra para prisioneros de guerra, y por último, el acta constitucional número 3, de 1976, en la que se prohibía «la aplicación de todo apremio ilegítimo» a los detenidos. Es decir, torturas.

La baronesa Thatcher les echó una ojeada. Barros hizo un resumen de su contenido.

—La opinión pública debe conocer estos documentos —sugirió ella.

Al filo del mediodía, la baronesa Thatcher abandonó la casona. Al bajar de su coche, en la puerta de su oficina, en Chesham Place, asediada por los periodistas, la baronesa tenía claro su mensaje.

—Pinochet es un entrañable amigo del Reino Unido. Él es quien abrió el camino a la democracia en Chile. A pesar de sus posibilidades de permanecer en el poder, hizo una consulta al pueblo chileno, y ante el resultado negativo para él decidió dejar el campo a otros. Sin Pinochet no existiría la avanzada democracia con que cuenta hoy el país. He comentado con él el fallo de los jueces lores, para quienes el general Pinochet sólo puede ser acusado por un número limitado de casos. Es inadmisible mantener la intromisión en los asuntos de Chile. Si hay algo que juzgar, que sea Chile quien juzgue a sus ciudadanos bajo sus propias leyes. No haré más comentarios —dijo y entró a su oficina.

Al saber que la Fiscalía estaba solicitando al juez Garzón todos los casos disponibles sobre torturas a partir de 1988, la policía británica se puso en marcha. El día 26, entró en contacto con el Servicio de Fiscalía de la Corona. A la vista de la próxima decisión del ministro, la policía quería tener acceso a la documentación para evaluar si en caso de que el ministro Straw decidiera no seguir adelante con el procedimiento de extradición existían bases para volver a arrestar a Pinochet y someterle a juicio en el Reino Unido.

El juez Garzón no puso reparos, pero dejó constancia de que España tenía jurisdicción sobre el caso. «Sin perjuicio de que este juzgado insiste en la extradición de Augusto Pinochet Ugarte, y sin renunciar a su persecución penal en cualquier país en el que se halle por los presuntos delitos que se le imputan en esta causa, no tiene inconveniente en que la Policía pueda examinar la documentación de la extradición». El Servicio de Fiscalía de la Corona entregó a la policía una copia de todo el material disponible en Londres.

El presidente Frei había convocado al Consejo de Seguridad Nacional (COSENA) para analizar el nuevo fallo de los jueces lores para las tres y media de la tarde del día 26. El gabinete se reunió antes y al término del mismo, el ministro secretario del Gobierno, Jorge Arrate, informó de que el Gobierno plantearía en sus alegaciones ante el ministro del Interior británico razones humanitarias para conseguir el regreso del general Pinochet. «Las razones humanitarias no se contraponen a las razones de principio», dijo. Poco después, los comandantes en jefe de las Fuerzas Armadas, que habían estado reunidos en el despacho del comandante en jefe de la Fuerza Aérea, el general Fernando Rojas Vender, llegaron por separado al Palacio de la Moneda. El canciller Insulza informó de que el nuevo fallo suponía un cambio importante respecto al anterior. Según explicó, los jueces lores habían acogido planteamientos de la posición del Gobierno chileno, entre ellos la imposibilidad de aplicar retroactivamente la Convención contra la Tortura a los hechos ocurridos antes de 1988. Insulza explicó que ello reducía todo el procedimiento a un solo caso, lo que, dijo, había llevado a seis jueces lores a pedir al ministro la reconsideración del asunto. El ministro también informó de que al día siguiente tendría lugar el último vuelo de Lan Chile a las islas Malvinas según se había acordado en la reunión del COSENA del 11 de diciembre de 1998.

Los jefes militares expresaron sus diferencias con la interpretación del fallo ya que se habían rechazado todos los argumentos del Gobierno chileno. El general Izurieta señaló que el Partido Socialista, apenas conocerse el nuevo fallo, había declarado que Straw debía autorizar el procedimiento de extradición. También destacó que dirigentes de ese partido enviaban nuevos datos a España, al juez Garzón, sobre violaciones de derechos humanos a partir de finales de 1988, y exigió al Gobierno que intensificara sus presiones sobre el ministro Jack Straw y el Reino Unido.

El jefe de Estado Mayor de la Defensa Nacional, vicealmirante Hernán Couyoumdjian, secretario del COSENA, leyó al término del encuentro un comunicado. «En esta ocasión todos los miembros del Consejo han expresado una vez más su pleno apoyo a las gestiones del presidente de la República. El fallo de los lores ha sido considerado como un cambio decisivo respecto a la situación anterior, ya que se han reconocido los principios jurídicos reclamados por el Gobierno de Chile». Pero el Ejército filtró a los medios de comunicación su descontento.

El sábado 27 marzo de 1999, a las 13.50 horas, salió de Punta Arenas, en el extremo sur del país, el último vuelo de la compañía Lan Chile hacia el aeropuerto Mount Pleasant, en Puerto Stanley, islas Malvinas. La decisión no suponía ningún problema para la compañía aérea. La explotación comercial del vuelo semanal de Lan Chile era deficitaria, pero los 2.000 malvinenses o *kelpers*, originarios de las islas, perdían una conexión regular que les permitía trasladarse a Santiago primero y a Londres después. Y era la única, porque Argentina mantenía, desde el final de la guerra de las Malvinas, el bloqueo.

Era evidente que el asunto dañaría al Gobierno laborista británico. La oposición conservadora no desaprovecharía el incidente para acusar a Blair de olvidar a los *kelpers* de las islas.

El Alto Tribunal de Justicia consideró en la mañana del lunes 29 de marzo la petición de revisión judicial propuesta por la defensa de Pinochet.

Jonathan Sumption explicó que el ministro quería reconsiderar el caso con una mirada completamente nueva según la recomendación de los jueces lores, y que deseaba para ello conocer las alegaciones de todas las partes «antes del 15 de abril».

El tribunal de tres jueces estimó que, en efecto, la posición del ministro del Interior era coherente con la petición que habían realizado los jueces lores, y concedieron el aplazamiento hasta después del día 15. Al día siguiente, Straw estableció un plazo, hasta el 7 de abril, para que todas las partes presentaran sus alegaciones en Londres.

El canciller Insulza seguía en Santiago su búsqueda de una fórmula para persuadir al ministro del Interior británico. En una conversación con periodistas, el ministro razonó en voz alta:

—Puede ser un gesto que el Gobierno envíe una nota al ministro del Interior diciendo «nosotros queremos juzgar a Pinochet en Chile», pero lo que afirma un derecho son los actos judiciales.

Insulza recordó que sería bueno que el Consejo de Defensa del Estado se personara en las 18 querellas presentadas ante el juez Juan Guzmán contra Pinochet y dejó entrever que pensaba reunirse con la presidenta del CDE (Consejo de Defensa del Estado), Clara Szczaranski.

—Si uno dice que además está pidiendo la extradición, es indiscutible —precisó.

Insulza, quien ya había lanzado al ruedo la idea de pedir la extradición en noviembre de 1998, tenía el íntimo y contradictorio deseo de que el juez Guzmán diera un paso al frente y pidiera a la Corte de Apelaciones la anulación del fuero parlamentario de senador que protegía a Pinochet. Ése era el paso previo para solicitar, a renglón seguido, su extradición. Pero aún cuando no se llegara a ese punto, el hecho podría ser mencionado en las alegaciones ante Straw.

Sin embargo, el juez Guzmán no se dio por aludido. Era lógico. Si la Corte Suprema consideraba, como él supo por algunos de sus miembros, que autorizar su viaje a Londres para interrogar a Pinochet, según había sondeado, tenía un coste demasiado alto, ¿qué decir de una petición de desafuero del senador que finalmente también llegaría a la Corte Suprema? Hubiera sido un terremoto.

Un par de días después, el Gobierno filtró a la prensa que el CDE recopilaba pruebas directas contra Pinochet en las querellas en curso. Agregaba que el citado organismo se había dirigido al juez Guzmán para poder tener acceso a las causas.

El Ejército reaccionó enseguida. «Una participación del CDE permitirá convertir una denuncia de militantes comunistas contra Pinochet en un juicio público del Estado contra un ex presidente, un ex comandante en jefe y un senador de la República», dijeron fuentes castrenses a los medios de comunicación.

El 5 de abril, el juez Garzón dispuso, mediante un auto, enviar a Londres once casos adicionales de víctimas de torturas a partir de 1988. Cada nueva remesa causaba irritación en Chile, tanto en el Gobierno de Frei como en el Ejército.

Un día más tarde, el 6 de abril, el Ministerio de Relaciones Exteriores chileno ya tenía listas sus alegaciones para presentar ante el Ministerio del Interior, en Londres. El escrito recordaba que según la Convención contra la Tortura, el primer país con derecho a juzgar dichos crímenes era aquel en el que se habían cometido, y destacaba que el delito de tortura estaba tipificado en el Código Penal chileno «incluso antes de 1973», fecha del golpe militar, por lo que, en Chile, eventualmente Pinochet podría ser juzgado por crímenes cometidos antes de 1988, lo que de acuerdo con la resolución de los jueces lores no era posible ni en España ni en el Reino Unido. Asimismo, señalaba que, al reconocer a Chile su derecho prioritario a juzgar a Pinochet, «se verá fortalecida la democracia, pues nos permitirá afrontar nuestros problemas en materia de derechos humanos de forma autónoma y sin la intervención de terceros países». Por último, apelaba a las razones humanitarias por la edad y la frágil salud del general.

Lucía Hiriart llegó a Santiago ese mismo día 6 de abril. Al parecer, deseaba estar junto a su hija menor, Jacqueline, que esperaba dar a luz en los próximos días. La Fundación Pinochet dio cuenta enseguida de que el día 8 tendría lugar en la Escuela Militar la entrega de becas de estudio a 329 hijos de funcionarios del Ejército, acto que sería presidido por el comandante en jefe del Ejército, el general Ricardo Izurieta. Lucía Hiriart leería un mensaje de Pinochet.

El general Pinochet llamaba a los jóvenes a «estar prestos y siempre alertas, no sólo para cumplir sus deberes militares ante una eventual agresión armada de una potencia extranjera, sino también a hacer respetar nuestra independencia y autonomía frente a los dictados de naciones foráneas, que pretendan a distancia arrogarse el derecho a gobernarnos, regular nuestra convivencia o a imponernos sus soluciones a nuestros propios problemas».

CAPÍTULO 67

El 14 de abril de Jack Straw

José María Aznar, su esposa Ana Botella, y sus dos hijos varones José María y Alonso, llegaron el sábado 10 de abril de 1999 a primera hora de la mañana a una base aérea próxima a Chequers, cerca de Oxford, para celebrar una reunión informal y pasar el fin de semana en la residencia de vacaciones del primer ministro británico, una mansión del siglo XVII. Aznar y Blair analizaron la situación de la guerra de Kosovo, el problema de Gibraltar y la situación en la Unión Europea. Por aquellos días, Blair y el presidente norteamericano Bill Clinton estaban a punto de desencadenar el bombardeo de la OTAN sobre Belgrado para acabar con el Gobierno de Slobodan Milosevic. Esta vez, aun cuando era público que el ministro del Interior, Jack Straw, se aprestaba a anunciar su decisión sobre la extradición de Pinochet, nadie preguntó por el caso en la rueda de prensa posterior al encuentro.

El domingo 11, mientras la familia Aznar descansaba en Chequers, el periódico *The Sunday Times*, que solía realizar una amplia cobertura del caso Pinochet, sólo traía una información en la columna de noticias breves. «Straw, decidido a fallar contra Pinochet. Se espera que el ministro del Interior conceda su aprobación esta semana para que el procedimiento de extradición prosiga contra el general Augusto Pinochet, ex presidente de Chile, a quien España reclama por presunta tortura y conspiración.

»Jack Straw ha recibido asesoramiento en el sentido de que el caso debe continuar pese a la recomendación de los jueces lores de que debía de reconsiderar la continuación del proceso».

El martes día 12, Aznar viajó a Washington para conocer directamente los planes del presidente Bill Clinton respecto del conflicto de Kosovo. El semanario *Newsweek*, cuyo último número acababa de aparecer, incluía una entrevista con Blair. El primer ministro británico justificaba la intervención de terceros países para detener la limpieza étnica que impulsaba Milosevic en Kosovo. «Estamos luchando por un mundo en el que los dictadores ya no podrán infligir horribles castigos a sus propios pueblos para permanecer en el poder», decía Blair. No era forzado interpretar estas palabras como un anticipo de la decisión de Straw en relación con Pinochet.

Poco después de su encuentro con Clinton, el 13 de abril, el presidente del Gobierno español concedió una entrevista a la cadena de televisión norteamericana CBS. Aznar se horrorizó cuando le preguntaron si era partidario de extender las acciones penales emprendidas por el juez Garzón a otros dictadores de Iberoamérica.

«España no quiere convertirse en juez del mundo, conviene que exista un Tribunal Penal Internacional. Por ejemplo, los criminales de Kosovo tendrán que responder de sus crímenes», dijo. Subrayó que la decisión final sobre la extradición de Pinochet no afectaría a las relaciones entre España y Chile. «Todos sabemos lo que es el funcionamiento de la democracia y la separación de poderes, y que las decisiones judiciales no son de los Gobiernos, son judiciales. En un Estado de derecho, hay que respetar las decisiones de los tribunales y yo espero que todos ayudemos en este sentido: respeto a la decisión judicial, respeto al Estado de derecho y, además, que no se mezclen, en ningún caso, estas circunstancias en las relaciones entre países. Las relaciones entre Chile y España son excelentes».

El presidente Frei inició al día siguiente, en la tarde del 14 de abril, un viaje oficial por Alemania y Polonia. José Miguel Insulza permaneció en Santiago a la espera del fallo de Straw para ofrecer la reacción del Gobierno chileno. Se reuniría, unos días después, con el presidente en Alemania.

Mientras el avión de Frei cruzaba el Atlántico, en Londres caía la noche. En Queen's Anne Gate, sede del Ministerio del Interior, las luces del despacho del ministro seguían encedidas. Era la noche del 14 de abril. La fecha era tan simbólica —o más— como la elegida por Straw para dar a conocer su primera orden. En un día como éste, el 14 de abril de 1931, hacía sesenta y ocho años, la proclamación de la República Española había iniciado el proceso que desembocaría en el levantamiento de Franco, la guerra civil y los cuarenta años de dictadura.

Los asesores de Straw, como anticipó el *Sunday Times*, sostenían que la decisión de seguir adelante con el procedimiento se podía justificar legalmente.

Aun cuando los jueces lores le habían allanado el camino para reconsiderar su primera decisión, era un momento inoportuno para hacerlo. Su imagen y credibilidad resultarían muy dañadas.

La noche del 14 Straw firmó, pues, la autorización para continuar el procedimiento de extradición. Era casi el mismo texto que había elaborado el 9 de diciembre, pero ajustado a la nueva situación.

La autorización recordaba que «seis de los siete miembros del Comité de Apelación de la Cámara de los Lores han señalado su punto de vista de que el ministro debería reconsiderar su decisión del 9 de diciembre a la luz de la muy significativa reducción en el número de delitos extraditables respecto a los contenidos en la sentencia del 25 de noviembre».

Pero añadía: «El ministro considera que el senador Pinochet es acusado, en España, de delitos en el periodo relevante que equivalen en el Reino Unido a delitos de conspiración para torturar y tortura, y éstos son delitos de extradición».

Respecto al material procedente de España después de la decisión del 24 de marzo, señalaba: «El ministro no ha considerado solicitar dicho material para adoptar su decisión.

El ministro, empero, ha visto el material como parte de las alegaciones, en el contexto de considerar si, como sostiene el senador Pinochet, las acusaciones de España no han sido hechas de buena fe».

También volvía sobre el argumento de los procedimientos en curso en Chile. «Los representantes legales del senador Pinochet, y el Gobierno chileno sostienen que el senador debe ser devuelto a Chile donde puede ser sometido a juicio, y que es artificial exigir una solicitud de extradición de Chile ya que su regreso sería voluntario», decía. Pero aquí, en este punto, el ministro se aferraba a la letra estricta de la ley. «No obstante, en ausencia de esa solicitud, no hay petición de extradición del Gobierno chileno que el ministro pueda considerar bajo la sección 12.5 de la ley de Extradición».

En el capítulo «consideraciones humanitarias», el ministro señalaba que Pinochet había alegado que tanto por su edad como por su estado de salud dictar una autorización para proceder sería injusto y cruel. «El ministro ha considerado esto cuidadosamente, pero ha concluido que teniendo en cuenta todas las circunstancias no será injusto o cruel que el senador se someta a un juicio en relación con los delitos de extradición pendientes que le son imputados. El ministro también tiene en mente que este asunto, entre otros, puede ser reexaminado a la luz de los acontecimientos en la etapa en que tenga que ejercer su discreción última al final del proceso de extradición, según la sección 12 de la ley».

Por fin, remataba: «El ministro ha considerado la última sentencia de los jueces lores y su impacto sobre el número y amplitud de los delitos por los cuales se pide la extradición y ha concluido que la solicitud formal de España plantea los delitos de extradición de tortura y conspiración para torturar. Ha tenido en cuenta las alegaciones de la defensa del senador Pinochet en el sentido de que la manera de plantear la extradición constituye un abuso del proceso. No considera que estas alegaciones sean suficientes en esta etapa para no dar su autorización».

El día 15, el presidente Frei conoció la decisión de Straw en Berlín. Habló con Insulza, quien le informó, desde Santiago, de que la defensa de Pinochet había decidido recurrir la nueva decisión de Straw ante el Alto Tribunal de Justicia y que era necesario definir si eventualmente el Gobierno podía participar en ese procedimiento.

Frei, ante la prensa, se refirió al asunto con dureza. «El señor Straw no ha querido asumir la responsabilidad política de responder a la clara indicación de los jueces lores en el sentido de reconsiderar su decisión anterior».

Insulza habló por teléfono con Robin Cook y Abel Matutes y ofreció una rueda de prensa. El canciller estuvo muy mesurado. Dijo que el Gobierno quería analizar con sus abogados las alternativas judiciales. Cuando la prensa le preguntó qué aspectos interesaban más al Gobierno, Insulza mentó la palabra terrible: extradición.

El ministro dijo:

—En particular, el Gobierno desea examinar las opiniones del señor Straw sobre la competencia española en este caso y su valoración sobre la alternativa de un juicio en Chile por no haberse solicitado la extradición.

Mientras tanto, el comandante en jefe del Ejército, Ricardo Izurieta, habló con Lucía Hiriart, quien, desesperada, le rogó, una vez más, después de haber insistido en ello durante su reciente viaje a Santiago, que viajara para estar junto a su marido. Izurieta le dijo que se trasladaría a Londres con su esposa, Beatriz Linzmayer.

El general informó posteriormente de que estaría cuatro días en el Reino Unido y que pensaba regresar a Santiago el día 22. El viaje, según quedó aclarado, tenía carácter privado. Izurieta no necesitaba, para cuatro días, una comisión de servicios.

—En Chile hay mucha gente frustrada, angustiada e intranquila —dijo Izurieta—, porque llevamos seis meses haciendo cosas pero el objetivo de que el general Pinochet vuelva no se ha logrado.

Izurieta criticó con dureza la resolución de Straw, pero atacó algo que le interesaba más:

—El Ejército no cree adecuado que las autoridades chilenas gestionen el retorno de Pinochet a través de una solicitud de extradición para enjuiciarlo en Chile por presuntas violaciones de derechos humanos.

Un periodista le preguntó si el Ejército podía aportar datos sobre el paradero de los desaparecidos.

—La gente a veces no cree lo que los militares dicen y está convencida de que todavía tenemos un saco de información reservada. Eso es falso, el Ejército ya ha entregado lo que conoce —dijo.

Izurieta y su esposa llegaron a Londres al día siguiente, el sábado 17. A las seis de la tarde, el general Juan Carlos Salgado condujo al comandante en jefe del Ejército chileno y a su esposa hacia Wentworth Estate.

La policía había autorizado a los familiares de las víctimas y a los partidarios de Pinochet a permanecer en la carretera, detrás de una hilera de vallas, a unos trescientos metros de la residencia. Allí, el sábado 17, los familiares, antiguos militantes políticos y miembros de grupos de derechos humanos, alrededor de un centenar de personas, celebraban la decisión del ministro Straw de autorizar el procedimiento de extradición.

La comitiva del comandante en jefe del Ejército chileno, para evitar a los manifestantes, llegó a la casona por otro camino. Izurieta y su mujer estuvieron tres horas con Pinochet. Al término del encuentro, en el salón, delante de la chimenea, Pinochet se sentó entre el matrimonio para hacerse una foto, que el Ejército chileno distribuyó después en Santiago. Se despidieron con el compromiso de almorzar juntos al día siguiente, a la una del mediodía.

En la mañana del día 18, el general Izurieta y su esposa visitaron a Margaret Thatcher, quien les explicó cómo veía la situación. La baronesa fue muy dura con el ministro Jack Straw y recordó las gestiones que había hecho.

Izurieta regresó al hotel para recibir al equipo de abogados de Kingsley & Napley. Michael Caplan y Clive Nicholls explicaron que la próxima batalla legal se centraba en lograr que el Alto Tribunal de Justicia diera su autorización para presentar el recurso de revisión judicial contra la decisión del ministro del Interior. Si no se obtenía ese permiso, daría comienzo el procedimiento de extradición. Poco después, Izurieta recibió a lord Norman Lamont, quien atacó sin piedad al Gobierno de Tony Blair.

En Madrid, el abogado Óscar Alzaga publicaba los días 18 y 19 de abril dos artículos en el periódico *Abc*, en la llamada página noble, la tercera, titulados *El caso Pinochet: un tren que viaja a ninguna parte*. Según explicaba, la autorización para proceder del ministro Straw y la resolución de los jueces lores «coincide en lo fundamental con la sostenida en su día por el fiscal jefe de nuestra Audiencia Nacional, o por el fiscal, señor Peláez, a quienes con tal motivo se endosaron los epítetos más gruesos». Era una hábil presentación, pero desfiguraba la realidad. Ni la orden de Straw ni los jueces lores habían cuestionado la calificación jurídica de genocidio o terrorismo. Solo consideraban «delito de extradición» la tortura, delito que, por otra parte, rechazaba la Fiscalía de la Audiencia Nacional. Alzaga, que colaboraba con el Gobierno chileno a través de la embajada chilena en Madrid, señalaba: «Con la independencia que me proporciona el no asesorar profesionalmente a ninguna de las partes de este proceso, me atrevo a sugerir que se revisen algunos de los criterios seguidos hasta el presente» y exhortaba a España a abandonar «de una vez por todas toda tentación de desempeñar unilateralmente afanes inquisitoriales o justicieros».

José Miguel Insulza se reunió con Frei en Hannover, Alemania. El lunes 19, el canciller trabajó con su equipo de abogados en la ciudad alemana; Insulza creía conservar un as en la manga, pero nada trascendió. Robin Cook le invitó a desayunar el martes 21 en Londres. Fue Cook quien, a mediados de marzo, al responder a una pregunta sobre las gestiones del Vaticano a favor del regreso de Pinochet a Chile, había señalado con rotundidad que la petición humanitaria sería considerada por el Gobierno una vez concluida la fase judicial.

La presencia de Izurieta en Londres y el hecho de que un viaje suyo a la capital británica generaría expectativas en los medios de comunicación le llevaron a la conclusión de que debía hacerlo en secreto. El presidente Frei anunció el martes 20, desde Varsovia, que el Gobierno daría «nuevos pasos» en relación con el caso del general, sin ofrecer la menor pista de lo que se tramaba.

En Londres, el ministro del Tesoro, Gordon Brown, entregó ese día los premios a los abogados de derechos humanos organizados por el periódico *The Times*. El premio del abogado del año recayó en Peter Duffy, fallecido a primeros de marzo, pocos días antes del fallo de los jueces lores. «Todos los ganadores han demostrado ser sobresalientes en sus esfuerzos para lograr que los derechos humanos sean reales y accesibles a la gente común», dijo el ministro. Era una muestra de los vínculos que miembros del gabinete de Blair mantenían con el mundo de Amnistía Internacional, a pesar del caso Hoffmann.

Mientras, en la Cámara de los Comunes ocurrió un hecho inesperado. Robin Cook tenía que responder a una pregunta de la oposición. El diputado conservador John Wilkinson había presentado por escrito la siguiente cuestión: «¿Cuántos ministros del Gobierno de Chile han visitado su departamento desde el 2 de mayo de 1997, cuando comenzó el Gobierno laborista?».

—Tenemos constancia de ocho visitas por parte de ministros chilenos —respondió Cook—. Me he reunido con el ministro de Relaciones Exteriores, José Miguel Insulza, y el viceministro, Mariano Fernández. Me encuentro mañana otra vez con el ministro para desayunar.

Ante la insistencia del diputado, Cook repitió:

—Como he dicho, ya me he reunido con el ministro y el viceministro, y me voy a reunir con el más importante de ellos otra vez mañana.

Ningún medio de comunicación se percató de la entrevista que había anticipado Cook. Pero Insulza fue informado de ello en Varsovia. El canciller y el presidente Frei decidieron que a la vista de los hechos era mejor suspender la visita secreta a Londres. Insulza aprovechó para regresar a Santiago vía Ámsterdam, donde visitó a su hija.

Capítulo 68

El arbitraje

El 22 de abril de 1999, el presidente Frei y sus principales ministros regresaron de su gira. Ese día, el comité político analizó en el Palacio de la Moneda un informe de José Miguel Insulza sobre los pasos a seguir tras la decisión del ministro Jack Straw favorable a abrir el proceso de extradición. Insulza ya tenía claro que era necesario incrementar la presión sobre España, habida cuenta de que en Londres poco se podría conseguir antes del juicio de extradición.

Al día siguiente, el canciller explicó a los medios de comunicación la estrategia del Gobierno. Chile cuestionaba la jurisdicción de España para juzgar los delitos de tortura imputados a Pinochet, los únicos pendientes después de la autorización del ministro Straw. Por ello, dijo, se pediría a España la aplicación del artículo 30 de la Convención contra la Tortura de Naciones Unidas, según el cual la resolución de cualquier controversia entre los Estados firmantes debe hacerse mediante un arbitraje; si éste no consigue superar las divergencias en un periodo de seis meses, los Estados pueden someter el asunto al Tribunal Internacional de Justicia de La Haya. La controversia, dijo, giraba en torno a la jurisdicción.

El canciller Insulza recordó que el Gobierno de Pinochet, al firmar en 1988 la Convención contra la Tortura, había hecho una reserva contra el artículo 30, precisamente el que somete las controversias al Tribunal Internacional de Justicia, que ahora pretendía invocar el Gobierno chileno. Insulza señaló que la reserva podía ser anulada rápidamente mediante un decreto supremo. Según informó, el presidente Frei ya había dado su apoyo a la medida. Una vez firmado, el decreto debía ser comunicado al secretario general de Naciones Unidas, Kofi Annan.

La nueva orientación de Insulza era todo un ejercicio de pres-
tidigitación. Hacía sólo cinco meses, el 26 de noviembre de 1998,
en las alegaciones que él y su equipo habían elaborado y que el
Gobierno chileno envió al ministro Jack Straw, se reconocía la jurisdicción de España en los delitos establecidos por la Convención
de Tortura de Naciones, firmada por Chile, España y el Reino Unido. En aquel escrito se señalaba que dicho convenio, ratificado por
España en 1987, y por Chile y el Reino Unido en 1988, «era el único que podría ser aplicable» en el caso Pinochet. A continuación
señalaba que la Convención contra la Tortura no «regiría respecto
a los hechos que se imputan al senador Pinochet».

Pero lo innegable, entonces, es que reconocía la jurisdicción
española. Y, ahora que los jueces lores habían colocado dicho tratado en el centro de la acusación contra Pinochet y, sobre todo,
ahora que existían varias decenas de víctimas de la tortura entre diciembre de 1988 y marzo de 1990, esto es, ahora que el tratado «era
aplicable», Insulza cambiaba la estrategia, desconociendo la jurisdicción española. Cuando, según el Gobierno chileno, el convenio
no podía regir para los delitos imputados a Pinochet, el tratado «era
aplicable»; pero cuando, según los jueces lores, sí «regía», por existir víctimas de tortura, aunque no fuera más que una sola, en la persona del joven Marcos Quesada Yáñez, a partir de diciembre de
1988, ya no era aplicable.

El sábado 1 de mayo, José Miguel Insulza llamó por teléfono
a Madrid para hablar con el ministro Abel Matutes sobre la evolución del caso. Aunque mencionó la idea del arbitraje, no se extendió en detalles. En cambio, Insulza manifestó la preocupación
del Gobierno chileno por los últimos pasos del juez Garzón, dirigidos a ampliar la lista de víctimas de la dictadura con casos posteriores a diciembre de 1988. También habló con el responsable del
Foreign Office, Robin Cook.

En España, a caballo de la conversación entre Insulza y Matutes, la Fiscalía de la Audiencia Nacional recibió instrucciones
de recurrir las resoluciones del juez. El fiscal general del Estado,
Jesús Cardenal, siguiendo la orientación del Gobierno, dio instrucciones a Eduardo Fungairiño, para iniciar una acción beligerante
contra la inclusión de los nuevos casos de tortura. Hacía seis largos
meses que Ignacio Peláez, fiscal del caso, siguiendo la línea oficial,
había dejado de bloquear las resoluciones del juez. Sus últimos
recursos se remontaban a octubre de 1998.

Peláez, a toda prisa, redactó el domingo 2 de mayo un primer recurso contra el auto del juez de fecha 27 de marzo. El escrito, que no trascendió a la prensa, señalaba que «velando por la pureza del procedimiento y observando que el auto de admisión de querella como presupuesto de la extradición activa de Augusto Pinochet Ugarte, puede resultar innecesario o superfluo, interpone recurso de reforma contra el auto de admisión a trámite».

Por aquellos días, se anunció en Santiago que Felipe González participaría en un seminario organizado por la Fundación Chile 21, que presidía el socialista Ricardo Lagos, aspirante a candidato de la Concertación en las elecciones presidenciales chilenas previstas para el 12 de diciembre de 1999.

González también iba a participar en Santiago, a primeros del mes de mayo, en otros actos, como el seminario de emprendedores que promovía su amigo Fernando Flores, el ex ministro de Salvador Allende que se había convertido en empresario de éxito en Estados Unidos.

El anuncio público de que González participaría en el seminario llevó a los dirigentes de la derechista Unión Demócrata Independiente (UDI) a encargar a los abogados de la Fundación Jaime Guzmán el estudio de posibles acciones legales contra él ante los tribunales chilenos por un presunto delito de torturas contra miembros de ETA.

La idea era «devolver» a España el golpe ocasionado por la detención de Pinochet.

González participó en el encuentro de Fernando Flores, en la Casa de Piedra de Santiago, el domingo 2 y el lunes 3. Pero decidió abandonar Chile al día siguiente. Habló con Lagos y ambos concluyeron que era absurdo protagonizar un incidente en plena campaña de las primarias dentro de la Concertación.

Al día siguiente, el martes día 4, González viajó a México. Insulza le llamó por teléfono. Habló con el presidente Ernesto Zedillo, anfitrión de Felipe González, pero no logró comunicarse con el dirigente socialista español. El presidente de la UDI, Pablo Longueira, declaró que la decisión de González dejaba en evidencia «que pretender establecer una jurisdicción universal para que en cualquier país del mundo se pueda juzgar a los jefes de Gobierno de otros Estados destruye el orden internacional». González prefirió no contestar.

Esa noche, tenía lugar el primer debate televisivo entre Lagos y su rival de la Democracia Cristiana en las elecciones primarias de la Concertación para elegir el candidato a presidente, Andrés Zaldívar. Ante un millón doscientos cincuenta mil espectadores, al abordar el tema de Pinochet, Lagos respondió: «Lo que está viviendo el general Pinochet es consecuencia de los hechos que tuvieron lugar en Chile. Y lo que tenemos que preguntarnos es: ¿se torturó o no se torturó en Chile?, ¿se exilió o no se exilió?, ¿se violentaron o no se violentaron los derechos humanos?».

Zaldívar, en cambio, manifestó: «Me ha molestado mucho cuando algunos miembros de la Concertación han tomado actitudes que han debilitado la posición de Chile en el caso Pinochet».

En la mañana del día 5 de mayo, mientras las encuestas daban en Santiago como vencedor del debate a Ricardo Lagos por amplio margen, el fiscal Peláez presentaba, en Madrid, un nuevo recurso contra otra resolución del juez Garzón, de fecha 30 de abril.

Al abordar el delito de tortura, Peláez desarrollaba lo que ya había planteado el 2 de mayo: «España no tiene competencia para reclamar la extradición de personas inculpadas por delito de tortura cometido fuera de España y contra ciudadanos no españoles».

Insulza tenía por fin un aliado de facto para su estrategia del arbitraje. ¿No decía el fiscal español que España carecía de jurisdicción, es decir, lo mismo que ahora sostenía el Gobierno chileno? Al día siguiente, 6 de mayo, el canciller chileno hizo declaraciones a la prensa en apoyo de la fiscalía. «El recurso del fiscal es un hecho muy significativo, estamos muy contentos por ello. En la presentación de la fiscalía española se cuestiona precisamente la competencia». Al mismo tiempo, insistió en el significado del arbitraje. «El objetivo no es llevar el caso Pinochet al Tribunal Internacional de La Haya. Ésa es la última instancia. Yo no tengo interés en dilatar esto cuatro años. Ojalá pudiéramos resolverlo en los próximos meses, a través de un contacto directo con el Gobierno español».

Por aquellas fechas, la política y los negocios se cruzaban día a día. A pesar del caso Pinochet, las inversiones españoles en Chile experimentaban, en 1999, un incremento espectacular, ampliando su esfera de negocios. Telefónica, Dragados, Sacyr, Ferrovial, Azucarera Ebro o Puleva mantenían y ampliaban sus actividades empresariales en Chile, y los bancos, como el Santander Central Hispano o el Banco Bilbao Vizcaya Argentaria ampliaba su presencia en el país mediante actividades financieras de gran envergadura.

Los negocios parecían seguir su rumbo natural, sin resentirse por el conflicto judicial y político que mantenían España y Chile a raíz del arresto de Pinochet y la solicitud de su extradición.

Pero había una gran operación pendiente: la compra de la empresa de generación eléctrica Endesa Chile por Enersis, filial de la española Endesa.

Endesa España había adquirido, en 1997, una participación del 28 por ciento en Enersis por 1.250 millones de dólares. Y, ahora, a comienzos del otoño chileno acababa de comprar otro 32 por ciento de Enersis por 1.450 millones de dólares, pero eso no era todo. Endesa España quería también adquirir negocios de generación, para lo cual tenía en su punto de mira a Endesa Chile.

La Comisión Resolutiva Antimopolios de Chile se reunió el 22 de abril, una semana después de que el ministro del Interior británico, Jack Straw, resolviera, el 14 de abril, autorizar el procedimiento de extradición de Pinochet. El momento no podía ser peor. La comisión estudió la propuesta del fiscal nacional económico, Rodrigo Asenjo, de suspender de manera cautelar la subasta para investigar si la operación vulneraba la situación de competencia en el sector eléctrico. Sin embargo, los cinco miembros de la comisión votaron contra la propuesta.

Pero a medida que se acercaba la subasta, la situación fue cambiando. El día 28, víspera de la venta, el fiscal insistió en su propuesta. La comisión volvió a considerarla y solicitó una investigación al fiscal para determinar si la compra era contraria a la libre competencia del mercado eléctrico. El asunto sorprendió a Enersis, ya que el tema había sido resuelto favorablemente por la misma comisión en 1997.

El presidente de Endesa, Rodolfo Martín Villa, recibió el informe de sus ejecutivos en Santiago. Enseguida olisqueó el enrarecimiento de la situación. Alguien estaba moviendo los hilos por razones políticas. Decidió viajar a la capital chilena, pero antes, en Madrid, al anunciar su rechazo a la suspensión, declaró: «Confiamos plenamente en el Estado de derecho de Chile».

En la primera semana de mayo, Martín Villa estaba en Santiago para desbloquear la situación. El vicepresidente segundo para asuntos económicos y ministro de Economía y Hacienda, Rodrigo Rato, se puso en contacto con el ministro de Economía chileno, Eduardo Aninat, para interesarse por el buen fin de la operación. Su volumen era importante: Enersis ofrecía 2.155 millones de dólares por el 60 por ciento de Endesa Chile. De concretarse, las inversiones de Endesa España se elevarían a 4.850 millones de dólares, algo más de la mitad de la inversión española total en Chile.

El viernes 7, el presidente Eduardo Frei llamó por teléfono a José María Aznar. Las relaciones entre ambos se habían enfriado, pero tanto la decisión de la Fiscalía española de recurrir las resoluciones del juez Garzón como la venta de Endesa Chile al grupo español eran temas relevantes. Si bien Insulza había hablado con Matutes hacía pocos días, Frei explicó a Aznar que el Gobierno chileno quería abrir negociaciones políticas directas con los Gobiernos español y británico. Fue totalmente franco: el arbitraje era el vehículo para establecer una negociación política. Aznar, sin comprometerse, pidió que se enviara la propuesta y que la estudiaría con la mejor disposición. Reiteró que no dejaba pasar ocasión sin subrayar el respeto por la transición chilena y su rechazo a la idea de que España pudiera convertirse en un tribunal penal internacional. En la conversación se abordaron también los problemas suscitados en la venta de Endesa Chile. Aznar conocía las dificultades por los informes de Martín Villa a la vicepresidencia económica del Gobierno y solicitó a Frei el apoyo para sacar adelante la operación.

Frei, quizá por su pasado de empresario, no deseaba mezclar los asuntos. La inversión proyectada era, por otra parte, muy voluminosa, al punto de que toda la operación de entrada de la empresa española Endesa en Chile era conocida en la prensa como «el negocio del siglo». La extrema cautela de Aznar en el asunto de Pinochet no pasó inadvertida para Frei. El Palacio de la Moneda, al filtrar días más tarde la noticia de la conversación, mencionó las dificultades. «Si bien ha habido avances en la materia, especialmente por las gestiones realizadas por el empresariado español ante Aznar, políticamente el Gobierno español no estaría en condiciones de ofrecer un acuerdo político antes de las elecciones municipales, autonómicas y europeas de junio. El Partido Popular estaría abocado a una operación política para desmarcarse de la derecha y aparecer como una fuerza de centro», dijeron, según el periódico *La Tercera*, fuentes gubernamentales chilenas.

El lunes 10, finalmente, la Comisión Resolutiva Antimonopolios aprobó por tres votos contra dos la venta de Endesa Chile a Enersis. La operación se concretó en la Bolsa de Santiago el lunes 11.

Dos días después, el miércoles 13 de mayo, el subsecretario Mariano Fernández, de viaje por Europa, llegó a Madrid. En un almuerzo, Fernández y el embajador Sergio Pizarro comentaron la situación del caso Pinochet con los abogados Óscar Alzaga y Luis Rodríguez Ramos. Se le pidió a Rodríguez Ramos un informe sobre el tema del arbitraje. Pizarro invitó, después, a Martín Villa, que todavía paladeaba la victoria de Endesa Chile, a tomar té en la embajada. Fernández le contó la propuesta de arbitraje.

A Martín Villa, un negociador nato, la idea le pareció muy bien. Fernández siguió viaje hacia Bruselas; el día 19 tenía previsto pasar por Madrid, antes de volver a Santiago, para tener un encuentro político importante.

Abel Matutes había mantenido largas conversaciones por teléfono con el ministro de Relaciones Exteriores, José Miguel Insulza. A veces, la ironía de Insulza deslumbraba a Matutes. Otras, el canciller chileno exhibía su mal humor de una forma concreta. Ya desde abril, Insulza no lo trataba de tú sino de usted; era su manera de marcar distancias.

Matutes decidió, finalmente, solicitar informes a la asesoría jurídica del Ministerio y, también, al diplomático José Antonio Yáñez, miembro del Partido Socialista Obrero Español, un hombre que había trabajado en el Palacio de la Moncloa durante la época de Felipe González.

La idea de Matutes era involucrar a los socialistas ante cualquier viraje de los acontecimientos. Y, para ello, también habló con González.

Hasta entonces, Matutes había solicitado a la asesoría jurídica informes sobre el tema de la jurisdicción española, intentando saber si la actuación del juez Garzón podía suponer, como afirmaba el fiscal jefe de la Audiencia Nacional, Eduardo Fungairiño, una violación del derecho internacional. La asesoría señaló que «las actuaciones atribuibles al Estado español están en principio respaldadas por el derecho internacional».

Ahora, Matutes consultó sobre el arbitraje. El director de la asesoría jurídica, Aurelio Pérez Giralda, estimó que el arbitraje era un «recurso prematuro» y subrayó que, si bien no era una condición necesaria, de hacerlo, se podía considerar «la posibilidad de tramitarlo como un tratado internacional a efectos internos». También señaló que el Gobierno podía consultar al Consejo de Estado.

Yáñez, representante de España en las reuniones de Naciones Unidas sobre el Tribunal Penal Internacional, señaló en su informe que si Chile acudía con una demanda al Tribunal Internacional de La Haya, ello no requeriría su paso por las Cortes, ya que la Convención contra la Tortura era un tratado en vigor.

Pero Yáñez advertía sobre las dificultades que planteaba el arbitraje: «La parte española habrá de dejar claro a la parte chilena el limitadísmo margen de actuación con que cuenta el poder ejecutivo, e incluso el legislativo, en relación con el judicial, de conformidad a las estipulaciones de nuestra Constitución, lo que alcanza también a la dificultad de ejecución en España de cualquier sentencia o laudo arbitral internacional que afectase a jueces o tribunales en el ejercicio de sus funciones jurisdiccionales».

Matutes escuchó también los argumentos de Óscar Alzaga, quien veía en el arbitraje una posible solución.

CAPÍTULO 69

Una furtiva lágrima

El 14 de mayo de 1999, José Miguel Insulza tuvo conocimiento de una noticia que le dejó perplejo, lo último que hubiera podido imaginar. El periódico próximo al Gobierno, *La Nación*, poseía información de que el juez interino del Segundo Juzgado del Crimen de Santiago había dictado sentencia en el caso de la denuncia por falsedad en el pasaporte diplomático concedido a Pinochet. El juez había realizado todas las diligencias solicitadas, excepto una: el calígrafo Alejandro González Durán, el hombre que fue llamado por la Cancillería para inscribir «la misión secreta», no se presentó al juzgado a prestar declaración. Durán había sido interrogado por la Policía de Investigaciones, pero no acudió a dos citaciones judiciales. El juez Carlos Escobar consideró, pues, que el delito de falsedad ideológica en la gestión del pasaporte diplomático de Pinochet resultaba «legalmente justificado». Sin embargo, al no poder acusar a persona determinada como «autor, cómplice o encubridor del delito investigado», el juez sobreseía temporalmente la causa, la cual fue elevada a la Corte de Apelaciones, para su consulta, el 30 de abril, a fin de ver si confirmaba o revocaba el fallo.

El testimonio del calígrafo era determinante. En su versión ante la policía, González Durán estuvo esquivo. No precisó en qué día del mes de septiembre de 1998 inscribió la misión oficial en el pasaporte de Pinochet ni tampoco las fechas que anotó en él. Si bien aseguró que tuvo el decreto de la misión de Pinochet en sus manos cuando hizo la inscripción, incurrió en una contradicción flagrante. El decreto sostenía que la misión comenzaba el 21 de septiembre de 1998 y finalizaba el 5 de noviembre, cuarenta y cinco días más tarde. Y, González Durán, según se supo después, escribió que se iniciaba el

14 de septiembre y que su duración, de 19 días, finalizaba el 5 de octubre. Escobar, de todos modos, consideró que había delito. Fue una bomba. Insulza no terminaba de encajar el golpe cuando Ricardo Lagos saltó al ruedo. En medio de un acto electoral de las primarias de la Concertación, el candidato socialista, en referencia a la sentencia judicial, apuntó a Insulza el domingo 16 sin nombrarle. «Lo importante es que las cosas se hagan con transparencia, con claridad y que se le dé una explicación al país. Si hay algo que importa es que el hombre político tiene que ser transparente y cada uno de sus actos tiene que poder explicarlos».

Al día siguiente, 17 de mayo, Insulza aclaró que la Cancillería había concedido la misión especial atendiendo a la protección de Pinochet y a consideraciones políticas, en el sentido de mantener un clima de entendimiento entre el Gobierno y el Ejército. El ministro dijo que, además: «sí existió una misión especial». Lagos elogió al canciller y echó agua al vino de sus declaraciones anteriores.

Frei e Insulza habían hecho gestiones para mantener una conversación telefónica con el primer ministro británico, Tony Blair, el martes 18 de mayo. Frei citó en su despacho a Cecilia Martínez, una intérprete que trabajaba para la Presidencia.

Apenas comenzó la conversación, Frei explicó a Blair que el proceso de transición chileno estaba sometido a fuertes tensiones a raíz del arresto de Pinochet en Londres y que una gran conmoción sacudía al Ejército. Subrayó que los miembros de su Gobierno habían sido perseguidos por la dictadura de Pinochet y que, a pesar de ello, creían que Chile era el único país que podía juzgarle.

—No somos una democracia consolidada. Hemos pagado el precio de una transición pacífica. Y tenemos que afrontar el problema de los detenidos desaparecidos, que es una herida abierta.

—Antes de que continúe —interrumpió Blair—, déjeme decirle que, contra todo lo que se ha dicho, la detención de Pinochet es un asunto estrictamente judicial.

—Pero sus consecuencias políticas son evidentes...

—En nuestro sistema, el ministro del Interior es quien sigue las actuaciones. En cierto momento le corresponde a él tomar la decisión. Pero eso ocurre cuando se termina el proceso judicial.

—Quiero decirle también —añadió Frei— que nuestro poder judicial está avanzando en el enjuiciamiento de violaciones de derechos humanos. Hay un juez que se ocupa de investigar las querellas presentadas contra Pinochet.

—El problema que tenemos es que España ha solicitado la extradición —contestó el primer ministro británico—. Y somos parte de la Convención Europea de Extradición.

Frei comenzaba a perder la paciencia.

—Quiero insistir en un punto. La detención del senador Pinochet ha introducido una gran tensión en un momento en el que estábamos abocados a preparar las elecciones presidenciales del mes de diciembre. Después de dos presidentes demócrata-cristianos, como debe usted saber, existe la posibilidad cierta de que un socialista vuelva a ser presidente de Chile.

Blair dijo que agradecía su iniciativa y que seguía con gran interés sus explicaciones.

Y agregó:

—En esta fase, me temo que es muy poco lo que se puede hacer. Hay cierta confusión fuera del Reino Unido con lo que ha pasado. Unos nos aplauden, otros nos critican. La actitud de la oposición conservadora ha aumentado esa confusión. Pero le aseguro que el arresto de Pinochet no es una operación política. Un Gobierno dirigido por un partido conservador en España está solicitando su extradición. En nuestro país, el ministro del Interior actúa en función de juez, no de político. Es él quien tomará la decisión, con arreglo a la ley, en el momento en que el asunto deje de estar en los tribunales.

Frei insistió en que los enfrentamientos políticos internos habían ganado en intensidad. Añadió que existía una creciente preocupación en las Fuerzas Armadas.

—El proceso judicial puede prolongarse demasiado. Pinochet es una persona de 83 años. Y el riesgo de que pueda morir fuera de Chile existe. Ello sería muy grave.

Blair endureció su posición.

—Presidente, nosotros no podemos interferir en el procedimiento judicial. Ahora, si usted me dice que va a haber un golpe de Estado en Chile, si usted afirma que hay un riesgo de una quiebra institucional, en ese caso tendremos que pensar... —dijo, en tono glacial.

La intérprete sintió un temblor. Mientras traducía al español, se le saltaron las lágrimas. Blair había colocado a Frei a la defensiva.

El presidente, directo, exclamó:

—¡No, no, jamás he sostenido eso! No puedo decirlo porque no es verdad. Hasta ahora, los militares se han comportado dentro del respeto a las reglas de juego.

—Entonces tenemos que esperar. Una vez que el proceso judicial termine el asunto pasará a manos del ministro. En esa etapa, cuando le corresponda decidir, podrá tomar en consideración todas las circunstancias, incluyendo las que usted ha enumerado. Frei continuó.

—Mire, una de las razones de esta llamada es mi deseo de que el Gobierno británico conozca de manera directa nuestra posición. He pensado enviar a Londres a una persona de mi total confianza para reunirse con quien usted designe, bajo estricta confidencialidad, y le informe acerca de la situación chilena. Deseo que usted tenga la mayor información posible y permita que le expongamos nuestro punto de vista.

—No tengo inconveniente si se hace manera discreta. Quiero ser otra vez claro en esto: no seré yo quien tome la decisión. Pero mi jefe de gabinete, el señor Jonathan Powell, atenderá a la persona que usted diga. Yo le daré instrucciones. Que se pongan en contacto con él.

La noche del 19 de mayo de 1999, el embajador Sergio Pizarro había reservado mesa para cuatro en el restaurante Lur Maitea. Felipe González y Trinidad Jiménez llegaron sobre las nueve y media. Pizarro y el subsecretario, Mariano Fernández, les esperaban en un salón separado del comedor principal.

Fernández criticó al Gobierno de Aznar por la diligencia con la cual había solicitado la extradición. Explicó que el Gobierno chileno deseaba entablar una negociación política con España sobre el tema de Pinochet. Esa negociación, señaló, no se podía hacer abiertamente porque sería interpretada como una clara interferencia en el procedimiento judicial. Era necesario, pues, hallar un foro adecuado. Después de estudiar diferentes alternativas, y habida cuenta de que el caso giraba en torno al delito de tortura, esa negociación se podía hacer en un escenario preciso: el artículo 30 de la Convención contra la Tortura.

González dijo que le constaba que el Gobierno podía haber maniobrado con la solicitud de extradición porque él mismo, durante el Gobierno socialista, recordaba que la extradición de algunos miembros de ETA se había denegado en cierto momento por razones políticas. El ex presidente se refería a los casos de Jesús Ricardo Urteaga Repullés, en 1988, y de Eugenio Etxebeste,

Antxon, en 1995, cuyas extradiciones había solicitado el juez de la Audiencia Nacional, Carlos Bueren. La primera había sido rechazada por «razones de gobierno», aunque dos años más tarde de la petición inicial se terminó cursando. La segunda, habida cuenta de la existencia de negociaciones de paz con ETA, se solicitó dos meses después de la petición judicial. Y, en relación con el arbitraje, González estimó que se podía intentar, aunque no creía que Aznar fuera favorable a ese procedimiento.

—Me parece razonable. Si para Chile el conflicto se puede dirimir por esa vía, estoy de acuerdo. Lo que no me parece bien es que el Gobierno español actúe como dices tú, como si el asunto no fuera con él, como si nada tuviera que decir sobre la política exterior de España.

Mariano Fernández sugirió:

—Para esto se necesitaría del consenso de Aznar y de Almunia.

—Yo hablaré con Almunia.

Frei había dado, pues, el paso hacia Tony Blair. La pregunta era: ¿quién debía actuar de Miguel Strogoff, el correo secreto del presidente?

Frei optó por Cristián Toloza, un hombre de su confianza. Toloza había sido su asesor personal desde el comienzo del mandato y ahora seguía ejerciendo funciones similares en el puesto de director de la Secretaría de Comunicaciones y Cultura (SECOCU), con despacho en el Palacio de la Moneda. A sus 40 años, Toloza era demócratacristiano y participaba en las reuniones del «comité chico», un selecto grupo de ministros en el que se apoyaba el presidente.

Psicólogo de profesión, Toloza había pasado un par de años en el Reino Unido, entre 1991 y 1993, donde obtuvo un máster de psicología social en la Universidad de Exeter. En febrero de 1999, Frei le envió a España y al Reino Unido para estudiar una estrategia de comunicación del Gobierno en el exterior a raíz del arresto del general Pinochet.

Ahora, pues, Frei tenía para él otra misión en el exterior.

En Santiago, la historia del origen de la invitación de Pinochet a Londres enturbió un poco más el ambiente. El periódico *Últimas Noticias* solicitó, a la luz de la sentencia del juez Escobar, una versión a Royal Ordnance, en Londres. Marilyn Swann, responsable de relaciones públicas y eventos de British Aerospace-Royal Ordnance atendió a las preguntas de la periodista Orietta Santa María.

Swann envió, después de hacer sus averiguaciones, un fax a Santiago el 19 de mayo. La portavoz decía: «Después de su llamada telefónica de ayer, le confirmo que el general Pinochet nunca ha realizado una visita por invitación específica de Royal Ordnance. Se le cursó una invitación preguntándole por una fecha adecuada, pero no se recibió respuesta. Espero que esto le ayude en su investigación». Swann envió una copia a sus superiores, entre ellos, al jefe de información al público de British Aerospace, Andrew Jeacock.

El diario chileno informó el 20 de mayo que, según una portavoz de Royal Ordnance la invitación cursada a Pinochet nunca recibió contestación, lo que en el contexto de la sentencia sobre el pasaporte y la misión especial redondeaba la idea de la falsedad. Insulza intentó quitarse del medio. «Fue el Ejército quien me pidió que gestionara un decreto en virtud de esta invitación. Confío en la palabra del Ejército».

El clima se enrareció tanto que Royal Ordnance recibió indicaciones de Chile y de fuentes próximas a Pinochet en Londres para que «aclarara» las cosas. Según anticipó en su edición del 21 de mayo el diario *El Mercurio* —del mismo grupo que *Últimas Noticias*—, la empresa británica estaba «realizando una investigación interna sobre sus vínculos formales con el senador vitalicio Augusto Pinochet. Fuentes de la compañía declararon que la investigación se lleva a cabo al más alto nivel con las personas involucradas en el tema. El objetivo es determinar de manera exacta los términos de la invitación extendida por Royal Ordnance al senador Pinochet. La fuente reveló que los resultados se harán públicos en los próximos días».

No tardó mucho. El mismo 21 de mayo, Marilyn Swann envió otro fax al periódico. «Me gustaría aprovechar la oportunidad para corregir un malentendido involuntario que pudo usted hacerse de mi fax del 19 de mayo de 1999. La compañía envió una invitación al senador Pinochet para que asistiera a distintas presentaciones en nuestras fábricas en el Reino Unido. La carta fue el resultado de conversaciones en Chile con la oficina del senador. La compañía aprovecha esta oportunidad para reconfirmar que la carta referida representó una invitación formal de la compañía al senador. En las conversaciones con la oficina del senador se habló de fechas provisionales. Sin embargo, la confirmación fue deliberadamente pospuesta hasta que el senador llegase al Reino Unido.

La hospitalización del senador impidió su confirmación para las presentaciones y, en consecuencia, las mismas no tuvieron lugar. Espero que esto clarifique la situación».

Era evidente, pues, que la invitación de Pinochet se había convertido en un tema urticante para Royal Ordnance. La empresa ya había pasado por la misma situación en octubre de 1998, cuando negó la existencia de invitación formal alguna y luego rectificó.

Por todo ello, British Aerospace emitió un comunicado público el mismo 21 de mayo. La compañía lamentaba «profundamente el malentendido creado por la información difundida el 19 de mayo que contradice comunicaciones anteriores hechas a la prensa británica en lo referente a la visita del senador Pinochet al Reino Unido el otoño pasado», y recordaba su invitación del 3 de septiembre de 1998. En declaraciones a *El Mercurio*, Andrew Jeacock precisó: «El error se debió a la inexperiencia de una joven ejecutiva de la oficina que trató de responder a una averiguación sin consultar con sus superiores». Pero lo cierto es que Marilyn Swann había enviado copia de su respuesta a Santiago el día 19 de mayo a su jefe.

El viernes 21 de mayo de 1999, el presidente Eduardo Frei pronunciaba en Valparaíso su sexto discurso ante las dos cámaras, el llamado Congreso Pleno, para abrir el periodo ordinario de sesiones del Parlamento chileno. Era la última rendición de cuentas de su mandato de seis años, que terminaba el 11 de marzo de 2000.

Esa mañana, la prensa chilena informaba de que el abogado Hugo Gutiérrez había solicitado al juez Guzmán el procesamiento de diez militares retirados, encabezados por los generales Sergio Arellano Stark y Pedro Espinoza por el caso de la «Caravana de la Muerte».

Hacía casi un año desde que Gutiérrez presentara, en junio de 1998, la querella número 7 contra Pinochet que inició el procedimiento. Gutiérrez, al pedir ahora los procesamientos de diez altos oficiales del Ejército, dejaba para más adelante la solicitud de procesar a Pinochet.

Los partidos de la derecha, Renovación Nacional y Unión Demócrata Independiente, preparaban un desplante a Frei en la sesión conjunta del Parlamento. El pretexto: la presencia de los embajadores de España, José Manuel Egea, y del Reino Unido, Glynne Evans. Ambos partidos habían intentado sin éxito que el presidente del Senado, Andrés Zaldívar, anulase las invitaciones en señal de repudio por el «secuestro» de Pinochet.

Antes de comenzar el acto, los parlamentarios de la Unión Demócrata Independiente desplegaron una pancarta en la que solicitaban la libertad de Pinochet y, a continuación, abandonaron el Salón de Honor, seguidos de unos pocos miembros de Renovación Nacional. Frei, minutos después, leyó su discurso ante los parlamentarios de la Concertación, los comandantes en jefe de las Fuerzas Armadas, el arzobispo de Santiago y los miembros de su gabinete.

Después de hablar durante más de dos horas y media, en los que fue interrumpido seis veces por gritos contrarios desde la oposición y los graderíos del público, el presidente abordó en la última parte de su discurso el capítulo del general Pinochet.

Su descripción de los hechos fue muy precisa. El arresto de Pinochet, venía a reconocer el presidente, había desnudado la fragilidad de la transición chilena. Lo dijo así: «Las insuficiencias de nuestra democracia han quedado patentes y el drama de los detenidos desaparecidos, de aquellos cuyo paradero se ha desconocido durante más de veinte años, permanece como una herida abierta en el alma nacional. El mundo entero lo sabe, y no lo olvida».

También valoró la actuación de sus ministros. «Mi Gobierno, conformado en su totalidad por opositores al Gobierno militar, con varios ministros que fueron objeto de torturas, persecución y exilio, ha actuado en una sola línea».

Y asumió, de hecho, el compromiso de traer a Pinochet de vuelta a Chile. «Sería fácil legar problemas a la siguiente administración, pero es mi deber como presidente de la República enfrentar con decisión el presente, asumiendo sus cargas y consecuencias. Mi convicción es que la permanencia del senador Pinochet en Londres acarrea un grave daño a la imagen de Chile en la comunidad internacional e introduce incertidumbres en el devenir de la política nacional. Siempre he pensado que es más beneficioso para el país que el senador Pinochet regrese a Chile durante mi mandato. Con este propósito, el Gobierno ha usado y seguirá usando los caminos políticos, jurídicos y humanitarios. Decidiré acerca de la conveniencia y oportunidad de las acciones que corresponda emprender».

Frei enfatizó que, «a su regreso, el senador Pinochet deberá hacer frente a los procesos judiciales en su contra, como cualquier ciudadano en similar situación. Debemos ser capaces de asumir nuestros problemas y no permitir que otros los resuelvan en nuestro nombre».

El martes 25 de mayo, la abogada Carmen Hertz presentó la querella número 20 contra Pinochet y los integrantes de la «Caravana de la Muerte» por los delitos de genocidio, secuestro, secuestro con resultado de muerte e inhumación ilegal. Durante el día hubo rumores de que el juez se aprestaba a dictar de un momento a otro el auto de procesamiento de varios oficiales del Ejército en el caso. El Gobierno tenía información puntual sobre los pasos del juez, lo mismo que el comandante en jefe del Ejécito, Ricardo Izurieta.

Pero el hecho judicial de la jornada fue otro. La Corte de Apelaciones de Santiago ordenó el sobreseimiento definitivo del ya conocido como el «caso pasaporte». Tal y como había sugerido Insulza, el tribunal consideró «que los actos reseñados no son constitutivos de delito».

El subsecretario de Relaciones Exteriores, Mariano Fernández, aludió, sin desvelar nada, a los nuevos contactos del Gobierno chileno. «Se están haciendo una serie de gestiones que combinan una operación diplomática política y también una operación jurídico-procesal», informó *La Tercera*. Fernández aludió, más explícitamente, a las «gestiones reservadas» ante el Gobierno español. Señaló que se trataba de definir el arbitraje previsto en la Convención contra la Tortura, lo que permitiría, dijo, resolver el problema de competencia con la justicia española y, al mismo tiempo, desarrollar una fase inicial de «negociaciones políticas». El subsecretario confiaba por aquellos días en que Frei podría mantener reuniones bilaterales con Tony Blair y con José María Aznar en la Cumbre América Latina-Unión Europea, prevista para finales de junio en Río de Janeiro.

La defensa española

El Alto Tribunal de Justicia celebró en Londres, el 27 de mayo de 1999, una vista para considerar el recurso de revisión judicial presentado por la defensa de Pinochet contra la autorización para proceder dictada por el ministro del Interior el 14 de abril. El abogado Clive Nicholls intentó persuadir al juez Harry Ognall de que existían méritos para una revisión judicial. Después de escuchar durante tres horas los argumentos de Nicholls y de Jonathan Sumption, el juez Ognall estimó que la solicitud de Pinochet era «prematura». Según explicó en su fallo, autorizar el recurso «va a desorganizar innecesariamente el proceso de extradición y frenar la maquinaria que da al general Pinochet todas las oportunidades para plantear los argumentos de su caso y proteger su posición».

La resolución podía ser recurrida ante otro tribunal de tres miembros, pero la rotundidad del juez Ognall dejaba a la defensa de Pinochet ante una difícil situación. Sus posibilidades de éxito eran más bien escasas. Pero, al mismo tiempo, un recurso haría bueno el argumento de que la defensa trataba de dilatar lo más posible el juicio de extradición.

En Santiago, la posible acción judicial en España era un tema que tanto la Cancillería como los asesores de Pinochet venían estudiando por separado.

El abogado Luis Rodríguez Ramos, en Madrid, sostenía que el Gobierno chileno debía personarse en el procedimiento como afectado ya que, si éste seguía adelante, el Estado chileno podía ser declarado responsable civil subsidiario y cargar así con las indemnizaciones derivadas de un eventual juicio. Óscar Alzaga, por su parte, apoyaba desde hacía tiempo la personación en la Audiencia Nacional para combatir la jurisdicción y no dejar al juez Garzón con las manos libres. En Chile, la Cancillería había solicitado informes sobre esta idea, la cual no gustaba, porque el Gobierno chileno temía que ello fuera interpretado como un reconocimiento de la jurisdicción española.

Alzaga, además, habló con Íñigo Cavero y con Landelino Lavilla, sus ex correligionarios en la democracia cristiana española, para ver qué posibilidades había con el arbitraje que proponía el Gobierno chileno. Según le confiaron, algunos miembros del Gobierno habían sugerido en el momento de solicitar la extradición pedir un informe al Consejo de Estado, pero Aznar descartó la idea. Ahora, dijeron, el ministro Matutes les había enviado algunos informes de la asesoría jurídica del Ministerio de Asuntos Exteriores.

Lavilla, ex ministro de Justicia durante el Gobierno de Adolfo Suárez, consideró que el arbitraje era un campo minado.

Por varias razones. El Gobierno de Pinochet había dejado constancia, al ratificar en 1988 la Convención contra la Tortura, una reserva al artículo 30, precisamente el que reconocía el Tribunal Internacional de Justicia de la Haya como el foro para dirimir cualquier controversia. Pero eso no era todo. España, durante el Gobierno de Felipe González, había introducido una cláusula de reciprocidad. Sólo reconocería una eventual reclamación de Chile ante ese tribunal tras pasar un año desde el momento en que dicho país dejara sin efecto su reserva. Lavilla creía, también, que una vez realizado el arbitraje, su conclusión debería someterse a votación en el Parlamento. Y le preocupaba otro aspecto: imponer el resultado en España. Si era adverso para la jurisdicción española, se presentaba un conflicto potencial con el poder judicial.

Los abogados chilenos José María Eyzaguirre y Ricardo Claro, socios en el bufete Claro y Cía, asesoraban desde Santiago a Pinochet. Ellos también creían que se debía iniciar una actuación en España. El abogado Ricardo Claro se había instalado en Madrid durante la presidencia de Salvador Allende y trabajó en el bufete de José Mario Armero y Fernando Escardó. Después del golpe del 11 de septiembre de 1973, ya durante la dictadura militar, se incorporó al Ministerio de Relaciones Exteriores.

Claro invitó a Escardó, que se encontraba en la capital chilena por otros negocios, a su finca de Zapallar, uno de los balnearios situados al norte de Viña del Mar, y le sugirió hacerse cargo del asunto. Al día siguiente, Escardó habló más en concreto con José María Eyzaguirre. La idea era formar un equipo de abogados en Madrid. Escardo le propuso a dos colegas: el penalista José María Stampa y el constitucionalista Óscar Alzaga. No sabía que Alzaga asesoraba a la embajada chilena en Madrid. Eyzaguirre le dijo que los dos encajaban en el perfil político que se estaba buscando.

Volvieron a verse. Eyzaguirre le confirmó que estaba de acuerdo con el equipo y le señaló que la embajada chilena en Madrid había acopiado muchos informes sobre el caso y que también el agregado militar, general Gabriel Rivera, contaba con algún dictamen.

—Hay que pedir el material, pero con discreción. Debe hacerse oficiosamente —sugirió Eyzaguirre—. Entiendo que Óscar Alzaga asesora a la embajada —añadió.

Escardó habló con Stampa. Estaba de acuerdo. Escribió un fax a Eyzaguirre el 24 de mayo para informarle. «No he podido aún hablar con Óscar Alzaga, pero espero hacerlo esta tarde» Alzaga subió esa tarde a la cuarta planta de la calle Velázquez, número 21.

Escardó le contó que le habían encargado coordinar la defensa de Pinochet en el procedimiento español. Le informó de que José María Eyzaguirre le había sugerido la contratación de varios abogados y que él había mencionado su nombre y el de Stampa.

Alzaga explicó su posición. La jurisdicción de España en el caso, dijo, carecía de la más elemental base jurídica.

—Yo soy amigo de Frei y de Aylwin y tengo buena amistad con el embajador chileno, Sergio Pizarro. Les he hecho algunos informes a título particular sin cobrar un céntimo. Hay otro abogado penalista, Luis Rodríguez Ramos, que colabora con la embajada. Yo os puedo ayudar. Si estáis tú y José María, me parece bien. He escrito unos artículos y te los puedo enviar mañana mismo. Pero prefiero que no se conozca mi participación. Formo parte del equipo, percibo mis honorarios, pero nadie debe saberlo.

—Bien, hablaré con Stampa y se lo diré a Eyzaguirre.

Escardó comentó con Stampa que Alzaga ponía como condición su participación secreta.

—Yo también... Y tú. Aquí no figura nadie y se cobra. Pero, hombre, no nos engañemos, si hay una razón por la que nos van a pagar es por dar la cara —dijo Stampa.

Los tres se citaron el viernes 28 para analizar los pasos a dar en el despacho de Stampa, en la madrileña calle de Álvarez de Baena.

Alzaga explicó que estaba dispuesto a colaborar, pero, insistió, su nombre no debía trascender. Stampa replicó que sería muy difícil mantenerle en incógnito; Escardó advirtió que tarde o temprano se sabría. No obstante, acordaron que harían todo lo posible para mantener el asunto en reserva.

—Bueno, hay que decidir lo que vamos a cobrar. Eyzaguirre me lo ha preguntado. No sé, pero esto va a llevar su trabajo —dijo Stampa.

Hicieron unos cálculos.

—¿Os parece bien una provisión de fondos de 50 millones de pesetas [300.500 euros]? —propuso Stampa.

La provisión suponía 16,6 millones de pesetas [99.768 euros] por cabeza. Tanto Escardó como Alzaga estuvieron de acuerdo.

Los tres concluyeron que Pinochet debía otorgar los poderes para personarse cuanto antes en la Audiencia Nacional.

Eyzaguirre llamó el domingo 30 de mayo a Escardó para ver cómo iban las cosas y preguntó cuánto pensaban cobrar. Escardó le dijo que ya se lo dirían.

El mismo día 31, Stampa envió un proyecto de poder para pleitos a Santiago y aprovechó para pedir los fondos.

«Le participo que el equipo designado, en el cual me integro, solicita (para los tres) una provisión de fondos por importe global de trescientos mil dólares, que correspondería a la aceptación del encargo profesional y a las múltiples diligencias de información y ordenación documental que debemos llevar a cabo de manera inmediata».

José María Eyzaguirre informó a Escardó de que los abogados británicos viajarían a Madrid para analizar la situación y conocer la situación procesal y legal española, y le solicitó que preparase una reunión con Stampa y Alzaga el viernes 4 de junio. Escardó confirmó por fax a Eyzaguirre la reunión:

«La reunión con los señores Alzaga y Stampa tendrá lugar en el despacho de este último el próximo viernes 4 de junio, a las 11 horas. Hemos reservado a nombre tuyo y del señor Marco Cariola dos habitaciones en el hotel Wellington, calle Velázquez nº 8, para el jueves, día 3, y viernes, día 4».

La tarde del jueves 3, el senador chileno independiente por Unión Demócrata Independiente (UDI), Marco Cariola, José María Eyzaguirre, y los abogados Hernán Felipe Errázuriz y Miguel Álex Schweitzer, acompañados por el general Juan Emilio Cheyre, viajaron de Londres a Madrid con el fin de celebrar una reunión de todos los abogados —chilenos, británicos y españoles—que participaban en la defensa de Pinochet.

Cheyre era el enlace en aquellos meses entre el general Ricardo Izurieta y Pinochet. Eyzaguirre había anticipado a Escardó que el general Cheyre estaría presente en la reunión. Escardó consultó con sus colegas. Alzaga prefería que no participara.

Escardó reservó una mesa para tres en el restaurante Horcher, en la madrileña calle de Alfonso XII, a pocas calles del hotel Wellington, la noche del jueves. Tanto Cariola como Eyzaguirre anticiparon a Escardó que los abogados británicos expondrían, en la reunión del día siguiente, su preocupación por el inicio de acciones legales en España ya que, pensaban, podría interpretarse como un reconocimiento de la jurisdicción española en el caso.

—Veo complicada la participación de Óscar Alzaga —dijo Escardó—. Como ya os expliqué él desea tener una intervención secreta. No sé... Al final todo se termina sabiendo.

—¿Y no hay modo de convencerle?—preguntó Eyzaguirre.

—Tanto Stampa como yo se lo hemos dicho. Pero insiste en que forma parte del equipo, cobra sus honorarios, pero no aparece. Dice que él ha asesorado a la embajada chilena por amistad con el embajador Pizarro sin cobrar un céntimo...

—Bueno, ya veremos... En cuanto a los primeros pasos a dar, tú insistes en la necesidad de hacerse parte en la causa —dijo Eyzaguirre.

—Sí, necesitamos el poder cuanto antes... —urgió Escardó.

El abogado español también preguntó si finalmente estaría presente el general Cheyre. Eyzaguirre explicó que había viajado con ellos en el vuelo de Londres y que sería muy difícil excluirle. Se acordó que, dada la reticencia de Alzaga, acudiera a última hora y participara en el almuerzo.

A primera hora del viernes 4, José María Eyzaguirre marchó a la sede de la embajada chilena en Madrid, en la calle de Lagasca. Quería pedir al embajador Sergio Pizarro, a quien conocía desde hacía años, un favor: persuadir a Alzaga de que aceptara formar parte oficialmente del equipo de defensa. Eyzaguirre pensaba que si Pizarro, a quien Alzaga asesoraba, podía arreglar el asunto.

Pizarro llamó a Alzaga desde su despacho en presencia de José María Eyzaguirre y le preguntó si no era posible su participación oficial en el equipo que se estaba formando en la reunión prevista para esa mañana. Alzaga dijo que no lo veía posible y que había decidido no acudir. Alzaga, por su parte, llamó al bufete de Stampa para excusar su asistencia.

A la hora establecida, los abogados se presentaron en el despacho de Stampa, en la madrileña calle Álvarez de Baena. Eran nueve abogados: Michael Caplan, Clive Nicholls, Ernesto Díaz Bastién, Hernán Felipe Errázuriz, Miguel Álex Schweitzer, Marco Cariola, José María Eyzaguirre, Fernando Escardó y José María Stampa. Se acomodaron en el salón biblioteca del despacho de Stampa. Iniciada la reunión, llegó el general Cheyre. Le hicieron esperar.

Nicholls explicó:

—Hoy se decide en Londres la fecha del juicio de extradición. Nuestra solicitud de revisión judicial de la decisión del ministro Straw ha sido denegada. Nos hemos preguntado por las posibilidades de una acción legal en España y si ello no sería perjudicial para nuestra actuación en el Reino Unido. Una personación en España podría ser percibida como un reconocimiento de la jurisdicción española.

Tanto Stampa como Escardó explicaron que no veían por qué una acción de defensa en España podía ser perjudicial en el Reino Unido, donde sólo quedaba acudir al juicio de extradición. La personación buscaba, dijeron, impugnar la competencia de España.

Después de contemplar las ventajas y posibles inconvenientes, se acordó preparar un poder general para pleitos.

—La tramitación debe ser muy rápida. Sólo tenemos lo que queda de junio y julio. La actividad en los juzgados se paraliza en agosto —enfatizó Stampa.

Los abogados hicieron pasar al general Cheyre, y siguieron analizando las alternativas. Después, fueron a comer, en el edificio contiguo, al restaurante Zalacaín.

Alzaga no acudió a la reunión inaugural de los abogados con los representantes de Pinochet. Sin embargo, la semana siguiente envió a Escardó una nota para Eyzaguirre. Tenía tres folios y medio sobre el caso. Mencionaba dos puntos: recusación del juez y falta de jurisdicción española.

Según la nota, «la contaminación del juez Baltasar Garzón con la actuación de la Fiscalía británica es causa legítima de recusación [...]. Es aún tiempo hábil para promover la misma. Corresponde instruir la pieza separada de recusación [a Garzón] al magistrado más moderno [sic] de la respectiva Audiencia, que en este caso no es de inspiración progresista». Se refería al magistrado Guillermo Ruiz Polanco, titular del juzgado de instrucción número 1 de la Audiencia Nacional. Pero lo cierto es que no había tal contaminación. El CPS, la Fiscalía británica, actuaba como abogado de Garzón en el caso.

En el segundo punto, la nota señalaba la «presunta inconstitucionalidad del artículo 23.4 de la ley Orgánica del Poder Judicial» que extiende la jurisdicción penal española más allá de las fronteras nacionales, y subrayaba la falta de jurisdicción para los delitos de tortura.

Según Alzaga «cabría plantear toda esta problemática en Londres, pero se tropezaría con el peligro de que los tribunales británicos entendiesen que la cuestión debe dilucidarse en el país que solicita la extradición». Y añadía: «La problemática que acabamos de plantear se puede esgrimir en España, tanto ante la Audiencia Nacional como, subsidiariamente, ante el Tribunal Supremo [...]. Obviamente, ganada la cuestión en Madrid, la solicitud de extradición cae por su base. De haberse planteado esta cuestión en Madrid hace algunos meses podría el senador Pinochet estar ya en Santiago».

10, Downing Street

Eduardo Frei había asumido el compromiso personal de lograr el regreso de Pinochet a Chile. Ahora, después de su dura conversación con Tony Blair, tenía la posibilidad de presentar los argumentos de su Gobierno de manera directa. El presidente llamó a Toloza:

—Cristián, he hablado por teléfono con Tony Blair. Vamos a abrir un canal paralelo para informarle directamente a él. Serás tú quien viajará a Londres. Tienes que llamar a su jefe de gabinete, Jonathan Powell, a Downing Street. Nadie debe saberlo.

Frei insistió en que la operación debía hacerse de manera muy discreta. El embajador Mario Artaza tampoco debía ser informado.

El nombre de Powell era quizá más importante de lo que Frei y Toloza podían suponer. Si bien su cargo formal era jefe de gabinete, Powell representaba mucho más que eso. Se había convertido en uno de los principales asesores políticos de Blair. Su hombre de mayor confianza.

Powell formaba parte de lo que se podía llamar una dinastía. Su hermano Charles, diplomático de carrera, había sido la eminencia gris de Margaret Thatcher, en calidad de secretario privado, entre 1984 y 1990, para los temas de política exterior. Charles, destinado a principios de los años setenta en la embajada británica en Washington, había cultivado una excelente relación con Henry Kissinger y miembros destacados del Partido Republicano. Fue Powell quien más tarde conectó a lady Thatcher con el equipo de Ronald Reagan.

Chris, el segundo hermano por orden de aparición, era miembro del Partido Laborista, y trabajaba como consejero delegado de BMP DDB Needham, la agencia de publicidad encargada de la campaña del Partido Laborista en las elecciones de mayo de 1997, las que habían llevado a Blair al poder. El tercero, Roderick, se dedicaba a los negocios en Estados Unidos.

Jonathan, el más joven, de 42 años cumplidos, era el menor de la saga. Alto y delgado, pelo gris tan ensortijado que parecía llevar una permanente, rostro largo y frente amplia, había estudiado en Oxford, tras lo cual optó por la carrera diplomática porque, según decía, es un buen sitio para recalar cuando no sabes lo que quieres hacer. Fue destinado en Lisboa, Londres, Estocolmo, Viena y, a partir de 1991, partió a Washington como primer secretario en la embajada británica. Seguía, pues, el itinerario de su hermano Charles. Allí, Jonathan comenzó a anudar, antes de las elecciones presidenciales de 1992, una relación con un hombre que estaba llamado a una importante carrera en el Partido Demócrata y en el país. Su nombre era Bill Clinton.

Blair ofreció a Jonathan Powell, al convertirse en líder del Partido Laborista, que se uniera a él, en 1994. Powell abandonó la carrera diplomática y trabajó para hacer un puente entre Blair, jefe de la oposición al Gobierno conservador de John Major, y la comunidad de negocios del Reino Unido. Fue Powell quien convenció a Blair de que los laboristas debían financiarse con aportaciones de los empresarios y quien colaboró en la recolección de fondos.

Blair, ya en Downing Street, solía confiar a Powell algunas misiones especiales, lo que llevó a este último a mecerse de crisis en crisis. Powell solía decir que mientras el jefe de gabinete de la Casa Blanca se ocupa de que la máquina funcione, él hacía algo más, se reunía con gente para conocer directamente una situación y razonar sobre su posible solución. Fue así como Blair le designó su representante en las conversaciones de paz sobre Irlanda en la Semana Santa de 1998 y, más tarde, a mediados de julio, hizo gestiones discretas para encauzar la violencia desatada por los protestantes de la Orden de Orange en el barrio católico de Portadown, en Belfast, Irlanda del Norte. Más recientemente, durante la guerra de Kosovo, en marzo de 1999, actuó como enlace entre Blair y el jefe de Defensa, general Charles Guthrie.

Powell era, de manera creciente, el hombre que controlaba el acceso a Blair, el que extendía los tentáculos del primer ministro en los principales ministerios del Gobierno.

Powell había seguido el caso de Pinochet por la información disponible en Downing Street, aunque, hasta ahora, no había intervenido directamente en el asunto.

Cuando Toloza le llamó por teléfono desde Santiago, Powell ya sabía de qué se trataba. El planteamiento de Blair fue muy sencillo. Si bien el tema de la extradición de Pinochet era un asunto judicial que debía seguir el ministro del Interior, Jack Straw, ello no era incompatible con tener acceso a la mayor información posible para formarse su propio juicio.

Powell citó a Toloza para el 2 de junio en la sede del Gobierno, en Downing Street número 10.

El 28 de mayo, Ricardo Lagos y Andrés Zaldívar sostuvieron el segundo y último debate televisivo antes de las elecciones primarias de la Concertación, previstas para dos días más tarde, el 30 de mayo. Al abordar la pregunta sobre si estaría dispuesto a hacer gestiones para conseguir el regreso de Pinochet, Lagos dijo que «como humanista» estaría dispuesto a interceder por Pinochet ante el primer ministro Tony Blair, si este último asistía, en la última semana de junio, a la reunión de la Internacional Socialista, prevista en Buenos Aires.

Lagos ganó, el 30 de mayo, las elecciones primarias de los partidos de la Concertación, alzándose con más del 70 por ciento de los votos, contra el 29,9 de Zaldívar.

En medio de la euforia, el subsecretario Mariano Fernández informó en Santiago, el 1 de junio, que el Ministerio de Relaciones Exteriores había enviado por valija diplomática a la embajada chilena en Londres un exhorto del juez Sergio Muñoz, aprobado por la Corte Suprema, para interrogar a Pinochet por el asesinato del sindicalista Tucapel Jiménez en 1982. Fernández e Insulza dieron instrucciones al embajador Artaza para que el cuestionario fuera enviado a las autoridades británicas. La idea era, pues, mostrar que la justicia chilena se estaba moviendo, también, en relación con el intocable: el general Pinochet.

Esa tarde, Toloza cogió un vuelo de Santiago a Londres, se alojó en el hotel The Diplomat, un hotel de cuatro estrellas. Estaba situado en Chesham Street, a pocos pasos de la embajada de Chile. Y, al día siguiente, el 2 de junio, se presentó en Downing Street.

En la entrada, Toloza se identificó, exhibió su pasaporte y el funcionario anotó sus datos en el registro de visitas. Le hicieron pasar a una sala de espera. Powell apareció con un secretario muy joven. Los tres entraron en otra sala, en la planta baja. Allí tomaron asiento.

Toloza informó de que el presidente Frei tenía un extraordinario interés en que el primer ministro Blair conociera directamente los argumentos del Gobierno de Chile sobre el caso. Powell, un hombre tan discreto como flemático, replicó que el asunto de Pinochet no era un tema político y que Blair esperaba aclarar esto en los contactos que se abrían. La decisión sobre Pinochet, señaló, era dominio exclusivo del ministro del Interior, Jack Straw. Al mismo tiempo, recomendó confidencialidad para evitar torcidas interpretaciones. Bastaba, dijo, que se filtrara la visita para que se difundiera la idea de que se buscaba algún pacto secreto.

Toloza expuso que el arresto de Pinochet había recreado en Chile una situación de enfrentamiento, pero que no existía un riesgo de involución, y refrescó los aspectos más duros de la conversación que Frei había mantenido con Blair.

Powell aclaró el punto de vista de Blair.

—Nosotros respetamos la posición del Gobierno chileno. Pero el primer ministro me ha dado instrucciones para decirle que éste es un asunto del ministro del Interior. Cualquier solución tendrá que ser conforme a la ley. Habrá que seguir atentamente las novedades que se presenten.

Toloza explicó que el Gobierno estaba siguiendo la salud de Pinochet y que podría informar más adelante sobre el tema.

Powell despidió a Toloza y le sugirió que volviera al día siguiente.

La mañana del 3 de junio, el día que cumplía 41 años, Toloza salió otra vez hacia Downing Street. Esta vez el visitante no necesitó registrarse en el libro de visitas y, simplemente, le hicieron esperar. Powell acudió solo. Después de un turno de preguntas, Toloza insistió. El presidente Frei quería saber cuáles podían ser los plazos.

—El marco de cualquier salida debe ser legal, como ya le he dicho —dijo Powell—. El primer ministro es sensible a los argumentos chilenos, pero se debe respetar la jurisdicción de los tribunales británicos. El proceso no está todavía en la fase en la que el ministro del Interior tenga que decidir. Habrá, pues, que esperar. El primer ministro quiere formarse su opinión, pero tiene que hacerlo con mucha delicadeza. Si su Gobierno lo cree necesario, puede usted volver a verme.

Toloza salió de Londres hacia Santiago el 4 de junio. Esa mañana, el magistrado Graham Parkinson resolvió en Londres que el juicio de extradición comenzaría el 27 de septiembre de 1999 en el tribunal penal de Bow Street. Según el magistrado, si Pinochet prefería no estar presente, podía escribir una carta solicitándolo.

Pero Graham Parkinson precisó: el día de la lectura del fallo Pinochet debía estar presente en la sala del juicio. Era obligatorio.

CAPÍTULO 72

La familia militar

Los rumores sobre el inminente procesamiento de varios generales retirados del Ejército por los crímenes de la «Caravana de la Muerte» incrementaron la presión sobre el comandante en jefe del Ejército, Ricardo Izurieta. Hacía poco más de un año que había asumido el puesto de comandante en jefe del Ejército. Y, en los últimos meses, sobre todo después del arresto del general Pinochet en Londres, los tribunales de justicia chilenos habían incrementado sus investigaciones sobre casos que los militares creían ya sellados por la ley de Amnistía, procesando a importantes generales retirados por presuntos homicidios y secuestros. El 27 de mayo de 1999, Izurieta fue invitado a almorzar en el Círculo de Oficiales en Retiro. Esa misma mañana, la prensa daba noticia de la orden del juez de la Corte de Apelaciones de Santiago, Sergio Muñoz, de enviar un exhorto a Londres para que Pinochet respondiera a preguntas sobre el asesinato del dirigente sindical Tucapel Jiménez. En este crimen ya estaban procesados doce militares, entre los que destacaba el general retirado Ramsés Arturo Álvarez Scoglia, jefe de la Dirección de Inteligencia del Ejército (DINE) en 1982, cuando tuvieron lugar los hechos.

En el almuerzo, Izurieta calificó el golpe de Estado de 1973 como «una gesta nacional». Los oficiales retirados no ocultaron su zozobra ante las causas abiertas por la violación de derechos humanos, entre las que se contaban la detención de Pinochet en Londres, las del caso Tucapel Jiménez, o la de la masacre de la llamada «Operación Albania», en la que fueron asesinados los terroristas que habían atentado sin éxito contra la vida de Pinochet en 1986. En este caso se había procesado al ex jefe de la antigua Central Nacional de Informaciones (CNI), Hugo Salas Wenzel. Además, en pocos días, lo que ya era un secreto a voces, comenzarían los procesamientos en el caso de «Caravana de la Muerte». Izurieta dijo que «los intentos de venganza política contra los supuestos actos en contra de los derechos humanos durante el Gobierno militar y la reinterpretación de la ley de Aministía, son obstáculos a la modernización de las Fuerzas Armadas». Y aseguró que el Ejército «no abandonará a sus miembros en retiro afectados por procesos judiciales derivados de su función profesional». Les prometió, pues «el máximo apoyo que la actual legislación nos permite». Al trascender sus palabras a la prensa, Izurieta se limitó a señalar: «Fue una conversación que yo tuve en forma privada en Santiago con los oficiales en retiro».

La sensibilidad de Izurieta en el caso «Caravana de la Muerte» no era casual. Fue él quien, en calidad de juez militar de Antofagasta, solicitó en 1991 a la justicia ordinaria de Copiapó que se inhibiera en la investigación de esos hechos a favor de la justicia militar.

El 7 de junio, Día de Infantería, Izurieta pronunció un discurso, esta vez «público», ante cuatrocientos miembros del Ejército, en el Regimiento Rancagua, en Arica. Según dijo, «el enjuiciamiento del régimen militar demanda necesariamente un juicio a los causantes de la crisis política que originó la intervención de las Fuerzas Armadas», en 1973. Atacó a los partidos políticos al señalar que, después del golpe militar, actuaron «primero, para crear un clima de creciente violencia y, después, para exacerbar odiosidades y revanchismos». Izurieta recordó que el Ejército no descansaría hasta el regreso del general Pinochet a Chile.

Pero, al mismo tiempo, ante la extensión de los procesos judiciales, dio el espaldarazo a la iniciativa que ya había asomado en el mes de abril, con ocasión de la reapertura del caso Tucapel Jiménez, y que se había gestado pocos meses después del arresto de Pinochet: la de constituir una «mesa de diálogo» para abordar el tema de los derechos humanos. «El Ejército aparece enfrentado a los deudos de las víctimas. Este problema se puede abordar con altura de miras, con un gran acuerdo, sin olvidar el contexto histórico en que estos hechos ocurrieron».

El reloj del juez Juan Guzmán para procesar a los acusados en la «Caravana de la Muerte» no se detenía. El mismo lunes 7, la abogada Pamela Pereira presentó al juez un escrito en nombre de Carmen Hertz. En él se solicitaba el procesamiento del general Pinochet junto con los militares que habían participado en la operación. El escrito recordaba que el general Arellano Stark había actuado como «oficial delegado» de Pinochet.

Al día siguiente, el juez Guzmán, después de investigar los 75 asesinatos de la «Caravana de la Muerte» durante un año, y ver bloqueada por la Corte Suprema su propuesta de viajar a Londres para interrogar a Pinochet, dictó el auto de procesamiento contra los generales retirados Sergio Arellano Stark y Pedro Espinoza; los coroneles retirados Sergio Arredondo, Marcelo Moren Brito y Patricio Díaz Araneda. El juez les acusaba de un delito de secuestro calificado o agravado de diecinueve personas (trece en Calama, tres en Copiapó y tres en Cauquenes) cuyos restos nunca aparecieron. Con la idea de «delito permanente» en la mano, tal como argumentaban los abogados de las familias afectadas, el juez daba un rodeo a la ley de Amnistía. El delito de secuestro calificado suponía una pena de prisión que iba de quince años y un día a veinte años.

Sin embargo, en el caso de otros cinco altos oficiales de la comitiva, que participación en las ejecuciones, el juez aplicó la amnistía. La razón: a la fecha del auto del juez, habían aparecido los cuerpos de 56 personas asesinadas durante la operación. Estos crímenes, al aparecer los cuerpos, estaban amparados por la amnistía.

El juez señalaba en el auto que el general Arellano Stark había recorrido en helicóptero el país desde Arica a Puerto Montt entre septiembre y octubre de 1973, en su calidad de oficial delegado del comandante en jefe del Ejército, Augusto Pinochet, con la específica misión de «agilizar los procesos» de los prisioneros políticos juzgados por consejos de guerra. Sin embargo, el juez desestimó la petición de Carmen Hertz de procesar a Pinochet por secuestro calificado «por cuanto no se reúnen los requisitos de procesabilidad que permitan, por ahora, determinar dicho enjuiciamiento».

Pinochet seguía siendo senador. Luego, para procesarle, el juez tenía que solicitar antes el levantamiento de su fuero de senador, o desafuero, a la Corte de Apelaciones de Santiago, decisión que podía ser recurrida ante la Corte Suprema. Una vez obtenido el desafuero, debía tomarle declaración indagatoria.

Pero la resolución no era sólo un brindis al sol. El juez no le procesaba «por ahora». En su pequeño despacho, en la sede de la Policía de Investigaciones, en el centro de Santiago, el juez Guzmán repasaba una lista de doscientas preguntas para formular un exhorto con el fin de que Pinochet enviara sus respuestas desde

Londres. El juez seguía su trabajo de hormiga para reunir las condiciones de «procesabilidad» del general.

Izurieta acudió esa mañana al despacho del ministro de Defensa, José Florencio Guzmán, a raíz del discurso del lunes 7. Izurieta le explicó que sus palabras intentaban responder al malestar que existía en el Ejército por las investigaciones judiciales y lo que entendían era una nueva interpretación de la ley de Amnistía de 1978. Al término de la reunión, el ministro aclaró a la prensa que «no existió reconvención alguna» hacia el comandante en jefe del Ejército, que sólo le había solicitado «mesura» y «prudencia», y que el Gobierno tenía plena confianza en la justicia. «Le dije que el Gobierno tiene plena confianza en la justicia. Creemos que es un poder independiente del Estado, que funciona con completa normalidad y que tenemos la plena convicción de que la justicia va a actuar con ecuanimidad. Le dije también que no es conveniente que de ningún lado, ni del Ejército ni de ningún otro sector, surjan periódicamente discusiones sobre el pasado, porque ello no ayuda a una solución», señaló el ministro.

Por la tarde, Izurieta acordó con el comandante en jefe de la Fuerza Aérea Chilena, general Fernando Rojas Vender, y el comandante en jefe de la Armada, almirante Jorge Patricio Arancibia, una «reunión privada». El auto de procesamiento dictado por el juez Guzmán, como temían los militares, ya era un hecho. Después de analizar la situación, Arancibia marchó a ver al ministro de Defensa.

Arancibia, en solidaridad con Izurieta, volvió a evocar, el miércoles, el clima de deterioro y enfrentamiento, pero aprovechó las circunstancias para lanzar la propuesta de constituir una mesa nacional de «hombres buenos» para resolver el tema de los derechos humanos.

El jueves 10, el general Arellano Stark ingresó en el Hospital Militar de Santiago a la espera de que se le notificara el auto de procesamiento. Un juez militar dio cuenta de la resolución del juez Guzmán, y se ordenó que los procesados, que habían entrado en diferentes hospitales y unidades militares, quedaran detenidos poco después del mediodía. Esa tarde, el sudirector general de Carabineros, Gustavo Lagos, los comandantes en jefe de la Armada y de la Fuerza Aérea y los senadores institucionales designados, ex militares, miembros de la llamada «bancada militar» se acercaron a la calle Zenteno, sede del edificio de las Fuerzas Armadas, y subieron al despacho del general Izurieta, quien les invitó a tomar té. La excusa: saludar al comandante en jefe del Ejército la víspera de su aniversario. Izurieta cumplía 56 años el 11 de junio.

En la reunión, se habló de que el Gobierno se escudaba en el carácter independiente del poder judicial y que nada podía hacer para evitar el «desfile de más de 800 oficiales y suboficiales» por los tribunales. Los senadores Jorge Martínez Busch, ex comandante en jefe de la Armada, y Julio Canessa, ex vicecomandante en jefe del Ejército, señalaron a la prensa que los tribunales debían volver a aplicar la ley de Amnistía sin determinar antes las responsabilidades penales.

Izurieta convocó el 14 de junio una reunión del cuerpo de generales. La última se había celebrado el 23 de abril a su regreso de Londres. El comandante en jefe explicó a 39 generales la situación general, los procesos, las iniciativas para conseguir el regreso de Pinochet y la necesidad de impulsar un acuerdo para resolver el tema de los derechos humanos.

En el fondo, la «movilización» militar apuntaba a un objetivo preciso. El auto de procesamiento del juez Guzmán sería desafiado por un recurso de amparo ante la Corte de Apelaciones primero y la Corte Suprema más tarde. En estos dos terrenos se decidiría, en las próximas semanas, el resultado de la batalla. Los militares, pues, tenían la esperanza de que el Gobierno enviara mensajes claros a los miembros de ambos tribunales.

La idea de formar una comisión de «hombres buenos» para abordar el asunto de los derechos humanos disparó en Santiago las versiones. Tanto Izurieta como Arancibia, se decía, mantenían contactos con el mentor de esta salida: el embajador chileno en Buenos Aires y ex ministro de Defensa, Edmundo Pérez Yoma. En paralelo, los rumores hablaban de un inminente cambio de Gobierno.

CAPÍTULO 73

Río

Eduardo Frei anunció el 22 de junio la remodelación del gabinete. Juan Gabriel Valdés juró como nuevo ministro de Relaciones Exteriores. Sustituía a José Miguel Insulza, que pasaba a ser ministro secretario general de la Presidencia. Pero la gran novedad era el nuevo ministro de Defensa: Edmundo Pérez Yoma. Los militares le recibieron con los brazos abiertos.

Al día siguiente, Valdés tenía una cita en el hotel Hyatt. Felipe González le esperaba para desayunar. González acababa de llegar a Santiago esa misma mañana por invitación del presidente Frei, quien quería agradecerle la ayuda prestada en el caso Pinochet. González tenía una agenda apretada: almorzaría con el presidente y cenaría con el ministro Insulza; al día siguiente, estaba previsto un desayuno con representantes de los partidos de la Concertación, antes de viajar con Ricardo Lagos a Buenos Aires. Ambos acudirían a una reunión de la Internacional Socialista.

El canciller Valdés explicó al ex presidente del Gobierno español que Frei tenía previsto reunirse con Aznar cinco días después, el 28, en la cumbre de Río de Janeiro, y que pensaba luchar a fondo por el arbitraje.

—Frei está muy dolido. Su relación con Aznar nunca fue, quizá por cuestión de piel, muy fluida, como tú bien sabes. Pero tiene la sensación de que no le dice la verdad y esto es más grave. ¿Tú crees que van a dar algún paso en relación con el arbitraje?

—Nunca conseguiréis nada con Aznar. Mareará la perdiz. Sólo le preocupa una cosa: las próximas elecciones generales. No le ha ido nada bien en las recientes elecciones autonómicas, municipales y europeas; nosotros hemos recuperado posiciones.

— ¿Y Matutes?

—Yo he hablado con él sobre este tema. Te recuerdo, Juan Gabriel, que fue mi Gobierno quién designó a Matutes para ser comisario en la Comisión Europea. Es una buena persona, pero no entiende nada de Chile. Ni de América Latina. Ni él ni Aznar.

—Mariano Fernández ya te ha hablado de nuestra propuesta de arbitraje. En el fondo, lo que queremos es una negociación. Es el Gobierno español quien dirige la política exterior, y no los jueces.

—Sí, claro. Creo que se puede explorar cualquier camino para lograr esa negociación. Yo he hablado con Almunia y puedo intentarlo otra vez si os parece necesario. Ahora, déjame que te pregunte yo a ti. ¿Qué pasa en el Partido Socialista chileno?

—Nosotros seguimos divididos por este tema. Ricardo Núñez e Isabel Allende, por ejemplo, apoyan el juicio de Pinochet en España o donde sea, con tal de que se le juzgue. Es un problema...

—Mira, Juan Gabriel, deja que cada uno haga su papel. Isabel puede hacer el suyo, pero aquí alguien tiene que hacer la tarea de Estado. Tú tienes que incinerarte si es preciso pero no puedes permitir que Ricardo Lagos tenga que resolver el caso Pinochet con Europa como nuevo presidente de Chile.

Valdés ya estaba convencido de que ése debía ser su papel. Pero el énfasis de González le agradó, ratificándole en su convicción. La frase se le quedó grabada: «Tienes que incinerarte si es preciso».

El escenario no varió en el almuerzo con Frei, en el Palacio de la Moneda. El presidente agradeció a González su apoyo total al Gobierno chileno y reconoció el significado de su rechazo de la jurisdicción española para juzgar al ex dictador, tanto más cuando sabía que el Partido Socialista Obrero Español apoyaba la extradición de Pinochet a España. Frei se quejó amargamente de la actitud de Aznar en el recuento de los hechos.

—Me asegura que el Gobierno no tiene el más mínimo margen —dijo el presidente chileno—. Ni siquiera estuvo dispuesto a retrasar la solicitud de extradición para darnos tiempo. Nuestros abogados en Madrid dicen que el Gobierno podía incluso haber denegado la petición de extradición, y que hay un caso que ustedes tuvieron...

—Es verdad, sí. Es absolutamente cierto. Creo que hablé de esto con Insulza y más recientemente con Mariano Fernández en Madrid. En realidad, hubo más de uno.

—En todo caso, nosotros queremos ir ahora a una negociación política tanto con Aznar como con Tony Blair. Espero hablar con Aznar sobre esto en la cumbre de Río.

—Juan Gabriel ya me ha explicado. Le he dicho que haré todo lo que pueda para apoyaros. Pero tengo mis dudas de que Aznar se comprometa. Lo único que le interesa son las elecciones.

Frei viajó a Río de Janeiro el 26 de junio acompañado de dos pesos pesados: Juan Gabriel Valdés y José Miguel Insulza. Antes del mediodía del día 27, Abel Matutes y Valdés se reunieron en una sala del Museo de Arte Moderno de Río de Janeiro, el recinto donde se desarrollaba la Conferencia Iberoamericana.

El canciller chileno explicó que, después del fallo de los jueces lores de marzo, las acusaciones contra Pinochet se habían reducido a los delitos de tortura y que, según sus asesores jurídicos, España no cumplía con los requisitos establecidos por la Convención contra la Tortura para ejercer su jurisdicción. Sugería que, mientras el procedimiento judicial continuaba en Londres, se abriera una vía paralela prevista por la Convención. Valdés proponía, pues, negociar en torno al arbitraje previsto. Si en seis meses no se llegaba a un acuerdo, Chile sometería el asunto al Tribunal Internacional de La Haya.

Matutes repuso:

—Nosotros no podemos aceptar.

—Pero si es cumplir con la Convención...

—Nuestros asesores jurídicos dicen que ello debería pasar por el Parlamento. Si el resultado fuera adverso a España, habría que imponer su cumplimiento al poder judicial. Abrir este melón tiene muchos riesgos. Además, si fuéramos al arbitraje, el Gobierno tendría que defender la posición del juez Garzón. Y no tenemos ningún interés en hacerlo, porque no sabemos adónde podría llevarnos todo esto. Y nos preocupa. Lo mejor es que vayáis directamente a La Haya, sin esperar los seis meses.

—La verdad es que estoy sorprendido. España ha firmado un tratado internacional. Y ahora ustedes dicen que lo aceptan a medias, que nos olvidemos de buscar de la fórmula del arbitraje. Pero ¿acaso ustedes no pueden consultar con el Consejo de Estado?

—Sí. Pero no ahora.

— ¿Por qué?

—Mira, tenemos un informe del diplomático Juan Antonio Yáñez. Sabes quién es, ¿no? Ha trabajado como asesor de Felipe González en la Moncloa, es el diplomático del PSOE.

—Sé muy bien quién es, soy amigo de los Yáñez.

—Pues yo creo que es un jurista muy serio. Él dice que no tenemos margen de maniobra y que cualquier consulta al Consejo de Estado debería hacerse con cuidado. ¿No has visto el informe?

—No, no sabía...

—Pero ¿cómo es posible que no te lo hayamos enviado?

Matutes indicó con gesto teatral a uno de sus colaboradores indicando que se le hiciera llegar el documento a Valdés.

—No hay ninguna posibilidad, Juan Gabriel. Lo siento, pero no tenemos el más mínimo margen —recalcó Matutes.

—Yo, perdóname, no entiendo vuestra posición —dijo el canciller chileno—. ¿Por qué? Nuestros asesores jurídicos dicen otra cosa. Sabes que Óscar Alzaga nos está ayudando.

—Sí, lo sé.

La tensión crecía. Matutes estaba a la defensiva, pero lo prefería. No quería abrir expectativas. Valdés explicó que hablaría con Cook y que se harían gestiones por los problemas de salud de Pinochet.

Matutes terció:

—Pero si está como una rosa.

—Tenemos información de que se puede complicar. Está muy deprimido, parece que está tomando antidepresivos y, además, su diabetes ha provocado algunas complicaciones. En fin, estamos siguiendo el tema.

—Yo creo que esto que me dices merece una reflexión. Nosotros estamos dispuestos a declarar que si el Gobierno británico decidiera interrumpir la extradición por razones humanitarias o de salud, lo respetaremos. Asumimos el compromiso de no plantear objeción alguna. Y ya que Cook está aquí, quizá sea conveniente decirlo en voz alta.

—Eso estaría bien. Sería una señal para los británicos de que, pese a haber pedido la extradición de Pinochet, no queréis que os lo envíen a Madrid.

Por la tarde, Valdés, su jefe de gabinete, Carlos Appelgren, y el director de Planificación de la cancillería, Alberto van Klaveren, se dirigieron a la avenida Atlántico. Allí, con la playa al otro lado de la calle, se elevaba el majestuoso hotel Copacabana Palace.

Robin Cook les esperaba en su *suite*, con una vista espléndida sobre el océano. Estaban con él Peter Westmacott y otro diplomático. Valdés conocía a Westmacott: en los años ochenta, después de la campaña del «no» en el plebiscito de 1988 convocado por Pinochet, viajó a Londres para explicar los planes del Partido Socialista chileno y tuvo encuentros con él.

Valdés dirigió a Cook una sonrisa cómplice y preguntó:

— ¿Se imagina usted el tema del que vamos a hablar?

Cook se echó a reír.

—No, no tengo la más remota idea. Cuénteme, ¿de qué se trata?

—A nosotros nos interesa establecer una relación franca con ustedes. No voy a hablarle de la detención de su distinguido huésped. Para nuestro proceso político se trata de un tema importante. A finales de año tendremos elecciones presidenciales. El candidato socialista, Ricardo Lagos, será previsiblemente el tercer presidente desde el inicio de la transición democrática. Y queremos resolver este asunto antes.

—Es muy interesante. Tengo gran deseo de conocer lo que está ocurriendo —dijo Cook.

—El presidente Frei ha hablado por teléfono con el primer ministro Tony Blair. Le ha explicado que este tema nos causa problemas.

—¿A qué se refiere? ¿Hay algún peligro para la democracia?

—No. La democracia no está en juego. Pero las fuerzas se han polarizado. Hay otra vez tensiones y una gran división. Nada que suponga un peligro. Pero en un horizonte próximo de cambio de presidente, nos obliga a desviar nuestra atención y ocuparnos de un pasado que creíamos ya superado. Además, nosotros creemos que es la justicia chilena la que debe juzgar a Pinochet.

—Entiendo.

—El general Pinochet es un hombre ya mayor, con problemas de salud —dijo el canciller chileno—. Tenemos informes médicos que hablan de posibles complicaciones. Tiene una depresión importante...

—Todos los informes de Scotland Yard insisten hasta ahora en que es una persona que goza de buena salud y que tiene los problemas típicos de un anciano. Usted sabe que lo vigilan en su casa día y noche.

—Sí, no estoy diciendo lo contrario. Pero yo me muevo con dos escenarios catastrofistas.

—¿Cuáles son? —preguntó Cook.

—Uno es que Pinochet muera en Londres y tenga que volver en un ataúd a Santiago. El otro es el de Pinochet encarcelado en Madrid. Las Fuerzas Armadas volverían hacia atrás y habría un brote de nacionalismo que deterioraría nuestras relaciones.

—Nosotros no vamos a permitir que Pinochet muera en el Reino Unido.

—Mire, el Gobierno chileno va a seguir puntualmente la salud del general. ¿Podríamos enviarles los informes médicos?

—Por supuesto. Quiero aclararle que en nuestro sistema de extradición la decisión será adoptada por el ministro del Interior Jack Straw, en una función de carácter judicial. Él no va a consultar con el gabinete. Pero yo puedo transmitirle toda la información que ustedes me hagan llegar. También quiero decirle que estamos obligados con España. Somos parte del Convenio Europeo de Extradición y ellos están pidiendo la extradición.

—Usted sabe que el Gobierno solicitó la extradición, pero, en realidad, no lo quiere allí.

—Si ellos la han pedido, ¿cómo es posible que no lo quieran? —quiso saber Cook.

—Ellos han cursado la petición del juez, pero reconocen que sería una pesadilla si se lo envían a Madrid.

Habían pasado cuarenta y cinco minutos. Cook y Valdés se levantaron. Se hizo pasar a los fotógrafos a la *suite*. Ambos de colocaron de un sofá clásico tapizado en flores estilo inglés. Y se estrecharon la mano.

Valdés les vio en el salón del Museo de Arte Moderno de Río de Janeiro, un gran vestíbulo con numerosas columnas detrás de amplios sillones. Robin Cook estaba de pie junto a Abel Matutes. Esta vez no hablaban de Gibraltar, el sempiterno asunto que tenían en común.

Cook preguntó:

—¿Cómo lo estás pasando con lo de Pinochet?

—Pues, mira, las relaciones con Chile están en un momento de fuerte tensión. Para nosotros es una patata caliente. El peor escenario es que Pinochet sea extraditado a España. ¿Qué puede pasar?

—Yo sólo hablo como observador —dijo Robin Cook—. La decisión la tomará el ministro del Interior con total autonomía. A pesar de lo que puedan pensar los amigos de Chile, Blair no decidirá. Es un asunto de Jack Straw. Y mi impresión es que el ministro no querrá que Pinochet se le muera en el Reino Unido. De eso estoy seguro. Pero sólo tomará la decisión cuando se advierta una situación de gravedad, en el marco del proceso judicial.

—Yo creía que Pinochet tenía buena salud, pero los chilenos dicen que Pinochet no está bien. ¿Cuál es vuestra información?

—Tenemos informes de que está bastante bien, mucho mejor de lo que dicen los chilenos.

Frei y Aznar se reunieron al día siguiente, el lunes 28 de junio, poco antes de las tres de la tarde, en el hotel Caesar Park, una torre enclavada frente a la playa de Ipanema. En principio, se estimaba que el encuentro duraría treinta minutos. Ninguno de los dos pensó, en aquella ya lejana cumbre de Oporto, que la detención de Pinochet abriría el abismo que ahora les separaba.

Frei estaba asistido por dos ministros de Exteriores, uno saliente y otro entrante. Abel Matutes acompañaba a Aznar. Antes de la reunión, José Miguel Insulza habló con su sucesor.

—Oye, Juan Gabriel, a ti no te molesta que yo participe en la reunión, ¿no es cierto? Quiero despedirme y tengo algunas cosas que decir.

Aznar lucía un traje claro color beige, camisa blanca y corbata a tono. Se sentó en uno de los sofás de la sala reservada para la reunión. Frei, con traje gris, tomó asiento en un sillón individual estilo francés con brazos. Los pies cruzados de ambos limitaban con una mesa baja que en la que destacaba una bandeja de margaritas frescas. Ambos estaban rodeados por ministros, secretarios de Estado y colaboradores. Era una conferencia más que un encuentro bilateral. Algunos funcionarios tenían preparados sus cuadernos para tomar notas.

Frei ya sabía, por Valdés, que el Gobierno español no aceptaba la idea del arbitraje y que recomendaba, en todo caso, someter la controversia al Tribunal Internacional de Justicia de La Haya. El presidente chileno se irritó cuando su canciller, después de reunirse con Matutes, le informó de que no debía esperar gran cosa de la reunión.

Apoyó su codo izquierdo sobre el brazo del sillón y su cabeza giró hacia a Aznar.

—Pinochet se ha convertido en el problema principal de nuestra transición cuando llevamos ya dos Gobiernos y vamos a tener nuevas elecciones en diciembre próximo —dijo Frei—. Siempre tomamos como modelo de transición el de España porque ustedes no se propusieron ajustar cuentas con el pasado. Yo creo que hacía falta voluntad para solucionar el problema. Y, francamente, el Gobierno español no ha tenido desde el principio esa voluntad.

Nosotros deseamos, como ya ustedes saben, abrir una negociación, sea política o como quieran llamarla, pero si ustedes la rechazan, no será posible. Nos planteamos negociar tanto con ustedes como con los británicos. Pinochet presenta ahora un cuadro de salud complicado, tiene una fuerte depresión y su diabetes empeora. El ministro Valdés me ha informado de que ustedes no aceptan la negociación del arbitraje y recomiendan que vayamos directamente a La Haya. No entiendo la postura de aceptar una parte del tratado y no la otra. Bueno, será mejor que él explique nuestra posición.

Juan Gabriel Valdés resumió la conversación que había mantenido con Matutes, destacó que la salud de Pinochet era débil y añadió:

—En efecto, creemos que, como ha dicho bien el presidente, hay una interpretación parcial de un tratado como la Convención contra la Tortura. El ministro Matutes nos aconseja acudir directamente al Tribunal de La Haya, pero el tratado da un plazo de seis meses para negociar una forma de arbitraje antes de someter la controversia al Tribunal. Sólo después, si no se llega a un acuerdo, se puede acudir al Tribunal.

José María Aznar, una vez terminada la ronda chilena, habló.

—Mira, Eduardo, si yo estuviera en tus zapatos estaría tan cabreado como tú. Ya lo he dicho públicamente. No estoy de acuerdo con pretender que nosotros podemos dar lecciones de democracia. Tampoco me parece que tengamos que hacer el papel de Tribunal Penal Internacional o ir de justicieros por el mundo. Ahora, te equivocas en lo de la falta de voluntad. Nosotros queremos colaborar. Pero el problema es que no podemos. No existe el más mínimo margen. Y, además, somos los únicos que tenemos esa voluntad. Los socialistas no ayudan, están atacando continuamente. Vosotros tenéis contactos con el PSOE y lo sabréis porque dentro de la Concertación estáis en coalición con los socialistas. Está también la cuestión humanitaria. Yo te aseguro que si el Gobierno británico decide, en uso de su autoridad, ponerle en libertad, a nosotros nos parecerá muy bien. No tengo inconveniente en que se sepa que ésta es nuestra posición.

Matutes explicó, después, que el arbitraje debía pasar por el Parlamento y que ello supondría un largo proceso de tramitación, habida cuenta de que al año siguiente habría elecciones legislativas en España. Lo mejor, sugirió, era que Chile acudiera directamente al Tribunal Internacional de La Haya sin esperar el plazo de seis meses. También subrayó, como Aznar, que se podía anunciar públicamente que España respetaría la decisión en el caso de que el Gobierno británico decidiera dejar en libertad a Pinochet por razones humanitarias.

—Tal y como yo lo veo —indicó el ministro español—, las posibilidades que se abren son las siguientes: o bien Pinochet permanece largo tiempo en Londres y se muere allí o los británicos lo dejan volver a Chile.

Valdés replicó inmediatamente:

—Perdona ministro, hay una tercera posibilidad: que lo envíen a España.

—No, eso no puede ocurrir. Hay que impedirlo —dijo Matutes.

—Pero si ustedes están pidiendo la extradición...

—Nosotros, como ha dicho el presidente, tenemos voluntad de colaborar. Si ustedes encuentran otras fórmulas conformes a derecho, las estudiaremos con toda atención.

José Miguel Insulza se había mantenido callado hasta ese instante. Enfurecido, rompió el silencio.

—¿Qué más quieren que hagamos? —dijo, sin ahogar su irritación—. Ustedes cursaron la extradición sin perder un instante, cuando, desde el punto de vista de la política exterior, tenían posibilidades de rechazarla o, al menos, de retrasarla. Eso era todo el favor que les pedíamos. Esto nos ha causado serios problemas. Y, ahora, que proponemos el arbitraje previsto en la Convención contra la Tortura, que ustedes están obligados a respetar, dicen que no puede ser.

Poco después de la reunión, Matutes informó a la prensa de que España no consideraba viable el arbitraje previsto por la Convención contra la Tortura. Pero agregó: «Estamos dispuestos a estudiar las propuestas que el Gobierno chileno nos someta y a buscar soluciones que sean conformes a derecho». La zozobra del encuentro en torno al arbitraje quedó cubierta con la referencia a la salud. «Si realmente se produjera un deterioro en la salud del senador Pinochet y hubiera por tanto razones poderosas, el Gobierno español aceptaría cualquier decisión que adoptaran las autoridades británicas. Es una decisión que correspondería al Gobierno británico, pero no tengo inconveniente en estar presente en lo que tengan que hablar las dos partes implicadas, que son el Gobierno chileno y el británico», dijo.

Esa misma mañana, Cook había aclarado que las razones humanitarias sólo se podían considerar una vez que el ministro del Interior tuviera que resolver sobre la entrega de Pinochet a España.

Y Aznar, cuando la prensa le preguntó por el caso, no pudo ser más sincero: «Ojalá haya una solución rápida para el señor Pinochet». Como dice el proverbio ruso: poco pero bueno.

CAPÍTULO 74

El vendedor de memorias trucadas

La mañana del martes 29 de junio de 1999, toda la prensa británica hablaba del mismo personaje: Henry Kissinger. El día anterior, Kissinger había acudido en Londres al programa *Start the week*, que dirigía el periodista Jeremy Paxman en Radio 4, de la BBC. Kissinger estaba promociondo *Años de renovación*, el tercer volumen de sus memorias, que acababa de salir a la venta por aquellos días. Según decían los periódicos, Kissinger había abandonado violentamente el programa.

Paxman era conocido por su estilo directo y tenaz. La anécdota más famosa de sus entrevistas era la que hacía referencia al paso de un ex ministro del Interior británico, el conservador Michael Howard, por su programa de televisión *Newsnight*. En el curso del diálogo, Paxman le llegó a preguntar por el mismo asunto trece veces. En su programa, la senadora chilena Evelyn Matthei había lanzado la noticia de que la mujer de lord Leonard Hoffmann trabajaba para Aministía Internacional.

Kissinger concedió a Paxman una entrevista, pero al saber quiénes eran los invitados expresó su desagrado. Uno era el *barrister* (QC) Geoffrey Robertson, conocido por su militancia a favor de los derechos humanos; el otro era una escritora, Frances Stonor Saunders, que publicaba un libro sobre el poder de la CIA. A la vista de la actualidad del tema de Pinochet, los derechos humanos, los crímenes de guerra y la jurisdicción universal, Kissinger advirtió al equipo de producción de la BBC que difícilmente podría quedarse al debate.

Paxman, ya en faena, preguntó a Kissinger por qué había recomendado bombardear un país neutral como Camboya. Y siguió con Vietnam, le acusó de ampliar la guerra más allá de lo necesario.

793

Por último, inquirió por la desestabilización del Gobierno constitucional de Salvador Allende en Chile.

Kissinger dijo que las preguntas partían de inexactitudes. Explicó que había actuado durante un periodo muy traumático. El Gobierno de Richard Nixon, según él, salvó al mundo del comunismo.

—La época en la que yo actué era muy diferente a la actual.

Pero Paxman llegaba siempre allí donde quería, y no se arredraría.

—¿No se sintió usted un embustero al aceptar el Premio Nobel de la Paz en 1973?

—Me prometieron que me lo iban a poner fácil en esta entrevista —dijo Kissinger—. Me pregunto qué hace uno cuando está en una entrevista hostil —añadió.

El ex secretario de Estado se sometió todavía a un par de preguntas de los contertulios y, farfullando para sí mismo, abandonó el foro.

Paxman interrumpió lo que estaba diciendo y dijo con sorna:

—Gracias... Y adiós.

Kissinger había escrito dos mil páginas en los primeros dos volúmenes de sus memorias, publicados en 1979 y en 1982, respectivamente. En cada uno de ellos había dedicado un capítulo a Chile. En el segundo de los libros, relataba su viaje a Santiago, durante la dictadura de Pinochet.

He aquí su versión: «En junio de 1976, asistí a la asamblea general de la Organización de Estados Americanos (OEA), y pronuncié un discurso sobre los derechos humanos. El estado de los derechos humanos en Chile había mejorado pero no era todavía completamente satisfactorio; sin embargo, era mucho más aceptable que en muchos regímenes radicales de izquierda que han escapado a toda censura. El mundo siguió la moda de condenar a la Junta Militar —y a los Estados Unidos—, olvidando convenientemente las ambiciones y la incompetencia de Allende —y no el imperialismo norteamericano o el deseo desmesurado de poder de los generales—, que fue lo que provocó la caída del sistema constitucional».

El hecho es que a finales de octubre de 1998, pocos días después del arresto del general Pinochet en Londres, la Biblioteca del ex presidente norteamericano Gerald Ford desclasificó las actas de una reunión que había tenido lugar en Santiago de Chile el 8 de junio de 1976, entre Henry Kissinger y el general Augusto Pinochet. Era aquella conversación, en la que Pinochet expresaba su obsesión por la actividad de Orlando Letelier en Washington y en la cual Kissinger no sólo le manifestaba su apoyo sino que le anticipaba, en un ambiente de complicidad, lo que diría a la asamblea general de la OEA sobre los derechos humanos en Chile. El periódico *El País* publicó, a finales de febrero de 1999, amplios extractos del acta.

Ahora, en su nuevo libro, Kissinger demostraba súbito interés por aquella entrevista con Pinochet, omitida en su segundo volumen, y contó algunos detalles en un nuevo capítulo titulado «Chile, derechos humanos y la Organización de Estados Americanos».

«Antes de pronunciar mi discurso, Pinochet me recibió. Le describí los principales puntos. Por lo demás, subrayé que "simpatizábamos" con los objetivos de estabilidad, economía de mercado y resistencia al comunismo de Chile, y que no estábamos urgiendo mejoras en los derechos humanos para desestabilizar al Gobierno de Chile». Kissinger eliminaba en su narración el clima que transmitía el acta, el compadreo que él y Pinochet se traían en el edificio Diego Portales, sede de la Junta Militar.

Pero en Santiago había sucedido algo más, aparte de la reunión con Pinochet, que, ahora, en su nuevo libro, Kissinger volvía a omitir. En la mañana del día 10 de junio de 1976, Kissinger recibió en el hotel Carrera, donde se alojaba, al ministro de Relaciones Exteriores de la Junta Militar argentina, César Augusto Guzzetti. Desayunaron juntos. Kissinger sabía por la CIA y por el embajador en Buenos Aires, Robert Hill, que la dictadura del general Jorge Rafael Videla impulsaba una violación sistemática de los derechos humanos y que los asesinatos de exiliados políticos latinoamericanos era una noticia de todos los días. Kissinger, empero, se limitó a preguntar cuándo lograría el Gobierno controlar el terrorismo en Argentina.

Según contaba ahora, en la tercera entrega de sus memorias, al regresar a Washington aquel verano de 1976, informó al presidente Ford sobre su viaje a Chile. «El éxito de esta reunión refleja la distancia que hemos recorrido en nuestra política latinoamericana desde hace cuatro años. Hoy día expresamos nuestra posición abiertamente sobre cada cuestión importante en América Latina. Hemos desempeñado un papel dirigente para lograr el equilibrio y la respetabilidad al asunto de los derechos humanos...».

El miércoles 30 de junio, el Gobierno de Bill Clinton hizo públicas 20.000 páginas correspondientes a 5.300 documentos de distintas agencias de Estados Unidos relacionados con Chile durante el periodo 1973-1978. Quinientos documentos procedían de la Agencia Central de Inteligencia (CIA). Era el inicio del programa de desclasificación que la Casa Blanca preparaba tras solicitar, en febrero de 1999, a todas las agencias de seguridad nacional la recolección de material secreto «que pueda arrojar luz sobre abusos de derechos humanos, terrorismo, y otros actos de violencia política en Chile». Muchos de los cables reservados estaban dirigidos por los agentes de la CIA en Santiago a su cuartel general de Langley, Virginia. Pero había también un valioso material sobre las comunicaciones entre los embajadores de Estados Unidos en Santiago y Kissinger, y entre éste y sus principales colaboradores en torno a asuntos como la «Operación Cóndor».

Ese mismo día, Kissinger todavía se encontraba en Londres para apoyar la venta de su libro, y recibió al periodista Simon Hattenstone, de *The Guardian*. Cuando llegó al hotel, Kissinger le preguntó cuánto tiempo necesitaba. El periodista dijo:

—Doctor Kissinger, creo que con dos horas estará bien.

—¡Dos horas! ¡Dos horas! Nunca he estado con nadie más de una hora —gargajeó Kissinger en el rostro del periodista.

—Me doy por contento con una hora —dijo el periodista mientras se quitaba delicadamente de la mejilla los restos de saliva.

El periodista preguntó:

—Doctor, ¿qué le ofendió más de Paxman: las preguntas o su técnica?

—Mire: dicen que me marché, y eso no es cierto. Avisé desde el comienzo que sólo estaría quince minutos.

Tuvieron una amplia conversación, con largos monólogos del político. Antes de terminar, el periodista dijo:

—La guerra fría terminó, la victoria de Estados Unidos está asegurada y, ahora, hasta se dice que si Pinochet va al banquillo como criminal de guerra, también Kissinger debería pasar por ello.

—¿Qué? —exclamó con disgusto Kissinger—. Mire, necesitamos un tribunal penal internacional para crímenes de guerra y si alguien quiere enjuiciarme, que lo haga. He hecho lo que he hecho —añadió.

CAPÍTULO 75

«*Es la salud, ¡estúpido!*»

Los ecos de la propuesta de liberar a Pinochet por «razones humanitarias» en Río de Janeiro comenzaron a aparecer con mayor frecuencia como la principal orientación del Gobierno de Frei. El miércoles 30 de junio, Ricardo Lagos se reunió a cenar en casa del senador Sergio Bitar con los cuatro presidentes de los partidos de la Concertación. El encuentro abordó, entre otros asuntos, la propuesta de Frei de invocar las razones humanitarias para conseguir el regreso de Pinochet. Todos los políticos acordaron impulsar la posición del Gobierno.

El martes, día 6 de julio, el presidente declaró en Valparaíso que el Gobierno estaba preocupado por la salud de Pinochet. «Puede evolucionar hacia situaciones de mayor peligro», dijo. Pero, horas más tarde, Augusto Pinochet Hiriart, el hijo mayor del general, replicó: «Mi padre es contrario a la vía humanitaria». El ministro de Defensa, Edmundo Pérez Yoma, terció: «El paciente no es el más indicado para dictar la receta».

Las «razones humanitarias» no se compadecían con los informes de salud que enviaban los miembros de New Scotland Yard que custodiaban a Pinochet en la casa de Wentworth Estate al Gobierno británico.

Esa tarde, a las siete y media, hora de Londres, la batalla política subía de tono en la Cámara de los Lores con un debate monográfico sobre la situación de Pinochet y el riesgo de su muerte. El pleno había sido convocado por iniciativa de lord Norman Lamont. La baronesa Thatcher pidió la palabra:

—Chile ha gozado de prosperidad, democracia y reconciliación hasta que nosotros y los españoles elegimos de manera arrogante interferir en sus asuntos. Hasta ahora, los chilenos han actuado con gran cautela. Pero no debemos asumir que esta actitud continuará por el mismo camino, particularmente si el senador Pinochet, que no está en su mejor momento de salud, muriera en el Reino Unido o si se le envía a España. El Gobierno y, en particular, el ministro del Interior, será el responsable directo de lo que ocurra.

Lady Thatcher, que usó el doble de los cuatro minutos asignados a cada orador, también se refirió a las repercusiones del caso:

—Todos los ex jefes de Estado se enfrentan a un peligro potencial. Los que están aún en el Gobierno se inhibirán de adoptar las medidas adecuadas en una crisis porque podrían ser llevados más tarde ante los tribunales para responder por ello y, en un viraje irónico, aquellos que ejercen el poder absoluto en sus países difícilmente renunciarán a él por temor a terminar sus días en una cárcel española. La caja de Pandora se ha abierto y, a menos que el senador Pinochet regrese sano y salvo a Chile, no habrá esperanza de cerrarla.

Valdés decidió profundizar en sus gestiones con el Reino Unido y creyó que era el momento de hablar con Glynne Evans, la embajadora británica en Santiago.

—Glynne, queremos que tengáis toda la información, que sepáis lo que está en juego. También me gustaría que se nos advierta con alguna anticipación cuando se adopten decisiones importantes. Sería bueno que tú lo transmitas.

—Lo haré.

El canciller chileno dio instrucciones, a través del Ministerio de Defensa, para que se preparara en Londres un nuevo informe sobre el estado de salud de Pinochet. Ya su antecesor en el cargo, José Miguel Insulza, había pedido un dictamen a primeros de mayo. Pero Valdés quería empezar a tener elementos actualizados para enviar a Cook.

El agregado militar, el coronel Tulio Hermosilla, se lo encargó al médico que acababa de llegar a la capital británica, el mayor Helmuth Schweizer, cirujano y médico destinado en la comandancia en jefe del Ejército. Había atendido a Pinochet en los últimos nueve años.

El día 7 de julio, mientras Schweizer terminaba su informe, después de dos días de trabajo, Pinochet recibía en su casa la visita del cónsul español Federico Torres, quien llevaba el poder para pleitos que los abogados españoles necesitaban en el momento de personarse para actuar en la Audiencia Nacional.

Torres actuó de notario. La rúbrica del documento se convirtió de hecho en una ceremonia de capitulación del general. «Fue como si Pinochet estuviese firmando su rendición», dijo un funcionario de la embajada española tras hablar con Torres.

Schweizer, a su vez, entregó el informe médico a Hermosilla, quien lo pasó a manos del embajador Mario Artaza. Por la tarde se envió una copia a la capital chilena. Desde Santiago, la cancillería sugirió a Artaza que lo firmara algún médico británico. El agregado militar lo comentó con Schweizer, quien pensó que quizá podría hacerlo el médico británico de la salud pública que solía visitar a Pinochet en Surrey, Michael Loxton. Se hizo traducir el informe al inglés.

Pero antes de empezar las gestiones, el informe fue filtrado en Santiago a la prensa. El día 8, trascendía en las páginas del periódico *La Tercera*. Se daba cuenta de que el 2 de julio, a raíz de su estado febril, Pinochet había acudido al Hospital Princess Margaret, donde se hizo una ecotomografía renal, a raíz de una obstrucción en las vías urinarias, y a un electrocardiograma. Esos exámenes permitían componer un cuadro de deterioro psicológico a causa del estrés. El general, añadía la información del periódico, estaba siendo tratado con antidepresivos y se advertía sobre el deterioro general de su estado de salud. Según decía, el dictamen estaba firmado por Loxton.

Ése era, en efecto, el plan. Pero aún no se había concretado. La cancillería chilena había dado un paso por delante del médico británico, que todavía no había dado su visto bueno.

Al leer el dictamen, Loxton estuvo de acuerdo con las apreciaciones sobre la salud del general, pero señaló que se trataba de una traducción y que era necesario reelaborar el informe. Se comprometió a tenerlo preparado para el viernes 9 de julio.

Valdés recibió el jueves día 8, por la mañana, una llamada desde Madrid. Era Abel Matutes.

—Juan Gabriel, he visto las noticias sobre el deterioro de la salud de Pinochet.

—Sí, tenemos informes de Londres. Se los haremos llegar al Foreign Office.

—Quería confirmarte que *El Mercurio* va a publicar un artículo firmado por mí el domingo próximo. Además, he enviado a Sergio

Pizarro los informes de nuestra asesoría sobre el tema del arbitraje. Te insisto en que, como digo en el artículo, estamos dispuestos a estudiar cualquier propuesta. Y quiero que me mantengas informado sobre el tema de la salud.

—Bien. Vamos a ver cómo cae tu artículo.

Valdés confirmó a la prensa, ese mismo día, que el Gobierno había recibido informes «reservados» sobre la salud de Pinochet. «Tenemos razones para estar inquietos por la salud del general», dijo.

Pero un día después, el viernes 9, Pinochet hizo declaraciones a un periodista de Radio Agricultura, quien hizo de portavoz autorizado del general: «Antes que nada, soy un soldado y como soldado pienso que la soberanía de nuestro país hoy pisoteada no la vamos a restablecer a través de actos de misericordia».

El fin de semana, el ministro de Defensa, Edmundo Pérez Yoma, llamó a Pinochet a Londres, con la idea de explicarle que la mejor receta era la vía humanitaria. Pérez Yoma, cuyas relaciones con Pinochet eran excelentes, le preguntó por su salud y le dijo que el Gobierno estaba embarcado en gestiones muy serias, pero que, naturalmente, si su salud era buena, no se podrían invocar razones humanitarias.

El domingo 11 de julio, *El Mercurio* publicó la carta abierta de Matutes a la opinión pública chilena. El ministro explicaba que, de acuerdo con la ley vigente, «no podía interferir ni impedir la transmisión de la petición de extradición formulada por el juez a las autoridades británicas en el marco de cooperación judicial internacional y, concretamente, del Convenio Europeo de Extradición».

Admitía que la decisión podía afectar a la política exterior del Gobierno. «Es cierto que al afectar a las relaciones exteriores, las solicitudes de extradición que hacen los órganos judiciales requieren la colaboración de los órganos del Estado competentes para instrumentar aquellas relaciones. Pero el hecho de que la ley española prevea que la solicitud de extradición se haga a través del Ministerio de Justicia y no del Ministerio de Asuntos Exteriores pone de relieve que, al dar curso a una solicitud de extradición, el Gobierno no está "autorizando" la decisión judicial, sino prestando la colaboración debida al órgano judicial para ejercitar lo que éste ha decidido en el ámbito de sus competencias».

Matutes sostenía que «el Gobierno no podía ni puede trasladar al ámbito político lo que pertenece exclusivamente al ámbito jurídico». Pero, introducía una línea de flexibilidad: «Ahora bien, y dentro del respeto a nuestra legalidad y a la independencia del poder judicial, lo que sí puede y quiere hacer es escuchar y estudiar opciones, y mantener y mejorar nuestras preciadas relaciones bilaterales». También recordaba, como muestra de buena fe, que el Gobierno español «accedió a transmitir oficialmente a través del Ministerio de Justicia, toda la información disponible que había solicitado el Gobierno de Chile sobre las actuaciones del ministerio Fiscal al oponerse a los diferentes pasos procesales adoptados por el juez, junto con las razones alegadas por la fiscalía».

Sólo después de esta oferta, el ministro dedicó un párrafo a explicar en qué normas basaba la justicia española su competencia en la investigación de los crímenes de la dictadura chilena. «Me parece necesario disipar un malentendido que dificulta el tratamiento de este problema de manera sosegada y racional. Me refiero a la existencia de ciertas excepciones al principio de territorialidad de la jurisdicción, que están previstas y amparadas por el derecho internacional vigente. Las diferentes convenciones, asumidas casi unánimemente por la comunidad internacional, sobre la prevención de ciertos crímenes contra la Humanidad no sólo permiten, sino que obligan a los Estados partes a introducir la represión de dichos crímenes en sus legislaciones internas y a asumir directamente jurisdicción sobre ellos. No es ésta la extraterritorialidad que hemos condenado y condenamos en el ámbito de las cumbres iberoamericanas, últimamente la Cumbre de Oporto de 1998». Matutes, pues, estaba defendiendo, en línea con sus asesores jurídicos, la actuación de la justicia española.

Pero, al mismo tiempo, pretendía tranquilizar a los chilenos. El ministro concluía que «el Gobierno español ha comunicado al Gobierno chileno que respetará cualquier decisión de la justicia del Reino Unido en el caso de que ésta o el Gobierno británico decidan apreciar razones de tipo humanitario para interrumpir la extradición a España y permitir el traslado a Chile del senador Pinochet».

El lunes día 12 de julio, Pinochet volvió a utilizar los servicios de Radio Agricultura. Habló con el periodista para que transmitiera un nuevo mensaje. «Si durante mi defensa, los pasos que demos no van bien, pensaré en lo de las razones humanitarias. Insistir en la vía jurídica no significa restarle importancia a la vía humanitaria o que entorpezca los pasos que en este sentido están dando el Gobierno y otros sectores de la vida nacional en Chile. Agradezco las gestiones del Gobierno». Pinochet, pues, había captado el mensaje de Pérez Yoma.

«La aclaración de Pinochet es positiva pues cambia una imagen que transmitió días atrás», dijo, tras escuchar la noticia, el canciller Valdés.

Ese lunes 12 en Wentworth Estate estaban Fernando Barros y Peter Schaad. Pinochet había accedido hacía algunos días a dar una entrevista al periódico *El Mercurio de Valparaíso*.

El abogado Barros, el hombre que mantenía los contactos con los medios de comunicación, sugirió entonces a Pinochet que era la ocasión para conceder una amplia entrevista en Londres. Tanto el periódico *Sunday Telegraph* como la cadena norteamericana CNN, entre otros medios, habían pedido entrevistas al general.

Jacqueline, la hija menor de Pinochet, había llegado a Londres con su esposo y la pequeña Augusta Victoria, de tres meses, la nieta que Pinochet no conocía. El sacerdote Raúl Hasbún, activista del golpe de Estado contra Salvador Allende y simpatizante de Pinochet, se había trasladado a la capital londinense para el bautizo de Augusta Victoria en Wentworth Estate. Barros persuadió a Pinochet de que era bueno que la CNN pudiese entrar con sus cámaras en la residencia para retransmitir el acto.

Patrick Robertson, el hombre de negocios y relaciones públicas, decidió que el periódico británico agraciado sería el *Sunday Telegraph*.

Barros y Schaad tenían un cuestionario que les había enviado el director del *Sunday Telegraph*, Dominic Lawson, quien se presentaría al día siguiente. La entrevista, prevista en principio para la semana anterior, se había aplazado a última hora. Los asesores del general adujeron razones de salud, pero la verdad es que hubo discrepancias acerca de si era conveniente conceder la entrevista.

Mientras ese lunes 12 comentaban con el general las preguntas y ensayaban las respuestas, sonó el teléfono. Llamaban desde Santiago.

Pinochet entró y cogió el auricular.

—Mi general, el Gobierno está preocupado. Se sabe que usted va a conceder entrevistas a varios medios de comunicación y eso no es conveniente. Estamos en medio de la campaña para que le dejen en libertad por razones humanitarias —dijo el general Izurieta.

Pinochet regresó con Barros y Schaad.

—Han llamado Sergio Rillón y Ricardo Izurieta. No quieren que hable. Dicen que el Gobierno está invocando razones humanitarias y que si hago declaraciones se pueden entorpecer las gestiones.

Volver a suspender la entrevista estaría, en opinión de Barros, muy mal visto. Barros creía que el general tenía que salir a la palestra. Él estaba en sintonía con Patrick Robertson, quien había aconsejado iniciar la ofensiva. Veían que la larga agonía judicial del caso y la guerra en Kosovo habían relegado a Pinochet al olvido. Barros, que no ocultaba su falta de confianza en las gestiones del Gobierno chileno, insistió en que el general debía hablar.

Dominic Lawson llegó la mañana del día martes 13 de julio, se identificó ante una cabina donde montaban guardia dos policías uniformados de la comisaría de Surrey con chalecos antibalas y atravesó los veinte metros de Lindale Close, hasta llegar al portón del número 28. Otros dos periodistas y una intérprete se le unieron. Pinochet llevaba un tiempo ensayando con sus colaboradores Barros, Robertson y Schaad.

Tanto los policías como los detectives y el personal del Ejército chileno a cargo de la seguridad de Pinochet, sabían quiénes acudirían a la entrevista.

Los periodistas esperaban en el jardín cuando, de pronto, Pinochet salió del salón enfundado en un traje azul marino, el pantalón ceñido en la cintura por una alta pretina de tela, y camisa blanca a rayas azules. Destacaba su sempiterna perla sobre una corbata de seda de tonos salmón, amarillo y negro.

Pinochet tendió la mano y saludó con una sonrisa a los periodistas. Felicitó a la periodista Christina Lamb, que estaba embarazada, y saludó a la intérprete, María Brown. Debía de tener alguna información sobre ella, porque de pronto le preguntó si era de Bilbao.

—No soy de Bilbao, pero soy vasca —dijo María.

—¿Tú sabes que yo tengo antepasados vascos?—inquirió el general.

—Sí, y ¿usted sabe lo que significa Ugarte en vasco? Ugarte quiere decir isla —explicó María.

Todos se acomodaron alrededor de una mesa en el jardín. Pinochet colocó un libro de tapas azules sobre ella. María Brown tomó asiento a su izquierda para sortear la sordera del oído derecho del general.

Pinochet se quejó por la forma en que le habían arrestado.

—Me han secuestrado. Debieron avisarme con tiempo de lo que podía suceder para que yo pudiera irme. Eso es lo que una persona honorable hubiese hecho.

Su voz atiplada, apenas un ronco susurro, sorprendió a los periodistas, no menos que a la intérprete. María Brown se veía obligada a interrumpirlo, como se suele hacer con un magnetofón que reproduce con muchas dificultades, para poder traducir. Y, por fin, una vez que lo había conseguido, los asesores del general intervenían para perfeccionar algunas de sus frases excesivamente espontáneas.

—Según el informe Rettig —dijo Christina Lamb—, 3.197 personas fueron asesinadas en Chile durante su mandato.

—¿Ha hecho usted algo que pudiese motivar el cargo de haber cometido «crímenes contra la Humanidad»? —preguntó Dominic Lawson.

—Nunca.

Pinochet cogió el libro de la mesa, lo abrió en una página donde se advertían párrafos sobre los que destacaba una marca color amarillo de rotulador fosforescente, y leyó en voz alta.

—«Está prohibido aplicar cualquier fuerza ilegal sobre una persona». —Y explicó—: Ésta es la Constitución de Chile que yo hice aprobar en 1980.

Lawson insistió en su posible responsabilidad por los crímenes.

—En aquel momento yo no tenía tiempo para controlar lo que otros hacían. ¡Decir eso es una calumnia total! —dijo Pinochet y dio un puñetazo sobre la mesa.

El periodista, después de la sorpresa inicial, no se echó atrás.

—Entonces, ¿usted dice que nunca dio órdenes de torturar o matar?

Pinochet puso el codo sobre el libro azul y lo raspó al tiempo que decía.

—Mire, le voy a contestar con un dicho chileno. «Uno no borra con el codo lo que ha escrito con la mano».

Fernando Barros aclaró:

—El general quiere decir que no iba a ordenar que se hicieran cosas que él mismo había prohibido hacer.

Christina Lamb seguía el movimiento de sus manos. Le recordó que el coronel Manuel Contreras había declarado ante los tribunales que nunca hizo nada sin su autorización. Los asesores y oficiales, que seguían el diálogo, ya no ocultaron su irritación. Peter Schaad, cada vez que la periodista preguntaba, contenía la respiración.

Pero el jefe no perdió la calma.

—Es muy difícil contestar a esta pregunta porque hay muchas cosas que yo le ordené hacer. Pero, ¿qué cosas? Yo tenía que ejercer el poder. Nunca podría decir que yo dirigiera la DINA, que estaba bajo las órdenes, bajo la supervisión, de toda la Junta, de los cuatro miembros de la Junta. Y me gustaría que usted entienda lo siguiente: el jefe del Ejército siempre pregunta «¿qué va usted a hacer?». La cuestión del «cómo», «¿cómo voy a hacerlo?», es un asunto del jefe de inteligencia más que del jefe del Ejército. Esto es lo que los civiles no entienden.

La periodista miraba ahora sus dedos.

¿No escribió Shakespeare que Lady Macbeth, al lavar las manos ensangrentadas de su marido, tras haber asesinado al rey Duncan, dijo: «Un poco de agua purificará este acto. ¿Ves qué fácil ha sido?». Más tarde, ella reconocería: «Aún queda olor a sangre. Ni todos los perfumes de Arabia endulzarían esta pequeña mano. ¡Oh, oh, oh!».

Christina Lamb, ahora, se decía: «Mira sus dedos. Son rollizos como los de un carnicero».

Schaad lo pasaba mal. Todo lo que habían hablado durante los ensayos había sido inútil. Pinochet improvisaba, se dejaba llevar. Y, en algunos momentos, se mostró violento, dando golpes sobre la mesa.

Al terminar las preguntas, Schaad suspiró. Pinochet se prestó a una sesión de fotos. En el jardín de la casa, el general Pinochet tomó asiento junto a una solitaria bandera chilena y cogió en su brazo izquierdo a Augusta Victoria y se rodeó de otros cinco nietos. Tres de ellos lucían la misma camiseta negra en el que destacaba un rostro anaranjado y fantasmagórico de formas indígenas, con la marca «El lado oscuro». El fotógrafo Barry Lewis empleó varios carretes.

Ese mismo día 12, Barros informó al periodista de la CNN en Londres, Amaro Gómez Pablos, que si bien el general no le concedería la entrevista solicitada, le ofrecía entrar con las cámaras en Wentworth Estate el jueves 14 para grabar el bautizo de la nieta.

La CNN captó a Pinochet en perfecto estado mientras seguía junto a Lucía Hiriart las plegarias del padre Hasbún. Estaban presentes ocho de sus veinticinco nietos, sus hijas Jacqueline y Verónica, y su yerno Iván Noguera.

Mientras, en la sede del agregado militar de la embajada chilena en Madrid, el general Gabriel Rivera recibía a Fernando Escardó para entregarle una copia autorizada del poder otorgado por Pinochet. Mantuvieron una larga conversación.

—No tenemos tiempo, se nos echa encima agosto y aquí se va todo el mundo. Tenemos que presentar el escrito de personación al juez —dijo Escardó.

—Según mis fuentes, el fiscal Peláez sale mañana de vacaciones. Creo que se debería retrasar la presentación hasta su regreso —aconsejó el general.

Escardó decidió seguir la recomendación. Y escribió un fax a Eyzaguirre, a Santiago.

«Estimo que podemos aprovecharnos de la ausencia del fiscal para preparar un proyecto de escrito que someteremos a vuestra consideración cuando esté ultimado».

En la capital chilena, el Gobierno había designado nuevos embajadores en Washington y Londres. Mario Artaza se trasladaba a Estados Unidos. Y para sustituirle, Juan Gabriel Valdés había sugerido el nombre de un íntimo amigo suyo: Pablo Cabrera.

Se conocían desde la adolescencia; Cabrera era miembro de la Democracia Cristiana y había desempeñado varios cargos diplomáticos desde los últimos años sesenta aunque no había sido nunca embajador. En 1991, cuando Juan Gabriel Valdés fue nombrado embajador en Madrid, Cabrera se trasladó a la capital española, donde fue su ministro consejero.

A mediados de julio de 1999, ya llevaba cuatro años como subsecretario de Marina en el Ministerio de Defensa. Su relación con el nuevo ministro, Edmundo Pérez Yoma, era excelente. Y conocía a Pinochet.

El 15 de julio, Pérez Yoma, que había logrado el cambio de actitud de Pinochet respecto a las gestiones «humanitarias» del Gobierno, convocó una reunión de la Junta de comandantes en jefe de las Fuerzas Armadas en el edificio Diego Portales. También acudió Juan Gabriel Valdés. Durante el almuerzo, Valdés informó a los jefes militares sobre las gestiones del Gobierno en España y en el Reino Unido con vistas a conseguir la vuelta del general. Las Fuerzas Armadas, dijeron Pérez Yoma y Valdés, tenían que colaborar con el Gobierno para que, en adelante, la actitud de Pinochet no se apartara de la estrategia oficial.

Abel Matutes concedió esa noche una entrevista al programa *Medianoche* de la televisión chilena. El canciller español dijo que, según creía, Pinochet no sería extraditado a Madrid. «Es posible que finalmente esas razones humanitarias que se han alegado ante el Gobierno británico efectivamente den sus frutos». Recordó que si así fuera, «las autoridades españolas comprenderían la decisión». Matutes señaló que «el Gobierno español no podía intervenir». Y en referencia al recurso presentado por el fiscal jefe Eduardo Fungairiño en octubre de 1998, en el que cuestionaba la jurisdicción española y pedía que no se cursara la solicitud de extradición, aclaró: «El Gobierno español está de acuerdo con la petición del fiscal, pero al ser desestimada por los tribunales, el Ejecutivo no puede intervenir». Matutes dijo que lo ideal sería que el caso fuera asumido por un Tribunal Penal Internacional.

Al día siguiente, en El Escorial, el juez Baltasar Garzón, que actuaba como director de un seminario de la Universidad Complutense sobre el Tribunal Penal Internacional, se refirió sin aludir por su nombre a las afirmaciones de Matutes y otros miembros del Gobierno, entre ellos su presidente, José María Aznar. «Llama poderosamente la atención que determinadas personas con cargos importantes hagan declaraciones públicas postulando el sometimiento al Tribunal Penal Internacional cuando se sabe, al menos desde julio de 1998, que eso es imposible. Ni ha sido ratificado por España ni es retroactivo. El estatuto del TPI lo prohíbe expresamente. Estas declaraciones, pues, son para la galería, de consumo interno o simplemente demagógicas».

Matutes pensó que sería bueno hablar con el juez Garzón para aclararle su punto de vista; tal vez ésa era la mejor manera de rebajar la tensión. Antes de pedir que le pusieran con el juez, consultó con su subsecretario, José de Carvajal, de quien dependía la asesoría jurídica. A *Manín*, el sobrenombre de Carvajal, no le pareció buena idea.

—Ministro, te entiendo. Pero me temo que si trasciende que has hablado con el juez se va a interpretar como una interferencia lisa y llana.

—Pero si yo tengo verdadera admiración por lo que hace. Quiero explicarle nuestra posición.

—Quizá puedas hacerlo más adelante. Me parece que ahora los riesgos son muy grandes.

El doctor Michael Loxton no tuvo preparado el informe sobre la salud de Pinochet hasta el lunes 19 de julio. Schweizer firmó junto con Loxton el documento y se lo dio al agregado militar, quien lo entregó a la embajada para que lo enviasen a la cancillería chilena.

Valdés, tras leer el informe, instruyó a la embajada chilena en Londres para enviar el informe al Foreign Office, según había convenido con Cook. El ministro Valdés hizo saber a la prensa que estudiaba la posibilidad de contratar a un médico independiente en Londres para evaluar el estado de salud de Pinochet.

Unos días después, la cancillería filtró el informe. Según el periódico *La Tercera*, «las condiciones de estrés extremo en las cuales vive el senador Pinochet están empeorando su diabetes. El control de la rehabilitación del senador Pinochet se ve entorpecido por las circunstancias psicológicas y por los escasos encuentros sociales que se le permiten».

Pero lo relevante era una frase que evocaba los argumentos que Valdés había dado a Cook en Río. El informe decía: «El senador Pinochet se enfrenta a un riesgo significativo de muerte». Y concluía: «No creemos que sea capaz de soportar la tensión nerviosa de seguir en cautiverio o un juicio largo».

De regreso en Santiago, tras casi un mes junto a Pinochet, el doctor Schweizer concedió una entrevista a *La Tercera*, en la que se le preguntó por el estado de salud del general. Schweizer, sorprendentemente, explicó: «Para tener 83 años, físicamente está relativamente bien. Hacía ejercicios regularmente, todas las mañanas, que yo supervisaba. Sin embargo, desde el punto de vista anímico, pasa por altibajos. A veces me decía que estaba cabreado y que hasta cuándo iba a mantenerse esta situación, porque la casa es muy chica y no puede salir. Ahora, desde el punto de vista de la lucidez está igual que cuando era presidente. Desde el punto de vista mental, yo diría que está realmente muy bien».

Las entrevistas del *Sunday Telegraph* y *El Mercurio de Valparaíso*, publicadas el domingo 18 de julio, no convenían a la estrategia del Gobierno de presentar a Pinochet como un anciano cercano a la muerte. El fotógrafo británico Barry Lewis había captado unas brillantes imágenes de Pinochet.

Christina Lamb y Dominic Lawson escribieron, además, que tanto las fotos de familia como la voz ronca del general les evocaron al actor Marlon Brando en su interpretación del mafioso Vito Corleone en *El padrino*. También hacían constar que cuando el general les llevó a su despacho y le preguntaron si solía trabajar en el ordenador, les dijo que recibía muchos mensajes a su dirección de *e-mail*. «Mi dirección es Cóndor», precisó a los periodistas.

Con todo, cuando esa mañana, Schaad leyó el periódico, comentó: «Lawson es un caballero. Pudo asesinarlo, pudo aniquilarle. Pero no lo hizo».

El Gobierno chileno protestó. El ministro Pérez Yoma pidió al general Izurieta que, según se había acordado en la reunión del jueves 15, pusiera orden en la residencia de Surrey. Las fotografías mostraban a una persona incluso demasiado bien para sus 83 años de edad. Sus respuestas a los periodistas atestiguaban que la cabeza del general seguía funcionando con normalidad. Era el Pinochet de siempre, con sus puñetazos sobre la mesa incluidos, según se informaba en un titular destacado debajo de unas fotos. El mensaje al Ejército fue claro: «Se intenta mostrar que Pinochet está en perfectas condiciones. En las fotos no se ve a un anciano ni a una persona deprimida o enferma. No más entrevistas».

Las nuevas instrucciones llegaron a Londres. El programa de entrevistas a otros medios británicos, aprovechando la sequía informativa del verano europeo, fue cancelado. Así como la promesa de declaraciones a la prensa chilena durante el mes de agosto.

De camino a Italia, en viaje de vacaciones, Patrick Robertson, al responder a las llamadas de varios periodistas, fue expresivo:

—La entrevista del domingo ha sido el principio y el final de la campaña de prensa del general Pinochet.

El periodista Amaro Gómez Pablos, de la cadena CNN, viajó a París para entrevistar a un viejo amigo de Pinochet, el teniente general del Ejército de Estados Unidos, ahora retirado, Vernon Walters. Hacía poco tiempo, Walters, parafraseando al presidente Franklin D. Roosevelt respecto al dictador nicaragüense Anastasio Somoza, había declarado al periódico *Clarín*, de Buenos Aires, su peculiar lealtad a Pinochet: «Es un hijo de puta, pero es *nuestro* hijo de puta». Gómez Pablos, a la luz de las declaraciones de Pinochet al *Sunday Telegraph*, le preguntó si el general podía ignorar los crímenes de la DINA: «No sé el caso de la DINA, pero sí conozco la CIA, en la cual fui vicedirector de cuatro directores. Cuando el director de la CIA hacía algo que no le gustaba al presidente, lo echaban».

En Santiago, la Corte de Apelaciones había respaldado las resoluciones del juez Guzmán en el caso de la «Caravana de la Muerte», pero los procesados recurrieron a la Corte Suprema de Justicia y, por tanto, ésta daría la última palabra. Los rumores apuntaban a que la segunda sala, renovada con magistrados más sensibles a los casos de derechos humanos, desestimaría los recursos.

El general Izurieta se reunió el lunes 19 de julio, fuera de Santiago, con el cuerpo de generales para el encuentro anual del llamado «consejo militar», organismo asesor del comandante en jefe. Ya existía información de que los recursos serían desestimados.

La Corte Suprema de Justicia de Santiago rechazó los recursos de amparo del general Arellano Stark y los otros cuatro oficiales procesados. El juez Guzmán obtenía así una gran victoria. Los casos de aquellas personas víctimas de la represión cuyos cuerpos continuaban sin aparecer constituían delitos permanentes, que encajaban en la figura penal de secuestro calificado. De los 2.233 desaparecidos bajo la dictadura sólo se habían encontrado unos doscientos cuerpos.

El fallo fue objeto de debate en el «consejo militar» del Ejército donde se cuestionó la nueva orientación de los jueces, que dejaba al margen la ley de Amnistía. Los senadores «militares», asimismo, anunciaron que estudiaban una acusación constitucional contra los jueces de la Corte Suprema «por abandono de deberes».

El jueves, día 22, el ministro de Defensa recibía a los tres comandantes en jefe de las Fuerzas Armadas y al director general de Carabineros. El general Izurieta explicó al ministro que el «consejo militar» del Ejército había analizado las consecuencias de la resolución de la Corte Suprema y que era necesario arbitrar una solución pactada para evitar que se reabrieran centenares de procesos contra oficiales de las Fuerzas Armadas.

—¿Cuál podría ser esa solución? —preguntó el ministro Pérez Yoma.

—Cualquier iniciativa que permita terminar con el desfile de oficiales y suboficiales por los tribunales.

—Ustedes saben que siempre sale el mismo tema: el paradero de los desaparecidos. ¿Las Fuerzas Armadas podrían entregar esa información? —inquirió el ministro.

—El Ejército no dispone de esa información, pero puede intentar recopilar datos. La entrega de cualquier información debería hacerse con la garantía de confidencialidad y de que se respetará la legalidad. Y, en estos momentos, la legalidad vigente, la ley de Amnistía, está cuestionada por las resoluciones judiciales —dijo Izurieta, con el apoyo de sus pares.

—Bien, yo estudiaré el asunto. El próximo lunes tengo que viajar a Buenos Aires, pero voy pensar en ello durante el fin de semana; hablaré con mis colaboradores para que vayan viendo propuestas. Y lo voy a consultar con el presidente —dijo.

Pérez Yoma no perdió un minuto. Invitó al almirante Arancibia la mañana del sábado 24 para hablar a solas en su casa sobre la propuesta de formar una comisión de «hombres buenos». El ministro le preguntó si creía posible que el Ejército aportara información sobre los desaparecidos. Arancibia dijo que todo dependía de las garantías que pudiera dar el Gobierno. Si se aseguraba el secreto y la inmunidad de las fuentes, no descartaba que el Ejército pudiera colaborar.

El ministro de Defensa llamó después a Frei para informarle. Según Pérez Yoma, había que aprovechar la oportunidad en caliente. El fallo de la Corte Suprema había creado una dinámica. No había que dejar pasar el momento. Frei le pidió que se trasladara de inmediato al palacio presidencial de Cerro Castillo, en Viña del Mar, y que avisara al ministro del Interior, Raúl Troncoso, y al secretario general de la Presidencia, José Miguel Insulza.

Pérez Yoma informó de sus contactos y propuso impulsar la iniciativa de la «mesa del diálogo» desde el Gobierno. Troncoso, en cambio, se mostró muy reticente por temor a un nuevo desgaste del Gobierno. Insulza apoyó a Pérez Yoma.

El lunes 26 de julio, Frei aprovechó una invitación para inaugurar el Congreso Internacional de Psicoanálisis y sacó a relucir el tema. «El reconocimiento de los excesos cometidos durante el régimen militar abrirá un espacio para liberar las mentes de los chilenos de este fantasma y así lograr la reconciliación», señaló. También advirtió a aquellos que poseían información sobre los detenidos desaparecidos: «que mediten las consecuencias de su silencio».

Pérez Yoma, por su parte, volvió a reunirse, en Valparaíso, durante cuatro horas, con el almirante Arancibia. Al término del encuentro, el ministro señaló que los comandantes en jefe de las Fuerzas Armadas le habían manifestado que no tenían información sobre el paradero de los desaparecidos. «Sin embargo, también han expresado su disponibilidad para buscar la manera de encontrar esa información. Eso es lo que yo he llamado una actitud positiva. Avanzar en el esclarecimiento de estos casos será más fácil».

Misión secreta

La mañana del 21 de julio, Rodolfo Martín Villa tenía una cita en el despacho del presidente Frei, en el Palacio de la Moneda. Había viajado a Santiago para despedirse de su puesto de consejero de la empresa Enersis. Martín Villa asistió a la reunión con otros dos ejecutivos, el español Alfredo Llorente, presidente del grupo Enersis, y el presidente de Endesa Chile, el chileno Juan Pablo Irarrázabal.

Frei no tardó en abordar el tema que le interesaba: Pinochet. Le resumió las conversaciones que él mismo había tenido con Aznar y su ministro de Relaciones Exteriores con Matutes.

—La verdad es que nos hemos llevado una decepción con Aznar. Nosotros tenemos nuestros abogados y asesores y sabemos que nos están engañando —dijo Frei.

Por la tarde, Martín Villa visitó a Juan Gabriel Valdés, quien le recibió con Mariano Fernández. Encontró el mismo ambiente.

—Están haciendo doble juego. Matutes me dice que sería una catástrofe que los británicos les mandaran a Pinochet y que el Gobierno español está dispuesto a colaborar para impedirlo. Pero luego escribe un artículo en el que dice que los jueces españoles actúan conforme al derecho internacional. Nosotros, como sabes, estamos proponiendo el arbitraje. Pero no nos dicen nada.

—Juan Gabriel, yo no creo que sea mala fe —dijo Martín Villa—. Es un asunto delicado. A mí me parece, como ya le he dicho a Mariano en Madrid, que la fórmula del arbitraje es muy acertada. Es una salida buena para todos.

—Rodolfo, voy a contestar el artículo de Matutes con una nota verbal. Esta misma semana despacharemos a Madrid la propuesta formal del arbitraje. A ver si contestan.

—Cuando regrese a Madrid hablaré inmediatamente con Matutes. Le transmitiré la preocupación del presidente Frei y la vuestra.

—Te agradeceremos todo lo que puedas hacer.

Valdés y su equipo estudiaron los informes de la asesoría jurídica del Ministerio de Asuntos Exteriores español y las actuaciones de la Fiscalía de la Audiencia Nacional.

Jaime Lagos, director jurídico de la cancillería, leyó todos los informes y redactó un proyecto de carta. El 23 de julio, Valdés aprobó prácticamente el texto de Lagos y envió su respuesta a Matutes, en la que proponía formalmente el arbitraje. Se avisó a todos los medios de comunicación: el subsecretario Mariano Fernández llevaría la nota diplomática a la embajada española. Una nube de fotógrafos y periodistas esperaban en la puerta cuando llegó el subsecretario. Fernández, con la mejor sonrisa y un pañuelo colgando del bolsillo exterior de la chaqueta, posó con el embajador español, José Manuel Egea, ante las cámaras mientras le entregaba la nota.

La respuesta cuestionaba cada una de las actuaciones del Gobierno español. Según afirmaba, el Gobierno de Aznar podía haber bloqueado la solicitud de extradición, y no lo hizo. Se extendía en recriminaciones por la conducta de la Fiscalía de la Audiencia Nacional, la cual, «después de cinco meses de inacción, ha entablado desde el 2 de mayo pasado varios recursos contra los autos del juzgado central de instrucción número 5». Y señalaba con el dedo a Matutes por su párrafo sobre la jurisdicción extraterritorial en crímenes contra la Humanidad: «Usted, aunque esta cuestión está *sub júdice*, justifica la acción de los tribunales españoles».

La carta cuestionaba el argumento de Matutes utilizando las ideas de un miembro del equipo del ministro: Aurelio Pérez Giralda. En su informe, según recordaba la carta de Valdés, el director de la asesoría jurídica del Ministerio de Asuntos Exteriores había señalado que no era ineludible tramitar en el Parlamento un compromiso arbitral del tipo previsto por el artículo 30 de la Convención contra la Tortura, porque dicho tratado ya había sido incorporado a la ley interna española.

«Consideraciones como las señaladas, por cierto, confirman nuestra posición y ratifican nuestra inquietud por este giro de la posición española», proseguía la nota.

El ministro chileno invitaba al Gobierno español a «iniciar cuanto antes conversaciones con miras a poner en ejecución las etapas de negociación y arbitraje contempladas en el tantas veces mencionado párrafo 1 de la Convención contra la Tortura». Y agradecía «la voluntad expresada de que el Gobierno español respetará cualquier decisión que la justicia o el Gobierno británico adopten "interrumpiendo" la extradición a España por consideraciones humanitarias».

La carta concluía: «El Gobierno de Chile considera altamente indeseable que un juez de otro país, en un acto de inaceptable arrogancia, reclame competencias para intervenir directamente en este proceso. Me alegra por ello que en una de las entrevistas usted haya señalado que "está en contra y al Gobierno no le gusta que los tribunales españoles tengan que impartir justicia internacional"».

Matutes llegó a la conclusión de que era necesario tender un puente con el Gobierno chileno. La persona ideal, a sus ojos, era Óscar Alzaga. Su estrecha relación con los dirigentes democristianos seguía vigente. Se le ocurrió, pues, enviarle a Santiago para abrir un canal paralelo de contacto. Él podría informar a las autoridades de que el Gobierno español estaba considerando pedir un informe al Consejo de Estado sobre la cuestión del arbitraje.

El sábado 24, aun cuando no había recibido oficialmente la carta, Matutes declaró, tras conocer su texto a través del embajador Egea, que «las razones que se exponen son importantes, dignas de atención y van a ser estudiadas».

Ese día, el Consejo de Ministros celebraba una sesión de trabajo extraordinaria presidida por el rey Juan Carlos en Santiago de Compostela, con motivo del último Año Santo compostelano del milenio. Desde allí partiría la delegación oficial española hacia Rabat para acudir al funeral del rey Hassan II, fallecido el día anterior, el viernes 23 de julio.

El presidente del Gobierno y el Príncipe viajaban juntos; el ministro de Asuntos Exteriores volaba con el Rey en otro avión. También viajaban, junto al jefe del Estado, Joaquín Almunia, del Partido Socialista, y Pío García Escudero, del Partido Popular. Matutes, tras subir al avión, con el Rey delante, se dirigió a Almunia.

—Joaquín, los chilenos están proponiendo fórmulas para abordar el asunto de Pinochet. El ministro Valdés me ha enviado una propuesta. La posición de España es cada vez más incómoda en este conflicto. No podemos dejar que la relación con Chile sufra por este hecho. A ver si nos sentamos y hablamos sobre el tema. A mi regreso diré que te llamen para ver que día puede ser.

El lunes 26, Matutes recibió por valija diplomática la carta de Valdés, que el día anterior había publicado *El Mercurio*.

Llamó a Almunia y lo citó para el viernes 30 de julio a las seis de la tarde. Almunia pidió a su equipo que le preparara documentación reciente. Trinidad Jiménez, a cargo de los temas internacionales, obtuvo por Internet una copia de la carta de Valdés.

Martín Villa, de regreso de Santiago, llamó el lunes 26 a Matutes.

—Abel, acabo de volver de Chile. He estado con el presidente Frei y con el ministro Valdés.

—Cuéntame, me interesa mucho. ¿Cómo les has visto?

—Muy mal. Frei está convencido de que el Gobierno español le está engañando. Dice que le hemos traicionado.

—Este hombre no entiende o no quiere entender. Si quieres que te diga la verdad, ya no lo sé. Porque mira que se lo explicamos en Oporto y luego en Río.

—También he visto muy duro a Valdés —continuó Martín Villa—. Dice que estamos haciendo doble juego. Si me permites, creo que para ellos la prueba de que no se les engaña es pedir un informe al Consejo de Estado. Me dijo el canciller que te enviaba una propuesta.

—Sí, la he recibido hoy. Es la idea del arbitraje. Podemos pedir al Consejo de Estado que haga un informe. Yo estaba pensando en enviar a alguien a Chile en misión reservada para mostrar nuestra voluntad de colaborar. Pensé que Óscar Alzaga podía ser el hombre. Él les conoce mucho y está en contacto permanente. Por otra parte, hablaré con Joaquín Almunia. Necesitamos su apoyo.

—Si tú quieres, yo puedo volver a Santiago... —sugirió Martín Villa.

—Podría ser, déjame pensarlo un poco.

Rodolfo Martín Villa tuvo la sensación de que Matutes tenía que hablar con Aznar.

La idea de enviar a Martín Villa pareció más interesante. Siempre se podía justificar su misión con el argumento de que era un empresario con intereses en Chile.

Al cabo de unas horas, Matutes tenía la respuesta.

—Rodolfo, de acuerdo. Hemos decidido que viajes tú. Mi jefe de gabinete, Santiago Cabanas, te informará de todo.

Cabanas le pidió por teléfono a Martín Villa que pasara a verle por el Ministerio de Asuntos Exteriores y que le prepararía copia de varios documentos.

Cabanas le recibió en su despacho.

—Como te dijo el ministro —le explicó—, estamos dispuestos a hacer una consulta al Consejo de Estado para ver si la propuesta de arbitraje es viable. A nuestra asesoría jurídica no le gusta mucho la idea, pero en todo caso nos dicen que es uno de esos asuntos para consultar con el Consejo.

—Ah, bueno, pero yo creo que los chilenos se pondrán contentos si se da ese paso.

—Tú sabes que lo que diga el Consejo no es vinculante.

—Sí, sí, claro.

—Además, también habrá que ver si la oposición colabora. El ministro tendrá una reunión con Joaquín Almunia el próximo viernes por la tarde. Hay otra cosa: llevarás un borrador de carta para someter al Gobierno chileno. Si están de acuerdo, deberían enviarla con la mayor rapidez. Pero, me insiste el ministro, todo esto dependerá de la actitud de Almunia.

Cabanas había preparado el material. Convención contra la Tortura; ley Orgánica del Consejo de Estado; un folleto elaborado por los abogados progresistas Diego López Garrido y Mercedes García Arán, entre otros, «Contra la Impunidad», y la nota verbal enviada por Valdés el 23 de julio.

El borrador de la carta que el Gobierno chileno debía considerar era éste:

«Señor Ministro:

»Le agradezco sus declaraciones públicas efectuadas al recibir mi carta del 23 de julio pasado. A la vez, quiero confirmarle lo expresado en nuestras recientes conversaciones telefónicas. Creo que los argumentos jurídicos que le he expuesto avalan suficientemente nuestro convencimiento de que España está obligada a aceptar el arbitraje contemplado en el artículo 30 de la Convención contra la Tortura y otros Tratos o Penas Crueles, Inhumanas o Degradantes de 1984, de la cual somos partes.

»La decisión soberana del Gobierno español de recabar un dictamen al Consejo de Estado para comprobar si ratifica o por el contrario rectifica la postura mantenida hasta ahora por su país, constituye un avance que valoro y que, espero, pueda confirmarse en breve, con el objeto de concordar prontamente los términos del arbitraje.

»Puedo asegurarle, señor ministro, que, cualquiera que fuere el dictamen del Consejo de Estado, que no es vinculante para mi [sic] Gobierno, entenderíamos que el Gobierno español ha actuado de buena fe».

Al caer la noche, Rodolfo Martín Villa asistió a una cena multitudinaria en honor de Marcelino Oreja, con motivo de su cese como comisario europeo. El hotel Castellana Intercontinental, en el paseo de la Castellana de Madrid, estaba a rebosar. Martín Villa, ya en función de enviado especial, sintió verdadero apetito cuando advirtió la presencia de su amigo, Íñigo Cavero, presidente del Consejo de Estado, a quien preguntó que pasaría si el gobierno le solicitaba un dictamen.

—El ministro nos ha dicho algo hace algunas semanas —contestó Cavero—. No sé. Mal. A Landelino no le gusta. Se lo ha mirado y cree que es un mal asunto. Chile ha puesto en su día una reserva al artículo 30 de la Convención contra la Tortura que ahora quiere invocar.

— No conocía eso. La fórmula del arbitraje me parece buena —dijo Martín Villa.

—Sergio Pizarro me ha pedido que reciba a Andrés Zaldívar, el presidente del Senado chileno. Es amigo mío. Yo llevé a Andrés a Barajas cuando intentó regresar a Chile después estar exiliado varios años en Madrid. Al llegar al aeropuerto de Pudahuel no le dejaron pasar y se tuvo que volver. Les veré el miércoles —anticipó Cavero.

Abel Matutes también acudió a esa cena, y aprovechó para intercambiar algunas palabras con Martín Villa. Y con Cavero. Al día siguiente, llamó por teléfono al Ministerio de Relaciones Exteriores de Santiago. Ya había adquirido la rutina de hablar con Juan Gabriel Valdés.

—Juan Gabriel, hemos decidido enviar a Rodolfo Martín Villa en misión reservada para hablar sobre el arbitraje y la posible consulta al Consejo de Estado. Él me ha transmitido vuestras impresiones.

—El presidente Frei y yo mismo le hemos dicho lo mismo que te comunicábamos en la carta.

—Sí, ya lo he visto. Como te dije en Río y te he repetido por teléfono varias veces, nosotros no queremos a Pinochet en España, sería el peor escenario posible. Te dije que estudiaríamos, dentro de nuestro escaso margen de acción, vuestras propuestas. Y es lo que hemos hecho. Pero también te digo otra cosa. Nosotros no engañamos a nadie. Vamos a pedir un informe que según nuestra ley no es vinculante. Pero queremos que dejéis constancia de que este paso que vamos a dar se inscribe en una actitud de buena fe. Juan Gabriel, aquí no jugamos con doblez.

—Me parece bien, Abel. ¿Cuál es la idea?

—Martín Villa va con un borrador de carta muy breve y sencilla en la que se reconoce el valor de la decisión de someter la propuesta al Consejo de Estado y, sobre todo, que estamos procediendo de buena fe, cualquiera sea el resultado.

—Muy bien. No creo que vaya a haber ningún problema.

—También quiero dejar claro que todo dependerá del Partido Socialista. Me consta que Felipe González, como sabéis, está dispuesto colaborar en esto. Pero tengo que averiguar si Joaquín Almunia va a echar una mano. Nuestro embajador José Manuel Egea estará al corriente de la visita de Rodolfo.

Íñigo Cavero había sido durante varios años presidente de la rama española de una fundación que animaba Andrés Zaldívar, cuyo propósito era canalizar subvenciones y becas para los exiliados y refugiados chilenos de la dictadura militar.

A las cinco de la tarde del miércoles 28 de julio, Zaldívar y Sergio Pizarro llegaron a la sede del Consejo de Estado, en la madrileña calle Mayor. Cavero les recibió junto a Landelino Lavilla. Mientras esperaban el café, hablaron de otros tiempos. Cavero, tenía suficiente confianza con Zaldívar, porque de otro modo no se hubiera atrevido a decir:

—Es curiosa esta situación. El Gobierno chileno defendiendo a Pinochet. Recuerdo que fui yo quien te llevé en coche, con tus maletas, al aeropuerto cuando intentaste regresar a tu país. Eso fue en 1983, ¿no es cierto?

—Sí.

—Y Pinochet te impidió la entrada al llegar. Vaya susto que me diste cuando llamaste desde el aeropuerto.

—Recuerdo muy bien, Íñigo. Pero éste es un tema de Estado, no de Pinochet. El ministro Valdés ha enviado una carta a Matutes proponiendo el arbitraje. Lo que te pido, Íñigo, es que encontre-

mos alguna fórmula. Nosotros pensamos que el arbitraje podría
serla. Si se acepta ir a él, anulamos la reserva al artículo 30. No entiendo por qué, según dice Matutes, el arbitraje debería pasar como
ley especial por el Parlamento. La Convención contra la Tortura
ya ha sido ratificada por España. Y es un tratado internacional.
Landelino Lavilla tomaba notas. Ni él ni Cavero entraron en
los detalles del asunto. Pizarro, a su vez, habló muy poco. El presidente del Consejo de Estado sólo prometió estudiar la propuesta y aseguró que Landelino Lavilla se encargaría personalmente del
asunto.
   —Bien. ¿Será rápido? —preguntó Zaldívar.
   —Son muy malas fechas. Yo me voy de vacaciones la semana
próxima —contestó Cavero.

Rodolfo Martín Villa llegó a Santiago la mañana del 29 de julio,
llamó al embajador Egea y fue a su encuentro, en la avenida Andrés
Bello. Tras comentar el asunto, sobre el que Egea ya estaba informado, llamó al ministro Juan Gabriel Valdés, quien le invitó a comer a la una.
   Martín Villa fue a la cancillería chilena. Valdés y Mariano Fernández salieron con él. Los tres cruzaron la calle y entraron en la
Academia Diplomática. Allí, en un saloncito, estaba preparada
la mesa.
   —Creo que ya te ha informado el ministro —dijo Martín Villa.
   —Sí, me adelantó que habían decidido enviarte en misión reservada. Ésa fue su expresión. Y me dijo que tenemos que enviar
una carta —señaló Valdés.
   Martín Villa sacó una carpeta con su *dossier*, y buscó entre los
papeles.
   —El Gobierno está dispuesto a enviar la propuesta de arbitraje al Consejo de Estado. Pero condiciona esta decisión a tener el
apoyo del PSOE. Matutes se va a reunir mañana con Joaquín Almunia para obtener su respaldo. El ministro quiere que se le envíe una carta. Aquí está el posible borrador.
   Valdés y Fernández cogieron el folio sin membrete y leyeron
los tres párrafos del texto.
   Valdés señaló:
   —Me parece bien. Lo vemos, por si hubiera que introducir algún matiz.

—Claro. ¿Pero estáis de acuerdo con la idea general de la carta?
—Sí. Matutes quiere una reparación. Lo entiendo. Estamos dispuestos a reconocer que España actúa de buena fe. De hecho, ya lo digo en mi carta del día 23.

Valdés quiso saber por las posibilidades de un dictamen favorable del Consejo de Estado.

—Landelino Lavilla se hará cargo del tema. Yo creo que con la colaboración de socialistas, si dan su acuerdo, y democristianos, esto tiene que prosperar —bromeó Martín Villa.

—¿Y los plazos?

—Si la reunión con Almunia resulta como esperamos, los trámites pueden llevarse a cabo con cierta rapidez. Y si los dos Gobiernos impulsan esto, quizá pueda quedar resuelto en el Consejo de Estado a primeros de septiembre.

—Rodolfo, ¿qué te parece si vemos a Frei?

—No sé yo si eso es bueno o malo.

—Yo creo que sería muy bueno —dijo el ministro chileno antes de salir hacia el palacio.

Al cabo de unos minutos, Fernández pidió a Martín Villa que le acompañara. Llegaron hasta el coche oficial del subsecretario, quien dio instrucciones al chófer para que llevara a Martín Villa al Palacio de la Moneda.

Entraron por una puerta lateral. Martín Villa fue conducido hasta la planta alta. En el despacho del presidente le esperaban Frei y Valdés. Se saludaron.

—Presidente, ya he informado al canciller Valdés de que el Gobierno español está dispuesto a pedir informe al Consejo de Estado sobre la propuesta de arbitraje —dijo Martín Villa.

—Sí, me lo acaba de contar. Por fin...

—Como usted sabe, presidente, el informe no es vinculante, pero es un paso. El ministro Matutes propone que se envíe una carta al Gobierno español... —precisó Martín Villa.

—Juan Gabriel me lo ha dicho, sí. Es una buena noticia —asintió Frei.

—Todo dependerá de la actitud de los socialistas —advirtió Martín Villa.

—Felipe González estará encantado con esta salida —aseguró Frei.

—Sí, Felipe sí; pero el ministro Matutes tiene previsto reunirse mañana con Almunia —insistió Martín Villa.

—¿Y el Consejo de Estado? —indagó Frei.

—Bueno, presidente, yo creo que todo depende de su canciller —ironizó Martín Villa, dirigiéndose a Valdés—. Él es socialista y demócrata cristiano por parte de padre. Él puede convencer al PSOE y también a aquellos del Consejo de Estado que deben informar...

Frei y Valdés rieron la gracia.

Esa tarde, Fernández analizó con el director jurídico de la cancillería, Jaime Lagos, y el director de Planificación, Alberto van Klaveren, el texto propuesto por el Gobierno español. Hicieron algunas modificaciones. Valdés envió el nuevo texto a Martín Villa. La carta era casi idéntica a la que había sugerido Matutes.

El 29 de julio, el fiscal Pedro Rubira presentaba un escrito a la Sala de lo Penal de la Audiencia Nacional en relación con la orden de prisión de Pinochet. El fiscal señalaba que «han transcurrido más de cinco meses desde que se recurrió esta prisión; este dilatado transcurso del tiempo sin que se haya resuelto dicho recurso hace que se haya vulnerado el artículo 17 de la Constitución [derecho fundamental a la libertad], debiéndose poner en libertad al señor Pinochet».

Rubira decía también que, en el delito de tortura, el presunto autor debía ser «autoridad o funcionario y este fiscal tiene dudas de que un jefe de Estado sea autoridad o funcionario». Según Rubira, «nuestra Constitución de 1978, en su artículo 56.3 concede a la persona del Rey, como no sujeta a responsabilidad, idea formada en nuestra primera Constitución de 1812». Y concluía: «Por tanto, en el periodo de tiempo en que el general Pinochet era jefe de Estado no se le puede perseguir por estos delitos».

El fiscal sostenía, además, que dado que Pinochet poseía fuero de senador en Chile, debía realizarse «una atenta exposición al Tribunal Supremo para resolver las dudas si el general Augusto Pinochet tiene la condición de aforado». En su carta, Valdés, precisamente, acababa de reiterar que se debía llevar el asunto al Tribunal Supremo.

El escrito del fiscal, por la fecha presentada, en el umbral de las vacaciones del mes de agosto, no trascendió a los medios de comunicación.

A las seis de la tarde del viernes 30 de julio Joaquín Almunia cruzó la puerta del despacho de Matutes, en el Palacio de Santa Cruz.

Después de comentar la carta enviada por Valdés el 23 de julio, que Almunia había leído, el ministro le enseñó un papel, y dijo:

—Les hemos mandado este borrador de carta. Entiendo que, con algún retoque, están de acuerdo.

Almunia leyó el texto.

—Lo que te pido, Joaquín, es que apoyéis la iniciativa de pedir un informe al Consejo de Estado o al menos que no me seáis beligerantes.

—Nosotros no vamos a impedir que se solicite informe al Consejo de Estado. Si tú crees que la relación bilateral con Chile atraviesa una fase crítica, pídelo.

—Si el Consejo de Estado estima que la propuesta del arbitraje debería ser sometido a la aprobación de las Cortes, los socialistas, ¿estáis dispuestos a votar a favor en el Parlamento?

—No, no vamos a votar a favor, Abel —respondió el dirigente socialista—. Nos parece que el asunto Pinochet tiene que seguir en la vía judicial. Si hay que pedir autorización al Parlamento, tú cuentas con la mayoría. Nosotros votaremos en contra.

—Mira, Joaquín —advirtió el ministro—, el Gobierno sólo pedirá el informe si los socialistas colaboran.

—Pero cuando uno pide un dictamen, se supone que sabe, más o menos, lo que un órgano de consulta del Gobierno le va a decir, ¿tienes idea de lo que dirá el Consejo de Estado?

—No.

La partida de ajedrez duró unos cuarenta y cinco minutos.

El Gobierno quería la cobertura de los socialistas. A falta de ella, no correría, pues, con lo que se veía como un potencial coste electoral, ya que la iniciativa sería interpretada por la opinión pública como un acto para salvar a Pinochet de la acción judicial.

Matutes, tras partir Almunia, habló con el embajador Egea:

—José Manuel, acabo de tener la reunión con Joaquín Almunia. Ha ido muy mal. Es importante que la información llegue a Rodolfo. Los socialistas no están por la labor.

El embajador comunicó enseguida a Martín Villa el mensaje de Matutes. Todo quedaba en agua de borrajas.

Martín Villa había cambiado su billete de regreso a Madrid, previsto en la mañana del sábado, para un vuelo por la tarde, para hablar con Mariano Fernández y contar con más tiempo. Fernández pasó a verle por el hotel Hyatt.

—Mariano, todo se ha ido al traste. Matutes no ha conseguido la ayuda del PSOE.

—Pero, en ese caso, ¿no harán la consulta al Consejo de Estado?

—No me parece que el Gobierno español, sin la cobertura de los socialistas, vaya a hacerlo. La carta que habéis preparado queda sin efecto. Yo os llamaré una vez que conozca los detalles. Mariano, quisiera que le transmitas a Valdés que la reunión ha ido mal.

Juan Gabriel Valdés, de todos modos, decidió seguir adelante. Y envió la carta pactada por vía diplomática a Madrid con fecha de 30 de julio.

En Madrid se celebraba el sábado día 31 la última reunión del Consejo de Ministros antes de las vacaciones de verano. José María Aznar, de visita en Kosovo, había cambiado la fecha del viernes al sábado. Matutes informó esa mañana al presidente, a solas, que no había conseguido el apoyo de Almunia en la cuestión del arbitraje.

Después de despedir a los ministros, Aznar recibió a Almunia. La entrevista había sido solicitada por el dirigente socialista para comentar la situación de la lucha antiterrorista. Al término del encuentro, Almunia dijo:

—Ayer tuve una reunión con Matutes, como sabrás. Le dije que en ningún caso vamos a apoyar en el Parlamento algún tipo de autorización para un arbitraje en relación con el caso Pinochet.

—Sí, ya...

Ese mismo sábado, Aznar iniciaba, por la tarde, sus vacaciones en Oropesa de Mar, en la provincia de Castellón.

El ministro de Defensa Edmundo Pérez Yoma asumió oficialmente el liderazgo para impulsar la Mesa de Diálogo para encarar el debate sobre una «solución» en el tema de los derechos humanos.

El domingo, día 1 de agosto, al llegar a Madrid, Martín Villa leyó en la portada de *El País* la noticia de la reunión de Matutes con Almunia del viernes 30 y las negociaciones secretas entre el Gobierno español y el chileno en torno a la idea de abrir una vía paralela al procedimiento judicial para someter a debate la jurisdicción española en el delito de tortura. Llamó enseguida a Santiago Cabanas y logró hablar brevemente con Matutes. Confirmó que la idea de someter la posibilidad del arbitraje a un dictamen del Consejo de Estado se había hundido. Ya no había nada que hacer.

En Madrid, el Partido Socialista pidió la comparecencia del ministro Matutes en el Parlamento para explicar la situación. Las asociaciones de jueces se pronunciaron en contra del arbitraje.

El canciller Valdés declaró a la prensa que Matutes prometió contestar a la propuesta del arbitraje antes de las vacaciones. El embajador Pizarro, ya de descanso en el Algarve portugués, y Andrés Zaldívar intentaron hablar con Íñigo Cavero, pero no lo consiguieron. Mariano Fernández también llamó tres veces al presidente del Consejo de Estado. Pero tampoco dio con él.

El juez Garzón, por su parte, dictó una providencia el miércoles 4 de agosto, por la cual enviaba un escrito al Ministerio de Asuntos Exteriores. Señalaba que un arbitraje podría «interferir en lo que constituye la esfera exclusiva y excluyente de la jurisdicción penal» y preguntaba, entre otras cosas, si se había recibido «alguna comunicación del Gobierno de Chile sobre la eventual celebración de un arbitraje amistoso». El mismo día, Matutes ordenó difundir un comunicado: «Ante las informaciones relativas a las supuestas negociaciones secretas entre los Gobiernos de Chile y España sobre el proceso de extradición del senador Augusto Pinochet, este Ministerio de Asuntos Exteriores desmiente formal y enérgicamente la existencia de contactos o negociaciones de tipo secreto entre ambos Gobiernos respecto de un eventual arbitraje o de cualquier otra cuestión». Era, a la luz de la realidad, una mentira.

Un día más tarde, el jueves día 5, trascendía a la prensa el escrito del fiscal Pedro Rubira del día 29, en el que solicitaba la anulación de los autos de prisión de Pinochet, aquel en el que comparaba la inmunidad de Pinochet con la del Rey de España. Los partidos políticos y asociaciones de jueces se movilizaron.

El cataclismo ya era un hecho. «A mí tampoco me gusta Pinochet», declaró el fiscal Pedro Rubira. El fiscal general, Jesús Cardenal, dijo que no se estaba pidiendo la libertad de Pinochet sino anular los autos de prisión dictados por el juez Garzón el 16 y 18 de octubre de 1998. Tampoco, dijo, se pretendía comparar a Pinochet con el rey Juan Carlos.

Por su parte, Matutes, de vacaciones, hizo el sábado unas declaraciones a la televisión: «No hay acuerdo con Chile. El Gobierno ha actuado desde el pleno y absoluto respeto a las decisiones judiciales y así seguirá haciéndolo en todo momento. Por lo tanto, no ha tomado ni tomará ninguna decisión que comprometa al Poder Judicial».

Mientras los partidos políticos y agrupaciones de jueces rechazaban el arbitraje, una misión militar chilena encabezada por el general Juan Carlos Salgado que viajaba a Londres hizo antes una escala en Madrid. El ministro de Defensa, Eduardo Serra, de veraneo, solicitó al almirante Francisco Torrente, director de la Política de Defensa del Ministerio, que recibiera a Salgado. La cita fue fijada para el martes día 10 de agosto. Sólo trataban de recabar información sobre las condiciones de seguridad, en el hipotético caso de que Pinochet fuese trasladado a España. También se reunieron con los abogados de la defensa española, Fernando Escardó y José María Stampa.

El presidente del Gobierno, José María Aznar, respondió a las preguntas de la prensa al salir de su tradicional encuentro de verano con el Rey en el palacio de Marivent, en Palma de Mallorca. Según dijo, la información sobre las negociaciones entre los Gobiernos chileno y español eran «ejercicios calenturientos en esta época del año». Aznar arremetió contra todos. En alusión a las preguntas del juez Garzón, advirtió: «Me gustaría que el mismo celo que el Gobierno pone para respetar la decisión de los tribunales y la independencia judicial se pusiera por todos los tribunales para respetar el ejercicio de competencias que corresponden al Gobierno». Y también aprovechó, después de ver al Rey, a quien no se le escapó el escrito del fiscal Rubira, para recriminar a los fiscales: «Algunos ponen ejemplos muy poco afortunados».

Ese mismo día, 9 de agosto, el subsecretario Mariano Fernández llamó, desde Santiago, a Martín Villa, que ya se encontraba de vacaciones en Cancún. Fernández le pidió que se pusiera en contacto con Matutes para ver si había aún alguna posibilidad respecto al arbitraje.

Martín Villa localizó por télefono al ministro y le explicó que los chilenos querían saber si todavía quedaba alguna posibilidad de considerar el arbitraje.

—¿Pero tú has visto la que se ha montado? —dijo Matutes—. El Partido Socialista se ha desmarcado, ¿cómo quedamos nosotros si pedimos el informe?

—Bueno, bueno... sólo te quería avisar.

El día 12 de agosto, Íñigo Cavero interrumpió sus vacaciones en Ibiza para viajar a Santander, donde debía pronunciar una conferencia sobre la unificación política europea. Los periodistas le preguntaron, lógicamente, por el arbitraje que proponía Chile a España.

«Afortunadamente, no nos hemos tenido que preocupar de Pinochet, al menos, oficialmente», dijo el presidente del Consejo de Estado. «Una cosa es lo que quieran los chilenos y otra lo que se puede aplicar. Chile firmó la Convención contra la Tortura, pero se reservó una cláusula que continúa vigente». Cavero insistió una segunda vez en que, «afortunadamente», ni el Gobierno ni otro ministerio han solicitado informe al Consejo de Estado. Advirtió: «Sería necesario analizar cómo afectaría esto a nuestra Constitución y a la división de poderes. Es uno de esos asuntos sobre los que es difícil lograr no ya unanimidad sino una mayoría. Si todo continúa por los cauces normales, creo que ni el presidente del Gobierno ni el ministro de Asuntos Exteriores nos van a consultar».

CAPÍTULO 77

Ingeniería judicial

Las negociaciones sobre el arbitraje reverberaron por aquellos días de agosto en la prensa británica, que también se hizo eco de la salud de Pinochet. El *Daily Telegraph* informó sobre el dictamen de los médicos Schweizer y Loxton, en el cual se advertía de «un riesgo significativo de muerte», tras enumerar doce enfermedades, entre las que destacaban una neuropatía diabética, problemas cardíacos, próstata y artritis en la rodilla izquierda.

El Foreign Office había enviado al Ministerio del Interior el informe de los doctores Schweizer y Loxton a finales de julio. El ministro Jack Straw solicitó entonces al abogado Jonathan Sumption un dictamen sobre todos los aspectos del caso a la vista del próximo juicio de extradición. Y, también, sobre sus posibilidades de intervenir en el procedimiento si se producía un eventual empeoramiento o crisis en la salud de Pinochet. El encargo se mantuvo en secreto.

En el río de noticias de agosto, una, sólo una, aportó una pista de lo que podía estar pasando por la cabeza de Jack Straw.

El periodista Kim Sengupta de *The Independent*, obtuvo de una fuente hostil a Pinochet una copia del dictamen que Straw había encargado a Sumption. El día 13 de agosto, llamó al Ministerio del Interior. Un alto cargo se puso al teléfono.

El periodista le explicó que había tenido acceso al informe de Sumption en el que se describían las posibilidades de acción del ministro ante un eventual agravamiento de la salud de Pinochet. Y que, según el texto, si se producía un deterioro significativo, el ministro del Interior podía pedir a las autoridades españolas que retirasen la solicitud de extradición. En caso de una respuesta negativa, Sumption, siempre según el dictamen, sostenía que el ministro podía usar sus poderes discrecionales para rechazar la extradición.

El funcionario admitió que se había pedido el informe ante una eventual emergencia. El criterio del ministro, dijo, era que el proceso debía continuar. Y aseguró que Straw no tenía intención de provocar una interrupción del mismo.

El periodista señaló a su interlocutor que este informe podía ser utilizado por los que apoyaban a Pinochet como un ejemplo de que Straw estaba buscando desesperadamente una salida para terminar con el caso.

—Cualquier intento de ver en el informe una tentativa del Ministerio del Interior de evitar la extradición es solamente propaganda de los seguidores del general —dijo el portavoz.

Sengupta informó sobre el tema en la edición del *Independent* del día 14 de agosto y aclaró que, según el portavoz del Ministerio del Interior, el dictamen se había solicitado por si se producía una «emergencia».

Sólo había una manera de evitar que se celebrara el juicio de extradición previsto para el 27 de septiembre en Bow Street. Y esta consistía en que el ministro del Interior aceptara retirar la autorización para proceder del 14 de abril, la cual, según el artículo 7.1 de la ley de Extradición, confiere al magistrado la jurisdicción para actuar.

La jurisprudencia británica indicaba que era una decisión muy difícil de conseguir.

En su dictamen, Sumption recordaba que según la ley de Extradición artículo 12.1, una vez que la persona acusada es «procesada para extradición y los cargos no son anulados por el Alto Tribunal de Justicia», el ministro tiene la discreción general «de no ordenar su entrega». En el punto 2 se establece que «sin perjuicio de su discreción general», el ministro «no ordenará la entrega en razón de la naturaleza trivial de los delitos; por el transcurso del tiempo desde que se cometió el delito o por el tiempo o porque la acusación no esté basada en la buena fe o en interés de la justicia». Y dado que «teniendo en cuenta todas estas circunstancias entregarle sería injusto o cruel».

¿Cuál era el significado de la «discreción general» del ministro? En la nota general que explica la sección número 12 de la ley se señalaba: «Es una discreción general en el sentido de que el ministro puede rechazar la entrega de un fugitivo aun cuando está habilitado para hacerlo según la ley. El ejercicio de esta discreción en ese sentido sería extremadamente raro, y supondría, si los acuerdos de extradición están basados en un tratado, una violación de la ley internacional. Sin embargo, es posible imaginar circunstancias de desorden grave en el país requirente, esto es, circunstancias por las cuales un ministro se sentiría justificado al no entregar a un fugitivo».

Aunque el Convenio Europeo de Extradición no había sido incorporado a la ley británica, tanto Tony Blair como Jack Straw explicaron siempre su actuación en el caso Pinochet precisamente por la obligación del Reino Unido de cumplir sus obligaciones legales en materia de extradición con los países europeos; en este caso, con España.

Según Sumption, el ministro del Interior tenía el deber de tomar en consideración todas las circunstancias que afectaban al acusado a lo largo de todo el procedimiento de extradición. Su discreción más general, según el abogado, le permitía intervenir aun cuando el proceso judicial no hubiera terminado. Si bien la ley no sostenía ni una cosa ni la contraria, algunos casos como el del ciudadano británico Frederick Tom, un hombre de 85 años cuya entrega por estafa exigían en 1994 las autoridades de Estados Unidos, que padecía diabetes, próstata y problemas cardíacos, habían generado la idea de que la actuación del ministro sólo empezaba allí donde terminaban los tribunales.

El informe de Sumption daba la interpretación más amplia posible de los poderes otorgados por la ley de extradición al ministro, más allá, incluso, de lo que estipulaban otros preceptos legales. La ley británica de Procedimiento Penal de 1991, que sustituía a la 1964, señalaba, por ejemplo, en relación con la demencia y la incapacidad de defensa en juicio, que éstas podían ser planteadas por los abogados del acusado, el fiscal o el juez, y establecía con claridad de quién era la decisión: «La cuestión de la aptitud para ser juzgado debe ser determinada por un jurado». Entonces, la «discreción general» del ministro, ¿estaba por encima de la obligación de someter a un tribunal el tema de la aptitud para ser juzgado? Según Sumption, sí.

El caso a tener en cuenta era el de la presunta terrorista irlandesa Roisin McAliskey, cuya extradición pedían las autoridades alemanas por su presunta participación en un ataque contra una base militar británica en Alemania. Y este asunto tenía una ventaja: lo había resuelto el ministro Jack Straw en 1998, meses antes del arresto de Pinochet.

La historia fue la siguiente. El magistrado Nicholas Evans, el mismo que firmaría meses después la primera orden de arresto de Pinochet, se hizo cargo del asunto McAliskey. Como la acusada se resistía a presentarse ante el tribunal por problemas psicológicos, Evans retrasó la vista del juicio de extradición en Bow Street. Los abogados sometieron el tema al Alto Tribunal de Justicia. Se autorizó, como excepción, que el magistrado dictara su fallo sin contar con la presencia de la acusada en la sala. El 3 de enero de 1998, Evans se pronunció a favor de la extradición. La defensa pidió la intervención del ministro Straw, alegando el problema psicológico de la imputada, razón por la cual los jueces le habían excusado de asistir a la lectura del fallo.

La pelea judicial tuvo lugar en un momento especial. Tony Blair impulsaba, en aquellos días, el proceso de negociaciones de paz en Irlanda del Norte.

Straw decidió, finalmente, rechazar la extradición. Usó su discreción legal más restringida, y estimó en base a dos exámenes médicos, entre ellos el del médico psiquiatra forense, que la entrega de la acusada sería «injusta o cruel».

La oposición conservadora acusó al ministro de rechazar la extradición para «mantener vivo el proceso de paz en Irlanda del Norte» cuando, decía, hubiera sido preferible que la presunta terrorista compareciera ante las autoridades alemanas. Straw defendió su actuación desde la legalidad. «Se me exige por ley que no entregue a un fugitivo si creo que ello sería injusto o cruel», explicó.

Jonathan Sumption había estudiado derecho en la Universidad de Eton y cursó la carrera de historia en Magdalen, en Oxford. Mientras trabajaba en los tribunales escribió varios libros sobre historia medieval, desde las peregrinaciones, pasando por las cruzadas, hasta la Guerra de los Cien Años, un tema que le había llevado dos volúmenes, más de mil quinientas páginas. Pero su pasión por el medioevo no le impedía tener una opinión clara sobre la Historia contemporánea.

En una fiesta de sociedad, por aquellos días de agosto de 1999, Sumption expresó sus ideas sobre el pasado de Chile, y aludió a los enfrentamientos que habían llevado al golpe de 1973. Uno de los invitados le preguntó por el caso Pinochet.

—Aunque asesoro legalmente a Jack Straw, no pienso que Salvador Allende fuera mejor que Pinochet. Ambos llevaron el país a la guerra civil...

832

CAPÍTULO 78

La Mesa de Diálogo

El ministro chileno Pérez Yoma analizó con el comandante en jefe del Ejército, Ricardo Izurieta, las posibilidades de lanzar el diálogo para encontrar una salida al tema de las violaciones de los derechos humanos durante la dictadura militar y más tarde, el día 13, volvió poner sobre la mesa la convocatoria de la «mesa de diálogo» en un encuentro con los tres comandantes en jefe y el director general de Carabineros como parte de los contactos con abogados y representantes de las víctimas de la dictadura.

Izurieta seguía poniendo condiciones. Consideraba que, aparte de los militares y los familiares de las víctimas, debían participar los políticos. El general quería un pacto.

—Así como los familiares quieren encontrar a sus deudos, nosotros queremos que acabe el desfile interminable de oficiales por los juzgados. Esto afecta a nuestra función institucional. Nosotros no tenemos información sobre los detenidos desaparecidos, pero podemos colaborar en la búsqueda de antecedentes.

En paralelo, el general Izurieta declaró a la prensa: «Tenemos una obligación moral con nuestra gente y nuestra historia. Yo fui parte del pronunciamiento militar: colaboré durante el Gobierno militar. Esa historia es parte de un compromiso que no podemos eludir. En este país se dictó una ley de Amnistía cuyo objetivo era restablecer la armonía. Ése fue el sentido de una ley que ahora se está reinterpretando».

El 18 de agosto de 1999, finalmente, el general Izurieta anunció al ministro Pérez Yoma que tenía el apoyo del Ejército para seguir adelante con la mesa del diálogo.

Ese día, los abogados españoles Fernando Escardó y José María Stampa llegaban a Londres para conocer a su cliente, el gene-

ral Pinochet. El general Juan Carlos Salgado les esperaba en el aeropuerto de Heathrow.

Salgado mientras conducía el coche hacia Londres, se refirió
a la acusación contra Pinochet.

—La gente habla de lo que pasó en 1973 con mucho desconocimiento. En Chile pudo haber una guerra civil. Si damos por
ciertas las cifras del Gobierno de Aylwin, murieron 3.000 personas.
No quiero disimular la importancia, pero ése fue el precio para
evitar la guerra civil —razonó el general.

Salgado aclaró que el almuerzo previsto con Pinochet, después de la reunión, se había suspendido. El general, dijo Salgado,
acababa de sufrir una fuerte subida de tensión. Sugirió que él mismo señalaría el momento de terminar la entrevista, a través de un
discreto gesto con la mano. Salgado, además, advirtió:

—Mi general Pinochet es ya un anciano. No esperen ustedes... Bueno, quiero decir que él habla poco. Es una persona muy
rural.

Pinochet les recibió el día 19, a mediodía, en el salón de casa
de Wentworth Estate y les pidió que le contaran cómo veían la situación legal.

—Mi único objetivo es volver cuanto antes a Chile —dijo.

Stampa dijo que España carecía de jurisdicción para juzgarle
y que, ahora, el caso se había reducido al delito de tortura. Según
decía el juez Garzón en sus escritos, explicó el abogado, las torturas se habían practicado en centros clandestinos.

—General, como usted se dará cuenta, esto exige pruebas de
que usted y el alto mando militar tenían conocimiento de tales hechos. Y no será fácil aportarlas.

Escardó, a su vez, explicó que, a partir del último fallo de los
jueces lores, el caso le era muy favorable.

—El torturador o el torturado deberían ser ciudadanos españoles —aclaró—. Y en los casos presentados no figura ni uno
solo. No se dan las circunstancias que exige la ley para poder
juzgarle.

El general se quejó del aislamiento al que estaba sometido, de
la presencia de la policía en la casa y de la perpetua llovizna. Destacó que la única persona de relieve que le seguía visitando cada
cierto tiempo, exceptuando las personalidades chilenas, era Margaret Thatcher. En algún momento, se incorporó a la conversación
Lucía, la hija mayor del general.

—Hagan lo que tengan que hacer para que yo pueda regresar a Chile —dijo Pinochet—. Allí me apoyan. Deben saber que un 40 por ciento de la gente está conmigo.

—Usted, si me permite, general, tiene que hacer todo lo posible para no ser enviado a España —dijo Escardó—. En Madrid, todo será más difícil. Aquí, aunque la gente se manifieste, no deja de estar en la carretera, alejada de esta casa. Allí, en Madrid, quién sabe.

Pinochet asintió.

—General, ¿usted qué explicación le ve a todo esto? ¿Por qué el juez Garzón le ha convertido en su blanco? —preguntó repentinamente Escardó, intrigado por el personaje.

—Mire, señor Escardó: aquí no estamos hablando de Garzón.

El abogado no ocultó su sorpresa.

—Hay alguien que está detrás de todo esto. Es Joan Garcés.

—¿Sí? ¿Cómo es eso?

—Claro. Mire, Garcés era uno de los principales asesores de Allende. Después del pronunciamiento del 11 de septiembre de 1973 él iba a ser fusilado. Yo le dejé irse a España. El embajador español me lo pidió. Pensé que el apoyo del Gobierno de Franco nos podía ser muy útil en aquellos momentos difíciles. Fue por eso. Es él quien ha armado todo este proceso. Lo sé muy bien. Hemos recogido informaciones durante largo tiempo. Lo de menos son las elucubraciones del señor Garzón.

Salgado miró a Escardó y giró la cabeza hacia la puerta. La reunión había terminado.

Esa tarde, mientras los abogados tomaban un vuelo a Bilbao para reincorporarse a sus familias, de vacaciones, ambas, en la ciudad francesa de Biarritz, Salgado regresaba a Chile. Había sido elegido representante del comandante en jefe del Ejército y de la institución militar en la «mesa de diálogo» impulsada por el ministro Pérez Yoma, cuya reunión inaugural se celebraba el sábado 21 de agosto.

Salgado llegó al aeropuerto de Pudahuel en la mañana del día 20, y marchó hacia Chillán, en el sur del país, donde Izurieta pronunciaría su discurso, en presencia de los otros comandantes en jefe y del ministro de Defensa, Edmundo Pérez Yoma, un discurso al que se le atribuía desde hacía unos días cierta relevancia.

En la plaza de Chillán Viejo, el ministro, mientras los soldados le rendían honores, se acercó a la tribuna de honor donde estaban los comandantes en jefe, se quitó el sombrero y saludó con una reverencia a Beatriz Linzmayer, la esposa de Izurieta. Los altos oficiales rieron. Izurieta, en su discurso, apoyó la nueva iniciativa del ministro para poner en marcha la mesa del diálogo.

«Es necesario señalar la urgencia y trascendencia que para todos tiene el respaldar las acciones que, en representación del Gobierno, lleva adelante el señor ministro de Defensa para encontrar, en un proceso de diálogo franco y caracterizado por la confianza y el interés patriótico, la solución definitiva del problema más serio que interfiere la convivencia nacional», dijo.

Tras el discurso, mientras se servía una copa, Pérez Yoma se ausentó. Buscó un lugar apartado y discreto para hablar por teléfono con el presidente Frei. Estaba hecho. Izurieta había cumplido. Por su parte, Frei, anunció esa misma tarde, tras recibir al presidente argentino Carlos Menem, que ambos habían decidido no participar en la Cumbre Iberoamericana de La Habana, prevista para el mes de noviembre, en repudio de la actitud del Gobierno español ante el caso Pinochet.

Al abrir el 21 de agosto la Mesa de Diálogo en el edificio Diego Portales, antigua sede de la Junta Militar, Pérez Yoma estaba satisfecho. Había conseguido contar con una conocida abogada de derechos humanos, Pamela Pereira, y con un prestigioso letrado que había trabajado largos años en la Vicaría de la Solidaridad, Roberto Carretón, quien había prestado declaración en Madrid ante el juez Garzón.

Pamela Pereira, hija de un detenido desaparecido, al saludar a los presentes, pidió excusas a Salgado y los otros miembros de las Fuerzas Armadas por no estrecharles la mano.

El ministro, al inaugurar el encuentro, dijo: «Una tarea pendiente es saber la suerte y el paradero de los desaparecidos y recuperar sus cuerpos para que sus familiares les den sepultura. Nos asiste la convicción de que con este trabajo de reconstitución de la información podríamos acceder a la verdad». Al término de la reunión, Salgado llamó por teléfono a su comandante en jefe. Izurieta, que se hallaba jugando al polo sobre nieve en las Termas de Chillán, supo que, tratándose de la primera reunión, todo había ido sobre ruedas.

A finales de agosto, Pablo Cabrera preparó las maletas para partir hacia Londres, donde debía asumir el cargo de embajador ante el

Reino Unido. Juan Gabriel Valdés le recibió el día 25, antes de partir, para afinar los últimos detalles. El ministro ya le había explicado que Frei había abierto con Tony Blair un canal de información y que Cristián Toloza viajó a Londres en junio para exponer a Jonathan Powell el punto de vista del Gobierno chileno. Valdés le recomendó discreción.

Por su parte, el presidente Frei le dijo que se pusiese en contacto con Pinochet.

Antes de viajar, Cabrera habló con Toloza. Ambos se juntaron a almorzar en San Fruttoso, un restaurante especializado en cocina italiana del norte, en la calle Mallinkrodt, en el barrio residencial de Bellavista.

Los dos tantearon el terreno. Toloza no sabía hasta qué punto Cabrera conocían sus gestiones en Londres. Y Cabrera, por su parte, buscaba ampliar la información que le había transmitido Valdés. Estaba con la mosca detrás de la oreja. Y siguió con ella tras despedirse de Toloza.

CAPÍTULO 79

El embajador Cabrera y sus médicos

Felipe González viajó a finales de agosto a Santiago de Chile para participar en un foro sobre «los retos del nuevo milenio». El sábado 28 de agosto, la televisión chilena le preguntó por Pinochet. El ex presidente dijo, según era público, que no compartía el júbilo en torno a la situación del general Pinochet. «Puedo estar equivocado jurídicamente, pero si el asunto del señor Pinochet no es político, entonces yo me he equivocado de profesión». Y añadió: «Yo hice la transición en España y no me habría gustado que alguien hubiera interferido en ese proceso una vez que teníamos la posibilidad de definirlo nosotros». Las agencias de noticias difundieron al día siguiente las declaraciones, que repercutieron especialmente en Madrid y en Londres. El abogado Fernando Escardó envió una copia de las versiones al coordinador de la defensa de Pinochet en Londres. Michael Caplan estaba especialmente interesado en reunir pruebas de que el juez Garzón no actuaba en interés de la justicia sino por razones políticas.

El jueves 2 de septiembre, Pinochet recibía a las cinco en punto de la tarde la tercera visita de Margaret Thatcher en su casa de Surrey. Peter Schaad hizo de intérprete.

Lady Thatcher seguía con su actividad de apoyo a Pinochet. Había escrito una carta al presidente del Gobierno español, José María Aznar, y al presidente de la Xunta de Galicia, Manuel Fraga, recordándoles a ambos la transición española. Les pedía, pues, que terminaran cuanto antes con la situación de Pinochet en Londres.

Ahora, ante el general, le reiteró su solidaridad y atacó duramente al Gobierno británico: «Considerar la detención del senador como un asunto estrictamente judicial es una farsa», dijo. También manifestó su sorpresa por la conducta del Gobierno conservador de Aznar.

—Y ¿cuál es la actitud de Felipe González? —preguntó la baronesa.

Pinochet no dijo nada.

—Él es una de las pocas personas que se atrevido a criticar todo esto —explicó Schaad.

— ¿De verdad? —preguntó lady Thatcher.

—Sí, desde el principio. Ahora acaba de decir en Santiago de Chile que éste es un asunto político.

—Les contaré una cosa. Usted sabe, general, que, pese a que González es socialista, yo siempre me llevé bien con él. Me ha parecido un político de altura que no tiene prejuicios.

Poco después, lady Thatcher se despidió. Pinochet fue trasladado en silla de ruedas al St. Peter Hospital, en Runnymede, a unos quince minutos de su residencia, para someterse a un chequeo: tenía dificultades para caminar.

En los primeros días de septiembre, Óscar Alzaga, que había desertado del equipo de sus colegas Escardó y Stampa, viajó a Santiago. Patricio Aylwin le informó en julio del deseo del Gobierno de Frei de condecorarle por su ayuda en el caso Pinochet. Alzaga declinó la oferta, pero aceptó cuando Aylwin le invitó a viajar a su país.

El director jurídico de la cancillería, Jaime Lagos, se ocupó de atender a Alzaga. El ministro Valdés le invitó a almorzar al Jockey Club. Por aquellos días, el Gobierno español todavía no había respondido formalmente sobre la propuesta de arbitraje.

—Aznar ha abandonado la idea del arbitraje —dijo Alzaga—. El Gobierno teme perder puntos ante la opinión pública. Nadie en España se atreve a pararle los pies a Garzón.

Alzaga se entrevistó más tarde en la Moneda con el presidente Frei, y participó en una cena homenaje que organizó Aylwin en el hotel San Francisco, a la cual asistieron gran cantidad de políticos de la Democracia Cristiana. Alzaga explicó su posición y la conducta «política» del Gobierno de Aznar. En el turno de preguntas, los comensales tenían, sobre todo, gran interés por Felipe González:

—¿No puede hacer más de lo que ya ha hecho?

Pablo Cabrera, el nuevo embajador chileno en Londres, ocupó la sede de la calle Devonshire el 3 de septiembre de 1999. Cuando llegó, pidió al ministro consejero, José Luis Morales, los datos sobre el médico que podía examinar a Pinochet: el profesor John Watkins.

Su antecesor, Mario Artaza, lo había escogido basándose en una recomendación de confianza. El mismo día, viernes 3, Cabrera se puso en contacto con el médico.

El profesor Watkins, de 63 años, era una autoridad en la investigación de la neuropatía diabética, una de las enfermedades de Pinochet. Había dirigido durante largos años el Centro de Diabetes del King's College Hospital de Londres.

Cabrera le explicó que el Gobierno chileno necesitaba un informe independiente de un médico británico y subrayó el carácter confidencial del encargo. El doctor Watkins estaba dispuesto.

—Puedo hacerlo, sí. Pero siempre y cuando se cumplan dos condiciones. Por la responsabilidad que supone este asunto, quiero que también participe otro médico de mi confianza. Y, en segundo lugar, no vamos a emitir juicios de valor sobre la salud del general. Haremos una descripción muy detallada.

Cabrera no puso reparos.

—Bien, elija usted al médico que colaborará en el informe. En cuanto a la opinión, de acuerdo. Haga una descripción lo más amplia posible de todos los problemas clínicos que padece Pinochet.

El embajador les aconsejó que hablaran con el doctor Michael Loxton para coordinar la visita a Pinochet sin pérdida de tiempo.

Watkins escogió al profesor de medicina torácica y general, John Moxham, de su mismo hospital, el King's College.

Pinochet tenía en Surrey, por aquellos días, lo más parecido a una junta de médicos. El Ejército chileno había reforzado el equipo, desde finales de agosto, con el cardiólogo Jorge Núñez, y, a primeros de septiembre, envió al neuropsiquiatra Eugenio Grasset, ambos del Hospital Militar de Santiago, quienes se unieron a Henry Olivi, Helmuth Schweizer y al médico clínico de Surrey, Michael Loxton. Pero la cantidad de médicos en la residencia no quitaba relevancia a la inminente llegada de dos enviados del comandante en jefe del Ejército, Ricardo Izurieta, los generales Juan Emilio Cheyre y Carlos Molina Johnson. Su misión era mantener a Pinochet dentro de la estrategia del Gobierno: colocar la salud como el aspecto central de sus peticiones a las autoridades británicas.

El lunes día 6, Watkins habló con Loxton, quien se puso en contacto con los médicos de Pinochet para arreglar la visita. Se acordó la cita para el día siguiente a primera hora de la tarde y se llamó a un intérprete chileno.

Watkins y Moxham se trasladaron el martes 7 a Surrey, poco después del almuerzo. Loxton y los médicos chilenos se ocuparon de ellos. Pudieron acceder a una copia de los informes ya elaborados y de la historia clínica del paciente. Durante dos horas hablaron con Pinochet y lo sometieron a una revisión. Regresaron al King's College Hospital y se sentaron a trabajar en el informe esa misma tarde. Hicieron un largo y puntilloso recuento de las dolencias presentes a la luz de su historia clínica. No hubo juicios de valor.

El ministro Juan Gabriel Valdés fue informado por el embajador Cabrera de que los dos médicos británicos habían elaborado su informe precisamente cuando se aprestaba a viajar, el martes 7, con el presidente Frei a la ciudad de Auckland, Nueva Zelanda, para participar en una reunión de los países de la APEC (Conferencia de Países de Asia y del Pacífico).

Días antes de su partida, Valdés solicitó al embajador Cabrera que transmitiera a Robin Cook su deseo de mantener una nueva reunión con él. Valdés estaba dispuesto a viajar desde Nueva Zelanda a cualquier parte del mundo si era menester. Quería retomar las conversaciones iniciadas en Río de Janeiro. Y aunque le hizo llegar a Cook el informe alarmista sobre la salud de Pinochet a últimos de julio, no había vuelto a cruzar palabra con él.

El embajador Cabrera llamó a Pinochet el 8 de septiembre, un día después de la visita de los médicos contratados por la embajada. Esa tarde, el general recibía a los generales Cheyre y Molina. Cabrera le explicó que el Gobierno chileno se había comprometido a conseguir su libertad por razones de salud y le preguntó si podía visitarle la mañana siguiente, el 9 de septiembre. Era el día en que la familia celebraba el cumpleaños de la hija menor, Jacqueline.

Valdés esperaba obtener una copia del informe médico en Auckland. Antes de partir, el canciller supo también que ya no sólo España, Francia y Suiza pedían la extradición de Pinochet. Ahora, Bélgica también había cursado la solicitud al Reino Unido.

La reunión de la APEC había cobrado inusitada importancia. En la primera semana de septiembre, el ejército de Indonesia provocó un baño de sangre en la isla de Timor Oriental.

La situación llevó a Cook a plantearse la posibilidad de pedir ayuda a los países que se reunían en Auckland. El embajador Cabrera fue informado por el Foreign Office de que la entrevista que solicitaba Valdés podría tener lugar, pues, en la ciudad neocelande-sa, a la que Cook se trasladaría urgentemente. Reservó habitación en el mismo hotel en el que se alojaba Valdés.

El canciller chileno quiso asegurar la entrevista y llamó al embajador británico en Nueva Zelanda, quien le explicó que veía muy difícil la reunión porque Cook sólo estaría unas horas. Valdés, sin ocultar su enfado, le dejó el número de su teléfono móvil para que se lo diera a Cook.

Mientras, habló con Cabrera por teléfono.

El embajador chileno en Londres dijo que, a pesar de la actitud del canciller británico en Nueva Zelanda, Cook sí deseaba entrevistarse con Valdés. También le dijo que contaba con el informe médico y trató de enviárselo al hotel, pero al ministro no le llegaron más que papeles ilegibles. Cabrera se lo explicó por teléfono. Los médicos, le dijo, enumeraban una lista interminable de dolencias de las que se desprendía que Pinochet era un anciano enfermo.

Apenas llegó Cook a Auckland, llamó a Valdés y le citó en el hotel, el mismo en el que se alojaba el canciller chileno.

Valdés acudió al encuentro, como ya había hecho en Río de Janeiro, con Alberto van Klaveren. Llegaron antes y esperaron en la puerta. Cook apareció con su maleta. Los tres entraron juntos. Cook les invitó a sentarse.

Valdés dijo:

—Bueno, tenemos informes médicos recientes, de hace dos días. Y son de especialistas británicos independientes a los que encargamos un dictamen. Esperaba tenerlo para entrégarselo, pero hemos tenido alguna dificultad con la comunicación.

—Creo que ahora hay razones para estar preocupados. Parece que nuestro distinguido huésped tiene una depresión bastante seria. Han tenido que llevarle varias veces al hospital a hacer pruebas —dijo Cook.

—Entiendo que el informe que han hecho los médicos para nuestro Gobierno es bastante completo —subrayó Valdés.

—Nada de esto significa que el ministro Straw vaya a decidir ahora —previno Cook.

—Nuestros abogados en Londres estiman que puede intervenir en cualquier momento si la situación lo requiere. ¿Cuál es la interpretación que tienen ustedes? —inquirió Valdés.

—Bueno, los abogados tienen posiciones diferentes. Algunos opinan que el ministro tiene facultad para intervenir antes de que se acabe el proceso judicial y otros dicen que no. Pero un abogado muy importante sostiene que sí podría hacerlo —matizó Cook. Se refería, claro, a Jonathan Sumption.

—Nosotros les mantendremos informados. Le pido, si es posible, que me avise con una pequeña anticipación cuando se vaya a hacer cualquier anuncio público en el caso —propuso Valdés.

—No hay problema, así lo haré —prometió Cook.

Hablaron un rato sobre la situación política en Chile y las posibilidades de Ricardo Lagos en las elecciones.

Cook sugirió:

—En cualquier caso, podemos continuar esta conversación en Nueva York, en la asamblea de Naciones Unidas, dentro de unos diez días.

—Me parece muy bien, para entonces tendremos más detalles. El presidente Frei ha enviado a uno de sus asesores para explicar su posición al jefe de gabinete del señor Blair...

Valdés informó enseguida a Frei, que estaba en Auckland, sobre su conversación con Cook. No se comprometía a nada, pero la complicidad, dijo el canciller chileno, estaba funcionando.

Por su parte, el embajador Cabrera envió a la cancillería, en Santiago, el mismo miércoles 8, el informe de los doctores Watkins y Moxham. La prensa del día 9 ya publicaba la noticia. Según decía, a diferencia del que habían elaborado los doctores Schweizer y Loxton, del mes de julio, el nuevo informe se limitaba a describir los problemas de salud de Pinochet. No había en él referencia a ningún deterioro alarmante, ni alusión al riesgo de muerte. Ni la embajada chilena en Londres ni la cancillería quisieron revelar el nombre de los médicos, lo que, habida cuenta de su costumbre de contarlo casi todo, proyectó la sombra de una duda. ¿Sería verdad que el Gobierno había contratado a dos médicos británicos? La prensa llegó a sugerir que dicha contratación de médicos británicos había sido pura invención. Pero no lo era.

Frei y Valdés esperaban en Auckland noticias del inminente encuentro entre Pinochet y el embajador chileno.

Cabrera visitó el 9 de septiembre a Pinochet. Tenía verdadera curiosidad por saber cómo se encontraba. Durante sus cinco años como subsecretario de Marina en el Ministerio de Defensa, habían hablado con frecuencia en almuerzos, reuniones y ceremonias militares.

Ahora, en el salón de la casa de Wentworth Estate, Cabrera le explicó que el Gobierno estaba haciendo todo lo posible para conseguir su vuelta a Chile y que no debía dar crédito a lo que se decía sobre la presunta responsabilidad del Gobierno chileno y sobre una conspiración socialista.

—La situación es muy complicada en Chile, general. El Gobierno está formado por gente que se ha opuesto totalmente a usted en su día. El ministro de Relaciones Exteriores, Juan Gabriel Valdés, es socialista.

—Embajador, ¿acaso no voy a saber yo cómo son los socialistas?

Poco después de que el embajador abandonara Wentworth Estate, las agencias de noticias daban cuenta de que, según la Fundación Pinochet, el general acababa de sufrir una lipotimia.

Cabrera llamó al canciller Valdés a Auckland y le narró su encuentro con Pinochet. También le confió que, después de abandonar al general, éste había sufrido un leve derrame cerebral, pero que no se había querido hacer público para no despertar alarma.

En Auckland, Valdés informó a los medios de comunicación que el embajador Cabrera había visitado a Pinochet y que «de acuerdo con los antecedentes proporcionados por el embajador, Pinochet se encontraría bastante decaído de ánimo». Valdés también agregó: «La situación es extremadamente peligrosa». Pero nada dijo acerca del presunto derrame cerebral.

El 10 de septiembre el general permaneció en reposo. Al día siguiente, la televisión chilena se trasladó a Surrey para tomar imágenes de Pinochet durante la jornada de aniversario del golpe de Estado del 11 de septiembre de 1973. Pinochet aparecía muy normal, hablando con los empresarios y senadores que habían viajado desde Chile para visitarle. El Gobierno chileno hizo llegar a los círculos del general y al Ejército su protesta. Una y otra vez Pinochet se esmeraba en desmentir su presunta situación de gravedad.

Pinochet aprobó también el borrador de la «Carta a los chilenos» que le propusieron los generales Cheyre y Carlos Molina.

La misiva fue enviada al presidente del Senado, Andrés Zaldívar. Era la primera vez que se usaba un tono conciliador, aunque el límite al reconocimiento de las violaciones de los derechos humanos durante la dictadura era muy claro: «Declaro sinceramente que en mi alma no existen odios ni rencores. Es más, el odio de quienes han sufrido no me fue ajeno en el pasado y menos lo es hoy.

Lamento todas las situaciones de beligerancia y hechos de violencia que los causaron». Asimismo, entonaba un cierto canto artificialmente culposo, tan forzado como críptico: «No podemos negar que quienes, hasta ahora, hemos sido protagonistas de este periodo de nuestra Historia, no hemos sido capaces de materializar iniciativas suficientes, generosas y creativas que eviten traspasar el problema a generaciones que merecen disfrutar el Chile verdadero que, sin duda, ya ha sido construido».

Pero no era menos evidente que el Ejército, detrás de la persona de Pinochet, buscaba justificar los hechos. «A las Fuerzas Armadas y Carabineros se les han imputado determinadas acciones, acaecidas en un ambiente de violencia y lucha armada difícil de comprender ahora con las concepciones y modelos de vida que en el mundo y en Chile se han impuesto, exigiéndoseles respuestas a interrogantes que no pueden satisfacer en los términos que se demandan», decía el texto.

A primera hora de la tarde del lunes 13, los médicos chilenos y el doctor Michael Loxton trasladaron a Pinochet al National Society Epileptic Hospital, donde se le hizo un encefalograma. Poco después, se le llevó al Wextham Hospital, donde fue sometido a una nueva exploración con escáner para seguir la evolución de sus problemas cardiovasculares y verificar si había indicios de enfermedades degenerativas, tales como el Alzheimer o una demencia senil. Los exámenes indicaban que Pinochet sí había sufrido el jueves 9 un pequeño derrame cerebral. El neuropsiquiatra, Eugenio Grasset, que había revisado a Pinochet, declaró que el general estaba sufriendo estrés y depresión. Nadie habló de derrame cerebral.

Frei y Valdés regresaron a Chile el martes 14, el mismo día que el ministro Abel Matutes enviaba la carta oficial de respuesta a la propuesta de arbitraje de Chile. El ministro español rechazaba formalmente la fórmula del arbitraje e invitaba al Gobierno chileno a plantear directamente, sin pérdida de tiempo, el conflicto en el Tribunal Internacional de Justicia de La Haya.

Pero la respuesta de Matutes quedó oscurecida por el interés que suscitaba en la capital chilena el juez Sergio Muñoz, quien después de someter a un careo de cinco horas al teniente general retirado Humberto Gordon, ordenó el día 14 su detención y procesamiento como presunto cómplice en el asesinato del dirigente sindical Tucapel Jiménez en febrero de 1982. El juez acusaba a Gordon, entonces director de la Central Nacional de Informaciones

(CNI), de haber proporcionado medios para cometer el crimen. El sindicalista apareció muerto en el interior de su coche con cinco tiros en la cabeza y una herida en la garganta. Gordon llegó a ser más tarde, a principios de 1987, miembro de la Junta Militar que presidía Pinochet.

En Madrid, esa tarde, se producía una sorpresa. La diputada socialista Isabel Allende, hija de Salvador Allende, declaró que no se oponía a un eventual regreso de Pinochet a Chile por razones de salud. «Si el ministro del Interior británico decidiera que no se encuentra en condiciones de ser extraditado a España, yo no me opondría a su regreso a Chile. Sería imprescindible que su mal estado de salud fuera acreditado con un examen realizado por médicos británicos».

CAPÍTULO 80

Ni té ni sándwiches

Al día siguiente, 15 de septiembre, el canciller Valdés atacó con dureza al Gobierno español y se decidió a hablar más alto. «Se ha acabado un proceso de distancia entre aquello que eran las conversaciones privadas y las públicas. Se nos planteó que era un escenario intolerable para el Gobierno español que el general Pinochet fuera enviado a España y que había que contribuir a evitarlo. La propuesta de consultar al Consejo de Estado fue del ministro Matutes», dijo. Valdés decidió revelar también la misión de Rodolfo Martín Villa, aunque sin mencionar su nombre. «Tanto es así que envió a Chile a un representante personal en misión reservada que fue recibido por el presidente de la República y por mí con una propuesta de consultar al Consejo de Estado como una vía de solución. Nosotros no hemos estado construyendo nuestras tesis en el aire sino sobre la base de la hipótesis de que existía con el Gobierno español un grado de acuerdo acerca de la naturaleza del problema, la voluntad de impedir que el general Pinochet fuera a España».

El ministro calificó de «patética» la respuesta de Matutes sobre arbitraje, al tiempo que elogió la actitud del Gobierno británico. «Hemos estado en contacto. Lo que se busca es establecer un diálogo que permita señalar que el estado de salud del general Pinochet merece que el Gobierno británico considere la opción humanitaria. Nosotros mantenemos a los británicos informados respecto de la evolución de la situación personal del general. Nos interesa conocer de manera más clara cuál es la disposición del Gobierno británico de avanzar en el terreno humanitario».

Valdés invitó a los ejecutivos de las empresas españolas radicadas en Chile a tomar un té en la cancillería el jueves 16 de septiembre. Durante más de media hora, el canciller atacó sin piedad, ante más de veinte dirigentes, la conducta del Gobierno español y amenazó con que ello tendría consecuencias en sus actividades empresariales en el país.

Cuando el ministro terminó su arenga y propuso un coloquio, el clima de tensión en la sala de reuniones era tal, que sólo hubo una petición de palabra. Luis Alfonso Cid, presidente de la Cámara Chileno-Española de Comercio, preguntó:

—Ministro, ¿qué pueden hacer los empresarios para colaborar en este tema?

—Ustedes ya saben lo que tienen que hacer—replicó Valdés.

Nadie tomó el té ni los sándwiches que Valdés había encargado. Los ejecutivos volvieron a sus despachos e informaron a Madrid.

Alfredo Llorente informó a su jefe, Rodolfo Martín Villa, que Valdés estaba furioso. Martín Villa llamó a otras empresas españolas y confirmó el enfado del Gobierno chileno. Si lo que buscaba Valdés era meterles el miedo en el cuerpo a los empresarios, lo había conseguido.

Antes de partir Valdés hacia Nueva York, donde tenía previsto volver a reunirse con Cook el martes 21, Frei mantuvo una nueva conversación telefónica con Tony Blair.

El presidente Frei pidió a Valdés que estuviera presente en el Palacio de la Moneda. Cecilia Martínez, la intérprete, fue convocada.

Tony Blair se mostró esta vez muy amable. Dijo que seguía de cerca la situación chilena y que estaba muy preocupado por un posible deterioro de las relaciones entre ambos países y por la crisis que advertía en los vínculos entre Chile y España.

—Creo que el diálogo es positivo —dijo Blair.

—Yo quisiera saber si usted opina que sería oportuno presentar una propuesta humanitaria. Los informes que tenemos sobre la salud de Pinochet son cada vez peores. Hemos pedido a médicos independientes británicos un dictamen. El riesgo de que pueda morir en el Reino Unido es ahora mayor.

—Si existen bases legales para lo que ustedes piden, no dudo de que el ministro del Interior británico las tendrá en cuenta. Como ya le he dicho, es a él a quien corresponde decidir. Si hay bases jurídicas, insisto, puede usted estar seguro de que las tendrá en cuenta. La jurisdicción la tiene el ministro. Éste no es un tema político.

—Usted sabe que vamos a tener elecciones en este país de aquí a tres meses.

—Yo no tengo interés alguno en interferir en ellas. Si ustedes tienen alguna información adicional, ya sabe que pueden ponerse en contacto con mi oficina.

Frei se sintió esperanzado. Cecilia Martínez, relajada, se dirigió a Valdés:

—Ministro, éste no es el mismo hombre con el que yo hablé hace unos meses. No se puede imaginar usted lo que fue aquella conversación. La tensión me hizo saltar las lágrimas.

El domingo 19, Día de las Glorias del Ejército, Pinochet se preparaba en Londres para ver vía satélite el tradicional desfile militar. Pero también tuvo un momento de recuerdo para el teniente general Humberto Gordon. Le llamó por teléfono al Hospital Militar, donde estaba bajo arresto, para darle su apoyo moral.

Gordon dijo que la llamada había sido una sorpresa, «un gesto muy cariñoso de su parte». Según explicó, a Pinochet «se le escuchaba la voz un poco cansada, pero con el mismo valor, carisma y fuerza de siempre». Días después recibiría una carta del senador, en la que le decía: «Tengo el agrado de dirigirme a usted para, desde este lejano país y en las circunstancias en que me encuentro, hacer llegar mi apoyo y mi sentimiento de solidaridad ante la difícil situación que afronta tanto en el plano personal como en el familiar. Sé que son patrañas, de falsedad absoluta».

Pinochet siguió por televisión vía satélite la parada militar en el parque O'Higgins de Santiago. Cuando llegó el presidente Frei recibió gritos y abucheos. Los oficiales y soldados rompieron en aplausos durante el desfile de los carros de combate Mowak, encabezado por uno con el nombre «Augusto Pinochet».

Cristián Toloza llegó este domingo 19 a Londres, volvió a alojarse en el Diplomat y se entrevistó al día siguiente, 20 de septiembre, con Jonathan Powell en Downing Street.

—La situación ha cambiado desde el mes de junio —advirtió el emisario de Frei—. Ahora tenemos informes preocupantes sobre la salud de Pinochet. Uno de esos dictámenes que firma el médico británico que le atiende en Surrey habla de riesgo de muerte. Pero hemos encargado un informe independiente a otros dos médicos británicos. Parece que los problemas son serios. Eso supone un riesgo, ya que el procedimiento de extradición va para largo. El Gobierno chileno está considerando la posibilidad de alegar ante el ministro Straw razones de salud.

—Esa circunstancia sería considerada en el momento en que el ministro del Interior tuviera que adoptar su decisión. Yo creo que estos informes independientes deben ser conocidos por el ministro. Siempre nos movemos en el terreno legal. ¿Hay algún otro hecho que deba conocer?

—Sí —contestó Toloza—, la investigación de uno de los casos, conocido como el de «Caravana de la Muerte», donde se produjeron setenta y cinco asesinatos, en octubre de 1973, ha dado un importante salto. El juez ha procesado a cinco militares. La información de que disponemos es que en este asunto es donde existe más posibilidad de procesar a Pinochet, ya que hay pruebas directas contra él. De todos modos, es una apreciación. No podemos comprometernos. Es una investigación judicial.

—¿Y las elecciones? ¿Cómo se presenta la situación para Lagos?

—Las encuestas indican que sigue en cabeza, pero todo esto le está afectando. Se están complicando las cosas. La presencia de Pinochet fuera de Chile permite a Joaquín Lavín, el candidato rival, alejarse de su pasado. Sin duda, le favorece.

—¿Y cuál es la posición de Lagos? —insistió Powell.

—Bueno, él mantiene su posición de que el general tiene que regresar para que los tribunales chilenos puedan juzgarle.

Powell y Toloza volvieron a quedar para el día siguiente.

El día 20 de septiembre, Juan Gabriel Valdés viajó a Nueva York para participar en la asamblea general de Naciones Unidas y reunirse con Robin Cook y, si se daba el caso, con el ministro Abel Matutes. Antes de partir hacia Nueva York, Matutes había declarado «que el Gobierno chileno actúa sometido a grandes presiones que le impiden abordar el caso Pinochet en términos realistas». En Santiago, todos interpretaron lo mismo: el Ejército presionaba al Gobierno.

El hotel Millenium New York UN Plaza está situado frente al edificio de las Naciones Unidas, en la primera avenida con la cuarenta y cuatro. Muchos de los ministros que acuden a la Asamblea General suelen alojarse allí. Y en este hotel, con maravillosas vistas a los rascacielos y al este del río Hudson coincidían, en diferentes plantas, Valdés, Cook y Matutes.

Valdés y Cook se encontraron el 21 de septiembre, a las doce menos cuarto, en el hotel. Ambos se acomodaron en una pequeña sala, frente al río, con café y galletas. Peter Westmacott secundaba al ministro británico y Alberto van Klaveren y el embajador chileno ante la ONU, Juan Larraín, acompañaban a Valdés.

—La situación ha sufrido un giro de noventa grados —dijo Valdés—. Le he traído todos los informes médicos de que disponemos. Uno de ellos, como ya le adelanté, ha sido elaborado por dos médicos británicos a petición nuestra. Y aquí están también los que nos hicieron llegar los médicos de las Fuerzas Armadas chilenas y otro médico británico. Sería importante que el ministro del Interior los conozca.

El ministro chileno sugirió la posibilidad de que Straw interviniera antes del juicio de extradición. Faltaban seis días para su celebración. Cook insistió en la postura conocida. Volvió a preguntar a Valdés por la marcha de la campaña para las elecciones presidenciales de diciembre.

—El candidato de la derecha, Joaquín Lavín, se ha deslizado hacia un discurso populista. Ahora está intentando venderse como un hombre que apoyará a los pobres. Es cierto que ha subido en las encuestas. La elección va a estar muy reñida.

Al salir al pasillo, antes de acercarse a los periodistas, Cook susurró:

—No podemos ofrecer a la prensa una versión negativa. Hay que dar un mensaje optimista.

Valdés explicó a los periodistas que, si bien el ministro del Interior británico no creía posible estudiar las razones humanitarias antes del juicio de extradición que comenzaba el 27 de septiembre, se había forjado una relación de confianza con Cook. «Podemos intercambiar información y opiniones que faciliten, en su momento, que esa solución humanitaria pueda considerarse», dijo. Y añadió: «Vamos a estar en contacto para volver a intercambiar opiniones sobre el desarrollo del juicio y estamos mutuamente a disposición para cualquier encuentro que pueda incorporar nuevos antecedentes que den una salida definitiva a este asunto».

En el edificio de Naciones Unidas, a la salida de una reunión entre el grupo de países de MERCOSUR y la Unión Europea, Valdés habló con Matutes, pese a haber anticipado que no se reuniría con él.

Procuraron limar asperezas. Valdés le resumió sus conversaciones con Cook. Antes del juicio de extradición, le explicó, no cabía esperar nada. Iban a insistir en el tema de la salud, porque ahora sí se trataba de algo serio.

—Ésa es la única salida posible —confirmó Matutes.

Valdés se cruzó por los pasillos con el ministro de Asuntos Exteriores de Francia, Hubert Védrine, quien después de saludarle, sacó el tema.

—Ustedes tienen toda la razón, pero, por favor, no invoquen la cuestión humanitaria. Olvídense de esa palabra. Usen la salud.

Valdés se entrevistó también con el nuevo ministro de Asuntos Exteriores de Bélgica, Louis Michel.

—Quiero que sepa que Bélgica no comparte la prepotencia del Reino Unido y España para con Chile en el tema de Pinochet. Yo estoy dispuesto a pedir un compromiso de no injerencia en las transiciones políticas de América Latina en la próxima reunión de la Unión Europea con estas naciones.

Ese 21 de septiembre, Toloza regresó a Downing Street. Él y Powell repasaron la situación.

Toloza regresaba ese mismo día a Santiago. En una calle próxima a su hotel, en Chesham Street, muy cerca de la embajada chilena, Toloza se cruzó, a distancia, con una mujer. Era Cecilia Pérez, la esposa del embajador Cabrera. Se saludaron desde lejos con un gesto de manos.

Toloza decidió llamar al embajador. Cabrera, que conocía las gestiones de Toloza, le invitó a almorzar en su residencia, en Eaton Place. Hablaron sobre la situación de Pinochet dando un rodeo, sin entrar en detalles.

Más tarde, Toloza llamó a Juan Gabriel Valdés, que estaba en la puerta de Naciones Unidas, en Nueva York.

—Juan Gabriel, estoy en Londres. Cecilia me ha visto y he tenido que ver a Pablo. He informado a Powell que tenemos un informe de médicos británicos sobre la salud de Pinochet.

—Yo lo he traído conmigo. ¿Le has dicho algo a Pablo?

—No he entrado en detalles.

—Mira, déjame arreglar esto porque puede traer algún problema.

—Muy bien. Pero Powell demostró mucho interés por el informe. Habría que entregarlo cuanto antes.

Cristián Toloza llegó a Santiago el 22 de septiembre. Ese día, la prensa de la capital chilena informaba de que Frei gestionaba ante Blair la liberación Pinochet.

La misión reservada enviada a Londres no tenía, aún, nombre y apellido. Pero la presencia de Toloza en Londres no había pasado esta vez inadvertida. El diario *La Tercera*, aun cuando Toloza ya estaba de regreso, informó: «En Londres se encuentra el director de la Secretaría de Comunicación y Cultura, Cristián Toloza, quien estaría realizando gestiones reservadas ante el Gobierno inglés encargadas por el presidente Frei, de quien es estrecho colaborador».

Mientras, Straw viajó a Madrid el día 22 de septiembre para mantener una reunión de trabajo sobre asuntos europeos con el ministro del Interior, Jaime Mayor Oreja. El embajador del Reino Unido, Peter Torri, llamó a Joaquín Almunia y le preguntó si le apetecía desayunar al día siguiente con Straw en su residencia. A la reunión asistió también la secretaria privada del ministro británico, Mara Goldstein. Trataron distintos asuntos de actualidad —Gibraltar y el Tratado de Schengen— y, desde luego, el tema de Pinochet.

—Hemos tenido varias conversaciones con los dirigentes del Partido Socialista chileno —dijo Almunia—. Y nos han transmitido su preocupación. Ven que este asunto se prolonga demasiado.

—¿Qué les preocupa? —quiso saber Straw.

—Creen que la ausencia de Pinochet en Chile durante la campaña para las elecciones presidenciales de diciembre próximo favorece al candidato de la derecha, Joaquín Lavín. Ellos nos han pedido que hagamos llegar al Partido Laborista británico y al Gobierno su punto de vista. Creen que ahora, después de que Pinochet ha estado detenido casi un año en Londres, existen mejores condiciones para juzgarle en Chile.

Straw seguía con interés la información. Y no pareció interesado en poner un punto final.

—¿Cuáles serán los criterios que va usted a tener en cuenta para adoptar su decisión? —preguntó, atrevido, Almunia.

Mara Goldstein se adelantó:

—Ministro, ya no podemos seguir. A esta pregunta no puede contestar.

Almunia se justificó.

—En todo caso, yo cumplo con un encargo. Los socialistas chilenos piensan que si se prolonga la ausencia de Pinochet, la campaña de Ricardo Lagos puede verse afectada. La derecha se ha librado de una losa con Pinochet fuera del país.

Después de la entrevista, Almunia visitó el Centro Nacional de Biotecnología de Madrid. Antes de la hora del almuerzo, en un contacto con la prensa, el secretario general del PSOE criticó a los fiscales y al Gobierno por sus argumentos en el caso Pinochet. Y añadió: «Hoy he tenido un encuentro con el ministro británico Jack Straw, pero no he tratado con él el tema de Chile. El ministro no puede hablar de ello porque actúa en función judicial».

Más tarde, Straw visitó al ministro del Interior. Mayor Oreja, aun cuando le hubiera gustado hacerlo, ni mencionó el tema de Pinochet. Al concluir la reunión, la prensa preguntó si habían abordado el asunto. La respuesta fue negativa. «Este asunto sólo fue tratado por los jefes de los Gobierno español y británico para establecer que no debían tratar el tema. Yo no puedo, de acuerdo con nuestras leyes, hablar sobre ello», dijo Straw.

Capítulo 81

El juicio

En la recta final, en la misma semana del juicio de extradición, el abogado Michael Caplan escribió un fax a Fernando Escardó. Los abogados españoles Alfonso Serrano y Javier Iglesias Redondo habían aceptado elaborar dos dictámenes sobre la legislación penal española que iban a presentarse durante la vista. Pero la tarde del 17 de septiembre, Clive Nicholls estimó que los dos debían comparecer. Y algo más: los expertos tenían que prestar testimonio de que el juez Garzón perseguía a Pinochet por razones políticas.

Nicholls, explicaba Caplan, sugería que los expertos debían explicar cómo actuaba Garzón en otros casos, cómo había llevado el procedimiento de Pinochet, «en colaboración con grupos de izquierda», la consideración de Pinochet en España, «sugiriendo que se le ve como una persona de derecha que ha derrocado a un Gobierno democrático de izquierda» y, finalmente, «dado que no existe jurisdicción por parte de España, resulta justo concluir que la petición de su extradición se debía a razones políticas».

El 23 de septiembre, Escardó recogió los dictámenes en el despacho de Serrano, quien insistió en los honorarios: cuatro millones de pesetas por cada informe. Sin ese pago y sin recibir una dieta para los gastos en Londres, ninguno de los estaba dispuesto a acudir al juicio.

Escardó y Stampa, por su parte, también estaban inquietos por sus honorarios. Cada uno de ellos sólo había recibido en el mes de julio 25.000 dólares de los 100.000 pactados, después de negociar, para cada abogado.

Hasta entonces las acciones en España se habían limitado a pedir la personación de Pinochet en la causa, cosa que el juez Garzón no aceptaba.

El general Pinochet fue trasladado al Princess Margaret Hospital el día 23 de septiembre a mediodía. El centro médico estaba situado muy cerca del Castillo de Windsor, a unos treinta kilómetros de Londres, y el senador acudía allí para someterse a un examen urológico. Su vejiga le obligaba a acudir permenentemente al servicio y le producía dolores. Pinochet hizo un gesto de dolor cuando sus asistentes lo ayudaban a entrar en el vehículo que lo devolvería a su residencia. Las cámaras de los fotógrafos y de televisión captaron la imagen.

La cuenta atrás del juicio de extradición era inexorable. Y las visitas de Pinochet a los hospitales para hacerse exámenes y las informaciones en la prensa sobre su estado de salud, muy frecuentes.

El día 24, la Sala de lo Penal de la Audiencia Nacional desestimó los recursos de los fiscales contra los autos dictados por el juez Garzón el 16 y 18 de octubre de 1998 mediante los cuales se pedía el arresto de Pinochet. «Obran en la causa —decía la sección tercera— indicios más que suficientes para mantener dicha imputación». Y, también, reiteró que el tema de la jurisdicción española sobre los delitos de tortura ya había sido zanjado en la resolución de noviembre de 1998.

Pinochet sufrió otro pequeño derrame cerebral el 25 de septiembre. Fuentes próximas a los médicos dijeron que se trataba de una nueva descompensación, similar a la que había padecido el día 9. El sacerdote Luis Antonio Díaz, cuya parroquia Santa Teresita en el barrio residencial de La Dehesa, en Santiago, está situada a pocas calles del chalet del Pinochet, había viajado unos días antes a Londres. Ese sábado día 25, visitó la casa de Wentworth Estate. En la capital chilena trascendió que el sacerdote había administrado al general la extremaunción.

El domingo 26, el periódico *The Sunday Times* informó de que «Augusto Pinochet, el ex dictador chileno, cuya vista de extradición empieza mañana, ha sufrido un derrame cerebral que le ha dejado postrado en cama durante más de dos semanas». El periódico se refería, sin especificar, al derrame del día 9 de septiembre. Añadía que «según fuentes diplomáticas, los médicos del general —un equipo chileno y británico en el que participa Michael Loxton, el médico clínico de Surrey que le atiende— creen que puede sufrir otro ataque que puede poner en riesgo su vida».

La fuente diplomática de la información era la embajada chilena en Londres. Era una buena noticia como prólogo al juicio que se iniciaba al día siguiente.

«El problema fue despachado —seguía la noticia— hace algunos días como "un mareo", pero este periódico ha sabido que el general se está recuperando de un derrame cerebral. No se sabe cuán seria es su situación, pero el ex dictador no está paralizado. La salud de Pinochet será un tema relevante a la hora de decidir si se le envía a España para someterse a juicio. Si el magistrado decide que puede ser extraditado, el ministro Jack Straw será quien adopte la decisión final acerca de si autoriza su entrega a España. Sin embargo, si los abogados del general deciden utilizar todos los recursos posibles, llegando a apelar a la Cámara de los Lores, el proceso de extradición se prolongaría durante años. Los abogados de Pinochet pueden decidir no apelar. Si la salud del general es tan mala como se alega, los abogados estiman que Straw podría bloquear la entrega a España ya que ello pondría en peligro la vida del general».

Dos días después, el 27 de septiembre, los doctores Schweizer y Loxton resumían la situación de Pinochet en un nuevo informe dramático. El paciente, decían, había sufrido, el 9 y el 25 de septiembre, dos derrames cerebrales menores. Y advertían sobre el riesgo de que pudieran reproducirse.

El resultado del juicio de extradición que comenzó la mañana del 27 de septiembre de 1999 era previsible. No era ningún secreto. La única sorpresa era que el magistrado jefe, Graham Parkinson, había delegado su participación en el magistrado Ronald Bartle, el más antiguo, aquel que había cursado la segunda orden de detención de Pinochet.

A diferencia de los casos normales que llegaban a Bow Street, el de Pinochet ya había sido discutido por los jueces lores en su calidad de Tribunal Supremo. Y ellos, al abordar el asunto de inmunidad, en marzo de 1999, definieron también el punto esencial que se sometía al magistrado de Bow Street: si los delitos que se imputaban a Pinochet eran o no delitos de extradición. En cierto modo, los jueces lores se habían anticipado, asumiendo para sí la jurisdicción, la única, del magistrado de extradición. La vista, que se limita a verificar formalmente los cargos y a comprobar si los delitos cometidos en el país requirente también lo son en el Reino Unido, perdió, pues, su materia principal.

En la mañana del 27, Joan Garcés, ataviado con gabardina color beige y una gorra de *tweed* con visera, se presentó en el tribunal y entró en el juzgado número 1, en la planta baja. Él y Andy McEntee, que se conocieron personalmente ese mismo día, tomaron asiento en un compartimento para visitas separado de la sala por un cristal. Algo más tarde recalaron allí Peter Schaad y sir Norman Lamont. También estaba presente el diputado laborista Jeremy Corbyn.

La defensa de Pinochet se sentó frente al estrado del magistrado y los abogados de la Fiscalía de la Corona, en los bancos de la derecha. Frente a ellos, a la izquierda, tomaron asiento los abogados españoles. Los dos abogados que debían ratificar su testimonio escrito, tal y como anticiparon, no viajaron. El tema de los honorarios seguía en el aire.

El banquillo, un palco con una barandilla de metal color verde, se elevaba en medio de la sala. Estaba vacío. Pinochet ya había obtenido permiso en el mes de junio para no comparecer.

Allí, en la sala cuadrada iluminada desde el techo por dieciséis focos, había tres personas que tomaron parte en el comienzo del caso, la noche del 16 de octubre de 1998: el detective inspector Andrew Hewett, el detective sargento Chris Monroe, y la intérprete Jean Pateras. Y, al frente, en la mesa central, debajo del estrado del magistrado, se advertía a una mujer de baja estatura y pelirroja. Vestía traje de chaqueta y falda de color negro.

Era Liz Franey. Tenía ante sí, sobre la mesa, ocho carpetas de color azul, anudadas en el borde por una cinta bicolor roja y amarilla, los colores de la bandera española, que terminaba en un lazo. Era el sumario del juicio de extradición.

Ronald Bartle, el magistrado jefe adjunto, entró a la hora exacta, a las diez y media, y saludó con una sonrisa a Clive Nicholls, el defensor de Pinochet. Echó una mirada sobre su mesa, elevada sobre la sala. Tenía un juego completo del sumario. Abrió la sesión y procedió a dar la palabra al abogado Alun Jones, representante de la Fiscalía de la Corona.

Pero Nicholls, antes de que Jones pudiera empezar, le arrebató la palabra. Dijo que el número de casos contra el general se había ampliado, lo que a su modo de ver no era legal. Además, señaló, era necesario aportar pruebas concretas contra Pinochet. También debía dilucidarse, como cuestión preliminar, si España tenía jurisdicción en el caso. Anticipó que pensaba presentar el proceso contra Pinochet como una persecución política. El Convenio Europeo de Extradición contempla que se puede denegar una extradición «si se trata de castigar a una persona por razón de su raza, religión, nacionalidad u opiniones políticas».

Jones acusó a su colega de haber deslizado subrepticiamente, durante el turno que no le correspondía, las cuestiones, y recordó que le tocaba a él dar los argumentos.

El magistrado, que había tomado nota, dijo:

—Resolveré estos puntos que plantea el señor Nicholls en mi sentencia.

Jones, enfudado en un terno azul con rayas blancas, apoyó su mano derecha sobre el estrado, se caló las gafas de lectura y comenzó. «Éste ha sido un caso tan especial que no se trata ahora de volver a discutirlo todo otra vez», dijo. Y dirigiéndose al magistrado, advirtió: «Su función se limita a discernir si los delitos que presentamos son delitos de extradición; esto es, si son castigados con un mínimo de un año de cárcel en el Reino Unido y en España. El tribunal no tiene que decidir sobre la culpabilidad de Pinochet, ni tenemos que aportar pruebas de ella. Lo único que tenemos que hacer es asegurar que en España se le acusa de estos delitos de conspiración para la tortura y tortura», dijo.

El abogado propuso al magistrado que se leyera el pliego de cargos. Y, como el fiscal militar que ilustraba al tribunal en los juicios de Núremberg mientras en la sala se proyectaban las imágenes filmadas por los aliados en los campos de concentración nazis, Jones advirtió:

—Las técnicas utilizadas por la policía secreta de Pinochet incluyen la aplicación de corriente eléctrica en la vágina de las mujeres, la introducción de tubos de acero en el ano de los varones, interrogar a los detenidos desnudos, golpear cuerpos suspendidos en el aire, hacerles ingerir drogas alucinógenas...

El magistrado pidió a la secretaria adjunta del tribunal que procediera a leer los cargos.

Liz Franey estaba sentada en el centro de la sala frente a los abogados de la Fiscalía de la Corona. Ya tenía la carpeta azul abierta en el documento de la acusación. Sus uñas pintadas de rojo se recortaban sobre las páginas que iba dejando atrás para llegar al punto. Cuando de sus labios surgió sin estridencia la palabra «Cargos», la sala enmudeció. Nadie había osado creer que el procedimiento llegaría alguna vez a este punto.

«Augusto Pinochet Ugarte, se le acusa de lo que sigue: 1. Que entre el 7 de diciembre de 1988 y el 12 de marzo de 1990 usted acordó con otros que debían llevarse adelante las siguientes acciones, a saber: a) que personas que usted creía o sospechaba como dispuestas a poner en peligro las vidas, seguridad, profesiones, posiciones políticas, bienestar y creencias de usted y otros miembros de la conspiración, debían ser secuestradas y ser sometidas a la aplicación de severo dolor y sufrimientos, causándoles graves daños corporales; b) que algunas de esas víctimas debían ser eliminadas; c) que el dolor, sufrimiento, daños y asesinato sería infligido por funcionarios públicos actuando como parte de la jerarquía u otra autoridad del Estado dirigida por usted; d) que el dolor y sufrimiento no debía limitarse a extraer información útil de las víctimas sino que se extendería de tal modo que el dolor y sufrimiento, que se difundiría a través de testimonios de supervivientes y rumores, aterrorizaría y sometería a personas que en otras condiciones estarían dispuestas a criticar u oponerse a usted y a sus compañeros de conspiración; e) que el destino de muchos cientos de personas conocidas como "los desaparecidos", que fueron torturados y asesinados en aplicación de esta conducta desde septiembre de 1973, y de cuyos cuerpos se dispuso en secreto, continúan ocultándose a sus familias, causando grave dolor mental, sufrimiento y desmoralización; cuya conducta, llevada adelante por acuerdo entre sus intenciones y las de sus compañeros conspiradores, necesariamente suponía cometer delitos de tortura por funcionarios públicos en el desempeño o el supuesto desempeño de sus deberes».

Liz Franey, sin aliento, había terminado media página, dedicada al delito de conspiración para cometer torturas. En la sala, sólo esporádicos carraspeos, cada vez menos, interrumpían un silencio sepulcral.

La lectura prosiguió:

«Augusto Pinochet Ugarte, 2. Que usted el 15 de diciembre de 1988, siendo un funcionario oficial, a saber, comandante en jefe del Ejército chileno, junto con otros funcionarios públicos, infligieron intencionadamente severo dolor y sufrimiento a Wilson Fernando Valdebenito Juica mediante la aplicación de fuertes descargas eléctricas, causando probablemente su muerte, en el supuesto desempeño de sus deberes oficiales».

La voz de Liz Franey, casi un susurro, tenía una cadencia rápida, sin inflexiones, y sonaba, con el paso de los minutos, como el tableteo de una máquina de perforación. En el estrado, por encima de su cabeza, el magistrado seguía el texto con sus gafas de aumento y un bolígrafo Cross en la mano.

Liz leyó caso por caso, hasta completar el número de treinta y cuatro víctimas, con todos sus detalles: aplicación sistemática de electricidad, amenazas de violación a mujeres, golpes, cuerpos suspendidos en el aire, pohibición de dormir, amenazas de muerte, eliminaciones, inserción de tubos en los anos, utilización de drogas alucinógenas, quemaduras, amenazas de producir daño en los hijos de las víctimas, interrogatorios a víctimas desnudas, cautiverio en la oscuridad, uso de bolsas de plástico para cubrir la cabeza e impedir respirar a la víctima, amenaza de tortura y violación de familiares. Cada uno remitía al auto de procesamiento del juez Garzón, archivado en el tomo azul número 7.

Fueron dieciséis minutos exactos, sin interrupción. La voz segura de Liz Franey transmitía respeto por la gravedad de los hechos que, a fuerza de repetirlos, adquirían la fuerza de imágenes.

El magistrado dio la palabra al abogado de la acusación para que continuara.

Alun Jones dijo que Pinochet debía ser extraditado a España para someterlo a juicio, y subrayó la importancia de los delitos imputados. «Los cargos contra Pinochet constituyen una de las más serias acusaciones de delitos que haya llegado alguna vez a un tribunal penal inglés. Es demasiado fácil para el Gobierno chileno y los seguidores del general Pinochet sostener que estos delitos son un asunto de Chile y de nadie más», enfatizó. Según dijo, «España tiene jurisdicción para llevar a Pinochet a juicio por tortura a pesar de que ninguna de las víctimas es de nacionalidad española o de que los delitos no hayan tenido lugar en España».

El abogado analizó la resolución de los jueces lores del 24 de marzo de 1999, para concluir que, por seis votos contra uno, habían definido la conspiración para tortura y tortura como delitos de extradición.

Jones analizó en detalle cada uno de los treinta y cuatro casos, veintisiete hombres y siete mujeres. Relató los casos de Wilson Valdebenito Juica, Pablo Andrés Parada, Claudio Tapia, Lincoyan Nery Cáceres, Hernán Sepúlveda Pertner y Marcos Quesada Yáñez. Habían muerto después de ser torturados con corriente eléctrica y por asfixia, y, en algunos casos, tras ser sometidos a simulacros de fusilamiento. Explicó que otro de los detenidos, Luis Orlando Vargas, después de ser sometido a torturas por agentes de la Central Nacional de Informaciones (CNI), se había suicidado saltando de una quinta planta.

Y subrayó el caso de los desaparecidos. «Incluso después de que muchos de los delitos de tortura tuvieran lugar, la tortura continuó al ocultárselo a los familiares de 1.198 personas desaparecidas. Es así que el delito continuado de conspiración para torturar después de diciembre de 1988 ha tenido entre sus consecuencias que el destino de estas personas se siguiera ocultando a las familias, causando severo dolor mental, sufrimiento y desmoralización».

Antes de terminar su larga exposición, hizo referencia a decenas de cartas que familiares de las víctimas habían enviado desde Chile al ministro del Interior Jack Straw, de las cuales cinco fueron aportadas al juicio con la debida autentificación. Y leyó algunos párrafos de una carta fechada el 5 de abril de 1999 en la que Ana Molina Palacios, madre de Juan Merino Molina, desaparecido el 14 de septiembre de 1974, solicitaba justicia al ministro Straw:

«Me quitaron a mi hijo cuando tenía 20 años de edad, lo torturaron y sólo Pinochet y sus agentes saben qué hicieron con él. Por favor, señor Straw, no permita que Pinochet se siga burlando de nuestro dolor. Yo, como madre, sigo viva físicamente, pero esta tortura psicológica cada día me va matando un poco».

La defensa de Pinochet presentó la noche del lunes 27 y la mañana del 28, antes de la segunda sesión del juicio, nuevos escritos. Escardó había entregado a Nicholls en Londres copia de una revista en la que se acusaba a Garzón de actuar en connivencia con la agrupación Izquierda Unida. En uno de sus escritos, Nicholls advertía que el juez Baltasar Garzón era un impostor. «Es un juez de instrucción que pretende llevar adelante una actuación judicial, cuando, en realidad, está obrando por infames motivos de carácter político». El escrito sostenía que España pedía la extradición de Pinochet porque era un país que no aceptaba «el derrocamiento del régimen de Salvador Allende por parte de Pinochet y sus políticas aplicadas y se estaba acusando al senador Pinochet de haber dirigido un golpe militar que desalojó a un Gobierno izquierdista». Añadía que el carácter político de la persecución era claro, porque no existía ninguna relación entre los crímenes y el país que solicitaba su extradición. «No han sido cometidos en España, el autor no es español ni lo son las víctimas».

Clive Nicholls explicó que, si bien en un caso rutinario de extradición no se necesita aportar pruebas, «el hecho de que el senador Pinochet sea un ex jefe de Estado exige como paso previo que se pruebe el delito de tortura del cual se le acusa». El abogado subrayó: «La responsabilidad debe ser establecida mediante pruebas. Pero no hay tales pruebas. El senador, por lo tanto, tiene derecho a inmunidad». Nicholls había rizado el rizo y, a juzgar por lo que decía, el magistrado debía ignorar la sentencia de los jueces lores.

Nicholls señaló que era imprescindible decidir si los delitos de conspiración para cometer tortura y tortura cumplían la exigencia de ser delitos castigados en ambos países, Reino Unido y España. Si ese requisito faltaba, dijo, Pinochet debía ser puesto en libertad. Según Nicholls, dos abogados españoles, cuyos escritos se aportaban, sostenían que el delito de tortura en el derecho interno español no se ajustaba a la definición por la que se acusaba a Pinochet. Señaló que España había ratificado la Convención contra la Tortura de Naciones Unidas pero que, a diferencia del Reino Unido, no había incluido en su ley interna su jurisdicción sobre ese delito allí donde tuviera lugar, según recomendaba el tratado. Nicholls recordó que España tenía que cumplir alguna de las tres condiciones impuestas a un país firmante para ejercer su jurisdicción: que el delito fuera cometido en territorio español; que la nacionalidad del autor fuera española o que lo fuera la víctima. La otra posibilidad contemplada, que el acusado se encuentre en el territorio español, tampoco se daba. «Pinochet podría ser juzgado sólo si hubiera estado en suelo español y se le hubiera detenido allí. Pero el hecho es que está aquí y la tortura no es un delito de extradición al no estar castigada en España como se exige», advirtió.

Fue su ayudante, Julian Knowles, un joven abogado, quien comentó los casos presentados por la acusación.

La idea de la defensa consistía en aprovechar un hecho de la biografía del magistrado que podía ser un punto a su favor en los temas de tortura. Bartle se había ocupado en 1991 de investigar el caso de cuatro jóvenes irlandeses acusados de un atentado terrorista en Guilford, en Irlanda del Norte, y condenados mediante pruebas fabricadas por la policía. Bartle ordenó archivar la investigación de los hechos con el argumento de que a veces la policía se ve obligada a hacer este tipo de trabajos. La historia se llevó al cine con el título *En el nombre del padre*.

«Pinochet nunca tuvo conocimiento de las torturas, porque en 1988 perdió el plebiscito y comenzó la transición hacia la democracia», explicó Knowles. El abogado urgió al magistrado a tener en cuenta sólo uno de los 34 casos, el del joven Marcos Quesada Yáñez, de 17 años de edad, que murió como resultado de la tortura. Según dijo, tanto este caso como los otros mencionados era «un simple caso de brutalidad policial, que continuó en Chile diez años después de iniciarse el régimen democrático, como ocurre en España y hasta cierto punto en el Reino Unido». Knowles resumió: «En todas las democracias occidentales hay quejas contra la brutalidad de la policía». Algunos de los centros de detención de Santiago de Chile, dijo, podían ser similares a ciertas comisarías del Reino Unido.

Antes de finalizar la segunda sesión, el abogado Alun Jones atacó con dureza a sus colegas, por su conducta «mezquina y clandestina», al presentar escritos a última hora sin dar tiempo para su estudio, y solicitó al magistrado una suspensión del juicio para leer los nuevos escritos aportados durante la mañana.

La actitud de Jones provocó que Clive Nicholls debatiera a puerta cerrada con sus colegas de la defensa, la tarde del martes 28, si era pertinente utilizar el argumento político. Lo único que podían aportar eran recortes de prensa. Si el juicio se suspendía, como pedía Jones, y las pruebas se reducían a dichos recortes, la defensa quedaría completamente desprestigiada. La mañana del día 29, Nicholls anunció, al empezar la tercera sesión, que no tenía interés de entrar en un debate personal, pero acusó a Jones de usar un lenguaje «muy ofensivo» cuyo objetivo era conseguir publicidad. Añadió: «Hemos reconsiderado el tema de la excepción política. Si es necesario, lo llevaremos al Alto Tribunal de Justicia. También hemos decidido retirar los informes de los dos expertos españoles».

Nicholls volvió a insistir: había un solo caso, no 34. Añadió que las torturas a partir de diciembre de 1988 ni eran masivas ni sistemáticas. «Tampoco se pueden calificar como torturas», subrayó. «Está, por ejemplo, el primer caso, el de Wilson Fernando Valdebenito Juica. No se puede hablar de sufrimiento y dolor grave porque la muerte fue provocada de manera instantánea por la corriente eléctrica. Si la muerte fue instantánea no pudo haber dolor grave ni sufrimiento», explicó. Y, a continuación, usó a fondo la sentencia de los jueces lores: «La inmunidad protege al senador Pinochet ante el delito de asesinato».

El tema de los desaparecidos saltó a escena. Según Nicholls, para que se pudiera considerar tortura el ocultar los cuerpos de las víctimas era necesario demostrar la intención de producir dolor grave y sufrimiento a los familiares. «No hay prueba alguna sobre esta intención», apuntó.

En la réplica, Alun Jones insistió en que se trataba de un caso de conspiración y 34 de tortura. «La Fiscalía de la Corona solicitó a España, al día siguiente del fallo de los jueces lores del 24 de marzo de 1999, información sobre los casos de tortura a partir de diciembre de 1988. Es una práctica lícita», señaló. Y, acto seguido, atacó la noción de que la tortura tenía que ser masiva y sistemática. «Uno tiene que pensar sólo un instante para darse cuenta de que es absurdo. ¿Cómo se puede pretender, como hace la defensa, que la tortura prácticada en Chile es similar a la de la comisaría de Stoke Newington un sábado por la noche?».

Capítulo 82

La pista del «Innombrable»

Horas después que terminara la sesión en Bow Street, los delegados de la conferencia anual del Partido Laborista se preparaban para escuchar a su líder, Tony Blair. Hacía un año exacto desde el homenaje que Blair había rendido a Salvador Allende en Blackpool. Ahora, la Alianza del Campo, una organización conservadora, había rodeado el salón de la conferencia, en Bornemouth, con unas 16.000 personas procedentes de diferentes puntos del Reino Unido, para protestar contra la ley que proponía prohibir la caza del zorro en todo el país.

Blair explicó que su objetivo era crear «una nación basada no en el privilegio, clase o antecedentes, sino en la igualdad». Blair siguió, con el puño de la mano izquierda cerrado y el dedo índice acusador, atacando al partido *tory*. Y, con su ingenio natural definió lo que era dicho partido: «Es el partido de la caza de zorros, Pinochet y la nobleza hereditaria: lo incomible, lo innombrable y lo inelegible».

Los redactores de los discursos de Blair habían utilizado como inspiración *Una mujer sin importancia*, de Oscar Wilde. En esta pieza teatral de 1893, lord Illingworth, uno de los personajes, al ridiculizar la Inglaterra victoriana, describía la idea popular de la salud: «Un caballero rural inglés galopando detrás de un zorro: lo innombrable persiguiendo al incomible».

Norman Lamont atacó enseguida. Escribió esa misma tarde una carta a Blair. Le recordaba que el ministro del Interior debía adoptar la decisión final sobre la extradición. «¿Puede alguien creer por un minuto que esta decisión se adoptará de forma imparcial, cuando el jefe de Gobierno, del cual el ministro del Interior es miembro, ha expresado su opinión sobre el general Pinochet tan claramente?», se preguntaba.

Alguien creía tener, a miles de kilómetros de Londres, una buena respuesta. Cuando el canciller Valdés supo en Santiago lo que había dicho Blair, pensó que el primer ministro británico ya había amortizado a Pinochet.

—Si ya lo está usando en el partido, si no es un tema estrictamente judicial, como decía hasta ahora, eso sólo puede querer decir una cosa: va a dejarle en libertad —dijo a uno de sus asesores.

Esa tarde, Jeremy Corbyn también estaba preocupado por el desenlace del caso, y escribió una carta al ministro Jack Straw, en la que se limitaba a preguntar si la defensa de Pinochet le había solicitado la liberación del ex dictador por razones de salud.

El miércoles, día 29 de septiembre, los amigos de Pinochet decidieron echar mano de la noticia de la extremaunción. Era un modo de disminuir el impacto que provocó en el tribunal la descripción de las muertes bajo el efecto de la tortura con corriente eléctrica. El 30 de septiembre, finalizaba el juicio, y se acercaba el momento en que Pinochet sería citado a comparecer para oír el veredicto. Ese día, pues, el periódico *Daily Telegraph* fue elocuente en su título: «Un sacerdote da la extremaunción a un Pinochet enfermo».

Al narrar los hechos, se daba cuenta de que Pinochet había sufrido un nuevo desvanecimiento el sábado 25, sin definir que se trataba de un derrame cerebral leve. «Aunque los médicos del general querían trasladarle inmediatamente al hospital, él les dijo que si iba a morir, quería estar rodeado de su familia». El relato proseguía: «El sacerdote fue reclamado por los familiares del general Pinochet, pero éste se recuperó bastante antes que se le administrara la extremaunción. Se informó de que había sufrido un desmayo por la caída de los niveles de azúcar en la sangre a causa de la diabetes».

Jaime Lagos, director jurídico de la cancillería chilena, estuvo en Londres al comienzo del juicio para preparar con sus abogados ingleses la demanda contra España en el Tribunal Internacional de La Haya. El día 28 de septiembre viajó a La Haya. Él y Alberto van Klaveren se entrevistaron con el presidente del Tribunal Internacional de Justicia, Stephen Schwebel. Analizaron los detalles de la solicitud. Al día siguiente, los dos viajaron a Madrid, donde tenían una cita con Abel Matutes.

José de Carvajal, subsecretario de Asuntos Exteriores, y Aurelio Pérez Giralda, director de la asesoría jurídica, recibieron a los representantes chilenos. En la reunión se acordó que, para ganar tiempo, se solicitaría que el pleno del Tribunal entrara directamente al fondo de la controversia. Ninguno de los dos países plantearía, por tanto, excepciones previas, lo que suele provocar un juicio preliminar. También hubo acuerdo sobre cuál sería la controversia: la aplicación e interpretación del Convenio contra la Tortura. Los españoles explicaron que España defendería su competencia para ejercer la jurisdicción.

Pero Lagos no explicó algo que Aurelio Pérez Giralda sospechaba. ¿Cuál era el verdadero propósito de la disputa en La Haya? Aparte de discutir si España tenía o no jurisdicción, Chile pensaba solicitar al Tribunal que se adoptara la medida previa de suspender el procedimiento de extradición. Aunque la petición de medidas cautelares es habitual, Chile pondría énfasis en un argumento: si las autoridades británicas entregaban a Pinochet y llegaba a suelo español, se cumplía uno de los requisitos que exigía la Comvención contra la Tortura para que un país pudiera ejercer la jurisdicción. A saber: que el acusado se encuentre en territorio del país firmante del tratado.

Éste era uno de los caminos que el Gobierno chileno veía para bloquear una eventual entrega de Pinochet y mantenerle en Londres; si Chile ganaba el pleito, el Tribunal debía pedir al Gobierno español que retirara la orden de detención y la solicitud de extradición. Pero, mientras se debatía el asunto, Chile pediría que Pinochet no fuera entregado a España. Había que intentar echar llave a todas las puertas para ello.

El jueves 30 de septiembre, se oyeron en Bow Street los alegatos finales de las dos partes. El abogado Jones anticipó que si el fallo era contrario a la extradición, España recurriría la decisión ante el Alto Tribunal de Justicia. El magistrado Ronald Bartle anunció que daría a conocer su veredicto el viernes 8 de octubre de 1999 a las once de la mañana. Consultado por las dos partes, aclaró que Pinochet debía estar presente durante la lectura de la sentencia.

Los abogados de la defensa solicitaron una breve reunión con los representantes de la Fiscalía de la Corona. Allí propusieron un acuerdo para pedir al magistrado que excusara a Pinochet de comparecer. Pero no consiguieron el apoyo de los fiscales. Jones y su colega James Lewis vieron enseguida que se trataba de un arma de doble filo, ya que podría ser un argumento ante el Alto Tribunal de Justicia o el ministro del Interior para mostrar que Pinochet no estaba en condiciones de afrontar un juicio. Poco después, Nicholls insistió, pero el magistrado respondió:

—El general Pinochet debe comparecer.

El mismo día 30, el abogado de la Fiscalía británica, Brian Gibbins, se puso en comunicación con el juez Garzón a través de la intérprete Jean Pateras.

—El viernes 8 se leerá el fallo —advirtió Gibbins—. Necesitamos cuanto antes instrucciones por escrito para recurrir en el caso de un fallo adverso a España. Si no se apela, Pinochet quedaría libre de cargos y podría volver a Chile.

Garzón le pidió una nota en la que quedara sentado que había terminado la vista y prometió enviar un fax a la Fiscalía de la Corona con la orden de recurrir en caso de un resultado adverso a la extradición. El 1 de octubre, el juez Garzón envió directamente el documento, sin transmitirlo por los canales diplomáticos. Solicitaba que se «haga todo lo necesario e interponga y agote cuantos recursos fueren precisos legalmente para lograr lo que constituye la esencia de la demanda de extradición, es decir, la entrega a la jurisdicción española de Augusto Pinochet Ugarte para el enjuiciamiento, caso que la decisión del magistrado fuera adversa a aquella demanda».

El abogado Michael Caplan presentó el lunes 4, finalmente, la solicitud formal en Bow Street para conseguir que Pinochet no acudiera a escuchar el veredicto, y aportó un informe del doctor Michael Loxton. El magistrado convocó una vista para el miércoles 6 de octubre para escuchar los argumentos.

Gibbins intentó que un médico forense, Peter Dean, revisara antes de la sesión a Pinochet. Pero no fue posible.

Capítulo 83

Dos enviados especiales

José de Carvajal al conocer el anuncio de que el juez Garzón recurriría el fallo caso de ser contrario a la extradición, creyó que sería bueno conocer qué recursos estaban previstos en la ley británica. Su idea era enviar a un hombre de confianza a Londres. Habló con el ministro Abel Matutes, a quien le pareció una buena idea.

Carvajal encomendó la tarea a Miguel Aguirre de Cárcer, su jefe de gabinete. Carmen de la Peña, consejera política de la embajada española en Londres, que también era abogada, acompañaría a Aguirre. La reunión con Gibbins sería en la tarde del martes día 5 de octubre.

Según explicó Aguirre de Cárcer a Gibbins, el Ministerio de Asuntos Exteriores español deseaba conocer qué recursos estaban previstos en la ley contra la sentencia que el magistrado anunciaría el viernes 8. Gibbins, a su vez, preguntó si la decisión de apelar, en caso de que el veredicto fuera desfavorable para España, estaba aún pendiente.

—Las decisiones sobre los recursos aún no se han adoptado. Yo no puedo decir si se apelará en caso de que el magistrado resuelva contra España —dijo Aguirre de Cárcer.

—El fallo se dará a conocer dentro de dos días —advirtió Gibbins—, ¿cuándo van a decidir en España sobre el recurso?

—Yo no estoy en condiciones de dar esa información. Ni siquiera sé si las reuniones tendrán lugar antes del viernes 8 —insistió Aguirre de Cárcer.

—Pero el juez Garzón nos ha enviado directamente un fax con instrucciones para apelar. Si de aquí al viernes no recibimos instrucciones del Ministerio de Asuntos Exteriores, ¿procedemos ajustándonos a las instrucciones del juez?

—No puedo decirle que haga eso —dijo Aguirre de Cárcer.

—Su posición es inaceptable. Nosotros actuamos como agentes del Estado español. Sólo podemos apelar si tenemos instrucciones claras al respecto. No podemos considerarnos autorizados para apelar si una parte del Estado español da instrucciones que parecen estar en conflicto con las de otra parte del Estado español.

Aguirre no pudo resolver lo que le solicitaba Gibbins, quien apenas despidió a sus huéspedes llamó por teléfono a Jean Pateras.

—Jean, tienes que hablar inmediatamente con el juez Garzón. Dile que han venido dos enviados del Ministerio de Asuntos Exteriores español. Les he pedido que me confirmen que debo apelar si la sentencia del viernes es desfavorable, pero me han dicho que todavía no había una decisión y que debo esperar.

Jean Pateras intentó dar con Garzón, que había viajado a Paraguay. Le localizó en un hotel de Asunción y le explicó la situación. El juez le dijo que mantenía sus instrucciones.

—Gina —como también llamaba a Jean—, dile a Brian que él tiene instrucciones enviadas en diciembre por vía diplomática diciendo que debe apelar y también tiene la más reciente que yo envié por fax el 1 de octubre. Las instrucciones del Gobierno español en sentido contrario sólo serían válidas por escrito. Yo vuelvo inmediatamente a Madrid.

Gibbins halló en sus archivos la orden de diciembre de 1998. Redactó una carta para Garzón con los detalles de la visita y los términos de la conversación. La conducta española, insistía, era «inaceptable». Gibbins advertía que tendría que informar al director de la Fiscalía Pública.

Y, para finalizar, le pedía tres cosas: que enviara sus ordenes por vía diplomática y urgente; que solicitara al Gobierno instrucciones que estuvieran de acuerdo con las suyas; y que le enviara una nota en la que se explicara por qué las órdenes de un juez deberían, si ése era el caso, prevalecer sobre las advertencias orales de los enviados del Gobierno español.

El abogado remitió esa misma tarde la carta por fax al juzgado número 5 de la Audiencia Nacional. Mientras, Garzón llamó por teléfono desde Asunción a Madrid al juez Juan del Olmo, a cargo de su juzgado, y le urgió a que insistiese ante el Ministerio de Asuntos Exteriores para que se enviara a Londres por vía diplomática su escrito del 1 de octubre.

Esa noche, el diario *El País* conoció los pormenores de la visita realizada por los diplomáticos españoles a Londres. Santiago Cabanas, jefe de gabinete del ministro Matutes, consultado por el periódico, dijo que se habían realizado gestiones e informes sobre las posibilidades que se abrían a partir de la sentencia del viernes día 8 pero no quiso precisar si se presentaría un recurso caso de que la sentencia fuera desfavorable. «Prefiero esperar al fallo antes de pronunciarme», dijo.

Al día siguiente, 6 de octubre, *El País* informó de los hechos, recogiendo la versión de la Fiscalía de la Corona. Según se narraba, el enviado de Madrid se había negado a autorizar que se siguieran las instrucciones ya cursadas por el juez Garzón en caso de que el Ministerio no enviara una orden de recurrir una eventual sentencia favorable a Pinochet, lo que equivalía a anular la orden de arresto.

El Ministerio de Asuntos Exteriores, a la luz de la información, explicó que la misión enviada a Londres había tenido un carácter informativo. Aguirre de Cárcer, quien según el Ministerio ignoraba el tema de fondo, no había podido responder a las preguntas de la Fiscalía británica.

Por su parte, el periódico reprodujo la carta con los duros términos en que Gibbins se dirigía al juez Garzón.

El Ministerio de Asuntos Exteriores dio instrucciones de inmediato al embajador en Londres para informar a la Fiscalía británica, por nota verbal, que ante el fallo del día 8 podía «proceder de conformidad con las instrucciones que haya podido recibir del juzgado de instrucción número 5 de la Audiencia Nacional en relación con el fallo previsto para el próximo día 8 del Tribunal de Bow Street».

El miércoles 6, el magistrado Ronald Bartle presidió la vista para debatir el estado de salud de Pinochet. Caplan solicitó al magistrado que excusara al general de asistir el viernes 8, apoyándose en un dictamen del doctor Michael Loxton, fechado el lunes 4 de octubre, y citó otros exámenes realizados por doce médicos en tres meses. Gibbins, a su vez, informó de que el médico forense Peter Dean había intentado hacer una revisión a Pinochet el martes 5, pero que la defensa del general no había podido facilitar la visita.

Gibbins añadió que no estaba acreditado el mal estado de salud de Pinochet. El abogado de la Fiscalía, pues, apuntó que era necesario clarificar la situación, ya que, insinuó, podía haber «otras circunstancias por las cuales el acusado puede querer evitar su comparecencia ante el tribunal».

La defensa informó de que el doctor Loxton estaba en la sala y que estaba dispuesto a declarar bajo juramento.

Loxton, un hombre delgado y rubio, vestía una chaqueta de tweed, camisa sport y corbata. Desprendía cierto aire de desdén ante lo que presumía era la desconfianza de Gibbins, a quien trató, desde la primera pregunta, como a un enemigo.

—He revisado al senador Pinochet en veinte oportunidades en diez meses. Se tambalea, está muy cansado y orina con mucha frecuencia. El pasado 7 de septiembre fue sometido a un chequeo completo. Parecía normal. Sin embargo, sintió fuertes mareos y un desmayo el día 9. Nuevos exámenes realizados el día 13 demostraron que había sufrido un pequeño derrame cerebral.

Gibbins preguntó por las consecuencias.

—El senador sufrió una pérdida de su memoria reciente, pérdida de equilibrio y tenía un carácter menos tolerante. El 25 de septiembre sufrió un segundo desmayo y, ante la alarma de los médicos, se llamó a un sacerdote. Y no tenemos duda de que se trató de otro derrame cerebral. Si se le obliga a comparecer ante el tribunal se le someterá a una fuerte tensión.

Loxton respondió con un tono grave, más allá de lo que se le preguntaba. Pero era difícil que Gibbins perdiera la calma. El abogado no ponía pasión personal en el asunto, sus maneras eran muy respetuosas. Volvió a preguntar por qué razón su asistencia sería tan perjudicial.

Loxton ya no ocultaba su displicencia.

—Si se trae al senador ante el tribunal para la lectura del veredicto, seguramente sufrirá un nuevo infarto cerebral en las próximas seis semanas.

El magistrado no hizo pregunta alguna. Solicitó a la prensa y al público que abandonara la sala. La defensa pidio formalmente que se excusara la presencia de Pinochet, y la Fiscalía de la Corona propuso un nuevo examen médico. El magistrado se retiró para reflexionar. La sesión continuó quince minutos más tarde.

Bartle entró, tomó asiento y dijo:

—Estoy satisfecho con los argumentos de que la salud del senador Pinochet se vería seriamente puesta en peligro si tiene que comparecer en este tribunal. Su asistencia está, por tanto, excusada.

A cuarenta y ocho horas de anunciar su veredicto, la facilidad con la que Bartle excusaba la asistencia de Pinochet era muy significativa. En otros casos, como el de la terrorista Roisin McAliskey, había sido el Alto Tribunal de Justicia el que autorizó a la acusada a no asistir a Bow Street.

El magistrado era el único que podía saber de manera inequívoca si el contenido del fallo —a favor o en contra de la extradición— podía afectar «seriamente» al general.

Gibbins envió inmediatamente un fax al juez Garzón. La decisión del magistrado Bartle, intuía, podía traer consecuencias. «Habrás sabido que el tribunal de Bow Street ha admitido un recurso de la defensa para que se excuse al senador Pinochet de asistir a la audiencia de mañana por razones de salud. Sospecho que en el caso de que el juicio de extradición salga contrario a Pinochet, la defensa procederá directamente a presentar alegaciones ante el ministro del Interior por motivos de salud. En tales circunstancias, tendremos que considerar muy cuidadosamente cómo presentamos las alegaciones». Gibbins, a juzgar por estas palabras, también tenía en mente el caso McAliskey.

CAPÍTULO 84

Uno de los nuestros

Hacía nueve largos años que Margaret Thatcher había hablado por última vez a sus correligionarios, con ocasión de la conferencia anual del Partido Conservador. Y, esta vez, en paralelo a dicha reunión, prevista en Blackpool, la baronesa había aceptado ser la figura central en un acto de solidaridad con Pinochet al que acudirían, la tarde del 6 de octubre, los senadores chilenos Marco Cariola y Evelyn Matthei, los presidentes de los partidos Renovación Nacional, Alberto Cardemil, y de Unión Demócrata Independiente (UDI), Pablo Longueira, y el abogado Fernando Barros, portavoz de Pinochet.

El acto, la actividad más importante con ocasión de la conferencia anual del partido *tory*, estaba previsto en una de las salas del cine ABC, en Blackpool. El general Pinochet se habría prestado a grabar un vídeo en el que agradecía a la concurrencia el apoyo recibido; pero tanto el enlace de Pinochet con el Ejército chileno en Londres, el general Juan Emilio Cheyre, como el abogado Michael Caplan, vetaron la idea. Era simplemente suicida involucrarse en la política interior del Reino Unido. Pero, sobre todo, una imagen de normalidad de Pinochet contrastaría con los planes en curso para solicitar su liberación por razones de salud. El vídeo, pues, no se llegó a filmar.

Lady Thatcher ya había revelado en su carta a *The Times*, publicada el 22 de octubre de 1998, la ayuda, sin entrar en detalles, que la dictadura militar chilena había prestado al Gobierno británico durante la guerra de las Malvinas. Esta vez estaba decidida a decir algo más. Al fin y al cabo, Tony Blair acababa de hablar en la conferencia del Partido Laborista, y había definido a los conservadores como el partido de Pinochet, «el innombrable».

Norman Lamont, miembro del movimiento Chilenos por la Reconciliación, presentó a varios oradores chilenos. En la pantalla del cine se veía proyectada aquella foto de Barry Lewis en la que Pinochet posaba en el jardín de su casa de Wentworth Estate con Augusta Victoria en brazos y rodeado por otros cinco nietos, publicada a mediados de julio en el *Sunday Telegraph*. Un cartel en inglés evocaba el título del acto: «Libertad para Pinochet, el único preso político del Reino Unido». El senador Marco Cariola, en su fervoroso testimonio a favor de Pinochet, sorprendió a propios y extraños, al cometer un notable error: «El general Allende evitó una guerra civil en Chile». ¿En qué estaría pensando? Margaret Thatcher, desde su butaca, repaldaba cada frase de Cariola:

—*Marvellous!*

Lamont, llegado el gran momento de la noche, presentó a la principal atracción.

—¡Ha vuelto! ¡Lady Thatcher! —exclamó.

La baronesa subió al estrado. Su cabello color zanahoria iba armado con una buena dosis de laca. En el lóbulo de cada oreja, sus pendientes de diamantes proyectaban un destello que llamaba la atención.

Explicó enseguida por qué razón había que apoyar al general. «Pinochet fue el leal amigo de este país cuando pasamos por un momento de necesidad cuando Argentina ocupó las islas Falkland. Yo lo sé, yo era primera ministra en ese momento. Bajo instrucciones expresas del presidente Pinochet, Chile nos prestó una enorme y valiosa ayuda». Lady Thatcher recordó el día que los radares chilenos sufrieron una avería. «Ese mismo día, el martes 8 de junio, una fecha que ha quedado grabada para siempre en mi memoria, aviones argentinos atacaron y destruyeron nuestros barcos. Alrededor de 250 miembros de nuestras Fuerzas Armadas murieron durante la guerra de las Falklands. Sin el presidente Pinochet, ciertamente, hubiera habido muchas más. Todos le debemos a él, y a Chile. ¿Pero cómo han decidido las autoridades de este Gobierno laborista pagar esa deuda? Yo os lo diré: colaborando en el secuestro judicial del senador Pinochet. El juez instructor socialista español ha reunido cualquier cargo que, según él, cumple los requisitos, aun cuando no haya evidencia, de la implicación del senador Pinochet en los mismos, o siquiera conocimiento, aunque no afectan a ningún español. Es bien sabido que el asesor de este juez instructor es el ex consejero político de Allende, quien trabaja con una red de marxistas en España y Chile. No se llamen a engaño: revancha de la izquierda y no justicia para las víctimas es de lo que trata el caso Pinochet».

Y concluyó: «Quizá los enemigos de Pinochet triunfen. Quizá él muera aquí, como el único prisionero político de este país. O quizá su último suspiro tendrá lugar en un hospital español, esperando una despreciable farsa de justicia. Pero al menos él sabrá, y el mundo sabrá, que sus amigos no abandonan su causa y que aquellos a los que la izquierda les gustaría hacer callar —sin conseguirlo— han proclamado la verdad de cómo se le ha tratado».

El jueves día 7 de octubre, el embajador chileno en Londres tenía dos citas de interés en la agenda. Cabrera tenía que ponerse en contacto con Jonathan Powell, jefe de gabinete de Blair, para entregarle una carta personal del presidente Frei.

Cabrera no ocultó a Powell su satisfacción por poder encauzar la relación oficial con las autoridades británicas.

—Me alegro de que los contactos se canalicen por vía diplomática oficial —señaló, en alusión implícita a las conversaciones reservadas que Powell había mantenido con Cristián Toloza.

Powell fue bastante seco.

No era la primera misiva dirigida por Frei al primer ministro británico, pero la idea de dejar constancia una vez más del interés del presidente chileno por la salud de Pinochet se había aprobado en la Moneda durante los primeros días de octubre.

Frei le recordaba a Blair que su Gobierno «ha señalado públicamente que a su regreso, el senador Pinochet, deberá enfrentarse a los procesos pendientes en la justicia chilena, donde los tribunales tramitan en su contra cuarenta querellas, y donde hay más de trescientas causas judiciales contra miembros del régimen militar, como consecuencia de las cuales hay oficiales recluidos y privados de libertad».

Asimismo, llamaba la atención sobre los «dos exhortos que jueces chilenos han tramitado en Londres a través de la Cancillería para que el senador Pinochet responda», en referencia a las preguntas formuladas por los jueces Sergio Muñoz, en el caso Tucapel Jiménez, y Juan Guzmán, por la «Caravana de la Muerte». También mencionaba las reuniones de la mesa de diálogo entre familiares de las víctimas y miembros de las Fuerzas Armadas cuyo objetivo, decía, era aclarar la verdad y proveer justicia. En el texto, se destacaba que «durante años, la oposición al régimen militar había recibido una gran solidaridad internacional», y manifestaba su esperanza «de que se pueda completar en paz social esta etapa de la historia de Chile».

El eje de la carta, empero, era la situación del general y el desenlace del arresto. Frei advertía que «el fallecimiento de Pinochet en Londres podía provocar un daño al proceso de transición e interferir en el proceso de reconciliación». Por ello, decía, se solicitaba «al ministro del Interior, Jack Straw, que hiciera uso de sus facultades para permitir el retorno de Pinochet a Chile».

Cabrera salió de Downing Street hacia el Foreign Office, donde había anunciado su visita a Peter Westmacott, director para las Américas. El embajador chileno tenía particular interés por situar el caso Pinochet en el centro de las relaciones diplomáticas oficiales de los dos Gobiernos. Cabrera comentó a Westmacott el contenido de la carta del presidente Frei a Blair y la petición concreta de que Straw haga uso de sus facultades para liberar a Pinochet.

Cabrera no deseaba que el ministro Robin Cook, que hasta entonces había mantenido un puente directo y permanente con la cancillería chilena, pudiera pensar que se excluía al Foreign Office en una fase decisiva de los contactos.

El embajador envió más tarde a un funcionario de la embajada con una versión de la carta del presidente Frei en inglés, a la atención de Powell, en Downing Street. Blair la leyó y no tardó en enviarla al ministro del Interior, Jack Straw.

El viernes día 8 de octubre, a las diez y media de la mañana, hora de Londres, cuando aún faltaban treinta minutos para comenzar la sesión, la sala del juzgado número 1 ya estaba llena. Liz Franey vestía, como el primer día, un traje negro.

—El magistrado va a entrar —advirtió Gaynor Houghton-Jones, la oficial jefe—. Cuando entre, les daremos una copia de la sentencia a los abogados de las dos partes. Al término de la lectura, habrá suficientes copias para todos.

Bartle, por fin, entró con los folios de la sentencia en la mano minutos antes de las once. Exhibía un rostro de fatiga, al tiempo que parecía estar a punto de sentirse liberado. Saludó a cada una de las partes y dirigió un gesto de asentimiento a la oficial jefe, quien de inmediato entregó una copia a Liz. Las dos, pues, extendieron un ejemplar a Nicholls y a Jones, quienes, a medida que el magistrado comenzaba a leer, buscaron el último folio para conocer el veredicto. Era imposible ver el rostro de Nicholls, porque estaba en primera fila, de espaldas al público. Pero Jones, sentado al frente, de perfil, lucía inexpresivo. Dos minutos después de que el magistrado iniciara los prolegómenos, sin que se pudiera en la sala advertir el resultado, Jones se quitó las gafas de lectura y susurró algo en el oído del abogado Brian Gibbins. En sus ojos se pudo advertir un relámpago de alegría. Clavó los ojos en alguien que estaba en la sala y dijo sí con la cabeza. ¡Había ganado!

El magistrado ya avanzaba su decisión. «No hay que dejar de poner de relieve que estas actuaciones no tienen el propósito de decidir la culpabilidad o inocencia del senador Pinochet respecto a las acusaciones contra él. Y que, tampoco, una conclusión por mi parte de que la solicitud de España debe ser cumplimentada indicaría de que me he formado una idea sobre su culpabilidad o inocencia», advirtió Bartle. «El objetivo de este juicio es que yo, como magistrado, pueda decidir si están o no reunidas las condiciones para ordenar el procesamiento del senador Pinochet a fin de que espere la decisión del ministro del Interior», explicó. «Éste es un caso de acusación bajo el Convenio Europeo de Extradición. No se necesitan pruebas, excepto sobre ciertas cuestiones muy limitadas. Esto es así porque todo el objetivo del procedimiento es asegurar en lo posible que los asuntos controvertidos deben ser sustanciados en los tribunales del país requirente. Por tanto, será en el tribunal español, si el caso llega tan lejos, donde se exigirán las pruebas y se las someterá a contradicción. Es allí donde el senador Pinochet estará en condiciones de desarrollar cualquier defensa», añadió.

Bartle, que se jubilaba con este caso, dio una lección magistral del procedimiento de extradición en el Reino Unido. «Una rama del derecho», según advirtió, «relativamente desconocida para el público en general».

El magistrado advirtió: «Mi decisión no es final. Primero, el Gobierno de España y la defensa tienen el derecho de apelar mi fallo, ante el Alto Tribunal de Justicia, y, más tarde, con autorización, ante el Comité Judicial de la Cámara de los Lores. Segundo, si el senador Pinochet no es liberado [después de dichos recursos], la decisión final respecto a su extradición a España compete al ministro del Interior y no a los tribunales».

Bartle explicó primero por qué era correcto tomar en consideración los 34 casos de torturas que el juez Baltasar Garzón había logrado completar desde la sentencia de los jueces lores, el 24 de marzo de 1999, y que había establecido el 8 de diciembre de 1988 como la fecha a partir de la cual era posible acusar a Pinochet de los delitos de tortura. «La autorización para proceder es, como afirma España, el documento que desencadena las actuaciones. No puedo encontrar base para la propuesta de que aquel material que el ministro del Interior no ha considerado necesario solicitar o considerar esté vedado para el tribunal [...]. El material presentado posteriormente, objetado por la defensa, es en mi opinión suplementario y amplifica la conducta que se imputa al senador Pinochet, es decir, su implicación en actos de tortura y conspiración para cometer tales actos. Si dicho material se hubiera referido a diferentes delitos, la posición a adoptar sería otra».

El siguiente punto que Bartle aclaró ya no suponía, a esas alturas del procedimiento, un misterio: la conducta que se atribuía al general, de haber tenido lugar en el Reino Unido y en España, ¿constituía un delito de extradición? «Ésta es llamada "la regla de doble criminalidad": debe ser satisfecha antes de que yo pueda conminar apropiadamente al señor Pinochet a esperar la decisión del ministro del Interior. La ley de Extradición de 1989 define un delito de extradición como una conducta en el territorio de un estado extranjero que, si hubiera tenido lugar en el Reino Unido, sería un delito castigable con un plazo de 12 meses en prisión o cualquier castigo mayor».

El magistrado añadió: «Diré rapidamente que estoy seguro de que los jueces lores evaluaron la cuestión de los delitos de extradición y de la inmunidad como dos temas separados [...]. He leído y releído cuidadosamente las sentencias de Sus Señorías y estoy satisfecho con que la mayoría del comité haya visto la Convención contra la Tortura como un convenio de aplicación universal. Se me ha dicho que España debe proveer información de que la presunta tortura debe ser masiva y sistemática. Una mayoría de los jueces lores sostuvo que un solo acto de tortura es suficiente para ser delito. Respetuosamente, adopto la posición de Sus Señorías de que la conducta atribuida al senador Pinochet sería un delito extraditable bajo la ley inglesa si se sustanciaran las acusaciones. Pero aun sin la orientación del más alto tribunal del país yo habría llegado a la misma conclusión».

Estaba, pues, casi todo dicho. Bartle, a continuación, abordó la propuesta de la defensa de Pinochet de determinar si bajo la ley española el delito por el que se acusaba al general era allí un delito extraditable al igual que en el Reino Unido.

«¿Estoy yo obligado por la insistencia de España en que la conducta sería castigada con una sentencia de doce meses de cárcel o más, o debo examinar la situación más de cerca? El señor Nicholls ha concedido, creo, que no está habilitado para solicitar pruebas sobre la ley extranjera. Tiene el derecho de presentar alegaciones, y tengo que preguntarme a mí mismo cuál es mi posición tras escuchar sus argumentos».

Bartle acudió a la jurisprudencia para definir este punto. Citó una sentencia de lord Templeman: «Si el magistrado no se limita en el juicio de extradición a considerar la conducta del acusado tal como aparece alegada en la solicitud de extradición, a la luz de la ley del Estado extranjero tal como está presentada en la solicitud, nadie será nunca extraditado hasta que sea juzgado y hallado culpable en el Reino Unido de un delito contra la ley de un Estado extranjero cometido en un país extranjero». Y añadió un párrafo más: «El magistrado tendrá en cuenta que las autoridades que dictaron la orden de arresto extranjera y el Gobierno que ha solicitado la extradición tienen que conocer que la conducta constituye un delito».

El magistrado explicó: «He leído este pasaje y me dice que, habiendo oído las alegaciones, el punto relevante de la ley extranjera al que debo dirigir la atención es aquel contenido en la solicitud de extradición. ¿Puedo ir más allá de la reclamación contenida en la solicitud de que la ley extranjera ha sido infringida por la citada conducta? Hacer esto seguramente me llevaría a una investigación de tal calibre que los jueces lores han declarado inadmisible. Expertos extranjeros deberían, seguramente, asesorar al tribunal. Pero esto sería volver al antiguo sistema, que ha sido descartado por los jueces lores en casos del Convenio Europeo de Extradición.

»Más aún, la Audiencia Nacional de España ha resuelto dos veces que la conducta en discusión es un delito de extradición bajo la ley española. ¿Puedo yo, un magistrado, con ningún conocimiento particular o, francamente, ningún conocimiento de la ley española, desafiar las resoluciones de los jueces de la Audiencia Nacional respecto de la ley de su propio país? Creo que no. Concluyo, por tanto, que estoy obligado por los argumentos españoles respecto de su propia ley y encuentro que la regla de la doble criminalidad está cumplida».

Bartle despachó las restantes cuestiones planteadas por el abogado Jones en el juicio con unas pinceladas. El argumento de la acusación en el sentido de que el delito de conspiración se remontaba a antes del 8 de diciembre de 1988, dijo, podía ser planteada en España, ya que la conspiración era un delito continuado. Pero, aclaró, esa opinión no formaba parte de su fallo. Lo mismo señaló acerca de la propuesta de que la desaparición de 1.198 personas constituía un delito de tortura para las familias.

El magistrado, pues, aprobó que la acusación de delitos de conspiración para torturar y la tortura a partir del 8 de diciembre de 1988 —patente en los 34 casos presentados— eran delitos de extradición frente a los cuales, según ya habían dictaminado los jueces lores, Pinochet carecía de inmunidad.

Habían pasado ya veinte minutos cuando llegó al final: «Sobre la base de mis indagaciones, estoy convencido de que todas las condiciones están reunidas, lo cual me obliga bajo los términos de la ley de Extradición de 1989 a conminar al senador Pinochet a que espere la decisión del ministro del Interior».

La oficial jefe preguntó a Nicholls si era necesario comunicar la sentencia a su cliente, el general Pinochet, a través de un intérprete judicial.

—No es necesario —dijo el abogado—. Quiero decir que el senador Pinochet me ha pedido que lea aquí una declaración. Yo no soy responsable de ella.

El magistrado Bartle asintió.

Nicholls leyó: «Como ex presidente de la República de Chile y senador, declaro que no soy culpable de los delitos por los que soy acusado. España no ha aportado un solo elemento de prueba que muestre que soy culpable. No sólo eso. Yo creo que España no ha investigado apropiadamente ninguno de estos delitos, ni tiene jurisdicción en Chile. Actúa en violación de la soberanía de Chile. Los acontecimientos de Chile no tienen nada que ver con España. Ha quedado claro hace mucho tiempo que mi extradición está motivada políticamente y se pide por puras razones políticas».

El abogado Jones se puso de pie: «Estoy satisfecho con el fallo y también con el planteamiento de que los desaparecidos en Chile constituyen un asunto para plantear en los tribunales españoles».

Bartle, entonces, dijo: «Señores, les estoy muy agradecido por cómo se ha desarrollado el juicio».

Liz Franey, en su despacho, escribió el certificado de procesamiento.

«En el área Interior de Londres

»Tribunal Penal de Bow Street

»Fecha de la decisión: 8 de octubre de 1999.

»Fugitivo: Augusto Pinochet Ugarte.

»Fecha de nacimiento: 25 de noviembre de 1915

»Delitos. Extradición. España. Tortura. Conspiración para torturar.

»El fugitivo es conminado bajo fianza a esperar la decisión del ministro del Interior sobre su entrega a España y, si el ministro decide que deberá ser entregado, a esperar su entrega a España, con el deber de someterse a custodia ante el lugar, fecha y momento que le sea notificado por la policía en nombre del ministro.

»El fugitivo tiene derecho a la libertad bajo fianza de acuerdo con las siguientes condiciones:

»1. Permanecer en todo momento dentro de los límites del domicilio según sea acordado por el Comisionado de Policía de la Metrópoli y el Gobierno de España y notificado al Tribunal Penal de Bow Street, excepto cuando tenga que acudir al Tribunal o deba practicar ejercicios en el jardín de manera periódica con el permiso de un alto oficial presente, autorización que puede pueda ser retirada por motivos de seguridad u otras razones operativas.

»2. Que estará bajo la custodia en todo momento de oficiales del Servicio de la Policía Metropolitana u otra fuerza policial inglesa.

»3. El fugitivo puede abandonar la dirección acordada para recibir tratamiento médico o dental en Inglaterra que no se le pueda, razonablemente, ofrecer en su domicilio, y si cuenta con el permiso de un oficial responsable de turno en el domicilio. La petición de autorización puede ser denegada por motivos de seguridad u otras razones operativas. Si el traslado del domicilio se hace necesario por motivos médicos o dentales, el fugitivo deberá permanecer bajo guardia policial en todo momento y será devuelto a su domicilio tan pronto como el tratamiento médico/dental haya concluido.

»NB. La falta de cumplimiento de la fianza o de las condiciones establecidas dará lugar a su arresto.

»(Firmado por Liz Franey.)

»Oficial del Tribunal presente durante las actuaciones.

»Copias para el Fugitivo. Abogado. Policía. Ministerio del Interior».

Amanecía en Santiago cuando el magistrado Bartle terminaba de leer su sentencia. Al llegar a su despacho, Valdés pidió a Jaime Lagos que solicitara a los abogados británicos un informe. Esa tarde, hora británica, el embajador Cabrera, van Klaveren y Gloria Navarrete convocaron al equipo de la firma Herbert Smith en la calle Devonshire.

John Sissons, un abogado de 45 años, experto en la ley de extradición, y otros dos abogados del equipo, Campbell McLachlan y Nina Hall, especializados en derecho internacional, analizaron en la embajada chilena el fallo del magistrado Bartle y las consecuencias. Sissons estimó que si había razones importantes de salud, era necesario elevar alegaciones inmediatamente ante el ministro del Interior. El tema de si la defensa de Pinochet recurría o no la sentencia del magistrado Bartle le resultaba indiferente ya que, sostenía, el ministro podía intervenir en cualquier momento. Sissons no conocía el informe de Jonathan Sumption, salvo por lo que había aparecido en la prensa. Pero, en todo caso, pensaba, no estaba mal coincidir con Sumption, uno de los mejores abogados del país y, a la sazón, asesor legal de Straw en el asunto de Pinochet.

Tanto van Klaveren como Gloria Navarrete, la primera secretaria de la embajada, que mantenía contacto permanente con los abogados del bufete Herbert Smith, apoyaron a Sissons. El embajador Cabrera, que también era abogado, estaba de acuerdo. Lagos, desde Santiago, creía que sus razonamientos eran impecables.

Se solicitó a Sissons, por tanto, que redactara sus argumentos jurídicos para incorporar a una carta donde se expondrían ante el Foreign Office todos los hechos, poniendo el acento en la situación de salud del general. El borrador, elaborado con los criterios de Sissons y extractos de los informes médicos, fue realizado por van Klaveren y enviado por el embajador Cabrera a la cancillería, en Santiago. El texto, tras ser corregido por Jaime Lagos, quedó en manos del canciller.

Valdés estaba decidido, como el embajador Cabrera, a enviar la nota verbal con los argumentos. Pero, consciente de que se aprestaba a utilizar el último recurso, quiso cerciorarse antes de la situación del general, y solicitó a Cabrera que le hiciera una nueva visita en Wentworth Estate.

El embajador Cabrera llamó a Wentworth Estate y anunció a Pinochet que iría a verle. Hacía casi un mes, a primeros de septiembre, que le había visitado pero ahora, esta mañana del mes de octubre, le encontró peor. Cabrera le puso al corriente de los próximos pasos. Al término del encuentro, el embajador se levantó y fue en busca de su abrigo. El escolta del ejército chileno se acercó a Pinochet.

—Mi general, vamos a dar el paseo —sugirió el oficial, con voz de rutina.

—No, no quiero, no, ahora no —protestó Pinochet.

—Ya, ya, no me venga con ésas otra vez. Párese nomás, mi general, que vamos a salir al jardín. Ya es la hora —le ordenó con voz de mando el oficial.

Pinochet, más manso, obedeció y se puso de pie. Mientras, Cabrera, bajo una fuerte impresión, abandonó la casa.

El embajador chileno habló por teléfono esa misma tarde con el ministro Juan Gabriel Valdés. La escena de Pinochet sometiéndose a los dictados del oficial subalterno le daba vueltas en la cabeza.

—Bueno, Pablo, ¿cómo está? —preguntó el canciller.

—Está como el forro —dijo Cabrera, queriendo decir que lo había visto fatal.

Y ambos rieron.

Andy Hewett llamó a Jean Pateras y la citó para ir, junto con Chris Monroe, a Wentworth Estate. Tenía que notificar a Pinochet las condiciones de su arresto y su situación tras la sentencia del magistrado Bartle. Hewett llevaba el certificado de procesamiento.

La casa estaba llena de chilenos de visita, que se sumaban a los escoltas chilenos y a los policías del Diplomatic Protection Group, a cargo de la custodia. Hewett percibió un ambiente claramente hostil.

En el salón, mientras el abogado Michael Caplan tomaba notas, Hewett se dirigió a Pinochet.

—Vengo para comunicarle las condiciones en que se encuentra. El magistrado Bartle le conmina a esperar la decisión del ministro del Interior sobre su extradición.

Pinochet intentó decir algo, pero Hewett resumió el certificado:

—Usted está en libertad bajo fianza. No podrá abandonar esta dirección para recibir tratamiento médico o dental en Inglaterra si éste se puede realizar en la casa, y sólo podrá salir... Si no se respetan estas condiciones...

Pinochet interrumpió a Hewett. Farfulló unas palabras en un tono de voz inaudible.

Jean acercó su oído para escucharle.

—Yo soy un hombre de palabra. No me voy a escapar. Tengo que pedir permiso para salir al jardín, solicitar autorización para ir al dentista. Usted me está humillando...

Jean le interrumpió.

—Senador, por favor, espere. Después que termine el detective inspector Hewett usted podrá hablar.

Pinochet prosiguió.

—...Yo no he cometido ningún delito. Me trata como un criminal. Me está humillando.

Jean le interrumpió y le insistió que debía dejar terminar a Hewett.

—La falta de cumplimiento de estas condiciones anulará la libertad bajo fianza...

Pinochet dijo:

—Soy un hombre de honor, y no tengo ninguna intención de escapar. Quiero que este juicio siga adelante. ¡Yo no he cometido ningun delito, y me están humillando!

CAPÍTULO 85

La carta de Valdés

El martes día 12 de octubre, el ministro Jack Straw participó en Londres en una rueda de prensa con los corresponsales extranjeros. Ante una pregunta sobre Pinochet, el ministro respondió, como de costumbre: «Respecto a cualquier caso de extradición, tomo mis decisiones de acuerdo con lo que establece la ley de Extradición de 1989». Nada nuevo bajo el sol. Pero la prensa chilena despachó otra versión a Santiago. Según decía, Straw había reafirmado que no intervendría hasta el final del procedimiento judicial.

Valdés se informó en detalle. Tenía, por supuesto, razones muy concretas para hacerlo. Porque dentro del Gobierno había ministros que no estaban de acuerdo con su propuesta de enviar inmediatamente una carta al Reino Unido solicitando la liberación de Pinochet por razones de salud. Tras conocer la frase exacta del ministro británico, Valdés declaró: «Straw ha dicho que se atendrá a la ley de Extradición, sin referirse al caso del general Pinochet. La legislación británica admite diversas interpretaciones».

En el equipo de ministros más influyentes del gabinete del presidente Frei, uno de ellos en particular, José Miguel Insulza, no se fiaba de los británicos y así lo hizo saber cuando se habló sobre la propuesta de Valdés.

—Es el último recurso —dijo Insulza—. Quizá nos estamos precipitando. No estoy convencido de que los británicos quieran aceptar esta salida. Y, además, después de la carta, ¿qué?

Valdés obtuvo el apoyo del ministro del Interior, Raúl Troncoso, quien coincidía con Valdés en las dos cosas, tanto en la idea de la carta como en la oportunidad de enviarla.

A solas con Frei, el canciller insistió una y otra vez. Quedaban prácticamente dos meses para las elecciones presidenciales del

11 de diciembre. El reloj corría. Sus contactos con Cook, a quien apreciaba, le habían persuadido de que el momento adecuado era después de la sentencia de extradición. En su último encuentro en Nueva York, Cook dijo que el tema de la salud se podía considerar, pero después del juicio. Tampoco veía Valdés qué se podía perder. Frei dio su conformidad al día siguiente para enviar la nota verbal al Foreign Office, en Londres.

El Día de la Hispanidad, el embajador español en Londres, Santiago Mora-Figueroa, marqués de Tamarón, ofreció una recepción en la embajada para celebrar el día festivo. Pese a las recomendaciones de la cancillería chilena de mantener una fría relación con España, el embajador Pablo Cabrera, que había cultivado sus contactos personales con el marqués de Tamarón, decidió acudir, lo que no dejó de sorprender en la embajada española. Pero el marqués de Tamarón no se quedó hasta el final.

De la embajada fue directamente a la sede del Servicio de Fiscalía de la Corona, donde le esperaba su máximo responsable, el Director de la Fiscalía Pública (DPP), David Calvert-Smith, un abogado que había acudido casi a hurtadillas a alguna de las sesiones de Bow Street sobre el caso Pinochet. La cita había sido convenida después de la tensión provocada por la carta de Brian Gibbins al juez Garzón a raíz de la visita de Miguel Aguirre de Cárcer y Carmen de la Peña.

El embajador español explicó a Calvert-Smith que el Ministerio de Asuntos Exteriores español había considerado reprobable la conducta del abogado Gibbins y que, en adelante, no toleraría más las comunicaciones de esa clase entre la Fiscalía británica y el juez Garzón. El procedimiento, explicó el marqués, tenía un dueño: el Estado español. Calvert-Smith le aseguró que daría instrucciones inmediatas para que los contactos se canalizaran a través de la embajada española. El marqués exigió que el acuerdo se cumpliera a rajatabla. Calvert-Smith reunió después a la fiscal jefe, Sue Taylor, y a Brian Gibbins. Se había terminado toda comunicación directa con el juez Garzón. La interlocutora sería, en adelante, Carmen de la Peña, en la embajada española.

El Gobierno chileno había sugerido a la defensa de Pinochet que no recurriera la sentencia del magistrado Bartle ante el Alto Tribunal de Justicia a fin de facilitar al Ministerio del Interior su intervención en el asunto. Cabrera había hablado del asunto con

Miguel Álex Schweitzer y con Hernán Felipe Errázuriz, pero ninguno de los dos creía en la petición al Gobierno británico de liberar a Pinochet por razones de salud. Aunque Caplan y Nicholls pensaban que, en algún momento, el tema de la salud sería relevante, ambos abogados estimaron que no podían hipotecar toda la acción jurídica a la decisión del ministro. Decidieron, en todo caso, darse un margen hasta el 22 de octubre, último plazo para presentar el recurso, y ver si ocurría algo positivo. Si no había señal de Straw, presentarían su recurso, el único instrumento para bloquear una eventual entrega de Pinochet.

Pablo Cabrera envió el día 14 de octubre la nota oficial del gobierno chileno al Foreign Office «para que la transmita al Ministerio del Interior» en la cual se solicitaba la liberación de Pinochet por razones de salud. En ella se recordaba que, el día 6 de octubre, el magistrado Bartle había eximido a Pinochet de asistir a la audiencia en la que se leería la sentencia. Sostenía que el ministro del Interior «tiene amplia discreción» para intervenir y que tal discreción es «la principal salvaguardia para el sujeto de los procedimientos de extradición». Señalaba que, según la prensa, el ministro «ha recibido consejo por parte del principal abogado, Jonathan Sumption, coincidente con el punto de vista del Gobierno de Chile» y subrayaba que el ministro podía adoptar su decisión «sin perjuicio de si el senador Pinochet hace un pedido de *hábeas corpus* o no a raíz de la decisión del magistrado».

El texto, siete folios completos, hacía una larga enumeración, en diecinueve puntos, de los informes médicos, algunos de los cuales sostenían que Pinochet se enfrentaba a un «riesgo considerable de nuevos infartos cerebrales» y un «riesgo significativo de muerte». Un informe del doctor D. J. Thomas, jefe de neurología del St. Mary's Hospital, del 13 de octubre, señalaba que Pinochet había sufrido un deterioro en el curso del último mes y advertía de «un riesgo significativo, del orden del 30 por ciento, de que tenga un infarto en el curso de los próximos seis meses». Según el médico, Pinochet «no será capaz de seguir un interrogatorio y no está en condiciones de ser juzgado». Thomas subrayaba su preocupación por exponer a Pinochet «al trauma de una aparición en los tribunales». Y decía, al igual que Loxton en Bow Street: «No asumiría la responsabilidad médica por su comparecencia».

Según la carta, «el Gobierno de Chile hace presente respetuosamente que la tensión nerviosa derivada de la comparecencia en un juicio de la naturaleza contemplada en España tendría consecuencias desastrosas sobre la salud del senador Pinochet y, en cualquier circunstancia, sería injusto y opresivo ordenar su extradición con tal propósito. Por lo tanto, sería apropiado que el ministro, teniendo en cuenta consideraciones humanitarias y de compasión, ordenara la puesta en libertad del senador Pinochet para que pueda regresar a Chile».

En apoyo de su petición, la carta decía que el responsable del Foreign Office, Robin Cook, había señalado el 16 de marzo de 1999, al hablar de la petición humanitaria del Vaticano en la Cámara de los Comunes, que las consideraciones de compasión «figurarán ciertamente en el transcurso de nuestra decisión en el momento adecuado». Y, sobre todo, advertía al ministro del Interior que tuviera en cuenta «la posición del Reino de España respecto al tema de la salud del senador Pinochet». Según recordaba, «el Gobierno español ha informado al Gobierno chileno que "respetará cualquier decisión que determine el proceso legal o que tome el Gobierno británico en consideración de razones humanitarias de detener la extradición a España y permitir el retorno a Chile del senador Pinochet". Remitimos respetuosamente al ministro a la carta del señor Abel Matutes, ministro español de Asuntos Exteriores, publicada en el diario chileno *El Mercurio* el 11 de julio de 1999».

Por último, el Gobierno chileno solicitaba al ministro «considerar urgentemente la posibilidad de tomar una decisión en un momento adecuado, tal como está contemplado en el punto 12 de la ley de Extradición, para permitir que el senador Pinochet sea liberado de su detención de manera que pueda retornar a Chile. No es necesario ni adecuado en cualquier circunstancia para el ministro aguardar el resultado de procedimientos legales adicionales». Junto a la nota, se enviaba una copia de todos los informes médicos.

Al día siguiente, los partidos Renovación Nacional y Unión Demócrata Independendiente (UDI) apoyaron la iniciativa del Gobierno de Frei. En la coalición gubernamental, diputados socialistas y democristianos de izquierda se pronunciaron en contra. Isabel Allende y su madre, Tencha, que tenían una intensa relación afectiva con Juan Gabriel Valdés y su familia, censuraron la propuesta. «No comparto la petición de la cancillería. Mi impresión es que sólo con informes médicos irrefutables que justifiquen evadir la justicia por razones humanitarias se puede poner en libertad a Pinochet», dijo Isabel Allende.

Para contrarrestar esa oposición el canciller informó al Comité Central del Partido Socialista sobre la política del Gobierno, donde fue apoyado por el ministro José Miguel Insulza. También se trasladó a Valparaíso para reunirse, en un desayuno a puerta cerrada, con los senadores socialistas en Valparaíso. Además, se reunió en la Cámara de Diputados con varios representantes socialistas, entre ellos con Isabel Allende, con quienes mantuvo un tenso diálogo, y compartió mesa y mantel en una cena, celebrada en un restaurante vasco de Santiago, con otros diputados para explicar su posición. Valdés llevaba consigo el informe de los médicos británicos Watkins y Moxham, contratados por la embajada chilena en Londres, y, si bien no leyó el texto, llamaba la atención de los parlamentarios sobre algunos párrafos del dictamen, en el que se describían los detalles de la vida diaria del general, cómo tenían que acompañarle al servicio o cuidar de que no se cortara al afeitarse. Pero, a pesar de ello, ni Isabel, ni Tencha, la viuda de Allende, se lo perdonaron en aquel momento. Su conducta fue, para ellas, una traición.

Valdés evocaba en esta situación lo que le había dicho Felipe González en el mes de junio: «Deja que cada uno haga su papel. Isabel puede hacer el suyo. Tú tienes que incinerarte si es preciso, pero no permitas que el caso Pinochet sea el primer problema que tenga que resolver con Europa Ricardo Lagos como nuevo presidente de Chile».

Ese día 14, precisamente, González introducía en su posición un matiz, el primero desde que había comenzado el caso, haciéndose eco de las sugerencias de la dirección del Partido Socialista Obrero Español. En un artículo que publicaba el diario *El País*, González recordaba que el viernes 8 de octubre, el día de la sentencia de extradición, se hallaba en San Francisco, Estados Unidos: «Acabo de oír por radio la resolución sobre la extradición a España de Pinochet, cuyo golpe de Estado es tan condenable como el de Franco. En el año 73, cuando se produjo; en el 77, cuando visité Chile para sacar de la cárcel a algunos presos políticos, que fueron después amigos; en el 99, cuando se juzga a Pinochet, mi posición ha sido la misma: estoy con las víctimas, sin justificar a los victimarios; con los que creen en la democracia, frente a los violentos redentores. Nada que ver con los que justifican o explican el comportamiento de los golpistas [...]. Hoy, ante la resolución de la justicia británica, desearía no tener razón, que los acontecimientos por venir se la den completa a los jueces y responsables políticos de mi país». González entonaba incluso un *mea culpa*. «Mi respeto sigue siendo para los que creo que tenían y tienen toda la razón al reclamar justicia: las víctimas. A ellos, específicamente a ellos, quiero pedirles excusas por si alguna vez no han entendido mis palabras». Pero ello no suponía un cambio de su posición: «Me atengo a la solidaridad de siempre con los demócratas chilenos, que me parecen los únicos intérpretes legítimos para definir el destino de su democracia. Si me equivoco, prefiero hacerlo con ellos. Hacemos con Chile lo que no osamos hacer con nosotros mismos. ¿Por qué?».

Las palabras de González fueron recibidas con alegría en el Gobierno chileno. Pero, ahora, la ansiedad se había convertido en expectativa. El presidente Frei tenía prisa por saber si existían posibilidades de que Straw se pronunciara con relativa celeridad sobre la petición. Llamó a su asesor y le dijo que hiciera nuevamente la maleta.

—Cristián, tienes que ser muy claro. Si Pinochet se muere, ellos serán los responsables. Les hemos avisado.

Toloza llamó por teléfono a Jonathan Powell. Le informó de que el embajador Cabrera había entregado el 14 una carta del Gobierno chileno al Foreign Office para que, a su vez, se la transmitiera al ministro Straw, y que él viajaría el domingo 17 a Londres.

El encuentro en Downing Street el lunes 18 de octubre de 1999 siguió la pauta de los anteriores. Toloza le dijo a Powell que Frei y el Gobierno chileno estaban inquietos por saber cuándo se podía esperar una respuesta a la carta enviada hacía pocos días.

—El primer ministro sigue con mucha atención lo que hemos hablado, pero no sabemos cuándo adoptará el ministro del Interior su decisión. Si considera que los informes médicos justifican una intervención suya, tendrá que tomarlos en cuenta. Pero como ya le he dicho tantas veces, esto es cosa suya.

Toloza comentó que Chile estaba en pleno debate electoral. Le insistió en que faltaban menos de dos meses para el 12 de diciembre, fecha de la primera vuelta de las elecciones presidenciales, y que si el candidato triunfante no obtenía más del 50 por ciento, tendría lugar una segunda vuelta.

Powell tenía, por su parte, interés en saber algunas cosas: quería conocer la postura del Partido Socialista chileno.

—Mire —respondió Toloza—, ha habido una evolución. Hay dos posiciones. Algunos dirigentes importantes han creído que Pinochet debía ser juzgado, aun cuando esto ocurriera fuera de Chile. Otro sector, en el cual están Ricardo Lagos y los ministros socialistas, siempre ha defendido que el único lugar donde se le debe juzgar es Chile.

— ¿Y cuál es la posición de Isabel Allende?

—Bueno, Isabel ha apoyado el proceso en España, pero yo pienso que ella ahora admite que las cosas han cambiado bastante y que se le podría juzgar en Chile.

—Eso es interesante —asintió Powell.

Toloza volvió a su hotel. Esa tarde, el presidente Frei invitó a Valdés y al ministro del Interior, Raúl Troncoso, a cener en su residencia particular en la calle Baztán. La idea era llamar por teléfono a Toloza a Londres para saber cómo estaban las cosas.

Frei estaba ansioso. Pero Toloza no estaba, esa noche, en condiciones de calmarlo. Powell era cordial, pero había que esperar.

Toloza regresó a Santiago. Desde su despacho de la Moneda, Frei convocó a Valdés y a Troncoso, y mantuvieron una reunión informativa.

Toloza narró sus impresiones.

—Yo creo que Blair tiene la voluntad de encontrar una salida. Pero Powell insiste siempre en que cualquier solución tendrá lugar en el momento procesal oportuno. También destaca mucho que la decisión tendrá que ajustarse a la ley. Ha dicho, de nuevo, que será Straw, sin consultar con nadie más, quien decida.

Sus interlocutores hicieron algunas preguntas, pero no podía sacarse más de lo que había.

—Powell está abierto a que se le informe cuando haya algún hecho que consideremos relevante.

Era el mismo razonamiento que había hecho Blair por teléfono a Frei. No difería de lo que Cook le había dicho a Valdés. Troncoso, a solas con Valdés, ironizó:

—No..., si todo está muy bien, es estupendo, están dispuestos a escuchar nuestro punto de vista y aseguran que en algún momento va a haber una solución...

Valdés volvió a hablar con Matutes, con quien se mantenía en comunicación permanente. Le insistió en que, una vez presentada la nota verbal del Gobierno chileno ante el Gobierno británico, sería oportuno que el Gobierno español volviera a ratificar su compromiso de aceptar la decisión de Straw si éste resolvía liberar a Pinochet por razones de salud. Matutes, asimismo, solicitó a su subsecretario que se pusiera en contacto con la embajada española en Londres para que se preguntara a la Fiscalía de la Corona si cabía un recurso a la eventual decisión de suspender el proceso de extradición por razones de salud y cuáles eran sus posibilidades de prosperar.

Carmen de la Peña, consejera de la embajada, trasladó el 18 de octubre la pregunta a Brian Gibbins, quien le anticipó que, si bien existía la vía del recurso de revisión judicial contra una decisión de Straw, veía muy escasas posibilidades de éxito, pero prometió hacer una consulta. Alun Jones opinaba lo mismo: si el ministro del Interior tomaba la decisión de dejar en libertad al senador Pinochet por razones de salud, ninguna apelación lograría mantenerle bajo arresto. Cualquier recurso sería «académico», enfatizó. Gibbins envió a la embajada española un breve mensaje de tres líneas. Matutes recibió la información de inmediato.

El ministro compareció en la Comisión de Asuntos Exteriores del Congreso al día siguiente, el martes 19 de octubre. Al término de la sesión, en los pasillos, Matutes avanzó: «El Gobierno español respetará la decisión que en este sentido pueda tomar el ministro Jack Straw, y no va a presentar recurso, sino que simplemente la va a respetar y ejecutar». En otra de sus declaraciones, Matutes, sin mencionarlo, se sintió lo suficientemente apoyado por las tres líneas que había recibido de Londres como para señalar que un recurso sería «meramente académico», pues no suspendería los efectos de la decisión.

El 21 de octubre, el cónsul general de Chile en Londres, Eugenio Parada, visitó al general Pinochet en Wentworth Estate. Le llevaba el exhorto enviado por el juez Guzmán del 4 de octubre de 1999. Eran 75 preguntas. De ellas, veinte correspondían al caso de la «Caravana de la Muerte».

El general Pinochet respondió: «Sin perjuicio de dejar expresa constancia que mi primordial objetivo es el esclarecimiento de los hechos y mi ninguna participación en los mismos, no es menos cierto que la situación procesal a que me encuentro sometido hace del todo improcedente que, privado de libertad por una jurisdicción que no reconozco, declare ante su señoría por la vía de una carta rogatoria, cuya tramitación debió ser rechazada, como protesta frente al desconocimiento de la soberanía jurisdiccional chilena por los reinos de España y Gran Bretaña. A lo anterior, cabe agregar que, sometido a un arresto prolongado e injusto, en territorio extranjero, lejos de mi patria y de mi entorno natural, y además, aquejado por diversos males que tienen mi salud comprometida, lamentablemente debo señalar al señor Ministro que no me encuentro en condiciones de analizar la legalidad del procedimiento ni tampoco dar, en su caso, respuesta adecuada a las preguntas contenidas en el exhorto que se me ha comunicado, como habría sido mi deseo».

Pinochet y sus abogados introducían por primera vez el tema de la salud en el procedimiento judicial chileno. Los argumentos que servían para que el Gobierno chileno pidiera la libertad de Pinochet al ministro Jack Straw, venían a decir, eran igualmente válidos para excusar la respuesta al interrogatorio del juez Guzmán.

El día 22 de octubre se cumplían los plazos para presentar el recurso de amparo contra la sentencia del magistrado Ronald Bartle ante el Alto Tribunal de Justicia. El abogado Michael Caplan, al comprobar que no había ninguna señal del ministro del Interior ante la petición del Gobierno chileno, decidió presentar la petición del recurso. El escrito se limitaba a recurrir, sin entrar en detalles sobre los puntos de la apelación.

La respuesta de Pinochet al cuestionario sobre su participación en los hechos de la «Caravana de la Muerte» llegó a Santiago el 2 de noviembre. Al día siguiente, el juez Guzmán declaró que se había cumplido el trámite y que estudiaría los pasos a seguir. El juez apuntó que iba a estudiar la posibilidad de solicitar a la Corte de Apelaciones el levantamiento del fuero de senador que le protegía frente a un procedimiento penal.

Peter Schaad visitó, el 2 de noviembre, la casa de Wentworth Estate. Mientras esperaban al general en el salón, Lucía Hiriart encendió la televisión para ver las noticias.

Schaad clavó los ojos en el aparato al escuchar que el locutor mencionó el nombre Baltasar Garzón. El juez había ordenado el procesamiento del ex presidente argentino, el general Jorge Rafael Videla, y otros 97 oficiales de las Fuerzas Armadas Argentinas.

El presentador dijo:

—El juez español, que consiguió el 16 de octubre de 1998 el arresto del general Pinochet en un hospital de Londres, ha firmado el auto de procesamiento del ex dictador argentino Videla y otros 97 militares, y cursará una orden de detención por los crímenes de genocidio, terrorismo y torturas...

—No puedo creerlo —exclamó Schaad—, no hay quien frene a este hombre.

—¿Qué han dicho de los militares argentinos, Peter? —preguntó la esposa del general.

—Ha procesado a 98 militares argentinos y les quiere meter en la cárcel, como a mi general Pinochet. ¿Qué le pasa a este hombre?

Lucía Hiriart le comentó que detrás de las actuaciones del juez Garzón estaba Joan Garcés.

—El embajador de España en Santiago se llamaba Enrique Pérez-Hernández. Él y su esposa se habían hecho amigos nuestros bastante antes del 11 de septiembre de 1973. Desde el mismo día del pronunciamiento militar, las Fuerzas Armadas comenzaron a buscar a Garcés. Imagínate, era uno de los principales asesores de Allende, el autor del plan Zeta. ¿Cómo no le iban a buscar?

— ¿Y le dejaron salir?

—El embajador solicitó una audiencia con Augusto y le rogó por lo que más quisiera que dejara salir de Chile a Garcés, a quien había dado asilo. El embajador le había dado asilo en la embajada española. Era una petición del representante del Gobierno de Franco. Y, además, un amigo. Yo a Pepita, la mujer del embajador, la conocía bien. Augusto pensó que le venía bien en aquel momento acceder a la petición. Era la España de Franco.

—Pero, entonces, mi general le perdonó la vida.

—Sí, claro. Es lo que más duele de todo esto. Imagínate tú si lo encontraban en aquel momento a Garcés lo que le hubiera ocurrido...

CAPÍTULO 86

La confidencialidad

Jack Straw entregó los informes enviados por el Gobierno chileno al médico jefe del Gobierno británico (Chief Medical Officer, (CMO), el profesor Liam Donaldson, para conocer su opinión.

Donaldson era un especialista en salud pública. Durante los Gobiernos de Margaret Thatcher y John Major actuó como director de Salud Pública para las Autoridades Regionales. Había sido nombrado CMO después de la victoria de Tony Blair. Su puesto tenía mucha relevancia. Era el asesor médico principal del Gobierno y la cabeza profesional del personal médico en el país.

Después de revisar los informes médicos y el historial clínico, Donaldson explicó a Straw que, al parecer, Pinochet había sufrido un deterioro muy reciente y que si bien no se podía deducir de manera terminante de los informes que el general estuviera incapacitado, tal vez no reuniera las condiciones mínimas para enfrentarse a un juicio. Quizá convenía, sugirió, hacer una verificación independiente.

El día 4 de noviembre Straw decidió solicitar los exámenes médicos. Conocía la carta que Frei había enviado a Blair y, también, la sensibilidad que el primer ministro había demostrado respecto a los argumentos chilenos. Desde el punto de vista de su actuación cuasi judicial, él tenía, según su abogado Jonathan Sumption, el deber de intervenir en caso de que Pinochet presentara problemas de salud. Y, además, el doctor Donaldson estimaba que los informes aportados por la embajada chilena podrían justificar una revisión independiente.

Straw no podía sentirse más respaldado. Instruyó el día 5 de noviembre a Fenella Tayler, funcionaria de la sección de Extradición de la Unidad de Cooperación Judicial del Ministerio del Interior británico, para que escribiera dos cartas, una dirigida a Michael Caplan, abogado de Pinochet, y otra a la embajada chilena.

En la carta a Caplan, se señalaba que el ministro del Interior había «considerado la carta de la embajada chilena y los anexos muy cuidadosamente» y que para formarse su punto de vista antes «necesita informes médicos más completos y un examen del senador Pinochet». La funcionaria, Fenella Tayler, preguntaba si el general estaría dispuesto a someterse a un examen riguroso a cargo de un «médico o medicos de renombre internacional» designados por el Ministerio del Interior. Y concluía: «Huelga decir que se harán todos los esfuerzos por parte de los médicos y su equipo, y del Ministerio del Interior, para mantener la confidencialidad total sobre el contenido del informe».

Caplan tenía que informar a los abogados chilenos Schweitzer y Errázuriz en Santiago antes de dar una respuesta al Ministerio.

En la otra carta, dirigida a la embajada chilena, se explicaba que el magistrado Bartle «ha conminado el 8 de octubre al senador Pinochet a esperar la decisión del ministro del Interior sobre su extradición a España. El senador Pinochet ha presentado un recurso de *hábeas corpus* y, mientras dicho procedimiento está pendiente, el ministro no puede ordenar su extradición».

La clave venía a continuación: «Es una facultad del ministro del Interior, si lo considera apropiado, llegar a la conclusión, antes de que termine el procedimiento, de que no dará, al final del mismo, la orden de entrega». Es decir: Straw no podía, por ley, ordenar la entrega a España mientras estaba pendiente el recurso de Pinochet, pero, en cambio, nada le impedía «si lo consideraba apropiado» resolver, antes de finalizar el procedimiento, que no extraditaría a Pinochet cuando llegara el momento. Y, en ese caso, podía ordenar la interrupción del procedimiento.

La carta resumía la ley británica de extradición en relación con el recurso de *hábeas corpus*, la orden de entrega a las autoridades requirentes y los deberes del ministro del Interior. Y añadía: «En el curso ordinario, el ministro no adoptaría la decisión de interrumpir el procedimiento hasta que finalicen todas las actuaciones judiciales derivadas del recurso de *hábeas corpus*. Para justificar un curso excepcional, el ministro necesitará definir la situación del estado de salud del senador Pinochet. Para ello, ha invitado al senador Pinochet a someterse a un examen médico bajo la dirección de un equipo de expertos designado por el Ministerio del Interior».

Al corriente de la carta, Robin Cook localizó al canciller chileno. Juan Gabriel Valdés estaba en Toronto, Canadá, donde participaba en una reunión del Área de Libre Comercio de las Américas (ALCA) y se disponía a firmar el Tratado de Libre Comercio con Canadá. Valdés acababa de terminar una reunión bilateral con la embajadora Charlene Barshefsky, representante comercial de Estados Unidos.

—Como usted me pidió, le comunico que el Ministerio del Interior enviará en el día de hoy una carta a la embajada chilena. No puedo decirle más.

—Ajá. Se lo agradezco mucho, Robin.

Valdés sintió que Cook no defraudaba sus expectativas. El canciller chileno estaba convencido de que se trataba de la respuesta a la nota verbal del 14 de octubre, y llamó a Santiago, al palacio de la Moneda.

—Presidente —le dijo—, me acaba de llamar el ministro Cook para advertirme de que el Ministerio del Interior ha enviado una carta a nuestra embajada en Londres. No ha dicho nada sobre su contenido.

—¿A qué se puede referir?

—Sospecho que debe de ser la respuesta a nuestra nota. Cook se comprometió a avisarnos con antelación sobre cualquier decisión o hecho relacionado con Pinochet. No puede tratarse de otra cosa.

Juan Gabriel Valdés salió hacia Japón e hizo una escala en Nueva York, donde recibió un fax del embajador Cabrera. Era la copia de la carta de Fenella Tayler en nombre de Straw. Valdés encargó a la cancillería, en Santiago, convocar a los periodistas para una conferencia de prensa telefónica esa misma tarde. El canciller chileno explicó que el ministro del Interior británico había decidido ordenar un examen médico de Pinochet antes de resolver sobre su extradición, y añadió que, tal y como había sostenido el Gobierno chileno, la carta reconocía que se trataba de una vía extraordinaria. El ministro del Interior, explicó Valdés, tenía facultades para interrumpir el procedimiento de extradición. El canciller se sentía ganador.

A la vista de las noticias en la prensa y ante la ausencia de respuestas de Straw a sus cartas, el diputado laborista Jeremy Corbyn escribió una vez más al ministro. Esta vez, el 8 de noviembre, preguntaba si el ministro del Interior podía adoptar una decisión sobre la extradición del general Pinochet antes de que terminase el procedimiento y si se podían, en la fase actual, hacer alegaciones de carácter médico.

Straw dio instrucciones a lord Steve Bassam of Brighton, el subsecretario de Estado parlamentario, para contestar, finalmente, las cartas de Corbyn. El 22 de noviembre, se disculpaba por no haber dado respuesta antes.

El subsecretario zanjaba la pregunta que más preocupaba a Corbyn: «Su tercera carta plantea si el ministro del Interior puede adoptar una decisión sobre la extradición del senador Pinochet antes de que termine el procedimiento del recurso de amparo, y si es posible hacer alegaciones médicas. Como sin duda usted sabe, el senador Pinochet fue conminado por el magistrado de Bow Street el 8 de octubre a esperar la decisión del ministro del Interior sobre si ordena o no su extradición a España. El senador Pinochet ha presentado un recurso de amparo y, mientras dicho procedimiento está pendiente, el ministro no puede ordenar su extradición. Es una cuestión que sólo le compete a él, si lo considera apropiado, decidir contra la extradición antes de que concluya el actual procedimiento. Cuando llegue el momento de adoptar una decisión sobre este caso, el ministro tendrá en cuenta las alegaciones que se le han hecho y todas las otras consideraciones relevantes».

Estaba claro, pues, que Straw consideraba entre sus atribuciones discrecionales la de «decidir contra la extradición antes de que concluya el procedimiento».

La decisión de Straw de acoger la petición de exámenes médicos del Gobierno chileno no calmó las aguas en el Ejército. El comandante en jefe, el general Ricardo Izurieta, seguía preocupado por el juicio a militares. El día 9 de noviembre de 1999, en la Academia de Historia Militar, ante oficiales en activo y retirados, Izurieta atacó, sin citar su nombre, a jueces como Juan Guzmán. «Tenemos un importante número de camaradas de armas sometidos a procesos judiciales, producto de una nueva interpretación, por parte de algunos magistrados, de la legislación vigente. Cuesta calificar la intencionalidad que existe detrás de ello», dijo. Y añadió: «Es éticamente inaceptable juzgar hechos ocurridos en un contexto en que imperaba la lógica de guerra y el odio impuesto por los enemigos de Chile». Desde el mes de junio de 1999, cuando Izurieta protestó por el «desfile de los militares ante los tribunales», habían sido procesados y detenidos cinco generales en retiro: Humberto Gordon y Arturo Álvarez Scoglia, por el caso Tucapel Jiménez; Sergio Arellano Stark, por la «Caravana de la Muerte»; Hugo Salas Wenzel y Humberto Leiva, por la llamada «Operación Albania».

Precisamente: el juez Sergio Muñoz dictaba el mismo 9 de noviembre el procesamiento del general Fernando Torres Silva, ex auditor general del Ejército, como encubridor en el caso del asesinato del dirigente sindical Tucapel Jiménez. Según el auto, Torres Silva había ayudado al asesino, el agente de la CNI, Carlos Herrera Jiménez, a salir de Chile con pasaporte falso.

La mañana del 11 de noviembre, el abogado Michael Caplan respondía afirmativamente a Fenella Tayler respecto a los exámenes médicos, y sugería que los doctores chilenos de Pinochet deberían estar presentes, así como el profesor D. J. Thomas, que le estaba tratando. Caplan tomaba nota también de la oferta de mantener secretos los informes médicos: «Le agradezco su indicación de que el Ministerio del Interior hará cuantos esfuerzos sean necesarios para mantener la confidencialidad de cualquier informe. El senador Pinochet está dispuesto a someterse a los exámenes en el entendimiento de que ninguno de los contenidos sean revelados a nadie que no sea el Ministerio del Interior y nosotros mismos». Era el ministro quien, por iniciativa propia, había ofrecido mantener bajo confidencialidad el informe médico, cosa que la defensa de Pinochet remachaba.

Lejos de Londres, los efectos de todo el proceso volvían a dejarse sentir en Washington. La jueza argentina María Servini de Cubría, que investigaba el asesinato del general Carlos Prats en Buenos Aires, en 1974, se presentaba acompañada por el fiscal del caso, Jorge Álvarez, en el juzgado de distrito, en el número 555 de la calle cuarta, para tomar la declaración a Michael Townley, el chacal de Manuel Contreras.

Townley, que había recobrado hacía años la libertad tras su condena por el asesinato de Letelier, siempre había sido cauteloso al dar testimonio judicial, ante fiscales norteamericanos e italianos, sobre el crimen de Carlos Prats, y prometió que algún día narraría los hechos. Ese día parecía haber llegado este 11 de noviembre. El Gobierno norteamerico sólo pidió una cosa: el cumplimiento de la cláusula de confidencialidad prevista en el tratado de asistencia mutua entre Argentina y Estados Unidos.

Mientras esperaban en el juzgado en compañía del fiscal norteamericano John Beasley, alguien se acercó a Álvarez por detrás y le tocó el hombro.

—¿Cómo le va, don Jorge?

Se dio vuelta. No le conocía, pero intuyó quién era.

—Soy Michael Townley.

Durante mañana y tarde, Townley confesó.

Según explicó, él había organizado el asesinato de Prats por encargo del entonces teniente coronel Pedro Espinoza, uno de los hombres más próximos a Manuel Contreras, director de la Dirección de Inteligencia Nacional (DINA). Narró con precisión los detalles de la operación, desde los seguimientos a Prats, hasta la víspera del crimen, cuando se había quedado encerrado toda la noche en el garaje del edificio de los Prats, en la calle Malabia de Buenos Aires. Implicó al mayor Raúl Eduardo Iturriaga Neumann, que solía utilizar el nombre de Diego Castro Castañeda.

Al concentrarse en el momento en el que el general Prats aparcó su Fiat frente al garaje, señaló que, si bien su esposa, Mariana Callejas, hizo el intento de activar la bomba por control remoto, desde el Renault que ocupaban, tuvo que ser, finalmente, él, quien, ante los titubeos y nervios de su mujer, cambiara de posición el interruptor que hizo explosionar el artefacto colocado bajo el coche de los Prats.

En aquellas fechas, el canciller chileno Juan Gabriel Valdés preparaba su viaje a la IX Cumbre Iberoamericana de La Habana. A finales de octubre, el presidente Frei confirmó que no acudiría a la capital cubana en protesta por el caso Pinochet y que le representaría el ministro. La cancillería chilena propuso para el proyecto de la declaración oficial un párrafo de condena de la aplicación extraterritorial de las leyes «en cualquiera de sus formas», y fue aceptado. Unos días antes de viajar a La Habana, Valdés llamó a Abel Matutes para anticiparle que, si bien en su discurso haría referencias a los problemas jurídicos y políticos, en ningún caso hablaría del caso Pinochet.

El día 15, Fidel Castro ofreció una cena en el Palacio de la Revolución. Cuando el rey Juan Carlos llegó y tomó asiento clavó su mirada en alguien que conocía bien. Era el ministro de Relaciones Exteriores chileno, Juan Gabriel Valdés. El rey, sonriente, cogió un plato de la mesa y con las dos manos, sin apartar la mirada de Valdés, que le seguía con los ojos, hizo movimientos como quien se pone a cubierto de objetos que le están lanzando. Valdés no podía contener la risa. Cuando la reina Sofía saludó a Antonia Echenique, la esposa del embajador, a quien había tratado en Madrid, le dijo:

—No vamos a enfadarnos por un juez...

El 16 de noviembre, en el palacio de Convenciones de La Habana, cuando Valdés comenzaba a leer su discurso, Aznar, que había convocado una rueda de prensa para ofrecer su valoración sobre la cumbre, salió de la sala. Unos minutos después, el rey Juan Carlos también abandonó la sala.

«La pretensión de impartir justicia por tribunales de otro países que afecta a mi país carece de sustentación jurídica y política», dijo Valdés, ante la mirada atenta de Matutes. Y «¿cómo podría un Gobierno legítimo, en un Estado de derecho, permitir que su competencia jurisdiccional sea suplantada por un tribunal extranjero?». El canciller chileno advirtió que en el «Chile de hoy queda atrás el periodo de impunidad. Varios centenares de causas se están tramitando en los tribunales. Nuestros magistrados han dictado sentencias condenatorias respecto de estos crímenes y han aplicado a los responsables penas privativas de libertad. Ésta es nuestra realidad y exigimos aquí que sea respetada». Y concluyó: «No podemos más que advertir que las interferencias judiciales que hoy afectan a Chile, mañana podrían extenderse, generando un caos jurídico y una sucesión de demandas judiciales de consecuencias imprevisibles». En el momento en que Valdés cerraba su discurso, el rey, que había salido a atender una llamada en su teléfono móvil, volvió a ingresar en la sala.

Straw solicitó al profesor Liam Donaldson una selección de médicos para realizar los exámenes de Pinochet según la especialidad y siempre que no tuvieran relación con el caso. Donaldson recomendó a mediados de noviembre a tres médicos clínicos: sir John Grimley-Evans, profesor de geriatría clínica en la Universidad de Oxford, ex vicepresidente del Royal College y experto de la Organización Mundial de la Salud en el cuidado de la tercera edad; Michael Denham, médico de geriatría del Northwick Park Hospital de Londres, ex presidente de la Sociedad Británica de Geriatría; y Andrew Lees, profesor de neurología en el Hospital de Neurología y Neurocirujía de Londres, un especialista en trastornos y demencia que también ejercía como codirector de la Sociedad de la Enfermedad de Parkinson. Según Donaldson, el profesor Grimley-Evans era probablemente «la persona más respetada en la medicina geriátrica británica».

Straw envió una carta a cada uno de ellos, proponiéndoles que formaran parte del equipo médico. El doctor Dehman contestó el día 23 de noviembre, lo mismo que el profesor Grimley-Evans, que respondió el 24. Sin embargo, el tercero de los médicos, Lees, tardó algunos días más. Tanto Denham como Grimley-Evans aceptaban formar parte del equipo, pero dejaron constancia en la carta de que podía haber alguna circunstancia profesional en su relación con Chile que debía ponerse en conocimiento de la defensa del general.

El equipo, pues, estaba prácticamente formado. Pero, en el Ministerio del Interior, los colaboradores de Straw cayeron en la cuenta de que si el ministro decidía interrumpir el proceso de extradición, el asunto debería pasar a consideración del director de la Fiscalía Pública, David Calverth-Smith, y del Abogado del Estado, Ross Cranston, ya que, según la Convención contra la Tortura, si Pinochet no era extraditado, debía ser juzgado en el Reino Unido. Por tanto, ambos funcionarios tendrían que conocer el informe médico.

Fenella Tayler escribió a Caplan el 26 de noviembre, planteando el tema de la confidencialidad del informe para el ministro y la defensa del general. «Mi carta del 5 de noviembre indicaba que ésa era nuestra intención en principio. Sin embargo, hay una dificultad potencial que creemos debería ser contemplada en esta fase. Un desenlace teórico del proceso podría ser, por ejemplo, la decisión de no extraditar al senador Pinochet por razones relacionadas con el contenido del informe médico. En esas circunstancias, las obligaciones internacionales del Reino Unido derivadas de los tratados requerirá que el caso sea considerado a los efectos de persecución penal interna. En ese caso, el director de la Fiscalía Pública y el Abogado del Estado, como partes que deberían autorizar dicha persecución, querrían estar en condiciones de conocer el informe médico, y agradeceríamos que usted nos confirmara si lo consiente. Por supuesto, requeriremos la confirmación del director de la Fiscalía Pública y del Abogado del Estado de que cualquier informe médico les será proporcionado exclusivamente para el propósito de estudiar su permiso para una persecución interna y que no será revelado a ningún miembro del Servicio de Fiscalía de la Corona para otros fines».

El juez Juan Guzmán, por su parte, seguía su inexorable trabajo en Santiago. El 1 de diciembre, dictó un auto de procesamiento del general retirado Manuel Contreras, que seguía cumpliendo condena de siete años en la prisión de Punta Peuco, por el secuestro de David Silberman, el ex gerente general de la empresa Cobrechuqui, secuestrado en la cárcel de Santiago el 4 de octubre de 1974. El juez procesaba también al coronel retirado Marcelo Moren Brito y al mayor retirado Armando Fernandez Larios, residente en Miami, Florida.

Desde la cárcel, Contreras hizo declaraciones a la televisión chilena. «Se le ha perdido el respeto al Ejército, a las Fuerzas Armadas y a la obra brillante del Gobierno militar. Hoy día, tenemos más de setenta oficiales y suboficiales, entre ellos cinco generales, que están sometidos a proceso exclusivamente porque los señores jueces reciben la presión de los individuos de izquierda, de los marxistas, que siguen actuando y que se habían marchado con el pronunciamiento militar y han vuelto en gloria y majestad».

La defensa de Pinochet envió a la Fiscalía de la Corona, el 29 de noviembre, su primer esquema de alegaciones sobre el recurso de amparo presentado ante el Alto Tribunal de Justicia. Los argumentos, lógicamente, eran similares a las planteadas en el Tribunal Penal de Bow Street durante el juicio de septiembre. Sostenía que el juez Garzón «pretendía» que la base de su acción penal contra Pinochet era el delito de tortura pero, subrayaba, le persigue por sus «opiniones políticas».

No obstante, la defensa esperaba poder debatir sobre el delito de tortura en la ley española en el Alto Tribunal de Justicia, el ámbito en el que, según había dicho el magistrado Ronald Bartle en su sentencia, correspondía discutir el asunto. Señalaba en su escrito que España carecía de jurisdicción para juzgar el delito de tortura porque, sostenía, no se cumplía ninguno de los requisitos de la Convención contra la Tortura ya que el único que se podía invocar antes de 1988 ya no estaba presente después de esa fecha: en la lista de víctimas no había ciudadanos españoles. La defensa cuestionaba, también, todo el andamiaje legal en el que se basaba la jurisdicción española, desde la ley orgánica del Poder Judicial de 1985 hasta la propia introducción del delito de tortura en el código penal español.

Alun Jones solicitó a la defensa de Pinochet que se aportaran los informes médicos sobre la salud del general para conocer su situación. Clive Nicholls, en una nota del 2 de diciembre, contestó: «La solicitud de recurso de amparo no plantea en estos momentos, y no se espera que lo haga, cuestiones médicas de ninguna clase».

Ambas partes proponían, además, la presencia de peritos jurídicos en el debate. La defensa de Pinochet volvió a proponer los nombres de los abogados Alfonso Serrano López y Javier Iglesias Redondo. Pero había un problema: seguían sin cobrar su minuta y amenazaban con querellarse contra Escardó y Stampa. El juez Garzón designó a los abogados José Manuel Gómez Benítez, y a Mercedes García Arán.

El Alto Tribunal de Justicia convocó una vista el 3 de diciembre para establecer la fecha de la apelación y fijar el calendario de la entrega de documentos.

El juez Graham Rose propuso el mes de enero para celebrar las audiencias y, después de un intercambio de opiniones, se acordó que podría durar cinco días. Pero Clive Nicholls, por la defensa de Pinochet, exigía un plazo de dos meses para recoger pruebas tanto en España como en Chile. Era evidente, pues, que la defensa buscaba ganar tiempo, con la atención puesta en los exámenes médicos que ordenaría el ministro del Interior.

En cambio, en línea con lo que proponía el juez, Alun Jones, sugirió el mes de febrero. Nicholls se opuso. El juez, entonces, no pudo reprimir su curiosidad:

—¿Cómo es posible que no tengan ustedes el material preparado cuando este proceso dura ya más de un año?

Nicholls insistió en que había pruebas en varios países y que era necesario analizarlas más tarde.

El juez recomendó a ambos que negociaran la fecha entre ellos. Acordaron el 1 de marzo de 2000. Pero, a la vista de las fechas de la entrega de las pruebas y alegaciones, el juez Rose propuso empezar la vista el 20 de marzo. La defensa de Pinochet debía presentar sus pruebas el 10 de enero y la fiscalía sus comentarios el 31 de enero; a su vez, la defensa debía contraargumentar el 14 de febrero. La defensa presentaría el 25 de febrero su escrito final de alegaciones y la fiscalía podría responder el 3 de marzo.

El calendario para la batalla jurídica, pues, estaba fijado. Cualquiera que fuera el desenlace, la sentencia del Alto Tribunal de Justicia se podía recurrir ante el Comité de Apelación de los Cámara de los Lores en calidad de tribunal supremo. Y, luego, en el caso de que el tema llegara a manos del ministro del Interior para su decisión final sobre la entrega de Pinochet, su veredicto también podía ser recurrido ante los tribunales. Por aquellos días, se calculaba, de acuerdo con la experiencia de otros casos de extradición, que Pinochet podría resistir, jurídicamente hablando, dos años más, como mínimo, en Londres.

Capítulo 87

El cerebro de un hombre malo

El general era el gran ausente en la recta final de las elecciones presidenciales de Chile previstas para el domingo 12 de diciembre. El Gobierno de Frei, el ministro secretario general de la Presidencia, José Miguel Insulza, y el canciller, Juan Gabriel Valdés, estaban inquietos. También el candidato de la Concertación, el socialista Ricardo Lagos. La presencia de Pinochet en suelo chileno, estimaban, sería una mala pasada para la comodidad con que la derecha chilena se había desembarazado de su bestia negra. La «despinochetización» de Joaquín Lavín y, en sentido más general, de la política chilena, el nacimiento de una «nueva derecha», todos estos aspectos podían tener peso en el desenlace de lo que los sondeos anunciaban como un empate electoral. El anuncio de los exámenes médicos planteaba la posibilidad del retorno de Pinochet y ello, pensaban Lagos y los ministros socialistas, era una hipoteca para Lavín. Aun cuando la presencia física del general tardara en materializarse, la realización de los exámenes aproximaba al general a Chile. Desde luego, un anuncio del ministro del Interior favorable a su liberación provocaría nervios en la derecha y podría contribuir a romper el empate entre Lagos y Lavín.

El 6 de diciembre, después de recibir esa misma semana la respuesta afirmativa del profesor Andrew Lees, el único que faltaba por contestar, el subsecretario de Estado David Omand escribió a los tres médicos. El ministro del Interior, decía, estaba agradecido por el acuerdo prestado y les confirmaba, a cada uno por separado, la tarea de examinar a Pinochet. También les manifestaba que los detalles que los tres habían señalado sobre sus relaciones con Chile, después de ser considerados, no suponían ningún obstáculo para que hicieran el trabajo, aunque, decía, se pondría, confidencialmente, en conocimiento de los abogados de Pinochet.

Omand confirmaba la tarea en nombre del ministro y delimitaba a cada uno de los tres el objetivo del trabajo encomendado: «El encargo es llevar a cabo los exámenes y procedimientos que ustedes juzguen adecuados para proporcionar al ministro del Interior un informe completo sobre el estado de salud del senador Pinochet. Sin limitar en ningún caso la amplitud del encargo, el ministro agradecería el asesoramiento, particularmente, sobre si, desde su punto de vista, hay algunos aspectos del estado de salud del senador Pinochet que, por separado o en conjunto, sugerirían que no está en la actualidad en condiciones, o puede no estarlo, de afrontar un juicio en España. En este contexto, está particularmente interesado en la capacidad del senador Pinochet para seguir un interrogatorio, recordar hechos, algunos de los cuales han tenigo lugar en los años setenta, y ofrecer pruebas coherentes. El juicio podría tener lugar dentro de los próximos dieciocho meses a tres años. El ministro agradecería cualquier comentario sobre la posibilidad de que un juicio penal al senador Pinochet pudiera afectar a su salud. Habida cuenta de que el contenido de su informe será elaborado teniendo en consideración la observación de la conducta y actitud del senador Pinochet, el ministro agradecería que se señalara hasta qué punto esa conducta y actitud puede ser conscientemente simulada por el propio senador Pinochet».

Mientras, el embajador Pablo Cabrera seguía enhebrando pieza a pieza: mantenía una presencia regular en los medios de comunicación británicos —radio, agencias de prensa y televisión— porque entendía que eran el canal para hacer llegar cualquier mensaje al Gobierno de Blair. Por aquellos días, Cabrera declaró: «La eventual muerte de Pinochet en el Reino Unido sería un trauma». Y añadió: «Sería muy difícil para nosotros destruir un icono que ciertos sectores de la sociedad intentarían crear sobre su imagen». En su trabajo de presión sobre el Gobierno británico, llegó a enviar a un funcionario de la embajada a la dirección de Protocolo del Foreign Office con una pregunta: ¿cuáles serían los trámites en caso de que Pinochet, un ex jefe de Estado, muriera en el Reino Unido?

El 12 de diciembre, Lagos obtuvo en las elecciones presidenciales 3.362.826 votos, el 47,9 por ciento, contra 3.332.045 o el 47,6 por ciento de Lavín. Su ventaja era exigua: 30.781 votos. Estaban, como habían previsto los sondeos, empatados. Al no obtener la mayoría absoluta, Lagos tenía que ir a una segunda vuelta con Lavín. Si sumaba a los votos de la Concertación aquellos obtenidos por los comunistas, 223.640, el 3,1 por ciento, Lagos obtendría la victoria. Pero tenía que evitar cualquier deslizamiento de voto demócrata cristiano hacia la derecha. Lagos, pues, puso a Soledad Alvear, ministra democristiana del Gobierno saliente, al frente de su campaña para la segunda vuelta, que se celebraría el 16 de enero de 2000.

El ministro Juan Gabriel Valdés interpretaba aquellos días un doble papel. Aparte de canciller, echaba una mano a la campaña de Ricardo Lagos para ganar las elecciones. Valdés creía que si el Gobierno británico anunciaba la liberación de Pinochet, el único que podía beneficiarse era Lagos. O, de otro modo, perjudicaría a Lavín. El retorno del general, pensaba Valdés, animaría a los votantes de la candidata comunista, Gladys Marín, a golpear a la derecha apoyando a Lagos.

Si bien el Gobierno chileno había solicitado los exámenes médicos, quienes mantenían los contactos con el Ministerio del Interior británico para concretarlos eran los abogados de Pinochet. Ni Valdés ni José Miguel Insulza se fiaban. No creían que la defensa de Pinochet fuera a actuar con la mayor celeridad. Sospechaban que los abogados chilenos, Errázuriz y Schweitzer, no querrían perjudicar a Lavín, lo que podía dilatar un poco los exámenes.

El 17 de diciembre, el canciller Juan Gabriel Valdés decidió aumentar la presión. El embajador Cabrera acudió al Foreign Office con una nota verbal a través de la cual el Gobierno chileno exigía una definición. Los funcionarios le comunicaron que el Ministerio del Interior resolvería en tres días. El 21 de diciembre, por fin, había fecha: el equipo de médicos británicos examinaría a Pinochet el 5 de enero de 2000. Hasta tal punto le quemaba las manos que el Gobierno chileno difundió la noticia sin consultar antes con la defensa del general.

Los tres médicos encargados del examen clínico de Pinochet consideraron que era necesario incorporar a un especialista en neuropsicología. El profesor Grimley-Evans y sus dos colegas acordaron que la persona adecuada podía ser la doctora María Wyke, una neuropsicóloga mexicana que había estudiado en Estados Unidos y que, en el Reino Unido, trabajó con una autoridad, el neuropsicólogo

Jeffrey Alan Gray. El profesor Liam Donaldson aceptó la idea. La doctora Wyke, pues, se incorporó al equipo. Tanto ella como el profesor Lees hablaban español.

El viernes 31 de diciembre de 1999, el ministro secretario general de la Presidencia chilena, José Miguel Insulza, veía con preocupación la segunda vuelta de las elecciones presidenciales. Estaba convencido de que los abogados chilenos de Pinochet habían retrasado en alguna medida los exámenes. Insulza no albergaba ilusión en que Jack Straw fuera a dejar a Pinochet en libertad por razones de salud. Straw, a sus ojos, estaba maniobrando. Parecía ser sensible a la petición chilena respecto a la necesidad de realizar exámenes médicos, pero, creía el ministro, su diligencia tenía como fin el conocimiento exacto del estado de salud de Pinochet. Si Lagos quería ganar las elecciones, decía Insulza a sus colaboradores, era necesario frenar cualquier deriva de votos democristianos hacia Lavín. Era partidario, pues, de golpear a Lavín, de desenmascararle.

El presidente Frei decidió que había llegado el momento de hablar. El día 3 de enero, en el curso de una rueda de prensa entró por sorpresa en la cuestión de los exámenes médicos:

—Me voy a referir a Pinochet, aunque nadie me lo pregunta. Algunos todavía trabajamos para buscar una solución para que vuelva a Chile. Otros prefieren esconderlo; otros han puesto todo tipo de dificultades para que no se hicieran los exámenes médicos.

El nombre del hospital en el que tendría lugar la evaluación clínica se mantuvo en riguroso secreto. A las siete y media de la mañana del miércoles, día 5, el general estaba listo en su residencia de Wentworth Estate. Juan Carlos Salgado, que había viajado a Londres en las últimas horas, se ocupó de preparar la operación. Salgado, el hijo del general, Marco Antonio, un suboficial enfermero que ejercía de mayordomo de la familia, Manuel Cerda, el doctor Henry Olivi y el abogado Hernán Felipe Errázuriz, formaban parte del grupo.

Jean Pateras llegó a la casa en compañía de Peter Dean, el médico forense que trabajaba para la Policía Metropolitana, y del detective sargento Chris Monroe.

El doctor Dean mantuvo una entrevista con el general para hacer después un informe sobre su salud mental. Jean Pateras hizo de intérprete. Hasta entonces, Pinochet se había comportado como una persona normal de su edad. Pero en esa entrevista parecía cambiado.

—¿Saben?, el otro día estaba hablando con mi mujer. De pronto no supe ni lo que le había dicho, ni con quién hablaba. Y ya me pasó con mi hijo —dijo el general.

Pinochet salió de la casa en silla de ruedas y le subieron a una camioneta color blanco. Ocho vehículos de la Policía Metropolitana la escoltaron. Jean Pateras y Peter Dean llegaron juntos al hospital público, el Northwick Park Hospital, en el barrio de Harrow, al noroeste de Londres. Eran las nueve menos cuarto.

Los doctores Grimley-Evans, Denham y Lees, lo sometieron primero a un reconocimiento, y sostuvieron con él, que permanecía en la cama, un diálogo en presencia de sus médicos, Olivi y Thomas, quienes actuaban como observadores. El doctor Olivi hizo también el papel de intérprete.

Los médicos contaban con los numerosos informes de los últimos meses. Ahora querían saber cómo vivía el general. El general padecía una sordera en ambos oídos, pero la del izquierdo era más seria. Se le conectó el audífono. Con una voz susurrante, en el tono monótono de siempre, y una mueca accionada por reflejo, explicó:

—Me despierto casi todas las noches. Durante el día, solía utilizar el ordenador, ver las noticias de Chile y leía. He olvidado cómo se usa el ordenador. Suelo sentarme en el salón y ver la televisión. El otro día hablaba con mi mujer, pero, de pronto, no supe quién era. Ya me había ocurrido con uno de mis hijos.

Pinochet, a petición de los médicos, dio unos pasos apoyándose en el bastón que llevaba en la mano derecha, se balanceaba y parecía desvencijarse hacia atrás.

Se le hicieron después distintos exámenes, un electrocardiograma y un escáner.

En el Northwick Park Hospital, la doctora Marisol Téllez tenía que pasar por el departamento de rayos X para realizar una consulta. Marisol era la madre de Claudia, la esposa del diputado laborista Jeremy Corbyn. Aunque sabía por la prensa que Pinochet debía someterse a exámenes médicos, ignoraba que se realizarían en su hospital.

Al verla, la radióloga le preguntó:

—Pero tú eras de Chile, ¿no?

—Sí.

—El general Pinochet ha estado aquí. Acaba de irse.

Marisol se quedó paralizada.

—¿Qué quieres decir con que ha estado aquí?

—Sí, le hemos hecho un CT.

—Y, ¿cómo sale el escáner?

—Ahí lo tienes, puedes ver la copia dura en la consola.

Marisol no podía creerlo. Se acercó y miró la imagen.

«Es el cerebro de un hombre muy malo», se dijo, mientras veía las lonchas que formaban la capa cerebral.

—Aquí no hay agujeros, no sé. Explícame: ¿qué tiene?

—No hay nada especial —contestó la radióloga—. Es un cerebro normal para una persona de 84 años.

Antes de las dos de la tarde, los tres médicos británicos se reunieron a solas con la doctora Wyke. Analizaron las áreas de funcionamiento mental de Pinochet que más interesaba revisar y llegaron a la conclusión de que las pruebas de la escala de inteligencia adulta de Weschler, la de matrices progresivas coloreadas y tres tests de memoria eran los indicados.

La doctora Wyke hizo las pruebas en presencia del profesor Lees, el doctor Olivi y el ayuda de cámara, Manuel Cerda. Aunque no aludió a las razones del test, resultó evidente que el general lo sabía. Hablaron sobre su pasado, la infancia, y, también, sobre la historia de Chile.

A esas horas, las dos y media de la tarde, el general ya llevaba en pie desde las seis y media de la mañana. Habían pasado ocho horas. Además, se había sometido a los exámenes y al reconocimiento de los otros tres médicos.

No obstante, Pinochet bromeó y colaboró con las pruebas. Comprendió las preguntas y siguió las instrucciones para completar los ejercicios.

El general salió del hospital en su silla de ruedas alrededor de las tres y media de la tarde. Le subieron a la camioneta. Al tomar asiento, el cuello del abrigo loden verde le cubrió una parte del rostro. Cerró los ojos. Parecía adormilado cuando el vehículo aceleró rumbo a Wentworth Estate.

En el hospital, los tres médicos se reunieron con la doctora Wyke. Las pruebas, según la doctora, indicaban un deterioro de las funciones intelectuales de Pinochet, que, según creía, era más importante del que correspondía a su edad. Hizo un breve resumen de las dificultades del general en las respuestas: la memoria cercana, la capacidad de aprendizaje y el recuerdo lejano mostraban un fuerte déficit. El general, dijo, no estaba en condiciones de afrontar un juicio. Sin embargo, la doctora Wyke necesitaba comparar los datos recogidos con los que correspondían al grupo de edad del general. Al día siguiente, afirmó, podía tener su informe.

El profesor Grimley-Evans informó de que las conclusiones eran parecidas a las que él y los otros dos médicos habían llegado tras el reconocimiento y la consulta. Se acordó que él redactaría esa misma tarde un borrador de informe general al que incorporaría las conclusiones de la doctora Wyke.

El profesor Grimley-Evans regresó a su casa de Oxford, y trabajó en el borrador. El jueves día 6, por la mañana, ya tenía el texto y se lo envió por fax a sus dos colegas.

En uno de sus capítulos —sobre la capacidad para someterse a juicio— decía: «Físicamente. El senador Pinochet estaría en condiciones en la actualidad de acudir a un juicio pero, como los efectos de los daños vasculares en el cerebro han progresado a pesar de un tratamiento óptimo, es probable que tenga lugar un deterioro de ambas condiciones, físicas y mentales.

»Mentalmente. Nuestro punto de vista es que en estos momentos el senador Pinochet no sería capaz mentalmente de tener una participación significativa en un juicio. Basamos esta opinión en : 1) Déficit de memoria para hechos recientes y lejanos; 2) Capacidad limitada para comprender preguntas y cuestiones complejas debido a las consecuencias del daño de la memoria; incapacidad de procesar información verbal adecuadamente; 3) Capacidad dañada para expresarse de manera audible, de manera sucinta y relevante; 4) Se cansa con facilidad».

El profesor añadía que, «con estas dificultades, no será capaz de seguir el procedimiento del juicio de manera suficiente como para dar instrucciones a su abogado. Tendrá dificultades para entender el contenido y las implicaciones de las preguntas que se le hagan. Su memoria de hechos lejanos está dañada. Tendrá dificultades para hacerse escuchar y entender al responder a las preguntas».

Según el borrador, la causa de las dificultades identificadas «se debe a daños cerebrales, ya que son coherentes en naturaleza y en su manifestación, y las pruebas formales neuropsicológicas no muestran ninguno de los rasgos que caracterizan una simulación exagerada de los daños».

El texto no se pronunciaba sobre los efectos que la participación en un juicio generarían en su salud, aunque señalaba que la situación de estrés a que daría lugar dicha situación podía «acelerar el progreso de la enfermedad vascular».

Y, por último, respondía directamente a una de las preocupaciones de Straw: «Los principales episodios de daño parecen haber ocurrido en una serie de hechos tromboembólicos durante septiembre y octubre de 1999. Ha habido tiempo suficiente para una recuperación de la mayoría de ellos. Aunque es característica del daño cerebral alguna fluctuación de las capacidades funcionales en el día a día debido a la enfemedad cerebrovascular, consideramos improbable una mejoría sostenida de su actividad funcional en grado significativo». Tras recibir por fax el informe de la doctora Wyke, el profesor Grimley-Evans lo añadió a su texto.

Según decía la doctora, «en ningún momento, las pautas de comportamiento del general Pinochet han sugerido que podría simular su incapacidad». Su resumen de conclusiones señalaba que «el general Pinochet muestra un deterioro moderado/severo de funciones intelectuales más allá de lo que corresponde a su edad. Se trataba de una persona de inteligencia superior y, en la actualidad, funciona dentro de la banda media baja/media. La memoria cercana, la capacidad de aprendizaje y el recuerdo no inmediato muestran un déficit severo en todos los casos. Su principal dificultad consiste en su incapacidad para retener información pasado un cierto tiempo. No hay pruebas de que el general Pinochet pretenda simular su incapacidad. En mi opinión, no sería capaz de afrontar las complejidades legales de un juicio».

Grimley-Evans viajó de Oxford a Londres esa misma tarde con el texto completo. Poco después de firmarlo, entregó el documento en el Ministerio del Interior.

Fenella Tayler, a su vez, hizo llegar un ejemplar al profesor Liam Donaldson. El ministro quería conocer su opinión por escrito. Donaldson escribió una carta al Ministerio del Interior el viernes, día 7.

«Considero muy completa la evaluación, el informe es claro y exhaustivo. Entre otras observaciones sobre el estado de salud del senador Pinochet, los especialistas llaman la atención sobre graves deficiencias de memoria, comprensión y capacidad de expresión, causadas por una progresiva enfermedad vascular del cerebro. El informe señala que el principal deterioro parece haberse producido durante septiembre y octubre de 1999. Este autorizado informe no me deja razón alguna para dudar del planteamiento de los especialistas en el sentido de que el senador no está en condiciones de someterse a un juicio y de que su situación presente no es de las que cabe esperar una mejoría. El informe deja claro también que la situación del senador no puede ser fingida y ello se apoya en algunos de los test especializados llevados a cabo».

Estaba hecho.

CAPÍTULO 88

La puesta en escena

Jack Straw ya tenía la solución del problema. El sábado día 8 de enero de 2000 mantuvo consultas con sus abogados y con el profesor Donaldson, quien le insistió en que no había razón alguna para dudar del informe. Si los cuatro médicos se habían tomado el trabajo de señalar que el general tendría dificultades físicas y mentales para ejercer su defensa en un juicio a raíz de los daños cerebrales, eso iba a misa. Straw consultó con su equipo de abogados. Según le volvieron a explicar, él tenía la discreción para interrumpir el proceso de extradición inmediatamente si su decisión era, desde este momento, no enviarlo a España. El informe decía que era improbable una recuperación en las condiciones del general. Los abogados lo plantearon de manera muy sencilla: si adoptaba ahora, de acuerdo con el informe médico, la conclusión de no extraditar al general, ¿qué sentido tenía mantener abierto el procedimiento judicial para aplicar esa misma decisión al final?

Straw sabía cuál era la posición de Tony Blair. El primer ministro había llegado hacía meses a la conclusión de que era necesario poner punto final. Su señal, a primeros de octubre, fue muy clara, al referirse a Pinochet como «el innombrable» en la convención del Partido Laborista. Sus conversaciones con Frei y los contactos entre Toloza y Powell le habían permitido mantenerse informado desde el punto de vista político, pero lo relevante no era eso. Blair era un pragmático hasta la médula. Habían pasado casi quince meses desde el arresto de Pinochet. Había estimado que, en medio de los ataques a Irak y la guerra contra Milosevic, hubiera sido una gran incoherencia dejar libre al dictador. Pero ya se contaba con una sentencia de los jueces lores contraria a la inmunidad de los ex jefes de Estado y en el juicio de extradición había quedado sentado que Pinochet era extraditable. El Reino Unido, según creía, había hecho demasiado: ¿qué otro país no hubiera usado la puerta trasera para dejarle ir?, ¿qué otro Gobierno no hubiera sucumbido ante las presiones? La idea de que era necesario hacer justicia aunque el mundo pereciera, como decía el célebre aforismo que él había estudiado de joven al cursar la carrera de Leyes, no iba con él. Las autoridades chilenas, por otra parte, insistían en el retorno del general y sugerían, según se deducía de la carta que el presidente Frei le había enviado a primeros de octubre, que podría ser juzgado en su país. Los socialistas chilenos, además, apoyaban el regreso. Blair también tenía en mente otro hecho: Aznar no quería por nada del mundo a Pinochet en España.

Straw había franqueado, al sugerir los exámenes médicos, la frontera hacia la liberación de Pinochet. Ahora tenía la llave para hacerlo dentro de sus funciones legales. La idea de que podía ser juzgado en Chile no le parecía relevante. Straw pensaba que si decidía frenar la extradición por razones de salud, sería improbable que el general fuera sometido a juicio en Chile. Era él quien tenía, prácticamente, la última palabra sobre Pinochet. En esto no se engañaba.

Ya era suficiente. El informe contestaba a las preguntas que él había planteado. Había unanimidad de los cuatro médicos. Adelante.

El domingo día 9, el periódico *The Sunday Times* informó sobre el resultado de los exámenes. Según anticipaba, los médicos consideraban que Pinochet no estaba en condiciones de someterse a un juicio. El Ministerio del Interior se abstuvo de comentar la noticia.

Straw y sus abogados diseñaron el lunes 10 una salida cuidadosa: el ministro anunciaría que estaba inclinado a no extraditar al general y que, por tanto, carecía de sentido seguir con el procedimiento judicial de extradición. No obstante, pediría a todas las partes su opinión antes de adoptar su decisión final.

La razón esencial era que, según la Ley de Extradición, el ministro tenía que recibir alegaciones de las partes a la hora de decidir. Straw sabía, asimismo, que la ley permitía recurrir su decisión ante los tribunales. Por tanto, no se trataba de desembarazarse de Pinochet en un abrir y cerrar de ojos.

En la mañana del 11 de enero, el equipo de Straw elaboró una carta para enviar a cada una de las partes implicadas en el caso, en la que se informaba sobre las conclusiones generales del informe médico, sin entrar en detalles, al tiempo que se dejaba constancia de que el ministro se inclinaba a tomar la decisión preliminar de no extraditar a Pinochet y de que, en el proceso de adoptar su decisión final, estudiaría las alegaciones. También se incluía un borrador de comunicado de prensa que se pensaba dar a conocer el mismo día 11.

Straw suponía que, ahora que Pinochet estaba en el umbral de su liberación, podría autorizar la entrega del informe a los países que pedían su extradición.

El responsable del Foreign Office, Robin Cook, tenía presente que debía anticipar al canciller chileno, Juan Gabriel Valdés que habría un anuncio. Sería poco antes de las dos de la tarde en Santiago.

—Le quiero prevenir de que habrá un anuncio importante esta tarde.

Como era habitual, Cook no dijo de que se trataba, pero para Valdés era evidente. La decisión sobre Pinochet.

Fenella Tayler, a su vez, envió la carta a Caplan poco después del mediodía. Le informaba de la decisión preliminar del ministro y sugería: «A la vista de la naturaleza del informe, el ministro piensa que sería una ayuda para que los asuntos avancen con las menores complicaciones posibles si se entrega una versión completa, bajo condiciones de estricta confidencialidad, a España, Francia, Bélgica y Suiza. El ministro no está solicitando autorización para revelar el informe con mayor amplitud, por ejemplo, a grupos de presión interesados en el tema. Le agradecería su *urgente* autorización para que, en mi escrito a los representantes de los citados países, incluya también una copia del informe».

Caplan consultó enseguida con el abogado chileno, Hernán Felipe Errázuriz. Ambos concluyeron que no había que dar el permiso y así se lo hicieron saber al general, el cual dejó esta decisión en manos de sus abogados.

Caplan respondió a la funcionaria del Ministerio del Interior que el general no prestaba el consentimiento para entregar los informes a los gobiernos, como se le había propuesto, ya que existía la promesa del ministro del Interior de que no se usarían más que para la decisión que debían adoptar las autoridades británicas. Fenella Tayler, pues, escribió al embajador de Chile y a los embajadores de los cuatro países que solicitaban la extradición, para informarles de los hechos.

A las ocho de la noche, hora de Londres, el Ministerio del Interior dio a conocer un comunicado. En él hacía un resumen del caso. Y señalaba: «El ministro ha recibido el informe del equipo médico. Los detalles del informe son y siguen siendo confidenciales para el senador Pinochet, pero la conclusión inequívoca y unánime de los tres médicos y la neuropsicóloga es que, como resultado de un reciente deterioro en el estado de salud del senador Pinochet, que parece haber tenido lugar principalmente en septiembre y octubre de 1999, él no está en condiciones en el presente de enfrentarse a un juicio, y que no se puede esperar un cambio en su estado. En estas circunstancias, el ministro se inclina, sujeto a las alegaciones que reciba, a adoptar el punto de vista de que no tiene sentido continuar el actual procedimiento de extradición y de que debería decidir, por tanto, no extraditar al senador Pinochet».

El ministro daba un plazo de siete días, hasta el 18 de enero a las cinco de la tarde, para presentar las alegaciones. Y terminaba: «Se le ha pedido al senador Pinochet que dé su conformidad para entregar a España y los otros países que solicitan su extradición una copia del informe médico. Sin embargo, no ha dado su autorización».

La baronesa Margaret Thatcher fue una de las primeras en expresar su opinión y dio como hecho que el ministro del Interior ya había resuelto el tema. «Estoy muy contenta por la decisión. El ministro es un hombre muy justo», señaló.

El ministro Abel Matutes dio instrucciones a la mañana siguiente, miércoles 12, para difundir sin pérdida de tiempo un comunicado con la posición oficial. El Gobierno español manifestaba el «absoluto respeto» a la decisión del ministro Straw, en línea con lo que, decía, había sido su actitud desde el primer momento.

Esa mañana, el embajador Cabrera hizo declaraciones en Londres al programa radiofónico de la mañana *Today*, de la BBC, en las que señalaba que si Pinochet regresaba a Chile podría ser privado de su inmunidad parlamentaria. «La ley autoriza a los tribunales a levantar la inmunidad de que goza Pinochet. La decisión corresponderá adoptarla a la justicia, que es independiente», señaló.

Horas más tarde, el ministro del Interior explicó ante la la Cámara de los Comunes el contenido de su comunicado de prensa y se disculpó por no poder dar más detalles ya que seguía actuando en el caso Pinochet en su función cuasi judicial.

—Entre los criterios que he tomado en cuenta están los de si el senador estaría en posición de seguir el procedimiento, dar instrucciones inteligibles a quienes le representan y ofrecer un testimonio coherente sobre su caso, y el de la memoria —dijo Straw.

El ministro explicó que si bien era posible alegar "razones humanitarias" en estas circunstancias particulares, había que verlo de otro modo.

—He llegado a mi decisión preliminar por las razones más restringidas de su incapacidad para someterse a juicio sobre la base de las pruebas que he recibido, lo que es diferente.

El diputado laborista Donald Anderson, preguntó

—¿Cree el ministro que el senador Pinochet tiene poder de veto sobre quien recibe el informe médico? El interés de la justicia se cumplirá si se entrega el informe médico a todas las partes de este caso, incluyendo a los países que piden la extradición. Si tienen que alegar, necesitan conocer todos los detalles médicos.

Straw se salió rapidamente del asunto.

—Mis asesores me han señalado que la cuestión de quién puede recibir el informe —aparte de mí y las autoridades británicas— es un asunto del senador Pinochet.

Según había presentado los exámenes médicos en su comunicado de prensa y de acuerdo con sus explicaciones a la Cámara de los Comunes, Straw había tenido la destreza de echar un manto de sombra sobre la pregunta más elemental. ¿De quién había sido la iniciativa de proponer formalmente la confidencialidad del informe médico? La respuesta lógica hubiera sido: de Pinochet. Pero lo cierto es que la defensa de del general simplemente se había aferrado a la oferta inicial sobre el secreto. Y ésta correspondía no a Pinochet sino al propio Straw.

Fue el presidente Frei quien quiso aprovechar el impacto político de la decisión. En una rueda de prensa, el miércoles día 12, dijo: «Desde el primer momento de este largo proceso, mi Gobierno ha actuado en una sola dirección, aplicando una consistente política de Estado. Nuestra actitud contrasta fuertemente con la de aquellos que hasta hace pocos meses exigían, incluso, la ruptura de relaciones con Gran Bretaña y que hoy, en cambio, ocultan su adhesión a Pinochet y guardan absoluto silencio». Frei aprovechó, también, para recordar que los tribunales de justicia chilenos debían pronunciarse sobre las responsabilidades penales de Pinochet. «Los jueces tienen la independencia y las facultades para llevar adelante su tarea. Mi Gobierno ha realizado su trabajo: hemos defendido el derecho a resolver nuestros problemas en Chile y no permitir que otros los resuelvan en nuestro nombre», subrayó.

El jueves 13, el juez Garzón envió al Ministerio de Asuntos Exteriores y al Servicio de Fiscalía de la Corona sus alegaciones. Ya desde el comienzo, el juez era muy sincero: «Las alegaciones que se formulan van a estar determinadas e influenciadas por un elemento negativo fundamental: la ausencia de conocimiento del informe médico sobre el que se quiere que se opine, lo que hace la situación un tanto absurda. La decisión de no facilitar a las partes el contenido del informe médico impide cualquier pronunciamiento concreto». El juez solicitaba al ministro Straw que autorizara a tomar declaración a Pinochet, antes de decidir su liberación e insistía en que se permitiera «un segundo examen médico, a la luz del contenido del primero, y con posibilidad de participación de dos médicos forenses especialistas en psiquiatría designados por este juzgado». Asimismo, advertía que, si bien la decisión de denegar la extradición correspondía al Ministerio del Interior, «ello no significa que este juzgado renuncie a que se agoten todos los trámites necesarios para hacer efectiva la extradición de Pinochet a España».

Ese mismo día, jueves 13 de enero de 2000, el canciller Valdés llamó por teléfono al ministro Abel Matutes. Ambos se sentían aliviados al ver la luz del túnel. No esperaban sorpresas. El ministro español aseguró que el Gobierno de Aznar no plantearía recurso a la decisión de Straw.

—Sí, claro. Pero ¿y Garzón?—inquirió Valdés—. Porque el quiere seguir hasta el final, ahora pide un nuevo examen —añadió.

—Mira, Juan Gabriel, voy a ver si el escrito que nos ha enviado Garzón aporta algún elemento nuevo para decidir si se tramita a Londres o no —dijo Matutes.

—Pero ¿puedo informar a Frei de que el Gobierno español asegura que no recurrirá la decisión de Straw? —insistió Valdés.

—Absolutamente, que se quede tranquilo.

Esa misma tarde, el presidente Frei dijo en una entrevista al Canal 13 de televisión que «las declaraciones del Gobierno español y del canciller Matutes han sido clarísimas». Pero añadió: «Espero que, en esta oportunidad, sí se cumplan. En el último año ha habido muchas ocasiones en las que no se han cumplido».

El viernes 14, Matutes participó en la reunión del Consejo de Ministros. Más tarde, declaró a la prensa que estudiaría el escrito de alegaciones del juez Garzón para comprobar si había argumentos nuevos.

La noche del viernes, el ministro portavoz, Josep Piqué, explicó a los medios de comunicación su posición frente a las alegaciones del juez Garzón. «No es ningún elemento nuevo pedir algo que el propio ministro británico ha dicho que no es necesario. El Gobierno español debe ser muy sensible a lo que ya ha dicho el ministro británico: los análisis son contundentes y unánimes. No hay ningún elemento que permita pensar que esa situación se vaya a modificar».

Al día siguiente, el sábado día 15, vísperas de las elecciones presidenciales chilenas, Matutes tuvo conocimiento de las declaraciones de Frei a la televisión chilena.

Matutes decidió, por su cuenta, llamar a Chile. El ministro Valdés estaba en un extremo del país, en los últimos minutos de la campaña de Ricardo Lagos para la segunda vuelta de las elecciones, que se celebrarían el día siguiente, domingo 16. Unos minutos después, pudieron hablar:

—En la edición de *El País* vienen unas declaraciones de Frei...

—No las he visto —respondió el ministro chileno.

—Hacen referencia a una entrevista que concedió a la televisión el jueves pasado. Dice que desconfía del Gobierno español por sus frecuentes incumplimientos.

—Ajá, ya veo.

—Le dices a Frei de mi parte lo siguiente: o rectifica esas declaraciones y deja claro que el Gobierno español y el presidente Aznar jamás han mentido en este asunto o yo quedo relevado del compromiso de no recurrir las decisiones del ministro Straw, y actuamos en función de los propios méritos del caso. No os llaméis a engaño. Si no se rectifica en el día de hoy, te repito, no hay compromiso.

La frase de Matutes era muy precisa. «Los propios méritos del caso» implicaba reconocer que la decisión de Straw podía ser recurrida por el Gobierno español. En otras palabras, respetar el procedimiento judicial. Porque el ministro Straw actuaba, al inclinarse a favor de liberar a Pinochet, dentro de sus funciones legales.

Valdés habló con el presidente. El ministro secretario general de la presidencia, José Miguel Insulza, hizo declaraciones al diario *El País* el mismo sábado 15. En la edición del domingo 16 de enero, día de la segunda vuelta electoral, Insulza recordaba sus conversaciones con las autoridades españolas. «Abel Matutes y el propio presidente Aznar dijeron muchas veces "¿por qué tenemos que ser nosotros los justicieros del mundo?". Y eso reflejaba un cierto deseo de que este problema con Chile no existiera. Cuando ese deseo se traslada a las conversaciones, uno cree que van a hacer algo por ti, y claro, después de contrastar esa esperanza con la realidad, se provocan tensiones, pero yo diría que nunca me he sentido engañado. A veces me pude sentir desilusionado, pero nunca he creído que me estuvieran mintiendo», señaló Insulza.

Valdés llamó a Matutes.

—Abel, has visto, ¿no?

—Sí, muy bien, aunque la noticia del sábado iba en el titular y la corrección de Insulza no. Queda en pie nuestra promesa. Nosotros no vamos a recurrir las decisiones de Straw.

—Yo, por mi lado, voy a explicar que jamás prometisteis algo que no hayáis cumplido.

El 16 de enero de 2000, Lagos obtuvo 3.675.255 votos o un 51,3 por ciento del total, contra los 3.486.696 votos de Lavín, que consiguió batir el récord de los sufragios de la derecha en Chile: un 48,6 por ciento. Lagos había logrado sumar, como era previsible, gran parte de los votos comunistas y obtener una ventaja de 188.559 votos.

El lunes 17 de enero, el embajador español en Londres, Santiago Mora-Figueroa, marqués de Tamarón, siguiendo instrucciones del ministro Matutes, envió una carta al Servicio de Fiscalía de la Corona, a la atención de Sue Taylor, fiscal jefe. Respondía, según decía, a una carta del 11 de enero en la que se le invitaba a realizar alegaciones respecto a la intención del ministro «de no extraditar al senador Pinochet a España por razones humanitarias». Lo cierto es que ni la Fiscalía ni el Ministerio del Interior británico se habían referido nunca a «razones humanitarias». Pero las dos palabras obedecían a una interpretación de los hechos que intentaba justificar las maniobras del Gobierno español, a saber: si se trataba de razones humanitarias, ello suponía una decisión «política» del ministro del Interior británico y no había ningún recurso judicial posible. Las autoridades españolas parecían ignorar lo que el propio Straw había explicado en su carta y ante el Parlamento.

La carta, firmada por *The Marqués de Tamarón, spanish ambassador,* agregaba: «He recibido instrucciones de transmitirle el respeto total de España a la decisión que el ministro pueda adoptar, en el entendimiento de que esa decisión que ha dicho tiene pensado tomar está dentro de sus poderes discrecionales exclusivos de acuerdo con la aplicación de las leyes británicas. Respecto a ello, confirmo que el Reino de España no tiene intención de recurrir contra la decisión que tomará el ministro a su debido tiempo».

En Bruselas, el mismo día, el embajador británico en Bélgica se dirigía al ministro de Justicia belga con la respuesta a la petición oficial de permitir que un doctor belga examinara el informe médico sobre Pinochet. «En nuestra reunión usted me pidió que solicitara el acuerdo excepcional del Home Office para permitir que un experto belga tenga acceso al informe sobre el estado de salud del senador Pinochet en la más estricta confidencialidad. Como acordamos, la petición fue elevada de inmediato al Home Office. Lamento que la posición sea la misma planteada en la carta del 11 de enero. El contenido del informe es y sigue siendo confidencial para el senador».

El ministro Matutes encontró un punto en el cual apoyar, implícitamente, la exigencia del juez Garzón de conocer el informe médico. El día 18, el ministro declaró: «Lo mejor es que se hiciera público». Más que apoyar al juez, su interés no podía ser más evidente: cuanto más se conociera la situación del paciente, menos presión habría, creía el ministro, sobre el Gobierno español y más justificada aparecería su posición de aceptar lo que decidiera Straw.

En la tarde del día 19, el juez Garzón cursó instrucciones al Ministerio de Asuntos Exteriores para que presentara todos los recursos previstos en la ley británica contra una eventual decisión del ministro Straw contraria a la extradición de Pinochet. El juez precisaba ahora, de manera más eficaz que en sus alegaciones ante Straw, la cuestión. Habida cuenta de que el ministro actuaba en función cuasijudicial, España tenía derecho a recurrir. Envió, como siempre, una copia por fax a la fiscalía británica.

Con todo, esa orden carecía de validez. Según el acuerdo alcanzado en octubre entre el embajador español en Londres y el director de la Fiscalía Pública, las instrucciones del juez sólo debían ser ejecutadas cuando llegaban por cauces diplomáticos.

Los colaboradores de Matutes recordaron que, en octubre, el abogado Alun Jones, consultado sobre si era procedente presentar un recurso de revisión judicial ante una eventual decisión de Straw contraria a la extradición, recomendó no hacerlo porque tendría sólo un valor académico. Si se le pedía a Jones un nuevo dictamen y éste respondía en términos parecidos, el Gobierno español podría justificar su actitud contraria a presentar un recurso por tratarse de una decisión «política» de Straw. El juez Garzón quedaría definitvamente fuera de juego para insistir en el recurso.

La consejera de la embajada, Carmen de la Peña, habló a primera hora de la mañana con Brian Gibbins para pedirle el dictamen. Gibbins localizó a Alun Jones y le preguntó si existían bases suficientes para un recurso de revisión judicial contra la decisión del ministro Straw.

Alun Jones escribió poco después su dictamen. No era precisamente lo que buscaba Matutes, sino todo lo contrario. «Mi convicción es que las autoridades españolas tienen bases para recurrir». Según decía, «el Gobierno español es un litigante en este proceso y no conoce qué evidencias hay en los exámenes de los médicos. Es seguro que el Gobierno español tiene derecho a saber, por una cuestión de justicia, las bases sobre las cuales se ha determinado que el general no está en condiciones de someterse a juicio, especialmente cuando los propios abogados del general, y aparentemente sus médicos, no sostienen eso y mientras la defensa mantiene su recurso de amparo contra la decisión del magistrado de extradición».

Pero había un punto sensible en el dictamen que explicaba el cambio entre su versión del mes de octubre, cuando la embajada española hizo su primera consulta, y su nueva recomendación de recurrir. Jones recordaba de su experiencia en temas de extradición un caso. «Si el informe médico se entrega a las partes, las autoridades españolas podrán aceptarlo o dar nuevas instrucciones a sus abogados. En el caso de extradición de Roisin McAliskey, los abogados que representaban al Gobierno alemán, según sugerencia de la Fiscalía de la Corona, sometieron a un examen a los doctores que realizaron el informe médico».

Jones advertía «que las pruebas sobre la capacidad para participar en un juicio están normalmente reservadas a los tribunales» y subrayaba, que, según la ley, «son muy estrictas». También decía que «ninguna decisión se puede adoptar en ausencia de una petición del general o sin abandonar su recurso de amparo».

Terminaba recordando que el ministro informaría a las partes un día antes la fecha en que anunciaría su decisión final. «Es imperativo que tengamos rápidamente instrucciones sobre si debemos proceder con el recurso, para tener una solicitud preparada y para que se paralice su cumplimiento cuando se anuncie la decisión». Aquel día 20, Amnistía Internacional y otras cinco organizaciones de derechos humanos anunciaron su recurso de un momento a otro.

La embajada española envió la noche del día 20 el dictamen al subsecretario de Asuntos Exteriores, José de Carvajal, quien consultó con el ministro Matutes, de viaje en Túnez. Aun cuando el abogado Jones estaba pidiendo una respuesta urgente sobre el recurso, se decidió que, siendo un dictamen solicitado por el Gobierno, no había por qué enviarlo al juez Garzón. ¿Para qué? El juez encontraría en él un fuerte apoyo para insistir en el recurso, esta vez nada menos que con un dictamen solicitado por el Gobierno español. Nadie entendería una cosa elemental: ¿para qué había pedido el Gobierno un dictamen si no estaba dispuesto a seguir las recomendaciones del mismo, hasta el punto de mantenerlo oculto? La clave era que el informe había sido encargado con la seguridad de que favorecería la posición del Gobierno. Pero el tiro había salido por la culata. Lo mejor era mantener el informe bajo reserva.

Matutes declaró el día 20, desde Túnez, que España había anunciado hacía meses que no recurriría una decisión de Straw. Para justificar esa negativa frente a lo que pedía el juez Garzón, el ministro de Asuntos Exteriores insistió en que la decisión de Straw ya no pertenecía al ámbito judicial sino al político. Por tanto, dijo, las instrucciones de Garzón a la fiscalía británica no se tramitarían.

El juez supo extraoficialmente que el abogado Jones había enviado a la embajada española un dictamen favorable a la presentación del recurso, pero no podía preguntar directamente por él sin comprometer a la fiscalía británica.

Las cosas se complicaban todavía más en Bélgica. El juez Damián Vandermeersch, juez de primera instancia de Bruselas, pidió a Straw, por comisión rogatoria, una revisión médica de Pinochet por médicos belgas. Al mismo tiempo, el ministro de Asuntos Exteriores, Louis Michel, escribió al Foreign Office, a nombre de Robin Cook, apoyando la petición.

El día 21, el periódico *The Times* publicaba una carta del doctor Michael Wilks, presidente de la comisión de ética de la Asociación Médica Británica (BMA). Según decía, el derecho del paciente a la confidencialidad no debería ser una barrera a la revelación de las conclusiones del informe, desde el momento en que los médicos actuaron en capacidad forense, por lo cual tienen una responsabilidad tanto hacia el paciente como hacia la organización que los designó. La opinión de los expertos «debe poder difundirse en todo procedimiento judicial y su opinión puede ser cuestionada ante un tribunal», decía. La breve pero contundente carta tuvo repercusiones. Straw declaró esa misma mañana en la radio: «Hemos solicitado a los representantes del senador que el informe pueda ser entregado a España pero se han negado. He tomado mi decisión de acuerdo con opiniones legales muy, muy explícitas». Más tarde, el ministro decidió ampliar el plazo para las alegaciones hasta el lunes, día 24 de enero, a las cinco de la tarde, y ordenó cursar preguntas a España sobre la legislación española en materia de incapacidad mental.

Ese mismo día, el juez Garzón decidió preguntar de manera deliberadamente vaga al subsecretario José de Carvajal «si se ha recibido alguna comunicación del Servicio de Fiscalía de la Corona cuya contestación se halle sometida a plazo perentorio», en referencia al escrito del abogado Jones. Carvajal, aprovechando la imprecisión del juez, envió a Garzón un escrito en el cual el Ministerio del Interior británico solicitaba aclarar algunos puntos sobre la ley española en relación con los problemas de salud y la incapacidad mental, pero no el dictamen que recomendaba recurrir la decisión de Straw. La astucia era evidente.

El día 24, el jefe de la Unidad de Cooperación Judicial del Ministerio del Interior británico, Godfrey Nicholas Stadlen, escribió a la defensa de Pinochet, envíandole copia de la carta de Bélgica: «Nos gustaría invitar al senador Pinochet a cumplir con estas peticiones voluntariamente, aunque no está bajo obligación legal de hacerlo». La defensa respondió: no. Las autoridades belgas enviaron ese día una segunda comisión rogatoria, en la que solicitaban dos cosas: la entrega del informe médico y escuchar como testigos a los autores del informe médico. Según se señalaba, el ministro Straw no podía tomar decisión hasta que se resolvieran las comisiones rogatorias.

Pedalear en el 'chucrut'

Los abogados de Bélgica y los de Amnistía Internacional y otras cinco organizaciones de derechos humanos presentaron finalmente el 25 de enero una solicitud ante el Alto Tribunal británico para recurrir la decisión preliminar del ministro Straw. Se convocó una vista para el día siguiente, 26 de enero. En Santiago, el subsecretario Mariano Fernández llamó a su despacho al embajador belga Johaan Belleger para protestar. En el entorno del primer ministro Michel ya se comentaba otra de las alternativas legales, la de denunciar a las autoridades británicas ante el Tribunal Internacional de Justicia de La Haya.

El ministro Michel, en Nueva York, dijo: «No se puede pedir dos veces la extradición y a continuación no utilizar todos los medios jurídicos posibles para obtenerla. Si damos el ejemplo en el plano moral, tanto mejor. Queremos que los ex dictadores, los del presente o del futuro, sepan que un día podrán ser atrapados». En Londres, la abogada Chantal Monet, asesora del ministro Michel para el caso Pinochet, señaló que «sólo el Tribunal Internacional de La Haya puede ordenar medidas cautelares y suspender la decisión de Jack Straw de liberar a Pinochet por razones de salud».

Ese día, 25 de enero, el canciller chileno Juan Gabriel Valdés se reunía en Nueva York con su colega belga, Louis Michel.

—Supongo que me debe una explicación. Usted me dijo en septiembre que quería denunciar la injerencia de los españoles y británicos. Luego su país pidió en noviembre la extradición de Pinochet. Y ahora Bélgica es el único país que recurre la decisión de Straw.

—Sí, yo le apoyé a usted entonces. Pero ahora tengo que tener en cuenta a los exiliados chilenos que viven en Bélgica y a las víctimas belgas —respondió Michel.

—Lo que usted llama exiliados son en realidad chilenos que han sido condenados en Chile por actividades terroristas y a los que se les ha conmutado la pena de prisión a cambio de vivir fuera del país —replicó Valdés—. Por otro lado, en Chile hay 54 querellas en estos momentos contra Pinochet y allí su salud no le exime de un juicio. Yo creo que cuando usted declara que hay que hacer todo lo posible para evitar que Pinochet vuelva a Chile está llevando adelante una campaña política personal.

— ¡Pero cómo dice eso! —exclamó el canciller belga.

—Mire, señor Michel: las relaciones entre Chile y Bélgica son buenas. El presidente Frei se entiende muy bien con el primer ministro Guy Verhofstadt. Esto que han hecho ustedes cambia las cosas. Yo voy a informar a mi presidente. No termina usted de explicarme por qué ha cambiado de posición.

—La prensa está pendiente. Le propongo que salgamos y respondamos juntos a las preguntas...

—No, lo siento, señor Michel; yo no voy a comparecer con usted.

Michel, a través de un portavoz, declaró, en relación con el recurso presentado en Londres y la posibilidad de demandar al Reino Unido en La Haya, lo siguiente: «Ir más lejos me parece difícil. Porque sería introducir en este caso el elemento político que supone el riesgo de provocar un conflicto grave entre dos Estados miembros de la Unión Europea». El portavoz añadió que «el ministro considera como un elemento importante el hecho de que Isabel Allende, hija del presidente Salvador Allende, expresara su deseo de ver al ex dictador juzgado en Chile».

Un día más tarde, el 26 de enero, comenzó en el Alto Tribunal de Justicia la vista. Los abogados de Bélgica y de AI resumieron sus posiciones. Jonathan Sumption, abogado del ministro del Interior, atacó con dureza a Bélgica y explicó que las críticas al ministro partían de una falsa analogía con los informes que suelen aportar los peritos en un procedimiento civil o penal.

—Esos informes surgen en el curso de un proceso de contradicción. Deben ser revelados en su totalidad por una parte de modo que puedan ser objeto de respuesta por la otra parte. Pero el ministro no es un litigante que tenga que probar algo. Él es quien toma la decisión. Se mostró reacio a basarse para ello en la información que le hizo llegar Chile a través del Foreign Office y nombró un equipo de médicos mediante un proceso imparcial. Su informe no puede ser calificado como un documento parcial simplemente porque en este caso llegó a una conclusión favorable al senador Pinochet y coincide con sus médicos. Incluso si las partes tuvieran acceso al informe, no podrían hacer una crítica efectiva. Los principales aspectos de la situación de Pinochet son el resultado de la observación directa.

Sumption destacó especialmente el hecho de que España no era parte en el recurso.

—España ha enviado las alegaciones del juez de instrucción Baltasar Garzón, quien objeta la no entrega del informe, pero el Gobierno señala que si la decisión del ministro del Interior es no extraditar al senador Pinochet, va a respetar esa decisión y no presentará recurso. Por eso no es parte en esta apelación.

Mientras se desarrollaba la vista en la capital británica, en Santiago de Chile comenzaba, ese mismo día 26 de enero, a las 11.30, una diligencia de careo en el Comando de Telecomunicaciones del Ejército. El juez Juan Guzmán querría completar las inculpaciones en el caso de la «Caravana de la Muerte». El juez convocó al general Sergio Arellano y a otros dos oficiales que habían participado en la operación y lo enfrentó al coronel retirado Marcelo Moren Brito.

Arellano sostenía que tanto Moren Brito como los oficiales Sergio Arrendondo y Armando Fernández Larios habían actuado por su cuenta en las ejecuciones de Calama y La Serena, en octubre de 1973. Según Moren Brito la versión de Arellano era completamente falsa. Tanto uno como otro se mantuvieron en sus posiciones.

Al día siguiente, 27 de enero, el juez Guzmán sometió a careo al que fuera teniente coronal Sergio Arredondo con Arellano. Fue una sesión de cinco horas. Ambos mantuvieron sus versiones contrapuestas. Arellano sostenía que en algunos casos como el Calama, se había enterado de las ejecuciones más tarde, ya en Antofagasta. Arredondo, en cambio, aseguró haber informado a Arellano enseguida de las veintiséis ejecuciones en el cerro Topater, próximo al regimiento de Calama. Arellano insistió en que a raíz de los hechos, él había roto su relación personal con Arredondo. Al terminar el careo, Arredondo entregó al juez Guzmán una carta manuscrita y un sobre. Estaba firmada por Arellano y tenía fecha de 11 de noviembre de 1977. En tono franco y cariñoso, Arellano se solidarizaba con él por haber sido llamado a retiro y criticaba sibilinamente a Pinochet.

«Francamente estupefacto —escribía Arellano— por algunas cosas que están ocurriendo en el Ejército y, particularmente, porque se le negó a usted culminar su brillante carrera con el generalato, le escribo estas líneas para expresarle mi profunda desilusión.Una vez más se ha dado el caso de que los que se jugaron la vida por la Institución y el el país son consideradas personas no gratas para integrar el Alto Mando. Lo que ocurre, aunque sea paradojal, es que la mayoría de los que deben tomar tan importantes decisiones [ascensos en el Ejército] adoptaron una posición neutral o sencillamente estaban el otro bando (debidamente camuflados)».

La carta destrozaba la versión de Arellano sobre su presunta enemistad con Arredondo.

El domingo 30 de enero, el diario *El País* reveló la correspondencia entre el Ministerio del Interior británico y los abogados de Pinochet en el mes de noviembre de 1999 para poner en marcha los exámenes médicos. Hasta entonces existía la certeza de que la confidencialidad del informe médico había sido una de las exigencias del general para someterse a los exámenes. Según el reportaje, que reproducía todas las cartas cruzadas, había sido Straw quien, para garantizar la aceptación de Pinochet, tuvo la iniciativa de mantenerlos secretos. Un nutrido grupo de diputados laboristas presentaron una moción en la Cámara de los Comunes, en la que exigían a Straw una explicación a raíz de las cartas destapadas por el periódico español. Straw, por su parte, envió a la biblioteca del Parlamento la correspondencia intercambiada.

Al día siguiente, lunes 31 de enero, el juez Maurice Kay rechazó la petición de permiso para recurrir con el argumento de que el ministro del Interior había obrado con equilibrio en uso de sus atribuciones legales. Según dijo, las peticiones de Bélgica y de AI carecían de base y no tenían posibilidades de salir adelante incluso en el caso de que obtuvieran permiso para recurrir en revisión judicial la decisión preliminar de Straw.

Bélgica anunció de inmediato que recurriría la decisión ante un tribunal de tres jueces. El presidente del tribunal, Simon Brown, un juez de 62 años, miembro del Tribunal de Apelaciones, era aquel juez que el 9 de diciembre de 1998 había desestimado un recurso preventivo de Amnistía Internacional contra Straw.

Amnistía Internacional y las organizaciones de derechos humanos también apelaron. El tribunal convocó la vista para el lunes 7 de febrero de 2000.

En Madrid, el presidente del Gobierno, José María Aznar, explicó después de conocer el veredicto de Londres, que la decisión correspondía al ministro Straw. «Los recursos planteados por otras partes del caso han sido rechazados. El Gobierno español ha respetado las decisiones judiciales, respetaremos las políticas». Al día siguiente, 1 de febrero, el ministro Matutes fue todavía más explícito ante la Cadena SER. «Haber recurrido no hubiera servido para nada y, además, habría sido una forma gratuita de hacer el ridículo y de deteriorar las relaciones con Chile y con Iberoamérica».

Por fin, el Gobierno español parecía quitarse el muerto de encima, a algo más de un mes de las elecciones generales, previstas para el 12 de marzo de 2000.

El lunes 7, mientras daba comienzo la vista en el Alto Tribunal de Justicia, dos enviados del Gobierno chileno, el subsecretario de Exteriores, Mariano Fernández, y el embajador chileno en Madrid, Sergio Pizarro, se encontraban en Bruselas, donde les recibió el ministro Louis Michel. Le explicaron la posición chilena y le entregaron una carta del presidente Frei para el primer ministro, Guy Verhofstadt.

En Londres, el abogado de Bélgica, expuso sus razones para recurrir contra el ministro por su decisión preliminar de liberar a Pinochet y pidió permiso al tribunal. El presidente del tribunal, Simon Brown, preguntó:

—¿El ministro adoptó esa decisión por razones políticas?

—No, el propio ministro ha explicado a la Cámara de los Comunes que su decisión era cuasi judicial, sujeta a recurso ante los tribunales. El ministro dijo que no decidía por razones humanitarias ni por compasión, sino por la incapacidad de Pinochet de someterse a juicio.

El abogado Sumption explicó que el ministro había decidido de acuerdo con sus atribuciones, subrayó que no existía, a juicio de su cliente, un interés público para dejar de lado la confidencialidad del informe médico y consideró que Bélgica y AI carecían de derechos para recurrir. Antes de terminar la sesión, el presidente del tribunal pidió la declaración jurada —un *affidávit*—de un representante del Ministerio del Interior sobre los hechos.

En la mañana del día 8 los jueces leyeron, en un receso, la declaración de Godfrey Nicholas Stadlen, el jefe de la Unidad de Cooperación Judicial del Ministerio del Interior. Según decía, el caso era «único en innumerables aspectos, dos de los cuales son relevantes». El ministro, explicaba, anunció que Pinochet estaba mental y físicamente incapacitado para ser sometido a juicio y que no se podía esperar un cambio en su estado. «Esto significa que no se trata de averiguar en el país que pide la extradición el tipo de tratamiento que se le puede dar. Hasta donde llega mi experiencia, nunca antes hubo un caso en el que el acusado, según el mejor dictamen médico disponible, resultó incapacitado de forma permanente», decía. «El segundo aspecto, único en mi experiencia, es que Pinochet no alegó estar incapacitado para someterse a juicio. Esas alegaciones vinieron de Chile».

El tribunal decidió sobre la marcha que había bases para permitir la presentación del recurso y pasó a considerar el fondo, los argumentos de las partes. Era una primera victoria de Bélgica y las organizaciones de derechos humanos.

Sumption argumentó las siguientes tres horas.

—Quiero destacar que España respeta la decisión del ministro. El Gobierno español llama a esto una decisión política, quizá no con el sentido que esta palabra tiene en el Reino Unido. Nuestra posición es que la decisión que el ministro debe adoptar es definitiva. El informe médico no puede ser cuestionado clínicamente.

El juez Brown se preguntó de manera retórica para qué se pedían entonces alegaciones a las partes e introdujo una cuña en el razonamiento de Sumption:

—Tenemos la posición del Gobierno español y la del juez de instrucción, y éste no aprueba lo que se ha decidido con el informe médico. Dice que es absurdo pedir alegaciones sobre algo que no se da a conocer.

—El juez español. El entusiasta juez español plantea recurrir. Pero en España hay un Estado. Y, esto, señorías, no es algo deplorable —replicó, arrogante, Sumption.

Antes de terminar la sesión, el juez Brown se dirigió a Sumption.

—¿Está desesperado el ministro?

Al día siguiente, 9 de febrero, tuvieron lugar los alegatos finales. Sumption fue directo.

—Usted me preguntó ayer —dijo, dirigiéndose al juez Brown— si el ministro del Interior está desesperado por salir de este proceso de revisión judicial. La respuesta es que, por supuesto, no lo está. Si existe un retraso, si es necesario consultar con los cuatro países que solicitan la extradición, se trataría, en todo caso, de saber si va a ser un retraso decisivo.

El juez Brown especuló:

—Pueden ser siete días, no sé.

—Tengo que decir que no es un plazo largo ni decisivo. La decisión que van ustedes a adoptar afecta a cuestiones internacionales delicadas.

El presidente del tribunal anunció que el fallo sería dado a conocer a mediados de la semana siguiente.

El juez Garzón cursó un escrito al Ministerio de Asuntos Exteriores. En él acusaba a dicho departamento de falta de colaboración y de entorpecer «por omisión» el proceso judicial. Según decía, todavía estaba esperando respuesta a su escrito en el que aludía al dictamen de la Fiscalía de la Corona sobre el recurso de revisión judicial. Volvía a pedir información concreta de las razones por las cuales no se habían tramitado sus instrucciones de recurrir la decisión preliminar del ministro Straw e insistía en que debían cursarse.

El subsecretario Carvajal le respondió al día siguiente. «La petición de ese juzgado en la que se señala que está todavía esperando respuesta no puede ser más que un malentendido», decía. «No cabía entender entonces por parte de este Ministerio, ni se tiene todavía seguridad al respecto, que dicha solicitud se refiriese a la opinión del abogado Alun Jones, elaborada a petición de este Ministerio». Le enviaba el informe de Alun Jones del 19 de enero y ratificaba que el Gobierno español respetaría la decisión anunciada de «no conceder la extradición por razones humanitarias». Seguía, pues, insistiendo en unas razones que el ministro del Interior británico y sus abogados habían negado.

Para rebajar la tensión, Matutes invitó a Clemente Auger, presidente de la Audiencia Nacional, a comer al Palacio de Viana. Le explicó que el juez Garzón no sabía hasta qué punto él le apreciaba. El ministro le dijo que la ley británica otorgaba amplios poderes al ministro del Interior para decidir y que el Gobierno español había pactado con Chile desde hacía largo tiempo, cosa que se había dicho en público, que no se presentaría recurso. Le anticipó que cuando el caso terminara quería invitarle a comer, a él y al juez Garzón.

El ministro Louis Michel y el ministro Matutes, después de entrevistarse en Madrid, el 10 de febrero, ofrecieron una rueda de prensa. El ministro belga señaló que su país seguiría recurriendo en Londres hasta el final.

—El ministro Valdés me ha decepcionado —explicó Michel al canciller español—. En Nueva York utilizó un tono descortés al reprocharme el recurso que Bélgica había puesto contra la decisión de Straw. Yo intenté entenderle, pero sus opiniones sobre mi postura y la de mi Gobierno me sorprendieron mucho.

Abel Matutes llamó enseguida a Santiago.Quería hablar con Valdés.

—Juan Gabriel, el ministro belga Louis Michel ha venido a Madrid. Está muy enfadado contigo.

—No sé por qué.

—Dice que en vuestra reunión de Nueva York le has tratado como si fuera tu *valet*.

—Yo no lo traté mal, para nada. Le exigí que se dejara de jugar a la hipocresía, de decirme una cosa en septiembre y ahora, por razones de política interna, retrasar la solución del tema de Pinochet. Al terminar la entrevista me propuso que viéramos juntos a la prensa. Le dije que lo sentía pero yo no iba a estar junto a él. Y me fui.

—Esta situación no puede seguir. Vamos a tener problemas con Bélgica. El ministro dice que van a seguir con los recursos hasta el final. Yo creo que tienes que arreglar este asunto. Sería bueno que tú le vieras. Yo puedo decírselo.

—Mi subsecretario ha estado con él la semana pasada y pensaba volver a verle.

—Perdona, pero creo que este asunto tienes que arreglarlo tú. Está muy enfadado contigo.

—No, si tienes razón. Yo viajaré a Europa con Frei la semana próxima que va a Roma a visitar al Papa. Si es necesario, puedo ir a Bruselas.

—Mira, el martes 14 voy a estar en Bruselas para el inicio de la Conferencia Intergubernamental. Si tú quieres podría sugerirle que te reciba ese día.

Matutes habló con el ministro belga y éste estuvo de acuerdo en mantener una reunión con el canciller chileno el lunes día 14, por la tarde. El ministro español sugirió a Valdés que pasara antes por las oficinas de España en la sede de la Unión Europea.

Valdés y Lagos viajaron a Bruselas, vía Francfort, donde aprovecharon para repasar la carta que habían preparado para el ministro belga. Ambos y el embajador chileno, Hugo Cubillos, fueron a la sede de la Unión Europea para ver a Matutes, quien les urgió a arreglar el entuerto para evitar nuevos recursos en Londres. Valdés y sus colaboradores abandonaron el despacho rumbo al Ministerio de Asuntos Exteriores belga. Antes de salir del edificio, el ministro se detuvo en uno de los pasillos para ir al cuarto de baño. En la puerta había un grupo de personas que cuando le vieron comenzarón a sonreír. Lagos y Cubillos se quedaron en el pasillo.

Valdés entró. Un hombre regordete con barba y gafas, enfundado en un traje color gris de cuyo bolsillo exterior caía un coqueto pañuelo estaba de pie colocado ante uno de los urinarios. Cuando advirtió la presencia de otra persona, se dio media vuelta.

—*¡Vous ici! Bon jour monsieur le ministre, ¡quel grand coïncidence!* —dijo Louis Michel.

—*Bon jour* —dijo Valdés, mientras él también marcaba territorio.

Salieron. En la puerta del servicio, todos reían con ganas.

—Bueno, nos vemos en el ministerio —dijo Michel.

En la reunión, Valdés dijo que los recursos contra Straw estaban dilatando en el tiempo una decisión que era irreversible.

—Señor ministro, el subsecretario Mariano Fernández le entregó a usted hace pocos días una carta de mi presidente dirigida al primer ministro belga. El presidente Frei me ha dicho que si Bélgica presenta sus querellas contra Pinochet en Chile, el Consejo de Defensa del Estado estaría dispuesto a personarse. Se trata de una institución parecida a la del abogado del Estado. Hemos traído una carta donde se explica la propuesta de que los tribunales belgas persigan sus causas contra Pinochet ante nuestros tribunales. Nosotros creemos que este asunto ya no da para más. Retrasar la determinación del ministro Straw de interrumpir la extradición de Pinochet a España mediante nuevas apelaciones carece de sentido.

—Me parece interesante —contestó el ministro belga—. Después de oírles, siento que voy a pedalear en el *chucrut.*
Valdés oía esa expresión por primera vez. Miró a Lagos, quien, por su gesto, indicó que tampoco la conocía. Era una frase que usan los ciclistas para definir un gran esfuerzo que no se traduce en un avance hacia su objetivo. Al pedalear, en lugar de deslizarse por la pista, siguen empantanados. Michel quería decir, en roman paladino, que no entendía de qué estaban hablando los chilenos.

CAPÍTULO 90

El trallazo

El 15 de febrero, a la una de la tarde, hora de Londres, la puerta del juzgado número 3 en la primera planta del Alto Tribunal de Justicia se abrió para dejar pasar a los abogados de todas las partes. Por deferencia, antes de que el presidente del tribunal leyera la sentencia, pudieron tener acceso a ella de forma confidencial. Por el cristal superior de la vieja puerta de la sala, se veía a los abogados de una de las partes: la defensa. Allí estaban los chilenos Schweitzer y Errázuriz. Llevaban la derrota inscrita en el frontispicio de sus rostros. Una hora más tarde, se permitió que la prensa y el público accedieran a la sala. Ni los abogados de Pinochet ni el letrado del ministro del Interior ocultaban su decepción. Sus rostros lo decían todo: habían perdido. Hugh O'Shaugnessy, el colaborador de *The Guardian*, miró la sentencia que Errázuriz tenía ante sí, un banco más adelante, y a continuación sacó su brazo derecho, estiró el dedo pulgar y lo colocó hacia abajo. Los tres jueces hicieron su entrada.

El juez Simon Brown procedió a leer los treinta y tres folios de la sentencia. Después de enumerar los «poderosos argumentos de ambas partes», pasó a las conclusiones. «No ha sido éste un caso fácil. En última instancia, el problema a resolver es uno solo: ¿exige la equidad revelar este informe a los países que piden la extradición? He llegado a la conclusión de que este informe debería ser puesto en conocimiento de estos países. La decisión que el ministro del Interior "piensa adoptar" es, huelga decirlo, muy relevante. Su consecuencia será que el senador Pinochet, acusado de crímenes terribles, no será juzgado en ninguna parte del mundo. Aunque teóricamente el abogado del Estado y el Fiscal General deberán adoptar una decisión independiente sobre si se le acusa o no en el Reino Unido, de acuerdo con el artículo 7 de la Convención contra la Tortura, la lógica irrefutable de la posición del ministro del Interior es que ambos hallarán inevitablemente al senador Pinochet incapaz para someterse a juicio. Y aunque las autoridades chilenas no estarán obligadas por la conclusión del ministro, el senador Pinochet apelará a su irresistible efecto en cualquier procedimiento que tenga lugar contra él en dicho país. Si ha habido alguna vez un caso en el cual se ha hecho necesario demostrar la integridad del sistema judicial internacional, un caso que requiere los más altos niveles de equidad y transparencia, éste lo es. Simplemente, no es satisfactorio que un informe médico tan importante como éste solamente esté en manos de cuatro funcionarios de un solo país».

Brown explicó que poner el informe en conocimiento de las autoridades suponía una pérdida de confidencialidad «limitada y previsible». Según señaló, «las conclusiones del informe ya han sido anunciadas públicamente», en referencia a la explicación dada por el ministro Straw ante el Parlamento, en su exposición del 12 de enero. «Lo que queda son los datos concretos que sustentan las conclusiones y éstos serán conocidos por los cuatro países bajo condiciones de estricta confianza. Digo que es previsible porque el tema de la capacidad del acusado para someterse a juicio es, normalmente, algo que se debe resolver dentro del proceso judicial. Nuestras leyes prevén que esta cuestión es para elevar al jurado y la cuestión de la capacidad general para someterse a juicio, una vez que ha comenzado el procedimiento, compete al juez. Y, según yo lo entiendo, en otros países europeos firmantes del Convenio Europeo de Extradición este asunto debe resolverse en los tribunales y no en el seno del Ejecutivo. Y si el senador Pinochet hubiera planteado su situación de salud durante el recurso de amparo pendiente, el informe hubiera debido ponerse en conocimiento de España».

Brown rechazó todos los pretextos del ministro. Y fue más lejos: «El ministro no puede simplemente revelar el informe a las autoridades; está obligado a hacerlo. El interés que prevalece es el del interés público en que el procedimiento sea percibido y aceptado por la inmensa mayoría como justo. Esto es lo imperativo y lo que sobrepasa cualquier interés privado en contrario. Ésta es, por tanto, la orden que yo daría».

También dedicó un párrafo especial a los esfuerzos del abogado Sumption por destacar la ausencia de España en los recursos contra el ministro Straw. Brown citó los argumentos del juez

Garzón, en contraste con la decisión del Gobierno español de no recurrir la decisión.

Y dijo: «Los recursos presentados no son más débiles ni más fuertes que cualquier apelación que España pudo haber presentado. No son más débiles porque una vez que se ha aceptado la capacidad de las partes para recurrir, el tribunal debe decidir sobre la legalidad del procedimiento impugnado no menos que si España hubiera sido el apelante. No son más fuertes porque no encuentro contenido especial en alguno de los argumentos planteados por cada recurrente».

Los jueces David Latham y John Dyson leyeron, a continuación, sus argumentos, en apoyo del juez Brown.

El abogado del Ministerio del Interior, Jonathan Sumption, al finalizar la lectura, pidió hablar. Se levantó de su banco, y dijo: «El ministro ha dado instrucciones para enviar en las próximas horas los documentos a las embajadas de los cuatro países para que en el plazo de siete días, hasta las cinco de la tarde del día 22, presenten sus alegaciones».

Chantal Monet, la asesora del ministro belga, presente en la sala, saltó de júbilo. «Nuestra victoria demuestra que la decisión de Straw era incorrecta y que se podía recurrir. No hemos hecho ridículo alguno», declaró, haciendo una referencia a los vaticinios de Matutes. Una vez más, en aquellos días, los esfuerzos del Gobierno español por demostrar que los recursos ante el Alto Tribunal de Justicia eran inútiles se mostraron falaces. Y esta vez, de la manera más rotunda.

Antes de terminar el almuerzo, Abel Matutes supo que los jueces ordenaban el envío del informe médico a España y a los otros tres países. Se reunió después con el director de la Oficina de Información Diplomática (OID), Joaquín Pérez Villanueva, para comentar el asunto. Ya le rondaba una idea en la cabeza. Se resumía en una frase. «Aquí te pillo, aquí te mato».

—Joaquín, el fallo está muy bien. La sentencia establece la facultad del ministro para interrumpir la extradición y ordena enviar el informe a los cuatro países que solicitan la extradición de Pinochet. ¿Qué hacemos? Hay que analizar las cosas con toda frialdad. Antes de este fallo, yo estaba a favor de que se conociera el informe. Sigo pensando del mismo modo. ¿Qué piensas?

—Sobre todo, ministro, porque al Gobierno británico le interesa que se conozcan las razones por las cuales el ministro del Interior ha decidido no extraditar a Pinochet.

—Eso me parece evidente —admitió Matutes—. Si a alguien le afecta este asunto es a ellos, porque están asumiendo todo el coste de la decisión.

—Yo creo que lo agradecerán, aunque desde luego no puedan reconocerlo. Pero no tenemos mucho tiempo para darle vueltas. El informe está al caer. Hay que estar preparados.

—Joaquín, quiero que sepas que yo doy la cara por mis colaboradores. Creo que deberíamos convocar una rueda de prensa y decir que nos parece bien que se envíe el informe médico y que se le hará llegar al juez enseguida. Y voy a recordar que no vamos a recurrir cuando el ministro británico anuncie su decisión final.

La filtración del informe era una hábil maniobra. El fallo de los tribunales mostraba, contra lo que había dicho el Gobierno español, que un recurso podía ser útil. Pero, al mismo tiempo, el contenido del informe ratificaba en términos médicos aquello que Straw había resumido el 12 de enero en el Parlamento británico, cuando explicó que Pinochet «no tiene capacidad para seguir el proceso, dar instrucciones claras a sus abogados u ofrecer una versión coherente de los hechos».

CAPÍTULO 91

Aquí te pillo, aquí te mato

Muerto el perro, pues, se acababa la rabia. Ahora, a un mes de las elecciones generales de marzo, se podría explicar a la opinión pública española que Pinochet era poco menos que un despojo humano. Y, sobre todo, lo firmaban especialistas británicos. ¿No habría sido inútil, pues, pleitear en los tribunales como quería el juez Garzón? El informe era una bomba espectacular. Matutes vio enseguida su rentabilidad. ¡El hecho de la filtración como tal quedaría sepultado bajo los escombros que provocaría su estallido! ¿Qué importancia podía tener el hecho mismo de la filtración? Además, siempre quedaría la duda. Porque el Ministerio de Asuntos Exteriores tenía que enviar una copia al juez Garzón.

El Ministerio del Interior británico envió una copia del informe a la Fiscalía de la Corona, que se ocupó de hacerla llegar a las embajadas de Bélgica, Francia, Suiza y España. Los embajadores se encargarían de enviar el documento a las capitales de los cuatro países.

El embajador español en Londres, Santiago Mora-Figueroa, envió el informe a Madrid por fax. La OID se encargaría de hacer llegar una copia del documento a los periódicos *El Mundo* y *Abc*, que no tuvieron que hacer mayor esfuerzo para obtenerlo. La operación se debía hacer en paralelo al envío del informe al juez Garzón.

Sobre las siete y media de la tarde, Matutes explicó su posición en el Palacio de Santa Cruz. «Celebro la decisión de los tribunales británicos», dijo el ministro. «Se ha reconocido que el ministro del Interior tiene facultades para interrumpir la extradición. Nosotros vamos a cumplir nuestro compromiso de no recurrir cuando anuncie su decisión final», añadió. El documento llegó al Palacio de Santa Cruz poco antes de que Matutes terminara sus explicaciones a la prensa.

El subsecretario, José de Carvajal, envió un sobre en mano, pasadas las ocho y media, a la Audiencia Nacional. El juez Garzón lo recibió a las nueve menos cuarto y convocó a uno de sus auxiliares, Joaquín Marín Musso, quien en su presencia sacó una copia. Se colocó en un sobre, se selló y fue llevado hasta el domicilio particular del traductor. El juez guardó la versión recibida en otro sobre cerrado en la caja fuerte del juzgado.

José María Brunet, redactor jefe de *La Vanguardia*, en Madrid, oyó rumores sobre la filtración del informe médico. Llamó a Joaquín Pérez Villanueva, pero éste no se puso al teléfono. El director del periódico barcelonés, Juan Tapia, estaba fuera del diario. Pero fue informado. Él sabía que el tema le quitaba el sueño a Matutes, quien le había manifestado en una conversación reciente su preocupación por el caso.

Una vez cerrada la parte sustancial del trabajo, la OID devolvió la llamada a Brunet. Serían las nueve y cuarto de la noche cuando hablaron. Brunet explicó que le habían llegado versiones sobre el informe médico pero que no había podido incluir la noticia en la primera edición del periódico. Quería ver si era posible obtener una copia del mismo.

Pérez Villanueva le dijo que tomara notas de los cuatro puntos del capítulo de conclusiones, el último del informe. Era más que suficiente para hacer una crónica rápida.

Brunet quiso asegurarse.

—Oye Joaquín, yo me fío de ti. Pero no tengo ningún papel y el periódico necesita alguna prueba. ¿Puedo grabar lo que me vas a decir?

—Sí, no hay problema.

—Espera un segundo.

Brunet preparó su casete y le dijo que podía empezar.

—Te leo: «Mentalmente: En nuestra opinión, el senador Pinochet no estaría capacitado para participar de manera significativa en un juicio. Basamos esta opinión en cuatro datos: Primero, la falta de memoria para retener acontecimientos recientes y remotos. Segundo, su limitada capacidad para entender frases complejas y preguntas, debido a las dificultades de memoria y, por consiguiente, incapacidad para procesar información verbal de manera adecuada. Tercero, incapacidad para expresarse de manera audible, sucinta y relevante. Y cuarto, fatiga muy fácil».

—¿Qué otras cosas dice?

—Hay un lista de los tests realizados. Te leo lo más relevante: «En resumen, el general Pinochet muestra un deterioro moderado/severo de sus funciones intelectuales más allá de la que se debe estrictamente a su edad». Oye, espera un momento.

—Sí, sí.

—José María, me llama el ministro, ya vuelvo.

—Te espero.

—Aquí estoy —dijo Pérez Villanueva transcurridos unos minutos—. Íbamos, a ver, ah sí. «El cociente intelectual fue superior en su día, y en el presente está dentro de la parte inferior de la franja media/media. No existe evidencia de que esté intentando simular su incapacidad». Yo creo que esto es lo fundamental.

—¿Es muy largo? ¿Cuántas páginas son?

—Son seis. Pero la mayor parte es terminología médica.

—Bueno, con esto me parece bien.

Brunet tenía mucha prisa. A las diez y media tenía que estar en una tertulia de periodistas en los estudios de la cadena SER.

Nada más colgar, llamó a la redacción de Barcelona. Informó de que tenía una grabación con el contenido del dictamen.

—Es que no me fiaba. No tengo papeles. Pedí autorización para grabar y no hubo reparos.

Luis Foix, el director adjunto, fue informado de la conversación de Brunet con Pérez Villanueva. Llamó al director, Juan Tapia, para comentar los pormenores de la historia. El informe era una noticia de interés. Por otra parte, Brunet se lo había trabajado.

Tanto *El Mundo* como el *Abc* publicaron el informe completo. *La Vanguardia* introdujo cambios después de su primera edición para incluir la noticia en portada: «El dictamen sobre Pinochet dice que no está capacitado mentalmente». Señalaba que el documento oficial «dice que el ex dictador chileno presenta un deterioro alto de la función intelectual, más allá de lo que se debe estrictamente a su edad». En páginas interiores, Brunet, resumía los puntos que Pérez Villanueva le había leído por teléfono bajo el título: «Es mentalmente incapaz».

Brunet marchó a Gran Vía, 32, para incorporarse a la tertulia de la SER en el programa *Hora 25*. Al comentar las noticias de la prensa del día siguiente, el director del programa, Carlos Llamas, destacó que dos periódicos de Madrid traían el informe médico completo de Pinochet y dijo que debía tratarse de una filtración oficial.

—Nosotros también llevamos las conclusiones del informe —atajó Brunet.

En la mañana del día siguiente, 16 de febrero, la Cadena SER supo por una fuente del Ministerio de Asuntos Exteriores que éste había sido responsable de la filtración del informe. Un alto cargo, informó la cadena, había dicho que al filtrar el documento se castigaba al periódico *El País*, por haber publicado a lo largo del procedimiento judicial noticias que fueron consideradas negativas para el Gobierno.

Los informativos de la SER llamaron a Joaquín Pérez Villanueva, a quien se le preguntó si, en efecto, como aseguraban sus fuentes, el informe había sido filtrado por el Ministerio de Asuntos Exteriores.

—El documento fue enviado desde la embajada española en Londres. Una vez recibido por fax, en torno a las siete y media de la tarde de ayer, fue cursado directamente al juez... —intentó desviar Pérez Villanueva.

—No me ha respondido a la pregunta. ¿Filtró Exteriores el documento? —insistió el periodista.

—¿Era ésa la pregunta? —dijo Pérez Villanueva, y enmudeció, como quien está pensando qué decir, para añadir: —Me resulta extraordinariamente difícil pensar, por no decir imposible, que se haya producido una filtración en este Ministerio.

Matutes, preguntado por la ruptura de la confidencialidad, prefirió no opinar, pero destacó que el informe demostraba de forma «concluyente la incapacidad del general Pinochet para someterse a un juicio» y manifestó que esperaba una decisión del ministro Straw para «interrumpir la extradición». Fue el único ministro de los cuatro gobiernos destinatarios del informe que hizo referencia a las conclusiones del documento. Los ministerios de Asuntos Exteriores de los otros países sólo expresaron su perplejidad por la filtración.

El ministro portavoz del gobierno, Josep Piqué, por su parte, explicó que la publicación del informe era «una muestra de la capacidad de hacer periodismo de investigación».

El Ministerio del Interior británico pidió ese día 16 al Servicio de Fiscalía de la Corona que preguntara al Gobierno español «si podía aportar alguna información, algún dato, que permita saber cómo ha llegado a dominio público el informe».

El juez Garzón, en un oficio, dejó constancia de que la filtración del informe se produjo «antes de que llegara a este juzgado procedente del Ministerio de Asuntos Exteriores» Radio Nacional de España preguntó a Pérez Villanueva, por la noche, cuál sería la respuesta que se daría al Gobierno británico.

—Estamos en ello —respondió. Y añadió—: Le explicaremos que hemos realizado una investigación y hemos comprobado que esa filtración no se ha producido ni siquiera en este país.

Es decir: apenas unas horas después de que el Gobierno británico pidiera información al Gobierno español y cuando todavía se «estaba en ello», la respuesta para Londres ya estaba lista.

Un día más tarde, el 17, después de conocer el contenido de la grabación, y a la vista de la tormenta, Luis Foix publicó, en clave de humor británico, un comentario en *La Vanguardia:* «Para un diario o para un periodista sean bienvenidas las filtraciones. En nuestra edición de ayer conseguíamos también, al igual que dos periódicos madrileños, el secreto informe médico del ex dictador. Me permito la siguiente consideración. El dichoso informe estuvo más de un mes en manos del ministro Straw. No se enteró nadie. Ni siquiera la acreditada prensa sensacionalista británica. Llegaron los papeles a Madrid y en cuestión de horas ingresaron en varias redacciones españolas. ¿Quién ha sido? Ustedes mismos. Es divertido pero poco serio».

Esa mañana, Aznar, de paso por Barcelona, concedía una entrevista a Cataluña Radio. El presidente del Gobierno lamentó la filtración, pero, como su ministro Piqué, apuntó que debía ser obra del «periodismo de investigación». Aznar agregó: «Estoy absolutamente convencido de que el Ministerio de Asuntos Exteriores ha cumplido correctamente con su obligación».

Matutes, a su vez, usó la misma frase en una rueda de prensa que dio ese día en Madrid. «El Ministerio de Asuntos Exteriores, evidentemente y rotundamente, ha cumplido sus obligaciones. Siempre he estado en contra de las filtraciones, de ésta y de las que se han producido a lo largo del proceso», dijo.

Pero el ministro distinguió entre las presuntas filtraciones anteriores en el caso y la que se había producido la tarde del martes 15 con el informe médico.

«Los medios de comunicación que se han beneficiado de filtraciones anteriores ahora se rasgan las vestiduras», dijo en alusión a *El País,* que había acusado al Gobierno por la filtración.

El ministro sabía bien lo que se decía. Aquellos que «se rasgaban las vestiduras» estaban resentidos, insinuaba Matutes, por una razón: la OID les había castigado a la pena capital de no filtrarles lo que era, según el propio Ministerio de Asuntos Exteriores, «una de las informaciones más atractivas de los últimos tiempos dentro y fuera de España».

CAPÍTULO 92

Operación salida

A lo largo de todo el caso, Jack Straw había salido invicto de los recursos de la defensa de Pinochet ante los tribunales. Ahora acababa de perder. Y había perdido la única batalla ante quienes durante quince meses fueron sus aliados: los países que solicitaban la extradición de Pinochet y las organizaciones de derechos humanos. Pero no era una derrota de fondo sino de forma: los jueces le obligaban a entregar el informe médico como justificante de su decisión de liberar a Pinochet.

Jonathan Sumption definió en los tribunales las reglas de juego. Las alegaciones sobre la salud de Pinochet y las características del informe médico no harían cambiar el punto de vista preliminar del ministro en el sentido de rechazar la extradición. Porque, según había explicado, esas alegaciones no se basarían nunca en la observación directa del general. Por tanto, los comentarios de carácter clínico estaban destinados al fracaso.

El juez francés, Roger Le Loire, y el belga, Damien Vandermeersch, que pedían la extradición del general, designaron médicos que, a su vez, se pronunciaron sobre el informe británico.

El juez Garzón nombró en el juzgado una comisión de expertos integrada por ocho médicos: un forense, un neurólogo, cuatro psiquiatras y dos psicológos. Casi todos ellos ocupaban puestos relevantes en hospitales y universidades españolas. El 18 de febrero, tras estudiar durante dos días el informe británico, los ocho médicos comparecieron ante el juez para aportar sus respuestas a una serie de preguntas previamente encomendadas. El juez siguió el modelo de cuestionario que Straw había planteado al equipo que revisaría a Pinochet. Quería saber hasta qué punto el general podría comprender el desarrollo de un juicio, dar respuestas coherentes y cursar instrucciones a sus abogados. También preguntó por el modo en que habían sido realizados los exámenes.

Los médicos sostuvieron que «el exámen neurológico no demuestra daño cortical y subcortical diferentes de los que pueda presentar cualquier anciano normal de su edad. Tampoco demuestra que los supuestos trastornos motores sean atribuibles a la lesión cerebral y mucho menos a patología vascular cerebral». Señalaban que Pinochet presentaba «un estado físico y mental lo suficientemente normales como para afrontar la comparecencia en un juicio», y advertían que, a diferencia de lo que habían hecho los médicos en el Reino Unido, el tiempo para realizar los tests «no debería ser más de media hora seguida, con tranquilidad y calma, en varias sesiones a lo largo de una semana y cada sesión no debería exceder de dos horas como máximo».

Los médicos belgas consultados por el juez Vandermeersh no objetaron la calidad profesional de los exámenes realizados, pero cuestionaban su interpretación. «La opinión es que el deterioro cerebral es muy leve, lo que le permite participar en un juicio», se decía en las alegaciones. Los médicos suizos sostenían que las enfermedades del general no era un obstáculo para enjuiciarlo. El juez francés, por su parte, solicitaba, como el juez Garzón, un nuevo examen en el Reino Unido.

El ministro chileno, Juan Gabriel Valdés, anunció el día 23, después de reunirse en Lisboa con el canciller francés, Hubert Védrine, que Francia, España y Suiza, según se le había asegurado, respetarían la decisión de Straw. El único país pendiente de definir si recurriría la decisión final era Bélgica. El abogado Richard Stein, un hombre que había trabajado en el caso con la organización Human Rights Watch, y que ahora representaba al Gobierno belga, dejó la decisión en el aire, pero no ocultó a sus clientes la opinión de que ese recurso jamás podría cambiar la decisión de fondo, cuya potestad era de Straw, según acababa de ratificar el tribunal que le obligaba a entregar el informe médico. Por tanto, después de haber obtenido una resonante victoria sobre Straw, Bélgica tenía que valorar si merecía la pena apelar la decisión final.

Mientras en suelo británico se preparaba el último acto, en Santiago trascendían detalles sobre el montaje del espectáculo para el día del retorno. El Gobierno de Frei asistía como mero espectador a los preparativos del Ejército para la recepción. El comandante en jefe del Ejército, el general Ricardo Izurieta, informó al ministro de

Defensa, Eduardo Pérez Yoma, que pronunciaría un discurso y que estaba previsto extender la alfombra roja oficial al pie de la escalerilla del avión, en la pista de aterrizaje del llamado Grupo 10 de la Fuerza Aérea Chilena, situado a un costado del aeropuerto de Pudahuel. Pérez Yoma informó al ministro del Interior, Raúl Troncoso.

Todos los detalles de los fastos trascendieron a los medios de comunicación. La banda de música de la guarnición de Santiago, por ejemplo, tocaría marchas militares y las canciones favoritas del general, entre las que destacaba *Lili Marlene*.

Pero la recepción oficial del Ejército era sólo una de las escenas previstas. A continuación, la Fundación Pinochet había convocado a los simpatizantes del general, que debían concentrarse con banderas chilenas y pañuelos blancos. El Gobierno tragaba el aceite de ricino y miraba hacia otro lado.

Straw anunció el 1 de marzo, a través de su colaboradora, Fenella Tayler, que tenía «previsto adoptar su decisión en el caso del senador Pinochet mañana [día 2] a las 8.00 horas» y así se lo comunicó a todas las partes. Poco después, siguiendo instrucciones de Straw, el abogado del Tesoro británico, que asesoraba al ministro, ordenó enviar una carta a todas las partes. El abogado Christopher Ashford decía: «En relación con el fax de esta tarde enviado por Fenella Tayler, si usted decide presentar un recurso ante los tribunales mañana, esperaré que haga llegar la noticia anticipada a la señorita Tayler, al abogado de mi cliente y a mí. Usted tiene los datos de la señorita Tayler y los míos». Añadía el teléfono y el fax del abogado Jonathan Sumption.

Este aviso era revelador de la diligencia que había puesto Straw en la operación salida. No tenía ningún interés de librarse de Pinochet a espaldas de los tribunales. Si había un recurso, quería saberlo de antemano para tener en cuenta las circunstancias al día siguiente, a la hora de anunciar la decisión. También la Policía Metropolitana fue instruida para tener en cuenta un posible recurso y sus consecuencias.

El Ministerio de Asuntos Exteriores español recibió la notificación, como todas las partes; pero como rechazaba presentar el recurso ni se molestó en transmitírsela al juez Garzón.

El abogado Michael Caplan informó de inmediato a Errázuriz y a Schweitzer de que la decisión se anunciaría al día siguiente. Ambos llamaron al general.

Pinochet no hizo ninguna referencia al anuncio de Straw. Prestaba atención a la pantalla de televisión, sintonizada con un canal de Santiago que retransmitía un partido de tenis. El general Carlos Molina Johnson, enviado por el general Izurieta desde Chile, estaba encargado de organizar la salida. Repasó con Pinochet los últimos detalles.

—Mi general, es mejor que se acueste temprano.

La defensa de Pinochet, por su parte, escribió esa misma tarde al Alto Tribunal de Justicia, a todas las partes del caso y al abogado del Tesoro. «El Ministro del Interior hará un anuncio mañana. En caso de que decida terminar el proceso de extradición del senador Pinochet puede haber nuevos recursos contra esa decisión inmediatamente en el Alto Tribunal. Si es así, quisiéramos que los abogados de nuestro cliente sean oídos. Puede haber también una solicitud para que la orden del ministro quede en suspenso. Queremos estar presentes durante el curso de tal petición».

A primeras horas de la noche, el equipo del detective inspector Andrew Hewett repasó los detalles de la operación para trasladar a Pinochet.

El Boeing 707 *Águila*, de la Fuerza Aérea Chilena, esperaba desde el 29 de enero en la base aérea de Brize Norton. El aparato se había acondicionado con dos salas privadas: un dormitorio con cama de matrimonio, tubo de oxígeno y una mesa; un salón, con una mesa y dos asientos. La parte trasera fue convertida en una pequeña habitación de hospital: una mesa camilla, tubo de oxígeno, equipos médicos y la silla de ruedas.

El aeropuerto, a unos 75 kilómetros de Londres, estaba bien situado para llegar desde Surrey, pero era demasiado grande. Hewett pensó que si alguien intentaba preparar un atentado, era su última oportunidad. Para controlar Brize Norton se hacía necesario enviar varias patrullas y personal armado con metralletas.

Había que tener en cuenta otra circunstancia. La base carecía de instalaciones para alojar a Pinochet y su familia, médicos y abogados, si fuera necesario permanecer algunos días. Si uno de los países o grupos de derechos humanos presentaba un recurso ante el Alto Tribunal de Justicia y si, por ventura, los jueces ordenaban paralizar la liberación hasta que se oyeran los argumentos, el ministro del Interior contemplaba, entre las alternativas, la posibilidad, más bien teórica, de que se ordenara suspender la ejecución de su orden hasta que se viera en los tribunales.

Esa misma noche se tomó la decisión de cambiar los planes. En la madrugada, el Boeing 707 debía dirigirse de Brize Norton, a las cinco y media, antes de las primeras luces del día, al aeropuerto de la base aérea de Waddington, en Lincolnshire. Estaba más lejos pero contaba con instalaciones y alojamientos adecuados.

Hewett llamó a Jean Pateras, la citó a primera hora y le recomendó que llevase un juego de ropa por si debía dormir en la base aérea. También dio instrucciones a John Lowden, un policía de su departamento, para que acudiera la mañana siguiente, jueves 2 de marzo, al Alto Tribunal de Justicia. Tenía que confirmar si se presentaba algún recurso y avisarles por teléfono.

Los abogados Caplan, Schweitzer y Errázuriz, y el general Carlos Molina Johnson llegaron pasadas las siete de la mañana a Wentworth Estate. Con las primeras luces del alba, el piquete de manifestantes, que comenzó su vigilia final en la carretera próxima a la residencia el miércoles día 1, comenzó a batir los tambores y a entonar sus cánticos.

A las ocho, los abogados, el general, su esposa y uno de sus nietos estaban pendientes de una llamada telefónica. Lo que se aguardaba en Wentworth Estate era la confirmación de que había llegado el fax de la libertad. Porque, según se había acordado, la carta del Ministerio del Interior sería enviada al bufete de Kingsley Napley. Al mismo tiempo, el general estaba pendiente de la televisión chilena. A las ocho, hora de Londres, eran las cinco en Santiago. Pero la televisión había previsto cubrir los hechos.

En el jardín, frente a la puerta de la residencia, había un coche. El detective inspector Andrew Hewett y Jean estaban dentro. Esperaban noticias antes de entrar en la casa.

El fax llegó a las ocho de la mañana al bufete de Kingsley Napley. Según decía la carta, Straw había adoptado la decisión final de no extraditar al general Pinochet al estar incapacitado, según el informe médico, para someterse a juicio, razón por la que se le dejaba en libertad. Un miembro del bufete llamó enseguida a Caplan, a su teléfono móvil. La noticia, no por prevista fue menos festejada.

El general, su esposa y el grupo que le acompañaba en el salón de la casa de Wentworth Estate tenían la mirada clavada en la televisión chilena. En Santiago, en la calle Zenteno, sede del edificio de las Fuerzas Armadas, el comandante en jefe del Ejército, general Ricardo Izurieta, y su cuerpo de generales hacían lo mismo. Apenas unos minutos después de las ocho en Londres, las cinco de la mañana en Santiago, las cadenas de televisión mostraron la carta por la cual el ministro Straw dejaba en libertad a Pinochet.

El ministro envió documentación por escrito a la Cámara de los Comunes, informó que ofrecería una explicación después de la una de la tarde.

Caplan llamó al Ministerio del Interior. Fenella Tayler le dijo que era necesario esperar hasta que el abogado del Estado, Ross Cranston, anunciara su decisión formal respecto a si se acusaba o no a Pinochet por delitos de tortura en el Reino Unido.

El director de la Fiscalía Pública, David Calvert-Smith, a cargo de la Fiscalía de la Corona, informó durante la mañana a la Policía Metropolitana de que el material aportado por España en el procedimiento de extradición no sería admitido en un procedimiento penal en el Reino Unido sin una previa investigación completa de la policía. Si bien en el procedimiento de extradición, aclaraba, España no tenía necesidad de presentar material probatorio de los delitos que imputaba a Pinochet, ese mismo material no era suficiente para acusar al general en la jurisdicción británica. La Policía Metropolitana, por su parte, había tenido acceso a los documentos desde finales de marzo de 1999, cuando solicitó autorización al juez Garzón para estudiar los casos de tortura posteriores a 1988. De acuerdo con el código de los fiscales, sin una posibilidad realista de condena, no se podía plantear una acusación. Asimismo, la Fiscalía señaló a la Policía Metropolitana que, a la vista del informe médico, ningún tribunal del Reino Unido aceptaría juzgar a Pinochet cualesquiera fueran las pruebas.

Al oír en Madrid por la radio que Straw había anunciado su decisión, el juez Garzón envió sus instrucciones al Ministerio de Asuntos Exteriores español desde el juzgado número 5 de la Audiencia Nacional. El escrito decía: «El recurso a interponer por el fiscal, en nombre del Reino de España, ha de ser inmediato con el fin de no hacer inefectivo e ilusorio el derecho que se ejercita». Como si fuera un soliloquio, el juez explicaba que «la facultad para dar instrucciones en esta fase judicial del procedimiento corresponde exclusivamente al juez instructor».

La acción, simbólica, fue la única contra la decisión de Straw. El abogado Richard Stein anunció en nombre de Bélgica que dicho país había decidido, finalmente, no presentar recurso.

A las nueve y media, Hewett recibió una llamada telefónica desde la sede de la Policía Metropolitana, en Londres. Debía comunicar a Pinochet que se le dejaba en libertad. No habría acusación contra él en la jurisdicción del Reino Unido.

Él y Jean Pateras se acercaron al general. Estaba en el salón, junto a Caplan.

—No le voy a arrestar. Está usted libre y puede marcharse —dijo Hewett.

El paso siguiente era sacarlo de allí. El detective inspector no dijo hacia dónde iban. Un convoy de ocho vehículos calentaba motores. Había dos Volvos de la policía, un Range Rover y dos motocicletas.

El general subió a un Volkswagen Sharan con cristales blindados y oscuros. Le siguió su esposa y el general Molina Johnson.

En la carretera, el piquete de manifestantes y los medios de comunicación, que se habían trasladado desde la base de Brize Norton, esperaban la salida desde la carretera, el único lugar en el cual estaban autorizados a permanecer.

A toda velocidad, la caravana salió del callejón y giró por Chesnut Road para coger la autopista en dirección al norte, lo que permitía evitar a los manifestantes. Michael Caplan, que iba en un coche de la policía con los abogados chilenos Schweitzer y Errázuriz, mantenía una línea directa con su oficina en Kingsley Napley; hablaba también con Clive Nicholls, que estaba en su despacho en Raymond Buildings, en Londres. Cada vez que sonaba el teléfono de Caplan, policías y abogados escuchaban con ansiedad. La idea de un recurso de última hora ante el Alto Tribunal de Justicia les hizo compañía durante todo el viaje. Arriba, un helicóptero de la policía les escoltaba. También les seguía uno de la cadena de televisión ITN.

En la base aérea, el control militar dejó pasar al convoy, a la una menos cuarto aproximadamente, hasta la escalerilla del avión. Ya calentaba motores. El cónsul general del Chile, Eugenio Parada, estaba a la espera. El coronel Víctor Hugo Rodríguez, agregado aéreo de la embajada chilena en Londres, coordinaba la operación y tenía la orden de embarcarse rumbo a Santiago.

—¿Nos vamos sin presentar pasaportes? —preguntó Pinochet.

—No es necesario, mi general. Tienen todo controlado —dijo Schweitzer.

La lluvia no había cesado. Sacaron la silla de ruedas. Antes de sentarse en ella, Pinochet estrechó la mano de todos. Saludó a Jean y a Hewett.

—Muchas gracias. Es usted un buen policía —dijo Pinochet.

Un montacargas elevó al general sentado en su silla de ruedas. Los pasajeros subieron a bordo. El abogado Michael Caplan también. Llevaba algo en las manos. Un pequeño paquete. Parecía que ya estaba todo listo. Se ordenó cerrar la portezuela y retiraron la escalerilla.

Dentro del avión, Caplan saludó a Pinochet y le dio la sorpresa.

—Senador, es un presente para usted de parte de lady Thatcher. Me ha pedido que se lo diera cuando usted estuviera en el avión, momentos antes de partir.

El general abrió el regalo. Era la reproducción de un plato fabricado en el año 1588 para conmemorar la victoria de sir Francis Drake sobre la Armada Española, la derrota del colonialismo español. Estaba hecho en plata y llevaba una firma: Margaret Thatcher.

Caplan estrechó las manos de todos y se aprestaba a bajar cuando el avión empezó a moverse.

—Ya han cerrado la puerta. Han quitado la escalerilla.

Se dio la orden para que detuvieran la marcha. Se colocó otra vez la escalerilla. Caplan descendió corriendo.

Los dos médicos que atendían a Pinochet, los doctores Charles Cunlife y Henry Olivi, introdujeron las agujas de las sondas en los brazos del general para administrarle un sedante.

Era la una y cinco cuando el avión empezó a deslizarse por la pista. El general se quejó. El movimiento de la aeronave presionaba las agujas de las sondas en los brazos. Los médicos pidieron al piloto que frenara el avión. Estuvo parado un rato, sin apagar los motores. El cónsul general chileno y el comandante de la base, Ron Cook, salieron juntos hacia la torre de control, donde se les informó del problema. Mientras, los médicos habían inyectado la medicina. El avión avanzó finalmente por la pista y despegó.

Andy Hewett llamó a su superior, el comisario adjunto para operaciones especializadas de la Policía Metropolitana, David Veness, y le confirmó que el avión había despegado. Veness hizo llegar el mensaje a sus superiores y a la oficina de Tony Blair.

En Bruselas, el juez Vandermeersch dictó una orden de arresto internacional del general Pinochet y solicitó una orden de alerta roja a Interpol, que la difundió a los 177 países en árabe, inglés, francés y español, consignando los datos de filiación de Pinochet, su fotografía y los delitos por los cuales se le buscaba.

A la una y veinte, diez minutos después del despegue, Straw se presentaba en la Cámara de los Comunes para someterse a una sesión oral de preguntas y respuestas.

—El senador Pinochet salió de su casa de Wentworth Estate, Surrey, donde estaba en libertad bajo fianza. Fue conducido bajo escolta policial a la base de la Real Fuerza Aérea en Waddington, Lincolnshire. Un avión enviado por el Gobierno chileno con el senador Pinochet a bordo despegó a la 1.10 de esta tarde. El senador acaba de abandonar la jurisdicción del Reino Unido.

Straw explicó la historia del caso. Según dijo, la sentencia de los jueces lores del 24 de marzo de 1999 «fue un hito en la historia de los derechos humanos, cuyo impacto se ha dejado sentir más allá de nuestras fronteras. Será un legado definitivo del caso Pinochet». También se refirió a las consecuencias políticas. «Se ha dicho que si continuaba el procedimiento y más aún, si el senador era extraditado, podría conducir al retorno de un gobierno dictatorial en Chile. No hay evidencia para sugerir esa consecuencia, pero hay una prueba abrumadora de que no sólo en Chile, sino en toda América Latina, el proceso de extradición en el contexto de la ley británica ha ayudado al pueblo de Chile y en otras partes a asumir su pasado no democrático. Éste puede ser uno de los legados del caso».

Dijo después que «el principio de que una persona acusada debe ser mentalmente capaz de comprender el procedimiento, instruir a sus abogados y aportar pruebas coherentemente es fundamental para la idea de un juicio justo. El enjuiciamiento de un acusado en las condiciones diagnosticadas del senador Pinochet por los cargos hechos contra él no puede ser justo en ningún país, y violaría el artículo 6 de la Convención Europea de Derechos Humanos en aquellos países que forman parte de ella».

Fue el diputado laborista Jeremy Corbyn quien expresó en la Cámara de los Comunes la frustración que provocaba la decisión de Straw, cuando preguntó:

—¿Acepta el ministro que mucha gente en este país y en el mundo tiene un sentimiento de vergüenza ante la noticia de que Pinochet acaba de abandonar el espacio aéreo británico y, por tanto, se halla libre de toda probable persecución penal en cualquier tribunal del mundo? ¿Puede explicar por qué el 5 de noviembre de 1999 ofreció a los abogados de Pinochet la confidencialidad del informe médico a cambio de que el general aceptara someterse a exámenes?

Straw volvió a recordar los hechos. Pero no estaba dispuesto a dejar pasar la palabra «vergüenza». Y estaba preparado.

—He tratado de ser no sólo coherente en este caso sino coherente en este caso de extradición con otros en los que he tenido que adoptar decisiones. Le recuerdo a mi honorable amigo el caso de Roisin McAliskey, donde se plantearon asuntos similares sobre sus condiciones de salud. Yo decidí, sobre la base de pruebas médicas independientes, rechazar la extradición. No recuerdo que me haya acusado usted de una conducta vergonzosa en ese caso; antes bien, lo que recuerdo es que me agradeció esa decisión. Tenemos que juzgar estos asuntos como cuestión de principios, y no según la persona. Este doble rasero se hubiera planteado si yo hubiera actuado de una manera completamente contradictoria en este caso.

Straw desestimó las sugerencias de que la capacidad o incapacidad de Pinochet debían ser un asunto de las autoridades españolas. «He prestado mucha atención a este argumento. Sin embargo, me han aconsejado, y yo mismo he llegado a esa conclusión, de que por imperativo de la ley inglesa estoy obligado a formar mi propia opinión sobre la capacidad del senador Pinochet para someterse a juicio y no puedo dejar de adoptar una posición con el argumento de que ello puede ser determinado en España. En cualquier caso, he podido establecer, con la ayuda de las autoridades españolas, que los principios para determinar que las condiciones para que un acusado pueda someterse a un juicio son similares a las nuestras. He llegado a la conclusión de que, dado el dictamen de que no se puede esperar una mejoría en las condiciones del senador Pinochet, carece de sentido judicial la continuación del procedimiento de extradición para un juicio en España que no podría desembocar en ningún veredicto sobre los cargos que se le imputa».

Antes de terminar, Straw dijo: «No se me escapa que la consecuencia práctica de rechazar la extradición del senador Pinochet a España es que probablemente él no será juzgado en ninguna parte. Soy muy consciente de la herida que inevitablemente sentirán aquellos que sufrieron la violación de los derechos humanos en Chile durante el pasado, así como sus familiares. Si no hubiera sido por la patente incapacidad del senador para someterse a juicio, siempre según el resultado del recurso de amparo ante los tribunales, hubiera sido extraditado a España. Ésta era la clara consecuencia de las decisiones que yo he adoptado en el caso al emitir las autorizaciones para proceder. Pero a la vista de las pruebas sobre sus condiciones de salud, he llegado a la conclusión de que un juicio contra el senador Pinochet por las acusaciones que se le imputan, aun siendo deseable, simplemente ya no era posible».

Esa tarde, Margaret Thatcher difundió un comunicado: «El senador Pinochet ha sido un amigo leal de Gran Bretaña en la guerra de las Falklands. La recompensa de este Gobierno ha sido tenerle prisionero dieciséis meses. En este periodo, su salud se ha deteriorado, la reputación de nuestros tribunales se ha visto empañada y enormes sumas de dinero público se han dilapidado para acometer una venganza política. Así que, cuidado amigos de Gran Bretaña, lo mismo les puede suceder a ustedes».

En Madrid, el juez Garzón, a preguntas de los medios de comunicación, dijo: «No estoy enfadado. Comparto el dolor y la tristeza de las víctimas de Pinochet». El ministro Matutes, por su parte, reiteró su posición. «Tengo un cierto sabor de boca amargo. Todos hubiéramos deseado ver el proceso judicial hasta los últimos extremos. Pero servirá como precedente, como aviso a navegantes que no respeten los derechos humanos». En Bruselas, el ministro belga Louis Michel declaró que su país había aceptado la propuesta del ministro Juan Gabriel Valdés de seguir la acción penal contra Pinochet en Chile.

Ese día 2, Robin Cook, titular del Foreign Office, enviaba a Juan Gabriel Valdés, con membrete oficial, una breve carta. «Estimado Juan Gabriel, en momentos en que usted deja el Ministerio de Relaciones Exteriores, quisiera expresar mi agradecimiento y admiración por la forma calmada y exitosa con que ha gestionado un tema tan difícil durante este último año. No ha sido un período fácil para nuestras relaciones bilaterales, pero usted se ha mantenido con coraje fiel a su apreciación más general del "panorama general" y de los intereses y aspiraciones comunes que forman tan importante vínculo entre nuestros países. Tengo confianza en que, en su carrera futura, continuaremos trabajando juntos por la misma causa».

CAPÍTULO 93

El retorno

El presidente Frei había convocado una rueda de prensa en el Palacio de la Moneda a la una del mediodía del jueves día 2, cuando el Boeing 707 llevaba más de tres horas de vuelo, para fijar la posición del Gobierno ante el desenlace. Sin embargo, decidió hablar al país más tarde, hacia las cinco de la tarde. El Gobierno parecía adquirir conciencia tardía de que, lo que presentaba como el éxito de su política, se veía empañado por las imágenes de la recepción del Ejército chileno a Pinochet que al día siguiente darían la vuelta al mundo. El ministro José Miguel Insulza y el canciller Juan Gabriel Valdés hablaron con Frei sobre el daño que podría provocar al Gobierno el espectáculo, todo lo contrario que la furtiva salida de Wentworth Estate, Surrey, esa misma mañana.

Poco después de mediodía, Carmen Hertz, Eduardo Contreras y Hugo Gutiérrez, abogados querellantes en el caso «Caravana de la Muerte», visitaron el despacho del juez Juan Guzmán en la Corte de Apelaciones de Santiago para presentar en nombre de todos los letrados la solicitud de anulación del fuero parlamentario del senador Pinochet «en razón de su participación criminal como autor inductor» en los hechos de Cáuquenes, Copiapó y Calama, en octubre de 1973. El escrito describía el homicidio calificado de 46 personas. Los cuerpos de 19 de ellos seguían desaparecidos y, por tanto, se consideraban secuestros agravados. «Jamás sus cuerpos fueron entregados, cayendo su suerte en una nube de niebla y noche». Estas palabras evocaban el decreto secreto nazi del 7 de diciembre de 1941, por el cual se ordenaba la desaparición de personas en la «niebla de la noche» para aniquilar la resistencia en los países europeos ocupados por la Wehrmacht, el ejército alemán. El célebre *Nacht und Nebel* (noche y niebla). La prensa chilena sólo registró la noticia de la petición del desafuero en pocas líneas.

A esas mismas horas, el ministro de Defensa, Edmundo Pérez Yoma, entraba en la reunión de la Mesa de Diálogo, aquel organismo patrocinado por el ministro que reunía a abogados de las víctimas y militares para elaborar una propuesta sobre el tema de los derechos humanos. La idea era firmar un documento, seis meses después de su creación, a finales de agosto de 1999.

Pérez Yoma, que dejaría de ser ministro ocho días más tarde, con la nueva Presidencia, había preferido hacer la vista gorda ante la recepción. No quería que el Ejército pusiera problemas al documento. Esa misma mañana, los comandantes en jefe de las Fuerzas Armadas, entre ellos el jefe del Ejército, el general Ricardo Izurieta, habían dado el visto bueno al borrador. El documento hacía una referencia genérica a las violaciones de los derechos humanos durante el régimen militar y, si bien dejaba constancia de que las Fuerzas Armadas no poseían archivos sobre las personas desaparecidas, se aceptaba que algunos militares podían disponer individualmente de datos al respecto.

Pérez Yoma quería dejar el primer documento de la Mesa de Diálogo como su legado al nuevo Gobierno.

A las cinco de la tarde, Frei pronunció un discurso retransmitido a todo el país. Dijo que había hecho todo lo posible para propiciar el retorno del general. «A pocos días de finalizar mi mandato, he cumplido con mi compromiso», señaló. Pero también agregó: «Todos nuestros esfuerzos por lograr el regreso del senador Pinochet han tenido un único fin: que los tribunales chilenos, y no los de otros países, sean los que apliquen la ley. Ahora los tribunales de justicia tienen la palabra».

Insulza habló varias veces durante la jornada del día jueves 2 con el presidente Frei sobre los fastos militares. El presidente tenía previsto viajar la mañana siguiente a La Serena, al norte del país, para visitar la población de La Higuera, ya que prefería estar lejos de la capital. El hecho es que se le informó que en lugar de salir desde la pista del Grupo 10 de la Fuerza Aérea Chilena, en Pudahuel, el avión presidencial despegaría de otro aeropuerto. Porque, claro, el Grupo 10 estaba reservado para recibir a Pinochet.

Insulza le explicó que la recepción del Ejército empañaría su éxito personal al conseguir el retorno del general y que la imagen en el exterior sería desastrosa. El Gobierno, parecería, había engañado a todo el mundo. Ambos decidieron que era necesario hablar con el general Izurieta. También acordaron que Lagos debía ser informado. Insulza habló esa tarde con Lagos, que acaba de regresar de un viaje a Osorno, en el sur, y le expuso los hechos.

Frei y Lagos hablaron, cada uno por su lado, con el ministro Pérez Yoma. El general Izurieta tenía que ordenar cambios en el acto del día siguiente. Ni discurso, ni alfombra roja.

El ministro llamó a Izurieta y le transmitió lo que deseaban el presidente saliente y el presidente electo. El general Izurieta aceptó.

Lagos, cuando le preguntaron por el retorno de Pinochet, señaló: «Hay temas que están pendientes en este caso y tendrá que verlos el poder judicial. Mi compromiso es que los tribunales podrán hacer su tarea libremente, sin presión. Chile será una gran democracia en la medida en que todo el mundo vea que acá somos todos iguales».

Durante la noche, se supo que el cuerpo de cuarenta generales del Ejército había recibido orden de asistir al acto, lo mismo que los oficiales retirados.

El general en retiro Luis Cortés Villa, director de la Fundación Pinochet, informó a la prensa de que más de doscientos medios de comunicación de todo el mundo estaban acreditados para cubrir la llegada. Una de las dudas que circulaban era si el general iba a descender por sus propias fuerzas o en una silla de ruedas.

Todos los elementos contribuían a la única conclusión posible: los militares estaban robando lo que el Gobierno consideraba su victoria. Lo que se preparaba era un acto de adhesión al heroico soldado que retornaba a casa.

En el Gobierno y los partidos de la Concertación la sensación de zozobra, la confesión de impotencia, el vacío político y el sentido de ridículo ante el mundo, todo ello, se convirtió en una bola de nieve.

Frei, ya en horas de la madrugada, llamó por teléfono al general Izurieta. Le recordó que Pinochet regresaba por razones de salud. Era menester, pues, guardar la mayor discreción posible.

La prensa de la mañana del viernes día 3 todavía insistía, sin conocer los avatares de la víspera, en el programa inicial según el cual el general Izurieta debía pronunciar su discurso.

Los periodistas comenzaron a llegar a las siete y media al Grupo 10 para ocupar posiciones. Los más madrugadores recibieron sus credenciales y lograron entrar. Pero, pocos minutos más tarde, llegó una nueva orden. Aquellos que habían sido acreditados y los que aguardaban para entrar debían marcharse, ya que no se permitiría el acceso de la prensa. El coronel de la Fuerza Aérea Chilena, Ricardo Gutiérrez, ex agregado aéreo de la embajada chilena en Londres, declaró: «Ésta es una petición que el comandante en jefe de la Fuerza Aérea recibió del general Izurieta y que el general Izurieta recibió del Gobierno». En otros términos, la factura de la censura debía pagarla el Gobierno.

El ministro del Interior, Raúl Troncoso, desmintió enseguida por televisión que el Gobierno hubiera sugerido prohibir la presencia de los medios de comunicación. Poco después, los periodistas fueron autorizados a entrar en el espacio previsto. En la recepción estaban los comandantes en jefe de las Fuerzas Armadas, el cuerpo de generales del Ejército, militares retirados y ex ministros de la dictadura, con sus esposas.

Sobre las nueve y media, el jefe del Departamento de Prensa del Ejército, el coronel Pedro Pablo Bustos, leyó ante los periodistas un comunicado: «El Ejército de Chile manifiesta su satisfacción ante el regreso al país del capitán general Augusto Pinochet Ugarte, con lo que se pone término a su situación de detención, que afecta a la soberanía nacional y que tanta preocupación ha ocasionado a la nación toda. Como se ha expresado en oportunidades anteriores, el Ejército de Chile realizó todos los esfuerzos y las gestiones necesarias para concretar el regreso del ex comandante en jefe. Al lograr el objetivo, agradece las gestiones realizadas por el presidente de la República, autoridades, organizaciones y personalidades nacionales y extranjeras, que contribuyeron a la materialización del retorno del capitán general Augusto Pinochet Ugarte. Así como también el constante apoyo recibido de parte de las demás instituciones y las Fuerzas Armadas y Carabineros y de miles de chilenos que se sintieron conmovidos por esta injusta situación. Cabe manifestar, en estos momentos, que la institución continúa brindando un permanente apoyo y solidaridad al capitán general don Augusto Pinochet Ugarte, en cumplimiento de su responsabilidad institucional de acuerdo con lo que establecen las normativas legales al respecto. Finalmente, el Ejército espera que esta situación de regreso del ex comandante sea asumida desde una perspectiva de sana convivencia, contribuyendo así a la prosperidad y unidad nacional, mirando al futuro y al desarrollo de nuestra patria».

El texto era, palabras más o menos, lo que el general Izurieta pensaba leer. Un discurso breve pero contundente. Se daba el lujo de «agradecer» las gestiones de Frei y advertía de que el Ejército seguiría «brindando su permanente apoyo y solidaridad» a Pinochet.

El ambiente entre los comandantes en jefe de las Fuerzas Armadas y el director general de Carabineros, situados en un lugar visible de la pista, era festivo. Cuando el Boeing 707, después de hacer una escala de tres horas y media en isla Ascensión, situada en el océano Atlántico, bajo control británico, hizo la maniobra de descenso, la gente gritó: «¡Pinochet! ¡Pinochet!».

A las 10.39 hora local, minutos después de que el avión apagara los motores, el general, vestido en su traje azul, camisa celeste y corbata color morado, tocada con una perla, apareció sentado en silla de ruedas sobre un montacargas color amarillo. Estaba flanqueado por un oficial del Ejército a cada lado y llevaba un bastón blanco en la mano derecha. El montacargas descendió por la parte trasera del avión, a escasos metros del lugar donde la banda de música de la guarnición de Santiago, que interpretó marchas militares alemanas como *Erika*, y, también, *Lili Marlene*, canción que primero interpretaron las bandas militares del ejército nazi y que luego adoptarían los aliados en la Segunda Guerra Mundial.

Cuando el general descendió, entregó el bastón al oficial que estaba a su derecha. El general Izurieta, según lo previsto, se aproximó. Pinochet, instantáneamente, se apoyó sobre los brazos de la silla, levantó sus piernas del tope de la silla, los apoyó en el suelo y comenzó a incorporarse con la ayuda de los oficiales. Izurieta le prestó ayuda. Ambos se fundieron en un fuerte abrazo. Detrás vino Beatriz Linzmayer, esposa de Izurieta, quien abrazó al general y le besó en ambas mejillas.

El general Izurieta le tomó del brazo izquierdo y dieron unos pasos juntos, colocándole como en la rampa del camino que el general debía recorrer. Pinochet avanzó entonces sólo unos metros hacia el grupo de comandantes en jefe que esperaban con sus esposas. El almirante Jorge Arancibia se adelantó a su encuentro. Pinochet pasó el bastón a su mano izquierda, le dio la mano derecha y le abrazó. Los otros comandantes en jefe, el general del Aire, Patricio Ríos, y el general director de Carabineros, Manuel Ugarte, hicieron lo mismo.

Mientras el general Izurieta volvía a recoger a Pinochet, la banda tocó *Los viejos estandartes*, el himno del Ejército chileno. El general Izurieta acompañó un poco más a Pinochet, quien, apoyándose en él, levantó su mano derecha y saludó con el bastón en ristre al público y a los medios de comunicación. El general Izurieta le dejó entonces recorrer los últimos metros hasta llegar al potente helicóptero *Superpuma*. Estaba repleto de boinas negras armados hasta los dientes.

Pocos minutos antes de las once, Pinochet y su esposa, Lucía Hiriart, subieron al helicóptero que, escoltado por otros aparatos, se trasladó hasta el Hospital Militar, en el barrio residencial de Providencia. En el trayecto, pasaron sobre el Palacio de la Moneda, haciendo rugir sus motores, lo que no pasó inadvertido para el ministro José Miguel Insulza, entre otros. Unas cinco mil personas esperaban en los alrededores del hospital. El público, en su mayoría mujeres, embanderadas con los colores patrios azul, rojo y blanco, lucían también camisetas con el nombre de Pinochet. Más de doscientos alumnos con sus uniformes descendieron de autobuses escolares y se unieron al público al grito de «¡Chi-chi-chi! ¡Le-le-le! ¡Viva Chile Pinochet!». Un altavoz colocado frente al hospital reproducía música chilena y algunas parejas bailaban en la calle. Al cabo de unos minutos, desde una de las plantas, Pinochet se asomó a la ventana. Estaba vestido con una bata blanca de hospital. Y saludó con una sonrisa, agitando las dos manos, a sus simpatizantes. En la plaza de la Constitución, frente al Palacio de la Moneda, unos doscientos familiares de víctimas de la dictadura, que habían permanecido allí desde la noche anterior, protestaban con banderas negras y carteles con las fotografías de desaparecidos.

El ministro Insulza, tras recibir un informe con los detalles de la ceremonia en Pudahuel, declaró: «Este tipo de ceremonias tocando algunos himnos que recuerdan a los europeos el ingreso de las tropas nazis a las ciudades durante la Segunda Guerra Mundial, cuando se tocaba *Erika* y *Lili Marlene*, no son buenas para la imagen internacional de Chile. Aunque a alguna gente en Chile le parezcan normales, en otras partes son resabios de un pasado que todo el mundo ha dejado atrás». Pero más duro fue el presidente electo Ricardo Lagos: «Los intereses del país exigían mesura. Este interés lo definen las autoridades civiles y lo que hoy hemos visto en televisión no ayuda, ciertamente, a Chile. Y eso tenían que haberlo considerado las personas involucradas en lo que ha ocurrido. Lo lamento mucho. Nunca más». Insulza, después de analizar con Lagos el sábado 4 los detalles de la recepción, fue todavía más explícito: «El despliegue militar del Ejército, la pasada de los helicópteros por encima de la Moneda, la música alemana... Todas esas cosas son una provocación. El Ejército no puede ser un actor político».

Capítulo 94

La confesión

El lunes 6 de marzo, el juez Juan Guzmán, encargado de la investigación de 66 querellas criminales contra el general Pinochet, elevó a la Corte de Apelaciones de Santiago la solicitud de anulación del fuero parlamentario del general por su participación en los asesinatos y secuestros del caso «Caravana de la Muerte». Un día más tarde, el Consejo de Defensa del Estado adoptó, a petición de tres diputados de la Democracia Cristiana, la decisión de hacerse parte en dicho caso. Mientras tanto, las expectativas de algún tipo de pacto en el contexto de la Mesa de Diálogo naufragaron como resultado de la recepción al general Pinochet.

En este ambiente, Ricardo Lagos asumió el 11 de marzo de 2000 la Presidencia de Chile. En su discurso, desde el Palacio de la Moneda, Lagos evocó por la noche, ante unas cinco mil personas, a Allende, sin nombrarle. «Soy consciente de que, desde estos balcones, muchos se han dirigido al pueblo y aquí, en esta casa, uno de ellos dejó su vida y merece nuestro respeto». Pero, al mismo tiempo, advirtió: «Pero también digo que no vengo a esta casa a administrar las nostalgias del pasado ni a mirar atrás. Mi tarea es hoy cultivar y enriquecer nuestra convivencia. No promover la confrontación. Pretendo ser, eso sí, un presidente identificado con la verdad, con la transparencia y con la justicia. No con los eufemismos, ni con las componendas». La multitud le interrumpió varias veces con los mismos gritos: «¡Juicio a Pinochet!». Al día siguiente, domingo 12 de marzo, el Partido Popular de José María Aznar ganaba las elecciones legislativas. Y por mayoría absoluta.

El clamor por un juicio a Pinochet creció días después cuando la Agrupación de Familiares de Detenidos Desaparecidos

(AFDD) organizó un recital en el Estadio Nacional bajo el título «Todas las voces, toda la memoria». El sábado 18, una semana después de que Lagos asumiera la presidencia, sesenta mil personas gritaron en coro, varias veces a lo largo de cinco horas, una consigna: ¡Juicio a Pinochet! El humorista chileno *Palta* Meléndez subió al escenario disfrazado de Pinochet y realizó una imitación del general sentado en sillas de ruedas. El público ovacionó los nombres del juez Baltasar Garzón y del abogado Joan Garcés.

El 24 de marzo el Congreso aprobó la reforma constitucional para crear un estatuto especial para los ex presidentes de Chile: inmunidad y un salario de tres millones de pesos mensuales. La idea era beneficiar al ex presidente Patricio Aylwin, quien, al gobernar cuatro años en lugar de seis, no había obtenido el rango de senador vitalicio. Si Pinochet renunciaba a su cargo de senador, también podría acogerse al nuevo estatuto.

La defensa del general, a cargo del abogado Pablo Rodríguez Grez, antiguo líder del grupo derechista Patria y Libertad durante el Gobierno de Salvador Allende, intentó abortar rápidamente el procedimiento de desafuero de Pinochet con la propuesta de someterlo antes a exámenes médicos, ya que, según señalaba, el diagnóstico del equipo médico británico sostenía que el general no estaba en condiciones de ser sometido a juicio.

Abel Matutes preparaba, a finales de marzo, las maletas para dejar su puesto en el nuevo Gobierno de José María Aznar. Ya no veía razón para dejar pasar más tiempo en aquel deseo que había pospuesto: invitar a comer al juez Garzón. Hizo llamar a Clemente Auger, presidente de la Audiencia Nacional, y le invitó junto con Garzón a almorzar con él en el Palacio de Viena. El 30 de marzo de 2000 a las 14.30 horas.

Sentados a la mesa, Matutes repitió lo que solía decir en privado.

—Habría deseado verte antes y hablar contigo así. Tú has conseguido innovar en el derecho internacional. Tus ideas se han impuesto en el mundo. No hace falta decirte que para el Gobierno español ha sido muy difícil. No queríamos interferir en el proceso aunque teníamos fuertes compromisos con Iberoamérica.

—Con todos los respetos, pero yo creo, ministro, que hubo interferencias políticas en el proceso judicial —dijo Garzón, manteniendo distancia.

—El gobierno, dentro de la difícil situación, respetó tus actuaciones. Recuerdo que apenas recibimos la solicitud de extradición de Pinochet la cursamos sin perder un minuto —repuso, conciliador, Matutes.

—Eso era lo preceptivo, ministro —dijo Garzón.

—Hombre, Baltasar, no me negarás las dificultades de todo este proceso —apuntó Matutes.

—Debíais haber dejado que se recurriera la decisión de Straw. No existían argumentos para oponerse —insistió Garzón.

—Estábamos comprometidos con el gobierno de Chile a no hacerlo —admitió Matutes—. Pero, además, eso no hubiera variado la decisión final. Straw tenía los poderes para dejar en libertad a Pinochet.

El 7 de abril la Corte de Apelaciones de Santiago, por once votos contra diez, rechazó ordenar exámenes médicos antes de debatir la propuesta de desafuero.

José Miguel Insulza fue nombrado nuevo ministro del Interior del Gobierno de Lagos. José Miguel Insulza fue nombrado nuevo ministro del Interior del Gobierno de Lagos al tiempo que Juan Gabriel Valdés dejó la cancillería para ser embajador de Chile ante las Naciones Unidas. Insulza estimaba por aquellos días que el desafuero de Pinochet era el punto culminante del proceso. Si se conseguía, pensaba el ministro, que tanto la Corte de Apelaciones de Santiago como la Corte Suprema fallaran en contra del general, sería un buen final de la historia. La idea de un procesamiento le parecía una temeridad.

El 23 de mayo, después de oír en varias sesiones los alegatos de ambas partes, la Corte de Apelaciones votó por trece votos contra nueve conceder el desafuero solicitado por el juez Guzmán y dio a conocer sus argumentos el 5 de junio. La defensa de Pinochet apeló enseguida ante la Corte Suprema, que fijó el inicio de la vista para el 12 de julio.

El presidente Lagos trabajaba con el objetivo de alcanzar el acuerdo de la Mesa de Diálogo. La tarde del 13 de junio, una de las abogadas de las víctimas, Pamela Pereira, estrechaba la mano del representante del Ejército, Juan Carlos Salgado, una escena que la abogada había frustrado nueve meses antes, en el mes de agosto de 1999. El presidente Lagos recibió más tarde a los integrantes de la Mesa y dio a conocer el contenido del acuerdo. Según el mismo, «las instituciones de las Fuerzas Armadas y Carabineros se comprometen solemnemente a desarrollar, en un plazo de seis meses, desde que entre en vigencia la legislación que proponemos, los máximos esfuerzos posibles para encontrar los restos de los detenidos desaparecidos o establecer su destino. La información que por esta vía obtengan será entregada al presidente de la República». Señalaba, también, que «las personas que reciban o recaben esta información estarán amparadas por el secreto profesional, conforme al cual no estarán legalmente obligadas a señalar la fuente, quedando de este modo en reserva la identidad del informante. Quienes violen este secreto profesional deberán ser sancionados conforme a la legislación vigente». Uno de los temas propuestos por los abogados de derechos humanos fue el de las exhumaciones ilegales de personas asesinadas, pero el Ejército rechazó la iniciativa. Según decía, el esfuerzo debía ponerse en encontrar los restos.

El 25 de julio, la Corte Suprema, después de oír los alegatos de la defensa y las acusaciones, consideró la propuesta de ordenar exámenes médicos a Pinochet antes de resolver la apelación contra el desafuero. Por once votos contra nueve se decidió rechazar la petición. El 1 de agosto de 2000, la Corte Suprema votó sobre el fuero parlamentario de Pinochet. Una semana más tarde, el 8 de agosto, hizo público el contenido: los ministros resolvieron desestimar el recurso de la defensa por catorce votos contra seis. Los jueces lores habían anulado su inmunidad; los jueces chilenos le despojaban ahora de su fuero parlamentario.

Los miembros de la mayoría consideraron algunos de los argumentos de la defensa que pretendían descargar a Pinochet de toda responsabilidad por su presunto desconocimiento de los hechos. La sentencia señalaba que «el general Pinochet tenía un claro concepto de lo que es el mando militar en la forma que él mismo lo explica en su libro denominado *Política, politiquería y demagogia*, publicado en 1983». En efecto, allí se expresa textualmente lo siguiente: «En la vida militar se vive, quizá con mayor claridad formal que en otra parte, en la permanente dinámica de mandar y obedecer. En la organización militar, quien no sepa mandar, no sirve. Y quien no sepa obedecer, tampoco sirve. Por lo demás, y aunque resulta un tanto drástico decirlo así, en la vida la persona que resulta más inútil es aquella que no sabe mandar ni obedecer. Creo que, para ejecutar bien el mando, es imprescindible haber aprendido a obedecer. Y obedecer en plenitud, en forma comprometida, sin vacilaciones. Es mal jefe, por lo tanto, quien haya sido mal subalterno».

El 21 de agosto, el juez Guzmán después de valorar que era prudente dejar pasar las simbólicas fechas del 11 de septiembre, aniversario del golpe militar, y del 19, Día de Glorias del Ejército, fijó el 9 de octubre para comenzar a tomar declaración al general.

Aquella misma semana, ocurrió un hecho espectacular en México. El 24 de agosto de 2000, el juez Baltasar Garzón conseguía avanzar en la senda que había abierto con el arresto del general Pinochet en Londres.

El abogado Carlos Slepoy, representante de la acusación en la causa de Argentina, y otros colegas recibieron información sobre una posible nueva presa: el antiguo teniente de navío Ricardo Miguel Cavallo, responsable de centenares de torturas en la Escuela Mecánica de la Armada (ESMA) durante la dictadura militar argentina.

El periódico *Reforma* recibió un soplo y estaba detrás de la historia. Cavallo era director del Registro Nacional de Vehículos (RENAVE) de México, una entidad privada que había ganado un concurso oficial y, por aquellos días, había explicado su proyecto empresarial por televisión. Sus víctimas, algunas de las cuales vivían en México, le habían conocido como Miguel Ángel Cavallo, uno de los nombres de pila que usaba. El periódico logró entrevistar a Cavallo quien negó ser el antiguo marino, aunque, admitió, tenía un gran parecido a la fotografía que el diario le exhibió. Cavallo escribió una carta al periódico, que apareció el día 24, en la que le daba cuenta de que cogía un avión para viajar a Buenos Aires a fin de «recabar todos los documentos que ratifiquen mi identidad». La policía federal mexicana y el responsable de Interpol, Miguel Ponce Edmonton, decidieron detener a Cavallo acusándole de haber falsificado sus documentos. La detención tuvo lugar en una escala que el avión realizó en el aeropuerto de Cancún.

Slepoy y sus colegas, al corriente de que Cavallo se les escapaba, intentaron localizar al juez Garzón, que estaba de vacaciones, para ver si era posible dictar una orden de arresto internacional. Finalmente, pudieron informarle del asunto. El juez les recomendó que hablaran con su sustituto, el juez Guillermo Ruiz Polanco. Slepoy, que estaba de vacaciones en Almería, viajó a Madrid y se presentó junto con el abogado Manuel Ollé ante el juez Ruiz Polanco, quien se mostró reticente. Habida cuenta de que Slepoy era uno de los querellantes en el caso de genocidio en Guatemala, que Ruiz Polanco había admitido a trámite, el abogado le señaló que si Cavallo se escapaba el caso de Guatemala quedaría también en aguas de borrajas. Ruiz Polanco prometió hablar con Garzón, quien le sugirió cursar la orden de detención internacional.

El 25 de septiembre, el juez Guzmán, ordenó que se sometiera a Pinochet a exámenes médicos y psiquiátricos para determinar si estaba en condiciones de ser sometido a juicio, y aplazó un mes, hasta noviembre, la declaración del general.

Por aquellos días de finales de noviembre de 2000, el juez Guzmán habló con la presidenta del Consejo de Defensa del Estado, Clara Szczaranski, quien estaba sufriendo ataques personales como resultado de su alegato a favor del desafuero de Pinochet en la Corte Suprema en el mes de julio. El juez Guzmán le envió una carta de apoyo.

La iniciativa del juez trascendió en los círculos judiciales. Los rumores comenzaron a rodar. La defensa comenzó una campaña para que el juez fuera recusado en el caso de la «Caravana de la Muerte». La Corte Suprema le solicitó una explicación. El juez pensó que tenía los días contados y que usarían contra él la carta que había enviado a la presidenta del Consejo de Defensa del Estado.

El juez recibió en su despacho a uno de los abogados querellantes, José Galiano, quien le dijo que era necesario procesar a Pinochet.

—¿Y por qué no me presenta usted la solicitud de procesamiento? —dijo, como quien no quiere la cosa, el juez.

Los abogados Galiano, Graciela Álvarez y José Donoso presentaron el martes 28 el escrito. Pedían al juez el procesamiento de Pinochet por el homicido calificado en contra de quince personas. Algunas eran víctimas de la «Caravana de la Muerte», otras habían sido ejecutadas en Santiago. No era exactamente lo que quería el juez, quien se inclinaba por la figura de secuestro calificado en el caso de la «Caravana de la Muerte».

Ese martes 28 de noviembre, el juez nombró dos peritos adjuntos para llevar a cabo los exámenes médicos. El juez decidió optar por el doctor Luis Fornazzari, aquel neurólogo y psiquiatra que tuvo que exiliarse en 1973. Desde hacía años estaba radicado en

Toronto, Canadá. Y además, dio quince días a la defensa de Pinochet para designar a su perito.

Al conocer la noticia, el ministro de Justicia, José Antonio Gómez, pidió a su jefe de gabinete, Luis Horacio Rojas, que llamara al juez Guzmán para persuadirle de que no lo hiciera. Rojas le había facilitado al juez su labor de investigación en algunos de los casos que instruía.

—Le llamo de parte del ministro. El nombramiento de los peritos adjuntos va a tener inconvenientes... Eso debe hacerlo el Servicio Médico Legal.

—Mire, yo he decidido nombrar peritos adjuntos mañana y no pienso cambiar de idea —respondió el juez.

Al día siguiente, el juez Guzmán acudía, a primera hora, al cementerio para hacer una inhumación de cuerpos de presuntos desaparecidos. El director del Servicio Médico Legal, Jorge Rodríguez, se presentó y le sugirió que habría problemas si su institución no se ocupaba de los exámenes médicos.

—Mire, doctor —contestó Guzmán—, usted se ocupa de sus asuntos, y yo de los míos.

El juez intentaba por aquellos días tomar declaración, finalmente, a Pinochet. Sus abogados tenían una respuesta:

—El general no está bien. Pero ¿por qué no va usted a verle? Verá que no está en condiciones de declarar.

El viernes 1 de diciembre, el juez Guzmán decidió jugársela y dictó el auto de procesamiento de Pinochet sin tomarle declaración, por considerarle autor inductor en los homicidios de 75 personas, de las cuales 19 cuerpos seguían sin aparecer.

Las presiones continuaron. Luis Horacio Rojas volvió a telefonear al juez.

—Al ministro le ha llegado que usted ha dictado auto de procesamiento de Pinochet. Tiene que dar orden de anularlo —dijo Rojas.

—No sea insolente, por favor... —dijo el juez, y le colgó el teléfono.

La defensa de Pinochet recurrió el auto de procesamiento ante la Corte de Apelaciones. El argumento: el juez se había saltado el trámite de oír al acusado antes de procesarle.

Al debatir el recurso, una sala de tres magistrados decidió admitirlo. Los abogados de las víctimas apelaron contra la decisión ante la Corte Suprema.

El juez Guzmán supo que la mayoría de la Sala de cinco ministros de la Corte Suprema estaba a favor de rechazar el recurso de la
defensa de Pinochet, pero que, dada la alarma política creada, que algunas llamadas telefónicas se ocuparon de amplificar, varios magistrados habían decidido modificar su posición. El 20 de diciembre, la
segunda Sala Penal de la Corte Suprema admitió el recurso de amparo por cuatro votos a favor y uno en contra. Los magistrados, al revocar el auto de procesamiento, dieron veinte días al juez Guzmán
para que tomara declaración a Pinochet y decidiera en consecuencia.

El presidente Lagos convocó el COSENA en los primeros
días de enero de 2001. Los comandantes en jefe de las Fuerzas
Armadas y el director de Carabineros expresaron una vez más su
preocupación por la ampliación del número de querellas contra militares y la decisión de los jueces de no aplicar la Ley de Amnistía.
Lagos dijo que sólo después de conocer los datos sobre los detenidos desaparecidos sería posible tomar alguna decisión.

Unos días más tarde, el día 5 de enero, las Fuerzas Armadas
entregaron al presidente Lagos los datos recopilados a lo largo de
seis meses. Aun cuando contenían falsedades e imprecisiones, y
en la Fuerza Aérea Chilena, por ejemplo, se sometió el trabajo a un
filtro deliberado, omitiéndose los nombres de varios desaparecidos,
las Fuerzas Armadas reconocían algo que habían negado a lo largo
de veintisiete años.

Ese mismo viernes 5, tanto la Corte Suprema como el juez Guzmán ordenaron los exámenes médicos para los días domingo 7 y lunes 8 de enero, antes de prestar declaración el martes 9. Pinochet seguía resistiéndose a los exámenes. Esa tarde, el comandante en jefe
del Ejército, Ricardo Izurieta, y el general Juan Emilio Cheyre, se
trasladaron en helicóptero a la finca de Los Boldos, en Bucalemu, a
130 km al sudoeste de Santiago, para hablar con Pinochet. Tenía que
someterse, le explicaron, a los exámenes médicos. Ninguno de los dos
veía qué podía perder habida cuenta de la experiencia británica.

Al día siguiente, Lagos dio cuenta al país sobre el informe de
los desaparecidos. Si los datos eran ciertos, sólo 49 cuerpos podrían
ser identificados; los restantes 151 habían sido arrojados, según las
Fuerzas Armadas, a ríos, lagos, montañas y al mar. Veinte personas
podrían ser localizadas en una fosa en la región metropolitana, en
Peldehue, en Colina. En la lista de las Fuerzas Armadas, trece de
los asesores y escoltas del presidente Allende, detenidos el 11 de septiembre de 1973, aparecían como lanzados al mar.

Según el presidente, «la información que he recibido es cruda y dolorosa; una información que habla de muerte, sepulturas clandestinas, cuerpos arrojados al mar, a los lagos y ríos de Chile». Lagos concluyó: «La verdad que tenemos hoy permite a muchos iniciar un duelo que estaba pendiente», añadió.

Los familiares de aquellas víctimas que presuntamente habían sido arrojadas al mar desautorizaron el informe. Carmen Hertz, cuyo marido, según el documento, estaba entre ellos, cuestionó la versión. No coincidía con otros datos que ya se conocían.

La Corte Suprema nombró dos ministros para investigar los datos aportados por las Fuerzas Armadas. La juez Amanda Valdovinos se hizo cargo de seguir la pista de los veinte muertos que, según decía el informe, podrían encontrarse en una fosa común en Peldehue, en Colina. Un anónimo llegó a manos de la juez: «A cinco kilómetros del recinto de campaña, en una caverna frente al sector cordillerano NASA, veinte cráneos». Se refería a una estación de la agencia aerospacial norteamericana en Peldehue. La versión que comenzó a circular era que podían ser los cadáveres de los detenidos en el Palacio de la Moneda el 11 de septiembre de 1973 que luego de ser trasladados al Regimiento Tacna, bajo el mando del coronel Joaquín Ramírez Pineda, fueron ejecutados en Peldehue el 13 de septiembre de 1973. Con todo, las FF AA habían informado que sus cuerpos «habrían» sido lanzados al mar.

Los exámenes médicos se llevaron a cabo, por fin, los días 10, 11 y 12 de enero en el Hospital Militar de Santiago y en la clínica Las Condes. Al ver al general, el doctor Fornazzari se presentó.

Pionochet estaba informado.

—Ah, usted es de Iquique.

—¿Como lo sabe?

—Porque yo conozco a su familia, a sus hermanas, que son muy buenas personas, y además muy bonitas. —Tres de las hermanastras de Fornazzari estaban casadas con generales del Ejército chileno; una de ellas, Ginetta, era esposa del general Óscar Izurieta.

—Bueno, en eso yo no me parezco en nada a mis hermanas.

—No, usted no se parece a nada y en nada.

Al día siguiente, Pinochet entró en el hospital, apoyándose en su bastón. Se acercó a Fornazzari, recordó la conversación anterior y dijo:

—Usted se parece a Joan Garcés, por los bigotes.

—¿Por qué?

—Usted sabrá. ¿No es tan neurólogo y tan psiquiatra, y todas esas cosas? Pero si lo necesita, más tarde le puedo explicar por qué se parece.

El día 15, después de intercambiar opiniones con los demás médicos, Fornazzari tenía que regresar a Canadá. Hizo una comparecencia ante el juez Guzmán. «Habiendo realizado todos los exámenes pertinentes con criterios diagnósticos y tanto examen clínico como neurológico, psiquiátrico, neuropsicológico y de neuroimagen, he llegado a la conclusión de que el general Augusto Pinochet Ugarte padece de una demencia subcortical de origen vascular de grado leve a moderado». Fornazzari se comprometió a firmar el documento colectivo de sus colegas una vez que se le enviara al consulado de Chile en Toronto. El 19 de enero, cuando acudió al consulado para firmar el dictamen médico, advirtió que el diagnóstico acordado había sido modificado. La demencia había pasado a ser de «severidad moderada». Fornazzari se negó a firmar el dictamen y escribió una carta al juez Guzmán. El diagnóstico, le explicó, era mucho más «leve» que «moderado». Pinochet, según su opinión, tenía una excelente memoria remota, una muy buena capacidad de atención y de concentración. Podía, pues, someterse a su debido proceso.

El juez Guzmán se presentó el 23 de enero de 2001 en el domicilio de Pinochet, según se le había anticipado. Al llegar al salón de la casa, sus abogados expresaron que el general no prestaría declaración. En un extremo, Pinochet parecía esperar sentado. Vestía su traje azul y llevaba corbata.

—Venga, señor juez, acérquese. Yo voy declarar —dijo Pinochet, elevando su voz.

El juez Guzmán se acercó, junto con dos funcionarias del juzgado. Pinochet declaraba en calidad de inculpado. El juez, pues, le exhortó a decir la verdad.

—En su calidad de comandante en jefe del Ejército o presidente de la Junta de Gobierno, le encomendó al general Sergio Víctor Arellano Stark, como delegado suyo o de la Honorable Junta de Gobierno, efectuar un viaje en septiembre y octubre de 1973. ¿Qué objeto tuvo ese viaje?

—Su misión era acelerar los procesos para instar a su pronta terminación; los que había que condenar, sentenciarlos y para aquellos que no tenían mérito, sobreseerlos.

El juez mostró a Pinochet el oficio original N° 2325/376, fechado en Antofagasta el 31 de octubre de 1973 y firmado por el general de brigada Joaquín Lagos Osorio, y le señaló la anotación escrita con letra roja, en la segunda página de dicha comunicación, como también aquella en fotocopia ampliada y en color.

—Sí, esta anotación es mía.

—¿Reconoce su letra?

—Sí, es mi letra.

Pinochet echó una ojeada a las cuatro páginas del documento.

—Lo que aparece en el resumen como personas ejecutadas por orden del C.J.E.: 53, es absolutamente falso. Yo no soy ningún criminal. Por lo demás, los encargados de los procesos de las personas retenidas eran los comandantes de las respectivas guarniciones —dijo.

—Cuando usted supo lo que había pasado, los excesos cometidos durante el viaje del general Arellano, ¿adoptó medidas para que se hiciera efectiva su responsabilidad?

—Como ya le he dicho, los encargados de agilizar los procesos eran los comandantes de las respectivas guarniciones —insistió.

—¿Dio usted órdenes de que se fusilara a gente durante el viaje del general Arellano y de su comitiva por diversas ciudades del país, en el año 1973?

—En realidad, que hoy me acuerde de todo, es imposible. Yo en ningún momento ordené fusilamiento de nadie. Había una orden de la Junta de Gobierno en que solamente en caso de defensa propia se podía abrir fuego.

—En algún momento, ¿dio usted órdenes en el sentido de que no se entregaran los cuerpos de las personas fallecidas en aquella ocasión a sus familiares?

—Si ello ocurrió, la razón es que muchas veces los cuerpos de los fallecidos eran retirados por sus propios familiares y, en otros casos, como se trataba de terroristas y éstos se encontraban indocumentados, era difícil su identificación y nadie sabía dónde quedaban los cuerpos porque nadie los reclamaba.

—¿Por qué razón cree usted que se produjeron esos excesos, y por qué no se entregaron muchos cuerpos?

—Los excesos, no lo sé. Y sobre la entrega de los cuerpos ya he respondido.

Una de las secretarias pasó el acta de la declaración a limpio.
Pinochet la leyó y puso su firma.

Carmen Hertz pudo leer, en su calidad de abogada querellante, la
declaración. Y decidió enseguida hablar con el general Joaquín Lagos Osorio. Fue a su domicilio y le comunicó las respuestas de
Pinochet. Subrayó que, según el general, la responsabilidad había
sido de los comandantes de guarnición.

—Joaquín, yo creo que es el momento de decir la verdad a los
medios de comunicación.

Lagos, un hombre enfermo, con 80 años cumplidos, aceptó.
Un equipo de Televisión Nacional acudió a su casa la noche del
viernes 26 de enero.

El general Lagos, que en octubre de 1973 era comandante de
la Primera División de Ejército, con sede en Antofagasta, contó los
hechos. Repasó el documento original que había guardado durante veintisiete años, aquel en el que Pinochet le había ordenado
dejar sin efecto los fusilamientos, omitir toda referencia a él y al general Arellano y confeccionar una nueva lista única con su firma
al pie de ella. El general Lagos recordó, ante las cámaras, que había advertido a Pinochet sobre los problemas que podría acarrear
el oficio. «"Yo lo voy a arreglar", me dijo Pinochet. "Pero ¿cómo
lo va a arreglar si están todos muertos? Acuérdese que a nosotros,
tarde o temprano, nos van a juzgar. Y, especialmente, a usted, que
es el comandante en jefe del Ejército". Y mire, aquí estamos».

El periodista preguntó por los cuerpos de las personas ejecutadas.

—Hubo demora en la entrega. Me daba vergüenza verlos. Si
es que estaban hechos pedazos... No eran cuerpos humanos. De
manera que quería armarlos, por lo menos dejarlos en una forma
decente, más o menos... Si es que les sacaban los ojos con los cor-
vos, les quebraban las mandíbulas, todo, les quebraban las piernas...
al final les daban el golpe de gracia. Se ensañaron.

Ese mismo día 23, el abogado Pablo Rodríguez Grez pidió el
sobreseimiento temporal del caso Pinochet por su estado de salud.

El juez Guzmán dictó el lunes 29 de enero de 2001 el auto de procesamiento de Augusto Pinochet en concepto de autor-inductor de

los delitos de secuestro y homicidio calificado de cincuenta y siete personas y, también, en concepto de autor por los secuestros calificados de dieciocho personas. La defensa recurrió la decisión del juez y consiguió, en el mes de marzo, que la Corte de Apelaciones rebajara su participación en los hechos desde la posición de autor a encubridor.

En el mes de febrero de 2001, los fantasmas salían a las calles. Las víctimas de quienes habían sido jóvenes oficiales torturadores recuperaban su confianza. El jefe de Estado Mayor de la Fuerza Aérea Chilena, general Hernán Gabrielli, había participado como teniente en torturas de prisioneros en la base de Cerro Moreno: entre sus víctimas se contaba Eugenio Ruiz-Tagle. Uno de los sobrevivientes, Carlos Bau, acusó directamente a Gabrielli, que aspiraba al cargo de comandante en jefe de la FACH. Gabrielli regresó urgentemente de Estados Unidos donde se encontraba y la FACH intentó defenderle. Las denuncias, decía en un comunicado, «carecen de todo rigor jurídico». La Fuerza Aérea pretendió ahogar la historia con una querella por presunta violación de la ley de Seguridad del Estado para acallar a Bau, que fue desestimada. Bau siguió adelante con su denuncia. Gabrielli cayó finalmente en desgracia.

Casi cinco meses más tarde, el 19 de junio, la sexta Sala de la Corte de Apelaciones de Santiago, integrada por los magistrados Cornelio Villaroel, Amanda Valdovinos y Hugo Dolmestch, escuchó los argumentos sobre la petición de sobreseimiento temporal. Según explicó Rodríguez Grez, era necesario considerar el concepto de «demencia» en el sentido técnico que los científicos daban al término. Si bien el Código de Procedimiento Penal consideraba razones eximentes de la responsabilidad la demencia o locura de una persona, el abogado señaló que la ley no distinguía el grado de demencia.

Los jueces anunciaron que darían a conocer el fallo el 3 de julio. El general Pinochet fue internado dos días antes, el 1 de julio, en el Hospital Militar, cuando el juez Guzmán había dado orden para que se le tomaran las huellas digitales y se le fichara. Pero los jueces aplazaron el fallo y comunicaron a las partes que estaría listo el día 4. Sin embargo, esa mañana, uno de los magistrados, el juez Villaroel, informó de que la resolución sería anunciada a la semana siguiente. Hasta entonces, todos los comentarios apuntaban a que la jueza Amanda Valdovinos y el juez Hugo Dolmestch formarían la mayoría de dos votos contra uno, el del juez Villaroel, para desestimar el sobreseimiento temporal.

La noche del viernes día 6, Pinochet fue trasladado a su domicilio tras permanecer una semana en el Hospital Militar. A las redacciones de los periódicos comenzaron a llegar rumores sobre la posible muerte del general. Su hija Jacqueline señaló que su padre había suspendido las vacaciones por su delicado estado pero negó su fallecimiento.

En la mañana del sábado día 7, el presidente Lagos se reunió en la residencia particular del ministro de Defensa, Mario Fernández, que se recuperaba de una operación, con los tres comandantes en jefe de las Fuerzas Armadas y el general director de Carabineros. El tema del próximo fallo de la Corte de Apelaciones de Santiago fue uno de los asuntos tratados.

La Sala sexta dio a conocer, por fin, su fallo el lunes día 9. Fue una sorpresa: Amanda Valdovinos había cambiado de parecer. La nueva mayoría de dos votos, formada por la juez y el magistrado Villaroel, sobreseía el caso temporalmente. Esa misma mañana, el presidente Lagos llamó a acatar la decisión del Tribunal.

Los abogados de las víctimas presentaron un recurso de casación ante la Corte Suprema cuestionando, por razones de forma, la decisión adoptada por la Corte de Apelaciones para resolver el sobreseimiento temporal.

Pero ese mismo día 9, el juez Guzmán decidió firmar el auto de procesamiento de una parte de la cúpula de la Dirección de Inteligencia Nacional (DINA) por los crímenes cometidos en la campo de concentración de Villa Grimaldi. Por primera vez, un juez calificaba la actividad de la citada organización. «Las labores de represión, secuestros, apremios ilegítimos y homicidios perpetrados por los agentes de la DINA se enmarcan dentro del delito de asociación ilícita».

El 25 de noviembre de 2001, Lucía Hiriart organizó un banquete a la hora del almuerzo para celebrar el cumpleaños de Pinochet: era su 86° aniversario. En la casa de campo de Bucalemú ya hacía calor a finales de noviembre, a sólo un mes del comienzo del verano. No se vio por allí a ningún político relevante. Tampoco a ningún militar en activo. El general Pinochet ya lucía amortizado en el balance de una clase social que quizá se lo debía casi todo.

«Así son los políticos. Augusto ya no les interesa», dijo su esposa.

Pinochet, repentinamente, se sintió indispuesto, se levantó de la mesa y los médicos, que estaban alerta, se acercaron y le escoltaron hasta la casa. La tarta de cumpleaños con las velas estaba dispuesta para que el general regresara y las soplara. Todos esperaban su vuelta. El general retirado Luis Cortés Villa, uno de los directores de la Fundación Pinochet, se giró hacia la casa y mantuvo la mirada para ver venir a su camarada de armas.

Pasaron uno o dos minutos. Cortés Villa seguía con los ojos clavados en la casa, expectante por saber si había ocurrido algo. Las ventanas estaban ahora cerradas a cal y canto.

Supo entonces que su general ya no volvería a la mesa.

En Nueva York, por aquellos días, el flamante responsable del Foreign Office, Jack Straw, visitaba las Naciones Unidas. El ministro británico saludó a un grupo de embajadores. Uno de ellos dijo:

—Usted y yo tenemos algo en común.

—¿Sí? —se sorprendió Straw.

—Soy el embajador de Chile ante la ONU —dijo Juan Gabriel Valdés.

—El embajador Valdés fue ministro de Relaciones Exteriores de Chile durante la detención de Pinochet —informó otro embajador del grupo.

—Ah. Entonces tenemos en común al viejo cabrón —dijo Straw—. Usted sabe, mientras fui ministro del Interior siempre me acusaron de pagar a los médicos para que emitieran informes de modo que los presos siguieran en la cárcel. Éste es el único caso en el que se me acusa de lo contrario, es decir, de pagar a médicos para poder darle la libertad a una persona.

El 10 de marzo de 2002, el general Izurieta traspasó el mando del Ejército chileno al general Juan Emilio Cheyre.

Hijo de un general del Ejército chileno, Cheyre también estaba emparentado con el general retirado Carlos Forestier, procesado por su participación en el caso de la «Caravana de la Muerte», de quien era yerno.

El nombre de Cheyre figuraba desde el 26 de diciembre de 1999 en el llamado cuaderno secreto del juez Juan Guzmán, la parte reservada de las diligencias judiciales. Según había declarado al juez el coronel retirado Pedro Rodríguez, en relación con el caso de la «Caravana de la Muerte», el entonces teniente Cheyre, que en octubre de 1973 era ayudante del teniente coronel Ariosto Lapostol Orrego, participó en consejos de guerra y en algunos de los crímenes cometidos durante el paso de la Caravana. También existían acusaciones como las de Eliana Rodríguez Dubó, detenida el 10 de octubre de 1973. Según su versión, el teniente Cheyre, al frente de un grupo de soldados en La Serena, la trasladó al regimiento Arica, donde fue torturada. Y el propio juez Guzmán instruía una querella criminal en la que Cheyre figuraba por su presunta participación en el asesinato de dos menores, Jim Christie Bossy y Rodrigo Javier Palma Moraga, el 24 de diciembre de 1973 en Coquimbo, La Serena. Otras denuncias ponían de relieve la presunta responsabilidad de Cheyre en la exhumación ilegal de personas desaparecidas en los años ochenta.

Desde el momento de su nombramiento, Cheyre, que negó la veracidad de los hechos que se le imputaban, trabajó tanto en el ámbito judicial como en el político para liquidar los vestigios del caso Pinochet. Su acceso personal al presidente Lagos fue una pieza clave. La idea básica consistía en conseguir la renuncia de Pinochet a su ya simbólico puesto de senador vitalicio.

A primeros de abril, la ministra de la Corte Suprema, Amanda Valdovinos, después de excavar los terrenos del antiguo Regimiento Tacna en Peldehue, descubrió un pozo de 15 metros de profundidad donde yacían restos de 12 detenidos desaparecidos, una parte del grupo de asesores y escoltas de Allende asesinados.

¿Y los demás? La fecha clave era 1978. A finales de noviembre de aquel año, la denuncia de un anciano permitió encontrar restos de cráneos y osamentas en una antigua mina, en Lonquen, un pueblo cercano a Santiago, en la comuna de Talagante. Eran los restos de 15 campesinos que habían sido detenidos el 7 de octubre de 1973 en la comunidad rural de Isla de Maipú. Este descubrimiento llevó al Ejército a intentar borrar las huellas de sus atrocidades. Se exhumaron los restos de víctimas de la represión y se destruyeron o hicieron desaparecer: con explosivos, en hornos crematorios o lanzándolos al mar. Hechos como éstos tuvieron lugar en Chiuío, en Ceusta Barriga, Piragua, Calama y en Cementerio General de Santiago.

La conmoción llevó, por ejemplo, a la guarnición de Santiago, al mando del general Enrique Morel, el que fuera el edecán de Pinochet, aquel que posaba a su lado en la famosa foto que recorrió el mundo, a ordenar, días más tarde, a aquellos que, como el entonces capitan Jorge Iván Herrera, habían participado en los fusilamientos de Peldehue, identificar el sitio y remover la fosa. Un helicóptero, pilotado por el suboficial Juan Carlos Molina, trasladó los restos y los arrojó al mar.

En el mes de junio de 2002, el juez Guzmán decidió preguntar a Cheyre en calidad de testigo, y por escrito, dada su condición de comandante en jefe del Ejército, por el caso de los dos niños asesinados en diciembre de 1973. Cheyre respondió que en la fecha del asesinato, el 24 de diciembre de 1973, se encontraba de viaje en la ciudad de Iquique.

El lunes día 1 de julio de 2002, la segunda Sala Penal de la Corte Suprema admitió el recurso de casación de los abogados querellantes y anuló el sobreseimiento temporal, y acto seguido, dictó una nueva sentencia, por cuatro votos contra uno, en la cual acogía los exámenes médicos realizados en enero de 2001 como razón para dictar el sobreseimiento definitivo. El presidente del Senado, Andrés Zaldívar, llamó poco después al comandante en jefe del Ejército, Juan Emilio Cheyre y le sugirió que era el momento para conseguir la renuncia de Pinochet. Al día siguiente, el ministro de Justicia, José Antonio Gómez, declaró: «La decisión de la Corte Suprema impide a Pinochet volver al Parlamento». Al mismo tiempo, el senador socialista Carlos Ominami anunciaba que esperaba recoger diez firmas para pedir la inhabilitación de Pinochet.

La tarde del día 3, Zaldívar llamó por teléfono a Pinochet.

—Yo no estoy loco —dijo el general—, lo que sí estoy es con un problema de salud difícil y, por mi edad, por mi vejez, no estoy en plenitud de facultades.

Zaldívar le sugirió la renuncia. Pinochet aceptó y le dijo que podía pasar por su casa. La carta estaría lista al día siguiente.

—Creo que sería mejor que el cardenal Errázuriz se encargara de recogerla —suigirió Zaldívar.

Al día siguiente, 4 de julio, Pinochet recibió al cardenal Francisco Javier Errázuriz, arzobispo de Santiago. Le hizo pasar a su estudio. Tenía la carta redactada. Sólo faltaba la firma. El general rubricó el papel delante del cardenal. «El interés de Chile me exige este renunciamiento, tanto más si con ello presto una contribución a la paz política y social del país», escribió.

El jueves día 4, después de entregar su renuncia, Pinochet llamó al general Cheyre para informarle de los hechos, y, también, para darle cuenta de que se aprestaba a viajar de vacaciones a Iquique.

La prensa local del día domingo 14 de julio de 2002 publicaba un titular: «Socialistas: Pinochet escapó a la justicia por loco y no por inocente». Esa misma mañana, Pinochet reapareció para comulgar en la capilla Virgen de los Rayos. Lucía Hiriart concedió después una entrevista a la periodista del diario *El Nortino*, quien le señaló que alguna gente había protestado por la visita del general.

«Quince tontos gritando con un megáfono no son una protesta», dijo Lucía Hiriart.

La periodista preguntó:

—¿El general ha viajado a Iquique por decisión personal?

—Por supuesto, pues, linda. ¿Cómo no va a ser una decisión personal si él es dueño y señor de decidir? ¿Usted no creerá esa estupidez de que está loco o demente?

Epílogo

Augusto Pinochet logró escapar en Chile a la acción de la justicia. «Los dictadores nunca terminan bien», dijo Pinochet en Londres unos días antes del 16 de octubre de 1998, la noche en la que fue arrestado por los policías de New Scotland Yard. Su premonición se cumplió con creces. Después de ser arrestado y pasar casi diecisiete meses confinado en Surrey en régimen de libertad bajo fianza, Pinochet fue despojado de su fuero parlamentario y procesado en Chile. Pero aun cuando sus problemas de salud fueron utilizados como pretexto para ahorrarle el juicio, tanto en Londres como en Santiago, su detención, retorno y procesamiento abrió paso a un espectacular proceso de Núremberg permanente en Chile. ¿Cómo llamar si no a los 332 procedimientos judiciales, 329 autos de procesamiento, entre los cuales se cuentan casi 90 militares en retiro y seis en activo, o al retiro forzoso de 120 militares sobre los que existía evidencia clara y directa de violaciones de derechos humanos? Al ministro de fuero (juez) de la Corte de Apelaciones de Santiago, Juan Guzmán, se unieron otros cuatro ministros. Y a ellos, desde que los militares confesaron parte de sus crímenes, en enero de 2001, se han sumado cinco jueces para investigar desapariciones y remociones de cuerpos de las víctimas.

La iniciativa del juez Baltasar Garzón que comienza con Pinochet y continuada por él mismo en agosto de 2000 al solicitar, por intermedio del juez Guillermo Ruiz Polanco, el arresto del ex teniente de navío argentino Ricardo Miguel Cavallo, detenido un día antes preventivamente en México, fue seguida más tarde por la justicia francesa. El 13 de septiembre de 2002, el general retirado Joaquín Ramírez Pineda, ex comandante del Regimiento de Artillería Tacna en septiembre de 1973, era arrestado en Buenos Aires por Interpol, un año después de que el juez francés Roger Le Loire cursara una orden de arresto internacional contra Ramírez Pineda y otros militares chilenos por el asesinato de Jorge Klein, médico de nacionalidad francesa que colaboró con el presidente Salvador Allende.

Entre las actuaciones más espectaculares, a primeros de 2003 se inició en Chile el proceso por el asesinato del general Carlos Prats, impulsado por la sentencia condenatoria dictada durante el juicio celebrado en noviembre de 2000 en Buenos Aires, donde fue leída, sólo para las partes del caso, la confesión reservada de Michael Townley ante la juez María Servini de Cubría y el fiscal Jorge Álvarez. En Santiago, pues, el ministro de fuero (juez), Alejandro Solís, procesaba y ordenaba el arresto, el 24 de febrero de 2003, de Manuel Contreras y Pedro Espinoza, Raúl Eduardo Iturriaga Neumann y otros miembros de la DINA. Unos meses después, se conocía la sentencia de la Corte de Apelaciones por el asesinato de Tucapel Jiménez, otro caso emblemático. Entre otros, el general Fernando Torres Silva era condenado por el encubrimiento del crimen.

La extradición de Ricardo Miguel Cavallo a España el sábado 28 de junio de 2003 señala el camino al general Ramírez Pineda. Francia ha pedido su extradición, pero también Chile, que nunca solicitó la de Pinochet a Londres, la ha cursado.

El comandante en jefe del Ejército chileno, Juan Emilio Cheyre, declaró el 13 de junio de 2003, desde el cerro Topater, en Calama, allí donde la «Caravana de la Muerte» dejó sus rastros de sangre, que nunca más debían ocurrir los hechos que ahora se ventilan y ha enviado mensajes al presidente Ricardo Lagos para poner fin al desfile de los militares en los juzgados en aras de la reconciliación. Treinta años después del bombardeo de la Moneda y de la barbarie posterior, son las grandes alamedas de la justicia chilena y universal las que han se han abierto para garantizar, con su acción, el fin de la impunidad.

Nota del autor

La idea de este libro nació la noche del 30 de octubre de 1998, unas horas después de que la sala de lo Penal de la Audiencia Nacional estimara que España tenía jurisdicción para enjuiciar los delitos de genocidio, terrorismo y tortura cometidos durante las dictaduras militares de Argentina y Chile. Pero en lugar de comenzar a escribirlo, emprendí un largo viaje. El director de *El País*, Jesús Ceberio, a quien nunca dejaré de agradecérselo, me envió a Londres para cubrir los debates jurídicos en la Cámara de los Lores y los avatares en el Gobierno británico y los tribunales, una tarea que se desarrolló entre los primeros días de noviembre de 1998 y marzo de 2000, a la que también se añadieron viajes a Washington y a Santiago de Chile. Sólo cuando el general Augusto Pinochet, tras pasar 503 días, arrestado primero y en libertad bajo fianza más tarde, pudo regresar a Chile, parecían reunirse las condiciones para sentarse a escribir. Sin embargo, el retorno del general, según se pudo ver enseguida, no fue el final de la historia sino el comienzo de otra.

En los primeros días de julio de 2000, bajo el estímulo de un flamante premio Ortega y Gasset de periodismo por la cobertura del caso, escribí las primeras veinte páginas. Un nuevo y largo viaje comenzaba. Durante tres años, a medida que progresaba en el trabajo, pasé de los documentos —incontables, por millares— a hablar con los personajes de esta historia —con entrevistas que superan el número de mil, entre ministros, asesores, abogados, jueces, fiscales, diplomáticos, víctimas, familiares de desaparecidos, viudas, militares chilenos y políticos de diversos países— para precisar datos, aclarar contradicciones y reconstruir diálogos que habían sido mantenidos en encuentros y reuniones cara a cara o a través del teléfono.

En algunas ocasiones, sentí cierta sensación de irrealidad al adquirir conciencia de que perseguía informaciones sobre hechos ocurridos hace ahora treinta años con el mismo interés y hasta tenacidad que uno pone al preguntar sobre una noticia que ha ocurrido el día anterior o cuando indaga sobre lo que aún no es de conocimiento público.

El azar es el gran protagonista de esta historia. Detectar cada señal del azar, valorar su importancia y ofrecerle su sitio adecuado han constituido las tres líneas de esta investigación. Al advertir las jugarretas imprevisibles del destino, me he puesto, entre fascinado y apabullado, al servicio del azar.

A diferencia de mis otros libros, he decidido omitir la larga lista de personas entrevistadas. Diré que una gran parte de los personajes citados han sido entrevistados a lo largo de estos tres años y que los diálogos son auténticos. Las escenas que se relatan han sido comprobadas una y otra vez y muchas se han descartado cuando las versiones antagónicas no ofrecían la fiabilidad adecuada.

Debo agradecer a todas las personas que aceptaron compartir su tiempo —largo, las más de las veces—, su paciencia —agotadora ante la indagación obsesiva—, su información —relevante, casi siempre— y su complicidad —al seguirme en los juegos de memoria tras las pistas diseminadas por el azar.

He entrevistado a muchos colegas españoles, chilenos, ingleses y norteamericanos, a quienes dejo constancia de mi gratitud, tanto por nuestras conversaciones como por sus libros. Es el caso de la periodista Patricia Verdugo, con quien pude hablar en su casa de Santiago una noche de junio de 1999, y cuyo libro *Los Zarpazos del Puma*, sobre la «Caravana de la Muerte», tanta importancia tuvieron en las investigaciones del juez Juan Guzmán, según él mismo me explicó durante dos días intensos en Gerona, pasados bajo el mismo techo, a primeros de mayo de 2001. O también el de John Dinges y Saul Landau, con quienes también mantuve conversaciones, muchos años después de su investigación sobre el asesinato de Orlando Letelier, descrito en su libro *Assassination on Embassy Row*. También dejo mención del libro *La conjura*, escrito por la periodista chilena Mónica González y de *La historia oculta del régimen militar* de Ascanio Cavallo, Manuel Salazar y Óscar Sepúlveda.

Quiero agradecer su ayuda a Cristina González, directora del Archivo General del Ministerio de Asuntos Exteriores. Por ella pude, en el marco de la orden ministerial de 1991, examinar una gran parte de la correspondencia cifrada, informes y telegramas reservados intercambiados por la embajada española en Santiago de Chile y el Ministerio de Asuntos Exteriores en Madrid durante los días difíciles de 1973, 1974 y 1976, cruciales para una parte del libro. La familia de Enrique Pérez-Hernández, ya fallecido, me aportó documentos de valor, como la carta de Joan Garcés al embajador Pérez-Hernández de octubre de 1974, y los recuerdos de Raimundo, Makiki, y Enrique hijo me permitieron conocer mejor la personalidad de su padre.

Debbie Ailes, de la oficina del primer ministro británico, Tony Blair, me prestó una colaboración tan oportuna como valiosa.

En materia de documentación, he contraído deudas. Una de ellas, con Diana Luchford, miembro del Secretariado Parlamentario del Ministerio del Interior, y la otra con Juan Carlos Blanco, jefe de Documentación de *El País*, y con Ana Lorite Gómez, subjefa.

Nada de todo esto, como se suele decir, hubiera sido posible sin los esfuerzos de Santos López, gran editor, al pie del cañón durante tres años, y la confianza de Ana Rosa Semprún, quien conservó su dulzura hasta, casi, el último minuto.

Índice onomástico

Este libro se terminó de imprimir en el mes
de noviembre de 2003 en Kalifón S.A.,
Ramón L. Falcón 4307,
(1407) Ciudad de Buenos Aires,
República Argentina.